Goethe hat seine Gedichtsammlungen als lyrische Lesebücher angelegt, in denen der Leser von Gedicht zu Gedicht geführt und durch vor- und zurückweisende Winke in ein ›geselliges‹ Gesprächsspiel verwickelt werden sollte. Dieser Band bringt Goethes Gedichtausgabe ›letzter Hand‹ erstmals so übersichtlich, wie sie von Goethe tatsächlich beabsichtigt war. Darüber hinaus enthält der Band die von Goethe selbst nicht mehr veröffentlichten Gedichte des Zeitraums 1800-1832: die zahlreichen Gedichte an Personen, die teils bissigen, teils humorvollen Verse, in denen er seinem Ärger über mißwollende Zeitgenossen Luft machte, und die fast legendär gewordenen Erotika aus dem ›Walpurgisnachtsack‹.

Zusammen mit den *Gedichten 1756-1799*, die ebenfalls als Taschenbuch im Deutschen Klassiker Verlag erschienen sind (TB 44), umfaßt die Ausgabe das lyrische Gesamtwerk des Dichters mit Ausnahme des *West-östlichen Divans* (Deutscher Klassiker Verlag TB 38) in allen Fassungen, angeordnet in der zeitlichen Folge der Erstdrucke sowie nach Goethes eigenen Sammlungen und damit so authentisch wie möglich. Alle Texte sind aus den Quellen ediert und von einem der besten Goethe-Kenner unserer Zeit kommentiert.

DEUTSCHER KLASSIKER VERLAG
IM TASCHENBUCH
BAND 45

JOHANN WOLFGANG GOETHE GEDICHTE 1800-1832

Herausgegeben von
Karl Eibl

DEUTSCHER
KLASSIKER
VERLAG

Dieser Titel entspricht Band 2, herausgegeben von Karl Eibl, der Edition
Johann Wolfgang Goethe, Sämtliche Werke. Briefe, Tagebücher und Gespräche,
Frankfurt am Main 1988

Umschlag-Abbildung: Joseph Stieler, J.W. Goethe, 1828 (Ausschnitt).
Foto: akg-images

Deutscher Klassiker Verlag
im Taschenbuch · Band 45

© dieser Ausgabe Deutscher Klassiker Verlag, Berlin 2010
Alle Rechte vorbehalten, insbesondere das der Übersetzung,
des öffentlichen Vortrags sowie der Übertragung
durch Rundfunk und Fernsehen, auch einzelner Teile.
Kein Teil des Werkes darf in irgendeiner Form
(durch Fotografie, Mikrofilm oder andere Verfahren)
ohne schriftliche Genehmigung des Verlages reproduziert
oder unter Verwendung elektronischer Systeme
verarbeitet, vervielfältigt oder verbreitet werden.
Vertrieb durch den Suhrkamp Taschenbuch Verlag
Druck: CPI – Ebner & Spiegel, Ulm
Printed in Germany
ISBN 978-3-618-68045-1

1 2 3 4 5 6 – 15 14 13 12 11 10

GEDICHTE
1800 -1832

INHALT

Die Sammlung von 1815 9
Die Sammlung von 1827 445
Letzte Gedichtgruppen 687
Nachlese 1800-1832 713

Kommentar 873
Verzeichnis der Überschriften und Anfänge 1383
Inhaltsverzeichnis 1429

DIE SAMMLUNG VON 1815

LIEDER

> Spät erklingt, was früh erklang,
> Glück und Unglück wird Gesang.

VORKLAGE

Wie nimmt ein leidenschaftlich Stammeln
Geschrieben sich so seltsam aus!
Nun soll ich gar von Haus zu Haus
Die losen Blätter alle sammeln.

Was eine lange weite Strecke
Im Leben von einander stand,
Das kommt nun unter Einer Decke
Dem guten Leser in die Hand.

Doch schäme dich nicht der Gebrechen,
Vollende schnell das kleine Buch;
Die Welt ist voller Widerspruch,
Und sollte sich's nicht widersprechen?

AN DIE GÜNSTIGEN

Dichter lieben nicht zu schweigen,
Wollen sich der Menge zeigen.
Lob und Tadel muß ja sein!
Niemand beichtet gern in Prosa;
Doch vertraun wir oft sub Rosa
In der Musen stillem Hain.

Was ich irrte, was ich strebte,
Was ich litt und was ich lebte,
Sind hier Blumen nur im Strauß;
Und das Alter wie die Jugend,
Und der Fehler wie die Tugend
Nimmt sich gut in Liedern aus.

DER NEUE AMADIS

Als ich noch ein Knabe war,
Sperrte man mich ein;
Und so saß ich manches Jahr
Über mir allein,
Wie im Mutterleib.

Doch du warst mein Zeitvertreib,
Goldne Phantasie,
Und ich ward ein warmer Held,
Wie der Prinz Pipi,
Und durchzog die Welt.

Baute manch kristallen Schloß,
Und zerstört' es auch,
Warf mein blinkendes Geschoß
Drachen durch den Bauch,
Ja ich war ein Mann!

Ritterlich befreit' ich dann
Die Prinzessin Fisch;
Sie war gar zu obligeant,
Führte mich zu Tisch,
Und ich war galant.

Und ihr Kuß war Götterbrot,
Glühend wie der Wein.
Ach! ich liebte fast mich tot!

Rings mit Sonnenschein
War sie emailliert.

Ach! wer hat sie mir entführt?
Hielt kein Zauberband
Sie zurück vom schnellen Fliehn?
Sagt, wo ist ihr Land?
Wo der Weg dahin?

STIRBT DER FUCHS, SO GILT DER BALG

Nach Mittage saßen wir
Junges Volk im Kühlen;
Amor kam, und *stirbt der Fuchs*
Wollt' er mit uns spielen.

Jeder meiner Freunde saß
Froh bei seinem Herzchen;
Amor blies die Fackel aus,
Sprach: hier ist das Kerzchen!

Und die Fackel, wie sie glomm,
Ließ man eilig wandern,
Jeder drückte sie geschwind
In die Hand des andern.

Und mir reichte Dorilis
Sie mit Spott und Scherze;
Kaum berührt mein Finger sie,
Hell entflammt die Kerze.

Sengt mir Augen und Gesicht,
Setzt die Brust in Flammen,
Über meinem Haupte schlug
Fast die Glut zusammen.

Löschen wollt' ich, patschte zu;
Doch es brennt beständig;
Statt zu sterben ward der Fuchs
Recht bei mir lebendig.

HEIDENRÖSLEIN

Sah ein Knab' ein Röslein stehn,
Röslein auf der Heiden,
War so jung und morgenschön,
Lief er schnell es nah zu sehn,
Sah's mit vielen Freuden.
Röslein, Röslein, Röslein rot,
Röslein auf der Heiden.

Knabe sprach: ich breche dich,
Röslein auf der Heiden!
Röslein sprach: ich steche dich,
Daß du ewig denkst an mich,
Und ich will's nicht leiden.
Röslein, Röslein, Röslein rot,
Röslein auf der Heiden.

Und der wilde Knabe brach
's Röslein auf der Heiden;
Röslein wehrte sich und stach,
Half ihr doch kein Weh und Ach,
Mußt' es eben leiden.
Röslein, Röslein, Röslein rot,
Röslein auf der Heiden.

BLINDE KUH

O liebliche Therese!
Wie wandelt gleich in's Böse
Dein offnes Auge sich!
Die Augen zugebunden
Hast du mich schnell gefunden,
Und warum fingst du eben mich?

Du faßtest mich aufs beste,
Und hieltest mich so feste;
Ich sank in deinen Schoß.
Kaum warst du aufgebunden,
War alle Lust verschwunden;
Du ließest kalt den Blinden los.

Er tappte hin und wieder,
Verrenkte fast die Glieder,
Und alle foppten ihn.
Und willst du mich nicht lieben;
So geh' ich stets im Trüben,
Wie mit verbundnen Augen hin.

CHRISTEL

Hab' oft einen dumpfen düstern Sinn,
Ein gar so schweres Blut!
Wenn ich bei meiner Christel bin,
Ist alles wieder gut.
Ich seh sie dort, ich seh sie hier
Und weiß nicht auf der Welt
Und wie und wo und wann sie mir
Warum sie mir gefällt.

Das schwarze Schelmenaug dad'rein,
Die schwarze Braue drauf,
Seh' ich ein einzigmal hinein,
Die Seele geht mir auf.
Ist eine, die so lieben Mund
Liebrunde Wänglein hat?
Ach, und es ist noch etwas rund,
Da sieht kein Aug' sich satt!

Und wenn ich sie dann fassen darf
Im luft'gen deutschen Tanz,
Das geht herum, das geht so scharf,
Da fühl' ich mich so ganz!
Und wenn's ihr taumlig wird und warm,
Da wieg' ich sie sogleich
An meiner Brust, in meinem Arm;
'S ist mir ein Königreich!

Und wenn sie liebend nach mir blickt
Und alles rund vergißt,
Und dann an meine Brust gedrückt
Und weidlich eins geküßt,
Das läuft mir durch das Rückenmark
Bis in die große Zeh!
Ich bin so schwach, ich bin so stark,
Mir ist so wohl, so weh!

Da möcht' ich mehr und immer mehr,
Der Tag wird mir nicht lang;
Wenn ich die Nacht auch bei ihr wär',
Davor wär' mir nicht bang.
Ich denk', ich halte sie einmal
Und büße meine Lust;
Und endigt sich nicht meine Qual,
Sterb' ich an ihrer Brust!

DIE SPRÖDE

An dem reinsten Frühlingsmorgen
Ging die Schäferin und sang,
Jung und schön und ohne Sorgen,
Daß es durch die Felder klang,
So la la! le ralla!

Thyrsis bot ihr für ein Mäulchen
Zwei, drei Schäfchen gleich am Ort,
Schalkhaft blickte sie ein Weilchen;
Doch sie sang und lachte fort,
So la la! le ralla!

Und ein andrer bot ihr Bänder
Und der dritte bot sein Herz;
Doch sie trieb mit Herz und Bändern
So wie mit den Lämmern Scherz,
Nur la la! le ralla!

DIE BEKEHRTE

Bei dem Glanze der Abendröte
Ging ich still den Wald entlang,
Damon saß und blies die Flöte,
Daß es von den Felsen klang,
So la la!

Und er zog mich, ach! an sich nieder,
Küßte mich so hold, so süß.
Und ich sagte: blase wieder!
Und der gute Junge blies,
So la la!

Meine Ruhe ist nun verloren,
Meine Freude floh davon,
Und ich höre vor meinen Ohren
Immer nur den alten Ton,
So la la, le ralla.

u. s. w.

RETTUNG

Mein Mädchen ward mir ungetreu,
Das machte mich zum Freudenhasser;
Da lief ich an ein fließend Wasser,
Das Wasser lief vor mir vorbei.

Da stand ich nun, verzweiflend, stumm;
Im Kopfe war mir's wie betrunken,
Fast wär' ich in den Strom gesunken,
Es ging die Welt mit mir herum.

Auf einmal hört' ich was, das rief –
Ich wandte just dahin den Rücken –
Es war ein Stimmchen zum Entzücken:
»Nimm dich in Acht! der Fluß ist tief.«

Da lief mir was durch's ganze Blut,
Ich seh', so ist's ein liebes Mädchen;
Ich frage sie: wie heißt du? »Käthchen!«
O schönes Käthchen! Du bist gut.

Du hältst vom Tode mich zurück;
Auf immer dank' ich dir mein Leben;
Allein das heißt mir wenig geben,
Nun sei auch meines Lebens Glück!

Und dann klagt' ich ihr meine Not,
Sie schlug die Augen lieblich nieder;

Ich küßte sie und sie mich wieder,
Und – vor der Hand nichts mehr von Tod.

DER MUSENSOHN

Durch Feld und Wald zu schweifen,
Mein Liedchen wegzupfeifen,
So gehts von Ort zu Ort!
Und nach dem Takte reget,
Und nach dem Maß beweget
Sich alles an mir fort.

Ich kann sie kaum erwarten
Die erste Blum' im Garten,
Die erste Blüt' am Baum.
Sie grüßen meine Lieder,
Und kommt der Winter wieder,
Sing' ich noch jenen Traum.

Ich sing' ihn in der Weite,
Auf Eises Läng' und Breite,
Da blüht der Winter schön!
Auch diese Blüte schwindet
Und neue Freude findet
Sich auf bebauten Höhn.

Denn wie ich bei der Linde
Das junge Völkchen finde,
Sogleich erreg' ich sie.
Der stumpfe Bursche bläht sich,
Das steife Mädchen dreht sich
Nach meiner Melodie.

Ihr gebt den Sohlen Flügel
Und treibt, durch Tal und Hügel,
Den Liebling weit von Haus.

Ihr lieben holden Musen,
Wann ruh' ich ihr am Busen
Auch endlich wieder aus?

GEFUNDEN

Ich ging im Walde
So für mich hin,
Und nichts zu suchen
Das war mein Sinn.

Im Schatten sah' ich
Ein Blümchen stehn,
Wie Sterne leuchtend,
Wie Äuglein schön.

Ich wollt' es brechen;
Da sagt' es fein:
Soll ich zum Welken
Gebrochen sein?

Ich grub's mit allen
Den Würzlein aus,
Zum Garten trug ich's
Am hübschen Haus.

Und pflanzt es wieder
Am stillen Ort;
Nun zweigt es immer
Und blüht so fort.

GLEICH UND GLEICH

Ein Blumenglöckchen
Vom Boden hervor

War früh gesprosset
In lieblichem Flor;
Da kam ein Bienchen
Und naschte fein: —
Die müssen wohl beide
Für einander sein.

WECHSELLIED ZUM TANZE

Die Gleichgültigen
Komm mit, o Schöne, komm mit mir zum Tanze;
Tanzen gehöret zum festlichen Tag.
Bist du mein Schatz nicht, so kannst du es werden;
Wirst du es nimmer, so tanzen wir doch.
Komm mit, o Schöne, komm mit mir zum Tanze;
Tanzen verherrlicht den festlichen Tag.

Die Zärtlichen
Ohne dich, Liebste, was wären die Feste?
Ohne dich, Süße, was wäre der Tanz?
Wärst du mein Schatz nicht, so möcht' ich nicht tanzen;
Bleibst du es immer, ist Leben ein Fest.
Ohne dich, Liebste, was wären die Feste?
Ohne dich, Süße, was wäre der Tanz?

Die Gleichgültigen
Laß sie nur lieben, und laß du uns tanzen!
Schmachtende Liebe vermeidet den Tanz.
Schlingen wir fröhlich den drehenden Reihen,
Schleichen die andern zum dämmernden Wald.
Laß sie nur lieben, und laß du uns tanzen!
Schmachtende Liebe vermeidet den Tanz.

Die Zärtlichen
Laß sie sich drehen, und laß du uns wandeln!
Wandeln der Liebe ist himmlischer Tanz.

Amor, der Nahe, der höret sie spotten,
Rächet sich einmal, und rächet sich bald.
Laß sie sich drehen, und laß du uns wandeln!
Wandeln der Liebe ist himmlischer Tanz.

SELBSTBETRUG

Der Vorhang schwebet hin und her
Bei meiner Nachbarin.
Gewiß sie lauschet überquer,
Ob ich zu Hause bin.

Und ob der eifersücht'ge Groll,
Den ich am Tag gehegt,
Sich, wie er nun auf immer soll,
Im tiefen Herzen legt.

Doch leider hat das schöne Kind
Dergleichen nicht gefühlt.
Ich seh', es ist der Abendwind,
Der mit dem Vorhang spielt.

KRIEGSERKLÄRUNG

Wenn ich doch so schön wär'
Wie die Mädchen auf dem Land!
Sie tragen gelbe Hüte
Mit rosenrotem Band.

Glauben, daß man schön sei,
Dächt' ich, ist erlaubt.
In der Stadt ach! ich hab' es
Dem Junker geglaubt.

Nun im Frühling ach! ist's
Um die Freuden getan;
Ihn ziehen die Dirnen,
Die ländlichen, an.

Und die Taill' und den Schlepp
Veründr' ich zur Stund';
Das Leibchen ist länger,
Das Röckchen ist rund.

Trage gelblichen Hut,
Und ein Mieder wie Schnee;
Und sichle, mit andern,
Den blühenden Klee.

Spürt er unter dem Chor
Etwas Zierliches aus;
Der lüsterne Knabe
Er winkt mir ins Haus.

Ich begleit' ihn verschämt
Und er kennt mich noch nicht,
Er kneipt mir die Wangen
Und sieht mein Gesicht.

Die Städterin droht
Euch Dirnen den Krieg,
Und doppelte Reize
Behaupten den Sieg.

LIEBHABER IN ALLEN GESTALTEN

Ich wollt' ich wär' ein Fisch!
So hurtig und frisch;
Und kämst Du zu anglen,
Ich würde nicht manglen.

Ich wollt' ich wär' ein Fisch!
So hurtig und frisch.

Ich wollt' ich wär' ein Pferd!
Da wär' ich Dir wert.
O wär' ich ein Wagen!
Bequem Dich zu tragen.
Ich wollt' ich wär' ein Pferd!
Da wär' ich Dir wert.

Ich wollt' ich wäre Gold!
Dir immer im Sold;
Und tätst Du was kaufen,
Käm' ich wieder gelaufen.
Ich wollt' ich wäre Gold!
Dir immer im Sold.

Ich wollt' ich wär' treu!
Mein Liebchen stets neu;
Ich wollt' mich verheißen,
Wollt' nimmer verreisen.
Ich wollt' ich wär' treu!
Mein Liebchen stets neu.

Ich wollt' ich wär' alt!
Und runzlig und kalt;
Tätst Du mir's versagen,
Da könnt' mich's nicht plagen.
Ich wollt' ich wär' alt!
Und runzlig und kalt.

Wär' ich Affe sogleich!
Voll neckender Streich';
Hätt' was dich verdrossen,
So macht' ich dir Possen.
Wär' ich Affe sogleich!
Voll neckender Streich'.

Wär' ich gut wie ein Schaf!
Wie der Löwe so brav;
Hätt' Augen wie's Lüchschen,
Und Listen wie's Füchschen.
Wär' ich gut wie ein Schaf!
Wie der Löwe so brav.

Was alles ich wär',
Das gönnt' ich Dir sehr;
Mit fürstlichen Gaben,
Du solltest mich haben.
Was alles ich wär',
Das gönnt' ich Dir sehr.

Doch bin ich wie ich bin,
Und nimm mich nur hin!
Willst Du Beßre besitzen,
So laß Dir sie schnitzen.
Ich bin nun wie ich bin;
So nimm mich nur hin!

DER GOLDSCHMIEDSGESELL

Es ist doch meine Nachbarin
Ein allerliebstes Mädchen!
Wie früh ich in der Werkstatt bin,
Blick' ich nach ihrem Lädchen.

Zu Ring' und Kette poch' ich dann
Die feinen goldnen Drähtchen.
Ach! denk' ich, wann? und wieder, wann?
Ist solch ein Ring für Kätchen.

Und tut sie erst die Schaltern auf,
Da kommt das ganze Städtchen
Und feilscht und wirbt mit hellem Hauf
Um's Allerlei im Lädchen.

　　　　Ich feile; wohl zerfeil' ich dann
　　　　Auch manches goldne Drähtchen.
15　　　Der Meister brummt, der harte Mann!
　　　　Er merkt, es war das Lädchen.

　　　　Und flugs wie nur der Handel still,
　　　　Gleich greift sie nach dem Rädchen.
　　　　Ich weiß wohl, was sie spinnen will:
20　　　Es hofft das liebe Mädchen.

　　　　Das kleine Füßchen tritt und tritt;
　　　　Da denk' ich mir das Wädchen,
　　　　Das Strumpfband denk' ich auch wohl mit,
　　　　Ich schenkt's dem lieben Mädchen.

25　　　Und nach den Lippen führt der Schatz
　　　　Das allerfeinste Fädchen.
　　　　O wär' ich doch an seinem Platz,
　　　　Wie küßt' ich mir das Mädchen!

　　　　　　　　ANTWORTEN
　　　　bei einem gesellschaftlichen Fragespiel

　　　　　　　　Die Dame
　　　　Was ein weiblich Herz erfreue
　　　　In der klein- und großen Welt?
　　　　Ganz gewiß ist es das Neue,
　　　　Dessen Blüte stets gefällt;
5　　　　Doch viel werter ist die Treue,
　　　　Die, auch in der Früchte Zeit,
　　　　Noch mit Blüten uns erfreut.

　　　　　　　Der junge Herr
　　　　Paris war, in Wald und Höhlen,
　　　　Mit den Nymphen wohl bekannt,
10　　　Bis ihm Zeus, um ihn zu quälen,

Drei der Himmlischen gesandt;
Und es fühlte wohl im Wählen,
In der alt- und neuen Zeit,
Niemand mehr Verlegenheit.

Der Erfahrne
Geh den Weibern zart entgegen,
Du gewinnst sie auf mein Wort;
Und wer rasch ist und verwegen,
Kommt vielleicht noch besser fort;
Doch wem wenig dran gelegen
Scheinet, ob er reizt und rührt,
Der beleidigt, der verführt.

Der Zufriedne
Vielfach ist der Menschen Streben,
Ihre Unruh, ihr Verdruß;
Auch ist manches Gut gegeben,
Mancher liebliche Genuß;
Doch das größte Glück im Leben
Und der reichlichste Gewinn
Ist ein guter, leichter Sinn.

Der lustige Rat
Wer der Menschen töricht Treiben
Täglich sieht und täglich schilt,
Und, wenn Andre Narren bleiben,
Selbst für einen Narren gilt,
Der trägt schwerer, als zur Mühle
Irgend ein beladen Tier.
Und, wie ich im Busen fühle,
Wahrlich! so ergeht es mir.

VERSCHIEDENE EMPFINDUNGEN AN EINEM PLATZE

Das Mädchen
Ich hab' ihn gesehen!
Wie ist mir geschehen?
O himmlischer Blick!
Er kommt mir entgegen;
Ich weiche verlegen,
Ich schwanke zurück.
Ich irre, ich träume!
Ihr Felsen, ihr Bäume,
Verbergt meine Freude,
Verberget mein Glück!

Der Jüngling
Hier muß ich sie finden!
Ich sah sie verschwinden,
Ihr folgte mein Blick.
Sie kam mir entgegen,
Dann trat sie verlegen
Und schamrot zurück.
Ists Hoffnung? sinds Träume?
Ihr Felsen, ihr Bäume,
Entdeckt mir die Liebste,
Entdeckt mir mein Glück!

Der Schmachtende
Hier klag' ich, verborgen,
Dem tauenden Morgen
Mein einsam Geschick.
Verkannt von der Menge,
Wie zieh' ich ins Enge
Mich stille zurück!
O! zärtliche Seele,
O! schweige, verhehle
Die ewigen Leiden,
Verhehle dein Glück!

Der Jäger
Es lohnet mich heute
Mit doppelter Beute
Ein gutes Geschick.
Der redliche Diener
Bringt Hasen und Hühner
Beladen zurück.
Hier find' ich gefangen
Auch Vögel noch hangen.
Es lebe der Jäger!
Es lebe sein Glück!

WER KAUFT LIEBESGÖTTER?

Von allen schönen Waren,
Zum Markte hergefahren,
Wird keine mehr behagen
Als die wir euch getragen
Aus fremden Ländern bringen.
O höret was wir singen!
Und seht die schönen Vögel,
Sie stehen zum Verkauf.

Zuerst beseht den großen,
Den lustigen, den losen!
Er hüpfet, leicht und munter,
Von Baum und Busch herunter;
Gleich ist er wieder droben.
Wir wollen ihn nicht loben.
O seht den muntern Vogel!
Er steht hier zum Verkauf.

Betrachtet nun den kleinen,
Er will bedächtig scheinen
Und doch ist er der Lose,
So gut als wie der Große;

Er zeiget meist im Stillen
Den allerbesten Willen.
Der lose kleine Vogel,
Er steht hier zum Verkauf.

O! seht das kleine Täubchen,
Das liebe Turtelweibchen!
Die Mädchen sind so zierlich,
Verständig und manierlich;
Sie mag sich gerne putzen
Und eure Liebe nutzen.
Der kleine zarte Vogel,
Er steht hier zum Verkauf.

Wir wollen sie nicht loben,
Sie stehn zu allen Proben.
Sie lieben sich das Neue;
Doch über ihre Treue
Verlangt nicht Brief und Siegel;
Sie haben alle Flügel.
Wie artig sind die Vögel!
Wie reizend ist der Kauf!

DER ABSCHIED

Laß mein Aug' den Abschied sagen,
Den mein Mund nicht nehmen kann!
Schwer, wie schwer ist er zu tragen!
Und ich bin doch sonst ein Mann.

Traurig wird in dieser Stunde
Selbst der Liebe süßtes Pfand,
Kalt der Kuß von deinem Munde,
Matt der Druck von deiner Hand.

Sonst, ein leicht gestohlnes Mäulchen,
O wie hat es mich entzückt!
So erfreuet uns ein Veilchen,
Das man früh im März gepflückt.

Doch ich pflücke nun kein Kränzchen,
Keine Rose mehr für dich.
Frühling ist es, liebes Fränzchen,
Aber leider Herbst für mich!

DIE SCHÖNE NACHT

Nun verlass' ich diese Hütte,
Meiner Liebsten Aufenthalt,
Wandle mit verhülltem Schritte
Durch den öden, finstern Wald:
Luna bricht durch Busch und Eichen,
Zephyr meldet ihren Lauf,
Und die Birken streun mit Neigen
Ihr den süßten Weihrauch auf.

Wie ergetz' ich mich im Kühlen
Dieser schönen Sommernacht!
O wie still ist hier zu fühlen,
Was die Seele glücklich macht!
Läßt sich kaum die Wonne fassen;
Und doch, wollt' ich, Himmel, dir
Tausend solcher Nächte lassen,
Gäb' mein Mädchen Eine mir.

GLÜCK UND TRAUM

Du hast uns oft im Traum gesehen
Zusammen zum Altare gehen,
Und Dich als Frau, und mich als Mann.

Oft nahm ich wachend Deinem Munde,
In einer unbewachten Stunde,
So viel man Küsse nehmen kann.

Das reinste Glück, das wir empfunden,
Die Wollust mancher reichen Stunden
Floh, wie die Zeit, mit dem Genuß.
Was hilft es mir, daß ich genieße?
Wie Träume fliehn die wärmsten Küsse,
Und alle Freude wie ein Kuß.

LEBENDIGES ANDENKEN

Der Liebsten Band und Schleife rauben,
Halb mag sie zürnen, halb erlauben,
Euch ist es viel, ich will es glauben
Und gönn' euch solchen Selbstbetrug:
Ein Schleier, Halstuch, Strumpfband, Ringe
Sind wahrlich keine kleinen Dinge;
Allein mir sind sie nicht genug.

Lebend'gen Teil von ihrem Leben,
Ihn hat, nach leisem Widerstreben,
Die Allerliebste mir gegeben,
Und jene Herrlichkeit wird nichts.
Wie lach' ich all der Trödelware!
Sie schenkte mir die schönen Haare,
Den Schmuck des schönsten Angesichts.

Soll ich Dich gleich, Geliebte, missen;
Wirst Du mir doch nicht ganz entrissen:
Zu schaun, zu tändeln und zu küssen
Bleibt die Reliquie von Dir. —
Gleich ist des Haars und mein Geschicke;
Sonst buhlten wir mit Einem Glücke
Um sie, jetzt sind wir fern von ihr.

Fest waren wir an sie gehangen;
Wir streichelten die runden Wangen,
Uns lockt' und zog ein süß Verlangen,
Wir gleiteten zur vollern Brust. 25
O Nebenbuhler, frei von Neide,
Du süß Geschenk, du schöne Beute,
Erinnre mich an Glück und Lust!

GLÜCK DER ENTFERNUNG

Trink', o Jüngling! heilges Glücke
Taglang aus der Liebsten Blicke;
Abends gaukl' ihr Bild dich ein.
Kein Verliebter hab' es besser;
Doch das Glück bleibt immer größer, 5
Fern von der Geliebten sein.

Ew'ge Kräfte, Zeit und Ferne,
Heimlich wie die Kraft der Sterne,
Wiegen dieses Blut zur Ruh.
Mein Gefühl wird stets erweichter; 10
Doch mein Herz wird täglich leichter,
Und mein Glück nimmt immer zu.

Nirgends kann ich sie vergessen;
Und doch kann ich ruhig essen,
Heiter ist mein Geist und frei; 15
Und unmerkliche Betörung
Macht die Liebe zur Verehrung,
Die Begier zur Schwärmerei.

Aufgezogen durch die Sonne,
Schwimmt im Hauch äther'scher Wonne 20
So das leichtste Wölkchen nie,
Wie mein Herz in Ruh und Freude.
Frei von Furcht, zu groß zum Neide,
Lieb' ich, ewig lieb' ich sie!

AN LUNA

Schwester von dem ersten Licht,
Bild der Zärtlichkeit in Trauer!
Nebel schwimmt mit Silberschauer
Um dein reizendes Gesicht;
Deines leisen Fußes Lauf
Weckt aus tagverschloßnen Höhlen
Traurig abgeschiedne Seelen,
Mich, und nächt'ge Vögel auf.

Forschend übersieht dein Blick
Eine großgemeßne Weite.
Hebe mich an deine Seite!
Gib der Schwärmerei dies Glück;
Und in wollustvoller Ruh
Säh' der weitverschlagne Ritter,
Durch das gläserne Gegitter,
Seines Mädchens Nächten zu.

Des Beschauens holdes Glück
Mildert solcher Ferne Qualen,
Und ich sammle deine Strahlen
Und ich schärfe meinen Blick;
Hell und heller wird es schon
Um die unverhüllten Glieder,
Und nun zieht sie mich hernieder,
Wie dich einst Endymion.

BRAUTNACHT

Im Schlafgemach, entfernt vom Feste,
Sitzt Amor dir getreu und bebt,
Daß nicht die List mutwill'ger Gäste
Des Brautbetts Frieden untergräbt.

Es blinkt mit mystisch heil'gem Schimmer
Vor ihm der Flammen blasses Gold;
Ein Weihrauchswirbel füllt das Zimmer,
Damit ihr recht genießen sollt.

Wie schlägt dein Herz beim Schlag der Stunde,
Der deiner Gäste Lärm verjagt;
Wie glühst du nach dem schönen Munde,
Der bald verstummt und nichts versagt.
Du eilst, um alles zu vollenden,
Mit ihr ins Heiligtum hinein;
Das Feuer in des Wächters Händen
Wird wie ein Nachtlicht still und klein.

Wie bebt vor deiner Küsse Menge
Ihr Busen und ihr voll Gesicht;
Zum Zittern wird nun ihre Strenge,
Denn deine Kühnheit wird zur Pflicht.
Schnell hilft dir Amor sie entkleiden,
Und ist nicht halb so schnell als du;
Dann hält er schalkhaft und bescheiden
Sich fest die beiden Augen zu.

SCHADENFREUDE

In des Papillons Gestalt
Flattr' ich, nach den letzten Zügen,
Zu den vielgeliebten Stellen,
Zeugen himmlischer Vergnügen,
Über Wiesen, an die Quellen,
Um den Hügel, durch den Wald.

Ich belausch' ein zärtlich Paar;
Von des schönen Mädchens Haupte
Aus den Kränzen schau ich nieder;
Alles was der Tod mir raubte

Seh' ich hier im Bilde wieder,
Bin so glücklich wie ich war.

Sie umarmt ihn lächelnd stumm,
Und sein Mund genießt der Stunde,
Die ihm güt'ge Götter senden,
Hüpft vom Busen zu dem Munde,
Von dem Munde zu den Händen,
Und ich hüpf' um ihn herum.

Und sie sieht mich Schmetterling.
Zitternd vor des Freunds Verlangen
Springt sie auf, da flieg' ich ferne.
»Liebster, komm, ihn einzufangen!
Komm! ich hätt' es gar zu gerne,
Gern das kleine bunte Ding.«

UNSCHULD

Schönste Tugend einer Seele,
Reinster Quell der Zärtlichkeit!
Mehr als Byron, als Pamele
Ideal und Seltenheit!
Wenn ein andres Feuer brennet,
Flieht dein zärtlich schwaches Licht;
Dich fühlt nur wer dich nicht kennet,
Wer dich kennt der fühlt dich nicht.

Göttin! In dem Paradiese
Lebtest du mit uns vereint;
Noch erscheinst du mancher Wiese
Morgens, eh die Sonne scheint.
Nur der sanfte Dichter siehet
Dich im Nebelkleide ziehn;
Phöbus kommt, der Nebel fliehet,
Und im Nebel bist du hin.

SCHEINTOD

Weint, Mädchen! hier bei Amors Grabe; hier
Sank er von nichts, von ohngefähr danieder.
Doch ist er wirklich tot? Ich schwöre nicht dafür:
Ein Nichts, ein Ohngefähr erweckt ihn öfters wieder.

NOVEMBERLIED

Dem Schützen, doch dem alten nicht,
Zu dem die Sonne flieht,
Der uns ihr fernes Angesicht
Mit Wolken überzieht;

Dem Knaben sei dies Lied geweiht,
Der zwischen Rosen spielt,
Uns höret und zur rechten Zeit
Nach schönen Herzen zielt.

Durch ihn hat uns des Winters Nacht,
So häßlich sonst und rauh,
Gar manchen werten Freund gebracht
Und manche liebe Frau.

Von nun an soll sein schönes Bild
Am Sternenhimmel stehn,
Und er soll ewig hold und mild
Uns auf und unter gehn.

AN DIE ERWÄHLTE

Hand in Hand! und Lipp' auf Lippe!
Liebes Mädchen, bleibe treu!
Lebe wohl! und manche Klippe

Fährt dein Liebster noch vorbei;
Aber wenn er einst den Hafen,
Nach dem Sturme, wieder grüßt,
Mögen ihn die Götter strafen,
Wenn er ohne dich genießt.

Frisch gewagt ist schon gewonnen,
Halb ist schon mein Werk vollbracht!
Sterne leuchten mir wie Sonnen;
Nur dem Feigen ist es Nacht.
Wär' ich müßig dir zur Seite,
Drückte noch der Kummer mich;
Doch in aller dieser Weite
Wirk' ich rasch und nur für dich.

Schon ist mir das Tal gefunden,
Wo wir einst zusammen gehn,
Und den Strom in Abendstunden
Sanft hinunter gleiten sehn.
Diese Pappeln auf den Wiesen,
Diese Buchen in dem Hain!
Ach! und hinter allen diesen
Wird doch auch ein Hüttchen sein.

ERSTER VERLUST

Ach! wer bringt die schönen Tage,
Jene Tage der ersten Liebe,
Ach! wer bringt nur eine Stunde
Jener holden Zeit zurück!

Einsam nähr' ich meine Wunde,
Und mit stets erneuter Klage
Traur' ich um's verlorne Glück.

Ach! wer bringt die schönen Tage,
Jene holde Zeit zurück.

NACHGEFÜHL

Wenn die Reben wieder blühen,
Rühret sich der Wein im Fasse;
Wenn die Rosen wieder glühen,
Weiß ich nicht, wie mir geschieht.

Tränen rinnen von den Wangen,
Was ich tue, was ich lasse;
Nur ein unbestimmt Verlangen
Fühl' ich, das die Brust durchglüht.

Und zuletzt muß ich mir sagen,
Wenn ich mich bedenk' und fasse,
Daß in solchen schönen Tagen
Doris einst für mich geglüht.

NÄHE DES GELIEBTEN

Ich denke dein, wenn mir der Sonne Schimmer
 Vom Meere strahlt;
Ich denke dein, wenn sich des Mondes Flimmer
 In Quellen malt.

Ich sehe dich, wenn auf dem fernen Wege
 Der Staub sich hebt;
In tiefer Nacht, wenn auf dem schmalen Stege
 Der Wandrer bebt.

Ich höre dich, wenn dort mit dumpfem Rauschen
 Die Welle steigt.
Im stillen Haine geh' ich oft zu lauschen,
 Wenn alles schweigt.

Ich bin bei dir, du seist auch noch so ferne,
Du bist mir nah!
Die Sonne sinkt, bald leuchten mir die Sterne.
O wärst du da!

GEGENWART

Alles kündet Dich an!
Erscheinet die herrliche Sonne,
Folgst Du, so hoff' ich es, bald.

Trittst Du im Garten hervor,
So bist Du die Rose der Rosen,
Lilie der Lilien zugleich.

Wenn Du im Tanze Dich regst,
So regen sich alle Gestirne
Mit Dir und um Dich umher.

Nacht! und so wär' es denn Nacht!
Nun überscheinst Du des Mondes
Lieblichen, ladenden Glanz.

Ladend und lieblich bist Du,
Und Blumen, Mond und Gestirne
Huldigen, Sonne, nur Dir.

Sonne! so sei Du auch mir
Die Schöpferin herrlicher Tage;
Leben und Ewigkeit ist's.

AN DIE ENTFERNTE

So hab' ich wirklich dich verloren?
Bist du, o Schöne, mir entflohn?

Noch klingt in den gewohnten Ohren
Ein jedes Wort, ein jeder Ton.

So wie des Wandrers Blick am Morgen
Vergebens in die Lüfte dringt,
Wenn, in dem blauen Raum verborgen,
Hoch über ihm die Lerche singt:

So dringet ängstlich hin und wieder
Durch Feld und Busch und Wald mein Blick;
Dich rufen alle meine Lieder;
O komm, Geliebte, mir zurück!

AM FLUSSE

Verfließet, vielgeliebte Lieder,
Zum Meere der Vergessenheit!
Kein Knabe sing' entzückt euch wieder,
Kein Mädchen in der Blütenzeit.

Ihr sanget nur von meiner Lieben;
Nun spricht sie meiner Treue Hohn.
Ihr wart in's Wasser eingeschrieben;
So fließt denn auch mit ihm davon.

DIE FREUDEN

Es flattert um die Quelle
Die wechselnde Libelle,
Mich freut sie lange schon;
Bald dunkel und bald helle,
Wie der Chamäleon,
Bald rot, bald blau,
Bald blau, bald grün;
O daß ich in der Nähe
Doch ihre Farben sähe!

 Sie schwirrt und schwebet, rastet nie!
Doch still, sie setzt sich an die Weiden.
Da hab' ich sie! Da hab' ich sie!
Und nun betracht' ich sie genau,
Und seh' ein traurig-dunkles Blau –

So geht es dir, Zergliedrer deiner Freuden!

ABSCHIED

Zu lieblich ist's, ein Wort zu brechen,
Zu schwer die wohlerkannte Pflicht,
Und leider kann man nichts versprechen,
Was unserm Herzen widerspricht.

Du übst die alten Zauberlieder,
Du lockst ihn, der kaum ruhig war,
Zum Schaukelkahn der süßen Torheit wieder,
Erneust, verdoppelst die Gefahr.

Was suchst du mir dich zu verstecken!
Sei offen, flieh nicht meinen Blick!
Früh oder spät mußt' ich's entdecken,
Und hier hast du dein Wort zurück.

Was ich gesollt, hab' ich vollendet;
Durch mich sei dir von nun an nichts verwehrt;
Allein verzeih dem Freund, der sich nun von dir wendet,
Und still in sich zurücke kehrt.

WECHSEL

Auf Kieseln im Bache da lieg' ich, wie helle!
Verbreite die Arme der kommenden Welle,
Und buhlerisch drückt sie die sehnende Brust;

Dann führt sie der Leichtsinn im Strome danieder;
Es naht sich die zweite, sie streichelt mich wieder:
So fühl' ich die Freuden der wechselnden Lust.

Und doch, und so traurig, verschleifst du vergebens
Die köstlichen Stunden des eilenden Lebens,
Weil dich das geliebteste Mädchen vergißt!
O ruf' sie zurücke die vorigen Zeiten!
Es küßt sich so süße die Lippe der Zweiten,
Als kaum sich die Lippe der Ersten geküßt.

BEHERZIGUNG

Ach, was soll der Mensch verlangen?
Ist es besser, ruhig bleiben?
Klammernd fest sich anzuhangen?
Ist es besser, sich zu treiben?
Soll er sich ein Häuschen bauen?
Soll er unter Zelten leben?
Soll er auf die Felsen trauen?
Selbst die festen Felsen beben.

Eines schickt sich nicht für alle!
Sehe jeder wie er's treibe,
Sehe jeder wo er bleibe,
Und wer steht, daß er nicht falle!

MEERES STILLE

Tiefe Stille herrscht im Wasser,
Ohne Regung ruht das Meer,
Und bekümmert sieht der Schiffer
Glatte Fläche rings umher.
Keine Luft von keiner Seite!
Todesstille fürchterlich!

In der ungeheuern Weite
Reget keine Welle sich.

GLÜCKLICHE FAHRT

Die Nebel zerreißen,
Der Himmel ist helle
Und Aeolus löset
Das ängstliche Band.
Es säuseln die Winde,
Es rührt sich der Schiffer.
Geschwinde! Geschwinde!
Es teilt sich die Welle,
Es naht sich die Ferne;
Schon seh' ich das Land!

MUT

Sorglos über die Fläche weg,
Wo vom kühnsten Wager die Bahn
Dir nicht vorgegraben du siehst,
Mache dir selber Bahn!

Stille, Liebchen, mein Herz!
Kracht's gleich, bricht's doch nicht!
Bricht's gleich, bricht's nicht mit dir!

ERINNERUNG

Willst du immer weiter schweifen?
Sieh, das Gute liegt so nah.
Lerne nur das Glück ergreifen,
Denn das Glück ist immer da.

WILLKOMMEN UND ABSCHIED

Es schlug mein Herz; geschwind zu Pferde!
Es war getan fast eh' gedacht;
Der Abend wiegte schon die Erde,
Und an den Bergen hing die Nacht:
Schon stand im Nebelkleid die Eiche,
Ein aufgetürmter Riese, da,
Wo Finsternis aus dem Gesträuche
Mit hundert schwarzen Augen sah.

Der Mond von einem Wolkenhügel
Sah kläglich aus dem Duft hervor,
Die Winde schwangen leise Flügel,
Umsaus'ten schauerlich mein Ohr;
Die Nacht schuf tausend Ungeheuer;
Doch frisch und fröhlich war mein Mut:
In meinen Adern welches Feuer!
In meinem Herzen welche Glut!

Dich sah ich, und die milde Freude
Floß von dem süßen Blick auf mich;
Ganz war mein Herz an deiner Seite,
Und jeder Atemzug für dich.
Ein rosenfarbnes Frühlingswetter
Umgab das liebliche Gesicht,
Und Zärtlichkeit für mich – Ihr Götter!
Ich hofft' es, ich verdient' es nicht!

Doch ach! schon mit der Morgensonne
Verengt der Abschied mir das Herz:
In deinen Küssen, welche Wonne!
In deinem Auge, welcher Schmerz!
Ich ging, du standst und sahst zur Erden,
Und sahst mir nach mit nassem Blick:
Und doch, welch Glück geliebt zu werden!
Und lieben, Götter, welch ein Glück!

NEUE LIEBE NEUES LEBEN

Herz, mein Herz, was soll das geben?
Was bedränget dich so sehr?
Welch ein fremdes, neues Leben!
Ich erkenne dich nicht mehr.
Weg ist Alles, was du liebtest,
Weg warum du dich betrübtest,
Weg dein Fleiß und deine Ruh' –
Ach wie kamst du nur dazu!

Fesselt dich die Jugendblüte,
Diese liebliche Gestalt,
Dieser Blick voll Treu' und Güte,
Mit unendlicher Gewalt?
Will ich rasch mich ihr entziehen,
Mich ermannen, ihr entfliehen,
Führet mich im Augenblick
Ach! mein Weg zu ihr zurück.

Und an diesem Zauberfädchen,
Das sich nicht zerreißen läßt,
Hält das liebe, lose Mädchen,
Mich so wider Willen fest;
Muß in ihrem Zauberkreise
Leben nun auf ihre Weise.
Die Veränd'rung ach wie groß!
Liebe! Liebe! laß mich los!

AN BELINDEN

Warum ziehst du mich unwiderstehlich
Ach in jene Pracht?
War ich guter Junge nicht so selig
In der öden Nacht?

Heimlich in mein Zimmerchen verschlossen,
Lag im Mondenschein
Ganz von seinem Schauerlicht umflossen,
Und ich dämmert' ein;

Träumte da von vollen goldnen Stunden
Ungemischter Lust,
Hatte schon dein liebes Bild empfunden
Tief in meiner Brust.

Bin ich's noch, den du bei so viel Lichtern
An dem Spieltisch hältst?
Oft so unerträglichen Gesichtern
Gegenüber stellst?

Reizender ist mir des Frühlings Blüte
Nun nicht auf der Flur;
Wo du, Engel, bist, ist Lieb' und Güte,
Wo du bist, Natur.

MAILIED

Wie herrlich leuchtet
Mir die Natur!
Wie glänzt die Sonne!
Wie lacht die Flur!

Es dringen Blüten
Aus jedem Zweig,
Und tausend Stimmen
Aus dem Gesträuch.

Und Freud' und Wonne
Aus jeder Brust.
O Erd'! o Sonne!
O Glück! o Lust!

O Lieb'! o Liebe!
So golden-schön,
Wie Morgenwolken
Auf jenen Höhn!

Du segnest herrlich
Das frische Feld,
Im Blütendampfe
Die volle Welt.

O Mädchen, Mädchen,
Wie lieb' ich dich!
Wie blickt dein Auge!
Wie liebst du mich!

So liebt die Lerche
Gesang und Luft,
Und Morgenblumen
Den Himmelsduft.

Wie ich dich liebe
Mit warmem Blut,
Die du mir Jugend
Und Freud' und Mut

Zu neuen Liedern
Und Tänzen gibst.
Sei ewig glücklich,
Wie du mich liebst!

MIT EINEM GEMALTEN BAND

Kleine Blumen, kleine Blätter
Streuen mir mit leichter Hand
Gute junge Frühlings-Götter
Tändelnd auf ein luftig Band.

Zephyr, nimm's auf deine Flügel,
Schling's um meiner Liebsten Kleid;
Und so tritt sie vor den Spiegel
All in ihrer Munterkeit.

Sieht mit Rosen sich umgeben,
Selbst wie eine Rose jung.
Einen Blick, geliebtes Leben!
Und ich bin belohnt genung.

Fühle, was dies Herz empfindet,
Reiche frei mir deine Hand,
Und das Band, das uns verbindet,
Sei kein schwaches Rosen-Band!

MIT EINEM GOLDNEN HALSKETTCHEN

Dir darf dies Blatt ein Kettchen bringen,
Das, ganz zur Biegsamkeit gewöhnt,
Sich mit viel hundert kleinen Schlingen
Um deinen Hals zu schmiegen sehnt.

Gewähr dem Närrchen die Begierde,
Sie ist voll Unschuld, ist nicht kühn;
Am Tag ist's eine kleine Zierde,
Am Abend wirfst du's wieder hin.

Doch bringt dir einer jene Kette,
Die schwerer drückt und ernster faßt,
Verdenk' ich dir es nicht, Lisette,
Wenn du ein klein Bedenken hast.

AN LOTTCHEN

Mitten im Getümmel mancher Freuden,
Mancher Sorgen, mancher Herzensnot,
Denk' ich dein, o Lottchen, denken dein die Beiden,
Wie beim stillen Abendrot
Du die Hand uns freundlich reichtest,
Da du uns auf reich bebauter Flur,
In dem Schoße herrlicher Natur,
Manche leicht verhüllte Spur
Einer lieben Seele zeigtest.

Wohl ist mir's, daß ich dich nicht verkannt,
Daß ich gleich dich in der ersten Stunde,
Ganz den Herzensausdruck in dem Munde,
Dich ein wahres gutes Kind genannt.

Still und eng und ruhig auferzogen,
Wirft man uns auf Einmal in die Welt;
Uns umspülen hunderttausend Wogen,
Alles reizt uns, mancherlei gefällt,
Mancherlei verdrießt uns, und von Stund' zu Stunden,
Schwankt das leichtunruhige Gefühl;
Wir empfinden, und was wir empfunden,
Spült hinweg das bunte Weltgewühl.

Wohl, ich weiß es, da durchschleicht uns innen
Manche Hoffnung, mancher Schmerz.
Lottchen, wer kennt unsre Sinnen?
Lottchen, wer kennt unser Herz?
Ach! es möchte gern gekannt sein, überfließen
In das Mitempfinden einer Creatur,
Und vertrauend zwiefach neu genießen
Alles Leid und Freude der Natur.

Und da sucht das Aug' oft so vergebens
Rings umher, und findet alles zu;
So vertaumelt sich der schönste Teil des Lebens
Ohne Sturm und ohne Ruh;
Und zu deinem ew'gen Unbehagen
Stößt dich heute, was dich gestern zog.
Kannst du zu der Welt nur Neigung tragen,
Die so oft dich trog,
Und bei deinem Weh, bei deinem Glücke,
Blieb in eigenwill'ger starrer Ruh'?
Sieh, da tritt der Geist in sich zurücke,
Und das Herz – es schließt sich zu.

So fand ich dich und ging dir frei entgegen.
O sie ist wert zu sein geliebt!
Rief ich, erflehte dir des Himmels reinsten Segen,
Den er dir nun in deiner Freundin gibt.

AUF DEM SEE

Und frische Nahrung, neues Blut
Saug' ich aus freier Welt;
Wie ist Natur so hold und gut,
Die mich am Busen hält!
Die Welle wieget unsern Kahn
Im Rudertakt hinauf,
Und Berge, wolkig himmelan,
Begegnen unserm Lauf.

Aug', mein Aug', was sinkst du nieder?
Goldne Träume, kommt ihr wieder?
Weg, du Traum! so Gold du bist;
Hier auch Lieb' und Leben ist.

Auf der Welle blinken
Tausend schwebende Sterne,

　　　　　Weiche Nebel trinken
　　　　　Rings die türmende Ferne;
　　　　　Morgenwind umflügelt
　　　　　Die beschattete Bucht,
　　　　　Und im See bespiegelt
　　　　　Sich die reifende Frucht.

VOM BERGE

Wenn ich, liebe Lili, dich nicht liebte,
Welche Wonne gäb' mir dieser Blick!
Und doch wenn ich, Lili, dich nicht liebte,
Fänd' ich hier und fänd' ich dort mein Glück?

BLUMENGRUSS

　　　Der Strauß, den ich gepflücket,
　　　Grüße dich viel tausendmal!
　　　Ich habe mich oft gebücket
　　　Ach! wohl ein tausendmal,
　　　Und ihn ans Herz gedrücket
　　　Wie hunderttausendmal!

IM SOMMER

　　　Wie Feld und Au
　　　So blinkend im Tau!
　　　Wie Perlen-schwer
　　　Die Pflanzen umher!
　　　Wie durchs Gebüsch
　　　Die Winde so frisch!
　　　Wie laut im hellen Sonnenstrahl
　　　Die süßen Vöglein allzumal!

Ach! aber da,
Wo Liebchen ich sah,
Im Kämmerlein,
So nieder und klein,
So rings bedeckt,
Der Sonne versteckt,
Wo blieb die Erde weit und breit
Mit aller ihrer Herrlichkeit!

MAILIED

Zwischen Weizen und Korn,
Zwischen Hecken und Dorn,
Zwischen Bäumen und Gras,
Wo geht's Liebchen?
Sag mir das!

 Fand mein Holdchen
 Nicht daheim;
 Muß das Goldchen
 Draußen sein.
 Grünt und blühet
 Schön der Mai;
 Liebchen ziehet
 Froh und frei.

An dem Felsen beim Fluß,
Wo sie reichte den Kuß,
Jenen ersten im Gras,
Seh' ich etwas!
Ist sie das?

FRÜHZEITIGER FRÜHLING

Tage der Wonne
Kommt ihr so bald?
Schenkt mir die Sonne,
Hügel und Wald?

Reichlicher fließen
Bächlein zumal.
Sind es die Wiesen?
Ist es das Tal?

Blauliche Frische!
Himmel und Höh!
Goldene Fische
Wimmeln im See.

Buntes Gefieder
Rauschet im Hain;
Himmlische Lieder
Schallen darein.

Unter des Grünen
Blühender Kraft,
Naschen die Bienen
Summend am Saft.

Leise Bewegung
Bebt in der Luft,
Reizende Regung,
Schläfernder Duft.

Mächtiger rühret
Bald sich ein Hauch,
Doch er verlieret
Gleich sich im Strauch.

Aber zum Busen
Kehrt er zurück.
Helfet, ihr Musen,
Tragen das Glück!

Saget seit gestern,
Wie mir geschah?
Liebliche Schwestern,
Liebchen ist da!

HERBSTGEFÜHL

Fetter grüne, du Laub,
Am Rebengeländer
Hier mein Fenster herauf!
Gedrängter quellet,
Zwillingsbeeren, und reifet
Schneller und glänzend voller!
Euch brütet der Mutter Sonne
Scheideblick; euch umsäuselt
Des holden Himmels
Fruchtende Fülle;
Euch kühlet des Mondes
Freundlicher Zauberhauch,
Und euch betauen, ach!
Aus diesen Augen
Der ewig belebenden Liebe
Vollschwellende Tränen.

RASTLOSE LIEBE

Dem Schnee, dem Regen,
Dem Wind entgegen,
Im Dampf der Klüfte,
Durch Nebeldüfte,

Immer zu! Immer zu!
Ohne Rast und Ruh!

Lieber durch Leiden
Möcht' ich mich schlagen,
Als so viel Freuden
Des Lebens ertragen.
Alle das Neigen
Von Herzen zu Herzen,
Ach wie so eigen
Schaffet das Schmerzen!

Wie soll ich fliehen?
Wälderwärts ziehen?
Alles vergebens!
Krone des Lebens,
Glück ohne Ruh,
Liebe, bist du!

SCHÄFERS KLAGELIED

Da droben auf jenem Berge
Da steh' ich tausendmal,
An meinem Stabe gebogen
Und schaue hinab in das Tal.

Dann folg' ich der weidenden Herde,
Mein Hündchen bewahret mir sie.
Ich bin herunter gekommen
Und weiß doch selber nicht wie.

Da stehet von schönen Blumen
Die ganze Wiese so voll.
Ich breche sie, ohne zu wissen,
Wem ich sie geben soll.

Und Regen, Sturm und Gewitter
Verpass' ich unter dem Baum.
Die Türe dort bleibet verschlossen;
Doch alles ist leider ein Traum.

Es stehet ein Regenbogen
Wohl über jenem Haus!
Sie aber ist weggezogen,
Und weit in das Land hinaus.

Hinaus in das Land und weiter,
Vielleicht gar über die See.
Vorüber, ihr Schafe, vorüber!
Dem Schäfer ist gar so weh.

TROST IN TRÄNEN

Wie kommt's, daß du so traurig bist,
Da alles froh erscheint?
Man sieht dir's an den Augen an:
Gewiß du hast geweint.

»Und hab' ich einsam auch geweint,
So ist's mein eigner Schmerz,
Und Tränen fließen gar so süß,
Erleichtern mir das Herz.«

Die frohen Freunde laden dich,
O! komm an unsre Brust!
Und was du auch verloren hast,
Vertraue den Verlust.

»Ihr lärmt und rauscht, und ahnet nicht,
Was mich den Armen quält.
Ach nein! Verloren hab' ich's nicht,
So sehr es mir auch fehlt.«

 So raffe denn dich eilig auf,
 Du bist ein junges Blut.
 In deinen Jahren hat man Kraft,
 Und zum Erwerben Mut.

 »Ach nein! erwerben kann ich's nicht,
 Es steht mir gar zu fern.
 Es weilt so hoch, es blinkt so schön,
 Wie droben jener Stern.«

 Die Sterne, die begehrt man nicht,
 Man freut sich ihrer Pracht,
 Und mit Entzücken blickt man auf
 In jeder heitern Nacht.

 »Und mit Entzücken blick' ich auf,
 So manchen lieben Tag;
 Verweinen laßt die Nächte mich.
 So lang' ich weinen mag.«

 NACHTGESANG

 O! gib, vom weichen Pfühle,
 Träumend, ein halb Gehör!
 Bei meinem Saitenspiele
 Schlafe! was willst du mehr?

 Bei meinem Saitenspiele
 Segnet der Sterne Heer
 Die ewigen Gefühle;
 Schlafe! was willst du mehr?

 Die ewigen Gefühle
 Heben mich, hoch und hehr,
 Aus irdischem Gewühle;
 Schlafe! was willst du mehr?

Vom irdischen Gewühle
Trennst du mich nur zu sehr,
Bannst mich in diese Kühle;
Schlafe! was willst du mehr?

Bannst mich in diese Kühle,
Gibst nur im Traum Gehör.
Ach! auf dem weichen Pfühle
Schlafe! was willst du mehr?

SEHNSUCHT

Was zieht mir das Herz so?
Was zieht mich hinaus?
Und windet und schraubt mich
Aus Zimmer und Haus?
Wie dort sich die Wolken
Um Felsen verziehn!
Da möcht' ich hinüber,
Da möcht' ich wohl hin!

Nun wiegt sich der Raben
Geselliger Flug;
Ich mische mich drunter
Und folge dem Zug.
Und Berg und Gemäuer
Umfittigen wir;
Sie weilet da drunten;
Ich spähe nach ihr.

Da kommt sie und wandelt;
Ich eile sobald,
Ein singender Vogel,
Zum buschigen Wald.
Sie weilet und horchet,
Und lächelt mit sich:

»Er singet so lieblich
Und singt es an mich.«

Die scheidende Sonne
Verguldet die Höhn;
Die sinnende Schöne
Sie läßt es geschehn.
Sie wandelt am Bache
Die Wiesen entlang,
Und finster und finstrer
Umschlingt sich der Gang;

Auf einmal erschein' ich
Ein blinkender Stern.
»Was glänzet da droben?
So nah und so fern?«
Und hast du, mit Staunen,
Das Leuchten erblickt;
Ich lieg dir zu Füßen,
Da bin ich beglückt!

AN MIGNON

Über Tal und Fluß getragen
Ziehet rein der Sonne Wagen.
Ach! sie regt, in ihrem Lauf,
So wie deine, meine Schmerzen,
Tief im Herzen,
Immer morgens wieder auf.

Kaum will mir die Nacht noch frommen,
Denn die Träume selber kommen
Nun in trauriger Gestalt,
Und ich fühle dieser Schmerzen,
Still im Herzen,
Heimlich bildende Gewalt.

Schon seit manchen schönen Jahren
Seh' ich unten Schiffe fahren;
Jedes kommt an seinen Ort;
Aber ach, die steten Schmerzen,
Fest im Herzen,
Schwimmen nicht im Strome fort.

Schön in Kleidern muß ich kommen,
Aus dem Schrank sind sie genommen,
Weil es heute Festtag ist;
Niemand ahnet, daß von Schmerzen
Herz im Herzen
Grimmig mir zerrissen ist.

Heimlich muß ich immer weinen,
Aber freundlich kann ich scheinen
Und sogar gesund und rot;
Wären tödlich diese Schmerzen
Meinem Herzen,
Ach! schon lange wär ich tot.

BERGSCHLOSS

Da droben auf jenem Berge
Da steht ein altes Schloß,
Wo, hinter Toren und Türen,
Sonst lauerten Ritter und Roß.

Verbrannt sind Türen und Tore
Und überall ist es so still;
Das alte verfallne Gemäuer
Durchklettr' ich, wie ich nur will.

Hierneben lag ein Keller,
So voll von köstlichem Wein;
Nun steiget nicht mehr, mit Krügen,
Die Kellnerin heiter hinein.

 Sie setzt den Gästen, im Saale,
Nicht mehr die Becher umher,
Sie füllt, zum heiligen Mahle,
Dem Pfaffen das Fläschchen nicht mehr.

Sie reicht dem lüsternen Knappen
Nicht mehr, auf dem Gange, den Trank,
Und nimmt für flüchtige Gabe
Nicht mehr den flüchtigen Dank.

Denn alle Balken und Decken,
Sie sind schon lange verbrannt,
Und Trepp' und Gang und Kapelle
In Schutt und Trümmer verwandt.

Doch als mit Zither und Flasche
Nach diesen felsigen Höhn
Ich, an dem heitersten Tage,
Mein Liebchen steigen gesehn;

Da drängte sich frohes Behagen
Hervor aus verödeter Ruh;
Da ging's wie in alten Tagen
Recht feierlich wieder zu.

Als wären für stattliche Gäste
Die weitesten Räume bereit,
Als käm' ein Pärchen gegangen
Aus jener tüchtigen Zeit.

Als stünd', in seiner Kapelle,
Der würdige Pfaffe schon da,
Und fragte: wollt ihr einander?
Wir aber lächelten: Ja!

Und tief bewegten Gesänge
Des Herzens innigsten Grund,

Es zeugte, statt der Menge,
Der Echo schallender Mund.

Und als sich, gegen den Abend, 45
Im Stillen Alles verlor,
Da blickte die glühende Sonne
Zum schroffen Gipfel empor.

Und Knapp und Kellnerin glänzen,
Als Herren, weit und breit; 50
Sie nimmt sich zum Kredenzen
Und er zum Danke sich Zeit.

GEISTES-GRUSS

Hoch auf dem alten Turme steht
Des Helden edler Geist,
Der, wie das Schiff vorübergeht,
Es wohl zu fahren heißt.

»Sieh, diese Senne war so stark, 5
Dies Herz so fest und wild,
Die Knochen voll von Rittermark,
Der Becher angefüllt;

Mein halbes Leben stürmt' ich fort,
Verdehnt' die Hälft' in Ruh, 10
Und du, du Menschen-Schifflein dort,
Fahr' immer, immer zu!«

AN EIN GOLDNES HERZ, DAS ER AM HALSE TRUG

Angedenken du verklung'ner Freude,
Das ich immer noch am Halse trage,
Hältst du länger als das Seelenband uns beide?
Verlängerst du der Liebe kurze Tage?

Flieh' ich, Lili, vor dir! Muß noch an deinem Bande
Durch fremde Lande,
Durch ferne Täler und Wälder wallen!
Ach, Lili's Herz konnte so bald nicht
Von meinem Herzen fallen.

Wie ein Vogel, der den Faden bricht
Und zum Walde kehrt,
Er schleppt des Gefängnisses Schmach,
Noch ein Stückchen des Fadens nach;
Er ist der alte freigeborne Vogel nicht,
Er hat schon jemand angehört.

WONNE DER WEHMUT

Trocknet nicht, trocknet nicht,
Tränen der ewigen Liebe!
Ach! nur dem halbgetrockneten Auge
Wie öde, wie tot die Welt ihm erscheint!
Trocknet nicht, trocknet nicht,
Tränen unglücklicher Liebe!

WANDRERS NACHTLIED

Der du von dem Himmel bist,
Alles Leid und Schmerzen stillest,
Den, der doppelt elend ist,
Doppelt mit Erquickung füllest,
Ach! ich bin des Treibens müde!
Was soll all der Schmerz und Lust?
Süßer Friede!
Komm, ach komm in meine Brust!

EIN GLEICHES

Über allen Gipfeln
Ist Ruh',
In allen Wipfeln
Spürest Du
Kaum einen Hauch;
Die Vögelein schweigen im Walde.
Warte nur! Balde
Ruhest du auch.

JÄGERS ABENDLIED

Im Felde schleich' ich still und wild,
Gespannt mein Feuerrohr.
Da schwebt so licht dein liebes Bild,
Dein süßes Bild mir vor.

Du wandelst jetzt wohl still und mild
Durch Feld und liebes Tal,
Und ach mein schnell verrauschend Bild,
Stellt sich dir's nicht einmal?

Des Menschen, der die Welt durchstreift
Voll Unmut und Verdruß,
Nach Osten und nach Westen schweift,
Weil er dich lassen muß.

Mir ist es, denk' ich nur an dich,
Als in den Mond zu sehn;
Ein stiller Friede kommt auf mich,
Weiß nicht wie mir geschehn.

AN DEN MOND

Füllest wieder Busch und Tal
Still mit Nebelglanz,
Lösest endlich auch einmal
Meine Seele ganz;

Breitest über mein Gefild
Lindernd deinen Blick,
Wie des Freundes Auge, mild
Über mein Geschick.

Jeden Nachklang fühlt mein Herz
Froh- und trüber Zeit,
Wandle zwischen Freud' und Schmerz
In der Einsamkeit.

Fließe, fließe, lieber Fluß,
Nimmer werd' ich froh,
So verrauschte Scherz und Kuß,
Und die Treue so.

Ich besaß es doch einmal,
Was so köstlich ist!
Daß man doch zu seiner Qual
Nimmer es vergißt!

Rausche, Fluß, das Tal entlang,
Ohne Rast und Ruh,
Rausche, flüstre meinem Sang
Melodien zu!

Wenn du in der Winternacht
Wütend überschwillst
Oder um die Frühlingspracht
Junger Knospen quillst.

Selig, wer sich vor der Welt
Ohne Haß verschließt,
Einen Freund am Busen hält
Und mit dem genießt,

Was von Menschen nicht gewußt,
Oder nicht bedacht,
Durch das Labyrinth der Brust
Wandelt in der Nacht.

EINSCHRÄNKUNG

Ich weiß nicht, was mir hier gefällt,
In dieser engen, kleinen Welt
Mit holdem Zauberband mich hält?
Vergeß' ich doch, vergeß' ich gern,
Wie seltsam mich das Schicksal leitet;
Und ach! ich fühle, nah' und fern
Ist mir noch manches zubereitet.
O wäre doch das rechte Maß getroffen!
Was bleibt mir nun, als, eingehüllt,
Von holder Lebenskraft erfüllt,
In stiller Gegenwart die Zukunft zu erhoffen!

HOFFNUNG

Schaff, das Tagwerk meiner Hände,
Hohes Glück, daß ich's vollende!
Laß! o laß mich nicht ermatten!
Nein, es sind nicht leere Träume:
Jetzt nur Stangen, diese Bäume
Geben einst noch Frucht und Schatten.

SORGE

Kehre nicht in diesem Kreise
Neu und immer neu zurück!
Laß, o laß mir meine Weise,
Gönn', o gönne mir mein Glück!
Soll ich fliehen? Soll ich's fassen?
Nun gezweifelt ist genug.
Willst du mich nicht glücklich lassen,
Sorge, nun so mach mich klug!

EIGENTUM

Ich weiß, daß mir nichts angehört,
Als der Gedanke, der ungestört
Aus meiner Seele will fließen,
Und jeder günstige Augenblick,
Den mich ein liebendes Geschick
Von Grundaus läßt genießen.

AN LINA

Liebchen, kommen diese Lieder
Jemals wieder dir zur Hand,
Sitze beim Klaviere nieder,
Wo der Freund sonst bei dir stand.

Laß die Saiten rasch erklingen
Und dann sieh in's Buch hinein;
Nur nicht lesen! immer singen,
Und ein jedes Blatt ist dein!

Ach! wie traurig sieht in Lettern
Schwarz auf weiß, das Lied mich an,
Das aus deinem Mund vergöttern,
Das ein Herz zerreißen kann!

GESELLIGE LIEDER

Was wir in Gesellschaft singen,
Wird von Herz zu Herzen dringen.

ZUM NEUEN JAHR

Zwischen dem Alten,
Zwischen dem Neuen,
Hier uns zu freuen
Schenkt uns das Glück.
Und das Vergangne
Heißt, mit Vertrauen,
Vorwärts zu schauen,
Schauen zurück.

Stunden der Plage,
Leider, sie scheiden
Treue von Leiden,
Liebe von Lust;
Bessere Tage
Sammlen uns wieder,
Heitere Lieder
Stärken die Brust.

Leiden und Freuden,
Jener verschwundnen,
Sind die Verbundnen
Fröhlich gedenk.
O! des Geschickes
Seltsamer Windung!
Alte Verbindung,
Neues Geschenk!

Dankt es dem regen,
Wogenden Glücke,
Dankt dem Geschicke
Männiglich Gut,
Freut euch des Wechsels
Heiterer Triebe,
Offener Liebe,
Heimlicher Glut!

Andere schauen
Deckende Falten,
Über dem Alten,
Traurig und scheu;
Aber uns leuchtet
Freundliche Treue.
Sehet das Neue
Findet uns neu.

So wie im Tanze
Bald sich verschwindet,
Wieder sich findet
Liebendes Paar;
So, durch des Lebens
Wirrende Beugung,
Führe die Neigung
Uns in das Jahr.

STIFTUNGSLIED

Was gehst du, schöne Nachbarin,
Im Garten so allein?
Und wenn du Haus und Felder pflegst,
Will ich dein Diener sein,

Mein Bruder schlich zur Kellnerin
Und ließ ihr keine Ruh.

Sie gab ihm einen frischen Trunk
Und einen Kuß dazu.

Mein Vetter ist ein kluger Wicht,
Er ist der Köchin hold.
Den Braten dreht er, für und für,
Um süßen Minnesold.

Die sechse die verzehrten dann
Zusammen ein gutes Mahl,
Und singend kam ein viertes Paar
Gesprungen in den Saal.

Willkommen! und willkommen auch!
Fürs wackre fünfte Paar,
Das voll Geschicht' und Neuigkeit
Und frischer Schwänke war.

Noch blieb für Rätsel, Witz und Geist
Und seine Spiele Platz;
Ein sechstes Pärchen kam heran,
Gefunden war der Schatz.

Doch eines fehlt' und fehlte sehr,
Was doch das beste tut.
Ein zärtlich Pärchen schloß sich an,
Ein treues – nun war's gut.

Gesellig feiert, fort und fort,
Das ungestörte Mahl,
Und eins im andern freue sich
Der heil'gen Doppelzahl.

FRÜHLINGSORAKEL

Du prophet'scher Vogel du,
Blütensänger, o! Coucou!
Bitten eines jungen Paares,
In der schönsten Zeit des Jahres,
Höre, liebster Vogel du,
Kann es hoffen; ruf ihm zu:
Dein Coucou, dein Coucou,
Immer mehr Coucou, Coucou.

Hörst du! ein verliebtes Paar
Sehnt sich herzlich zum Altar;
Und es ist, bei seiner Jugend,
Voller Treue, voller Tugend.
Ist die Stunde denn noch nicht voll?
Sage, wie lange es warten soll?
Horch! Coucou! Horch! Coucou!
Immer stille! Nichts hinzu!

Ist es doch nicht unsre Schuld!
Nur zwei Jahre noch Geduld!
Aber, wenn wir uns genommen,
Werden Pa, pa, papas kommen?
Wisse, daß du uns erfreust,
Wenn du viele prophezeist.
Eins! Coucou! Zwei! Coucou!
Immer weiter Coucou, Coucou, Cou.

Haben wir wohl recht gezählt;
Wenig am Halbdutzend fehlt.
Wenn wir gute Worte geben;
Sagst du wohl, wie lang wir leben?
Freilich, wir gestehen dir's,
Gern zum längsten trieben wir's.

Cou Coucou, Cou Coucou,
Cou, Cou, Cou, Cou, Cou, Cou, Cou, Cou, Cou.

Leben ist ein großes Fest,
Wenn sich's nicht berechnen läßt.
Sind wir nun zusammen blieben;
Bleibt denn auch das treue Lieben?
Könnte das zu Ende gehn;
Wär' doch Alles nicht mehr schön.
Cou Coucou, Cou Coucou :|:
Cou, Cou, Cou, Cou, Cou, Cou, Cou, Cou, Cou.
 (Mit Grazie in infinitum.)

DIE GLÜCKLICHEN GATTEN

Nach diesem Frühlingsregen,
Den wir, so warm, erfleht,
Weibchen! o! sieh den Segen,
Der unsre Flur durchweht.
Nur in der blauen Trübe
Verliert sich fern der Blick;
Hier wandelt noch die Liebe,
Hier hauset noch das Glück.

Das Pärchen weißer Tauben,
Du siehst, es fliegt dorthin,
Wo, um besonnte Lauben,
Gefüllte Veilchen blühn.
Dort banden wir zusammen
Den allerersten Strauß,
Dort schlugen unsre Flammen,
Zuerst, gewaltig aus.

Doch als uns vom Altare,
Nach dem beliebten Ja,
Mit manchem jungen Paare,

Der Pfarrer eilen sah;
Da gingen andre Sonnen
Und andre Monden auf,
Da war die Welt gewonnen,
Für unsern Lebenslauf.

Und hunderttausend Siegel
Bekräftigten den Bund,
Im Wäldchen auf dem Hügel,
Im Busch am Wiesengrund,
In Höhlen, im Gemäuer
Auf des Geklüftes Höh,
Und Amor trug das Feuer
Selbst in das Rohr am See.

Wir wandelten zufrieden,
Wir glaubten uns zu zwei;
Doch anders war's beschieden
Und sieh! wir waren drei,
Und vier' und fünf' und sechse;
Sie saßen um den Topf,
Und nun sind die Gewächse
Fast all' uns übern Kopf.

Und dort, in schöner Fläche,
Das neugebaute Haus
Umschlingen Pappelbäche,
So freundlich sieht's heraus.
Wer schaffte wohl, da drüben,
Sich diesen frohen Sitz?
Ist es, mit seiner Lieben,
Nicht unser braver Fritz?

Und wo, im Felsengrunde,
Der eingeklemmte Fluß
Sich, schäumend, aus dem Schlunde
Auf Räder stürzen muß:

Man spricht von Müllerinnen
Und wie so schön sie sind;
Doch immer wird gewinnen
Dort hinten unser Kind.

Doch wo das Grün, so dichte,
Um Kirch' und Rasen steht,
Da wo die alte Fichte,
Allein zum Himmel weht;
Da ruhet unsrer Toten
Frühzeitiges Geschick,
Und leitet, von dem Boden,
Zum Himmel unsern Blick.

Es blitzen Waffenwogen
Den Hügel, schwankend, ab.
Das Heer es kommt gezogen,
Das uns den Frieden gab.
Wer, mit der Ehrenbinde,
Bewegt sich stolz voraus?
Er gleichet unserm Kinde!
So kommt der Carl nach Haus;

Den liebsten aller Gäste
Bewirtet nun die Braut;
Sie wird, am Friedensfeste,
Dem Treuen angetraut;
Und zu den Feiertänzen
Drängt jeder sich herbei;
Da schmückest du mit Kränzen
Der jüngsten Kinder drei.

Bei Flöten und Schalmeien
Erneuert sich die Zeit,
Da wir uns einst, im Reihen,
Als junges Paar gefreut,
Und in des Jahres Laufe,

Die Wonne fühl' ich schon!
Begleiten wir zur Taufe
Den Enkel und den Sohn.

BUNDESLIED

In allen guten Stunden,
Erhöht von Lieb' und Wein,
Soll dieses Lied verbunden
Von uns gesungen sein!
Uns hält der Gott zusammen, 5
Der uns hierher gebracht.
Erneuert unsre Flammen,
Er hat sie angefacht.

So glühet fröhlich heute,
Seid recht von Herzen eins! 10
Auf, trinkt erneuter Freude
Dies Glas des echten Weins!
Auf! in der holden Stunde
Stoßt an, und küsset treu,
Bei jedem neuen Bunde, 15
Die alten wieder neu!

Wer lebt in unserm Kreise,
Und lebt nicht selig drin?
Genießt die freie Weise
Und treuen Brudersinn! 20
So bleibt durch alle Zeiten
Herz Herzen zugekehrt!
Von keinen Kleinigkeiten
Wird unser Bund gestört.

Uns hat ein Gott gesegnet 25
Mit freiem Lebensblick,
Und Alles, was begegnet,

Erneuert unser Glück.
Durch Grillen nicht gedränget,
Verknickt sich keine Lust;
Durch Zieren nicht geenget,
Schlägt freier unsre Brust.

Mit jedem Schritt wird weiter
Die rasche Lebensbahn,
Und heiter, immer heiter
Steigt unser Blick hinan.
Uns wird es nimmer bange,
Wenn Alles steigt und fällt,
Und bleiben lange! lange!
Auf ewig so gesellt.

DAUER IM WECHSEL

Hielte diesen frühen Segen
Ach nur Eine Stunde fest!
Aber vollen Blütenregen
Schüttelt schon der laue West.
Soll ich mich des Grünen freuen?
Dem ich Schatten erst verdankt;
Bald wird Sturm auch das zerstreuen,
Wenn es falb im Herbst geschwankt.

Willst du nach den Früchten greifen;
Eilig nimm dein Teil davon!
Diese fangen an zu reifen
Und die andern keimen schon;
Gleich, mit jedem Regengusse,
Ändert sich dein holdes Tal,
Ach! und in demselben Flusse
Schwimmst du nicht zum zweitenmal.

Du nun selbst! Was felsenfeste
Sich vor dir hervorgetan,
Mauern siehst du, siehst Paläste
Stets mit andern Augen an.
Weggeschwunden ist die Lippe,
Die im Kusse sonst genas,
Jener Fuß, der an der Klippe
Sich, mit Gemsenfreche, maß.

Jene Hand, die gern und milde
Sich bewegte wohlzutun,
Das gegliederte Gebilde,
Alles ist ein andres nun.
Und was sich, an jener Stelle,
Nun mit deinem Namen nennt,
Kam herbei, wie eine Welle,
Und so eilt's zum Element.

Laß den Anfang mit dem Ende
Sich in Eins zusammenziehn!
Schneller als die Gegenstände
Selber dich vorüberfliehn.
Danke, daß die Gunst der Musen
Unvergängliches verheißt,
Den Gehalt in deinem Busen
Und die Form in deinem Geist.

TISCHLIED

Mich ergreift, ich weiß nicht wie,
Himmlisches Behagen.
Will mich's etwa gar hinauf
Zu den Sternen tragen?
Doch ich bleibe lieber hier,
Kann ich redlich sagen,
Beim Gesang und Glase Wein
Auf den Tisch zu schlagen.

 Wundert euch, ihr Freunde, nicht,
Wie ich mich gebärde;
Wirklich ist es allerliebst
Auf der lieben Erde:
Darum schwör' ich feierlich,
Sonder alle Fährde,
Daß ich mich nicht freventlich,
Wegbegeben werde.

Da wir aber allzumal
So beisammen weilen,
Dächt' ich, klänge der Pokal
Zu des Dichters Zeilen.
Gute Freunde ziehen fort,
Wohl ein hundert Meilen,
Darum soll man hier am Ort
Anzustoßen eilen.

Lebe hoch, wer Leben schafft!
Das ist meine Lehre.
Unser König denn voran,
Ihm gebührt die Ehre.
Gegen inn- und äußern Feind
Setzt er sich zur Wehre;
Ans Erhalten denkt er zwar,
Mehr noch, wie er mehre.

Nun begrüß' ich sie sogleich,
Sie die einzig Eine.
Jeder denke, ritterlich,
Sich dabei die Seine.
Merket auch ein schönes Kind,
Wen ich eben meine,
Nun so nicke sie mir zu:
Leb' auch so der Meine!

 Freunden gilt das dritte Glas,
Zweien oder dreien,
Die mit uns, am guten Tag,
Sich im Stillen freuen
Und der Nebel trübe Nacht 45
Leis und leicht zerstreuen;
Diesen sei ein Hoch gebracht,
Alten oder Neuen.

Breiter wallet nun der Strom,
Mit vermehrten Wellen. 50
Leben jetzt, im hohen Ton,
Redliche Gesellen!
Die sich, mit gedrängter Kraft,
Brav zusammen stellen,
In des Glückes Sonnenschein 55
Und in schlimmen Fällen.

Wie wir nun zusammen sind,
Sind zusammen viele.
Wohl gelingen denn, wie uns,
Andern ihre Spiele! 60
Von der Quelle bis ans Meer
Mahlet manche Mühle,
Und das Wohl der ganzen Welt
Ist's, worauf ich ziele.

GEWOHNT, GETAN

Ich habe geliebet; nun lieb' ich erst recht!
Erst war ich der Diener, nun bin ich der Knecht.
Erst war ich der Diener von Allen;
Nun fesselt mich diese scharmante Person,
Sie tut mir auch alles zur Liebe, zum Lohn, 5
Sie kann nur allein mir gefallen.

Ich habe geglaubet; nun glaub' ich erst recht!
Und geht es auch wunderlich, geht es auch schlecht,
Ich bleibe bei'm gläubigen Orden:
So düster es oft und so dunkel es war
In drängenden Nöten, in naher Gefahr,
Auf einmal ist's lichter geworden.

Ich habe gespeiset; nun speis' ich erst gut!
Bei heiterem Sinne, mit fröhlichem Blut
Ist alles an Tafel vergessen.
Die Jugend verschlingt nur, dann sauset sie fort;
Ich liebe zu tafeln am lustigen Ort,
Ich kost' und ich schmecke bei'm Essen.

Ich habe getrunken; nun trink' ich erst gern!
Der Wein er erhöht uns, er macht uns zum Herrn
Und löset die sklavischen Zungen.
Ja schonet nur nicht das erquickende Naß:
Denn schwindet der älteste Wein aus dem Faß,
So altern dagegen die Jungen.

Ich habe getanzt und dem Tanze gelobt
Und wird auch kein Schleifer, kein Walzer getobt,
So drehn wir ein sittiges Tänzchen.
Und wer sich der Blumen recht viele verflicht
Und hält auch die ein' und die andere nicht,
Ihm bleibet ein munteres Kränzchen.

Drum frisch nur auf's Neue! Bedenke dich nicht:
Denn wer sich die Rosen, die blühenden, bricht,
Den kitzeln fürwahr nur die Dornen.
So heute wie gestern, es flimmert der Stern.
Nur halte von hängenden Köpfen dich fern
Und lebe dir immer von vornen.

GENERALBEICHTE

Lasset heut, im edeln Kreis,
Meine Warnung gelten!
Nehmt die ernste Stimmung wahr,
Denn sie kommt so selten.
Manches habt ihr vorgenommen,
Manches ist euch schlecht bekommen,
Und ich muß euch schelten.

Reue soll man doch einmal
In der Welt empfinden!
So bekennt, vertraut und fromm,
Eure größten Sünden!
Aus des Irrtums falschen Weiten
Sammelt euch und sucht, bei Zeiten,
Euch zurechtzufinden.

Ja, wir haben, sei's bekannt
Wachend oft geträumet,
Nicht geleert das frische Glas,
Wenn der Wein geschäumet;
Manche rasche Schäferstunde,
Flücht'gen Kuß vom lieben Munde,
Haben wir versäumet.

Still und maulfaul saßen wir,
Wenn Philister schwätzten,
Über göttlichen Gesang
Ihr Geklatsche schätzten;
Wegen glücklicher Momente,
Deren man sich rühmen könnte,
Uns zur Rede setzten.

Willst du Absolution
Deinen Treuen geben;

Wollen wir nach deinem Wink
Unabläßlich streben,
Uns vom Halben zu entwöhnen,
Und, im Ganzen, Guten, Schönen,
Resolut zu leben.

Den Philistern allzumal
Wohlgemut zu schnippen,
Jenen Perlenschaum des Weins
Nicht nur flach zu nippen,
Nicht zu lieben, leis mit Augen,
Sondern fest uns anzusaugen
An geliebte Lippen.

WELTSEELE

Verteilet Euch, nach allen Regionen,
Von diesem heil'gen Schmaus!
Begeistert reißt Euch durch die nächsten Zonen
In's All und füllt es aus!

Schon schwebet Ihr, in ungemeßnen Fernen,
Den sel'gen Göttertraum,
Und leuchtet neu, gesellig, unter Sternen
Im lichtbesäten Raum.

Dann treibt Ihr Euch, gewaltige Kometen,
In's Weit' und Weitr' hinan.
Das Labyrinth der Sonnen und Planeten
Durchschneidet Eure Bahn.

Ihr greifet rasch nach ungeformten Erden
Und wirket, schöpfrisch jung,
Daß sie belebt und stets belebter werden,
Im abgemeßnen Schwung.

Und kreisend führt Ihr in bewegten Lüften
Den wandelbaren Flor,
Und schreibt dem Stein, in allen seinen Grüften,
Die festen Formen vor.

Nun Alles sich, mit göttlichem Erkühnen,
Zu übertreffen strebt;
Das Wasser will, das unfruchtbare, grünen
Und jedes Stäubchen lebt.

Und so verdrängt, mit liebevollem Streiten,
Der feuchten Qualme Nacht;
Nun glühen schon des Paradieses Weiten,
In überbunter Pracht.

Wie regt sich bald, ein holdes Licht zu schauen,
Gestaltenreiche Schar,
Und Ihr erstaunt, auf den beglückten Auen,
Nun als das erste Paar,

Und bald verlischt ein unbegrenztes Streben,
Im sel'gen Wechselblick.
Und so empfängt, mit Dank, das schönste Leben
Vom All in's All zurück.

KOPHTISCHES LIED

Lasset Gelehrte sich zanken und streiten,
Streng und bedächtig die Lehrer auch sein!
Alle die Weisesten aller der Zeiten
Lächeln und winken und stimmen mit ein:
Töricht, auf Beßrung der Toren zu harren!
Kinder der Klugheit, o habet die Narren
Eben zum Narren auch, wie sich's gehört!

Merlin der Alte, im leuchtenden Grabe,
Wo ich als Jüngling gesprochen ihn habe,
Hat mich mit ähnlicher Antwort belehrt:
Töricht, auf Beßrung der Toren zu harren!
Kinder der Klugheit, o habet die Narren
Eben zum Narren auch, wie sich's gehört!

Und auf den Höhen der Indischen Lüfte
Und in den Tiefen Ägyptischer Grüfte
Hab' ich das heilige Wort nur gehört:
Töricht, auf Beßrung der Toren zu harren!
Kinder der Klugheit, o habet die Narren
Eben zum Narren auch, wie sich's gehört.

EIN ANDRES

Geh! gehorche meinen Winken,
Nutze deine jungen Tage,
Lerne zeitig klüger sein:
Auf des Glückes großer Waage
Steht die Zunge selten ein;
Du mußt steigen oder sinken,
Du mußt herrschen und gewinnen,
Oder dienen und verlieren,
Leiden oder triumphieren,
Amboß oder Hammer sein.

VANITAS! VANITATUM VANITAS!

Ich hab' mein Sach auf Nichts gestellt.
 Juchhe!
Drum ist's so wohl mir in der Welt.
 Juchhe!
Und wer will mein Kamerade sein,
Der stoße mit an, der stimme mit ein,
Bei dieser Neige Wein.

Ich stellt' mein Sach auf Geld und Gut.
Juchhe!
Darüber verlor ich Freud' und Mut.
O weh!
Die Münze rollte hier und dort
Und hascht' ich sie an einem Ort,
Am andern war sie fort.

Auf Weiber stellt' ich nun mein Sach.
Juchhe!
Daher mir kam viel Ungemach.
O weh!
Die Falsche sucht sich ein ander Teil,
Die Treue macht mir Langeweil:
Die Beste war nicht feil.

Ich stellt' mein Sach auf Reis' und Fahrt.
Juchhe!
Und ließ meine Vaterlandesart.
O weh!
Und mir behagt es nirgends recht,
Die Kost war fremd, das Bett war schlecht,
Niemand verstand mich recht.

Ich stellt' mein Sach auf Ruhm und Ehr.
Juchhe!
Und sieh! gleich hatt' ein Andrer mehr.
O weh!
Wie ich mich hatt' hervorgetan
Da sahen die Leute scheel mich an,
Hatte Keinem Recht getan.

Ich setzt' mein Sach auf Kampf und Krieg.
Juchhe!
Und uns gelang so mancher Sieg.
Juchhe!
Wir zogen in Feindes Land hinein,

Dem Freunde sollt's nicht viel besser sein,
Und ich verlor ein Bein.

Nun hab' ich mein Sach auf Nichts gestellt.
 Juchhe!
Und mein gehört die ganze Welt.
 Juchhe!
Zu Ende geht nun Sang und Schmaus.
Nur trinkt mir alle Neigen aus;
Die letzte muß heraus!

KRIEGSGLÜCK

Verwünschter weiß ich nichts im Krieg,
Als nicht blessiert zu sein.
Man geht getrost von Sieg zu Sieg
Gefahr gewohnt hinein;
Hat abgepackt und aufgepackt
Und weiter nichts ereilt,
Als daß man auf dem Marsch sich plackt,
Im Lager langeweilt.

Dann geht das Cantonieren an,
Dem Bauer eine Last,
Verdrießlich jedem Edelmann,
Und Bürgern gar verhaßt.
Sei höflich, man bedient dich schlecht,
Den Grobian zur Not;
Und nimmt man selbst am Wirte Recht,
Ißt man Profoßen-Brot.

Wenn endlich die Kanone brummt
Und knattert's klein Gewehr,
Trompet' und Trab und Trommel summt,
Da geht's wohl lustig her;
Und wie nun das Gefecht befiehlt,

Man weichet, man erneut's,
Man retiriert, man avanciert –
Und immer ohne Kreuz.

Nun endlich pfeift Musketen-Blei
Und trifft, wills Gott, das Bein,
Und nun ist alle Not vorbei,
Man schleppt uns gleich hinein
Zum Städtchen, das der Sieger deckt,
Wohin man grimmig kam;
Die Frauen, die man erst erschreckt,
Sind liebenswürdig zahm.

Da tut sich Herz und Keller los,
Die Küche darf nicht ruhn;
Auf weicher Betten Flaumen-Schoß
Kann man sich gütlich tun.
Der kleine Flügelbube hupft,
Die Wirtin rastet nie,
Sogar das Hemdchen wird zerzupft,
Das nenn' ich doch Charpie!

Hat Eine sich den Helden nun
Beinah herangepflegt,
So kann die Nachbarin nicht ruhn,
Die ihn gesellig hegt.
Ein Drittes kommt wohl emsiglich,
Am Ende fehlet keins,
Und in der Mitte sieht er sich
Des sämtlichen Vereins.

Der König hört von guter Hand,
Man sei voll Kampfes-Lust;
Da kömmt behende Kreuz und Band
Und zieret Rock und Brust.
Sagt, ob's für einen Martismann
Wohl etwas Beßres gibt!

55 Und unter Tränen scheidet man
 Geehrt so wie geliebt.

OFFNE TAFEL

 Viele Gäste wünsch' ich heut
 Mir zu meinem Tische!
 Speisen sind genug bereit
 Vögel, Wild und Fische.
5 Eingeladen sind sie ja,
 Haben's angenommen.
 Hänschen, geh' und sieh' dich um!
 Sieh' mir ob sie kommen!

 Schöne Kinder hoff' ich nun,
10 Die von gar nichts wissen,
 Nicht, daß es was hübsches sei,
 Einen Freund zu küssen.
 Eingeladen sind sie all,
 Haben's angenommen.
15 Hänschen, geh' und sieh' dich um!
 Sieh' mir ob sie kommen!

 Frauen denk' ich auch zu sehn,
 Die den Ehegatten,
 Ward er immer brummiger,
20 Immer lieber hatten.
 Eingeladen wurden sie,
 Haben's angenommen.
 Hänschen, geh' und sieh' dich um!
 Sieh' mir ob sie kommen!

25 Junge Herrn berief ich auch
 Nicht im mindsten eitel,
 Die sogar bescheiden sind
 Mit gefülltem Beutel;

Diese bat ich sonderlich,
Haben's angenommen.
 Hänschen, geh' und sieh' dich um!
 Sieh' mir ob sie kommen!

Männer lud ich mit Respekt,
Die auf ihre Frauen
Ganz allein, nicht neben aus
Auf die schönste schauen.
Sie erwiderten den Gruß,
Haben's angenommen.
 Hänschen, geh' und sieh' dich um!
 Sieh' mir ob sie kommen!

Dichter winkt' ich auch herbei,
Unsre Lust zu mehren,
Die weit lieber fremdes Lied
Als ihr eignes hören.
Alle diese stimmten ein,
Haben's angenommen.
 Hänschen, geh' und sieh' dich um!
 Sieh' mir ob sie kommen!

Doch ich sehe Niemand gehn
Sehe Niemand rennen!
Suppe kocht und siedet ein,
Braten will verbrennen.
Ach, wir haben's, fürcht' ich, nur
Zu genau genommen!
 Hänschen, sag' was meinst du wohl?
 Es wird Niemand kommen.

Hänschen lauf' und säume nicht,
Ruf mir neue Gäste!
Jeder komme wie er ist,
Das ist wohl das Beste!
Schon ist's in der Stadt bekannt,
Wohl ist's aufgenommen,

Hänschen, mach' die Türen auf:
Sieh nur, wie sie kommen!

RECHENSCHAFT

Der Meister
Frisch! der Wein soll reichlich fließen!
Nichts Verdrießlichs weh' uns an!
Sage, willst du mitgenießen,
Hast du deine Pflicht getan?

Einer
Zwei recht gute junge Leute
Liebten sich nur gar zu sehr;
Gestern zärtlich, wütend heute,
Morgen wär' es noch vielmehr;
Senkte Sie hier das Genicke,
Dort zerrauft' Er sich das Haar;
Alles bracht' ich ins Geschicke,
Und sie sind ein glücklich Paar.

Chor
Sollst uns nicht nach Weine lechzen!
Gleich das volle Glas heran!
Denn das Ächzen und das Krächzen
Hast du heut schon abgetan.

Einer
Warum weinst du, junge Waise?
»Gott! ich wünschte mir das Grab;
Denn mein Vormund, leise, leise,
Bringt mich an den Bettelstab.«
Und ich kannte das Gelichter,
Zog den Schächer vor Gericht,
Streng' und brav sind unsre Richter,
Und das Mädchen bettelt nicht.

Chor
Sollst uns nicht nach Weine lechzen!
Gleich das volle Glas heran!
Denn das Ächzen und das Krächzen
Hast du heut schon abgetan.

Einer
Einem armen kleinen Kegel,
Der sich nicht besonders regt,
Hat ein ungeheurer Flegel
Heute grob sich aufgelegt.
Und ich fühlte mich ein Mannsen,
Ich gedachte meiner Pflicht,
Und ich hieb dem langen Hansen
Gleich die Schmarre durch's Gesicht.

Chor
Sollst uns nicht nach Weine lechzen!
Gleich das volle Glas heran!
Denn das Ächzen und das Krächzen
Hast du heut schon abgetan.

Einer
Wenig hab' ich nur zu sagen:
Denn ich habe nichts getan.
Ohne Sorgen, ohne Plagen
Nahm ich mich der Wirtschaft an;
Doch ich habe nichts vergessen,
Ich gedachte meiner Pflicht:
Alle wollten sie zu essen,
Und an Essen fehlt' es nicht.

Chor
Sollst uns nicht nach Weine lechzen!
Gleich das volle Glas heran!
Denn das Ächzen und das Krächzen
Hast du heut schon abgetan.

Einer
Einer wollte mich erneuen,
Macht' es schlecht: Verzeih' mir Gott!
Achselzucken, Kümmereien!
Und er hieß ein Patriot.
Ich verfluchte das Gewäsche,
Rannte meinen alten Lauf.
Narre! wenn es brennt, so lösche,
Hat's gebrannt, bau wieder auf!

Chor
Sollst uns nicht nach Weine lechzen!
Gleich das volle Glas heran!
Denn das Ächzen und das Krächzen
Hast du heut schon abgetan.

Meister
Jeder möge so verkünden,
Was ihm heute wohlgelang!
Das ist erst das rechte Zünden,
Daß entbrenne der Gesang.
Keinen Druckser hier zu leiden,
Sei ein ewiges Mandat!
Nur die Lumpe sind bescheiden;
Brave freuen sich der Tat.

Chor
Keiner soll nach Weine lechzen!
Gleich das volle Glas heran!
Denn das Ächzen und das Krächzen
Haben wir nun abgetan.

Drei Stimmen
Heiter trete jeder Sänger,
Hochwillkommen in den Saal:
Denn nur mit dem Grillenfänger
Halten wir's nicht liberal;

Fürchten hinter diesen Launen,
Diesem ausstaffierten Schmerz,
Diesen trüben Augenbraunen,
Leerheit oder schlechtes Herz.

Chor
Niemand soll nach Weine lechzen! 85
Doch kein Dichter soll heran,
Der das Ächzen und das Krächzen
Nicht zuvor hat abgetan!

ERGO BIBAMUS!

Hier sind wir versammlet zu löblichem Tun,
 Drum, Brüderchen! Ergo bibamus.
Die Gläser sie klingen, Gespräche sie ruhn,
 Beherziget Ergo bibamus.
Das heißt noch ein altes, ein tüchtiges Wort: 5
Es passet zum Ersten und passet so fort,
Und schallet ein Echo vom festlichen Ort,
 Ein herrliches Ergo bibamus.

Ich hatte mein freundliches Liebchen gesehn,
 Da dacht' ich mir: Ergo bibamus. 10
Und nahte mich traulich; da ließ sie mich stehn.
 Ich half mir und dachte: Bibamus.
Und wenn sie versöhnet euch herzet und küßt,
Und wenn ihr das Herzen und Küssen vermißt;
So bleibet nur, bis ihr was Besseres wißt, 15
 Beim tröstlichen Ergo bibamus.

Mich ruft mein Geschick von den Freunden hinweg;
 Ihr Redlichen! Ergo bibamus.
Ich scheide von hinnen mit leichtem Gepäck;
 Drum doppeltes Ergo bibamus. 20
Und was auch der Filz von dem Leibe sich schmorgt,

So bleibt für den Heitern doch immer gesorgt;
Weil immer dem Frohen der Fröhliche borgt;
 Drum, Brüderchen! Ergo bibamus.

Was sollen wir sagen zum heutigen Tag!
 Ich dächte nur: Ergo bibamus.
Er ist nun einmal von besonderem Schlag;
 Drum immer aufs neue: Bibamus.
Er führt die Freude durchs offene Tor,
Es glänzen die Wolken, es teilt sich der Flor,
Da scheint uns ein Bildchen, ein göttliches, vor;
 Wir klingen und singen: Bibamus.

MUSEN UND GRAZIEN IN DER MARK

O! wie ist die Stadt so wenig.
Laßt die Maurer künftig ruhn!
Unsre Bürger, unser König
Könnten wohl was Bessers tun.
Ball und Oper wird uns töten;
Liebchen, komm auf meine Flur,
Denn besonders die Poeten,
Die verderben die Natur.

O wie freut es mich, mein Liebchen,
Daß du so natürlich bist;
Unsre Mädchen, unsre Bübchen,
Spielen künftig auf dem Mist!
Und auf unsern Promenaden
Zeigt sich erst die Neigung stark.
Liebes Mädchen! laß uns waden,
Waden noch durch diesen Quark.

Dann im Sand uns zu verlieren,
Der uns keinen Weg versperrt!
Dich den Anger hin zu führen,

Wo der Dorn das Röckchen zerrt! 20
Zu dem Dörfchen laß uns schleichen,
Mit dem spitzen Turme hier;
Welch ein Wirtshaus sonder gleichen!
Trocknes Brot! und saures Bier!

Sagt mir nichts von gutem Boden, 25
Nichts vom Magdeburger Land!
Unsre Samen, unsre Toten,
Ruhen in dem leichten Sand.
Selbst die Wissenschaft verlieret
Nichts an ihrem raschen Lauf, 30
Denn bei uns, was vegetieret,
Alles keimt getrocknet auf.

Geht es nicht in unserm Hofe
Wie im Paradiese zu?
Statt der Dame, statt der Zofe 35
Macht die Henne Glu! glu! glu!
Uns beschäftigt nicht der Pfauen,
Nur der Gänse Lebenslauf;
Meine Mutter zieht die grauen,
Meine Frau die weißen auf. 40

Laß den Witzling uns besticheln!
Glücklich! wenn ein deutscher Mann
Seinem Freunde, Vetter Micheln,
Guten Abend bieten kann.
Wie ist der Gedanke labend: 45
Solch ein Edler bleibt uns nah!
Immer sagt man: gestern Abend
War doch Vetter Michel da!

Und in unsern Liedern keimet
Sylb' aus Sylbe, Wort aus Wort. 50
Ob sich gleich auf deutsch nichts reimet,
Reimt der Deutsche dennoch fort.

Ob es kräftig oder zierlich,
Geht uns so genau nicht an;
Wir sind bieder und natürlich,
Und das ist genug getan.

EPIPHANIAS

Die heilgen drei König' mit ihrem Stern,
Sie essen, sie trinken, und bezahlen nicht gern;
Sie essen gern, sie trinken gern,
Sie essen, trinken, und bezahlen nicht gern.

Die heilgen drei König' sind kommen allhier,
Es sind ihrer drei und sind nicht ihrer vier;
Und wenn zu dreien der vierte wär'
So wär' ein heilger drei König mehr.

Ich erster bin der weiß' und auch der schön',
Bei Tage solltet ihr erst mich sehn!
Doch ach! mit allen Spezerein
Werd' ich sein Tag kein Mädchen mehr erfreun.

Ich aber bin der braun' und bin der lang',
Bekannt bei Weibern wohl und bei Gesang.
Ich bringe Gold statt Spezerein,
Da werd' ich überall willkommen sein.

Ich endlich bin der schwarz' und bin der klein'
Und mag auch wohl einmal recht lustig sein.
Ich esse gern, ich trinke gern,
Ich esse, trinke und bedanke mich gern.

Die heilgen drei König' sind wohl gesinnt,
Sie suchen die Mutter und das Kind;
Der Joseph fromm sitzt auch dabei,
Der Ochs und Esel liegen auf der Streu.

Wir bringen Myrrhen, wir bringen Gold,
Dem Weihrauch sind die Damen hold;
Und haben wir Wein von gutem Gewächs,
So trinken wir drei so gut als ihrer sechs.

Da wir nun hier schöne Herrn und Fraun,
Aber keine Ochsen und Esel schaun;
So sind wir nicht am rechten Ort
Und ziehen unseres Weges weiter fort.

DIE LUSTIGEN VON WEIMAR

Donnerstag nach Belvedere,
Freitag geht's nach Jena fort:
Denn das ist, bei meiner Ehre,
Doch ein allerliebster Ort!
Samstag ist's worauf wir zielen.
Sonntag rutscht man auf das Land;
Zwäzen, Burgau, Schneidemühlen
Sind uns alle wohlbekannt.

Montag reizet uns die Bühne;
Dienstag schleicht dann auch herbei,
Doch er bringt zu stiller Sühne
Ein Rapuschchen frank und frei.
Mittwoch fehlt es nicht an Rührung:
Denn es gibt ein gutes Stück;
Donnerstag lenkt die Verführung
Uns nach Belveder zurück.

Und es schlingt ununterbrochen
Immer sich der Freudenkreis
Durch die zwei und funfzig Wochen,
Wenn man's recht zu führen weiß.
Spiel und Tanz, Gespräch, Theater,
Sie erfrischen unser Blut;

Laßt den Wienern ihren Prater;
Weimar, Jena, da ist's gut!

SICILIANISCHES LIED

Ihr schwarzen Äugelein!
Wenn ihr nur winket,
Es fallen Häuser ein,
Es fallen Städte;
5 Und diese Leimenwand
Vor meinem Herzen –
Bedenk doch nur einmal –
Die sollt' nicht fallen!

SCHWEIZERLIED

Uf'm Bergli
Bin i gesässe,
Ha de Vögle
Zugeschaut;
5 Hänt gesunge,
Hänt gesprunge,
Hänts Nästli
Gebaut.

In ä Garte
10 Bin i gestande,
Ha de Imbli
Zugeschaut;
Hänt gebrummet,
Hänt gesummet,
15 Hänt Zelli
Gebaut.

Uf d'Wiese
Bin i gange,
Lugt'i Summer-
vögle a;
Hänt gesoge,
Hänt geflogen,
Gar z' schön hänt's
Getan.

Und da kummt nu
Der Hansel,
Und da zeig i
Em froh,
Wie sie's machen,
Und mer lachen
Und machen's
Au so.

FINNISCHES LIED

Käm' der liebe Wohlbekannte,
Völlig so wie er geschieden;
Kuß erkläng' an seinen Lippen,
Hätt' auch Wolfsblut sie gerötet;
Ihm den Handschlag gäb' ich, wären
Seine Fingerspitzen Schlangen.

Wind! o hättest du Verständnis,
Wort' um Worte trügst du wechselnd,
Sollt' auch einiges verhallen,
Zwischen zwei entfernten Liebchen.

Gern entbehrt' ich gute Bissen,
Priesters Tafelfleisch vergäß' ich,
Eher als dem Freund entsagen,
Den ich Sommers rasch bezwungen,
Winters langer Weis' bezähmte.

ZIGEUNERLIED

Im Nebelgeriesel, im tiefen Schnee,
Im wilden Wald, in der Winternacht,
Ich hörte der Wölfe Hungergeheul,
Ich hörte der Eulen Geschrei:
 Wille wau wau wau!
 Wille wo wo wo!
 Wito hu!

Ich schoß einmal eine Katz' am Zaun,
Der Anne, der Hex', ihre schwarze liebe Katz';
Da kamen des Nachts sieben Wehrwölf zu mir,
Waren sieben sieben Weiber vom Dorf.
 Wille wau wau wau!
 Wille wo wo wo!
 Wito hu!

Ich kannte sie all', ich kannte sie wohl
Die Anne, die Ursel, die Käth',
Die Liese, die Barbe, die Ev', die Beth;
Sie heulten im Kreise mich an.
 Wille wau wau wau!
 Wille wo wo wo!
 Wito hu!

Da nannt' ich sie alle bei Namen laut:
Was willst Du, Anne? was willst Du, Beth?
Da rüttelten sie sich, da schüttelten sie sich
Und liefen und heulten davon.
 Wille wau wau wau
 Wille wo wo wo!
 Wito hu!

BALLADEN

> Märchen, noch so wunderbar
> Dichterkünste machen's wahr.

MIGNON

Kennst du das Land? wo die Citronen blühn,
Im dunkeln Laub die Gold-Orangen glühn,
Ein sanfter Wind vom blauen Himmel weht,
Die Myrte still und hoch der Lorbeer steht,
Kennst du es wohl?
 Dahin! Dahin
Möcht' ich mit dir, o mein Geliebter, ziehn.

Kennst du das Haus? Auf Säulen ruht sein Dach,
Es glänzt der Saal, es schimmert das Gemach,
Und Marmorbilder stehn und sehn mich an:
Was hat man dir, du armes Kind, getan?
Kennst du es wohl?
 Dahin! Dahin
Möcht' ich mit dir, o mein Beschützer, ziehn.

Kennst du den Berg, und seinen Wolkensteg?
Das Maultier sucht im Nebel seinen Weg;
In Höhlen wohnt der Drachen alte Brut;
Es stürzt der Fels und über ihn die Flut.
Kennst du ihn wohl?
 Dahin! Dahin
Geht unser Weg! o Vater, laß uns ziehn!

DER SÄNGER

Was hör' ich draußen vor dem Tor,
Was auf der Brücke schallen?
Laß den Gesang vor unserm Ohr
Im Saale wiederhallen!
Der König sprachs, der Page lief;
Der Page kam, der König rief:
Laßt mir herein den Alten!

Gegrüßet seid mir, edle Herrn,
Gegrüßt ihr, schöne Damen!
Welch reicher Himmel! Stern bei Stern!
Wer kennet ihre Namen?
Im Saal voll Pracht und Herrlichkeit
Schließt, Augen, euch; hier ist nicht Zeit,
Sich staunend zu ergetzen.

Der Sänger drückt' die Augen ein,
Und schlug in vollen Tönen;
Die Ritter schauten mutig drein,
Und in den Schoß die Schönen.
Der König, dem es wohlgefiel,
Ließ, ihn zu ehren für sein Spiel,
Eine goldne Kette holen.

Die goldne Kette gib mir nicht!
Die Kette gib den Rittern,
Vor deren kühnem Angesicht
Der Feinde Lanzen splittern;
Gib sie dem Kanzler, den du hast,
Und laß ihn noch die goldne Last
Zu andern Lasten tragen.

Ich singe, wie der Vogel singt,
Der in den Zweigen wohnet;

Das Lied, das aus der Kehle dringt,
Ist Lohn, der reichlich lohnet.
Doch darf ich bitten, bitt' ich eins:
Laß mir den besten Becher Weins
In purem Golde reichen.

Er setzt' ihn an, er trank ihn aus:
O, Trank voll süßer Labe!
O, wohl dem hochbeglückten Haus,
Wo das ist kleine Gabe!
Ergeht's euch wohl, so denkt an mich,
Und danket Gott so warm, als ich
Für diesen Trunk euch danke.

DAS VEILCHEN

Ein Veilchen auf der Wiese stand,
Gebückt in sich und unbekannt;
Es war ein herzig's Veilchen.
Da kam eine junge Schäferin,
Mit leichtem Schritt und munterm Sinn,
Daher, daher,
Die Wiese her, und sang.

Ach! denkt das Veilchen, wär' ich nur
Die schönste Blume der Natur,
Ach, nur ein kleines Weilchen,
Bis mich das Liebchen abgepflückt,
Und an dem Busen matt gedrückt!
Ach nur, ach nur,
Ein Viertelstündchen lang!

Ach! aber ach! das Mädchen kam
Und nicht in Acht das Veilchen nahm,
Ertrat das arme Veilchen.
Es sang und starb und freut sich noch:

Und sterb' ich denn, so sterb' ich doch
Durch sie, durch sie,
Zu ihren Füßen doch.

DER UNTREUE KNABE

Es war ein Knabe frech genung,
War erst aus Frankreich kommen,
Der hatt' ein armes Maidel jung
Gar oft in Arm genommen,
Und liebgekos't und liebgeherzt,
Als Bräutigam herumgescherzt,
Und endlich sie verlassen.

Das braune Maidel das erfuhr,
Vergingen ihr die Sinnen,
Sie lacht' und weint' und bet't' und schwur;
So fuhr die Seel' von hinnen.
Die Stund', da sie verschieden war,
Wird bang dem Buben, graus't sein Haar,
Es treibt ihn fort zu Pferde.

Er gab die Sporen kreuz und quer,
Und ritt auf alle Seiten,
Herüber, hinüber, hin und her,
Kann keine Ruh erreiten,
Reit't sieben Tag' und sieben Nacht;
Es blitzt und donnert, stürmt und kracht,
Die Fluten reißen über.

Und reit't in Blitz und Wetterschein
Gemäuerwerk entgegen,
Bind't's Pferd hauß' an, und kriecht hinein,
Und duckt sich vor dem Regen.
Und wie er tappt, und wie er fühlt,
Sich unter ihm die Erd' erwühlt;
Er stürzt wohl hundert Klafter.

 Und als er sich ermannt vom Schlag,
Sieht er drei Lichtlein schleichen. 30
Er rafft sich auf und krabbelt nach;
Die Lichtlein ferne weichen;
Irr' führen ihn, die Quer' und Läng',
Trepp' auf, Trepp' ab, durch enge Gäng',
Verfallne, wüste Keller. 35

Auf einmal steht er hoch im Saal,
Sieht sitzen hundert Gäste,
Hohläugig grinsen allzumal
Und winken ihm zum Feste.
Er sieht sein Schätzel unten an, 40
Mit weißen Tüchern angetan,
Die wend't sich –

ERLKÖNIG

Wer reitet so spät durch Nacht und Wind?
Es ist der Vater mit seinem Kind;
Er hat den Knaben wohl in dem Arm,
Er faßt ihn sicher, er hält ihn warm.

Mein Sohn, was birgst du so bang dein Gesicht? – 5
Siehst, Vater, du den Erlkönig nicht?
Den Erlenkönig mit Kron' und Schweif? –
Mein Sohn; es ist ein Nebelstreif. –

»Du liebes Kind, komm, geh mit mir!
Gar schöne Spiele spiel' ich mit dir; 10
Manch' bunte Blumen sind an dem Strand;
Meine Mutter hat manch' gülden Gewand.«

Mein Vater, mein Vater, und hörest du nicht,
Was Erlenkönig mir leise verspricht? –
Sei ruhig, bleibe ruhig, mein Kind; 15
In dürren Blättern säuselt der Wind. –

»Willst, feiner Knabe, du mit mir gehn?
Meine Töchter sollen dich warten schön;
Meine Töchter führen den nächtlichen Reihn,
Und wiegen und tanzen und singen dich ein.«

Mein Vater, mein Vater, und siehst du nicht dort
Erlkönigs Töchter am düstern Ort? –
Mein Sohn, mein Sohn, ich seh' es genau:
Es scheinen die alten Weiden so grau. –

»Ich liebe dich, mich reizt deine schöne Gestalt,
Und bist du nicht willig, so brauch' ich Gewalt.« –
Mein Vater, mein Vater, jetzt faßt er mich an!
Erlkönig hat mir ein Leids getan! –

Dem Vater grauset's, er reitet geschwind,
Er hält in Armen das ächzende Kind,
Erreicht den Hof mit Mühe und Not;
In seinen Armen das Kind war tot.

DER FISCHER

Das Wasser rauscht', das Wasser schwoll,
Ein Fischer saß daran,
Sah nach dem Angel ruhevoll,
Kühl bis ans Herz hinan.
Und wie er sitzt und wie er lauscht,
Teilt sich die Flut empor;
Aus dem bewegten Wasser rauscht
Ein feuchtes Weib hervor.

Sie sang zu ihm, sie sprach zu ihm:
Was lockst du meine Brut,
Mit Menschenwitz und Menschenlist
Hinauf in Todesglut?
Ach! wüßtest du, wie's Fischlein ist

So wohlig auf dem Grund,
Du stiegst herunter, wie du bist,
Und würdest erst gesund.

Labt sich die liebe Sonne nicht,
Der Mond sich nicht im Meer?
Kehrt wellenatmend ihr Gesicht
Nicht doppelt schöner her?
Lockt dich der tiefe Himmel nicht,
Das feuchtverklärte Blau?
Lockt dich dein eigen Angesicht
Nicht her in ew'gen Tau?

Das Wasser rauscht', das Wasser schwoll,
Netzt' ihm den nackten Fuß;
Sein Herz wuchs ihm so sehnsuchtsvoll,
Wie bei der Liebsten Gruß.
Sie sprach zu ihm, sie sang zu ihm;
Da war's um ihn geschehn:
Halb zog sie ihn, halb sank er hin,
Und ward nicht mehr gesehn.

DER KÖNIG IN THULE

Es war ein König in Thule
Gar treu bis an das Grab,
Dem sterbend seine Buhle
Einen goldnen Becher gab.

Es ging ihm nichts darüber,
Er leert' ihn jeden Schmaus;
Die Augen gingen ihm über,
So oft er trank daraus.

Und als er kam zu sterben,
Zählt' er seine Städt' im Reich,

Gönnt' Alles seinem Erben,
Den Becher nicht zugleich.

Er saß beim Königsmahle,
Die Ritter um ihn her,
Auf hohem Vätersaale,
Dort auf dem Schloß am Meer.

Dort stand der alte Zecher,
Trank letzte Lebensglut,
Und warf den heil'gen Becher
Hinunter in die Flut.

Er sah ihn stürzen, trinken
Und sinken tief ins Meer.
Die Augen täten ihm sinken;
Trank nie einen Tropfen mehr.

DAS BLÜMLEIN WUNDERSCHÖN
Lied des gefangnen Grafen

Graf
Ich kenn' ein Blümlein Wunderschön
Und trage darnach Verlangen;
Ich möcht' es gerne zu suchen gehn,
Allein ich bin gefangen.
Die Schmerzen sind mir nicht gering;
Denn als ich in der Freiheit ging,
Da hatt' ich es in der Nähe.

Von diesem ringsum steilen Schloß
Lass' ich die Augen schweifen,
Und kann's vom hohen Turmgeschoß
Mit Blicken nicht ergreifen;
Und wer mir's vor die Augen brächt',
Es wäre Ritter oder Knecht,
Der sollte mein Trauter bleiben.

Rose
Ich blühe schön, und höre dies
Hier unter deinem Gitter.
Du meinest mich, die Rose, gewiß,
Du edler, armer Ritter!
Du hast gar einen hohen Sinn;
Es herrscht die Blumenkönigin
Gewiß auch in deinem Herzen.

Graf
Dein Purpur ist aller Ehren wert,
Im grünen Überkleide,
Darob das Mädchen dein begehrt,
Wie Gold und edel Geschmeide.
Dein Kranz erhöht das schönste Gesicht:
Allein du bist das Blümchen nicht,
Das ich im Stillen verehre.

Lilie
Das Röslein hat gar stolzen Brauch
Und strebet immer nach oben;
Doch wird ein liebes Liebchen auch
Der Lilie Zierde loben.
Wem's Herze schlägt in treuer Brust
Und ist sich rein, wie ich, bewußt,
Der hält mich wohl am höchsten.

Graf
Ich nenne mich zwar keusch und rein,
Und rein von bösen Fehlen;
Doch muß ich hier gefangen sein,
Und muß mich einsam quälen.
Du bist mir zwar ein schönes Bild
Von mancher Jungfrau, rein und mild:
Doch weiß ich noch was Liebers.

Nelke
Das mag wohl ich, die Nelke, sein,
Hier in des Wächters Garten,
Wie würde sonst der Alte mein
Mit so viel Sorge warten?
Im schönen Kreis der Blätter Drang,
Und Wohlgeruch das Leben lang,
Und alle tausend Farben.

Graf
Die Nelke soll man nicht verschmähn,
Sie ist des Gärtners Wonne:
Bald muß sie in dem Lichte stehn,
Bald schützt er sie vor Sonne;
Doch was den Grafen glücklich macht,
Es ist nicht ausgesuchte Pracht:
Es ist ein stilles Blümchen.

Veilchen
Ich steh verborgen und gebückt,
Und mag nicht gerne sprechen,
Doch will ich, weil sich's eben schickt,
Mein tiefes Schweigen brechen.
Wenn ich es bin, du guter Mann,
Wie schmerzt mich's, daß ich hinauf nicht kann
Dir alle Gerüche senden.

Graf
Das gute Veilchen schätz' ich sehr:
Es ist so gar bescheiden,
Und duftet so schön; doch brauch' ich mehr
In meinem herben Leiden.
Ich will es euch nur eingestehn:
Auf diesen dürren Felsenhöhn
Ist's Liebchen nicht zu finden.

Doch wandelt unten, an dem Bach,
Das treuste Weib der Erde,
Und seufzet leise manches Ach,
Bis ich erlöset werde.
Wenn sie ein blaues Blümchen bricht, 75
Und immer sagt: Vergiß mein nicht!
So fühl' ich's in der Ferne.

Ja, in der Ferne fühlt sich die Macht,
Wenn Zwei sich redlich lieben;
Drum bin ich in des Kerkers Nacht 80
Auch noch lebendig geblieben.
Und wenn mir fast das Herze bricht,
So ruf' ich nur: Vergiß mein nicht!
Da komm' ich wieder in's Leben.

RITTER CURTS BRAUTFAHRT

Mit des Bräutigams Behagen
Schwingt sich Ritter Curt auf's Roß.
Zu der Trauung soll's ihn tragen,
Auf der edlen Liebsten Schloß;
Als am öden Felsenorte 5
Drohend sich ein Gegner naht;
Ohne Zögern, ohne Worte
Schreiten sie zu rascher Tat.

Lange schwankt des Kampfes Welle,
Bis sich Curt im Siege freut; 10
Er entfernt sich von der Stelle,
Überwinder und gebläut.
Aber was er bald gewahret
In des Busches Zitterschein!
Mit dem Säugling still gepaaret 15
Schleicht ein Liebchen durch den Hain.

Und sie winkt ihn auf das Plätzchen:
Lieber Herr, nicht so geschwind!
Habt ihr nichts an euer Schätzchen?
Habt ihr nichts für euer Kind?
Ihn durchglühet süße Flamme,
Daß er nicht vorbei begehrt,
Und er findet nun die Amme,
Wie die Jungfrau, liebenswert.

Doch er hört die Diener blasen,
Denket nun der hohen Braut,
Und nun wird auf seinen Straßen
Jahresfest und Markt so laut,
Und er wählet in den Buden
Manches Pfand zu Lieb und Huld;
Aber ach! da kommen Juden
Mit dem Schein vertagter Schuld.

Und nun halten die Gerichte
Den behenden Ritter auf.
O! verteufelte Geschichte!
Heldenhafter Lebenslauf!
Soll ich heute mich gedulden?
Die Verlegenheit ist groß.
Widersacher, Weiber, Schulden,
Ach! kein Ritter wird sie los.

HOCHZEITLIED

Wir singen und sagen vom Grafen so gern,
Der hier in dem Schlosse gehauset,
Da wo ihr den Enkel des seligen Herrn,
Den heute vermählten, beschmauset.
Nun hatte sich jener im heiligen Krieg
Zu Ehren gestritten durch mannigen Sieg,
Und als er zu Hause vom Rösselein stieg,

Da fand er sein Schlösselein oben;
Doch Diener und Habe zerstoben.

Da bist du nun, Gräflein, da bist du zu Haus,
Das Heimische findest du schlimmer!
Zum Fenster da ziehen die Winde hinaus,
Sie kommen durch alle die Zimmer.
Was wäre zu tun in der herbstlichen Nacht?
So hab' ich doch manche noch schlimmer vollbracht,
Der Morgen hat Alles wohl besser gemacht.
Drum rasch bei der mondlichen Helle,
In's Bett, in das Stroh, in's Gestelle.

Und als er im willigen Schlummer so lag,
Bewegt es sich unter dem Bette.
Die Ratte die raschle so lange sie mag!
Ja, wenn sie ein Bröselein hätte!
Doch siehe! da stehet ein winziger Wicht,
Ein Zwerglein so zierlich mit Ampelen-Licht,
Mit Redner-Gebärden und Sprechergewicht,
Zum Fuß des ermüdeten Grafen,
Der, schläft er nicht, möcht' er doch schlafen.

Wir haben uns Feste hier oben erlaubt,
Seitdem du die Zimmer verlassen,
Und weil wir dich weit in der Ferne geglaubt;
So dachten wir eben zu prassen.
Und wenn du vergönnest und wenn dir nicht graut;
So schmausen die Zwerge, behaglich und laut,
Zu Ehren der reichen, der niedlichen Braut.
Der Graf, im Behagen des Traumes:
Bedienet euch immer des Raumes!

Da kommen drei Reiter, sie reiten hervor,
Die unter dem Bette gehalten;
Dann folgt ein singendes, klingendes Chor
Possierlicher kleiner Gestalten;

Und Wagen auf Wagen mit allem Gerät,
Daß einem so Hören als Sehen vergeht,
Wie's nur in den Schlössern der Könige steht;
Zuletzt auf vergoldetem Wagen,
Die Braut und die Gäste getragen.

So rennet nun Alles in vollem Galopp
Und kürt sich im Saale sein Plätzchen.
Zum Drehen und Walzen und lustigen Hopp
Erkieset sich jeder ein Schätzchen.
Da pfeift es und geigt es und klinget und klirrt,
Da ringelt's und schleift es und rauschet und wirrt,
Da pispert's und knistert's und flisterts und schwirrt;
Das Gräflein, es blicket hinüber,
Es dünkt ihn, als läg' er im Fieber.

Nun dappelt's und rappelt's und klappert's im Saal,
Von Bänken und Stühlen und Tischen,
Da will nun ein jeder, am festlichen Mahl,
Sich neben dem Liebchen erfrischen,
Sie tragen die Würste, die Schinken so klein
Und Braten und Fisch und Geflügel herein;
Es kreiset beständig der köstliche Wein,
Das toset und koset so lange,
Verschwindet zuletzt mit Gesange.
—

Und sollen wir singen, was weiter geschehn;
So schweige das Toben und Tosen.
Denn was er, so artig, im Kleinen gesehn,
Erfuhr er, genoß er im Großen.
Trompeten und klingender, singender Schall,
Und Wagen und Reiter und bräutlicher Schwall,
Sie kommen und zeigen und neigen sich all,
Unzählige, selige Leute.
So ging es und geht es noch heute.

DER SCHATZGRÄBER

Arm am Beutel, krank am Herzen,
Schleppt' ich meine langen Tage.
Armut ist die größte Plage,
Reichtum ist das höchste Gut!
Und zu enden meine Schmerzen,
Ging ich einen Schatz zu graben.
Meine Seele sollst du haben!
Schrieb ich hin mit eignem Blut.

Und so zog ich Kreis' um Kreise,
Stellte wunderbare Flammen,
Kraut und Knochenwerk zusammen:
Die Beschwörung war vollbracht.
Und auf die gelernte Weise
Grub ich nach dem alten Schatze,
Auf dem angezeigten Platze.
Schwarz und stürmisch war die Nacht.

Und ich sah ein Licht von weiten,
Und es kam gleich einem Sterne,
Hinten aus der fernsten Ferne,
Eben als es zwölfe schlug.
Und da galt kein Vorbereiten.
Heller ward's mit einemmale
Von dem Glanz der vollen Schale,
Die ein schöner Knabe trug.

Holde Augen sah ich blinken
Unter dichtem Blumenkranze;
In des Trankes Himmelsglanze
Trat er in den Kreis herein.
Und er hieß mich freundlich trinken;
Und ich dacht': es kann der Knabe,
Mit der schönen lichten Gabe,
Wahrlich! nicht der Böse sein.

Trinke Mut des reinen Lebens!
Dann verstehst du die Belehrung,
Kommst, mit ängstlicher Beschwörung,
Nicht zurück an diesen Ort.
Grabe hier nicht mehr vergebens.
Tages Arbeit! Abends Gäste;
Saure Wochen! Frohe Feste!
Sei dein künftig Zauberwort.

DER RATTENFÄNGER

Ich bin der wohlbekannte Sänger,
Der vielgereis'te Rattenfänger,
Den diese altberühmte Stadt
Gewiß besonders nötig hat;
Und wären's Ratten noch so viele,
Und wären Wiesel mit im Spiele;
Von allen säubr' ich diesen Ort,
Sie müssen mit einander fort.

Dann ist der gut gelaunte Sänger
Mitunter auch ein Kinderfänger,
Der selbst die wildesten bezwingt,
Wenn er die goldnen Märchen singt.
Und wären Knaben noch so trutzig,
Und wären Mädchen noch so stutzig,
In meine Saiten greif' ich ein,
Sie müssen alle hinter drein.

Dann ist der vielgewandte Sänger
Gelegentlich ein Mädchenfänger;
In keinem Städtchen langt er an,
Wo er's nicht mancher angetan.
Und wären Mädchen noch so blöde,
Und wären Weiber noch so spröde;

Doch allen wird so liebebang
Bei Zaubersaiten und Gesang.
 (Von Anfang)

DIE SPINNERIN

Als ich still und ruhig spann,
Ohne nur zu stocken,
Trat ein schöner junger Mann
Nahe mir zum Rocken.

Lobte, was zu loben war,
Sollte das was schaden?
Mein dem Flachse gleiches Haar,
Und den gleichen Faden.

Ruhig war er nicht dabei,
Ließ es nicht beim Alten;
Und der Faden riß entzwei,
Den ich lang' erhalten.

Und des Flachses Stein-Gewicht
Gab noch viele Zahlen;
Aber, ach! ich konnte nicht
Mehr mit ihnen prahlen.

Als ich sie zum Weber trug,
Fühlt' ich was sich regen,
Und mein armes Herze schlug
Mit geschwindern Schlägen.

Nun, beim heißen Sonnenstich,
Bring' ich's auf die Bleiche,
Und mit Mühe bück' ich mich
Nach dem nächsten Teiche.

Was ich in dem Kämmerlein
Still und fein gesponnen,
Kommt – wie kann es anders sein? –
Endlich an die Sonnen.

VOR GERICHT

Von wem ich es habe, das sag' ich euch nicht,
Das Kind in meinem Leib. –
Pfui! speit ihr aus: die Hure da! –
Bin doch ein ehrlich Weib.

Mit wem ich mich traute, das sag' ich euch nicht.
Mein Schatz ist lieb und gut,
Trägt er eine goldene Kett' am Hals,
Trägt er einen strohernen Hut.

Soll Spott und Hohn getragen sein,
Trag' ich allein den Hohn.
Ich kenn' ihn wohl, er kennt mich wohl,
Und Gott weiß auch davon.

Herr Pfarrer und Herr Amtmann ihr,
Ich bitte, laßt mich in Ruh!
Es ist mein Kind, es bleibt mein Kind,
Ihr gebt mir ja nichts dazu.

DER EDELKNABE UND DIE MÜLLERIN

Edelknabe
Wohin? wohin?
Schöne Müllerin!
Wie heißt du?

Müllerin
Lise.

Edelknabe
Wohin denn? Wohin,
Mit dem Rechen in der Hand?

Müllerin
Auf des Vaters Land,
Auf des Vaters Wiese,

Edelknabe
Und gehst so allein?

Müllerin
Das Heu soll herein,
Das bedeutet der Rechen;
Und im Garten daran
Fangen die Birn zu reifen an;
Die will ich brechen.

Edelknabe
Ist nicht eine stille Laube dabei?

Müllerin
Sogar ihrer zwei,
An beiden Ecken.

Edelknabe
Ich komme dir nach,
Und am heißen Mittag,
Wollen wir uns drein verstecken.
Nicht wahr, im grünen vertraulichen Haus –

Müllerin
Das gäbe Geschichten.

Edelknabe
Ruhst du in meinen Armen aus?

Müllerin
Mit nichten!
Denn wer die artige Müllerin küßt,
Auf der Stelle verraten ist.
Euer schönes dunkles Kleid
Tät mir leid
So weiß zu färben.
Gleich und gleich! so allein ist's recht!
Darauf will ich leben und sterben.
Ich liebe mir den Müllerknecht;
An dem ist nichts zu verderben.

DER JUNGGESELL UND DER MÜHLBACH

Gesell
Wo willst du klares Bächlein hin,
So munter?
Du eilst, mit frohem leichtem Sinn
Hinunter.
Was suchst du eilig in dem Tal?
So höre doch und sprich einmal!

Bach
Ich war ein Bächlein, Junggesell;
Sie haben
Mich so gefaßt, damit ich schnell,
Im Graben,
Zur Mühle dort hinunter soll,
Und immer bin ich rasch und voll.

Gesell
Du eilest, mit gelass'nem Mut,
Zur Mühle,
Und weißt nicht, was ich junges Blut
Hier fühle.
Es blickt die schöne Müllerin
Wohl freundlich manchmal nach dir hin?

Bach
Sie öffnet früh, beim Morgenlicht,
Den Laden,
Und kommt, ihr liebes Angesicht
Zu baden.
Ihr Busen ist so voll und weiß;
Es wird mir gleich zum Dampfen heiß.

Gesell
Kann sie im Wasser Liebesglut
Entzünden;
Wie soll man Ruh mit Fleisch und Blut
Wohl finden?
Wenn man sie Einmal nur gesehn,
Ach! immer muß man nach ihr gehn.

Bach
Dann stürz' ich auf die Räder mich
Mit Brausen,
Und alle Schaufeln drehen sich
Im Sausen.
Seitdem das schöne Mädchen schafft,
Hat auch das Wasser bess're Kraft.

Gesell
Du Armer, fühlst du nicht den Schmerz,
Wie Andre?
Sie lacht dich an, und sagt im Scherz:
Nun wandre!
Sie hielte dich wohl selbst zurück
Mit einem süßen Liebesblick?

Bach
Mir wird so schwer, so schwer vom Ort
Zu fließen:
Ich krümme mich nur sachte fort
Durch Wiesen;

Und käm' es erst auf mich nur an,
Der Weg wär' bald zurückgetan.

Gesell
Geselle meiner Liebesqual,
Ich scheide;
Du murmelst mir vielleicht einmal
Zur Freude.
Geh, sag' ihr gleich, und sag' ihr oft,
Was still der Knabe wünscht und hofft.

DER MÜLLERIN VERRAT

Woher der Freund so früh und schnelle,
Da kaum der Tag im Osten graut?
Hat er sich in der Waldkapelle,
So kalt und frisch es ist, erbaut?
Es starret ihm der Bach entgegen;
Mag er mit Willen barfuß gehn?
Was flucht er seinen Morgensegen
Durch die beschneiten, wilden Höhn?

Ach, wohl! Er kommt vom warmen Bette,
Wo er sich andern Spaß versprach;
Und wenn er nicht den Mantel hätte,
Wie schrecklich wäre seine Schmach!
Es hat ihn jener Schalk betrogen,
Und ihm den Bündel abgepackt;
Der arme Freund ist ausgezogen,
Und fast, wie Adam, bloß und nackt.

Warum auch schlich er diese Wege
Nach jenem frischen Äpfelpaar,
Das freilich schön im Mühlgehege,
So wie im Paradiese, war.
Er wird den Scherz nicht leicht erneuen;

Er drückte schnell sich aus dem Haus,
Und bricht auf einmal nun, im Freien,
In bittre, laute Klagen aus.

»Ich las in ihren Feuerblicken 25
Nicht eine Sylbe von Verrat;
Sie schien mit mir sich zu entzücken,
Und sann auf solche schwarze Tat!
Konnt' ich in ihren Armen träumen,
Wie meuchlerisch der Busen schlug? 30
Sie hieß den holden Amor säumen,
Und günstig war er uns genug.

Sich meiner Liebe zu erfreuen!
Der Nacht, die nie ein Ende nahm!
Und erst die Mutter anzuschreien, 35
Nun eben als der Morgen kam!
Da drang ein Dutzend Anverwandten
Herein, ein wahrer Menschenstrom;
Da kamen Vettern, kuckten Tanten,
Es kam ein Bruder und ein Ohm. 40

Das war ein Toben, war ein Wüten!
Ein jeder schien ein andres Tier.
Sie forderten des Mädchens Blüten,
Mit schrecklichem Geschrei, von mir. –
Was dringt ihr Alle, wie von Sinnen, 45
Auf den unschuld'gen Jüngling ein?
Denn solche Schätze zu gewinnen,
Da muß man viel behender sein.

Weiß Amor seinem schönen Spiele
Doch immer zeitig nachzugehn. 50
Er läßt fürwahr nicht in der Mühle
Die Blumen sechzehn Jahre stehn. –
Sie raubten nun das Kleiderbündel,
Und wollten auch den Mantel noch.

Wie nur so viel verflucht Gesindel
Im engen Hause sich verkroch!

Nun sprang ich auf, und tobt' und fluchte,
Gewiß, durch alle durchzugehn.
Ich sah noch einmal die Verruchte,
Und ach! sie war noch immer schön.
Sie alle wichen meinem Grimme;
Es flog noch manches wilde Wort;
Da macht' ich mich, mit Donnerstimme,
Noch endlich aus der Höhle fort.

Man soll euch Mädchen auf dem Lande,
Wie Mädchen aus den Städten, fliehn.
So lasset doch den Frau'n von Stande
Die Lust, die Diener auszuziehn!
Doch seid ihr auch von den Geübten,
Und kennt ihr keine zarte Pflicht,
So ändert immer die Geliebten,
Doch sie verraten müßt ihr nicht.«

So singt er in der Winterstunde,
Wo nicht ein armes Hälmchen grünt.
Ich lache seiner tiefen Wunde;
Denn wirklich ist sie wohlverdient.
So geh' es Jedem, der am Tage
Sein edles Liebchen frech betriegt,
Und Nachts, mit allzukühner Wage,
Zu Amors falscher Mühle kriecht.

DER MÜLLERIN REUE

Jüngling
Nur fort, du braune Hexe, fort!
Aus meinem gereinigten Hause,
Daß ich dich, nach dem ernsten Wort,

Nicht zause!
Was singst du hier für Heuchelei
Von Lieb' und stiller Mädchentreu?
Wer mag das Märchen hören!

Zigeunerin
Ich singe von des Mädchens Reu,
Und langem, heißem Sehnen;
Denn Leichtsinn wandelte sich in Treu
Und Tränen.
Sie fürchtet der Mutter Drohen nicht mehr,
Sie fürchtet des Bruders Faust nicht so sehr,
Als den Haß des herzlich Geliebten.

Jüngling
Von Eigennutz sing' und von Verrat,
Von Mord und diebischem Rauben;
Man wird dir jede falsche Tat
Wohl glauben.
Wenn sie Beute verteilt, Gewand und Gut,
Schlimmer als je ihr Zigeuner tut,
Das sind gewohnte Geschichten.

Zigeunerin
»Ach! weh! ach weh! Was hab' ich getan!
Was hilft mir nun das Lauschen!
Ich hör' an meine Kammer heran
Ihn rauschen.
Da klopfte mir hoch das Herz, ich dacht':
O, hättest du doch die Liebesnacht
Der Mutter nicht verraten!«

Jüngling
Ach, leider! trat ich auch einst hinein,
Und ging verführt im Stillen:
Ach Süßchen! laß mich zu dir ein
Mit Willen!

Doch gleich entstand ein Lärm und Geschrei;
Es rannten die tollen Verwandten herbei.
Noch siedet das Blut mir im Leibe.

Zigeunerin
»Kommt nun dieselbige Stunde zurück,
Wie still mich's kränket und schmerzet!
Ich habe das nahe, das einzige Glück
Verscherzet.
Ich armes Mädchen, ich war zu jung!
Es war mein Bruder verrucht genung,
So schlecht an dem Liebsten zu handeln.«

Der Dichter
So ging das schwarze Weib in das Haus,
In den Hof zur springenden Quelle;
Sie wusch sich heftig die Augen aus,
Und helle
Ward Aug' und Gesicht, und weiß und klar
Stellt sich die schöne Müllerin dar
Dem erstaunt-erzürnten Knaben.

Müllerin
Ich fürchte fürwahr dein erzürnt Gesicht,
Du Süßer, Schöner und Trauter!
Und Schläg' und Messerstiche nicht;
Nur lauter
Sag' ich von Schmerz und Liebe dir,
Und will zu deinen Füßen hier
Nun leben oder auch sterben.

Jüngling
O Neigung, sage, wie hast du so tief
Im Herzen dich verstecket?
Wer hat dich, die verborgen schlief,
Gewecket?
Ach Liebe, du wohl unsterblich bist!

Nicht kann Verrat und hämische List
Dein göttlich Leben töten.

Müllerin
Liebst du mich noch so hoch und sehr,
Wie du mir sonst geschworen, 65
So ist uns beiden auch nichts mehr
Verloren.
Nimm hin das vielgeliebte Weib!
Den jungen unberührten Leib,
Es ist nun Alles dein eigen! 70

Beide
Nun, Sonne, gehe hinab und hinauf!
Ihr Sterne, leuchtet und dunkelt!
Es geht ein Liebesgestirn mir auf
Und funkelt.
So lange die Quelle springt und rinnt, 75
So lange bleiben wir gleichgesinnt,
Eins an des Andern Herzen.

WANDRER UND PÄCHTERIN

Er
Kannst du, schöne Pächtrin ohne gleichen,
Unter dieser breiten Schattenlinde,
Wo ich Wandrer kurze Ruhe finde,
Labung mir, für Durst und Hunger, reichen?

Sie
Willst du Vielgereis'ter hier dich laben; 5
Sauren Rahm und Brot und reife Früchte,
Nur die ganz natürlichsten Gerichte,
Kannst du reichlich an der Quelle haben.

Er
Ist mir doch, ich müßte schon dich kennen,
Unvergeßne Zierde holder Stunden!
Ähnlichkeiten hab' ich oft gefunden;
Diese muß ich doch ein Wunder nennen.

Sie
Ohne Wunder findet sich, bei Wandrern,
Oft ein sehr erklärliches Erstaunen.
Ja, die Blonde gleichet oft der Braunen;
Eine reizet eben, wie die andern.

Er
Heute nicht, fürwahr, zum erstenmale
Hat mirs diese Bildung abgewonnen!
Damals war sie Sonne vieler Sonnen,
In dem festlich aufgeschmückten Saale.

Sie
Freut es dich, so kann es wohl geschehen,
Daß man deinen Märchenscherz vollende:
Purpurseide floß von ihrer Lende,
Da du sie zum erstenmal gesehen.

Er
Nein, fürwahr, das hast du nicht gedichtet!
Konnten Geister dir es offenbaren;
Von Juwelen hast du auch erfahren
Und von Perlen, die ihr Blick vernichtet.

Sie
Dieses Eine ward mir wohl vertrauet:
Daß die Schöne, schamhaft zu gestehen,
Und in Hoffnung, wieder dich zu sehen,
Manche Schlösser in die Luft erbauet.

Er
Trieben mich umher doch alle Winde!
Sucht' ich Ehr' und Geld auf jede Weise!
Doch gesegnet, wenn, am Schluß der Reise, 35
Ich das edle Bildnis wieder finde.

Sie
Nicht ein Bildnis, wirklich siehst du jene
Hohe Tochter des verdrängten Blutes;
Nun im Pachte des verlaßnen Gutes
Mit dem Bruder freuet sich Helene. 40

Er
Aber diese herrlichen Gefilde
Kann sie der Besitzer selbst vermeiden?
Reiche Felder, breite Wies' und Weiden,
Mächt'ge Quellen, süße Himmelsmilde.

Sie
Ist er doch in alle Welt entlaufen! 45
Wir Geschwister haben viel erworben.
Wenn der Gute, wie man sagt, gestorben,
Wollen wir das Hinterlaßne kaufen.

Er
Wohl zu kaufen ist es, meine Schöne!
Vom Besitzer hört' ich die Bedinge; 50
Doch der Preis ist keineswegs geringe,
Denn das letzte Wort, es ist: Helene!

Sie
Konnt' uns Glück und Höhe nicht vereinen!
Hat die Liebe diesen Weg genommen?
Doch ich seh' den wackren Bruder kommen; 55
Wenn er's hören wird, was kann er meinen?

WIRKUNG IN DIE FERNE

Die Königin steht im hohen Saal,
Da brennen der Kerzen so viele;
Sie spricht zum Pagen: »Du läufst einmal
Und holst mir den Beutel zum Spiele.
Er liegt zur Hand
Auf meines Tisches Rand.«
Der Knabe der eilt so behende,
War bald an Schlosses Ende.

Und neben der Königin schlürft zur Stund
Sorbet die schönste der Frauen.
Da brach ihr die Tasse so hart an dem Mund,
Es war ein Gräuel zu schauen.
Verlegenheit! Scham!
Ums Prachtkleid ist's getan!
Sie eilt und fliegt so behende
Entgegen des Schlosses Ende.

Der Knabe zurück zu laufen kam
Entgegen der Schönen in Schmerzen.
Es wußt' es Niemand, doch beide zusamm',
Sie hegten einander im Herzen;
Und o des Glücks!
Des günst'gen Geschicks!
Sie warfen mit Brust sich zu Brüsten
Und herzten und küßten nach Lüsten.

Doch endlich Beide sich reißen los;
Sie eilt in ihre Gemächer;
Der Page drängt sich zur Königin groß
Durch alle die Degen und Fächer.
Die Fürstin entdeckt
Das Westchen befleckt:
Für sie war nichts unerreichbar,
Der Königin von Saba vergleichbar.

 Und sie die Hofmeisterin rufen läßt:
»Wir kamen doch neulich zu Streite,
Und ihr behauptetet steif und fest,
Nicht reiche der Geist in die Weite;
Die Gegenwart nur
Die lasse wohl Spur;
Doch Niemand wirk' in die Ferne,
Sogar nicht die himmlischen Sterne.

Nun seht! So eben ward mir zur Seit'
Der geistige Süßtrank verschüttet,
Und gleich darauf hat er dort hinten so weit
Dem Knaben die Weste zerrüttet. –
Besorg dir sie neu!
Und weil ich mich freu',
Daß sie mir zum Beweise gegolten,
Ich zahl' sie! sonst wirst du gescholten.«

DIE WANDLENDE GLOCKE

Es war ein Kind, das wollte nie
Zur Kirche sich bequemen
Und Sonntags fand es stets ein Wie,
Den Weg in's Feld zu nehmen.

Die Mutter sprach: Die Glocke tönt,
Und so ist dir's befohlen
Und hast du dich nicht hingewöhnt,
Sie kommt und wird dich holen.

Das Kind es denkt: die Glocke hängt
Da droben auf dem Stuhle.
Schon hat's den Weg ins Feld gelenkt
Als lief es aus der Schule.

　　　　　Die Glocke Glocke tönt nicht mehr,
　　　　Die Mutter hat gefackelt.
15　　　Doch welch ein Schrecken! hinterher
　　　　Die Glocke kommt gewackelt.

　　　　Sie wackelt schnell, man glaubt es kaum,
　　　　Das arme Kind im Schrecken
　　　　Es lauft, es kommt, als wie im Traum;
20　　　Die Glocke wird es decken.

　　　　Doch nimmt es richtig seinen Husch
　　　　Und mit gewandter Schnelle
　　　　Eilt es durch Anger Feld und Busch
　　　　Zur Kirche, zur Kapelle.

25　　　Und jeden Sonn- und Feiertag
　　　　Gedenkt es an den Schaden,
　　　　Läßt durch den ersten Glockenschlag,
　　　　Nicht in Person sich laden.

DER GETREUE ECKART

　　O wären wir weiter, o wär ich zu Haus!
　　Sie kommen. Da kommt schon der nächtliche Graus.
　　Sie sind's die unholdigen Schwestern.
　　Sie streifen heran und sie finden uns hier,
5　　Sie trinken das mühsam geholte das Bier,
　　Und lassen nur leer uns die Krüge.

　　So sprechen die Kinder und drücken sich schnell,
　　Da zeigt sich vor ihnen ein alter Gesell:
　　Nur stille, Kind! Kinderlein, stille!
10　Die Hulden sie kommen von durstiger Jagd
　　Und laßt ihr sie trinken wie's jeder behagt,
　　Dann sind sie euch hold die Unholden.

Gesagt so geschehn! und da naht sich der Graus
Und siehet so grau und so schattenhaft aus,
Doch schlürft es und schlampft es auf's beste.
Das Bier ist verschwunden, die Krüge sind leer;
Nun saus't es und braus't es, das wütige Heer,
In's weite Getal und Gebirge.

Die Kinderlein ängstlich gen Hause so schnell,
Gesellt sich zu ihnen der fromme Gesell:
Ihr Püppchen, nur seid mir nicht traurig. –
Wir kriegen nun Schelten und Streich' bis auf's Blut. –
Nein keineswegs, alles geht herrlich und gut,
Nur schweiget und horchet wie Mäuslein.

Und der es euch anrät und der es befiehlt,
Er ist es, der gern mit den Kindelein spielt,
Der alte Getreue, der Eckart.
Vom Wundermann hat man euch immer erzählt;
Nur hat die Bestätigung jedem gefehlt,
Die habt ihr nun köstlich in Händen.

Sie kommen nach Hause, sie setzen den Krug
Ein jedes den Eltern bescheiden genug
Und harren der Schläg' und der Schelten.
Doch siehe man kostet: Ein herrliches Bier!
Man trinkt in die Runde schon dreimal und vier
Und noch nimmt der Krug nicht ein Ende.

Das Wunder es dauert zum morgenden Tag;
Doch fraget wer immer zu fragen vermag:
Wie ist's mit den Krügen ergangen?
Die Mäuslein sie lächeln, im Stillen ergetzt;
Sie stammeln und stottern und schwatzen zuletzt,
Und gleich sind vertrocknet die Krüge.

Und wenn euch, ihr Kinder, mit treuem Gesicht
Ein Vater, ein Lehrer, ein Aldermann spricht,

So horchet und folget ihm pünktlich!
Und liegt auch das Zünglein in peinlicher Hut,
Verplaudern ist schädlich, verschweigen ist gut;
Dann füllt sich das Bier in den Krügen.

DER TOTENTANZ

Der Türmer der schaut zu Mitten der Nacht
Hinab auf die Gräber in Lage;
Der Mond der hat alles in's Helle gebracht;
Der Kirchhof er liegt wie am Tage.
Da regt sich ein Grab und ein anderes dann:
Sie kommen hervor, ein Weib da, ein Mann
In weißen und schleppenden Hemden.

Das reckt nun, es will sich ergetzen sogleich,
Die Knöchel zur Runde, zum Kranze,
So arm und so jung, und so alt und so reich;
Doch hindern die Schleppen am Tanze.
Und weil hier die Scham nun nicht weiter gebeut,
Sie schütteln sich alle, da liegen zerstreut
Die Hemdelein über den Hügeln.

Nun hebt sich der Schenkel, nun wackelt das Bein,
Gebärden da gibt es vertrackte;
Dann klippert's und klappert's mitunter hinein,
Als schlüg' man die Hölzlein zum Takte.
Das kommt nun dem Türmer so lächerlich vor;
Da raunt ihm der Schalk, der Versucher in's Ohr:
Geh! hole dir einen der Laken.

Getan wie gedacht! und er flüchtet sich schnell
Nun hinter geheiligte Türen.
Der Mond und noch immer er scheinet so hell
Zum Tanz, den sie schauderlich führen.
Doch endlich verlieret sich dieser und der,

Schleicht eins nach dem andern gekleidet einher
Und husch ist es unter dem Rasen.

Nur einer der trippelt und stolpert zuletzt
Und tappet und grapst an den Grüften;
Doch hat kein Geselle so schwer ihn verletzt;
Er wittert das Tuch in den Lüften.
Er rüttelt die Turmtür, sie schlägt ihn zurück
Geziert und gesegnet, dem Türmer zum Glück;
Sie blinkt von metallenen Kreuzen.

Das Hemd muß er haben, da rastet er nicht,
Da gilt auch kein langes Besinnen,
Den gotischen Zierat ergreift nun der Wicht
Und klettert von Zinne zu Zinnen.
Nun ist's um den armen, den Türmer getan!
Es ruckt sich von Schnörkel zu Schnörkel hinan,
Langbeinigen Spinnen vergleichbar.

Der Türmer erbleicht, der Türmer erbebt,
Gern gäb' er ihn wieder, den Laken.
Da häckelt – jetzt hat er am längsten gelebt –
Den Zipfel ein eiserner Zacken.
Schon trübet der Mond sich, verschwindenden Scheins,
Die Glocke sie donnert ein mächtiges Eins
Und unten zerschellt das Gerippe.

DIE ERSTE WALPURGISNACHT

Ein Druide
Es lacht der Mai!
Der Wald ist frei
Von Eis und Reifgehänge.
Der Schnee ist fort;
Am grünen Ort
Erschallen Lustgesänge.

Ein reiner Schnee
Liegt auf der Höh;
Doch eilen wir nach oben,
Begehn den alten, heil'gen Brauch,
Allvater dort zu loben.
Die Flamme lodre durch den Rauch!
So wird das Herz erhoben.

Die Druiden
Die Flamme lodre durch den Rauch!
Begeht den alten heil'gen Brauch,
Allvater dort zu loben!
Hinauf! hinauf nach oben!

Einer aus dem Volke
Könnt ihr so verwegen handeln?
Wollt ihr denn zum Tode wandeln?
Kennet ihr nicht die Gesetze
Unsrer harten Überwinder?
Rings gestellt sind ihre Netze
Auf die Heiden, auf die Sünder.
Ach! sie schlachten auf dem Walle
Unsre Weiber, unsre Kinder.
Und wir alle
Nahen uns gewissem Falle.

Chor der Weiber
Auf des Lagers hohem Walle
Schlachten sie schon unsre Kinder.
Ach! die strengen Überwinder!
Und wir alle
Nahen uns gewissem Falle.

Ein Druide
Wer Opfer heut
Zu bringen scheut,
Verdient erst seine Bande.

Der Wald ist frei!
Das Holz herbei,
Und schlichtet es zum Brande!
Doch bleiben wir
Im Buschrevier
Am Tage noch im Stillen,
Und Männer stellen wir zur Hut,
Um eurer Sorge willen.
Dann aber laßt, mit frischem Mut,
Uns unsre Pflicht erfüllen.

Ein Druide
Verteilt euch, wackre Männer, hier
Durch dieses ganze Waldrevier,
Und wachet hier im Stillen,
Wenn sie die Pflicht erfüllen.

Ein Wächter
Diese dumpfen Pfaffenchristen,
Laßt uns keck sie überlisten!
Mit dem Teufel, den sie fabeln,
Wollen wir sie selbst erschrecken.
Kommt! Mit Zacken und mit Gabeln,
Und mit Glut und Klapperstöcken
Lärmen wir bei nächt'ger Weile
Durch die engen Felsenstrecken.
Kauz und Eule,
Heul' in unser Rundgeheule!

Chor der Wächter
Kommt mit Zacken und mit Gabeln,
Wie der Teufel, den sie fabeln,
Und mit wilden Klapperstöcken,
Durch die leeren Felsenstrecken!
Kauz und Eule,
Heul' in unser Rundgeheule!

Ein Druide
So weit gebracht,
Daß wir bei Nacht
Allvater heimlich singen!
Doch ist es Tag,
Sobald man mag
Ein reines Herz dir bringen.
Du kannst zwar heut,
Und manche Zeit,
Dem Feinde viel erlauben.
Die Flamme reinigt sich vom Rauch:
So reinig' unsern Glauben!
Und raubt man uns den alten Brauch;
Dein Licht, wer will es rauben!

Ein christlicher Wächter
Hilf, ach hilf mir, Kriegsgeselle!
Ach, es kommt die ganze Hölle!
Sieh, wie die verhexten Leiber
Durch und durch von Flamme glühen!
Menschen-Wölf' und Drachen-Weiber,
Die im Flug vorüberziehen!
Welch entsetzliches Getöse!
Laßt uns, laßt uns alle fliehen!
Oben flammt und saust der Böse;
Aus dem Boden
Dampfet rings ein Höllen-Broden.

Chor der christlichen Wächter
Schreckliche, verhexte Leiber,
Menschen-Wölf' und Drachen-Weiber!
Welch entsetzliches Getöse!
Sieh, da flammt, da zieht der Böse!
Aus dem Boden
Dampfet rings ein Höllen-Broden.

Chor der Druiden
Die Flamme reinigt sich vom Rauch:
So reinig' unsern Glauben!
Und raubt man uns den alten Brauch;
Dein Licht, wer kann es rauben!

DER ZAUBERLEHRLING

Hat der alte Hexenmeister
Sich doch einmal wegbegeben!
Und nun sollen seine Geister
Auch nach meinem Willen leben.
Seine Wort' und Werke
Merkt' ich, und den Brauch,
Und mit Geistesstärke
Tu' ich Wunder auch.

 Walle! walle!
 Manche Strecke,
 Daß, zum Zwecke,
 Wasser fließe,
 Und mit reichem, vollem Schwalle
 Zu dem Bade sich ergieße.

Und nun komm, du alter Besen!
Nimm die schlechten Lumpenhüllen.
Bist schon lange Knecht gewesen;
Nun erfülle meinen Willen!
Auf zwei Beinen stehe,
Oben sei ein Kopf,
Eile nun, und gehe
Mit dem Wassertopf!

 Walle! walle!
 Manche Strecke,
 Daß, zum Zwecke,

Wasser fließe,
Und, mit reichem, vollem Schwalle,
Zu dem Bade sich ergieße.

Seht, er läuft zum Ufer nieder;
Wahrlich! ist schon an dem Flusse,
Und mit Blitzesschnelle wieder
Ist er hier mit raschem Gusse.
Schon zum zweitenmale!
Wie das Becken schwillt!
Wie sich jede Schale
Voll mit Wasser füllt!

Stehe! stehe!
Denn wir haben
Deiner Gaben
Vollgemessen! –
Ach, ich merk' es! Wehe! wehe!
Hab' ich doch das Wort vergessen!

Ach! das Wort, worauf am Ende
Er das wird, was er gewesen.
Ach, er läuft und bringt behende!
Wärst du doch der alte Besen!
Immer neue Güsse
Bringt er schnell herein,
Ach! und hundert Flüsse
Stürzen auf mich ein.

Nein, nicht länger
Kann ich's lassen;
Will ihn fassen.
Das ist Tücke!
Ach! nun wird mir immer bänger!
Welche Miene! welche Blicke!

O, du Ausgeburt der Hölle!
Soll das ganze Haus ersaufen?
Seh' ich über jede Schwelle
Doch schon Wasserströme laufen.
Ein verruchter Besen,
Der nicht hören will!
Stock, der du gewesen,
Steh doch wieder still!

 Willst's am Ende
 Gar nicht lassen?
 Will dich fassen,
 Will dich halten,
 Und das alte Holz behende
 Mit dem scharfen Beile spalten.

Seht, da kommt er schleppend wieder!
Wie ich mich nur auf dich werfe,
Gleich, o Kobold, liegst du nieder;
Krachend trifft die glatte Schärfe.
Wahrlich! brav getroffen!
Seht, er ist entzwei!
Und nun kann ich hoffen,
Und ich atme frei!

 Wehe! wehe!
 Beide Teile
 Stehn in Eile
 Schon als Knechte
 Völlig fertig in die Höhe!
 Helft mir, ach! ihr hohen Mächte!

Und sie laufen! Naß und nässer
Wird's im Saal und auf den Stufen.
Welch entsetzliches Gewässer!
Herr und Meister! hör' mich rufen! –
Ach, da kommt der Meister!

Herr, die Not ist groß!
Die ich rief, die Geister,
Werd' ich nun nicht los.

»In die Ecke,
Besen! Besen!
Seid's gewesen.
Denn als Geister
Ruft euch nur, zu seinem Zwecke,
Erst hervor der alte Meister.«

DIE BRAUT VON CORINTH

Nach Corinthus von Athen gezogen
Kam ein Jüngling, dort noch unbekannt.
Einen Bürger hofft' er sich gewogen;
Beide Väter waren gastverwandt,
Hatten frühe schon
Töchterchen und Sohn
Braut und Bräutigam voraus genannt.

Aber wird er auch willkommen scheinen,
Wenn er teuer nicht die Gunst erkauft?
Er ist noch ein Heide mit den Seinen,
Und sie sind schon Christen und getauft.
Keimt ein Glaube neu,
Wird oft Lieb' und Treu
Wie ein böses Unkraut ausgerauft.

Und schon lag das ganze Haus im Stillen,
Vater, Töchter, nur die Mutter wacht;
Sie empfängt den Gast mit bestem Willen,
Gleich ins Prunkgemach wird er gebracht.
Wein und Essen prangt
Eh' er es verlangt:
So versorgend wünscht sie gute Nacht.

Aber bei dem wohlbestellten Essen
Wird die Lust der Speise nicht erregt;
Müdigkeit läßt Speis' und Trank vergessen,
Daß er angekleidet sich auf's Bette legt;
Und er schlummert fast,
Als ein seltner Gast
Sich zur offnen Tür herein bewegt.

Denn er sieht, bei seiner Lampe Schimmer
Tritt, mit weißem Schleier und Gewand,
Sittsam still ein Mädchen in das Zimmer,
Um die Stirn ein schwarz- und goldnes Band.
Wie sie ihn erblickt,
Hebt sie, die erschrickt,
Mit Erstaunen eine weiße Hand.

Bin ich, rief sie aus, so fremd im Hause,
Daß ich von dem Gaste nichts vernahm?
Ach, so hält man mich in meiner Klause!
Und nun überfällt mich hier die Scham.
Ruhe nur so fort
Auf dem Lager dort,
Und ich gehe schnell, so wie ich kam.

Bleibe, schönes Mädchen! ruft der Knabe,
Rafft von seinem Lager sich geschwind:
Hier ist Ceres, hier ist Bacchus Gabe;
Und du bringst den Amor, liebes Kind!
Bist vor Schrecken blaß!
Liebe, komm und laß,
Laß uns sehn, wie froh die Götter sind.

Ferne bleib', o Jüngling! bleibe stehen;
Ich gehöre nicht den Freuden an.
Schon der letzte Schritt ist, ach! geschehen,
Durch der guten Mutter kranken Wahn,
Die genesend schwur:

55 Jugend und Natur
Sei dem Himmel künftig untertan.

Und der alten Götter bunt Gewimmel
Hat sogleich das stille Haus geleert.
Unsichtbar wird Einer nur im Himmel,
60 Und ein Heiland wird am Kreuz verehrt;
Opfer fallen hier,
Weder Lamm noch Stier,
Aber Menschenopfer unerhört.

Und er fragt und wäget alle Worte,
65 Deren keines seinem Geist entgeht.
Ist es möglich, daß am stillen Orte
Die geliebte Braut hier vor mir steht?
Sei die meine nur!
Unsrer Väter Schwur
70 Hat vom Himmel Segen uns erfleht.

Mich erhältst du nicht, du gute Seele!
Meiner zweiten Schwester gönnt man dich.
Wenn ich mich in stiller Klause quäle,
Ach! in ihren Armen denk' an mich,
75 Die an dich nur denkt,
Die sich liebend kränkt;
In die Erde bald verbirgt sie sich.

Nein! bei dieser Flamme sei's geschworen,
Gütig zeigt sie Hymen uns voraus;
80 Bist der Freude nicht und mir verloren,
Kommst mit mir in meines Vaters Haus.
Liebchen, bleibe hier!
Feire gleich mit mir
Unerwartet unsern Hochzeitschmaus.

85 Und schon wechseln sie der Treue Zeichen;
Golden reicht sie ihm die Kette dar,

Und er will ihr eine Schale reichen,
Silbern, künstlich, wie nicht eine war.
Die ist nicht für mich;
Doch, ich bitte dich,
Eine Locke gib von deinem Haar.

Eben schlug die dumpfe Geisterstunde
Und nun schien es ihr erst wohl zu sein.
Gierig schlürfte sie, mit blassem Munde,
Nun den dunkel blutgefärbten Wein;
Doch vom Weizenbrot,
Das er freundlich bot,
Nahm sie nicht den kleinsten Bissen ein.

Und dem Jüngling reichte sie die Schale,
Der, wie sie, nun hastig lüstern trank.
Liebe fordert er beim stillen Mahle;
Ach, sein armes Herz war liebekrank.
Doch sie widersteht,
Wie er immer fleht,
Bis er weinend auf das Bette sank.

Und sie kommt und wirft sich zu ihm nieder:
Ach! wie ungern seh' ich dich gequält!
Aber, ach! berührst du meine Glieder,
Fühlst du schaudernd, was ich dir verhehlt.
Wie der Schnee so weiß,
Aber kalt wie Eis,
Ist das Liebchen, das du dir erwählt.

Heftig faßt er sie, mit starken Armen,
Von der Liebe Jugendkraft durchmannt:
Hoffe doch bei mir noch zu erwarmen,
Wär'st du selbst mir aus dem Grab gesandt!
Wechselhauch und Kuß!
Liebesüberfluß!
Brennst du nicht und fühlest mich entbrannt?

120 Liebe schließet fester sie zusammen,
Tränen mischen sich in ihre Lust;
Gierig saugt sie seines Mundes Flammen;
Eins ist nur im Andern sich bewußt.
Seine Liebeswut
125 Wärmt ihr starres Blut,
Doch es schlägt kein Herz in ihrer Brust.

Unterdessen schleichet auf dem Gange,
Häuslich spät die Mutter noch vorbei,
Horchet an der Tür und horchet lange,
130 Welch ein sonderbarer Ton es sei.
Klag- und Wonnelaut
Bräutigams und Braut,
Und des Liebestammelns Raserei.

Unbeweglich bleibt sie an der Türe,
135 Weil sie erst sich überzeugen muß,
Und sie hört die höchsten Liebesschwüre,
Lieb' und Schmeichelworte, mit Verdruß –
Still! der Hahn erwacht! –
Aber morgen Nacht
140 Bist du wieder da? – und Kuß auf Kuß.

Länger hält die Mutter nicht das Zürnen,
Öffnet das bekannte Schloß geschwind: –
Gibt es hier im Hause solche Dirnen,
Die dem Fremden gleich zu Willen sind? –
145 So zur Tür hinein.
Bei der Lampe Schein
Sieht sie – Gott! sie sieht ihr eigen Kind.

Und der Jüngling will im ersten Schrecken
Mit des Mädchens eignem Schleierflor,
150 Mit dem Teppich die Geliebte decken;
Doch sie windet gleich sich selbst hervor.
Wie mit Geist's Gewalt

Hebet die Gestalt
Lang' und langsam sich im Bett' empor.

Mutter! Mutter! spricht sie hohle Worte: 155
So mißgönnt Ihr mir die schöne Nacht!
Ihr vertreibt mich von dem warmen Orte.
Bin ich zur Verzweiflung nur erwacht?
Ist's Euch nicht genug,
Daß in's Leichentuch, 160
Daß Ihr früh mich in das Grab gebracht?

Aber aus der schwerbedeckten Enge
Treibet mich ein eigenes Gericht.
Eurer Priester summende Gesänge
Und ihr Segen haben kein Gewicht; 165
Salz und Wasser kühlt
Nicht, wo Jugend fühlt;
Ach! die Erde kühlt die Liebe nicht.

Dieser Jüngling war mir erst versprochen,
Als noch Venus heitrer Tempel stand. 170
Mutter, habt Ihr doch das Wort gebrochen,
Weil ein fremd, ein falsch Gelübd' Euch band!
Doch kein Gott erhört,
Wenn die Mutter schwört,
Zu versagen ihrer Tochter Hand. 175

Aus dem Grabe werd' ich ausgetrieben,
Noch zu suchen das vermißte Gut,
Noch den schon verlornen Mann zu lieben,
Und zu saugen seines Herzens Blut.
Ist's um den geschehn, 180
Muß nach Andern gehn,
Und das junge Volk erliegt der Wut.

Schöner Jüngling! kannst nicht länger leben;
Du versiechest nun an diesem Ort.

185 Meine Kette hab' ich dir gegeben;
Deine Locke nehm' ich mit mir fort.
Sieh' sie an genau!
Morgen bist du grau,
Und nur braun erscheinst du wieder dort.

190 Höre, Mutter, nun die letzte Bitte:
Einen Scheiterhaufen schichte du;
Öffne meine bange kleine Hütte,
Bring' in Flammen Liebende zur Ruh!
Wenn der Funke sprüht,
195 Wenn die Asche glüht,
Eilen wir den alten Göttern zu.

DER GOTT UND DIE BAJADERE
Indische Legende

Mahadöh, der Herr der Erde,
Kommt herab zum sechstenmal,
Daß er unsers gleichen werde,
Mit zu fühlen Freud' und Qual.
5 Er bequemt sich hier zu wohnen,
Läßt sich Alles selbst geschehn.
Soll er strafen oder schonen,
Muß er Menschen menschlich sehn.
Und hat er die Stadt sich als Wandrer betrachtet,
10 Die Großen belauert, auf Kleine geachtet,
Verläßt er sie Abends, um weiter zu gehn.

Als er nun hinausgegangen,
Wo die letzten Häuser sind,
Sieht er, mit gemalten Wangen,
15 Ein verlornes schönes Kind.
Grüß' dich, Jungfrau! – Dank der Ehre!
Wart', ich komme gleich hinaus –
Und wer bist du? – Bajadere,
Und dies ist der Liebe Haus.

Sie rührt sich, die Zimbeln zum Tanze zu schlagen; 20
Sie weiß sich so lieblich im Kreise zu tragen,
Sie neigt sich und biegt sich, und reicht ihm den Strauß.

 Schmeichelnd zieht sie ihn zur Schwelle,
 Lebhaft ihn ins Haus hinein.
 Schöner Fremdling, lampenhelle 25
 Soll sogleich die Hütte sein.
 Bist du müd', ich will dich laben,
 Lindern deiner Füße Schmerz.
 Was du willst, das sollst du haben,
 Ruhe, Freuden oder Scherz. 30
Sie lindert geschäftig geheuchelte Leiden.
Der Göttliche lächelt; er siehet mit Freuden,
Durch tiefes Verderben, ein menschliches Herz.

 Und er fordert Sklavendienste;
 Immer heitrer wird sie nur, 35
 Und des Mädchens frühe Künste
 Werden nach und nach Natur.
 Und so stellet auf die Blüte
 Bald und bald die Frucht sich ein;
 Ist Gehorsam im Gemüte, 40
 Wird nicht fern die Liebe sein.
Aber, sie schärfer und schärfer zu prüfen,
Wählet der Kenner der Höhen und Tiefen
Lust und Entsetzen und grimmige Pein.

 Und er küßt die bunten Wangen, 45
 Und sie fühlt der Liebe Qual,
 Und das Mädchen steht gefangen,
 Und sie weint zum erstenmal;
 Sinkt zu seinen Füßen nieder,
 Nicht um Wollust noch Gewinst, 50
 Ach! und die gelenken Glieder,
 Sie versagen allen Dienst.
Und so zu des Lagers vergnüglicher Feier

>
> Bereiten den dunklen behaglichen Schleier
> Die nächtlichen Stunden das schöne Gespinst.
>
> Spät entschlummert, unter Scherzen,
> Früh erwacht, nach kurzer Rast,
> Findet sie, an ihrem Herzen,
> Tot den vielgeliebten Gast.
> Schreiend stürzt sie auf ihn nieder;
> Aber nicht erweckt sie ihn,
> Und man trägt die starren Glieder
> Bald zur Flammengrube hin.
> Sie höret die Priester, die Totengesänge,
> Sie raset und rennet, und teilet die Menge.
> Wer bist du? was drängt zu der Grube dich hin?
>
> Bei der Bahre stürzt sie nieder,
> Ihr Geschrei durchdringt die Luft:
> Meinen Gatten will ich wieder!
> Und ich such' ihn in der Gruft.
> Soll zu Asche mir zerfallen
> Dieser Glieder Götterpracht?
> Mein! er war es, mein vor allen!
> Ach, nur Eine süße Nacht!
> Es singen die Priester: wir tragen die Alten,
> Nach langem Ermatten und spätem Erkalten,
> Wir tragen die Jugend, noch eh' sie's gedacht.
>
> Höre deiner Priester Lehre:
> Dieser war dein Gatte nicht.
> Lebst du doch als Bajadere,
> Und so hast du keine Pflicht.
> Nur dem Körper folgt der Schatten
> In das stille Totenreich;
> Nur die Gattin folgt dem Gatten:
> Das ist Pflicht und Ruhm zugleich.
> Ertöne, Drommete, zu heiliger Klage!
> O, nehmet, ihr Götter! die Zierde der Tage,
> O, nehmet den Jüngling in Flammen zu euch!

So das Chor, das ohn' Erbarmen
　Mehret ihres Herzens Not;
　Und mit ausgestreckten Armen
　Springt sie in den heißen Tod.
　Doch der Götter-Jüngling hebet
　Aus der Flamme sich empor,
　Und in seinen Armen schwebet
　Die Geliebte mit hervor.
Es freut sich die Gottheit der reuigen Sünder;
Unsterbliche heben verlorene Kinder
Mit feurigen Armen zum Himmel empor.

ELEGIEN
I

> Wie wir einst so glücklich waren!
> Müssens jetzt durch euch erfahren.

I

Saget, Steine, mir an, o! sprecht, ihr hohen Paläste!
 Straßen, redet ein Wort! Genius, regst du dich nicht?
Ja, es ist Alles beseelt in deinen heiligen Mauern,
 Ewige Roma; nur mir schweiget noch Alles so still.
O! wer flüstert mir zu, an welchem Fenster erblick' ich
 Einst das holde Geschöpf, das mich versengend erquickt?
Ahn' ich die Wege noch nicht, durch die ich immer und
 immer,
 Zu ihr und von ihr zu gehn, opfre die köstliche Zeit?
Noch betracht' ich Kirch' und Palast, Ruinen und Säulen,
 Wie ein bedächtiger Mann schicklich die Reise benutzt.
Doch bald ist es vorbei; dann wird ein einziger Tempel,
 Amors Tempel nur sein, der den Geweihten empfängt.
Eine Welt zwar bist du, o Rom; doch ohne die Liebe
 Wäre die Welt nicht die Welt, wäre denn Rom auch nicht
 Rom.

II

Ehret, wen ihr auch wollt! Nun bin ich endlich geborgen!
 Schöne Damen und ihr Herren der feineren Welt,
Fraget nach Oheim und Vetter und alten Muhmen und
 Tanten;

Und dem gebundnen Gespräch folge das traurige Spiel.
Auch ihr Übrigen fahret mir wohl, in großen und kleinen
　　Zirkeln, die ihr mich oft nah der Verzweiflung gebracht.
Wiederholet, politisch und zwecklos, jegliche Meinung,
　　Die den Wandrer mit Wut über Europa verfolgt.
So verfolgte das Liedchen *Malbrough* den reisenden Briten
　　Einst von Paris nach Livorn, dann von Livorno nach
　　　　　　　　Rom,
Weiter nach Napel hinunter; und wär' er nach Smyrna
　　　　　　　　gesegelt,
　　Malbrough! empfing ihn auch dort! Malbrough! im
　　　　　　　　Hafen das Lied.
Und so mußt' ich bis jetzt auf allen Tritten und Schritten
　　Schelten hören das Volk, schelten der Könige Rat.
Nun entdeckt' ihr mich nicht so bald in meinem Asyle,
　　Das mir Amor der Fürst, königlich schützend, verlieh.
Hier bedecket er mich mit seinem Fittig; die Liebste
　　Fürchtet, römisch gesinnt, wütende Gallier nicht;
Sie erkundigt sich nie nach neuer Märe, sie spähet
　　Sorglich den Wünschen des Mann's, dem sie sich
　　　　　　　　eignete, nach.
Sie ergetzt sich an ihm, dem freien rüstigen Fremden,
　　Der von Bergen und Schnee, hölzernen Häusern erzählt;
Teilt die Flammen, die sie in seinem Busen entzündet,
　　Freut sich, daß er das Gold nicht wie der Römer bedenkt.
Besser ist ihr Tisch nun bestellt; es fehlet an Kleidern,
　　Fehlet am Wagen ihr nicht, der nach der Oper sie bringt.
Mutter und Tochter erfreun sich ihres nordischen Gastes,
　　Und der Barbare beherrscht Römischen Busen und Leib.

III

Laß dich, Geliebte, nicht reu'n, daß du mir so schnell dich
　　　　　　　　ergeben!
　　Glaub' es, ich denke nicht frech, denke nicht niedrig von
　　　　　　　　dir.

Vielfach wirken die Pfeile des Amor: einige ritzen,
 Und vom schleichenden Gift kranket auf Jahre das Herz.
5 Aber mächtig befiedert, mit frisch geschliffener Schärfe,
 Dringen die andern ins Mark, zünden behende das Blut.
In der heroischen Zeit, da Götter und Göttinnen liebten,
 Folgte Begierde dem Blick, folgte Genuß der Begier.
Glaubst du, es habe sich lange die Göttin der Liebe besonnen,
10 Als im Idäischen Hain einst ihr Anchises gefiel?
Hätte Luna gesäumt, den schönen Schäfer zu küssen;
 O, so hätt' ihn geschwind, neidend, Aurora geweckt.
Hero erblickte Leandern beim lauten Fest, und behende
 Stürzte der Liebende sich heiß in die nächtliche Flut.
15 Rhea Sylvia wandelt, die fürstliche Jungfrau, der Tiber
 Wasser zu schöpfen, hinab, und sie ergreifet der Gott.
So erzeugte die Söhne sich Mars! – Die Zwillinge tränket
 Eine Wölfin, und Rom nennt sich die Fürstin der Welt.

IV

Fromm sind wir Liebende, still verehren wir alle Dämonen,
 Wünschen uns jeglichen Gott, jegliche Göttin geneigt.
Und so gleichen wir euch, o römische Sieger! Den Göttern
 Aller Völker der Welt bietet ihr Wohnungen an,
5 Habe sie schwarz und streng, aus altem Basalt der Ägypter,
 Oder ein Grieche sie weiß, reizend, aus Marmor geformt.
Doch verdrießet es nicht die Ewigen, wenn wir besonders
 Weihrauch köstlicher Art Einer der Göttlichen streun.
Ja, wir bekennen euch gern, es bleiben unsre Gebete,
10 Unser täglicher Dienst Einer besonders geweiht.
Schalkhaft, munter und ernst begehen wir heimliche Feste,
 Und das Schweigen geziemt allen Geweihten genau.
Eh' an die Ferse lockten wir selbst, durch gräßliche Taten,
 Uns die Erinnyen her, wagten es eher, des Zeus
15 Hartes Gericht am rollenden Rad und am Felsen zu dulden,
 Als dem reizenden Dienst unser Gemüt zu entziehn.

Diese Göttin, sie heißt *Gelegenheit*; lernet sie kennen!
 Sie erscheinet euch oft, immer in andrer Gestalt.
Tochter des Proteus möchte sie sein, mit Thetis gezeuget,
 Deren verwandelte List manchen Heroen betrog.
So betriegt nun die Tochter den Unerfahrnen, den Blöden;
 Schlummernde necket sie stets, Wachende fliegt sie vorbei;
Gern ergibt sie sich nur dem raschen tätigen Manne;
 Dieser findet sie zahm, spielend und zärtlich und hold.
Einst erschien sie auch mir, ein bräunliches Mädchen, die Haare
 Fielen ihr dunkel und reich über die Stirne herab,
Kurze Locken ringelten sich um's zierliche Hälschen,
 Ungeflochtenes Haar kraus'te vom Scheitel sich auf.
Und ich verkannte sie nicht, ergriff die Eilende, lieblich
 Gab sie Umarmung und Kuß bald mir gelehrig zurück.
O, wie war ich beglückt! – Doch stille, die Zeit ist vorüber,
 Und umwunden bin ich, römische Flechten, von euch.

V

Froh empfind' ich mich nun auf klassischem Boden begeistert;
 Vor- und Mitwelt spricht lauter und reizender mir.
Hier befolg' ich den Rat, durchblättre die Werke der Alten
 Mit geschäftiger Hand, täglich mit neuem Genuß.
Aber die Nächte hindurch hält Amor mich anders beschäftigt;
 Werd' ich auch halb nur gelehrt, bin ich doch doppelt beglückt.
Und belehr' ich mich nicht, indem ich des lieblichen Busens
 Formen spähe, die Hand leite die Hüften hinab?
Dann versteh' ich den Marmor erst recht; ich denk' und vergleiche,
 Sehe mit fühlendem Aug', fühle mit sehender Hand.
Raubt die Liebste denn gleich mir einige Stunden des Tages,

Gibt sie Stunden der Nacht mir zur Entschädigung hin.
Wird doch nicht immer geküßt, es wird vernünftig gesprochen;
Überfällt sie der Schlaf, lieg' ich und denke mir viel.
Oftmals hab' ich auch schon in ihren Armen gedichtet,
Und des Hexameters Maß, leise mit fingernder Hand,
Ihr auf den Rücken gezählt. Sie atmet in lieblichem Schlummer,
Und es durchglühet ihr Hauch mir bis ins Tiefste die Brust.
Amor schüret die Lamp' indes und denket der Zeiten,
Da er den nämlichen Dienst seinen Triumvirn getan.

VI

»Kannst du, o Grausamer! mich in solchen Worten betrüben?
Reden so bitter und hart liebende Männer bei euch?
Wenn das Volk mich verklagt, ich muß es dulden! und bin ich
Etwa nicht schuldig? Doch, ach! schuldig nur bin ich mit dir!
Diese Kleider, sie sind der neidischen Nachbarin Zeugen,
Daß die Witwe nicht mehr einsam den Gatten beweint,
Bist du ohne Bedacht nicht oft bei Mondschein gekommen,
Grau, im dunkeln Sürtout, hinten gerundet das Haar?
Hast du dir scherzend nicht selbst die geistliche Maske gewählet?
Soll's ein Prälate denn sein! gut, der Prälate bist du.
In dem geistlichen Rom, kaum scheint es zu glauben, doch schwör' ich:
Nie hat ein Geistlicher sich meiner Umarmung gefreut.
Arm war ich leider! und jung, und wohl bekannt den Verführern.
Falconieri hat mir oft in die Augen gegafft,
Und ein Kuppler Albani's mich, mit gewichtigen Zetteln,

Bald nach Ostia, bald nach den vier Brunnen gelockt.
 Aber wer nicht kam, war das Mädchen. So hab' ich von Herzen
Rotstrumpf immer gehaßt und Violettstrumpf dazu.
Denn ›ihr Mädchen bleibt am Ende doch die Betrognen‹,
 Sagte der Vater, wenn auch leichter die Mutter es nahm.
Und so bin ich denn auch am Ende betrogen! Du zürnest
 Nur zum Scheine mit mir, weil du zu fliehen gedenkst.
Geh! Ihr seid der Frauen nicht wert! Wir tragen die Kinder
 Unter dem Herzen, und so tragen die Treue wir auch;
Aber ihr Männer, ihr schüttet, mit eurer Kraft und Begierde,
 Auch die Liebe zugleich in den Umarmungen aus!«
Also sprach die Geliebte, und nahm den Kleinen vom Stuhle,
 Drückt' ihn küssend ans Herz, Tränen entquollen dem Blick.
Und wie saß ich beschämt, daß Reden feindlicher Menschen
 Dieses liebliche Bild mir zu beflecken vermocht!
Dunkel brennt das Feuer nur augenblicklich und dampfet,
 Wenn das Wasser die Glut stürzend und gähling verhüllt,
Aber sie reinigt sich schnell, verjagt die trübenden Dämpfe,
 Neuer und mächtiger dringt leuchtende Flamme hinauf.

VII

O, wie fühl' ich in Rom mich so froh! gedenk' ich der Zeiten,
 Da mich ein graulicher Tag hinten im Norden umfing,
Trübe der Himmel und schwer auf meinen Scheitel sich senkte,
 Farb'- und gestaltlos die Welt um den Ermatteten lag,
Und ich über mein Ich, des unbefriedigten Geistes
 Düstre Wege zu spähn, still in Betrachtung versank.
Nun umleuchtet der Glanz des helleren Äthers die Stirne;
 Phöbus rufet, der Gott, Formen und Farben hervor.

Sternhell glänzet die Nacht, sie klingt von weichen
 Gesängen,
10 Und mir leuchtet der Mond heller als nordischer Tag.
Welche Seligkeit ward mir Sterblichen! Träum' ich?
 Empfänget
 Dein ambrosisches Haus, Jupiter Vater, den Gast?
Ach! hier lieg' ich, und strecke nach deinen Knieen die
 Hände
 Flehend aus. O vernimm, Jupiter Xenius, mich!
15 Wie ich hereingekommen, ich kann's nicht sagen; es faßte
 Hebe den Wandrer, und zog mich in die Hallen heran.
Hast du ihr einen Heroen herauf zu führen geboten?
 Irrte die Schöne? Vergib! Laß mir des Irrtums Gewinn!
Deine Tochter Fortuna sie auch! Die herrlichsten Gaben
20 Teilt als ein Mädchen sie aus, wie es die Laune gebeut.
Bist du der wirtliche Gott? O! dann so verstoße den
 Gastfreund
 Nicht von deinem Olymp wieder zur Erde hinab!
»Dichter! wohin versteigest du dich?« – Vergib mir; der
 hohe
 Capitolinische Berg ist dir ein zweiter Olymp.
25 Dulde mich, Jupiter, hier, und Hermes führe mich später,
 Cestius Mahl vorbei, leise zum Orkus hinab.

VIII

Wenn du mir sagst, du habest als Kind, Geliebte, den
 Menschen
 Nicht gefallen, und dich habe die Mutter verschmäht,
Bis du größer geworden und still dich entwickelt; ich
 glaub' es:
 Gerne denk' ich mir dich als ein besonderes Kind.
5 Fehlet Bildung und Farbe doch auch der Blüte des
 Weinstocks,
 Wenn die Beere, gereift, Menschen und Götter entzückt.

IX

Herbstlich leuchtet die Flamme vom ländlich geselligen
 Herde,
 Knistert und glänzet, wie rasch! sausend vom Reisig
 empor.
Diesen Abend erfreut sie mich mehr; denn eh' noch zur
 Kohle
 Sich das Bündel verzehrt, unter die Asche sich neigt,
Kommt mein liebliches Mädchen. Dann flammen Reisig
 und Scheite,
 Und die erwärmte Nacht wird uns ein glänzendes Fest.
Morgen frühe geschäftig verläßt sie das Lager der Liebe,
 Weckt aus der Asche behend Flammen aufs Neue hervor.
Denn vor andern verlieh der Schmeichlerin Amor die
 Gabe,
 Freude zu wecken, die kaum still wie zu Asche versank.

X

Alexander und Cäsar und Heinrich und Friedrich, die
 Großen,
 Gäben die Hälfte mir gern ihres erworbenen Ruhms,
Könnt' ich auf Eine Nacht dies Lager Jedem vergönnen;
 Aber die Armen, sie hält strenge des Orkus Gewalt.
Freue dich also, Lebend'ger, der lieberwärmten Stätte,
 Ehe den fliehenden Fuß schauerlich Lethe dir netzt.

XI

Euch, o Grazien, legt die wenigen Blätter ein Dichter
 Auf den reinen Altar, Knospen der Rose dazu,
Und er tut es getrost. Der Künstler freuet sich seiner
 Werkstatt, wenn sie um ihn immer ein Pantheon scheint.

5 Jupiter senket die göttliche Stirn, und Juno erhebt sie;
　Phöbus schreitet hervor, schüttelt das lockige Haupt;
Trocken schauet Minerva herab, und Hermes, der Leichte,
　Wendet zur Seite den Blick, schalkisch und zärtlich zugleich.
Aber nach Bacchus, dem Weichen, dem Träumenden, hebet Cythere
10　Blicke süßer Begier, selbst in dem Marmor noch feucht.
Seiner Umarmung gedenket sie gern, und scheinet zu fragen:
　Sollte der herrliche Sohn uns an der Seite nicht stehn?

XII

Hörest du, Liebchen, das muntre Geschrei den Flaminischen Weg her?
　Schnitter sind es; sie ziehn wieder nach Hause zurück,
Weit hinweg. Sie haben des Römers Ernte vollendet,
　Der für Ceres den Kranz selber zu flechten verschmäht.
5 Keine Feste sind mehr der großen Göttin gewidmet,
　Die, statt Eicheln, zur Kost goldenen Weizen verlieh.
Laß uns Beide das Fest im Stillen freudig begehen!
　Sind zwei Liebende doch sich ein versammeltes Volk.
Hast du wohl je gehört von jener mystischen Feier,
10　Die von Eleusis hieher frühe dem Sieger gefolgt?
Griechen stifteten sie, und immer riefen nur Griechen,
　Selbst in den Mauern Roms: »Kommt zur geheiligten Nacht!«
Fern entwich der Profane; da bebte der wartende Neuling,
　Den ein weißes Gewand, Zeichen der Reinheit, umgab.
15 Wunderlich irrte darauf der Eingeführte durch Kreise
　Seltner Gestalten; im Traum schien er zu wallen: denn hier
Wanden sich Schlangen am Boden umher, verschlossene Kästchen,
　Reich mit Ähren umkränzt, trugen hier Mädchen vorbei,

Vielbedeutend gebärdeten sich die Priester, und summten;
 Ungeduldig und bang harrte der Lehrling auf Licht.
Erst nach mancherlei Proben und Prüfungen ward ihm
 enthüllet,
 Was der geheiligte Kreis seltsam in Bildern verbarg.
Und was war das Geheimnis! als daß Demeter, die große,
 Sich gefällig einmal auch einem Helden bequemt,
Als sie dem Jasion einst, dem rüstigen König der Kreter,
 Ihres unsterblichen Leib's holdes Verborgne gegönnt.
Da war Kreta beglückt! das Hochzeitbette der Göttin
 Schwoll von Ähren, und reich drückte den Acker die
 Saat.
Aber die übrige Welt verschmachtete; denn es versäumte
 Über der Liebe Genuß Ceres den schönen Beruf.
Voll Erstaunen vernahm der Eingeweihte das Märchen,
 Winkte der Liebsten – Verstehst du nun, Geliebte, den
 Wink?
Jene buschige Myrte beschattet ein heiliges Plätzchen!
 Unsre Zufriedenheit bringt keine Gefährde der Welt.

XIII

Amor bleibet ein Schalk, und wer ihm vertraut, ist
 betrogen!
 Heuchelnd kam er zu mir: »Diesmal nur traue mir noch.
Redlich mein' ich's mit dir, du hast dein Leben und
 Dichten,
 Dankbar erkenn' ich es wohl, meiner Verehrung
 geweiht.
Siehe, dir bin ich nun gar nach Rom gefolget; ich möchte
 Dir im fremden Gebiet gern was Gefälliges tun.
Jeder Reisende klagt, er finde schlechte Bewirtung;
 Welchen Amor empfiehlt, köstlich bewirtet ist er.
Du betrachtest mit Staunen die Trümmern alter Gebäude,
 Und durchwandelst mit Sinn diesen geheiligten Raum.
Du verehrest noch mehr die werten Reste des Bildens

Einziger Künstler, die stets ich in der Werkstatt besucht.
Diese Gestalten, ich formte sie selbst! Verzeih mir, ich prahle
Diesmal nicht; du gestehst, was ich dir sage, sei wahr.
Nun du mir lässiger dienst, wo sind die schönen Gestalten,
Wo die Farben, der Glanz deiner Erfindungen hin?
Denkst du nun wieder zu bilden, o Freund? Die Schule der Griechen
Blieb noch offen, das Tor schlossen die Jahre nicht zu.
Ich, der Lehrer, bin ewig jung, und liebe die Jungen.
Altklug lieb' ich dich nicht! Munter! Begreife mich wohl!
War das Antike doch neu, da jene Glücklichen lebten!
Lebe glücklich, und so lebe die Vorzeit in dir!
Stoff zum Liede, wo nimmst du ihn her? Ich muß dir ihn geben,
Und den höheren Styl lehret die Liebe dich nur.«
Also sprach der Sophist. Wer widerspräch' ihm? und leider
Bin ich zu folgen gewöhnt, wenn der Gebieter befiehlt. –
Nun, verräterisch hält er sein Wort, gibt Stoff zu Gesängen,
Ach! und raubt mir die Zeit, Kraft und Besinnung zugleich;
Blick und Händedruck, und Küsse, gemütliche Worte,
Sylben köstlichen Sinns wechselt ein liebendes Paar.
Da wird Lispeln Geschwätz, wird Stottern liebliche Rede:
Solch ein Hymnus verhallt ohne prosodisches Maß.
Dich, Aurora, wie kannt' ich dich sonst als Freundin der Musen!
Hat, Aurora, dich auch Amor, der Lose, verführt?
Du erscheinest mir nun als seine Freundin, und weckest
Mich an seinem Altar wieder zum festlichen Tag.
Find' ich die Fülle der Locken an meinem Busen! das Köpfchen
Ruhet und drucket den Arm, der sich dem Halse bequemt.
Welch ein freudig Erwachen, erhieltet ihr, ruhige Stunden,
Mir das Denkmal der Lust, die in den Schlaf uns gewiegt! –

Sie bewegt sich im Schlummer, und sinkt auf die Breite des Lagers
 Weggewendet; und doch läßt sie mir Hand noch in Hand.
Herzliche Liebe verbindet uns stets und treues Verlangen,
 Und den Wechsel behielt nur die Begierde sich vor.
Einen Druck der Hand, ich sehe die himmlischen Augen 45
 Wieder offen. – O nein! laßt auf der Bildung mich ruhn!
Bleibt geschlossen! Ihr macht mich verwirrt und trunken, ihr raubet
 Mir den stillen Genuß reiner Betrachtung zu früh.
Diese Formen, wie groß! wie edel gewendet die Glieder!
 Schlief Ariadne so schön; Theseus, du konntest entfliehn? 50
Diesen Lippen ein einziger Kuß! O Theseus, nun scheide!
 Blick' ihr ins Auge! Sie wacht! – Ewig nun hält sie dich fest.

XIV

Zünde mir Licht an, Knabe! – »Noch ist es hell. Ihr verzehret
 Öl und Docht nur umsonst. Schließet die Läden doch nicht!
Hinter die Häuser entwich, nicht hinter den Berg, uns die Sonne!
 Ein halb Stündchen noch währt's bis zum Geläute der Nacht.« –
Unglückseliger! geh und gehorch'! Mein Mädchen erwart' ich; 5
 Tröste mich, Lämpchen, indes, lieblicher Bote der Nacht!

XV

Cäsarn wär' ich wohl nie zu fernen Britannen gefolget,
 Florus hätte mich leicht in die Popine geschleppt!
Denn mir bleiben weit mehr die Nebel des traurigen Nordens,
 Als ein geschäftiges Volk südlicher Flöhe verhaßt.
5 Und noch schöner von heut' an seid mir gegrüßet, ihr Schenken,
 Osterieen, wie euch schicklich der Römer benennt;
Denn ihr zeigtet mir heute die Liebste begleitet vom Oheim,
 Den die Gute so oft, mich zu besitzen, betrügt.
Hier stand unser Tisch, den Deutsche vertraulich umgaben;
10 Drüben suchte das Kind neben der Mutter den Platz,
Rückte vielmals die Bank, und wußt' es artig zu machen,
 Daß ich halb ihr Gesicht, völlig den Nacken gewann.
Lauter sprach sie, als hier die Römerin pfleget, kredenzte,
 Blickte gewendet nach mir, goß und verfehlte das Glas.
15 Wein floß über den Tisch, und sie, mit zierlichem Finger,
 Zog auf dem hölzernen Blatt Kreise der Feuchtigkeit hin.
Meinen Namen verschlang sie dem ihrigen; immer begierig
 Schaut' ich dem Fingerchen nach, und sie bemerkte mich wohl.
Endlich zog sie behende das Zeichen der römischen Fünfe
20 Und ein Strichlein davor. Schnell, und sobald ich's gesehn,
Schlang sie Kreise durch Kreise, die Lettern und Ziffern zu löschen;
 Aber die köstliche *Vier* blieb mir in's Auge geprägt.
Stumm war ich sitzen geblieben, und biß die glühende Lippe,
 Halb aus Schalkheit und Lust, halb aus Begierde, mir wund.
25 Erst noch so lange bis Nacht! dann noch vier Stunden zu warten!

Hohe Sonne, du weilst und du beschauest dein Rom!
Größeres sahest du nichts und wirst nichts Größeres sehen,
 Wie es dein Priester Horaz in der Entzückung versprach.
Aber heute verweile mir nicht, und wende die Blicke
 Von dem Siebengebirg früher und williger ab! 30
Einem Dichter zu Liebe verkürze die herrlichen Stunden,
 Die mit begierigem Blick selig der Maler genießt;
Glühend blicke noch schnell zu diesen hohen Fassaden,
 Kuppeln und Säulen zuletzt, und Obelisken herauf;
Stürze dich eilig ins Meer, um morgen früher zu sehen, 35
 Was Jahrhunderte schon göttliche Lust dir gewährt:
Diese feuchten mit Rohr so lange bewachs'nen Gestade,
 Diese mit Bäumen und Busch düster beschatteten Höhn.
Wenig Hütten zeigten sie erst; dann sahst du auf einmal
 Sie vom wimmelnden Volk glücklicher Räuber belebt. 40
Alles schleppten sie drauf an diese Stätte zusammen;
 Kaum war das übrige Rund deiner Betrachtung noch wert.
Sahst eine Welt hier entstehn, sahst dann eine Welt hier in Trümmern,
 Aus den Trümmern auf's Neu fast eine größere Welt!
Daß ich diese noch lange, von dir beleuchtet, erblicke, 45
 Spinne die Parze mir klug langsam den Faden herab;
Aber sie eile herbei, die schön bezeichnete Stunde! –
 Glücklich! Hör' ich sie schon? Nein; doch ich höre schon Drei.
So, ihr lieben Musen, betrogt ihr wieder die Länge
 Dieser Weile, die mich von der Geliebten getrennt. 50
Lebet wohl! Nun eil' ich, und fürcht' euch nicht zu beleid'gen;
 Denn ihr Stolzen, ihr gebt Amorn doch immer den Rang.

XVI

»Warum bist du, Geliebter, nicht heute zur Vigne gekommen?
 Einsam, wie ich versprach, wartet' ich oben auf dich.« –

Beste, schon war ich hinein; da sah ich zum Glücke den Oheim
Neben den Stöcken, bemüht, hin sich und her sich zu drehn.
Schleichend eilt' ich hinaus! – »O, welch ein Irrtum ergriff dich!
Eine Scheuche nur war's, was dich vertrieb! Die Gestalt
Flickten wir emsig zusammen aus alten Kleidern und Rohren;
Emsig half ich daran, selbst mir zu schaden bemüht.
Nun! des Alten Wunsch ist erfüllt; den losesten Vogel
Scheucht er heute, der ihm Gärtchen und Nichte bestiehlt.«

XVII

Manche Töne sind mir Verdruß, doch bleibet am meisten
Hundegebell mir verhaßt; kläffend zerreißt es mein Ohr.
Einen Hund nur hör' ich sehr oft mit frohem Behagen
Bellend kläffen, den Hund, den sich der Nachbar erzog.
Denn er bellte mir einst mein Mädchen an, da sie sich heimlich
Zu mir stahl, und verriet unser Geheimnis beinah.
Jetzo, hör' ich ihn bellen, so denk' ich nur immer: sie kommt wohl!
Oder ich denke der Zeit, da die Erwartete kam.

XVIII

Eines ist mir verdrießlich vor allen Dingen, ein andres
Bleibt mir abscheulich, empört jegliche Faser in mir;
Nur der bloße Gedanke. Ich will es euch, Freunde, gestehen:
Gar verdrießlich ist mir einsam das Lager zu Nacht.
Aber ganz abscheulich ist's, auf dem Wege der Liebe

Schlangen zu fürchten, und Gift unter den Rosen der
 Lust,
Wenn im schönsten Moment der hin sich gebenden Freude
 Deinem sinkenden Haupt lispelnde Sorge sich naht.
Darum macht Faustine mein Glück; sie teilet das Lager
 Gerne mit mir, und bewahrt Treue dem Treuen genau.
Reizendes Hindernis will die rasche Jugend; ich liebe,
 Mich des versicherten Guts lange bequem zu erfreun.
Welche Seligkeit ist's! wir wechseln sichere Küsse,
 Atem und Leben getrost saugen und flößen wir ein.
So erfreuen wir uns der langen Nächte, wir lauschen,
 Busen an Busen gedrängt, Stürmen und Regen und Guß.
Und so dämmert der Morgen heran; es bringen die Stunden
 Neue Blumen herbei, schmücken uns festlich den Tag.
Gönnet mir, o Quiriten! das Glück, und Jedem gewähre
 Aller Güter der Welt erstes und letztes der Gott!

XIX

Schwer erhalten wir uns den guten Namen, denn Fama
 Steht mit Amorn, ich weiß, meinem Gebieter, in Streit.
Wißt auch ihr, woher es entsprang, daß Beide sich hassen?
 Alte Geschichten sind das, und ich erzähle sie wohl.
Immer die mächtige Göttin, doch war sie für die Gesellschaft
 Unerträglich, denn gern führt sie das herrschende Wort;
Und so war sie von je, bei allen Göttergelagen,
 Mit der Stimme von Erz, Großen und Kleinen verhaßt.
So berühmte sie einst sich übermütig, sie habe
 Jovis herrlichen Sohn ganz sich zum Sklaven gemacht.
»Meinen Herkules führ' ich dereinst, o Vater der Götter«,
 Rief triumphierend sie aus, »wiedergeboren dir zu.
Herkules ist es nicht mehr, den dir Alkmene geboren;
 Seine Verehrung für mich macht ihn auf Erden zum
 Gott.
Schaut er nach dem Olymp, so glaubst du, er schaue nach
 deinen

Mächtigen Knieen; vergib! nur in den Äther nach mir
Blickt der würdigste Mann; nur mich zu verdienen, durchschreitet
Leicht sein mächtiger Fuß Bahnen, die keiner betrat;
Aber auch ich begegn' ihm auf seinen Wegen, und preise
20 Seinen Namen voraus, eh' er die Tat noch beginnt.
Mich vermählst du ihm einst; der Amazonen Besieger
Werd' auch meiner, und ihn nenn' ich mit Freuden Gemahl!«
Alles schwieg; sie mochten nicht gern die Prahlerin reizen:
Denn sie denkt sich, erzürnt, leicht was Gehässiges aus.
25 Amorn bemerkte sie nicht: er schlich bei Seite; den Helden
Bracht' er mit weniger Kunst unter der Schönsten Gewalt.
Nun vermummt er sein Paar; ihr hängt er die Bürde des Löwen
Über die Schultern, und lehnt mühsam die Keule dazu.
Drauf bespickt er mit Blumen des Helden sträubende Haare,
30 Reichet den Rocken der Faust, die sich dem Scherze bequemt.
So vollendet er bald die neckische Gruppe; dann läuft er,
Ruft durch den ganzen Olymp: »Herrliche Taten geschehn!
Nie hat Erd' und Himmel, die unermüdete Sonne
Hat auf der ewigen Bahn keines der Wunder erblickt.«
35 Alles eilte; sie glaubten dem losen Knaben, denn ernstlich
Hatt' er gesprochen; und auch Fama, sie blieb nicht zurück.
Wer sich freute, den Mann so tief erniedrigt zu sehen,
Denkt ihr! Juno. Es galt Amorn ein freundlich Gesicht.
Fama daneben, wie stand sie beschämt, verlegen, verzweifelnd!
40 Anfangs lachte sie nur: »Masken, ihr Götter, sind das!
Meinen Helden, ich kenn' ihn zu gut! Es haben Tragöden
Uns zum Besten!« Doch bald sah sie mit Schmerzen, er war's! –

Nicht den tausendsten Teil verdroß es Vulcanen, sein Weibchen
 Mit dem rüstigen Freund unter den Maschen zu sehn,
Als das verständige Netz im rechten Moment sie umfaßte, 45
 Rasch die Verschlungnen umschlang, fest die Genießenden hielt.
Wie sich die Jünglinge freuten! Merkur und Bacchus! sie beide
 Mußten gestehn: es sei, über dem Busen zu ruhn
Dieses herrlichen Weibes, ein schöner Gedanke. Sie baten:
 Löse, Vulcan, sie noch nicht! Laß sie noch einmal besehn. 50
Und der Alte war so Hahnrei, und hielt sie nur fester. –
 Aber Fama, sie floh rasch und voll Grimmes davon.
Seit der Zeit ist zwischen den Zweien der Fehde nicht Stillstand;
 Wie sie sich Helden erwählt, gleich ist der Knabe darnach.
Wer sie am höchsten verehrt, den weiß er am besten zu fassen, 55
 Und den Sittlichsten greift er am gefährlichsten an.
Will ihm Einer entgehn, den bringt er vom Schlimmen ins Schlimmste.
 Mädchen bietet er an; wer sie ihm töricht verschmäht,
Muß erst grimmige Pfeile von seinem Bogen erdulden;
 Mann erhitzt er auf Mann, treibt die Begierden auf's Tier. 60
Wer sich seiner schämt, der muß erst leiden; dem Heuchler
 Streut er bittern Genuß unter Verbrechen und Not.
Aber auch sie, die Göttin, verfolgt ihn mit Augen und Ohren;
 Sieht sie ihn einmal bei dir, gleich ist sie feindlich gesinnt,
Schreckt dich mit ernstem Blick, verachtenden Mienen, und heftig 65
 Strenge verruft sie das Haus, das er gewöhnlich besucht.
Und so geht es auch mir: schon leid' ich ein wenig; die Göttin,
 Eifersüchtig, sie forscht meinem Geheimnisse nach.
Doch es ist ein altes Gesetz: ich schweig' und verehre;
 Denn der Könige Zwist büßten die Griechen, wie ich. 70

XX

Zieret Stärke den Mann, und freies mutiges Wesen,
 O! so ziemet ihm fast tiefes Geheimnis noch mehr.
Städtebezwingerin, du Verschwiegenheit! Fürstin der
 Völker!
 Teure Göttin, die mich sicher durch's Leben geführt,
5 Welches Schicksal erfahr' ich! Es löset scherzend die Muse,
 Amor löset, der Schalk! mir den verschlossenen Mund.
Ach, schon wird es so schwer, der Könige Schande
 verbergen!
 Weder die Krone bedeckt, weder ein phrygischer Bund
Midas verlängertes Ohr; der nächste Diener entdeckt es,
10 Und ihm ängstet und drückt gleich das Geheimnis die
 Brust.
In die Erde vergrüb' er es gern, um sich zu erleichtern:
 Doch die Erde verwahrt solche Geheimnisse nicht;
Rohre sprießen hervor, und rauschen und lispeln im
 Winde:
 Midas! Midas, der Fürst, trägt ein verlängertes Ohr!
15 Schwerer wird es nun mir, ein schönes Geheimnis zu
 wahren;
 Ach, den Lippen entquillt Fülle des Herzens so leicht!
Keiner Freundin darf ich's vertraun: sie möchte mich
 schelten;
 Keinem Freunde: vielleicht brächte der Freund mir
 Gefahr.
Mein Entzücken dem Hain, dem schallenden Felsen zu
 sagen,
20 Bin ich endlich nicht jung, bin ich nicht einsam genug.
Dir, Hexameter, dir, Pentameter, sei es vertrauet,
 Wie sie des Tags mich erfreut, wie sie des Nachts mich
 beglückt.
Sie, von vielen Männern gesucht, vermeidet die Schlingen,
 Die ihr der Kühnere frech, heimlich der Listige legt;
25 Klug und zierlich schlüpft sie vorbei, und kennet die Wege,

Wo sie der Liebste gewiß lauschend begierig empfängt.
Zaudre, Luna, sie kommt! damit sie der Nachbar nicht sehe;
Rausche, Lüftchen, im Laub! Niemand vernehme den Tritt;
Und ihr, wachset und blüht, geliebte Lieder, und wieget
 Euch im leisesten Hauch lauer und liebender Luft,
Und entdeckt den Quiriten, wie jene Rohre geschwätzig,
 Eines glücklichen Paars schönes Geheimnis zuletzt.

ELEGIEN
II

> Bilder so wie Leidenschaften
> Mögen gern am Liede haften.

ALEXIS UND DORA

Ach! unaufhaltsam strebet das Schiff mit jedem Momente
 Durch die schäumende Flut weiter und weiter hinaus!
Langhin furcht sich die Gleise des Kiels, worin die Delphine
 Springend folgen, als flöh' ihnen die Beute davon.
5 Alles deutet auf glückliche Fahrt: der ruhige Bootsmann
 Ruckt am Segel gelind, das sich für alle bemüht;
Vorwärts dringt der Schiffenden Geist, wie Flaggen und Wimpel;
 Einer nur steht rückwärts traurig gewendet am Mast,
Sieht die Berge schon blau, die scheidenden, sieht in das Meer sie
10 Niedersinken, es sinkt jegliche Freude vor ihm.
Auch dir ist es verschwunden, das Schiff, das deinen Alexis,
 Dir, o Dora, den Freund, ach! dir den Bräutigam raubt.
Auch du blickest vergebens nach mir. Noch schlagen die Herzen
 Für einander, doch, ach! nun aneinander nicht mehr.
15 Einziger Augenblick, in welchem ich lebte! du wiegest
 Alle Tage, die sonst kalt mir verschwindenden, auf.
Ach! nur im Augenblick, im letzten, stieg mir ein Leben,
 Unvermutet in dir, wie von den Göttern, herab.
Nun umsonst verklärst du mit deinem Lichte den Äther;
20 Dein alleuchtender Tag, Phöbus, mir ist er verhaßt.
In mich selber kehr' ich zurück; da will ich im Stillen

Wiederholen die Zeit, als sie mir täglich erschien.
War es möglich, die Schönheit zu sehn und nicht zu
 empfinden?
 Wirkte der himmlische Reiz nicht auf dein stumpfes
 Gemüt?
Klage dich, Armer, nicht an! – So legt der Dichter ein
 Rätsel,
 Künstlich mit Worten verschränkt, oft der Versammlung
 ins Ohr.
Jeden freuet die seltne, der zierlichen Bilder Verknüpfung,
 Aber noch fehlet das Wort, das die Bedeutung verwahrt.
Ist es endlich entdeckt, dann heitert sich jedes Gemüt auf,
 Und erblickt im Gedicht doppelt erfreulichen Sinn.
Ach! warum so spät, o Amor, nahmst du die Binde,
 Die du um's Aug' mir geknüpft, nahmst sie zu spät mir
 hinweg!
Lange schon harrte befrachtet das Schiff auf günstige Lüfte;
 Endlich strebte der Wind, glücklich, vom Ufer ins Meer.
Leere Zeiten der Jugend! und leere Träume der Zukunft!
 Ihr verschwindet, es bleibt einzig die Stunde mir nur.
Ja, sie bleibt, es bleibt mir das Glück! ich halte dich, Dora!
 Und die Hoffnung zeigt, Dora, dein Bild mir allein.
Öfter sah ich zum Tempel dich gehn, geschmückt und
 gesittet,
 Und das Mütterchen ging feierlich neben dir her.
Eilig warst du und frisch, zu Markte die Früchte zu tragen;
 Und vom Brunnen, wie kühn! wiegte dein Haupt das
 Gefäß.
Da erschien dein Hals, erschien dein Nacken vor allen,
 Und vor allen erschien deiner Bewegungen Maß.
Oftmals hab' ich gesorgt, es möchte der Krug dir
 entstürzen;
 Doch er hielt sich stet auf dem geringelten Tuch.
Schöne Nachbarin, ja, so war ich gewohnt dich zu sehen,
 Wie man die Sterne sieht, wie man den Mond sich
 beschaut,
Sich an ihnen erfreut, und innen im ruhigen Busen

50 Nicht der entfernteste Wunsch, sie zu besitzen, sich regt.
Jahre, so gingt ihr dahin! Nur zwanzig Schritte getrennet
 Waren die Häuser, und nie hab' ich die Schwelle berührt.
Und nun trennt uns die gräßliche Flut! Du lügst nur den Himmel,
 Welle! dein herrliches Blau ist mir die Farbe der Nacht.
55 Alles rührte sich schon; da kam ein Knabe gelaufen
 An mein väterlich Haus, rief mich zum Strande hinab.
Schon erhebt sich das Segel, es flattert im Winde: so sprach er;
 Und gelichtet, mit Kraft, trennt sich der Anker vom Sand.
Komm, Alexis, o komm! Da drückte der wackere Vater,
60 Würdig, die segnende Hand mir auf das lockige Haupt;
Sorglich reichte die Mutter ein nachbereitetes Bündel:
 Glücklich kehre zurück! riefen sie, glücklich und reich!
Und so sprang ich hinweg, das Bündelchen unter dem Arme,
 An der Mauer hinab, fand an der Türe dich stehn
65 Deines Gartens. Du lächeltest mir und sagtest: Alexis!
 Sind die Lärmenden dort deine Gesellen der Fahrt?
Fremde Küsten besuchest du nun, und köstliche Waren
 Handelst du ein, und Schmuck reichen Matronen der Stadt.
Aber bringe mir auch ein leichtes Kettchen; ich will es
70 Dankbar zahlen: so oft hab' ich die Zierde gewünscht!
Stehen war ich geblieben, und fragte, nach Weise des Kaufmanns,
 Erst nach Form und Gewicht deiner Bestellung genau.
Gar bescheiden erwogst du den Preis; da blickt' ich indessen
 Nach dem Halse, des Schmucks unserer Königin wert.
75 Heftiger tönte vom Schiff das Geschrei; da sagtest du freundlich:
 Nimm aus dem Garten noch einige Früchte mit dir!
Nimm die reifsten Orangen, die weißen Feigen; das Meer bringt

Keine Früchte, sie bringt jegliches Land nicht hervor.
Und so trat ich herein. Du brachst nun die Früchte
 geschäftig,
 Und die goldene Last zog das geschürzte Gewand. 80
Öfters bat ich: es sei nun genug! und immer noch eine
 Schönere Frucht fiel dir, leise berührt, in die Hand.
Endlich kamst du zur Laube hinan; da fand sich ein
 Körbchen,
 Und die Myrte bog, blühend, sich über uns hin.
Schweigend begannest du nun, geschickt, die Früchte zu 85
 ordnen:
 Erst die Orange, die schwer ruht, als ein goldener Ball,
Dann die weichliche Feige, die jeder Druck schon
 entstellet;
 Und mit Myrte bedeckt ward, und geziert, das Geschenk.
Aber ich hob es nicht auf; ich stand. Wir sahen einander
 In die Augen, und mir ward vor dem Auge so trüb. 90
Deinen Busen fühlt' ich an meinem! Den herrlichen
 Nacken,
 Ihn umschlang nun mein Arm; tausendmal küßt' ich den
 Hals.
Mir sank über die Schulter dein Haupt; nun knüpften auch
 deine
 Lieblichen Arme das Band um den Beglückten herum.
Amors Hände fühlt' ich: er drückt' uns gewaltig 95
 zusammen,
 Und aus heiterer Luft donnert' es dreimal; da floß
Häufig die Träne vom Aug' mir herab, du weintest, ich
 weinte,
 Und vor Jammer und Glück schien uns die Welt zu
 vergehn.
Immer heftiger rief es am Strand; da wollten die Füße
 Mich nicht tragen, ich rief: Dora! und bist du nicht mein? 100
Ewig! sagtest du leise. Da schienen unsere Tränen,
 Wie durch göttliche Luft, leise vom Auge gehaucht.
Näher rief es: Alexis! Da blickte der suchende Knabe
 Durch die Türe herein. Wie er das Körbchen empfing!

105 Wie er mich trieb! Wie ich dir die Hand noch drückte! – Zu Schiffe
 Wie ich gekommen? Ich weiß, daß ich ein Trunkener schien.
 Und so hielten mich auch die Gesellen, schonten den Kranken;
 Und schon deckte der Hauch trüber Entfernung die Stadt.
 Ewig! Dora, lispeltest du; mir schallt es im Ohre
110 Mit dem Donner des Zeus! Stand sie doch neben dem Thron,
 Seine Tochter, die Göttin der Liebe; die Grazien standen
 Ihr zur Seiten! Er ist götterbekräftigt, der Bund!
 O, so eile denn Schiff, mit allen günstigen Winden!
 Strebe, mächtiger Kiel, trenne die schäumende Flut!
115 Bringe dem fremden Hafen mich zu, damit mir der Goldschmidt
 In der Werkstatt gleich ordne das himmlische Pfand.
 Wahrlich! zur Kette soll das Kettchen werden, o Dora!
 Neunmal umgebe sie dir! locker gewunden, den Hals.
 Ferner schaff' ich noch Schmuck, den mannigfaltigsten; goldne
120 Spangen sollen dir auch reichlich verzieren die Hand:
 Da wetteifre Rubin und Smaragd, der liebliche Saphir
 Stelle dem Hyazinth sich gegenüber, und Gold
 Halte das Edelgestein in schöner Verbindung zusammen.
 O, wie den Bräutigam freut, einzig zu schmücken die Braut!
125 Seh' ich Perlen, so denk' ich an dich; bei jeglichem Ringe
 Kommt mir der länglichen Hand schönes Gebild' in den Sinn.
 Tauschen will ich und kaufen; du sollst das Schönste von Allem
 Wählen; ich widmete gern alle die Ladung nur dir.
 Doch nicht Schmuck und Juwelen allein verschafft dein Geliebter;
130 Was ein häusliches Weib freuet, das bringt er dir auch.

Feine wollene Decken, mit Purpursäumen, ein Lager
 Zu bereiten, das uns traulich und weichlich empfängt;
Köstlicher Leinwand Stücke. Du sitzest und nähest und kleidest
 Mich und dich, und auch wohl noch ein Drittes darein.
Bilder der Hoffnung, täuschet mein Herz! O mäßiget, Götter, 135
 Diesen gewaltigen Brand, der mir den Busen durchtobt!
Aber auch sie verlang' ich zurück, die schmerzliche Freude,
 Wenn die Sorge sich kalt, gräßlich gelassen, mir naht.
Nicht der Erinnyen Fackel, das Bellen der höllischen Hunde
 Schreckt den Verbrecher so, in der Verzweiflung Gefilde, 140
Als das gelass'ne Gespenst mich schreckt, das die Schöne von fern mir
 Zeigt: die Türe steht wirklich des Gartens noch auf!
Und ein Anderer kommt! Für ihn auch fallen die Früchte!
 Und die Feige gewährt stärkenden Honig auch ihm!
Lockt sie auch ihn nach der Laube? und folgt er? O, macht mich, ihr Götter, 145
 Blind, verwischet das Bild jeder Erinnrung in mir!
Ja, ein Mädchen ist sie! und die sich geschwinde dem Einen
 Gibt, sie kehret sich auch schnell zu dem Andern herum.
Lache nicht diesmal, Zeus, der frechgebrochenen Schwüre!
 Donnere schrecklicher! Triff! – Halte die Blitze zurück! 150
Sende die schwankenden Wolken mir nach! Im nächtlichen Dunkel
 Treffe dein leuchtender Blitz diesen unglücklichen Mast!
Streue die Planken umher, und gib der tobenden Welle
 Diese Waren, und mich gib den Delphinen zum Raub! –
Nun, ihr Musen, genug! Vergebens strebt ihr zu schildern, 155
 Wie sich Jammer und Glück wechseln in liebender Brust.
Heilen könnet die Wunden ihr nicht, die Amor geschlagen;
 Aber Linderung kommt einzig, ihr Guten, von euch.

DER NEUE PAUSIAS UND SEIN BLUMENMÄDCHEN

Pausias von Sicyon, der Maler, war als Jüngling in Glyceren, seine Mitbürgerin, verliebt, welche Blumenkränze zu winden einen sehr erfinderischen Geist hatte. Sie wetteiferten mit einander, und er brachte die Nachahmung der Blumen zur größten Mannigfaltigkeit. Endlich malte er seine Geliebte, sitzend, mit einem Kranze beschäftigt. Dieses Bild wurde für eins seiner besten gehalten, und die Kranzwinderin, oder Kranzhändlerin genannt, weil Glycere sich auf diese Weise als ein armes Mädchen ernährt hatte. Lucius Lucullus kaufte eine Kopie in Athen für zwei Talente. Plinius B. XXXV. C. XL.

Sie
Schütte die Blumen nur her, zu meinen Füßen und deinen!
 Welch ein chaotisches Bild holder Verwirrung du streust!

Er
Du erscheinest als Liebe, die Elemente zu knüpfen;
 Wie du sie bindest, so wird nun erst ein Leben daraus.

Sie
Sanft berühre die Rose, sie bleib' im Körbchen verborgen;
 Wo ich dich finde, mein Freund, öffentlich reich' ich sie dir.

Er
Und ich tu', als kennt' ich dich nicht, und danke dir freundlich;
 Aber dem Gegengeschenk weichet die Geberin aus.

Sie
Reiche die Hyazinthe mir nun, und reiche die Nelke,
 Daß die frühe zugleich neben der späteren sei.

Er
Laß im blumigen Kreise zu deinen Füßen mich sitzen,
 Und ich fülle den Schoß dir mit der lieblichen Schar.

Sie
Reiche den Faden mir erst; dann sollen die Gartenverwandten,
 Die sich von ferne nur sahn, neben einander sich freun.

Er
Was bewundr' ich zuerst? was zuletzt? die herrlichen Blumen?
 Oder der Finger Geschick? oder der Wählerin Geist?

Sie
Gib auch Blätter, den Glanz der blendenden Blumen zu mildern;
 Auch das Leben verlangt ruhige Blätter im Kranz.

Er
Sage, was wählst du so lange bei diesem Strauße? Gewiß ist
 Dieser Jemand geweiht, den du besonders bedenkst.

Sie
Hundert Sträuße verteil' ich des Tags, und Kränze die Menge;
 Aber den schönsten doch bring' ich am Abende dir.

Er
Ach! wie wäre der Maler beglückt, der diese Gewinde
 Malte, das blumige Feld, ach! und die Göttin zuerst!

Sie
Aber doch mäßig beglückt ist der, mich dünkt, der am Boden
 Hier sitzt, dem ich den Kuß reichend noch glücklicher bin.

Er
Ach, Geliebte, noch Einen! Die neidischen Lüfte des Morgens
 Nahmen den ersten sogleich mir von den Lippen hinweg.

Sie
Wie der Frühling die Blumen mir gibt, so geb' ich die Küsse
30 Gern dem Geliebten; und hier sei mit dem Kusse der Kranz!

Er
Hätt' ich das hohe Talent des Pausias glücklich empfangen:
Nachzubilden den Kranz, wär' ein Geschäfte des Tags!

Sie
Schön ist er wirklich. Sieh' ihn nur an! Es wechseln die schönsten
Kinder Florens um ihn, bunt und gefällig, den Tanz.

Er
35 In die Kelche versenkt' ich mich dann, und erschöpfte den süßen
Zauber, den die Natur über die Kronen ergoß.

Sie
Und so fänd' ich am Abend noch frisch den gebundenen Kranz hier;
Unverwelklich spräch' uns von der Tafel er an.

Er
Ach, wie fühl' ich mich arm und unvermögend! wie wünscht' ich
40 Fest zu halten das Glück, das mir die Augen versengt!

Sie
Unzufriedener Mann! Du bist ein Dichter, und neidest
Jenes Alten Talent? Brauche das deinige doch!

Er
Und erreicht wohl der Dichter den Schmelz der farbigen Blumen?
Neben deiner Gestalt bleibt nur ein Schatten sein Wort!

Sie
Aber vermag der Maler wohl auszudrücken: ich liebe! 45
 Nur dich lieb' ich, mein Freund! lebe für dich nur allein!

Er
Ach! und der Dichter selbst vermag nicht zu sagen: ich liebe!
 Wie du, himmlisches Kind, süß mir es schmeichelst ins Ohr.

Sie
Viel vermögen sie Beide; doch bleibt die Sprache des Kusses,
 Mit der Sprache des Blicks, nur den Verliebten geschenkt. 50

Er
Du vereinigest Alles; du dichtest und malest mit Blumen:
 Florens Kinder sind dir Farben und Worte zugleich.

Sie
Nur ein vergängliches Werk entwindet der Hand sich des Mädchens
 Jeden Morgen; die Pracht welkt vor dem Abende schon.

Er
Auch so geben die Götter vergängliche Gaben, und locken 55
 Mit erneutem Geschenk immer die Sterblichen an.

Sie
Hat dir doch kein Strauß, kein Kranz des Tages gefehlet,
 Seit dem ersten, der dich mir so von Herzen verband.

Er
Ja, noch hängt er zu Hause, der erste Kranz, in der Kammer,
 Welchen du mir, den Schmaus lieblich umwandelnd, 60
 gereicht.

Sie

Da ich den Becher dir kränzte, die Rosenknospe hineinfiel,
 Und du trankest, und riefst: Mädchen, die Blumen sind Gift!

Er

Und dagegen du sagtest: sie sind voll Honig, die Blumen;
 Aber die Biene nur findet die Süßigkeit aus.

Sie

65 Und der rohe Timanth ergriff mich, und sagte: die Hummeln
 Forschen des herrlichen Kelchs süße Geheimnisse wohl?

Er

Und du wandtest dich weg, und wolltest fliehen; es stürzten,
 Vor dem täppischen Mann, Körbchen und Blumen hinab.

Sie

Und du riefst ihm gebietend: das Mädchen laß nur! die Sträuße,
70 So wie das Mädchen selbst, sind für den feineren Sinn.

Er

Aber fester hielt er dich nur; es grins'te der Lacher,
 Und dein Kleid zerriß oben vom Nacken herab.

Sie

Und du warfst in begeisterter Wut den Becher hinüber,
 Daß er am Schädel ihm, häßlich vergossen, erklang.

Er

75 Wein und Zorn verblendeten mich; doch sah ich den weißen
 Nacken, die herrliche Brust, die du bedecktest, im Blick.

Sie
Welch ein Getümmel ward und ein Aufstand! Purpurn das Blut lief,
 Mit dem Weine vermischt, gräulich dem Gegner vom Haupt.

Er
Dich nur sah' ich, nur dich am Boden kniend, verdrießlich;
 Mit der einen Hand hieltst das Gewand du hinauf. 80

Sie
Ach da flogen die Teller nach dir! Ich sorgte, den edeln
 Fremdling träfe der Wurf kreisend geschwungnen Metalls.

Er
Und doch sah ich nur dich, wie rasch mit der anderen Hand du
 Körbchen, Blumen und Kranz sammeltest unter dem Stuhl.

Sie
Schützend tratest du vor, daß nicht mich verletzte der Zufall, 85
 Oder der zornige Wirt, weil ich das Mahl ihm gestört.

Er
Ja, ich erinn're mich noch; ich nahm den Teppich, wie einer,
 Der auf dem linken Arm gegen den Stier ihn bewegt.

Sie
Ruhe gebot der Wirt und sinnige Freunde. Da schlüpft' ich
 Sachte hinaus; nach dir wendet' ich immer den Blick. 90

Er
Ach, du warst mir verschwunden! Vergebens sucht' ich in allen
 Winkeln des Hauses herum, so wie auf Straßen und Markt.

Sie
Schamhaft blieb ich verborgen. Das unbescholtene Mädchen,
Sonst von den Bürgern geliebt, war nun das Märchen des Tags.

Er
95 Blumen sah ich genug und Sträuße, Kränze die Menge;
Aber du fehltest mir, aber du fehltest der Stadt.

Sie
Stille saß ich zu Hause. Da blätterte los sich vom Zweige
Manche Rose, so auch dorrte die Nelke dahin.

Er
Mancher Jüngling sprach auf dem Platz: da liegen die Blumen!
100 Aber die Liebliche fehlt, die sie verbände zum Kranz.

Sie
Kränze band ich indessen zu Haus', und ließ sie verwelken.
Siehst du? da hangen sie noch, neben dem Herde, für dich.

Er
Auch so welkte der Kranz, dein erstes Geschenk! Ich vergaß nicht
Ihn im Getümmel, ich hing neben dem Bett mir ihn auf.

Sie
105 Abends betrachtet' ich mir die welkenden, saß noch und weinte,
Bis in der dunkelen Nacht Farbe nach Farbe verlosch.

Er
Irrend ging ich umher, und fragte nach deiner Behausung;
Keiner der Eitelsten selbst konnte mir geben Bescheid.

Sie
Keiner hat je mich besucht, und Keiner weiß die entlegne
 Wohnung; die Größe der Stadt birget die Ärmere leicht. 110

Er
Irrend lief ich umher, und flehte zur spähenden Sonne:
 Zeige mir, mächtiger Gott, wo du im Winkel ihr
 scheinst!
Sie
Große Götter hörten dich nicht; doch Penia hört' es.
 Endlich trieb die Not nach dem Gewerbe mich aus.

Er
Trieb nicht noch dich ein anderer Gott, den Beschützer zu 115
 suchen?
 Hatte nicht Amor für uns wechselnde Pfeile getauscht?

Sie
Spähend sucht' ich dich auf bei vollem Markt, und ich sah
 dich!
Er
Und es hielt' das Gedräng' keines der Liebenden auf.

Sie
Schnell wir teilten das Volk, wir kamen zusammen, du
 standest,
Er
Und du standest vor mir, ja! und wir waren allein. 120

Sie
Mitten unter den Menschen! sie schienen nur Sträucher und
 Bäume,
Er
Und mir schien ihr Getös' nur ein Geriesel des Quells.

Sie
Immer allein sind Liebende sich in der größten
 Versammlung;
 Aber sind sie zu zwei'n, stellt auch der Dritte sich ein.

Er
125 Amor, ja! er schmückt sich mit diesen herrlichen Kränzen.
 Schütte die Blumen nun doch fort, aus dem Schoße den
 Rest!
Sie
Nun, ich schüttle sie weg, die schönen. In deiner
 Umarmung,
 Lieber, geht mir auch heut wieder die Sonne nur auf.

EUPHROSYNE

Auch von des höchsten Gebirgs beeisten zackigen Gipfeln
 Schwindet Purpur und Glanz scheidender Sonne hinweg.
Lange verhüllt schon Nacht das Tal und die Pfade des
 Wandrers,
 Der, am tosenden Strom, auf zu der Hütte sich sehnt,
5 Zu dem Ziele des Tags, der stillen hirtlichen Wohnung;
 Und der göttliche Schlaf eilet gefällig voraus,
Dieser holde Geselle des Reisenden. Daß er auch heute,
 Segnend, kränze das Haupt mir mit dem heiligen Mohn!
Aber was leuchtet mir dort vom Felsen glänzend herüber,
10 Und erhellet den Duft schäumender Ströme so hold?
Strahlt die Sonne vielleicht durch heimliche Spalten und
 Klüfte?
 Denn kein irdischer Glanz ist es, der wandelnde, dort.
Näher wälzt sich die Wolke, sie glüht. Ich staune dem
 Wunder!
 Wird der rosige Strahl nicht ein bewegtes Gebild?
15 Welche Göttin nahet sich mir? und welche der Musen
 Suchet den treuen Freund, selbst in dem grausen
 Geklüft?

Schöne Göttin! enthülle dich mir, und täusche, verschwindend,
 Nicht den begeisterten Sinn, nicht das gerührte Gemüt.
Nenne, wenn du es darfst vor einem Sterblichen, deinen
 Göttlichen Namen; wo nicht: rege bedeutend mich auf, 20
Daß ich fühle, welche du seist von den ewigen Töchtern
 Zeus', und der Dichter sogleich preise dich würdig im Lied.
»Kennst du mich, Guter, nicht mehr? Und käme diese Gestalt dir,
 Die du doch sonst geliebt, schon als ein fremdes Gebild?
Zwar der Erde gehör' ich nicht mehr, und trauernd entschwang sich 25
 Schon der schaudernde Geist jugendlich frohem Genuß;
Aber ich hoffte, mein Bild noch fest in des Freundes Erinn'rung
 Eingeschrieben, und noch schön durch die Liebe verklärt.
Ja, schon sagt mir gerührt dein Blick, mir sagt es die Träne:
 Euphrosyne, sie ist noch von dem Freunde gekannt. 30
Sieh, die Scheidende zieht durch Wald und grauses Gebirge,
 Sucht den wandernden Mann, ach! in der Ferne noch auf;
Sucht den Lehrer, den Freund, den Vater, blicket noch einmal
 Nach dem leichten Gerüst irdischer Freuden zurück.
Laß mich der Tage gedenken, da mich, das Kind, du dem Spiele 35
 Jener täuschenden Kunst reizender Musen geweiht.
Laß mich der Stunde gedenken, und jedes kleineren Umstands.
 Ach, wer ruft nicht so gern Unwiederbringliches an!
Jenes süße Gedränge der leichtesten irdischen Tage,
 Ach, wer schätzt ihn genug, diesen vereilenden Wert! 40
Klein erscheinet es nun, doch ach! nicht kleinlich dem Herzen;
 Macht die Liebe, die Kunst, jegliches Kleine doch groß.

Denkst du der Stunde noch wohl, wie, auf dem
 Bretter-Gerüste,
 Du mich der höheren Kunst ernstere Stufen geführt?
45 Knabe schien ich, ein rührendes Kind, du nanntest mich
 Arthur,
 Und belebtest in mir britisches Dichter-Gebild,
Drohtest mit grimmiger Glut den armen Augen, und
 wandtest
 Selbst den tränenden Blick, innig getäuschet, hinweg.
Ach! da warst du so hold und schütztest ein trauriges
 Leben,
50 Das die verwegene Flucht endlich dem Knaben entriß.
Freundlich faßtest du mich, den Zerschmetterten, trugst
 mich von dannen,
 Und ich heuchelte lang', dir an dem Busen, den Tod.
Endlich schlug die Augen ich auf, und sah dich, in ernste,
 Stille Betrachtung versenkt, über den Liebling geneigt.
55 Kindlich strebt' ich empor, und küßte die Hände dir
 dankbar,
 Reichte, zum reinen Kuß, dir den gefälligen Mund.
Fragte: warum, mein Vater, so ernst? und hab' ich gefehlet,
 O! so zeige mir an, wie mir das Beßre gelingt.
Keine Mühe verdrießt mich bei dir, und Alles und Jedes
60 Wiederhol' ich so gern, wenn du mich leitest und lehrst.
Aber du faßtest mich stark, und drücktest mich fester im
 Arme,
 Und es schauderte mir tief in dem Busen das Herz.
Nein! mein liebliches Kind, so riefst du, Alles und Jedes,
 Wie du es heute gezeigt, zeig' es auch morgen der Stadt.
65 Rühre sie alle, wie mich du gerührt, und es fließen, zum
 Beifall,
 Dir von dem trockensten Aug' herrliche Tränen herab.
Aber am tiefsten trafst du doch mich, den Freund, der im
 Arm dich
 Hält, den selber der Schein früherer Leiche geschreckt.
Ach, Natur, wie sicher und groß in Allem erscheinst du!
70 Himmel und Erde befolgt ewiges, festes Gesetz,

Jahre folgen auf Jahre, dem Frühlinge reichet der Sommer,
 Und dem reichlichen Herbst traulich der Winter die Hand.
Felsen stehen gegründet, es stürzt sich das ewige Wasser,
 Aus der bewölkten Kluft, schäumend und brausend hinab.
Fichten grünen so fort, und selbst die entlaubten Gebüsche
 Hegen, im Winter schon, heimliche Knospen am Zweig.
Alles entsteht und vergeht nach Gesetz; doch über des Menschen
 Leben, den köstlichen Schatz, herrschet ein schwankendes Los.
Nicht dem blühenden nickt der willig scheidende Vater,
 Seinem trefflichen Sohn, freundlich vom Rande der Gruft;
Nicht der Jüngere schließt dem Älteren immer das Auge,
 Das sich willig gesenkt, kräftig dem Schwächeren zu.
Öfter, ach! verkehrt das Geschick die Ordnung der Tage;
 Hülflos klaget ein Greis Kinder und Enkel umsonst,
Steht ein beschädigter Stamm, dem rings zerschmetterte Zweige
 Um die Seiten umher strömende Schlossen gestreckt.
Und so, liebliches Kind, durchdrang mich die tiefe Betrachtung,
 Als du zur Leiche verstellt über die Arme mir hingst;
Aber freudig seh' ich dich mir, in dem Glanze der Jugend,
 Vielgeliebtes Geschöpf, wieder am Herzen belebt.
Springe fröhlich dahin, verstellter Knabe! Das Mädchen
 Wächst zur Freude der Welt, mir zum Entzücken heran.
Immer strebe so fort, und deine natürlichen Gaben
 Bilde, bei jeglichem Schritt steigenden Lebens, die Kunst.
Sei mir lange zur Lust, und eh' mein Auge sich schließet,
 Wünsch' ich dein schönes Talent glücklich vollendet zu sehn. –
Also sprachst du, und nie vergaß ich der wichtigen Stunde!
 Deutend entwickelt' ich mich an dem erhabenen Wort.
O, wie sprach ich so gerne zum Volk die rührenden Reden,

100 Die du, voller Gehalt, kindlichen Lippen vertraut!
O, wie bildet' ich mich an deinen Augen, und suchte
Dich im tiefen Gedräng' staunender Hörer heraus!
Doch dort wirst du nun sein, und stehn, und nimmer bewegt sich
Euphrosyne hervor, dir zu erheitern den Blick.
105 Du vernimmst sie nicht mehr, die Töne des wachsenden Zöglings,
Die du zu liebendem Schmerz frühe, so frühe! gestimmt.
Andere kommen und gehn; es werden dir Andre gefallen,
Selbst dem großen Talent drängt sich ein größeres nach.
Aber du, vergesse mich nicht! Wenn Eine dir jemals
110 Sich im verworrnen Geschäft heiter entgegen bewegt,
Deinem Winke sich fügt, an deinem Lächeln sich freut,
Und am Platze sich nur, den du bestimmtest, gefällt;
Wenn sie Mühe nicht spart noch Fleiß, wenn tätig der Kräfte,
Selbst bis zur Pforte des Grabs, freudiges Opfer sie bringt;
115 Guter! dann gedenkest du mein, und rufest auch spät noch:
Euphrosyne, sie ist wieder erstanden vor mir!
Vieles sagt' ich noch gern; doch, ach! die Scheidende weilt nicht,
Wie sie wollte; mich führt streng ein gebietender Gott.
Lebe wohl! schon zieht mich's dahin in schwankendem Eilen.
120 Einen Wunsch nur vernimm, freundlich gewähre mir ihn:
Laß nicht ungerühmt mich zu den Schatten hinabgehn!
Nur die Muse gewährt einiges Leben dem Tod.
Denn gestaltlos schweben umher in Persefoneia's
Reiche, massenweis', Schatten vom Namen getrennt;
125 Wen der Dichter aber gerühmt, der wandelt, gestaltet,
Einzeln, gesellet dem Chor aller Heroen sich zu.
Freudig tret' ich einher, von deinem Liede verkündet,
Und der Göttin Blick weilet gefällig auf mir.
Mild empfängt sie mich dann, und nennt mich; es winken die hohen

Göttlichen Frauen mich an, immer die nächsten am Thron.
Penelopeia redet zu mir, die treuste der Weiber,
 Auch Euadne, gelehnt auf den geliebten Gemahl.
Jüngere nahen sich dann, zu früh herunter Gesandte,
 Und beklagen mit mir unser gemeines Geschick.
Wenn Antigone kommt, die schwesterlichste der Seelen,
 Und Polyxena, trüb' noch von dem bräutlichen Tod,
Seh' ich als Schwestern sie an, und trete würdig zu ihnen;
 Denn der tragischen Kunst holde Geschöpfe sind sie.
Bildete doch ein Dichter auch mich; und seine Gesänge,
 Ja, sie vollenden an mir, was mir das Leben versagt.«
Also sprach sie, und noch bewegte der liebliche Mund sich,
 Weiter zu reden; allein schwirrend versagte der Ton.
Denn aus dem Purpurgewölk, dem schwebenden, immer bewegten,
 Trat der herrliche Gott, Hermes, gelassen hervor,
Mild erhob er den Stab und deutete; wallend verschlangen
 Wachsende Wolken, im Zug, beide Gestalten vor mir.
Tiefer liegt die Nacht um mich her; die stürzenden Wasser
 Brausen gewaltiger nun neben dem schlüpfrigen Pfad.
Unbezwingliche Trauer befällt mich, entkräftender Jammer,
 Und ein moosiger Fels stützet den Sinkenden nur.
Wehmut reißt durch die Saiten der Brust; die nächtlichen Tränen
 Fließen, und über dem Wald kündet der Morgen sich an.

DAS WIEDERSEHN

Er

Süße Freundin, noch Einen, nur Einen Kuß noch gewähre
 Diesen Lippen! Warum bist du mir heute so karg?
Gestern blühte wie heute der Baum; wir wechselten Küsse
 Tausendfältig; dem Schwarm Bienen verglichst du sie ja,
Wie sie den Blüten sich nahn und saugen, schweben und wieder

Saugen, und lieblicher Ton süßen Genusses erschallt.
Alle noch üben das holde Geschäft. Und wäre der Frühling
Uns vorübergeflohn, eh' sich die Blüte zerstreut?

Sie

Träume, lieblicher Freund, nur immer! rede von *gestern*!
10 Gerne hör' ich dich an, drücke dich redlich ans Herz.
Gestern, sagst du? – Es war, ich weiß, ein köstliches
Gestern;
Worte verklangen im Wort, Küsse verdrängten den Kuß.
Schmerzlich war's zu scheiden am Abende, traurig die
lange
Nacht von gestern auf heut, die den getrennten gebot.
15 Doch der Morgen kehret zurück. Ach! daß mir indessen
Zehnmal, leider! der Baum Blüten und Früchte gebracht.

AMYNTAS

Nikias, trefflicher Mann, du Arzt des Leibs und der Seele!
Krank! ich bin es fürwahr; aber dein Mittel ist hart.
Ach! mir schwanden die Kräfte dahin, dem Rate zu folgen;
Ja, und es scheinet der Freund schon mir ein Gegner zu
sein.
5 Widerlegen kann ich dich nicht; ich sage mir Alles,
Sage das härtere Wort, das du verschweigest, mir auch.
Aber, ach! das Wasser entstürzt der Steile des Felsens
Rasch, und die Welle des Bachs halten Gesänge nicht auf.
Ras't nicht unaufhaltsam der Sturm? und wälzet die Sonne
10 Sich, von dem Gipfel des Tags, nicht in die Wellen hinab?
Und so spricht mir rings die Natur: auch du bist, Amyntas,
Unter das strenge Gesetz ehrner Gewalten gebeugt.
Runzle die Stirne nicht tiefer, mein Freund, und höre
gefällig,
Was mich gestern ein Baum, dort an dem Bache, gelehrt.
15 Wenig Äpfel trägt er mir nur, der sonst so beladne;
Sieh, der Efeu ist Schuld, der ihn gewaltig umgibt.

Und ich faßte das Messer, das krummgebogene, scharfe,
 Trennte schneidend, und riß Ranke nach Ranken herab;
Aber ich schauderte gleich, als, tief erseufzend und kläglich,
 Aus den Wipfeln zu mir lispelnde Klage sich goß:
O, verletze mich nicht! den treuen Gartengenossen,
 Dem du, als Knabe, so früh, manche Genüsse verdankt.
O, verletze mich nicht! du reißest mit diesem Geflechte,
 Das du gewaltig zerstörst, grausam das Leben mir aus.
Hab' ich nicht selbst sie genährt, und sanft sie herauf mir erzogen?
 Ist, wie mein eigenes Laub, nicht mir das ihre verwandt?
Soll ich nicht lieben die Pflanze, die, meiner einzig bedürftig,
 Still, mit begieriger Kraft, mir um die Seite sich schlingt?
Tausend Ranken wurzelten an, mit tausend und tausend
 Fasern senket sie fest mir in das Leben sich ein.
Nahrung nimmt sie von mir; was ich bedürfte, genießt sie,
 Und so saugt sie das Mark, sauget die Seele mir aus.
Nur vergebens nähr' ich mich noch; die gewaltige Wurzel
 Sendet lebendigen Safts, ach! nur die Hälfte hinauf.
Denn der gefährliche Gast, der geliebteste, maßet behende
 Unterweges die Kraft herbstlicher Früchte sich an.
Nichts gelangt zur Krone hinauf; die äußersten Wipfel
 Dorren, es dorret der Ast über dem Bache schon hin.
Ja, die Verräterin ist's! sie schmeichelt mir Leben und Güter,
 Schmeichelt die strebende Kraft, schmeichelt die Hoffnung mir ab.
Sie nur fühl' ich, nur sie, die umschlingende, freue der Fesseln,
 Freue des tötenden Schmucks, fremder Umlaubung mich nur.
Halte das Messer zurück! o Nikias, schone den Armen,
 Der sich in liebender Lust, willig gezwungen, verzehrt!
Süß ist jede Verschwendung; o, laß mich der schönsten genießen!
 Wer sich der Liebe vertraut, hält er sein Leben zu Rat?

DIE METAMORPHOSE DER PFLANZEN

Dich verwirret, Geliebte, die tausendfältige Mischung
 Dieses Blumengewühls über den Garten umher;
Viele Namen hörest du an, und immer verdränget,
 Mit barbarischem Klang, einer den andern im Ohr.
5 Alle Gestalten sind ähnlich, und keine gleichet der andern;
 Und so deutet das Chor auf ein geheimes Gesetz,
Auf ein heiliges Rätsel. O, könnt' ich dir, liebliche Freundin,
 Überliefern sogleich glücklich das lösende Wort!
Werdend betrachte sie nun, wie nach und nach sich die Pflanze,
10 Stufenweise geführt, bilde zu Blüten und Frucht.
Aus dem Samen entwickelt sie sich, sobald ihn der Erde
 Stille befruchtender Schoß hold in das Leben entläßt,
Und dem Reize des Lichts, des heiligen, ewig bewegten,
 Gleich den zärtesten Bau keimender Blätter empfiehlt.
15 Einfach schlief in dem Samen die Kraft; ein beginnendes Vorbild
 Lag, verschlossen in sich, unter die Hülle gebeugt,
Blatt und Wurzel und Keim, nur halb geformet und farblos;
 Trocken erhält so der Kern ruhiges Leben bewahrt,
Quillet strebend empor, sich milder Feuchte vertrauend,
20 Und erhebt sich sogleich aus der umgebenden Nacht.
Aber einfach bleibt die Gestalt der ersten Erscheinung;
 Und so bezeichnet sich auch unter den Pflanzen das Kind.
Gleich darauf ein folgender Trieb, sich erhebend, erneuet,
 Knoten auf Knoten getürmt, immer das erste Gebild.
25 Zwar nicht immer das gleiche; denn mannigfaltig erzeugt sich,
 Ausgebildet, du siehst's, immer das folgende Blatt,
Ausgedehnter, gekerbter, getrennter in Spitzen und Teile,
 Die verwachsen vorher ruhten im untern Organ.
Und so erreicht es zuerst die höchst bestimmte Vollendung,

Die bei manchem Geschlecht dich zum Erstaunen
bewegt.
Viel gerippt und gezackt, auf mastig strotzender Fläche,
 Scheinet die Fülle des Triebs frei und unendlich zu sein.
Doch hier hält die Natur, mit mächtigen Händen, die
Bildung
 An, und lenket sie sanft in das Vollkommnere hin.
Mäßiger leitet sie nun den Saft, verengt die Gefäße,
 Und gleich zeigt die Gestalt zärtere Wirkungen an.
Stille zieht sich der Trieb der strebenden Ränder zurücke,
 Und die Rippe des Stiels bildet sich völliger aus.
Blattlos aber und schnell erhebt sich der zärtere Stengel,
 Und ein Wundergebild zieht den Betrachtenden an.
Rings im Kreise stellet sich nun, gezählet und ohne
 Zahl, das kleinere Blatt neben dem ähnlichen hin.
Um die Achse gedrängt entscheidet der bergende Kelch
sich,
 Der zur höchsten Gestalt farbige Kronen entläßt.
Also prangt die Natur in hoher, voller Erscheinung,
 Und sie zeiget, gereiht, Glieder an Glieder gestuft.
Immer erstaunst du auf's Neue, sobald sich am Stengel die
Blume
 Über dem schlanken Gerüst wechselnder Blätter bewegt.
Aber die Herrlichkeit wird des neuen Schaffens
Verkündung.
 Ja, das farbige Blatt fühlet die göttliche Hand.
Und zusammen zieht es sich schnell; die zärtesten Formen,
 Zwiefach streben sie vor, sich zu vereinen bestimmt.
Traulich stehen sie nun, die holden Paare, beisammen,
 Zahlreich ordnen sie sich um den geweihten Altar.
Hymen schwebet herbei, und herrliche Düfte, gewaltig,
 Strömen süßen Geruch, Alles belebend, umher.
Nun vereinzelt schwellen sogleich unzählige Keime,
 Hold in den Mutterschoß schwellender Früchte gehüllt.
Und hier schließt die Natur den Ring der ewigen Kräfte;
 Doch ein neuer sogleich fasset den vorigen an,
Daß die Kette sich fort durch alle Zeiten verlänge,

Und das Ganze belebt, so wie das Einzelne, sei.
Wende nun, o Geliebte, den Blick zum bunten Gewimmel,
 Das verwirrend nicht mehr sich vor dem Geiste bewegt.
65 Jede Pflanze verkündet dir nun die ew'gen Gesetze,
 Jede Blume, sie spricht lauter und lauter mit dir.
Aber entzifferst du hier der Göttin heilige Lettern,
 Überall siehst du sie dann, auch in verändertem Zug.
Kriechend zaudre die Raupe, der Schmetterling eile
 geschäftig,
70 Bildsam ändre der Mensch selbst die bestimmte Gestalt.
O, gedenke denn auch, wie aus dem Keim der Bekanntschaft
 Nach und nach in uns holde Gewohnheit entsproß,
Freundschaft sich mit Macht aus unserm Innern enthüllte,
 Und wie Amor zuletzt Blüten und Früchte gezeugt.
75 Denke, wie mannigfach bald die, bald jene Gestalten,
 Still entfaltend, Natur unsern Gefühlen geliehn!
Freue dich auch des heutigen Tags! Die heilige Liebe
 Strebt zu der höchsten Frucht gleicher Gesinnungen auf,
Gleicher Ansicht der Dinge, damit in harmonischem
 Anschaun
80 Sich verbinde das Paar, finde die höhere Welt.

HERRMANN UND DOROTHEA

Also das wäre Verbrechen, daß einst Properz mich
 begeistert;
 Daß Martial sich zu mir auch, der Verwegne, gesellt?
Daß ich die Alten nicht hinter mir ließ, die Schule zu hüten;
 Daß sie nach Latium gern mir in das Leben gefolgt?
5 Daß ich Natur und Kunst zu schaun mich treulich bestrebe;
 Daß kein Name mich täuscht, daß mich kein Dogma
 beschränkt?
Daß nicht des Lebens bedingender Drang mich, den
 Menschen, verändert;
 Daß ich der Heuchelei dürftige Maske verschmäht?
Solcher Fehler, die du, o Muse, so emsig gepfleget,

40 Singend geflößt, so kommt, drücket mich herzlich ans Herz!
Weise denn sei das Gespräch! Uns lehret Weisheit am Ende
 Das Jahrhundert; wen hat das Geschick nicht geprüft?
Blicket heiterer nun auf jene Schmerzen zurücke,
 Wenn euch ein fröhlicher Sinn Manches entbehrlich erklärt,
45 Menschen lernten wir kennen und Nationen; so laßt uns,
 Unser eigenes Herz kennend, uns dessen erfreun.

Zeihet der Pöbel mich; Pöbel nur sieht er in mir.
Ja, sogar der Bessere selbst, gutmütig und bieder,
 Will mich anders; doch du, Muse, befiehlst mir allein.
Denn du bist es allein, die noch mir die innere Jugend
 Frisch erneuest, und sie mir bis zu Ende versprichst.
Aber verdopple nunmehr, o Göttin, die heilige Sorgfalt!
 Ach! die Scheitel umwallt reichlich die Locke nicht mehr:
Da bedarf man der Kränze, sich selbst und Andre zu täuschen;
 Kränzte doch Caesar selbst nur aus Bedürfnis das Haupt.
Hast du ein Lorbeerreis mir bestimmt, so laß es am Zweige
 Weiter grünen, und gib einst es dem Würdigern hin;
Aber Rosen winde genug zum häuslichen Kranze;
 Bald als Lilie schlingt silberne Locke sich durch.
Schüre die Gattin das Feuer, auf reinlichem Herde zu kochen!
 Werfe der Knabe das Reis, spielend, geschäftig dazu!
Laß im Becher nicht fehlen den Wein! Gesprächige Freunde,
 Gleichgesinnte, herein! Kränze! sie warten auf euch.
Erst die Gesundheit des Mannes, der, endlich vom Namen Homeros
 Kühn uns befreiend, uns auch ruft in die vollere Bahn.
Denn wer wagte mit Göttern den Kampf? und wer mit dem Einen?
 Doch Homeride zu sein, auch nur als letzter, ist schön.
Darum höret das neuste Gedicht! Noch einmal getrunken!
 Euch besteche der Wein, Freundschaft und Liebe das Ohr.
Deutschen selber führ' ich euch zu, in die stillere Wohnung,
 Wo sich, nah der Natur, menschlich der Mensch noch erzieht,
Uns begleite des Dichters Geist, der seine Luise
 Rasch dem würdigen Freund, uns zu entzücken, verband.
Auch die traurigen Bilder der Zeit, sie führ' ich vorüber;
 Aber es siege der Mut in dem gesunden Geschlecht.
Hab' ich euch Tränen ins Auge gelockt, und Lust in die Seele

EPISTELN

> Gerne hätt' ich fortgeschrieben,
> Aber es ist liegen blieben.

ERSTE EPISTEL

Jetzt da Jeglicher lies't und viele Leser das Buch nur
Ungeduldig durchblättern und, selbst die Feder ergreifend,
Auf das Büchlein ein Buch mit seltner Fertigkeit pfropfen,
Soll auch ich, du willst es, mein Freund, dir über das Schreiben
Schreibend die Menge vermehren und meine Meinung verkünden, 5
Daß auch Andere wieder darüber meinen und immer
So ins Unendliche fort die schwankende Woge sich wälze.
Doch so fähret der Fischer dem hohen Meer zu, so bald ihm
Günstig der Wind und der Morgen erscheint; er treibt sein Gewerbe,
Wenn auch hundert Gesellen die blinkende Fläche durchkreuzen. 10

Edler Freund, du wünschest das Wohl des Menschengeschlechtes,
Unserer Deutschen besonders und ganz vorzüglich des nächsten
Bürgers, und fürchtest die Folgen gefährlicher Bücher; wir haben
Leider oft sie gesehen. Was sollte man, oder was könnten
Biedere Männer vereint, was könnten die Herrscher bewirken? 15
Ernst und wichtig erscheint mir die Frage, doch trifft sie mich eben

In vergnüglicher Stimmung. Im warmen heitern Wetter
Glänzet fruchtbar die Gegend; mir bringen liebliche Lüfte
Über die wallende Flut süß duftende Kühlung herüber,
20 Und dem Heitern erscheint die Welt auch heiter, und ferne
Schwebt die Sorge mir nur in leichten Wölkchen vorüber.

Was mein leichter Griffel entwirft, ist leicht zu verlöschen,
Und viel tiefer präget sich nicht der Eindruck der Lettern,
Die, so sagt man, der Ewigkeit trotzen. Freilich an Viele
25 Spricht die gedruckte Kolumne; doch bald, wie Jeder sein
 Antlitz,
Das er im Spiegel gesehen, vergißt, die behaglichen Züge,
So vergißt er das Wort, wenn auch von Erze gestempelt.

Reden schwanken so leicht herüber hinüber, wenn Viele
Sprechen und Jeder nur sich im eigenen Worte, sogar auch
30 Nur sich selbst im Worte vernimmt, das der Andere sagte.
Mit den Büchern ist es nicht anders. Lies't doch nur Jeder
Aus dem Buch sich heraus, und ist er gewaltig, so lies't er
In das Buch sich hinein, amalgamiert sich das Fremde.
Ganz vergebens strebst du daher durch Schriften des
 Menschen
35 Schon entschiedenen Hang und seine Neigung zu wenden;
Aber bestärken kannst du ihn wohl in seiner Gesinnung,
Oder wär' er noch neu, in Dieses ihn tauchen und Jenes.

Sag' ich, wie ich es denke, so scheint durchaus mir, es bildet
Nur das Leben den Mann und wenig bedeuten die Worte.
40 Denn zwar hören wir gern, was unsre Meinung bestätigt,
Aber das Hören bestimmt nicht die Meinung; was uns
 zuwider
Wäre, glaubten wir wohl dem künstlichen Redner; doch eilet
Unser befreites Gemüt, gewohnte Bahnen zu suchen.
Sollen wir freudig horchen und willig gehorchen, so mußt
 du
45 Schmeicheln. Sprichst du zum Volke, zu Fürsten und
 Königen, Allen

Magst du Geschichten erzählen, worin als wirklich
 erscheinet,
Was sie wünschen, und was sie selber zu leben begehren.

Wäre Homer von Allen gehört, von Allen gelesen,
Schmeichelt' er nicht dem Geiste sich ein, es sei auch der
 Hörer,
Wer er sei, und klinget nicht immer im hohen Palaste,
In des Königes Zelt, die Ilias herrlich dem Helden?
Hört nicht aber dagegen Ulyssens wandernde Klugheit
Auf dem Markte sich besser, da wo sich der Bürger
 versammelt?
Dort sieht jeglicher Held in Helm und Harnisch, es sieht
 hier
Sich der Bettler sogar in seinen Lumpen veredelt.

Also hört' ich einmal, am wohlgepflasterten Ufer
Jener Neptunischen Stadt, allwo man geflügelte Löwen
Göttlich verehrt, ein Märchen erzählen. Im Kreise
 geschlossen,
Drängte das horchende Volk sich um den zerlumpten
 Rhapsoden.
Einst, so sprach er, verschlug mich der Sturm ans Ufer der
 Insel,
Die Utopien heißt. Ich weiß nicht, ob sie ein Andrer
Dieser Gesellschaft jemals betrat; sie lieget im Meere
Links von Herkules Säulen. Ich ward gar freundlich
 empfangen;
In ein Gasthaus führte man mich, woselbst ich das beste
Essen und Trinken fand und weiches Lager und Pflege.
So verstrich ein Monat geschwind. Ich hatte des Kummers
Völlig vergessen und jeglicher Not; da fing sich im Stillen
Aber die Sorge nun an: wie wird die Zeche dir leider
Nach der Mahlzeit bekommen? Denn nichts enthielte der
 Säckel.
Reiche mir weniger! bat ich den Wirt; er brachte nur immer
Desto mehr. Da wuchs mir die Angst, ich konnte nicht
 länger

Essen und sorgen, und sagte zuletzt: Ich bitte, die Zeche
Billig zu machen, Herr Wirt! Er aber mit finsterem Auge
Sah von der Seite mich an, ergriff den Knittel und
 schwenkte
75 Unbarmherzig ihn über mich her und traf mir die
 Schultern,
Traf den Kopf und hätte beinah mich zu Tode geschlagen.
Eilend lief ich davon und suchte den Richter; man holte
Gleich den Wirt, der ruhig erschien und bedächtig versetzte:

Also muß es Allen ergehn, die das heilige Gastrecht
80 Unsrer Insel verletzen und, unanständig und gottlos,
Zeche verlangen vom Manne, der sie doch höflich bewirtet.
Sollt' ich solche Beleidigung dulden im eigenen Hause?
Nein! es hätte fürwahr statt meines Herzens ein Schwamm
 nur
Mir im Busen gewohnt, wofern ich dergleichen gelitten.

85 Darauf sagte der Richter zu mir: Vergesset die Schläge,
Denn ihr habt die Strafe verdient, ja schärfere Schmerzen;
Aber wollt ihr bleiben und mitbewohnen die Insel,
Müsset ihr euch erst würdig beweisen und tüchtig zum
 Bürger.
Ach! versetzt' ich, mein Herr, ich habe leider mich niemals
90 Gerne zur Arbeit gefügt. So hab' ich auch keine Talente,
Die den Menschen bequemer ernähren; man hat mich im
 Spott nur
Hans Ohnsorge genannt und mich von Hause vertrieben.

O so sei uns gegrüßt! versetzte der Richter; du sollst dich
Oben setzen zu Tisch, wenn sich die Gemeine versammelt,
95 Sollst im Rate den Platz, den du verdienest, erhalten.
Aber hüte dich wohl, daß nicht ein schändlicher Rückfall
Dich zur Arbeit verleite, daß man nicht etwa das Grabscheit
Oder das Ruder bei dir im Hause finde, du wärest
Gleich auf immer verloren und ohne Nahrung und Ehre.
100 Aber auf dem Markte zu sitzen, die Arme geschlungen

Endlich der edelste Saft sich künftigen Jahren vollende.
20 Unermüdet ist sie alsdann zu füllen, zu schöpfen,
Daß stets geistig der Trank und rein die Tafel belebe.

Laß der Andern die Küche zum Reich; da gibt es,
 wahrhaftig!
Arbeit genug, das tägliche Mahl; durch Sommer und
 Winter,
Schmackhaft stets zu bereiten und ohne Beschwerde des
 Beutels.
25 Denn im Frühjahr sorget sie schon, im Hofe die Küchlein
Bald zu erziehen und bald die schnatternden Enten zu
 füttern.
Alles, was ihr die Jahreszeit gibt, das bringt sie bei Zeiten
Dir auf den Tisch und weiß mit jeglichem Tage die Speisen
Klug zu wechseln, und reift nur eben der Sommer die
 Früchte,
30 Denkt sie an Vorrat schon für den Winter. Im kühlen
 Gewölbe
Gärt ihr der kräftige Kohl, und reifen im Essig die Gurken;
Aber die luftige Kammer bewahrt ihr die Gaben
 Pomonens.
Gerne nimmt sie das Lob vom Vater und allen Geschwistern,
Und mißlingt ihr etwas, dann ist's ein größeres Unglück,
35 Als wenn dir ein Schuldner entläuft und den Wechsel
 zurückläßt.
Immer ist so das Mädchen beschäftigt und reifet im Stillen
Häuslicher Tugend entgegen, den klugen Mann zu
 beglücken.
Wünscht sie dann endlich zu lesen, so wählt sie gewißlich
 ein Kochbuch,
Deren Hunderte schon die eifrigen Pressen uns gaben.

40 Eine Schwester besorget den Garten, der schwerlich zur
 Wildnis,
Deine Wohnung romantisch und feucht zu umgeben,
 verdammt ist,

Über dem schwellenden Bauch, zu hören lustige Lieder
Unsrer Sänger, zu sehn die Tänze der Mädchen, der Knaben
Spiele, das werde dir Pflicht, die du gelobest und schwörest.

So erzählte der Mann und heiter waren die Stirnen
Aller Hörer geworden und alle wünschten des Tages, 105
Solche Wirte zu finden, ja solche Schläge zu dulden.

ZWEITE EPISTEL

Würdiger Freund, du runzelst die Stirn; dir scheinen die Scherze
Nicht am rechten Orte zu sein; die Frage war ernsthaft,
Und besonnen verlangst du die Antwort; da weiß ich, beim Himmel!
Nicht, wie eben sich mir der Schalk im Busen bewegte.
Doch ich fahre bedächtiger fort. Du sagst mir: so möchte 5
Meinetwegen die Menge sich halten im Leben und Lesen,
Wie sie könnte; doch denke dir nur die Töchter im Hause,
Die mir der kuppelnde Dichter mit allem Bösen bekannt macht.

Dem ist leichter geholfen, versetz' ich, als wohl ein Andrer
Denken möchte. Die Mädchen sind gut und machen sich gerne 10
Was zu schaffen. Da gib nur dem einen die Schlüssel zum Keller,
Daß es die Weine des Vaters besorge, so bald sie vom Winzer
Oder vom Kaufmann geliefert die weiten Gewölbe bereichern.
Manches zu schaffen hat ein Mädchen, die vielen Gefäße,
Leere Fässer und Flaschen in reinlicher Ordnung zu halten. 15
Dann betrachtet sie oft des schäumenden Mostes Bewegung,
Gießt das Fehlende zu, damit die wallenden Blasen
Leicht die Öffnung des Fasses erreichen, trinkbar und helle

Sondern in zierliche Beete geteilt, als Vorhof der Küche,
Nützliche Kräuter ernährt und jugend-beglückende
 Früchte.
Patriarchalisch erzeuge so selbst dir ein kleines gedrängtes
Königreich und bevölkere dein Haus mit treuem Gesinde. 45
Hast du der Töchter noch mehr, die lieber sitzen, und stille
Weibliche Arbeit verrichten, da ist's noch besser; die Nadel
Ruht im Jahre nicht leicht: denn noch so häuslich im Hause,
Mögen sie öffentlich gern als müßige Damen erscheinen.
Wie sich das Nähen und Flicken vermehrt, das Waschen 50
 und Biegeln,
Hundertfältig seitdem in weißer arkadischer Hülle
Sich das Mädchen gefällt, mit langen Röcken und Schleppen
Gassen kehrt und Gärten, und Staub erreget im Tanzsaal.
Wahrlich! wären mir nur der Mädchen ein Dutzend im
 Hause,
Niemals wär' ich verlegen um Arbeit, sie machen sich Arbeit 55
Selber genug, es sollte kein Buch im Laufe des Jahres
Über die Schwelle mir kommen, vom Bücherverleiher
 gesendet.

EPIGRAMME

VENEDIG 1790

> Wie man Geld und Zeit vertan,
> Zeigt das Büchlein lustig an.

1

Sarkophagen und Urnen verzierte der Heide mit Leben.
 Faunen tanzen umher, mit der Bacchantinnen Chor
Machen sie bunte Reihe; der ziegengefüßete Pausback
 Zwingt den heiseren Ton wild aus dem schmetternden Horn.
5 Cymbeln, Trommeln erklingen; wir sehen und hören den Marmor.
 Flatternde Vögel! wie schmeckt herrlich dem Schnabel die Frucht!
Euch verscheuchet kein Lärm, noch weniger scheucht er den Amor,
 Der in dem bunten Gewühl erst sich der Fackel erfreut.
So überwältiget Fülle den Tod; und die Asche da drinnen
10 Scheint, im stillen Bezirk, noch sich des Lebens zu freun.
So umgebe denn spät den Sarkophagen des Dichters
 Diese Rolle, von ihm reichlich mit Leben geschmückt.

2

Kaum an dem blaueren Himmel erblickt' ich die glänzende Sonne,
 Reich, vom Felsen herab, Efeu zu Kränzen geschmückt,
Sah den emsigen Winzer die Rebe der Pappel verbinden,

Über die Wiege Virgils kam mir ein laulicher Wind:
Da gesellten die Musen sich gleich zum Freunde; wir pflogen
Abgeriss'nes Gespräch, wie es den Wanderer freut.

3

Immer halt' ich die Liebste begierig im Arme geschlossen,
 Immer drängt sich mein Herz fest an den Busen ihr an,
Immer lehnet mein Haupt an ihren Knien, ich blicke
 Nach dem lieblichen Mund, ihr nach den Augen hinauf.
Weichling! schölte mich Einer, und so verbringst du die Tage?
 Ach, ich verbringe sie schlimm! Höre nur, wie mir geschieht:
Leider wend' ich den Rücken der einzigen Freude des Lebens;
 Schon den zwanzigsten Tag schleppt mich der Wagen dahin.
Vetturine trotzen mir nun, es schmeichelt der Kämm'rer,
 Und der Bediente vom Platz sinnet auf Lügen und Trug.
Will ich ihnen entgehn, so faßt mich der Meister der Posten,
 Postillone sind Herrn, dann die Dogane dazu!
»Ich verstehe dich nicht! du widersprichst dir! du schienest
 Paradiesisch zu ruhn, ganz, wie Rinaldo, beglückt.«
Ach! ich verstehe mich wohl: es ist mein Körper auf Reisen,
 Und es ruhet mein Geist stets der Geliebten im Schoß.

4

Das ist Italien, das ich verließ. Noch stäuben die Wege,
 Noch ist der Fremde geprellt, stell' er sich, wie er auch will.
Deutsche Redlichkeit suchst du in allen Winkeln vergebens;
 Leben und Weben ist hier, aber nicht Ordnung und Zucht;
Jeder sorgt nur für sich, mißtraut dem Andern, ist eitel,
 Und die Meister des Staats sorgen nur wieder für sich.
Schön ist das Land; doch, ach! Faustinen find' ich nicht wieder.
 Das ist Italien nicht mehr, das ich mit Schmerzen verließ.

5

In der Gondel lag ich gestreckt und fuhr durch die Schiffe,
 Die in dem großen Kanal, viele befrachtete, stehn.
Mancherlei Ware findest du da für manches Bedürfnis,
 Weizen, Wein und Gemüs, Scheite, wie leichtes Gesträuch.
Pfeilschnell drangen wir durch; da traf ein verlorener Lorbeer
 Derb mir die Wangen. Ich rief: Daphne, verletzest du mich?
Lohn erwartet' ich eher! Die Nymphe lispelte lächelnd:
 Dichter sünd'gen nicht schwer. Leicht ist die Strafe. Nur zu!

6

Seh' ich den Pilgrim, so kann ich mich nie der Tränen enthalten.
 O, wie beseliget uns Menschen ein falscher Begriff!

7

Eine Liebe hatt' ich, sie war mir lieber als Alles!
 Aber ich hab' sie nicht mehr! Schweig', und ertrag' den Verlust!

8

Diese Gondel vergleich' ich der sanft einschaukelnden Wiege,
 Und das Kästchen darauf scheint ein geräumiger Sarg.
Recht so! Zwischen der Wieg' und dem Sarg wir schwanken und schweben
 Auf dem großen Kanal sorglos durch's Leben dahin.

9

Feierlich sehn wir neben dem Doge den Nuntius gehen;
 Sie begraben den Herrn, einer versiegelt den Stein.
Was der Doge sich denkt, ich weiß es nicht; aber der Andre
 Lächelt über den Ernst dieses Gepränges gewiß.

10

Warum treibt sich das Volk so, und schreit? Es will sich ernähren,
 Kinder zeugen, und die nähren, so gut es vermag.
Merke dir, Reisender, das, und tue zu Hause desgleichen!
 Weiter bringt es kein Mensch, stell' er sich, wie er auch will.

11

Wie sie klingeln, die Pfaffen! Wie angelegen sie's machen,
 Daß man komme, nur ja plappre, wie gestern so heut!
Scheltet mir nicht die Pfaffen; sie kennen des Menschen Bedürfnis!
 Denn wie ist er beglückt, plappert er morgen wie heut!

12

Mache der Schwärmer sich Schüler, wie Sand am Meere – der Sand ist
 Sand, die Perle sei mein, du, o vernünftiger Freund!

13

Süß den sprossenden Klee mit weichlichen Füßen im Frühling,
 Und die Wolle des Lamms tasten mit zärtlicher Hand;
Süß voll Blüten zu sehn die neulebendigen Zweige,
 Dann das grünende Laub locken mit sehnendem Blick.
Aber süßer, mit Blumen dem Busen der Schäferin schmeicheln; 5
 Und dies vielfache Glück läßt mich entbehren der Mai.

14

Diesem Amboß vergleich' ich das Land, den Hammer dem Herrscher;
 Und dem Volke das Blech, das in der Mitte sich krümmt.
Wehe dem armen Blech! wenn nur willkürliche Schläge
 Ungewiß treffen, und nie fertig der Kessel erscheint.

15

Schüler macht sich der Schwärmer genug, und rühret die
 Menge,
 Wenn der vernünftige Mann einzelne Liebende zählt.
Wundertätige Bilder sind meist nur schlechte Gemälde:
 Werke des Geist's und der Kunst sind für den Pöbel nicht
 da.

16

Mache zum Herrscher sich der, der seinen Vorteil verstehet:
 Doch wir wählten uns den, der sich auf unsern versteht.

17

Not lehrt beten, man sagt's; will einer es lernen, er gehe
 Nach Italien! Not findet der Fremde gewiß.

18

Welch ein heftig Gedränge nach diesem Laden! Wie emsig
 Wägt man, empfängt man das Geld, reicht man die Ware
 dahin!
Schnupftabak wird hier verkauft. Das heißt sich selber
 erkennen!
 Nieswurz holt sich das Volk, ohne Verordnung und Arzt.

19

Jeder Edle Venedigs kann Doge werden; das macht ihn
 Gleich als Knaben so fein, eigen, bedächtig und stolz.
Darum sind die Oblaten so zart im katholischen Welschland;
 Denn aus demselbigen Teig weihet der Priester den Gott.

20

Ruhig am Arsenal stehn zwei altgriechische Löwen;
 Klein wird neben dem Paar Pforte, wie Turm und Kanal.
Käme die Mutter der Götter herab, es schmiegten sich beide
 Vor den Wagen, und sie freute sich ihres Gespanns.
5 Aber nun ruhen sie traurig; der neue geflügelte Kater
 Schnurrt überall, und ihn nennet Venedig Patron.

21

Emsig wallet der Pilger! Und wird er den Heiligen finden?
 Hören und sehen den Mann, welcher die Wunder getan?
Nein, es führte die Zeit ihn hinweg: du findest nur Reste,
 Seinen Schädel, ein Paar seiner Gebeine verwahrt.
Pilgrime sind wir Alle, die wir Italien suchen;
 Nur ein zerstreutes Gebein ehren wir gläubig und froh.

22

Jupiter Pluvius, heut erscheinst du ein freundlicher Dämon;
 Denn ein vielfach Geschenk gibst du in Einem Moment:
Gibst Venedig zu trinken, dem Lande grünendes Wachstum;
 Manches kleine Gedicht gibst du dem Büchelchen hier.

23

Gieße nur, tränke nur fort die rotbemäntelten Frösche,
 Wäss're das durstende Land, daß es uns Broccoli schickt.
Nur durchwäss're mir nicht dies Büchlein; es sei mir ein Fläschchen
Reinen Araks, und Punsch mache sich jeder nach Lust.

24

Sankt Johannes im Kot heißt jene Kirche; Venedig
 Nenn' ich mit doppeltem Recht heute Sankt Markus im Kot.

25

Hast du Bajä gesehn, so kennst du das Meer und die Fische.
 Hier ist Venedig; du kennst nun auch den Pfuhl und den Frosch.

26

Schläfst du noch immer? Nur still, und laß mich ruhen; erwach' ich,
 Nun, was soll ich denn hier? Breit ist das Bette, doch leer.
Ist überall ja doch Sardinien, wo man allein schläft;
 Tibur, Freund, überall, wo dich die Liebliche weckt.

27

Alle Neun, sie winkten mir oft, ich meine die Musen;
 Doch ich achtet' es nicht, hatte das Mädchen im Schoß.
Nun verließ ich mein Liebchen; mich haben die Musen verlassen,
 Und ich schielte, verwirrt, suchte nach Messer und Strick.
5 Doch von Göttern ist voll der Olymp; du kamst mich zu retten,
 Langeweile! du bist Mutter der Musen gegrüßt.

28

Welch ein Mädchen ich wünsche zu haben? Ihr fragt mich. Ich hab' sie,
 Wie ich sie wünsche, das heißt, dünkt mich, mit Wenigem Viel.
An dem Meere ging ich, und suchte mir Muscheln. In einer
 Fand ich ein Perlchen; es bleibt nun mir am Herzen verwahrt.

29

Vieles hab' ich versucht, gezeichnet, in Kupfer gestochen,
 Öl gemalt, in Ton hab' ich auch Manches gedruckt,
Unbeständig jedoch, und nichts gelernt noch geleistet;
 Nur ein einzig Talent bracht' ich der Meisterschaft nah:
5 Deutsch zu schreiben. Und so verderb' ich unglücklicher Dichter
 In dem schlechtesten Stoff leider nun Leben und Kunst.

30

Schöne Kinder tragt ihr, und steht mit verdeckten Gesichtern,
 Bettelt: das heißt, mit Macht reden ans männliche Herz.
Jeder wünscht sich ein Knäbchen, wie ihr das Dürftige zeiget,
 Und ein Liebchen, wie man's unter dem Schleier sich denkt.

31

Das ist dein eigenes Kind nicht, worauf du bettelst, und
 rührst mich;
 O, wie rührt mich erst die, die mir mein eigenes bringt!

32

Warum leckst du dein Mäulchen, indem du mir eilig
 begegnest?
 Wohl, dein Züngelchen sagt mir, wie gesprächig es sei.

33

Sämtliche Künste lernt und treibet der Deutsche; zu jeder
 Zeigt er ein schönes Talent, wenn er sie ernstlich ergreift.
Eine Kunst nur treibt er, und will sie nicht lernen, die
 Dichtkunst.
 Darum pfuscht er auch so; Freunde, wir haben's erlebt.

34 a)

Oft erklärtet ihr euch als Freunde des Dichters, ihr Götter!
 Gebt ihm auch, was er bedarf! Mäßiges braucht er, doch
 viel:
Erstlich freundliche Wohnung, dann leidlich zu essen, zu
 trinken
 Gut; der Deutsche versteht sich auf den Nektar, wie ihr.
Dann geziemende Kleidung und Freunde, vertraulich zu
 schwatzen;
 Dann ein Liebchen des Nachts, das ihn von Herzen
 begehrt.
Diese fünf natürlichen Dinge verlang' ich vor Allem.
 Gebet mir ferner dazu Sprachen, die alten und neu'n,
Daß ich der Völker Gewerb' und ihre Geschichten
 vernehme;
 Gebt mir ein reines Gefühl, was sie in Künsten getan.
Ansehn gebt mir im Volke, verschafft bei Mächtigen
 Einfluß,
 Oder was sonst noch bequem unter den Menschen
 erscheint;

Gut – schon dank' ich euch, Götter; ihr habt den
 glücklichsten Menschen
Ehstens fertig: denn ihr gönntet das Meiste mir schon.

34 b)

Klein ist unter den Fürsten Germaniens freilich der meine;
 Kurz und schmal ist sein Land, mäßig nur, was er vermag.
Aber so wende nach innen, so wende nach außen die Kräfte
 Jeder; da wär's ein Fest, Deutscher mit Deutschen zu sein.
5 Doch was priesest du Ihn, den Taten und Werke verkünden?
 Und bestochen erschien deine Verehrung vielleicht;
Denn mir hat er gegeben, was Große selten gewähren,
 Neigung, Muße, Vertraun, Felder und Garten und Haus.
Niemand braucht' ich zu danken als ihm, und Manches
 bedurft' ich,
10 Der ich mich auf den Erwerb schlecht, als ein Dichter,
 verstand.
Hat mich Europa gelobt, was hat mir Europa gegeben?
 Nichts! Ich habe, wie schwer! meine Gedichte bezahlt.
Deutschland ahmte mich nach, und Frankreich mochte
 mich lesen.
 England! freundlich empfängst du den zerrütteten Gast.
15 Doch was fördert es mich, daß auch sogar der Chinese
 Malet, mit ängstlicher Hand, Werthern und Lotten auf
 Glas?
Niemals frug ein Kaiser nach mir, es hat sich kein König
 Um mich bekümmert, und Er war mir August und
 Mäzen.

35

Eines Menschen Leben, was ist's? Doch Tausende können
 Reden über den Mann, was er und wie er's getan.
Weniger ist ein Gedicht; doch können es Tausend genießen,
 Tausende tadeln. Mein Freund, lebe nur, dichte nur fort!

36

Müde war ich geworden, nur immer Gemälde zu sehen,
 Herrliche Schätze der Kunst, wie sie Venedig bewahrt.

Denn auch dieser Genuß verlangt Erholung und Muße;
 Nach lebendigem Reiz suchte mein schmachtender Blick.
Gauklerin! da ersah ich in dir zu den Bübchen das Urbild,
 Wie sie Johannes Bellin reizend mit Flügeln gemalt,
Wie sie Paul Veronese mit Bechern dem Bräutigam sendet,
 Dessen Gäste, getäuscht, Wasser genießen für Wein.

37
Wie, von der künstlichsten Hand geschnitzt, das liebe
 Figürchen,
 Weich und ohne Gebein, wie die Moluska nur schwimmt!
Alles ist Glied, und Alles Gelenk, und Alles gefällig,
 Alles nach Maßen gebaut, Alles nach Willkür bewegt.
Menschen hab' ich gekannt, und Tiere, so Vögel als Fische,
 Manches besondre Gewürm, Wunder der großen Natur;
Und doch staun' ich dich an, Bettine, liebliches Wunder,
 Die du Alles zugleich bist, und ein Engel dazu.

38
Kehre nicht, liebliches Kind, die Beinchen hinauf zu dem
 Himmel;
 Jupiter sieht dich, der Schalk, und Ganymed ist besorgt.

39
Wende die Füßchen zum Himmel nur ohne Sorge! Wir
 strecken
 Arme betend empor; aber nicht schuldlos, wie du.

40
Seitwärts neigt sich dein Hälschen. Ist das ein Wunder? Es
 träget
 Oft dich Ganze; du bist leicht, nur dem Hälschen zu
 schwer.
Mir ist sie gar nicht zuwider die schiefe Stellung des
 Köpfchens;
 Unter schönerer Last beugte kein Nacken sich je.

41

So verwirret mit dumpf willkürlich verwebten Gestalten,
 Höllisch und trübe gesinnt, Breughel den schwankenden Blick;
So zerrüttet auch Dürer mit apokalyptischen Bildern,
 Menschen und Grillen zugleich, unser gesundes Gehirn;
So erreget ein Dichter, von Sphinxen, Sirenen, Centauren
 Singend mit Macht Neugier in dem verwunderten Ohr;
So beweget ein Traum den Sorglichen, wenn er zu greifen,
 Vorwärts glaubet zu gehn, Alles veränderlich schwebt:
So verwirrt uns Bettine, die holden Glieder verwechselnd;
 Doch erfreut sie uns gleich, wenn sie die Sohlen betritt.

42

Gern überschreit' ich die Grenze, mit breiter Kreide gezogen.
 Macht sie Bottegha, das Kind, drängt sie mich artig zurück.

43

»Ach! mit diesen Seelen, was macht er? Jesus Maria!
 Bündelchen Wäsche sind das, wie man zum Brunnen sie trägt.
Wahrlich, sie fällt! Ich halt' es nicht aus! Komm, gehn wir! Wie zierlich!
 Sieh nur, wie steht sie! wie leicht! Alles mit Lächeln und Lust!«
Altes Weib, du bewunderst mit Recht Bettinen; du scheinst mir
 Jünger zu werden und schön, da dich mein Liebling erfreut.

44

Alles seh' ich so gerne von dir; doch seh' ich am liebsten,
 Wenn der Vater behend über dich selber dich wirft,
Du dich im Schwung überschlägst und, nach dem tödlichen Sprunge,
 Wieder stehest und läufst, eben ob nichts wär' geschehn.

45
Schon entrunzelt sich jedes Gesicht; die Furchen der Mühe,
 Sorgen und Armut fliehn, Glückliche glaubt man zu sehn.
Dir erweicht sich der Schiffer, und klopft dir die Wange; der Säckel
 Tut sich dir kärglich zwar, aber er tut sich doch auf,
Und der Bewohner Venedigs entfaltet den Mantel, und reicht dir,
 Eben als flehtest du laut bei den Mirakeln Antons,
Bei des Herrn fünf Wunden, dem Herzen der seligsten Jungfrau,
 Bei der feurigen Qual, welche die Seelen durchfegt.
Jeder kleine Knabe, der Schiffer, der Höke, der Bettler
 Drängt sich, und freut sich bei dir, daß er ein Kind ist, wie du.

46
Dichten ist ein lustig Metier; nur find' ich es teuer:
 Wie dies Büchlein mir wächst, gehn die Zechinen mir fort.

47
»Welch ein Wahnsinn ergriff dich Müßigen? Hältst du nicht inne?
 Wird dies Mädchen ein Buch? Stimme was Klügeres an!«
Wartet, ich singe die Könige bald, die Großen der Erde,
 Wenn ich ihr Handwerk einst besser begreife, wie jetzt.
Doch Bettinen sing' ich indes; denn Gaukler und Dichter
 Sind gar nahe verwandt, suchen und finden sich gern.

48
Böcke, zur Linken mit euch! so ordnet künftig der Richter:
 Und ihr Schäfchen, ihr sollt ruhig zur Rechten mir stehn!
Wohl! Doch eines ist noch von ihm zu hoffen; dann sagt er:
 Seid, Vernünftige, mir grad' gegenüber gestellt!

49
Wißt ihr, wie ich gewiß zu Hunderten euch Epigramme
 Fertige? Führet mich nur weit von der Liebsten hinweg!

50

Alle Freiheits-Apostel, sie waren mir immer zuwider;
 Willkür suchte doch nur Jeder am Ende für sich.
Willst du Viele befrein, so wag' es Vielen zu dienen.
 Wie gefährlich das sei; willst du es wissen? Versuch's!

51

Könige wollen das Gute, die Demagogen desgleichen,
 Sagt man; doch irren sie sich: Menschen, ach, sind sie,
 wie wir.
Nie gelingt es der Menge, für sich zu wollen; wir wissens:
 Doch wer verstehet, für uns Alle zu wollen; Er zeig's.

52

Jeglichen Schwärmer schlagt mir an's Kreuz im dreißigsten
 Jahre;
 Kennt er nur einmal die Welt, wird der Betrogne der
 Schelm.

53

Frankreichs traurig Geschick, die Großen mögen's
 bedenken;
 Aber bedenken fürwahr sollen es Kleine noch mehr.
Große gingen zu Grunde: doch wer beschützte die Menge
 Gegen die Menge? Da war Menge der Menge Tyrann.

54

Tolle Zeiten hab' ich erlebt, und hab' nicht ermangelt,
 Selbst auch töricht zu sein, wie es die Zeit mir gebot.

55

Sage, tun wir nicht recht? Wir müssen den Pöbel betrügen.
 Sieh nur, wie ungeschickt, sieh nur, wie wild er sich
 zeigt!
Ungeschickt und wild sind alle rohen Betrognen;
 Seid nur redlich, und so führt ihn zum Menschlichen an.

56
Fürsten prägen so oft auf kaum versilbertes Kupfer
 Ihr bedeutendes Bild; lange betrügt sich das Volk.
Schwärmer prägen den Stempel des Geist's auf Lügen und
 Unsinn;
 Wem der Probierstein fehlt, hält sie für redliches Gold.

57
Jene Menschen sind toll, so sagt ihr von heftigen Sprechern,
 Die wir in Frankreich laut hören auf Straßen und Markt.
Mir auch scheinen sie toll; doch redet ein Toller in Freiheit
 Weise Sprüche, wenn, ach! Weisheit im Sklaven
 verstummt.

58
Lange haben die Großen der Franzen Sprache gesprochen,
 Halb nur geachtet den Mann, dem sie vom Munde nicht
 floß.
Nun lallt alles Volk entzückt die Sprache der Franken.
 Zürnet, Mächtige, nicht! Was ihr verlangtet, geschieht.

59
»Seid doch nicht so frech, Epigramme!« Warum nicht? Wir
 sind nur
 Überschriften; die Welt hat die Kapitel des Buchs.

60
Wie dem hohen Apostel ein Tuch voll Tiere gezeigt ward,
 Rein und unrein, zeigt, Lieber, das Büchlein sich dir.

61
Ein Epigramm, ob wohl es gut sei? Kannst du's entscheiden?
 Weiß man doch eben nicht stets, was er sich dachte, der
 Schalk.
62
Um so gemeiner es ist, und näher dem Neide, der
 Mißgunst;
 Um so eher begreifst du das Gedichtchen gewiß.

63

Chloe schwöret, sie liebt mich; ich glaub's nicht. Aber sie
 liebt dich!
 Sagt mir ein Kenner. Schon gut; glaubt' ich's, da wär es
 vorbei.

64

Niemand liebst du, und mich, Philarchos, liebst du so heftig.
 Ist denn kein anderer Weg, mich zu bezwingen, als der?

65

Ist denn so groß das Geheimnis, was Gott und der Mensch
 und die Welt sei?
 Nein! Doch Niemand hört's gerne; da bleibt es geheim.

66

Vieles kann ich ertragen. Die meisten beschwerlichen Dinge
 Duld' ich mit ruhigem Mut, wie es ein Gott mir gebeut.
Wenige sind mir jedoch wie Gift und Schlange zuwider;
 Viere: Rauch des Tabaks, Wanzen und Knoblauch und †.

67

Längst schon hätt' ich euch gern von jenen Tierchen
 gesprochen,
 Die so zierlich und schnell fahren dahin und daher.
Schlängelchen scheinen sie gleich, doch viergefüßet; sie
 laufen,
 Kriechen und schleichen, und leicht schleppen die
 Schwänzchen sie nach.
5 Seht, hier sind sie! und hier! Nun sind sie verschwunden!
 Wo sind sie?
 Welche Ritze, welch Kraut nahm die Entfliehenden auf?
Wollt ihr mir's künftig erlauben, so nenn' ich die Tierchen
 Lacerten;
 Denn ich brauche sie noch oft als gefälliges Bild.

68

Wer Lacerten gesehn, der kann sich die zierlichen Mädchen
 Denken, die über den Platz fahren dahin und daher.

Schnell und beweglich sind sie, und gleiten, stehen und
>schwatzen,
 Und es rauscht das Gewand hinter den Eilenden drein.
Sieh, hier ist sie! und hier! Verlierst du sie einmal, so suchst
>du
Sie vergebens; so bald kommt sie nicht wieder hervor.
Wenn du aber die Winkel nicht scheust, nicht Gäßchen und
>Treppchen,
 Folg' ihr, wie sie dich lockt, in die Spelunke hinein!

69

Was Spelunke nun sei, verlangt ihr zu wissen? Da wird ja
 Fast zum Lexikon dies epigrammatische Buch.
Dunkele Häuser sind's in engen Gäßchen; zum Kaffee
 Führt dich die Schöne, und sie zeigt sich geschäftig, nicht
>du.

70

Zwei der feinsten Lacerten, sie hielten sich immer zusammen;
 Eine beinahe zu groß, eine beinahe zu klein.
Siehst du Beide zusammen, so wird die Wahl dir unmöglich;
 Jede besonders, sie schien einzig die Schönste zu sein.

71

Heilige Leute, sagt man, sie wollten besonders dem Sünder
 Und der Sünderin wohl. Geht's mir doch eben auch so.

72

Wär' ich ein häusliches Weib, und hätte, was ich bedürfte,
 Treu sein wollt' ich und froh, herzen und küssen den
>Mann.
So sang, unter andern gemeinen Liedern, ein Dirnchen
 Mir in Venedig, und nie hört' ich ein frömmer Gebet.

73

Wundern kann es mich nicht, daß Menschen die Hunde so
>lieben;
 Denn ein erbärmlicher Schuft ist, wie der Mensch, so der
>Hund.

74
Frech wohl bin ich geworden; es ist kein Wunder. Ihr Götter,
 Wißt, und wißt nicht allein, daß ich auch fromm bin und treu.

75
Hast du nicht gute Gesellschaft gesehn? Es zeigt uns dein Büchlein
 Fast nur Gaukler und Volk, ja was noch niedriger ist.
Gute Gesellschaft hab' ich gesehn, man nennt sie die gute,
 Wenn sie zum kleinsten Gedicht keine Gelegenheit gibt.

76
Was mit mir das Schicksal gewollt? Es wäre verwegen,
 Das zu fragen, denn meist will es mit Vielen nicht viel.
Einen Dichter zu bilden, die Absicht wär' ihm gelungen,
 Hätte die Sprache sich nicht unüberwindlich gezeigt.

77
Mit Botanik gibst du dich ab? mit Optik? Was tust du?
 Ist es nicht schönrer Gewinn, rühren ein zärtliches Herz?
Ach, die zärtlichen Herzen! Ein Pfuscher vermag sie zu rühren;
 Sei es mein einziges Glück, dich zu berühren, Natur!

78
Weiß hat Newton gemacht aus allen Farben. Gar Manches
 Hat er euch weis gemacht, das ihr ein Säkulum glaubt.

79
»Alles erklärt sich wohl«, so sagt mir ein Schüler, »aus jenen
 Theorien, die uns weislich ein Meister gelehrt.«
Habt ihr einmal das Kreuz von Holze tüchtig gezimmert,
 Paßt ein lebendiger Leib freilich zur Strafe daran.

80

Wenn auf beschwerlichen Reisen ein Jüngling zur Liebsten
　　　　　　　　　　sich windet,
　Hab' er dies Büchlein; es ist reizend und tröstlich zugleich.
Und erwartet dereinst ein Mädchen den Liebsten, sie halte
　Dieses Büchlein, und nur, kommt er, so werfe sie's weg.

81

Gleich den Winken des Mädchens, des eilenden, welche
　　　　　　　　　　verstohlen
　Im Vorbeigehn nur freundlich mir streifet den Arm,
So vergönnt, ihr Musen, dem Reisenden kleine Gedichte:
　O, behaltet dem Freund größere Gunst noch bevor!

82

Wenn, in Wolken und Dünste verhüllt, die Sonne nur trübe
　Stunden sendet; wie still wandeln die Pfade wir fort!
Dränget Regen den Wandrer! wie ist uns des ländlichen
　　　　　　　　　　Daches
　Schirm willkommen! Wie sanft ruht sich's in stürmischer
　　　　　　　　　　Nacht!
Aber die Göttin kehret zurück! Schnell scheuche die Nebel　5
　Von der Stirne hinweg! Gleiche der Mutter Natur!

83

Willst du mit reinem Gefühl der Liebe Freuden genießen,
　O, laß Frechheit und Ernst ferne vom Herzen dir sein.
Die will Amorn verjagen, und *der* gedenkt ihn zu fesseln;
　Beiden das Gegenteil lächelt der schelmische Gott.

84

Göttlicher Morpheus, umsonst bewegst du die lieblichen
　　　　　　　　　　Mohne;
　Bleibt das Auge doch wach, wenn mir es Amor nicht
　　　　　　　　　　schließt.

85

Liebe flößest du ein, und Begier; ich fühl' es, und brenne.
　Liebenswürdige, nun flöße Vertrauen mir ein!

86
Ha! ich kenne dich, Amor, so gut als einer! Da bringst du
　　Deine Fackel, und sie leuchtet im Dunkel uns vor.
Aber du führest uns bald verworrene Pfade; wir brauchten
　　Deine Fackel erst recht, ach! und die falsche erlischt.

87
Eine einzige Nacht an deinem Herzen! – Das Andre
　　Gibt sich. Es trennet uns noch Amor in Nebel und Nacht.
Ja, ich erlebe den Morgen, an dem Aurora die Freunde
　　Busen an Busen belauscht, Phöbus, der Frühe, sie weckt.

88
Ist es dir Ernst, so zaudre nun länger nicht; mache mich
　　　　　　　　　　　　　　　　　　　　　　　　glücklich!
Wolltest du scherzen? Es sei, Liebchen, des Scherzes
　　　　　　　　　　　　　　　　　　　　　　　　genug!

89
Daß ich schweige, verdrießt dich? Was soll ich reden? Du
　　　　　　　　　　　　　　　　　　　　　　　　merkest
　　Auf der Seufzer, des Blicks leise Beredsamkeit nicht.
Eine Göttin vermag der Lippe Siegel zu lösen;
　　Nur Aurora, sie weckt einst dir am Busen mich auf.
5 Ja, dann töne mein Hymnus den frühen Göttern entgegen,
　　Wie das Memnonische Bild lieblich Geheimnisse sang.

90
Welch ein lustiges Spiel! Es windet am Faden die Scheibe,
　　Die von der Hand entfloh, eilig sich wieder herauf!
Seht, so schein' ich mein Herz bald dieser Schönen, bald
　　　　　　　　　　　　　　　　　　　　　　　　jener
　　Zuzuwerfen; doch gleich kehrt es im Fluge zurück.

91
O, wie achtet' ich sonst auf alle Zeiten des Jahres;
　　Grüßte den kommenden Lenz, sehnte dem Herbste mich
　　　　　　　　　　　　　　　　　　　　　　　　nach!

Aber nun ist nicht Sommer noch Winter, seit mich
 Beglückten
 Amors Fittig bedeckt, ewiger Frühling umschwebt.

92

Sage, wie lebst du? Ich lebe! und wären hundert und hundert
 Jahre dem Menschen gegönnt, wünscht' ich mir morgen,
 wie heut.

93

Götter, wie soll ich euch danken! Ihr habt mir Alles
 gegeben,
 Was der Mensch sich erfleht; nur in der Regel fast nichts.

94

In der Dämmrung des Morgens den höchsten Gipfel
 erklimmen,
 Frühe den Boten des Tags grüßen, dich, freundlichen
 Stern!
Ungeduldig die Blicke der Himmelsfürstin erwarten,
 Wonne des Jünglings, wie oft locktest du Nachts mich
 heraus!
Nun erscheint ihr mir, Boten des Tags, ihr himmlischen 5
 Augen
 Meiner Geliebten, und stets kommt mir die Sonne zu früh.

95

Du erstaunest, und zeigst mir das Meer; es scheinet zu
 brennen.
 Wie bewegt sich die Flut flammend um's nächtliche
 Schiff!
Mich verwundert es nicht, das Meer gebar Aphroditen,
 Und entsprang nicht aus ihr uns eine Flamme, der Sohn?

96

Glänzen sah ich das Meer, und blinken die liebliche Welle;
 Frisch mit günstigem Wind zogen die Segel dahin.
Keine Sehnsucht fühlte mein Herz; es wendete rückwärts,

Nach dem Schnee des Gebirgs, bald sich der
 schmachtende Blick.
Südwärts liegen die Schätze, wie viel! Doch einer im Norden
 Zieht, ein großer Magnet, unwiderstehlich zurück.

97

Ach! mein Mädchen verreis't! Sie steigt zu Schiffe! – Mein
 König,
 Aeolus! mächtiger Fürst! halte die Stürme zurück!
Törichter! ruft mir der Gott: befürchte nicht wütende
 Stürme:
 Fürchte den Hauch, wenn sanft Amor die Flügel bewegt!

98

Arm und kleiderlos war, als ich sie geworben, das Mädchen;
 Damals gefiel sie mir nackt, wie sie mir jetzt noch gefällt.

99

Oftmals hab' ich geirrt, und habe mich wieder gefunden,
 Aber glücklicher nie; nun ist dies Mädchen mein Glück!
Ist auch dieses ein Irrtum, so schont mich, ihr klügeren
 Götter,
 Und benehmt mir ihn erst drüben am kalten Gestad.

100

Traurig, Midas, war dein Geschick: in bebenden Händen
 Fühltest du, hungriger Greis, schwere verwandelte Kost.
Mir, im ähnlichen Fall, geht's lust'ger; denn was ich berühre,
 Wird mir unter der Hand gleich ein behendes Gedicht.
Holde Musen, ich sträube mich nicht; nur daß ihr mein
 Liebchen,
 Drück' ich es fest an die Brust, nicht mir zum Märchen
 verkehrt?

101

Ach, mein Hals ist ein wenig geschwollen! so sagte die Beste
 Ängstlich. – Stille, mein Kind! still! und vernehme das
 Wort:

Dich hat die Hand der Venus berührt; sie deutet dir leise,
 Daß sie das Körperchen bald, ach! unaufhaltsam verstellt.
Bald verdirbt sie die schlanke Gestalt, die zierlichen
 Brüstchen.
 Alles schwillt nun; es paßt nirgends das neuste Gewand.
Sei nur ruhig! es deutet die fallende Blüte dem Gärtner,
 Daß die liebliche Frucht schwellend im Herbste gedeiht.

102

Wonniglich ist's, die Geliebte verlangend im Arme zu halten,
 Wenn ihr klopfendes Herz Liebe zuerst dir gesteht.
Wonniglicher, das Pochen des Neulebendigen fühlen,
 Das in dem lieblichen Schoß immer sich nährend bewegt.
Schon versucht es die Sprünge der raschen Jugend; es
 klopfet
Ungeduldig schon an, sehnt sich nach himmlischem Licht.
Harre noch wenige Tage! Auf allen Pfaden des Lebens
 Führen die Horen dich streng, wie es das Schicksal
 gebeut.
Widerfahre dir, was dir auch will, du wachsender Liebling —
 Liebe bildete dich; werde dir Liebe zu Teil!

103

Und so tändelt' ich mir, von allen Freunden geschieden,
 In der neptunischen Stadt Tage wie Stunden hinweg.
Alles, was ich erfuhr, ich würzt' es mit süßer Erinn'rung,
 Würzt' es mit Hoffnung; sie sind lieblichste Würzen der
 Welt.

WEISSAGUNGEN DES BAKIS

> Seltsam ist Propheten Lied;
> Doppelt seltsam, was geschieht.

1

Wahnsinn ruft man dem Kalchas, und Wahnsinn ruft man
 Kassandren,
 Eh' man nach Ilion zog, wenn man von Ilion kommt.
Wer kann hören das Morgen und Übermorgen? Nicht
 Einer!
 Denn was gestern und eh'gestern gesprochen – wer hörts?

2

Lang und schmal ist ein Weg. Sobald du ihn gehest, so wird
 er
 Breiter; aber du ziehst Schlangengewinde dir nach.
Bist du an's Ende gekommen, so werde der schreckliche
 Knoten
 Dir zur Blume, und du gib sie dem Ganzen dahin.

3

Nicht Zukünftiges nur verkündet Bakis; auch jetzt noch
 Still Verborgenes zeigt er, als ein Kundiger, an.
Wünschelruten sind hier, sie zeigen am Stamm nicht die
 Schätze;
 Nur in der fühlenden Hand regt sich das magische Reis.

4

Wenn sich der Hals des Schwanes verkürzt und, mit
 Menschengesichte,
 Sich der prophetische Gast über den Spiegel bestrebt;

Läßt den silbernen Schleier die Schöne dem Nachen
 entfallen,
 Ziehen dem Schwimmenden gleich goldene Ströme sich
 nach.

5
Zweie seh' ich! den Großen! ich seh' den Größern! Die
 Beiden
 Reiben, mit feindlicher Kraft, Einer den Andern sich auf.
Hier ist Felsen und Land, und dort sind Felsen und Wellen!
 Welcher der Größere sei, redet die Parze nur aus.

6
Kommt ein wandernder Fürst, auf kalter Schwelle zu
 schlafen,
 Schlinge Ceres den Kranz, stille verflechtend, um ihn;
Dann verstummen die Hunde; es wird ein Geier ihn wecken,
 Und ein tätiges Volk freut sich des neuen Geschicks.

7
Sieben gehn verhüllt, und sieben mit offnem Gesichte.
 Jene fürchtet das Volk, fürchten die Großen der Welt.
Aber die Andern sind's, die Verräter! von Keinem
 erforschet;
 Denn ihr eigen Gesicht birget, als Maske, den Schalk.

8
Gestern war es noch nicht, und weder heute noch morgen
 Wird es, und jeder verspricht Nachbarn und Freunden es
 schon;
Ja, er verspricht es den Feinden. So edel gehn wir ins neue
 Säklum hinüber, und leer bleibet die Hand und der Mund.

9
Mäuse laufen zusammen auf offnem Markte; der Wandrer
 Kommt, auf hölzernem Fuß, vierfach und klappernd
 heran.
Fliegen die Tauben der Saat in gleichem Momente vorüber:
 Dann ist, Tola, das Glück unter der Erde dir hold.

10

Einsam schmückt sich, zu Hause, mit Gold und Seide die
 Jungfrau;
 Nicht vom Spiegel belehrt, fühlt sie das schickliche Kleid.
Tritt sie hervor, so gleicht sie der Magd; nur Einer von Allen
 Kennt sie; es zeiget sein Aug' ihr das vollendete Bild.

11

Ja, vom Jupiter rollt ihr, mächtig strömende Fluten,
 Über Ufer und Damm, Felder und Gärten mit fort.
Einen seh' ich! Er sitzt und harfeniert der Verwüstung;
 Aber der reißende Strom nimmt auch die Lieder hinweg.

12

Mächtig bist du! gebildet zugleich, und Alles verneigt sich,
 Wenn du, mit herrlichem Zug, über den Markt dich
 bewegst.
Endlich ist er vorüber. Da lispelt fragend ein Jeder:
 War denn Gerechtigkeit auch in der Tugenden Zug?

13

Mauern seh' ich gestürzt, und Mauern seh' ich errichtet,
 Hier Gefangene, dort auch der Gefangenen viel.
Ist vielleicht nur die Welt ein großer Kerker? und frei ist
 Wohl der Tolle, der sich Ketten zu Kränzen erkiest.

14

Laß mich ruhen, ich schlafe. – »Ich aber wache.« – Mit
 nichten! –
»Träumst du?« – Ich werde geliebt! – »Freilich, du redest
 im Traum.« –
Wachender, sage, was hast du? – »Da sieh nur alle die
 Schätze!« –
 Sehen soll ich? Ein Schatz, wird er mit Augen gesehn?

15

Schlüssel liegen im Buche zerstreut, das Rätsel zu lösen;
 Denn der prophetische Geist ruft den Verständigen an.

Jene nenn' ich die Klügsten, die leicht sich vom Tage belehren
 Lassen; es bringt wohl der Tag Rätsel und Lösung zugleich.

16

Auch Vergangenes zeigt euch Bakis; denn selbst das Vergangne
 Ruht, verblendete Welt, oft als ein Rätsel vor dir.
Wer das Vergangene kennte, der wüßte das Künftige; Beides
 Schließt an heute sich rein, als ein Vollendetes, an.

17

Tun die Himmel sich auf und regnen, so träufelt das Wasser
 Über Felsen und Gras, Mauern und Bäume zugleich.
Kehret die Sonne zurück, so verdampfet vom Steine die Wohltat;
 Nur das Lebendige hält Gabe der Göttlichen fest.

18

Sag', was zählst du? – »Ich zähle, damit ich die Zehne begreife,
 Dann ein andres Zehn, Hundert und Tausend hernach.«
Näher kommst du dazu, sobald du mir folgest. – »Und wie denn?« –
 Sage zur Zehne: sei zehn! Dann sind die Tausende dein.

19

Hast du die Welle gesehen, die über das Ufer einher schlug?
 Siehe die zweite, sie kommt! rollet sich sprühend schon aus!
Gleich erhebt sich die dritte! Fürwahr, du erwartest vergebens,
 Daß die letzte sich heut ruhig zu Füßen dir legt.

20

Einem möcht' ich gefallen! so denkt das Mädchen; den Zweiten
 Find' ich edel und gut, aber er reizet mich nicht.

Wäre der Dritte gewiß, so wäre mir dieser der Liebste.
 Ach, daß der Unbestand immer das Lieblichste bleibt!

21

Blaß erscheinest du mir, und tot dem Auge. Wie rufst du,
 Aus der innern Kraft, heiliges Leben empor?
»Wär' ich dem Auge vollendet, so könntest du ruhig
 genießen;
 Nur der Mangel erhebt über dich selbst dich hinweg.«

22

Zweimal färbt sich das Haar; zuerst aus dem Blonden ins
 Braune,
 Bis das Braune sodann silbergediegen sich zeigt.
Halb errate das Rätsel! so ist die andere Hälfte
 Völlig dir zu Gebot, daß du die erste bezwingst.

23

Was erschrickst du? – »Hinweg, hinweg mit diesen
 Gespenstern!
 Zeige die Blume mir doch; zeig' mir ein
 Menschengesicht!
Ja, nun seh' ich die Blumen; ich sehe die
 Menschengesichter.« –
 Aber ich sehe dich nun selbst als betrognes Gespenst.

24

Einer rollet daher; es stehen ruhig die Neune:
 Nach vollendetem Lauf liegen die Viere gestreckt.
Helden finden es schön, gewaltsam treffend zu wirken;
 Denn es vermag nur ein Gott Kegel und Kugel zu sein.

25

Wie viel Äpfel verlangst du für diese Blüten? – »Ein
 Tausend;
 Denn der Blüten sind wohl Zwanzig der Tausende hier.

Und von Zwanzig nur Einen, das find' ich billig.« – Du bist schon
 Glücklich, wenn du dereinst Einen von Tausend behältst.

26

Sprich, wie werd' ich die Sperlinge los? so sagte der Gärtner:
 Und die Raupen dazu, ferner das Käfergeschlecht,
Maulwurf, Erdfloh, Wespe, die Würmer, das Teufelsgezüchte? –
 »Laß sie nur Alle, so frißt Einer den Anderen auf.«

27

Klingeln hör' ich: es sind die lustigen Schlittengeläute.
 Wie sich die Torheit doch selbst in der Kälte noch rührt!
»Klingeln hörst du? Mich deucht, es ist die eigene Kappe,
 Die sich am Ofen dir leis' um die Ohren bewegt.«

28

Seht den Vogel! er fliegt von einem Baume zum andern.
 Nascht mit geschäftigem Pick unter den Früchten umher.
Frag' ihn, er plappert auch wohl, und wird dir offen versichern,
 Daß er der hehren Natur herrliche Tiefen erpickt.

29

Eines kenn' ich verehrt, ja angebetet zu Fuße;
 Auf die Scheitel gestellt, wird es von Jedem verflucht.
Eines kenn' ich, und fest bedruckt es zufrieden die Lippe:
 Doch in dem zweiten Moment ist es der Abscheu der Welt.

30

Dieses ist es, das Höchste, zu gleicher Zeit das Gemeinste;
 Nun das Schönste, sogleich auch das Abscheulichste nun.
Nur im Schlürfen genieße du das, und koste nicht tiefer:
 Unter dem reizenden Schaum sinket die Neige zu Grund.

31
Ein beweglicher Körper erfreut mich, ewig gewendet
 Erst nach Norden, und dann ernst nach der Tiefe hinab.
Doch ein andrer gefällt mir nicht so; er gehorchet den Winden
 Und sein ganzes Talent lös't sich in Bücklingen auf.

32
Ewig wird er euch sein der Eine, der sich in Viele
 Teilt, und Einer jedoch, ewig der Einzige bleibt.
Findet in Einem die Vielen, empfindet die Vielen, wie Einen;
 Und ihr habt den Beginn, habet das Ende der Kunst.

VIER JAHRSZEITEN

> Alle Viere mehr und minder,
> Necken wie die hübschen Kinder.

Frühling

1

Auf, ihr Distichen, frisch! Ihr muntern, lebendigen Knaben!
 Reich ist Garten und Feld! Blumen zum Kranze herbei!

2

Reich ist an Blumen die Flur; doch einige sind nur dem Auge,
 Andre dem Herzen nur schön; wähle dir, Leser, nun selbst!

3

Rosenknospe, du bist dem blühenden Mädchen gewidmet,
 Die als die Herrlichste sich, als die Bescheidenste zeigt.

4

Viele der Veilchen zusammen geknüpft, das Sträußchen erscheinet
 Erst als Blume; du bist, häusliches Mädchen, gemeint.

5

Eine kannt' ich, sie war wie die Lilie schlank, und ihr Stolz war
 Unschuld; herrlicher hat Salomo keine gesehn.

6

Schön erhebt sich der Aglei, und senkt das Köpfchen
herunter.
 Ist es Gefühl? oder ist's Mutwill? Ihr ratet es nicht.

7

Viele duftende Glocken, o Hyacinthe, bewegst du;
 Aber die Glocken ziehn, wie die Gerüche, nicht an.

8

Nachtviole, dich geht man am blendenden Tage vorüber;
 Doch bei der Nachtigall Schlag hauchest du köstlichen
Geist.

9

Tuberose, du ragest hervor und ergetzest im Freien;
 Aber bleibe vom Haupt, bleibe vom Herzen mir fern!

10

Fern erblick' ich den Mohn; er glüht. Doch komm' ich dir
näher,
 Ach! so seh ich zu bald, daß du die Rose nur lügst.

11

Tulpen, ihr werdet gescholten von sentimentalischen
Kennern;
 Aber ein lustiger Sinn wünscht auch ein lustiges Blatt.

12

Nelken, wie find' ich euch schön! Doch alle gleicht ihr
einander,
 Unterscheidet euch kaum, und ich entscheide mich nicht.

13

Prangt mit den Farben Aurorens, Ranunkeln, Tulpen und
Astern!
 Hier ist ein dunkles Blatt, das euch an Dufte beschämt.

14
Keine lockt mich, Ranunkeln, von euch, und keine begehr'
ich;
Aber im Beete vermischt sieht euch das Auge mit Lust.

15
Sagt! was füllet das Zimmer mit Wohlgerüchen? Reseda,
Farblos, ohne Gestalt, stilles bescheidenes Kraut.

16
Zierde wärst du der Gärten; doch wo du erscheinest, da
sagst du:
Ceres streute mich selbst aus, mit der goldenen Saat.

17
Deine liebliche Kleinheit, dein holdes Auge, sie sagen,
Immer: Vergiß mein nicht! immer: Vergiß nur nicht mein!

18
Schwänden dem inneren Auge die Bilder sämtlicher Blumen,
Eleonore, dein Bild brächte das Herz sich hervor.

Sommer

19
Grausam erweiset sich Amor an mir! O, spielet, ihr Musen,
Mit den Schmerzen, die er, spielend, im Busen erregt!

20
Manuskripte besitz' ich, wie kein Gelehrter noch König;
Denn mein Liebchen, sie schreibt, was ich ihr dichtete,
mir.

21
Wie im Winter die Saat nur langsam keimet, im Sommer
Lebhaft treibet und reift, so war die Neigung zu dir.

22

Immer war mir das Feld und der Wald, und der Fels und die Gärten
 Nur ein Raum, und du machst sie, Geliebte, zum Ort.

23

Raum und Zeit, ich empfind' es, sind bloße Formen des Anschauns,
 Da das Eckchen mit dir, Liebchen, unendlich mir scheint.

24

Sorge! sie steiget mit dir zu Roß, sie steiget zu Schiffe;
 Viel zudringlicher noch packet sich Amor uns auf.

25

Neigung besiegen ist schwer; gesellet sich aber Gewohnheit,
 Wurzelnd, allmählig zu ihr, unüberwindlich ist sie.

26

Welche Schrift ich zwei-, ja dreimal hinter einander
 Lese? Das herzliche Blatt, das die Geliebte mir schreibt.

27

Sie entzückt mich, und täuschet vielleicht. O, Dichter und Sänger,
 Mimen! lerntet ihr doch meiner Geliebten was ab!

28

Alle Freude des Dichters, ein gutes Gedicht zu erschaffen,
 Fühle das liebliche Kind, das ihn begeisterte, mit.

29

Ein Epigramm sei zu kurz, mir etwas Herzlichs zu sagen?
 Wie, mein Geliebter, ist nicht kürzer der herzliche Kuß?

30

Kennst du das herrliche Gift der unbefriedigten Liebe?
 Es versengt und erquickt, zehrt am Mark und erneut's.

31
Kennst du die herrliche Wirkung der endlich befriedigten
Liebe?
 Körper verbindet sie schön, wenn sie die Geister befreit.

32
Das ist die wahre Liebe, die immer und immer sich gleich
bleibt,
 Wenn man ihr Alles gewährt, wenn man ihr Alles versagt.

33
Alles wünscht' ich zu haben, um mit ihr Alles zu teilen;
 Alles gäb' ich dahin, wär' sie, die Einzige, mein.

34
Kränken ein liebendes Herz, und schweigen müssen;
geschärfter
 Können die Qualen nicht sein, die Rhadamant sich
ersinnt.

35
Warum bin ich vergänglich, o Zeus? so fragte die
Schönheit.
 Macht' ich doch, sagte der Gott, nur das Vergängliche
schön.

36
Und die Liebe, die Blumen, der Tau und die Jugend
vernahmen's;
 Alle gingen sie weg, weinend, von Jupiters Thron.

37
Leben muß man und lieben; es endet Leben und Liebe.
 Schnittest du, Parze, doch nur beiden die Fäden zugleich!

Herbst

38

Früchte bringet das Leben dem Mann; doch hangen sie selten,
 Rot und lustig am Zweig, wie uns ein Apfel begrüßt.

39

Richtet den herrschenden Stab auf Leben und Handeln, und lasset
 Amorn, dem lieblichen Gott, doch mit der Muse das Spiel!

40

Lehret! Es ziemet euch wohl, auch wir verehren die Sitte;
 Aber die Muse läßt nicht sich gebieten von euch.

41

Nimm dem Prometheus die Fackel, beleb', o Muse, die Menschen!
 Nimm sie dem Amor, und rasch quäl' und beglücke, wie er!

42

Alle Schöpfung ist Werk der Natur. Von Jupiters Throne
 Zuckt der allmächtige Strahl, nährt und erschüttert die Welt.

43

Freunde, treibet nur Alles mit Ernst und Liebe; die Beiden
 Stehen dem Deutschen so schön, den ach! so Vieles entstellt.

44

Kinder werfen den Ball an die Wand, und fangen ihn wieder;
 Aber ich lobe das Spiel, wirft mir der Freund ihn zurück.

45

Immer strebe zum Ganzen, und kannst du selber kein Ganzes
 Werden, als dienendes Glied schließ' an ein Ganzes dich an.

46
Wär't ihr, Schwärmer, im Stande, die Ideale zu fassen,
 O! so verehrtet ihr auch, wie sich's gebührt, die Natur.

47
Wem zu glauben ist, redlicher Freund, das kann ich dir sagen:
 Glaube dem Leben; es lehrt besser als Redner und Buch.

48
Alle Blüten müssen vergehn, daß Früchte beglücken;
 Blüten und Frucht zugleich gebet ihr Musen allein.

50
Schädliche Wahrheit, ich ziehe sie vor dem nützlichen Irrtum.
 Wahrheit heilet den Schmerz, den sie vielleicht uns erregt.

51
Schadet ein Irrtum wohl? Nicht immer! aber das Irren
 Immer schadet's. Wie sehr, sieht man am Ende des Wegs.

52
Fremde Kinder, wir lieben sie nie so sehr als die eignen;
 Irrtum, das eigene Kind, ist uns dem Herzen so nah.

53
Irrtum verläßt uns nie; doch zieht ein höher Bedürfnis
 Immer den strebenden Geist leise zur Wahrheit hinan.

54
Gleich sei Keiner dem Andern; doch gleich sei Jeder dem Höchsten.
 Wie das zu machen? Es sei jeder vollendet in sich.

55
Warum will sich Geschmack und Genie so selten vereinen?
 Jener fürchtet die Kraft; dieses verachtet den Zaum.

56
Fortzupflanzen die Welt sind alle vernünft'gen Discurse
Unvermögend; durch sie kommt auch kein Kunstwerk hervor.

57
Welchen Leser ich wünsche? den Unbefangensten, der mich,
Sich und die Welt vergißt, und in dem Buche nur lebt.

58
Dieser ist mir der Freund, der mit mir Strebenden wandelt;
Läd't er zum Sitzen mich ein, stehl' ich für heute mich weg.

59
Wie beklag' ich es tief, daß diese herrliche Seele,
Wert, mit zum Zwecke zu gehn, mich nur als Mittel begreift!

60
Preise dem Kinde die Puppen, wofür es begierig die Groschen
Hinwirft; wahrlich! du wirst Krämern und Kindern ein Gott.

61
Wie verfährt die Natur, um Hohes und Niedres im Menschen
Zu verbinden? Sie stellt Eitelkeit zwischen hinein.

62
Auf das empfindsame Volk hab' ich nie was gehalten; es werden,
Kommt die Gelegenheit, nur schlechte Gesellen daraus.

63
Franztum drängt in diesen verworrenen Tagen, wie ehmals
Luthertum es getan, ruhige Bildung zurück.

64
Wo Parteien entstehn, hält Jeder sich hüben und drüben;
Viele Jahre vergehn, eh' sie die Mitte vereint.

65

»Jene machen Partei; welch unerlaubtes Beginnen!
　　Aber unsre Partei, freilich, versteht sich von selbst.«

66

Willst du, mein Sohn, frei bleiben, so lerne was Rechtes,
　　　　　　　　　　　　　　　　und halte
　　Dich genügsam, und nie blicke nach oben hinauf!

67

Wer ist der edlere Mann in jedem Stande? Der stets sich
　　Neiget zum Gleichgewicht, was er auch habe voraus.

68

Wißt ihr, wie auch der Kleine was ist? Er mache das Kleine
　　Recht; der Große begehrt just so das Große zu tun.

69

Was ist heilig? Das ist's, was viele Seelen zusammen
　　Bindet; bänd' es auch nur leicht, wie die Binse den Kranz.

70

Was ist das Heiligste? Das, was, heut und ewig, die Geister,
　　Tiefer und tiefer gefühlt, immer nur einiger macht.

71

Wer ist das würdigste Glied des Staats? Ein wackerer Bürger;
　　Unter jeglicher Form bleibt er der edelste Stoff.

72

Wer ist denn wirklich ein Fürst? Ich hab' es immer gesehen,
　　Der nur ist wirklich Fürst, der es vermochte zu sein.

73

Fehlet die Einsicht oben, der gute Wille von unten,
　　Führt sogleich die Gewalt, oder sie endet den Streit.

74

Republiken hab' ich gesehen, und das ist die beste,
 Die dem regierenden Teil Lasten, nicht Vorteil, gewährt.

75

Bald, es kenne nur Jeder den eigenen, gönne dem Andern
 Seinen Vorteil, so ist ewiger Friede gemacht.

76

Keiner bescheidet sich gern mit dem Teile, der ihm gebühret.
 Und so habt ihr den Stoff immer und ewig zum Krieg.

77

Zweierlei Arten gibt es, die treffende Wahrheit zu sagen:
 Öffentlich immer dem Volk, immer dem Fürsten geheim.

78

Wenn du laut den Einzelnen schiltst, er wird sich verstocken,
 Wie sich die Menge verstockt, wenn du im Ganzen sie lobst.

79

Du bist König und Ritter, und kannst befehlen und streiten;
 Aber zu jedem Vertrag rufe den Kanzler herbei.

80

Klug und tätig und fest, bekannt mit Allem, nach oben
 Und nach unten gewandt, sei er Minister und bleib's.

81

Welchen Hofmann ich ehre? Den klärsten und feinsten! Das Andre,
 Was er noch sonst besitzt, kommt ihm als Menschen zu gut.

82

Ob du der Klügste seist: daran ist wenig gelegen;
 Aber der Biederste sei, so wie bei Rate, zu Haus.

83
Ob du wachst, das kümmert uns nicht, wofern du nur
singest.
Singe, Wächter, dein Lied schlafend, wie Mehrere tun.

84
Diesmal streust du, o Herbst, nur leichte, welkende Blätter;
Gib mir ein andermal schwellende Früchte dafür.

Winter

85
Wasser ist Körper und Boden der Fluß. Das neuste Theater
Tut, in der Sonne Glanz, zwischen den Ufern sich auf.

86
Wahrlich, es scheint nur ein Traum! Bedeutende Bilder des
Lebens
Schweben, lieblich und ernst, über die Fläche dahin.

87
Eingefroren sahen wir so Jahrhunderte starren,
Menschengefühl und Vernunft schlich nur verborgen am
Grund.
88
Nur die Fläche bestimmt die kreisenden Bahnen des Lebens;
Ist sie glatt, so vergißt Jeder die nahe Gefahr.

89
Alle streben und eilen und suchen und fliehen einander;
Aber Alle beschränkt freundlich die glättere Bahn.

90
Durch einander gleiten sie her, die Schüler und Meister,
Und das gewöhnliche Volk, das in der Mitte sich hält.

91
Jeder zeigt hier, was er vermag; nicht Lob und nicht Tadel
Hielte Diesen zurück, förderte Jenen zum Ziel.

92
Euch, Präconen des Pfuschers, des Meisters Verkleinerer, wünscht' ich,
Mit ohnmächtiger Wut, stumm hier am Ufer zu sehn.

93
Lehrling, du schwankest und zauderst, und scheuest die glättere Fläche.
Nur gelassen! du wirst einst noch die Freude der Bahn.

94
Willst du schon zierlich erscheinen? und bist nicht sicher. Vergebens!
Nur aus vollendeter Kraft blicket die Anmut hervor.

95
Fallen ist der Sterblichen Los. So fällt hier der Schüler,
Wie der Meister; doch stürzt dieser gefährlicher hin.

96
Stürzt der rüstigste Läufer der Bahn, so lacht man am Ufer;
Wie man bei Bier und Tabak über Besiegte sich hebt.

97
Gleite fröhlich dahin, gib Rat dem werdenden Schüler,
Freue des Meisters dich, und so genieße des Tags.

98
Siehe, schon nahet der Frühling; das strömende Wasser verzehret
Unten, der sanftere Blick oben der Sonne, das Eis.

99
Dieses Geschlecht ist hinweg, zerstreut die bunte
Gesellschaft;
Schiffern und Fischern gehört wieder die wallende Flut.

100
Schwimme, du mächtige Scholle, nur hin! und kommst du
als Scholle
Nicht hinunter, du kommst doch wohl als Tropfen ins
Meer.

SONETTE

> Liebe will ich liebend loben,
> Jede Form sie kommt von oben.

I
MÄCHTIGES ÜBERRASCHEN

Ein Strom entrauscht umwölktem Felsensaale
 Dem Ozean sich eilig zu verbinden;
 Was auch sich spiegeln mag von Grund zu Gründen,
 Er wandelt unaufhaltsam fort zu Tale.

Dämonisch aber stürzt mit einem Male –
 Ihr folgen Berg und Wald in Wirbelwinden –
 Sich Oreas, Behagen dort zu finden,
 Und hemmt den Lauf, begrenzt die weite Schale.

Die Welle sprüht, und staunt zurück und weichet,
 Und schwillt bergan, sich immer selbst zu trinken;
 Gehemmt ist nun zum Vater hin das Streben.

Sie schwankt und ruht, zum See zurückgedeichet;
 Gestirne, spiegelnd sich, beschaun das Blinken
 Des Wellenschlags am Fels, ein neues Leben.

II
FREUNDLICHES BEGEGNEN

Im weiten Mantel bis ans Kinn verhüllet
 Ging ich den Felsenweg, den schroffen, grauen,

Hernieder dann zu winterhaften Auen,
Unruh'gen Sinns, zur nahen Flucht gewillet.

Auf einmal schien der neue Tag enthüllet:
 Ein Mädchen kam, ein Himmel anzuschauen,
 So musterhaft wie jene lieben Frauen
Der Dichterwelt. Mein Sehnen war gestillet.

Doch wandt' ich mich hinweg und ließ sie gehen,
 Und wickelte mich enger in die Falten,
 Als wollt' ich trutzend in mir selbst erwarmen;

Und folgt ihr doch. Sie stand. Da war's geschehen!
 In meiner Hülle konnt' ich mich nicht halten,
 Die warf ich weg, Sie lag in meinen Armen.

III
KURZ UND GUT

Sollt' ich mich denn so ganz an Sie gewöhnen?
 Das wäre mir zuletzt doch reine Plage.
 Darum versuch' ich's gleich am heut'gen Tage,
Und nahe nicht dem vielgewohnten Schönen.

Wie aber mag ich dich mein Herz versöhnen,
 Daß ich im wichtgen Fall dich nicht befrage?
 Wohlan! Komm her! Wir äußern unsre Klage
In liebevollen, traurig heitren Tönen.

Siehst du, es geht! Des Dichters Wink gewärtig
 Melodisch klingt die durchgespielte Leier,
 Ein Liebesopfer traulich darzubringen.

Du denkst es kaum und sieh! das Lied ist fertig;
 Allein was nun? – Ich dächt' im ersten Feuer
 Wir eilten hin, es vor ihr selbst zu singen.

IV
DAS MÄDCHEN SPRICHT

Du siehst so ernst, Geliebter! Deinem Bilde
 Von Marmor hier möcht' ich dich wohl vergleichen;
 Wie dieses gibst du mir kein Lebenszeichen;
Mit dir verglichen zeigt der Stein sich milde.

Der Feind verbirgt sich hinter seinem Schilde,
 Der Freund soll offen seine Stirn uns reichen.
 Ich suche dich, du suchst mir zu entweichen;
Doch halte Stand, wie dieses Kunstgebilde.

An wen von beiden soll ich nun mich wenden?
 Sollt' ich von beiden Kälte leiden müssen?
 Da dieser tot und du lebendig heißest.

Kurz! um der Worte mehr nicht zu verschwenden,
 So will ich diesen Stein so lange küssen,
 Bis eifersüchtig du mich ihm entreißest.

V
WACHSTUM

Als kleines artges Kind, nach Feld und Auen
 Sprangst du mit mir, so manchen Frühlingsmorgen.
 »Für solch ein Töchterchen, mit holden Sorgen,
Möcht' ich als Vater segnend Häuser bauen!«

Und als du anfingst in die Welt zu schauen,
 War deine Freude häusliches Besorgen.
 »Solch eine Schwester! und ich wär' geborgen:
Wie könnt ich ihr, ach! wie sie mir vertrauen!«

Nun kann den schönen Wachstum nichts beschränken;
 Ich fühl' im Herzen heißes Liebetoben.
 Umfaß' ich sie, die Schmerzen zu beschwichtgen?

Doch ach! nun muß ich dich als Fürstin denken:
 Du stehst so schroff vor mir emporgehoben;
 Ich beuge mich vor deinem Blick, dem flüchtgen.

VI
REISEZEHRUNG

Entwöhnen sollt' ich mich vom Glanz der Blicke,
 Mein Leben sollten sie nicht mehr verschönen.
 Was man Geschick nennt, läßt sich nicht versöhnen,
 Ich weiß es wohl und trat bestürzt zurücke.

Nun wußt' ich auch von keinem weitern Glücke;
 Gleich fing ich an von diesen und von jenen
 Notwend'gen Dingen sonst mich zu entwöhnen:
 Notwendig schien mir nichts als ihre Blicke.

Des Weines Glut, den Vielgenuß der Speisen,
 Bequemlichkeit und Schlaf und sonstge Gaben,
 Gesellschaft wies ich weg, daß wenig bliebe.

So kann ich ruhig durch die Welt nun reisen:
 Was ich bedarf, ist überall zu haben,
 Und Unentbehrlichs bring ich mit – die Liebe.

VII
ABSCHIED

War unersättlich nach viel tausend Küssen,
 Und mußt mit Einem Kuß am Ende scheiden,
 Nach herber Trennung tiefempfundnem Leiden
 War mir das Ufer, dem ich mich entrissen,

Mit Wohnungen, mit Bergen, Hügeln, Flüssen,
 So lang' ich's deutlich sah, ein Schatz der Freuden;
 Zuletzt im Blauen blieb ein Augenweiden
An fernentwichnen, lichten Finsternissen.

Und endlich, als das Meer den Blick umgrenzte,
 Fiel mir zurück in's Herz mein heiß Verlangen;
 Ich suchte mein Verlornes gar verdrossen.

Da war es gleich als ob der Himmel glänzte;
 Mir schien, als wäre nichts mir, nichts entgangen,
 Als hätt' ich alles, was ich je genossen.

VIII

DIE LIEBENDE SCHREIBT

Ein Blick von deinen Augen in die meinen,
 Ein Kuß von deinem Mund auf meinem Munde,
 Wer davon hat, wie ich, gewisse Kunde,
Mag dem was anders wohl erfreulich scheinen?

Entfernt von dir, entfremdet von den Meinen,
 Führ' ich stets die Gedanken in die Runde,
 Und immer treffen sie auf jene Stunde,
Die einzige; da fang' ich an zu weinen.

Die Träne trocknet wieder unversehens:
 Er liebt ja, denk' ich, her in diese Stille,
 Und solltest du nicht in die Ferne reichen?

Vernimm das Lispeln dieses Liebewehens;
 Mein einzig Glück auf Erden ist dein Wille,
 Dein freundlicher zu mir; gib mir ein Zeichen!

IX
DIE LIEBENDE ABERMALS

Warum ich wieder zum Papier mich wende?
 Das mußt du, Liebster, so bestimmt nicht fragen:
 Denn eigentlich hab' ich dir nichts zu sagen:
Doch kommt's zuletzt in deine lieben Hände.

Weil ich nicht kommen kann, soll was ich sende
 Mein ungeteiltes Herz hinüber tragen
 Mit Wonnen, Hoffnungen, Entzücken, Plagen:
Das alles hat nicht Anfang, hat nicht Ende.

Ich mag vom heut'gen Tag dir nichts vertrauen,
 Wie sich im Sinnen, Wünschen, Wähnen, Wollen
 Mein treues Herz zu dir hinüber wendet,

So stand ich einst vor dir, dich anzuschauen
 Und sagte nichts. Was hätt' ich sagen sollen?
 Mein ganzes Wesen war in sich vollendet.

X
SIE KANN NICHT ENDEN

Wenn ich nun gleich das weiße Blatt dir schickte,
 Anstatt daß ich's mit Lettern erst beschreibe,
 Ausfülltest du's vielleicht zum Zeitvertreibe
Und sendetest's an mich, die Hochbeglückte.

Wenn ich den blauen Umschlag dann erblickte;
 Neugierig schnell, wie es geziemt dem Weibe,
 Riß' ich ihn auf, daß nichts verborgen bleibe;
Da läs' ich was mich mündlich sonst entzückte.

Lieb Kind! Mein artig Herz! Mein einzig Wesen!
 Wie du so freundlich meine Sehnsucht stilltest
 Mit süßem Wort und mich so ganz verwöhntest.

Sogar dein Lispeln glaubt' ich auch zu lesen,
 Womit du liebend meine Seele fülltest
 Und mich auf ewig vor mir selbst verschöntest.

XI

NEMESIS

Wenn durch das Volk die grimme Seuche wütet,
 Soll man vorsichtig die Gesellschaft lassen.
 Auch hab' ich oft mit Zaudern und Verpassen
 Vor manchen Influenzen mich gehütet.

Und obgleich Amor öfters mich begütet,
 Mocht' ich zuletzt mich nicht mit ihm befassen.
 So ging mir's auch mit jenen Lacrimassen,
 Als vier- und dreifach reimend sie gebrütet.

Nun aber folgt die Strafe dem Verächter,
 Als wenn die Schlangenfackel der Erynnen
 Von Berg zu Tal, von Land zu Meer ihn triebe.

Ich höre wohl der Genien Gelächter;
 Doch trennet mich von jeglichem Besinnen
 Sonettenwut und Raserei der Liebe.

XII

CHRISTGESCHENK

Mein süßes Liebchen! Hier in Schachtelwänden
 Gar mannigfalt geformte Süßigkeiten.
 Die Früchte sind es heil'ger Weihnachtszeiten,
 Gebackne nur, den Kindern auszuspenden!

Dir möcht' ich dann mit süßem Redewenden
 Poetisch Zuckerbrot zum Fest bereiten;
 Allein was soll's mit solchen Eitelkeiten?
 Weg den Versuch, mit Schmeichelei zu blenden!

Doch gibt es noch ein Süßes, das vom Innern
 Zum Innern spricht, genießbar in der Ferne,
 Das kann nur bis zu dir hinüber wehen.

Und fühlst du dann ein freundliches Erinnern,
 Als blinkten froh dir wohlbekannte Sterne,
 Wirst du die kleinste Gabe nicht verschmähen.

XIII
WARNUNG

Am jüngsten Tag, wenn die Posaunen schallen
 Und alles aus ist mit dem Erdeleben,
 Sind wir verpflichtet Rechenschaft zu geben
 Von jedem Wort, das unnütz uns entfallen.

Wie wirds nun werden mit den Worten allen,
 In welchen ich so liebevoll mein Streben
 Um deine Gunst dir an den Tag gegeben,
 Wenn diese bloß an deinem Ohr verhallen?

Darum bedenk, o Liebchen! dein Gewissen,
 Bedenk im Ernst wie lange du gezaudert,
 Daß nicht der Welt solch Leiden widerfahre.

Werd' ich berechnen und entschuld'gen müssen,
 Was alles unnütz ich vor dir geplaudert;
 So wird der jüngste Tag zum vollen Jahre.

XIV

Die Zweifelnden
Ihr liebt, und schreibt Sonette! Weh der Grille!
 Die Kraft des Herzens, sich zu offenbaren,
 Soll Reime suchen, sie zusammenpaaren;
Ihr Kinder, glaubt, ohnmächtig bleibt der Wille.

Ganz ungebunden spricht des Herzens Fülle
 Sich kaum noch aus: sie mag sich gern bewahren;
 Dann, Stürmen gleich, durch alle Saiten fahren;
Dann wieder senken sich zu Nacht und Stille.

Was quält ihr euch und uns, auf jähem Stege
 Nur Schritt vor Schritt den läst'gen Stein zu wälzen,
 Der rückwärts lastet, immer neu zu mühen?

Die Liebenden
Im Gegenteil, wir sind auf rechtem Wege!
 Das Allerstarrste freudig aufzuschmelzen
 Muß Liebesfeuer allgewaltig glühen.

XV

Mädchen
Ich zweifle doch am Ernst verschränkter Zeilen!
 Zwar lausch' ich gern bei deinen Sylbespielen;
 Allein mir scheint, was Herzen redlich fühlen,
Mein süßer Freund, das soll man nicht befeilen.

Der Dichter pflegt, um nicht zu langeweilen,
 Sein Innerstes von Grund aus umzuwühlen;
 Doch seine Wunden weiß er auszukühlen,
 Mit Zauberwort die tiefsten auszuheilen.

Dichter
Schau, Liebchen, hin! Wie geht's dem Feuerwerker?
 Drauf ausgelernt, wie man nach Maßen wettert,
 Irrgänglich-klug miniert er seine Grüfte;

Allein die Macht des Elements ist stärker,
 Und eh' er sich's versieht, geht er zerschmettert
 Mit allen seinen Künsten in die Lüfte.

⟨Aus der Sammlung von 1827⟩

XVI
EPOCHE

Mit Flammenschrift war innigst eingeschrieben
 Petrarca's Brust, vor allen andern Tagen,
 Karfreitag. Eben so, ich darf's wohl sagen,
Ist mir *Advent* von Achtzehnhundert sieben.

Ich fing nicht an, ich fuhr nur fort zu lieben
 Sie, die ich früh im Herzen schon getragen,
 Dann wieder weislich aus dem Sinn geschlagen,
Der ich nun wieder bin an's Herz getrieben.

Petrarca's Liebe, die unendlich hohe,
 War leider unbelohnt und gar zu traurig,
 Ein Herzensweh, ein ewiger Karfreitag;

Doch stets erscheine, fort und fort, die frohe,
 Süß, unter Palmenjubel, wonneschaurig,
 Der Herrin Ankunft mir, ein ew'ger Maitag.

⟨Aus der Sammlung von 1827⟩

XVII
CHARADE

Zwei Worte sind es, kurz, bequem zu sagen,
 Die wir so oft mit holder Freude nennen,
 Doch keineswegs die Dinge deutlich kennen,
Wovon sie eigentlich den Stempel tragen.

Es tut gar wohl in jung- und alten Tagen
 Eins an dem andern kecklich zu verbrennen;
 Und kann man sie vereint zusammen nennen,
So drückt man aus ein seliges Behagen.

Nun aber such' ich ihnen zu gefallen
 Und bitte mit sich selbst mich zu beglücken;
 Ich hoffe still, doch hoff' ich's zu erlangen:

Als Namen der Geliebten sie zu lallen,
 In Einem Bild sie beide zu erblicken,
 In Einem Wesen beide zu umfangen.

KANTATEN

> Möge dies der Sänger loben!
> Ihm zu Ehren wars gewoben.

DEUTSCHER PARNASS

Unter diesen
Lorbeerbüschen,
Auf den Wiesen,
An den frischen
Wasserfällen,
Meines Lebens zu genießen,
Gab Apoll dem heitern Knaben;
Und so haben
Mich, im Stillen,
Nach des Gottes hohem Willen,
Hehre Musen auferzogen,
Aus den hellen
Silberquellen
Des Parnassus mich erquicket,
Und das keusche, reine Siegel
Auf die Lippen mir gedrücket.

Und die Nachtigall umkreiset
Mich mit dem bescheidnen Flügel.
Hier in Büschen, dort auf Bäumen,
Ruft sie die verwandte Menge,
Und die himmlischen Gesänge
Lehren mich von Liebe träumen.

Und im Herzen wächst die Fülle
Der gesellig edlen Triebe,
Nährt sich Freundschaft, keimet Liebe,
Und Apoll belebt die Stille
Seiner Täler, seiner Höhen.
Süße laue Lüfte wehen.
Alle, denen er gewogen,
Werden mächtig angezogen,
Und ein Edler folgt dem andern.

Dieser kommt mit munterm Wesen
Und mit offnem, heitrem Blicke;
Diesen seh' ich ernster wandeln;
Und ein Andrer, kaum genesen,
Ruft die alte Kraft zurücke;
Denn ihm drang durch Mark und Leben
Die verderblich holde Flamme,
Und was Amor ihm entwendet,
Kann Apoll nur wiedergeben,
Ruh' und Lust und Harmonien
Und ein kräftig rein Bestreben.

Auf, ihr Brüder,
Ehrt die Lieder!
Sie sind gleich den guten Taten.
Wer kann besser als der Sänger
Dem verirrten Freunde raten?
Wirke gut, so wirkst du länger
Als es Menschen sonst vermögen.

Ja! ich höre sie von weiten:
Ja! sie greifen in die Saiten
Mit gewalt'gen Götterschlägen
Rufen sie zu Recht und Pflichten
Und bewegen,
Wie sie singen, wie sie dichten,
Zum erhabensten Geschäfte,
Zu der Bildung aller Kräfte.

 Auch die holden Phantasien
Blühen
Rings umher auf allen Zweigen, 60
Die sich balde,
Wie im holden Zauberwalde,
Voller goldnen Früchte beugen.

Was wir fühlen, was wir schauen
In dem Land der höchsten Wonne, 65
Dieser Boden, diese Sonne,
Locket auch die besten Frauen.
Und der Hauch der lieben Musen
Weckt des Mädchens zarten Busen,
Stimmt die Kehle zum Gesange, 70
Und mit schöngefärbter Wange
Singet sie schon würd'ge Lieder,
Setzt sich zu den Schwestern nieder,
Und es singt die schöne Kette,
Zart und zärter, um die Wette. 75

Doch die eine,
Geht alleine,
Bei den Buchen,
Unter Linden,
Dort zu suchen, 80
Dort zu finden,
Was im stillen Myrtenhaine
Amor schalkisch ihr entwendet.
Ihres Herzens holde Stille,
Ihres Busens erste Fülle. 85
Und sie träget in die grünen
Schattenwälder,
Was die Männer nicht verdienen,
Ihre lieblichen Gefühle;
Scheuet nicht des Tages Schwüle, 90
Achtet nicht des Abends Kühle
Und verliert sich in die Felder.

Stört sie nicht auf ihren Wegen!
Muse, geh' ihr still entgegen!

95 Doch was hör' ich? Welch ein Schall
Überbraus't den Wasserfall?
Sauset heftig durch den Hain?
Welch' ein Lärmen, welches Schrei'n?
Ist es möglich, seh' ich recht?
100 Ein verwegenes Geschlecht
Dringt ins Heiligtum herein.

Hier hervor
Strömt ein Chor!
Liebeswut,
105 Weinesglut,
Ras't im Blick,
Sträubt das Haar!
Und die Schar
Mann und Weib –
110 Tigerfell
Schlägt umher –
Ohne Scheu,
Zeigt den Leib.
Und Metall
115 Rauher Schall
Grellt ins Ohr.
Wer sie hört,
Wird gestört.
Hier hervor
120 Drängt das Chor;
Alles flieht,
Wer sie sieht.

Ach, die Büsche sind geknickt!
Ach, die Blumen sind erstickt
125 Von den Sohlen dieser Brut.
Wer begegnet ihrer Wut?

Brüder, laßt uns Alles wagen!
Eure reine Wange glüht.
Phöbus hilft sie uns verjagen,
Wenn er unsre Schmerzen sieht; 130
Und uns Waffen
Zu verschaffen,
Schüttert er des Berges Wipfel,
Und vom Gipfel
Prasseln Steine 135
Durch die Haine.
Brüder, faßt sie mächtig auf!
Schloßenregen
Ströme dieser Brut entgegen,
Und vertreib' aus unsern milden 140
Himmelreinen Lustgefilden
Diese Fremden, diese Wilden!

Doch was seh' ich?
Ist es möglich?
Unerträglich 145
Fährt es mir durch alle Glieder,
Und die Hand
Sinket von dem Schwunge nieder.
Ist es möglich?
Keine Fremden! 150
Unsre Brüder
Zeigen ihnen selbst die Wege!
O! die Frechen!
Wie sie mit den Klapperblechen
Selbst voraus im Takte ziehn! 155
Gute Brüder, laßt uns fliehn!

Doch ein Wort zu den Verwegnen!
Ja, ein Wort soll euch begegnen,
Kräftig wie ein Donnerschlag.
Worte sind des Dichters Waffen. 160
Will der Gott sich Recht verschaffen,
Folgen seine Pfeile nach.

War es möglich, eure hohe
Götterwürde
Zu vergessen! Ist der rohe
Schwere Thyrsus keine Bürde
Für die Hand, auf zarten Saiten
Nur gewöhnet hinzugleiten?
Aus den klaren Wasserfällen,
Aus den zarten Rieselwellen
Tränket ihr
Gar Silens abscheulich Tier?
Dort entweiht es Aganippen
Mit den rohen breiten Lippen,
Stampft mit ungeschickten Füßen,
Bis die Wellen trübe fließen.

O! wie möcht' ich gern mich täuschen;
Aber Schmerzen fühlt das Ohr;
Aus den keuschen
Heil'gen Schatten
Dringt verhaßter Ton hervor.
Wild Gelächter,
Statt der Liebe süßem Wahn!
Weiberhasser und Verächter
Stimmen ein Triumphlied an.
Nachtigall und Turtel fliehen
Das so keusch erwärmte Nest,
Und in wütendem Erglühen
Hält der Faun die Nymphe fest.
Hier wird ein Gewand zerrissen,
Dem Genusse folgt der Spott,
Und zu ihren frechen Küssen
Leuchtet mit Verdruß der Gott.

Ja, ich sehe schon von weiten
Wolkenzug und Dunst und Rauch.
Nicht die Leier nur hat Saiten,
Saiten hat der Bogen auch.

Selbst den Busen des Verehrers
Schüttert das gewalt'ge Nahn,
Denn die Flamme des Verheerers
Kündet ihn von weiten an.
O! vernehmt noch meine Stimme,
Meiner Liebe Bruderwort!
Fliehet vor des Gottes Grimme,
Eilt aus unsern Grenzen fort!
Daß sie wieder heilig werde,
Lenkt hinweg den wilden Zug!
Vielen Boden hat die Erde
Und unheiligen genug.
Uns umleuchten reine Sterne,
Hier nur hat das Edle Wert.

Doch wenn ihr aus rauher Ferne
Wieder einst zu uns begehrt,
Wenn euch nichts so sehr beglücket,
Als was ihr bei uns erprobt,
Euch nicht mehr ein Spiel entzücket,
Das die Schranken übertobt;
Kommt als gute Pilger wieder,
Steiget froh den Berg heran,
Tief gefühlte Reuelieder
Künden uns die Brüder an,
Und ein neuer Kranz umwindet
Eure Schläfe feierlich.
Wenn sich der Verirrte findet,
Freuen alle Götter sich.
Schneller noch als Lethes Fluten
Um der Toten stilles Haus,
Löscht der Liebe Kelch den Guten
Jedes Fehls Erinnrung aus.
Alles eilet euch entgegen
Und ihr kommt verklärt heran,
Und man fleht um euren Segen;
Ihr gehört uns doppelt an!

IDYLLE

(Es wird angenommen, ein ländliches Chor habe sich versammelt
und stehe im Begriff, seinen Festzug anzutreten.)

Chor
Dem festlichen Tage
Begegnet mit Kränzen,
Verschlungenen Tänzen
Geselligen Freuden
5 Und Reihengesang.

Damon
Wie sehn' ich mich aus dem Gedränge fort!
Wie frommte mir ein wohlverborgner Ort!
In dem Gewühl, in dieser Menge
Wird mir die Flur, wird mir die Luft zu enge.

Chor
10 Nun ordnet die Züge
Daß jeder sich füge
Und einer mit allen,
Zu wandeln, zu wallen
Die Fluren entlang.

(Es wird angenommen, das Chor entferne sich, der Gesang wird
immer leiser, bis er zuletzt ganz, wie aus der Ferne, verhallt.)

Damon
15 Vergebens ruft, vergebens zieht ihr mich;
Es spricht mein Herz; allein es spricht mit sich.

Und soll ich beschauen
Gesegnetes Land,
Den Himmel den blauen
20 Die grünenden Gauen,

So will ich allein
Im Stillen mich freun.

Da will ich verehren
Die Würde der Frauen,
Im Geiste sie schauen, 25
Im Geiste verehren;
Und Echo allein
Vertraute soll sein.

Chor
(aufs leiseste; wie aus der Ferne, mischt absatzweise in Damons Gesang die Worte:)

Und Echo – allein –
Vertraute – soll sein. – 30

Menalkas
Wie find' ich Dich, mein Trauter, hier!
Du eilest nicht zu jenen Festgesellen?
Nun zaudre nicht und komm mit mir,
In Reih' und Glied auch uns zu stellen.

Damon
Willkommen, Freund! doch laß die Festlichkeit 35
Mich hier begehn, im Schatten alter Buchen:
Die Liebe sucht die Einsamkeit;
Auch die Verehrung darf sie suchen.

Menalkas
Du suchest einen falschen Ruhm
Und willst mir heute nicht gefallen. 40
Die Liebe sei dein Eigentum;
Doch die Verehrung teilest du mit allen!

Wenn sich Tausende vereinen
Und des holden Tags Erscheinen

 Mit Gesängen,
 Freudeklängen,
 Herrlich feiern
 Dann erquickt sich Herz und Ohr;

 Und wenn Tausende beteuern,
 Die Gefühle sich erschließen
 Und die Wünsche sich ergießen
 Reißt es kraftvoll dich empor.

(Es wird angenommen, das Chor kehre nach und nach aus der Ferne zurück.)

Damon
Lieblich hör' ich schon von weiten
Und es reizet mich die Menge;
Ja sie wallen, ja sie schreiten
Von dem Hügel in das Tal.

Menalkas
Laß uns eilen, fröhlich schreiten
Zu dem Rhythmus der Gesänge!
Ja sie kommen, sie bereiten
Sich des Waldes grünen Saal.

Chor
(allmählich wachsend)
Ja wir kommen, wir begleiten
Mit dem Wohlklang der Gesänge
Fröhlich im Verlauf der Zeiten
Diesen einzig schönen Tag.

Alle
Worauf wir zielen,
Was alle fühlen
Verschweigt, verschweiget! –
Nur Freude zeiget!

Denn die vermags;
Ihr wird es glücken
Und ihr Entzücken
Enthält die Würde,
Enthält den Segen,
Des Wonne-Tags!

JOHANNA SEBUS

Zum Andenken
der Siebzehnjährigen Schönen Guten
aus dem Dorfe Brienen
die am 13. Januar 1809
bei dem Eisgange des Rheins und dem großen Bruche
des Dammes von Cleverham
Hülfe reichend unterging.

Der Damm zerreißt, das Feld erbraust,
Die Fluten spülen, die Fläche saust.
»Ich trage dich, Mutter, durch die Flut,
Noch reicht sie nicht hoch, ich wate gut.« –
»Auch uns bedenke, bedrängt wie wir sind,
Die Hausgenossin, drei arme Kind!
Die schwache Frau! ... Du gehst davon!« –
Sie trägt die Mutter durch's Wasser schon.
»Zum Bühle da rettet Euch! harret derweil;
Gleich kehr' ich zurück, uns allen ist Heil.
Zum Bühl ist's noch trocken und wenige Schritt;
Doch nehmt auch mir meine Ziege mit!«

Der Damm zerschmilzt, das Feld erbraust,
Die Fluten wühlen, die Fläche saust.
Sie setzt die Mutter auf sichres Land
Schön Suschen, gleich wieder zur Flut gewandt.
»Wohin? Wohin? Die Breite schwoll;
Des Wassers ist hüben und drüben voll.
Verwegen in's Tiefe willst du hinein!« –
»Sie sollen und müssen gerettet sein!«

Der Damm verschwindet, die Welle braust,
Eine Meereswoge, sie schwankt und saust.
Schön Suschen schreitet gewohnten Steg,
Umströmt auch gleitet sie nicht vom Weg,
Erreicht den Bühl und die Nachbarin;
Doch der und den Kindern kein Gewinn!

Der Damm verschwand, ein Meer erbraust's,
Den kleinen Hügel im Kreis umsaust's.
Da gähnet und wirbelt der schäumende Schlund
Und ziehet die Frau mit den Kindern zu Grund;
Das Horn der Ziege faßt das Ein',
So sollten sie alle verloren sein!
Schön Suschen steht noch strack und gut:
Wer rettet das junge, das edelste Blut!
Schön Suschen steht noch wie ein Stern;
Doch alle Werber sind alle fern.
Rings um sie her ist Wasserbahn,
Kein Schifflein schwimmet zu ihr heran.
Noch einmal blickt sie zum Himmel hinauf,
Da nehmen die schmeichelnden Fluten sie auf.

Kein Damm, kein Feld! Nur hier und dort
Bezeichnet ein Baum, ein Turn den Ort.
Bedeckt ist Alles mit Wasserschwall;
Doch Suschens Bild schwebt überall. –
Das Wasser sinkt, das Land erscheint
Und überall wird schön Suschen beweint. –
Und dem sei, wer's nicht singt und sagt,
Im Leben und Tod nicht nachgefragt!

RINALDO

Chor
Zu dem Strande! zu der Barke!
Ist Euch schon der Wind nicht günstig,

Zu den Rudern greifet brünstig!
Hier bewähre sich der Starke:
So das Meer durchlaufen wir.

Rinaldo
O laßt mich einen Augenblick noch hier!
Der Himmel will es nicht, ich soll nicht scheiden.
Der wüste Fels, die waldumwachsne Bucht
Befangen mich, sie hindern meine Flucht.
Ihr wart so schön, nun seid ihr umgeboren,
Der Erde Reiz, des Himmels Reiz ist fort.
Was hält mich noch am Schreckensort?
Mein einzig Glück, hier hab' ich es verloren.

 Stelle her der goldnen Tage
 Paradiese noch einmal,
 Liebes Herz! ja schlage, schlage!
 Treuer Geist, erschaff' sie wieder!
 Freier Atem, deine Lieder
 Mischen sich mit Lust und Qual.

 Bunte reich geschmückte Beete
 Sie umzingelt ein Palast;
 Alles webt in Duft und Röte,
 Wie du nie geträumet hast.

 Rings umgeben Galerieen
 Dieses Gartens weite Räume;
 Rosen an der Erde blühen,
 In den Lüften blühn die Bäume.

 Wasserstrahlen! Wasserflocken!
 Lieblich rauscht ein Silberschwall;
 Mit der Turteltaube Locken
 Lockt zugleich die Nachtigall.

Chor
Sachte kommt! und kommt verbunden
Zu dem edelsten Beruf:
Alle Reize sind verschwunden,
Die sich Zauberei erschuf.
Ach, nun heilet seine Wunden,
Ach, nun tröstet seine Stunden
Gutes Wort und Freundes-Ruf.

Rinaldo
Mit der Turteltaube Locken
Lockt zugleich die Nachtigall;
Wasserstrahlen, Wasserflocken
Wirbeln sich nach ihrem Schall.

Aber alles verkündet:
Nur Sie ist gemeinet;
Aber alles verschwindet,
Sobald sie erscheinet
In lieblicher Jugend,
In glänzender Pracht.

Da schlingen zu Kränzen
Sich Lilien und Rosen;
Da eilen und kosen
In lustigen Tänzen
Die laulichen Lüfte,
Sie führen Gedüfte,
Sich fliehend und suchend,
Vom Schlummer erwacht.

Chor
Nein! nicht länger ist zu säumen,
Wecket ihn aus seinen Träumen,
Zeigt den diamantnen Schild!

Rinaldo
Weh! was seh ich, welch ein Bild! 60

Chor
Ja, es soll den Trug entsiegeln.

Rinaldo
Soll ich also mich bespiegeln,
Mich so tief erniedrigt sehn?

Chor
Fasse dich, so ist's geschehn.

Rinaldo
Ja, so sei's! Ich will mich fassen, 65
Will den lieben Ort verlassen
Und zum zweiten Mal Armiden. –
Nun so sei's! so sei's geschieden!

Chor
Wohl, es sei! es sei geschieden.

Teil des Chors
Zurück nur! zurücke 70
Durch günstige Meere!
Dem geistigen Blicke
Erscheinen die Fahnen,
Erscheinen die Heere,
Das stäubende Feld. 75

Chor
Zur Tugend der Ahnen
Ermannt sich der Held.

Rinaldo
Zum zweiten Male
Seh' ich erscheinen

Und jammern, weinen
In diesem Tale
Die Frau der Frauen.
Das soll ich schauen
Zum zweiten Male?
Das soll ich hören,
Und soll nicht wehren
Und soll nicht retten?

Chor
Unwürdige Ketten!

Rinaldo
Und umgewandelt
Seh' ich die Holde;
Sie blickt und handelt
Gleichwie Dämonen,
Und kein Verschonen
Ist mehr zu hoffen.
Vom Blitz getroffen
Schon die Paläste!
Die Götter-Feste,
Die Lustgeschäfte
Der Geisterkräfte,
Mit allem Lieben
Ach, sie zerstieben!

Chor
Ja, sie zerstieben!

Teil des Chors
Schon sind sie erhöret,
Gebete der Frommen.
Noch säumst du zu kommen?
Schon fördert die Reise
Der günstigste Wind.

Chor
Geschwinde, geschwind!

Rinaldo
Im Tiefsten zerstöret
Ich hab' Euch vernommen; 110
Ihr drängt mich zu kommen.
Unglückliche Reise!
Unseliger Wind!

Chor
Geschwinde, geschwind!

—

Chor
Segel schwellen. 115
Grüne Wellen,
Weiße Schäume,
Seht die grünen
Weiten Räume,
Von Delphinen 120
Rasch durchschwommen.

Einer nach dem Andern
Wie sie kommen!
Wie sie schweben!
Wie sie eilen!
Wie sie streben! 125
Und verweilen
So beweglich,
So verträglich!

Zu Zweien
Das erfrischet,
Und verwischet 130
Das Vergangne.
Dir begegnet

Das gesegnet
Angefangne.

Rinaldo
Das erfrischet,
Und verwischet
Das Vergangne.
Mir begegnet
Das gesegnet
Angefangne.
(Wiederholt zu Dreien)

Alle
Wunderbar sind wir gekommen,
Wunderbar zurückgeschwommen,
Unser großes Ziel ist da!
Schalle zu dem heiligen Strande
Losung dem gelobten Lande:
Godofred und Solyma!

VERMISCHTE GEDICHTE

Wie so bunt der Kram gewesen,
Musterkarte, gibs zu lesen!

KLAGGESANG
von der edeln Frauen des Asan Aga, aus dem Morlackischen

Was ist Weißes dort am grünen Walde?
Ist es Schnee wohl, oder sind es Schwäne?
Wär' es Schnee, er wäre weggeschmolzen;
Wären's Schwäne, wären weggeflogen.
Ist kein Schnee nicht, es sind keine Schwäne, 5
's ist der Glanz der Zelten Asan Aga.
Niederliegt er drin an seiner Wunde;
Ihn besucht die Mutter und die Schwester;
Schamhaft säumt sein Weib, zu ihm zu kommen.

Als nun seine Wunde linder wurde, 10
Ließ er seinem treuen Weibe sagen:
»Harre mein nicht mehr an meinem Hofe,
Nicht am Hofe und nicht bei den Meinen.«

Als die Frau dies harte Wort vernommen,
Stand die Treue starr und voller Schmerzen, 15
Hört der Pferde Stampfen vor der Türe,
Und es deucht ihr, Asan käm', ihr Gatte,
Springt zum Turme, sich herab zu stürzen.
Ängstlich folgen ihr zwei liebe Töchter,
Rufen nach ihr, weinend bittre Tränen: 20
»Sind nicht unsers Vaters Asan Rosse,
Ist dein Bruder Pintorowich kommen!«

Und es kehret die Gemahlin Asans,
Schlingt die Arme jammernd um den Bruder:
»Sieh die Schmach, o Bruder, deiner Schwester!
Mich verstoßen! Mutter dieser fünfe!«

Schweigt der Bruder, ziehet aus der Tasche,
Eingehüllet in hochrote Seide,
Ausgefertiget den Brief der Scheidung,
Daß sie kehre zu der Mutter Wohnung,
Frei sich einem Andern zu ergeben.

Als die Frau den Trauer-Scheidbrief sahe,
Küßte sie der beiden Knaben Stirne,
Küßt' die Wangen ihrer beiden Mädchen.
Aber ach! vom Säugling in der Wiege
Kann sie sich im bittern Schmerz nicht reißen!

Reißt sie los der ungestüme Bruder,
Hebt sie auf das muntre Roß behende,
Und so eilt er mit der bangen Frauen
Grad' nach seines Vaters hoher Wohnung.

Kurze Zeit war's, noch nicht sieben Tage;
Kurze Zeit g'nug; von viel großen Herren
Unsre Frau in ihrer Witwen-Trauer,
Unsre Frau zum Weib begehret wurde.

Und der größte war Imoskis Cadi,
Und die Frau bat weinend ihren Bruder:
»Ich beschwöre dich bei deinem Leben,
Gib mich keinem Andern mehr zur Frauen,
Daß das Wiedersehen meiner lieben
Armen Kinder mir das Herz nicht breche!«

Ihre Reden achtet nicht der Bruder,
Fest, Imoskis Cadi sie zu trauen.
Doch die Gute bittet ihn unendlich:

Schicke wenigstens ein Blatt, o Bruder,
Mit den Worten zu Imoskis Cadi:
»Dich begrüßt die junge Wittib freundlich,
Und läßt durch dies Blatt dich höchlich bitten,
Daß, wenn dich die Suaten herbegleiten,
Du mir einen langen Schleier bringest,
Daß ich mich vor Asans Haus verhülle,
Meine lieben Waisen nicht erblicke.«

Kaum ersah der Cadi dieses Schreiben,
Als er seine Suaten alle sammelt,
Und zum Wege nach der Braut sich rüstet,
Mit den Schleier, den sie heischte, tragend.

Glücklich kamen sie zur Fürstin Hause,
Glücklich sie mit ihr vom Hause wieder.
Aber als sie Asans Wohnung nah'ten,
Sah'n die Kinder oben ab die Mutter,
Riefen: »Komm zu deiner Halle wieder!
Iß das Abendbrot mit deinen Kindern!«
Traurig hört' es die Gemahlin Asans,
Kehrete sich zu der Suaten Fürsten:
»Laß doch, laß die Suaten und die Pferde
Halten wenig vor der Lieben Türe,
Daß ich meine Kleinen noch beschenke.«

Und sie hielten vor der Lieben Türe,
Und den armen Kindern gab sie Gaben;
Gab den Knaben goldgestickte Stiefel,
Gab den Mädchen lange reiche Kleider,
Und dem Säugling hülflos in der Wiege,
Gab sie für die Zukunft auch ein Röckchen.

Das beiseit sah Vater Asan Aga,
Rief gar traurig seinen lieben Kindern:
»Kehrt zu mir, ihr lieben armen Kleinen!
Eurer Mutter Brust ist Eisen worden,
Fest verschlossen, kann nicht Mitleid fühlen.«

Wie das hörte die Gemahlin Asans,
Stürzt' sie bleich den Boden schütternd nieder,
Und die Seel' entfloh dem bangen Busen,
Als sie ihre Kinder vor sich fliehn sah.

MAHOMETS GESANG

Seht den Felsenquell,
Freudehell,
Wie ein Sternenblick;
Über Wolken
Nährten seine Jugend
Gute Geister
Zwischen Klippen im Gebüsch.

Jünglingfrisch
Tanzt er aus der Wolke
Auf die Marmorfelsen nieder,
Jauchzet wieder
Nach dem Himmel.

Durch die Gipfelgänge
Jagt er bunten Kieseln nach,
Und mit frühem Führertritt
Reißt er seine Bruderquellen
Mit sich fort.

Drunten werden in dem Tal
Unter seinem Fußtritt Blumen,
Und die Wiese
Lebt von seinem Hauch.

Doch ihn hält kein Schattental,
Keine Blumen,
Die ihm seine Knie' umschlingen,
Ihm mit Liebes-Augen schmeicheln:

Nach der Ebne dringt sein Lauf
Schlangenwandelnd.

Bäche schmiegen
Sich gesellig an. Nun tritt er
In die Ebne silberprangend,
Und die Ebne prangt mit ihm,
Und die Flüsse von der Ebne,
Und die Bäche von den Bergen,
Jauchzen ihm und rufen: Bruder!
Bruder, nimm die Brüder mit,
Mit zu deinem alten Vater,
Zu dem ew'gen Ozean,
Der mit ausgespannten Armen
Unser wartet,
Die sich ach! vergebens öffnen,
Seine Sehnenden zu fassen;
Denn uns frißt in öder Wüste
Gier'ger Sand; die Sonne droben
Saugt an unserm Blut; ein Hügel
Hemmet uns zum Teiche! Bruder,
Nimm die Brüder von der Ebne,
Nimm die Brüder von den Bergen
Mit, zu deinem Vater mit!

Kommt ihr alle! –
Und nun schwillt er
Herrlicher; ein ganz Geschlechte
Trägt den Fürsten hoch empor!
Und im rollenden Triumphe
Gibt er Ländern Namen, Städte
Werden unter seinem Fuß.

Unaufhaltsam rauscht er weiter,
Läßt der Türme Flammengipfel,
Marmorhäuser, eine Schöpfung
Seiner Fülle, hinter sich.

Zedernhäuser trägt der Atlas
Auf den Riesenschultern: sausend
Wehen über seinem Haupte
Tausend Flaggen durch die Lüfte,
Zeugen seiner Herrlichkeit.

Und so trägt er seine Brüder,
Seine Schätze, seine Kinder,
Dem erwartenden Erzeuger
Freudebrausend an das Herz.

GESANG DER GEISTER ÜBER DEN WASSERN

Des Menschen Seele
Gleicht dem Wasser:
Vom Himmel kommt es,
Zum Himmel steigt es,
Und wieder nieder
Zur Erde muß es,
Ewig wechselnd.

Strömt von der hohen,
Steilen Felswand
Der reine Strahl,
Dann stäubt er lieblich
In Wolkenwellen
Zum glatten Fels,
Und leicht empfangen,
Wallt er verschleiernd,
Leisrauschend,
Zur Tiefe nieder.

Ragen Klippen
Dem Sturz' entgegen,
Schäumt er unmutig
Stufenweise
Zum Abgrund.

Im flachen Bette
Schleicht er das Wiesental hin,
Und in dem glatten See
Weiden ihr Antlitz
Alle Gestirne.

Wind ist der Welle
Lieblicher Buhler;
Wind mischt vom Grund aus
Schäumende Wogen.

Seele des Menschen,
Wie gleichst du dem Wasser!
Schicksal des Menschen,
Wie gleichst du dem Wind!

MEINE GÖTTIN

Welcher Unsterblichen
Soll der höchste Preis sein?
Mit Niemand streit' ich,
Aber ich geb' ihn
Der ewig beweglichen,
Immer neuen,
Seltsamen Tochter Jovis,
Seinem Schoßkinde,
Der Phantasie.

Denn ihr hat er
Alle Launen,
Die er sonst nur allein
Sich vorbehält,
Zugestanden,
Und hat seine Freude
An der Törin.

 Sie mag rosenbekränzt
Mit dem Lilienstengel
Blumentäler betreten,
Sommervögeln gebieten,
Und leichtnährenden Tau
Mit Bienenlippen
Von Blüten saugen:

Oder sie mag,
Mit fliegendem Haar
Und düsterm Blicke,
Im Winde sausen
Um Felsenwände,
Und tausendfarbig,
Wie Morgen und Abend,
Immer wechselnd,
Wie Mondesblicke,
Den Sterblichen scheinen.

Laßt uns alle
Den Vater preisen!
Den alten, hohen,
Der solch eine schöne,
Unverwelkliche Gattin
Dem sterblichen Menschen
Gesellen mögen!

Denn uns allein
Hat er sie verbunden
Mit Himmelsband,
Und ihr geboten,
In Freud' und Elend,
Als treue Gattin,
Nicht zu entweichen.

Alle die andern
Armen Geschlechter

Der kinderreichen 50
Lebendigen Erde
Wandeln und weiden
In dunkelm Genuß
Und trüben Schmerzen
Des augenblicklichen 55
Beschränkten Lebens,
Gebeugt vom Joche
Der Notdurft.

Uns aber hat er
Seine gewandteste, 60
Verzärtelte Tochter,
Freut euch! gegönnt.
Begegnet ihr lieblich,
Wie einer Geliebten!
Laßt ihr die Würde 65
Der Frauen im Haus!

Und daß die alte
Schwiegermutter Weisheit
Das zarte Seelchen
Ja nicht beleid'ge! 70

Doch kenn' ich ihre Schwester,
Die ältere, gesetztere,
Meine stille Freundin:
O daß die erst
Mit dem Lichte des Lebens 75
Sich von mir wende,
Die edle Treiberin,
Trösterin, Hoffnung!

HARZREISE IM WINTER

Dem Geier gleich,
Der auf schweren Morgenwolken
Mit sanftem Fittig ruhend
Nach Beute schaut,
Schwebe mein Lied.

Denn ein Gott hat
Jedem seine Bahn
Vorgezeichnet,
Die der Glückliche
Rasch zum freudigen
Ziele rennt:
Wem aber Unglück
Das Herz zusammenzog,
Er sträubt vergebens
Sich gegen die Schranken
Des ehernen Fadens,
Den die doch bittre Schere
Nur einmal lös't.

In Dickichts-Schauer
Drängt sich das rauhe Wild,
Und mit den Sperlingen
Haben längst die Reichen
In ihre Sümpfe sich gesenkt.

Leicht ist's folgen dem Wagen,
Den Fortuna führt,
Wie der gemächliche Troß
Auf gebesserten Wegen,
Hinter des Fürsten Einzug.

Aber abseits wer ist's?
In's Gebüsch verliert sich sein Pfad,

Hinter ihm schlagen
Die Sträuche zusammen,
Das Gras steht wieder auf,
Die Öde verschlingt ihn.

Ach wer heilet die Schmerzen
Des, dem Balsam zu Gift ward?
Der sich Menschenhaß
Aus der Fülle der Liebe trank?
Erst verachtet, nun ein Verächter,
Zehrt er heimlich auf
Seinen eignen Wert
In ung'nügender Selbstsucht.

Ist auf deinem Psalter,
Vater der Liebe, ein Ton
Seinem Ohre vernehmlich,
So erquicke sein Herz!
Öffne den umwölkten Blick
Über die tausend Quellen
Neben dem Durstenden
In der Wüste.

Der du der Freuden viel schaffst,
Jedem ein überfließend Maß,
Segne die Brüder der Jagd
Auf der Fährte des Wilds
Mit jugendlichem Übermut
Fröhlicher Mordsucht,
Späte Rächer des Unbills,
Dem schon Jahre vergeblich
Wehrt mit Knütteln der Bauer.

Aber den Einsamen hüll'
In deine Goldwolken!
Umgib mit Wintergrün,
Bis die Rose wieder heranreift,

Die feuchten Haare,
O Liebe, deines Dichters!

Mit der dämmernden Fackel
Leuchtest du ihm
Durch die Furten bei Nacht,
Über grundlose Wege
Auf öden Gefilden;
Mit dem tausendfarbigen Morgen
Lachst du in's Herz ihm;
Mit dem beizenden Sturm
Trägst du ihn hoch empor;
Winterströme stürzen vom Felsen
In seine Psalmen,
Und Altar des lieblichsten Danks
Wird ihm des gefürchteten Gipfels
Schneebehangner Scheitel,
Den mit Geisterreihen
Kränzten ahnende Völker.

Du stehst mit unerforschtem Busen
Geheimnisvoll offenbar
Über der erstaunten Welt,
Und schaust aus Wolken
Auf ihre Reiche und Herrlichkeit,
Die du aus den Adern deiner Brüder
Neben dir wässerst.

AN SCHWAGER KRONOS

Spude dich, Kronos!
Fort den rasselnden Trott!
Bergab gleitet der Weg;
Ekles Schwindeln zögert
Mir vor die Stirne dein Zaudern.
Frisch, holpert es gleich,

Über Stock und Steine den Trott
Rasch in's Leben hinein!

Nun schon wieder
Den eratmenden Schritt
Mühsam Berg hinauf!
Auf denn, nicht träge denn,
Strebend und hoffend hinan!

Weit, hoch, herrlich der Blick
Rings ins Leben hinein,
Vom Gebirg' zum Gebirg'
Schwebet der ewige Geist,
Ewigen Lebens ahndevoll.

Seitwärts des Überdachs Schatten
Zieht dich an,
Und ein Frischung verheißender Blick
Auf der Schwelle des Mädchens da.
Labe dich! – Mir auch, Mädchen,
Diesen schäumenden Trank,
Diesen frischen Gesundheitsblick!

Ab denn, rascher hinab!
Sieh, die Sonne sinkt!
Eh' sie sinkt, eh' mich Greisen
Ergreift im Moore Nebelduft,
Entzahnte Kiefer schnattern
Und das schlotternde Gebein.

Trunknen vom letzten Strahl
Reiß mich, ein Feuermeer
Mir im schäumenden Aug',
Mich geblendeten Taumelnden
In der Hölle nächtliches Tor.

 Töne, Schwager, in's Horn,
Raßle den schallenden Trab,
Daß der Orcus vernehme: wir kommen,
Daß gleich an der Türe
Der Wirt uns freundlich empfange.

WANDERERS STURMLIED

Wen du nicht verlässest, Genius,
Nicht der Regen, nicht der Sturm
Haucht ihm Schauer übers Herz.
Wen du nicht verlässest, Genius,
Wird dem Regengewölk,
Wird dem Schlossensturm
Entgegen singen,
Wie die Lerche,
Du da droben.

Den du nicht verlässest, Genius,
Wirst ihn heben über'n Schlammpfad
Mit den Feuerflügeln;
Wandeln wird er,
Wie mit Blumenfüßen,
Über Deukalions Flutschlamm,
Python tötend, leicht, groß,
Pythius Apollo.

Den du nicht verlässest, Genius,
Wirst die wollnen Flügel unterspreiten,
Wenn er auf dem Felsen schläft,
Wirst mit Hüterfittigen ihn decken
In des Haines Mitternacht.

Wen du nicht verlässest, Genius,
Wirst im Schneegestöber
Wärmumhüllen;

Nach der Wärme ziehn sich Musen,
Nach der Wärme Charitinnen.

Umschwebet mich, ihr Musen!
Ihr Charitinnen!
Das ist Wasser, das ist Erde
Und der Sohn des Wassers und der Erde,
Über den ich wandle
Göttergleich.

Ihr seid rein, wie das Herz der Wasser,
Ihr seid rein, wie das Mark der Erde,
Ihr umschwebt mich und ich schwebe
Über Wasser, über Erde,
Göttergleich.
—
Soll der zurückkehren
Der kleine, schwarze, feurige Bauer?
Soll der zurückkehren, erwartend
Nur deine Gaben, Vater Bromius,
Und helleuchtend umwärmend Feuer?
Der kehren mutig?
Und ich, den ihr begleitet,
Musen und Charitinnen alle,
Den alles erwartet, was ihr,
Musen und Charitinnen,
Umkränzende Seligkeit
Rings um's Leben verherrlicht habt,
Soll mutlos kehren?

Vater Bromius!
Du bist Genius,
Jahrhunderts Genius,
Bist, was innre Glut
Pindarn war,
Was der Welt
Phöbus Apoll ist.

 Weh! Weh! Innre Wärme,
60 Seelenwärme,
 Mittelpunkt!
 Glüh' entgegen
 Phöb'-Apollen;
 Kalt wird sonst
65 Sein Fürstenblick
 Über dich vorübergleiten,
 Neidgetroffen
 Auf der Zeder Kraft verweilen,
 Die zu grünen
70 Sein nicht harrt.

 Warum nennt mein Lied dich zuletzt?
 Dich, von dem es begann,
 Dich, in dem es endet,
 Dich, aus dem es quillt,
75 Jupiter Pluvius!
 Dich, dich strömt mein Lied,
 Und kastalischer Quell
 Rinnt ein Nebenbach,
 Rinnet müßigen
80 Sterblich glücklichen
 Abseits von dir,
 Der du mich fassend deckst,
 Jupiter Pluvius!

 Nicht am Ulmenbaum
85 Hast du ihn besucht,
 Mit dem Taubenpaar
 In dem zärtlichen Arm,
 Mit der freundlichen Ros' umkränzt,
 Tändelnden ihn, blumenglücklichen
90 Anakreon,
 Sturmatmende Gottheit!

 Nicht im Pappelwald,
An des Sibaris Strand,
An des Gebirgs
Sonnebeglänzter Stirn nicht 95
Faßtest du ihn,
Den Blumen-singenden
Honig-lallenden
Freundlich winkenden
Theokrit. 100

Wenn die Räder rasselten
Rad an Rad rasch um's Ziel weg,
Hoch flog
Siegdurchglühter
Jünglinge Peitschenknall, 105
Und sich Staub wälzt'
Wie vom Gebirg' herab
Kieselwetter ins Tal;
Glühte deine Seel' Gefahren, Pindar!
Mut. – Glühte? – 110
Armes Herz!
Dort auf dem Hügel,
Himmlische Macht!
Nur so viel Glut,
Dort meine Hütte, 115
Dorthin zu waten!

SEEFAHRT

Lange Tag' und Nächte stand mein Schiff befrachtet;
Günst'ger Winde harrend, saß mit treuen Freunden,
Mir Geduld und guten Mut erzechend,
Ich im Hafen.

Und sie waren doppelt ungeduldig: 5
Gerne gönnen wir die schnellste Reise,

Gern die hohe Fahrt dir; Güterfülle
Wartet drüben in den Welten deiner,
Wird Rückkehrendem in unsern Armen
Lieb' und Preis dir.

Und am frühen Morgen ward's Getümmel,
Und dem Schlaf entjauchzt uns der Matrose,
Alles wimmelt, alles lebet, webet,
Mit dem ersten Segenshauch zu schiffen.

Und die Segel blühen in dem Hauche,
Und die Sonne lockt mit Feuerliebe,
Ziehn die Segel, ziehn die hohen Wolken,
Jauchzen an dem Ufer alle Freunde
Hoffnungslieder nach, im Freudetaumel
Reisefreuden wähnend, wie des Einschiffsmorgens,
Wie der ersten hohen Sternennächte.

Aber gottgesandte Wechselwinde treiben
Seitwärts ihn der vorgesteckten Fahrt ab,
Und er scheint sich ihnen hinzugeben,
Strebet leise sie zu überlisten,
Treu dem Zweck auch auf dem schiefen Wege.

Aber aus der dumpfen, grauen Ferne
Kündet leisewandelnd sich der Sturm an,
Drückt die Vögel nieder auf's Gewässer,
Drückt der Menschen schwellend Herz darnieder,
Und er kommt. Vor seinem starren Wüten
Streckt der Schiffer klug die Segel nieder
Mit dem angsterfüllten Balle spielen
Wind und Wellen.

Und an jenem Ufer drüben stehen
Freund' und Lieben, beben auf dem Festen:
Ach, warum ist er nicht hier geblieben!
Ach, der Sturm! Verschlagen weg vom Glücke!

Soll der Gute so zu Grunde gehen?
Ach, er sollte, ach, er könnte! Götter! 40

Doch er stehet männlich an dem Steuer;
Mit dem Schiffe spielen Wind und Wellen;
Wind und Wellen nicht mit seinem Herzen:
Herrschend blickt er auf die grimme Tiefe,
Und vertrauet, scheiternd oder landend, 45
Seinen Göttern.

ADLER UND TAUBE

Ein Adlersjüngling hob die Flügel
Nach Raub aus;
Ihn traf des Jägers Pfeil und schnitt
Der rechten Schwinge Sennkraft ab.
Er stürzt herab in einen Myrtenhain, 5
Fraß seinen Schmerz drei Tage lang,
Und zuckt an Qual
Drei lange, lange Nächte lang:
Zuletzt heilt ihn
Allgegenwärt'ger Balsam 10
Allheilender Natur.
Er schleicht aus dem Gebüsch hervor
Und reckt die Flügel – ach!
Die Schwingkraft weggeschnitten –
Hebt sich mühsam kaum 15
Am Boden weg
Unwürd'gem Raubbedürfnis nach,
Und ruht tieftrauernd
Auf dem niedern Fels am Bach;
Er blickt zur Eich' hinauf, 20
Hinauf zum Himmel,
Und eine Träne füllt sein hohes Aug'.

Da kommt mutwillig durch die Myrtenäste
Dahergerauscht ein Taubenpaar,
Läßt sich herab und wandelt nickend
Über goldnen Sand am Bach,
Und ruckt einander an;
Ihr rötlich Auge buhlt umher,
Erblickt den Innigtrauernden.
Der Tauber schwingt neugiergesellig sich
Zum nahen Busch und blickt
Mit Selbstgefälligkeit ihn freundlich an.
Du trauerst, liebelt er,
Sei guten Mutes, Freund!
Hast du zur ruhigen Glückseligkeit
Nicht alles hier?
Kannst du dich nicht des goldnen Zweiges freun,
Der vor des Tages Glut dich schützt?
Kannst du der Abendsonne Schein
Auf weichem Moos am Bache nicht
Die Brust entgegen heben?
Du wandelst durch der Blumen frischen Tau,
Pflückst aus dem Überfluß
Des Waldgebüsches dir
Gelegne Speise, letzest
Den leichten Durst am Silberquell, –
O Freund, das wahre Glück
Ist die Genügsamkeit,
Und die Genügsamkeit
Hat überall genug.
O Weise! sprach der Adler, und tief ernst
Versinkt er tiefer in sich selbst,
O Weisheit! Du redst wie eine Taube!

PROMETHEUS

Bedecke deinen Himmel, Zeus,
Mit Wolkendunst,

Und übe, dem Knaben gleich,
Der Disteln köpft,
An Eichen dich und Bergeshöhn;
Mußt mir meine Erde
Doch lassen stehn,
Und meine Hütte, die du nicht gebaut,
Und meinen Herd,
Um dessen Glut
Du mich beneidest.

Ich kenne nichts Ärmeres
Unter der Sonn', als euch, Götter!
Ihr nähret kümmerlich
Von Opfersteuern
Und Gebetshauch
Eure Majestät,
Und darbtet, wären
Nicht Kinder und Bettler
Hoffnungsvolle Toren.

Da ich ein Kind war,
Nicht wußte wo aus noch ein,
Kehrt' ich mein verirrtes Auge
Zur Sonne, als wenn drüber wär'
Ein Ohr, zu hören meine Klage,
Ein Herz, wie mein's,
Sich des Bedrängten zu erbarmen.

Wer half mir
Wider der Titanen Übermut?
Wer rettete vom Tode mich,
Von Sklaverei?
Hast du nicht Alles selbst vollendet,
Heilig glühend Herz?
Und glühtest jung und gut,
Betrogen, Rettungsdank
Dem Schlafenden da droben?

 Ich dich ehren? Wofür?
 Hast du die Schmerzen gelindert
 Je des Beladenen?
40 Hast du die Tränen gestillet
 Je des Geängsteten?
 Hat nicht mich zum Manne geschmiedet
 Die allmächtige Zeit
 Und das ewige Schicksal,
45 Meine Herrn und deine?

 Wähntest du etwa,
 Ich sollte das Leben hassen,
 In Wüsten fliehen,
 Weil nicht alle
50 Blütenträume reiften?

 Hier sitz' ich, forme Menschen
 Nach meinem Bilde,
 Ein Geschlecht, das mir gleich sei,
 Zu leiden, zu weinen,
55 Zu genießen und zu freuen sich,
 Und dein nicht zu achten,
 Wie ich!

 GANYMED

 Wie im Morgenglanze
 Du rings mich anglühst,
 Frühling, Geliebter!
 Mit tausendfacher Liebeswonne
5 Sich an mein Herz drängt
 Deiner ewigen Wärme
 Heilig Gefühl,
 Unendliche Schöne!

 Daß ich dich fassen möcht'
10 In diesen Arm!

Ach an deinem Busen
Lieg' ich, schmachte,
Und deine Blumen, dein Gras
Drängen sich an mein Herz.
Du kühlst den brennenden
Durst meines Busens,
Lieblicher Morgenwind!
Ruft drein die Nachtigall
Liebend nach mir aus dem Nebeltal.
Ich komm'! ich komme!
Wohin? Ach, wohin?

Hinauf! Hinauf strebt's.
Es schweben die Wolken
Abwärts, die Wolken
Neigen sich der sehnenden Liebe.
Mir! Mir!
In euerm Schoße
Aufwärts!
Umfangend umfangen!
Aufwärts an deinen Busen,
Alliebender Vater!

GRENZEN DER MENSCHHEIT

Wenn der uralte,
Heilige Vater
Mit gelassener Hand
Aus rollenden Wolken
Segnende Blitze
Über die Erde sä't,
Küss' ich den letzten
Saum seines Kleides,
Kindliche Schauer
Treu in der Brust.

Denn mit Göttern
Soll sich nicht messen
Irgend ein Mensch.
Hebt er sich aufwärts,
Und berührt
Mit dem Scheitel die Sterne,
Nirgends haften dann
Die unsichern Sohlen,
Und mit ihm spielen
Wolken und Winde.

Steht er mit festen,
Markigen Knochen
Auf der wohlgegründeten,
Dauernden Erde;
Reicht er nicht auf,
Nur mit der Eiche
Oder der Rebe
Sich zu vergleichen.

Was unterscheidet
Götter von Menschen?
Daß viele Wellen
Vor jenen wandeln,
Ein ewiger Strom:
Uns hebt die Welle,
Verschlingt die Welle,
Und wir versinken.

Ein kleiner Ring
Begrenzt unser Leben,
Und viele Geschlechter
Reihen sie dauernd
An ihres Daseins
Unendliche Kette.

DAS GÖTTLICHE

Edel sei der Mensch,
Hülfreich und gut!
Denn das allein
Unterscheidet ihn
Von allen Wesen,
Die wir kennen.

Heil den unbekannten
Höhern Wesen,
Die wir ahnen!
Ihnen gleiche der Mensch;
Sein Beispiel lehr' uns
Jene glauben.

Denn unfühlend
Ist die Natur:
Es leuchtet die Sonne
Über Bös' und Gute,
Und dem Verbrecher,
Glänzen, wie dem Besten,
Der Mond und die Sterne.

Wind und Ströme,
Donner und Hagel
Rauschen ihren Weg,
Und ergreifen,
Vorüber eilend,
Einen um den andern.

Auch so das Glück
Tappt unter die Menge,
Faßt bald des Knaben
Lockige Unschuld,
Bald auch den kahlen
Schuldigen Scheitel.

 Nach ewigen, ehrnen,
Großen Gesetzen
Müssen wir alle
Unseres Daseins
Kreise vollenden.

Nur allein der Mensch
Vermag das Unmögliche:
Er unterscheidet,
Wählet und richtet;
Er kann dem Augenblick
Dauer verleihen.

Er allein darf
Den Guten lohnen,
Den Bösen strafen,
Heilen und retten,
Alles Irrende, Schweifende
Nützlich verbinden.

Und wir verehren
Die Unsterblichen,
Als wären sie Menschen,
Täten im Großen,
Was der Beste im Kleinen
Tut oder möchte.

Der edle Mensch
Sei hülfreich und gut!
Unermüdet schaff' er
Das Nützliche, Rechte,
Sei uns ein Vorbild
Jener geahneten Wesen!

KÖNIGLICH GEBET

Ha, ich bin Herr der Welt! mich lieben
Die Edlen, die mir dienen.
Ha, ich bin Herr der Welt! ich liebe
Die Edlen, denen ich gebiete.
O gib mir, Gott im Himmel! daß ich mich
Der Höh' und Lieb' nicht überhebe.

MENSCHENGEFÜHL

Ach, ihr Götter! große Götter
In dem weiten Himmel droben!
Gäbet ihr uns auf der Erde
Festen Sinn und guten Mut;
O wir ließen euch, ihr Guten,
Euren weiten Himmel droben!

LILI'S PARK

Ist doch keine Menagerie
So bunt, als meiner Lili ihre!
Sie hat darin die wunderbarsten Tiere,
Und kriegt sie 'rein, weiß selbst nicht wie.
O wie sie hüpfen, laufen, trappeln,
Mit abgestumpften Flügeln zappeln,
Die armen Prinzen allzumal,
In nie gelöschter Liebesqual!

Wie hieß die Fee? – Lili? – Fragt nicht nach ihr!
Kennt ihr sie nicht, so danket Gott dafür.

Welch ein Geräusch, welch ein Gegacker,
Wenn sie sich in die Türe stellt

Und in der Hand das Futterkörbchen hält!
Welch ein Gequiek, welch ein Gequacker!
Alle Bäume, alle Büsche, scheinen lebendig zu werden:
So stürzen sich ganze Herden
Zu ihren Füßen; sogar im Bassin die Fische
Patschen ungeduldig mit den Köpfen heraus:
Und sie streut dann das Futter aus
Mit einem Blick – Götter zu entzücken,
Geschweige die Bestien. Da geht's an ein Picken,
An ein Schlürfen, an ein Hacken;
Sie stürzen einander über die Nacken,
Schieben sich, drängen sich, reißen sich,
Jagen sich, ängsten sich, beißen sich,
Und das all um ein Stückchen Brot,
Das, trocken, aus den schönen Händen schmeckt,
Als hätt' es in Ambrosia gesteckt.

Aber der Blick auch! Der Ton!
Wenn sie ruft: Pipi! Pipi!
Zöge den Adler Jupiters vom Thron;
Der Venus Taubenpaar,
Ja der eitle Pfau sogar,
Ich schwöre, sie kämen,
Wenn sie den Ton von weitem nur vernähmen.

Denn so hat sie aus des Waldes Nacht
Einen Bären, ungeleckt und ungezogen,
Unter ihren Beschluß herein betrogen,
Unter die zahme Compagnie gebracht,
Und mit den andern zahm gemacht:
Bis auf einen gewissen Punkt versteht sich!
Wie schön und ach! wie gut
Schien sie zu sein! Ich hätte mein Blut
Gegeben, um ihre Blumen zu begießen.

»Ihr sagtet *ich*! Wie? Wer?«
Gut denn, ihr Herrn, g'rad' aus: *Ich* bin der Bär;

In einem Filetschurz gefangen,
An einem Seidenfaden ihr zu Füßen.
Doch wie das alles zugegangen, 50
Erzähl' ich euch zur andern Zeit;
Dazu bin ich zu wütig heut.

Denn ha! steh' ich so an der Ecke,
Und hör' von weitem das Geschnatter,
Seh' das Geflitter das Geflatter, 55
Kehr' ich mich um
Und brumm',
Und renne rückwärts eine Strecke,
Und seh' mich um
Und brumm', 60
Und laufe wieder eine Strecke,
Und kehr' doch endlich wieder um.

Dann fängt's auf Einmal an zu rasen,
Ein mächt'ger Geist schnaubt aus der Nasen,
Es wildst die innere Natur. 65
Was, du ein Tor, ein Häschen nur!
So ein Pipi! Eichhörnchen, Nuß zu knacken;
Ich sträube meinen borst'gen Nacken,
Zu dienen ungewöhnt.
Ein jedes aufgestutztes Bäumchen höhnt 70
Mich an! Ich flieh' vom Boulingreen,
Vom niedlich glatt gemähten Grase;
Der Buchsbaum zieht mir eine Nase,
Ich flieh' ins dunkelste Gebüsche hin,
Durch's Gehäge zu dringen, 75
Über die Planken zu springen!
Mir versagt Klettern und Sprung,
Ein Zauber bleit mich nieder;
Ein Zauber häkelt mich wieder,
Ich arbeite mich ab, und bin ich matt genung, 80
Dann lieg' ich an gekünstelten Kaskaden,
Und kau' und wein' und wälze halb mich tot,

Und ach! es hören meine Not
Nur porzellanene Oreaden.

85 Auf Einmal! Ach, es dringt
Ein seliges Gefühl durch alle meine Glieder!
Sie ist's, die dort in ihrer Laube singt!
Ich höre die liebe, liebe Stimme wieder,
Die ganze Luft ist warm, ist blütevoll.
90 Ach! singt sie wohl, daß ich sie hören soll?
Ich dringe zu, tret' alle Sträuche nieder,
Die Büsche fliehn, die Bäume weichen mir,
Und so – zu ihren Füßen liegt das Tier.

Sie sieht es an: »Ein Ungeheuer! doch drollig!
95 Für einen Bären zu mild,
Für einen Pudel zu wild,
So zottig, täpsig, knollig!«
Sie streicht ihm mit dem Füßchen übern Rücken;
Er denkt im Paradiese zu sein.
100 Wie ihn alle sieben Sinnen jücken!
Und Sie, sieht ganz gelassen drein.
Ich küss' ihre Schuhe, kau' an den Sohlen,
So sittig als ein Bär nur mag;
Ganz sachte heb' ich mich, und schmiege mich verstohlen
105 Leis' an ihr Knie – Am günst'gen Tag
Läßt sie's geschehn, und kraut mir um die Ohren,
Und patscht mich mit mutwillig derbem Schlag;
Ich knurr', in Wonne neu geboren;
Dann fordert sie mit süßem, eitelm Spotte!
110 Allons tout doux! eh la menotte!
Et faites Serviteur,
Comme un joli Seigneur.
So treibt sie's fort mit Spiel und Lachen!
Es hofft der oft betrogne Tor;
115 Doch will er sich ein Bißchen unnütz machen,
Hält sie ihn kurz als wie zuvor.

Doch hat sie auch ein Fläschchen Balsam-Feuers,
Dem keiner Erde Honig gleicht,
Wovon sie wohl einmal, von Lieb' und Treu' erweicht,
Um die verlechzten Lippen ihres Ungeheuers 120
Ein Tröpfchen mit der Fingerspitze streicht,
Und wieder flieht und mich mir überläßt,
Und ich dann, losgebunden, fest
Gebannt bin, immer nach ihr ziehe,
Sie suche, schaudre, wieder fliehe – 125
So läßt sie den zerstörten Armen gehn,
Ist seiner Lust, ist seinen Schmerzen still;
Ha! manchmal läßt sie mir die Tür halb offen stehn,
Seitblickt mich spottend an, ob ich nicht fliehen will.

Und ich! – Götter, ist's in euren Händen, 130
Dieses dumpfe Zauberwerk zu enden;
Wie dank' ich, wenn ihr mir die Freiheit schafft!
Doch sendet ihr mir keine Hülfe nieder –
Nicht ganz umsonst reck' ich so meine Glieder:
Ich fühl's! Ich schwör's! Noch hab' ich Kraft. 135

LIEBEBEDÜRFNIS

Wer vernimmt mich? ach! wem soll ich's klagen?
Wer's vernähme, würd' er mich bedauern?
Ach! die Lippe, die so manche Freude
Sonst genossen hat und sonst gegeben,
Ist gespalten und sie schmerzt erbärmlich. 5
Und sie ist nicht etwa wund geworden,
Weil die Liebste mich zu wild ergriffen,
Hold mich angebissen, daß sie fester
Sich des Freunds versichernd ihn genösse:
Nein, das zarte Lippchen ist gesprungen, 10
Weil nun über Reif und Frost die Winde
Spitz und scharf und lieblos mir begegnen.

> Und nun soll mir Saft der edlen Traube,
> Mit dem Saft der Bienen, bei dem Feuer
> Meines Herds vereinigt, Lind'rung schaffen.
> Ach, was will das helfen, mischt die Liebe
> Nicht ein Tröpfchen ihres Balsams drunter?

SÜSSE SORGEN

Weichet, Sorgen, von mir! – Doch ach! den sterblichen
 Menschen
 Lässet die Sorge nicht los, eh' ihn das Leben verläßt.
Soll es einmal denn sein; so kommt ihr, Sorgen der Liebe,
 Treibt die Geschwister hinaus, nehmt und behauptet
 mein Herz!

ANLIEGEN

> O schönes Mädchen du,
> Du mit dem schwarzen Haar,
> Die du an's Fenster trittst,
> Auf dem Balkone stehst!
> Und stehst du wohl umsonst?
> O stündest du für mich
> Und zögst die Klinke los,
> Wie glücklich wär' ich da!
> Wie schnell spräng' ich hinauf!

AN SEINE SPRÖDE

> Siehst du die Pomeranze?
> Noch hängt sie an dem Baume;
> Schon ist der März verflossen,
> Und neue Blüten kommen.
> Ich trete zu dem Baume,
> Und sage: Pomeranze,

Du reife Pomeranze,
Du süße Pomeranze,
Ich schüttle, fühl', ich schüttle,
O fall' in meinen Schoß!

DIE MUSAGETEN

Oft in tiefen Winternächten
Rief ich an die holden Musen:
Keine Morgenröte leuchtet
Und es will kein Tag erscheinen,
Aber bringt zur rechten Stunde
Mir der Lampe fromm Geleuchte,
Daß es, statt Auror' und Phöbus,
Meinen stillen Fleiß belebe.
Doch sie ließen mich im Schlafe,
Dumpf und unerquicklich, liegen,
Und nach jedem späten Morgen,
Folgten ungenutzte Tage.

Da sich nun der Frühling regte,
Sagt' ich zu den Nachtigallen:
Liebe Nachtigallen, schlaget
Früh', o früh'! vor meinem Fenster,
Weckt mich aus dem vollen Schlafe,
Der den Jüngling mächtig fesselt.
Doch die lieberfüllten Sänger
Dehnten Nachts vor meinem Fenster
Ihre süßen Melodien,
Hielten wach die liebe Seele,
Regten zartes neues Sehnen
Aus dem neugerührten Busen.
Und so ging die Nacht vorüber
Und Aurora fand mich schlafen,
Ja, mich weckte kaum die Sonne.

> Endlich ist es Sommer worden,
> Und beim ersten Morgenschimmer
> Reizt mich aus dem holden Schlummer
> Die geschäftig frühe Fliege.
> Unbarmherzig kehrt sie wieder,
> Wenn auch oft der halb Erwachte
> Ungeduldig sie verscheuchet,
> Lockt die unverschämten Schwestern,
> Und von meinen Augenlidern
> Muß der holde Schlaf entweichen.
> Rüstig spring' ich von dem Lager,
> Suche die geliebten Musen,
> Finde sie im Buchenhaine,
> Mich gefällig zu empfangen.
> Und den leidigen Insekten
> Dank' ich manche goldne Stunde.
> Seid mir doch, ihr Unbequemen,
> Von dem Dichter hochgepriesen,
> Als die wahren Musageten.

MORGENKLAGEN

O du loses, leidigliebes Mädchen,
Sag' mir an, womit hab' ich's verschuldet,
Daß du mich auf diese Folter spannest,
Daß du dein gegeben Wort gebrochen?

Drucktest doch so freundlich gestern Abend
Mir die Hände, lispeltest so lieblich:
Ja, ich komme, komme gegen Morgen
Ganz gewiß, mein Freund, auf deine Stube.

Angelehnet ließ ich meine Türe,
Hatte wohl die Angeln erst geprüfet,
Und mich recht gefreut, daß sie nicht knarrten.

Welche Nacht des Wartens ist vergangen!
Wacht' ich doch und zählte jedes Viertel:
Schlief ich ein auf wenig Augenblicke,
War mein Herz beständig wach geblieben, 15
Weckte mich von meinem leisen Schlummer.

Ja, da segnet' ich die Finsternisse,
Die so ruhig alles überdeckten,
Freute mich der allgemeinen Stille,
Horchte lauschend immer in die Stille, 20
Ob sich nicht ein Laut bewegen möchte.

»Hätte sie Gedanken, wie ich denke,
Hätte sie Gefühl wie ich empfinde,
Würde sie den Morgen nicht erwarten,
Würde schon in dieser Stunde kommen.« 25

Hüpft' ein Kätzchen oben über'n Boden,
Knisterte das Mäuschen in der Ecke,
Regte sich, ich weiß nicht was, im Hause,
Immer hofft' ich, deinen Schritt zu hören,
Immer glaubt' ich, deinen Tritt zu hören. 30

Und so lag ich lang' und immer länger,
Und es fing der Tag schon an zu grauen,
Und es rauschte hier und rauschte dorten.

»Ist es ihre Türe? Wär's die meine!«
Saß ich aufgestemmt in meinem Bette, 35
Schaute nach der halb erhellten Türe,
Ob sie nicht sich wohl bewegen möchte.
Angelehnet blieben beide Flügel
Auf den leisen Angeln ruhig hangen.

Und der Tag ward immer hell und heller; 40
Hört' ich schon des Nachbars Türe gehen,
Der das Taglohn zu gewinnen eilet,

Hört' ich bald darauf die Wagen rasseln,
War das Tor der Stadt nun auch eröffnet,
Und es regte sich der ganze Plunder
Des bewegten Marktes durch einander.

Ward nun in dem Haus ein Gehn und Kommen,
Auf und ab die Stiegen, hin und wieder
Knarrten Türen, klapperten die Tritte;
Und ich konnte, wie vom schönen Leben,
Mich noch nicht von meiner Hoffnung scheiden.

Endlich, als die ganz verhaßte Sonne
Meine Fenster traf und meine Wände,
Sprang ich auf, und eilte nach dem Garten,
Meinen heißen, sehnsuchtsvollen Atem
Mit der kühlen Morgenluft zu mischen,
Dir vielleicht im Garten zu begegnen:
Und nun bist du weder in der Laube,
Noch im hohen Lindengang zu finden.

DER BESUCH

Meine Liebste wollt' ich heut beschleichen,
Aber ihre Türe war verschlossen.
Hab' ich doch den Schlüssel in der Tasche!
Öffn' ich leise die geliebte Türe!

Auf dem Saale fand ich nicht das Mädchen,
Fand das Mädchen nicht in ihrer Stube,
Endlich da ich leis die Kammer öffne,
Find' ich sie gar zierlich eingeschlafen,
Angekleidet, auf dem Sopha liegen.

Bei der Arbeit war sie eingeschlafen;
Das Gestrickte mit den Nadeln ruhte
Zwischen den gefaltnen zarten Händen;

Und ich setzte mich an ihre Seite,
Ging bei mir zu Rat', ob ich sie weckte.

Da betrachtet' ich den schönen Frieden, 15
Der auf ihren Augenlidern ruhte:
Auf den Lippen war die stille Treue,
Auf den Wangen Lieblichkeit zu Hause,
Und die Unschuld eines guten Herzens
Regte sich im Busen hin und wieder. 20
Jedes ihrer Glieder lag gefällig
Aufgelös't vom süßen Götterbalsam.
Freudig saß ich da, und die Betrachtung
Hielte die Begierde, sie zu wecken,
Mit geheimen Banden fest und fester. 25

O du Liebe, dacht' ich, kann der Schlummer,
Der Verräter jedes falschen Zuges,
Kann er dir nicht schaden, nichts entdecken,
Was des Freundes zarte Meinung störte.

Deine holden Augen sind geschlossen, 30
Die mich offen schon allein bezaubern;
Es bewegen deine süßen Lippen
Weder sich zur Rede noch zum Kusse;
Aufgelös't sind diese Zauber-Bande
Deiner Arme, die mich sonst umschlingen, 35
Und die Hand, die reizende Gefährtin
Süßer Schmeicheleien, unbeweglich.
Wär's ein Irrtum, wie ich von dir denke,
Wär' es Selbstbetrug, wie ich dich liebe,
Müßt' ich's jetzt entdecken, da sich Amor 40
Ohne Binde neben mich gestellet.

Lange saß ich so und freute herzlich
Ihres Wertes mich und meiner Liebe;
Schlafend hatte sie mir so gefallen,
Daß ich mich nicht traute, sie zu wecken. 45

Leise leg' ich ihr zwei Pomeranzen
 Und zwei Rosen auf das Tischchen nieder;
 Sachte, sachte schleich ich meiner Wege.
 Öffnet sie die Augen, meine Gute,
 Gleich erblickt sie diese bunte Gabe,
 Staunt, wie immer bei verschloßnen Türen
 Dieses freundliche Geschenk sich finde.

 Seh' ich diese Nacht den Engel wieder,
 O wie freut sie sich, vergilt mir doppelt
 Dieses Opfer meiner zarten Liebe.

 MAGISCHES NETZ
 Zum ersten Mai 1803

 Sind es Kämpfe, die ich sehe?
 Sind es Spiele? sind es Wunder?
 Fünf der allerliebsten Knaben,
 Gegen fünf Geschwister streitend,
 Regelmäßig, taktbeständig,
 Einer Zaubrin zu Gebote.

 Blanke Spieße führen jene,
 Diese flechten schnelle Fäden,
 Daß man glaubt, in ihren Schlingen
 Werde sich das Eisen fangen.
 Bald gefangen sind die Spieße;
 Doch im leichten Kriegestanze
 Stiehlt sich einer nach dem andern
 Aus der zarten Schleifenreihe,
 Die sogleich den Freien haschet,
 Wenn sie den Gebundnen löset.

 So mit Ringen, Streiten, Siegen,
 Wechselflucht und Wiederkehren
 Wird ein künstlich Netz geflochten,

Himmelsflocken gleich an Weiße, 20
Die, vom Lichten in das Dichte,
Musterhafte Streifen ziehen,
Wie es Farben kaum vermöchten.

Wer empfängt nun der Gewänder
Allerwünschtes? Wen begünstigt 25
Unsre vielgeliebte Herrin,
Als den anerkannten Diener?
Mich beglückt des holden Loses
Treu und still ersehntes Zeichen!
Und ich fühle mich umschlungen, 30
Ihrer Dienerschaft gewidmet.

Doch indem ich so behaglich,
Aufgeschmückt stolzierend wandle,
Sieh! da knüpfen jene Losen,
Ohne Streit, geheim geschäftig, 35
Andre Netze, fein und feiner,
Dämmrungsfäden, Mondenblicke,
Nachtviolenduft verwebend.

Eh wir nur das Netz bemerken,
Ist ein Glücklicher gefangen; 40
Den wir Andern, den wir Alle,
Segnend und beneidend, grüßen.

DER BECHER

Einen wohlgeschnitzten vollen Becher
Hielt ich drückend in den beiden Händen,
Sog begierig süßen Wein vom Rande,
Gram' und Sorg' auf Einmal zu vertrinken.

Amor trat herein und fand mich sitzen, 5
Und er lächelte bescheidenweise,
Als den Unverständigen bedauernd.

»Freund, ich kenn' ein schöneres Gefäße,
Wert die ganze Seele drein zu senken;
Was gelobst du, wenn ich dir es gönne,
Es mit anderm Nektar dir erfülle?«

O wie freundlich hat er Wort gehalten!
Da er, Lida, dich mit sanfter Neigung
Mir, dem lange sehnenden, geeignet.

Wenn ich deinen lieben Leib umfasse,
Und von deinen einzig treuen Lippen
Langbewahrter Liebe Balsam koste,
Selig sprech' ich dann zu meinem Geiste:

Nein, ein solch Gefäß hat, außer Amorn,
Nie ein Gott gebildet noch besessen!
Solche Formen treibet nie Vulcanus
Mit den sinnbegabten, feinen Hämmern!
Auf belaubten Hügeln mag Lyäus
Durch die ältsten, klügsten seiner Faunen
Ausgesuchte Trauben keltern lassen,
Selbst geheimnisvoller Gärung vorstehn:
Solchen Trank verschafft ihm keine Sorgfalt!

NACHTGEDANKEN

Euch bedaur' ich, unglücksel'ge Sterne,
Die ihr schön seid und so herrlich scheinet,
Dem bedrängten Schiffer gerne leuchtet,
Unbelohnt von Göttern und von Menschen:
Denn ihr liebt nicht, kanntet nie die Liebe!
Unaufhaltsam führen ew'ge Stunden
Eure Reihen durch den weiten Himmel.
Welche Reise habt ihr schon vollendet!
Seit ich weilend in dem Arm der Liebsten
Euer und der Mitternacht vergessen.

FERNE

Königen, sagt man, gab die Natur vor andern Gebornen
 Eines längeren Arms weithinaus fassende Kraft.
Doch auch mir dem Geringen verlieh sie das fürstliche
 Vorrecht:
 Denn ich fasse von fern, halte dich, Lida, mir fest.

AN LIDA

Den Einzigen, Lida, welchen du lieben kannst,
Forderst du ganz für dich, und mit Recht.
Auch ist er einzig dein:
Denn, seit ich von dir bin,
Scheint mir des schnellsten Lebens 5
Lärmende Bewegung
Nur ein leichter Flor, durch den ich deine Gestalt
Immerfort wie in Wolken erblicke:
Sie leuchtet mir freundlich und treu,
Wie durch des Nordlichts bewegliche Strahlen 10
Ewige Sterne schimmern.

NÄHE

Wie du mir oft, geliebtes Kind,
Ich weiß nicht wie, so fremde bist!
Wenn wir im Schwarm der vielen Menschen sind,
Das schlägt mir alle Freude nieder.
Doch ja, wenn alles still und finster um uns ist, 5
Erkenn ich dich an deinen Küssen wieder.

AN DIE ZIKADE
nach dem Anakreon

Selig bist du, liebe Kleine,
Die du auf der Bäume Zweigen,
Von geringem Trank begeistert,
Singend, wie ein König lebest!
Dir gehöret eigen Alles,
Was du auf den Feldern siehest,
Alles, was die Stunden bringen;
Lebest unter Ackersleuten,
Ihre Freundin, unbeschädigt,
Du den Sterblichen Verehrte,
Süßen Frühlings süßer Bote!
Ja, dich lieben alle Musen,
Phöbus selber muß dich lieben,
Gaben dir die Silberstimme,
Dich ergreifet nie das Alter,
Weise, zarte, Dichterfreundin,
Ohne Fleisch und Blut Geborne,
Leidenlose Erdentochter,
Fast den Göttern zu vergleichen.

AUS WILHELM MEISTER

>Auch vernehmet, im Gedränge
>Jener Genien Gesänge.

MIGNON

Heiß mich nicht reden, heiß mich schweigen,
Denn mein Geheimnis ist mir Pflicht;
Ich möchte dir mein ganzes Innre zeigen,
Allein das Schicksal will es nicht.

Zur rechten Zeit vertreibt der Sonne Lauf
Die finstre Nacht, und sie muß sich erhellen;
Der harte Fels schließt seinen Busen auf,
Mißgönnt der Erde nicht die tiefverborgenen Quellen.

Ein jeder sucht im Arm der Freunde Ruh,
Dort kann die Brust in Klagen sich ergießen;
Allein ein Schwur drückt mir die Lippen zu
Und nur ein Gott vermag sie aufzuschließen.

DIESELBE

>Nur, wer die Sehnsucht kennt,
>Weiß, was ich leide!
>Allein und abgetrennt
>Von aller Freude,
>Seh ich ans Firmament
>Nach jener Seite.
>Ach, der mich liebt und kennt;

Ist in der Weite.
Es schwindelt mir, es brennt
Mein Eingeweide.
Nur, wer die Sehnsucht kennt,
Weiß, was ich leide!

DIESELBE

So laßt mich scheinen, bis ich werde,
Zieht mir das weiße Kleid nicht aus!
Ich eile von der schönen Erde
Hinab in jenes feste Haus.

Dort ruh' ich eine kleine Stille,
Dann öffnet sich der frische Blick;
Ich lasse dann die reine Hülle,
Den Gürtel und den Kranz zurück.

Und jene himmlische Gestalten
Sie fragen nicht nach Mann und Weib,
Und keine Kleider, keine Falten
Umgeben den verklärten Leib.

Zwar lebt' ich ohne Sorg und Mühe,
Doch fühlt ich tiefen Schmerz genung.
Vor Kummer altert' ich zu frühe;
Macht mich auf ewig wieder jung.

HARFENSPIELER

Wer sich der Einsamkeit ergibt
Ach! der ist bald allein,
Ein jeder lebt, ein jeder liebt,
Und läßt ihn seiner Pein.

Ja! laßt mich meiner Qual!
Und kann ich nur einmal
Recht einsam sein,
Dann bin ich nicht allein.

Es schleicht ein Liebender lauschend sacht!
Ob seine Freundin allein?
So überschleicht bei Tag und Nacht
Mich Einsamen die Pein,
Mich Einsamen die Qual.
Ach werd ich erst einmal
Einsam im Grabe sein,
Da läßt sie mich allein!

DERSELBE

An die Türen will ich schleichen,
Still und sittsam will ich stehn;
Fromme Hand wird Nahrung reichen.
Und ich werde weiter gehn.
Jeder wird sich glücklich scheinen,
Wenn mein Bild vor ihm erscheint;
Eine Träne wird er weinen,
Und ich weiß nicht was er weint.

DERSELBE

Wer nie sein Brod mit Tränen aß,
Wer nie die kummervollen Nächte
Auf seinem Bette weinend saß,
Der kennt euch nicht, ihr himmlischen Mächte!

Ihr führt ins Leben uns hinein,
Ihr laßt den Armen schuldig werden,
Dann überlaßt ihr ihn der Pein:
Denn alle Schuld rächt sich auf Erden.

PHILINE

Singet nicht in Trauertönen
Von der Einsamkeit der Nacht,
Nein, sie ist, o holde Schönen,
Zur Geselligkeit gemacht.

Wie das Weib dem Mann gegeben
Als die schönste Hälfte war,
Ist die Nacht das halbe Leben,
Und die schönste Hälfte zwar.

Könnt ihr euch des Tages freuen,
Der nur Freuden unterbricht?
Er ist gut, sich zu zerstreuen;
Zu was anderm taugt er nicht.

Aber wenn in nächt'ger Stunde
Süßer Lampe Dämmrung fließt,
Und vom Mund zum nahen Munde
Scherz und Liebe sich ergießt.

Wenn der rasche lose Knabe,
Der sonst wild und feurig eilt,
Oft, bei einer kleinen Gabe,
Unter leichten Spielen weilt.

Wenn die Nachtigall Verliebten
Liebevoll ein Liedchen singt,
Das Gefangnen und Betrübten
Nur wie Ach und Wehe klingt;

Mit wie leichtem Herzensregen
Horchet ihr der Glocke nicht,
Die mit zwölf bedächt'gen Schlägen
Ruh und Sicherheit verspricht!

Darum an dem langen Tage
Merke dir es, liebe Brust:
Jeder Tag hat seine Plage
Und die Nacht hat ihre Lust.

ANTIKER FORM SICH NÄHERND

> Stehn uns diese weiten Falten
> Zu Gesichte, wie den Alten?

HERZOG LEOPOLD VON BRAUNSCHWEIG

Dich ergriff mit Gewalt der alte Herrscher des Flusses,
 Hält dich und teilet mit dir ewig sein strömendes Reich.
Ruhig schlummerst du nun beim stillen Rauschen der
 Urne,
 Bis dich stürmende Flut wieder zu Taten erweckt,
5 Hülfreich werde dem Volke! so wie du ein Sterblicher
 wolltest,
 Und vollend' als ein Gott, was dir als Menschen mißlang.

DEM ACKERMANN

Flach bedecket und leicht den goldenen Samen die Furche,
 Guter! die tiefere deckt endlich dein ruhend Gebein.
Fröhlich gepflügt und gesä't! Hier keimet lebendige
 Nahrung,
 Und die Hoffnung entfernt selbst von dem Grabe sich
 nicht.

ANAKREONS GRAB

Wo die Rose hier blüht, wo Reben um Lorbeer sich
 schlingen,
 Wo das Turtelchen lockt, wo sich das Grillchen ergetzt,
Welch ein Grab ist hier, das alle Götter mit Leben

Schön bepflanzt und geziert? Es ist Anakreons Ruh.
Frühling, Sommer und Herbst genoß der glückliche
 Dichter;
 Vor dem Winter hat ihn endlich der Hügel geschützt.

DIE GESCHWISTER

Schlummer und Schlaf, zwei Brüder, zum Dienste der
 Götter berufen,
 Bat sich Prometheus herab seinem Geschlechte zum
 Trost,
Aber den Göttern so leicht, doch schwer zu ertragen den
 Menschen,
 Ward nun ihr Schlummer uns Schlaf, ward nun ihr Schlaf
 uns zum Tod.

ZEITMASS

Eros, wie seh' ich dich hier! In jeglichem Händchen die
 Sanduhr!
 Wie? Leichtsinniger Gott, missest du doppelt die Zeit?
»Langsam rinnen aus einer die Stunden entfernter
 Geliebten;
 Gegenwärtigen fließt eilig die zweite herab.«

WARNUNG

Wecke den Amor nicht auf! Noch schläft der liebliche
 Knabe;
 Geh', vollbring' dein Geschäft, wie es der Tag dir gebeut!
So der Zeit bedienet sich klug die sorgliche Mutter,
 Wenn ihr Knäbchen entschläft, denn es erwacht nur zu
 bald.

EINSAMKEIT

Die ihr Felsen und Bäume bewohnt, o heilsame Nymphen,
 Gebet Jeglichem gern, was er im Stillen begehrt!
Schaffet dem Traurigen Trost, dem Zweifelhaften Belehrung,
 Und dem Liebenden gönnt, daß ihm begegne sein Glück.
5 Denn euch gaben die Götter, was sie den Menschen versagten,
 Jeglichem, der euch vertraut, tröstlich und hülfreich zu sein.

ERKANNTES GLÜCK

Was bedächtlich Natur sonst unter Viele verteilet,
 Gab sie mit reichlicher Hand Alles der Einzigen, ihr.
Und die so herrlich Begabte, von vielen so innig Verehrte,
 Gab ein liebend Geschick freundlich dem Glücklichen, mir.

ERWÄHLTER FELS

Hier im Stillen gedachte der Liebende seiner Geliebten;
 Heiter sprach er zu mir: Werde mir Zeuge, du Stein!
Doch erhebe dich nicht, du hast noch viele Gesellen;
 Jedem Felsen der Flur, die mich den Glücklichen nährt,
5 Jedem Baume des Wald's, um den ich wandernd mich schlinge,
 Denkmal bleibe des Glücks! ruf' ich ihm weihend und froh.
Doch die Stimme verleih' ich nur dir, wie unter der Menge
 Einen die Muse sich wählt, freundlich die Lippen ihm küßt.

LÄNDLICHES GLÜCK

Seid, o Geister des Hains, o seid, ihr Nymphen des Flusses,
 Eurer Entfernten gedenk, euerer Nahen zur Lust!
Weihend feierten sie im Stillen die ländlichen Feste;
 Wir dem gebahnten Pfad folgend beschleichen das Glück.
Amor wohne mit uns, es macht der himmlische Knabe
 Gegenwärtige lieb, und die Entfernten euch nah.

PHILOMELE

Dich hat Amor gewiß, o Sängerin, fütternd erzogen;
 Kindisch reichte der Gott dir mit dem Pfeile die Kost.
So, durchdrungen von Gift die harmlosatmende Kehle,
 Trifft mit der Liebe Gewalt nun Philomele das Herz.

GEWEIHTER PLATZ

Wenn zu den Reihen der Nymphen, versammelt in heiliger Mondnacht,
Sich die Grazien heimlich herab vom Olympus gesellen;
Hier belauscht sie der Dichter und hört die schönen Gesänge,
Sieht verschwiegener Tänze geheimnisvolle Bewegung.
Was der Himmel nur Herrliches hat, was glücklich die Erde
Reizendes immer gebar, das erscheint dem wachenden Träumer.
Alles erzählt er den Musen, und daß die Götter nicht zürnen,
Lehren die Musen ihn gleich bescheiden Geheimnisse sprechen.

DER PARK

Welch ein himmlischer Garten entspringt aus Öd' und aus
 Wüste,
 Wird und lebet und glänzt herrlich im Lichte vor mir.
Wohl den Schöpfer ahmet ihr nach, ihr Götter der Erde!
 Fels und See und Gebüsch, Vögel und Fisch und Gewild.
Nur daß euere Stätte sich ganz zum Eden vollende,
 Fehlt hier ein Glücklicher, fehlt euch am Sabbat die Ruh.

DIE LEHRER

Als Diogenes still in seiner Tonne sich sonnte,
 Und Calanus mit Lust stieg in das flammende Grab,
Welche herrliche Lehre dem raschen Sohn des Philippus,
 Wäre der Herrscher der Welt nicht auch der Lehre zu
 groß!

VERSUCHUNG

Reichte die schädliche Frucht einst Mutter Eva dem Gatten,
 Ach! vom törichten Biß kränkelt das ganze Geschlecht.
Nun, vom heiligen Leibe, der Seelen speiset und heilet,
 Kostest du, Lydia, fromm, liebliches büßendes Kind!
Darum schick' ich dir eilig die Frucht voll irdischer Süße,
 Daß der Himmel dich nicht deinem Geliebten entzieh.

UNGLEICHE HEIRAT

Selbst ein so himmlisches Paar fand nach der Verbindung
 sich ungleich:
 Psyche ward älter und klug, Amor ist immer noch Kind.

HEILIGE FAMILIE

O des süßen Kindes, und o der glücklichen Mutter,
 Wie sie sich einzig in ihm, wie es in ihr sich ergetzt!
Welche Wonne gewährte der Blick auf dies herrliche Bild mir,
 Stünd' ich Armer nicht so heilig, wie Joseph, dabei!

ENTSCHULDIGUNG

Du verklagest das Weib, sie schwanke von Einem zum Andern!
 Tadle sie nicht: sie sucht einen beständigen Mann.

DER CHINESE IN ROM

Einen Chinesen sah ich in Rom; die gesamten Gebäude
 Alter und neuerer Zeit schienen ihm lästig und schwer.
Ach! so seufzt' er, die Armen! ich hoffe, sie sollen begreifen,
 Wie erst Säulchen von Holz tragen des Daches Gezelt,
Daß an Latten und Pappen, Geschnitz und bunter Vergoldung
 Sich des gebildeten Aug's feinerer Sinn nur erfreut.
Siehe, da glaubt' ich, im Bilde, so manchen Schwärmer zu schauen,
 Der sein luftig Gespinst mit der soliden Natur
Ewigem Teppich vergleicht, den echten reinen Gesunden
 Krank nennt, daß ja nur *er* heiße, der Kranke, gesund.

SPIEGEL DER MUSE

Sich zu schmücken begierig verfolgte den rinnenden Bach
 einst
Früh die Muse hinab, sie suchte die ruhigste Stelle.
Eilend und rauschend indes verzog die schwankende Fläche
Stets das bewegliche Bild; die Göttin wandte sich zürnend;
5 Doch der Bach rief hinter ihr drein und höhnte sie: Freilich
Magst du die Wahrheit nicht sehn, wie rein dir mein Spiegel
 sie zeiget!
Aber indessen stand sie schon fern, am Winkel des Sees,
Ihrer Gestalt sich erfreuend und rückte den Kranz sich
 zurechte.

PHÖBOS UND HERMES

Delos ernster Beherrscher und Majas Sohn, der gewandte,
Rechteten heftig, es wünscht' jeder den herrlichen Preis.
Hermes verlangte die Leier, die Leier verlangt' auch
 Apollon,
Doch vergeblich erfüllt Hoffnung den Beiden das Herz;
5 Denn rasch dränget sich Ares heran, gewaltsam
 entscheidend,
Schlägt er das goldene Spiel, wild, mit dem Eisen entzwei.
Hermes lacht unmäßig, der schadenfrohe; doch Phöbos
Und den Musen ergreift inniger Schmerz das Gemüt.

DER NEUE AMOR

Amor, nicht das Kind, der Jüngling, der Psychen verführte,
Sah im Olympus sich um, frech und der Siege gewohnt;
Eine Göttin erblickt' er, vor allen die herrlichste Schöne,
Venus Urania war's, und er entbrannte für sie.
5 Ach! die Heilige selbst, sie widerstand nicht dem Werben,
Und der Verwegene hielt fest sie im Arme bestrickt.

Da entstand aus ihnen ein neuer, lieblicher Amor,
 Der dem Vater den Sinn, Sitte der Mutter verdankt.
Immer findest du ihn in holder Musen Gesellschaft,
 Und sein reizender Pfeil stiftet die Liebe der Kunst.

DIE KRÄNZE

Klopstock will uns vom Pindus entfernen; wir sollen nach
 Lorbeer
Nicht mehr geizen, uns soll inländische Eichel genügen;
Und doch führet er selbst den überepischen Kreuzzug
Hin auf Golgatha's Gipfel, ausländische Götter zu ehren!
Doch auf welchen Hügel er wolle versamml' er die Engel,
Lasse beim Grabe des Guten verlassene Redliche weinen:
Wo ein Held und Heiliger starb, wo ein Dichter gesungen,
Uns im Leben und Tod ein Beispiel trefflichen Mutes,
Hohen Menschenwertes zu hinterlassen, da knieen
Billig alle Völker in Andachtswonne, verehren
Dorn und Lorbeerkranz, und was ihn geschmückt und
 gepeinigt.

SCHWEIZERALPE

War doch gestern dein Haupt noch so braun wie die Locke
 der Lieben,
 Deren holdes Gebild still aus der Ferne mir winkt;
Silbergrau bezeichnet dir früh der Schnee nun die Gipfel,
 Der sich in stürmender Nacht dir um den Scheitel ergoß.
Jugend, ach! ist dem Alter so nah, durchs Leben verbunden,
 Wie ein beweglicher Traum Gestern und Heute verband.

AN PERSONEN

> Vieles reicht' ich meinen Lieben;
> Weniges ist mir geblieben.

ILMENAU
am 3. September 1783

Anmutig Tal! du immergrüner Hain!
Mein Herz begrüßt euch wieder auf das Beste;
Entfaltet mir die schwerbehangnen Äste,
Nehmt freundlich mich in eure Schatten ein,
Erquickt von euren Höhn, am Tag der Lieb' und Lust,
Mit frischer Luft und Balsam meine Brust!

Wie kehrt' ich oft mit wechselndem Geschicke,
Erhabner Berg! an deinen Fuß zurücke.
O laß mich heut' an deinen sachten Höhn,
Ein jugendlich, ein neues Eden sehn!
Ich hab' es wohl auch mit um euch verdienet:
Ich sorge still, indes ihr ruhig grünet.

Laßt mich vergessen, daß auch hier die Welt
So manch Geschöpf in Erdefesseln hält,
Der Landmann leichtem Sand den Samen anvertraut
Und seinen Kohl dem frechen Wilde baut;
Der Knappe karges Brod in Klüften sucht;
Der Köhler zittert, wenn der Jäger flucht.
Verjüngt euch mir, wie ihr es oft getan,
Als fing' ich heut' ein neues Leben an.

Ihr seid mir hold, ihr gönnt mir diese Träume,
Sie schmeicheln mir und locken alte Reime.
Mir wieder selbst, von allen Menschen fern,
Wie bad' ich mich in euren Düften gern!
Melodisch rauscht die hohe Tanne wieder, 25
Melodisch eilt der Wasserfall hernieder;
Die Wolke sinkt, der Nebel drückt ins Tal,
Und es ist Nacht und Dämmrung auf einmal.

Im finstern Wald, beim Liebesblick der Sterne,
Wo ist mein Pfad, den sorglos ich verlor? 30
Welch seltne Stimmen hör' ich in der Ferne?
Sie schallen wechselnd an dem Fels empor:
Ich eile sacht zu sehn, was es bedeutet,
Wie von des Hirsches Ruf der Jäger still geleitet.

Wo bin ich? ist's ein Zaubermärchen-Land? 35
Welch nächtliches Gelag am Fuß der Felsenwand?
Bei kleinen Hütten, dicht mit Reis bedecket,
Seh' ich sie froh an's Feuer hingestrecket.
Es dringt der Glanz hoch durch den Fichten-Saal;
Am niedern Herde kocht ein rohes Mahl; 40
Sie scherzen laut, indessen bald geleeret
Die Flasche frisch im Kreise wiederkehret.

Sagt, wem vergleich ich diese muntre Schar?
Von wannen kommt sie? um wohin? zu ziehen.
Wie ist an ihr doch alles wunderbar! 45
Soll ich sie grüßen? soll ich vor ihr fliehen?
Ist es der Jäger wildes Geisterheer?
Sind's Gnomen, die hier Zauberkünste treiben?
Ich seh' im Busch der kleinen Feuer mehr;
Es schaudert mich, ich wage kaum zu bleiben. 50
Ist's der Ägyptier verdächtiger Aufenthalt?
Ist es ein flüchtiger Fürst wie im Ardenner-Wald?
Soll ich verirrter hier in den verschlungnen Gründen
Die Geister Shakspear's gar verkörpert finden?

Ja, der Gedanke führt mich eben recht:
Sie sind es selbst, wo nicht ein gleich Geschlecht!
Unbändig schwelgt ein Geist in ihrer Mitten,
Und durch die Roheit fühl' ich edle Sitten.

Wie nennt ihr ihn? Wer ist's, der dort gebückt
Nachlässig stark die breiten Schultern drückt?
Er sitzt zunächst gelassen an der Flamme,
Die markige Gestalt aus altem Heldenstamme.
Er saugt begierig am geliebten Rohr,
Es steigt der Dampf an seiner Stirn empor.
Gutmütig trocken weiß er Freud' und Lachen
Im ganzen Zirkel laut zu machen,
Wenn er mit ernstlichem Gesicht
Barbarisch bunt in fremder Mundart spricht.

Wer ist der andre, der sich nieder
An einen Sturz des alten Baumes lehnt,
Und seine langen feingestalten Glieder,
Ekstatisch faul, nach allen Seiten dehnt,
Und, ohne daß die Zecher auf ihn hören,
Mit Geistesflug sich in die Höhe schwingt,
Und von dem Tanz der himmelhohen Sphären
Ein monotones Lied mit großer Inbrunst singt?

Doch scheinet allen etwas zu gebrechen.
Ich höre sie auf einmal leise sprechen,
Des Jünglings Ruhe nicht zu unterbrechen,
Der dort am Ende, wo das Tal sich schließt,
In einer Hütte, leicht gezimmert,
Vor der ein letzter Blick des kleinen Feuers schimmert,
Vom Wasserfall umrauscht, des milden Schlafs genießt.
Mich treibt das Herz nach jener Kluft zu wandern,
Ich schleiche still und scheide von den Andern.

Sei mir gegrüßt, der hier in später Nacht
Gedankenvoll an dieser Stelle wacht!

Was sitzest du entfernt von jenen Freuden?
Du scheinst mir auf was Wichtiges bedacht.
Was ist's, daß du in Sinnen dich verlierest, 90
Und nicht einmal dein kleines Feuer schürest?

»O frage nicht! denn ich bin nicht bereit,
Des Fremden Neugier leicht zu stillen;
Sogar verbitt' ich deinen guten Willen;
Hier ist zu schweigen und zu leiden Zeit. 95
Ich bin dir nicht im Stande selbst zu sagen
Woher ich sei, wer mich hierher gesandt;
Von fremden Zonen bin ich her verschlagen
Und durch die Freundschaft festgebannt.

Wer kennt sich selbst? wer weiß was er vermag? 100
Hat nie der Mutige Verwegnes unternommen?
Und was du tust, sagt erst der andre Tag,
War es zum Schaden oder Frommen.
Ließ nicht Prometheus selbst die reine Himmelsglut
Auf frischen Ton vergötternd niederfließen? 105
Und konnt' er mehr als irdisch Blut
Durch die belebten Adern gießen?
Ich brachte reines Feuer vom Altar;
Was ich entzündet, ist nicht reine Flamme.
Der Sturm vermehrt die Glut und die Gefahr, 110
Ich schwanke nicht, indem ich mich verdamme.

Und wenn ich unklug Mut und Freiheit sang
Und Redlichkeit und Freiheit sonder Zwang,
Stolz auf sich selbst und herzliches Behagen;
Erwarb ich mir der Menschen schöne Gunst: 115
Doch ach! ein Gott versagte mir die Kunst,
Die arme Kunst, mich künstlich zu betragen.
Nun sitz' ich hier zugleich erhoben und gedrückt,
Unschuldig und gestraft, unschuldig und beglückt.

120 Doch rede sacht! denn unter diesem Dach
 Ruht all mein Wohl und all mein Ungemach:
 Ein edles Herz, vom Wege der Natur
 Durch enges Schicksal abgeleitet,
 Das, ahnungsvoll, nun auf der rechten Spur
125 Bald mit sich selbst und bald mit Zauberschatten streitet,
 Und was ihm das Geschick durch die Geburt geschenkt
 Mit Müh' und Schweiß erst zu erringen denkt.
 Kein liebevolles Wort kann seinen Geist enthüllen
 Und kein Gesang die hohen Wogen stillen.

130 Wer kann der Raupe, die am Zweige kriecht,
 Von ihrem künft'gen Futter sprechen?
 Und wer der Puppe, die am Boden liegt,
 Die zarte Schale helfen durchzubrechen?
 Es kommt die Zeit, sie drängt sich selber los
135 Und eilt auf Fittigen der Rose in den Schoß.

 Gewiß, ihm geben auch die Jahre
 Die rechte Richtung seiner Kraft.
 Noch ist bei tiefer Neigung für das Wahre
 Ihm Irrtum eine Leidenschaft.
140 Der Vorwitz lockt ihn in die Weite,
 Kein Fels ist ihm zu schroff, kein Steg zu schmal;
 Der Unfall lauert an der Seite
 Und stürzt ihn in den Arm der Qual.
 Dann treibt die schmerzlich überspannte Regung
145 Gewaltsam ihn bald da bald dort hinaus,
 Und von unmutiger Bewegung
 Ruht er unmutig wieder aus.
 Und düster wild an heitren Tagen,
 Unbändig ohne froh zu sein,
150 Schläft er, an Seel' und Leib verwundet und zerschlagen,
 Auf einem harten Lager ein:
 Indessen ich hier still und atmend kaum
 Die Augen zu den freien Sternen kehre,
 Und, halb erwacht und halb im schweren Traum,
155 Mich kaum des schweren Traums erwehre.«

Verschwinde Traum!
 Wie dank' ich, Musen, euch!
Daß ihr mich heut auf einen Pfad gestellet,
Wo auf ein einzig Wort die ganze Gegend gleich
Zum schönsten Tage sich erhellet;
Die Wolke flieht, der Nebel fällt, 160
Die Schatten sind hinweg. Ihr Götter, Preis und Wonne!
Es leuchtet mir die wahre Sonne,
Es lebt mir eine schönre Welt;
Das ängstliche Gesicht ist in die Luft zerronnen,
Ein neues Leben ist's, es ist schon lang begonnen. 165

Ich sehe hier, wie man nach langer Reise
Im Vaterland sich wieder kennt;
Ein ruhig Volk in stillem Fleiße
Benutzen, was Natur an Gaben ihm gegönnt.
Der Faden eilet von dem Rocken 170
Des Webers raschem Stuhle zu;
Und Seil und Kübel wird in längrer Ruh
Nicht am verbrochnen Schachte stocken;
Es wird der Trug entdeckt, die Ordnung kehrt zurück,
Es folgt Gedeihn und festes ird'sches Glück. 175

So mög', o Fürst, der Winkel deines Landes
Ein Vorbild deiner Tage sein!
Du kennest lang' die Pflichten deines Standes
Und schränkest nach und nach die freie Seele ein.
Der kann sich manchen Wunsch gewähren, 180
Der kalt sich selbst und seinem Willen lebt;
Allein wer Andre wohl zu leiten strebt,
Muß fähig sein, viel zu entbehren.

So wandle du – der Lohn ist nicht gering –
Nicht schwankend hin, wie jener Sämann ging, 185
Daß bald ein Korn, des Zufalls leichtes Spiel,
Hier auf den Weg, dort zwischen Dornen fiel;
Nein! streue klug wie reich, mit männlich steter Hand,

Den Segen aus auf ein geackert Land;
Dann laß es ruhn: die Ernte wird erscheinen
Und Dich beglücken und die Deinen.

GELLERT'S MONUMENT
von Oeser

Als Gellert, der geliebte, schied,
Manch gutes Herz im Stillen weinte,
Auch manches matte schiefe Lied
Sich mit dem reinen Schmerz vereinte;
Und jeder Stümper bei dem Grab
Ein Blümchen an die Ehrenkrone,
Ein Scherflein zu des Edlen Lohne,
Mit vielzufriedner Miene gab:
Stand Oeser seitwärts von den Leuten
Und fühlte den Geschiednen, sann
Ein bleibend Bild, ein lieblich Deuten
Auf den verschwundnen werten Mann;
Und sammelte mit Geistesflug
Im Marmor alles Lobes Stammeln,
Wie wir in einen engen Krug
Die Asche des Geliebten sammeln.

AN ZACHARIAE

Schon wälzen schnelle Räder rasselnd sich und tragen
Dich von dem unbeklagten Ort,
Und angekettet fest an Deinen Wagen
Die Freuden mit Dir fort.

Du bist uns kaum entwichen, und schwermütig ziehen
Aus dumpfen Höhlen (denn dahin
Flohn sie bei Deiner Ankunft, wie vorm Glühen
Der Sonne Nebel fliehn)

 Verdruß und Langeweile. Wie die Stymphaliden
Umschwärmen sie den Tisch und sprühn
Von ihren Fittigen Gift unsrem Frieden
Auf alle Speisen hin.

Wo ist, sie zu verscheuchen, unser güt'ger Retter,
Der Venus vielgeliebter Sohn,
Apollens Liebling, Liebling aller Götter!
Lebt er? ist er entflohn?

O gäb' er mir die Stärke, seine mächt'ge Leier
Zu schlagen, die Apoll ihm gab;
Ich rührte sie, dann flöhn die Ungeheuer
Erschreckt zur Höll' hinab.

O leih mir, Sohn der Maja, Deiner Fersen Schwingen,
Die du sonst Sterblichen geliehn,
Die reißen mich aus diesem Elend, bringen
Mich zu der Ocker hin;

Dann folg' ich unerwartet ihm am Flusse,
Allein, so wenig staunet er,
Als ging ihm, angeheftet seinem Fuße,
Sein Schatten hinterher.

Von ihm dann unzertrennlich wärmt den jungen Busen
Der Glanz, der glorreich ihn umgibt;
Er liebet mich; dann lieben mich die Musen,
Weil mich ihr Liebling liebt.

AN SILVIEN

 Wenn die Zweige Wurzeln schlagen,
Wachsen, grünen, Früchte tragen;
Möchtest du dem Angedenken
Deines Freunds ein Lächeln schenken.

DERSELBEN

Und wenn sie zuletzt erfrieren,
Weil man sie nicht wohl verschanzet,
Will sich's alsobald gebühren,
Daß man hoffend neue pflanzet.

EINER HOHEN REISENDEN

Wohin Du trittst, wird uns verklärte Stunde,
Dir leuchtet Klarheit frisch vom Angesicht,
Vom Auge Gutheit, Lieblichkeit vom Munde,
Aus Wolken dringt ein reines Himmelslicht.
Der Ungeheuer Schwarm im Hintergrunde
Er drängt, er droht, jedoch er schreckt Dich nicht,
Wie Du mit Freiheit unbefangen schreitest,
Das Herz erhebst und jeden Geist erweitest.

So wandelst Du, Dein Ebenbild zu schauen,
Das majestätisch uns von oben blickt,
Der Mütter Urbild, Königin der Frauen,
Ein Wunderpinsel hat sie ausgedrückt.
Ihr beugt ein Mann, mit liebevollem Grauen,
Ein Weib die Knie, in Demut still entzückt;
Du aber kommst, ihr Deine Hand zu reichen
Als wärest Du zu Haus bei Deines gleichen.

Doch schreite weiter, was auch hier sich finde,
Zum Lande hin, dem doch kein andres gleicht,
Wo uns Natur befreit, wie Kunst auch binde,
Der Geist sich stählt, wenn sich das Herz erweicht,
Vor stillem Schaun so Zeit- als Volksgewinde
Zum Abgrund wallt, zur Himmelshöhe steigt:
Dorthin gehörst Du, die Du schaffend strebest,
Die Trümmer herstellst, Totes neu belebest.

Führ' uns indes durch blumenreiche Matten, 25
Am breiten Fluß durch's wohlbekannte Tal,
Wo Reben sich um Sonnenhügel gatten,
Der Fels dich schützt vor mächt'gem Sonnenstrahl;
Genieße froh der engen Laube Schatten,
Der reinen Milch unschuldig würd'ges Mahl, 30
Und hier und dort vergönn' an Deinen Blicken,
An Deinem Wort uns ewig zu entzücken!

JUBILÄUM
am zweiten Januar 1815

Hat der Tag sich kaum erneuet
Wo uns Winterfreude blühet,
Jedermann sich wünschend freuet
Wenn er Freund und Gönner siehet.

Sagt, wie, schon am zweiten Tage, 5
Sich ein zweites Fest entzündet?
Hat, vielleicht, willkommne Sage
Vaterland und Reich gegründet?

Haben sich die Allgewalten
Endlich schöpferisch entschieden, 10
Aufzuzeichnen, zu entfalten
Allgemeinen ew'gen Frieden?

Nein! – Dem Würdigen, dem Biedern
Winden wir vollkommne Kränze,
Und zu aller Art von Liedern 15
Schlingen sich des Festes Tänze.

Selbst das Erz erweicht sich gerne,
Wundersam ihn zu verehren;
Aber ihr, auch aus der Ferne,
Laßt zu seinem Preise hören! 20

 Er, nach langer Jahre Sorgen,
 Wo der Boden oft gebidmet,
 Sieht nun Fürst und Volk geborgen,
 Dem er Geist und Kraft gewidmet.

25 Die Gemahlin, längst verbunden
 Ihm als treulichstes Geleite,
 Sieht er auch, der tausend Stunden
 Froh gedenk, an seiner Seite.

 Leb' Er so, mit Jünglingskräften
30 Immer herrlich und vermögsam,
 In den wichtigsten Geschäften
 Heiter klug, und weise regsam.

 Und in seiner Trauten Kreise
 Sorgenfrei und unterhaltend,
35 Eine Welt, nach seiner Weise,
 Nah und fern umher gestaltend.

 RÄTSEL

 Viel Männer sind hoch zu verehren,
 Wohltätige durch Werk und Lehren;
 Doch wer uns zu erstatten wagt,
 Was die Natur uns ganz versagt,
5 Den darf ich wohl den größten nennen:
 Ich denke doch, ihr müßt ihn kennen?

 DEN DRILLINGSFREUNDEN VON CÖLLN,
 mit einem Bildnisse

 Der Abgebildete
 Vergleicht sich billig
 Heilgem *Dreikönige*,

Dieweil er willig
Dem Stern, der Ostenher
Wahrhaft erschienen,
Auf allen Wegen war
Bereit zu dienen.

Der Bildner gleichenfalls
Vergleicht sich eben
Dem Reiter, der den Hals
Darangegeben,
Wie *Hämmling* auch getan,
Ein Held geworden
Durch seine Manneskraft
Ritter vom Orden.

Darum zusammen sie
Euch nun verehren,
Die zum Vergangenen
Mutig Sich kehren,
Stein, Heilge, Samt und Gold –
Männiglich strebend
Und altem Tage hold –
Fröhlich belebend.

AN URANIUS

Himmel ach! so ruft man aus
Wenn's uns schlecht geworden.
Himmel will verdienen sich
Pfaff' und Ritterorden.

Ihren Himmel finden viel'
In dem Weltgetümmel;
Jugend unter Tanz und Spiel
Meint, sie sei im Himmel.

Doch von dem Klaviere tönt
Ganz ein andrer Himmel;
Alle Morgen grüß' ich ihn,
Nickt er mir vom Schimmel.

AN TISCHBEIN

Erst ein Deutscher, dann ein Schweizer,
Dann ein Berg- und Tal-Durchkreuzer,
Römer, dann Napolitaner,
Philosoph und doch kein Aner,
Dichter, fruchtbar aller Orten,
Bald mit Zeichen, bald mit Worten,
Immer bleibest du derselbe
Von der Tiber bis zur Elbe!
Glück und Heil! so wie du strebest,
Leben! so wie du belebest,
So genieße! laß genießen!
Bis die Nymphen dich begrüßen,
Die sich in der Ilme baden,
Und auf's freundlichste dich laden.

AN DENSELBEN

Alles was Du denkst und sinnest,
Was Du der Natur und Kunst
Mit Empfindung abgewinnest,
Druckst Du aus durch Musengunst.
Farbe her! Dein Meisterwille
Schafft ein sichtliches Gedicht;
Doch, bescheiden in der Fülle,
Du verschmähst die Worte nicht.

AN DENSELBEN

Für das Gute, für das Schöne,
Das Du uns so reichlich sendest,
Möge jegliche Camöne
Freude spenden, wie Du spendest!
Möge Dir, im nord'schen Trüben,
Aller Guten, aller Lieben
Reine Neigung so bereiten,
Überall Dich zu begleiten
Mit des Umgangs trauter Wonne,
Wie im heitern Land der Sonne!

AN DENSELBEN

Statt den Menschen in den Tieren
Zu verlieren,
Findest du ihn klar darin,
Und belebst, als wahrer Dichter,
Schaf- und säuisches Gelichter
Mit Gesinnung wie mit Sinn.
Auch der Esel kommt zu Ehren
Und i-aht uns weise Lehren.
Das was Büffon nur begonnen,
Kommt durch Tischbein an die Sonnen.

STAMMBUCHS-WEIHE

Muntre Gärten lieb' ich mir,
Viele Blumen drinne,
Und du hast so einen hier,
Merk' ich wohl, im Sinne.

Mögen Wünsche für dein Glück
Tausendfach erscheinen;
Grüße sie mit heitrem Blick
Und voran die meinen.

DER LIEBENDEN VERGESSLICHEN
zum Geburtstage

Dem schönen Tag sei es geschrieben!
Oft glänze Dir sein heitres Licht.
Uns hörest Du nicht auf zu lieben,
Doch bitten wir: vergiß uns nicht!

MIT WAHRHEIT UND DICHTUNG

Ein alter Freund erscheint maskiert,
Und das, was er im Schilde führt,
Gesteht er wohl nicht allen;
Doch Du entdeckst sogleich den Reim
Und sprichst ihn aus ganz in's geheim:
Er wünscht Dir zu

ANGEBINDE ZUR RÜCKKEHR

Die Freundin war hinausgegangen
Um in der Welt sich umzutun;
Nun wird sie bald nach Haus gelangen
Und auf gewohnte Weise ruhn.
Und neigt sie dann das art'ge Köpfchen,
Umwunden reich von Zopf und Zöpfchen,
Nach einem kissenweichen Sitzchen,
So bietet freundlich ihr das Mützchen.

KUNST

Bilde, Künstler! Rede nicht!
Nur ein Hauch sei dein Gedicht.

DIE NEKTARTROPFEN

Als Minerva jenen Liebling,
Den Prometheus, zu begünst'gen,
Eine volle Nektarschale
Von dem Himmel niederbrachte,
Seine Menschen zu beglücken,
Und den Trieb zu holden Künsten
Ihrem Busen einzuflößen;
Eilte sie mit schnellen Füßen,
Daß sie Jupiter nicht sähe;
Und die goldne Schale schwankte,
Und es fielen wenig Tropfen
Auf den grünen Boden nieder.

Emsig waren drauf die Bienen
Hinterher, und saugten fleißig;
Kam der Schmetterling geschäftig,
Auch ein Tröpfchen zu erhaschen;
Selbst die ungestalte Spinne
Kroch herbei und sog gewaltig.

Glücklich haben sie gekostet,
Sie und andre zarte Tierchen!
Denn sie teilen mit dem Menschen
Nun das schönste Glück, die Kunst.

DER WANDRER

Wandrer
Gott segne dich, junge Frau,
Und den säugenden Knaben
An deiner Brust!
Laß mich an der Felsenwand hier,
In des Ulmbaums Schatten,
Meine Bürde werfen,
Neben dir ausruhn.

Frau
Welch Gewerbe treibt dich
Durch des Tages Hitze
Den staubigen Pfad her?
Bringst du Waren aus der Stadt
Im Land herum?
Lächelst, Fremdling,
Über meine Frage?

Wandrer
Keine Waren bring' ich aus der Stadt:
Kühl wird nun der Abend.
Zeige mir den Brunnen,
Draus du trinkest,
Liebes junges Weib!

Frau
Hier den Felsenpfad hinauf.
Geh voran! Durch's Gebüsche
Geht der Pfad nach der Hütte,
Drin ich wohne,
Zu dem Brunnen,
Den ich trinke.

Wandrer
Spuren ordnender Menschenhand
Zwischen dem Gesträuch!
Diese Steine hast du nicht gefügt,
Reichhinstreuende Natur!

Frau
Weiter hinauf! 30

Wandrer
Von dem Moos gedeckt ein Architrav!
Ich erkenne dich, bildender Geist!
Hast dein Siegel in den Stein geprägt.

Frau
Weiter, Fremdling!

Wandrer
Eine Inschrift, über die ich trete! 35
Nicht zu lesen!
Weggewandelt seid ihr,
Tiefgegrabne Worte,
Die ihr eures Meisters Andacht
Tausend Enkeln zeigen solltet. 40

Frau
Staunest, Fremdling,
Diese Stein' an?
Droben sind der Steine viel
Um meine Hütte.

Wandrer
Droben? 45

Frau
Gleich zur Linken
Durch's Gebüsch hinan,
Hier.

Wandrer
Ihr Musen und Grazien!

Frau
Das ist meine Hütte.

Wandrer
Eines Tempels Trümmern!

Frau
Hier zur Seit' hinab
Quillt der Brunnen,
Den ich trinke.

Wandrer
Glühend webst du
Über deinem Grabe,
Genius! Über dir
Ist zusammengestürzt
Dein Meisterstück,
O du Unsterblicher!

Frau
Wart', ich hole das Gefäß
Dir zum Trinken.

Wandrer
Efeu hat deine schlanke
Götterbildung umkleidet.
Wie du emporstrebst
Aus dem Schutte,
Säulenpaar!
Und du einsame Schwester dort,
Wie ihr,
Düstres Moos auf dem heiligen Haupt,
Majestätisch trauernd herabschaut
Auf die zertrümmerten

Zu euern Füßen,
Eure Geschwister!
In des Brombeergesträuches Schatten
Deckt sie Schutt und Erde,
Und hohes Gras wankt drüber hin.
Schätzest du so, Natur,
Deines Meisterstücks Meisterstück?
Unempfindlich zertrümmerst du
Dein Heiligtum?
Säest Disteln drein?

Frau
Wie der Knabe schläft!
Willst du in der Hütte ruhn,
Fremdling? Willst du hier
Lieber in dem Freien bleiben?
Es ist kühl! Nimm den Knaben,
Daß ich Wasser schöpfen gehe.
Schlafe, Lieber! schlaf!

Wandrer
Süß ist deine Ruh!
Wie's, in himmlischer Gesundheit
Schwimmend, ruhig atmet!
Du, geboren über Resten
Heiliger Vergangenheit,
Ruh' ihr Geist auf dir!
Welchen der umschwebt,
Wird in Götterselbstgefühl
Jedes Tags genießen.
Voller Keim blüh' auf,
Des glänzenden Frühlings
Herrlicher Schmuck,
Und leuchte vor deinen Gesellen!
Und welkt die Blütenhülle weg,
Dann steig' aus deinem Busen
Die volle Frucht,
Und reife der Sonn' entgegen.

Frau
Gesegne's Gott! – Und schläft er noch?
Ich habe nichts zum frischen Trunk,
Als ein Stück Brot, das ich dir bieten kann.

Wandrer
Ich danke dir.
Wie herrlich alles blüht umher
Und grünt!

Frau
Mein Mann wird bald
Nach Hause sein
Vom Feld. O bleibe, bleibe, Mann!
Und iß mit uns das Abendbrot.

Wandrer
Ihr wohnet hier?

Frau
Da, zwischen dem Gemäuer her.
Die Hütte baute noch mein Vater
Aus Ziegeln und des Schuttes Steinen.
Hier wohnen wir.
Er gab mich einem Ackersmann,
Und starb in unsern Armen. –
Hast du geschlafen, liebes Herz?
Wie er munter ist, und spielen will!
Du Schelm!

Wandrer
Natur! du ewig keimende,
Schaffst Jeden zum Genuß des Lebens,
Hast deine Kinder alle mütterlich
Mit Erbteil ausgestattet, einer Hütte.
Hoch baut die Schwalb' an das Gesims,
Unfühlend, welchen Zierat

Sie verklebt.
Die Raup' umspinnt den goldnen Zweig
Zum Winterhaus für ihre Brut;
Und du flickst zwischen der Vergangenheit
Erhabne Trümmer
Für deine Bedürfniss'
Eine Hütte, o Mensch,
Genießest über Gräbern! –
Leb wohl, du glücklich Weib!

Frau
Du willst nicht bleiben?

Wandrer
Gott erhalt' euch,
Segn' euern Knaben!

Frau
Glück auf den Weg!

Wandrer
Wohin führt mich der Pfad
Dort über'n Berg?

Frau
Nach Cuma.

Wandrer
Wie weit ist's hin?

Frau
Drei Meilen gut.

Wandrer
Leb wohl!
O leite meinen Gang, Natur!
Den Fremdlings-Reisetritt,

 Den über Gräber
155 Heiliger Vergangenheit
 Ich wandle.
 Leit' ihn zum Schutzort,
 Vor'm Nord gedeckt,
 Und wo dem Mittagsstrahl
160 Ein Pappelwäldchen wehrt.
 Und kehr' ich dann
 Am Abend heim
 Zur Hütte,
 Vergoldet vom letzten Sonnenstrahl;
165 Laß mich empfangen solch ein Weib,
 Den Knaben auf dem Arm!

KÜNSTLERS MORGENLIED

Der Tempel ist euch aufgebaut,
Ihr hohen Musen all,
Und hier in meinem Herzen ist
Das Allerheiligste.

Wenn Morgens mich die Sonne weckt,
Warm, froh ich schau' umher,
Steht rings ihr Ewiglebenden
Im heil'gen Morgenglanz.

Ich bet' hinan, und Lobgesang
Ist lauter mein Gebet,
Und freudeklingend Saitenspiel
Begleitet mein Gebet.

Ich trete vor den Altar hin,
Und lese, wie sich's ziemt,
Andacht liturg'scher Lection
Im heiligen Homer.

Und wenn er in's Getümmel mich
Von Löwenkriegern reißt,
Und Göttersöhn' auf Wagen hoch
Rachglühend stürmen an, 20

Und Roß dann vor dem Wagen stürzt,
Und drunter und drüber sich
Freund', Feinde wälzen in Todesblut –
Er sengte sie dahin

Mit Flammenschwert der Heldensohn, 25
Zehntausend auf einmal,
Bis dann auch er, gebändiget
Von einer Götterhand,

Ab auf den Rogus niederstürzt,
Den er sich selbst gehäuft, 30
Und Feinde nun den schönen Leib
Verschändend tasten an:

Da greif' ich mutig auf, es wird
Die Kohle zum Gewehr,
Und jene meine hohe Wand 35
In Schlachtfeld-Wogen braus't.

Hinan! Hinan! Es heulet laut
Gebrüll der Feindeswut,
Und Schild an Schild, und Schwert auf Helm,
Und um den Toten Tod. 40

Ich dränge mich hinan, hinan,
Da kämpfen sie um ihn,
Die tapfern Freunde, tapferer
In ihrer Tränenwut.

Ach, rettet! Kämpfet! Rettet ihn! 45
In's Lager tragt ihn fort,

Und Balsam gießt dem Toten auf,
Und Tränen Toten-Ehr!

Und find' ich mich zurück hierher,
Empfängst du, Liebe, mich,
Mein Mädchen, ach, im Bilde nur,
Und so im Bilde warm!

Ach, wie du ruhtest neben mir,
Und schmachtetest mich an,
Und mir's vom Aug' durch's Herz hindurch
Zum Griffel schmachtete!

Wie ich an Aug' und Wange mich
Und Mund mich weidete,
Und mir's im Busen jung und frisch,
Wie einer Gottheit, war!

O kehre doch und bleibe dann
In meinen Armen fest,
Und keine, keine Schlachten mehr,
Nur dich in meinem Arm!

Und sollst mir, meine Liebe, sein
Alldeutend Ideal,
Madonna sein, ein Erstlingskind,
Ein heiligs an der Brust;

Und haschen will ich, Nymphe, dich,
Im tiefen Waldgebüsch;
O fliehe nicht die rauhe Brust,
Mein aufgerecktes Ohr!

Und liegen will ich Mars zu dir,
Du Liebesgöttin stark,
Und ziehn ein Netz um uns herum,
Und rufen dem Olymp.

 Wer von den Göttern kommen will,
Beneiden unser Glück,
Und soll's die Fratze Eifersucht
Am Bettfuß angebannt.

AMOR EIN LANDSCHAFTSMALER

Saß ich früh auf einer Felsenspitze,
Sah mit starren Augen in den Nebel;
Wie ein grau grundiertes Tuch gespannet,
Deckt' er Alles in die Breit' und Höhe.

Stellt' ein Knabe sich mir an die Seite,
Sagte: Lieber Freund, wie magst du starrend
Auf das leere Tuch gelassen schauen?
Hast du denn zum Malen und zum Bilden
Alle Lust auf ewig wohl verloren?

Sah ich an das Kind, und dachte heimlich:
Will das Bübchen doch den Meister machen!

Willst du immer trüb' und müßig bleiben,
Sprach der Knabe, kann nichts kluges werden:
Sieh, ich will dir gleich ein Bildchen malen,
Dich ein hübsches Bildchen malen lehren.

Und er richtete den Zeigefinger,
Der so rötlich war wie eine Rose,
Nach dem weiten ausgespannten Teppich,
Fing mit seinem Finger an zu zeichnen:

Oben malt' er eine schöne Sonne,
Die mir in die Augen mächtig glänzte,
Und den Saum der Wolken macht' er golden,
Ließ die Strahlen durch die Wolken dringen;
Malte dann die zarten leichten Wipfel

Frisch erquickter Bäume, zog die Hügel,
Einen nach dem andern, frei dahinter;
Unten ließ ers nicht an Wasser fehlen,
Zeichnete den Fluß so ganz natürlich,
Daß er schien im Sonnenstrahl zu glitzern,
Daß er schien am hohen Rand zu rauschen.

Ach, da standen Blumen an dem Flusse,
Und da waren Farben auf der Wiese,
Gold und Schmelz und Purpur und ein Grünes,
Alles wie Smaragd und wie Karfunkel!
Hell und rein lasiert er drauf den Himmel,
Und die blauen Berge fern und ferner,
Daß ich ganz entzückt und neu geboren
Bald den Maler, bald das Bild beschaute.

Hab' ich doch, so sagt' er, dir bewiesen,
Daß ich dieses Handwerk gut verstehe;
Doch es ist das schwerste noch zurücke.

Zeichnete darnach mit spitzem Finger
Und mit großer Sorgfalt an dem Wäldchen,
G'rad' an's Ende, wo die Sonne kräftig
Von dem hellen Boden widerglänzte,
Zeichnete das allerliebste Mädchen,
Wohlgebildet, zierlich angekleidet,
Frische Wangen unter braunen Haaren,
Und die Wangen waren von der Farbe,
Wie das Fingerchen, das sie gebildet.

O du Knabe! rief ich, welch ein Meister
Hat in seine Schule dich genommen,
Daß du so geschwind und so natürlich
Alles klug beginnst und gut vollendest?

Da ich noch so rede, sieh, da rühret
Sich ein Windchen, und bewegt die Gipfel,

Kräuselt alle Wellen auf dem Flusse,
Füllt den Schleier des vollkommnen Mädchens,
Und was mich Erstaunten mehr erstaunte,
Fängt das Mädchen an den Fuß zu rühren, 60
Geht zu kommen, nähert sich dem Orte,
Wo ich mit dem losen Lehrer sitze,

Da nun Alles, Alles sich bewegte,
Bäume, Fluß und Blumen und der Schleier,
Und der zarte Fuß der Allerschönsten; 65
Glaubt ihr wohl, ich sei auf meinem Felsen,
Wie ein Felsen, still und fest geblieben?

KÜNSTLERS ABENDLIED

Ach, daß die innre Schöpfungskraft
Durch meinen Sinn erschölle!
Daß eine Bildung voller Saft
Aus meinen Fingern quölle!

Ich zittre nur, ich stottre nur, 5
Und kann es doch nicht lassen;
Ich fühl', ich kenne dich, Natur,
Und so muß ich dich fassen.

Bedenk' ich dann, wie manches Jahr
Sich schon mein Sinn erschließet, 10
Wie er, wo dürre Heide war,
Nun Freudenquell genießet;

Wie sehn' ich mich, Natur, nach dir,
Dich treu und lieb zu fühlen!
Ein lust'ger Springbrunn, wirst du mir 15
Aus tausend Röhren spielen.

Wirst alle meine Kräfte mir
In meinem Sinn erheitern,
Und dieses enge Dasein hier
Zur Ewigkeit erweitern.

KENNER UND KÜNSTLER

Kenner
Gut! Brav, mein Herr! Allein
Die linke Seite
Nicht ganz gleich der rechten;
Hier scheint es mir zu lang,
Und hier zu breit;
Hier zuckt's ein wenig,
Und die Lippe
Nicht ganz Natur,
So tot noch Alles!

Künstler
O ratet! Helft mir,
Daß ich mich vollende!
Wo ist der Urquell der Natur,
Daraus ich schöpfend
Himmel fühl' und Leben
In die Fingerspitzen hervor,
Daß ich mit Göttersinn
Und Menschenhand
Vermöge zu bilden,
Was bei meinem Weib'
Ich animalisch kann und muß.

Kenner
Da sehen Sie zu.

Künstler
So!

KENNER UND ENTHUSIAST

Ich führt' einen Freund zum Maidel jung,
Wollt' ihm zu genießen geben,
Was Alles es hätt, gar Freud' genung,
Frisch junges warmes Leben.
Wir fanden sie sitzen an ihrem Bett,
Tät' sich auf ihr Händlein stützen.
Der Herr der macht' ihr ein Kompliment,
Tät' gegen ihr über sitzen.
Er spitzt die Nase, er sturt sie an,
Betracht sie herüber, hinüber:
Und um mich war's gar bald getan,
Die Sinnen gingen mir über.

Der liebe Herr für allen Dank
Führt mich drauf in eine Ecken,
Und sagt, sie wär' doch allzu schlank,
Und hätt' auch Sommerflecken.
Da nahm ich von meinem Kind Adjeu,
Und scheidend sah ich in die Höh:
Ach Herre Gott, ach Herre Gott,
Erbarm dich doch des Herren!

Da führt' ich ihn in die Galerie
Voll Menschenglut und Geistes;
Mir wirds da gleich, ich weiß nicht wie,
Mein ganzes Herz zerreißt es,
O Maler! Maler! rief ich laut,
Belohn' dir Gott dein Malen!
Und nur die allerschönste Braut
Kann dich für uns bezahlen.

Und sieh, da ging mein Herr herum,
Und stochert sich die Zähne,
Registriert in Catalogum

Mir meine Göttersöhne.
Mein Busen war so voll und bang,
Von hundert Welten trächtig;
Ihm war bald was zu kurz, zu lang,
Wägt' alles gar bedächtig.

Da warf ich in ein Eckchen mich,
Die Eingeweide brannten.
Um ihn versammelten Männer sich,
Die ihn einen Kenner nannten.

MONOLOG DES LIEBHABERS

Was nutzt die glühende Natur
Vor deinen Augen dir,
Was nutzt dir das Gebildete
Der Kunst rings um dich her,
Wenn liebevolle Schöpfungskraft
Nicht deine Seele füllt,
Und in den Fingerspitzen dir
Nicht wieder bildend wird?

GUTER RAT

Geschieht wohl, daß man einen Tag
Weder sich noch Andre leiden mag,
Will nichts dir nach dem Herzen ein;
Sollt's in der Kunst wohl anders sein?
Drum hetze dich nicht zur schlimmen Zeit,
Denn Füll' und Kraft sind nimmer weit:
Hast in der bösen Stund' geruht,
Ist dir die gute doppelt gut.

SENDSCHREIBEN

Mein altes Evangelium
Bring' ich dir hier schon wieder;
Doch ist mir's wohl um mich herum,
Darum schreib' ich dir's nieder.

Ich holte Gold, ich holte Wein,
Stellt' alles da zusammen.
Da, dacht' ich, da wird Wärme sein,
Geht mein Gemäld' in Flammen!
Auch tät' ich bei der Schätze Flor
Viel Glut und Reichtum schwärmen;
Doch Menschenfleisch geht allem vor,
Um sich daran zu wärmen.

Und wer nicht richtet, sondern fleißig ist,
Wie ich bin und wie du bist,
Den belohnet auch die Arbeit mit Genuß;
Nichts wird auf der Welt ihm Überdruß.
Denn er blecket nicht mit stumpfem Zahn
Lang' Gesott'nes und Gebrat'nes an,
Das er, wenn er noch so sittlich kaut,
Endlich doch nicht sonderlich verdaut;
Sondern faßt ein tüchtig Schinkenbein,
Haut da gut taglöhnermäßig drein,
Füllt bis oben gierig den Pokal,
Trinkt, und wischt das Maul wohl nicht einmal.

Sieh, so ist Natur ein Buch lebendig,
Unverstanden, doch nicht unverständlich:
Denn dein Herz hat viel und groß Begehr,
Was wohl in der Welt für Freude wär',
Allen Sonnenschein und alle Bäume,
Alles Meergestad' und alle Träume,
In dein Herz zu sammeln mit einander,
Wie die Welt durchwühlend Banks, Solander.

Und wie muß dir's werden, wenn du fühlest,
Daß du alles in dir selbst erzielest.
Freude hast an deiner Frau und Hunden,
Als noch keiner in Elysium gefunden,
Als er da mit Schatten lieblich schweifte
Und an goldne Gottgestalten streifte.
Nicht in Rom, in Magna Gräcia;
Dir im Herzen ist die Wonne da!
Wer mit seiner Mutter, der Natur, sich hält,
Find't im Stengelglas wohl eine Welt.

KÜNSTLERS FUG UND RECHT

Ein frommer Maler mit vielem Fleiß
Hatte manchmal gewonnen den Preis,
Und manchmal ließ er's auch geschehn,
Daß er einem Bessern nach mußt' stehn;
Hatte seine Tafeln fortgemalt,
Wie man sie lobt, wie man sie bezahlt.
Da kamen einige gut hinaus;
Man baut ihn'n sogar ein Heiligenhaus.

Nun fand er Gelegenheit einmal,
Zu malen eine Wand im Saal;
Mit emsigen Zügen er staffiert,
Was öfters in der Welt passiert;
Zog seinen Umriß leicht und klar,
Man konnte sehn, was gemeint da war.
Mit wenig Farben er koloriert,
Doch so, daß er das Aug frappiert.
Er glaubt es für den Platz gerecht
Und nicht zu gut und nicht zu schlecht,
Daß es versammelte Herr'n und Frau'n,
Möchten einmal mit Lust beschaun;
Zugleich er auch noch wünscht' und wollt'
Daß man dabei was denken sollt'.

Als nun die Arbeit fertig war,
Da trat herein manch Freundespaar,
Das unsers Künstlers Werke liebt, 25
Und darum desto mehr betrübt,
Daß an der losen, leidigen Wand
Nicht auch ein Götterbildnis stand.
Die setzten ihn sogleich zur Red',
Warum er so was malen tät, 30
Da doch der Saal und seine Wänd'
Gehörten nur für Narrenhänd';
Er sollte sich nicht lassen verführen
Und nun auch Bänk und Tische beschmieren;
Er sollte bei seinen Tafeln bleiben 35
Und hübsch mit seinem Pinsel schreiben;
Und sagten ihm von dieser Art
Noch viel Verbindlichs in den Bart.

Er sprach darauf bescheidentlich:
Eure gute Meinung beschämet mich. 40
Es freut mich mehr nichts auf der Welt
Als wenn euch je mein Werk gefällt.
Da aber aus eigenem Beruf
Gott der Herr allerlei Tier' erschuf,
Daß auch sogar das wüste Schwein, 45
Kröten und Schlangen vom Herren sein,
Und er auch manches nur ebauchiert,
Und gerade nicht alles ausgeführt
(Wie man den Menschen denn selbst nicht scharf
Und nur en gros betrachten darf:) 50
So hab' ich als ein armer Knecht
Vom sündlich menschlichen Geschlecht
Von Jugend auf allerlei Lust gespürt
Und mich in Allerlei exerziert,
Und so durch Übung und durch Glück 55
Gelang mir, sagt ihr, manches Stück.
Nun dächt' ich, nach vielem Rennen und Laufen
Dürft' einer auch einmal verschnaufen,

Ohne daß jeder gleich, der wohl ihm wollt'
Ihn 'nen faulen Bengel heißen sollt'.

Drum ist mein Wort zu dieser Frist
Wie's allezeit gewesen ist:
Mit keiner Arbeit hab' ich geprahlt
Und was ich gemalt hab', hab' ich gemalt.

GROSS IST DIE DIANA DER EPHESER
Apostelgeschichte 19, 39

Zu Ephesus ein Goldschmied saß
In seiner Werkstatt, pochte
So gut er konnt', ohn' Unterlaß,
So zierlich er's vermochte.
Als Knab' und Jüngling kniet' er schon
Im Tempel vor der Göttin Thron,
Und hatte den Gürtel unter den Brüsten,
Worin so manche Tiere nisten,
Zu Hause treulich nachgefeilt,
Wie's ihm der Vater zugeteilt;
Und leitete sein kunstreich Streben
In frommer Wirkung durch das Leben.

Da hört er denn auf einmal laut
Eines Gassenvolkes Windesbraut,
Als gäb's einen Gott so im Gehirn
Da! hinter des Menschen alberner Stirn,
Der sei viel herrlicher als das Wesen,
An dem wir die Breite der Gottheit lesen.

Der alte Künstler horcht nur auf,
Läßt seinen Knaben auf den Markt den Lauf,
Feilt immer fort an Hirschen und Tieren,
Die seiner Gottheit Knie zieren;

Und hofft, es könnte das Glück ihm walten,
Ihr Angesicht würdig zu gestalten.

—

Will's aber einer anders halten,
So mag er nach Belieben schalten;
Nur soll er nicht das Handwerk schänden;
Sonst wird er schlecht und schmählich enden.

PARABOLISCH

> Was im Leben uns verdrießt
> Man im Bilde gern genießt.

ERKLÄRUNG EINER ANTIKEN GEMME

Es steht ein junger Feigenstock
In einem schönen Garten;
Daneben sitzt ein Ziegenbock,
Als wollt' er seiner warten.

Allein, Quiriten, wie man irrt!
Der Baum ist schlecht gehütet;
Und ihm zur andern Seite schwirrt
Ein Käfer ausgebrütet.

Es fliegt der Held mit Panzerbrust
Und naschet in den Zweigen,
Und auch der Bock hat große Lust,
Gemächlich aufzusteigen.

Drum seht ihr Freunde schon beinah
Das Bäumchen nackt von Blättern;
Es stehet ganz erbärmlich da
Und flehet zu den Göttern.

Drum hört die guten Lehren an,
Ihr Kinder zart von Jahren:
Vor Ziegenbock und Käferzahn
Soll man ein Bäumchen wahren!

KATZENPASTETE

Bewährt den Forscher der Natur
Ein frei und ruhig Schauen;
So folge Meßkunst seiner Spur
Mit Vorsicht und Vertrauen.

Zwar mag in Einem Menschenkind
Sich beides auch vereinen;
Doch daß es zwei Gewerbe sind,
Das läßt sich nicht verneinen.

—

Es war einmal ein braver Koch,
Geschickt im Appretieren;
Dem fiel es ein, er wollte doch
Als Jäger sich gerieren.

Er zog bewehrt zu grünem Wald,
Wo manches Wildpret haus'te,
Und einen Kater schoß er bald,
Der junge Vögel schmaus'te.

Sah ihn für einen Hasen an
Und ließ sich nicht bedeuten,
Pastetete viel Würze dran
Und setzt' ihn vor den Leuten.

Doch manche Gäste das verdroß,
Gewisse feine Nasen:
Die Katze, die der Jäger schoß,
Macht nie der Koch zum Hasen.

SÉANCE

Hier ist's, wo unter eignem Namen
Die Buchstaben sonst zusammen kamen.
Mit Scharlachkleidern angetan
Saßen die Selbstlauter oben an:
A, E, I, O und U dabei,
Machten gar ein seltsam Geschrei.
Die Mitlauter kamen mit steifen Schritten,
Mußten erst um Erlaubnis bitten.
Präsident A war ihnen geneigt;
Da wurd' ihnen denn der Platz gezeigt;
Andre aber die mußten stehn,
Als Pe Ha und Te Ha und solches Getön.
Dann gab's ein Gerede, man weiß nicht wie:
Das nennt man eine Akademie.

LEGENDE

In der Wüsten ein heiliger Mann
Zu seinem Erstaunen tät treffen an
Einen ziegenfüßigen Faun, der sprach:
»Herr, betet für mich und meine Gefährt',
Daß ich zum Himmel gelassen werd',
Zur Seligen Freud': uns dürstet darnach.«
Der heilige Mann dagegen sprach:
»Es sieht mit deiner Bitte gar gefährlich
Und gewährt wird sie dir schwerlich.
Du kommst nicht zum englischen Gruß:
Denn du hast einen Ziegenfuß.«
Da sprach hierauf der wilde Mann:
»Was hat euch mein Ziegenfuß getan?
Sah ich doch Manche strack und schön
Mit Eselsköpfen gen Himmel gehn.«

AUTOREN

Über die Wiese, den Bach herab,
Durch seinen Garten,
Bricht er die jüngsten Blumen ab;
Ihm schlägt das Herz vor Erwarten.
Sein Mädchen kommt – O Gewinst! o Glück!
Jüngling, tauschest deine Blüten um einen Blick!

Der Nachbar Gärtner sieht herein
Über die Hecke: »So ein Tor möcht' ich sein!
Hab' Freude, meine Blumen zu nähren,
Die Vögel von meinen Früchten zu wehren;
Aber sind sie reif: Geld! guter Freund!
Soll ich meine Mühe verlieren?«

Das sind Autoren, wie es scheint.
Der eine streut seine Freuden herum,
Seinen Freunden, dem Publikum;
Der andre läßt sich pränumerieren.

REZENSENT

Da hatt' ich einen Kerl zu Gast,
Er war mir eben nicht zur Last;
Ich hatt' just mein gewöhnlich Essen,
Hat sich der Kerl pumpsatt gefressen,
Zum Nachtisch, was ich gespeichert hatt'.
Und kaum ist mir der Kerl so satt,
Tut ihn der Teufel zum Nachbar führen
Über mein Essen zu räsonieren:
»Die Supp' hätt' können gewürzter sein,
Der Braten brauner, firner der Wein.«
Der Tausendsakerment!
Schlagt ihn tot den Hund! Es ist ein Rezensent.

DILETTANT UND KRITIKER

Es hatt' ein Knab' eine Taube zart,
Gar schön von Farben und bunt,
Gar herzlich lieb, nach Knaben-Art,
Geätzet aus seinem Mund,
Und hatte so Freud' am Täubchen sein,
Daß er nicht konnte sich freuen allein.

Da lebte nicht weit ein Alt-Fuchs herum,
Erfahren und lehrreich und schwätzig darum;
Der hatte den Knaben manch Stündlein ergetzt,
Mit Wundern und Lügen verprahlt und verschwätzt.

»Muß meinem Fuchs doch mein Täubelein zeigen!«
Er lief und fand ihn strecken in Sträuchen.
»Sieh, Fuchs, mein lieb Täublein, mein Täubchen so schön!
Hast du dein Tag so ein Täubchen gesehn?«

Zeig her! – Der Knabe reicht's. – Geht wohl an;
Aber es fehlt noch Manches dran.
Die Federn, zum Exempel, sind zu kurz geraten. –
Da fing er an, rupft' sich den Braten.
Der Knabe schrie. – Du mußt stärkre einsetzen,
Sonst ziert's nicht, schwinget nicht. –
Da war's nackt – Mißgeburt! – und in Fetzen.
Dem Knaben das Herze bricht.

Wer sich erkennt im Knaben gut,
Der sei vor Füchsen auf seiner Hut.

NEOLOGEN

Ich begegnet' einem jungen Mann,
Ich fragt' ihn um sein Gewerbe;

Er sagt': ich sorge, wie ich kann,
Daß ich mir, eh ich sterbe,
Ein Bauergütchen erwerbe.
Ich sagte: das ist sehr wohl gedacht;
Und wünschte, er hätt' es so weit gebracht.
Da hört' ich: er habe vom lieben Papa
Und eben so von der Frau Mama
Die allerschönsten Rittergüter.
—
Das nenn' ich doch originale Gemüter.

KRITTLER

Ein unverschämter Naseweis,
Der, was er durch Stahlarbeitersfleiß
Auf dem Laden künstlich liegen sah,
Dacht', es wär' für ihn alleine da.
So tatscht' er dem geduldigen Mann
Die blanken Waren sämtlich an
Und schätzte sie, nach Dünkelsrecht,
Das Schlechte hoch, das Gute schlecht,
Getrost, zufriednen Angesichts;
Dann ging er weg und kaufte nichts.

Den Kramer das zuletzt verdroß,
Und macht ein stählern künstlich Schloß
Zur rechten Stunde glühend heiß.
Da ruft gleich unser Naseweis:
»Wer wird so schlechte Ware kaufen!
Der Stahl ist schändlich angelaufen.«
Und tappt auch gleich recht läppisch drein
Und fängt erbärmlich an zu schrein.
Der Kramer fragt: was ist dann das?
Der Quidam schreit: »Ein frostiger Spaß!«

KLÄFFER

Wir reiten in die Kreuz' und Quer'
Nach Freuden und Geschäften;
Doch immer kläfft es hinterher
Und billt aus allen Kräften.
So will der Spitz aus unserm Stall
Uns immerfort begleiten,
Und seines Bellens lauter Schall
Beweis't nur, daß wir reiten.

CELEBRITÄT

Auf großen und auf kleinen Brucken
Stehn vielgestaltete Nepomucken
Von Erz, von Holz, gemalt, von Stein,
Colossisch hoch, und puppisch klein.
Jeder hat seine Andacht davor,
Weil Nepomuk auf der Brucken das Leben verlor.

Ist einer nun mit Kopf und Ohren
Einmal zum Heiligen auserkoren,
Oder hat er unter Henkershänden
Erbärmlich müssen das Leben enden;
So ist er zur Qualität gelangt,
Daß er gar weit im Bilde prangt.
Kupferstich, Holzschnitt tun sich eilen,
Ihn allen Welten mitzuteilen;
Und jede Gestalt wird wohl empfangen,
Tut sie mit seinem Namen prangen:
Wie es denn auch dem Herren Christ
Nicht ein Haar besser geworden ist.
Merkwürdig für die Menschenkinder;
Halb Heiliger, halb armer Sünder,
Sehn wir *Herrn Werther* auch allda

Prangen in Holzschnitts-gloria.
Das zeugt erst recht von seinem Werte,
Daß mit erbärmlicher Gebärde
Er wird auf jedem Jahrmarkt prangen
Wird in Wirtsstuben aufgehangen.
Jeder kann mit dem Stocke zeigen:
»Gleich wird die Kugel das Hirn erreichen!«
Und Jeder spricht bei Bier und Brot:
»Gott seis gedankt: nicht *wir* sind tot!«

PARABEL

In einer Stadt, wo Parität
Noch in der alten Ordnung steht,
Da, wo sich nämlich Katholiken
Und Protestanten in einander schicken,
Und, wie's von Vätern war erprobt,
Jeder Gott auf seine Weise lobt;
Da lebten wir Kinder Lutheraner
Von etwas Predigt und Gesang,
Waren aber dem Kling und Klang
Der Katholiken nur zugetaner:
Denn alles war doch gar zu schön,
Bunter und lustiger anzusehn.

Dieweil nun Affe, Mensch und Kind
Zur Nachahmung geboren sind,
Erfanden wir, die Zeit zu kürzen,
Ein auserles'nes Pfaffenspiel:
Zum Chorrock, der uns wohlgefiel,
Gaben die Schwestern ihre Schürzen;
Handtücher, mit Wirkwerk schön verziert,
Wurden zur Stola travestiert;
Die Mütze mußte den Bischoff zieren,
Von Goldpapier mit vielen Tieren.

> So zogen wir nun im Ornat
> Durch Haus und Garten, früh und spat,
> 25 Und wiederholten ohne Schonen
> Die sämtlichen heiligen Funktionen;
> Doch fehlte noch das beste Stück.
> Wir wußten wohl ein prächtig Läuten
> Habe hier am meisten zu bedeuten;
> 30 Und nun begünstigt uns das Glück:
> Denn auf dem Boden hing ein Strick.
> Wir sind entzückt, und wie wir diesen
> Zum Glockenstrang sogleich erkiesen,
> Ruht er nicht einen Augenblick:
> 35 Denn wechselnd eilten wir Geschwister,
> Einer ward um den andern Küster,
> Ein Jedes drängte sich hinzu.
> Das ging nun allerliebst von statten
> Und weil wir keine Glocken hatten,
> 40 So sangen wir *Bum Baum* dazu.
>
> —
>
> Vergessen, wie die älteste Sage,
> War der unschuld'ge Kinder-Scherz;
> Doch g'rade diese letzten Tage
> Fiel er mit einmal mir auf's Herz:
> 45 Da sind sie ja, nach allen Stücken,
> Die neupoetischen Katholiken!

GOTT, GEMÜT UND WELT

> Wird nur erst der Himmel heiter,
> Tausend zählt ihr, und noch weiter.

In wenig Stunden
Hat Gott das Rechte gefunden.

—

Wer Gott vertraut,
Ist schon auferbaut.

—

Sogar dies Wort hat nicht gelogen:
Wen Gott betrügt, der ist wohl betrogen.

—

Das *Unser Vater* ein schön Gebet,
Es dient und hilft in allen Nöten.
Wenn einer auch *Vater Unser* fleht,
In Gottes Namen, laß ihn beten.

—

Ich wandle auf weiter bunter Flur,
Ursprünglicher Natur,
Ein holder Born in welchem ich bade,
Ist Überlieferung, ist Gnade.

—

Was wär ein Gott, der nur von außen stieße,
Im Kreis das All am Finger laufen ließe!
Ihm ziemts, die Welt im Innern zu bewegen,
Natur in Sich, Sich in Natur zu hegen,
So daß was in Ihm lebt und webt und ist,
Nie Seine Kraft, nie Seinen Geist vermißt.

—

Im Innern ist ein Universum auch;
Daher der Völker löblicher Gebrauch

Daß jeglicher, das Beste was er kennt,
Er Gott, ja seinen Gott benennt,
Ihm Himmel und Erden übergibt,
Ihn fürchtet, und wo möglich liebt.

—

Wie? Wann? und Wo? – Die Götter bleiben stumm!
Du halte dich an's *Weil*, und frage nicht Warum?

—

Willst du in's Unendliche schreiten,
Geh nur im Endlichen nach allen Seiten.

—

Willst du dich am Ganzen erquicken;
So mußt du das Ganze im Kleinsten erblicken.

—

Aus tiefem Gemüt, aus der Mutter Schoß
Will Manches dem Tage entgegen;
Doch soll das Kleine je werden groß,
So muß es sich rühren und regen.

—

Da, wo das Wasser sich entzweit,
Wird zuerst Lebendig's befreit.

—

Und wird das Wasser sich entfalten,
Sogleich wird sich's lebendig gestalten;
Da wälzen sich Tiere, sie trocknen zum Flor,
Und Pflanzen-Gezweige sie dringen hervor.

—

Durchsichtig erscheint die Luft so rein
Und trägt im Busen Stahl und Stein.
Entzündet werden sie sich begegnen;
Da wirds Metall und Steine regnen.

—

Denn was das Feuer lebendig erfaßt,
Bleibt nicht mehr Unform und Erdenlast.
Verflüchtigt wird es und unsichtbar,
Eilt hinauf, wo erst sein Anfang war.

—

Und so kommt wieder zur Erde herab,
Dem die Erde den Ursprung gab.
Gleicherweise sind wir auch gezüchtigt,
Einmal gefestet, einmal verflüchtigt.

—

Und wer durch alle die Elemente 55
Feuer, Luft, Wasser und Erde rennte,
Der wird zuletzt sich überzeugen,
Er sei kein Wesen ihres Gleichen.

—

»Was will die Nadel nach Norden gekehrt«;
Sich selbst zu finden, es ist ihr verwehrt. 60

—

Die endliche Ruhe wird nur verspürt,
Sobald der Pol den Pol berührt.

—

Drum danket Gott, ihr Söhne der Zeit,
Daß er die Pole für ewig entzweit.

—

Magnetes Geheimnis, erkläre mir das! 65
Kein größer Geheimnis, als Lieb' und Haß.

—

Wirst du deines Gleichen kennen lernen,
So wirst du dich gleich wieder entfernen.

—

Warum tanzen Bübchen mit Mädchen so gern?
Ungleich dem Gleichen bleibet nicht fern. 70

—

Sind Könige je zusammengekommen,
So hat man immer nur Unheil vernommen.

—

Dagegen die Bauern in der Schenke
Prügeln sich gleich mit den Beinen der Bänke.

—

Der Amtmann schnell das Übel stillt, 75
Weil er nicht für ihres gleichen gilt.

—

Soll dein Kompaß dich richtig leiten,
Hüte dich vor Magnetstein', die dich begleiten.
—

Verdoppelte sich der Sterne Schein,
Das All wird ewig finster sein.
—

»Und was sich zwischen beide stellt?«
Dein Auge, so wie die Körperwelt.
—

An der Finsternis zusammengeschrunden,
Wird dein Auge vom Licht entbunden.
—

Schwarz und Weiß, eine Totenschau,
Vermischt ein niederträchtig Grau.
—

Will Licht einem Körper sich vermählen,
Es wird den ganz durchsichtgen wählen.
—

Du aber halte dich mit Liebe
An das Durchscheinende, das Trübe.
—

Denn steht das Trübste vor der Sonne,
Da siehst die herrlichste Purpur-Wonne.
—

Und will das Licht sich dem Trübsten entwinden,
So wird es glühend Rot entzünden.
—

Und wie das Trübe verdunstet und weicht,
Das Rote zum hellsten Gelb erbleicht.
—

Ist endlich der Äther rein und klar,
Ist das Licht weiß, wie es anfangs war.
—

Steht vor dem Finstern milchig Grau,
Die Sonne bescheints, da wird es Blau.
—

Auf Bergen, in der reinsten Höhe,
Tief Rötlichblau ist Himmelsnähe.

—

Du staunest über die Königspracht,
Und gleich ist sammetschwarz die Nacht.

—

Und so bleibt auch, in ewigem Frieden, 105
Die Finsternis vom Licht geschieden.

—

Daß sie mit einander streiten können,
Das ist eine bare Torheit zu nennen.

—

Sie streiten mit der Körperwelt,
Die sie ewig auseinander hält. 110

SPRICHWÖRTLICH

> Lebst im Volke; sei gewohnt,
> Keiner je des Andern schont.

Wenn ich den Scherz will ernsthaft nehmen,
So soll mich Niemand darum beschämen;
Und wenn ich den Ernst will scherzhaft treiben,
So werd' ich immer derselbe bleiben.

—

Die Lust zu reden kommt zu rechter Stunde,
Und wahrhaft fließt das Wort aus Herz und Munde.

—

> Ich sah mich um, an vielen Orten,
> Nach lustigen, gescheiten Worten;
> An bösen Tagen mußt ich mich freuen,
> Daß diese die besten Worte verleihen.

—

> Im neuen Jahre Glück und Heil!
> Auf Weh' und Wunden gute Salbe!
> Auf groben Klotz, ein grober Keil!
> Auf einen Schelmen, anderthalbe.

—

Willst lustig leben,
Geh mit zwei Säcken,
Einen zum Geben,
Einen um einzustecken.
Da gleichst du Prinzen
Plünderst und beglückst Provinzen.

—

Was in der Zeiten Bildersaal
Jemals ist trefflich gewesen,

Das wird immer einer einmal
Wieder auffrischen, und lesen.

—

Nicht Jeder wandelt nur gemeine Stege:
Du siehst, die Spinnen bauen luft'ge Wege.

—

Ein Kranz ist gar viel leichter binden,
Als ihm ein würdig Haupt zu finden.

—

Wie die Pflanzen zu wachsen belieben,
Darin wird jeder Gärtner sich üben;
Wo aber des Menschen Wachstum ruht,
Dazu jeder selbst das Beste tut.

—

Willst du dir aber das Beste tun,
So bleib nicht auf dir selber ruhn.
Sondern folg' eines Meisters Sinn;
Mit ihm zu irren ist dir Gewinn.

—

Benutze redlich deine Zeit!
Willst was begreifen, suchs nicht weit.

—

Zwischen heut und morgen
Liegt eine lange Frist.
Lerne schnell besorgen,
Da du noch munter bist.

—

Die Dinte macht uns wohl gelehrt,
Doch ärgert sie, wo sie nicht hingehört.
Geschrieben Wort ist Perlen gleich;
Ein Dintenklecks ein böser Streich.

—

Wenn man für's Künftige was erbaut,
Schief wird's von vielen angeschaut.
Tust du was für den Augenblick,
Vor allem opfre du dem Glück.

—

Mit einem Herren steht es gut,
Der, was er befohlen, selber tut.

—

Tu' nur das Rechte in deinen Sachen;
Das Andre wird sich von selber machen.

—

Wenn Jemand sich wohl im Kleinen deucht,
So denke, der hat ein Großes erreicht.

—

Glaube nur, du hast viel getan,
Wenn dir Geduld gewöhnest an.

—

Wer sich nicht nach der Decke streckt,
Dem bleiben die Füße unbedeckt.

—

Der Vogel ist froh in der Luft gemütet,
Wenn es da unten im Neste brütet.

—

Wenn ein kluger Mann der Frau befiehlt,
Dann sei es um ein Großes gespielt;
Will die Frau dem Mann befehlen,
So muß sie das Große im Kleinen wählen.

—

Welche Frau hat einen guten Mann,
Der sieht man's am Gesicht wohl an.

—

Eine Frau macht oft ein bös Gesicht;
Der gute Mann verdient's wohl nicht.

—

Ein braver Mann! ich kenn' ihn ganz genau:
Erst prügelt er, dann kämmt er seine Frau.

—

Ein schönes Ja, ein schönes Nein,
Nur geschwind! soll mir willkommen sein.

—

Januar, Februar, März
 Du bist mein liebes Herz,

Mai, Juni, Juli, August,
 Mir ist nichts mehr bewußt.

—

Neu Mond und geküßter Mund,
Sind gleich wieder hell, und frisch und gesund.

—

Mir gäb' es keine größre Pein,
Wär ich im Paradies allein.

—

Es ließe sich alles trefflich schlichten,
Könnte man die Sachen zweimal verrichten.

—

Nur heute, heute nur laß dich nicht fangen,
So bist du hundertmal entgangen.

—

Gehts in der Welt dir endlich schlecht,
Tu' was du willst, nur habe nicht recht.

—

Zücht'ge den Hund, den Wolf magst du peitschen;
Graue Haare sollst du nicht reizen.

—

Am Flusse kannst du stemmen und häkeln;
Überschwemmung läßt sich nicht mäkeln.

—

Tausend Fliegen hatt' ich am Abend erschlagen;
Doch weckte mich Eine beim frühsten Tagen.

—

Und wärst du auch zum fernsten Ort,
Zur kleinsten Hütte durchgedrungen,
Was hilft es dir, du findest dort
Tabak, und böse Zungen.

—

Wüßte nicht, was sie Bessers erfinden könnten,
Als wenn die Lichter ohne Putzen brennten.

—

Lief das Brot, wie die Hasen laufen,
Es kostete viel Schweiß, es zu kaufen.

—

Will Vogelfang dir nicht geraten;
So magst du deinen Schuhu braten.

—

105 Das wär dir ein schönes Gartengelände,
Wo man den Weinstock mit Würsten bände.

—

Du mußt dich niemals mit Schwur vermessen:
Von dieser Speise will ich nicht essen.

—

Wer aber recht bequem ist und faul,
110 Flög dem eine gebratne Taube ins Maul,
Er würde höchlich sichs verbitten,
Wär sie nicht auch geschickt zerschnitten.

—

Freigebig ist der mit seinen Schritten,
Der kommt, von der Katze Speck zu erbitten.

—

115 Hast deine Kastanien zu lange gebraten;
Sie sind dir alle zu Kohlen geraten.

—

Das sind mir allzuböse Bissen,
An denen die Gäste erwürgen müssen.

—

Das ist eine von den großen Taten,
120 Sich in seinem eignen Fett zu braten.

—

Gesotten oder gebraten!
Er ist ans Feuer geraten.

—

Gebraten oder gesotten!
Ihr sollt nicht meiner spotten.
125 Was ihr euch heute getröstet,
Ihr seid doch morgen geröstet.

—

Wer Ohren hat, soll hören;
Wer Geld hat, solls verzehren.

—

Der Mutter schenk' ich,
Die Tochter denk' ich.

—

Kleid' eine Säule,
Sie sieht wie ein Fräule.

—

Schlaf ich, so schlaf ich mir bequem.
Arbeit' ich, ja, ich weiß nicht wem.

—

Ganz und gar
Bin ich ein armer Wicht.
Meine Träume sind nicht wahr,
Und meine Gedanken geraten nicht.

—

Mit meinem Willen mags geschehn! —
Die Träne wird mir in dem Auge stehn.

—

Wohl unglückselig ist der Mann,
Der unterläßt das, was er kann,
Und unterfängt sich, was er nicht versteht;
Kein Wunder, daß er zu Grunde geht.

—

Du trägst sehr leicht, wenn du nichts hast;
Aber Reichtum ist eine leichtere Last.

—

Alles in der Welt läßt sich ertragen,
Nur nicht eine Reihe von schönen Tagen.

—

Was räucherst du nun deinem Toten?
Hätt'st du's ihm so im Leben geboten!

—

Ja! Wer eure Verehrung nicht kennte:
Euch, nicht ihm baut ihr Monumente.

—

Willst du dich deines Wertes freuen,
So mußt der Welt du Wert verleihen.

—

Will Einer in die Wüste pred'gen,
Der mag sich von sich selbst erled'gen;
Spricht aber Einer zu seinen Brüdern,
Dem werden sie's oft schlecht erwidern.

—

Laß Neid und Mißgunst sich verzehren,
Das Gute werden sie nicht wehren.
Denn, Gott sei Dank! es ist ein alter Brauch:
So weit die Sonne scheint, so weit erwärmt sie auch.

—

Das Interim
Hat den Schalk hinter ihm.
Wie viel Schälke muß es geben,
Da wir alle ad Interim leben.

—

Was fragst du viel: wo will's hinaus,
Wo, oder wie kann's enden?
Ich dächte, Freund, du bliebst zu Haus,
Und sprächst mit deinen Wänden.

—

Viele Köche versalzen den Brei;
Bewahr' uns Gott vor vielen Dienern!
Wir aber sind, gesteht es frei,
Ein Lazarett von Medizinern.

—

Ihr meint, ich hätt' mich gewaltig betrogen;
Hab's aber nicht aus den Fingern gesogen.

—

Noch spukt der Babylon'sche Turm,
Sie sind nicht zu vereinen!
Ein jeder Mann hat seinen Wurm,
Kopernikus den seinen.

—

Denn bei den alten lieben Toten
Braucht man Erklärung, will man Noten;
Die Neuen glaubt man blank zu verstehn;
Doch ohne Dolmetsch wird's auch nicht gehn.

—

Sie sagen: das mutet mich nicht an! 185
Und meinen, sie hättens abgetan.

—

In meinem Revier
Sind Gelehrte gewesen,
Außer ihrem eignen Brevier,
Konnten sie keines lesen. 190

—

Viel Rettungsmittel bietest du! was heißt's?
Die beste Rettung, Gegenwart des Geist's!

—

Laß nur die Sorge sein,
Das gibt sich alles schon,
Und fällt der Himmel ein, 195
Kommt doch eine Lerche davon.

—

Dann ist einer durchaus verarmt,
Wenn die Scham den Schaden umarmt.

—

Du treibst mir's gar zu toll,
Ich fürcht', es breche! 200
Nicht jeden Wochenschluß
Macht Gott die Zeche.

—

Du bist sehr eilig, meiner Treu!
Du suchst die Tür und läufst vorbei.

—

Sie glauben mit einander zu streiten, 205
Und fühlen das Unrecht von beiden Seiten.

—

Haben's gekauft, es freut sie baß;
Eh man's denkt, so betrübt sie das.

—

Willst du nichts Unnützes kaufen,
Mußt du nicht auf den Jahrmarkt laufen. 210

—

Langeweile ist ein böses Kraut,
Aber auch eine Würze, die viel verdaut.

—

Wird uns eine rechte Qual zu Teil,
Dann wünschen wir uns Langeweil.

—

Daß sie die Kinder erziehen könnten,
Müßten die Mütter sein wie Enten:
Sie schwämmen mit ihrer Brut in Ruh,
Da gehört aber freilich Wasser dazu.

Das junge Volk, es bildet sich ein,
Sein Tauftag sollte der Schöpfungstag sein.
Möchten sie doch zugleich bedenken
Was wir ihnen als Eingebinde schenken.

—

»Nein! heut' ist mir das Glück erbost!«
Du, sattle gut und reite getrost!

—

Über ein Ding wird viel geplaudert,
Viel beraten und lange gezaudert,
Und endlich gibt ein böses Muß
Der Sache widrig den Beschluß.

Eine Bresche ist jeder Tag
Die viele Menschen erstürmen.
Wer auch in die Lücke fallen mag,
Die Toten sich niemals türmen.

—

Wenn einer schiffet und reiset,
Sammelt er nach und nach immer ein,
Was sich am Leben, mit mancher Pein,
Wieder ausschälet und weiset.

—

Der Mensch erfährt, er sei auch wer er mag,
Ein letztes Glück und einen letzten Tag.

—

Das Glück deiner Tage
Wäge nicht mit der Goldwaage. 240
Wirst du die Krämer-Waage nehmen,
So wirst du dich schämen, und dich bequemen.

—

Hast du einmal das Rechte getan,
Und sieht ein Feind nur Scheeles daran;
So wird er gelegentlich, spät oder früh, 245
Dasselbe tun, er weiß nicht wie.

—

Willst du das Gute tun, mein Sohn,
So lebe nur lange, da gibt sich's schon;
Solltest du aber zu früh ersterben,
Wirst du von künftigen Dank erwerben. 250

—

Was gibt uns wohl den schönsten Frieden,
Als frei am eignen Glück zu schmieden.

—

Laßt mir die jungen Leute nur
Und ergetzt euch an ihren Gaben!
Es will doch Großmama Natur 255
Manchmal einen närrischen Einfall haben.

—

Ungebildet waren wir unangenehm;
Jetzt sind uns die Neuen sehr unbequem.

—

Wo Anmaßung mir wohlgefällt?
An Kindern: denen gehört die Welt. 260

—

Ihr zählt mich immer unter die Frohen,
Erst lebt ich roh, jetzt unter den Rohen.
Den Fehler, den man selbst geübt,
Man auch wohl an dem andern liebt.

—

Willst du mit mir hausen, 265
So laß die Bestie draußen.

Wollen die Menschen Bestien sein,
So bringt nur Tiere zur Stube herein,
Das Widerwärtige wird sich mindern,
Wir sind eben alle von Adams Kindern.

—

Mit Narren leben wird dir gar nicht schwer,
Erhalte nur ein Tollhaus um dich her.

—

Sag mir, was ein Hypochondrist
Für ein wunderlicher Kunstfreund ist,
In Bildergalerien geht er spazieren
Vor lauter Gemälden, die ihn vexieren.

—

Der Hypochonder ist bald kuriert,
Wenn euch das Leben recht kujoniert.

—

Du sollst mit dem Tode zufrieden sein,
Warum machst du dir das Leben zur Pein.

—

Kein tolleres Versehn kann sein,
Gibst einem ein Fest, und lädst ihn nicht ein.

—

Da siehst du nun, wie's einem geht,
Weil sich der Beste von selbst versteht.

—

Wenn ein Edler gegen dich fehlt;
So tu als hättest du's nicht gezählt:
Er wird es in sein Schuldbuch schreiben,
Und dir nicht lange im Debet bleiben.

—

Suche nicht vergebne Heilung!
Unsrer Krankheit schwer Geheimnis
Schwankt zwischen Übereilung
Und zwischen Versäumnis.

—

Ja, schelte nur und fluche fort,
Es wird sich Beßres nie ergeben.

Denn Trost ist ein absurdes Wort:
Wer nicht verzweifeln kann, der muß nicht leben.

—

Ich soll nicht auf den Meister schwören,
Und immerfort den Meister hören!
Nein, ich weiß, er kann nicht lügen,
Will mich gern mit ihm betrügen.

—

Mich freuen die vielen Guten und Tücht'gen,
Obgleich so viele dazwischen belfen.
Die Deutschen wissen zu bericht'gen,
Aber sie verstehen nicht nachzuhelfen.

—

»Du kommst nicht in's Ideen Land!«
So bin ich doch am Ufer bekannt.
Wer die Insel nicht zu erobern glaubt,
Dem ist Ankerwerfen doch wohl erlaubt.

—

Meine Dichterglut war sehr gering,
So lang ich dem Guten entgegen ging;
Dagegen brannte sie lichterloh,
Wenn ich vor drohendem Übel floh.

—

Zart Gedicht, wie Regenbogen,
Wird nur auf dunklen Grund gezogen;
Darum behagt dem Dichtergenie
Das Element der Melancholie.

—

Kaum hatt' ich mich in die Welt gespielt
Und fing an aufzutauchen,
Als man mich schon so vornehm hielt,
Mich zu mißbrauchen.

—

Wer dem Publikum dient, ist ein armes Tier;
Er quält sich ab, niemand bedankt sich dafür.

—

> Gleich zu sein unter Gleichen,
> Das läßt sich schwer erreichen:
> Du müßtest ohne Verdrießen,
> Wie der Schlechteste zu sein dich entschließen.

—

> Man kann nicht immer zusammen stehn,
> Am wenigsten mit großen Haufen.
> Seine Freunde die läßt man gehn,
> Die Menge läßt man laufen.

—

> Du magst an dir das Falsche nähren,
> Allein wir lassen uns nicht stören;
> Du kannst uns loben, kannst uns schelten,
> Wir lassen es nicht für das Rechte gelten.

—

> Man soll sich nicht mit Spöttern befassen;
> Wer will sich für 'nen Narren halten lassen!
> Darüber muß man sich aber zerreißen,
> Daß man Narren nicht darf Narren heißen.

—

> Christkindlein trägt die Sünden der Welt,
> Sankt Christoph das Kind über Wasser hält,
> Sie haben es beid' uns angetan,
> Es geht mit uns von vornen an.

—

> Efeu und ein zärtlich Gemüt
> Heftet sich an und grünt und blüht.
> Kann es weder Stamm noch Mauer finden,
> Es muß verdorren, es muß verschwinden.

—

> Zierlich Denken und süß Erinnern
> Ist das Leben im tiefsten Innern.

—

> Ich träumt' und liebte sonnenklar;
> Daß ich lebte, ward ich gewahr.

—

Wer recht will tun, immer und mit Lust,
Der hege wahre Lieb' in Sinn und Brust.

—

Wann magst du dich am liebsten bücken?
Dem Liebchen Frühlingsblume zu pflücken.

—

Doch das ist gar kein groß Verdienst,
Denn Liebe bleibt der höchste Gewinst.

—

Die Zeit sie mäht so Rosen als Dornen,
Aber das treibt immer wieder von vornen.

—

Genieße, was der Schmerz dir hinterließ!
Ist Not vorüber, sind die Nöte süß.

—

Glückselig ist, wer Liebe rein genießt,
Weil doch zuletzt das Grab so Lieb' als Haß verschließt.

—

Viele Lieb' hab' ich erlebet,
Wenn ich liebelos gestrebet;
Und verdrießliches erworben,
Wenn ich fast für Lieb' gestorben.
So du es zusammengezogen,
Bleibet Saldo dir gewogen.

—

Tut dir jemand was zu lieb,
Nur geschwinde, gib nur, gib.
Wenige getrost erwarten
Dankesblume, aus stillem Garten.

—

Doppelt gibt wer gleich gibt,
Hundertfach der gleich gibt
Was man wünscht und liebt.

—

»Warum zauderst du so mit deinen Schritten?«
Nur ungern mag ich ruhn,

Will ich aber was gutes tun,
Muß ich erst um Erlaubnis bitten.

—

Was willst du lange vigilieren,
Dich mit der Welt herum vexieren,
Nur Heiterkeit und grader Sinn
Verschafft dir endlichen Gewinn.

—

Wem wohl das Glück die schönste Palme beut?
Wer freudig tut, sich des Getanen freut.

—

Gleich ist alles versöhnt,
Wer redlich ficht, wird gekrönt.

—

Du wirkest nicht, alles bleibt so stumpf.
Sei guter Dinge!
Der Stein im Sumpf
Macht keine Ringe.

—

In des Weinstocks herrliche Gaben
Gießt ihr mir schlechtes Gewässer!
Ich soll immer Unrecht haben,
Und weiß es besser.

—

Was ich mir gefallen lasse?
Zuschlagen muß die Masse,
Dann ist sie respektabel,
Urteilen gelingt ihr miserabel.

—

Es ist sehr schwer oft zu ergründen,
Warum wir das angefangen;
Wir müssen oft Belohnung finden,
Daß es uns schlecht ergangen.

—

Seh ich an andern große Eigenschaften,
Und wollen die an mir auch haften,

So werd ich sie in Liebe pflegen,
Gehts nicht, so tu ich was anders dagegen.

—

Ich, Egoist! – Wenn ich's nicht besser wüßte!
Der Neid, das ist der Egoiste;
Und was ich auch für Wege geloffen,
Auf'm Neidpfad habt ihr mich nie betroffen.

—

Nicht über Zeit- noch Landgenossen
Mußt du dich beklagen;
Nachbarn werden ganz andere Possen,
Und auch Künftige über dich sagen.

—

Im Vaterlande
Schreibe was dir gefällt;
Da sind Liebesbande,
Da ist deine Welt.

—

Draußen zu wenig oder zu viel,
Zu Hause nur ist Maß und Ziel.

—

Warum werden die Dichter beneidet?
Weil Unart sie zuweilen kleidet,
Und in der Welt ist's große Pein,
Daß wir nicht dürfen unartig sein.

—

So kommt denn auch das Dichtergenie
Durch die Welt, und weiß nicht wie.
Guten Vorteil bringt ein heitrer Sinn;
Andern zerstört Verlust den Gewinn.

—

»Immer denk ich: mein Wunsch ist erreicht
Und gleich gehts wieder anders her!«
Zerstückle das Leben, du machst dirs leicht;
Vereinige es und du machst dir's schwer.

—

»Bist du denn nicht auch zu Grunde gerichtet?
Von deinen Hoffnungen trifft nichts ein!«
Die Hoffnung ist's, die sinnet und dichtet,
Und da kann ich noch immer lustig sein.

—

Nicht alles ist an eins gebunden,
Seid nur nicht mit euch selbst im Streit!
Mit Liebe endigt man, was man erfunden;
Was man gelernt, mit Sicherheit.

—

Wer uns am strengsten kritisiert? –
Ein Dilettant, der sich resigniert.

—

Durch Vernünfteln wird Poesie vertrieben,
Aber sie mag das Vernünftige lieben.

—

»Wo ist der Lehrer, dem man glaubt?«
Tu', was dir dein kleines Gemüt erlaubt.

—

Glaubst dich zu kennen, wirst Gott nicht erkennen,
Auch wohl das Schlechte göttlich nennen.

—

Wer Gott ahnet ist hoch zu halten,
Denn er wird nie im Schlechten walten.

—

Machts einander nur nicht sauer,
Hier sind wir gleich, Baron und Bauer.

—

Warum uns Gott so wohl gefällt?
Weil er sich uns nie in den Weg stellt.

—

Wie wollten die Fischer sich nähren und retten,
Wenn die Frösche sämtlich Zähne hätten?

—

Wie Kirschen und Beeren behagen,
Mußt du Kinder und Sperlinge fragen.

—

»Warum hat dich das schöne Kind verlassen?« 460
Ich kann sie darum doch nicht hassen:
Sie schien zu fürchten und zu fühlen,
Ich werde das Prävenire spielen.

—

Glaube mir gar und ganz,
Mädchen, laß deine Bein' in Ruh, 465
Es gehört mehr zum Tanz,
Als rote Schuh.

—

Was ich nicht weiß
Macht mich nicht heiß.
Und was ich weiß 470
Machte mich heiß,
Wenn ich nicht wüßte,
Wie's werden müßte.

—

Oft, wenn dir jeder Trost entflieht,
Mußt du im Stillen dich bequemen. 475
Nur dann, wenn dir Gewalt geschieht,
Wird die Menge an dir Anteil nehmen;
Ums Unrecht, das dir widerfährt,
Kein Mensch den Blick zur Seite kehrt.

—

Was ärgerst du dich über fälschlich Erhobne! 480
Wo gäb' es denn nicht Eingeschobne?

—

Worauf alles ankommt? das ist sehr simpel!
Vater verfüge eh's dein Gesind' spürt!
Dahin oder dorthin flattert ein Wimpel,
Steuermann weiß, wohin euch der Wind führt. 485

—

Eigenheiten, die werden schon haften;
Kultiviere deine Eigenschaften.

—

Viel Gewohnheiten darfst du haben,
Aber keine Gewohnheit!

490 Dies Wort unter des Dichters Gaben,
Halte nicht für Torheit.

—

Das Rechte, das ich viel getan,
Das ficht mich nun nicht weiter an,
Aber das Falsche, das mir entschlüpft,
495 Wie ein Gespenst mir vor Augen hüpft.

—

Gebt mir zu tun,
Das sind reiche Gaben!
Das Herz kann nicht ruhn,
Will zu schaffen haben.

—

500 Ihrer viele wissen viel,
Von der Weisheit sind sie weit entfernt.
Andre Leute sind euch ein Spiel;
Sich selbst hat niemand ausgelernt.

—

Man hat ein Schimpf-Lied auf dich gemacht;
505 Es hat's ein böser Feind erdacht.

—

Laß sie's nur immer singen,
Denn es wird bald verklingen.

—

Dauert nicht so lang in den Landen
Als das: Christ ist erstanden.

—

510 Das dauert schon 1800 Jahr,
Und ein Paar drüber, das ist wohl wahr!

—

Wer ist denn der souveraine Mann?
Das ist bald gesagt:
Der, den man nicht hindern kann,
515 Ob er nach Gutem oder Bösem jagt.

—

Entzwei und gebiete! Tüchtig Wort:
Verein und leite! Beßrer Hort.

Magst du einmal mich hintergehen,
Merk' ich's, so lass' ich's wohl geschehen;
Gestehst du mir's aber in's Gesicht,
In meinem Leben verzeih' ich's nicht.

—

Nicht größern Vorteil wüßt' ich zu nennen,
Als des Feindes Verdienst erkennen.

—

»Hat man das Gute dir erwidert?«
Mein Pfeil flog ab, sehr schön befiedert,
Der ganze Himmel stand ihm offen,
Er hat wohl irgendwo getroffen.

—

»Was schnitt dein Freund für ein Gesicht?«
Guter Geselle, das versteh' ich nicht.
Ihm ist wohl sein süß Gesicht verleidet,
Daß er heut saure Gesichter schneidet.

—

Ihr sucht die Menschen zu benennen,
Und glaubt am Namen sie zu kennen.
Wer tiefer sieht gesteht sich frei,
Es ist was Anonymes dabei.

—

Mancherlei hast du versäumet:
Statt zu handeln, hast geträumet,
Statt zu danken, hast geschwiegen,
Solltest wandern, bliebest liegen.

—

Nein, ich habe nichts versäumet!
Wißt ihr denn, was ich geträumet?
Nun will ich zum Danke fliegen,
Nur mein Bündel bleibe liegen.

—

Heute geh' ich. Komm ich wieder
Singen wir ganz andre Lieder.
Wo so viel sich hoffen läßt
Ist der Abschied ja ein Fest.

—

Was soll ich viel lieben, was soll ich viel hassen;
Man lebt nur vom leben lassen.

—

550 Nichts leichter als dem Dürftigen schmeicheln;
Wer mag aber ohne Vorteil heucheln.

—

»Wie konnte *der* denn *das* erlangen?«
Er ist auf Fingerchen gegangen.

—

Sprichwort bezeichnet Nationen;
555 Mußt aber erst unter ihnen wohnen.

—

Erkenne dich! – Was soll das heißen?
Es heißt: sei nur! und sei auch nicht!
Es ist eben ein Spruch der lieben Weisen,
Der sich in der Kürze widerspricht.

—

560 Erkenne dich! – Was hab' ich da für Lohn?
Erkenn' ich mich, so muß ich gleich davon.

—

Als wenn ich auf den Maskenball käme
Und gleich die Larve vom Angesicht nähme.

—

Andre zu kennen, das mußt du probieren,
565 Ihnen zu schmeicheln oder sie zu vexieren.

—

»Warum magst du gewisse Schriften nicht lesen?«
Das ist auch sonst meine Speise gewesen;
Eilt aber die Raupe sich einzuspinnen,
Nicht kann sie mehr Blättern Geschmack abgewinnen.

—

570 Was dem Enkel so wie dem Ahn frommt,
Darüber hat man viel geträumet;
Aber worauf eben alles ankommt,
Das wird vom Lehrer gewöhnlich versäumet.

—

Verweile nicht und sei dir selbst ein Traum,
Und wie du reisest, danke jedem Raum,
Bequeme dich dem Heißen wie dem Kalten;
Dir wird die Welt, du wirst ihr nie veralten.

—

Ohne Umschweife
Begreife,
Was dich mit der Welt entzweit;
Nicht will sie Gemüt, will Höflichkeit.

—

Gemüt muß verschleifen,
Höflichkeit läßt sich mit Händen greifen.

—

Was eben wahr ist aller Orten
Das sag' ich mit ungescheuten Worten.

—

Nichts taugt Ungeduld,
Noch weniger Reue;
Jene vermehrt die Schuld,
Diese schafft neue.

—

Daß an diesem wilden Sehnen,
Dieser reichen Saat von Tränen
Götterlust zu hoffen sei,
Mache deine Seele frei!

—

Der entschließt sich doch gleich,
Den heiß' ich brav und kühn!
Er springt in den Teich,
Dem Regen zu entfliehn.

—

Daß Glück ihm günstig sei,
Was hilfts dem Stöffel?
Denn regnets Brei,
Fehlt ihm der Löffel.

—

Dichter gleichen Bären,
Die immer an eignen Pfoten zehren.

—

Die Welt ist nicht aus Brei und Mus geschaffen,
Deswegen haltet euch nicht wie Schlaraffen;
Harte Bissen gibt es zu kauen:
Wir müssen erwurgen oder sie verdauen.

—

Ein kluges Volk wohnt nah dabei,
Das immerfort sein Bestes wollte;
Es gab dem niedrigen Kirchturm Brei,
Damit er größer werden sollte.

—

Sechs und zwanzig Groschen gilt mein Taler!
Was heißt ihr mich denn einen Prahler?
Habt ihr doch andre nicht gescholten,
Deren Groschen einen Taler gegolten.

—

Niederträchtigers wird nichts gereicht,
Als wenn der Tag den Tag erzeugt.

—

Was hat dir das arme Glas getan?
Sieh deinen Spiegel nicht so häßlich an.

—

Liebesbücher und Jahrgedichte
Machen bleich und hager;
Frösche plagten, sagt die Geschichte,
Pharaonem auf seinem Lager.

—

So schließen wir, daß in die Läng'
Euch nicht die Ohren gellen,
Vernunft ist hoch, Verstand ist streng,
Wir rasseln drein mit Schellen.

—

Diese Worte sind nicht alle in Sachsen,
Noch auf meinem eignen Mist gewachsen,

Doch, was für Samen die Fremde bringt, 630
Erzog ich im Lande gut gedüngt.

—

Und selbst den Leuten du bon ton
Ist dieses Büchlein lustig erschienen:
Es ist kein Globe de Compression,
Sind lauter Flatterminen. 635

EPIGRAMMATISCH

Sei das Werte solcher Sendung
Tiefen Sinnes heitre Wendung.

DAS SONETT

Sich in erneutem Kunstgebrauch zu üben,
　Ist heil'ge Pflicht, die wir dir auferlegen:
　Du kannst dich auch, wie wir, bestimmt bewegen
Nach Tritt und Schritt, wie es dir vorgeschrieben.

Denn eben die Beschränkung läßt sich lieben,
　Wenn sich die Geister gar gewaltig regen;
　Und wie sie sich denn auch gebärden mögen,
Das Werk zuletzt ist doch vollendet blieben.

So möcht' ich selbst in künstlichen Sonetten,
　In sprachgewandter Maßen kühnem Stolze,
　Das Beste, was Gefühl mir gäbe, reimen;

Nur weiß ich hier mich nicht bequem zu betten,
　Ich schneide sonst so gern aus ganzem Holze,
　Und müßte nun doch auch mitunter leimen.

SPRACHE

Was reich und arm! Was stark und schwach!
Ist reich vergrabner Urne Bauch?
Ist stark das Schwert im Arsenal?
Greif milde drein, und freundlich Glück

Fließt, Gottheit, von dir aus! 5
Fass' an zum Siege, Macht, das Schwert
Und über Nachbarn Ruhm!

VORSCHLAG ZUR GÜTE

Er

Du gefällst mir so wohl, mein liebes Kind,
Und wie wir hier bei einander sind,
So möcht' ich nimmer scheiden;
Da wär' es wohl uns beiden.

Sie

Gefall ich dir, so gefällst du mir; 5
Du sagst es frei, ich sag' es dir.
Eh nun! heiraten wir eben!
Das übrige wird sich geben.

Er

Heiraten, Engel, ist wunderlich Wort;
Ich meint', da müßt' ich gleich wieder fort. 10

Sie

Was ist's denn so großes Leiden?
Geht's nicht, so lassen wir uns scheiden.

VERTRAUEN

A. Was krähst du mir und tust so groß:
 »Hab' ich doch ein köstlich Liebchen!« –
 So weis' mir sie doch! Wer ist sie denn?
 Die kennt wohl manches Bübchen!

B. »Kennst du sie denn, du Lumpenhund?« – 5
A. Das will ich g'rad' nicht sagen;

 Doch hat sie wohl auch zu guter Stund
 Dem und Jenem nichts abgeschlagen.

B. »Wer ist denn der *Der* und der *Jener* denn?
 Das sollst du mir bekennen!
 Ich schlage dir gleich den Schädel ein,
 Wenn du sie mir nicht kannst nennen!«

A. Und schlügst du mir auch den Schädel ein,
 Da könnt' ich ja nimmer reden;
 Und wenn du denkst: »mein Schätzel ist gut!«
 Ist weiter ja nichts vonnöten.

STOSSEUFZER

Ach, man sparte viel!
Seltner wäre verruckt das Ziel,
Wär' weniger Dumpfheit, vergebenes Sehnen,
Ich könnte viel glücklicher sein –
Gäb's nur keinen Wein
Und keine Weibertränen!

PERFEKTIBILITÄT

Möcht' ich doch wohl besser sein,
 Als ich bin! Was wär' es.
Soll ich aber besser sein,
 Als du bist; so lehr' es!

Möcht' ich auch wohl besser sein,
 Als so mancher Andre!
Willst du besser sein, als wir,
 Lieber Freund, so wandre.

SCHNEIDER-COURAGE

»Es ist ein Schuß gefallen!
Mein! sagt, wer schoß dadrauß'?«
Es ist der junge Jäger,
Der schießt im Hinterhaus.

Die Spatzen in dem Garten
Die machen viel Verdruß.
Zwei Spatzen und ein Schneider
Die fielen von dem Schuß;

Die Spatzen von den Schroten,
Der Schneider von dem Schreck;
Die Spatzen in die Schoten,
Der Schneider in den –.

CATECHISATION

Lehrer
Bedenk', o Kind! woher sind diese Gaben?
Du kannst nichts von dir selber haben.

Kind
Ei! Alles hab' ich vom Papa.

Lehrer
Und der, woher hat's der?

Kind
 Vom Großpapa.

Lehrer
Nicht doch! Woher hat's denn der Großpapa bekommen?

Kind
Der hat's genommen.

TOTALITÄT

Ein Kavalier von Kopf und Herz
Ist überall willkommen;
Er hat mit feinem Witz und Scherz
Manch Weibchen eingenommen:
5 Doch wenn's ihm fehlt an Faust und Kraft,
Wer mag ihn dann beschützen?
Und wenn er keinen Hintern hat,
Wie mag der Edle sitzen?

PHYSIOGNOMISCHE REISEN

Die Physiognomisten
Sollt' es wahr sein, was uns der rohe Wandrer verkündet,
Daß die Menschengestalt von allen sichtlichen Dingen
Ganz allein uns lüge, daß wir, was edel und albern,
Was beschränkt und groß, im Angesichte zu suchen,
5 Eitele Toren sind, betrogne, betrügende Toren?
Ach, wir sind auf den dunkelen Pfad des verworrenen
 Lebens
Wieder zurückgescheucht, der Schimmer zu Nächten
 verfinstert.
Der Dichter
Hebet eure zweifelnden Stirnen empor, ihr Geliebten!
Und verdient nicht den Irrtum, hört nicht bald diesen, bald
 jenen.
10 Habet ihr eurer Meister vergessen? Auf! kehret zum Pindus,
Fraget dorten die Neune, der Grazien nächste Verwandte!
Ihnen allein ist gegeben, der edlen stillen Betrachtung
Vorzustehn. Ergebet euch gern der heiligen Lehre,
Merket bescheiden leise Worte. Ich darf euch versprechen:
15 Anders sagen die Musen und anders sagt es Musäus.

DAS GARSTIGE GESICHT

Wenn einen würdigen Biedermann,
Pastorn oder Ratsherrn lobesan,
Die Wittib läßt in Kupfer stechen
Und drunter ein Verslein radebrechen;
Da heißt's: Seht hier mit Kopf und Ohren
Den Herrn, Ehrwürdig, Wohlgeboren!
Seht seine Augen und seine Stirn;
Aber sein verständig Gehirn,
So manch Verdienst ums gemeine Wesen,
Könnt ihr ihm nicht an der Nase lesen.

So, liebe Lotte! heißt's auch hier:
Ich schicke da mein Bildnis dir.
Magst wohl die ernste Stirne sehen,
Der Augen Glut, der Locken Wehen;
's ist ungefähr das garst'ge Gesicht:
Aber meine Liebe siehst du nicht.

DINÉ ZU COBLENZ
im Sommer 1774

Zwischen Lavater und Basedow
Saß ich bei Tisch des Lebens froh.
Herr Helfer, der war gar nicht faul,
Setzt sich auf einen schwarzen Gaul,
Nahm einen Pfarrer hinter sich
Und auf die Offenbarung strich,
Die uns Johannes der Prophet
Mit Rätseln wohl versiegeln tät;
Eröffnet die Siegel kurz und gut,
Wie man Theriaksbüchsen öffnen tut,
Und maß mit einem heiligen Rohr
Die Kubusstadt und das Perlentor

Dem hocherstaunten Jünger vor.
Ich war indes nicht weit gereis't,
Hatte ein Stück Salmen aufgespeis't.

Vater Basedow, unter dieser Zeit,
Packt einen Tanzmeister an seiner Seit,
Und zeigt ihm, was die Taufe klar
Bei Christ und seinen Jüngern war;
Und daß sich's gar nicht ziemet jetzt,
Daß man den Kindern die Köpfe netzt.
Drob ärgert sich der andre sehr,
Und wollte gar nichts hören mehr
Und sagt: es wüßte ein jedes Kind,
Daß es in der Bibel anders stünd'.
Und ich behaglich unterdessen
Hätt' einen Hahnen aufgefressen.

—

Und, wie nach Emaus, weiter ging's
Mit Geist- und Feuerschritten,
Prophete rechts, Prophete links,
Das Weltkind in der Mitten.

JAHRMARKT ZU HÜNFELD
den 26. Juli 1814

Ich ging, mit stolzem Geists-Vertrauen,
Auf dem Jahrmarkt mich umzuschauen,
Die Käufer zu sehn an der Händler Gerüste,
Zu prüfen ob ich noch etwas wüßte,
Wie mirs Lavater, vor alter Zeit,
Traulich überliefert, das ging sehr weit!
Da sah ich denn zuerst Soldaten,
Denen wär's eben zum Besten geraten:
Die Tat und Qual sie war geschehn,
Wollten sich nicht gleich einer neuen versehn;
Der Rock war schon der Dirne genug,

Daß sie ihm derb in die Hände schlug.
Bauer und Bürger die schienen stumm,
Die guten Knaben beinahe dumm.
Beutel und Scheune war gefegt, 15
Und hatten keine Ehre eingelegt.
Erwartend alle, was da käme,
Wahrscheinlich auch nicht sehr bequeme.
Frauen und Mägdlein, in guter Ruh,
Probierten an die hölzernen Schuh; 20
Man sah an Mienen und Gebärden:
Sie ist guter Hoffnung, oder will es werden.

VERSUS MEMORIALES

Invocavit wir rufen laut,
Reminiscere o wär' ich Braut!
Die *Oculi* gehn hin und her;
Lætare drüber nicht so sehr.
O *Judica* uns nicht so streng! 5
Palmarum streuen wir die Meng'.
Auf Oster-Eier freun sich hie
Viel *Quasi modo geniti*.
Misericordias brauchen wir all',
Jubilate ist ein seltner Fall. 10
Cantate freut der Menschen Sinn,
Rogate bringt nicht viel Gewinn,
Exaudi uns zu dieser Frist,
Spiritus, der du der letzte bist.

NEUE HEILIGE

Alle schöne Sünderinnen,
Die zu Heiligen sich geweint,
Sind, um Herzen zu gewinnen,
All' in Eine nun vereint.

Seht die Mutterlieb', die Tränen,
Ihre Reu und ihre Pein!
Statt Marieen Magdalenen
Soll nun Sankt Oliva sein.

WARNUNG

So wie Titania im Feen- und Zauberland
Klaus Zetteln in dem Arme fand,
So wirst du bald zur Strafe deiner Sünden
Titanien in deinen Armen finden.

FRECH UND FROH

Liebesqual verschmäht mein Herz,
Sanften Jammer, süßen Schmerz;
Nur vom Tücht'gen will ich wissen,
Heißem Äuglen, derben Küssen.
Sei ein armer Hund erfrischt
Von der Lust, mit Pein gemischt!
Mädchen gib der frischen Brust
Nichts von Pein, und alle Lust.

SOLDATENTROST

Nein! hier hat es keine Not:
Schwarze Mädchen, weißes Brot!
Morgen in ein ander Städtchen!
Schwarzes Brot und weiße Mädchen.

PROBLEM

Warum ist alles so rätselhaft?
Hier ist das Wollen, hier ist die Kraft;
Das Wollen will, die Kraft ist bereit
Und daneben die schöne lange Zeit.
So seht doch hin, wo die gute Welt
Zusammenhält!
Seht hin, wo sie auseinanderfällt!

GENIALISCH TREIBEN

So wälz' ich ohne Unterlaß,
Wie Sankt Diogenes, mein Faß.
Bald ist es Ernst, bald ist es Spaß;
Bald ist es Lieb', bald ist es Haß;
Bald ist es Dies, bald ist es Das;
Es ist ein Nichts, und ist ein Was.
So wälz' ich ohne Unterlaß,
Wie Sankt Diogenes, mein Faß.

HYPOCHONDER

Der Teufel hol' das Menschengeschlecht!
Man möchte rasend werden!
Da nehm' ich mir so eifrig vor:
Will niemand weiter sehen,
Will all' das Volk Gott und sich selbst
Und dem Teufel überlassen!
Und kaum seh' ich ein Menschengesicht,
So hab' ich's wieder lieb.

GESELLSCHAFT

Aus einer großen Gesellschaft heraus
Ging einst ein stiller Gelehrter zu Haus.
Man fragte: Wie seid ihr zufrieden gewesen?
»Wärens Bücher, sagt er, ich würd' sie nicht lesen.«

PROBATUM EST

A

Man sagt: Sie sind ein Misanthrop!

B

Die Menschen hass' ich nicht, Gott Lob!
Doch Menschenhaß er blies mich an,
Da hab' ich gleich dazu getan.

A

Wie hat sich's denn so bald gegeben?

B

Als Einsiedler beschloß ich zu leben.

URSPRÜNGLICHES

A

Was widert dir der Trank so schal?

B

Ich trinke gern aus dem frischen Quall.

A

Daraus kam aber das Bächlein her!

B
Der Unterschied ist bedeutend sehr:
's wird immer mehr fremden Schmack gewinnen;
Es mag nur immer weiter rinnen.

DEN ORIGINALEN

Ein Quidam sagt: »Ich bin von keiner Schule;
Kein Meister lebt, mit dem ich buhle;
Auch bin ich weit davon entfernt,
Daß ich von Toten was gelernt.«
Das heißt, wenn ich ihn recht verstand:
»Ich bin ein Narr auf eigne Hand.«

DEN ZUDRINGLICHEN

Was nicht zusammen geht, das soll sich meiden!
Ich hindr' euch nicht, wo's euch beliebt, zu weiden:
Denn ihr seid neu und ich bin alt geboren.
Macht was ihr wollt; nur laßt mich ungeschoren!

DEN GUTEN

Laßt euch einen Gott begeisten,
Euch beschränket nur mein Sagen.
Was ihr könnt, ihr werdets leisten;
Aber müßt mich nur nicht fragen.

DEN BESTEN

Die Abgeschiednen betracht' ich gern,
Stünd' ihr Verdienst auch noch so fern;
Doch mit den Edlen lebendigen Neuen
Mag ich, wetteifernd, mich lieber freuen.

LÄHMUNG

Was Gutes zu denken, wäre gut,
Fänd' sich nur immer das gleiche Blut;
Dein Gutgedachtes, in fremden Adern,
Wird sogleich mit dir selber hadern.

—

Ich wär' noch gern ein tätig Mann,
Will aber ruhn:
Denn ich soll ja noch immer tun,
Was immer ungern ich getan.

—

Trüge gern noch länger des Lehrers Bürden,
Wenn Schüler nur nicht gleich Lehrer würden.

SPRUCH, WIDERSPRUCH

Ihr müßt mich nicht durch Widerspruch verwirren!
Sobald man spricht, beginnt man schon zu irren.

DEMUT

Seh' ich die Werke der Meister an,
So seh ich das, was sie getan;
Betracht' ich meine Siebensachen,
Seh' ich, was ich hätt' sollen machen.

KEINS VON ALLEN

Wenn du dich selber machst zum Knecht,
Bedauert dich Niemand, geht's dir schlecht;
Machst du dich aber selbst zum Herrn,
Die Leute sehn es auch nicht gern;

Und bleibst du endlich wie du bist,
So sagen sie, daß nichts an dir ist.

LEBENSART

Über Wetter- und Herren-Launen
Runzle niemals die Augenbraunen;
Und bei den Grillen der hübschen Frauen
Mußt du immer vergnüglich schauen.

VERGEBLICHE MÜH

Willst du der getreue Eckart sein,
Und Jedermann vor Schaden warnen,
's ist auch eine Rolle, sie trägt nichts ein:
Sie laufen dennoch nach den Garnen.

BEDINGUNG

Ihr laßt nicht nach, ihr bleibt dabei,
Begehret Rat, ich kann ihn geben;
Allein, damit ich ruhig sei,
Versprecht mir, ihm nicht nachzuleben.

DAS BESTE

Wenn dir's in Kopf und Herzen schwirrt,
Was willst du Beßres haben!
Wer nicht mehr liebt und nicht mehr irrt,
Der lasse sich begraben.

MEINE WAHL

Ich liebe mir den heitern Mann
Am meisten unter meinen Gästen:
Wer sich nicht selbst zum Besten haben kann
Der ist gewiß nicht von den Besten.

MEMENTO

Kannst dem Schicksal widerstehen,
Aber manchmal gibt es Schläge;
Will's nicht aus dem Wege gehen,
Ei! so geh du aus dem Wege!

EIN ANDERS

Mußt nicht widerstehn dem Schicksal,
Aber mußt es auch nicht fliehen!
Wirst du ihm entgegen gehen,
Wird's dich freundlich nach sich ziehen.

BREIT WIE LANG

Wer bescheiden ist, muß dulden,
Und wer frech ist, der muß leiden;
Also wirst du gleich verschulden,
Ob du frech seist, ob bescheiden.

LEBENSREGEL

Willst du dir ein hübsch Leben zimmern,
Mußt dich ums Vergangne nicht bekümmern;

Das Wenigste muß dich verdrießen;
Mußt stets die Gegenwart genießen,
Besonders keinen Menschen hassen
Und die Zukunft Gott überlassen.

FRISCHES EI, GUTES EI

Enthusiasmus vergleich' ich gern
Der Auster, meine lieben Herrn,
Die, wenn ihr sie nicht frisch genoßt,
Wahrhaftig ist eine schlechte Kost.
Begeistrung ist keine Heringsware,
Die man einpökelt auf einige Jahre.

SELBSTGEFÜHL

Jeder ist doch auch ein Mensch!! –
Wenn er sich gewahret,
Sieht er, daß Natur an ihm
Wahrlich nicht gesparet.
Daß er manche Lust und Pein
Trägt als Er und eigen.
Sollt er nicht auch hinterdrein
Wohlgemut sich zeigen?

RÄTSEL

Ein Bruder ist's von vielen Brüdern,
In allem ihnen völlig gleich,
Ein nötig Glied von vielen Gliedern,
In eines großen Vaters Reich;
Jedoch erblickt man ihn nur selten,
Fast wie ein eingeschobnes Kind:
Die andern lassen ihn nur gelten
Da, wo sie unvermögend sind.

DIE JAHRE

Die Jahre sind allerliebste Leut:
Sie brachten gestern, sie bringen heut,
Und so verbringen wir Jüngern eben
Das allerliebste Schlaraffen-Leben.
Und dann fällt's den Jahren auf einmal ein,
Nicht mehr wie sonst bequem zu sein;
Wollen nicht mehr schenken, wollen nicht mehr borgen,
Sie nehmen heute, sie nehmen morgen.

DAS ALTER

Das Alter ist ein höflich Mann:
Einmal über's andre klopft er an,
Aber nun sagt Niemand: Herein!
Und vor der Türe will er nicht sein.
Da klinkt er auf, tritt ein so schnell,
Und nun heißt's, er sei ein grober Gesell.

GRABSCHRIFT

Als Knabe verschlossen und trutzig,
Als Jüngling anmaßlich und stutzig,
Als Mann zu Taten willig,
Als Greis leichtsinnig und grillig! –
Auf deinem Grabstein wird man lesen:
Das ist fürwahr ein Mensch gewesen!

BEISPIEL

Wenn ich 'mal ungeduldig werde,
Denk' ich an die Geduld der Erde,

Die, wie man sagt, sich täglich dreht
Und jährlich so wie jährlich geht.
Bin ich denn für was andres da? –
Ich folge der lieben Frau Mama.

UMGEKEHRT

Sind die im Unglück die wir lieben,
Das wird uns wahrlich baß betrüben;
Sind aber glücklich, die wir hassen,
Das will sich gar nicht begreifen lassen;
Umgekehrt ist's ein Jubilo,
Da sind wir Lieb- und Schadenfroh.

FÜRSTENREGEL

Sollen die Menschen nicht denken und dichten,
Müßt ihr ihnen ein lustig Leben errichten;
Wollt ihr ihnen aber wahrhaft nützen;
So müßt ihr sie scheren und sie beschützen.

LUG ODER TRUG?

Darf man das Volk betrügen?
Ich sage nein!
Doch willst du sie belügen,
So mach' es nur nicht fein.

EGALITÉ

Das Größte will man nicht erreichen,
Man beneidet nur Seines-Gleichen,
Der schlimmste Neidhart ist in der Welt,
Der jeden für Seines-Gleichen hält.

WIE DU MIR, SO ICH DIR

Mann mit zugeknöpften Taschen,
Dir tut Niemand was zu lieb':
Hand wird nur von Hand gewaschen;
Wenn du nehmen willst, so gib!

ZEIT UND ZEITUNG

A
Sag' mir, warum dich keine Zeitung freut?

B
Ich liebe sie nicht, sie dienen der Zeit.

ZEICHEN DER ZEIT

Hör' auf die Worte harum horum:
Ex tenui Spes Seculorum.
Willst du die harum horum kennen,
Jetzt werden sie dir sich selber nennen.

KOMMT ZEIT, KOMMT RAT

Wer will denn alles gleich ergründen?
Sobald der Schnee schmilzt, wird sich's finden.
—
Hier hilft nun weiter kein Bemühn!
Sind's Rosen, nun sie werden blühn.

SUPPLEMENT
ZUR SAMMLUNG
VON 1815

IM NAMEN
DER
BÜRGERSCHAFT VON CARLSBAD

DER
KAISERIN
ANKUNFT
Den 6. Juni 1810

Zu des einzigen Tages Feste
Schmückt euch alle, windet Kränze!
Daß für Heimische, für Gäste,
Herrlicher das Tal erglänze,
Dem ein neuer Frühling weht. 5
Väter, Mütter, Töchter, Söhne,
Auf! Ein frohes Lied ertöne,
Alles um euch her verschöne
Den Empfang der Majestät!

Hier im waldbewachs'nen Tale, 10
Das so mancher Fremde segnet,
Weil mit heilsam heißer Schale
Die Genesung ihm begegnet
Und ihm frisches Leben schafft,
Muß in tiefen Felsenschlünden 15
Feuer sich mit Wasser binden,
Klüften siedend sich entwinden;
Neue Kräfte wirkt die Kraft.

Dem Genes'nen, dem Gesunden,
Bieten sich so manche Schätze. 20
Daß der Freund den Freund gefunden,
Zeugen die erwählten Plätze,

Wie Erinn'rung köstlich sei.
Und so wurden Wald und Wiese
Zum bewohnten Paradiese,
Daß ein Jeglicher genieße,
Sich empfinde, froh und frei.

Aber heute neu mit Machten,
Sprudle Quell aus deinen Höhlen!
Faltet aus die frischen Prachten,
Ihr des grünen Tals Juwelen,
Holde Blumen, euren Flor!
Und ihr Sprossen dieser Gauen,
Kinder, eilt Sie anzuschauen,
Blickt mit Wonne, mit Vertrauen,
Zu der Herrlichen empor!

Sie, die Tausenden gehöret,
Sie erwählt euch, Sie ist euer!
Ihr umgebt Sie unverwehret;
Gnädig gönnt Sie dieser Feier
Mutterblicke hoch und mild.
Dränget euch ihr jungen Scharen!
Dem der früh solch Glück erfahren,
Wächst an Glanz, von Jahr zu Jahren,
Der Erinn'rung Himmelsbild.

Was in segensreicher Enge
Diese Kaiserstadt umwallet,
Was in fröhlichem Gedränge
Seit Jahrhunderten erschallet,
Werde diesem Tal zu Teil!
Alles Wohl, das hier gequollen,
Alle Lust, die hier erschollen,
Ruft herab, mit feuervollen
Segenswünschen, Ihr zum Heil!

DER
KAISERIN
BECHER
Den 10. Juni 1810

Dich, klein geblümt Gefäß! mit Schmuck und Leben
 Des Blumenflores malerisch zu umwinden,
 Ist zwar zu spät; doch unser Glück zu künden
Soll nun von Worten dich ein Kranz umgeben.

Und möcht' er auch so zierlich dich umschweben,
 Wie ihn die Grazien, die Musen, binden;
 Rein auszusprechen, was wir rein empfinden,
Ist für den Dichter selbst vergeblich Streben.

Den Lippen, denen Huld und Gunst entquellen,
 Von denen Freundlichkeit und Frohsinn wirken,
 Hast du, beglückt Gefäß! dich nähern dürfen;

Gekostet haben sie die heißen Wellen. –
 O möchten sie aus unsern Lustbezirken
 Des Lebens Balsam frisch erquicklich schlürfen!

DER
KAISERIN
PLATZ
Den 19. Juni 1810

Wenn vor dem Glanz, der um die Herrin schwebet,
Das Volk sich teilt, in drängendem Gewühle,
Dann gleich um Sie sich neu zu sammeln strebet,
Stumm erst und staunend, dann im Hochgefühle
Mit Leberuf den Widerhall belebet;
So spreche nun die Nymphe dieser Kühle
Zu jedem still empfindenden Gemüte
Von Ihrer Anmut, Heiterkeit und Güte.

Ehrwürd'ger Fels! der sich vom Himmelsblauen
Herab dem Tale reich bemoos't vermählte,
Am schattengrünen Berg ihr bunten Auen!
Die längst zum Bilde sich der Künstler wählte,
Ihr ließt euch stets geschmückt und fröhlich schauen;
Doch immer war's als ob euch Eines fehlte:
Nun Sie auf euch mit Huld und Neigung blicket,
Nun wißt ihr erst warum ihr euch geschmücket.

Die Sonne wird, o Nymphe! bald sich senken,
An die du mit uns allen dich verwöhnet;
Nicht ohne Schmerz läßt Sie entfernt sich denken.
O möchte Sie, nach der sich Alles sehnet,
Hieher den Weg, froh wiederkehrend, lenken!
O möchtest du, wenn du dich neu verschönet,
In deinem zweigumwölbten, luft'gen Saale,
Sie wiedersehn, Sie sehn mit dem Gemahle!

DER
KAISERIN
ABSCHIED
Den 22. Juni 1810

Lasset uns die Nacht erhellen
Abermals mit bunten Feuern!
Die von Felsen, die von Wellen
Widerglänzend Ihr beteuern
Unsrer treuen Wünsche Glut.
Abermals zur Morgenstunde
Sammle sich die bunte Menge!
Stimme fröhliche Gesänge;
Von dem Herzen zu dem Munde
Ströme neuer Lebensmut!

Hörner schallen, Fahnen fliegen,
Trommeln künden frohe Feier;

Aber ach! Auf allen Zügen
Liegt es wie der Wolkenschleier,
Der um Gipfel sich getan.
Und so spricht's aus trüben Blicken:
Sie, die unser sich bemeistert,
Uns erhoben, uns begeistert,
Ach! Sie zieht in Augenblicken
Langsam scheidend berghinan.

Die zu uns hernieder steigend
Mit uns wandelt unsre Pfade,
Unsrem Gruße freundlich neigend,
Die allseitig heitre Gnade,
Sie zu missen, welch ein Schmerz! –
Tröstet euch! auch Sie empfindet,
Und die Muse soll's euch sagen:
Denn die Muse darf es wagen,
Die das Inn're wohl ergründet,
Auch zu blicken Ihr in's Herz.

»An der Kluft, vom Fels umschlossen,
Dem der größte Schatz entquillet;
Bei dem Volk, das unverdrossen
Junggewohnte Pflicht erfüllet,
Allen dient um kleinen Lohn;
In dem menschenreichen Tale,
Dem von allen Ort- und Enden
Hülfsbedürft'ge zu sich wenden,
Herrsch' ich nun im grünen Saale,
Herrsche von dem Blumenthron.

Und so seh' ich Abgesandte
Vieler Völker, die mich ehren;
Freunde find' ich, Nahverwandte,
Die ganz eigens mir gehören,
Und so nenn' ich Alles mein.
Ja durch Neigung mir verbunden

Fühlt sich Jeder aufgeheitert;
Auch mir ist das Herz erweitert,
Und die Freiheit dieser Stunden
Wird mir unvergeßlich sein.

Keine Blumen soll man streuen,
Da ich mit Bedauern scheide.
Geh, o Muse! sag den Treuen,
Daß ich selbst mit ihnen leide:
Schnell war mir die Stunde da.
Laßt verstummen alle Lieder;
Doch auf euren Lippen schwebet
Jener Wunsch, der mich belebet.
Wenn ihr lispelt: Kehre wieder!
Habt ihr gleich mein offnes Ja.«

Auf denn, Muse! zu verkünden
Was die *Frau* dir aufgetragen. —
Lasset alle Nebel schwinden!
Laßt die schönste Sonne tagen!
Weil ein Jeder hoffen mag.
Die ihr traurig Sie begleitet,
Eilt entzückt Ihr dann entgegen;
Und ihr bringt auf neuen Wegen,
Kaiserlich umher geleitet,
Sie herab am schönsten Tag.

IHRO
DER
KAISERIN VON ÖSTERREICH MAJESTÄT

Wie lange harren wir gewisser Kunde!
Wie ist das Zweifeln bang, die Hoffnung süß!
Noch schwebt sie vor, die unwillkommne Stunde,
Da uns die Frau, die Herrliche verließ,
Und uns das letzte Wort vom Gnadenmunde

Die Wiederkehr, die baldige, verhieß;
Wir sollten ja in diesem stillen Tale
Sie wiedersehn, Sie sehn mit dem Gemahle.

Doch solch ein Wort läßt immer noch in Sorgen,
Und leider waren wir zu sehr verwöhnt;
Erinnerten an jedem heitren Morgen
Wie Sie uns einst den schönsten Tag verschönt,
Und unser Leben, häuslich sonst verborgen,
Mit Herrlichkeit der Majestät gekrönt.
Es war geschehn! Sie war uns nun entrissen,
Und wo Sie ging wird man Sie stets vermissen.

Der starre Fels, er scheint sich noch zu neigen
Vor Ihrer Hoheit, Ihrer Majestät;
Die Stämme wiegen sich, in allen Zweigen
Von Ihrer Anmut lind und leis umweht;
Die Blumen, die ihr Haupt im Grünen beugen,
Erheben's forschend, wo vielleicht Sie geht?
Und mit den Büschen, die Ihr Blüten streuen,
Wetteifern all' die Herzen Ihrer Treuen.

Und wenn Sie Sich im weiten Reich beweget,
Nach jeder Richtung wird sogleich gefragt;
Wenn dann der Weg Sie in die Ferne träget
Vereitelt Hoffen bitterlich beklagt,
Und immer neu die Hoffnung aufgereget,
Sie wird erfüllen was Sie zugesagt;
Erst soll es Ihr und dem Gemahle glücken,
Die Tochter und den Eidam zu erblicken.

Es ist geschehn! Im seligsten Momente
Begegnet sich der liebevolle Blick,
Und was die Donau ernst und schmerzlich trennte
Gibt wonnevoll die Elbe nun zurück.
Wer ist es, der's in Worten fassen könnte:
Begünstigt ist der Höchsten größtes Glück,

 Im Drang der ahnungsvollsten Weltgewühle
40 Die elterlichen, kindlichen Gefühle.

 Auf hoher Burg sodann ein festlich Prangen
 Erhebt den Geist und überrascht den Sinn:
 Denn Böhmens Hauptstadt soll das Glück erlangen,
 Des höchsten Anblicks einzigen Gewinn;
45 Der Vater will die Tochter dort empfangen,
 Der Kaiser Östreichs Frankreichs Kaiserin.
 So wird Er Sie am Tag der Freude führen
 Die herrlich Fremdgewordne zu den Ihren.

 So nah gerückt sollt' es vorüberrollen,
50 Ein Glück, das dann wohl immer sich verliert!
 Nein! Ihr versagt es nicht den Hoffnungsvollen,
 Sie rufen aus was sie im Tiefsten rührt:
 Wie uns're Brunnen immer treu gequollen,
 So unser Herz Dem, der das Szepter führt,
55 Und unser Tun, wie wir die Gäste pflegen,
 Verdienet Seinen Blick und Seinen Segen.

 Nun endlich meldet würdevoll Geläute
 Der Majestäten feierliches Nahn,
 Und an des Berges ausgeglichner Seite
60 Rückt schon der Zug den Kaiserweg heran;
 Die Menge schwillt in wogenhafter Breite,
 Zu seiner Herrscher Blick drängt sie hinan.
 Verstumme Lied! und laßt in vollen Chören
 Den Freuderuf entzückten Busens hören!

 IHRO
 DES
 KAISERS VON ÖSTERREICH MAJESTÄT

 Er kommt! Er naht! – Wie fühlt bei diesem Schalle
 Die Seele gleich sich ahnungsvoll bedingt!

Doch schon befreien sich die Herzen alle
Durch Leberuf, davon der Fels erklingt.
Nun Muse! streue gleich auf die im Schwalle
Bewegte Volksflut, die den Herrn umringt,
Den Samen aus zu würdiger Beachtung
Des Augenblicks und ewiger Betrachtung.

Denn wendet Er in seinen weiten Reichen
Den Blick umher nach mannigfaltgem Gut,
So übersieht Er Fülle sonder Gleichen,
Die über Allem ausgebreitet ruht;
Wo Ebne sich verflächet, Berge steigen,
Der Ähre Gold, der edlen Rebe Blut,
Und scharenweis zum Nutzen eingehändigt
Der Tiere Herden, die der Mensch gebändigt.

Und wo die großen Flüsse sich ergießen
Durch überbreites, reichbebautes Land,
Mit schnellen Fluten manche Städte grüßen,
Dort hält Er gern das Auge hingewandt.
Nun lass' Er auch des Vaterblicks genießen
Die tiefe Stadt, die kühn sich unterwand,
In enge Schlucht sich notgedrungen setzte,
Vielleicht die kleinste, keineswegs die letzte.

Weil dieses Tal, von Bergen rings umfriedet,
Ein ungeheures Wunder sich erzeugt,
Wo heimlich, seit Urjahren unermüdet
Heilsam Gewässer durch die Klüfte schleicht,
In tiefen Höhlen ohne Feuer siedet,
Und ohne Fall hoch in die Lüfte steigt,
Und, wenn des Wirkens Leidenschaft gestillet,
Die Felsen bildet, denen es entquillet.

In tiefer Wildnis dieser Täler schreckte
Des Jägers Horn die scheuen Wilde kaum.
Er war es, der den Wunderquell entdeckte,

Und Böhmens Carl belebt den stummen Raum.
Ein Jeder, der zu bauen sich erkeckte
Auf heißem Boden, an der Schlünde Saum
Und ferne her nun die Erkrankten ladet,
40 Sieht sich mit Wald und Feld und Trift begnadet.

So hat fortan, mit immer regem Streben,
Natur und Kunst viel Tausenden genützt.
Was Gott dem Bürger in die Hand gegeben,
Wenn es der Fürst begünstigt und beschützt,
45 Dann bleibt fürwahr ein unverwüstlich Leben,
In dem der Sohn dem Vater nachbesitzt.
Geschlechter widerstehn der größten Plage
Und blühn und wachsen bis zum spätsten Tage.

Vollständig ist jedoch kein Glück zu nennen,
50 Wenn bei so manchem Gut das höchste fehlt;
Wir durften das nur in der Ferne kennen,
Und Jahre haben wir umsonst gezählt.
Erst heute mögen wir getrost bekennen
Wie solch ein Mangel uns bisher gequält;
55 Heut fühlen wir entbehrter Regung Wonne.
Der Blick des Herrn, er ist die zweite Sonne.

Erhabne Gegenwart! die heute gründet
Was lange schon der Wunsch im Stillen war.
Beamte, Bürger, wechselseits entzündet,
60 Beeifern sich im neuen Jubeljahr,
Und jeder macht die Kraft die er sich findet,
Nach allen Seiten tätig offenbar,
Und nun erscheint, damit der Herr sich freue,
Das Alte fest, und lebevoll das Neue.

65 Selbst jener wilde Quell, den tief im Grunde
Kein Menschenwitz und keine Kraft beschwor,
Ergrimmt nicht mehr am eingezwängten Schlunde,
Ihm läßt die Weisheit nun ein offnes Tor;

Damit der fernste Pilger hier gesunde,
Wirft sprudelnd frei er volle Kraft hervor, 70
Zerreißt nicht mehr die selbstgewölbten Decken,
Nur heilen will er künftig, nicht erschrecken.

Und wo die Brunnen lau und milder wallen,
Befiehlt der Herr, soll es auch heiter sein.
Schon richten sich empor geraume Hallen, 75
Behauner Stamm fügt sich geviertem Stein.
Des Herren Preis wird stets daselbst erschallen:
Er gab uns diesen Raum, Er lud uns ein!
Uns wird die Not nicht mehr zusammen drängen,
Behaglich soll das Wandlen sich verlängen. 80

Von seines Auges mildem Blick entbrennet
Ein heilig Feuer, das uns nie entweicht;
Und wie man erst des Sommers Kräfte kennet
Wenn sich im Herbst der Trauben Fülle zeigt,
So zeige sich, wenn Er von uns getrennet, 85
Der Segen wirksam, den Er uns gereicht,
Und werde so, beim glücklichsten Ereignis,
Die kleine Stadt des großen Reiches Gleichnis.

IHRO
DER
KAISERIN VON FRANKREICH MAJESTÄT

Sieht man den schönsten Stern die Nacht erhellen,
So wird das Auge wie das Herz erquickt;
Doch wenn, in seltnen langersehnten Fällen,
Ein herrliches Gestirn zum andern rückt,
Die nah verwandten Strahlen sich gesellen, 5
Dann weilt ein Jeder schauend, hochentzückt;
So unser Blick, wie er hinauf sich wendet,
Wird vom Verein der Majestät geblendet.

Wir denken nach wie Sie hinweggezogen
Der Eltern Lust, die holde Friedensbraut;
Schon beugten sich des Rheines edle Wogen,
Die beiden Ufer lächelten vertraut;
So freut die Erde sich am Himmelsbogen
Von farbigen Juwelen aufgebaut,
Der, wenn er schon vor unsern Augen schwindet,
Den Frieden sichert, den er angekündet.

Im neuen Reich empfängt Sie das Behagen
Von Millionen, die aus düstrer Nacht
Aufschauen wieder zu gesunden Tagen,
Zum festen Leben abermals erwacht.
Ein Jeder fühlt sein Herz gesichert schlagen
Und staunet nun, denn Alles ist vollbracht,
Die holde Braut in lebensreichem Scheine –
Was Tausende verwirrten lös't der Eine.

Worüber trüb Jahrhunderte gesonnen
Er übersieht's in hellstem Geisteslicht,
Das Kleinliche ist alles weggeronnen,
Nur Meer und Erde haben hier Gewicht;
Ist jenem erst das Ufer abgewonnen,
Daß sich daran die stolze Woge bricht,
So tritt durch weisen Schluß, durch Machtgefechte
Das feste Land in alle seine Rechte.

Und wenn dem Helden alles zwar gelungen,
Den das Geschick zum Günstling auserwählt,
Und ihm vor allen Alles aufgedrungen,
Was die Geschichte jemals aufgezählt;
Ja reichlicher als Dichter je gesungen! –
Ihm hat bis jetzt das Höchste noch gefehlt;
Nun steht das Reich gesichert wie gerundet,
Nun fühlt Er froh im Sohne sich gegründet.

Und daß auch diesem eigne Hoheit gnüge,
Ist Roma selbst zur Wächterin bestellt.
Die Göttin, hehr an ihres Königs Wiege,
Denkt abermal das Schicksal einer Welt.
Was sind hier die Trophäen aller Siege? 45
Wo sich der Vater in dem Sohn gefällt.
Zusammen werden Sie des Glücks genießen,
Mit milder Hand den Janustempel schließen.

Sie, die zum Vorzug einst als Braut gelanget,
Vermittlerin nach Götterart zu sein, 50
Als Mutter, die, den Sohn im Arme, pranget,
Befördre neuen, dauernden Verein;
Sie kläre, wenn die Welt im Düstern banget,
Den Himmel auf zu ew'gem Sonnenschein!
Uns sei durch sie dies letzte Glück beschieden – 55
Der Alles wollen kann, will auch den Frieden.

PARABELN

Sie
werden fortgesetzt
bis zum Dutzend
wodurch man
den hier angedeuteten
Charakter
völlig zu umzeichnen hofft
und zugleich
unserer Zeit
welche das Charakteristische
in der Kunst
so sehr zu schätzen weiß
einigen Dienst zu leisten
glaubt.

1

Ein Meister einer ländlichen Schule
Erhub sich einst von seinem Stuhle,
Und hatte fest sich vorgenommen
In bessere Gesellschaft zu kommen;
Deswegen er, im nahen Bad,
In den sogenannten Salon eintrat.
Verblüfft war er gleich an der Tür,
Als wenn's ihm zu vornehm widerführ';
Macht daher dem ersten Fremden rechts
Einen tiefen Bückling, es war nichts schlechts;
Aber hinten hätt' er nicht vorgesehn,
Daß da auch wieder Leute stehn,
Gab einem zur Linken in den Schoß
Mit seinem Hintern einen derben Stoß.
Das hätt' er schnell gern abgebüßt;

Doch wie er eilig den wieder begrüßt;
So stößt er rechts einen Andern an,
Er hat wieder Jemand was Leid's getan.
Und wie er's diesem wieder abbittet,
Er's wieder mit einem Andern verschüttet.
Und komplimentiert sich zu seiner Qual,
Von hinten und vorn, so durch den Saal,
Bis ihm endlich ein derber Geist,
Ungeduldig, die Türe weis't.

Möge doch Mancher, in seinen Sünden,
Hievon die Nutzanwendung finden.

II

Da er nun seine Straße ging
Dacht' er: ich machte mich zu gering;
Will mich aber nicht weiter schmiegen;
Denn wer sich grün macht den fressen die Ziegen.
So ging er gleich frisch querfeldein,
Und zwar nicht über Stock und Stein;
Sondern über Äcker und gute Wiesen,
Zertrat das alles mit latschen Füßen.

Ein Besitzer begegnet ihm so
Und fragt nicht weiter wie? noch wo?
Sondern schlägt ihn tüchtig hinter die Ohren.

Bin ich doch gleich wie neu geboren!
Ruft unser Wandrer hochentzückt.
Wer bist du Mann der mich beglückt?
Möchte mich Gott doch immer segnen,
Daß mir so fröhliche Gesellen begegnen!

DIE SAMMLUNG VON 1827

LYRISCHES

> Töne Lied aus weiter Ferne,
> Säusle heimlich nächster Nähe,
> So der Freude, so dem Wehe!
> Blinken doch auch so die Sterne.
> Alles Gute wirkt geschwinder; 5
> Alte Kinder, junge Kinder
> Hören's immer gerne.

BALLADE

Herein, o du Guter! du Alter herein!
Hier unten im Saale da sind wir allein,
Wir wollen die Pforte verschließen.
Die Mutter sie betet, der Vater im Hain
Ist gangen die Wölfe zu schießen. 5
O sing uns ein Märchen, o sing es uns oft,
Daß ich und der Bruder es lerne;
Wir haben schon längst einen Sänger gehofft,
Die Kinder sie hören es gerne.

Im nächtlichen Schrecken, im feindlichen Graus 10
Verläßt er das hohe, das herrliche Haus,
Die Schätze die hat er vergraben.
Der Graf nun so eilig zum Pförtchen hinaus,
Was mag er im Arme denn haben?
Was birget er unter dem Mantel geschwind? 15
Was trägt er so rasch in die Ferne?
Ein Töchterlein ist es, da schläft nun das Kind. –
Die Kinder sie hören es gerne.

Nun hellt sich der Morgen, die Welt ist so weit,
In Tälern und Wäldern die Wohnung bereit,
In Dörfern erquickt man den Sänger,
So schreitet und heischt er undenkliche Zeit,
Der Bart wächst ihm länger und länger;
Doch wächst in dem Arme das liebliche Kind,
Wie unter dem glücklichsten Sterne,
Geschützt in dem Mantel vor Regen und Wind –
Die Kinder sie hören es gerne.

Und immer sind weiter die Jahre gerückt,
Der Mantel entfärbt sich, der Mantel zerstückt,
Er könnte sie länger nicht fassen.
Der Vater er schaut sie, wie ist er beglückt!
Er kann sich für Freude nicht lassen;
So schön und so edel erscheint sie zugleich,
Entsprossen aus tüchtigem Kerne,
Wie macht sie den Vater, den teuren, so reich! –
Die Kinder sie hören es gerne.

Da reitet ein fürstlicher Ritter heran,
Sie recket die Hand aus, der Gabe zu nahn,
Almosen will er nicht geben.
Er fasset das Händchen so kräftiglich an:
Die will ich, so ruft er, auf's Leben!
Erkennst du, erwidert der Alte, den Schatz,
Erhebst du zur Fürstin sie gerne;
Sie sei dir verlobet auf grünendem Platz –
Die Kinder sie hören es gerne.

Sie segnet der Priester am heiligen Ort,
Mit Lust und mit Unlust nun ziehet sie fort,
Sie möchte vom Vater nicht scheiden.
Der Alte er wandelt nun hier und bald dort,
Er träget in Freuden sein Leiden.
So hab' ich mir Jahre die Tochter gedacht,
Die Enkelein wohl in der Ferne;

Sie segn' ich bei Tage, sie segn' ich bei Nacht –
Die Kinder sie hören es gerne.

Er segnet die Kinder; da poltert's am Tor,
Der Vater da ist er! Sie springen hervor,
Sie können den Alten nicht bergen –
Was lockst du die Kinder! du Bettler! du Tor!
Ergreift ihn, ihr eisernen Schergen!
Zum tiefsten Verlies den Verwegenen fort!
Die Mutter vernimmt's in der Ferne,
Sie eilet, sie bittet mit schmeichelndem Wort –
Die Kinder sie hören es gerne.

Die Schergen sie lassen den Würdigen stehn,
Und Mutter und Kinder sie bitten so schön;
Der fürstliche Stolze verbeißet
Die grimmige Wut, ihn entrüstet das Flehn,
Bis endlich sein Schweigen zerreißet:
Du niedrige Brut! du vom Bettlergeschlecht!
Verfinsterung fürstlicher Sterne!
Ihr bringt mir Verderben! Geschieht mir doch Recht –
Die Kinder sie hören's nicht gerne.

Noch stehet der Alte mit herrlichem Blick,
Die eisernen Schergen sie treten zurück,
Es wächst nur das Toben und Wüten.
Schon lange verflucht' ich mein ehliches Glück,
Das sind nun die Früchte der Blüten!
Man leugnete stets, und man leugnet mit Recht,
Daß je sich der Adel erlerne,
Die Bettlerin zeugte mir Bettlergeschlecht –
Die Kinder sie hören's nicht gerne.

Und wenn euch der Gatte, der Vater verstößt;
Die heiligsten Bande verwegentlich löst;
So kommt zu dem Vater, dem Ahnen!
Der Bettler vermag, so ergraut und entblößt,

 Euch herrliche Wege zu bahnen.
 Die Burg die ist meine! Du hast sie geraubt,
 Mich trieb dein Geschlecht in die Ferne;
 Wohl bin ich mit köstlichen Siegeln beglaubt! –
90 Die Kinder sie hören es gerne.

 Rechtmäßiger König er kehret zurück,
 Den Treuen verleiht er entwendetes Glück,
 Ich löse die Siegel der Schätze.
 So rufet der Alte mit freundlichem Blick:
95 Euch künd' ich die milden Gesetze.
 Erhole dich, Sohn! Es entwickelt sich gut,
 Heut einen sich selige Sterne,
 Die Fürstin sie zeugte dir fürstliches Blut –
 Die Kinder sie hören es gerne.

 PARIA

 DES PARIA GEBET

 Großer Brama, Herr der Mächte!
 Alles ist von deinem Samen,
 Und so bist du der Gerechte!
 Hast du denn allein die Bramen,
5 Nur die Rajas und die Reichen,
 Hast du sie allein geschaffen?
 Oder bist auch du's, der Affen
 Werden ließ und unseres Gleichen?

 Edel sind wir nicht zu nennen:
10 Denn das Schlechte das gehört uns,
 Und was Andre tödlich kennen
 Das alleine das vermehrt uns.
 Mag dies für die Menschen gelten,
 Mögen sie uns doch verachten;

Aber du, du sollst uns achten,
Denn du könntest alle schelten.

Also Herr, nach diesem Flehen,
Segne mich zu deinem Kinde;
Oder Eines laß entstehen,
Das auch mich mit dir verbinde!
Denn du hast den Bajaderen
Eine Göttin selbst erhoben;
Auch wir andern, dich zu loben,
Wollen solch ein Wunder hören.

LEGENDE

Wasser holen geht die reine,
Schöne Frau des hohen Bramen,
Des verehrten, fehlerlosen,
Ernstester Gerechtigkeit.
Täglich von dem heiligen Flusse
Holt sie köstlichstes Erquicken; –
Aber wo ist Krug und Eimer?
Sie bedarf derselben nicht.
Seligem Herzen, frommen Händen
Ballt sich die bewegte Welle
Herrlich zu krystallner Kugel;
Diese trägt sie, frohen Busens,
Reiner Sitte, holden Wandelns,
Vor den Gatten in das Haus.

Heute kommt die morgendliche
Im Gebet zu Ganges Fluten,
Beugt sich zu der klaren Fläche –
Plötzlich überraschend spiegelt
Aus des höchsten Himmels Breiten
Über ihr vorübereilend
Allerlieblichste Gestalt

Hehren Jünglings, den des Gottes
Uranfänglich schönes Denken
Aus dem ew'gen Busen schuf;
Solchen schauend fühlt ergriffen
Von verwirrenden Gefühlen
Sie das innere tiefste Leben,
Will verharren in dem Anschaun,
Weis't es weg, da kehrt es wieder
Und verworren strebt sie flutwärts,
Mit unsichrer Hand zu schöpfen;
Aber ach! sie schöpft nicht mehr!
Denn des Wassers heilige Welle
Scheint zu fliehn, sich zu entfernen,
Sie erblickt nur hohler Wirbel
Grause Tiefen unter sich.

Arme sinken, Tritte straucheln,
Ist's denn auch der Pfad nach Hause?
Soll sie zaudern? soll sie fliehen?
Will sie denken, wo Gedanke,
Rat und Hülfe gleich versagt? –
Und so tritt sie vor den Gatten;
Er erblickt sie, Blick ist Urteil,
Hohen Sinns ergreift das Schwert er,
Schleppt sie zu dem Totenhügel
Wo Verbrecher büßend bluten.
Wüßte sie zu widerstreben?
Wüßte sie sich zu entschuld'gen,
Schuldig, keiner Schuld bewußt?

Und er kehrt mit blutigem Schwerte
Sinnend zu der stillen Wohnung;
Da entgegnet ihm der Sohn:
»Wessen Blut ist's? Vater! Vater!« –
Der Verbrecherin! »Mit nichten!
Denn es starret nicht am Schwerte
Wie verbrecherische Tropfen;

Fließt wie aus der Wunde frisch.
Mutter, Mutter! tritt heraus her!
Ungerecht war nie der Vater,
Sage was er jetzt verübt.« – 60
Schweige! Schweige! 's ist das ihre! –
»Wessen ist es?« – Schweige! Schweige! –
»Wäre meiner Mutter Blut!!!
Was geschehen? was verschuldet?
Her das Schwert! ergriffen hab' ich's; 65
Deine Gattin magst du töten,
Aber meine Mutter nicht!
In die Flammen folgt die Gattin
Ihrem einzig Angetrauten,
Seiner einzig teuren Mutter 70
In das Schwert der treue Sohn.«

Halt, o halte! rief der Vater,
Noch ist Raum, enteil', enteile!
Füge Haupt dem Rumpfe wieder,
Du berührest mit dem Schwerte 75
Und lebendig folgt sie dir.

Eilend, atemlos erblickt er
Staunend zweier Frauen Körper
Überkreuzt und so die Häupter;
Welch Entsetzen! welche Wahl! 80
Dann der Mutter Haupt erfaßt er,
Küßt es nicht, das tot erblaßte
Auf des nächsten Rumpfes Lücke
Setzt er's eilig, mit dem Schwerte
Segnet er das fromme Werk. 85

Aufersteht ein Riesenbildnis. –
Von der Mutter teuren Lippen,
Göttlich-unverändert-süßen,
Tönt das grausenvolle Wort:
Sohn, o Sohn! Welch Übereilen! 90

Deiner Mutter Leichnam dorten,
Neben ihm das freche Haupt
Der Verbrecherin, des Opfers
Waltender Gerechtigkeit!
Mich nun hast du ihrem Körper
Eingeimpft auf ewige Tage;
Weisen Wollens, wilden Handelns
Werd' ich unter Göttern sein.
Ja des Himmelsknaben Bildnis
Webt so schön vor Stirn und Auge;
Senkt sich's in das Herz herunter,
Regt es tolle Wutbegier.

Immer wird es wieder kehren,
Immer steigen, immer sinken,
Sich verdüstern, sich verklären,
So hat Brama dies gewollt.
Er gebot ja buntem Fittig,
Klarem Antlitz, schlanken Gliedern,
Göttlich-einzigem Erscheinen
Mich zu prüfen, zu verführen;
Denn von oben kommt Verführung,
Wenn's den Göttern so beliebt.
Und so soll ich die Bramane,
Mit dem Haupt im Himmel weilend,
Fühlen Paria dieser Erde
Niederziehende Gewalt.

Sohn, ich sende dich dem Vater!
Tröste! – Nicht ein traurig Büßen,
Stumpfes Harren, stolz Verdienen
Halt' euch in der Wildnis fest;
Wandert aus durch alle Welten,
Wandelt hin durch alle Zeiten
Und verkündet auch Geringstem:
Daß ihn Brama droben hört!

Ihm ist keiner der Geringste –
Wer sich mit gelähmten Gliedern,
Sich mit wild zerstörtem Geiste,
Düster ohne Hülf' und Rettung,
Sei er Brama, sei er Paria,
Mit dem Blick nach oben kehrt,
Wird's empfinden, wird's erfahren:
Dort erglühen tausend Augen,
Ruhend lauschen tausend Ohren,
Denen nichts verborgen bleibt.

Heb' ich mich zu seinem Throne,
Schaut er mich die Grausenhafte
Die er gräßlich umgeschaffen,
Muß er ewig mich bejammern,
Euch zu Gute komme das.
Und ich werd' ihn freundlich mahnen
Und ich werd' ihm wütend sagen,
Wie es mir der Sinn gebietet,
Wie es mir im Busen schwellet.
Was ich denke, was ich fühle –
Ein Geheimnis bleibe das.

DANK DES PARIA

Großer Brama! nun erkenn' ich,
Daß du Schöpfer bist der Welten!
Dich als meinen Herrscher nenn' ich,
Denn du lässest alle gelten.

Und verschließest auch dem Letzten
Keines von den tausend Ohren;
Uns, die tief herabgesetzten,
Alle hast du neu geboren.

Wendet euch zu dieser Frauen,
Die der Schmerz zur Göttin wandelt,
Nun beharr' ich anzuschauen
Den, der einzig wirkt und handelt.

TRILOGIE DER LEIDENSCHAFT

AN WERTHER

Noch einmal wagst du, vielbeweinter Schatten,
Hervor dich an das Tageslicht,
Begegnest mir auf neu beblümten Matten
Und meinen Anblick scheust du nicht.
Es ist als ob du lebtest in der Frühe,
Wo uns der Tau auf Einem Feld erquickt,
Und nach des Tages unwillkommner Mühe
Der Scheidesonne letzter Strahl entzückt;
Zum Bleiben ich, zum Scheiden du, erkoren,
Gingst du voran – und hast nicht viel verloren.

Des Menschen Leben scheint ein herrlich Los:
Der Tag, wie lieblich, so die Nacht, wie groß!
Und wir gepflanzt in Paradieses Wonne,
Genießen kaum der hocherlauchten Sonne,
Da kämpft sogleich verworrene Bestrebung
Bald mit uns selbst und bald mit der Umgebung;
Keins wird vom andern wünschenswert ergänzt,
Von außen düstert's, wenn es innen glänzt,
Ein glänzend Äußres deckt mein trüber Blick,
Da steht es nah – und man verkennt das Glück.

Nun glauben wir's zu kennen! Mit Gewalt
Ergreift uns Liebreiz weiblicher Gestalt:
Der Jüngling, froh wie in der Kindheit Flor
Im Frühling tritt als Frühling selbst hervor,

Entzückt, erstaunt, wer dies ihm angetan? 25
Er schaut umher, die Welt gehört ihm an.
In's Weite zieht ihn unbefangene Hast,
Nichts engt ihn ein, nicht Mauer, nicht Palast;
Wie Vögelschar an Wäldergipfeln streift,
So schwebt auch er, der um die Liebste schweift, 30
Er sucht vom Äther, den er gern verläßt,
Den treuen Blick und dieser hält ihn fest.

Doch erst zu früh und dann zu spat gewarnt,
Fühlt er den Flug gehemmt, fühlt sich umgarnt,
Das Wiedersehn ist froh, das Scheiden schwer, 35
Das Wieder-Wiedersehn beglückt noch mehr
Und Jahre sind im Augenblick ersetzt;
Doch tückisch harrt das Lebewohl zuletzt.

Du lächelst, Freund, gefühlvoll wie sich ziemt:
Ein gräßlich Scheiden machte dich berühmt; 40
Wir feierten dein kläglich Mißgeschick,
Du ließest uns zu Wohl und Weh zurück;
Dann zog uns wieder ungewisse Bahn
Der Leidenschaften labyrinthisch an;
Und wir verschlungen wiederholter Not, 45
Dem Scheiden endlich – Scheiden ist der Tod!
Wie klingt es rührend wenn der Dichter singt,
Den Tod zu meiden, den das Scheiden bringt!
Verstrickt in solche Qualen halbverschuldet
Geb' ihm ein Gott zu sagen was er duldet. 50

ELEGIE

Und wenn der Mensch in seiner Qual verstummt,
Gab mir ein Gott zu sagen was ich leide.

Was soll ich nun vom Wiedersehen hoffen,
Von dieses Tages noch geschloss'ner Blüte?

Das Paradies, die Hölle steht dir offen;
Wie wankelsinnig regt sich's im Gemüte! –
Kein Zweifeln mehr! Sie tritt an's Himmelstor,
Zu Ihren Armen hebt sie dich empor.

—

So warst du denn im Paradies empfangen
Als wärst du wert des ewig schönen Lebens;
Dir blieb kein Wunsch, kein Hoffen, kein Verlangen,
Hier war das Ziel des innigsten Bestrebens,
Und in dem Anschaun dieses einzig Schönen
Versiegte gleich der Quell sehnsüchtiger Tränen.

Wie regte nicht der Tag die raschen Flügel,
Schien die Minuten vor sich her zu treiben!
Der Abendkuß, ein treu verbindlich Siegel:
So wird es auch der nächsten Sonne bleiben.
Die Stunden glichen sich in zartem Wandern
Wie Schwestern zwar, doch keine ganz den andern.

Der Kuß der letzte, grausam süß, zerschneidend
Ein herrliches Geflecht verschlungner Minnen.
Nun eilt, nun stockt der Fuß die Schwelle meidend,
Als trieb ein Cherub flammend ihn von hinnen;
Das Auge starrt auf düstrem Pfad verdrossen,
Es blickt zurück, die Pforte steht verschlossen.

Und nun verschlossen in sich selbst, als hätte
Dies Herz sich nie geöffnet, selige Stunden
Mit jedem Stern des Himmels um die Wette
An ihrer Seite leuchtend nicht empfunden;
Und Mißmut, Reue, Vorwurf, Sorgenschwere
Belasten's nun in schwüler Atmosphäre.

Ist denn die Welt nicht übrig? Felsenwände
Sind sie nicht mehr gekrönt von heiligen Schatten?
Die Ernte reift sie nicht? Ein grün Gelände
Zieht sich's nicht hin am Fluß durch Busch und Matten?

Und wölbt sich nicht das überweltlich Große 35
Gestaltenreiche, bald gestaltenlose?

Wie leicht und zierlich, klar und zart gewoben,
Schwebt, Seraph gleich, aus ernster Wolken Chor,
Als glich es ihr, am blauen Äther droben,
Ein schlank Gebild aus lichtem Duft empor: 40
So sahst du sie in frohem Tanze walten
Die Lieblichste der lieblichsten Gestalten.

Doch nur Momente darfst dich unterwinden
Ein Luftgebild statt ihrer fest zu halten;
In's Herz zurück, dort wirst du's besser finden, 45
Dort regt sie sich in wechselnden Gestalten;
Zu Vielen bildet Eine sich hinüber,
So tausendfach, und immer immer lieber.

Wie zum Empfang sie an den Pforten weilte
Und mich von dannauf stufenweis beglückte; 50
Selbst nach dem letzten Kuß mich noch ereilte,
Den letztesten mir auf die Lippen drückte:
So klar beweglich bleibt das Bild der Lieben,
Mit Flammenschrift, in's treue Herz geschrieben.

In's Herz, das fest wie zinnenhohe Mauer 55
Sich ihr bewahrt und sie in sich bewahret,
Für sie sich freut an seiner eignen Dauer,
Nur weiß von sich, wenn sie sich offenbaret,
Sich freier fühlt in so geliebten Schranken
Und nur noch schlägt, für alles ihr zu danken. 60

War Fähigkeit zu lieben, war Bedürfen
Von Gegenliebe weggelöscht, verschwunden;
Ist Hoffnungslust zu freudigen Entwürfen,
Entschlüssen, rascher Tat sogleich gefunden!
Wenn Liebe je den Liebenden begeistet, 65
Ward es an mir auf's lieblichste geleistet;

Und zwar durch sie! – Wie lag ein innres Bangen
Auf Geist und Körper, unwillkommner Schwere:
Von Schauerbildern rings der Blick umfangen
Im wüsten Raum beklommner Herzensleere;
Nun dämmert Hoffnung von bekannter Schwelle,
Sie selbst erscheint in milder Sonnenhelle.

Dem Frieden Gottes, welcher euch hienieden
Mehr als Vernunft beseliget – wir lesen's –
Vergleich' ich wohl der Liebe heitern Frieden
In Gegenwart des allgeliebten Wesens;
Da ruht das Herz und nichts vermag zu stören
Den tiefsten Sinn, den Sinn ihr zu gehören.

In unsers Busens Reine wogt ein Streben,
Sich einem höhern, reinern, unbekannten,
Aus Dankbarkeit freiwillig hinzugeben,
Enträtselnd sich den ewig Ungenannten;
Wir heißen's: fromm sein! – Solcher seligen Höhe
Fühl' ich mich teilhaft, wenn ich vor ihr stehe.

Vor ihrem Blick, wie vor der Sonne Walten,
Vor ihrem Atem, wie vor Frühlingslüften,
Zerschmilzt, so längst sich eisig starr gehalten,
Der Selbstsinn tief in winterlichen Grüften;
Kein Eigennutz, kein Eigenwille dauert,
Vor ihrem Kommen sind sie weggeschauert.

Es ist als wenn sie sagte: »Stund um Stunde
Wird uns das Leben freundlich dargeboten,
Das Gestrige ließ uns geringe Kunde,
Das Morgende, zu wissen ist's verboten;
Und wenn ich je mich vor dem Abend scheute,
Die Sonne sank und sah noch was mich freute.

Drum tu' wie ich und schaue, froh verständig,
Dem Augenblick in's Auge! Kein Verschieben!

Begegn' ihm schnell, wohlwollend wie lebendig,
Im Handeln sei's, zur Freude, sei's dem Lieben;
Nur wo du bist sei alles, immer kindlich,
So bist du alles, bist unüberwindlich.«

Du hast gut reden, dacht' ich, zum Geleite
Gab dir ein Gott die Gunst des Augenblickes,
Und jeder fühlt an deiner holden Seite
Sich Augenblicks den Günstling des Geschickes;
Mich schreckt der Wink von dir mich zu entfernen,
Was hilft es mir so hohe Weisheit lernen!

Nun bin ich fern! Der jetzigen Minute
Was ziemt denn der? Ich wüßt' es nicht zu sagen;
Sie bietet mir zum Schönen manches Gute,
Das lastet nur, ich muß mich ihm entschlagen;
Mich treibt umher ein unbezwinglich Sehnen,
Da bleibt kein Rat als grenzenlose Tränen.

So quellt denn fort! und fließet unaufhaltsam;
Doch nie geläng's die innre Glut zu dämpfen!
Schon rast's und reißt in meiner Brust gewaltsam,
Wo Tod und Leben grausend sich bekämpfen.
Wohl Kräuter gäb's, des Körpers Qual zu stillen;
Allein dem Geist fehlt's am Entschluß und Willen,

Fehlt's am Begriff: wie sollt' er sie vermissen?
Er wiederholt ihr Bild zu tausendmalen.
Das zaudert bald, bald wird es weggerissen,
Undeutlich jetzt und jetzt im reinsten Strahlen;
Wie könnte dies geringstem Troste frommen,
Die Ebb' und Flut, das Gehen wie das Kommen?

—

Verlaßt mich hier, getreue Weggenossen!
Laßt mich allein am Fels, in Moor und Moos;
Nur immer zu! euch ist die Welt erschlossen,
Die Erde weit, der Himmel hehr und groß;

Betrachtet, forscht, die Einzelheiten sammelt,
Naturgeheimnis werde nachgestammelt.

Mir ist das All, ich bin mir selbst verloren,
Der ich noch erst den Göttern Liebling war;
Sie prüften mich, verliehen mir Pandoren,
So reich an Gütern, reicher an Gefahr;
Sie drängten mich zum gabeseligen Munde,
Sie trennen mich, und richten mich zu Grunde.

AUSSÖHNUNG

Die Leidenschaft bringt Leiden! – Wer beschwichtigt
Beklommnes Herz das allzuviel verloren?
Wo sind die Stunden, überschnell verflüchtigt?
Vergebens war das Schönste dir erkoren!
Trüb' ist der Geist, verworren das Beginnen;
Die hehre Welt wie schwindet sie den Sinnen!

Da schwebt hervor Musik mit Engelschwingen,
Verflicht zu Millionen Tön' um Töne,
Des Menschen Wesen durch und durch zu dringen,
Zu überfüllen ihn mit ew'ger Schöne:
Das Auge netzt sich, fühlt im höhern Sehnen
Den Götter-Wert der Töne wie der Tränen.

Und so das Herz erleichtert merkt behende
Daß es noch lebt und schlägt und möchte schlagen,
Zum reinsten Dank der überreichen Spende
Sich selbst erwiedernd willig darzutragen.
Da fühlte sich – o daß es ewig bliebe! –
Das Doppel-Glück der Töne wie der Liebe.

—

ÄOLSHARFEN
Gespräch

Er

Ich dacht' ich habe keinen Schmerz
Und doch war mir so bang um's Herz,
Mir war's gebunden vor der Stirn
Und hohl im innersten Gehirn –
Bis endlich Trän' auf Träne fließt,
Verhaltnes Lebewohl ergießt. –
Ihr Lebewohl war heitre Ruh,
Sie weint wohl jetzund auch wie du.

Sie

Ja er ist fort, das muß nun sein!
Ihr Lieben laßt mich nur allein,
Sollt' ich euch seltsam scheinen,
Es wird nicht ewig währen!
Jetzt kann ich ihn nicht entbehren.
Und da muß ich weinen.

—

Er

Zur Trauer bin ich nicht gestimmt
Und Freude kann ich auch nicht haben:
Was sollen mir die reifen Gaben,
Die man von jedem Baume nimmt!
Der Tag ist mir zum Überdruß,
Langweilig ist's, wenn Nächte sich befeuern;
Mir bleibt der einzige Genuß
Dein holdes Bild mir ewig zu erneuern,
Und fühltest du den Wunsch nach diesem Segen,
Du kämest mir auf halbem Weg entgegen.

Sie

Du trauerst daß ich nicht erscheine,
Vielleicht entfernt so treu nicht meine,

Sonst wär' mein Geist im Bilde da.
Schmückt Iris wohl des Himmels Bläue?
Laß regnen, gleich erscheint die Neue,
Du weinst! Schon bin ich wieder da.

Er
Ja du bist wohl an Iris zu vergleichen!
Ein liebenswürdig Wunderzeichen.
So schmiegsam herrlich, bunt in Harmonie
Und immer neu und immer gleich wie sie.

UNGEDULD

Immer wieder in die Weite
Über Länder an das Meer,
Phantasien in der Breite
Schwebt am Ufer hin und her!
Neu ist immer die Erfahrung:
Immer ist dem Herzen bang,
Schmerzen sind der Jugend Nahrung,
Tränen seliger Lobgesang.

LUST UND QUAL

Knabe saß ich, Fischerknabe,
Auf dem schwarzen Fels im Meer,
Und, bereitend falsche Gabe,
Sang ich lauschend rings umher.
Angel schwebte lockend nieder;
Gleich ein Fischlein streift und schnappt,
Schadenfrohe Schelmenlieder —
Und das Fischlein war ertappt.

Ach! am Ufer, durch die Fluren,
Ins Geklüfte tief zum Hain,

Folgt' ich einer Sohle Spuren,
Und die Hirtin war allein.
Blicke sinken, Worte stocken! –
Wie ein Taschenmesser schnappt
Faßte sie mich in die Locken
Und das Bübchen war ertappt.

Weiß doch Gott mit welchem Hirten
Sie auf's neue sich ergeht!
Muß ich in das Meer mich gürten,
Wie es sauset, wie es weht.
Wenn mich oft im Netze jammert
Das Gewimmel groß und klein;
Immer möcht' ich noch umklammert
Noch von ihren Armen sein!

IMMER UND ÜBERALL

Dringe tief zu Berges Grüften,
Wolken folge hoch zu Lüften;
Muse ruft zu Bach und Tale
Tausend aber tausend Male.

Sobald ein frisches Kelchlein blüht,
Es fordert neue Lieder;
Und wenn die Zeit verrauschend flieht,
Jahrszeiten kommen wieder.

MÄRZ

Es ist ein Schnee gefallen,
Denn es ist noch nicht Zeit
Daß von den Blümlein allen,
Daß von den Blümlein allen
Wir werden hoch erfreut.

Der Sonnenblick betrüget
Mit mildem falschem Schein,
Die Schwalbe selber lüget,
Die Schwalbe selber lüget,
Warum? Sie kommt allein!

Sollt' ich mich einzeln freuen,
Wenn auch der Frühling nah?
Doch kommen wir zu zweien
Doch kommen wir zu zweien,
Gleich ist der Sommer da.

APRIL

Augen sagt mir, sagt was sagt ihr?
Denn ihr sagt was gar zu Schönes,
Gar des lieblichen Getönes;
Und in gleichem Sinne fragt ihr.

Doch ich glaub' euch zu erfassen:
Hinter dieser Augen Klarheit
Ruht ein Herz in Lieb' und Wahrheit
Jetzt sich selber überlassen,

Dem es wohl behagen müßte,
Unter so viel stumpfen, blinden,
Endlich einen Blick zu finden
Der es auch zu schätzen wüßte.

Und indem ich diese Chiffern
Mich versenke zu studieren,
Laßt euch ebenfalls verführen
Meine Blicke zu entziffern!

MAI

Leichte Silberwolken schweben
Durch die erst erwärmten Lüfte,
Mild, von Schimmer sanft umgeben,
Blickt die Sonne durch die Düfte;
Leise wallt und drängt die Welle
Sich am reichen Ufer hin,
Und wie reingewaschen helle,
Schwankend hin und her und hin,
Spiegelt sich das junge Grün.

Still ist Luft und Lüftchen stille;
Was bewegt mir das Gezweige?
Schwüle Liebe dieser Fülle,
Von den Bäumen durch's Gesträuche.
Nun der Blick auf einmal helle,
Sieh! der Bübchen Flatterschar,
Das bewegt und regt so schnelle,
Wie der Morgen sie gebar,
Flügelhaft sich Paar und Paar.

Fangen an das Dach zu flechten; –
Wer bedürfte dieser Hütte?
Und wie Zimmrer, die gerechten,
Bank und Tischchen in der Mitte!
Und so bin ich noch verwundert,
Sonne sinkt, ich fühl' es kaum;
Und nun führen aber hundert
Mir das Liebchen in den Raum,
Tag und Abend, welch ein Traum!

JUNI

Hinter jenem Berge wohnt
Sie, die meine Liebe lohnt.
Sage, Berg, was ist denn das?
Ist mir doch als wärst du Glas,

Und ich wär' nicht weit davon;
Denn sie kommt, ich seh' es schon,
Traurig, denn ich bin nicht da,
Lächelnd, ja, sie weiß es ja!

Nun stellt sich dazwischen
Ein kühles Tal mit leichten Büschen,
Bächen, Wiesen und dergleichen,
Mühlen und Rändern, den schönsten Zeichen
Daß da gleich wird eine Fläche kommen,
Weite Felder unbeklommen.
Und so immer, immer heraus,
Bis mir an Garten und Haus!

Aber wie geschicht's?
Freut mich das alles nicht –
Freute mich des Gesichts
Und der zwei Äuglein Glanz,
Freute mich des leichten Gangs,
Und wie ich sie seh'
Vom Zopf zur Zeh!

Sie ist fort, ich bin hier,
Ich bin weg, bin bei ihr.

Wandelt sie auf schroffen Hügeln,
Eilet sie das Tal entlang,
Da erklingt es wie mit Flügeln,
Da bewegt sich's wie Gesang.

Und auf diese Jugendfülle,
Dieser Glieder frohe Pracht
Harret einer in der Stille,
Den sie einzig glücklich macht.

Liebe steht ihr gar zu schön,
Schönres hab' ich nie gesehn!
Bricht ihr doch ein Blumenflor
Aus dem Herzen leicht hervor.

Denk ich: soll es doch so sein!
Das erquickt mir Mark und Bein;
Wähn' ich wohl, wenn sie mich liebt,
Daß es noch was beßres gibt?

Und noch schöner ist die Braut,
Wenn sie sich mir ganz vertraut,
Wenn sie spricht und mir erzählt,
Was sie freut und was sie quält.

Wie's ihr ist und wie's ihr war,
Kenn' ich sie doch ganz und gar.
Wer gewänn' an Seel' und Leib
Solch ein Kind und solch ein Weib!

FRÜHLING ÜBER'S JAHR

Das Beet schon lockert
Sich's in die Höh,
Da wanken Glöckchen
So weiß wie Schnee;
Safran entfaltet
Gewalt'ge Glut,
Smaragden keimt es
Und keimt wie Blut.
Primeln stolzieren

So naseweiß,
Schalkhafte Veilchen
Versteckt mit Fleiß;
Was auch noch alles
Da regt und webt,
Genug der Frühling
Er wirkt und lebt.

Doch was im Garten
Am reichsten blüht,
Das ist des Liebchens
Lieblich Gemüt.
Da glühen Blicke
Mir immerfort,
Erregend Liedchen,
Erheiternd Wort.
Ein immer offen,
Ein Blütenherz,
Im Ernste freundlich
Und rein im Scherz.
Wenn Ros' und Lilie
Der Sommer bringt,
Er doch vergebens
Mit Liebchen ringt.

FÜR'S LEBEN

Nach diesem Frühlingsregen
Den wir so warm erfleht,
Weibchen, o sieh den Segen
Der unsre Flur durchweht!
Bis in die blaue Trübe
Verliert sich unser Blick!
Hier wandelt noch die Liebe,
Hier hauset noch das Glück.

Das Pärchen weißer Tauben,
Du siehst, es fliegt dorthin,
Wo, um besonnte Lauben,
Gefüllte Veilchen blüh.
Dort banden wir zusammen
Den allerersten Strauß,
Dort schlugen unsre Flammen
Zuerst gewaltig aus.

Doch als uns vom Altare,
Nach dem beliebten Ja,
Mit manchem jungen Paare,
Der Pfarrer eilen sah;
Da gingen andre Sonnen
Und andre Monden auf,
Da war die Welt gewonnen
Für unsern Lebenslauf.

Und hunderttausend Siegel
Bekräftigten den Bund,
Im Wäldchen, auf dem Hügel,
Im Busch am Wiesengrund,
In Höhlen, im Gemäuer,
Auf des Geklüftes Höh',
Und Amor trug das Feuer
Selbst in das Rohr am See.

Wir wandelten zufrieden,
Wir glaubten uns zu zwei;
Doch anders war's beschieden
Und sieh'! wir waren drei,
Und vier' und fünf' und sechse,
Sie saßen um den Topf,
Und nun sind die Gewächse
Fast all' uns über'n Kopf.

Und dort, in schöner Fläche,
Das neugebaute Haus
Umschlingen Pappelbäche,
So freundlich sieht's heraus.
Wer schaffte wohl da drüben
Sich diesen frohen Sitz?
Ist es, mit seiner Lieben,
Nicht unser braver Fritz?

Und wo im Felsengrunde
Der eingeklemmte Fluß
Sich schäumend aus dem Schlunde
Auf Räder stürzen muß:
Man spricht von Müllerinnen
Und wie so schön sie sind;
Doch immer wird gewinnen
Dort hinten unser Kind.

Doch wo das Grün so dichte
Um Kirch' und Rasen steht,
Da wo die alte Fichte
Allein zum Himmel weht,
Da ruhet unsrer Toten
Frühzeitiges Geschick,
Und leitet von dem Boden
Zum Himmel unsern Blick.

Es blitzen Waffenwogen
Den Hügel, schwankend, ab.
Das Heer es kommt gezogen,
Das uns den Frieden gab.
Wer mit der Ehrenbinde
Bewegt sich stolz voraus?
Er gleichet unserm Kinde!
So kommt der Karl nach Haus.

Den liebsten aller Gäste
Bewirtet nun die Braut;
Sie wird am Friedensfeste
Dem Treuen angetraut.
Und zu den Feiertänzen
Drängt jeder sich herbei;
Da schmückest du mit Kränzen
Der jüngsten Kinder drei.

Bei Flöten und Schalmeien
Erneuert sich die Zeit,
Da wir uns einst im Reihen
Als junges Paar gefreut;
Und in des Jahres Laufe,
Die Wonne fühl' ich schon!
Begleiten wir zur Taufe,
Den Enkel und den Sohn.

FÜR EWIG

Denn was der Mensch in seinen Erdeschranken
Von hohem Glück mit Götternamen nennt,
Die Harmonie der Treue, die kein Wanken,
Der Freundschaft, die nicht Zweifelsorge kennt;
Das Licht, das Weisen nur zu einsamen Gedanken,
Das Dichtern nur in schönen Bildern brennt,
Das hatt' ich all' in meinen besten Stunden
In ihr entdeckt und es für mich gefunden.

ZWISCHEN BEIDEN WELTEN

Einer Einzigen angehören,
Einen Einzigen verehren
Wie vereint es Herz und Sinn!
Lida! Glück der nächsten Nähe,

William! Stern der schönsten Höhe,
Euch verdank' ich was ich bin.
Tag' und Jahre sind verschwunden,
Und doch ruht auf jenen Stunden
Meines Wertes Vollgewinn.

AUS EINEM STAMMBUCH VON 1604

Hoffnung beschwingt Gedanken, Liebe Hoffnung,
In klarster Nacht hinauf zu Cynthien, Liebe!
Und sprich: wie sie sich oben umgestaltet,
So auf der Erde schwindet, wächs't mein Glück.
Und wispere sanft-bescheiden ihr an's Ohr,
Wie Zweifel oft das Haupt hing, Treue tränte.
Und ihr Gedanken, mißzutraun geneigt,
Beschilt euch die Geliebte dessenthalb,
So sagt: ihr wechselt zwar, doch ändert nicht,
Wie sie dieselbe bleibt und immer wechselt.
Untrauen tritt in's Herz, vergiftet's nicht,
Denn Lieb' ist süßer von Verdacht gewürzt.
Wenn sie verdrießlich dann das Aug' umwölkt,
Des Himmels Kläre widerwärtig schwärzt,
Dann Seufzer-Winde scheucht die Wolken weg,
Tränt nieder sie in Regen aufzulösen.
Gedanke, Hoffnung, Liebe bleib nur dort,
Bis Cynthia scheint wie sie mir sonst getan.

UM MITTERNACHT

Um Mitternacht ging ich, nicht eben gerne,
Klein, kleiner Knabe, jenen Kirchhof hin
Zu Vaters Haus, des Pfarrers, Stern am Sterne
Sie leuchteten doch alle gar zu schön;
 Um Mitternacht.

Wenn ich dann ferner in des Lebens Weite
Zur Liebsten mußte, mußte weil sie zog,
Gestirn und Nordschein über mir im Streite,
Ich gehend, kommend Seligkeiten sog;
 Um Mitternacht.

Bis dann zuletzt des vollen Mondes Helle
So klar und deutlich mir in's Finstere drang,
Auch der Gedanke willig, sinnig, schnelle
Sich um's Vergangne wie um's Künftige schlang;
 Um Mitternacht.

ST. NEPOMUCKS VORABEND
Carlsbad den 15. Mai 1820

Lichtlein schwimmen auf dem Strome,
Kinder singen auf der Brücken,
Glocke, Glöckchen fügt vom Dome
Sich der Andacht, dem Entzücken.

Lichtlein schwinden, Sterne schwinden;
Also lös'te sich die Seele
Unsres Heil'gen, nicht verkünden
Durft' er anvertraute Fehle.

Lichtlein schwimmet! spielt ihr Kinder!
Kinder-Chor, o! singe, singe!
Und verkündiget nicht minder
Was den Stern zu Sternen bringe.

IM VORÜBERGEHN

Ich ging im Felde
So für mich hin,
Und nichts zu suchen,
Das war mein Sinn.

 Da stand ein Blümchen
 Sogleich so nah,
 Daß ich im Leben
 Nichts lieber sah.

 Ich wollt' es brechen,
 Da sagt' es schleunig:
 Ich habe Wurzeln,
 Die sind gar heimlich.

 Im tiefen Boden
 Bin ich gegründet;
 Drum sind die Blüten
 So schön geründet.

 Ich kann nicht liebeln,
 Ich kann nicht schranzen;
 Mußt mich nicht brechen,
 Mußt mich verpflanzen.
 —
 Ich ging im Walde
 So vor mich hin;
 Ich war so heiter,
 Wollt' immer weiter –
 Das war mein Sinn.

 PFINGSTEN

Unter halb verwelkten Maien
Schläft der liebe Freund so still;
O! wie soll es ihn erfreuen
Was ich ihm vertrauen will:
Ohne Wurzeln dieses Reisig,
Es verdorrt das junge Blut;
Aber Liebe, wie Herr Dreyßig,
Nähret ihre Pflanzen gut.

AUG' UM OHR

Was dem Auge dar sich stellet
Sicher glauben wir's zu schaun,
Was dem Ohr sich zugesellet
Gibt uns nicht ein gleich Vertraun;
Darum deine lieben Worte
Haben oft mir wohlgetan,
Doch ein Blick am rechten Orte
Übrig läßt er keinen Wahn.

BLICK UM BLICK

Wenn du dich im Spiegel besiehst
Denke daß ich diese Augen küßte,
Und mich mit mir selbst entzweien müßte
Sobalde du mich fliehst:
Denn da ich nur in diesen Augen lebe,
Du mir gibst was ich gebe,
So wär' ich ganz verloren;
Jetzt bin ich immer wie neu geboren.

HAUS-PARK

Liebe Mutter, die Gespielen
Sagen mir schon manche Zeit
Daß ich besser sollte fühlen
Was Natur im Freien beut.
Bin ich hinter diesen Mauern,
Diesen Hecken, diesem Bux,
Wollen sie mich nur bedauern
Neben diesem alten Jux.

Solche schroffe grüne Wände
Ließen sie nicht länger stehn;
Kann man doch von einem Ende
Gleich bis an das andre sehn.
Von der Schere fallen Blätter,
Fallen Blüten, welch ein Schmerz!
Asmus, unser lieber Vetter,
Nennt es puren Schneiderscherz.

Stehn die Pappeln doch so prächtig
Um des Nachbars Gartenhaus;
Und bei uns wie niederträchtig
Nehmen sich die Zwiebeln aus!
Wollt ihr nicht den Wunsch erfüllen –
Ich bescheide mich ja wohl!
Heuer nur, um Gotteswillen,
Liebe Mutter, keinen Kohl!

DER NEUE COPERNICUS

Artges Häuschen hab ich klein,
Und, darin verstecket,
Bin ich vor der Sonne Schein
Gar bequem bedecket.

Denn da gibt es Schalterlein,
Federchen und Lädchen,
Finde mich so wohl allein
Als mit hübschen Mädchen.

Denn, o Wunder! mir zur Lust
Regen sich die Wälder,
Näher kommen meiner Brust
Die entfernten Felder.

Und so tanzen auch vorbei
Die bewachs'nen Berge,
Fehlt nur das Lustgeschrei
Aufgeregter Zwerge.

Doch so gänzlich still und stumm
Rennt es mir vorüber
Meistens grad und oft auch krumm
Und so ist mir's lieber.

Wenn ich's recht betrachten will
Und es ernst gewahre,
Steht vielleicht das alles still
Und ich selber fahre.

GEGENSEITIG

Wie sitzt mir das Liebchen?
Was freut sie so groß?
Den Fernen sie wiegt ihn,
Sie hat ihn im Schoß;

Im zierlichen Käfig
Ein Vöglein sie hält,
Sie läßt es heraußer
So wie's ihr gefällt.

Hat's Picken dem Finger,
Den Lippen getan,
Es flieget und flattert,
Und wieder heran.

So eile zur Heimat,
Das ist nun der Brauch,
Und hast du das Mädchen,
So hat sie dich auch.

FREIBEUTER

Mein Haus hat kein' Tür,
Mein' Tür hat ke' Haus;
Und immer mit Schätzel
Hinein und heraus.

Mei Küch hat ke' Herd,
Mei Herd hat ke' Küch;
Da bratet's und siedet's
Für sich und für mich.

Mei Bett hat ke' G'stell,
Mei G'stell hat ke' Bett.
Doch wüßt ich nit e'nen
Der's lustiger hett.

Mei Keller is hoch,
Mei Scheuer is tief,
Zu oberst zu unterst —
Da lag ich und schlief.

Und bin ich erwachen,
Da geht es so fort;
Mei Ort hat ke' Bleibens,
Mein Bleibens ken' Ort.

WANDERLIED

Von dem Berge zu den Hügeln,
Niederab das Tal entlang,
Da erklingt es wie von Flügeln,
Da bewegt sich's wie Gesang;
Und dem unbedingten Triebe
Folget Freude, folget Rat;

Und dein Streben, sei's in Liebe,
Und dein Leben sei die Tat.

Denn die Bande sind zerrissen,
Das Vertrauen ist verletzt;
Kann ich sagen, kann ich wissen,
Welchem Zufall ausgesetzt
Ich nun scheiden, ich nun wandern,
Wie die Witwe, trauervoll,
Statt dem Einen, mit dem Andern
Fort und fort mich wenden soll!

Bleibe nicht am Boden heften,
Frisch gewagt und frisch hinaus!
Kopf und Arm mit heitern Kräften
Überall sind sie zu Haus;
Wo wir uns der Sonne freuen,
Sind wir jede Sorge los;
Daß wir uns in ihr zerstreuen,
Darum ist die Welt so groß.

LOGE

SYMBOLUM

Des Maurers Wandeln
Es gleicht dem Leben,
Und sein Bestreben
Es gleicht dem Handeln
Der Menschen auf Erden.

Die Zukunft decket
Schmerzen und Glücke,
Schrittweis' dem Blicke,
Doch ungeschrecket
Dringen wir vorwärts,

Und schwer und ferne
Hängt eine Hülle
Mit Ehrfurcht. Stille
Ruhn oben die Sterne
Und unten die Gräber.

Betracht' sie genauer
Und siehe, so melden
Im Busen der Helden
Sich wandelnde Schauer
Und ernste Gefühle.

Doch rufen von drüben
Die Stimmen der Geister
Die Stimmen der Meister:
Versäumt nicht zu üben
Die Kräfte des Guten.

Hier winden sich Kronen
In ewiger Stille,
Die sollen mit Fülle
Die Tätigen lohnen!
Wir heißen euch hoffen.

VERSCHWIEGENHEIT

Wenn die Liebste zum Erwiedern
Blick auf Liebesblicke beut,
Singt ein Dichter gern in Liedern
Wie ein solches Glück erfreut!
Aber Schweigen bringet Fülle
Reicheren Vertrau'ns zurück;
Leise, leise! Stille, stille!
Das ist erst das wahre Glück.

Wenn den Krieger wild Getöse,
Tromm'l und Pauken, aufgeregt,
Er den Feind, in aller Blöße,
Schmetternd über Länder schlägt;
Nimmt er, wegen Siegsverheerung,
Gern den Ruhm, den lauten, an,
Wenn verheimlichte Verehrung
Seiner Wohltat wohlgetan.

Heil uns! Wir verbundne Brüder
Wissen doch was keiner weiß;
Ja, sogar bekannte Lieder
Hüllen sich in unsern Kreis.
Niemand soll und wird es schauen
Was einander wir vertraut:
Denn auf Schweigen und Vertrauen
Ist der Tempel aufgebaut.

GEGENTOAST DER SCHWESTERN
Zum 24. Oktober 1820
dem Stiftungs- und Amalienfeste

Unser Dank, und wenn auch trutzig,
Grüßend alle lieben Gäste,
Mache keinen Frohen stutzig:
Denn wir feiern eure Feste.

Sollten aber wir, die Frauen,
Dankbar solche Brüder preisen,
Die, in's Innere zu schauen,
Immer uns zur Seite weisen!

Doch Amalien, der hehren,
Die auch euch verklärt erscheinet,
Sprechend, singend ihr zu Ehren
Sind wir doch mit euch vereinet.

Und indem wir eure Lieder
Denken keineswegs zu stören,
Fragen alle sich die Brüder
Was sie ohne Schwestern wären?

TRAUERLOGE
Der Unvergeßlichen Prinzessin Caroline von Weimar Eisenach
vermählten Erbprinzessin von Meklenburg Schwerin
gewidmet 1816

An dem öden Strand des Lebens
Wo sich Dün' auf Düne häuft,
Wo der Sturm im Finstern träuft,
Setze dir ein Ziel des Strebens.
Unter schon verloschnen Siegeln
Tausend Väter hingestreckt,

Ach! von neuen frischen Hügeln
Freund an Freunden überdeckt.

Hast du so dich abgefunden,
Werde Nacht und Äther klar,
Und der ew'gen Sterne Schar
Deute dir belebte Stunden,
Wo du hier mit Ungetrübten,
Treulich wirkend, gern verweilst,
Und auch treulich den geliebten
Ewigen entgegen eilst.

DANK DES SÄNGERS

Von Sängern hat man viel erzählt
Die in ein Schloß gekommen.
Wo nichts ermangelt, nichts gefehlt,
Sie haben Platz genommen.
Doch war wo, irgendwo ein Platz,
Vergleichbar diesem Brüder-Schatz,
Wo auch ich Platz genommen?

Ihr fraget nicht woher ich sei,
Wir alle sind von oben;
Doch singend wird der Freie frei
Und darf die Brüder loben.
Die Brust entlöse der Gesang!
Was außen eng, was außen bang
Uns macht es nicht beklommen.

So hab ich euch denn schon den Dank,
Den ich gedacht, erwiesen,
Und euch mit Tönen rein und schlank
Als Würdige gepriesen.
Was bleibet übrig als der Schall
Den wir so gerne hören,

Wenn überall, all überall
Im Stillen wir uns vermehren.

Zur
Logenfeier
des
dritten Septembers 1825

EINLEITUNG

Einmal nur in unserm Leben,
Was auch sonst begegnen mag,
Ist das höchste Glück gegeben,
Einmal feiert solchen Tag!

Einen Tag, der froh erglänzend
Bunten Schmucks der Nacht entsteigt,
Sich gesellig nun begrenzend
Segensvoll zum Berge neigt.

Darum öffnet eure Pforten,
Laßt Vertrauteste herein;
Heute soll an allen Orten
Liebe nah der Liebe sein!

ZWISCHENGESANG

Laßt fahren hin das allzu Flüchtige!
Ihr sucht bei ihm vergebens Rat;
In dem Vergangnen lebt das Tüchtige,
Verewigt sich in schöner Tat.

Und so gewinnt sich das Lebendige
Durch Folg' aus Folge neue Kraft,

Denn die Gesinnung die beständige
Sie macht allein den Menschen dauerhaft.

So löst sich jene große Frage
Nach unserm zweiten Vaterland;
Denn das Beständige der ird'schen Tage
Verbürgt uns ewigen Bestand.

SCHLUSSGESANG

Nun auf und laßt verlauten
Ihr brüderlich Vertrauten!
Wie ihr geheim verehret
Nach außen sei's gekehret!
Nicht mehr in Sälen
Verhalle der Sang.

Und jubelnd übermaßen
Durchziehet neue Straßen!
Wo wir in's Leere schauten
Erscheinen edle Bauten
Und Kranz an Kränzen
Die Reihen entlang.

So äußeres Gebäude
Verkündet inn're Freude;
Der Schule Raum erheitert
Zu lichtem Saal erweitert;
Die Kinder scheuen
Nicht Moder noch Zwang.

Nun in die luft'gen Räume!
Wer pflanzte diese Bäume,
Ihr kinderfrohen Gatten?
Er pflegte diese Schatten
Und Wälder umgrünen
Die Hügel entlang.

　　　　Die Plage zu vergessen,
50　　　Das Gute zu ermessen,
　　　　So aufgeregt als treulich
　　　　So treusam wie erfreulich
　　　　Stimmet zusammen
　　　　In herzlichem Sang!

55　　　Wie viel er ausgespendet,
　　　　Auch weit und breit vollendet,
　　　　Die Unzahl sich verbündet,
　　　　Unsäglich Glück gegründet,
　　　　Das wiederholet
60　　　Das Leben entlang.

GOTT UND WELT

> Weite Welt und breites Leben,
> Langer Jahre redlich Streben,
> Stets geforscht und stets gegründet,
> Nie geschlossen, oft gerundet,
> Ältestes bewahrt mit Treue, 5
> Freundlich aufgefaßtes Neue,
> Heitern Sinn und reine Zwecke:
> Nun! man kommt wohl eine Strecke.

PROŒMION

Im Namen dessen der Sich selbst erschuf!
Von Ewigkeit in schaffendem Beruf;
In Seinem Namen der den Glauben schafft,
Vertrauen, Liebe, Tätigkeit und Kraft;
In Jenes Namen, der, so oft genannt, 5
Dem Wesen nach blieb immer unbekannt:
 So weit das Ohr, so weit das Auge reicht
Du findest nur Bekanntes das Ihm gleicht,
Und deines Geistes höchster Feuerflug
Hat schon am Gleichnis, hat am Bild genug; 10
Es zieht dich an, es reißt dich heiter fort,
Und wo du wandelst schmückt sich Weg und Ort:
Du zählst nicht mehr, berechnest keine Zeit,
Und jeder Schritt ist Unermeßlichkeit.

—

Was wär' ein Gott, der nur von außen stieße, 15
Im Kreis das All am Finger laufen ließe!
Ihm ziemt's, die Welt im Innern zu bewegen,
Natur in Sich, Sich in Natur zu hegen,

So daß was in Ihm lebt und webt und ist,
Nie Seine Kraft, nie Seinen Geist vermißt.

—

Im Innern ist ein Universum auch;
Daher der Völker löblicher Gebrauch
Daß jeglicher das Beste was er kennt,
Er Gott, ja seinen Gott benennt,
Ihm Himmel und Erden übergibt,
Ihn fürchtet, und wo möglich liebt.

WIEDERFINDEN

Ist es möglich, Stern der Sterne,
Drück' ich wieder dich an's Herz!
Ach! was ist die Nacht der Ferne
Für ein Abgrund, für ein Schmerz!
Ja du bist es! meiner Freuden
Süßer lieber Widerpart;
Eingedenk vergangner Leiden
Schaudr' ich vor der Gegenwart.

Als die Welt im tiefsten Grunde
Lag an Gottes ew'ger Brust,
Ordnet' er die erste Stunde
Mit erhabner Schöpfungslust,
Und er sprach das Wort: Es werde!
Da erklang ein schmerzlich Ach!
Als das All, mit Machtgebärde,
In die Wirklichkeiten brach.

Auf tat sich das Licht! sich trennte
Scheu die Finsternis von ihm,
Und sogleich die Elemente
Scheidend auseinander fliehn.
Rasch in wilden wüsten Träumen
Jedes nach der Weite rang,

Starr, in ungemess'nen Räumen,
Ohne Sehnsucht, ohne Klang.

Stumm war alles, still und öde,
Einsam Gott zum erstenmal!
Da erschuf er Morgenröte,
Die erbarmte sich der Qual;
Sie entwickelte dem Trüben
Ein erklingend Farbenspiel
Und nun konnte wieder lieben
Was erst auseinander fiel.

Und mit eiligem Bestreben
Sucht sich was sich angehört,
Und zu ungemess'nem Leben
Ist Gefühl und Blick gekehrt:
Sei's Ergreifen, sei es Raffen,
Wenn es nur sich faßt und hält!
Allah braucht nicht mehr zu schaffen,
Wir erschaffen seine Welt.

So mit morgenroten Flügeln
Riß es mich an deinen Mund,
Und die Nacht mit tausend Siegeln
Kräftigt sternenhell den Bund.
Beide sind wir auf der Erde
Musterhaft in Freud' und Qual,
Und ein zweites Wort: Es werde!
Trennt uns nicht zum zweitenmal.

WELTSEELE

Verteilet euch nach allen Regionen
Von diesem heil'gen Schmaus!
Begeistert reißt euch durch die nächsten Zonen
In's All und füllt es aus!

Schon schwebet ihr in ungemess'nen Fernen
Den sel'gen Göttertraum,
Und leuchtet neu, gesellig, unter Sternen
Im lichtbesäten Raum.

Dann treibt ihr euch, gewaltige Kometen,
In's Weit' und Weitr' hinan.
Das Labyrinth der Sonnen und Planeten
Durchschneidet eure Bahn.

Ihr greifet rasch nach ungeformten Erden
Und wirket schöpfrisch jung
Daß sie belebt und stets belebter werden,
Im abgemess'nen Schwung.

Und kreisend führt ihr in bewegten Lüften
Den wandelbaren Flor,
Und schreibt dem Stein in allen seinen Grüften
Die festen Formen vor.

Nun Alles sich mit göttlichem Erkühnen
Zu übertreffen strebt;
Das Wasser will, das unfruchtbare, grünen
Und jedes Stäubchen lebt.

Und so verdrängt mit liebevollem Streiten
Der feuchten Qualme Nacht;
Nun glühen schon des Paradieses Weiten,
In überbunter Pracht.

Wie regt sich bald, ein holdes Licht zu schauen,
Gestaltenreiche Schar,
Und ihr erstaunt, auf den beglückten Auen,
Nun als das erste Paar.

Und bald verlischt ein unbegrenztes Streben
Im sel'gen Wechselblick.

Und so empfängt, mit Dank, das schönste Leben
Vom All in's All zurück.

DAUER IM WECHSEL

Hielte diesen frühen Segen
Ach, nur Eine Stunde fest!
Aber vollen Blütenregen
Schüttelt schon der laue West.
Soll ich mich des Grünen freuen
Dem ich Schatten erst verdankt?
Bald wird Sturm auch das zerstreuen,
Wenn es falb im Herbst geschwankt.

Willst du nach den Früchten greifen,
Eilig nimm dein Teil davon!
Diese fangen an zu reifen
Und die andern keimen schon;
Gleich mit jedem Regengusse,
Ändert sich dein holdes Tal,
Ach, und in demselben Flusse
Schwimmst du nicht zum zweitenmal.

Du nun selbst! Was felsenfeste
Sich vor dir hervorgetan,
Mauern siehst du, siehst Paläste
Stets mit andern Augen an.
Weggeschwunden ist die Lippe,
Die im Kusse sonst genas,
Jener Fuß, der an der Klippe
Sich mit Gemsenfreche maß,

Jene Hand, die gern und milde
Sich bewegte wohlzutun.
Das gegliederte Gebilde,
Alles ist ein andres nun.

 Und was sich, an jener Stelle,
 Nun mit deinem Namen nennt,
 Kam herbei wie eine Welle
 Und so eilt's zum Element.

 Laß den Anfang mit dem Ende
 Sich in Eins zusammen ziehn!
 Schneller als die Gegenstände
 Selber dich vorüberfliehn.
 Denke, daß die Gunst der Musen
 Unvergängliches verheißt,
 Den Gehalt in deinem Busen
 Und die Form in deinem Geist.

 EINS UND ALLES

 Im Grenzenlosen sich zu finden
 Wird gern der Einzelne verschwinden,
 Da löst sich aller Überdruß;
 Statt heißem Wünschen, wildem Wollen,
 Statt läst'gem Fordern, strengem Sollen,
 Sich aufzugeben ist Genuß.

 Weltseele komm uns zu durchdringen!
 Dann mit dem Weltgeist selbst zu ringen
 Wird unsrer Kräfte Hochberuf.
 Teilnehmend führen gute Geister,
 Gelinde leitend, höchste Meister,
 Zu dem der alles schafft und schuf.

 Und umzuschaffen das Geschaffne,
 Damit sich's nicht zum Starren waffne,
 Wirkt ewiges, lebendiges Tun.
 Und was nicht war, nun will es werden,
 Zu reinen Sonnen, farbigen Erden,
 In keinem Falle darf es ruhn.

Es soll sich regen, schaffend handeln,
Erst sich gestalten, dann verwandeln;
Nur scheinbar steht's Momente still.
Das Ewige regt sich fort in allen:
Denn alles muß in Nichts zerfallen,
Wenn es im Sein beharren will.

PARABASE

Freudig war, vor vielen Jahren,
Eifrig so der Geist bestrebt,
Zu erforschen, zu erfahren,
Wie Natur im Schaffen lebt.
Und es ist das ewig Eine,
Das sich vielfach offenbart;
Klein das Große, groß das Kleine,
Alles nach der eignen Art.
Immer wechselnd, fest sich haltend.
Nah und fern und fern und nah;
So gestaltend, umgestaltend —
Zum Erstaunen bin ich da.

DIE METAMORPHOSE DER PFLANZEN

Dich verwirret, Geliebte, die tausendfältige Mischung
 Dieses Blumengewühls über den Garten umher;
Viele Namen hörest du an, und immer verdränget
 Mit barbarischem Klang einer den andern im Ohr.
Alle Gestalten sind ähnlich, und keine gleichet der andern;
 Und so deutet das Chor auf ein geheimes Gesetz,
Auf ein heiliges Rätsel. O, könnt' ich dir, liebliche Freundin,
 Überliefern sogleich glücklich das lösende Wort!
Werdend betrachte sie nun, wie nach und nach sich die Pflanze,
 Stufenweise geführt, bilde zu Blüten und Frucht.

Aus dem Samen entwickelt sie sich, sobald ihn der Erde
 Stille befruchtender Schoß hold in das Leben entläßt
Und dem Reize des Lichts, des heiligen, ewig bewegten,
 Gleich den zärtesten Bau keimender Blätter empfiehlt.
15 Einfach schlief in dem Samen die Kraft; ein beginnendes
 Vorbild
 Lag, verschlossen in sich, unter die Hülle gebeugt,
Blatt und Wurzel und Keim, nur halb geformet und farblos;
 Trocken erhält so der Kern ruhiges Leben bewahrt,
Quillet strebend empor, sich milder Feuchte vertrauend,
20 Und erhebt sich sogleich aus der umgebenden Nacht.
Aber einfach bleibt die Gestalt der ersten Erscheinung;
 Und so bezeichnet sich auch unter den Pflanzen das Kind.
Gleich darauf ein folgender Trieb, sich erhebend, erneuet,
 Knoten auf Knoten getürmt, immer das erste Gebild.
25 Zwar nicht immer das gleiche; denn mannigfaltig erzeugt
 sich,
 Ausgebildet, du siehst's, immer das folgende Blatt,
Ausgedehnter, gekerbter, getrennter in Spitzen und Teile,
 Die verwachsen vorher ruhten im untern Organ.
Und so erreicht es zuerst die höchst bestimmte Vollendung,
30 Die bei manchem Geschlecht dich zum Erstaunen
 bewegt.
Viel gerippt und gezackt, auf mastig strotzender Fläche,
 Scheinet die Fülle des Triebs frei und unendlich zu sein.
Doch hier hält die Natur, mit mächtigen Händen, die
 Bildung
 An, und lenket sie sanft in das Vollkommnere hin.
35 Mäßiger leitet sie nun den Saft, verengt die Gefäße,
 Und gleich zeigt die Gestalt zärtere Wirkungen an.
Stille zieht sich der Trieb der strebenden Ränder zurücke,
 Und die Rippe des Stiels bildet sich völliger aus.
Blattlos aber und schnell erhebt sich der zärtere Stengel,
40 Und ein Wundergebild zieht den Betrachtenden an.
Rings im Kreise stellet sich nun, gezählet und ohne
 Zahl, das kleinere Blatt neben dem ähnlichen hin.
Um die Achse gedrängt entscheidet der bergende Kelch sich,

Der zur höchsten Gestalt farbige Kronen entläßt.
Also prangt die Natur in hoher voller Erscheinung, 45
 Und sie zeiget gereiht Glieder an Glieder gestuft.
Immer staunst du auf's Neue, sobald sich am Stengel die Blume
 Über dem schlanken Gerüst wechselnder Blätter bewegt.
Aber die Herrlichkeit wird des neuen Schaffens Verkündung;
 Ja, das farbige Blatt fühlet die göttliche Hand, 50
Und zusammen zieht es sich schnell; die zärtesten Formen,
 Zwiefach streben sie vor, sich zu vereinen bestimmt.
Traulich stehen sie nun, die holden Paare, beisammen,
 Zahlreich ordnen sie sich um den geweihten Altar.
Hymen schwebet herbei, und herrliche Düfte, gewaltig, 55
 Strömen süßen Geruch, Alles belebend, umher.
Nun vereinzelt schwellen sogleich unzählige Keime,
 Hold in den Mutterschoß schwellender Früchte gehüllt.
Und hier schließt die Natur den Ring der ewigen Kräfte;
 Doch ein neuer sogleich fasset den vorigen an, 60
Daß die Kette sich fort durch alle Zeiten verlänge,
 Und das Ganze belebt, so wie das Einzelne, sei.
Wende nun, o Geliebte, den Blick zum bunten Gewimmel,
 Das verwirrend nicht mehr sich vor dem Geiste bewegt.
Jede Pflanze verkündet dir nun die ew'gen Gesetze, 65
 Jede Blume, sie spricht lauter und lauter mit dir.
Aber entzifferst du hier der Göttin heilige Lettern,
 Überall siehst du sie dann, auch in verändertem Zug.
Kriechend zaudre die Raupe, der Schmetterling eile geschäftig,
 Bildsam ändre der Mensch selbst die bestimmte Gestalt! 70
O, gedenke denn auch, wie aus dem Keim der Bekanntschaft
 Nach und nach in uns holde Gewohnheit entsproß,
Freundschaft sich mit Macht aus unserm Innern enthüllte,
 Und wie Amor zuletzt Blüten und Früchte gezeugt.
Denke, wie mannigfach bald die, bald jene Gestalten, 75
 Still entfaltend, Natur unsern Gefühlen geliehn!
Freue dich auch des heutigen Tags! Die heilige Liebe

Strebt zu der höchsten Frucht gleicher Gesinnungen auf,
Gleicher Ansicht der Dinge, damit in harmonischem
					Anschaun
80 Sich verbinde das Paar, finde die höhere Welt.

EPIRRHEMA

 Müsset im Naturbetrachten
 Immer eins wie alles achten;
 Nichts ist drinnen, nichts ist draußen:
 Denn was innen das ist außen.
5 So ergreifet ohne Säumnis
 Heilig öffentlich Geheimnis.

—

 Freuet euch des wahren Scheins,
 Euch des ernsten Spieles:
 Kein Lebendiges ist ein Eins,
10 Immer ist's ein Vieles.

METAMORPHOSE DER TIERE

Wagt ihr, also bereitet, die letzte Stufe zu steigen
Dieses Gipfels, so reicht mir die Hand und öffnet den freien
Blick ins weite Feld der Natur. Sie spendet die reichen
Lebensgaben umher, die Göttin; aber empfindet
5 Keine Sorge wie sterbliche Frau'n um ihrer Gebornen
Sichere Nahrung; ihr ziemet es nicht: denn zwiefach
					bestimmte
Sie das höchste Gesetz, beschränkte jegliches Leben,
Gab ihm gemess'nes Bedürfnis, und ungemessene Gaben,
Leicht zu finden, streute sie aus, und ruhig begünstigt
10 Sie das muntre Bemühn der vielfach bedürftigen Kinder;
Unerzogen schwärmen sie fort nach ihrer Bestimmung.

Zweck sein selbst ist jegliches Tier, vollkommen
 entspringt es
Aus dem Schoß der Natur und zeugt vollkomme Kinder.
Alle Glieder bilden sich aus nach ew'gen Gesetzen
Und die seltenste Form bewahrt im Geheimen das Urbild.
So ist jeglicher Mund geschickt die Speise zu fassen
Welche dem Körper gebührt, es sei nun schwächlich und
 zahnlos
Oder mächtig der Kiefer gezahnt, in jeglichem Falle
Fördert ein schicklich Organ den übrigen Gliedern die
 Nahrung.
Auch bewegt sich jeglicher Fuß, der lange, der kurze,
Ganz harmonisch zum Sinne des Tiers und seinem
 Bedürfnis.
So ist jedem der Kinder die volle reine Gesundheit
Von der Mutter bestimmt: denn alle lebendigen Glieder
Widersprechen sich nie und wirken alle zum Leben.
Also bestimmt die Gestalt die Lebensweise des Tieres,
Und die Weise zu leben sie wirkt auf alle Gestalten
Mächtig zurück. So zeiget sich fest die geordnete Bildung,
Welche zum Wechsel sich neigt durch äußerlich wirkende
 Wesen.
Doch im Innern befindet die Kraft der edlern Geschöpfe
Sich im heiligen Kreise lebendiger Bildung beschlossen.
Diese Grenzen erweitert kein Gott, es ehrt die Natur sie:
Denn nur also beschränkt war je das Vollkommene möglich.

Doch im Inneren scheint ein Geist gewaltig zu ringen,
Wie er durchbräche den Kreis, Willkür zu schaffen den
 Formen
Wie dem Wollen; doch was er beginnt, beginnt er vergebens.
Denn zwar drängt er sich vor zu diesen Gliedern, zu jenen,
Stattet mächtig sie aus, jedoch schon darben dagegen
Andere Glieder, die Last des Übergewichtes vernichtet
Alle Schöne der Form und alle reine Bewegung.
Siehst du also dem einen Geschöpf besonderen Vorzug
Irgend gegönnt, so frage nur gleich, wo leidet es etwa

Mangel anderswo, und suche mit forschendem Geiste,
Finden wirst du sogleich zu aller Bildung den Schlüssel.
Denn so hat kein Tier, dem sämtliche Zähne den obern
45 Kiefer umzäunen, ein Horn auf seiner Stirne getragen,
Und daher ist den Löwen gehörnt der ewigen Mutter
Ganz unmöglich zu bilden und böte sie alle Gewalt auf;
Denn sie hat nicht Masse genug die Reihen der Zähne
Völlig zu pflanzen und auch Geweih und Hörner zu treiben.

50 Dieser schöne Begriff von Macht und Schranken, von Willkür
Und Gesetz, von Freiheit und Maß, von beweglicher Ordnung,
Vorzug und Mangel, erfreue dich hoch; die heilige Muse
Bringt harmonisch ihn dir, mit sanftem Zwange belehrend.
Keinen höhern Begriff erringt der sittliche Denker,
55 Keinen der tätige Mann, der dichtende Künstler; der Herrscher,
Der verdient es zu sein, erfreut nur durch ihn sich der Krone.
Freue dich, höchstes Geschöpf, der Natur, du fühlest dich fähig
Ihr den höchsten Gedanken, zu dem sie schaffend sich aufschwang,
Nachzudenken. Hier stehe nun still und wende die Blicke
60 Rückwärts, prüfe, vergleiche, und nimm vom Munde der Muse
Daß du schauest, nicht schwärmst, die liebliche volle Gewißheit.

ANTEPIRRHEMA

So schauet mit bescheidnem Blick
Der ewigen Weberin Meisterstück,
Wie Ein Tritt tausend Fäden regt,
Die Schifflein hinüber herüber schießen,
5 Die Fäden sich begegnend fließen,

Ein Schlag tausend Verbindungen schlägt,
Das hat sie nicht zusammen gebettelt,
Sie hat's von Ewigkeit angezettelt;
Damit der ewige Meistermann
Getrost den Einschlag werfen kann.

URWORTE. ORPHISCH

ΔΑΙΜΩΝ, Dämon

Wie an dem Tag, der dich der Welt verliehen,
Die Sonne stand zum Gruße der Planeten,
Bist alsobald und fort und fort gediehen,
Nach dem Gesetz wonach du angetreten.
So mußt du sein, dir kannst du nicht entfliehen,
So sagten schon Sibyllen, so Propheten;
Und keine Zeit und keine Macht zerstückelt
Geprägte Form die lebend sich entwickelt.

ΤΥΧΗ, Das Zufällige

Die strenge Grenze doch umgeht gefällig
Ein Wandelndes, das mit und um uns wandelt;
Nicht einsam bleibst du, bildest dich gesellig,
Und handelst wohl so wie ein andrer handelt:
Im Leben ist's bald hin- bald wiederfällig,
Es ist ein Tand und wird so durchgetandelt.
Schon hat sich still der Jahre Kreis gerundet,
Die Lampe harrt der Flamme die entzündet.

ΕΡΩΣ, Liebe

Die bleibt nicht aus! – Er stürzt vom Himmel nieder,
Wohin er sich aus alter Öde schwang,
Er schwebt heran auf luftigem Gefieder
Um Stirn und Brust den Frühlingstag entlang,
Scheint jetzt zu fliehn, vom Fliehen kehrt er wieder,
Da wird ein Wohl im Weh, so süß und bang.
Gar manches Herz verschwebt im Allgemeinen,
Doch widmet sich das edelste dem Einen.

ΑΝΑΓΚΗ, Nötigung

Da ist's denn wieder wie die Sterne wollten:
Bedingung und Gesetz und aller Wille
Ist nur ein Wollen, weil wir eben sollten,
Und vor dem Willen schweigt die Willkür stille;
Das Liebste wird vom Herzen weggescholten,
Dem harten Muß bequemt sich Will' und Grille.
So sind wir scheinfrei denn nach manchen Jahren
Nur enger dran als wir am Anfang waren.

ΕΛΠΙΣ, Hoffnung

Doch solcher Grenze, solcher ehrnen Mauer
Höchst widerwärt'ge Pforte wird entriegelt,
Sie stehe nur mit alter Felsendauer!
Ein Wesen regt sich leicht und ungezügelt:
Aus Wolkendecke, Nebel, Regenschauer
Erhebt sie uns, mit ihr, durch sie beflügelt,
Ihr kennt sie wohl, sie schwärmt durch alle Zonen;
Ein Flügelschlag – und hinter uns Äonen!

ATMOSPHÄRE

»Die Welt sie ist so groß und breit,
Der Himmel auch so hehr und weit,
Ich muß das alles mit Augen fassen,
Will sich aber nicht recht denken lassen.«

Dich im Unendlichen zu finden,
Mußt unterscheiden und dann verbinden,
Drum danket mein beflügelt Lied
Dem Manne, der Wolken unterschied.

HOWARD'S EHRENGEDÄCHTNIS

Wenn Gottheit *Camarupa*, hoch und hehr,
Durch Lüfte schwankend wandelt leicht und schwer,
Des Schleiers Falten sammelt, sie zerstreut,
Am Wechsel der Gestalten sich erfreut,
Jetzt starr sich hält, dann schwindet wie ein Traum, 5
Da staunen wir und trau'n dem Auge kaum;

Nun regt sich kühn des eignen Bildens Kraft,
Die Unbestimmtes zu Bestimmtem schafft;
Da droht ein Leu, dort wogt ein Elefant,
Kameles Hals, zum Drachen umgewandt, 10
Ein Heer zieht an, doch triumphiert es nicht,
Da es die Macht am steilen Felsen bricht;
Der treuste Wolkenbote selbst zerstiebt
Eh er die Fern' erreicht, wohin man liebt.

Er aber, Howard, gibt mit reinem Sinn 15
Uns neuer Lehre herrlichsten Gewinn.
Was sich nicht halten, nicht erreichen läßt,
Er faßt es an, er hält zuerst es fest;
Bestimmt das Unbestimmte, schränkt es ein,
Benennt es treffend! – Sei die Ehre dein! – 20
Wie Streife steigt, sich ballt, zerflattert, fällt,
Erinn're dankbar deiner sich die Welt.

Stratus

Wenn von dem stillen Wasserspiegel-Plan
Ein Nebel hebt den flachen Teppich an,
Der Mond, dem Wallen des Erscheins vereint, 25
Als ein Gespenst Gespenster bildend scheint,
Dann sind wir alle, das gestehn wir nur,
Erquickt' erfreute Kinder, o Natur!

 Dann hebt sich's wohl am Berge, sammelnd breit
An Streife Streifen, so umdüstert's weit
Die Mittelhöhe, beidem gleich geneigt,
Ob's fallend wässert, oder luftig steigt.

Cumulus

Und wenn darauf zu höh'rer Atmosphäre
Der tüchtige Gehalt berufen wäre,
Steht Wolke hoch, zum herrlichsten geballt,
Verkündet, festgebildet, Machtgewalt,
Und, was ihr fürchtet und auch wohl erlebt,
Wie's oben drohet, so es unten bebt.

Cirrus

Doch immer höher steigt der edle Drang!
Erlösung ist ein himmlisch leichter Zwang.
Ein Aufgehäuftes, flockig löst sich's auf,
Wie Schäflein tripplend, leicht gekämmt zu Hauf.
So fließt zuletzt was unten leicht entstand
Dem *Vater* oben still in Schoß und Hand.

Nimbus

Nun laßt auch niederwärts, durch Erdgewalt
Herabgezogen was sich hoch geballt,
In Donnerwettern wütend sich ergehn,
Heerscharen gleich entrollen und verwehn! –
Der Erde tätig-leidendes Geschick!
Doch mit dem Bilde hebet euren Blick:
Die Rede geht herab, denn sie beschreibt,
Der Geist will aufwärts, wo er ewig bleibt.

WOHL ZU MERKEN

Und wenn wir unterschieden haben
Dann müssen wir lebendige Gaben
Dem Abgesonderten wieder verleihn
Und uns eines Folge-Lebens erfreun.

So wenn der Maler, der Poet,
Mit Howards Sond'rung wohl vertraut
Des Morgens früh, am Abend spät,
Die Atmosphäre prüfend schaut,

Da läßt er den Charakter gelten;
Doch ihm erteilen luftige Welten
Das Übergängliche, das Milde,
Daß er es fasse, fühle, bilde.

ENTOPTISCHE FARBEN
An Julien

Laß dir von den Spiegeleien
Unsrer Physiker erzählen,
Die am Phänomen sich freuen,
Mehr sich mit Gedanken quälen.

Spiegel hüben, Spiegel drüben,
Doppelstellung, auserlesen;
Und dazwischen ruht im Trüben
Als Crystall das Erdewesen.

Dieses zeigt, wenn jene blicken,
Allerschönste Farbenspiele,
Dämmerlicht das beide schicken
Offenbart sich dem Gefühle.

 Schwarz wie Kreuze wirst du sehen,
Pfauenaugen kann man finden;
Tag und Abendlicht vergehen
Bis zusammen beide schwinden.

Und der Name wird ein Zeichen,
Tief ist der Crystall durchdrungen:
Aug' in Auge sieht dergleichen
Wundersame Spiegelungen.

Laß den Macrocosmus gelten,
Seine spenstischen Gestalten!
Da die lieben kleinen Welten
Wirklich Herrlichstes enthalten.

WAS ES GILT
Dem Chromatiker

Bringst du die Natur heran
Daß sie jeder nutzen kann;
Falsches hast du nicht ersonnen,
Hast der Menschen Gunst gewonnen.
—
Möget ihr das Licht zerstückeln,
Farb' um Farbe draus entwickeln,
Oder andre Schwänke führen,
Kügelchen polarisieren,
Daß der Hörer ganz erschrocken
Fühlet Sinn und Sinne stocken:
Nein! Es soll euch nicht gelingen,
Sollt uns nicht beiseite bringen;
Kräftig wie wir's angefangen,
Wollen wir zum Ziel gelangen.

HERKÖMMLICH

Priester werden Messe singen
Und die Pfarrer werden pred'gen;
Jeder wird vor allen Dingen
Seiner Meinung sich entled'gen
Und sich der Gemeine freuen,
Die sich um ihn her versammelt,
So im Alten wie im Neuen
Ohngefähre Worte stammelt.
Und so lasset auch die Farben
Mich nach meiner Art verkünden,
Ohne Wunden, ohne Narben,
Mit der läßlichsten der Sünden.

ALLERDINGS
Dem Physiker

»Ins Innre der Natur —«
O du Philister! —
»Dringt kein erschaffner Geist.«
Mich und Geschwister
Mögt ihr an solches Wort
Nur nicht erinnern:
Wir denken: Ort für Ort
Sind wir im Innern.
»Glückselig! wem sie nur
Die äußre Schale weist!«
Das hör' ich sechzig Jahre wiederholen,
Ich fluche drauf, aber verstohlen;
Sage mir tausend tausendmale:
Alles gibt sie reichlich und gern;
Natur hat weder Kern
Noch Schale,
Alles ist sie mit einemmale;

Dich prüfe du nur allermeist,
Ob du Kern oder Schale seist.

ULTIMATUM

Und so sag' ich zum letzten Male:
Natur hat weder Kern
Noch Schale;
Du prüfe dich nur allermeist,
Ob du Kern oder Schale seist!
—
»Wir kennen dich, du Schalk!
Du machst nur Possen;
Vor unsrer Nase doch
Ist viel verschlossen.«

Ihr folget falscher Spur,
Denkt nicht wir scherzen!
Ist nicht der Kern der Natur
Menschen im Herzen?

DIE WEISEN UND DIE LEUTE

Epimenides
Kommt Brüder! sammelt euch im Hain,
Schon drängt das Volk, es strömt herein,
Von Nord, Süd, West und Osten.
Sie möchten gern belehret sein,
Doch soll's nicht Mühe kosten:
Ich bitt' euch, haltet euch bereit
Ihm derb den Text zu lesen.

Die Leute
Ihr Grillenfänger sollt uns heut
Zu Rede stehn, mit Deutlichkeit,

Und nicht mit dunklem Wesen.
Sagt! – Ist die Welt von Ewigkeit?

Anaxagoras
Ich glaub' es: denn zu jeder Zeit
Wo sie noch nicht gewesen
Das wäre Schade gewesen.

Die Leute
Doch, ob der Untergang ihr dräut?

Anaximenes
Vermutlich! doch mir ist's nicht leid:
Denn bleibt nur Gott in Ewigkeit,
Wird's nie an Welten fehlen.

Die Leute
Allein was ist Unendlichkeit?

Parmenides
Wie kannst du so dich quälen!
Geh' in dich selbst! Entbehrst du drin
Unendlichkeit in Geist und Sinn,
So ist dir nicht zu helfen! –

Die Leute
Wo denken, und *wie* denken wir?

Diogenes
So hört doch auf zu belfen!
Der Denker denkt vom Hut zum Schuh
Und ihm gerät, in Blitzes Nu,
Das Was, das Wie, das Beste.

Die Leute
Haus't wirklich eine Seel' in mir?

Mimnermus
Das frage deine Gäste. –
Denn, siehst du, ich gestehe dir:
Das artige Wesen, das, entzückt,
Sich selbst und andre gern beglückt,
Das möcht' ich Seele nennen.

Die Leute
Liegt auch bei Nacht der Schlaf auf ihr?

Periander
Kann sich von dir nicht trennen.
Es kommt auf dich, du Körper, an!
Hast du dir leiblich wohlgetan,
Wird sie erquicklich ruhen.

Die Leute
Was ist der sogenannte Geist?

Cleobulus
Was man so Geist gewöhnlich heißt
Antwortet, aber fragt nicht.

Die Leute
Erkläre mir was glücklich heißt?

Crates
Das nackte Kind das zagt nicht;
Mit seinem Pfennig springt es fort,
Und kennt recht gut den Semmelort,
Ich meine des Bäckers Laden.

Die Leute
Sprich! wer Unsterblichkeit beweist?

Aristipp
Den rechten Lebensfaden
Spinnt einer, der lebt und leben läßt,
Er drille zu, er zwirne fest,
Der liebe Gott wird weifen.

Die Leute
Ist's besser törig oder klug?

Demokrit
Das läßt sich auch begreifen.
Hält sich der Narr für klug genug,
So gönnt es ihm der Weise.

Die Leute
Herrscht Zufall bloß und Augentrug?

Epikur
Ich bleib' in meinem Gleise.
Den Zufall bändige zum Glück,
Ergetz' am Augentrug den Blick;
Hast Nutz und Spaß von beiden.

Die Leute
Ist unsre Willensfreiheit Lug?

Zeno
Es kommt drauf an zu wagen.
Nur halte deinen Willen fest,
Und gehst du auch zu Grund zuletzt,
So hat's nicht viel zu sagen.

Die Leute
Kam ich als böse schon zur Welt?

Pelagius
Man muß dich wohl ertragen.
Du brachtest aus der Mutter Schoß
Fürwahr ein unerträglich Los:
Gar ungeschickt zu fragen.

Die Leute
Ist Beßrungstrieb uns zugesellt?

Plato
Wär' Beßrung nicht die Lust der Welt,
So würdest du nicht fragen.
Mit dir versuch' erst umzugehn,
Und kannst du dich nicht selbst verstehn,
So quäl' nicht andre Leute.

Die Leute
Doch herrschen Eigennutz und Geld!

Epictet
Laß ihnen doch die Beute!
Die Rechenpfennige der Welt
Mußt du ihr nicht beneiden.

Die Leute
So sag', was uns mit Recht gefällt,
Eh wir auf immer scheiden?

Die Weisen
Mein erst Gesetz ist, in der Welt
Die Frager zu vermeiden.

KUNST

KÜNSTLER-LIED
(Aus den Wanderjahren)

Zu erfinden, zu beschließen
Bleibe, Künstler, oft allein,
Deines Wirkens zu genießen
Eile freudig zum Verein!
Dort im Ganzen schau, erfahre
Deinen eignen Lebenslauf,
Und die Taten mancher Jahre
Gehn dir in dem Nachbar auf.

Der Gedanke, das Entwerfen,
Die Gestalten, ihr Bezug,
Eines wird das andre schärfen,
Und am Ende sei's genug!
Wohl erfunden, klug ersonnen,
Schön gebildet, zart vollbracht,
So von jeher hat gewonnen
Künstler kunstreich seine Macht.

Wie Natur im Vielgebilde
Einen Gott nur offenbart,
So im weiten Kunstgefilde
Webt ein Sinn der ew'gen Art;
Dieses ist der Sinn der Wahrheit,
Der sich nur mit Schönem schmückt
Und getrost der höchsten Klarheit
Hellsten Tags entgegenblickt.

Wie beherzt in Reim und Prose
Redner, Dichter sich ergehn,
Soll des Lebens heitre Rose
Frisch auf Malertafel stehn,
Mit Geschwistern reich umgeben,
Mit des Herbstes Frucht umlegt,
Daß sie von geheimem Leben
Offenbaren Sinn erregt.

Tausendfach und schön entfließe
Form aus Formen deiner Hand,
Und im Menschenbild genieße,
Daß ein Gott sich hergewandt.
Welch ein Werkzeug ihr gebrauchet,
Stellet euch als Brüder dar;
Und gesangweis flammt und rauchet
Opfersäule vom Altar.

ANTIKE

Homer ist lange mit Ehren genannt,
Jetzt ward euch Phidias bekannt;
Nun hält nichts gegen beide Stich,
Darob ereifre niemand sich.
—
Seid willkommen edle Gäste
Jedem echten deutschen Sinn;
Denn das Herrlichste, das Beste,
Bringt allein dem Geist Gewinn.

BEGEISTERUNG

Fassest du die Muse nur beim Zipfel,
Hast du wenig nur getan;
Geist und Kunst, auf ihrem höchsten Gipfel,
Muten alle Menschen an.

STUDIEN

Nachahmung der Natur
 – Der schönen –
Ich ging auch wohl auf dieser Spur;
 Gewöhnen
Mocht' ich wohl nach und nach den Sinn
 Mich zu vergnügen;
Allein sobald ich mündig bin,
 Es sind's die Griechen!

TYPUS

Es ist nichts in der Haut
Was nicht im Knochen ist.
Vor schlechtem Gebilde jedem graut,
Das ein Augenschmerz ihm ist.

Was freut denn jeden? Blühen zu sehn
Das von innen schon gut gestaltet;
Außen mag's in Glätte, mag in Farben gehn,
Es ist ihm schon voran gewaltet.

IDEALE

Der Maler wagt's mit Götter-Bildern,
Sein Höchstes hat er aufgestellt;
Doch was er für unmöglich hält:
Dem Liebenden die Liebste schildern,
Er wag' es auch! Ein Traum wird frommen,
Ein Schattenbild ist hoch willkommen.

ABWEGE

Künstler, wird's im Innern steif,
Das ist nicht erfreulich;
Auch der vagen Züge Schweif
Ist uns ganz abscheulich;
Kommst du aber auf die Spur
Daß du's nicht getroffen,
Zu der wahren Kunstnatur
Steht der Pfad schon offen.

MODERNES

»Wie aber kann sich Hans van Eyck
Mit Phidias nur messen?«
Ihr müßt, so lehr' ich, alsogleich
Einen um den andern vergessen.

Denn wärt ihr stets bei Einer geblieben,
Wie könntet ihr noch immer lieben?
Das ist die Kunst, das ist die Welt,
Daß ein's um's andere gefällt.

MUSEEN

An Bildern schleppt ihr hin und her
Verlornes und Erworbnes;
Und bei dem Senden kreuz und quer
Was bleibt uns denn? – Verdorbnes!

WILHELM TISCHBEINS IDYLLEN

Titelbild

Wie seit seinen Jünglings-Jahren
Unser Tischbein sich ergeht,
Wie er Berg und Tal befahren
Stets an rechter Stelle steht;
Was er sieht, weiß mitzuteilen,
Was er dichtet ebenfalls;
Faunen bringt er auch zuweilen,
Frauen doch auf allen Zeilen
Des poetisch-plastischen Alls:
Also war es an der Tiber
Wo dergleichen wir geübt,
Und noch wirkt dieselbe Fiber
Freund dem Freunde gleich geliebt.

1

Würdige Prachtgebäude stürzen,
Mauer fällt, Gewölbe bleiben,
Daß nach tausendjähr'gem Treiben
Tor und Pfeiler sich verkürzen.
Dann beginnt das Leben wieder,
Boden mischt sich neuen Saaten,
Rank' auf Ranke senkt sich nieder;
Der Natur ist's wohl geraten.

2

Schön und menschlich ist der Geist
Der uns in das Freie weis't,
Wo in Wäldern, auf der Flur,
Wie im steilen Berggehänge,
Sonnen-Auf- und Untergänge
Preisen Gott und die Natur.

3

Wenn in Wäldern, Baum an Bäumen,
Bruder sich mit Bruder nähret,
Sei das Wandern, sei das Träumen
Unverwehrt und ungestöret;
Doch, wo einzelne Gesellen
Zierlich mit einander streben,
Sich zum schönen Ganzen stellen,
Das ist Freude, das ist Leben.

4

Mitten in dem Wasserspiegel
Hob die Eiche sich empor,
Majestätisch Fürstensiegel
Solchem grünen Waldesflor;
Sieht sich selbst zu ihren Füßen,
Schaut den Himmel in der Flut:
So des Lebens zu genießen
Einsamkeit ist höchstes Gut.

5

Harren seht ihr sie, die Schönen,
Was durch's Ohr das Herz ergreife?
Flöte wird für diese tönen,
Für die andern Pan's Gepfeife.

6

Heute noch im Paradiese
Weiden Lämmer auf der Wiese,
Hüpft von Fels zu Fels die Ziege;
Milch und Obst nach ew'ger Weise
Bleibt der Alt- und Jungen Speise;
Mutterarm ist Kinderwiege,
Vaterflöte spricht an's Ohr,
Und Natur ist's nach wie vor.
Wo ihr huldiget der Holden,
Erd' und Himmel silbern, golden.

Darum Heil dem Freunde sei,
Der sich fühlt so treu und frei!

7

Was die Alten pfeifen,
Das wird ein Kind ergreifen,
Was die Väter sungen,
Das zwitschern muntere Jungen.
O, möchten sie zum Schönen
Sich früh und früh gewöhnen,
Und wären sie geboren
Den ziegenfüßigen Ohren.

8

Edel-ernst, ein Halbtier liegend,
Im Beschauen, im Besinnen,
Hin und her im Geiste wiegend,
Denkt er Großes zu gewinnen.
Ach, er möchte gern entfliehen
Solchem Auftrag, solcher Würde;
Einen Helden zu erziehen
Wird Centauren selbst zur Bürde.

9

Was wir froh und dankbar fühlen,
Wenn es auch am Ende quält,
Was wir lechzen zu erzielen,
Wo es Herz und Sinnen fehlt:
Heitre Gegend, groß gebildet,
Jugendschritt an Freundes-Brust,
Wechselseitig abgemildet,
Holder Liebe Schmerzens-Lust;
Alles habt ihr nun empfangen,
Irdisch war's und in der Näh';
Sehnsucht aber und Verlangen
Hebt vom Boden in die Höh'.
An der Quelle sind's Najaden,

Sind Sylphiden in der Luft,
Leichter fühlt ihr euch im Baden,
Leichter noch in Himmels-Duft;
Und das Plätschern und das Wallen
Ein und Andres zieht euch an;
Lasset Lied und Bild verhallen,
Doch im Innern ist's getan.

10

Jetzo wallen sie zusammen,
Kühle kühlt und birgt die Flammen,
Tiefer unten werden Hirten
Sich zum Wonnebad entgürten:
Um den Schönsten von den dreien
Werden beide sich entzweien.
Diese fließt in offner Schwüle,
Jene zu gewohnter Kühle,
Sucht den Liebsten in der Mühle.

11

Was sich nach der Erde senkte,
Was sich an den Boden hielt,
Was den Äther nicht erreicht,
Seht, wie es empor sich schwenkte,
Wie's auf Rohr und Ranken spielt!
Künstler-Wille macht es leicht.

12

Wenn um das Götterkind Auroren,
In Finsternis werden Rosen geboren,
Sie fleucht, so leicht, so hoch gemeint,
Die Sonne ihr auf die Fersen scheint.
Das ist denn doch das wahre Leben,
Wo in der Nacht auch Blüten schweben.

13
Ohne menschliche Gebrechen,
Göttergleich, mit heiterm Sinn,
Tauig Moos und Wasserflächen
Überschreitend schwebt sie hin.
Heute floh sie, floh wie gestern,
Riß der Muse sich vom Schoß;
Ach, sie hat so lästige Schwestern,
Peinlich werden wir sie los.

14
Wirket Stunden leichten Webens,
Lieblich lieblichen begegnend,
Zettel, Einschlag längsten Lebens,
Scheidend, kommend, grüßend, segnend.

15
Ruhig Wasser, grause Höhle,
Bergeshöh' und ernstes Licht,
Seltsam, wie es unsrer Seele
Schauderhafte Laute spricht.
So erweis't sich wohl Natur,
Künsterblick vernimmt es nur.

16
In dem lieblichsten Gewirre,
Wo das Bild um Bilder summt,
Dichterblick wird scheu und irre
Und die Leier sie verstummt.

17
Die Lieblichen sind hier zusammen,
Es ist doch gar zu viel der Flammen.
Der Überfluß erregt nur Pein,
Es sollten Alle nur Eine sein.

18

»Was trauren denn die guten Kinder,
Sie sind so jung da hilft's geschwinder.«
Habt ihr's vergessen, alte Kinder?
Es schmerzt im Augenblick nicht minder.

19

Glücklicher Künstler! in himmlischer Luft
Bewegen sich ihm schöne Weiber.
Versteht er sich doch auf Rosenduft
Und appetitliche Leiber.

20

Hier hat Tischbein, nach seiner Art,
Striche gar wunderlich gepaart;
Sie sind nicht alle deutlich zu lesen,
Sind aber alles Gedanken gewesen.

21

Wie herrlich ist die Welt! Wie schön!
Heil ihm, der je sie so gesehn!

ZU GEMÄLDEN EINER KAPELLE

So wie Moses, kaum geboren
Gewissem Tode bestimmt,
Wunderbar ward gerettet:
So mancher, schon halb verloren,
Da der Feind eindrang, ergrimmt,
Ward wieder froh und glücklich gebettet.
—
Johannes erst in der Wüste predigt:
»Seht Gottes Lamm, das von Sünden erledigt.«
Nun deutet er in die himmlischen Auen:
»Dort sollt ihr den Herrn, den erlösenden, schauen.«

KORE
Nicht gedeutet!

Ob Mutter? Tochter? Schwester? Enkelin?
Von Helios gezeugt? Von wer geboren?
Wohin gewandert? Wo versteckt? Verloren?
Gefunden? – Rätsel ist's dem Künstler-Sinn.
Und ruhte sie verhüllt in düstre Schleier.
Vom Rauch umwirbelt Acherontischer Feuer,
Die Gott-Natur enthüllt sich zum Gewinn:
Nach höchster Schönheit muß die Jungfrau streben,
Sizilien verleiht ihr Götterleben.

ZU MEINEN HANDZEICHNUNGEN

I
Einsamste Wildnis

Ich sah die Welt mit liebevollen Blicken
Und Welt und ich wir schwelgten im Entzücken;
So duftig war, belebend, immer frisch,
Wie Fels, wie Strom, so Bergwald und Gebüsch.
Doch unvermögend Streben, Nachgelalle,
Bracht' oft den Stift, den Pinsel bracht's zu Falle;
Auf neues Wagnis endlich blieb doch nur
Vom besten Wollen halb und halbe Spur.

Ihr Jüngern aber, die ihr unverzagt
Unausgesprochnes auszusprechen wagt,
Den Sinn, woran die Hand sich stotternd maß,
Das Unvermögen liebevoll vergaß,
Ihr seid es, die, was ich und ihr gefehlt,
Dem weiten Kreis der Kunstwelt nicht verhehlt.
Und wie dem Walde geht's den Blättern allen,
Sie knospen, grünen, welken ab und fallen.

II
Hausgarten

Hier sind wir denn vorerst ganz still zu Haus,
Von Tür zu Türe sieht es lieblich aus;
Der Künstler froh die stillen Blicke hegt,
Wo Leben sich zum Leben freundlich regt.
Und wie wir auch durch fremde Lande ziehn,
Da kommt es her, da kehrt es wieder hin;
Wir wenden uns, wie auch die Welt entzücke,
Der Enge zu, die uns allein beglücke.

III
Freie Welt

Wir wandern ferner auf bekanntem Grund,
Wir waren jung, hier waren wir gesund,
Und schlenderten den Sommer-Abend lang
Mit halber Hoffnung mannigfalt'gen Gang.
Und wie man kam, so ging man nicht zurück:
Begegnen ist ein höchstes Liebeglück.
Und zwei zusammen sehen Fluß und Bahn,
Und Berg und Busch sogleich ganz anders an.
Und wer dieselben Pfade wandernd schleicht,
Sei ihm des Zieles holder Wunsch erreicht!

IV
Geheimster Wohnsitz

Wie das erbaut war, wie's im Frieden lag,
Es kommt vielleicht vom Altertum zu Tag:
Denn vieles wirkte, hielt am sel'gen Fleiß,
Wovon die Welt noch keine Sylbe weiß.
Der Tempel steht, dem höchsten Sinn geweiht,
Auf Felsengrund in hehrer Einsamkeit.
Daneben wohnt die fromme Pilgerschar,
Sie wechseln gehend, kommend, Jahr für Jahr.

So ruhig harrt ein wallendes Geschlecht,
Geschützt durch Mauern, mehr durch Licht und Recht,
Und wer sich dort sein Probejahr befand,
Hat in der Welt gar einen eignen Stand;
Wir hoffen selbst uns im Asyl zu gründen.
Wer Buchten kennt, Erdzungen, wird es finden.
Der Abend war unübertrefflich schön,
Ach, wollte Gott ein Künstler hätt's gesehn!

V
Bequemes Wandern

Hier sind, so scheint es, Wandrer wohl bedacht:
Denn jeder fände Pfad um Mitternacht.
Wir sagen nicht, wir hätten's oft gesehn,
Dergleichen Wege doch gelang's zu gehn;
Denn freilich, wo die Mühe war gehoben,
Da kann der Waller jede Stunde loben;
Er geht beherzt, denn Schritt für Schritt ist leicht,
So daß er fröhlich Zweck und Ziel erreicht.

O selige Jugend, wie sie, Tag und Nacht
Den Ort zu ändern innigst angefacht,
Durch wilden Bergriß höchst behaglich steigt,
Und auf dem Gipfel Nebeldunst erreicht.
Man schelt' es nicht, denn wohl genießt sie rein,
Auch über Wolken, heitern Sonnenschein.

VI
Gehinderter Verkehr

Wie sich am Meere Mann um Mann befestigt
Und am Gestade Schiffer überlästigt,
Die engen Pfade völlig weglos macht,
Auf Sicherheit, mehr auf Gewalt bedacht;
Bald Recht, bald Plackerei, sein selbst gewiß,
Sei's wie es sei, und immer Hindernis,

So Tag und Nacht den Reisenden zur Last:
Es ist vielleicht zu düster aufgefaßt.

LÄNDLICH

Die Nachtigall sie war entfernt,
Der Frühling lockt sie wieder;
Was neues hat sie nicht gelernt,
Singt alte liebe Lieder.

—

Übermütig sieht's nicht aus
Dieses kleine Gartenhaus,
Allen die sich drin genährt
Ward ein guter Mut beschert.

—

Gar manches artig ist geschehn
Durch leichte Griffel-Spiele;
Doch, recht betrachtet, wohl besehn,
Fehlt immer Hain und Mühle.

—

Erinnr' ich mich doch spät und früh
Des lieblichsten Gesichts,
Sie denkt an mich, ich denk' an sie
Und beiden hilft es nichts.

LANDSCHAFT

Das alles sieht so lustig aus,
So wohl gewaschen das Bauerhaus,
So morgentaulich Gras und Baum,
So herrlich Blau der Berge Saum!
Seht nur das Wölkchen wie es spielt,
Und sich im reinen Äther kühlt!
Fände sich ein Niederländer hier,
Er nähme wahrlich gleich Quartier,

Und was er sieht und was er malt,
Wird hundert Jahre nachgezahlt.

Wie kommt dir denn das alles vor?
Es glänzt als wie durch Silberflor,
Durchscheinend ist's, es steht ein Licht
Dahinter, lieblichstes Gesicht.
Durch solcher holden Lampe Schein
Wird alles klar und überrein,
Was sonst ein garstig Ungefähr,
Tagtäglich, ein Gemeines wär' –
Fehlt's dir an Geist und Kunst-Gebühr,
Die Liebe weiß schon Rat dafür.

EPIGRAMMATISCH

NATIONAL-VERSAMMLUNG

Auf der recht- und linken Seite,
Auf dem Berg und in der Mitten,
Sitzen, stehen sie zum Streite,
All' einander ungelitten.

Wenn du dich an's Ganze wendest,
Und votierest wie du sinnest,
Merke welchen du entfremdest,
Fühle wen du dir gewinnest.

DEM 31. OKTOBER 1817

Dreihundert Jahre hat sich schon
Der Protestant erwiesen,
Daß ihn von Papst- und Türkenthron
Befehle baß verdrießen.

Was auch der Pfaffe sinnt und schleicht,
Der Prediger steht zur Wache,
Und daß der Erbfeind nichts erreicht
Ist aller Deutschen Sache.

Auch ich soll gottgegebne Kraft
Nicht ungenützt verlieren,
Und will in Kunst und Wissenschaft
Wie immer protestieren.

NATIVITÄT

Der Deutsche ist gelehrt
Wenn er sein Deutsch versteht;
Doch bleib' ihm unverwehrt
Wenn er nach außen geht.
Er komme dann zurück, 5
Gewiß um viel gelehrter;
Doch ist's ein großes Glück,
Wenn nicht um viel verkehrter. –

DAS PARTERRE SPRICHT

Strenge Fräulein zu begrüßen
Muß ich mich bequemen;
Mit den lüderlichen Süßen
Werd' ich's leichter nehmen.

Auf der Bühne lieb' ich droben 5
Keine Redumschweife,
Soll ich denn am Ende loben
Was ich nicht begreife?

Lose faßliche Gebärden
Können mich verführen; 10
Lieber will ich schlechter werden
Als mich ennuyieren.

AUF DEN KAUF

Wo ist einer der sich quälet
Mit der Last die wir getragen?
Wenn es an Gestalten fehlet,
Ist ein Kreuz geschwind geschlagen.

Pfaffenhelden singen sie,
Frauen wohl empfohlen,
Oberleder bringen sie,
Aber keine Sohlen.

Jung und Alte, groß und klein,
Gräßliches Gelichter!
Niemand will ein Schuster sein,
Jedermann ein Dichter.

Alle kommen sie gerennt,
Möchten's gerne treiben;
Doch wer keinen Leisten kennt
Wird ein Pfuscher bleiben.

Willst du das verfluchte Zeug
Auf dem Markte kaufen,
Wirst du, eh es möglich deucht,
Wirst du barfuß laufen.

IN'S EINZELNE

Seit vielen Jahren hab ich still
Zu eurem Tun geschwiegen,
Das sich am Tag' und Tages-Will
Gefällig mag vergnügen.

Ihr denkt, woher der Wind auch weht
Zu Schaden und Gewinne,
Wenn es nach eurem Sinne geht,
Es ging nach einem Sinne.

Du segelst her, der andre hin
Die Woge zu erproben,
Und was erst eine Flotte schien
Ist ganz und gar zerstoben.

IN'S WEITE

Das geht so fröhlich
In's Allgemeine!
Ist leicht und selig,
Als wär's auch reine.
Sie wissen gar nichts
Von stillen Riffen;
Und wie sie schiffen,
Die lieben Heitern,
Sie werden, wie gar nichts,
Zusammen scheitern.

KRONOS ALS KUNSTRICHTER

Saturnus eigne Kinder frißt,
Hat irgend kein Gewissen;
Ohne Senf und Salz und wie ihr wißt
Verschlingt er euch den Bissen.

Shakspearen sollt' es auch ergehn
Nach hergebrachter Weise: –
Den hebt mir auf, sagt Polyphem,
Daß ich zuletzt ihn speise.

GRUNDBEDINGUNG

Sprichst du von Natur und Kunst,
Habe beide stets vor Augen:
Denn was will die Rede taugen
Ohne Gegenwart und Gunst!

Eh du von der Liebe sprichst
Laß sie erst im Herzen leben,

Eines holden Angesichts
Phosphorglanz dir Feuer geben.

JAHR AUS JAHR EIN

Ohne Schrittschuh und Schellengeläut
Ist der *Januar* ein böses Heut.
—
Ohne Fastnachtstanz und Mummenspiel
Ist am *Februar* auch nicht viel.
—
Willst du den *März* nicht ganz verlieren
So laß nicht in April dich führen.

Den ersten *April* mußt überstehn
Dann kann dir manches Guts geschehn.
—
Und weiterhin im *Mai*, wenn's glückt,
Hat dich wieder ein Mädchen berückt.
—
Und das beschäftigt dich so sehr,
Zählst Tage, Wochen und Monde nicht mehr.

NETT UND NIEDLICH

Hast du das Mädchen gesehn
Flüchtig vorübergehn?
Wollt' sie wär' meine Braut!

Ja wohl! die Blonde, die Falbe!
Sie fittigt so zierlich wie die Schwalbe,
Die ihr Nest baut.
—
Du bist mein und bist so zierlich,
Du bist mein und so manierlich,

Aber etwas fehlt dir noch;
Küssest mit so spitzen Lippen,
Wie die Tauben Wasser nippen;
Allzu zierlich bist du doch.

FÜR SIE

In deinem Liede walten
Gar manche schöne Namen!
»Sind mancherlei Gestalten
Doch nur Ein Rahmen.«

Nun aber die Schöne
Die dich am Herzen hegte?
»Jede kennt die Töne
Die sie erregte.«

GENUG

Immer niedlich, immer heiter,
Immer lieblich! Und so weiter,
Stets natürlich, aber klug;
Nun das, dächt' ich, wär' genug.

DEM ABSOLUTISTEN

»Wir streben nach dem Absoluten
Als nach dem allerhöchsten Guten.«
Ich stell' es einem jeden frei;
Doch merkt' ich mir vor andern Dingen:
Wie unbedingt uns zu bedingen
Die absolute Liebe sei.

RÄTSEL

Ein Werkzeug ist es, alle Tage nötig,
Den Männern weniger, den Frauen viel,
Zum treusten Dienste gar gelind erbötig,
Im Einen vielfach, spitz und scharf. Sein Spiel
Gern wiederholt, wobei wir uns bescheiden:
Von außen glatt, wenn wir von innen leiden.
Doch Spiel und Schmuck erquickt uns nur auf's neue,
Erteilte Lieb' ihm erst gerechte Weihe.

DESGLEICHEN

Die besten Freunde, die wir haben,
Sie kommen nur mit Schmerzen an,
Und was sie uns für Weh getan
Ist fast so groß als ihre Gaben.
Und wenn sie wieder Abschied nehmen
Muß man zu Schmerzen sich bequemen.

FEINDSELIGER BLICK

Du kommst doch über so viele hinaus,
Warum bist du gleich außer'm Haus,
Warum gleich aus dem Häuschen,
Wenn einer dir mit Brillen spricht?
Du machst ein ganz verflucht Gesicht,
Und bist so still wie Mäuschen.

»Das scheint doch wirklich sonnenklar!
Ich geh' mit Zügen frei und bar,
Mit freien treuen Blicken;
Der hat eine Maske vorgetan,

Mit Späherblicken kommt er an,
Darein sollt' ich mich schicken?«
—

Was ist denn aber beim Gespräch
Das Herz und Geist erfüllet,
Als daß ein echtes Wort-Gepräg
Von Aug' zu Auge quillet!
Kommt jener nun mit Gläsern dort,
So bin ich stille, stille;
Ich rede kein vernünftig Wort
Mit einem durch die Brille.

VIELRAT

Spricht man mit jedermann
Da hört man keinen,
Stets wird ein andrer Mann
Auch anders meinen.
Was wäre Rat sodann
Vor unsern Ohren?
Kennst du nicht Mann für Mann
Du bist verloren.

KEIN VERGLEICH!

Befrei uns Gott von *s* und *ung*,
Wir können sie entbehren;
Doch wollen wir durch Musterung
Nicht uns noch andre scheren.

Es schreibt mir einer: den *Vergleich*
Von Deutschen und Franzosen,
Und jeder Patriot sogleich
Wird heftig sich erbosen.

Kein Christenmensche hört ihm zu;
Ist denn der Kerl bei Sinnen?
Vergleichung aber läßt man zu,
Da müssen wir gewinnen.

KUNST UND ALTERTUM

»Was ist denn Kunst und Altertum
Was Altertum und Kunst?«
Genug, das eine hat den Ruhm,
Das andre hat die Gunst.

PANACEE

»Sprich! wie du dich immer und immer erneust?«
Kannst's auch wenn du immer am Großen dich freust.
Das Große bleibt frisch, erwärmend, belebend;
Im Kleinlichen fröstelt der Kleinliche bebend.

HOMER WIEDER HOMER

Scharfsinnig habt ihr, wie ihr seid,
Von aller Verehrung uns befreit,
Und wir bekannten überfrei
Daß Ilias nur ein Flickwerk sei.

Mög' unser Abfall niemand kränken;
Denn Jugend weiß uns zu entzünden,
Daß wir Ihn lieber als Ganzes denken,
Als Ganzes freudig Ihn empfinden.

WANDERSEGEN

Die Wanderjahre sind nun angetreten
Und jeder Schritt des Wandrers ist bedenklich.
Zwar pflegt er nicht zu singen und zu beten;
Doch wendet er, sobald der Pfad verfänglich,
Den ernsten Blick, wo Nebel ihn umtrüben, 5
In's eigne Herz und in das Herz der Lieben.

GLEICHGEWINN

Geht einer mit dem andern hin
Und auch wohl vor dem andern;
Drum laßt uns, treu und brav und kühn,
Die Lebenspfade wandern.
Es fällt ein jüngerer Soldat 5
Wohl in den ersten Schlachten;
Der andre muß in's Alter spat
Im Biwak übernachten.
Doch weiß er eifrig seinen Ruhm
Und seines Herrn zu mehren, 10
So bleibt sein letztes Eigentum
Gewiß das Bett der Ehren.

LEBENSGENUSS

»Wie man nur so leben mag?
Du machst dir gar keinen guten Tag!«
Ein guter Abend kommt heran,
Wenn ich den ganzen Tag getan.

Wenn man mich da und dorthin zerrt 5
Und wo ich nichts vermag,
Bin von mir selbst nur abgesperrt,
Da hab' ich keinen Tag.

　　　　Tut sich nun auf was man bedarf
　　　　Und was ich wohl vermag,
　　　　Da greif ich ein, es geht so scharf,
　　　　Da hab' ich meinen Tag.

　　　　Ich scheine mir an keinem Ort,
　　　　Auch Zeit ist keine Zeit,
　　　　Ein geistreich-aufgeschloßnes Wort
　　　　Wirkt auf die Ewigkeit.

　　　　HEUT UND EWIG

Unmöglich ist's den Tag dem Tag zu zeigen,
Der nur Verworrnes im Verworrnen spiegelt,
Und jeder selbst sich fühlt als recht und eigen,
Statt sich zu zügeln, nur am andern zügelt;
Da ist's den Lippen besser daß sie schweigen,
Indes der Geist sich fort und fort beflügelt.
Aus Gestern wird nicht Heute; doch Äonen,
Sie werden wechselnd sinken, werden thronen.

　　　　SCHLUSSPOETIK

　　　　Sage Muse, sag dem Dichter
　　　　Wie er denn es machen soll?
　　　　Denn der wunderlichsten Richter
　　　　Ist die liebe Welt so voll.

　　　　Immer hab' ich doch den rechten
　　　　Klaren Weg im Lied gezeigt,
　　　　Immer war es doch den schlechten
　　　　Düstern Pfaden abgeneigt.

　　　　Aber was die Herren wollten
　　　　Ward mir niemals ganz bekannt;

Wenn sie wüßten was sie sollten,
Wär' es auch wohl bald genannt.

»Willst du dir ein Maß bereiten;
Schaue was den Edlen mißt,
Was ihn auch entstellt zu Zeiten,
Wenn der Leichtsinn sich vergißt.

Solch ein Inhalt deiner Sänge
Der erbauet, der gefällt,
Und, im wüstesten Gedränge,
Dankt's die stille beßre Welt.

Frage nicht nach anderm Titel
Reinem Willen bleibt sein Recht!
Und die Schurken laß dem Büttel,
Und die Narren dem Geschlecht!«

DER CÖLNER MUMMENSCHANZ
Fastnacht 1825

Da das Alter, wie wir wissen,
Nicht für Torheit helfen kann;
Wär' es ein gefundner Bissen
Einem heitern, alten Mann,

Daß am Rhein, dem viel beschwommnen,
Mummenschar sich zum Gefecht
Rüstet gegen angekommnen
Feind, zu sichern altes Recht.

Auch dem Weisen fügt behäglich
Sich die Torheit wohl zur Hand;
Und so ist es gar verträglich
Wenn er sich mit Euch verband.

Selbst Erasmus ging den Spuren
Der *Moria* scherzend nach,
Ulrich Hutten mit *Obscuren*
Derbe Lanzenkiele brach.

Löblich wird ein tolles Streben
Wenn es kurz ist und mit Sinn;
Heiterkeit zum Erdeleben
Sei dem flüchtigen Rausch Gewinn.

Häufet nur an diesem *Tage*
Kluger Torheit Vollgewicht,
Daß mit uns die Nachwelt sage:
Jahre sind der Lieb' und Pflicht.

DER NARR EPILOGIERT

Manch gutes Werk hab' ich verricht,
Ihr nehmt das Lob, das kränkt mich nicht:
Ich denke daß sich in der Welt
Alles bald wieder in's Gleiche stellt.
Lobt man mich weil ich was Dummes gemacht,
Dann mir das Herz im Leibe lacht;
Schilt man mich weil ich was Gutes getan,
So nehm ich's ganz gemächlich an.
Schlägt mich ein Mächtiger daß es schmerzt,
So tu' ich als hätt' er nur gescherzt;
Doch ist es einer von meines Gleichen,
Den weiß ich wacker durchzustreichen.
Hebt mich das Glück, so bin ich froh
Und sing' in dulci Jubilo;
Senkt sich das Rad und quetscht mich nieder,
So denk' ich: nun, es hebt sich wieder!
Grille nicht bei Sommersonnenschein
Daß es wieder werde Winter sein;
Und kommen die weißen Flockenscharen,

Da lieb ich mir das Schlittenfahren. 20
Ich mag mich stellen wie ich will,
Die Sonne hält mir doch nicht still,
Und immer geht's den alten Gang
Das liebe lange Leben lang.
Der Knecht so wie der Herr vom Haus 25
Ziehen sich täglich an und aus,
Sie mögen sich hoch oder niedrig messen:
Müssen wachen, schlafen, trinken und essen.
Drum trag' ich über nichts ein Leid;
Macht's wie der Narr so seid ihr gescheit! 30

PARABOLISCH

1

Gedichte sind gemalte Fensterscheiben!
Sieht man vom Markt in die Kirche hinein
Da ist alles dunkel und düster;
Und so sieht's auch der Herr Philister:
Der mag denn wohl verdrießlich sein
Und lebenslang verdrießlich bleiben.

Kommt aber nur einmal herein!
Begrüßt die heilige Kapelle;
Da ist's auf einmal farbig helle,
Geschicht' und Zierrat glänzt in Schnelle,
Bedeutend wirkt ein edler Schein;
Dies wird euch Kindern Gottes taugen,
Erbaut euch und ergetzt die Augen!

2

Gott sandte seinen rohen Kindern
Gesetz und Ordnung, Wissenschaft und Kunst,
Begabte die mit aller Himmelsgunst,
Der Erde grasses Los zu mindern.
Sie kamen nackt vom Himmel an
Und wußten sich nicht zu benehmen;
Die Poesie zog ihnen Kleider an
Und keine hatte sich zu schämen.

3

Wenn ich auf dem Markte geh'
Durch's Gedränge,

Und das hübsche Mädchen seh'
In der Menge;
Geh' ich hier, sie kommt heran,
Aber drüben;
Niemand sieht uns beiden an
Wie wir lieben.

»Alter, hörst du noch nicht auf!
Immer Mädchen!
In dem jungen Lebenslauf
War's ein Kätchen.
Welche jetzt den Tag versüßt?
Sag's mit Klarheit.«
Seht nur hin wie sie mich grüßt,
Es ist die Wahrheit!

4

Zu Regenschauer und Hagelschlag
Gesellt sich liebeloser Tag,
Da birgst du deinen Schimmer;
Ich klopf' am Fenster, poch' am Tor:
Komm liebstes Seelchen komm hervor,
Du bist so schön wie immer.

5

Den Musen-Schwestern fiel es ein,
Auch Psychen in der Kunst zu dichten
Methodice zu unterrichten;
Das Seelchen blieb prosaisch rein.
Nicht sonderlich erklang die Leier,
Selbst in der schönsten Sommernacht;
Doch Amor kommt mit Blick und Feuer,
Der ganze Cursus war vollbracht.

6

Sie saugt mit Gier verrätrisches Getränke
Unabgesetzt, vom ersten Zug verführt;
Sie fühlt sich wohl und längst sind die Gelenke
Der zarten Beinchen schon paralysiert,
Nicht mehr gewandt die Flügelchen zu putzen,
Nicht mehr geschickt das Köpfchen aufzustutzen,
Das Leben so sich im Genuß verliert.
Zum stehen kaum wird noch das Füßchen taugen;
So schlürft sie fort und, mitten unterm Saugen,
Umnebelt ihr der Tod die tausend Augen.

7

Wenn du am breiten Flusse wohnst,
Seicht stockt er manchmal auch vorbei;
Dann wenn du deine Wiesen schonst
Herüber schlemmt er, es ist ein Brei.

Am klaren Tag hinab die Schiffe,
Der Fischer weislich streicht hinan;
Nun starret Eis am Kies und Riffe,
Das Knabenvolk ist Herr der Bahn.

Das mußt du sehn und unterweilen
Doch immer was du willst vollziehn!
Nicht stocken darfst du, vor nicht eilen;
Die Zeit sie geht gemessen hin.

8

Zwei Personen ganz verschieden
Luden sich bei mir zu Tafel,
Diesmal lebten sie in Frieden,
Fuchs und Kranich sagt die Fabel.

 Beiden macht' ich was zurechte,
Rupfte gleich die jüngsten Tauben;
Weil er von Schakals Geschlechte
Legt' ich bei geschwollne Trauben.

Langgehälstes Glasgefäße
Setzt' ich ungesäumt dagegen,
Wo sich klar im Elemente
Gold- und Silberfischlein regen.

Hättet ihr den Fuchs gesehen
Auf der flachen Schüssel hausen,
Neidisch müßtet ihr gestehen:
Welch ein Appetit zum Schmausen!

Wenn der Vogel, ganz bedächtig,
Sich auf einem Fuße wiegte,
Hals und Schnabel, zart und schmächtig,
Zierlich nach den Fischlein schmiegte.

Dankend freuten sie beim Wandern
Sich der Tauben, sich der Fischchen;
Jeder spottete des andern
Als genährt am Katzentischchen.
—
Willst nicht Salz und Schmalz verlieren;
Mußt, gemäß den Urgeschichten,
Wenn die Leute willst gastieren,
Dich nach Schnauz und Schnabel richten.

9

Schwer, in Waldes Busch und Wuchse,
Füchsen auf die Spur gelangen;
Hält's der Jäger mit dem Fuchse,
Ist's unmöglich ihn zu fangen.

Und so wäre manches Wunder
Wie A B, Ab auszusprechen,
Über welches wir jetzunder
Kopf und Hirn im Kopf zerbrechen.

10

Ein großer Teich war zugefroren,
Die Fröschlein, in der Tiefe verloren,
Durften nicht ferner quacken noch springen,
Versprachen sich aber, im halben Traum,
Fänden sie nur da oben Raum,
Wie Nachtigallen wollten sie singen.
Der Tauwind kam, das Eis zerschmolz,
Nun ruderten sie und landeten stolz,
Und saßen am Ufer weit und breit
Und quackten wie vor alter Zeit.

11

Im Dorfe war ein groß Gelag,
Man sagt' es sei ein Hochzeittag,
Ich zwängte mich in den Schenken-Saal,
Da drehten die Pärchen allzumal,
Ein jedes Mädchen mit seinem Wicht,
Da gab es manch verliebt Gesicht.
Nun fragt' ich endlich nach der Braut –
Mir einer starr in's Angesicht schaut:
»Das mögt ihr von einem andern hören!
Wir aber tanzen ihr zu Ehren,
Wir tanzen schon drei Tag und Nacht
Und hat noch niemand an sie gedacht.«

Will einer im Leben um sich schauen,
Dergleichen wird man ihm viel vertrauen.

12

Ein Mägdlein trug man zur Tür hinaus
Zu Grabe;
Die Bürger schauten zum Fenster heraus,
Sie saßen eben in Saus und Braus
Auf Gut und Habe.
Da dachten sie: man trägt sie hinaus,
Trägt man uns nächstens auch hinaus,
Und wer denn endlich bleibt im Haus
Hat Gut und schöne Gaben:
Es muß sie doch einer haben.

13

Tritt in recht vollem klaren Schein
Frau Venus am Abendhimmel herein;
Oder daß blutrot ein Komet
Gar rutengleich durch Sterne steht;
Der Philister springt zur Türe heraus:
Der Stern steht über meinem Haus!
O weh! das ist mir zu verfänglich! –
Da ruft er seinem Nachbar bänglich:
Ach seht, was mir ein Zeichen dräut,
Das gilt fürwahr uns arme Leut!
Meine Mutter liegt am bösen Keuch,
Mein Kind am Wind und schwerer Seuch,
Meine Frau, fürcht' ich, will auch erkranken,
Sie tät schon seit acht Tag nicht zanken:
Und andre Dinge nach Bericht!
Ich fürcht' es kommt das jüngste Gericht.

Der Nachbar spricht: ihr habt wohl recht,
Es geht uns diesmal allen schlecht.
Doch laßt uns ein paar Gassen gehen,
Da seht ihr wie die Sterne stehen.

Sie deuten hier, sie deuten dort.
Bleibe jeder weislich an seinem Ort,
Und tue das Beste was er kann,
Und leide wie ein andrer Mann.

14

Zu der Apfel-Verkäuferin
Kamen Kinder gelaufen,
Alle wollten kaufen;
Mit munterm Sinn
Griffen sie aus dem Haufen,
Beschauten mit Verlangen
Nah und näher rotbäckige Wangen –
Sie hörten den Preis
Und warfen sie wieder hin
Als wären sie glühend heiß.

—

Was der für Käufer haben sollte
Der Ware gratis geben wollte!

15

Jetzt war das Bergdorf abgebrannt,
Sieh nur wie schnell sich das ermannt!
Steht alles wieder in Brett und Schindeln,
Die Kinder liegen in Wieg' und Windeln;
Wie schön ist's wenn man Gott vertraut!

»Neuer Scheiterhaufen ist aufgebaut;
Daß, wenn es Funken und Wind gefiele,
Gott selbst verlör' in solchem Spiele.«

16

Im Vatikan bedient man sich
Palmsonntags echter Palmen,

Die Kardinäle beugen sich,
Und singen alte Psalmen.
Dieselben Psalmen singt man auch
Ölzweiglein in den Händen,
Muß im Gebirg zu diesem Brauch
Stechpalmen gar verwenden;
Zuletzt, man will ein grünes Reis,
So nimmt man Weidenzweige,
Damit der Fromme Lob und Preis
Auch im Geringsten zeige.
Und habt ihr euch das wohl gemerkt
Gönnt man euch das Bequeme,
Wenn ihr im Glauben euch bestärkt;
Das sind Mythologeme.

DREI PALINODIEN

I

»— Weihrauch ist nur ein Tribut für Götter
Und für die Sterblichen ein Gift.«

Soll denn dein Opferrauch
Die Götter kränken?
Du hältst die Nase zu —
Was soll ich denken?
Den Weihrauch schätzet man
Vor allen Dingen;
Wer ihn nicht riechen kann
Soll ihn nicht bringen.

Mit starrem Angesicht
Verehrst du Puppen,
Und riecht der Priester nicht,
So hat Gott den Schnuppen.

2
Geist und Schönheit im Streit

Herr *Geist*, der allen Respekt verdient,
Und dessen Gunst wir höchlich schätzen,
Vernimmt, man habe sich erkühnt
Die *Schönheit* über ihn zu setzen;
Er macht daraus ein großes Wesen.
Da kommt Herr *Hauch*, uns längst bekannt
Als würdiger Geistsrepräsentant,
Fängt an, doch leider nicht galant,
Dem Luderchen den Text zu lesen.
Das rührt den Leichtsinn nicht einmal,
Sie läuft gleich zu dem Prinzipal:
Ihr seid ja sonst gewandt und klug,
Ist denn die Welt nicht groß genug!
Ich laß euch, wenn ihr trutzt, im Stich;
Doch seid ihr weise, so liebt ihr mich.
Seid versichert, im ganzen Jahr
Gibt's nicht wieder so ein hübsches Paar.

Ἄλλως
Die Schönheit hatte schöne Töchter,
Der Geist erzeugte dumme Söhne,
So war für einige Geschlechter
Der Geist nicht ewig, doch das Schöne.
Der Geist ist immer Autochthone.
So kam er wieder, wirkte, strebte,
Und fand, zu seinem höchsten Lohne,
Die Schönheit die ihn frisch belebte.

3
Regen und Regenbogen

Auf schweres Gewitter und Regenguß
Blickt' ein Philister, zum Beschluß,

In's weiterziehende Grause nach,
Und so zu seines Gleichen sprach:
Der Donner hat uns sehr erschreckt, 5
Der Blitz die Scheunen angesteckt
Und das war unsrer Sünden Teil!
Dagegen hat, zu frischem Heil,
Der Regen fruchtbar uns erquickt
Und für den nächsten Herbst beglückt. 10
Was kommt nun aber der Regenbogen
An grauer Wand herangezogen?
Der mag wohl zu entbehren sein
Der bunte Trug! Der leere Schein!

Frau Iris aber dagegen sprach: 15
Erkühnst du dich zu meiner Schmach?
Doch bin ich hier in's All gestellt
Als Zeugnis einer bessern Welt,
Für Augen die vom Erdenlauf
Getrost sich wenden zum Himmel auf 20
Und in der Dünste trübem Netz
Erkennen Gott und sein Gesetz.
Drum wühle du, ein andres Schwein,
Nur immer den Rüssel in den Boden hinein
Und gönne dem verklärten Blick 25
An meiner Herrlichkeit sein Glück.

VALET

Sonst war ich Freund von Narren,
Ich rief sie in's Haus herein;
Brachte jeder seinen Sparren,
Wollten Zimmermeister sein.
Wollten mir das Dach abtragen, 5
Ein andres setzen hinauf,
Sie legten das Holz zu Schragen
Und nahmen's wieder auf.

Und rannten hin und wieder,
Und stießen einander an;
Das fuhr mir in die Glieder
Daß ich den Frost gewann.
Ich sagt: hinaus ihr Narren! –
Sie ärgerten sich drob;
Nahm jeder seinen Sparren.
Der Abschied der war grob.

Daher bin ich belehret,
Ich sitze nun an der Tür,
Wenn einer sich zu mir kehret:
Geh, ruf ich, für und für!
Du bist ein Narr, so gräulich! –
Da macht er ein flämisch Gesicht:
»Du Hausherr! Wie abscheulich!
Was gibst dir für ein Gewicht!
Wir faseln ja durch die Straßen,
Wir jubeln auf dem Markt,
Wird einer, wegen Unmaßen,
Gar selten angequarkt.
Du sollst uns gar nichts heißen!«
—
Nun endet meine Qual!
Denn wenn sie vor die Türe scheißen,
Es ist besser als in den Saal.

AUS FREMDEN SPRACHEN

BYRONS DON JUAN

Mir fehlt ein Held! – »Ein Held er sollte fehlen,
Da Jahr und Monat neu vom neusten spricht?« –
Ein Zeitungsschreiber mag sich schmeichelnd quälen,
So sagt die Zeit: es sei der rechte nicht.
Von solchen mag ich wahrlich nichts erzählen, 5
Da nehm' ich mir Freund Juan in's Gesicht;
Wir haben in der Oper ihn gesehn,
Früher als billig war, zum Teufel gehen.

Vernon, der Metzger Cumberland und Wolf so mit,
Auch Hawke, Prinz Ferdinand, Bourgoin auf's beste, 10
Keppel und Hawe, sie hatten ihre Feste
Wie Wellesley jetzt – Der Könige Schattenschritt
Vom Stamme Banco's – Raben aus Einem Neste! –
Der Ruhm, die Lust zu herrschen reißt sie mit.
Dumourier's Bonaparte's Kampfgewinsten, 15
Die Zeitung steht den Herren gleich zu Diensten.

Barnave kennt und Brissot die Geschichte,
Condorcet, Mirabeau und Pethion auch;
Cloots, Danton, Marat litten viel Gerüchte,
Selbst la Fayette er ging beinahe in Rauch, 20
Dann Joubert, Hoche, vom Militair-Verpflichte,
Lannes, Dessaix, Moreau. Es war der Brauch
Zu ihrer Zeit an ihnen viel zu preisen;
Doch will das nichts für meine Lieder heißen.

Nelson war unser Kriegsgott, ohne Frage, 25
Und ist es noch dem herzlichsten Bekenntnis;

> Doch von Trafalgar tönet kaum die Sage,
> Und so ist Flut und Ebbe wetterwendisch.
> Denn die Armee ist popular zu Tage
> Und mit dem Seevolk nicht im Einverständnis;
> Der Prinz ist für den Landdienst, und indessen
> Sind Duncan, Nelson, Howe, sie sind vergessen.
>
> Vor Agamemnon lebten manche Braven,
> So wie nachher, von Sinn und hoher Kraft;
> Sie wirkten viel, sind unberühmt entschlafen,
> Da kein Poet ihr Leben weiter schafft.
> Von unsern Helden möcht' ich niemand strafen,
> Da jeder sich am Tag zusammenrafft;
> Für mein Gedicht wüßt' ich mir aber keinen,
> Und nenne so Don Juan mein, den Meinen.

MONOLOG AUS BYRONS MANFRED
Manfred allein

> Der Zeit, des Schreckens Narren sind wir! Tage
> Bestehlend stehlen sie sich weg. Wir leben
> In Lebens Überdruß, in Scheu des Todes.
> In all den Tagen der verwünschten Posse –
> Lebendige Last auf widerstrebendem Herzen,
> In Sorgen stockt es, heftig schlägt's in Pein,
> Der Freud' ein End ist Todeskampf und Ohnmacht –
> In all den Tagen, den vergangnen, künftigen –
> Im Leben ist nichts Gegenwart – Du zählst
> Wie wenig: – weniger als wenig, wo die Seele
> Nicht nach dem Tod verlangt und doch zurück
> Wie vor dem Winterstrome schreckt. Das Fröstlen
> Wär' nur ein Augenblick. – Ich hab' ein Mittel
> In meiner Wissenskraft: Die Toten ruf' ich
> Und frage sie: was ist denn das wir fürchten?
> Der Antwort ernsteste ist doch das Grab.
> Und das ist nichts, antworten sie mir nicht –

Antwortete begrabner Priester Gottes
Dem Weib zu Endor! Sparta's König zog
Aus griech'scher Jungfrau nie entschlafnem Geist 20
Antwort und Schicksal. Das Geliebteste
Hatt' er gemordet, wußte nicht wen er traf;
Starb ungesühnt. Wenn er auch schon zu Hülfe
Den milden Zeus berief, Phigaliens
Arkadische Beschwörer aufrief, zu gewinnen 25
Vom aufgebrachten Schatten sein Verzeihen,
Auch eine Grenze nur des Rächens. Die versetzte
Mit zweifelhaftem Wortsinn; doch erfüllt ward's.

Und hätt' ich nie gelebt! das was ich liebe
Wär' noch lebendig; hätt' ich nie geliebt! 30
Das was ich liebe wär' noch immer schön
Und glücklich, glückverspendend. Und was aber
Was ist sie jetzt? Für meine Sünden büßte sie –
Ein Wesen? Denk es nicht – Vielleicht ein Nichts.
In wenig Stunden frag' ich nicht umsonst, 35
In dieser Stunde fürcht' ich wie ich trotze,
Bis diese Stunde schreckte mich kein Schauen
Der Geister, guter, böser. Zittr' ich nun?
Und fühl' am Herzen fremden kalten Tau!
Doch kann ich tun was mich im Tiefsten widert, 40
Der Erde Schrecken ruf' ich auf. – Es nachtet!

AUS BYRONS MANFRED
Bannfluch

Wenn der Mond ist auf der Welle,
Wenn der Glühwurm ist im Gras,
Und ein Scheinlicht auf dem Grabe,
Irres Licht auf dem Morast,
Wenn die Sterne fallend schießen, 5
Eule der Eul' erwidernd heult,
Und die Blätter schweigend ruhen

An des dunkeln Hügels Wand,
Meine Seel' sei auf der deinen
Mit Gewalt und Zeichenwink!

Ist dein Schlummer noch so tief,
Kommt dein Geist doch nie zum Schlaf.
Da sind Schatten, die nicht schwinden,
Da Gedanken, die nicht bannest.
Die Gewalt, die du nicht kennest,
Läßt dich nimmermehr allein.
Bist in's Leichentuch gewindelt,
Eingehüllt in einer Wolke,
Und für immer, immer wohn'st du
In dem Geiste dieses Spruchs.

Siehst mich nicht vorüber gehen,
Fühlst mich doch in deinem Auge,
Als ein Ding, das ungesehen
Nah dir sein muß wie es war,
Und wenn du, geheim durchschaudert,
Deinen Kopf umwendend blickest,
Sollst dich wundern, daß nicht etwa
Wie ein Schatten bin zur Stelle;
Nein! die Kraft die du empfunden,
Ist was sich in dir verbirgt.

Und ein Zauberwort und Lied
Taufte dich mit einem Fluch,
Und schon hat ein Geist der Luft
Dich umgarnt mit einer Schlinge.
In dem Wind ist eine Stimme,
Die verbeut dir dich zu freuen.
Und wenn dir die Nacht versagt
Ihres reinen Himmels Ruhe,
Bringt der Tag eine Sonn' herauf,
Wär' sie nieder! wünschest du.

 Deinen falschen Tränen zog ich
Tödlichste Essenzen aus,
Deinem eignen Herzen sog ich
Blut, das schwärzeste vom Quell,
Deinem Lächeln lockt' ich Schlangen,
Dort geheim geringelt, ab,
Deinem Lippenpaar entsaugt' ich
Allerschlimmstes aller Gifte.
Jedem Gift, das ich erprobet,
Schlimmer ist dein eignes doch.

Bei deiner kalten Brust, dem Schlangenlächeln,
Der Arglist unergründlichem Schlund,
Bei dem so tugendsam scheinenden Auge,
Bei der verschlossenen Seele Trug,
Bei der Vollendung deiner Künste,
Dem Wahn, du tragest ein menschliches Herz,
Bei deinem Gefallen an Anderer Pein,
Bei deiner Cains-Bruderschaft
Beschwöre ich dich und nötige
Dich selbst dir eigne Hölle zu sein!

Auf dein Haupt gieß' ich die Schale,
Die dich solchem Urteil widmet,
Nicht zu schlafen, nicht zu sterben
Sei dein dauernd Mißgeschick;
Scheinbar soll der Tod sich nahen
Deinem Wunsch, doch nur als Grauen.
Schau! der Zauber wirkt umher dir,
Dich geklirrlos fesselt Kette;
Über Herz und Hirn zusammen
Ist der Spruch ergangen – schwinde!

DER FÜNFTE MAI
Ode von Alexander Manzoni

Er war – und, wie, bewegungslos
Nach letztem Hauche-Seufzer
Die Hülle lag, uneingedenk,
Verwaist von solchem Geiste:
So tief getroffen, starr erstaunt
Die Erde steht der Botschaft.

Stumm, sinnend nach der letztesten
Stunde des Schreckensmannes,
Sie wüßte nicht ob solcherlei
Fußstapfen Menschenfußes
Nochmals den blutgefärbten Staub
Zu stempeln sich erkühnten.

Ihn wetterstrahlend auf dem Thron
Erblickte die Muse schweigend,
Sodann im Wechsel immerfort
Ihn fallen, steigen, liegen;
Zu tausend Stimmen Klang und Ruf
Vermischte sie nicht die ihre.

Jungfräulich, keiner Schmeichelei
Noch frevler Schmähung schuldig,
Erhebt sie sich plötzlich aufgeregt,
Da solche Strahlen schwinden,
Die Urne kränzend mit Gesang
Der wohl nicht sterben möchte.

Zu Pyramiden von Alpen her,
Vom Manzanar zum Rheine,
Des sichern Blitzes Wetterschlag
Aus leuchtenden Donnerwolken,
Er traf von Scylla zum Tanais,
Von einem zum andern Meere.

Mit wahrem Ruhm? – Die künft'ge Welt
Entscheide dies! Wir beugen uns,
Die Stirne tief, dem Mächtigsten,
Erschaffenden, der sich einmal
Von allgewalt'ger Geisteskraft 35
Grenzlose Spur beliebte.

Das stürmische, doch bebende
Erfreun an großen Planen,
Die Angst des Herzens das ungezähmt,
Dienend nach dem Reiche gelüstet 40
Und es erlangt, zum höchsten Lohn,
Den's törig war zu hoffen.

Das ward ihm all: der Ehrenruhm
Vergrößert nach Gefahren,
Sodann die Flucht, und wieder Sieg, 45
Kaiserpalast, Verbannung;
Zweimal zum Staub zurückgedrängt,
Und zweimal auf dem Altar.

Er trat hervor: gespaltne Welt,
Bewaffnet gegen einander, 50
Ergeben wandte sich zu ihm
Als lauschten sie dem Schicksal;
Gebietend Schweigen, Schiedesmann
Setzt' er sich mitten inne;

Verschwand! – Die Tage Müßiggangs 55
Verschlossen im engen Raume,
Zeugen von grenzenlosem Neid
Und tiefem frommem Gefühle,
Von unauslöschlichem Haß zugleich
Und unbezwungener Liebe. 60

Wie über's Haupt Schiffbrüchigem
Die Welle sich wälzt und lastet,

Die Welle die den Armen erst
Emporhob, vorwärts rollte,
Daß er entfernte Gegenden
Umsonst zuletzt erblickte;

So ward's dem Geist, der wogenhaft
Hinaufstieg in der Erinn'rung.
Ach! wie so oft den Künftigen
Wollt' er sich selbst erzählen.
Und kraftlos auf das ewige Blatt
Sank die ermüdete Hand hin.

O, wie so oft beim schweigsamen
Sterben des Tags, des leeren,
Gesenkt den blitzenden Augenstrahl,
Die Arme übergefaltet,
Stand er, von Tagen vergangnen
Bestürmt ihn die Erinn'rung.

Da schaut er die beweglichen
Zelten, durchwimmelte Täler,
Das Wetterleuchten der Waffen zu Fuß,
Die Welle reitender Männer,
Die aufgeregteste Herrscherschaft
Und das allerschnellste Gehorchen.

Ach, bei so schrecklichem Schmerzgefühl
Sank ihm der entatmete Busen,
Und er verzweifelte! – Nein, die Kraft
Der ewigen Hand von oben,
In Lüfte leichter atembar,
Liebherzig trug ihn hinüber.

Und leitete ihn auf blühende
Fußpfade, die hoffnungsreichen,
Zu ewigen Feldern, zum höchsten Lohn
Der alle Begierden beschämet;

Er sieht, wie auf Schweigen und Finsternis, 95
Auf den Ruhm den er durchdrungen.

Schönste, unsterblich wohltätige
Glaubenskraft, immer triumphend!
Sprich es aus! erfreue dich
Daß stolzer-höheres Wesen 100
Sich dem berüchtigten Golgatha
Wohl niemals niedergebeugt hat.

Und also von müder Asche denn
Entferne jedes widrige Wort,
Der Gott der niederdrückt und hebt, 105
Der Leiden fügt und Tröstung auch,
Auf der verlaßnen Lagerstatt
Ihm ja zur Seite sich fügte.

DAS STRÄUSSCHEN
Alt böhmisch

Wehet ein Lüftchen
Aus fürstlichen Wäldern;
Da läufet das Mädchen,
Da läuft es zum Bach,
Schöpft in beschlag'ne 5
Eimer das Wasser.

Vorsichtig, bedächtig
Versteht sie zu schöpfen.
Am Flusse zum Mädchen
Schwimmet ein Sträußchen, 10
Ein duftiges Sträußchen
Von Veilchen und Rosen.

Wenn ich, du holdes
Blümchen, es wüßte,

Wer dich gepflanzet
In lockeren Boden;
Wahrlich! dem gäb' ich
Ein goldenes Ringlein.

Wenn ich, du holdes
Sträußchen, es wüßte,
Wer dich mit zartem
Baste gebunden;
Wahrlich! dem gäb' ich
Die Nadel vom Haare.

Wenn ich, du holdes
Blümchen, es wüßte,
Wer in den kühlen
Bach dich geworfen,
Wahrlich! dem gäb' ich
Mein Kränzlein vom Haupte.

Und so verfolgt sie,
Das eilende Sträußchen,
Sie eilet vorauf ihm,
Versucht es zu fangen:
Da fällt, ach! da fällt sie
In's kühlige Wasser.

KLAGGESANG
Irisch

So singet laut den Pillalu
Zu mancher Träne Sorg' und Not:
Och orro orro ollalu,
O weh des Herren Kind ist tot!

Zu Morgen als es tagen wollt',
Die Eule kam vorbeigeschwingt,

Rohrdommel Abends tönt im Rohr.
Ihr nun die Totensänge singt:
 Och orro orro ollalu.

Und sterben du? warum, warum
Verlassen deiner Eltern Lieb'?
Verwandten Stammes weiten Kreis?
Den Schrei des Volkes hörst du nicht:
 Och orro orro ollalu.

Und scheiden soll die Mutter, wie,
Von ihrem Liebchen schön und süß?
Warst du nicht ihres Herzens Herz,
Der Puls der ihm das Leben gab?
 Och orro orro ollalu.

Den Knaben läßt sie weg von sich,
Der bleibt und wes't für sich allein,
Das Frohgesicht, sie sieht's nicht mehr,
Sie saugt nicht mehr den Jugendhauch.
 Och orro orro ollalu.

Da sehet hin an Berg und Steg,
Den Uferkreis am reinen See,
Von Waldesecke, Saatenland,
Bis nah heran zu Schloß und Wall.
 Och orro orro ollalu.

Die Jammer-Nachbarn dringen her
Mit hohlem Blick und Atem schwer;
Sie halten an und schlängeln fort
Und singen Tod im Totenwort:
 Och orro orro ollalu.

So singet laut den Pillalu
Und weinet was ihr weinen wollt!
Och orro orro ollalu
Des Herren einz'ger Sohn ist fort.

NEUGRIECHISCH-EPIROTISCHE HELDENLIEDER

I

Sind Gefilde türkisch worden,
Sonst Besitz der Albanesen;
Stergios ist noch am Leben,
Keines Pascha's achtet er.
Und so lang es schneit hier oben
Beugen wir den Türken nicht.
Setzet eure Vorhut dahin,
Wo die Wölfe nistend hecken!
Sei der Sklave Stadtbewohner;
Stadtbezirk ist unsern Braven
Wüster Felsen Klippenspalte.
Eh' als mit den Türken leben
Lieber mit den wilden Tieren!

II

Schwarzes Fahrzeug teilt die Welle
Nächst der Küste von Kassandra,
Über ihm die schwarzen Segel,
Über ihnen Himmelsbläue.
Kommt ein Türken-Schiff entgegen,
Scharlach-Wimpel wehen glänzend,
»Streich die Segel unverzüglich,
Nieder laß die Segel du!« –
Nein ich streiche nicht die Segel,
Nimmer laß ich sie herab,
Droht ihr doch, als wär' ich Bräutchen,
Bräutchen, das zu schrecken ist.
Jannis bin ich, Sohn des Stada,
Eidam des Bukovalas.
Frisch Gesellen, frisch zur Arbeit!
Auf zum Vorderteil des Schiffes:

Türkenblut ist zu vergießen,
Schont nicht der Ungläubigen.
Und mit einer klugen Wendung
Beut das Türken-Schiff die Spitze; 20
Jannis aber schwingt hinauf sich,
Mit dem Säbel in der Faust,
Das Gebälke trieft vom Blute
Und gerötet sind die Wellen.
Allah! Allah! schrein um Gnade 25
Die Ungläubigen auf den Knieen.
Traurig Leben! ruft der Sieger;
Bleibe den Besiegten nun.

III

Beuge, Liakos, dem Pascha
Beuge dem Vezire dich.
Warst du vormals Armatole,
Landgebieter wirst du nun.
»Bleibt nur Liakos am Leben, 5
Wird er nie ein Beugender.
Nur sein Schwert ist ihm der Pascha,
Ist Vezir das Schießgewehr.«
Ali Pascha das vernehmend
Zürnt dem Unwillkommenen, 10
Schreibt die Briefe, die Befehle,
So bestimmt er, was zu tun.
Veli Guekas, eile kräftig
Durch die Städte, durch das Land,
Bring mir Liakos zur Stelle, 15
Lebend sei er, oder tot!
Guekas streift nun durch die Gegend,
Auf die Kämpfer macht er Jagd,
Forscht sie aus und überrascht sie,
An der Vorhut ist er schon. 20
Contogiakupis, der schreit nun
Von des Bollwerks hohem Stand:

>Herzhaft, Kinder mein! zur Arbeit
>Kinder mein, zum Streit hervor!
>Liakos erscheint behende,
>Hält in Zähnen fest das Schwert.
>Tag und Nacht ward nun geschlagen,
>Tage drei, der Nächte drei,
>Albaneserinnen weinen,
>Schwarz in Trauerkleid gehüllt;
>Veli Guekas kehrt nur wieder
>Hingewürgt im eignen Blut.

IV

>Welch Getöse? wo entsteht es?
>Welch gewaltiges Erschüttern?
>Sind es Stiere vor dem Schlachtbeil,
>Wild Getier im grimmen Kampfe?
>Nein! Bucovalas zum Kriege
>Fünfzehnhundert Kämpfer führend
>Streitet zwischen Kerasovon
>Und dem großen Stadtbezirk.
>Flintenschüsse wie des Regens,
>Kugeln, wie der Schloßen Schlag! –
>Blondes Mädchen ruft herunter
>Von dem Überpforten-Fenster:
>Halte Janny das Gefecht an,
>Dieses Laden, dieses Schießen:
>Laß den Staub hernieder sinken,
>Laß den Pulverdunst verwehen,
>Und so zählet eure Krieger,
>Daß ihr wisset wer verloren.
>Dreimal zählte man die Türken,
>Und vierhundert Tote lagen,
>Und wie man die Kämpfer zählte
>Dreie nur verblichen da.

V

Ausgeherrschet hat die Sonne,
Zu dem Führer kommt die Menge:
Auf, Gesellen, schöpfet Wasser,
Teilt euch in das Abendbrot!
Lamprakos du aber, Neffe,
Setze dich an meine Seite;
Trage künftig diese Waffen,
Du nun bist der Kapitan,
Und ihr andern braven Krieger,
Fasset den verwaisten Säbel,
Hauet grüne Fichtenzweige,
Flechtet sie zum Lager mir;
Führt den Beichtiger zur Stelle,
Daß ich ihm bekennen möge,
Ihm enthülle, welchen Taten
Ich mein Leben zugekehrt:
Dreißig Jahr bin Armatole,
Zwanzig Jahr ein Kämpfer schon;
Nun will mich der Tod erschleichen,
Das ich wohl zufrieden bin.
Frisch nun mir das Grab bereitet,
Daß es hoch sei und geräumig,
Aufrecht daß ich fechten könne,
Könne laden die Pistolen.
Rechts will ich ein Fenster offen,
Daß die Schwalbe Frühling künde,
Daß die Nachtigall vom Maien
Allerlieblichstes berichte.

VI

Der Olympos, der Kissavos,
Die zwei Berge haderten;
Da entgegnend sprach Olympos

Also zu dem Kissavos:
»Nicht erhebe dich, Kissave,
Türken- du Getretener.
Bin ich doch der Greis Olympos,
Den die ganze Welt vernahm.
Zweiundsechzig Gipfel zähl' ich
Und zweitausend Quellen klar,
Jeder Brunn hat seinen Wimpel
Seinen Kämpfer jeder Zweig.
Auf den höchsten Gipfel hat sich
Mir ein Adler aufgesetzt,
Faßt in seinen mächt'gen Klauen
Eines Helden blutend Haupt.«
»Sage, Haupt! wie ist's ergangen?
Fielest du verbrecherisch?« –
Speise Vogel meine Jugend,
Meine Mannheit speise nur!
Ellenlänger wächst dein Flügel,
Deine Klaue spannenlang,
Bei Louron, in Xeromeron
Lebt' ich in dem Kriegerstand,
So in Chasia, auf'm Olympos
Kämpft' ich bis ins zwölfte Jahr.
Sechzig Agas ich erschlug sie,
Ihr Gefild verbrannt' ich dann;
Die ich sonst noch niederstreckte
Türken, Albaneser auch,
Sind zu viele, gar zu viele,
Daß ich sie nicht zählen mag;
Nun ist meine Reihe kommen,
Im Gefechte fiel ich brav.

VII
CHARON

Die Bergeshöhn warum so schwarz?
Woher die Wolkenwoge?

Ist es der Sturm der droben kämpft,
Der Regen, Gipfel peitschend?
Nicht ist's der Sturm der droben kämpft,
Nicht Regen, Gipfel peitschend;
Nein Charon ist's, er saus't einher,
Entführet die Verblichnen;
Die Jungen treibt er vor sich hin,
Schleppt hinter sich die Alten;
Die Jüngsten aber, Säuglinge,
In Reih' gehenkt am Sattel.
Da riefen ihm die Greise zu,
Die Jünglinge sie knieeten:
»O Charon halt! halt am Geheg',
Halt an beim kühlen Brunnen!
Die Alten da erquicken sich,
Die Jugend schleudert Steine,
Die Knaben zart zerstreuen sich
Und pflücken bunte Blümchen.«

Nicht am Gehege halt' ich still,
Ich halte nicht am Brunnen;
Zu schöpfen kommen Weiber an,
Erkennen ihre Kinder,
Die Männer auch erkennen sie,
Das Trennen wird unmöglich.

Neugriechische Liebe-Skolien

I

Diese Richtung ist gewiß,
Immer schreite, schreite!
Finsternis und Hindernis
Drängt mich nicht zur Seite.

Endlich leuchtest meinem Pfad
Luna! klar und golden;
Immer fort und immer grad
Geht mein Weg zur Holden.

Nun der Fluß die Pfade bricht,
Ich zum Nachen schreite,
Leite, liebes Himmelslicht!
Mich zur andern Seite.

Seh' ich doch das Lämpchen schon
Aus der Hütte schimmern,
Laß um deinen Wagenthron
Alle Sterne glimmern.

2

Immerhin und immerfort,
Allzuschön erscheinend,
Folgt sie mir von Ort zu Ort
Und so hab' ich weinend

Überall umsonst gefragt
Feld und Flur durchmessen,
Auch hat Fels und Berg gesagt:
Kannst sie nicht vergessen.

Wiese sagte: geh nach Haus,
Laß dich dort bedauern;
Siehst mir gar zu traurig aus,
Möchte selber trauern.

Endlich fasse dir ein Herz
Und begreif's geschwinder:
Lachen, Weinen, Lust und Schmerz
Sind Geschwisterkinder.

Einzelne

Hebe selbst die Hindernisse,
Neige dich herab, Zypresse!
Daß ich deinen Gipfel küsse
Und das Leben dran vergesse.

—

Eure Gärtnerei zu lernen
Könnte nimmermehr verlangen;
Mein Jasmin ist fortgegangen
Meine Rose weilt im Fernen.

—

Die Nachtigall sie war entfernt,
Der Frühling lockt sie wieder;
Was Neues hat sie nicht gelernt,
Singt alte, liebe Lieder.

—

Luna, solcher hohen Stelle
Weiten Umblick neid' ich dir,
Sei auch der Entfernten helle,
Aber äugle nicht mit ihr.

—

Liebevoll und frank und frei
Riefst du mich heran;
Langsam geh' ich nun vorbei,
Siehst du mich denn an?

—

Ringlein kauft! geschwind ihr Fraun!
Möcht' nicht weiter wandeln;
Gegen Aug' und Augenbraun
Wollt' ich sie verhandeln.

—

Ach Zypresse, hoch zu schauen,
Mögest du dich zu mir neigen;
Habe dir was zu vertrauen
Und dann will ich ewig schweigen.

—

> Harre lieblich im Kyanenkranze,
> Blondes Mädchen, bleib' er unverletzt
> Auch wenn Luna in Orions Glanze
> Wechselscheinend sich ergetzt.
>
> —
>
> Weiß ich doch zu welchem Glück
> Mädchen mir emporblüht,
> Wenn der feurig schwarze Blick
> Aus der Milch hervorsieht.
>
> —
>
> Von der Rose meines Herzens
> Pflücktest Blätter nach Gefallen,
> Sind vor Glut des Scheideschmerzens
> All die andern abgefallen.
>
> —
>
> Liebt' ich dich als Kleine, Kleine,
> Jungfrau warst du mir versagt;
> Wirst doch endlich noch die Meine
> Wenn der Freund die Witwe fragt.

INSCHRIFTEN,
DENK- UND SENDE-BLÄTTER

⟨und⟩

AUFKLÄRENDE
BEMERKUNGEN

⟨über⟩

FESTLICHE LEBENS-EPOCHEN,
UND
LICHTBLICKE
TRAULICHER VERHÄLTNISSE,
VOM DICHTER GEFEIERT

1
Ihro Kaiserlichen Hoheit
DER FRAU ERBGROSSHERZOGIN VON SACHSEN-WEIMAR
UND EISENACH

Zu würdiger Umgebung Deines Bildes,
Wie es mir immerfort im Geiste waltet,
Wählt' ich in Tagen wo der Frühling schaltet
Des Gartens Blumen, Blumen des Gefildes.

Dann schien der Rand des Achilleischen Schildes,
So reich er war, nicht reich genug gestaltet;
Ja, würd' ein Purpurteppich umgefaltet,
Darauf gesät der Sterne blendend Mildes.

Nun aber wird ein zierlich Heft geschmücket,
Ein treuer Diener widmet's Deiner Hoheit,
Und du vergönnest mir die erste Weihe.

Wie sprech' ich aus, wie sehr mich das beglücket.
Jetzt fühl' ich erst in neubelebter Froheit:
Die schönsten Kränze winden Lieb' und Treue.

2
ZUM 2TEN FEBRUAR 1824

Man ist gewohnt, daß an den höchsten Tagen
Zum Herrscherthron sich alle Völkerschaften

1 Ihro kaiserlichen Hoheit der Frau Erbgroßherzogin war ein kostbares Stammbuch von treuer geschätzter Hand verehrt worden und mir ward die Gnade zugedacht, dasselbe durch vorstehendes Sonett einzuweihen.

2 Das löbliche Herkommen die höchsten Herrschaften bei festlichen Maskenzügen durch ein dichterisches Wort zu begrüßen, ließ man auch diesmal obwalten. Ein Korsar, an den Helden Byron's erinnernd, übergab es im Namen des als Anachoret lebenden Dichters.

Nach eigner Weise zuversichtlich wagen,
Mag seltsam auch der Schmuck an ihnen haften.
Wie denn das Äußre sei von Pelz und Kragen, 5
Man sieht hindurch die innern Eigenschaften;
Hier bringt nun ein Korsar, zum Schein verwegen,
Einsiedlerischer Zelle stillen Segen.

3
Ihro Kaiserl. Hoheit
GROSSFÜRSTIN ALEXANDRA

Der Frühling grünte zeitig, blühte froh
Narziss' und Tulpe, dann die Rose so;
Auch Früchte reiften mit gedrängtem Segen
Der nah und nähern Sonnenglut entgegen;
Sie zierten wechselnd längst ersehnte Zeit 5
Und schmeichelten der tiefsten Einsamkeit.
Da stellte sich dem hocherstaunten dar
Ein hehrer Fürst und Jugend Paar um Paar,
So gut als lieb, ehrwürdig und erfreulich;
Der innre Sinn bewahret sie getreulich. 10
In Frühlings-, Sommer-, Herbst- und Wintertagen
Die holden Bilder auf- und abzutragen;
So kann er dann, bei solcher Sterne Schein,
Auch wenn er wollte, niemals einsam sein.

4
WEIHNACHTEN

Bäume leuchtend, Bäume blendend,
Überall das Süße spendend,

3 Durch meine beinah absolute Einsamkeit, auf welche schon der
 Schluß des vorigen Gedichtes anspielt, hatte ich mir den Namen
 des Eremiten verdient, der sich aber in Zelle und Garten höchst
 geehrt und erfreut fühlte als mein Herr und Gebieter mir zwei
 liebenswürdige junge Fürstenpaare zuführte und der freund-
 lichste Besuch durch das Gedicht erwiedert werden durfte.
4 Als der Fürst bei der Christbescherung seiner teuren Enkel

In dem Glanze sich bewegend,
Alt und junges Herz erregend –
Solch ein Fest ist uns bescheret,
Mancher Gaben Schmuck verehret;
Staunend schaun wir auf und nieder
Hin und her und immer wieder.

Aber, Fürst, wenn Dir's begegnet
Und ein Abend so Dich segnet
Daß als Lichter, daß als Flammen
Vor Dir glänzten allzusammen
Alles was Du ausgerichtet,
Alle die sich Dir verpflichtet:
Mit erhöhten Geistesblicken
Fühltest herrliches Entzücken.

5
Ihro Hoheit
DER PRINZESSIN MARIA
VON SACHSEN-WEIMAR-EISENACH
mit Raphaels Gärtnerin
zum 3. Februar 1820

Sanftes Bild dem sanften Bilde
Unsrer Fürstin widmet sich;
Solche Ruhe, solche Milde
Immerfort umschwebe Dich!

Denn ein äußerlich Zerstreuen,
Das sich in sich selbst zerschellt,
Fordert inneres Erneuen
Das den Sinn zusammen hält.

gegenwärtig war, überreichten sie ihm ihrerseits mit obigen zwei Strophen eine Sammlung Gedichte auf die Gründung der neuen Bürgerschule, im Namen sämtlicher Jugend.
5 An Prinzessin Maria mit Raphaels Gärtnerin.

Aus dem bunten Weltbeginnen
Wende Deinen holden Blick
So vertrauenvoll nach innen,
Wie auf's heilige Bild zurück.

5 a
Ihro Hoheit
DER PRINZESSIN AUGUSTE VON SACHSEN-WEIMAR
UND EISENACH
Mit Elsheimers Morgen

Aurora, zum 30. Sept. 1820

Alle Pappeln hoch in Lüften,
Jeder Strauch in seinen Düften,
Alle sehn sich nach Dir um:
Berge schauen dort herüber,
Leuchten schön und jauchzten lieber;
Doch der schöne Tag ist stumm.

Lust-Schalmeien will man hören,
Flöten, Hörner und von Chören
Alles was nur Freude regt.
Selbst an seiner strengen Kette
Springt das Freundchen um die Wette
Immer hin und her bewegt.

Und so täuschen wir die Ferne,
Segnen alle holden Sterne,
Die mit Gaben Dich geschmückt.
Neue Freude, neue Lieder
Grüßen Dich! erscheine wieder,
Denn der neue Frühling blickt.

5a An Prinzessin Auguste. Der Kupferstich von Elzheimers Aurora, mit einigen Strophen zum Geburtstag, von Jena her, geschrieben in dem Garten der Prinzessinnen.

6
DEM 30 JANUAR 18⟨14⟩

Von Osten will das holde Licht
Nun glänzend uns vereinen,
Und schön're Stunden fänd' es nicht
Als diesem Tag zu scheinen.

7

Vorüber führt ein herrliches Geschick
Erhabne Helden, hochverehrte Frauen;
Nun fesselt uns des heut'gen Tages Glück
Als Bleibende Dich unter uns zu schauen.

8

Soll auch das Wort sich hören lassen?
Der Tag ist schön, der Raum ist klein;
So mag die Inschrift kurz sich fassen:
Ein Herz wie alle sie sind Dein.

9
ZUM 15. FEBRUAR 1812

Wer Marmor hier und Erz und Elfenbein erblickt
Und was noch sonst von Stoff die edle Kunst beschickt,
Der denkt: wie möchten wir mit emsigem Fleiß
Und treuem Sinn das alles umgestalten,
In tausend Bildern *Ihren* hohen Preis
Und unsre Liebe zu entfalten!

6 7 8 Inschriften, bei der Anwesenheit Ihro Majestät der regierenden Kaiserin von Rußland.

9 10 Tafelaufsätze zum Geburtstag Ihro Kaiserlichen Hoheit der Frau Erbgroßherzogin.

10

Die Blumen, in den Wintertagen,
Versammeln froh sich hier zu Hauf,
Mit heitern Blicken uns zu sagen:
An *Ihrem* Fest blüht alles auf.

11
ELEONORE

Wenn's jemand ziemt zu sprechen mit Vertrauen
So ziemt es mir: ich stelle heut den Chor
Gebildeter und liebevoller Frauen,
Der sich so gern um Sie versammelt, vor.
Mir ist vergönnt an Ihr hinaufzuschauen, 5
Mich zu erquicken an dem frischen Flor,
Der jede Stunde neuen Wert betätigt,
Und Frauenwürde ewiglich bestätigt.

12
AN HERRN ABBATE BONDI

Aus jenen Ländern echten Sonnenscheines
Beglückten oft mich Gaben der Gefilde:
Agrumen reizend, Feigen süß und milde,
Der Mandeln Milch, die Feuerkraft des Weines.

So manches Musenwerk erregte meines 5
Nordländ'schen Geistes innigste Gebilde,
Wie an Achilleus lebensreichem Schilde
Erfreut' ich mich des günstigsten Vereines.

11 Zum Schluß einer dramatischen Vorstellung in Töplitz, an Ihro Majestät die Kaiserin von Österreich, gesprochen von Gräfin Odonell.
12 Ein Pracht-Exemplar der Werke des Abbate Bondi ward mir durch die allerhöchste Gnade Ihro Majestät der Kaiserin; zur Erwiederung schrieb ich das mitgeteilte Sonett.

Und daß ich mich daran begnügen könnte
War mir sogar ein Kunstbesitz bereitet,
Erquickend mich durch Anmut wie durch Stärke.

Doch nichts erschien im größeren Momente,
Voll innern Werts, von so viel Glück begleitet,
Als durch *Louisen, Bondi,* deine Werke.

13
AN GRÄFIN ODONELL
Carlsbad d. 8. Aug. 1818

Ich dachte Dein, und Farben bunt erschienen
Im Sonnenglanz mir vor'm Gesicht,
Von Blättern sah ich mancherlei ergrünen,
Da waren Rosen, auch Vergiß-mein-nicht!
Pfeile dazwischen, golden anzuschauen,
Durchscheinend alles, rings ein goldner Kranz;
Und angestimmt das hohe Lob der Frauen –
Nun Becher, zu der Freundin! Bleibe klar und ganz.

14
AN GRÄFIN ODONELL
Carlsbad d. 1. Mai 1820

Hier, wo noch Ihr Platz genannt wird,
Hier wo noch Ihr Becher steht;
Doch nur wenigen bekannt wird
Was von Ihrem Grabe weht;

13 Mit einem heiter und glänzend gemalten Glase, der unschätzbaren Freundin, von Carlsbad nach Franzenbrunnen.
14 An dieselbe, als ich sie ganz unverhofft in Franzenbrunnen antraf, wo sich unsere Unterhaltung ganz auf den höchst beklagenswerten Verlust unserer Herrin einschränkte. Sie vertraute mir, daß noch manches teure Pfand von der Höchstseligen in ihren Händen sei, wozu sie ein kostbares Kästchen habe verfertigen lassen, für welches sie eine Inschrift von mir ver-

Sag' ich: Freundin! halte heilig
Was dir von der Holden blieb,
Die so groß – ach übereilig
Von den Allertreusten schied.

Uns, den Liebenden, den Treuen,
Sei nun weiter nichts begehrt;
Nur ist, wenn wir *Sie* erneuen,
Unser Leben etwas wert.

HERRN STAATS-MINISTER V. VOIGT
zur Feier des sieben und zwanzigsten Septembers 1816

Von Berges Luft, dem Äther gleich zu achten,
Umweht, auf Gipfelfels hochwaldiger Schlünde,
Im engsten Stollen, wie in tiefsten Schachten
Ein Licht zu suchen, das den Geist entzünde,
War ein gemeinsam köstliches Betrachten,
Ob nicht Natur zuletzt sich doch ergründe?
Und manches Jahr des stillsten Erdelebens
Ward so zum Zeugen edelsten Bestrebens.

lange, sie wolle damit die inwendige Seite des Deckels bekleiden. Hiezu sendete ich jene Strophen von Carlsbad, und wer über Bedeutung des darin erwähnten *Platzes* und *Bechers* das Nähere zu erfahren wünscht, findet solches in der Reihe der Carlsbader Gedichte.

Herrn Staatsminister von Voigt zu seiner Jubelfeier: ein Denkmal vieljährigen und mannigfaltigen Zusammenwirkens. Die erste Strophe bezieht sich auf den Ilmenauer Bergbau, dem wir mit Fleiß und Studium mehrere Jahre vorstanden. Die zweite und dritte deutet auf die in Gesellschaft höchst gebildeter Frauen und Männer gefundene Erheiterung von oftmals lästigen und gefährlichen Geschäften; der Schluß auf die Schrecken der feindlichen Überschwemmung, auf den Drang der wechselvollen Kriegsjahre, auf das Glück endlicher Befreiung und zugleich auf die Notwendigkeit des Zusammenhaltens geprüfter Freunde in einer Zeit wo eine Verwirrung aller Begriffe die hohe Kultur des Vaterlandes zu vernichten drohe.

Im Garten auch wo Dichterblumen sprossen,
Den äußern Sinn, den innern Sinn erquicken,
Gefahrlos nicht vor luftigen Geschossen
Wie sie Eroten hin und wieder schicken,
Da haben wir der Stunden viel genossen
An frisch belebter Vorwelt heitern Blicken,
Gesellend uns den ewig teuren Geistern,
Den stets beredten, unerreichten Meistern.

Dahin bewegten wir, von dornigen Pfaden
Verworrnen Lebens, gern die müden Schritte,
Dort fanden sich, zu gleicher Lust geladen,
Der Männer Tiefsinn, Frauengeist und Sitte,
Und Wissenschaft und Kunst und alle Gnaden
Des Musengottes, reich, in unsrer Mitte;
Bis endlich, längst umwölkt, der Himmel wettert,
Das Paradies und seinen Hain zerschmettert.

Nun aber Friede tröstend wiederkehrt,
Kehrt unser Sinn sich treulich nach dem Alten,
Zu bauen auf was Kampf und Zug zerstöret,
Zu sichern wie's ein guter Geist erhalten. –
Verwirrend ist's wenn man die Menge höret:
Denn jeder will nach eignem Willen schalten;
Beharren wir zusammt in gleichem Sinne,
Das rechn' ich uns zum köstlichsten Gewinne.

16
DEM FÜRSTEN HARDENBERG
Zum 70sten Geburtstag

Wer die Körner wollte zählen,
Die dem Stundenglas entrinnen,
Würde Zeit und Ziel verfehlen
Solchem Strome nachzusinnen.

16 Dem Fürsten Hardenberg Durchlaucht zum siebzigsten Ge-
burtstag unter dessen Bildnis, auf Anregung der Gebrüder

Auch vergehn uns die Gedanken
Wenn wir in Dein Leben schauen,
Freien Geist in Erdeschranken,
Festes Handeln und Vertrauen.

So entrinnen jeder Stunde
Fügsam glückliche Geschäfte.
Segen dir von Mund zu Munde!
Neuen Mut und frische Kräfte!

17
AN LORD BYRON

Ein freundlich Wort kommt eines nach dem andern
Von Süden her und bringt uns frohe Stunden;
Es ruft uns auf, zum Edelsten zu wandern,
Nicht ist der Geist, doch ist der Fuß gebunden.

Wie soll ich dem, den ich so lang begleitet,
Nun etwas Traulichs in die Ferne sagen?
Ihm der sich selbst im Innersten bestreitet,
Stark angewohnt das tiefste Weh zu tragen.

Henschel, der ich mich um so lieber fügte als der Fürst im Jahre 1813 sich, bei seiner Anwesenheit in Weimar, der frühsten akademischen Jahre in Leipzig erinnerte, wo wir zusammen bei Oesern Zeichenstunde genommen hatten.

17 An Lord Byron. Dieser merkwürdige Mann hatte manches Freundliche schriftlich und mündlich durch Reisende begrüßend nach Weimar gelangen lassen, welches ich durch jene Strophen zu erwiedern für Pflicht hielt. Sie trafen ihn noch glücklicherweise in Livorno, eben als er für Griechenland sich einzuschiffen im Begriff war, und veranlaßten ihn noch zu einer schriftlichen Erwiederung vom 24. Juli 1823 die mir unschätzbar bleibt; wie denn das Nähere dieser Verhältnisse in den Beilagen zu Capitain Medwins Unterhaltungen, dem ich auf Anfrage das Allgemeinste mitteilte, zu finden ist. Das Umständlichere, zugleich mit Abschriften der Originale, wird früher oder später bekannt werden.

 Wohl sei ihm doch wenn er sich selbst empfindet!
Er wage selbst sich hoch beglückt zu nennen,
Wenn Musenkraft die Schmerzen überwindet;
Und wie ich ihn erkannt mög' er Sich kennen.

18
OTTILIEN VON GOETHE

Ehe wir nun weiter schreiten
Halte still und sieh Dich um:
Denn geschwätzig sind die Zeiten,
Und sie sind auch wieder stumm.

Was Du mir als Kind gewesen,
Was Du mir als Mädchen warst,
Magst in Deinem Innern lesen,
Wie Du Dir es offenbarst.

Deiner Treue sei's zum Lohne,
Wenn Du diese Lieder singst,
Daß dem Vater in dem Sohne
Tüchtig-schöne Knaben bringst.

19
AN GEHEIMERAT VON WILLEMER

Reicher Blumen goldne Ranken
Sind des Liedes würdge Schranken,
Goldneres hab ich genossen
Als ich Euch in's Herz geschlossen.

18 Der unter meinen Augen aufgewachsenen lieben Gattin meines Sohnes, als Zuschrift der Wanderjahre.

19 Als ich eine Zeitlang im Orient hauste, liebte ich meine Gedichte mit goldblumigen Verzierungen einzufassen; dies geschah denn auch an diesem Gedichte, dem geprüften alten Freunde Geheime-Rat von Willemer gewidmet.

Goldner glänzten stille Fluten
Von der Abendsonne Gluten,
Goldner blinkte Wein, zum Schalle
Glockenähnlicher Crystalle.

Weisen Freundes goldne Worte
Lispelten am Schattenorte,
Edler Kinder treu Bekenntnis
Elterliches Einverständnis.

Goldnes Netz das Euch umwunden!
Wer will dessen Wert erkunden?
Wie dem heilgen Stein der Alten
Muß sich Golde Gold entfalten.

Und so bringt vom fernen Orte
Dieses Blatt Euch goldne Worte,
Wenn die Lettern schwarz gebildet
Liebevoll der Blick vergüldet.

20
AN GRAFEN PAAR
Carlsbad d. 12 August 1818

Der Berge denke gern, auch des Gesteins,
Sie waren Zeugen freundlichsten Vereins,
Zutrauen schnell gegeben, schnell gefunden
Beschleunigte das Glück gezählter Stunden.
Behagen schaut nicht vorwärts, nicht zurück,
Und so verewigt sich der Augenblick!

20 Graf Paar, Adjutant des Feldmarschalls Fürsten von Schwarzenberg, war mir in Carlsbad einer der liebsten und eifrigsten Gesellschafter. Aus Wohlwollen zu mir befreundete er sich mit der ihm bisher ganz fremden Geognosie; ich überreichte ihm ein Heft über böhmische Gebirgsarten mit diesen wenigen Reimzeilen.

21
AN GRAFEN PAAR
Carlsbad am 16. August 1818. Nachts

Dem Scheidenden ist jede Gabe wert,
Ein dürres Blatt, ein Moos, ein Steinchen aus der Quelle,
Daß er des Freunds gedenke, jener Stelle,
Wohin er ewig hin und her begehrt:
Ein Zeuge bleibt's wie sinnig sie gewandelt:
So wird ein Nichts zum höchsten Schatz verwandelt.

Wenn aber solche Gabe tiefen Wert,
Gestaltet, mit sich führt, für sich allein
Dem Sinn des Künstlers wünschenswert begegnete;
Wie muß das nun ein Schatz der Schätze sein,
Wenn ihn der Freund im Scheiden treulich segnete!

22
DER GRÄFIN TITINNE ODONELL,
die eine meiner Schreibfedern verlangte

Als der Knabe nach der Schule
Das Pennal in Händen ging,
Und mit stumpfer Federspule
Lettern an zu kritzeln fing,
Hofft' er endlich schön zu schreiben
Als den herrlichsten Gewinn;
Doch daß das Geschriebne bleiben
Sollte, sich durch Länder treiben,

21 Derselbe ließ abreisend eine höchst merkwürdige Statue von Bronze mir zurück, wofür ich meinen Dank auf einem Erwiederungsblatt ausdruckte. Noch jetzt schmückt dieses Gebilde vorzüglich meine kleine Sammlung.
22 Gräfin Titinne Odonell, geborne Gräfin Clary, hatte in jugendlicher Heiterkeit und freundlicher Laune eine meiner Schreibfedern verlangt, die ich ihr mit solchen Zeilen zuschickte.

Gar ein Wert der Federspule,
Kam ihm, in der engen Schule,
Auf dem niedern Schemel-Stuhle
Wahrlich niemals in den Sinn.

23

Die abgestutzten, angetauchten,
Die ungeschickten, vielgebrauchten
Hast du, die Freundliche, gewollt.
Nun aber nimm ein frisch Gefieder
Das niederschreiben süße Lieder
Allschönster Tage dir gesollt.

24
AN GRÄFIN JARACZEWSKA
Carlsbad d. 5. Sept. 1818

Da sieht man wie die Menschen sind:
Nur Leidenschaft und kein Gewissen!
Wie haben sie dem schönen Kind
Das Röckchen halb vom Leib gerissen!
Doch mir begegnete das Glück in später Zeit,
Ein frommer Jüngling wird mich neiden:
Dir, Freundin, dank' ich die Gelegenheit
Den holden Schatz von Kopf bis Fuß zu kleiden.

23 An dieselbe, mit einer neuen, kaum angeschriebenen Feder zugesendet.

24 Eine mit der deutschen Literatur aufs innigste bekannte polnische Dame vereinigte sich mit mir im Lobe von Fouque's Undine, und bemerkte zugleich, daß eine französische Übersetzung das Original keineswegs erreiche, und versprach sie mir zu eigener Überzeugung mitzuteilen. Als ich das Buch erhielt, fand ich es in einem Zustande der dem Verfasser gewiß geschmeichelt hätte. Die vordere Decke fehlte ganz, die ersten Bogen konnten als gerollt und geknittert kaum gelesen werden; ich schaffte es zum Buchbinder, der es denn völlig wieder

25
AN FÜRST BIRON VON CURLAND
Carlsbad d. 8. Sept. 1818

Als Luthers Fest mit gläubiger Schar,
Im vorigen Herbst gefeiert war,
Dacht' ich es brauche hundert Jahr
Um es mit Würde zu erneuen;
Doch beim verliehnen Ehrenbild,
Wie ernst es ist und kräftig mild,
Beim Herkules und seinem Schild
Kann ich der Feier mich an jedem Tage freuen.

26
GRAFEN CARL HARRACH
Carlsbad d. 25. Sept. 1819

Die sich herzlich oft begrüßten,
Die das Leben sich versüßten,
Führt ein guter Geist zur Stelle
Wieder an dieselbe Quelle!
Treues Wirken, reines Lieben
Ist das Beste stets geblieben.

herstellte und so erhielt es die Dame zurück mit jenen eingeschriebenen Zeilen.

25 Fürst Biron von Curland, dessen freundlicher Neigung ich schon früher angenehme Kunstgaben verdankte, schickte mir von Töplitz nach Carlsbad eine höchst merkwürdige Zeichnung. Sie ist sehr wohl erhalten, in mäßigem Querfolio, von Peter Vischer, dem trefflichen Erzgießer, mit der Feder sehr sauber gezeichnet, ausgetuscht und angefärbt, eine Allegorie zu Ehren Luthers vorstellend, welcher hier als Herkules siegreich aufgeführt wird.

26 Graf Carl Harrach, mit dem ich vor vielen Jahren zu Carlsbad, in Gesellschaft der Seinigen, glückliche Tage verlebte, hatte sich der Heilkunde gewidmet und darin durch eifriges Stu-

27
DER VOLLKOMMENEN STICKERIN
Marienbad am 28. August 1821

Ich kam von einem Prälaten,
Dem die herrlichsten Stolen
Über die Schulter hingen,
Worauf unverhohlen
Wundertaten 5
Der Heiligen auf und nieder gingen.

Mir aber war ein andres beschert:
Lieblichste Blumen-Gehänge,
Farbenglanz und Übergänge
Wie Natur den Künstler belehrt. 10
Ein allerliebstes Frühlings-Gelände,
Mit Nadeln zierlich schattiert und gebrochen;
Daß, wäre selbst das Herz durchstochen,
Man es gewiß gar wohl empfände;
Und werd' es nur zu Feiertagen 15
Süßer Namen und lieber Geburten tragen.

dium und getreuliche Ausübung bedeutend hervorgetan. Er begegnete mir wieder an derselbigen Stelle, das alte Vertrauen trat sogleich wieder ein und es eröffnete sich von dem bisherigen Leben und Treiben die erfreulich wirksamste Unterhaltung.
27 Zwar kein Kleidungsstück, aber ein zum Ankleiden höchst nötiges Erfordernis, welches wohl zu erraten sein möchte, war in seltenem Grade verziert worden. Es begrüßte mich im böhmischen Gebirg an meinem Geburtstag aus weiter Ferne, und sein blumenreicher Anblick ergetzte mich mitten zwischen Fichten und Tannen.

28

Eine Schachtel Mirabellen
Kam von Süden, zog nach Norden,
Als die Frucht gespeis't geworden
Eilt sich wieder einzustellen
Das Gehäus woher es kommen.
Bringet keine süßen Früchte,
Bringt vielmehr ein ernst Gesichte
Das im Weiten und im Fernen
Nimmer will Entbehrung lernen.

29

AN FREUND MELLISCH

Durch Vermittlung einer Teuren
Geht ein Täschchen bis zur Elbe,
Kommt, vom Freunde zu beteuren:
Immer bleibet er derselbe.

Immer wie in Dornburgs Gauen,
Wo, beim allerbesten Weine,
Waren hell im Sonnenscheine
Berg' und Täler anzuschauen.

Du nun an der reichen Elbe
An dem spiegelbreiten Flusse,
Weit entfernt vom trauten Kusse
Bleib' auch immerfort derselbe.

28 Aus der Strophe selbst erklärbar: das Bildnis des Freundes, in einer ausgeleerten Schachtel getrockneter Früchte übersandt.

29 Die Tochter eines Freundes, mit dem man frei heitere Jahre zugebracht, der nun aber längst entfernt lebte, diese findet zufällig unter den ausgestellten Waren des Frauenvereins ein Taschenbuch von dem Dichter dorthin geschenkt, eignet sich's an und verlangt dazu einige Worte von dessen Hand.

30
AN FRÄULEIN CASIMIRA WOLOWSKA

Dein Testament verteilt die holden Gaben,
Womit Natur Dich mütterlich vollendet.
Vermächtnis nach Vermächtnis ausgespendet,
Zufrieden jeder seinen Teil zu haben.
Doch wenn du Glückliche zu machen trachtest,
So wär' es der dem du dich ganz vermachtest.

31
Gesendet von Marienbad
EINER GESELLSCHAFT VERSAMMELTER FREUNDE
zum 28. August 1823

In Hygieas Form beliebt's Armiden
Im Waldgebirg sich Schlösser aufzubauen,
Verspricht dem Kranken Heil, dem Lebensmüden
Erwacht auf einmal hoffendes Vertrauen;
Dem halb Genes'nen schnell zu heiterm Frieden
Entfaltet sich ein Kreis erles'ner Frauen,
Dann weiß sie uns nach aller Art zu kirren,
Durch Spiel und Tanz und Neigung zu verwirren.

30 Fräulein Wolowska, Schwester der Madam Szymanowska, von einigen vielleicht eingebildeten Leiden geplagt, schön und anmutig, mitunter traurig gestimmt und vom Tode sprechend. Ein geistreicher Freund schrieb in ihr Stammbuch ein Testament, worin sie ihre höchst liebenswürdigen Eigenschaften und Vorzüge einzeln und an verschiedene Personen vermacht. Der Scherz konnte für sehr anmutig gelten, indem der Bezug der Legate auf die Legatarien teils Mängel, teils gesteigerte Vorzüge derselben andeutete, und ich schrieb dieses Gedicht unmittelbar in jener Voraussetzung.

31 Eine Gesellschaft versammelter Weimarischer Freunde hatte sich verabredet meinen Geburtstag zu feiern und ich veranstaltete, als die Nachricht zu mir kam, daß die beiden Strophen gerade am Schluß des Festes zu dankbarer Erwiederung konnten vorgetragen werden.

So wird von Tag zu Tag ein Traum gedichtet,
Dem Wachen gleich, ein labyrinthisch Wesen,
Doch zu der Ferne bleibt mein Blick gerichtet,
Wo meinem Herzen sich ein Kreis erlesen,
Wo er sich mir und ich mich ihm verpflichtet,
Dort fühl' ich mich vollkommener genesen.
So trägt es mich zum ehrenvollen Feste,
Schon bin ich da. – Gesegnet alle Gäste!

32

Du hattest längst mir's angetan,
Doch jetzt gewahr' ich neues Leben;
Ein süßer Mund blickt uns gar freundlich an
Wenn er uns einen Kuß gegeben.

33

Tadelt man daß wir uns lieben,
Dürfen wir uns nicht betrüben,
Tadel ist von keiner Kraft.
Andern Dingen mag das gelten,
Kein Mißbilligen, kein Schelten
Macht die Liebe tadelhaft.

34

Du Schüler Howards, wunderlich
Siehst Morgens um und über dich
Ob Nebel fallen, ob sie steigen,
Und was sich für Gewölke zeigen.

32-37 Sind als Aufblicke von Galanterie, Neigung, Anhänglichkeit und Leidenschaft im Konflikt mit Weltleben und täglicher Beschäftigung zu betrachten; wie denn der Liebende auch als Wetterbeobachter auftritt.

Auf Berges Ferne ballt sich auf
Ein Alpenheer, beeist zu Hauf,
Und oben drüber flüchtig schweifen
Gefiedert weiße luftige Streifen;
Doch unten senkt sich grau und grauer
Aus Wolkenschicht ein Regenschauer.

Und wenn bei stillem Dämmerlicht
Ein allerliebstes Treugesicht
Auf holder Schwelle dir begegnet,
Weißt du ob's heitert? ob es regnet?

35

Wenn sich lebendig Silber neigt,
So gibt es Schnee und Regen,
Und wie es wieder aufwärts steigt
Ist blaues Zelt zugegen.
Auch sinke viel, es steige kaum
Der Freude Wink, des Schmerzens,
Man fühlt ihn gleich im engen Raum
Des lieb-lebend'gen Herzens.

36

Du gingst vorüber? Wie! ich sah dich nicht;
Du kamst zurück, dich hab' ich nicht gesehen –
Verlorner, unglücksel'ger Augenblick!
Bin ich denn blind? Wie soll mir das geschehen?

Doch tröst' ich mich und du verzeihst mir gern,
Entschuldigung wirst du mit Freude finden;
Ich sehe dich, bist du auch noch so fern!
Und in der Nähe kannst du mir verschwinden.

37

Am heißen Quell verbringst du deine Tage,
Das regt mich auf zu innerm Zwist;
Denn wie ich dich so ganz im Herzen trage
Begreif' ich nicht wie du wo anders bist.

38
AN MADAME MARIE SZYMANOWSKA

Die Leidenschaft bringt Leiden! – Wer beschwichtigt
Beklommnes Herz dich, das zuviel verloren?
Wo sind die Stunden überschnell verflüchtigt?
Vergebens war das Schönste dir erkoren!
Trüb ist der Geist, verworren das Beginnen;
Die hehre Welt wie schwindet sie den Sinnen!

Da schwebt hervor Musik mit Engelsschwingen,
Verflicht zu Millionen Tön' um Töne,

38 Dieses Gedicht, die Leiden einer bangenden Liebe ausdrückend, steht schon im vorigen Band an seinem gemütlichen Platze; hier durfte es nicht fehlen, weil es ursprünglich durch die hohe Kunst der Madam Szymanowska, der trefflichsten Pianospielerin, zu bedenklicher Zeit und Stunde aufgeregt und ihr ursprünglich übergeben wurde.
⟨Zusatz zum Inhaltsverzeichnis:⟩
Nachträgliche Notiz zu Nro. 38. dieser Bemerkungen:
»Auch ist hier wohl der Ort noch mehrere Wiederholungen einzelner Gedichte wo nicht zu rechtfertigen doch zu entschuldigen. Das erstemal stehen sie im Allgemeinen unter ihres Gleichen, denen sie nur überhaupt durch einen gewissen Anklang verwandt sind; das zweitemal aber in Reih' und Glied, da man sie denn erst ihrem Gehalt und Bezug nach erkennen und beurteilen wird. Weitersinnenden und mit unsern Arbeiten sich ernstlicher beschäftigenden Freunden glauben wir durch diese Anordnung etwas gefälliges erwiesen zu haben.«

Des Menschen Wesen durch und durch zu dringen
Zu überfüllen ihn mit ewger Schöne,
Das Auge netzt sich, fühlt im höhern Sehnen
Den Götter-Wert der Töne wie der Tränen.

Und so das Herz erleichtert merkt behende
Daß es noch lebt und schlägt und möchte schlagen,
Zum reinsten Dank der überreichen Spende
Sich selbst erwiedernd willig darzutragen.
Da fühlte sich – o daß es ewig bliebe! –
Das Doppel-Glück der Töne wie der Liebe.

39
In das Stammbuch
DER FRAU HOFMARSCHALL V. SPIEGEL
Januar 1821

Der Dichtung Faden läßt sich heut nicht fassen;
Ich bitte mir die Blätter weiß zu lassen!

Am 25. Februar 1824
Seit jenen Zeilen bis zum heutigen Tage
Sind fast zweihundert Wochen fortgeschritten,
Und immer ist es noch die alte Klage
Als lasse sich die Muse nicht erbitten;
Doch wenn ich sie im Stillen ernstlich frage
Versetzt sie mich, mit Adlerflug, in mitten

39 Frau Hofmarschall von Spiegel hatte mir ein neues Album im Jahre 1821 übergeben; es war mir im Augenblick nicht möglich etwas Gehöriges zu finden, ich behielt mir ein paar weiße Seiten vor. Ende Februar 1824 erbat ich mir das Album wieder und schrieb jenes Gedicht hinein. Die zwei mittleren Stanzen wird man in dem Maskenzuge »die romantische Poesie« wiederfinden, wo gedachte Dame als Prinzessin von Byzanz mit König Rother im Glanze der Schönheit und Majestät auftrat. Schade daß solche Erscheinungen nicht festgehalten, ja nicht einmal, wie gute Theaterstücke, wiederholt werden können.

Von jener Feier einzigen Augenblicken,
Wie es erscholl im freudigsten Entzücken:

»Nun geht es auf, das Licht der Morgenländer,
Die Tochter von Byzanz. Ihr seht sie hier!
Als Kaiserskind trägt sie die Goldgewänder,
Und doch ist sie des Schmuckes höchste Zier.
Die goldnen Schuhe, jene teuren Pfänder
Die Liebesboten zwischen Ihm und Ihr,
Sie bringt der Zwerg, die frohste Morgengabe:
Ein Liebespfand ist mehr als Gut und Habe.

Da sprach das Lied, so heiter als bedächtig
Von König Rothers unbezwungner Kraft,
Dem, wie er schon in Waffen groß und mächtig,
Auch Liebe nun das höchste Glück verschafft,
Als Pilger klug, als Gast freigebig, prächtig,
Hat er als Held zuletzt sie weggerafft,
Zum schönsten Glück, zum höchsten Mutterlose:
Von ihnen stammt Pipin und Karl der Große.«

Wie denn das Gute, Schöne nimmer schwindet
Und, immer wirkend, immer sich erhält,
Sich ungesäumt zum höchsten Wahren findet,
Als lebend zu Lebendigem gesellt;
Und glücklich ist wer ihnen sich verbindet,
Beständig bleibt ihm die bewegte Welt;
So war's auch mir im Augenblick, dem süßen,
Nach langer Zeit die Freundin zu begrüßen.

40
DER ZIERLICHSTEN UNDINE

Gib acht! es wird dir allerlei begegnen,
Bist du im Trocknen wird es regnen,
Zum Schwimmen wird die Welle sich versagen,
Wen aber hast du deshalb anzuklagen?
Merkst du nicht eifersücht'gen Zorn?
Ein Lächeln wird er wohl verdienen;
Und du verzeihst dem Onkel Kühleborn,
Man sagt ihm nach er liebe selbst Undinen.

41
REICHTUM UND BLÜTE

Blumen und Gold zugleich
Machen reich.
Goldnen Rahmen siehst du erfüllt
Mit deinem Bild.
Sieh nur wie köstlich es ist
Was du hast und bist.

42

Myrt' und Lorbeer hatten sich verbunden;
Mögen sie vielleicht getrennt erscheinen,
Wollen sie, gedenkend sel'ger Stunden,
Hoffnungsvoll sich abermals vereinen.

40 Der zierlichsten aus den Wellen gebornen Undine auf einem Maskenball durch einen neckischen Unterhändler zugebracht.
41 Ein vorzügliches Blumengemälde in dem reichsten Goldrahmen an passender Stelle geziemend dargebracht.
42 Dieses Gedicht begleitete einen geschlungenen Lorbeer- und Myrtenkranz zum Symbol eines wie Hatem und Suleika in Liebe und Dichtung wetteifernden Paares.

43

Das holde Tal hat schon die Sonne wieder
Mit Frühlingsblüt' und Blumen angefüllt,
Die Nachtigall singt immer neue Lieder
Dem Hochgefühl das ihr entgegen quillt;
Erfreue dich der gottverliehnen Gaben!
Froh, wie er dich erschuf, will er dich haben.

44
Julien
GRÄFIN EGLOFFSTEIN

Freundlich werden neue Stunden
Zu vergangnen sich gesellen,
Blüten, Blumen, wohl empfunden
Bleiben ewig Immortellen.

45
Derselben
REISE-SEGEN

Sei die Zierde des Geschlechts! —
Blicke weder links noch rechts;

43 Aufruf im Frühling an Gesunde und Genesende.
44 An Julie Gräfin Egloffstein, die ein seltenes Talent zur bildenden Kunst mit manchem andern und überdies mit persönlichen Eigenschaften verbindet, welche allein hinreichend wären sie als höchst vorzüglich in der Welt auftreten zu lassen. Dieses Gedicht ward veranlaßt durch unverwelkliche Blumen von ausgezeichneter Schönheit.
45 Derselben auf die Reise mitgegeben, die sie in einigem Zwiespalt zwischen sich und eifrig beratenden Freunden antrat, welche besonders wegen Anwendung ihres schönen Talents nicht einig werden konnten.

Schaue von den Gegenständen
In Dein Innerstes zurück;
Sicher traue Deinen Händen,
Eignes fördre, Freundes Glück.

46
AN JULIEN
Zur Dresdner Reise

Ein guter Geist ist schon genug,
Du gehst zu hundert Geistern,
Vorüber wandelt Dir ein Zug
Von großen, größern Meistern.
Sie grüßen alle Dich fortan
Als feinen Jung-Gesellen,
Und winken freundlich Dich heran
Dich in den Kreis zu stellen.
Du stehst und schweigst am heil'gen Ort
Und möchtest gerne fragen,
Am Ende ist's ein einzig Wort
Was sie Dir alle sagen.

47
AN JULIEN

Von so zarten Miniaturen,
Wie der schönen Hand sie glücken,
Schreitest Du auf breitere Spuren
Wichtiger umher zu blicken.

46 Ebendieselbe hatte sich zu einem Aufenthalt in Dresden entschlossen, wo sie die eigentlichste Förderins ihrer Bemühungen finden konnte.

47 Dieselbe hatte sich nun aus dem kleinen Format in größeres erhoben, worin es ihr ebenfalls nach Wunsch glückte.

Heil den ernsteren Geschäften!
Seligen Erfolg zu schauen,
Einigest zu Mannes Kräften
Liebenswürdiges der Frauen.

48
JULIEN

Abgeschlossen sei das Buch,
Es enthält fürwahr genug;
Was davon Dich kann erfreuen
Wird sich immerfort erneuen,
Und was mag dem Scheiden frommen,
Als ein baldig Wiederkommen?

49
HERRN KANZLER V. MÜLLER
W. d. 13. April. 1822

Will sich's wohl ziemen Dir zum zweitenmale
Dieselbe Gabe festlich darzubringen?
Den Dichter-Trank in Deiner eignen Schale
Und nur dazu das alte Lied zu singen?
So sei es denn! – es bleiben alte Lieder
Den Christ-Gemeinden wie gewohnt erbaulich;
Und hört er Freundes Wunsch und Segen wieder
Er findet sie wie immer lieb und traulich.

48 Zum Abschluß eines vollgeschriebenen und vollgezeichneten Albums.

49 Herrn Kanzler von Müller hatte ich das vorige Jahr ein vollständiges Exemplar meiner Werke zum Geburtstage überreicht, ungebunden und ungeschmückt. Derselbe gab mir ein Jahr darauf den ersten Band gebunden zurück und Gelegenheit mich an demselben Tage nachträglich einzuzeichnen.

50
ZU THAERS JUBELFEST
dem vierzehnten Mai 1824

Wer müht sich wohl im Garten dort
Und mustert jedes Beet?
Er pflanzt und gießt und spricht kein Wort
So schön auch alles steht.
Das er gepfropft und oculiert
Mit sichrer kluger Hand
Das Bäumchen zart ist anspaliert
Nach Ordnung und Verstand.

Doch sagt mir was es heißen soll?
Warum ist er so still?
Man sieht ihm ist der Kopf so voll,
Daß er was andres will.
Genug ihm wird nicht wohl dahier,
Ich fürcht' er will davon,
Er schreitet nach der Gartentür
Und draußen ist er schon.

Im Felde gibt's genug zu tun,
Wo der Befreite schweift;
Er schaut, studiert und kann nicht ruhn
Bis es im Kopfe reift.

50 Thaers Jubelfest, bei welchem ich, obschon abwesend, meinen aufrichtigen Anteil dem würdigen Manne zu beweisen nicht verfehlen wollte. Es ward von Zelter komponiert und von ihm an Ort und Stelle selbst ausgeführt. Bei dieser Gelegenheit fällt mir auf daß an einen so geistverwandten und herzverbundenen Freund wie Zelter kein besonderes Gedicht in dieser ganzen Sammlung sich vorfindet. Es kommt aber daher, daß alles Lyrische was ich seit dreißig Jahren gedichtet, als in seinem Sinne und Geiste verfaßt ihm zu eigentlicher musikalischer Belebung gesendet worden.

Auf einmal hat's der Biedre los
Wie er das Beste kann:
Nicht ruhen soll der Erdenkloß,
Am wenigsten der Mann!

Der Boden rührt sich ungesäumt
Im Wechsel jedes Jahr,
Ein Feld so nach dem andern keimt
Und reift und fruchtet bar;
So fruchtet's auch von Geist zu Geist,
Und nutzt von Ort zu Ort.
Gewiß ihr fragt nicht wie er heißt,
Sein Name lebe fort!

51
Die Feier
DES ACHTUNDZWANZIGSTEN AUGUSTS
dankbar zu erwiedern

Sah gemalt, in Gold und Rahmen,
Grauen Barts, den Ritter reiten,
Und zu Pferd an seinen Seiten
An die vierundzwanzig kamen;
Sie zum Thron des Kaisers ritten,
Wohlempfangen, wohlgelitten,
Derb und kräftig, hold und schicklich.
Und man pries den Vater glücklich.

Sieht der Dichter nah und ferne
Söhn' und Töchter, lichte Sterne,
Sieht sie alle wohlgeraten,
Tüchtig, von geprüften Taten,

51 Mit diesem Gedichte suchte ich den vielfachen Ausdruck von Liebe und freundschaftlicher Neigung zur Feier meines siebzigsten Geburtstags nach allen Seiten hin dankbar zu erwiedern.

Freigesinnt, sich selbst beschränkend,
Immerfort das Nächste denkend;
Tätig treu in jedem Kreise, 15
Still beharrlich jeder Weise;
Nicht vom Weg dem graden weichend,
Und zuletzt das Ziel erreichend.

Bring' er Töchter nun und Söhne,
Sittenreich, in holder Schöne, 20
Vor den Vater alles Guten,
In die reinen Himmelsgluten,
Mitgenossen ew'ger Freuden! –
Das erwarten wir bescheiden.

52
DER FRAU VON ZIEGESAR GEB. V. STEIN
zum Geburtstage

Zwar die vierundzwanzig Ritter
Ehren wir in allen Fällen;
Doch auch Fräulein sind nicht bitter
Wenn sie sich dazwischen stellen.

Heute lasset mich beachten 5
Solche lieblichsten Vereine,
Wenn sie bunte Reihe machten
Die *Ziegesar* und die *Steine*.

52 Hierauf ließ der immer tätige und ergetzliche junge Freund Sulpitz Boisserée die zum Andenken auf einen mit Söhnen reich gesegneten Ritter Waldstein geschlagene Medaille in Kupfer stechen. Ich bediente mich dieser neuen Anregung, um jenen Dankesgruß zu wiederholen und zu vermannigfaltigen. Dies geschah denn auch im gegenwärtigen Gedicht. Es ward mit dem vorigen allgemeinen, nebst beigefügter Medaillen-Abbildung, als wahrer heitrer Ausdruck von Teilnahme, einem liebenswürdigen Gliede der gleichfalls zahlreich ausgebreiteten Familien überreicht.

Kämen sämtlich angezogen
Dieser Stämme frohe Lichter;
Würden Könige gewogen
Und begrüßten sie die Dichter.

Und besonders aber Eine,
Welche wir zu segnen kamen;
Freunde nennen Sie die Kleine,
Sie verdient gar viele Namen.

53
MEINEM FREUNDE V. KNEBEL
zum 30. November 1817

Lustrum ist ein fremdes Wort!
Aber wenn wir sagen:
Lustra haben wir am Ort
Acht bis neun ertragen,
Und genossen und gelebt,
Und geliebt bisweilen;
Wird, wer nach dem Gleichen strebt,
Heute mit uns teilen;
Wenn wir sagen: das ist viel!
Denn das Leben streuet
Blum' und Dorne! – Ziel ist Ziel!
Das uns heute freuet.

54
AN BERNHARD V. KNEBEL
Weimar d. 30. Novbr. 1820

Den November, den dreißigsten,
Feire stets als heiligen Tag

53 An meinen alten Weimarischen Urfreund, Major von Knebel, gleichfalls von Zelter komponiert, um vierstimmig zum gefeierten Tage vorgetragen zu werden.
54 An dessen herangewachsenen Sohn, einige Jahre später.

Mit Opfern, wie's nur dem fleißigsten,
Dem besten Sohne gelingen mag:
Denn der Vater ist heut geboren,
Der Dich liebt wie's billig ist.
Kindlein, sei ihm zugeschworen!
Freude nur bringt was willig ist.

55
AN GRÄFIN MARIE VON EINSIEDEL
geboren Jena d. 18. Okt. 1819
Zum Tauftage den 30. Oktober 1819
treuliches Eingebinde

Töchterchen! nach trüben Stunden
Zu der Eltern Lust erschienen,
Hast so jung das Glück gefunden
Den Geliebtesten zu dienen.
Mögest Du den frohsten Stunden
Ihres Lebens blühend grünen.

56
WIEGENLIED DEM JUNGEN MINERALOGEN
WOLFGANG V. GOETHE
Den 21 April 1818

Singen sie Blumen der kindlichen Ruh,
Käfer und Vögel und Tierchen dazu;
Aber du wachest, wir treten herein,
Bringen was ruhiges, bringen den Stein.

Steinchen, die bunten, ein lustiges Spiel!
Was man auch würfe und wie es auch fiel.

55 Patengruß einem während der schweren Krankheit des Vaters
sehnlichst erwarteten Ankömmling.
56 Einem Neugebornen, den die mineralogische Gesellschaft zu
Jena nicht früh genug an sich heranziehen konnte.

Kindischen Händchen entschnickt sich so fein,
Knöchlein und Bohnen und Edelgestein.

Knabe du siehest nun Steine behaun,
Ordnend sich fügen, zu Häusern sich baun.
Wohl! du verwunderst dich, stimmest mit ein:
Das ist wahrhaftig ein nützlicher Stein!

Spielst du mit Schussern, das Kügelchen rollt,
Dreht sich zur Grube so wie du gewollt,
Läufest begierig auch hinter ihm drein,
Das ist fürwahr wohl ein lustiger Stein!

Steinchen um Steinchen verzettelt die Welt,
Wissende haben's zusammen gestellt;
Trittst du begierig zu Sälen herein,
Siehst du zuerst nicht den Stein vor dem Stein.

Doch unterscheidest und merkest genau:
Dieser ist rot und ein andrer ist blau,
Einer, der klärste, von Farben so rein,
Farbig erblitzet der edelste Stein.

Aber die Säulchen wer schliff sie so glatt,
Spitzte sie, schärfte sie glänzend und matt?
Schau in die Klüfte des Berges hinein,
Ruhig entwickelt sich Stein aus Gestein.

Ewig natürlich bewegende Kraft
Göttlich gesetzlich entbindet und schafft;
Trennendes Leben, im Leben Verein,
Oben die Geister und unten der Stein.

Nun! wie es Vater und Ahn Dir erprobt
Gott und Natur und das All ist gelobt!
Komme! der Stiftende führt dich ein
Unserem Ringe willkommener Stein!

57
ZUM GEBURTSTAG
mit meinen kleinen Gedichten

Wenn Kranz auf Kranz den Tag umwindet
Sei dieser auch Ihr zugewandt,
Und wenn Sie hier Bekannte findet
So hat Sie sich vielleicht erkannt.

58

Wen ein guter Geist besessen
Hält sich das Gedächtnis rein;
Alles Übel sei vergessen
Eingedenk der Lust zu sein!
Bleib' ein fröhliches Vermächtnis 5
Jed' Ergetzen, jede Ruh;
So belebe Dein Gedächtnis
Und dann denke mich dazu!

59

Zur Erinnerung trüber Tage
Voll Bemühen voller Plage,
Zum Erinnern schöner Stunden
Wo das Rechte war gefunden.
—
Viel geduldetes, genoss'nes,
Halbverschwiegnes, laut ergoss'nes,
Ward in ferner Welt vertan;

57 Mit meinen kleinen Gedichten, wo Sie sich auf manchem
 Blatt wie im Spiegel wieder finden konnte.
58-66 In Stammbücher, Zeichnungsmappen, Notenhefte und
 sonst eingeschrieben. Sie sind teils allgemein verständlich,
 oder auch im besondern leicht zu deuten.

Aber jene guten Zeiten,
Tiefurts Tal, ätherische Weiten,
Gehen dich besonders an.

60

Lieblich ist's im Frühlings-Garten
Mancher holden Blume warten;
Aber lieblicher im Segen
Seiner Freunde Namen pflegen:
Denn der Anblick solcher Züge
Tut so Seel' als Geist Genüge,
Ja, zu Lieb und Treu bekennt
Sich der Freund wie er sich nennt.

61

Hörst du reine Lieder singen,
Ohr ist eins mit deiner Brust;
Siehst du Farben um dich klingen,
Wirst du deines Aug's bewußt.
In das Innere zu dringen
Gibt das Äußre Glück und Lust.

62

Zuerst im stillsten Raum entsprungen,
Das Lied erklingt von Ort zu Ort;
Wie es in Geist und Seel erklungen
So hallt's nach allen Seiten fort.

63
In ein Stammbuch
ZUM BILDCHEN RUINE PLESS
bei Göttingen

Auf diesen Trümmern hab' ich auch gesessen,
Vergnügt getrunken und gegessen,

Und in die Welt hinaus geschaut:
War aber wenig nur davon erbaut.
Kein liebes Kind gedachte meiner, 5
Und ich fürwahr gehörte keiner;
So war die ganze Welt umgraut.
Ihr wißt ja selbst was sie erheitert,
Die Horizonte stufenklar erweitert.

64
In ein Stammbuch
ZUM BILDCHEN VON ULRICHS GARTEN

Daß zu Ulrichs Gartenräumen
Soll ein Verslein mir erträumen
Ist ein wunderbarer Streich;
Denn es war von süßen Träumen
In den ländlich engen Räumen 5
Mir ein Frühling hold und reich.
Sollt' es Euch zu Lust und Frommen
Auch einmal zu Gute kommen,
Freut Euch in dem engsten Raum.
Was beglückt es ist kein Traum. 10

65
IN EINE SAMMLUNG
KÜNSTLICH AUSGESCHNITTENER LANDSCHAFTEN

Zarte, schattende Gebilde
Fliegt zu eurer Künstlerin,
Daß sie, freundlich, froh und milde,
Immer sich nach ihrem Sinn
Eine Welt von Schatten bilde; 5
Denn das irdische Gefilde
Schattet oft nach eignem Sinn.

66

Flora, welche Jena's Gauen
Reich mit Blum' und Früchten schmückt,
Ist verwundert anzuschauen
Was ein fremder Himmel schickt.

Sorget nun, in dichten Häusern,
Daß auch hier der Wachstum frei,
Daß den allerzartsten Reisern
Hier ein ewiger Sommer sei.

67

Wer hat's gewollt? wer hat's getan?
So Liebliches erzielt?
Das ist doch wohl der rechte Roman,
Der selbst Romane spielt.

68

Verirrtes Büchlein! kannst unsichre Tritte
Da oder dorthin keineswegs vermeiden;
Irrsternen zu bewegst du deine Schritte,
Und vor dem Kommen bist bereit zu scheiden.
Für diesmal aber wollen wir dich fesseln,
Du sollst mir diese Botschaft nicht verfehlen;
Sei es durch Rosen, Dornen, Veilchen, Nesseln,
Nur immer grade zu, geh zu Adelen!

67-68 Zwei Exemplare der Wanderjahre hatten zwischen zwei Freundinnen gekreuzt und dadurch heitere Mißverständnisse veranlaßt, welche hier freundlich ausgesprochen werden.

69
AN ZWEI GEBRÜDER,
eifrige junge Naturfreunde
Marienbad. 182⟨2⟩

Am feuchten Fels, den dichtes Moos versteckt,
Erblühen Blumen, flattert manch Insekt;
Scheint es auch dürr den kahlen Berg hinan,
So nährt es doch, das Schaf bewollt sich dran.
Die Wiese grünt, gehörnte Herde braunt, 5
Da wandeln Menschen gut und bös gelaunt,
Genießen reichlich, spärlich, früh und spat,
Den Wunderwuchs der folgereichen Saat.
Und wenn der Kranke fast am Ziel erliegt
So steigt die Quelle rasch, die Hoffnung siegt. 10
Ihr! vom Gestein hinauf zur Atmosphäre
Gedenket mein! – Dem Höchsten Preis und Ehre!

70
TOAST ZUM AKADEMISCHEN MITTAGSMAHL
am 22. April 1820

Abwesend ist kein Freund zu achten
Der immer für uns denkt und strebt,
Und wie es auch die Zeiten brachten
Für uns in gleichem Sinne lebt.
Bei Sonnenschein und Regenschauer 5
Ruft ein verklärter, heitrer Blick
Dem zweifelhaften Zustand Glück,
Und jedem Glück die längste Dauer.

69 An zwei hoffnungsvolle Knaben, welche, entzündet durch eifrige Geologen, sich leidenschaftlich ihnen zugesellten und im Aufspüren von merkwürdigen Gebirg- und Gangarten sich besonders tätig erwiesen.

71
TOAST ZUM 28. AUGUST 1820
beim akademischen Gastmahl auf der Rose

Wo Jahr um Jahr die Jugend sich erneut,
Ein frisches Alter würd'ge Lehre beut,
Wo Fürsten reichlich hohe Mittel spenden,
Was alles kann und wird sich da vollenden,
Wenn jeder tätig, froh, an seinem Teil. –
Heil jedem Einzelnen! dem Ganzen Heil!

72
TOAST
zum Landtage

Das Wohl des Einzelnen bedenken,
Im Ganzen auch das Wohl zu lenken,
Welch wünschenswertester Verein!
Den guten Wirt beruft man zum Berater,
Ein jeder sei zu Hause Vater,
So wird der Fürst auch Landesvater sein.

73
MASKENZÜGE

Die Gestalten gehn vorüber,
Masken scheinen sie zu sein;
Doch sie sind uns beiden lieber,
Uns vom edelsten Verein.

Sie sind wahr, denn wohl vernommen
Haben wir sie selbst gefühlt,

70-72 Bei verschiedenen Gastmahlen.
73-74 Zwischen jene ausführlicheren Maskenzüge einzuschalten.

Und, wie es vielleicht gekommen,
Sie zum Teile mitgespielt.

Denke nun zum vielten Male
Was, nach sternenheller Nacht,
Holder Tag im hohen Saale
Wunderfältig dargebracht.

74
DER ABWESENDE DEM MASKENFEST
zum 16. Februar 1818

So wandelt hin lebendige Gestalten,
Bewegten Lebens reichliche Gebilde,
Dem schönsten Tage lasset Liebe walten,
Im Reihen schmückt elysische Gefilde.
Ergetzen sollt ihr, geistreich unterhalten,
Belehren auch und warnen freundlichst milde.
Der Dichter Alle segnet Euch zum Frieden,
Abwesend sei es oder abgeschieden.

75
BILDER-SZENEN
Zur Feier des zweiten Februar 1817

Mit Säulen schmückt ein Architekt aufs beste,
Mit Statuen, Gemälden seine Hallen,
Dann finden sich am frohen Tag die Gäste,
Von Melodie bewegt einher zu wallen.
Nun wirket umgekehrt, am schönsten Feste,
Durch Widerspruch die Kunst *Ihm* zu gefallen.
Statt laute Freude frisch bewegt zu schildern,
Erstarrt das Lebende zu holden Bildern.

75-76 Bilderszenen, zu den so beliebten Darstellungen von Gemälden durch lebendige Personen.

76
BILDER-SZENEN
Den 15. März 1816 bei Freiherrn v. Helldorf

Ihr kommt Gebildetes allhier zu schauen,
Gebildet scheinbar, doch ein lebend Bild;
So weiß die Kunst vielfältig anzubauen
Der Fabel, der Geschichte reich Gefild.
Ihr sehet tücht'ge Männer, wackre Frauen,
Zu Taten mächtig, wie zur Hülfe mild,
Und so entgegnen wir Euch, starr erscheinend,
Lebendig, uns zu Eurer Lust vereinend.

77

Wohin er auch die Blicke kehrt und wendet
Jemehr erstaunt er über Kunst und Pracht,
Mit Vorsatz scheint der Reichtum hier verschwendet,
Es scheint als habe sich nur alles selbst gemacht.
Soll er sich wundern, daß das Werk vollendet?
Soll er sich wundern, daß es so erdacht?
Ihn dünkt, als fang' er erst, mit himmlischem Entzücken,
Zu leben an in diesen Augenblicken.

78
DEN 6. JUNI 1816

Du versuchst, o Sonne, vergebens
Durch die düstern Wolken zu scheinen!
Der ganze Gewinn meines Lebens
Ist ihren Verlust zu beweinen.

77 Ein Bruchstück, das aber der Denkende anzuschließen wissen wird.
78-81 Grabschriften: der Gatte der Gattin, der Vater dem Kinde, die Kinder dem Vater; letzteres für Kosegarten bestimmt

79

Lebe wohl auf Wiedersehn!
Wenig Jahre meine Freude
Sei mir Hoffnungs-Trost im Leide,
Du, nun als ein Engel schön.
Lebe wohl auf Wiedersehn!

80

Laßt nach viel geprüftem Leben
Hier den edlen Pilgrim ruhn!
Ehrt sein Wollen und sein Streben,
Wie sein Dichten und sein Tun.

81

Reichen Beifall hattest du erworben,
Allgemeine Neigung rein erzielt;
Viel Personen sind in dir gestorben,
Und du hast sie alle gut gespielt.

und wie ich vernehme auf seinen Denkstein gesetzt; das Publikum dem Schauspieler, auf den guten alten Malkolmi gemeint.

Rhein und Main

82

Zu des Rheins gestreckten Hügeln,
Hochgesegneten Gebreiten,
Auen die den Fluß bespiegeln,
Weingeschmückten Landesweiten,
Möget mit Gedankenflügeln
Ihr den treuen Freund begleiten.

83

Was ich dort gelebt, genossen,
Was mir all dorther entsprossen,
Welche Freude, welche Kenntnis,
Wär' ein allzulang Geständnis.
Mög' es jeden so erfreuen,
Die Erfahrenen, die Neuen!

84

Erst Empfindung, dann Gedanken,
Erst in's Weite, dann zu Schranken,
Aus dem Wilden hold und mild
Zeigt sich dir das wahre Bild.

82-96 Rhein und Main. Bei meinem Aufenthalt in jenen Gegenden wurden eine Menge kleinere Gedichte, teils in manches Album, meist unter landschaftliche Zeichnungen, ja manchmal als Besuch- und Abschiedskarten verteilt; von denen sich vorstehende, vielleicht hie und da rätselhafte, erhalten haben. Freunde werden sich deren gern erinnern und so mögen sie denn auch hier eingeschlossen stehen. Zu bemerken ist bei Nro. 91 daß Herzog und Herzogin von Cumberland, Hoheiten, in der Nacht zum 16. August die Einsiedler am Flusse unverhofft besuchten.

85

Wenn ihr's habt und wenn ihr's wißt;
Wißt ihr denn wer es vermißt?
Bleibet eurem Sinne treu,
Neu ist alt und alt ist neu.

86

Hier sah ich hin, hier sah ich zu
Nach liebevoller Weise,
Die fernen Lieben, Du, auch Du,
Sie lebten froh im Kreise.

87
Aussicht
Siehst du das wie ich es sah,
Wohnst du so wie ich gewohnt;
Lieb' und Freundschaft sind dir nah,
Und ein jeder Tag betont.

88

Blumenkelche, Blumenglocken
Folgen deinem Reiselauf;
Unter Schneegestöbers Flocken
Suche mir ein Liebes auf.

89

Nicht ist alles Gold was gleißt,
Glück nicht alles was so heißt,
Nicht alles Freude was so scheint.
Damit hab' ich gar manches gemeint.

90

An die Stelle des Genusses
Trete Bildchen holden Scheins,
Zu Erinnerung des Flusses,
Der Terrasse, dieses Hains.

91
Den 15. August 1815
Wohlerleuchtet, glühend-milde
Zog der Fluß im Abendschein,
Über Brück' und Stadtgebilde
Finsternisse sanken ein.

Den 16. August
Doch am Morgen ward es klar,
Neu begann's umher zu grünen
Nach der Nacht, wo jenes Paar
Sternengleich uns angeschienen.

92

Du bist auch am Rhein gewesen,
Auch am Hof zu Biberich;
Magst nun an dem Maine lesen
Wie es lustig war um dich.

93

Also lustig sah es aus
Wo der Main vorüber floß,
Als im schmucken Hain und Haus
Festlich Eilfer überfloß.

Ferner Freunde ward gedacht:
Denn das heißt genießen,

Wenn zu Fest- und Flusses-Pracht
Tausend Quellen fließen.

94

Wasserfülle, Landesgröße,
Heitren Himmel, frohe Bahn!
Diese Wellen, diese Flöße
Landen auch in Winkel an.

95

Fluß und Ufer, Land und Höhen
Rühmen seit geraumer Zeit
So Dein Kommen, so Dein Gehen,
Zeugen Deiner Tätigkeit.

96

Pfeifen hör ich fern im Busche!
Das ist wohl der Vogelsteller? –
Neben mir es pfeift noch greller;
Schelme sind's, es sind Cartouche!
Diese geben sich ein Zeichen. –
Keineswegs! Ein Vielgewandter,
Und uns allen Wohlbekannter
Kommt zum Lustmahl ohne gleichen.

97

Wenn was irgend ist geschehen,
Hört man's noch in späten Tagen;
Immer klingend wird es wehen,
Wenn die Glock' ist angeschlagen.

97 Im Wandersinne zu einem alten Manuscript der heiligen drei
 Königs-Legende.

Und so laßt von diesem Schalle
Euch erheitern, viele, viele!
Denn am Ende sind wir alle
Pilgernd Könige zum Ziele.

98

Worte sind der Seele Bild –
Nicht ein Bild! sie sind ein Schatten!
Sagen herbe, deuten mild
Was wir haben, was wir hatten. –
Was wir hatten wo ist's hin?
Und was ist's denn was wir haben? –
Nun, wir sprechen! Rasch im Fliehn
Haschen wir des Lebens Gaben.

98 Der Worte, flüchtiger wie bleibender, Wert und Wirkung.

ZAHME XENIEN

Ille, velut fidis arcana sodalibus, olim
Credebat libris: neque, si male cesserat,
 unquam
Decurrens alio; neque si bene: quo fit, ut
 omnis
Votiva pateat veluti descripta tabella
Vita senis.
 Horat. Serm. II., 1. v. 30. etc.

ZAHME XENIEN
I

Ich rufe dich verrufnes Wort
Zur Ordnung auf des Tags:
Denn Wichte, Schelme solchen Schlags
Die wirken immer fort.

—

»Warum willst du dich von uns allen
Und unsrer Meinung entfernen?«
Ich schreibe nicht euch zu gefallen,
Ihr sollt was lernen!

—

»Ist denn das klug und wohlgetan?
Was willst du Freund und Feinde kränken!«
Erwachsne gehn mich nichts mehr an,
Ich muß nun an die Enkel denken.

—

Und sollst auch du und du und du
Nicht gleich mit mir zerfallen;
Was ich dem Enkel zu Liebe tu'
Tu' ich euch allen.

—

Verzeiht einmal dem raschen Wort
Und so verzeiht dem Plaudern;
Denn jetzo wär's nicht ganz am Ort
Wie bis hieher zu zaudern.

—

Wer in der Weltgeschichte lebt,
Dem Augenblick sollt er sich richten?
Wer in die Zeiten schaut und strebt,
Nur der ist wert zu sprechen und zu dichten.

—

»Sag mir worauf die Bösen sinnen?«
Andern den Tag zu verderben,
Sich den Tag zu gewinnen:
Das, meinen sie, heiße erwerben.

—

»Was ist denn deine Absicht gewesen
Jetzt neue Feuer anzubrennen?«
Diejenigen sollen's lesen,
Die mich nicht mehr hören können.

—

Einen langen Tag über lebt' ich schön,
Eine kurze Nacht;
Die Sonne war eben im Aufgehn,
Als ich zu neuem Tag erwacht.

—

»Deine Zöglinge möchten dich fragen:
Lange lebten wir gern auf Erden,
Was willst du uns für Lehre sagen?« –
Keine Kunst ist's alt zu werden,
Es ist Kunst es zu ertragen.

—

Nachdem einer ringt,
Also ihm gelingt,
Wenn Manneskraft und Hab'
Ihm Gott zu Willen gab.

—

Den hochbestandnen Föhrenwald
Pflanzt' ich in jungen Tagen,
Er freut mich so! –! –! – Man wird ihn bald
Als Brennholz niederschlagen.

—

Die Axt erklingt, da blinkt schon jedes Beil, 50
Die Eiche fällt und jeder holzt sein Teil.

—

Ein alter Mann ist stets ein König Lear! –
Was Hand in Hand mitwirkte, stritt,
Ist längst vorbei gegangen,
Was mit und an dir liebte, litt, 55
Hat sich wo anders angehangen;
Die Jugend ist um ihretwillen hier,
Es wäre törig zu verlangen:
Komm ältele du mit mir.

—

Gutes zu empfangen, zu erweisen, 60
Alter! Geh' auf Reisen. –
Meine Freunde
Sind aus einer Mittelzeit,
Eine schöne Gemeinde,
Weit und breit, 65
Auch entfernt
Haben sie von mir gelernt,
In Gesinnung treu;
Haben nicht an mir gelitten,
Ich hab' ihnen nichts abzubitten; 70
Als Person komm ich neu.
Wir haben kein Konto mit einander,
Sind wie im Paradies selbander.

—

Mit dieser Welt ist's keiner Wege richtig;
Vergebens bist du brav, vergebens tüchtig, 75
Sie will uns zahm, sie will sogar uns nichtig!

—

> Von heiligen Männern und von weisen
> Ließ ich mich recht gern unterweisen,
> Aber es müßte kurz geschehn,
>
> —
>
> 80 Langes Reden will mir nicht anstehn:
> Wornach soll man am Ende trachten?
> Die Welt zu kennen und sie nicht verachten.
>
> —
>
> Hast du es so lange wie ich getrieben;
> Versuche wie ich das Leben zu lieben.
>
> —
>
> 85 Ruhig soll ich hier verpassen
> Meine Müh und Fleiß;
> Alles soll ich gelten lassen
> Was ich besser weiß.
>
> —
>
> Hör' auf doch mit Weisheit zu prahlen, zu prangen,
> 90 Bescheidenheit würde dir löblicher stehn:
> Kaum hast du die Fehler der Jugend begangen,
> So mußt du die Fehler des Alters begehn.
>
> —
>
> Liebe leidet nicht Gesellen;
> Aber Leiden sucht und hegt sie,
> 95 Lebenswoge, Well' auf Wellen,
> Einen wie den andern trägt sie.
> Einsam oder auch selbander,
> Unter Lieben, unter Leiden,
> Werden vor und nach einander
> 100 Einer mit dem andern scheiden.
>
> —
>
> Wie es dir nicht im Leben ziemt,
> Mußt du nach Ruhm auch nicht am Ende jagen:
> Denn bist du nur erst hundert Jahr berühmt,
> So weiß kein Mensch mehr was von dir zu sagen.
>
> —

In's holde Leben wenn dich Götter senden,
Genieße wohlgemut und froh!
Scheint es bedenklich dich hinaus zu wenden,
Nimm dir's nicht übel: allen scheint es so.

—

 Nichts vom Vergänglichen
 Wie's auch geschah!
 Uns zu verewigen
 Sind wir ja da.

—

Hab' ich gerechter Weise verschuldet
Diese Strafe in alten Tagen?
Erst hab' ich's an den Vätern erduldet,
Jetzt muß ich's an den Enkeln ertragen.

—

»Wer will der Menge widerstehn?«
Ich widerstreb' ihr nicht, ich laß sie gehn:
Sie schwebt und webt und schwankt und schwirrt,
Bis sie endlich wieder Einheit wird.

—

»Warum erklärst du's nicht und läßt sie gehn?«
Geht's mich denn an wenn sie mich nicht verstehn?

—

»Sag nur wie trägst du so behäglich
Der tollen Jugend anmaßliches Wesen?«
Fürwahr sie wären unerträglich,
Wär' ich nicht auch unerträglich gewesen.

—

Ich hör' es gern wenn auch die Jugend plappert,
Das Neue klingt, das Alte klappert.

—

»Warum willst du nicht mit Gewalt
Unter die Toren, die Neulinge schlagen!«
Wär' ich nicht mit Ehren alt,
Wie wollt' ich die Jugend ertragen!

—

»Was wir denn sollen?
Sag uns in diesen Tagen.«
Sie machen was sie wollen,
Nur sollen sie mich nicht fragen.

—

»Wie doch, betrügerischer Wicht,
Verträgst du dich mit allen?«
Ich leugne die Talente nicht,
Wenn sie mir auch mißfallen.

—

Wenn einer auch sich überschätzt,
Die Sterne kann er nicht erreichen,
Zu tief wird er herabgesetzt,
Da ist denn alles bald im Gleichen.

—

Fahrt nur fort nach eurer Weise
Die Welt zu überspinnen!
Ich in meinem lebendigen Kreise
Weiß das Leben zu gewinnen.

—

Mir will das kranke Zeug nicht munden,
Autoren sollten erst gesunden.

—

Zeig' ich die Fehler des Geschlechts;
So heißt es: tue selbst was rechts.

—

»Du Kräftiger sei nicht so still,
Wenn auch sich andere scheuen.«
Wer den Teufel erschrecken will
Der muß laut schreien.

—

»Du hast an schönen Tagen
Dich manchmal abgequält!«
Ich habe mich nie verrechnet,
Aber oft verzählt.

—

> Über Berg und Tal,
> Irrtum über Irrtum allzumal,
> Kommen wir wieder in's Freie;
> Doch da ist's gar zu weit und breit,
> Nun suchen wir in kurzer Zeit
> Irrgang und Berg auf's neue.

—

Gibt's ein Gespräch, wenn wir uns nicht betrügen,
Mehr oder weniger versteckt?
So ein Ragout von Wahrheit und von Lügen,
Das ist die Köcherei die mir am besten schmeckt.

—

Kennst du das Spiel, wo man, im lust'gen Kreis,
Das Pfeifchen sucht und niemals findet,
Weil man's dem Sucher, ohn' daß er's weiß,
In seines Rockes hintre Falten bindet,
Das heißt: an seinen Steiß?

—

Mit Narren leben wird dir gar nicht schwer,
Versammle nur ein Tollhaus um dich her.
Bedenke dann, das macht dich gleich gelind,
Daß Narrenwärter selbst auch Narren sind.

—

Wo recht viel Widersprüche schwirren
Mag ich am liebsten wandern;
Niemand gönnt dem andern –
Wie lustig! – das Recht zu irren.

—

Stämme wollen gegen Stämme pochen,
Kann doch einer was der andere kann!
Steckt doch Mark in jedem Knochen,
Und in jedem Hemde steckt ein Mann.

—

Hat Welscher-Hahn an seinem Kropf,
Storch an dem Langhals Freude;
Der Kessel schilt den Ofentopf,
Schwarz sind sie alle beide.

—

Wie gerne säh' ich jeden stolzieren,
Könnt' er das Pfauenrad vollführen.

—

»Warum nur die hübschen Leute
Mir nicht gefallen sollen?«
Manchen hält man für fett,
Er ist nur geschwollen.

—

Da reiten sie hin! wer hemmt den Lauf!
Wer reitet denn? Stolz und Unwissenheit.
Laß sie reiten! da ist gute Zeit,
Schimpf und Schade sitzen hinten auf.

—

»Wie ist dir's doch so balde
Zur Ehr' und Schmach gediehn?«
Blieb' der Wolf im Walde,
So würd' er nicht beschrien.

—

Die Freunde
O! laß die Jammer-Klagen:
Da nach den schlimmsten Tagen
Man wieder froh genießt.
Hiob
Ihr wollet meiner spotten:
Denn, ist der Fisch gesotten,
Was hilft es daß die Quelle fließt?

—

Was willst du mit den alten Tröpfen,
Es sind Knöpfe die nicht mehr knöpfen.

—

Laß im Irrtum sie gebettet,
Suche weislich zu entfliehn,
Bist in's Freie du gerettet
Niemand sollst du nach dir ziehn.
 Aber alles was begegnet
Froh, mit reinem Jugendsinn,

Sei belehrt, es sei gesegnet!
Und das bleibe dir Gewinn.

—

In's Sichere willst du dich betten!
Ich liebe mir inneren Streit:
Denn wenn wir die Zweifel nicht hätten,
Wo wäre denn frohe Gewißheit?

—

»Was willst du daß von deiner Gesinnung
Man dir nach in's Ewige sende?«
Er gehörte zu keiner Innung,
Blieb Liebhaber bis an's Ende.

—

»Triebst du doch bald dies bald das!
War es ernstlich war es Spaß?«
Daß ich redlich mich beflissen,
Was auch werde, Gott mag's wissen.

—

»Dir warum doch verliert
Gleich alles Wert und Gewicht?«
Das Tun interessiert,
Das Getane nicht.

—

»So still und so sinnig!
Es fehlt dir was, gesteh es frei.«
Zufrieden bin ich,
Aber mir ist nicht wohl dabei.

—

Weißt du worin der Spaß des Lebens liegt?
Sei lustig! – geht es nicht, so sei vergnügt.

ZAHME XENIEN
II
Mit Bakis Weissagen vermischt

Wir sind vielleicht zu antik gewesen,
Nun wollen wir es moderner lesen.

—

»Sonst warst du so weit vom Prahlen entfernt,
Wo hast du das Prahlen so grausam gelernt?«
Im Orient lernt' ich das Prahlen.
Doch seit ich zurück bin, im westlichen Land,
Zu meiner Beruhigung find' ich und fand
Zu Hunderten Orientalen.

—

Und was die Menschen meinen
Das ist mir einerlei;
Möchte mich mir selbst vereinen,
Allein wir sind zu zwei;
Und im lebend'gen Treiben
Sind wir ein Hier ein Dort,
Das eine liebt zu bleiben,
Das andere möchte fort;
Doch zu dem Selbst-Verständnis
Ist auch wohl noch ein Rat:
Nach fröhlichem Erkenntnis
Erfolge rasche Tat.

—

Und wenn die Tat bisweilen
Ganz etwas anders bringt,
So laßt uns das ereilen
Was unverhofft gelingt.

—

Wie ihr denkt, oder denken sollt,
Geht mich nichts an;
Was ihr Guten, ihr Besten wollt,
Hab' ich zum Teil getan.

Viel übrig bleibt zu tun,
Möge nur keiner lässig ruhn! —
Was ich sag' ist Bekenntnis,
Zu meinem und eurem Verständnis.
Die Welt wird täglich breiter und größer,
So macht's denn auch vollkommner und besser!
Besser sollt' es heißen und vollkommner;
So sei denn jeder ein Willkommner.

—

 Wie das Gestirn,
 Ohne Hast,
 Aber ohne Rast,
 Drehe sich jeder
 Um die eigne Last.

—

Ich bin so guter Dinge
So heiter und rein,
Und wenn ich einen Fehler beginge,
Könnt's keiner sein.

—

Ja das ist das rechte Gleis,
Daß man nicht weiß
Was man denkt,
Wenn man denkt;
Alles ist als wie geschenkt.

—

»Warum man so manches leidet
Und zwar ohne Sünde? —
Niemand gibt uns Gehör.«
 Wie das Tätige scheidet,
Alles ist Pfründe
Und es lebt nichts mehr.

—

»Manches können wir nicht verstehn.«
Lebt nur fort es wird schon gehn.

—

»Wie weißt du dich denn so zu fassen?«
Was ich tadle muß ich gelten lassen.

—

»Bakis ist wieder auferstanden!«
Ja! wie mir scheint in allen Landen.
Überall hat er mehr Gewicht,
Als hier im kleinen Reimgedicht.

—

Gott hat den Menschen gemacht
Nach seinem Bilde;
Dann kam er selbst herab,
Mensch, lieb und milde.
 Barbaren hatten versucht
Sich Götter zu machen;
Allein sie sahen verflucht,
Garstiger als Drachen.

Wer wollte Schand' und Spott
Nun weiter steuern?
Verwandelte sich Gott
Zu Ungeheuern?

—

Und so will ich, ein für allemal,
Keine Bestien in dem Götter-Saal!
Die leidigen Elefanten-Rüssel,
Das umgeschlungene Schlangen-Genüssel,
Tief Ur-Schildkröt' im Welten-Sumpf,
Viel Königs-Köpf' auf Einem Rumpf,
Die müssen uns zur Verzweiflung bringen,
Wird sie nicht reiner Ost verschlingen:

—

Der Ost hat sie schon längst verschlungen:
Kalidas und andere sind durchgedrungen;
Sie haben mit Dichter-Zierlichkeit
Von Pfaffen und Fratzen uns befreit.
In Indien möcht' ich selber leben,
Hätt' es nur keine Steinhauer gegeben.
Was will man denn vergnüglicher wissen!

Sakontala, Nala die muß man küssen, 335
Und Mega-Duhta, den Wolkengesandten,
Wer schickt ihn nicht gerne zu Seelenverwandten!

—

»Willst du, was doch Genesene preisen,
Das Eisen und handhabende Weisen
So ganz entschieden fliehen und hassen?« 340
Da Gott mir höhere Menschheit gönnte,
Mag ich die täppischen Elemente
Nicht verkehrt auf mich wirken lassen.

—

Als hätte, da wär' ich sehr erstaunt,
Der Nabel mir was in's Ohr geraunt, 345
Ein Rad zu schlagen, auf'm Kopf zu stehn,
Das mag für lustige Jungen gehn;
Wir aber lassen es wohl bei'm Alten,
Den Kopf wo möglich oben zu halten.

—

Die Deutschen sind ein gut Geschlecht, 350
Ein jeder sagt: will nur was recht;
Recht aber soll vorzüglich heißen
Was ich und meine Gevattern preisen:
Das übrige ist ein weitläufig Ding,
Das schätz' ich lieber gleich gering. 355

—

Ich habe gar nichts gegen die Menge;
Doch kommt sie einmal in's Gedränge,
So ruft sie, um den Teufel zu bannen,
Gewiß die Schelme, die Tyrannen.

—

Seit sechzig Jahren seh' ich gröblich irren 360
Und irre derb mit drein.
Da Labyrinthe nun das Labyrinth verwirren,
Wo soll euch Ariadne sein?

—

»Wie weit soll das noch gehn!
Du fällst gar oft ins Abstruse,
Wir können dich nicht verstehn.«
Deshalb tu' ich Buße;
Das gehört zu den Sünden.
Seht mich an als Propheten!
Viel Denken, mehr Empfinden
Und wenig Reden.

—

Was ich sagen wollt'
Verbietet mir keine Zensur!
Sagt verständig immer nur
Was jedem frommt,
Was ihr und andere sollt;
Da kommt,
Ich versichr' euch, so viel zur Sprache
Was uns beschäftigt auf lange Tage.

—

O Freiheit süß der Presse!
Nun sind wir endlich froh;
Sie pocht von Messe zu Messe
In dulci jubilo.
Kommt laßt uns alles drucken,
Und walten für und für;
Nur sollte keiner mucken
Der nicht so denkt wie wir.

—

Was euch die heilige Preßfreiheit
Für Frommen, Vorteil und Früchte beut?
Davon habt ihr gewisse Erscheinung:
Tiefe Verachtung öffentlicher Meinung.

—

Nicht jeder kann alles ertragen:
Der weicht diesem, der jenem aus;
Warum soll ich nicht sagen
Die Indischen Götzen die sind mir ein Graus?

Nichts schrecklicher kann den Menschen geschehn
Als das Absurde verkörpert zu sehn.

—

 Dummes Zeug kann man viel reden,
 Kann es auch schreiben,
 Wird weder Leib noch Seele töten,
 Es wird alles beim Alten bleiben.
 Dummes aber vor's Auge gestellt,
 Hat ein magisches Recht;
 Weil es die Sinne gefesselt hält,
 Bleibt der Geist ein Knecht.

—

 Auch diese will ich nicht verschonen
 Die tollen Höhl-Excavationen,
 Das düstre Troglodyten-Gewühl,
 Mit Schnauz und Rüssel ein albern Spiel;
 Verrückte Zierrat-Brauerei,
 Es ist eine saubre Bauerei.
 Nehme sie niemand zum Exempel
 Die Elefanten- und Fratzen-Tempel.
 Mit heiligen Grillen treiben sie Spott,
 Man fühlt weder Natur noch Gott.

—

 Auf ewig hab' ich sie vertrieben,
 Vielköpfige Götter trifft mein Bann,
 So Wischnu, Cama, Brama, Schiven,
 Sogar den Affen Hannemann.
 Nun soll am Nil ich mir gefallen,
 Hundsköpfige Götter heißen groß:
 O, wär' ich doch aus meinen Hallen
 Auch Isis und Osiris los!

—

 Ihr guten Dichter ihr
 Seid nur in Zeiten zahm!
 Sie machen Shakespear
 Auch noch am Ende lahm.

—

Im Auslegen seid frisch und munter!
Legt ihr's nicht aus, so legt was unter.

—

430 Was dem einen widerfährt
Widerfährt dem andern;
Niemand wäre so gelehrt
Der nicht sollte wandern,
Und ein armer Teufel kommt
435 Auch von Stell' zu Stelle,
Frauen wissen was ihm frommt,
Welle folgt der Welle.

—

»Ich zieh' ins Feld!
Wie machts der Held?«
440 Vor der Schlacht hochherzig,
Ist sie gewonnen barmherzig,
Mit hübschen Kindern liebherzig;
Wär' ich Soldat
Das wär' mein Rat.

445 »Gib eine Norm zur Bürger-Führung!«
Hienieden,
Im Frieden,
Kehre jeder vor seiner Türe;
Bekriegt,
450 Besiegt,
Vertrage man sich mit der Einquartierung.

—

Wenn der Jüngling absurd ist,
Fällt er darüber in lange Pein;
Der Alte soll nicht absurd sein,
455 Weil das Leben ihm kurz ist.

—

»Was hast du uns absurd genannt!
Absurd allein ist der Pedant.«

—

Will ich euch aber Pedanten benennen,
Da muß ich mich erst besinnen können.

—

Titius, Cajus die wohl Bekannten! –
Doch wenn ich's recht beim Licht besah,
Einer steht dem andern so nah,
Am Ende sind wir alle Pedanten.

—

Das mach' ich mir denn zum reichen Gewinn,
Daß ich getrost ein Pedante bin.

—

Tust deine Sache und tust sie recht,
Halt fest und ehre deinen Orden;
Hälst du aber die andern für schlecht,
So bist du selbst ein Pedant geworden.

—

Wie einer denkt ist einerlei,
Was einer tut ist zweierlei;
Macht er's gut so ist es recht,
Gerät es nicht so bleibt es schlecht.

—

Von Jahren zu Jahren
Muß man viel Fremdes erfahren;
Du trachte, wie du lebst und leibst,
Daß du nur immer derselbe bleibst.

—

Wenn ich kennte den Weg des Herrn,
Ich ging ihn wahrhaftig gar zu gern;
Führte man mich in der Wahrheit Haus,
Bei Gott! ich ging nicht wieder heraus.

—

»Sei deinen Worten Lob und Ehre,
Wir sehn daß du ein Erfahrner bist.«
Sieht aus als wenn es von gestern wäre,
Weil es von heut ist.

—

Das Beste möcht' ich euch vertrauen:
Sollt erst in eignen Spiegel schauen.

—

Seid ihr, wie schön geputzte Braut,
Bei diesem Anblick froh geblieben,
Fragt: ob ihr alles was ihr schaut
Mit redlichem Gesicht mögt lieben.

—

Habt ihr gelogen in Wort und Schrift,
Andern ist es und euch ein Gift.

—

X hat sich nie des Wahren beflissen,
Im Widerspruche fand er's;
Nun glaubt er alles besser zu wissen,
Und weiß es nur anders.

—

»Du hast *nicht* recht!« das mag wohl sein;
Doch das zu sagen ist klein,
Habe *mehr* recht als ich! das wird was sein.

—

Da kommen sie von verschiedenen Seiten,
Nord, Ost, Süd, West und anderen Weiten,
Und klagen diesen und jenen an:
Er habe nicht ihren Willen getan!
Und was sie dann nicht gelten lassen,
Das sollen die Übrigen gleichfalls hassen;
Warum ich aber mich Alter betrübe?
Daß man nicht liebt, – was ich liebe.

—

Und doch bleibt was Liebes immer,
So im Reden so im Denken;
Wie wir schöne Frauenzimmer
Mehr als garstige beschenken.

—

Bleibt so etwas dem wir huld'gen,
Wenn wir's auch nicht recht begreifen;
Wir erkennen, wir entschuld'gen,
Mögen nicht zur Seite weichen.

—

»Sagt! wie könnten wir das Wahre,
Denn es ist uns ungelegen,
Niederlegen auf die Bahre,
Daß es nie sich möchte regen?«
 Diese Mühe wird nicht groß sein
Kultivierten deutschen Orten;
Wollt ihr es auf ewig los sein,
So erstickt es nur mit Worten.

—

Immer muß man wiederholen:
Wie ich sage so ich denke!
Wenn ich diesen jenen kränke,
Kränk' auch er mich unverhohlen.
 Störet ja! – mir sagt's die Zeitung, –
Unverletzten würd'gen Ortes,
Dieser jenem, heft'gen Wortes,
Die beliebige Bereitung.
 Was der eine will bereiten,
Einem andern will's nicht gelten,
Hüben drüben muß man schelten:
Das ist nun der Geist der Zeiten.

—

Läßt mich das Alter im Stich?
Bin ich wieder ein Kind?
Ich weiß nicht ob ich
Oder die andern verrückt sind.

—

»Sag nur warum du in manchem Falle
So ganz untröstlich bist?«
Die Menschen bemühen sich alle
Umzutun was getan ist.

—

»Und wenn was unzutun wäre
Das würde wohl auch getan;
Ich frage dich bei Wort und Ehre,
Wo fangen wir's an?«

—

Umstülpen führt nicht ins Weite;
Wir kehren, frank und froh,
Den Strumpf auf die linke Seite
Und tragen ihn so.

—

Und sollen das Falsche sie umtun,
So fangen sie wieder von vornen an;
Sie lassen immer das Wahre ruhn
Und meinen, mit Falschem wär's auch getan.

—

Da steht man denn von neuem still
Warum das auch nicht gehen will.

—

Niemand muß herein rennen
Auch mit den besten Gaben;
Sollen's die Deutschen mit Dank erkennen,
So wollen sie Zeit haben.

—

Das Tüchtige, und wenn auch falsch,
Wirkt Tag für Tag, von Haus zu Haus;
Das Tüchtige, wenn's wahrhaft ist,
Wirkt über alle Zeiten hinaus.

ZAHME XENIEN
III

Gönnet immer fort und fort
Bakis eure Gnade:
Des Propheten tiefstes Wort
Oft ist's nur Charade.

—

Willst du dich als Dichter beweisen,
So mußt du nicht Helden noch Hirten preisen;
Hier ist Rhodus! Tanze du Wicht
Und der Gelegenheit schaff' ein Gedicht!

—

Man mäkelt an der Persönlichkeit,
Vernünftig, ohne Scheu;
Was habt ihr denn aber was euch erfreut
Als eure liebe Persönlichkeit?
Sie sei auch wie sie sei.
 Wer etwas taugt der schweige still,
Im Stillen gibt sichs schon;
Es gilt, man stelle sich wie man will,
Doch endlich die Person.

—

»Was heißt du denn Sünde?«
Wie jedermann
Wo ich finde
Daß man's nicht lassen kann.

—

Hätte Gott mich anders gewollt,
So hätt' er mich anders gebaut;
Da er mir aber Talent gezollt,
Hat er mir viel vertraut.
Ich brauch' es zur Rechten und Linken,
Weiß nicht was daraus kommt;
Wenn's nicht mehr frommt,
Wird er schon winken.

—

An unsers himmlischen Vaters Tisch,
Greift wacker zu und bechert frisch:
Denn Gut' und Böse sind abgespeist,
Wenn's: Jacet ecce Tibullus! heißt.

—

 Sage mir keiner:
 Hier soll ich hausen!
 Hier, mehr als draußen
 Bin ich alleiner.

—

Die echte Konversation
Hält weder früh noch Abend Stich;

In der Jugend sind wir monoton,
Im Alter wiederholt man sich.

—

»Alter Mond, in deinen Phasen
Bist du sehr zurückgesetzt,
Freunde, Liebchen auch zuletzt,
Haben nichts als Phrasen.«

—

»Du hast dich dem allerverdrießlichsten Trieb
In deinen Xenien übergeben.«
Wer mit XXII den Werther schrieb
Wie will der mit LXXII leben!

—

Erst singen wir: der Hirsch so frei
Fährt durch die Wälder – Lalla bei –
Mit vollem Wohlbehagen;
Doch sieht es schon bedenklich aus,
Wird aus dem Hirsch ein Hirsche L,
Hat viel mehr Enden zu tragen!
In Lebens-Wald und Dickicht-Graus
Er weiß nicht da noch dort hinaus,
Das geht auf einen Hirsche LL hinaus –
Heil unsern alten Tagen!!!

—

Habt ihr das alles recht bedacht?
So wie der Tag ist wohl vollbracht,
Ist keiner überzählig;
Verstand und Sinn ist hehr und weit,
Doch wird euch, zu gelegener Zeit,
Auch das Absurde fröhlich.

—

Fehlst du; laß dich's nicht betrüben:
Denn der Mangel führt zum Lieben;
Kannst dich nicht vom Fehl befrein;
Wirst du andern gern verzeihn.

—

Die Jugend verwundert sich sehr,
Wenn Fehler zum Nachteil gedeihen;
Sie faßt sich, sie denkt zu bereuen!
Im Alter erstaunt und bereut man nicht mehr.

—

»Wie mag ich gern und lange leben?«
Mußt immer nach dem Trefflichsten streben:
Des unerkannt Trefflichen wirket so viel,
Und Zeit und Ewigkeit legt ihm kein Ziel.

—

Alt-Tümer sind ein böses Ding,
Ich schätze sie aber nicht gering;
Wenn nur Neu-Tümer, in allen Ehren,
Auch um so vieles besser wären.

—

»Irr-Tümer sollen uns plagen?
Ist nicht an unser Heil gedacht?«
Halb-Tümer solltet ihr sagen,
Wo halb und halb kein Ganzes macht.

—

Auf Pergament Lieb' und Haß geschrieben
Ist was wir heute hassen und lieben;
Wo käme Lieb' und Haß denn her,
Wenn er nicht schon von Alters wär!

—

 Sagt nur nichts halb:
 Ergänzen, welche Pein!
 Sagt nur nichts grob:
 Das Wahre spricht sich rein.

—

»Entferne dich nicht ganz und gar,
Beruhige dich in unserm Orden!
Es ist alles noch wie es war,
Nur ist es verworrner geworden.«
Und was man für bedeutend hält,
Ist alles auf schwache Füße gestellt.

—

Was mich tröstet in solcher Not:
Gescheite Leute sie finden ihr Brot,
Tüchtige Männer erhalten das Land,
Hübsche Mädchen verschlingen das Band;
Wird dergleichen noch ferner geschehn,
So kann die Welt nicht untergehn.

—

»Wie hast du an der Welt noch Lust,
Da alles schon dir ist bewußt?«
Gar wohl! Das Dümmste was geschicht,
Weil ich es weiß, verdrießt mich nicht.
Mich könnte dies und das betrüben,
Hätt' ich's nicht schon in Versen geschrieben.

—

Zum starren Brei erweitert
Sah ich den See gar eben,
Ein Stein hineingeschleudert
Konnte keine Ringe geben.
 Ein Wut-Meer sah ich schwellend,
Gischend zum Strand es fuhr,
Der Fels hinab zerschellend
Ließ eben auch keine Spur.

—

Drei hundert Jahre sind vorbei,
Werden auch nicht wieder kommen,
Sie haben Böses, frank und frei,
Auch Gutes mitgenommen;
Und doch von beiden ist auch euch
Der Fülle genug geblieben:
Entzieht euch dem verstorbnen Zeug,
Lebend'ges laßt uns lieben!

—

Nichts ist zarter als die Vergangenheit;
Rühre sie an wie ein glühend Eisen:
Denn sie wird dir sogleich beweisen
Du lebest auch in heißer Zeit.

—

Dreihundert Jahre sind vor der Türe,
Und wenn man das alles mit erführe,
Erführe man nur in solchen Jahren
Was wir zusammen in dreißig erfahren.

—

Lieb' und Leidenschaft können verfliegen,
Wohlwollen aber wird ewig siegen.

—

»Entfernst du dich, du liebe Seele,
Wie viel ist uns entrissen!«
Wenn ich euch auch nicht fehle,
Werdet ihr mich immer vermissen.

—

Ein Mann der Tränen streng entwöhnt
Mag sich ein Held erscheinen;
Doch wenn's im Innern sehnt und dröhnt,
Geb' ihm ein Gott – zu weinen.

—

»Du hast Unsterblichkeit im Sinn;
Kannst du uns deine Gründe nennen?«
Gar wohl! Der Hauptgrund liegt darin
Daß wir sie nicht entbehren können.

—

Der Sinn ergreift und denkt sich was,
Die Feder eilt hiernach zu walten:
Ein flüchtig Bild es ist gefaßt,
Allein es läßt sich nicht erhalten.

—

All unser redlichstes Bemühn
Glückt nur im unbewußten Momente.
Wie möchte denn die Rose blühn,
Wenn sie der Sonne Herrlichkeit erkennte!

—

Wär' nicht das Auge sonnenhaft,
Die Sonne könnt' es nie erblicken;
Läg' nicht in uns des Gottes eigne Kraft,
Wie könnt' uns Göttliches entzücken?

—

Was auch als Wahrheit oder Fabel
In tausend Büchern dir erscheint,
Das alles ist ein Turm zu Babel,
Wenn es die Liebe nicht vereint.

—

Das beste in der Welt
Ist ohne Dank;
Gesunder Mensch ohne Geld
Ist halb krank.

—

Wohl! wer auf rechter Spur
Sich in der Stille siedelt;
Im offnen tanzt sich's nur
So lang Fortuna fiedelt.

—

Du irrest Salomo!
Nicht alles nenn' ich eitel:
Bleibt doch dem Greise selbst
Noch immer Wein und Beutel.

—

Überall trinkt man guten Wein,
Jedes Gefäß genügt dem Zecher;
Doch soll es mit Wonne getrunken sein;
So wünsch' ich mir künstlichen griechischen Becher.

—

Künstler! zeiget nur den Augen
Farben-Fülle, reines Rund!
Was den Seelen möge taugen,
Seid gesund und wirkt gesund.

—

Entweicht wo düstre Dummheit gerne schweift,
Inbrünstig aufnimmt was sie nicht begreift;
Wo Schreckens-Märchen schleichen, stutzend fliehn,
Und unermeßlich Maße lang sich ziehn.

—

Modergrün aus Dantes Hölle
Bannet fern von eurem Kreis,

Ladet zu der klaren Quelle
Glücklich Naturell und Fleiß.

—

Und so haltet, liebe Söhne,
Einzig euch auf eurem Stand;
Denn das Gute, Liebe, Schöne,
Leben ist's dem Lebens-Band.

—

»Denkst du nicht auch an ein Testament?«
Keineswegs! – Wie man vom Leben sich trennt,
So muß man sich trennen von Jungen und Alten,
Die werden's alle ganz anders halten.

—

»Geht dir denn das von Herzen
Was man von dir hört und liest?«
Sollte man das nicht bescherzen
Was uns verdrießt?

—

Sie schelten einander Egoisten;
Will jeder doch nur sein Leben fristen.
Wenn der und der ein Egoist,
So denke daß du es selber bist.
Du willst nach deiner Art bestehn,
Mußt selbst auf deinen Nutzen sehn!
Dann werdet ihr das Geheimnis besitzen
Euch sämtlich unter einander zu nützen;
Doch den laßt nicht zu euch herein,
Der andern schadet um etwas zu sein.

—

»Bei so verworrnem Spiele
Wird mir wahrhaftig bang!«
Es gibt der Menschen so viele
Und es ist der Tag so lang.

—

Volle sechs und siebzig Jahre sind geschieden,
Und nun dächt ich wäre Zeit zum Frieden:

 Tag für Tag wird wider Willen klüger,
 Amor jubiliert und Mars den Krieger.

 »Was lassen sie denn übrig zuletzt
 Jene unbescheidnen Besen?«
 Behauptet doch *Heute* steif und fest,
 Gestern sei nicht gewesen.

 Es mag sich feindliches eräugnen,
 Du bleibe ruhig, bleibe stumm;
 Und wenn sie dir die Bewegung leugnen,
 Geh ihnen vor der Nas' herum.

 Vieljähriges dürft ich euch wohl vertrauen!
 Das Offenbare wäre leicht zu schauen,
 Wenn nicht die Stunde sich selbst verzehrte,
 Und immer warnend wenig belehrte;
 Wer ist der Kluge, wer ist der Tor?
 Wir sind eben sämtlich als wie zuvor.

 »Was hast du denn? Unruhig bist du nicht
 Und auch nicht ruhig, machst mir ein Gesicht
 Als schwanktest du magnetischen Schlaf zu ahnen.«
 Der Alte schlummert wie das Kind,
 Und wie wir eben Menschen sind
 Wir schlafen sämtlich auf Vulkanen.

 ZAHME XENIEN
 IV

 Laßt zahme Xenien immer walten,
 Der Dicher nimmer gebückt ist.
 Ihr ließt verrückten Werther schalten,
 So lernt nun wie das Alter verrückt ist.

Den Vorteil hat der Dichter:
Wie die Gemeinde prüft und probt,
So ist sie auch sein Richter;
Da wird er nun gescholten, gelobt,
Und bleibt immer ein Dichter.

—

Es schnurrt mein Tagebuch
Am Bratenwender:
Nichts schreibt sich leichter voll
Als ein Kalender.

—

»Ruf ich, da will mir keiner horchen;
Hab' ich das um die Leute verdient?«
Es möchte niemand mehr gehorchen,
Wären aber alle gern gut bedient.

—

»Wann wird der Herr seine Freude sehn?«
Wenn er befiehlt, mit Sinnen,
Ehrlichen Leuten, die's recht verstehn,
Und läßt sie was gewinnen.

—

»Wer ist ein unbrauchbarer Mann?«
Der nicht befehlen und auch nicht gehorchen kann.

—

»Sage, warum dich die Menschen verlassen?«
Glaubet nicht daß sie mich deshalb hassen;
Auch bei mir will sich die Lust verlieren
Mit irgend jemand zu konversieren.

—

So hoch die Nase reicht, da mag's wohl gehn,
Was aber drüber ist, können sie nicht sehn.

—

Wie einer ist, so ist sein Gott,
Darum ward Gott so oft zu Spott.

—

Geh' ich, so wird der Schade größer!
Bleib' ich, so wird es auch nicht besser.

—

»Sei einmal ehrlich nur:
Wo findest du in deutscher Literatur
Die größte Verfänglichkeit?«
Wir sind von vielen Seiten groß,
Doch hie und da gibt sich bloß
Bedauerlichste Unzulänglichkeit.

—

»Verzeihe mir, du gefällst mir nicht,
Und schiltst du nicht, so schneid'st ein Gesicht,
Wo Sämtliche loben und preisen!«
Daß wenn man das Eine von vornen bedeckt,
Das Andre bleibt hinten hinaus gestreckt,
Das soll ein Anstand heißen!

—

»Sage wie es dir nur gefällt
Solch zerstückeltes Zeug zu treiben?«
Seht nur hin: Für gebildete Welt
Darf man nichts anders beginnen und schreiben.

—

»Warum willst du das junge Blut
So schnöde von dir entfernen?«
Sie machen's alle hübsch und gut,
Aber sie wollen nichts lernen.

Die holden jungen Geister
Sind alle von einem Schlag,
Sie nennen mich ihren Meister
Und gehn der Nase nach.

—

Mit seltsamen Gebärden
Gibt man sich viele Pein,
Kein Mensch will etwas werden,
Ein jeder will schon was sein.

—

»Willst dich nicht gern vom Alten entfernen?
Hat denn das Neue so gar kein Gewicht?«

Umlernen müßte man immer, umlernen!
Und wenn man umlernt, da lebt man nicht.

—

»Sag uns Jungen doch auch was zu Liebe.«
Nun! daß ich euch Jungen gar herzlichen liebe!
Denn als ich war als Junge gesetzt,
Hatt' ich mich auch viel lieber als jetzt.

—

Ich neide nichts, ich lass' es gehn,
Und kann mich immer manchem gleich erhalten;
Zahnreihen aber, junge, neidlos anzusehn,
Das ist die größte Prüfung mein, des Alten.

—

 Künstler! dich selbst zu adeln
 Mußt du bescheiden prahlen;
 Laß dich heute loben, morgen tadeln,
 Und immer bezahlen.

—

Als Knabe nahm ich mir's zur Lehre,
Welt sei ein allerliebster Spaß,
Als wenn es Vater und Mutter wäre;
Dann – etwas anders fand ich das.

—

Die klugen Leute gefallen mir nicht:
(Ich tadle mich selbst auch wohl zuweilen)
Sie heißen das Vorsicht,
Wenn sie sich übereilen.

—

»Anders lesen Knaben den Terenz,
Anders Grotius.«
Mich Knaben ärgerte die Sentenz,
Die ich nun gelten lassen muß.

—

»So widerstrebe! Das wird dich adeln;
Willst vor der Feierstunde schon ruhn?«
Ich bin zu alt, um etwas zu tadeln,
Doch immer jung genug etwas zu tun.

—

»Du bist ein wunderlicher Mann,
Warum verstummst du vor diesem Gesicht?«
Was ich nicht loben kann
Davon sprech' ich nicht.

—

»Bei mancherlei Geschäftigkeit
Hast dich ungeschickt benommen.«
Ohne jene Verrücktheit
Wär' ich nicht so weit gekommen.

—

»Laß doch, was du halb vollbracht,
Mich und andre kennen!«
Weil es uns nur irre macht,
Wollen wir's verbrennen.

—

»Willst du uns denn nicht auch was gönnen:
Kannst ja was mancher andre kann.«
Wenn sie mich heute verbrauchen können,
Dann bin ich ihnen ein rechter Mann.

—

Das alles ist nicht mein Bereich –
Was soll ich mir viel Sorge machen?
Die Fische schwimmen glatt im Teich
Und kümmern sich nicht um den Nachen.

—

Mit der Welt muß niemand leben,
Als wer sie brauchen will;
Ist er brauchbar und still,
Sollt' er sich lieber dem Teufel ergeben,
Als zu tun was sie will.

—

»Was lehr' ich dich vor allen Dingen?«
Möchte über meinen eignen Schatten springen!

—

Sie möchten gerne frei sein,
Lange kann das einerlei sein;
Wo es aber drunter und drüber geht

Ein Heiliger wird angefleht,
Und wollen die alten uns nicht befreien
So macht man sich behend einen neuen; 935
Im Schiffbruch jammert jedermann,
Daß keiner mehr als der andre kann.

—

Grenzlose Lebenspein
Fast, fast erdrückt sie mich!
Das wollen alle Herren sein, 940
Und keiner ist Herr von sich.

—

Und wenn man auch den Tyrannen ersticht,
Ist immer noch viel zu verlieren.
Sie gönnten Cäsarn das Reich nicht
Und wußten's nicht zu regieren. 945

—

Warum mir aber in neuster Welt
Anarchie gar so wohl gefällt?
Ein jeder lebt nach seinem Sinn,
Das ist nun also auch mein Gewinn.
Ich laß einem jeden sein Bestreben, 950
Um auch nach meinem Sinne zu leben.

—

Da kann man frank und fröhlich leben,
Niemanden wird Recht gegeben,
Dafür gibt man wieder niemand Recht,
Macht's eben gut, macht's eben schlecht; 955
Im Ganzen aber, wie man sieht,
Im Weltlauf immer doch etwas geschieht.
Was kluges, dummes auch je geschah
Das nennt man Welt-Historia:
Und die Herren Bredows künft'ger Zeiten 960
Werden daraus Tabellen bereiten,
Darin studiert die Jugend mit Fleiß
Was sie nie zu begreifen weiß.

—

Wie es in der Welt so geht —
Weiß man was geschah?
Und was auf dem Papiere steht
Das steht eben da.

—

Das Weltregiment — über Nacht
Seine Formen hab' ich durchgedacht.
Den hehren Despoten lieb' ich im Krieg,
Verständigen Monarchen gleich hinter dem Sieg;
Dann wünscht' ich jedoch, daß alle die Trauten
Sich nicht gleich neben und mit ihm erbauten.
Und wie ich das hoffe, so kommt mir die Menge,
Nimmt hüben und drüben mich derb in's Gedränge;
Von da verlier' ich alle Spur. —
Was will mir Gott für Lehre daraus gönnen?
Daß wir uns eben alle nur
Auf kurze Zeit regieren können.

—

Ich tadl' euch nicht,
Ich lob' euch nicht;
Aber ich spaße;
Dem klugen Wicht
Fährt's in's Gesicht
Und in die Nase.

—

Und wenn er ganz gewaltig niest,
Wer weiß was dann daher entsprießt
Und was er alles mache;
Besinnung aber hinterdrein,
Verstand, Vernunft, wo möglich rein,
Das ist die rechte Sache.

—

Soll man euch immer und immer beplappern?
Gewinnt ihr nie einen freien Blick?
Sie frieren, daß ihnen die Zähne klappern,
Das heißen sie nachher Kritik.

—

»Du sagst gar wunderliche Dinge!«
Beschaut sie nur, sie sind geringe;
Wird Vers und Reim denn angeklagt,
Wenn Leben und Prosa das tollste sagt?

—

»Du gehst so freien Angesichts,
Mit muntern offnen Augen!«
Ihr tauget eben alle nichts,
Warum sollt' ich was taugen?

—

»Warum bist du so hochmütig?
Hast sonst nicht so die Leute gescholten!«
Wäre sehr gerne demütig,
Wenn sie mich nur so lassen wollten.

—

Wenn ich dumm bin, lassen sie mich gelten;
Wenn ich recht hab', wollen sie mich schelten.

—

Überzeugung soll mir niemand rauben,
Wer's besser weiß, der mag es glauben.

—

Dem ist es schlecht in seiner Haut,
Der in seinen eignen Busen schaut.

—

»Wohin wir bei unsern Gebresten
Uns im Augenblick richten sollen?«
Denke nur immer an die Besten,
Sie mögen stecken wo sie wollen.

—

Den Reichtum muß der Neid beteuern:
Denn er kreucht nie in leere Scheuern.

—

Soll der Neider zerplatzen,
Begib dich deiner Fratzen.

—

Soll es reichlich zu dir fließen,
Reichlich andre laß genießen.

—

»Ist dein Geschenk wohl angekommen?«
Sie haben es eben nicht übel genommen.

—

Der Teufel! sie ist nicht gering,
Wie ich von weitem spüre;
Nun schelten sie das arme Ding,
Daß sie euch so verführe.
Erinnert euch, verfluchtes Pack,
Des paradiesischen Falles!
Hat euch die Schöne nur im Sack,
So gilt sie euch für alles.

—

Wenn dir's bei uns nun nicht gefällt,
So geh' in deine östliche Welt.

—

Ich wünsche mir eine hübsche Frau,
Die nicht alles nähme gar zu genau,
Doch aber zugleich am besten verstände
Wie ich mich selbst am besten befände.

—

Wäre Gott und Eine,
So wäre mein Lied nicht kleine.

—

Gott hab' ich und die Kleine
Im Lied erhalten reine.

—

So laßt mir das Gedächtnis
Als fröhliches Vermächtnis.

—

»Sie betrog dich geraume Zeit,
Nun siehst du wohl sie war ein Schein.«
Was weißt du denn von Wirklichkeit;
War sie drum weniger mein?

—

»Betrogen bist du zum Erbarmen
Nun läßt sie dich allein!«
Und war es nur ein Schein;

 Sie lag in meinen Armen,
 War sie drum weniger mein?

Gern hören wir allerlei gute Lehr,
Doch Schmähen und Schimpfen noch viel mehr.

Glaube dich nicht allzu gut gebettet;
Ein gewarnter Mann ist halb gerettet.

Wein macht munter geistreichen Mann,
Weihrauch ohne Feuer man nicht riechen kann.

Willst du Weihrauchs Geruch erregen,
Feurige Kohlen mußt unterlegen.

Wem ich ein besser Schicksal gönnte?
Es sind die erkünstelten Talente:
An diesem, an jenem, am besten gebricht's,
Sie mühen und zwängen und kommen zu nichts.

 »Sage deutlicher, wie und wenn;
 Du bist uns nicht immer klar.«
 Gute Leute wißt ihr denn,
 Ob ich mir's selber war?

 »Wir quälen uns immerfort
 In des Irrtums Banden.«
 Wie manches verständliche Wort
 Habt ihr mißverstanden.

 Einem unverständigen Wort
 Habt ihr Sinn geliehen;
 Und so geht's immer fort,
 Verzeiht, euch wird verziehen.

 Nehmt nur mein Leben hin, in Bausch
 Und Bogen, wie ich's führe;

Andre verschlafen ihren Rausch,
Meiner steht auf dem Papiere.

—

Besser betteln als borgen!
Warum sollen zwei denn sorgen?
Wenn einer sorgt und redlich denkt,
Kommt andrer wohl und heiter und schenkt.
Das sind die besten Intressen
Die Schuldner und Gläubiger vergessen.

—

»Ich bin ein armer Mann,
Schätze mich aber nicht gering:
Die Armut ist ein ehrlich Ding.
Wer mit umgehn kann.«

—

Erlauchte Bettler hab' ich gekannt,
Künstler und Philosophen genannt;
Doch wüßt' ich niemand, ungepralt,
Der seine Zeche besser bezahlt.

—

»Was hat dich nur von uns entfernt?«
Hab' immer den Plutarch gelesen,
»Was hast du denn dabei gelernt?«
Sind eben alles Menschen gewesen.

—

Cato wollte wohl andre strafen;
Selbander mocht' er gerne schlafen,

—

Deshalb er sich zur Unzeit
Mit Schwiegertochter und Sohn entzweit,
Auch eine junge Frau genommen,
Welches ihm gar nicht wohl bekommen;
Wie Kaiser Friedrich der letzte
Väterlich auseinander setzte.

—

»Was willst du, redend zur Menge,
Dich selbst fürtrefflich preisen?«

Cato selbst war ruhmredig, der Strenge,
Plutarch will's ihm gar ernst verweisen.

—

Man könnt' erzogene Kinder gebären,
Wenn die Eltern erzogen wären.

—

Was ich in meinem Haus' ertrag', 1115
Das sieht ein Fremder am ersten Tag;
Doch ändert er sich's nicht zu Liebe,
Und wenn er hundert Jahre bliebe.

—

Wie auch die Welt sich stellen mag,
Der Tag immer belügt den Tag. 1120

—

Dagegen man auch nicht gerne hört,
Wenn der Tag den Tag zerstört.

—

Ich bin euch sämtlichen zur Last,
Einigen auch sogar verhaßt;
Das hat aber gar nichts zu sagen: 1125
Denn mir behagt's in alten Tagen,
So wie es mir in jungen behagte,
Daß ich nach Alt und Jung nicht fragte.

—

Mit sich selbst zu Rate gehn,
Immer wird's am besten stehn: 1130
Gern im Freien, gern zu Haus,
Lausche da und dort hinaus
Und kontrolliere dich für und für,
Da horchen Alt und Jung nach dir.

—

Die Xenien sie wandeln zahm, 1135
Der Dichter hält sich nicht für lahm;
Belieben euch aber geschärftere Sachen,
So wartet bis die wilden erwachen.

—

Sibyllinisch mit meinem Gesicht
Soll ich im Alter prahlen!
Jemehr es ihm an Fülle gebricht,
Desto öfter wollen Sie's malen!

—

»Ist's in der Näh? Kam's aus der Ferne?
Was beugt dich Heute so schwer?«
Ich spaßte wohl am Abend gerne,
Wenn nur der Tag nicht so ernsthaft wär'.

—

Spricht man mit jedermann
Da hört man keinen;
Stets wird ein andrer Mann
Auch anders meinen;
Was wäre Rat sodann,
Sie zu verstehen?
Kennst du nicht Mann für Mann,
Es wird nicht gehen.

—

Gott hat die Gradheit selbst an's Herz genommen,
Auf gradem Weg ist niemand umgekommen.

—

Wirst du die frommen Wahrheits-Wege gehen,
Dich selbst und andere trügst du nie.
Die Frömmelei läßt Falsches auch bestehen,
Derwegen hass' sie.

—

Du sehnst dich weit hinaus zu wandern,
Bereitest dich zu raschem Flug;
Dir selbst sei treu und treu den andern,
Dann ist die Enge weit genug.

—

Halte dich im Stillen rein,
Und laß es um dich wettern,
Jemehr du fühlst ein Mensch zu sein,
Desto ähnlicher bist du den Göttern.

—

Was hätte man vom Zeitungstraum
Der leidigen Ephemere,
Wenn es uns nicht im stillen Raum
Noch ganz behaglich wäre!

—

Das schlimmste, was uns widerfährt,
Das werden wir vom Tag gelehrt.
Wer in dem Gestern Heute sah
Dem geht das Heute nicht allzunah,
Und wer im Heute sieht das Morgen,
Der wird sich rühren, wird nicht sorgen.

—

Liegt dir Gestern klar und offen,
Wirkst du Heute kräftig frei;
Kannst auch auf ein Morgen hoffen,
Das nicht minder glücklich sei.

ZAHME XENIEN

V

Kein Stündchen schleiche dir vergebens,
Benutze was dir widerfahren.
Verdruß ist auch ein Teil des Lebens,
Den sollen die Xenien bewahren.
Alles verdienet Reim und Fleiß
Wenn man es recht zu sondern weiß.

—

Gott grüß' euch, Brüder,
Sämtliche Oner und Aner!
Ich bin Weltbewohner,
Bin Weimaraner,
Ich habe diesem edlen Kreis
Durch Bildung mich empfohlen,
Und wer es etwa besser weiß,
Der mag's wo anders holen.

—

»Wohin willst du dich wenden?«
Nach Weimar-Jena, der großen Stadt,
Die an beiden Enden
Viel Gutes hat.

—

Gar nichts neues sagt ihr mir!
Unvollkommen war ich ohne Zweifel.
Was ihr an mir tadelt, dumme Teufel,
Ich weiß es besser, als Ihr!

—

»Sag mir doch! von deinen Gegnern
Warum willst du gar nichts wissen?«
Sag' mir doch! ob du dahintrittst
Wo man in den Weg ?

—

Jude
Sie machen immerfort Chausseen,
Bis niemand vor Wegegeld reisen kann!
Student
Mit den Wissenschaften wird's auch so gehen;
Eine jede quält ihren eignen Mann.

—

»Was ist denn die Wissenschaft?«
Sie ist nur des Lebens Kraft.
Ihr erzeuget nicht das Leben,
Leben erst muß Leben geben.

—

»Wie ist denn wohl ein Theaterbau?«
Ich weiß es wirklich sehr genau:
Man pfercht das Brennlichste zusammen,
Da steht's denn alsobald in Flammen.

—

»Wie reizt doch das die Leute so sehr?
Was laufen sie wieder in's Schauspiel-Haus?«
Es ist doch etwas weniges mehr,
Als säh' man grade zum Fenster hinaus.

—

Konversations-Lexikon heißt's mit Recht,
Weil, wenn die Konversation ist schlecht,
Jedermann
Zur Konversation es nutzen kann.

—

Wie sollen wir denn da gesunden?
Haben weder Außen noch Innen gefunden.

Was haben wir denn da gefunden?
Wir wissen weder oben noch unten.

—

Mit diesem Versatilen
Scheint nur das Wort zu spielen;
Doch wirkt ein Wort so mächtig,
Ist der Gedanke trächtig.

—

Wenn sie aus deinem Korbe naschen,
Behalte noch etwas in der Taschen.

—

Sollen dich die Dohlen nicht umschrein,
Mußt nicht Knopf auf dem Kirchturm sein.

—

Man zieht den Toten ihr ehrenvolles Gewand an
Und denkt nicht, daß man zunächst auch wohl balsamiert
 wird;
Ruinen sieht man als malerisch interessant an
Und fühlt nicht, daß man so eben auch ruiniert wird.

—

Und wo die Freunde verfaulen,
Das ist ganz einerlei,
Ob unter Marmor-Saulen
Oder im Rasen frei.
Der Lebende bedenke,
Wenn auch der Tag ihm mault,
Daß er den Freunden schenke
Was nie und nimmer fault.

—

»Hast du das alles nicht bedacht?
Wir haben's doch in unserm Orden.«
Ich hätt' es gern euch recht gemacht,
Es wäre aber nichts geworden.

—

Noch bin ich gleich von euch entfernt,
Hass' euch Cyklopen und Sylbenfresser!
Ich habe nichts von euch gelernt,
Ihr wußtet's immer besser.

—

Die Jugend ist vergessen
Aus geteilten Interessen;
Das Alter ist vergessen
Aus Mangel an Interessen.

—

»Brich doch mit diesem Lump sogleich
Er machte dir einen Schelmenstreich;
Wie kannst du mit ihm leben?«
Ich mochte mich weiter nicht bemühn;
Ich hab' ihm verziehn,
Aber nicht vergeben.

—

»Schneide so kein Gesicht!
Warum bist du der Welt so satt?«
Das weiß alles nicht
Was es neben und um sich hat.

—

»Wie soll ich meine Kinder unterrichten?
Unnützes, Schädliches zu sichten
Belehre mich!«
 Belehre sie von Himmel und Erden,
Was sie niemals begreifen werden!

—

Tadle nur nicht! Was tadelst du nur!
Bist mit Laternen auf der Spur
Dem Menschen, den sie nimmer finden;
Was willst ihn zu suchen dich unterwinden!

—

Die Bösen soll man nimmer schelten,
Sie werden zur Seite der Guten gelten;
Die Guten aber werden wissen,
Vor wem sie sich sorglich hüten müssen.

—

»In der Urzeit seien Menschen gewesen,
Seien mit Bestien zusammen gewesen.«

—

»Sie maltraitieren dich spät und früh
Sprichst du denn gar nicht mit?
† † † Seliger Erben und Compagnie
Die Firma hat immer Kredit.

—

 Das Zeitungs-Geschwister
 Wie mag sich's gestalten,
 Als um die Philister
 Zum Narren zu halten?

—

Dem Arzt verzeiht! Denn doch einmal
Lebt er mit seinen Kindern.
Die Krankheit ist ein Kapital,
Wer wollte das vermindern!

—

»Mit unsern wenigen Gaben
Haben wir redlich geprahlt,
Und was wir dem Publikum gaben,
Sie haben es immer bezahlt.«

—

Frömmigkeit verbindet sehr;
Aber Gottlosigkeit noch viel mehr.

—

Verständige Leute kannst du irren sehn,
In Sachen nämlich, die sie nicht verstehn.

—

Der Achse wird mancher Stoß versetzt,
Sie rührt sich nicht – und bricht zuletzt.

—

Johannis-Feuer sei unverwehrt,
Die Freude nie verloren!
Besen werden immer stumpf gekehrt
Und Jungen immer geboren.

—

Das Schlechte kannst du immer loben;
Du hast dafür sogleich den Lohn!
In deinem Pfuhle schwimmst du oben
Und bist der Pfuscher Schutzpatron.
 Das Gute schelten? – Magst's probieren!
Es geht, wenn du dich frech erkühnst;
Doch treten, wenn's die Menschen spüren,
Sie dich in Quark, wie du's verdienst.

—

Jeder solcher Lumpenhunde
Wird vom zweiten abgetan;
Sei nur brav zu jeder Stunde,
Niemand hat dir etwas an.

—

Komm her! wir setzen uns zu Tisch,
Wen möchte solche Narrheit rühren!
Die Welt geht auseinander wie ein fauler Fisch,
Wir wollen sie nicht balsamieren.

—

Sage mir ein weiser Mann,
Was das Mick-Mack heißen kann?
Solch zweideutig Achseltragen
Nutzen wird's nicht, noch behagen.

—

Ihr seht uns an mit scheelem Blick,
Ihr schwanket vor, ihr schwankt zurück;
Und häufet Zeil' auf Zeile.
So zerret Lesers dürftig Ohr
Mit viel gequirltem Phrasen-Flor;
Uns habt ihr nicht am Seile!
Die W. K. Fs,

 Mit ihren Treffs,
 Sie wirken noch eine Weile.

 —

 Der trockne Versemann
 Weiß nur zu tadeln; 1345
 Ja wer nicht ehren kann,
 Der kann nicht adeln.

 —

 »So laß doch auch noch diese gelten,
 Bist ja im Urteil sonst gelind!«
 Sie sollen nicht die schlechten Dichter schelten, 1350
 Da sie nicht vielmal besser sind.

 —

 Deinen Vorteil zwar verstehst du,
 Doch verstehst nicht aufzuräumen;
 Haß und Widerwillen sä'st du,
 Und dergleichen wird auch keimen. 1355

 —

 Will einer sich gewöhnen,
 So sei's zum Guten, zum Schönen.
 Man tue nur das Rechte,
 Am Ende duckt, am Ende dient der Schlechte.

 —

 Es darf sich einer wenig bücken, 1360
 So hockt mit einem leichten Sprung
 Der Teufel gleich dem Teufel auf dem Rücken.

 —

 Anbete du das Feuer hundert Jahr,
 Dann fall' hinein, dich frißt's mit Haut und Haar.

 —

 »Der Mond soll im Kalender stehn; 1365
 Doch auf den Straßen ist er nicht zu sehn!
 Warum darauf die Polizei nicht achtet!«
 Mein Freund, urteile nicht so schnell!
 Du tust gewaltig klug und hell,
 Wenn es in deinem Kopfe nachtet. 1370

 —

O ihr Tags- und Splitterrichter,
Splittert nur nicht alles klein!
Denn, fürwahr! der schlechtste Dichter
Wird noch euer Meister sein.

—

1375 Habe nichts dagegen, daß ihm so sei;
Aber daß mich's erfreut,
Das müßt ich lügen.
Eh ich's verstand da sprach ich frei,
Und jetzt versteh' ich mancherlei,
1380 Warum sollt' ich nun schweigen,
Uns neuen Weg zu zeigen?

—

Das ist doch nur der alte Dreck,
Werdet doch gescheiter!
Tretet nicht immer denselben Fleck,
1385 So geht doch weiter!

—

Viel Wunderkuren gibt's jetzunder,
Bedenkliche, gesteh' ich's frei!
Natur und Kunst tun große Wunder;
Und es gibt Schelme nebenbei.

—

1390 Mit diesen Menschen umzugehen
Ist wahrlich keine große Last:
ie werden dich recht gut verstehen,
Wenn du sie nur zum besten hast.

—

O Welt, vor deinem häßlichen Schlund
1395 Wird guter Wille selbst zunichte.
Scheint das Licht auf einen schwarzen Grund,
So sieht man nichts mehr von dem Lichte.

—

Mit Liebe nicht, nur mit Respekt
1400 Werden wir uns mit dir vereinen.
O Sonne, tätest du deinen Effekt
Ohne zu scheinen!

—

Sie täten gern große Männer verehren,
Wenn diese nur auch zugleich Lumpe wären.

—

Wir

Du toller Wicht, gesteh nur offen:
Man hat dich auf manchem Fehler betroffen!

Er

Ja wohl! doch macht' ich ihn wieder gut.

Wir

Wie denn?

Er

Ei, wie's ein jeder tut.

Wir

Wie hast du denn das angefangen?

Er

Ich hab' einen neuen Fehler begangen,
Darauf waren die Leute so versessen,
Daß sie des alten gern vergessen.

—

Wie mancher auf der Geige fiedelt,
Meint er, er habe sich angesiedelt;
Auch in natürlicher Wissenschaft,
Da übt er seine geringe Kraft,
Und glaubt auf seiner Violin
Ein anderer, dritter Orpheus zu syn.
Jeder streicht zu, versucht sein Glück,
Es ist zuletzt eine Katzen-Musik.

—

Alles will reden,
Jeder will wandeln;
Ich allein soll nicht sprechen
Noch handeln.

—

Sie kauen längst an dem schlechten Bissen;
Wir spaßen, die wir's besser wissen.

—

Das ist eine von den alten Sünden,
Sie meinen: Rechnen das sei Erfinden.

—

Und weil sie so viel Recht gehabt,
Sei ihr Unrecht mit Recht begabt.

—

Und weil ihre Wissenschaft exakt,
So sei Keiner von ihnen vertrackt.

—

Man soll nicht lachen!
Sich nicht von den Leuten trennen!
Sie wollen alle machen,
Was sie nicht können.

—

Wenn du *hast* das ist wohl schön,
Doch du mußt es auch *verstehn*:
Können, das ist große Sache,
Damit das *Wollen* etwas mache.

—

Hier liegt ein überschlechter Poet!
Wenn er nur niemals aufersteht.

—

Hätt' ich gezaudert zu werden,
Bis man mir's Leben gegönnt,
Ich wäre noch nicht auf Erden,
Wie ihr begreifen könnt,
Wenn ihr seht, wie sie sich geberden,
Die, um etwas zu scheinen,
Mich gerne möchten verneinen.

—

Mag's die Welt zur Seite weisen,
Wenig Schüler werden's preisen,
Die an deinem Sinn entbrannt,
Wenn die Vielen dich verkannt.

—

Ein reiner Reim wird wohl begehrt,
Doch den Gedanken rein zu haben,

Die edelste von allen Gaben,
Das ist mir alle Reime wert.

—

Allerlieblichste Trochäen
Aus der Zeile zu vertreiben
Und schwerfälligste Spondeen
An die Stelle zu verleiben,
Bis zuletzt ein Vers entsteht,
Wird mich immerfort verdrießen.
Laß die Reime lieblich fließen,
Laß mich des Gesangs genießen
Und des Blicks der mich versteht!

—

»Ein Schnippchen schlägst du doch im Sack,
Der du so ruhig scheinest,
So sag doch frank und frei dem Pack,
Wie du's mit ihnen meinest.«
 Ich habe mir mit Müh und Fleiß
Gefunden was ich suchte,
Was schiert es mich, ob jemand weiß,
Daß ich das Volk verfluchte.

—

Für mich hab' ich genug erworben,
Soviel auch Widerspruch sich regt;
Sie haben meine Gedanken verdorben
Und sagen sie hätten mich widerlegt.

—

Nur stille! nur bis morgen früh:
Denn niemand weiß recht, was er will.
Was für ein Lärm! was für eine Müh!
Ich sitze gleich und schlummre still.

—

> Alles auch Meinende
> Wird nicht vereint,
> Weil das Erscheinende
> Nicht mehr erscheint.

—

Reuchlin! wer will sich ihm vergleichen,
Zu seiner Zeit ein Wunderzeichen!
Das Fürsten- und das Städtewesen
Durchschlängelte sein Lebenslauf,
Die heiligen Bücher schloß er auf.
Doch Pfaffen wußten sich zu rühren
Die alles breit in's Schlechte führen,
Sie finden alles da und hie
So dumm und so absurd wie sie.
Dergleichen will mir auch begegnen,
Bin unter Dache laß es regnen:
»Denn gegen die obskuren Kutten,
Die mir zu schaden sich verquälen,
Auch mir kann es an Ulrich Hutten,
An Franz von Sickingen nicht fehlen.«

—

Am Lehrling mäkelten sie,
Nun mäkeln sie am Wandrer;
Jener lernte spät und früh,
Dieser wird kein andrer.
Beiden wirken im schönen Kreise
Kräftig, wohlgemut und zart;
Lerne doch jeder nach seiner Weise,
Wandle doch jeder in seiner Art.

—

Nein, das wird mich nicht kränken,
Ich acht' es für Himmelsgabe!
Soll ich geringer von mir denken,
Weil ich Feinde habe?

—

Warum ich Royaliste bin,
Das ist sehr simpel:
Als Poet fand ich Ruhms Gewinn,
Frei Segel, freie Wimpel;
Mußt' aber alles selber tun,
Konnt' niemand fragen:

Der alte Fritz wußt' auch zu tun,
Durft' ihm niemand was sagen.

—

»Sie wollten dir keinen Beifall gönnen,
Du warst niemals nach ihrem Sinn!«
Hätten sie mich beurteilen können,
So wär' ich nicht was ich bin.

—

Das Unvernünftige zu verbreiten
Bemüht man sich nach allen Seiten;
Es täuschet eine kleine Frist,
Man sieht doch bald wie schlecht es ist.

—

»Der Pseudo-Wandrer, wie auch dumm,
Versammelt sein Geschwister.«
Es gibt manch Evangelium,
Hab' es auch der Philister!

—

Ihr edlen Deutschen wißt noch nicht
Was eines treuen Lehrers Pflicht
Für euch weiß zu bestehen;
 Zu zeigen was moralisch sei,
Erlauben wir uns frank und frei,
Ein *Falsum* zu begehen.

—

Hiezu haben wir Recht und Titel,
Der Zweck heiligt die Mittel.

—

Verdammen wir die Jesuiten,
So gilt es doch in unsern Sitten.

—

Ist dem Gezücht Verdienst ein Titel?
Ein Falsum wird ein heilig Mittel,
Das schmeichelt ja, sie wissen's schon,
Der frommen deutschen Nation,
Die sich erst recht erhaben fühlt,
Wenn all ihr Würdiges ist verspielt.

Doch gegen die obskuren Kutten,
Die mir zu schaden sich verquälen,
Auch mir soll es an Ulrich Hutten,
An Franz von Sickingen nicht fehlen.

—

Ihr schmähet meine Dichtung;
Was habt ihr denn getan?
Wahrhaftig, die Vernichtung
Verneinend fängt sie an.
Doch ihren scharfen Besen
Strengt sie vergebens an;
Ihr seid gar nicht gewesen!
Wo träfe sie euch an?

—

Haben da und dort zu mäkeln,
An dem äußern Rand zu häkeln,
Machen mir den kleinen Krieg.
Doch ihr schadet eurem Rufe;
Weilt nicht auf der niedern Stufe,
Die ich längst schon überstieg!

—

»Die Feinde sie bedrohen dich,
Das mehrt von Tag zu Tage sich,
Wie dir doch gar nicht graut!«
Das seh' ich alles unbewegt,
Sie zerren an der Schlangenhaut,
Die jüngst ich abgelegt.
Und ist die nächste reif genung,
Abstreif' ich die sogleich,
Und wandle neu belebt und jung
Im frischen Götterreich.

—

Ihr guten Kinder,
Ihr armen Sünder,
Zupft mir am Mantel —
Laßt nur den Handel!
Ich werde wallen

Und laß ihn fallen;
 Wer ihn erwischet,
 Der ist erfrischet.

 —

 Über Moses Leichnam stritten
 Selige mit Fluch-Dämonen;
 Lag er doch in ihrer Mitten,
 Kannten sie doch kein Verschonen!
 Greift der stets bewußte Meister
 Nochmals zum bewährten Stabe,
 Hämmert auf die Pustrichs-Geister;
 Engel brachten ihn zu Grabe.

 ZAHME XENIEN
 VI

 Lasset walten, lasset gelten
 Was ich wunderlich verkündigt!
 Dürftet ihr den Guten schelten,
 Der mit seiner Zeit gesündigt?

 —

Niemand will der Dichter kränken,
Folgt er kühn dem raschen Flug;
Wollte jemand anders denken,
Ist der Weg ja breit genug.

 —

Schwärmt ihr doch zu ganzen Scharen
Lieber als in wenig Paaren,
Laßt mir keine Seite leer!
Summs't umher, es wird euch glücken!
Einzeln stechen auch die Mücken,
Braucht nicht gleich ein ganzes Heer.

 —

Da ich viel allein verbleibe,
Pflege weniges zu sagen;
Da ich aber gerne schreibe,

Mögen's meine Leser tragen!
Sollte heißen: gern diktiere,
Und das ist doch auch ein Sprechen,
Wo ich keine Zeit verliere;
Niemand wird mich unterbrechen.

—

Wie im Auge mit fliegenden Mücken,
So ist's mit Sorgen ganz genau;
Wenn wir in die schöne Welt hinein blicken,
Da schwebt ein Spinneweben-Grau;
Es überzieht nicht, es zieht nur vorüber,
Das Bild ist gestört, wenn nur nicht trüber;
Die klare Welt bleibt klare Welt:
Im Auge nur ist's schlecht bestellt.

—

Trage dein Übel, wie du magst,
Klage niemand dein Mißgeschick;
Wie du dem Freunde ein Unglück klagst,
Gibt er dir gleich ein Dutzend zurück!

—

In keiner Gilde kann man sein,
Man wisse denn zu schultern fein;
Das, was sie lieben, was sie hassen,
Das muß man eben geschehen lassen;
Das, was sie wissen, läßt man gelten,
Was sie nicht wissen, muß man schelten,
Althergebrachtes weiter führen,
Das Neue klüglich retardieren;
Dann werden sie dir zugestehn,
Auch nebenher deinen Weg zu gehn.

—

Doch würden sie, könnt' es gelingen,
Zum Widerruf dich pfäffisch zwingen.

—

Hemmet ihr verschmähten Freier
Nicht die schlechtgestimmte Leier,
So verzweifl' ich ganz und gar;

Isis zeigt sich ohne Schleier;
Doch der Mensch er hat den Star.

—

Die geschichtlichen Symbole —
Töricht, wer sie wichtig hält;
Immer forschet er in's Hohle
Und versäumt die reiche Welt.

—

Suche nicht verborgne Weihe!
Unterm Schleier laß das Starre!
Willst du leben, guter Narre,
Sieh nur hinter dich in's Freie.

—

Einheit ewigen Lichts zu spalten,
Müssen wir für töricht halten,
Wenn euch Irrtum schon genügt.
Hell und Dunkel, Licht und Schatten
Weiß man klüglich sie zu gatten,
Ist das Farbenreich besiegt.

—

Die beiden lieben sich gar fein
Mögen nicht ohne einander sein.
Wie ein's im andern sich verliert,
Manch buntes Kind sich ausgebiert,
Im eignen Auge schaue mit Lust,
Was Plato von Anbeginn gewußt;
Denn das ist der Natur Gehalt,
Daß außen gilt was innen galt.

—

Freunde flieht die dunkle Kammer
Wo man euch das Licht verzwickt,
Und mit kümmerlichstem Jammer
Sich verschrobnen Bilden bückt.
Abergläubische Verehrer
Gab's die Jahre her genug,
In den Köpfen eurer Lehrer
Laßt Gespenst und Wahn und Trug.

Wenn der Blick an heitern Tagen
Sich zur Himmelsbläue lenkt,
Beim Siroc der Sonnenwagen
Purpurrot sich niedersenkt,
Da gebt der Natur die Ehre,
Froh, an Aug' und Herz gesund,
Und erkennt der Farbenlehre
Allgemeinen ewigen Grund.

—

Das wirst du sie nicht überreden,
Sie rechnen dich ja zu den Blöden,
Von blöden Augen, blöden Sinnen;
Die Finsternis im Lichte drinnen,
Die kannst du ewig nicht erfassen;
Mußt das den Herren überlassen,
Die's zu beweisen sind erbötig.
Gott sei den guten Schülern gnädig!

—

Mit widerlegen, bedingen, begrimmen,
Bemüht und brüstet mancher sich
Ich kann daraus nichts weiter gewinnen,
Als daß er anders denkt wie ich.

—

Wie man die Könige verletzt,
Wird der Granit auch abgesetzt;
Und Gneis der Sohn ist nun Papa!
Auch dessen Untergang ist nah:
Denn Pluto's Gabel drohet schon
Dem Urgrund Revolution;
Basalt, der schwarze Teufels-Mohr,
Aus tiefster Hölle bricht hervor,
Zerspaltet Fels, Gestein und Erden,
Omega muß zum Alpha werden.
Und so wäre denn die liebe Welt
Geognostisch auch auf den Kopf gestellt.

—

Kaum wendet der edle Werner den Rücken,
Zerstört man das Poseidaonische Reich,
Wenn alle sich vor Hephästos bücken,
Ich kann es nicht sogleich;
Ich weiß nur in der Folge zu schätzen. 1710
Schon hab' ich manches Credo verpaßt;
Mir sind sie alle gleich verhaßt,
Neue Götter und Götzen.

—

 Ursprünglich eignen Sinn
 Laß dir nicht rauben! 1715
 Woran die Menge glaubt,
 Ist leicht zu glauben.
 Natürlich mit Verstand
 Sei du beflissen;
 Was der Gescheite weiß 1720
 Ist schwer zu wissen.

—

Je mehr man kennt, je mehr man weiß,
Erkennt man, alles dreht im Kreis;
Erst lehrt man jenes, lehrt man dies,
Nun aber waltet ganz gewiß 1725
Im innern Erdenspatium
Pyro-Hydrophylacium,
Damit's der Erden Oberfläche
An Feuer und Wasser nicht gebreche.
Wo käme denn ein Ding sonst her, 1730
Wenn es nicht längst schon fertig wär?
So ist denn, eh' man sich's versah,
Der Pater Kircher wieder da.
Will mich jedoch des Worts nicht schämen:
Wir tasten ewig an Problemen. 1735

—

Keine Gluten, keine Meere
Geb' ich in dem Innern zu;
Doch allherrschend waltet Schwere;
Nicht verdammt zu Tod und Ruh.
Vom lebendigen Gott lebendig, 1740

Durch den Geist, der alles regt,
Wechselt sie, nicht unbeständig,
Immer in sich selbst bewegt.
 Seht nur hin! Ihr werdet's fassen!
Wenn Mercur sich hebt und neigt,
Wird im Anziehn, im Entlassen,
Atmosphäre schwer und leicht.

—

Mir genügt nicht eure Lehre:
Ebb' und Flut der Atmosphäre
Denk' sich's jeder wie er kann!
Will mich nur an Hermes halten;
Denn des Barometers Walten
Ist der Witterung Tyrann.

—

Westen mag die Luft regieren
Sturm und Flut nach Osten führen,
Wenn Mercur sich schläfrig zeigt;
Aller Elemente Toben
Osther ist es aufgehoben,
Wenn er aus dem Schlummer steigt.

—

Das Leben wohnt in jedem Sterne:
Er wandelt mit den andern gerne
Die selbsterwählte reine Bahn;
Im innern Erdenball pulsieren
Die Kräfte, die zur Nacht uns führen
Und wieder zu dem Tag heran.

—

Wenn im Unendlichen dasselbe
Sich wiederholend ewig fließt,
Das tausendfältige Gewölbe
Sich kräftig in einander schließt;
Strömt Lebenslust aus allen Dingen,
Dem kleinsten wie dem größten Stern,
Und alles Drängen, alles Ringen
Ist ewige Ruh' in Gott dem Herrn.

—

Nachts, wann gute Geister schweifen,
Schlaf dir von der Stirne streifen, 1775
Mondenlicht und Sternenflimmern
Dich mit ewigem All umschimmern,
Scheinst du dir entkörpert schon,
Wagest dich an Gottes Thron.

—

Aber wenn der Tag die Welt 1780
Wieder auf die Füße stellt,
Schwerlich möcht' er dir's erfüllen
Mit der Frühe bestem Willen;
Zu Mittag schon wandelt sich
Morgentraum gar wunderlich. 1785

—

Sei du im Leben wie im Wissen
Durchaus der reinen Fahrt beflissen;
Wenn Sturm und Strömung stoßen, zerr'n,
Sie werden doch nicht deine Herrn;
Kompaß und Pol-Stern, Zeitenmesser 1790
Und Sonn' und Mond verstehst du besser,
Vollendest so nach deiner Art
Mit stillen Freuden deine Fahrt.
Besonders, wenn dich's nicht verdrießt,
Wo sich der Weg im Kreise schließt 1795
Der Weltumsegler freudig trifft
Den Hafen, wo er ausgeschifft.

—

Wie fruchtbar ist der kleinste Kreis,
Wenn man ihn wohl zu pflegen weiß.

—

Wenn Kindesblick begierig schaut, 1800
Er findet des Vaters Haus gebaut;
Und wenn das Ohr sich erst vertraut,
Ihm tönt der Muttersprache Laut;
Gewahrt es dies und jenes nah,
Man fabelt ihm was fern geschah, 1805
Umsittigt ihn, wächst er heran;

Er findet eben alles getan,
Man rühmt ihm dies, man preist ihm das:
Er wäre gar gern auch etwas;
Wie er soll wirken, schaffen, lieben,
Das steht ja alles schon geschrieben,
Und, was noch schlimmer ist, gedruckt;
Da steht der junge Mensch verduckt,
Und endlich wird ihm offenbar:
Er sei nur was ein andrer war.

—

Gern wär' ich Überliefrung los
Und ganz original;
Doch ist das Unternehmen groß
Und führt in manche Qual.
Als Autochthone rechnet' ich
Es mir zur höchsten Ehre,
Wenn ich nicht gar zu wunderlich
Selbst Überliefrung wäre.

—

Vom Vater hab' ich die Statur,
Des Lebens ernstes Führen,
Von Mütterchen die Frohnatur
Und Lust zu fabulieren.
Urahnherr war der Schönsten hold,
Das spukt so hin und wieder,
Urahnfrau liebte Schmuck und Gold,
Das zuckt wohl durch die Glieder.
Sind nun die Elemente nicht
Aus dem Complex zu trennen,
Was ist denn an dem ganzen Wicht
Original zu nennen?

—

Teilen kann ich nicht das Leben,
Nicht das Innen noch das Außen,
Allen muß das Ganze geben,
Um mit euch und mir zu hausen.
Immer hab' ich nur geschrieben

Wie ich fühle, wie ich's meine,
Und so spalt' ich mich, ihr Lieben,
Und bin immerfort der Eine.

⟨SUPPLEMENT ZUR SAMMLUNG VON 1827⟩

Im ernsten Beinhaus war's wo ich beschaute
 Wie Schädel Schädeln angeordnet paßten;
 Die alte Zeit gedacht' ich, die ergraute.
Sie stehn in Reih' geklemmt' die sonst sich haßten,
 Und derbe Knochen die sich tödlich schlugen
 Sie liegen kreuzweis, zahm allhier zu rasten.
Entrenkte Schulterblätter! was sie trugen
 Fragt niemand mehr, und zierlich tät'ge Glieder,
 Die Hand, der Fuß zerstreut aus Lebensfugen.
Ihr Müden also lagt vergebens nieder,
 Nicht Ruh im Grabe ließ man euch, vertrieben
 Seid ihr herauf zum lichten Tage wieder,
Und niemand kann die dürre Schale lieben,
 Welch herrlich edlen Kern sie auch bewahrte.
 Doch mir Adepten war die Schrift geschrieben,
Die heil'gen Sinn nicht jedem offenbarte,
 Als ich in Mitten solcher starren Menge
 Unschätzbar herrlich ein Gebild gewahrte,
Daß in des Raumes Moderkält und Enge
 Ich frei und wärmefühlend mich erquickte,
 Als ob ein Lebensquell dem Tod entspränge.
Wie mich geheimnisvoll die Form entzückte!
 Die gottgedachte Spur, die sich erhalten!
 Ein Blick der mich an jenes Meer entrückte
Das flutend strömt gesteigerte Gestalten.
 Geheim Gefäß! Orakelsprüche spendend,
 Wie bin ich wert dich in der Hand zu halten?
Dich höchsten Schatz aus Moder fromm entwendend,
 Und in die freie Luft, zu freiem Sinnen,
 Zum Sonnenlicht andächtig hin mich wendend.

Was kann der Mensch im Leben mehr gewinnen
Als daß sich Gott-Natur ihm offenbare?
Wie sie das Feste läßt zu Geist verrinnen,
Wie sie das Geisterzeugte fest bewahre.
 (Ist fortzusetzen)

VERMÄCHTNIS

Kein Wesen kann zu nichts zerfallen,
Das Ew'ge regt sich fort in allen,
Am Sein erhalte dich beglückt!
Das Sein ist ewig, denn Gesetze
Bewahren die lebend'gen Schätze
Aus welchen sich das All geschmückt.

Das Wahre war schon längst gefunden,
Hat edle Geisterschaft verbunden,
Das alte Wahre fass' es an.
Verdank' es, Erdensohn, dem Weisen
Der ihr die Sonne zu umkreisen
Und dem Geschwister wies die Bahn.

Sofort nun wende dich nach innen,
Das Zentrum findest du da drinnen
Woran kein Edler zweifeln mag.
Wirst keine Regel da vermissen,
Denn das selbstständige Gewissen
Ist Sonne deinem Sittentag.

Den Sinnen hast du dann zu trauen,
Kein Falsches lassen sie dich schauen
Wenn dein Verstand dich wach erhält.
Mit frischem Blick bemerke freudig,
Und wandle, sicher wie geschmeidig,
Durch Auen reichbegabter Welt.

Genieße mäßig Füll' und Segen,
Vernunft sei überall zugegen
Wo Leben sich des Lebens freut.
Dann ist Vergangenheit beständig,
Das Künftige voraus lebendig,
Der Augenblick ist Ewigkeit.

Und war es endlich dir gelungen,
Und bist du vom Gefühl durchdrungen:
Was fruchtbar ist allein ist wahr;
Du prüfst das allgemeine Walten,
Es wird nach seiner Weise schalten,
Geselle dich zur kleinsten Schar.

Und wie von Alters her, im stillen,
Ein Liebewerk, nach eignem Willen,
Der Philosoph, der Dichter schuf;
So wirst du schönste Gunst erzielen:
Denn edlen Seelen vorzufühlen
Ist wünschenswertester Beruf.

LETZTE GEDICHTGRUPPEN

⟨GEDICHTE ZU SYMBOLISCHEN BILDERN⟩

⟨Adler, mit einer Leier nach oben strebend⟩

Sollen immer unsre Lieder
Nach dem höchsten Äther dringen?
Bringe lieber sie hernieder,
Daß wir Lieb' und Liebchen singen.

—

Bei Tag der Wolken formumformend Weben!
Bei Nacht des Sternenheeres glühend Leben!
Mit reinen Saiten wag' empor zu dringen,
Du wirst der Sphären ewige Lieder singen!

—

Wie David königlich zur Harfe sang,
Der Winzerin Lied am Throne lieblich klang,
Des Persers Bulbul Rosenbusch umbangt,
Und Schlangenhaut als Wildengürtel prangt,
Von Pol zu Pol Gesänge sich erneun,
Ein Sphärentanz harmonisch im Getümmel;
Laßt alle Völker unter gleichem Himmel
Sich gleicher Gabe wohlgemut erfreun.

—

Guter Adler! nicht so munter
Mit der Leier fort nach oben,
Bringe lieber sie herunter,
Daß wir uns an ihr erproben;
Manches ist an uns zu loben.

—

Guter Adler, nicht in's Weite,
Mit der Leier fort nach oben,
Unsre Sängerin begleite,
Daß wir euch zusammen loben.

⟨Schwebender Genius über der Erdkugel, mit der einen
Hand nach unten, mit der andern nach oben deutend⟩

> Zwischen oben, zwischen unten,
> Schweb' ich hin zu muntrer Schau,
> Ich ergötze mich am Bunten,
> Ich erquicke mich im Blau.
> Und wenn mich am Tag die Ferne
> Luftiger Berge sehnlich zieht,
> Nachts das Übermaß der Sterne
> Prächtig mir zu Häupten glüht,
> Alle Tag' und alle Nächte
> Rühm' ich so des Menschen Los;
> Denkt er ewig sich in's Rechte.
> Ist er ewig schön und groß.
> —
> Memento mori! gibt's genug,
> Mag sie nicht hererzählen;
> Warum sollt' ich im Lebensflug
> Dich mit der Grenze quälen!
> Drum, als ein alter Knasterbart,
> Empfehl' ich dir docendo:
> Mein teurer Freund, nach deiner Art,
> Nur vivere memento!
> —
> Wenn am Tag Zenit und Ferne
> Blau in's Ungemess'ne fließt,
> Nachts die Überwucht der Sterne
> Himmlische Gewölbe schließt,
> So am Grünen, so am Bunten
> Kräftigt sich ein reiner Sinn,
> Und das Oben, wie das Unten
> Bringt dem edlen Geist Gewinn.

⟨Beschildeter Arm, gegen ein vorüberziehendes Wetter
 Bücher beschützend⟩

 Manches Herrliche der Welt
 Ist in Krieg und Streit zerronnen;
 Wer beschützet und erhält,
 Hat das schönste Los gewonnen.

 —

 Soll dich das Alter nicht verneinen,
 So mußt du es gut mit andern meinen;
 Mußt viele fördern, manchem nützen,
 Das wird dich vor Vernichtung beschützen.

 —

 Alter Held schützt alte Bücher,
 Doch das Wetter zieht vorüber;
 Unsre holden jungen Krieger
 Schützen hübsche Mädchen lieber.

⟨Regenbogen über den Hügeln
einer anmutigen Landschaft⟩

 Grau und trüb und immer trüber
 Kommt ein Wetter angezogen;
 Blitz und Donner sind vorüber,
 Euch erquickt ein Regenbogen.

 —

 Frohe Zeichen zu gewahren,
 Wird der Erdkreis nimmer müde;
 Schon seit vielen tausend Jahren
 Spricht der Himmelsbogen: *Friede*.

 —

 Aus des Regens düstrer Trübe
 Glänzt das Bild das immer neue;
 In den Tränen zarter Liebe
 Spiegelt sich der Engel – Treue.

 —

Wilde Stürme, Kriegeswogen
Ras'ten über Hain und Dach;
Ewig doch und allgemach
Stellt sich her der bunte Bogen.

—

Über Wiese, Hain und Dach
Stürzte Krieges Ungemach,
Wo nun Frühlings Lüftchen fächelt,
Und der Friedens-Bogen lächelt.

⟨Genius, die Büste der Natur enthüllend⟩

Bleibe das Geheimnis teuer!
Laß den Augen nicht gelüsten!
Sphinx-Natur, ein Ungeheuer,
Schreckt sie dich mit hundert Brüsten.

—

Suche nicht verborgne Weihe!
Unter'm Schleier laß das Starre!
Willst du leben, guter Narre,
Sieh nur hinter dich in's Freie.

—

Anschaun, wenn es dir gelingt,
Daß es erst in's Innre dringt,
Dann nach außen wiederkehrt,
Bist am herrlichsten belehrt.

⟨Urne auf einem bunten Teppich⟩

Kannst du die Bedeutung lesen,
Ihren Sinn verlierst du nie:
Beide sind nur tote Wesen
Und die Kunst belebte sie.

—

Offen steht sie! doch geheime Gaben
Zugerollt in ihrem Schoße

Liegen ahnungsvoll die Lose,
Wer's ergreift, der wird es haben.

⟨Leuchtender Stern über Winkelwaage, Blei und Zirkel⟩

Zum Beginnen, zum Vollenden
Zirkel, Blei und Winkelwaage;
Alles stockt und starrt in Händen,
Leuchtet nicht der Stern dem Tage.
—
Sterne werden immer scheinen,
Allgemein auch zum Gemeinen,
Aber gegen Maß und Kunst
Richten sie die schönste Gunst.

⟨Pinsel und Feder vom Lorbeer umwunden und von einem Sonnenblick beleuchtet⟩

Auf den Pinsel, auf den Kiel
Muß die Sonne freundlich blicken,
Dann erreichen sie das Ziel
Erdensöhne zu beglücken.
Künstlern auch der Lorbeer grünt,
Wenn sie freudig ihn verdient.
—
Willst du Großes dich erkühnen,
Zeigt sich hier ein doppelt Glück;
Feder wird dem Geiste dienen
Und der Pinsel dient dem Blick.
—
Wenn der Pinsel ihm die Welt erschuf,
Wenn die Feder ihm das Wort gereicht,
Bleibt des Mimen edelster Beruf
Daß er sich des Lorbeers würdig zeigt.
—

15 Will der Feder zartes Walten,
Will des Pinsels mutig Schalten
Sich dem reinsten Sinn bequemen,
Kannst getrost den Lorbeer nehmen.

CHINESISCH-DEUTSCHE
JAHRES- UND TAGESZEITEN

I

Sag was könnt' uns Mandarinen,
Satt zu herrschen, müd zu dienen,
Sag was könnt' uns übrig bleiben,
Als in solchen Frühlingstagen
Uns des Nordens zu entschlagen
Und am Wasser und im Grünen
Fröhlich trinken, geistig schreiben,
Schal' auf Schale, Zug in Zügen?

II

Weiß wie Lilien, reine Kerzen,
Sternen gleich, bescheidner Beugung,
Leuchtet aus dem Mittelherzen
Rot gesäumt die Glut der Neigung.

So frühzeitige Narzissen
Blühen reihenweis im Garten.
Mögen wohl die Guten wissen
Wen sie so spaliert erwarten.

III

Ziehn die Schafe von der Wiese,
Liegt sie da, ein reines Grün,
Aber bald zum Paradiese
Wird sie bunt geblümt erblühn.

Hoffnung breitet lichte Schleier
Nebelhaft vor unsern Blick:
Wunscherfüllung, Sonnenfeier
Wolkenteilend bring' uns Glück.

IV

Der Pfau schreit häßlich, aber sein Geschrei
Erinnert mich an's himmlische Gefieder,
So ist mir auch sein Schreien nicht zuwider.
Mit Indischen Gänsen ist's nicht gleicherlei,
Sie zu erdulden ist unmöglich:
Die Häßlichen sie schreien unerträglich.

V

Entwickle deiner Lüste Glanz
Der Abendsonne goldnen Strahlen,
Laß deines Schweifes Rad und Kranz
Kühn-äugelnd ihr entgegen prahlen.
Sie forscht wo es im Grünen blüht,
Im Garten überwölbt vom Blauen;
Ein Liebespaar wo sie's ersieht,
Glaubt sie das Herrlichste zu schauen.

VI

Der Guckuck wie die Nachtigall
Sie mögten den Frühling fesseln,
Doch drängt der Sommer schon überall
Mit Disteln und mit Nesseln;
Auch mir hat er das leichte Laub
An jenem Baum verdichtet,
Durch das ich sonst zu schönstem Raub

Den Liebesblick gerichtet;
Verdeckt ist mir das bunte Dach,
Die Gitter und die Pfosten,
Wohin mein Auge spähend brach,
Dort ewig bleibt mein Osten.

VII

War schöner als der schönste Tag,
Drum muß man mir verzeihen,
Daß ich sie nicht vergessen mag
Am wenigsten im Freien.
Im Garten war's, Sie kam heran,
Mir ihre Gunst zu zeigen;
Das fühl' ich noch und denke dran,
Und bleib' ihr ganz zu eigen.

VIII

Dämmrung senkte sich von oben,
Schon ist alle Nähe fern;
Doch zuerst emporgehoben
Holden Lichts der Abendstern!
Alles schwankt in's Ungewisse
Nebel schleichen in die Höh;
Schwarzvertiefte Finsternisse
Wiederspiegelnd ruht der See.

Nun im östlichen Bereiche
Ahnd' ich Mondenglanz und Glut,
Schlanker Weiden Haargezweige
Scherzen auf der nächsten Flut.
Durch bewegter Schatten Spiele
Zittert Luna's Zauberschein,
Und durch's Auge schleicht die Kühle
Sänftigend in's Herz hinein.

IX

Nun weiß man erst was Rosenknospe sei,
Jetzt da die Rosenzeit vorbei;
Ein Spätling noch am Stocke glänzt
Und ganz allein die Blumenwelt ergänzt.

X

Als Allerschönste bist du anerkannt,
Bist Königin des Blumenreichs genannt;
Unwidersprechlich allgemeines Zeugnis,
Streitsucht verbannend, wundersam Ereignis!
Du bist es also, bist kein bloßer Schein,
In dir trifft Schau'n und Glauben überein;
Doch Forschung strebt und ringt, ermüdend nie,
Nach dem Gesetz, dem Grund *Warum* und *Wie*.

XI

Mich ängstigt das Verfängliche
Im widrigen Geschwätz,
Wo nichts verharret alles flieht,
Wo schon verschwunden was man sieht;
Und mich umfängt das bängliche
Das graugestrickte Netz. –
»Getrost! Das Unvergängliche
Es ist das ewige Gesetz
Wonach die Ros' und Lilie blüht.«

XII

Hingesunken alten Träumen
Buhlst mit Rosen, sprichst mit Bäumen,
Statt der Mädchen statt der Weisen;
Können das nicht löblich preisen,
Kommen deshalb die Gesellen
Sich zur Seite dir zu stellen,
Finden, dir und uns zu dienen,
Pinsel, Farbe, Wein im Grünen.

XIII

Die stille Freude wollt ihr stören?
Laßt mich bei meinem Becher Wein;
Mit andern kann man sich belehren,
Begeistert wird man nur allein.

XIV

»Nun denn! Eh' wir von hinnen eilen
Hast noch was Kluges mitzuteilen?«

Sehnsucht in's Ferne, Künftige zu beschwichtigen,
Beschäftige dich hier und heut im Tüchtigen.

⟨DORNBURGER GEDICHTE⟩

DEM AUFGEHENDEN VOLLMONDE
Dornburg, ⟨25.⟩ August 1828

Willst du mich sogleich verlassen!
Warst im Augenblick so nah!
Dich umfinstern Wolkenmassen
Und nun bist du gar nicht da.

Doch du fühlst wie ich betrübt bin,
Blickt dein Rand herauf als Stern!
Zeugest mir daß ich geliebt bin,
Sei das Liebchen noch so fern.

So hinan denn! hell und heller,
Reiner Bahn, in voller Pracht!
Schlägt mein Herz auch schmerzlich schneller,
Überselig ist die Nacht.

DORNBURG
September 1828

Früh wenn Tal, Gebirg und Garten
Nebelschleiern sich enthüllen,
Und dem sehnlichsten Erwarten
Blumenkelche bunt sich füllen;

Wenn der Äther, Wolken tragend,
Mit dem klaren Tage streitet,
Und ein Ostwind, sie verjagend,
Blaue Sonnenbahn bereitet;

Dankst du dann, am Blick dich weidend,
Reiner Brust der Großen, Holden,
Wird die Sonne, rötlich scheidend,
Rings den Horizont vergolden.

⟨AUS DER ZEITSCHRIFT »CHAOS«⟩

Wenn Phöbus Rosse sich zu schnell
In Dunst und Nebel stürzen,
Geselligkeit wird, blendend hell,
Die längste Nacht verkürzen.
Und wenn sich wieder auf zum Licht
Die Horen eilig drängen,
So wird ein liebend Frohgesicht
Den längsten Tag verlängen.

DER BRÄUTIGAM

Um Mitternacht, ich schlief, im Busen wachte
Das liebevolle Herz als wär' es Tag;
Der Tag erschien, mir war als ob es nachte,
Was ist es mir, soviel er bringen mag.

Sie fehlte ja, mein emsig Tun und Streben,
Für sie allein ertrug ich's durch die Glut
Der heißen Stunde, welch erquicktes Leben
Am kühlen Abend! lohnend war's und gut.

Die Sonne sank und Hand in Hand verpflichtet
Begrüßten wir den letzten Segensblick,
Und Auge sprach, in's Auge klar gerichtet:
Von Osten, hoffe nur, sie kommt zurück.

Um Mitternacht der Sterne Glanz geleitet
Im holden Traum zur Schwelle, wo sie ruht.
O sei auch mir dort auszuruhn bereitet,
Wie es auch sei das Leben, es ist gut.

⟨An Marianne von Willemer, 24. 10. 1826⟩
Mit einem buntgestickten Kissen

Nicht soll's von Ihrer Seite kommen,
Sobald es einmal Platz genommen;
Mich denkend sieh' es freundlich an;
Mich liebend lehne Dich daran.

———

Angedenken an das Gute
Hält uns immer frisch bei Mute.

Angedenken an das Schöne
Ist das Heil der Erdensöhne.

Angedenken an das Liebe,
Glücklich! wenn's lebendig bliebe.

Angedenken an das Eine,
Bleibt das Beste, was ich meine.

⟨Auf Lord Byron, Juni 1825⟩

Stark von Faust, gewandt im Rat,
Liebt er die Hellenen;
Edles Wort und schöne Tat
Füllt' sein Aug' mit Tränen.

Liebt den Säbel, liebt das Schwert,
Freut sich der Gewehre;
Säh' er, wie sein Herz begehrt,
Sich vor mut'gem Heere!

 Laßt ihn der Historia,
 Bändigt euer Sehnen;
 Ewig bleibt ihm Gloria,
 Bleiben uns die Tränen.

Wasserstrahlen reichsten Schwalles
Drohn den Himmel zu erreichen,
Sammel-Quellen raschen Falles
Nur vermögen so zu steigen.

Also muß die Feuerquelle
Sich im Abgrund erst entzünden,
Und die Niederfahrt zur Hölle
Soll die Himmelfahrt verkünden.

DIE NEUE SIRENE

Habt von Sirenen gehört? – Melpomenens Töchter sie prunkten
 Zöpfumflochtenen Haupts, heiter entzückten Gesichts;
Vögel jedoch von der Mitte hinab, die gefährlichsten Buhlen,
 Denen vom küßlichen Mund floß ein verführendes Lied.
Eine geschwisterte nun, zum Gürtel ab griechische Schönheit,
 Sittig hinab zum Fuß nordisch umhüllt sie das Knie;
Auch sie redet und singt zum öst- und westlichen Schiffer,
 Seinen bezauberten Sinn, Helena läßt ihn nicht los.

AN SIE

Ist das Chaos doch, bei'm Himmel!
Wie ein Maskenball zu achten.

Welch ein wunderlich Getümmel!
Allerlei verschiedne Trachten!

Aber ich will es benutzen
Wie die andern Maskenbälle,
Nicht mich eitel aufzustutzen;
Unbekannt auf alle Fälle,

Will ich dir in Reimen sagen,
Was ich gern in Prosa sagte,
Wenn es dir, nach mir zu fragen,
Nur im mindesten behagte.

Du allein kannst mich entdecken,
Du allein wirst mich verstehen,
Willst du trösten, willst du necken,
Und so mag es weiter gehen.

AN SIE

Bist du's nicht, so sei vergeben,
Daß du es im Scherz genommen;
Bist du's aber, sei ein Leben
Aus der Heiterkeit willkommen.

Und es wird sich leicht erschürfen,
Ob wir beide Gleiches meinen;
Fragen wir was wir bedürfen,
Und wir werden uns vereinen.

Wenn du kommst, es muß mich freuen,
Wenn du gehst, es muß mich schmerzen;
Und so wird es sich erneuen
Immerfort in beiden Herzen.

Fragst du, werd' ich gern ausführlich
Deinem Forschen Antwort geben,
Wenn ich frage, wirst du zierlich
Mit der Antwort mich beleben.

Schmerzen, welche dich berührten,
Rühren mich in gleicher Strenge,
Wenn die Feste dich entführten,
Folg' ich dir zur heitern Menge.

Drängt sich dann in Wechseltagen
Wildes Rauschen, ruhig Fließen;
Eins ist leichter zu ertragen,
Eins ist besser zu genießen.

Prüfung braucht es! doch bei Zeiten
Überzeugung still und süße,
Ehe sich ein Glück bereiten,
Sich Vertraun gewinnen ließe.

Solch ein Feuer nie verlodert
In dem angefochtnen Leben;
Ist es zwar sehr viel gefodert,
Ist doch auch sehr viel gegeben.

⟨Stammbuchverse⟩

1

Selbst erfinden ist schön; doch glücklich von Andern
 Gefundnes
Fröhlich erkannt und geschätzt, nennst du das weniger
 dein?

2

Was den Jüngling ergreift, den Mann hält, Greise noch labet,
 Liebenswürdiges Kind, bleibe dein glückliches Teil.

3
Alter gesellet sich gern der Jugend, Jugend zum Alter;
　　Aber am liebsten bewegt Gleiches dem Gleichen sich zu.

4
Halte das Bild der Würdigen fest! Wie leuchtende Sterne
　　Teilet sie aus die Natur durch den unendlichen Raum.

5
Wer ist der glücklichste Mensch? Der fremdes Verdienst zu empfinden
　　Weiß und am fremden Genuß sich wie am eignen zu freu'n.

6
Vieles gibt uns die Zeit und nimmt's auch, aber der Bessern
　　Holde Neigung sie sei ewig dir froher Genuß.

　　　　Jeder geht zum Theater heraus,
　　　　Diesmal war es ein volles Haus,
　　　　Er lobt und schilt, wie er's gefühlt,
　　　　Er denkt, man habe für ihn gespielt.

Willst Du Dir ein gut Leben zimmern,
Mußt um's Vergangne Dich nicht bekümmern,
Und wäre Dir auch was verloren,
Erweise Dich wie neu geboren.
Was jeder Tag will? sollst Du fragen,
Was jeder Tag will wird er sagen!
Mußt Dich an eignem Tun ergötzen,
Was Andre tun, das wirst Du schätzen,
Besonders keinen Menschen hassen,
Und das Übrige Gott überlassen.
　　Zum 25ten Oktober 1828

ERINNERUNG

Er
Gedenkst Du noch der Stunden
Wo eins zum andern drang?

Sie
Wenn ich Dich nicht gefunden,
War mir der Tag so lang.

Er
Dann, herrlich! ein Selbander,
Wie es mich noch erfreut.

Sie
Wir irrten uns an einander;
Es war eine schöne Zeit.

AN FRÄULEIN VON SCHILLER

Weil so viel zu sagen war,
Wußt' ich nichts zu sagen,
Ob die Blätter gleich ein Jahr
Mir vor'm Auge lagen.

Jetzo, da du sie entführt,
Mag die Feder walten:
Denn es bleibt, wie sich's gebührt,
Immerfort bei'm Alten.

Milde zum Verständlichen
Wird die Mutter mahnen,
Deutend zum Unendlichen
Auf des Vaters Bahnen.
 10. Aug. 1819

⟨An Marianne von Willemer, 14. 4. 1830⟩
MIT EINEM BLATT BRYOPHYLLUM CALYCINUM

> Wie aus Einem Blatt unzählig
> Frische Lebenszweige sprießen;
> Mögst in Einer Liebe seelig
> Tausendfaches Glück genießen!

AN DIE NEUNZEHN FREUNDE IN ENGLAND

> Worte, die der Dichter spricht,
> Treu, in heimischen Bezirken,
> Wirken gleich, doch weiß er nicht,
> Ob sie in die Ferne wirken.
>
> Briten! habt sie aufgefaßt: 5
> »Tätigen Sinn, das Tun gezügelt;
> Stetig Streben, ohne Hast.«
> Und so wollt ihr's denn besiegelt.
> W. 28. Aug. 1831

IN EIN ALBUM

> Würd' ein künstlerisch Bemühen
> Rosenbüsche, wie sie blühen,
> Rosenkrone, wie sie leuchtet,
> Hell, von Morgentau befeuchtet,
> Diesen Blättern anvertrauen; 5
> Würdest du dein Bildnis schauen;
> Wie's der Sommergarten hegt,
> Bleibt's in unsrer Brust geprägt.
> Am längsten Tage 1831

GEOGNOSTISCHER DANK

Haslau's Gründe, Felsensteile,
Vielbesucht und vielgenannt,
Seit der Forscher tät'ge Weile
Uns den Egeran genannt.

Was wir auch beginnen mochten,
War das Eine nur getan,
Wie wir klopften, wie wir pochten,
Immer war's der Egeran.

Von Aplomen, von Granaten
War genügsam nichts gedacht.
Und die geognost'schen Taten
Hemmte, drohend, nur die Nacht.

Uns genügte, was wir fanden;
Doch, vom Glück *ihr* zugewandt,
Kam das Einzige zu Handen
Einer schönen lieben Hand.

DANKBARE ERWIDERUNG
zum 28. August 1831

Dem heiligen Vater pflegt man, wie wir wissen,
Des Fußes Hülle, fromm gebeugt, zu küssen!
Doch! Wem begegnet's hier im langen Leben
Dem eignen Fußwerk Kuß um Kuß zu geben?

Er denkt gewiß an jene liebe Hand,
Die Stich um Stich an diesen Schmuck verwandt.

Liegt dir *Gestern* klar und offen,
Wirkst du *Heute* kräftig, frei;
Kannst auch auf ein *Morgen* hoffen,
Das nicht minder glücklich sei.

DEN VEREHRTEN
ACHTZEHN FRANKFURTER FESTFREUNDEN
am 28. August 1831

Heitern Weinbergs Lustgewimmel,
Fraun und Männer, tätig, bunt,
Laut ein fröhliches Getümmel
Macht den Schatz der Rebe kund.

Dann der Kelter trübes Fließen
Abgewartet, hellen Most,
Jahresgabe, zu genießen,
Hoffnungsreiche Lebenskost.

Doch im Keller wird's bedenklich,
Dem Gefäß entquillt ein Schaum,
Und erstickend ziehn verfänglich
Dünste durch den düstern Raum.

Edle Kraft, in sich bewahret,
Wächst im Stillsten unvermerkt,
Bis, gesteigert und bejahret,
Sie des Freundes Fest verstärkt.

Großes redliches Bemühen
Emsig still sich fördern mag;
Jahre kommen, Jahre fliehen,
Freudig tritt es auf zum Tag.

Künste so und Wissenschaften
Wurden ruhig-ernst genährt,

Bis die ewig Musterhaften
Endlich aller Welt gehört.

NACHLESE
1800-1832

⟨ZAHME XENIEN AUS DEM NACHLASS⟩

⟨ZAHME XENIEN
VII⟩

Widmung
»Deine Werke zu höchster Belehrung
Studier' ich bei Tag und bei Nacht;
Drum hab' ich in tiefster Verehrung
Dir ganz was Absurdes gebracht.«
—

So wie der Papst auf seinem Thron,
So sitzt der Akademiker auf seinem Lohn;
Er ist bepfründet, hat er mehr zu hoffen?
Die Welt ist weit, den Narren steht sie offen.
Wir sind behäglich, können tätig ruhn;
Macht euch, ihr Toren, Tag für Tag zu tun.
—

Autochthonisch, autodidaktisch
Lebst du so hin, verblendete Seele!
Komm nur heran, versuche dich! praktisch
Merkst du verdrießlich wie's überall fehle.
—

»Ich hielt mich stets von Meistern entfernt;
Nachtreten wäre mir Schmach!
Hab' alles von mir selbst gelernt.« —
Es ist auch darnach!
—

Niemand wird sich selber kennen,
Sich von seinem Selbst-Ich trennen;
Doch probier' er jeden Tag,
Was nach außen endlich, klar,

Was er ist und was er war,
Was er kann und was er mag.

—

Wie sind die Vielen doch beflissen!
Und es verwirrt sie nur der Fleiß.
Sie möchten's gerne anders wissen
Als einer der das Rechte weiß.

—

Verfahre ruhig, still,
Brauchst dich nicht anzupassen;
Nur wer was gelten will
Muß andre gelten lassen.

—

Der Würdige, vom Rhein zum Belt
Reis't er die Natur zu ergründen!
Er reise durch die ganze Welt,
Seine Meinung wird er finden.

—

»Ein neu Projekt ward vorgebracht,
Willst du dich nicht damit befassen?«
Habe schon 'mal bankrott gemacht,
Nun will ich's andern überlassen.

—

Wie's aber in der Welt zugeht
Eigentlich niemand recht versteht,
Und auch bis auf den heutigen Tag
Niemand gerne verstehen mag.
Gehabe du dich mit Verstand,
Wie dir eben der Tag zur Hand;
Denk' immer: ist's gegangen bis jetzt,
So wird es auch wohl gehen zuletzt.

—

Was soll mir euer Hohn
Über das All und Eine?
Der Professor ist eine Person,
Gott ist keine.

—

Es lehrt ein großer Physicus
Mit seinen Schulverwandten:
»Nil luce obscurius!« –
Ja wohl! für Obskuranten.

—

Ich wollte gern sie gelten lassen,
Wenn nur auch andre sie gelten ließen;
Das will aber doch nirgend greifen und fassen,
Warum befass' ich mich mit diesen!

—

Ich gönnt' ihnen gerne Lob und Ehre,
Können's aber nicht von *außen* haben.
Sie sehen endlich doch ihre Lehre
In *Caffarelli* begraben.

—

»Sag uns doch warum deine Galle
Immerfort in's Ferne weis't?« –
Gefühl habt ihr alle,
Aber keinen Geist.

—

»Warum, o Steuermann, deinen Kiel
Wendest du gerad nach dem Riffe?« –
Man begriffe nicht der Toren Ziel
Wenn man sich nicht selbst begriffe.

—

Nicht Augenblicke steh' ich still
Bei so verstockten Sündern,
Und wer nicht mit mir schreiten will,
Soll meinen Schritt nicht hindern.

—

Ja! ich rechne mir's zur Ehre,
Wandle fernerhin allein!
Und wenn es ein Irrtum wäre,
Soll es doch nicht eurer sein!

—

»Wirst nicht bei jedem Wander-Schritt
Wie sonst wohl angezogen.« –

Ich bringe den Betrug nicht mit,
Drum werd' ich nicht betrogen.

—

Der Dichter freut sich am Talent,
An schöner Geistesgabe;
Doch wenn's ihm auf die Nägel brennt,
Begehrt er irdischer Habe.
Mit Recht soll der reale Witz
Urenkeln sich erneuern,
Es ist ein irdischer Besitz,
Muß ich ihn doch versteuern!

—

Was Alte lustig sungen,
Das zwitschern muntre Jungen;
Was tüchtige Herren taten,
Wird Knechten auch geraten;
Was einer kühn geleistet,
Gar mancher sich erdreistet.

—

»Wohl kamst du durch; so ging es allenfalls.«
Mach's einer nach und breche nicht den Hals.

—

Was viele singen und sagen,
Das müssen wir eben ertragen!
Ihr Guten – Großer und Kleiner, –
Ihr singt euch müde und matt;
Und es singt doch keiner,
Als was er zu sagen hat.

—

»Wie hast du's denn so weit gebracht?
Sie sagen, du habest es gut vollbracht!« –
Mein Kind! ich hab' es klug gemacht,
Ich habe nie über das Denken gedacht.

—

Was wir Dichter in's Enge bringen,
Wird von ihnen in's Weite geklaubt.

Das Wahre klären sie an den Dingen,
Bis niemand mehr dran glaubt.

—

Ein bißchen Ruf, ein wenig Ehre, 115
Was macht es euch für Not und Pein!
Und wenn ich auch nicht Goethe wäre,
So möcht' ich doch nicht sein.

—

»Meinst du denn alles was du sagst?«
Meinst du denn ernstlich was du fragst? 120
Wen kümmert's, was ich meine und sage:
Denn alles Meinen ist nur Frage.

—

Wartet nur! Alles wird sich schicken,
Was man von mir auch denken mag;
Mein Buch bringt es einmal zu Tag 125
In Usum Delphini mit Lücken.

—

Den Reim-Kollegen
Möchte gern lustig zu euch treten,
Ihr macht mir's sauer und wißt nicht wie.
Gibt's denn einen modernen Poeten
Ohne Heautontimorumenie? 130

—

Wer hätte auf deutsche Blätter Acht,
Morgens, Mittag, Abend und Mitternacht,
Der wäre um alle seine Zeit gebracht,
Hätte weder Stunde, noch Tag, noch Nacht,
Und wär' um's ganze Jahr gebracht; 135
Das hätt' ich ihm gar sehr verdacht.

—

Was reimt der Junge, der Franzos,
Uns alte Herren zu belehren!
Die Zeit ist wie der Teufel los,
Die weiß allein uns zu bekehren. 140

—

Seid ihr verrückt? was fällt euch ein,
Den alten Faustus zu verneinen!
Der Teufelskerl muß eine Welt sein
Dergleichen Widerwärt'ges zu vereinen.

—

Ein jeder denkt in seinem Dunst
Andrer Verdienst sei winzig klein.
Bewahre jeder die Vergunst
Auf seine Weise toll zu sein.

—

Nach Lord Byron
Nein! für den Poeten ist's zu viel
Dieses entsetzliche Strafgericht!
Verdammet ist mein Trauerspiel
Und die alte Tante nicht.

—

»Mephisto scheint ganz nah zu sein!«
Es däucht mich fast, er spricht mit ein.
In manchen wunderlichen Stunden
Hat er sich selbst das Maul verbunden,
Doch blickt er über die Binde her,
Als wenn er ein doppelter Teufel wär'.

—

Ist der Vater auf Geld ersessen
Und nutzt sogar die Lampenschnuppen,
Kriegen sie den Sohn in die Kluppen,
Juden und Huren die werden's fressen.

—

Schilt nicht den Schelmen, der eifrig bemüht
Bald so, bald so sich zu wenden:
Wenn er den Teufel am Schwanze zieht,
Ihm bleibt ein Haar in den Händen.
So sehr es auch widert, so sehr es auch stinkt –
Man kann es immer nicht wissen –
Es wird vielleicht, wenn es glückt und gelingt,
Für Moschus gelten müssen.

—

Ich wollt' euch große Namen sagen,
Die sollten sich gar sehr beklagen,
Wenn ich sänge, wie ich's meine;
Und doch mein' ich's nicht alleine:
Gar manche sind im Stillen beflissen,
Bedenken Seele, Gott und Welt,
Und sind zufrieden, rein zu wissen,
Was andern mißfällt.

—

 Denk' an die Menschen nicht,
 Denk' an die Sachen!
 Da kommt ein junger Mensch,
 Wird was draus machen;
 Das alte Volk es ist
 Ja selbst nur Sache;
 Ich bin nur immer jung,
 Daß ich was mache;
 Wer jung verbleiben will,
 Denk', daß er mache,
 Und wenn's nicht Kinder sind,
 In anderm Fache.

—

Anstatt daß ihr bedächtig steht,
Versucht's zusammen eine Strecke;
Wißt ihr auch nicht, wohin es geht,
So kommt ihr wenigstens vom Flecke.

—

Sage mir, mit wem zu sprechen
Dir genehm, gemütlich ist;
Ohne mir den Kopf zu brechen
Weiß ich deutlich, wie du bist.

—

Ob ich liebe, ob ich hasse!
Nur soll ich nicht schelten.
Wenn ich die Leute gelten lasse,
Läßt man mich gelten.

—

Du Narr! begünstige die Pfuscherei,
So bist du überall zu Hause.

—

Was waren das für schöne Zeiten!
In Ecclesia mulier taceat!
Jetzt, da eine jegliche Stimme hat,
Was will Ecclesia bedeuten.

—

Was die Weiber lieben und hassen,
Das wollen wir ihnen gelten lassen;
Wenn sie aber urteilen und meinen,
Da will's oft wunderlich erscheinen.

—

Und sie in ihrer warmen Sphäre
Fühlt sich behaglich, zierlich, fein:
Da sie nicht ohne den Menschen wäre,
So dünkt sie sich ein Mensch zu sein.

—

Totengräbers Tochter sah ich gehn,
Ihre Mutter hatte sich an keiner Leiche versehn!

—

Was helfen den Jungfern alle Gaben!
Weder Augen noch Ohren sollten sie haben.

—

Sich läßt die junge Frau als Heloise malen,
Will sie mit ihrem Manne prahlen?

—

Die schönen Frauen jung und alt,
Sind nicht gemacht sich abzuhärmen;
Und sind einmal die edlen Helden kalt,
So kann man sich an Schluckern wärmen.

—

Ich ehre mir die Würde der Frauen;
Aber damit sie Würde hätten,
Sollten sie sich nicht alleine betten,
Sollten sich an Männerwürde erbauen.

—

Das Publikum
»Wir haben dir Klatsch auf Geklatsche gemacht,
　Wie schief!
Und haben dich schnell in die Patsche gebracht,
　Wie tief!
Wir lachen dich aus,
Nun hilf dir heraus!
　Ade.«
　　　　Herr Ego
Und red' ich dagegen, so wird nur der Klatsch
　Verschlimmert.
Mein liebliches Leben, im nichtigen Patsch,
　Verkümmert.
Schon bin ich heraus;
Ich mach' mir nichts draus.
　Ade.

—

　　Ich habe nie mit euch gestritten,
　　Philister-Pfaffen! Neider-Brut!
　　Unartig seid ihr wie die Britten,
　　Doch zahlt ihr lange nicht so gut.

—

　　Der Gottes-Erde lichten Saal
　　Verdüstern sie zum Jammertal;
　　Daran entdecken wir geschwind,
　　Wie jämmerlich sie selber sind.

—

　　　Da loben sie den Faust
　　　Und was noch sunsten
　　　In meinen Schriften braus't
　　　Zu ihren Gunsten;
　　　Das alte Mick und Mack
　　　Das freut sie sehr;
　　　Es meint das Lumpenpack,
　　　Man wär's nicht mehr!

—

»Wie bist du so ausgeartet?
Sonst warst du am Abend so herrlich und hehr!«
Wenn man kein Schätzchen erwartet,
Gibt's keine Nacht mehr.

—

Unbesonnenheit ziert die Jugend,
Sie will eben vorwärts leben;
Der Fehler wird zur Tugend.
Im Alter muß man auf sich Acht geben.

—

»Meinst du es redlich mit solchem Schmerz? –
Geh! Heuchlerisch ist dein Bemühn.«
Der Schauspieler gewinnt das Herz,
Aber er gibt nicht seines hin.

—

Welch ein wunderlich Exempel! –
Hör' ich, daß man sich moquiere,
Wie man mir den hehren Tempel,
Vesta's Tempel, dediciere;
Doch ich übergehe diesen
Vorwurf mit gefaßter Miene:
Denn es muß mich sehr verdrießen,
Daß ich's nur zu wohl verdiene.

—

»Zu Goethe's Denkmal was zahlst du jetzt?«
Fragt dieser, jener und der. –
Hätt' ich mir nicht selbst ein Denkmal gesetzt,
Das Denkmal, wo käm' es denn her?

—

Ihr könnt mir immer ungescheut,
Wie Blüchern, Denkmal setzen;
Von Franzen hat er euch befreit,
Ich von Philister-Netzen.

—

Was ist ein Philister?
Ein hohler Darm,

Mit Furcht und Hoffnung ausgefüllt.
Daß Gott erbarm!

—

Bist undankbar, so hast nicht Recht,
Bist du dankbar, so geht dir's schlecht:
Den rechten Weg wirst nie vermissen,
Handle nur nach Gefühl und Gewissen.

—

> Wen die Dankbarkeit geniert,
> Der ist übel dran;
> Denke, wer dich erst geführt,
> Wer für dich getan!

⟨ZAHME XENIEN
VIII⟩

Bin ich für 'ne Sache eingenommen,
Die Welt, denk' ich, muß mit mir kommen;
Doch welch ein Greuel muß mir erscheinen,
Wenn Lumpe sich wollen mit mir vereinen.

—

Für und wider zu dieser Stunde
Quängelt ihr schon seit vielen Jahren:
Was ich getan, ihr Lumpenhunde!
Werdet ihr nimmermehr erfahren.

—

»So sei doch höflich!« – Höflich mit dem Pack?
Mit Seide näht man keinen groben Sack.

—

Wie mancher Mißwillige schnuffelt und wittert
Um das von der Muse verliehne Gedicht;
Sie haben *Lessing* das Ende verbittert,
Mir sollen sie's nicht! –

> Jedem redlichen Bemühn
> Sei Beharrlichkeit verliehn.

—

Jeder Weg zum rechten Zwecke
Ist auch recht in jeder Strecke.

—

Wer mit dem Leben spielt,
Kommt nie zurecht;
Wer sich nicht selbst befiehlt,
Bleibt immer ein Knecht.

—

Gut verloren – etwas verloren!
Mußt rasch dich besinnen
Und neues gewinnen.
Ehre verloren – viel verloren!
Mußt Ruhm gewinnen,
Da werden die Leute sich anders besinnen.
Mut verloren – alles verloren!
Da wär' es besser nicht geboren.

—

Jena, den 15. Juli 1817
Bekenntnis heißt nach altem Brauch
Geständnis, wie man's meint;
Man rede frei, und wenn man auch
Nur Zwei und Drei vereint.

—

Das Opfer, das die Liebe bringt,
Es ist das teuerste von allen;
Doch wer sein Eigenstes bezwingt,
Dem ist das schönste Los gefallen.

—

Nur wenn das Herz erschlossen,
Dann ist die Erde schön.
Du standest so verdrossen
Und wußtest nicht zu sehn.

—

Den 18. Januar 1832
Der Zaubrer fordert leidenschaftlich wild
Von Höll' und Himmel sich Helenens Bild;

Trät' er zu mir in heitern Morgenstunden,
Das Liebenswürdigste wär' friedlich ihm gefunden.

—

> Zu verschweigen meinen Gewinn,
> Muß ich die Menschen vermeiden;
> Daß ich wisse, woran ich bin,
> Das wollen die andern nicht leiden.

—

Der Philosoph, dem ich so gern vertraue,
Lehrt, wo nicht gegen alle, doch die meisten,
Daß unbewußt wir stets das Beste leisten:
Das glaubt man gern und lebt nun frisch in's Blaue.

—

Der Dichter schaut in Weltgewühle,
Sieht jeden Menschen mit sich selbst befangen,
Bald heitern Sinns, bald bänglicher Gefühle;
Doch hat er Zwecke. Daß er die erlange,
Sucht er den eignen Weg zum eignen Ziele.
Was das bedeute, merkt er sich und allen,
Und was bedeutet, läßt er sich gefallen.

—

> Gar mancher hat sich ernst beflissen,
> Und hatte dennoch schlechten Lohn.
> Es ist ganz eigen: wenn sie wissen,
> So meinen sie, sie wüßten schon.

—

> *In die Welt hinaus*
> In die Welt hinaus!
> Außer dem Haus
> Ist immer das beste Leben;
> Wem's zu Hause gefällt,
> Ist nicht für die Welt –
> Mag er leben!

—

> Seh' ich zum Wagen heraus
> Mich nach jemand um,
> So macht er gleich was draus;

Er denkt, ich grüß' ihn stumm,
Und er hat Recht.

—

Annonce
Den 26. Mai 1811
»Ein Hündchen wird gesucht,
Das weder murrt noch beißt,
Zerbrochene Gläser frißt
Und Diamanten«

—

*An ****
Erwiderungen
Wie mir dein Buch gefällt? —
Will dich nicht kränken:
Um alles in der Welt
Möchte nicht so denken.

—

Wie mir dein Buch gefällt?
Ich lasse mir's schenken;
Hie und da in der Welt
Mag man wohl so denken.

—

Es ist nicht zu schelten,
Man lass' es gelten!
Ich aber bin kein Haar
Weiter als ich war.

—

Weimar, den 23. Juli 1824
Welch hoher Dank ist dem zu sagen,
Der frisch uns an das Buch gebracht,
Das allem Forschen, allen Klagen
Ein grandioses Ende macht.

—

Du der Gefällige
Warum du so fürchterlich bist?
Das *zu* Gefällige
Ist ähnlich der List.

—

Jüngling, merke dir, in Zeiten,
Wo sich Geist und Sinn erhöht:
Daß die Muse zu *begleiten*,
Doch zu *leiten* nicht versteht.

—

Daß ich bezahle,
Um zu verführen,
Das gilt in Westen,
Das gilt in Osten.
Daß ich bezahle,
Um zu verlieren,
Das sind, ich dächte,
Sehr falsche Kosten.

—

Seit einigen Tagen
Machst du mir ein bös Gesicht.
Du denkst wohl, ich soll fragen,
Welche Mücke dich sticht.

—

Das soll nun auch in meinen Sinn
Zur Majestät ein Luder!
Mir wird für Schrecken siedend heiß,
Wie meine Haare weiß so weiß
Ist auch gewiß mein Puder
Und eine Luder Königin
Ist auch so weiß wie Puder.

—

Bist eingeladen! Aber dein Gewinn
Ist nicht beim Schmause.
Wie ich eine Schöne los bin,
Bin gleich zu Hause.

—

Magst du jemand Feste geben
Dem du schwer verschuldet?
Kannst du doch mit niemand leben
Der dich allenfalls nur duldet.

—

Dir alter Jason noch so spät
Keimt abermal ein feindlicher Hauf
Als hätte man K – s Zähne gesät,
Die Saat wächst grimmiger immer auf.

—

Mir und dir ist niemand hold,
Das ist unser beider Schuld.

—

»Warum ist denn das Urteil allzukurz?«
Ein jeder schnuffelt nach dem eignen Furz.
Ich schelt' euch nicht, wär' es nicht Allgebrauch;
Wenn ich's täte, tätet ihr's denn auch?

—

Das mußt du als ein Knabe leiden,
Daß dich die Schule tüchtig reckt.
Die alten Sprachen sind die Scheiden
Darin das Messer des Geistes steckt.

—

Wer mag denn gleich Vortreffliches hören
Nur Mittelmäßige sollten lehren.

—

Viele Kinder, und schöne, werden gezeugt,
Weil sich auch Garstig zu Garstig neigt.
Hier schadet keineswegs das Gesicht:
Denn mit dem Gesichte zeugt man nicht.

—

Hier aber folgt noch allzuvieles
In meinen Papieren lustigen Spieles;
Da nickt mir ein artig Kind ins Gesicht.
Ich weiß nicht, soll ich? Soll ich nicht?

—

Könnt' ich vor mir selber fliehn!
Das Maß ist voll.
Ach! Warum streb' ich immer dahin
Wohin ich nicht soll.

—

Ach! wer doch wieder gesundete! 460
Welch unerträgliche Schmerzen!
Wie die Schlange die verwundete
Krümmt sichs im eignen Herzen.

—

Zur Strafe dafür es jeden graut
Ist der Himmel neben die Hölle gebaut, 465
Damit die armen verdammten Seelen
Vergeblich horchend baß sich quälen.
Drum, teure Kinder, seid fromm und gut,
Besonders hütet euch für Wankelmut.

—

Denn freilich sind's dergleichen Kiel' und Pfeile 470
Die hin und wieder fliegend, würkend zischen,
Gehetzt in Eile, bogenhaft in Weile
In tausenfältgem Wollen sich vermischen.
Man weiß nicht soll man? Oder soll's verschieben?
Nur wer sich kennt der hat das Recht zu lieben. 475

—

Wer lebenslang dir wohl getan,
Verletzung rechne dem nicht an.

—

Auch ich verharre meiner Pflicht,
Der Schatten weicht der Sonne nicht.

—

Eignes Geschick geht mir nicht nah, 480
Der ich Königinnen weinen sah.

—

Und ein Gewebe sollt' es ewig sein?
Zerstört's die Magd nicht, reißt die Spinn' es selber ein.

—

Der einmal ein Zaubrer hieß,
Eben weil er bezaubert war, 485
Sich von Seelchen beseelen ließ,
Weil ihm dies behagte gar,
Jetzt mit Wörtlein eingeschlungen
Steigert er des Liedes Drang,

Zeugnis wie er selbst durchdrungen
Fühlet was man fühlend sang.

—

Was soll der Stolz,
Das Gerede, der Spott?
So nimm doch Holz
Und schnitz' auch einen Gott.

—

Um niemand zu schelten, um niemand zu preisen
Darf ich euch nur auf's Alte verweisen:
Denn das ist klassisch im echten Sinn
Was ihr jetzt seid und ich jetzt bin.

—

Den Dichter könnt ihr mir nicht nehmen,
Den Menschen geb' ich euch preis;
Auch der darf sich nicht schämen,
Greift doch an euren Steiß.

—

Sie werden so lange votieren und schnacken
Wir sehen endlich wieder Kosacken,
Die haben uns vom Tyrannen befreit,
Sie befrein uns auch wohl von der Freiheit.

—

Läßt sich einer zur Tafel läuten,
Das Essen hat wenig zu bedeuten.

—

Kann die Vorsicht größer sein
Das Unheil zu entfernen!
Ich seh bei hellem Mondenschein
Nachtwächter mit Laternen.

—

Ämtchen bringen Käppchen,
Ämtchen bringen Läppchen;
Reißen oft die Kappen
Und das Kleid in Lappen.

—

Die Mächtigen wollte Gott verschönen,
Warum sollt' ihnen das Volk nicht frönen?

—

 Der Zeitungsleser sei gesegnet,
 Der lies't was heute mir begegnet.

—

Wollte Gott die Menschen belehren,
Mußt' er ihnen nicht den Rücken kehren,
Und sollten sie auf ihr Bestes passen,
Mußt' er sich nicht schlecht behandeln lassen.

—

Euer Geflüster und leises Fispeln
Mag ich am Ende nicht mehr ertragen.
Nur, stille nur! wenn alle lispeln,
Wird einer es auch am Ende sagen.

—

Die zwei Marien
Zwei Romane
Der hat's den Engeln, *der* den Teufeln abgelauscht,
Franzos und Deutscher haben die Rollen getauscht.

—

Quodlibet
 Treib' es mit ihm wie dir's gefällt,
 Auch Grobheit wird dir was erwerben.
 Er ist der gründlichste Schuft von der Welt,
 Man kann es nie mit ihm verderben.
 So sehr dir auch der Topf gefällt,
 Was nutzen dir zuletzt die Scherben?
 Er ist der gründlichste Schuft von der Welt,
 Man kann es nicht mehr mit ihm verderben.
 Fahre fort im Sündenleben,
 Wirst den vier Winden noch Tritte geben.

—

Trauerreglement
Dieses Heft Persönlichkeiten
Spar' ich euch auf späte Zeiten:

Scheidend will ich nicht betrüben,
Ihr sollt lachen, meine Lieben.

—

Er ist noch weit vom Schluß entfernt,
Er hat das Ende nicht gelernt.

—

Du nimmst zuletzt doch auch
Für deine Schriften,
So wie es ist der Brauch,
Reichliche Giften.

—

An den neuen St. Antonius
Herr Bruder,
Welch ein Luder
Bringst du in deine Einsiedelei!
Ohne Zweifel
Dich versucht der Teufel.
Gott steh uns bei!

—

Die Pest an Herrn Posselt
In Asien habe ich ein freies Spiel
Man will mich nur nicht in Europa leiden.
Abscheulich ist und unerhört
Daß man meine Schritte stört
⟨davor:⟩
Man sucht mich von des Meeres Strand
Von Landes Grenzen zu entfernen
Doch hoff ich sehr ⟨dein⟩ Vaterland
Soll mich auch nächstens kennen lernen
Der Bettler jammert wie der Fürst
Die kleinen heulen wie die Großen
Doch hoff ich daß du mich so höchlich preisen wirst
Wie meine Vettern die Franzosen.

—

Willst du noch die Teufel bannen
Mit dem Fluch aus deutschem Herzen,

Da Tyrannen und Tyrannen
Mark erdrücken und verscherzen?
—

Ihr Bestien, ihr wolltet glauben,
Ich sollte höflich sein? 575
Der Hund der seine Steine kennt
Er scheißt auch auf den Stein.
—

Dem Hülfsbedürftgen immerdar bereit.
J.
Und du versprichst, es gilt für alle Zeit?
R.
Jetzt heiß' ich Rom, dann heiss' ich Menschlichkeit. 580
—

Ein jeder lese was der Eine schrieb,
Ein jeder sage dir: du bist uns lieb.
—

Gott, heißt es, schied die Finsternis vom Licht,
Doch mocht' es ihm nicht ganz gelingen;
Denn wenn das Licht in Farben sich erbricht, 585
Mußt' es vorher die Finsternis verschlingen.
—

Wer aber das Licht in Farben will spalten,
Den mußt du für einen Affen halten.
Sie sagen's auch nur, weil sie's gelernt,
Das Untersuchen ist weit entfernt. 590
—

Einer machte das Hocus pocus,
Die andern fanden's großen Jocus,
Und tanzen nun zu unsrer Plag
Taranteltanz bis auf diesen Tag.
—

Bei Saadi gedenk' ich mich, 595
Ist hundert sechzehn Jahr alt worden.
Er hat mehr ausgestanden als ich,
Und ich bin doch von seinem Orden.
—

Es spricht sich aus der stumme Schmerz,
Der Äther klärt sich blau und bläuer,
Da schwebt sie ja die goldne Leier,
Komm alte Freundin, komm ans Herz.

⟨ZAHME XENIEN
IX⟩

»Sag', was enthält die Kirchengeschichte?
Sie wird mir in Gedanken zu nichte;
Es gibt unendlich viel zu lesen,
Was ist denn aber das alles gewesen?« –
 Zwei Gegner sind es, die sich boxen,
Die Arianer und Orthodoxen.
Durch viele Säcla dasselbe geschicht,
Es dauert bis an das jüngste Gericht.
 Der Vater ewig in Ruhe bleibt,
Er hat der Welt sich einverleibt.
 Der Sohn hat Großes unternommen,
Die Welt zu erlösen ist angekommen;
Hat gut gelehrt und viel ertragen,
Wie das heut in unsern Tagen.
 Nun aber kommt der heilig Geist,
Er wirkt am Pfingsten allermeist.
Woher er kommt, wohin er weht,
Das hat noch niemand ausgespäht.
Sie geben ihm nur eine kurze Frist,
Da er doch Erst- und Letzter ist.
 Deswegen wir treulich, unverstohlen
Das alte Credo wiederholen:
Anbetend sind wir all' bereit
Die ewige Dreifaltigkeit.

—

Mit Kirchengeschichte was hab' ich zu schaffen?
Ich sehe weiter nichts als Pfaffen;

Wie's um die Christen steht, die Gemeinen,
Davon will mir gar nichts erscheinen.

—

Ich hätt' auch können Gemeinde sagen,
Eben so wenig wäre zu erfragen.

—

Glaubt nicht, daß ich fasele, daß ich dichte,
Seht hin und findet mir andre Gestalt!
Es ist die ganze Kirchengeschichte
Mischmasch von Irrtum und von Gewalt.

—

Ihr Gläubigen! rühmt nur nicht euren Glauben
Als einzigen, wir glauben auch wie ihr;
Der Forscher läßt sich keineswegs berauben
Des Erbteils, aller Welt gegönnt – und mir.

—

Ein Sadduzäer will ich bleiben! –
Das könnte mich zur Verzweiflung treiben,
Wenn von dem Volk, das hier mich bedrängt,
Auch würde die Ewigkeit eingeengt;
Das wäre doch nur der alte Patsch,
Droben gäb's nur verklärten Klatsch.
»Sei nicht so heftig, sei nicht so dumm!
Da drüben bildet sich alles um.«

—

Ich habe nichts gegen die Frömmigkeit,
Sie ist zugleich Bequemlichkeit;
Wer ohne Frömmigkeit will leben,
Muß großer Mühe sich ergeben:
Auf seine eigne Hand zu wandern,
Sich selbst genügen und den andern,
Und freilich auch dabei vertraun:
Gott werde wohl auf ihn niederschaun.

—

Wer Wissenschaft und Kunst besitzt,
Hat auch Religion;

Wer jene beiden nicht besitzt,
Der habe Religion.

—

Niemand soll in's Kloster gehn,
Als er sei denn wohl versehn
Mit gehörigem Sünden-Vorrat;
Damit es ihm so früh als spat
Nicht mög' am Vergnügen fehlen
Sich mit Reue durchzuquälen.

—

Laßt euch nur von Pfaffen sagen
Was die Kreuzigung eingetragen!
Niemand kommt zum höchsten Flor
Von Kranz und Orden,
Wenn einer nicht zuvor
Derb gedroschen worden.

—

Den deutschen Mannen gereicht's zum Ruhm,
Daß sie gehaßt das Christentum,
Bis Herrn Carolus leidigem Degen
Die edlen Sachsen unterlegen.
Doch haben sie lange genug gerungen,
Bis endlich die Pfaffen sie bezwungen,
Und sie sich unter's Joch geduckt;
Doch haben sie immer einmal gemuckt.
Sie lagen nur im halben Schlaf,
Als Luther die Bibel verdeutscht so brav.
Sankt Paulus, wie ein Ritter derb,
Erschien den Rittern minder herb.
Freiheit erwacht in jeder Brust,
Wir protestieren all mit Lust.

—

»Ist Konkordat und Kirchenplan
Nicht glücklich durchgeführt?« —
Ja fangt einmal mit Rom nur an,
Da seid ihr angeführt.

—

Den Vereinigten Staaten
Amerika, du hast es besser
Als unser Kontinent, das alte,
Hast keine verfallene Schlösser
Und keine Basalte.
Dich stört nicht im Innern,
Zu lebendiger Zeit,
Unnützes Erinnern
Und vergeblicher Streit.
 Benutzt die Gegenwart mit Glück!
Und wenn nun eure Kinder dichten,
Bewahre sie ein gut Geschick
Vor Ritter-, Räuber- und Gespenstergeschichten.

—

Bei einer großen Wassersnot
Rief man zu Hülfe das Feuer,
Da ward sogleich der Himmel rot,
Und nirgend war es geheuer:
Durch Wälder und Felder kamen gerannt
Die Blitze zu flammenden Rotten,
Die ganze Erde sie war verbrannt,
Noch eh die Fische gesotten.

—

Und als die Fische gesotten waren,
Bereitet man große Feste;
Ein jeder brachte sein Schüsselein mit,
Groß war die Zahl der Gäste;
Ein jeder drängte sich herbei,
Hier gab es keine Faule;
Die gröbsten aber schlugen sich durch
Und fraßen's den andern vom Maule.

—

Die Engel stritten für uns Gerechte,
Zogen den Kürzern in jedem Gefechte;
Da stürzte denn alles drüber und drunter,
Dem Teufel gehörte der ganze Plunder.
Nun ging es an ein Beten und Flehen!

Gott ward bewegt herein zu sehen.
Spricht Logos, dem die Sache klar
Von Ewigkeit her gewesen war:
Sie sollten sich keineswegs genieren,
Sich auch einmal als Teufel gerieren,
Auf jede Weise den Sieg erringen
Und hierauf das Tedeum singen.
Das ließen sie sich nicht zweimal sagen,
Und siehe die Teufel waren geschlagen.
Natürlich fanden sie hinterdrein,
Es sei recht hübsch ein Teufel zu sein.

—

Wenn auch der Held sich selbst genug ist,
Verbunden geht es doch geschwinder;
Und wenn der Überwundne klug ist,
Gesellt er sich zum Überwinder.

—

Die reitenden Helden vom festen Land
Haben jetzt gar viel zu bedeuten;
Doch stünd' es ganz in meiner Hand,
Ein Meerpferd möcht' ich reiten.

—

Am jüngsten Tag, vor Gottes Thron,
Stand endlich Held Napoleon.
Der Teufel hielt ein großes Register
Gegen denselben und seine Geschwister,
War ein wundersam verruchtes Wesen:
Satan fing an es abzulesen.
 Gott Vater, oder Gott der Sohn,
Einer von beiden sprach vom Thron,
Wenn nicht etwa gar der heilige Geist
Das Wort genommen allermeist:
»Wiederhol's nicht vor göttlichen Ohren!
Du sprichst wie die deutschen Professoren.
Wir wissen alles, mach' es kurz!
Am jüngsten Tag ist's nur ein

Getraust du dich ihn anzugreifen,
So magst du ihn nach der Hölle schleifen.«

—

Ich kann mich nicht betören lassen,
Macht euren Gegner nur nicht klein
Ein Kerl den alle Menschen hassen
Der muß was sein.

—

 Wolltet ihr in Leipzigs Gauen
 Denkmal in die Wolken richten,
 Wandert, Männer all' und Frauen,
 Frommen Umgang zu verrichten!
 Jeder werfe dann die Narrheit,
 Die ihn selbst und andre quälet,
 Zu des runden Haufens Starrheit,
 Nicht ist unser Zweck verfehlet.
 Ziehen Junker auch und Fräulen
 Zu der Wallfahrt stillem Frieden,
 Wie erhabne Riesensäulen
 Wachsen unsre Pyramiden.

—

Gott Dank! daß uns so wohl geschah,
Der Tyrann sitzt auf Helena!
Doch ließ sich nur der eine bannen,
Wir haben jetzo hundert Tyrannen.
Die schmieden, uns gar unbequem,
Ein neues Kontinental-System.
Teutschland soll rein sich isolieren,
Einen Pest-Cordon um die Grenze führen,
Daß nicht einschleiche fort und fort
Kopf, Körper und Schwanz von fremdem Wort.

—

An die T . . und D . .
(Den 3. Februar 1814)

Verfluchtes Volk! kaum bist du frei,
So brichst du dich in dir selbst entzwei.

War nicht der Not, des Glücks genug?
Deutsch oder Teutsch, du wirst nicht klug.

—

Ein ewiges Kochen statt fröhlichem Schmaus!
Was soll denn das Zählen, das Wägen, das Grollen?
Bei allem dem kommt nichts heraus,
Als daß wir keine Hexameter machen sollen,
Und sollen uns patriotisch fügen,
An Knittelversen uns zu begnügen.

—

Sagst du: Gott! so sprichst du vom Ganzen
Sagst du: Welt! so sprichst du von Schranzen.
Hofschranzen sind noch immer die besten,
***schranzen fürchte, die allerletzten.

—

Den 2. Januar 1814
Hatte sonst einer ein Unglück getragen,
So durft' er es wohl dem andern klagen;
Mußte sich einer im Felde quälen,
Hatt' er im Alter was zu erzählen.
Jetzt sind sie allgemein die Plagen,
Der Einzelne darf sich nicht beklagen;
Im Felde darf nun niemand fehlen,
Wer soll denn hören, wenn sie erzählen?

Die Deutschen sind recht gute Leut',
Sind sie einzeln, sie bringen's weit;
Nun sind ihnen auch die größten Taten
Zum erstenmal im Ganzen geraten.
Ein jeder spreche Amen darein,
Daß es nicht möge das letzte Mal sein.

—

Die Franzosen verstehn uns nicht;
Drum sagt man ihnen deutsch in's Gesicht
Was ihnen wär' verdrießlich gewesen,
Wenn sie es hätten französch gelesen.

—

Epimenides Erwachen,
letzte Strophe

Verflucht sei wer nach falschem Rat,
Mit überfrechem Mut,
Das was der Corse-Franke tat
Nun als ein Deutscher tut!
Er fühle spät, er fühle früh
Es sei ein dauernd Recht;
Ihm geh' es, trotz Gewalt und Müh',
Ihm und den Seinen schlecht!

—

Was haben wir nicht für Kränze gewunden!
Die Fürsten, sie sind nicht gekommen;
Die glücklichen Tage, die himmlischen Stunden
Wir haben voraus sie genommen.
So geht es wahrscheinlich mit meinem Bemühn,
Den lyrischen Siebensachen;
Epimenides, denk' ich, wird in Berlin
Zu spät zu früh erwachen.
Ich war von reinem Gefühl durchdrungen;
Bald schein' ich ein schmeichelnder Lober:
Ich habe der Deutschen Juni gesungen,
Das hält nicht bis in Oktober.

—

Was die Großen Gutes taten
Sah ich oft in meinem Leben;
Was uns nun die Völker geben,
Deren auserwählte Weisen
Nun zusammen sich beraten,
Mögen unsre Enkel preisen
Die's erleben.

—

Sonst wie die Alten sungen,
So zwitscherten die Jungen;
Jetzt wie die Jungen singen,
Soll's bei den Alten klingen.

 Bei solchem Lied und Reigen
 Das Beste – ruhn und schweigen.

—

Calan empfahl sich Alexandern,
Um jenen Rogus zu besteigen;
Der König fragte, so die andern
Des Heeres auch: Was willst du zeigen? –
»Nichts zeigen will ich, aber zeigen,
Daß vor dem Könige, dem Heere,
Vor blinkend blitzendem Gewehre
Dem Weisen sich's geziemt zu schweigen.«

—

»Warum denn aber bei unsern Sitzen
Bist du so selten gegenwärtig?«
Mag nicht für langer Weile schwitzen,
Der Mehrheit bin ich immer gewärtig.

Was doch die größte Gesellschaft beut?
Es ist die Mittelmäßigkeit.

—

Konstitutionell sind wir alle auf Erden;
Niemand soll besteuert werden
Als wer repräsentiert ist.
Da dem also ist,
Frag' ich und werde kühner:
Wer repräsentiert denn die Diener?

—

Wie alles war in der Welt entzweit,
Fand jeder in Mauern gute Zeit;
Der Ritter duckte sich hinein,
Bauer in Not fand's auch gar fein.
Wo kam die schönste Bildung her,
Und wenn sie nicht vom Bürger wär'?
Wenn aber sich Ritter und Bauern verbinden,
Da werden sie freilich die Bürger schinden.

—

Laßt euch mit dem Volk nur ein,
Popularischen! Entschied' es,
Wellington und Aristides
Werden bald bei Seite sein.

—

Besonders, wenn die Liberalen
Die Pinsel fassen, kühnlich malen,
Man freut sich am Originalen;
Da zeigt sich nun ein jeder frei:
Er ist von Kindesbeinen tüchtig,
Besieht sich Erd' und Himmel richtig,
Sein Urteil ist ihm nur gewichtig,
Die Kunst ist selbst schon Tyrannei.

—

 Ich bin so sehr geplagt
 Und weiß nicht was sie wollen,
 Daß man die Menge fragt,
 Was einer hätte tun sollen.

—

 Mir ist das Volk zur Last,
 Meint es doch dies und das:
 Weil es die Fürsten haßt,
 Denkt es, es wäre was.

—

»Sage mir was das für Pracht ist?
Äußre Größe, leerer Schein! —«
O! zum Henker! Wo die Macht ist,
Ist doch auch das Recht zu sein.

—

Bürgerpflicht
Den 6. März 1832
Ein jeder *kehre* vor seiner Tür,
Und rein ist jedes Stadtquartier.
Ein jeder *übe* sein' Lektion,
So wird es gut im Rate stohn.

—

»Warum denn wie mit einem Besen
Wird so ein König hinausgekehrt?«
Wären's Könige gewesen
Sie stünden alle noch unversehrt.

—

Geburt und Tod betrachtet' ich
Und wollte das Leben vergessen;
Ich armer Teufel konnte mich
Mit einem König messen.

—

»Der alte reiche Fürst
Blieb doch vom Zeitgeist weit,
Sehr weit!« –
Wer sich auf's Geld versteht,
Versteht sich auf die Zeit,
Sehr auf die Zeit!

—

»Geld und Gewalt, Gewalt und Geld,
Daran kann man sich freuen,
Gerecht- und Ungerechtigkeit
Das sind nur Lumpereien.«

—

Die *gute Sache* kommt mir vor
Als wie Saturn, der Sünder:
Kaum sind sie an das Licht gebracht,
So frißt er seine Kinder.

—

Den 1. Januar 1814
Daß du die *gute Sache* liebst,
Das ist nicht zu vermeiden,
Doch von der schlimmsten ist sie nicht
Bis jetzt zu unterscheiden.

—

Grabschrift,
gesetzt von A⟨rndt?⟩ u⟨nd?⟩ J⟨ahn?⟩
Verstanden hat er vieles recht,
Doch sollt' er anders wollen;
Warum blieb er ein Fürstenknecht?
Hätt' *unser* Knecht sein sollen.

⟨INVEKTIVEN⟩

⟨Auf das Septemberheft des »Neuen teutschen Merkur«
von 1802 geschrieben⟩

In's Teufels Namen,
Was sind denn eure Namen!
Im deutschen Merkur
Ist keine Spur
5 Von Vater Wieland,
Der steht auf dem blauen Einband;
Und unter dem verfluchtesten Reim
Der Name Gleim.

⟨Gegen Kotzebue, 1802⟩

DES NEUEN ALCINOUS
erster Teil

Laßt mir den Phäaker schlafen!
Jenen alten, jenen fernen;
Freunde! kommt in meinen Garten,
Den gefühlten, den modernen.

5 Freilich nicht vom besten Boden;
Doch in allerschönster Richtung
Nächst an Jena, gegen Weimar,
Recht im Mittelpunkt der Dichtung.

Will dort unter Freundes-Zweigen
10 Und geschenkten Bäumen leben;
Doch zu ganz gewisser Rührung
Steht der Kirchhof gleich daneben.

Doch weil hinten mancher Toter
An der dumpfen Mauer ranzet,
Hat daher der gute *Loder*
Lebensbäume hingepflanzet.

Der nicht gerne Geld vergeudet,
Der Direktor *Graf von Soden*,
Schickt für jedes Stück mir vierzehn
Stämmchen aus dem besten Boden.

Ob sie alle, wie in Franken
Und bei *Sickler*, frisch bekleiben,
Wird sich finden; wenn sie dorren
Werd' ich neue Stücke schreiben.

Hier an diesem Wege stehen
Die Verleger mit einander.
Diese Mispeln pflanzte *Kummer*,
Diesen Korkbaum schickte *Sander*.

Sollte dieser Kork nun freilich
Wie der Geber sich verdicken,
Mögen Enkel und Urenkel
Mit dem Weg zur Seite rücken.

Pflaumen hat er mir versprochen
Der scharmante kleine *Merkel*,
Und nun sind es Schlehen worden;
Meine Kinder sind sie Ferkel?

Hahnebutten wählte *Bött'ger*
Aus Pomonens bunten Kindern;
Leidlich schmecken sie durchfrostet,
Doch sie kratzen mich im H

Kammerkätzchen, Kammermäuschen
Stifteten die schönsten Nelken,

Wieland gab ein Lorbeerreischen,
Doch es will bei mir verwelken.

Haselstauden will die *Gräfin*
Mir ein ganzes Wäldchen schenken,
Und so oft ich Nüsse knacke,
Will ich an die Freundin denken.

Auch aus Tiefurts Zauberhainen
Seh' ich manches Reis mit Freuden;
Doch um einen Lilienstengel
Will man mich besonders neiden.

Und so pflanzten sie, mit Eifer,
Nah und ferne, gute Seelen,
Und der Magistrat zu Naumburg
Ließ es nicht an Kirschen fehlen.

DES NEUEN ALCINOUS
zweiter Teil

Wenn ich nun im holden Haine
Unter meinen Freunden wandle,
Mögen's meine Feinde haben,
Die als Kegel ich behandle.

Kommt nur her, geliebte Freunde!
Laßt uns schleudern, laßt uns schieben;
Seht nur, es ist jedem Kegel
Auch sein Name angeschrieben.

Da den *Procerem* der Mitte
Tauft' ich mir zu Vater *Kanten*,
Hüben *Fichte*, drüben *Schelling*,
Als die nächsten Geistsverwandten.

Brown steht hinten in dem Grunde,
Röschlaub aber trutzt mir vorne,
Und besonders diesen letzten
Hab' ich immer auf dem Korne.

Dann die *Schlegels* und die *Tiecke*
Sollen durcheinander stürzen
Und durch ihre Purzelbäume
Mir die lange Zeit verkürzen.

Schieb' ich Holz, da wird gejubelt:
Dreie! Fünfe! Sechse! Neune!
Immer stürz' ich meine Feinde
Über ihre steifen Beine.

Aber weil durch ihren Frevel
Sie verdienen ewige Hölle,
Setzt sie der behende Junge
Immer wieder auf die Stelle.

Und so stürzen meine Feinde
Durch des Arms Geschick und Stärke;
Darum nannt' ich auch die Kugeln
Nach den Namen meiner Werke.

Eine heißt die *Sucht zu glänzen*;
Und dann steigt es immer höher,
Das *Jahrhundert* nannt' ich eine,
Eine den *Hyperboreer*.

Wie Alcinous behaglich
Könnt' ich mich auf Rosen betten;
Doch das Weimar'sche Theater
Schickt mir mit dem Westwind Kletten.

Und das Unkraut wächs't behende,
Und aus jedem Distelkopfe

> Seh' ich eine Maske blicken,
> Gräßlich mit behaartem Schopfe.
>
> 45 *Merkel* schickt mir einen Boten;
> Doch ich schweige, lass' ihn warten;
> Weiter geh' ich, und er folgt mir
> Gar bescheiden durch den Garten.
>
> Und wie jener röm'sche König
> 50 Sich den höchsten Mohn erlesen,
> Also fahr' ich mit der Gerte
> In das schnöde Distelwesen.
>
> Alle die verdammten Köpfe,
> Die so frech herüber gucken,
> 55 Sollen gleich vor meinen Hieben
> Fallen oder niederducken.
>
> Und der Bote merkt verwundert
> Mein geheimnisvolles Wandeln,
> Geht und meldet's meinem Freunde;
> 60 Dieser fängt nun an zu handeln.
>
> Und so glänzen wir, mit Ehren,
> Unter allen krit'schen Mächten,
> Die Verständ'gen, die Bescheidnen
> Und besonders die Gerechten.

B. UND K.

Ihr möchtet gern den brüderlichen *Schlegeln*
Mit Beil und Axt den Reise-Kahn zerstücken;
Allein sie lassen euch schon weit im Rücken,
Und ziehen fort mit Rudern und mit Segeln.

Zwar wär' es billig, diesen frechen Vögeln
Auch tüchtig was am bunten Zeug zu flicken;
Doch euch, ihr Musenlosen, wird's nicht glücken,
Drum, Flegel, bleibt zu Haus mit euern Flegeln.

Dramatisch tanzt ein Esel vor Apollen,
Und reichet traulich seinem Freund die Pratschen,
Dem Häßlichzerrer besserer Naturen.

Der liefert Hexen, jener liefert Huren,
Und beide hören sich aus einer vollen
Parterrekloak' bejubeln und beklatschen.

Schämt euch, ihr Bessern, auch mit einzupatschen!
Die Müh, uns zu vernichten, ist verloren:
Wir kommen neugebärend, neugeboren.

TRIUMVIRAT

Den Gott der Pfuschereien zu begrüßen,
Kam Leichtfuß, Genius der Zeit, gegangen:
Laß uns, mein Teurer, an einander hangen
Wie Klett' und Kleid; Pedanten mag's verdrießen.

Wir ruhen bald von unsrer einzigen, süßen,
Planlosen Arbeit mit genährten Wangen;
Wenn Dilettanten-Skizzen einzig prangen,
Sei ernste Kunst in's Fabelreich verwiesen.

An Schmierern fehlt's nicht, nicht am Lob der Schmierer;
Der rühmt sich selbst, Den preiset ein Verleger,
Der Gleiche Den, der Pöbel einen Dritten:

Doch fehlt im Ganzen noch ein Rädelsführer,
Ein unermüdlich unverschämter Präger
Papierner Münze. Da trat in die Mitten

Herr Überall, in Tag- und Monatstempeln
Den Lumpenbrei der Pfuscher und der Schmierer
Mit B † r zum Meisterwerk zu stempeln.

K . . . UND B . . .

Die gründlichsten Schuften, die Gott erschuf,
Und zwar zu eigenstem Beruf,
Auf Deutschlands angebauten Gauen
Die Menge zu kirren und zu krauen,
Indem sie sagten Tag für Tag,
Was jeder gerne hören mag:
Der Nachbar sei brav in vielen Stücken,
Doch könne man ihm auch am Zeuge flicken.
Vor ihnen beiden, wie vor Gott,
Sei alle Menschen-Tugend Spott,
Ja, wenn man's recht nimmt, gar ein Laster.
Das machte die Herren nicht verhaßter;
Denn Hinz und Kunz, an ihren Stellen,
Glaubten doch auch was vorzustellen.

Gottheiten zwei, ich weiß nicht wie sie heißen –
Denn ich bin nicht des Heidentums beflissen –
Von böser Art Gottheiten, wie wir wissen,
Die gern, was Gott und Mensch verband, zerreißen.

Die beiden also sagten: laß versuchen,
Wie wir dem deutschen Volk ein Unheil bringen;
Sie mögen reden, schwätzen, tanzen, singen,
Sie müssen sich und all ihr Tun verfluchen.

Sie lachten gräßlich, fingen an zu formen
Schlecht schlechten Teig, und kneteten beflissen.

Figuren waren's; aber wie geschissen.
Da sind nun Bött'ger, Kotz'bue, die Enormen!

Welch ein verehrendes Gedränge
Schließt den verfluchten Bött'ger ein?
Natürlich! Jeder aus der Menge
Wünscht sehnlich so ein Mann zu sein.
Er sah fürwahr die Welt genau; 5
Doch schaut er sie aus seinen Augen:
Deswegen konnte Mann und Frau
Auch nicht das Allermind'ste taugen.
Daß er aus Bosheit schaden mag,
Das ist ihm wohl erlaubt; 10
Doch fluch' ich, daß er Tag für Tag
Auch noch zu nützen glaubt.

⟨Gegen Kotzebue⟩

Ach könnt' ich doch nur dort hinein,
Gleich sollt's voll Stank und Unrat sein!

Bist du Gemündisches Silber, so fürchte den schwarzen
 Probierstein;
Kotzebue ach warum hast du nach Rom dich verfügt?

ULTIMATUM

Wollt', ich lebte noch hundert Jahr
Gesund und froh, wie ich meistens war;
Merkel, Spazier und Kotzebue
Hätten auch so lange keine Ruh,

 Müßten's collegialisch treiben,
 Täglich ein Pasquill auf mich schreiben.
 Das würde nun für's nächste Leben
 Sechsunddreißigtausend fünfhundert geben,
 Und bei der schönen runden Zahl
 Rechn' ich die Schalttäg' nicht einmal.
 Gern würd' ich dieses holde Wesen
 Zu Abend auf dem Nachtstuhl lesen,
 Grobe Worte, gelind Papier
 Nach Würdigkeit bedienen hier;
 Dann legt' ich ruhig, nach wie vor,
 In Gottes Namen mich auf's Ohr.

Sieh! das gebändigte Volk der lichtscheu muckenden
 Kauze
Kutscht nun selber, o Kant, über die Wolken dich hin.

CAMPES LAOKOON

Schon vom Gifte durchwühlt, gebissen und
 wiedergebissen,
Vater und Sohn! O! Weh! – Heilige Plastik! oweh!

⟨Gegen Newton, 1806⟩

 Ist erst eine dunkle Kammer gemacht,
 Und finstrer als ägyptische Nacht,
 Durch ein gar winzig Löchlein bringe
 Den feinsten Sonnenstrahl herein,
 Daß er dann durch das Prisma dringe,
 Alsbald wird er gebrochen sein.
 Aufgedröselt bei meiner Ehr'
 Siehst ihn, als ob er ein Stricklein wär',

Siebenfarbig statt weiß, oval statt rund,
Glaube hierbei des Lehrers Mund:
Was sich hier aus einander reckt,
Das hat alles in einem gesteckt.
Und dir, wie manchem seit hundert Jahr,
Wächs't darüber kein graues Haar.

⟨Gegen die Teleologen⟩

Da wächs't der Wein wo's Faß ist,
Es regnet gern wo's naß ist,
Zu Tauben fliegt die Taube,
Zur Mutter paßt die Schraube,
Der Stöpsel sucht die Flaschen,
Die Zehrung Reisetaschen,
Weil alles was sich rühret
Am Schluß doch harmonieret.

Denn das ist Gottes wahre Gift
Wenn die Blüte zur Blüte trifft;
Deswegen Jungfern und Junggesellen
Im Frühling sich gar gebärdig stellen.

WALLSTEIN
Tragédie en cinq Actes

Der du des Lobs dich billig freuen solltest,
O! guter Constant, bleibe still!
Der Deutsche dankt dir nicht; er weiß wohl was er will,
Der Franke weiß nicht was du wolltest.

VERSUS MEMORIALES
zu Verbreitung und Festhaltung der zwei wichtigsten natürlichen Systeme

Natürliches System der Erze nach Oken
Flinze, wenig Erz enthalten s',
Halde! Nu! die sind Gesalzen's,
Malme, sind gut durchgesotten,
Gelfe, hätten's bald getroffen.
So, mit mancherlei Gescherze,
Hätten wir die alten Erze.

Natürliches System des Organisch-Gebacknen nach Knebel
Leber ist nicht wert des Schmalzes,
Häring hat zu viel des Salzes,
Frösche sind zum Frühlingsfeste,
Fische dennoch sind die beste.
Und mit diesen lass' im Stiche
Niemals uns des Freundes Küche!

ANTIKRITIK

Armer Tobis, tappst am Stabe
Siebenfarbiger Trödeleien,
Kannst dich jener Himmelsgabe
Reinen Lichtes nicht erfreuen.

Nicht erlustigen dich im Schatten,
Wo mit urgebotner Liebe
Licht und Finsternis sich gatten,
Zu verherrlichen die Trübe.

Werd' ihm doch die kräft'ge Salbe,
Diesem Armen, bald gesendet,

Dem die theoretische Schwalbe
Augenkraft und Lust geblendet.

Newtonisch Weiß den Kindern vorzuzeigen,
Die pädagogischem Ernst so gern sich neigen,
Trat einst ein Lehrer auf, mit Schwungrads Possen,
Auf selbem war ein Farbenkreis geschlossen.
Das dorlte nun. »Betracht' es mir genau!
Was siehst du, Knabe?« Nun, was seh' ich? *Grau!*
»Du siehst nicht recht! Glaubst du, daß ich das leide?
Weiß, dummer Junge, *Weiß!* so sagt's *Mollweide!*«

So soll die orthographische Nacht
Doch endlich auch ihren Tag erfahren;
Der Freund, der so viel Worte macht,
Er will es an den Buchstaben sparen.

Die Wolle, sie ist gut und fein,
Jedoch die Arbeit nicht zu loben,
Mag leidlich gekrempelt, gesponnen sein,
Aber abscheulich schlecht gewoben.

Was man von Reinhard sagen kann,
Das sagt man nicht von Böttigers Witze:
War jener ein gevierter Mann,
Der ist ein Drehdorl auf der Spitze.

Zwar Böttiger macht gar manchen Knix,
Doch oft passiert ihm auch ein Knax:
Mit griech'schen Namen ist er fix,
Doch schlecht verdankt es ihm Demonax.

Herr Werner ein abstruser Dichter
Dazu vom sinnlichsten Gelichter
Verleugnete sein schändlich Lieben
Die Unzucht, die er stets getrieben,
Nun sucht er neue Lasterspur;
Ihn treibt die sündige Natur
Nach Rom zur babylon'schen Hur'.
Da laicht er denn mit Münch- und Nonnen
Und glaubt, er habe viel gewonnen
Daß, was er fleischlich sonst vollführt,
Den Leichnam er geistlich nun branliert.
Nun will der Kerl sich mit den treuen
Keusch-siegesfrommen Deutschen freuen,
Da doch der Papst, der Antichrist,
Ärger als Türk' und Franzosen ist.

JOURNAL DER MODEN

Der Redakteur spricht:
Wir sollten denn doch auch einmal
Was Konsequentes sprechen,
Und nicht, wie immer, Haub' und Shawl
Und Hut vom Zaune brechen;

Erwähnen, was des Menschen Geist
So, aus sich selbst, entwickelt,
Und nicht, wie Fall und Zufall weis't,
Konfus zusammenstückelt;

Ein Wissen, das in's Ganze strebt,
Und Kunst auf Fundamenten,
Nicht, wie man Tag' um Tage lebt,
Von fremden Elementen.

Allein wie richten wir es ein?
Wir sinnen uns zu Tode.

Mitarbeiter spricht:
Beim Zeus! was kann bequemer sein? 15
So macht es doch nur Mode!

KOTZEBUE

Natur gab dir so schöne Gaben,
Als tausend andre Menschen nicht haben;
Sie versagte dir aber den schönsten Gewinst,
Zu schätzen mit Freude fremdes Verdienst.

Könntest du dich deiner Nachbarn freuen, 5
Du stelltest dich ehrenvoll mit in den Reihen;
Nun aber hat dich das Rechte verdrossen,
Und hast dich selber ausgeschlossen.

Und wenn nach hundert Jahren ein Meiner
Deiner Werke gedenkt und deiner, 10
So darf er es nicht anders sagen;
Du kannst ihn bei'm jüngsten Gericht verklagen.

⟨Gegen Christian Heinrich Pfaff⟩

Absurder Pfaffe! wärst du nicht
In Unnatur verschlämmet,
Wer hätte dir eignes Augenlicht
Vom Urlicht abgedämmet?
Du Esel! willst zur Demut mich 5
Demütigsten ermahnen,
Höre doch den Narrenstolz und dich
Und Pfäfferei yahnen!

Hätte Oken gewußt wer er sei
Und wär' sich nicht selber überlei,
So ständ' er recht gut im Orden
So weiß gar niemand was er geworden.

ISIS

Sie fährt in alles rasch hinein,
Mit Ungestüm und Besen,
Und will doch auch papistisch sein,
Das ist ein seltsam Wesen.

⟨Gegen Kotzebue, Wartburgfest, Eisenach, 18. 10. 1817⟩

Du hast es lange genug getrieben,
Niederträchtig vom Hohen geschrieben,
Hätt'st gern die tiefste Niedertracht
Dem Allerhöchsten gleichgebracht.
Das hat denn deine Zeitgenossen,
Die tüchtigen mein' ich, baß verdrossen;
Hast immer doch Ehr' und Glück genossen.

St. Peter hat es dir aber gedacht,
Daß du ihn hättest gern klein gemacht,
Hat dir einen bösen Geist geschickt,
Der dir den heimischen Sinn verrückt,
Daß du dein eignes Volk gescholten.
Die Jugend hat es dir vergolten:
Aller End' her kamen sie zusammen,
Dich haufenweise zu verdammen;
St. Peter freut sich dieser Flammen.

»Warum bekämpfst du nicht den Kotzebue,
Der scharfe Pfeile, dir zu schaden, richtet?«
Ich sehe schadenfroh im Stillen zu,
Wie dieser Feind sich selbst vernichtet.

———

Von ... tu ich euch offen und kund:
Derselbe hat gar einen stinkenden Mund,
Auch, spräch er verständige Worte die süßen,
Wir würden doch alle die Nase verschließen;
Im Schauspiel von Ferne man sieht es mit an,　　　5
Und stinkt's, so hat das Parterr es getan.

⟨Gegen Juliane von Krüdener⟩

Junge Huren, alte Nonnen
Hatten sonst schon viel gewonnen,
Wenn, von Pfaffen wohlberaten,
Sie im Kloster Wunder taten.
Jetzt geht's über Land und Leute　　　5
Durch Europens edle Weite!
Hofgemäße Löwen schranzen,
Affen, Hund' und Bären tanzen –
Neue leid'ge Zauberflöten –
Hurenpack, zuletzt Propheten!　　　10

CHRONICA

1818 April 16
Auch endlich ward ich Großpapa!
Als ich den lieben Enkel sah,
War Fried' im Frauenzimmer.
Doch alsobald der kleine Wicht
Verziehet kläglich sein Gesicht:　　　5
Die Kinder schreien immer.

Eodem
Drauf akademisch ward mir gleich
Ein herrlich Welt- und Geisterreich,
Bei stiller Kerze Schimmer.
Ich hört' ein Jodeln: Jo! da! ho! –
Potz Leipzig! und Potz Waterloo:
Studenten brüllen immer.

FRÜHLING 1818

Das ist einmal ein Philister-Jahr!
Sie sind zufrieden ganz und gar,
Und preisen Gott mit großem Geschrei
Daß er wieder einmal vernünftig sei.
Es ging ihnen aber oft so schlecht,
Sie trauen ihm diesmal auch nicht recht.

Ein strenger Mann, von Stirne kraus,
Herr Doktor Müllner heißt er,
Wirft alles gleich zum Fenster hinaus,
Sogar den Wilhelm Meister.
Er ganz allein versteht es recht,
Daran ist gar kein Zweifel:
Denn geht es seinen Helden schlecht,
Ergibt er sie dem Teufel.

Wir litten schon durch Kotzebue
Gemeines Räsonnieren,
Nun kommt Herr Müllner auch dazu,
Das Ober-Wort zu führen;
Im Dichten rasch, im Lobe faul,
Ist er mit nichts zufrieden:

Der Edle mault nur, um das Maul
Den andern zu verbieten.

———

Jena's Philister und Professoren
Sagen, es habe keine Not,
Kotzebue sei zwar mausetot,
Doch niemand habe sich verschworen.

Sie hoffen an den schönen Pfründen
Doch vor wie nach den Herd zu zünden,
Dieweil der Sodoms-Apfelbrei
Gesunde Jugendspeise sei.

Von Jenischen behaarten Molchen
Sieht Stourdza sich bedroht mit Dolchen.
Er steht! Ein Mann! Dann schreit er laut,
Er flieht, es kommt ein Dolch, die Braut.

———

Frauen ... und Professoren
Sagen es habe keine Not,
Kotzebue sei zwar Mausetod,
Doch werden sie immer neu geboren;
Damit sie sich alle einander ermorden
Ist der jüngste Tag vertagt geworden.

———

Es hange eben nicht zusammen
Nicht mit Wartburgs Bücher Flammen
Nicht mit Verruf ⟨?⟩ von Geor⟨gia?⟩
Das stehe alles nur einzeln da
Und müsse jedermann sich schämen
Die Sache gar für Ernst zu nehmen

———

Nenne niemand! nur verschone
Mir nicht Herrn Mone.
Zu Alliierten deinem Grimm
Rufe herzhaft Gebrüder Grimm.

———

Es ist ein schlechter Zeitvertreib,
Ramdohr- und Spät- und Schreibergeschreib,
Was sie alles gegen mich sagen
Wird wohl am Abend vorgetragen.
Wie nickt das Haupt, wie schmeckt die Ruh,
Kommt nun noch Atterbom dazu.
—
Derselbe setzt sich zu Gericht
Hat gar eine eigne Kunstgeschicht'.
⟨Lücke⟩
Das hören wir alles ohne Scherz
In jener Gesellschaft für Geist und Herz.

———

Müde bin ich des Widersprechens,
Des ewigen Lanzenbrechens,
Muß doch das Feld am Ende räumen.
Muse besänftige deinen Zorn! –
Laß mich den Traum des Lebens träumen,
Nur nicht mit Creuzer und Schorn!

⟨Auf den Journalisten Pfeilschifter⟩

Es hatte ein junger Mann
Pfeile geschiftet,
Dann wie er konnte und kann
Flügel gelüftet;
Doch im dädalischen Flug

Kam er zu Sinnen,
Er hatte Zeit genug
Land zu gewinnen.
Da sieht er, gelassen und nah,
Verworrene Taten,
Und kann dem lieben Papa
Vernünftiges raten.

—

Und warum geht es nicht
In solchen Sachen?
Es meinet jedermann
Er könn' es machen;
Und wenn er's machen soll,
Kann er's nicht machen.

Reingewaschen in Lammesblut,
Die Phrase fand ich niemals gut,
's ist ein verwegner Tropus;
Steigt reingewaschen wie ein Lamm
Die Königin aus Pöbel-Schlamm,
Das ist ein ander Opus.

Was ist denn Königs-Majestät?
Sie ist die über alles geht,
Und läßt sich gar nicht stören;
Wie aber Pöbel-Majestät
Sich über alles alles bläht
Mag Albion uns lehren.

Voß contra Stolberg! ein Prozeß
Von ganz besonderm Wesen,
Ganz eigner Art; mir ist indes,
Das hätt' ich schon gelesen.

Mir wird unfrei, mir wird unfroh,
Wie zwischen Glut und Welle,
Als läs' ich ein Capitolo
In Dante's grauser Hölle.

⟨Gegen Pustkuchen⟩

»Was will von Quedlinburg heraus
Ein zweiter Wanderer traben!« –
Hat doch der Wallfisch seine Laus,
Muß ich auch meine haben.

———

Der freudige Werther, Stella dann
In Kriminal-Verhören,
Vom Libanon der heilige Mann
Sind göttlich zu verehren.
So ist von Quedlinburg auch der
Falschmünzer hoch zu preisen:
Gemünder Silber präget er,
Uns Korn und Schrot zu weisen.

———

Der Weihrauch, der euch Göttern glüht,
Muß Priestern lieblich duften,
Sie schufen euch, wie jeder sieht,
Nach ihrem Bild zu Schuften.

M⟨üllne⟩r ⟨?⟩

Etwas ist er, muß auch was scheinen,
Denn immer etwas ist der Schein,
Nun aber in der Allgemeinen
Wird er doch immer mehr gemein.

»GOETHE UND PUSTKUCHEN«
(Haude und Spener, Berliner Nachrichten, Nr. 149. 1822)

Pusten, grobes deutsches Wort!
Niemand – wohl erzogen –
Wird am reinanständigen Ort
Solchem Wort gewogen.

Pusterich, ein Götzenbild,
Gräßlich anzuschauen,
Pustet über klar Gefild
Wust, Gestank und Grauen.

Will der Pusterich nun gar
Pfaffenkuchen pusten,
Teufelsküchenjungenschar
Wird den Teig *behusten*.

———

Dem Dummen wird die Ilias zur Fibel;
Wie uns vor solchem Leser graus't!
Er lies't so ohngefähr die Bibel,
Als wie Herr Schöne meinen Faust.

———

So ist denn Tieck aus unsrer Mitten
In die Schranken hervorgeritten.
Heil ihm! – Es gilt nicht *Wanderjahre*,
Noch eines Dichters graue Haare,
Noch seine Meister und seine Gesellen,
Die sich vor Mit- und Nachwelt stellen;
Es gilt, ihr mögt es leicht erproben,
Die Paare wie sie sich *verloben*.

FAUNTLEROY UND KONSORTEN

Will in Albions Bezirken
Man den Schriftverfälscher hängen;
Herrschers Gnade zu erwirken,
Sieht man Tausende sich drängen.

Hängt man diesen – denken viele –
Sollten wir im Sichern wandeln?
Die im Ernst, so wie im Spiele
Immerfort betrüglich handeln.

Einerlei ist's ganz und gar,
Ob man raube, fälsche, stehle;
Und dem schändlichsten Falsar
Juckt in Quedlinburg die Kehle.

Lord Byron ohne Scham und Scheu
Hat sich satanischen Pakts beflissen.
Von Hammer merkt nun wohl, daß, um Poet zu sein,
Er sich dem Teufel hätt' ergeben müssen.

Verwandte sind sie von Natur,
Der Frischling und das Ferkel;
So ist Herr Menzel endlich nur
Ein potenzierter Merkel.

⟨An Luise Krafft in Cöln⟩

Wenn schönes Mädchen sorgen will
Für meine Seligkeit,
So ist ihr zartes Herzchen still
Der Liebe schon geweiht;
Doch Pfarrers Wittib mahnt mich an 5
Aus ihrem Ofenwinkel!
Fürwahr ich sehe nichts daran,
Als Eitelkeit und Dünkel. –
Bei'm Heiland möcht' ich euch nicht gern
Für die Empfehlung danken, 10
Gesunde kennen unsern Herrn
Weit besser als ihr Kranken.

ÜBER . . .
JUNIUS AN DIE NACHKOMMEN

Prologus
So viel wir von ihm zu sagen wissen,
So hat er zuerst in die Windeln geschissen,
Als Kind hat er, zum Trotz uns allen,
Gar manche Löcher in Kopf gefallen,
Als Jüngling hat er sich branliert, 5
Und als Student auch renommiert;
Dabei hat er bei guten Sitten
Auch schrecklich an der Krätze gelitten.
Nachdem er von solchen Übeln frei,
Legt er sich ein hübsch Mädchen bei, 10
Die macht ihm gelegentlich bekannt
Das heilige Holz aus fremdem Land.
Dadurch ward er nun präpariert
Daß Staaten würden durch ihn regiert.
Wie schlecht er getan, wie schlecht's ihm gegangen 15
Wird reihenweise nun angefangen.

⟨AN PERSONEN⟩

⟨1. Stammbuchblatt, Pyrmont, 15. 7. 1801⟩

Weise die Rose nicht ab von deinem Busen, sie blühet
Noch auf der Wange dir, noch in dem Herzen dir auf.

⟨2. In das Stammbuch Augusts von Goethe,
Jena, 22. 11. 1801⟩

Gönnern reiche das Buch und reich' es Freund- und
Gespielen,
Reich' es dem Eilenden hin, der sich vorüber bewegt.
Wer des freundlichen Worts, des Namens Gabe dir spendet,
Häufet den edlen Schatz holden Erinnrens dir an.

⟨3. An den Fürsten Carl von Ligne, Weimar,
Mitte Januar 1804⟩

In früher Zeit, noch froh und frei,
Spielt' ich und sang zu meinen Spielen;
Dann fing's im Herzen an zu wühlen,
Ich fragte nicht, ob ich ein Dichter sei:
Doch daß ich liebte, konnt' ich fühlen.

So bleibt es noch. Ich weiß nicht viel
Von eignen dichterischen Taten.
Man sagt, mir sei als Ernst und Spiel
Nicht übel dies und jen's geraten.
Gern hör' ich Gutes von der Kunst,
Der ich mein Leben treu geblieben;

Doch mich in meinen Freunden lieben,
Dies, edler Mann, dies ist die schönste Gunst.

⟨4. An . . ., 1804⟩

Wie du Vertrauen erweckst, o Genius anderer Welten,
 Mehr als der irdische Mann zeige dich selig und reich!

⟨5. An die Herzogin Anna Amalia, Weimar, 27. 4. 1805⟩

Freundlich empfange das Wort laut ausgesprochner
 Verehrung,
 Das die Parze mir fast schnitt von den Lippen hinweg.

⟨6. An Esther Stock in Frankfurt, Weimar, 1. 1. 1806⟩

Was uns Günstiges in fernen Landen
Auch begegnet, sehnt, bei allem Glück,
Doch das Herz zu seiner Jugend Banden,
Zu dem heim'schen Kreise sich zurück.

⟨7. In ein Stammbuch unter eine Zeichnung,
 Jena, 5. 10. 1806⟩

Zu unsres Lebens oft getrübten Tagen
Gab uns ein Gott Ersatz für alle Plagen,
Daß unser Blick sich himmelwärts gewöhne,
Den Sonnenschein, die Tugend und das Schöne.

⟨8. Zueignung an Prinzessin Caroline von Weimar,
 Weimar, 17. 1. 1807⟩

Dieses Stammbuch, wie man's auch nimmt,
War eigentlich für 'nen Studenten bestimmt,
Der es auf akademischen Pfaden
Sich wählen sollt' aus Hertels Laden;
Wie ich's denn auch, – nicht guter Ding', –
Aus der hübschen Frau Hertel Hand empfing.

Denn guter Dinge konnt' ich nicht sein.
Wir waren schon in den Oktober hinein,
Und preußische Scharen allzumal
Zertrappelten uns Berg und Tal,
Und damals war noch nichts verloren.

Ich kraute mir aber hinter den Ohren
Und letzte mich, wie vor alter Zeit,
Wieder an des Tales Wirklichkeit
Und wollte kühnlich mich erdreisten,
An der Saale das auch zu leisten
Was an der Töpel ich trieb im Spiel;
Das war nun freilich gar nicht viel.

Kaum hatt' ich aber ein paar Pappeln zeichnet
Und ein paar Berge mir angeeignet,
Da brach die Sündflut auf einmal herein:
Es hätte nicht können schlimmer sein.

Wie aber nach dem jüngsten Gericht
Was vorgeschah auch wieder geschicht
Und über Wolken und unter Flammen
Freunde und Feinde kommen zusammen,
Und überall im höchsten Chor
Jeder Heilige, nach wie vor,
Hebt und trägt sein Marterinstrument,

Woran man ihn allein erkennt: 30
So werd' ich auch wohl in Abrahams Schoß
Bleistift und Pinsel nicht werden los;
Bei vieler Lust und wenig Gaben
Werd' ich doch nur gekritzelt haben.

Doch sei dem allen wie es sei, 35
Kein Blatt im Buch ist überlei,
Auf beiden Seiten manche beschrieben
Und so nichts weiter übrig blieben,
Als daß du glaubst, das viele Papier,
Was auch drauf stehe, gehöre dir. 40
Und dazu hast du Fug und Macht,
Immer war dein dabei gedacht.
So steht dein Bild auch klar und glatt
In unserm Herzen auf jedem Blatt.
Und Liebe bleibt zu unserm Gewinn 45
Ein beßrer Zeichner als ich bin.

⟨9. In das Stammbuch der Malerin Caroline Bardua,
Weimar, 12. 5. 1807⟩

Wie wir dich in unsrer Mitte
Üben dein Talent gesehn,
Mögest du mit gleichem Schritte
Immer, immer vorwärts gehn.

⟨10. An Amalie von Stein, geb. von Seebach, ca. 1807/09⟩

Der dieses Bild der Einsamkeit gemacht,
Hat oft in Einsamkeit an dich gedacht.

⟨11. An Pauline Gotter, vermutlich 1808⟩

Traun! ein schönes Geheimnis hast du durch dein Wesen
 gelöset,
 Wie mit weiblichem Sinn tieferes Wissen sich eint.

⟨12. An Silvie von Ziegesar⟩

ZUM EIN UND ZWANZIGSTEN JUNI
Karlsbad 1808

Nicht am Susquehanna, der durch Wüsten fließt,
Wo zum ird'schen Manna geist'ges man genießt,
Nicht vom Gnadentale, nicht nach Herrenhut,
Wo bei'm Liebesmahle Tee man trinkt für Blut:
5 Nein! am Tepelstrande, von der großen Bruck,
Wo die Mohrenbande schaut Sankt Nepomuk,
Zu dem weißen Hirschen, der beständig rennt,
Ohne daß ein Pirschen seine Straße hemmt,
Eile dieses Blättchen, munter und geschwind,
10 Wo im kurzen Bettchen ruht das liebe Kind.

Nennet mir bei Zeiten gleich den schönsten Tag,
So daß niemand streiten, niemand zweifeln mag.
»Meinst du *den*, wo's Krippchen frömmlich bunt
 geschmückt?
Den, wo sich am Püppchen Püppchen hoch entzückt?
15 *Den* vielleicht vor Fasten, wo's am tollsten geht,
Wo man ohne Rasten sich mit Liebchen dreht?
Ist es Ostern? Pfingsten? Corpus Domini?
Freundchen! du besingst'en, frisch zur Melodie!«

Keiner ist der meine der sich rücken läßt;
20 Einer ist's, der *eine*, dieser steht so fest.
Läßt er nah sich blicken, wünscht man ihn heran;

Hat man ihn im Rücken, gleich fängt's Trauren an.
Bruder nicht noch Schwester hat er für und für,
Und man glaubt, Silvester steh' schon vor der Tür.
Drum mit Wohlbedachte grüßt ihn ehrenvoll, 25
Weil er was er brachte wohl uns lassen soll.
Wird er gleich entweichen, wie nun Tage sind,
Läßt er seines Gleichen uns das längste Kind.

Froh am schönen Feste soll's in Karlsbad sein!
Ein paar hundert Gäste stellten schon sich ein. 30
Gleich soll jeder haben, was ihm konveniert;
Früh mit Wassergaben jeder wird traktiert,
Freuet sich nicht minder als bei'm größten Schmaus,
Denn er geht gesünder, als er kam, nach Haus.
Liebliches Gedudel tönte gestern Nacht; 35
Lust'ger ist der Sprudel heut schon aufgewacht.
Frischlich angefeuchtet steht der Fels umlaubt;
Kreuzes Panner leuchtet um das kahle Haupt.
Herzlich grüßt der Biedre dieses Tages Stern,
Hoch wird alles Niedre, Hohes neigt sich gern. 40
Der verschloss'ne Stolze grüßet heiter, mild;
Tät'ger wird Graf Bolze, Herr vom goldnen Schild.

Doch sie kömmt geschritten! Schaut nur, wie sie steigt,
Wo sich auf Graniten manche Blume zeigt.
In den bunten Höhen eil' ihr nachzugehn, 45
Wo die Orchideen und Dianthen stehn,
Und Ornithogalen, weiß und schlank wie sie.
Ihr zu Liebe strahlen Lenz und Sommer hie.
Doch die Wetterkenner, zweifelnd stehn sie dort,
Wohlbedächt'ge Männer! Und du schreitest fort, 50
Pflückest junge Rosen, lächelst leichtem Stich;
Wie im Lande Gosen sonnt es rings um dich.
Reich an Sträuß- und Kränzen, trotz dem Wolkengraus,
Bringst du die Exzellenzen ungenetzt nach Haus.
Folge so dir immer, wie sich's wölken mag, 55
Heitrer Sonnenschimmer, dir zum eignen Tag!

Trotz dem Wetterbübchen geh's dir jungem Blut,
Tochter, Freundin, Liebchen, wie du's wert bist, gut!

⟨13. In das Stammbuch von Bertha v. Loder,
Jena, 13. 5. 1809⟩

Wie die Blüten heute dringen
Aus den aufgeschloss'nen Zweigen,
Wie die Vögel heute singen
Aus durchsichtigen Gesträuchen,
So begleitet reis' und lebe
Und so freundlich nimm und gebe.

⟨14. An Hedwig v. Berg, geb. v. Sievers,
Weimar, 20. 7. 1809⟩

Wie es dampft und braus't und sprühet
Aus der unbekannten Gruft!
Von geheimem Feuer glühet
Heilsam Wasser, Erd' und Luft.

Hülfsbedürft'ge Schar vermehrt sich
Täglich um den Wunderort,
Und im Stillen heilt und nährt sich
Unser Herz an Freundes Wort.

⟨15⟩

SUPPLEMENT ZU SCHILLERS GLOCKE
Aus dem Stegreife. Zu Gunsten einer Schauspielerin, die in der
Austeilung übergangen war

Reißt der schöne Wahn entzwei.
 Ach! auf wiesenreichen Auen
 Wünschen wir die Pracht zu schauen,
 Die von gestern! – Sie ist hin!
 Vor der Sense fliehn die Träume,
 Abgemäht sind Blumenräume,
 Dürr und braun das holde Grün.

Und ruhet nimmer.
 Und nimmer zu ruhn
 Gewöhnt sie die Tochter.
 Ein wirtliches Tun
 Es kleidet wie Seide,
 Dem Jüngling gefällt sie
 Im häuslichen Kleide.
 Er verbirgt seinen Willen,
 Er wählt sie im Stillen.

Die sie blühend ihm gebar.
 Die sie an der treuen Brust
 Hielt und hegt' mit Mutter Lust,
 Wenn die andern stufenweise
 Durch des Hofes weite Kreise
 Haschten, trieben, stritten, herzten
 Und das Wachstum sich erscherzten.

Denn das Auge des Gesetzes wacht.
 Ja, so wenig als im Freien,
 Bergen, Tälern, Wüsteneien,
 Ist im Hause Ruh beschert
 Wo Gesetz nicht herrscht und wehrt.

⟨16. An Christine von Ligne, Teplitz, 2. 9. 1810⟩

Ein klein Papier hast du mir abgewonnen,
Ich war auf größeres gefaßt;
Denn viel gewinnst du wohl, worauf du nicht gesonnen,
Worum du nicht gewettet hast.

⟨17⟩

DAS BLUMENCHOR
Zum 30. Januar 1812

Wir begegnen dem Entzücken,
Wie es jeder fühlen mag,
Und mit kindlich heitern Blicken
Grüßen wir den schönsten Tag.

⟨18. An die Schauspielerin Amalie Wolff
zum 10. 12. 1812⟩

Erlaubt sei dir, in mancherlei Gestalten
Das junge Volk und die ehrwürd'gen Alten
Zum Besten, wie es dir beliebt, zu halten:
Und Phädra, wütend, leidenschaftlich groß;
Elisabeth, so lieb- als schonungslos;
Messina's Fürstin, fest, wenn das Geschick bricht;
Jungfrau, gestählt, nur gegen Liebesblick nicht;
Klärchen zuletzt, die jeden so verführt,
Daß er den Kopf, wie Belgiens Held, verliert.
Der Wechsel bilde dein beglücktes Reich,
Bleibst du nur uns, den Freunden, immer gleich.

⟨19. An Oberstlieutenant von Bock, Weimar, 22. 10. 1813⟩

>Von allen Dingen die geschehn,
>Wenn ich es redlich sagen sollte,
>So war's, Kosaken hier zu sehn,
>Nicht eben was ich wünschen wollte.
>Doch als die heilig große Flut 5
>Den Damm zerriß der uns verengte,
>Und Well' auf Welle mich bedrängte,
>War *dein* Kosak mir lieb und gut.

⟨20. An Gräfin Josephine O'Donell, Weimar, 3. 2. 1814⟩

>Die kleinen Büchlein kommen froh,
>Der werten Dame sich zu bücken,
>Doch Lieb' und Freundschaft auszudrücken,
>Bedürft' es ein in Folio.

⟨21. An Friedrich Peucer bei Übersendung eines rheinländischen Dukaten⟩

>Nein! frechere Wette
>Verliert man nicht,
>Als an der Elbe ich
>Dazumalen
>Dresden, den 15. August 1813

>Jetzt, 5
>Da man über'm Rheine ficht,
>Will ich mit Rheingold
>Sie bezahlen.
>Weimar, den 16. Februar 1814

⟨22. An Gräfin Constanze von Fritsch bei Übersendung
eines Pensée-Straußes, Weimar, 27. 2. 1814⟩

> Die deutsche Sprache wird nun rein,
> *Pensée* darf künftig nicht mehr gelten;
> Doch wenn man sagt: *Gedenke mein!*
> So hoff' ich, soll uns niemand schelten.

⟨23. An P. A. Wolff, mit fünf Landschaften in Sepia,
Weimar, zum 3. 5. 1814⟩

> Blätter nach Natur gestammelt,
> Sind sie endlich auch gesammelt,
> Deuten wohl auf Kunst und Leben;
> Aber ihr im Künstler-Kranze,
> Jedes Blatt sei euch das Ganze,
> Und belohnt ist euer Streben.

⟨24. An Caroline Ulrich, Berka, 8. 6. 1814⟩

LIEBE

> Ich bliebe gern verschlossen still
> Doch muß ich mich im Kreise zeigen.
> Vergebt wenn ich mich rühmen will,
> Denn heute soll ja niemand schweigen.
> O! wie's in meinem Busen ringt!
> Mir ist das schwerste Los gefallen:
> Denn Opfer wie sie Liebe bringt
> Das sind die schmerzlichsten von allen.

⟨25. An Caroline Ulrich, Berka, 24. 6. 1814⟩

> Wäre der Rubin mir eigen,
> Perlen wären um ihn her,
> O, so wollt' ich bald erzeigen,
> Wie so herzlich lieb er wär';
> Denn ich schüf' ihn gleich zum Ringe, 5
> Schlangen würd' ich um ihn ziehn,
> Und ich sagte: Liebe, bringe,
> Bring' ihn der Geliebten hin.

⟨26. Aus der Gedichtsammlung *Willkommen* für den
Herzog Carl August, Weimar 1814⟩

⟨Widmung⟩
Diese Stimmen sie erschallen
Aus der Menge laut vor allen,
Dir zu Ehren, zu Gefallen;
Hör' auch sie mit Hulden an!
Was die Lieder wiederhallen, 5
Hast du, Herr, in Tat getan.

Blumen und Pflanzen

Die Pflanzen sämtlich die dir angehören,
Sie grüßen dich entzückt in deinen Gauen;
Und willst du sie mit neuen auch vermehren,
Wir werden nicht dazu mit Neide schauen. 10

Sonnenblume
Die Sonnenblume möchte dich begrüßen,
Dieweil sie sich so gern zur Sonne wendet;
Nur steht zur Zeit sie noch zurückgewiesen,
Doch du erscheinst, und sie ist gleich vollendet.

Veilchen

Das Veilchen aber, wollt' es dich erreichen,
So müßt' es tausendfach dich überschütten;
Doch wird es still wie alle seines Gleichen
Mit Wohlgerüchen deine Gunst erbitten.

⟨Wielands Pforte⟩

»Der du frühe schon das Große wolltest,
Wie ich dich so jung und kühn gesehn,
Hast es nun getan so wie du solltest,
Und für uns, für alle war's geschehn.«
 Gebe das Geschick
 Erst- und letztes Glück:
Dich dir selbst des Friedens zu ergehn.«

Familiengemälde

So leitet zu des Schlosses Pforten
Die Muse festlich jeden Schritt;
Es fehlet nicht an ernsten Worten,
Und manches heitre tönet mit.

Bald blüht in diesen Lustgefilden
Ein neues Fest dem treuen Blick:
Gemahlin, Söhne, Töchter bilden
Den schönsten Kranz, ein häuslich Glück.

Der Künstler steht entzückt im Schauen,
Entwirft mit Rubens Hand und Kraft
Anständ'ge Ritter, edle Frauen
Und aller Stoffe Farb' und Saft.

Schon hat er's emsig unter Händen,
Er sieht es wachsend vor sich stehn:
Gelingt's ihm schnell es zu vollenden,
So werdet ihr's mit Freude sehn.

⟨27. Wiesbaden, 1. 9. 1814⟩

Was der August nicht tut,
Macht der September gut.

⟨28. An Charlotte von Stein, Weimar, 26. 12. 1814⟩

Gegen soviel schöne Dinge
Weiß ich nicht was ich dir bringe.
Späne, die sich leicht entzünden,
Licht, in dunkler Nacht zu finden;
Becher, die den Wein verbessern, 5
Feinde von gefüllten Fässern;
Süßigkeit auf Süßigkeiten!
Alles kann nur Glück bedeuten,
Welches all, im nächsten Jahre,
Holde Geberin, erfahre. 10

⟨29⟩

REQUIEM DEM FROHSTEN MANNE DES JAHRHUNDERTS

Chor
Alle ruhen, die gelitten,
Alle ruhen, die gestritten;
Aber auch die sich ergötzten,
Heiterkeit am Leben schätzten,
Ruhn in Frieden; 5
So bist du von uns geschieden.

Genius
(Tenor)
Wem hoher Ahnen Geist im alten Sange
Das Kinderhaupt umschwebt,

Wem früh vom Waffenklange
Die Erde bebt,
Er wird sich nie Gefahren beugen,
Und Heiterkeit, sie bleibt sein eigen.
 Holder Knabe, froh gesinnet,
 Alles sei dein Eigentum!
 Zwar die brave Faust gewinnet,
 Doch der Geist bewährt den Ruhm.

Erdgeist
(Baß)

So soll dem Jüngling denn, vor allen,
Der Schlachten Ruf,
Der Prüfung Ruf erschallen!

(Maestosissimo)

Wenn die alten, wie die neuen
Erdenbürger sich entzweien –
Nur voran! mit Glücks Gewalt!
Der Besitz, er wird nicht alt.

Das Entsetzen, wie das Grauen,
Das Zerstören, als ein Bauen,
Nur voran! mit Geists Gewalt!
Wirblet Pauke, Drommete schallt.

Genius
Verklinge, wilder unwillkommner Ton.

Und sollten wir ihn nicht umgarnen?
Er läßt sich vor Gefahr nicht warnen.

Genien
Doch sind wir liebenswürdig bar,
So liebenswürdig – als Gefahr.

Sylphe des Hofs
Locke du!

Sylphe der Gesellschaft
Locke du!

Sylphe des Hofs
Zu, nur zu!

Sylphe der Gesellschaft
Zu, nur zu!

Beide
Sieh, da horcht der Kriegsgenosse
Auf das Schmeichlen, auf die Posse.

Sylphe des Hofs
Locke du!

Sylphe der Gesellschaft
Zu, nur zu!

Genius
Nein! Nicht Zu, nur zu!
In seinem Wesen ist ein andres Wesen,
Ihn hab' ich mir zum Beispiel auserlesen.
Unglück das sinket, Glück es steigt,
In beiden sei er froh und leicht.
 Und was wollt ihr frohe Seelen?

Genien
Für die Freude nur den Raum.

Genius
Kann euch das –? es kann nicht fehlen,

Genien
Lust'ges Leben, lust'ger Traum.

Genius
Der Sonne herrlich Licht, des Äthers freier Raum,
Dort wohnt das Ewige, das Wahre;
Wie ernst das Leben auch gebahre,
Des Menschen Glück, es ist ein eitler Traum.
Rasch knatternd schlägt ein Wetter auf dich ein;
Was hilft euch eurer Taten Lohn?
Ein Ohngefähr, es schmettert herein –
Beraubt der Vater, tot der Sohn!
Verwais't

Vater
(Baß)
Nein es ist kein Trost dem Tage,
Der dem Vater nahm den Sohn!

Mutter
(Alt)
Hemme, stille deine Klage!
Er ist auch der Mutter Sohn.

Schwester
(Sopran)
Den Geschwistern ist verloren,
Der mit ihnen war geboren.

Geschwister und Verwandte
Und doch sind wir neu geboren,
Sind dem Vater wir der Sohn.

Vater
Nein, es bleibt kein Trost dem Tage,
Der dem Vater nahm den Sohn;
Einet meiner bittern Klage
Liebevollen Trauerton.

Chor
Ja, wir einen Jammerklage
Mit dem Vater für den Sohn.

Chorführer
So ward es Nacht, ein unermeßlich Trauern
Umgibt uns mit der Gräber Schauern.
Der Morgen kommt von jenen Höhn –
Wer kann dem Trost, der Freude widerstehn!

Fremde Länder
Sollten wir dich nicht umgaukeln,
Denen du gehuldigt hast?
Laß dich holde Bilder schaukeln,
Von der Hütte zum Palast.

Italien
(Sopran)
Auch mich hast du besucht,
Du mußt's bedenken!
Was ich vergeude,
Niemand kann es schenken.

 Das Wehn der Himmelslüfte,
 Dem Paradiese gleich,
 Des Blumenfelds Gedüfte
 Das ist mein weites Reich.

 Das Leben aus dem Grabe
 Jahrhunderte beschließt;
 Das ist der Schatz, die Habe,
 Die man mit mir genießt.

Chor
Sollten wir dich nicht umgaukeln,
Denen du gehuldigt hast?
Laß dich holde Bilder schaukeln,
Blumen, Wälder und Palast.

⟨30. An . . ., Weimar, April 1815⟩

Wäre doch das Blättchen größer!
Sagt' ich mehr und sagt' es besser;
Da es aber gar zu klein,
Sag' ich nur: Gedenke mein!

⟨31. An Carl Kirms und Ernst Constantin v. Schardt
zum 30. 5. 1815⟩

Frage nicht durch welche Pforte
Du in Gottes Stadt gekommen,
Sondern bleib' am stillen Orte,
Wo du einmal Platz genommen.

Schaue dann umher nach Weisen
Und nach Mächt'gen, die befehlen;
Jene werden unterweisen,
Diese Tat und Kräfte stählen.

Wenn du nützlich und gelassen,
So dem Staate treu geblieben,
Wisse! Niemand wird dich hassen,
Und dich werden viele lieben.

Und der Fürst erkennt die Treue,
Sie erhält die Tat lebendig,
Dann bewährt sich auch das Neue
Nächst dem Alten erst beständig.

Und vollbringst du, kräftig milde,
Deiner Laufbahn reine Kreise,
Wirst du auch zum Musterbilde
Jüngeren nach deiner Weise.

—

So Ihr Beiden, heut gefeiert,
Vor viel Tausenden erlesen,
Fühlet jene Pflicht erneuert,
Die Euch heilig stets gewesen.

Sei dem fröhlichen Vereine 25
Dieses späte Lied entschuldigt,
Das vom alten deutschen Rheine
Eurem schönen Tage huldigt.

⟨32. Für den Pädagogen Johannes de l'Aspée im Namen
seiner Schülerinnen, Wiesbaden, 23. 6. 1815⟩

Gütiger Lehrer, Deine Kinder bringen
Dir den reinsten Wunsch am frohsten Tag,
Könnten wir ihn Dir melodisch singen,
Nur so gut als es der Chor vermag,
Hörtest Du des Opferdankes Treue, 5
Jeder neue Tag bringt Dir's aufs neue.

⟨33. An Oberst von Geismar, Weimar,
am 21. 10., nachmittags 3 Uhr, 1815⟩

Dem wir unsre Rettung danken
Aus den Händen wilder Franken,
Nimm zur Jahresfeier-Stunde
Heißen Wunsch vom treusten Munde!

⟨34. An Fanny Caspers, Jena, 21. 11. 1815⟩

In einer Stadt einmal
Auf dem Stadthaus
Ein großer Saal,
Darin ein lustig Mahl.

 Unter den Gästen
 Eine artige Maus,
 Wie's bei solchen Festen
 Geht, im Champagnersaus.
 Sie hatte nicht so viel getrunken
 Als Schiller, ich und alle,
 Sie war mir aber um den Hals gesunken.
 In keiner Falle
 Fing man so lieblich Mäuschen;
 Niedlich war sie, niedlicher im Räuschchen.
 Ich hielt sie feste, feste,
 Wir küßten uns auf's beste,
 Doch wickelt sie sich heraus –
 Fort war die Maus!
 Die treibt sich in Osten und Süden;
 Gott schenk' ihr Lieb' und Frieden.

 ⟨35. An Charlotte von Stein, 25. 12. 1815⟩

 Daß du zugleich mit dem heilgen Christ
 An diesem Tage geboren bist,
 Und August auch der werte Schlanke,
 Dafür ich Gott im Herzen danke –
 Dies gibt in tiefer Winterszeit
 Erwünschteste Gelegenheit
 Mit einigem Zucker Dich zu grüßen,
 Abwesenheit mir zu versüßen,
 Der ich, wie sonst, in Sonnenferne,
 Im Stillen liebe, leide, lerne.

 ⟨36. An Sulpiz Boisserée, Epiphanias 1816⟩

 Hast den Anker fest im Rheine liegend
 Für das wohl beladne Schiff,
 Bleibe doch in Neckarbuchten schmiegend,

Hier ist kein Korallenriff.
Aber da, wo jeder Tag erzeuget
Hindernis auf Hindernisse türmend auf,
Oder schlimmer noch sie wiegend beuget,
Richtetest du wohl dahin den Lauf?

⟨37. An Sulpiz Boisserée, Weimar, März 1816⟩

Granit, gebildet anerkannt
Es war ein *wirklich* freundlich Senden;
Empfanget nun, aus gleicher Hand,
Ein *Bild*, das auch die Welten spenden.
Das regte sich in Gottes Frühe,
Doch spät erst kommt es zum Betracht
Und gibt Betrachtern Qual und Mühe,
Ich hab' es mühsam oft bedacht.

Und ich bedenk' es alle Tage! –
Wie unterstünde sich die Lust?
Uns zu versüßen Qual der Plage,
Wär' sich nicht Lust der Qual bewußt!

⟨38. An Rosine Städel in Frankfurt, Weimar, 5. 5. 1816⟩

Was, mit mir, die Freunde wollen,
Will mir noch nicht glücken;
Was ich hätte bringen sollen,
Muß ich leider schicken.

⟨39. An Alexander von Humboldt, Weimar, 12. 6. 1816⟩

An Trauertagen
Gelangte mir dein herrlich Heft!
Es schien zu sagen:

Ermanne dich zu fröhlichem Geschäft!
Die Welt in allen Zonen grünt und blüht
Nach ewigen beweglichen Gesetzen;
Das wußtest du ja sonst zu schätzen,
Erheitre so durch mich dein schwer bedrängt Gemüt!

⟨40. An Gräfin Constanze von Fritsch,
Weimar, 6. 12. 1816⟩

Dein Ostgeschenk weiß ich zu schätzen,
Von Westen sei dir dies gebracht.
An Dank hab' ich schon viel gedacht,
Doch will sich's nicht in's Gleiche setzen.

⟨41. In das Stammbuch von Ludwig Fischer,
Jena, 29. 3. 1817⟩

Als kleinen Knaben hab' ich dich gesehn
Mit höchstem Selbstvertraun der Welt entgegen gehn.
Und wie sie dir im Künftigen begegnet,
So sei getrost, von Freundes Blick gesegnet.

⟨42. In das Stammbuch
von Eduard Ludwig Loebenstein-Loebel, 17. 5. 1817⟩

Herr Löbel ist ein Medicus;
Dem Apotheker zum Verdruß.
Dem Ärzte sonst so gern die Kasse füllen,
Soll Caius und Sempronius,
Um ein und andrer Krankheit willen
Sein Becherchen mit Weine füllen
Nun will er selbst, die Kurart einzuführen
Strohwein administrieren.
Es lebe solch ein Medicus!

⟨43⟩

DEM FÜRSTEN BLÜCHER VON WAHLSTADT
die Seinen

 In Harren und Krieg,
 In Sturz und Sieg
 Bewußt und groß!
 So riß er uns
 Von Feinden los.

⟨44. An Johann Wolfgang Döbereiner im Namen seiner Kinder, zum Geburtstag, vielleicht Weimar, 15. 12. 1817⟩

 Wenn wir dich, o Vater, sehen
 In der Werkstatt der Natur,
 Stoffe sammeln, lösen, binden,
 Als seist du der Schöpfer nur,

 Denken wir: der solche Sachen
 Hat so weislich ausgedacht,
 Sollte der nicht Mittel finden
 Und die Kunst, die fröhlich macht?

 Und dann schauend auf nach oben,
 Wünschen, bester Vater, wir,
 Was die Menschen alle loben,
 Glück und Lebensfreuden dir.

⟨45⟩

AN DEN VEREHRLICHEN FRAUEN-VEREIN

Mariens Huld und Anmut wollt' ich schauen
Und zarter Sorgfalt glückliches Gedeihn;
Da sah ich euer Wirken, edle Frauen,
Der Fürstentugend lichten Widerschein;
Und mich ergriff's, mit fröhlichem Vertrauen
Dem guten Zweck ein kleines Lied zu weihn.
Es sei ein Talisman in euren Händen,
Der Herzen aufschließt, reichlicher zu spenden!

⟨46. An Ottilie von Goethe, März 1818⟩

AUSTAUSCH
Drei heilige Könige gegen Ein schlafend Nymphchen

Alte, bärtige, sogar schwarze Gesichter
Hast du mir überliefert; aber mit solchem Gelichter
Kann ich nicht wieder dienen, jedoch, in lieblicher Breite,
Ein hübsches Kind von der andern Seite.
Sollte der Anblick dich erschrecken,
Du kannst sie leicht mit 'nem Schleier decken.

⟨47. An die Familie Augusts von Goethe, Jena, 21. 7. 1818⟩

Und so Ade
Dem Miselé,
Dem schweigsamen Mann,
Der Frau die reden kann.

⟨48. Auf die Sängerin Catalani, Karlsbad,
zum goldenen Brunnen, am 14. 8. 1818⟩

 Im Zimmer wie im hohen Saal
 Hört man sich nimmer satt:
 Denn man erfährt zum ersten Mal,
 Warum man Ohren hat.

⟨49. An den Grafen Otto v. Loeben, Karlsbad, 18. 8. 1818⟩

 Da du gewiß, wie du mir zugesagt,
 Nach meinem Scheiden feiern willst mein Leben;
 So laß mich dir, da es noch beiden tagt,
 Ein freundlich Wort zu deinem Tage geben.

⟨50. An denselben nach dessen Tode den 3. 4. 1825⟩

 Nun ist's geschehn! Dir hat ein herber Streich
 Das schöne Lebensglück entrissen;
 Drum ist es besser, auf der Stelle gleich
 Die Freunde preisen, die Geliebte küssen.

⟨51. An die Frankfurter Freunde, Januar 1820⟩

 Verliehet ihr den goldnen Kranz,
 Ihr Lieben dort am Maine,
 So war es mir ein holder Glanz
 Zu ewigem Vereine.
 Doch hat sich bald das Blatt gewandt, 5
 Nun wird er sich verteuern:
 In meinem neuen Vaterland
 Muß ich ihn jetzt versteuern.

⟨52. Weimar, 3. 2. 1820⟩

IHRO HOHEIT DER PRINZESSIN MARIE
VON SACHSEN-WEIMAR UND -EISENACH

> Deinen Wachstum zu begrüßen
> Sammeln wir die frohen Kreise,
> Jeder spräche gern die süßen
> Worte jung-lebend'ger Weise;
> 5 Blumen wollten auch jetzunder
> Schon aus ihren Knospen brechen,
> Dessenthalben ist's kein Wunder
> Daß sogar die Steine sprechen.

⟨53. Karlsbad, Ende Mai 1820⟩

HERRN CUNO'S BUCHHANDLUNG
zum eisernen Kreuz

> Heuer, als der Mai, beflügelt,
> Wiegt in Tagen sich, den milden,
> Seh' ich was die Deutschen bilden
> Auch in Böhmen abgespiegelt.
> 5 Was du bringst, im Heft und Bande,
> In Formaten groß und klein,
> Sei es Heil dem guten Lande,
> Mögen's reine Bilder sein.

⟨56. An Ottilie von Goethe, Jena, 20. 6. 1820⟩

> Wo ich wohne
> Zeigt die Melone;
> Am Paradiese
> Zunächst der Wiese

Liegt ein Garten;
Da warten
Hübsche Kinder auf mich.
Ich aber denk' an dich,
In aller Tugend und Zucht
Schick' ich die Frucht.

⟨55. An Gräfin Caroline von Egloffstein, Einsiedelei Jena,
10. 7. 1820⟩

Der Heiden-Kaiser Valerian
Hat es mir niemals angetan;
In seinen sehr konfusen Zeiten
Mocht' ich ihn keineswegs begleiten:
Denn ob ihn schon durch göttlich Walten
(Die Münze sagt's) Apoll erhalten,
So sehen wir doch allzuklar,
Wie jammervoll sein Phöbus war.

Da er nun aber, zu meinem Frommen,
Soll von so lieben Händen kommen,
So mach' ich ihm ein freundlich Gesicht;
Gute Christen die täten's nicht.
Mutter und Tochter mögen's entschuld'gen,
Beiden werd' ich für ewig huld'gen.

⟨56. An den Herzog August von Sachsen-Gotha,
Weimar, 29. 8. 1820⟩

MYSTISCHE ERWIEDERUNG

Aus düstern Klosterhallen schallen
Verhaltne Seufzer und verhallen
An unsres Herzens Bebewand;
Dann soll auch unter Purpurthronen,

Safran-Gehängen prächtig wohnen,
Dem du ein Auge zugewandt.

Alldort empfangen uns begeistet
Geschmacksgerüche; wer erdreistet
Des Doppelpaares hohen Preis?
Doch Kutt' und Purpur sind ergötzlich,
Gerüche, Schmäcke überschätzlich
Dem, der sich deine Gnade weiß.

⟨57. An Knebel⟩

Völligen Unsinn siegelt' ich hier, geschriebnes Geschreibe,
Öffn' es nicht, sonst schwirrt Käfer auf Käfer umher.

⟨58. An Friedrich Förster, Jena, 27. 9. 1820⟩

Als an der Elb' ich die Waffen ihm segnete,
Dem Bekreuzten am Neckar begegnete,
Da fehlte ihm noch das Dritte,
Der Gegensatz der siebenten Bitte.
Sie heißt: von allem Bösen
Mögest, Herr, uns gnädig erlösen;
Hier heißt es: gib das Beste
Und mach' das Leben zum Feste;
Da er nun auch das erfahren,
Möge Gott ihn lange bewahren.

⟨59. An Marianne von Willemer, Weimar, 22. 12. 1820⟩

Du! schweige künftig nicht so lange,
Tritt freundlich oft zu mir herein;
Und laß bei jedem frommen Sange
Dir Glänzendes zur Seite sein.

⟨60. An Gräfin Caroline von Egloffstein bei ihrer Abreise
nach Petersburg, mit Fouqué's *Zauberring*, 1821⟩

> Ein *Zauber* wohl ziehet nach Norden,
> Doch halten die *Ringe* wir fest;
> Heil dir, die im eisigen Norden
> Nicht Wärme der Heimat verläßt.

⟨61. Jena, 21. 10. 1821⟩

FAMILIEN-GRUSS

> Und so fang' ich oben
> Gleich wie billig an
> Urmama zu loben,
> Die euch wohlgetan.
> Dann geht meine Kunde
> Zu der A-mama,
> Die zu jeder Stunde
> Gern die Enkel sah.
> War doch je sie grämlich
> Gegen diese Brut?
> Sind sie unbequemlich,
> Ist sie wohlgemut.
> Mutter sei gegrüßet
> Und auch der Papa,
> Wie ihr euch versüßet
> Euer Ehstands-*Ja*.
> Und so wird Ulrike
> Sticheln für und für,
> Daß es wohl sich schicke
> Zu der Putz-Gebühr.
> Werden so die Knaben
> Tag für Tage groß,
> Wie sie's leidlich haben,
> Geht's bei ihnen los.

⟨62. An Felix Mendelssohn-Bartholdy,
Weimar, 20. 1. 1822⟩

Wenn über die ernste Partitur
Quer Steckenpferdlein reiten;
Nur zu! auf weiter Töne-Flur
Wirst manche Lust bereiten,
Wie du's getan mit Lieb' und Glück;
Wir wünschen dich allesamt zurück.

⟨63. An ..., vielleicht 1822⟩

Steine sind zwar kalt und schwer,
Doch das Herz ist frei und leicht.
Kommt ein Stein von Osten her,
Doppelt ist der Wunsch erreicht;
Denn es ist ganz einerlei,
Wo und wie das Herz empfindet,
Das empfänglich, heiter, frei,
Sich auch wohl am Stein entzündet.

⟨64. An die Schauspielerin Christine Genast
zum Geburtstage, Weimar, 31. 1. 1822?⟩

Treu wünsch' ich dir zu deinem Fest
Das Beste, was sich wünschen läßt;
Doch wünscht' ich mir zum Lebens-Kranze
Dich anzuschaun in deinem Glanze;
Dich selbst in Handeln, Worten, Blicken,
Mir und den Freunden zum Entzücken.

⟨65. An Doris Böhler, Weimar, 15. 2. 1822⟩

Soll sich das Leben wohl gestalten,
Muß man verstehn, die Freude fest zu halten,
Du tust in Deinem Wirkungskreise,
Es stets mit lieblich holder Weise,
Doch was Du gibst, die Freude, das Ergötzen, 5
Kann nur der Genius Dir ganz ersetzen.
Von mir der ich zu fern von Dir und Deinem Glanze
Flicht dieses Blatt mit ein, zu Deinem Lebenskranze.

⟨66. An Ulrike von Levetzow, Marienbad, Juli 1822?⟩

 Die Gegenwart weiß nichts von sich,
 Der Abschied fühlt sich mit Entsetzen,
 Entfernen zieht dich hinter dich,
 Abwesenheit allein versteht zu schätzen.

⟨67. An Ulrike von Levetzow mit *Aus meinem Leben*,
Zweiter Abteilung fünfter Teil, Marienbad, 24. 7. 1822⟩

 Wie schlimm es einem Freund ergangen,
 Davon gibt dieses Buch Bericht;
 Nun ist sein tröstendes Verlangen:
 Zur guten Zeit vergiß ihn nicht!

⟨68. An Johann Georg Lenz, am Tage der Jubelfeier seiner
 funfzigjährigen Dienstzeit, 25. 10. 1822⟩

 Erlauchter Gegner aller Vulkanität!
 Entsetze dich nicht, wenn dieser Solennität
 Sich wilde Feuerberg' und Laven
 Gewaltsam eingedrungen haben.

Ein Fürst, der, immer von gutem Mut,
Auch andern gern anmutig tut,
Bestellt es, dich von falschen Lehren,
Wofern es möglich, zu bekehren.
Neptunus aber bleibt beiseit'.
Ergötz' er sich im Meere weit;
Dort mag er unumschränkt gebieten.
Du laß nur glühen, sprühen, wüten;
Es deutet auf gelinde Lehren,
Zum Plutus und Pluto dich zu bekehren;
Und überdies den schönsten Sold:
Gold – aber diesmal mehr als Gold.

⟨69. An Marianne von Willemer, 18. 11. 1822⟩

Da das *Ferne* sicher ist
Nahes zu überwiegen,
Wie's der kleine Blücher ist
Freut es sich im Siegen.
Fühlt auch erst ein zartes Blut
Einige Verlegenheit,
Bald erwacht Verwegenheit,
Liebenswürdger Übermut.
 B.⟨akis⟩

⟨70. An Kasimira Wolowska, Marienbad 1823⟩

Daß man in Güter dieser Erde
Zu teilen sich bescheiden werde –
Singt manches alt- und neue Lied.
Und wären's zarte Liebes-Gaben,
Mit wem wir sie zu teilen haben,
Das macht den großen Unterschied.

⟨71. An Ulrike von Levetzow mit
Schokoladengeschenken, Marienbad 1823⟩

Genieße dies nach deiner eignen Weise,
Wo nicht als Trank, doch als beliebte Speise.
—
Es ist nicht gut die Formen auszuschließen,
Denn sub utraque läßt sich das genießen.
—
Gewogen schienst du mir zu sein,
Und lächeltest der kleinsten Gabe;
Und wenn ich deine Gunst nur habe
So ist kein Täfelchen zu klein.

⟨72. An Ottilie von Goethes Großmutter
für eine Sendung Kompott⟩

Große Leidenschaft waltet allda!
Fängt an vom würdigen A-papa,
Geht über auf Sohn und Töchter besunder;
Deshalb ist es kein großes Wunder,
Daß solch ein wunderlich Gelüste 5
Sich auch im Enkel, Urenkel brüste.

Was ist es aber? Es ist ein Geblüt,
Das sämtliche Geschlechter zieht;
's ist eben was wir nie vergessen:
Saure Beeren, unerfreulich zu essen; 10
Sind sie aber verständig gekocht,
Mit mächtigem Zucker unterjocht,
Da können sie wohl schmackhaft heißen.

Drum will ich die Aieule preisen,
Die mir so sauer-süßes Gut 15
Zur Fülle gegeben, Treugemut.

Der Wolf hingegen verzieht ein Gesicht,
Dergleichen mag er diesmal nicht.

⟨73. An Graf Caspar Sternberg, Weimar, 11. 6. 1824⟩

Frühlingsblüten sind vergangen,
Nun dem Sommer Früchte sprießen;
Ros' und Lilie soll erlangen,
Den erhabnen Freund zu grüßen.

⟨74. An die Erbgroßherzogin Maria Pawlowna, mit einem
Bild von Schloß Belvedere, 21. 8. 1824⟩

Erleuchtet außen hehr vom Sonnengold,
Bewohnt im Innern traulich, froh und hold.
Erzeige sich dein ganzes Leben so:
Nach außen herrlich, innen hold und froh.

⟨75. Ottilien von Goethe in ein englisches Wörterbuch,
Weimar, 27. 10. 1824⟩

Dicke Bücher! vieles Wissen!
Ach! was werd' ich lernen müssen!
Will es nicht in Kopf hinein
Mag es doch im Buche sein!

⟨76. An Ottilie von Goethe, zum 31. 10. 1824⟩

Liebe Mutter, es wird zu arg
Mit den Geburtstagsgeschichten,
Kein Freund ist mit Geschenken karg,
Nun aber fehlt's an Gedichten.
Manch Lexikon liegt zwar zum Grund,

Kein Reim will sich entzünden,
Nun soll zuletzt unmündiger Mund
Dein Heil und Lob verkünden.

⟨77. An Franz Wilhelm Schellhorn zum 3. 12. 1824⟩

Daß im großen Jubeljahre
Wir dein Jubiläum schmücken,
Das erlebe, das gewahre,
Treuer Diener, mit Entzücken!
Dir gelang's in stiller Sphäre
Deinen Fürsten zu begleiten,
Werde teilhaft seiner Ehre
Bis in allerspätste Zeiten!

⟨78. In das Stammbuch Walthers von Goethe, April 1825⟩

Ihrer sechzig hat die Stunde,
Über tausend hat der Tag.
Söhnchen! werde dir die Kunde
Was man alles leisten mag.

⟨79. In das Stammbuch Augusts von Goethe,
Weimar, 5. 6. 1825⟩

Dies Album lag so manches Jahr in Banden,
Nun richtet sich's zu frischer Wandrung auf;
Von früher Welt sind Freunde noch vorhanden,
Erneue sich ein heitrer Tageslauf.

—

Manches ward indes erfahren,
Manches auch von uns getan;
Also hier nach zwanzig Jahren
Fangen wir von vorne an.

⟨80. An Gräfin Rapp, 7. 7. 1825⟩

Zu dem Guten, zu dem Schönen
Werden wir uns gern gewöhnen,
An dem Schönen und dem Guten
Werden wir uns frisch ermuten:
So bedarf es deinen Wegen
Weiter keinen Reisesegen.

⟨81. Geburtstagsgedicht Marianne von Willemers
und Goethes Antwort, 1825⟩

Sie

Zarter Blumen leicht Gewinde
Flecht' ich dir zum Angebinde,
Unvergängliches zu bieten,
War mir leider nicht beschieden.

In den leichten Blumenranken
Lauschen liebende Gedanken,
Die in leisen Tönen klingen
Und dir fromme Wünsche bringen.

Und so bringt vom fernen Orte
Dieses Blatt dir Blumenworte,
Mögen sie vor deinen Blicken
Sich in bunten Farben schmücken!

Er

Bunte Blumen in dem Garten
Leuchten von der Morgensonne,
Aber leuchten keine Wonne,
Liebchen darf ich nicht erwarten.

Sendest nun in zarten Kreisen
Die von dir gepflückten Sterne;
Zärtlich willst du mir beweisen,
Du empfindest in der Ferne, 20

Was ich in der Fern' empfinde,
So als wär' kein Raum dazwischen;
Und so blühen auch geschwinde
Die getrockneten mit frischen.

⟨82⟩

AM SIEBENTEN NOVEMBER ⟨1825⟩

Meinen feierlich Bewegten
Mache Dank und Freude kund:
Das Gefühl das sie erregten
Schließt dem Dichter selbst den Mund.

⟨83. An Portales, Weimar, 6. 11. 1825?⟩

Ist uns Jugendmut entrissen,
Mag zum Troste dann Erfahrung
Sicher leiten zur Bewahrung
Aller, die wir treu uns wissen.
So in jetz'gen Tagen träumen 5
Wir zurück wohl sonstig Walten
Steter Frühlingswelt uns Alten,
Um in ewig lichten Räumen
Ew'ge Jugend festzuhalten.

⟨84⟩

DEM TEUREN LEBENSGENOSSEN VON KNEBEL
zum 30. November 1825

>Dir in's Leben, mir zum Ort
>Leuchtete dasselbe Zeichen.
>Und so ging, so geh' es fort
>Unsrer Freundschaft sonder gleichen.

⟨85. Mit der Medaille zur Feier des siebenten November
1825⟩

>Ehre, die uns hoch erhebt,
>Führt vielleicht aus Maß und Schranken;
>Liebe, die im Innern lebt,
>Sammelt schwärmende Gedanken.

⟨86⟩

DEM FRAUENVEREIN
Weihnachten 1825

>In dem Frühling gar zu süße
>Wären Rosen ohne Dornen;
>Hier sind Lerchen ohne Füße,
>Hier sind Ritter ohne Spornen.

⟨87. An Klinger, mit einem Bild des elterlichen Hauses
zu Frankfurt, 30. 1. 1826⟩

>An diesem Brunnen hast auch du gespielt,
>Im engen Raum die Weite vorgefühlt;

Den Wanderstab in's fernste Lebens-Land
Nahmst du getrost aus frommer Mutter Hand,
Und magst nun gern verloschnes Bild erneun,
Am hohen Ziel des ersten Schritts dich freun.

Eine Schwelle hieß in's Leben
Uns verschiedne Wege gehn;
War es doch zu edlem Streben,
Drum auf frohes Wiedersehn!

⟨88⟩

STAMMBUCHS-WEIHE
Meinem lieben Wölfchen
Den 28. 3. 1826

Eile, Freunden dies zu reichen!
Bitte sie um eilig Zeichen,
Eilig Zeichen daß sie lieben;
Lieben, das ist schnell geschrieben;
Feder aber darf nicht weilen,
Liebe will vorüber eilen.

⟨89⟩

AN FRAU OBERKAMMERHERRIN VON EGLOFFSTEIN
W. 10. Mai 1826

Musterstuhl zu Schmerz und Sorgen
Willst mir, teure Freundin, borgen?
Nimm ihn wieder! Trost und Segen
Soll er dir zu Häupten legen.

⟨90. Der Sängerin Anna Milder in ein Exemplar
der Iphigenie, Weimar, 12. 6. 1826⟩

> Dies unschuldvolle fromme Spiel,
> Das edlen Beifall sich errungen,
> Erreichte doch ein höhres Ziel,
> Von Gluck betont, von dir gesungen.

⟨91. Zu einem Bild von Frankfurt
für den Sekretär Kräuter, 15. 6. 1826⟩

> Großen Fluß hab ich verlassen,
> Einem kleinern mich zu weihn;
> Sollte dieser doch die Quelle
> Manches Guten, Schönen sein.

⟨92. An die Sängerin Henriette Sontag, Juli 1826⟩

> Ging zum Pindus, dich zu schildern;
> Doch geschah's zu meiner Qual:
> Unter neun Geschwister-Bildern
> Wogte zweifelnd Wahl um Wahl.
> Phöbus mahnt mich ab vom Streben:
> Sie gehört zu unserm Reich;
> Mag sie sich hieher begeben,
> Findet wohl sich der Vergleich.

⟨93. Goethe's Feder, vielleicht an Puschkin, Juli 1826⟩

> Was ich mich auch sonst erkühnt,
> Jeder würde froh mich lieben,
> Hätt' ich treu und frei geschrieben
> All das Lob, das du verdient.

⟨94. An Carl Streckfuß, Weimar, 11. 8. 1826⟩

Von Gott dem Vater stammt Natur,
Das allerliebste Frauenbild,
Des Menschen Geist, ihr auf der Spur,
Ein treuer Werber, fand sie mild.
Sie liebten sich nicht unfruchtbar,
Ein Kind entsprang von hohem Sinn;
So ist uns allen offenbar:
Naturphilosophie sei Gottes Enkelin.

⟨95⟩

AM ACHT UND ZWANZIGSTEN AUGUST 1826

Des Menschen Tage sind verflochten,
Die schönsten Güter angefochten,
Es trübt sich auch der freiste Blick;
Du wandelst einsam und verdrossen,
Der Tag verschwindet ungenossen
In abgesondertem Geschick.

Wenn Freundes Antlitz dir begegnet,
So bist du gleich befreit, gesegnet,
Gemeinsam freust du dich der Tat.
Ein Zweiter kommt sich anzuschließen,
Mitwirken will er, mitgenießen,
Verdreifacht so sich Kraft und Rat.

Von äußerm Drang unangefochten,
Bleibt, Freunde, so in Eins verflochten,
Dem Tage gönnet heitern Blick!
Das Beste schaffet unverdrossen;
Wohlwollen unsrer Zeitgenossen
Das bleibt zuletzt erprobtes Glück.

⟨96. An Friedrich Wagener, August 1826⟩

> Die Freunde haben's wohlgemacht,
> Und wie sie gütig mein gedacht
> So bringe ihnen fern und nah
> Den Dank hier – Iphigenia.

⟨97⟩

DEM
AUS AMERICA
GLÜCKLICH-BEREICHERTEN
WIEDERKEHRENDEN
IHREM DURCHLAUCHTIGSTEN BRUDER
HERREN
CARL BERNHARD,
HERZOG VON SACHSEN-WEIMAR-EISENACH HOHEIT
DIE VERBUNDENEN BRÜDER,
DER
LOGE AMALIA
ZU WEIMAR
AM 15. SEPTEMBER 1826

> Das Segel steigt! das Segel schwillt,
> Der Jüngling hat's geträumt;
> Nun ist des Mannes Wunsch erfüllt,
> Noch ist ihm nichts versäumt.
> So geht es in die Weite fort
> Durch Wellenschaum und -Strauß.
> Kaum sieht er sich am fremden Ort,
> Und gleich ist er zu Haus.
>
> Da summt es wie ein Bienenschwarm,
> Man baut, man trägt herein,
> Des Morgens war es leer und arm,

Um Abends reich zu sein.
Geregelt wird der Flüsse Lauf
Durch kaum bewohntes Land,
Der Felsen steigt zur Wohnung auf,
Als Garten blüht's im Sand.

Der Reisefürst begrüßt sodann,
Entschlossen und gelind,
Als Bruder jeden Ehrenmann,
Als Vater jedes Kind,
Empfindet wie so schön es sei
Im frischen Gottesreich;
Er fühlt sich mit dem Wackern frei
Und sich dem Besten gleich.

Scharfsichtig Land und Städte so
Weiß er sich zu beschaun;
Gesellig auch, im Tanze froh,
Willkommen schönen Fraun;
Den Kriegern ist er zugewöhnt,
Mit Schlacht und Sieg vertraut;
Und ernst und ehrenvoll ertönt
Kanonendonner laut.

Er fühlt des edlen Landes Glück,
Ihm eignet er sich an,
Und hat bis heute manchen Blick
Hinüberwärts getan.
Dem aber sei nun wie's auch sei,
Er wohnt in unserm Schoß! –
Die Erde wird durch Liebe frei,
Durch Taten wird sie groß.

⟨98. An Marianne von Willemer mit einem Blatt
Bryophyllum calycinum, Weimar, 12. 11. 1826⟩

> Was erst still gekeimt in Sachsen,
> Soll am Maine freudig wachsen.
> Flach auf guten Grund gelegt,
> Merke wie es Wurzeln schlägt!
> Dann der Pflanzen frische Menge
> Steigt in lustigem Gedränge.
> Mäßig warm und mäßig feucht,
> Ist, was ihnen heilsam deucht.
> Wenn du's gut mit Liebchen meinst,
> Blühen sie dir wohl dereinst.

⟨99. An Ferdinand Hiller, Weimar, 10. 2. 1827⟩

> Ein Talent das jedem frommt,
> Hast du in Besitz genommen;
> Wer mit holden Tönen kommt,
> Er ist überall willkommen.
> —
> Welch ein glänzendes Geleite!
> Ziehest an des Meisters Seite;
> Du erfreust dich seiner Ehre,
> Er erfreut sich seiner Lehre.

⟨100. An Caroline Riemer mit Stickmustern, 20. 3. 1827⟩

> Wenn sie gleich dein Fest versäumt,
> Liebes haben sie geträumt;
> Heute, zwischen Schnee und Eis,
> Wecken sie den heitren Fleiß.

⟨101. Dem Schauspieler Krüger mit einem Exemplar
der *Iphigenie*, Weimar, 31. 3. 1827⟩

> Was der Dichter diesem Bande
> Glaubend, hoffend anvertraut,
> Werd' im Kreise deutscher Lande
> Durch des Künstlers Wirken laut.
> So im Handeln, so im Sprechen
> Liebevoll verkünd' es weit:
> Alle menschliche Gebrechen
> Sühnet reine Menschlichkeit.

⟨102. An Frau von Pogwisch mit einem Bild von Odessa,
16. 5. 1827⟩

> Schroffe Felsen, weite Meere
> Geben weder Lust noch Lehre,
> Denn sie sind uns gar zu fern;
> Aber jener Freund im Innern,
> Seine Neigung, sein Erinnern
> Leuchtet her ein holder Stern.

⟨103. Zum Bildnis der Prinzessin Marie,
Weimar, Juni 1827⟩

> Lieblich und zierlich,
> Ruhig und hold;
> Sind ihr die Treuen
> Sicher wie Gold.

⟨104. An den Grafen Caspar Sternberg,
Weimar, 12. 6. 1827⟩

Wenn mit jugendlichen Scharen
Wir beblümte Wege gehn,
Ist die Welt doch gar zu schön.
Aber wenn bei hohen Jahren
Sich ein Edler uns gesellt,
O, wie herrlich ist die Welt!

⟨105. An denselben, bei seiner Abreise aus Weimar,
mit der Taschen-Ausgabe von Goethes Werken, Juni 1827⟩

Ödem Wege, langen Stunden
Unterhaltung sei gefunden
Durch des Freundes Lieb' und Pflicht:
Kleine Bändchen, kurz Gedicht.

⟨106. An Thomas und Jane Carlyle, Weimar, 20. 7. 1827⟩

⟨Auf eine Visitenkarte⟩
Augenblicklich aufzuwarten,
Schicken Freunde solche Karten;
Diesmal aber heißt's nicht gern:
Euer Freund ist weit und fern.

⟨Mit einer Drahtkette⟩
Wirst du in den Spiegel blicken
Und vor deinen heitern Blicken
Dich die ernste Zierde schmücken:
Denke, daß nichts besser schmückt,
Als wenn man den Freund beglückt.

⟨107. An Samuel Rösel, 1. 9. 1827⟩

Rösels Pinsel, Rösels Kiel
Sollen wir mit Lorbeer kränzen:
Denn er tat von je so viel
Zeit und Raum uns zu ergänzen.
Das Entfernte ward gewonnen, 5
Längst Entschwundnes stellt er vor,
Von des Vaterhofes Bronnen
Zu des Brockens wüstem Tor.

Rösels Pinseln, Rösels Kielen
Soll fortan die Sonne scheinen:
Kunstreich wußt' er zu vereinen
Gut- und Schönes mit dem Vielen.

⟨108. An Johann Daniel Wagener, Weimar, 7. 9. 1827⟩

Span'sches hast du mir gesandt,
Deutsches folgt hieneben;
Beides ist gar wohl gekannt,
Soll auch Beides leben!

Ziehn wir nun die achtzig Jahr' 5
Durch des Lebens Mühen,
Müssen noch im Silberhaar
Unsre Pflüge ziehen.

Führt doch durch des Lebens Tor,
Traun, so manche Gleise; 10
Ziehn wir einst im Engelchor,
Geht's nach *einer* Weise.

⟨109. In das Stammbuch Carls von Martius, 1827⟩

> Was hieße wohl die Natur ergründen?
> Gott ebenso außen als innen zu finden.

⟨110. An Fanny Mendelssohn, 13. 10. 1827⟩

> Wenn ich mir in stiller Seele
> Singe leise Lieder vor:
> Wie ich fühle, daß sie fehle,
> Die ich einzig mir erkor;
> Möcht' ich hoffen, daß sie sänge,
> Was ich ihr so gern vertraut,
> Ach, aus dieser Brust und Enge
> Drängen frohe Lieder laut!

⟨111. An Großherzog Carl August
und Frau von Heygendorf, 6. 12. 1827⟩

> Das *Kleinod*, das *Vergißmeinnicht*,
> Als gegenwärtiges, künftiges Glück,
> Sie kehren gern zu dir zurück.
> Zwei Schätze sind's von großem Wert,
> Die alt- und junger Sinn begehrt;
> Wenn *Kleinod* unsern Blick besticht,
> Zum Herzen reicht: *Vergißmeinnicht!*

⟨112. In ein Stammbuch, Weihnachten 1827⟩

ROSENKNOSPEN

> Wenn der Sommer sich entzündet
> Rosenknospe sich verkündet,

Wer mag solches Glück entbehren
Das Versprechen, das Gewähren!
Das beherrscht in Florens Reich
Blick und Sinn und Herz zugleich.

⟨113. An Jane Carlyle, Weimar, 27. 12. 1827⟩

⟨Zur Brustnadel⟩
Wenn der Freund auf lichtem Grunde
Heute dich als Mohr begrüßt,
Neid' ich ihm die sel'ge Stunde,
Wo er deines Blicks genießt.

⟨Zum Armband⟩
Dies feßle deine rechte Hand,
Die du dem Freund vertrauet;
Auch denke des der fern im Land
Nach euch mit Liebe schauet.

⟨Zu *Hermann und Dorothea*⟩
Edle deutsche Häuslichkeit
Über's Meer gesendet,
Wo sich still in Tätigkeit
Häuslich Glück vollendet.

⟨114. Dem Großherzog Carl August zu Neujahr 1828⟩

Fehlt der Gabe gleich das Neue,
Sei das Alte nicht veraltet,
Wie Verehrung, Lieb' und Treue
Immer frisch im Busen waltet.

Sei auch noch so viel bezeichnet,
Was man fürchtet, was begehrt,
Nur weil es dem Dank sich eignet,
Ist das Leben schätzenswert.

⟨115. In das Album der Gräfin Caroline von Egloffstein,
 1. 1. 1828⟩

 ⟨Widmung⟩
 Freundin, dir zum neuen Jahr
 Bring' ich schnell den Kommentar
 Deiner schön geschmückten Decke.
 Früheres bewährt sich treu,
5 Neuen Tagen sei es neu
 Und so weiter eine Strecke!

⟨Die Vorderseite mit dem Römischen Hause im Park bei Weimar⟩
 Römisch mag man's immer nennen;
 Doch wir den Bewohner kennen,
10 Dem der echte deutsche Sinn,
 Ja der Weltsinn ist Gewinn.

⟨Die Rückseite mit der Einsiedelei im Park, genannt das Kloster⟩
 Der's gebaut vor funfzig Jahren
 Sieht es noch am Wege stehn,
 Liebespaar vorübergehn,
 Wie wir andern damals waren
15 Als die Büsche lieblich kühlten,
 Lichter in dem Schatten spielten,
 Wo sich Liebende verstanden,
 Immer suchten, oft sich fanden
 Zu gesellig frischem Leben,
20 Wie wir's euch nun übergeben.

 ⟨116. An . . ., 17. 5. 1828⟩

 Blumen sah ich, Edelsteine,
 Ihr bei'm Lebewohl zu Handen:
 Segnet sie die Gute Reine,
 Hier am Orte wo wir standen.

⟨117. An Gräfin Rapp nach dem Tode ihres einzigen
Sohnes, Mai 1828⟩

> Weimar, das von vielen Freuden
> Wie ein Frühlingsbäumchen grünt,
> Warum gabst du ihr die Leiden?
> Ihr, die reinstes Glück verdient.

⟨118. An den Dichter Adam Mickiewitz, 1828⟩

MIT EINER ANGESCHRIEBNEN FEDER

Dem Dichter widm' ich mich, der dich erprobt
Und unsre Freundin heiter-gründlich lobt.

⟨119. An Samuel Rösel, Weimar, 4. 11. 1828⟩

> Wage der gewandte Stehler
> Bündnis mit dem pfiffigen Hehler,
> Bis ihn die Justiz ereilt!
> Rühmen wir den kühnen Retter!
> Er beseligt manchen Vetter, 5
> Wenn er seinen Fund verteilt.
>
> Also heiß' ich euch willkommen,
> Papst, Messias, Einlaßzeichen,
> Hat's der Retter sonder gleichen
> Doch dem Untergang entnommen. 10
> Schmackhaft sei dir Glas und Schüssel!
> Öffnet auch der Heiden-Schlüssel
> Nicht die Tür zu Himmelsreichen.
> ein dankbarer Vetter

⟨120. An Dominicus Predari in den ersten Band
von Goethes Werken, Weimar, 1. 12. 1828⟩

> Find' in dieser Büchlein Reihe
> Manches Alte, manches Neue!
> Sie, zu ihnen wiederkehrend,
> Stets erfreuend, oft belehrend.

⟨121. An Marie Duval zu Cartigny bei Genf,
Weimar, 3. 12. 1828⟩

> Glücklich Land, allwo Cedraten
> Zur Vollkommenheit geraten!
> Und zu reizendem Genießen
> Kluge Frauen sie durchsüßen!
> Solches löbliche Befleißen
> Muß der Dichter höchlich preisen,
> Wenn er kostet die Vollendung
> Solcher höchst willkommnen Sendung.

⟨122⟩

ZELTERS SIEBZIGSTER GEBURTSTAG
gefeiert von *Bauenden, Dichtenden, Singenden* am 11. 12. 1828

Bauende Chor
Schmückt die priesterlichen Hallen,
Edler Harmonie errichtet,
Heut dem Manne zu gefallen,
Der sein Leben euch verpflichtet.

Solo
Waget laut und klar zu nennen
Sein Bemühen, seine Tugend;

Denn ein herzlich Anerkennen
Ist des Alters zweite Jugend.

Singende Chor
Füllt die wohlgeschmückten Hallen
Laut mit festlichen Gesängen,
Und in Chören laßt erschallen
Wie sich die Gefühle drängen.

Solo
Laßt uns kräftiglich erstärken
Des Verdienten neues Leben,
Mag ein Jüngling wohl vermerken
Sich bei Zeiten zu erheben.

Dichtende Rezitativ
Froh tret' ich ein, und wohl weiß ich zu schätzen
Was ihr, so nah mit meinem Tun verwandt,
Zu dieses Tages festlichem Ergötzen
Von Herrlichkeit umher gebannt.
Kühn darf ich mich nach jeder Seite wenden,
So herrlich sei, so festlich sei der Ort;
Doch bricht hervor und glänzt nach allen Enden
Der Freundschaft wie der Liebe heilig Wort.

Aria
Die Blumen gepflegt und gehütet,
Ihm bracht' ich sie oft zum Strauß,
Wie frisch man der Liebsten sie bietet,
Sie nahmen sich zierlich aus.
Dann erst begann es zu düften,
Da hob ein frischer Flor
Zu leichten Äthers Lüften
In Tönen sich hervor.

Bauende Solo
Hat er uns früh gepfleget,
Wir gründeten sein Haus.

Singende Solo
Wie er uns täglich heget,
Wir füllen's freudig aus.

Zu Drei
Nun erst beginnt's zu düften,
Nun hebt ein frischer Flor
Zu leichten Äthers Lüften
In Tönen sich empor.

Dichtende Solo
Blitz und Schlag.
Am klaren Tag
Unterbricht
Freud' und Licht.

Bauende
Finsternis und Nebelschauern
Hingegeben unbewußt,
Und von tiefgefühltem Trauern
Nähret sich die hohe Brust.

Singende
Melodien so hehr, so schöne
Dringen aus der sinnigen Brust,
Ach! es sind nur Trauertöne,
Bittre Klagen ob Verlust.

Dichtende Solo
Wie wenig, wir Geschäftigen,
Vermochten wir alsdann!
Er weiß sich selbst zu kräftigen,
Er ist, er steht ein Mann.

Bauende
Er steht,

Singende
Er steht,

Bauende
Er ist,

Singende
Er ist,

Alle
Ist unser Mann.

Dichtende Arie mit Chor
Was braucht es weiter!
Wir singen heiter,
So wie am Anfang,
So auch am Ende,
Daß jeder Jahrgang
Sich rein vollende.
Sein Tun und Lassen
In Eins zu fassen
Gönn' ihm das Glück!

Bauende, Dichtende, Singende
Zu drei oder vier
Dankbar ewig klar und helle
Flösse segnend unser Sang,
Doch an solcher Freuden Schwelle
Weilten wir schon allzulang.

Alle
Dank und lieb und wonnereiche,
Auserwählte treue Schar,
Schlinget eure Lorbeerzweige
Dreifach um das würdige Haar!

⟨123⟩

ZELTERS SIEBZIGSTER GEBURTSTAG
von Goethe und Felix Mendelssohn-Bartholdy

 Lasset heut am edlen Ort
 Ernst und Lust sich mischen,
 Geist an Herzen, Ton am Wort
 Feierlichst erfrischen;
 Froh genießet eurer Lage,
 Denn man setzt nicht alle Tage
 Sich zu solchen Tischen.

 Ein bedeutend ernst Geschick
 Waltet über's Leben,
 Denn es nimmt der Augenblick
 Was die Jahre geben.
 Ist so manches Gut zerronnen,
 Hat uns mehr und mehr gewonnen
 Männlich kühn Bestreben.

 Doch an Lethe's Labetrank
 Darf es heut nicht fehlen!
 Treu Gefühl und frommer Dank
 Walte durch die Seelen.
 Lasset ewige Harmonien
 Bald sich suchen, bald sich fliehen
 Und zuletzt vermählen.

 Unser Mann er tat ja so;
 Leb' er drum! er lebe!
 Werde seiner Säle froh,
 Daß er nehm' und gebe,
 Wie bisher, im Allerbesten,
 Sich zu Tag- und Jahres-Festen,
 Uns zu Lieb' er strebe.

⟨124. An Samuel Rösel, 25. 1. 1829⟩

Schwarz und ohne Licht und Schatten
Kommen Röseln aufzuwarten
Grazien und Amorinen;
Doch er wird sie schon bedienen.
Weiß der Künstler ja zum Garten
Die verfluchtesten Ruinen
Umzubilden, Wald und Matten
Uns mit Linien vorzuhexen,
Wird er auch Adelens Klecksen,
Zartumriss'nen, Licht und Schatten,
Solchen holden Finsternissen,
Freundlich zu verleihen wissen.

⟨125. An Gräfin Julie von Egloffstein, 25. 5. 1829⟩

Eiligst segnend treuer Weise,
Heil und Glück zur schönen Reise.

⟨126. An ...⟩

Eile zu Ihr,
Klein und gedrängt!
Ach, was an dir
Für Erinnerung hängt!

⟨127. An ...⟩

Ein rascher Sinn, der keinen Zweifel hegt,
Stets denkt und tut und niemals überlegt,
Ein treues Herz, das wie empfängt so gibt,
Genießt und mitteilt, lebt indem es liebt.

Froh glänzend Auge, Wange frisch und rot,
Nie schön gepriesen, hübsch bis in den Tod.

Da blickt' ich ihn noch manchmal freundlich an
Und habe leidend viel für ihn getan.
Indes mein armes Herz im Stillen brach,
Da sagt' ich mir: bald folgst du ihnen nach!
Ich trug des Hauses nun zu schwere Last,
Um seinetwillen nur ein Erdengast.

⟨128. In das Stammbuch von Auguste Jacobi,
Weimar, 26. 3. 1830⟩

Viel gute Lehren stehn in diesem Buche;
Summier' ich sie, so heißt's doch nur zuletzt:
Wohlmeinend schau umher und freundlich suche,
So findest du was Geist und Herz ergötzt.

⟨129. An . . .⟩

Das Gute zu bewirken ungeduldig,
Reiner Vernunft, nüchternen Sinns,
Selbstüberwindung ihm der höchste Sieg.
Nur kunstbemüht zu bergen seinen Wert,
Fern Seiner Seele Leidenschaft und Stolz
Festhaltend nur dem Edlen Eigenes,
Unergriffenen, still bestehenden Gemüts.
So fest wie sanft, so streng und so gelinde,
Der Himmel nahm ihn als geprüftes Gold.
So steigt der Heil'ge wenn der Irdisch' ruht.

⟨130⟩

DEM WÜRDIGEN BRUDERFESTE
Johanni 1830

Funfzig Jahre sind vorüber,
Wie gemischte Tage flohn,
Funfzig Jahre sind hinüber
In das ernst Vergangne schon.

Doch lebendig, stets auf's neue,
Tut sich edles Wirken kund,
Freundes-Liebe, Männer-Treue
Und ein ewig sichrer Bund.

Ausgesät in weiter Ferne,
Nah, getrennt, ein ernstes Reich,
Schimmern sie, bescheidner Sterne
Leis wohltät'gem Lichte gleich.

So! die Menschheit fort zu ehren,
Lasset, freudig überein,
Als wenn wir beisammen wären,
Kräftig uns zusammen sein.

⟨131⟩

ERWIEDERUNG DER VON FRANKFURT NACH WEIMAR
DEN 28. AUGUST 1830
ANGELANGTEN FESTLICHEN GABEN

Mel. Lasset heut im edlen Kreis etc.
Pflegten wir krystallen Glas
Rasch mit Schaum zu füllen
Und mit Maß und ohne Maß

 Durst und Lust zu stillen;
 5 Reicht man jetzt dem heitern Zecher
 Silbern, reich verzierten Becher,
 Scheint es gar bedenklich.

 Ward auch alt- und junger Wein
 Reichlich hergespendet,
10 Wie die Fülle sich vom Main
 Norden zugewendet.
 Euren Frohsinn im Behagen
 Sollen wir in guten Tagen
 Dankbar mitgenießen.

15 Werde Silber, werde Gold,
 Wie sich's ziemt, verehret;
 Bleibe guter Geist euch hold,
 Der im Stillen lehret:
 Sich an's Reine zu gewöhnen,
20 Und im Echten, Guten, Schönen
 Recht uns einzubürgern.

 ⟨132. An Jane Carlyle, 1831⟩

 Im Zeichen hier vermag ich nicht
 Des Freundes Züge zu entdecken
 Und schnitt er wirklich solch Gesicht
 Er würde die Natur erschrecken.

⟨133⟩

DER DEMOISELLE SCHMEHLING
nach Aufführung der Hassischen Sta. Elena al Calvario
Leipzig 1771 ⟨1767⟩

 Klarster Stimme, froh an Sinn,
 Reinster Jugendgabe,
 Zogst du mit der Kaiserin
 Nach dem heiligen Grabe.
 Dort, wo alles wohlgelang,
 Unter die Beglückten
 Riß dein herrschender Gesang
 Mich, den Hochentzückten.

AN MADAME MARA ⟨geb. Schmehling⟩
ZUM FROHEN JAHRESFESTE
Weimar 1831

 Sangreich war dein Ehrenweg,
 Jede Brust erweiternd,
 Sang auch ich auf Pfad und Steg,
 Müh und Schritt erheiternd.
 Nah dem Ziele, denk' ich heut
 Jener Zeit, der süßen.
 Fühle mit, wie mich's erfreut,
 Segnend dich zu grüßen.

⟨134. An Marianne von Willemer bei Rücksendung ihrer
Briefe, Weimar, 3. 3. 1831⟩

 Vor die Augen meiner Lieben,
 Zu den Fingern die's geschrieben, –
 Einst, mit heißestem Verlangen
 So erwartet, wie empfangen –

Zu der Brust der sie entquollen,
Diese Blätter wandern sollen;
Immer liebevoll bereit,
Zeugen allerschönster Zeit.

⟨135⟩

INSCHRIFT

auf eine von vorzüglichen Miniatur-Bildern umgebene Tafel, Lebensereignisse und Zustände eines werten Freundes, Baron von Reutern, vorstellend, von demselben mit größtem Talent und bewunderswürdiger Sorgfalt ausgeführt.

⟨April 1831⟩

Gebildetes fürwahr genug!
Bedürft' es noch der Worte?
Wir sehn des lieben Lebens Zug,
Durch Stunden schleicht's und Orte.

Die hohe Gabe preisen wir
Die grausem Unheil steuert,
Auf Weg- und Stegen Blumenzier
Dem holden Freund erneuert.

Doch jedes Auge wie es blickt
Wird in Bewundrung steigen,
Der Geist erhoben und beglückt
In stiller Freude schweigen.

ABSENDUNG DES VORSTEHENDEN

Wort und Bilder, Bild und Worte
Locken euch von Ort zu Orte,
Und die liebe Phantasei
Fühlt sich hundertfältig frei.

⟨136. In das Stammbuch von Ernestine Durand-Engels,
Juni 1831⟩

»Donnerstag nach Belvedere!«
Und so ging's die Woche fort;
Denn das war der Frauen Lehre:
Lustige Leute, lustiger Ort.
Üben wir auf unsern Zügen
Auch nicht mehr dergleichen Schwung,
Stiftet inniges Vergnügen
Heitern Glücks Erinnerung.

⟨137. In das Stammbuch Ludwig Döblers, Juli 1831⟩

Bedarf's noch ein Diplom besiegelt?
Unmögliches hast du uns vorgespiegelt.

⟨138. An Frau von Martius bei Übersendung einer
Artischocke, Weimar, 11. 8. 1831⟩

Gegen Früchte aller Arten,
Saftig-süßen, schmacklich-zarten,
Aus gepflegtestem Revier –
Send' ich starre Disteln dir.

Diese Distel, laß sie gelten!
Ich vermag sie nicht zu schelten,
Die, was uns am besten schmeckt,
In dem Busen tief versteckt.

⟨139. An Frau Rätin Wangemann, Weimar, 4. 11. 1831⟩

Von der Blüte zu den Früchten
Allerlei Natur-Geschichten,
Eigen sind sie deinem Hügel.
Löblich ist's nach Wurzeln graben;
Denn um helle Tagesgaben
Flattern alle Lebensflügel.

Von den Früchten zu den Blüten
Niemals werden wir ermüden;
Den Genuß an solchen Gaben
Siehst du hier in Erz gegraben.
Wie dich auch Natur entzückt,
Kunst sei freundlich angeblickt.

⟨140. An Zelter zum 11. 12. 1831⟩

Ein Füllhorn von Blüten,
Ein zweites von Früchten
Wie möcht' ich gemütlich
Zum Feste sie richten!
Doch saus't ein Gestöber
In Lüften so wild;
Wo alles erstarret,
Genieße das Bild!
Begrüße die Bilder!
Sie gingen voran,
Und andere folgen –
So fort und fortan!

⟨141. An Jenny von Pappenheim, 16. 1. 1832⟩

DER BEKANNTEN, ANERKANNTEN
Dich säh' ich lieber selbst, doch könnt' ich nur verlieren,
Wer dürfte denn dein Auge so fixieren.

⟨142. In ein Stammbuch, Weimar, 7. 3. 1832⟩

Fromme Wünsche, Freundes Wort,
Waltet in dem Büchlein fort!

⟨ÜBERGANGENES, UNTERDRÜCKTES,
FRAGMENTE⟩

Wenn sichs in meinem Busen regt
Wenn sich mein Auge feuchtet
Auch noch ein Herz das mir entgegen schlägt
Noch ein Geist der mir entgegen leuchtet.

Das wenige Talent das ich besitze rauben
Um etwas guts zu machen und zu tun
Muß man erst an die Guten glauben

DIE BURG VON OTRANTO
Fortsetzungs Weissagung

Sind die Zimmer sämtlich besetzt der Burg von Otranto
Kommt, voll innigen Grimms, der erste Riesenbesitzer
Stückweis an und verdrängt die neuen falschen Bewohner
Wehe! den Fliehenden. Weh! den Bleibenden, also geschieht
 es.

Ich wüßte nicht, daß ich ein Grauen spürte
Vor jenen Alten in der Unterwelt;
Wenn nur nicht jede, die mir wohl gefällt,
Hier oben mich nach Wunsch regierte.

Natur und Kunst sie scheinen sich zu fliehen,
Und haben sich, eh' man es denkt, gefunden;
Der Widerwille ist auch mir verschwunden,
Und beide scheinen gleich mich anzuziehen.

Es gilt wohl nur ein redliches Bemühen!
Und wenn wir erst in abgemess'nen Stunden
Mit Geist und Fleiß uns an die Kunst gebunden,
Mag frei Natur im Herzen wieder glühen.

So ist's mit aller Bildung auch beschaffen:
Vergebens werden ungebundne Geister
Nach der Vollendung reiner Höhe streben.

Wer Großes will muß sich zusammenraffen;
In der Beschränkung zeigt sich erst der Meister,
Und das Gesetz nur kann uns Freiheit geben.

⟨Aus dem *Naturhistorischen Bilder- und Lesebuch*
 von Jakob Glatz, 1803⟩

Nicht auf der grünen Erde nur
Am heitren Sonnenschein
Erfreut sich mannichfach Natur;
Auch in die Felsen tief hinein
Zeigt sich der Form und Farbe Spur.
Hier dürfen's kleine Muster sein.
Vernimmt, wie *Quarz* und *Kalk* so rein
In Säulen sich und Tafeln häuft;
Ein schmales schön gefärbtes Band
Harmonisch durch den *Jaspis* läuft;
Ein millionenkörn'ger *Sand*
Als Fels durch alle Lande reicht;
Ein *Pflanzenhaufen* sich verkohlt,
Verschüttet, in der Erde zeigt.
Vernimm, daß, wer auf Berge steigt
Meermuscheln oft herunterholt.

Und ferner wird man dir erklären,
Wie du dereinst nach manchem sauern Schritt
Erfahren wirst, wohin *Granit*,
Porphyr und *Marmor* auf der Welt gehören.

Hast du an Stein und Felsen dann genug,
Gleich werden dich *Metalle* reizen,
Nach denen Kunst, Gewalt und Trug
Mit unverwandter Mühe geizen.

Du findest in der Erde Schoß
Mit stillen ahndungsvollen Freuden
Das *Gold* als ein metallisch Moos
Sich wachsend von dem Steine scheiden,
Das *Silber* als Gesträuch, das *Kupfer* als Gestrippe.
Bewundrung stammelt deine Lippe,
Und neue Schätze werden bloß.

Wenn geometrisch *Zinn* und *Blei*
In Fläch' und Ecke sich beschränken,
So wird das *Eisen* oft sich frei
In Zapfen tropfend niedersenken.
Aus des *Zinnobers* roter Kraft
Läuft dir *Mercur* in Kügelchen entgegen,
Und was der *Zink*, der *Kobalt* Gutes schafft,
Das weiß dein Lehrer auszulegen.

Was nun auf diesen Blättern fehlt,
Das zeigt er dir im Kabinette;
An seiner Hand besuche dann die Stätte,
Wo unverhüllt sich uns Natur verhelt,
Die dich und jeden Stein beseelt.

Offen zeigt sich die Pforte des bergabstürzenden
 Waldstroms;
 Doch in die offene kehrt nimmer das Wasser zurück.
—
Ja doch! es kehret zurück! Schon steigt es in Wolkengebild
 auf,
 Ziehet, erhöhtesten Schwungs, morgengerötet hinan.

⟨*Mephistopheles spricht:*⟩
So war es schon in meinen Tagen,
Ein jeder schlägt gar hoch sich an,
Und würdest du sie alle fragen:
Das Wichtigste hat Er getan.

Es lastet schwer die schwere Last, 5
Die selber du zu tragen hast,
Und ob ein andrer ächzt und keicht,
Für dich ist seine Bürde leicht.

———

⟨*Mephistopheles spricht:*⟩
Was Völker sterbend hinterlassen,
Das ist ein bleicher Schattenschlag:
Du siehst ihn wohl, ihn zu erfassen,
Läufst du vergeblich Nacht und Tag.

Wer immerdar nach Schatten greift, 5
Kann stets nur leere Luft erlangen:
Wer Schatten stets auf Schatten häuft,
Sieht endlich sich von düstrer Nacht umfangen.

ETYMOLOGIE
(Spricht Mephistopheles)

Ars, Ares wird der Kriegesgott genannt,
Ars heißt die Kunst und A . . . ist auch bekannt.
Welch ein Geheimnis liegt in diesen Wundertönen!
Die Sprache bleibt ein reiner Himmelshauch,
Empfunden nur von stillen Erdensöhnen; 5
Fest liegt der Grund, bequem ist der Gebrauch,
Und wo man wohnt, da muß man sich gewöhnen.
Wer fühlend spricht, beschwätzt nur sich allein;

Wie anders, wenn der Glocke Bimbam bammelt,
10 Drängt alles zur Versammlung sich hinein!
Von Können kommt die Kunst, die Schönheit kommt vom
 Schein.
So wird erst nach und nach die Sprache festgerammelt,
Und was ein Volk zusammen sich gestammelt,
Muß ewiges Gesetz für Herz und Seele sein.

 Was der Mensch als Gott verehrt
 Ist sein eigenstes Innere herausgekehrt.

 Thema
 »Für den Kammerdiener
 Gibts keinen Helden!«

 Ausführung
Held ist kein Kammerdiener,
Das muß ich melden.
5 Der Diener aber beweißt
Sich nur gegen den Helden,
Wenn dieser pißt und scheißt.
Will doch auch was gelten.
Da sagt sodann der Knecht
10 Zu lausigen Leuten:
Mein Herr ist mir eben recht
Hat nichts zu bedeuten.

DAS TAGEBUCH
1810

— aliam tenui, sed iam quum gaudia adirem,
Admonuit dominae deseruitque Venus.

I
Wir hören's oft und glauben's wohl am Ende
Das Menschenherz sei ewig unergründlich
Und wie man auch sich hin und wieder wende
So sei der Christe wie der Heide sündlich.
Das Beste bleibt, wir geben uns die Hände
Und nehmen's mit der Lehre nicht empfindlich:
Denn zeigt sich auch ein Dämon uns versuchend,
So waltet was, gerettet ist die Tugend.

II
Von meiner Trauten lange Zeit entfernet,
Wie's öfters geht, nach irdischem Gewinne
Und was ich auch gewonnen und gelernet,
So hatt ich doch nur immer Sie im Sinne,
Und wie zu Nacht der Himmel erst sich sternet
Erinn'rung uns umleuchtet ferner Minne:
So ward im Federzug des Tags Ereignis
Mit süßen Worten Ihr ein freundlich Gleichnis.

III
Ich eilte nun zurück. Zerbrochen sollte
Mein Wagen mich noch eine Nacht verspäten
Schon dacht' ich mich wie ich zu Hause rollte;
Allein da war Geduld und Werk von nöten
Und wie ich auch mit Schmied und Wagner tollte
Sie hämmerten verschmähten viel zu reden
Ein jedes Handwerk hat nun seine Schnurren.
Was blieb mir nun zu weilen und zu murren.

IV

So stand ich nun! Der Stern des nächsten Schildes
Berief mich hin, die Wohnung schien erträglich
Ein Mädchen kam, des seltensten Gebildes,
Das Licht erleuchtend. Mir ward gleich behäglich.
Hausflur und Treppe sah' ich als ein Mildes,
Die Zimmerchen erfreuten mich unsäglich.
Den sündigen Menschen der im Freien schwebet
Die Schönheit spinnt, sie ist's die ihn umwebet.

V

Nun setzt' ich mich zu meiner Tasch' und Briefen
Und meines Tagebuchs Genauigkeiten,
Um so wie sonst, wenn alle Menschen schliefen,
Mir und der Trauten Freude zu bereiten;
Doch weiß ich nicht, die Tintenworte liefen
Nicht so wie sonst in alle Kleinigkeiten:
Das Mädchen kam, des Abendessens Bürde
Verteilte sie gewandt mit Gruß und Würde.

VI

Sie geht und kommt; ich spreche, sie erwiedert.
Mit jedem Wort erscheint sie mir geschmückter.
Und wie sie leicht mir nun das Huhn zergliedert
Bewegend Hand und Arm, geschickt, geschickter.
Was auch das tolle Zeug in uns befiedert,
Genug ich bin verworr'ner bin verrückter,
Den Stuhl umwerfend spring' ich auf und fasse
Das schöne Kind; sie lispelt: Lasse, lasse!

VII

Die Muhme drunten lauscht, ein alter Drache,
Sie zählt bedächtig des Geschäfts Minute;
Sie denkt sich unten, was ich oben mache,
Bei jedem Zögern schwenkt sie frisch die Rute.
Doch schließe deine Türe nicht und wache
So kommt die Mitternacht uns wohl zu Gute.

Rasch meinem Arm entwindet sie die Glieder, 55
Und eilet fort und kommt nur dienend wieder;

VIII

Doch blickend auch! so daß aus jedem Blicke
Sich himmlisches Versprechen mir entfaltet.
Den stillen Seufzer drängt sie nicht zurücke,
Der ihren Busen herrlicher gestaltet. 60
Ich sehe, daß am Ohr, um Hals und G'nicke
Der flüchtigen Röte Liebesblüte waltet,
Und da sie nichts zu leisten weiter findet,
Geht sie und zögert, sieht sich um, verschwindet.

IX

Der Mitternacht gehören Haus und Straßen, 65
Mir ist ein weites Lager aufbereitet,
Wovon den kleinsten Teil mir anzumaßen
Die Liebe rät, die alles wohl bereitet.
Ich zaudre noch die Kerzen auszublasen
Nun hör' ich sie, wie leise sie auch gleitet, 70
Mit gierigem Blick die Hochgestalt umschweif' ich
Sie legt sich bei, die Wohlgestalt ergreif' ich.

X

Sie macht sich los: Vergönne daß ich rede
Damit ich dir nicht völlig fremd gehöre.
Der Schein ist wider mich, sonst war ich blöde 75
Stets gegen Männer setzt' ich mich zur Wehre
Mich nennt die Stadt, mich nennt die Gegend spröde;
Nun aber weiß ich, wie das Herz sich kehre:
Du bist mein Sieger, laß Dich's nicht verdrießen,
Ich sah, ich liebte, schwur dich zu genießen. 80

XI

Du hast mich rein, und wenn ich's besser wüßte
So gäb' ich's Dir; ich tue was ich sage.
So schließt sie mich an ihre süßen Brüste

Als ob ihr nur an meiner Brust behage.
Und wie ich Mund und Aug' und Stirne küßte
So war ich doch in wunderbarer Lage:
Denn der so hitzig sonst den Meister spielet
Weicht schülerhaft zurück und abgekühlet.

XII

Ihr scheint ein süßes Wort, ein Kuß zu g'nügen,
Als wär' es alles was ihr Herz begehrte
Wie keusch sie mir, mit liebevollem Fügen,
Des süßen Körpers Fülleform gewährte!
Entzückt und froh in allen ihren Zügen
Und ruhig dann, als wenn sie nichts entbehrte.
So ruht' ich auch, gefällig sie beschauend,
Noch auf den Meister hoffend und vertrauend.

XIII

Doch als ich länger mein Geschick bedachte,
Von tausend Flüchen mir die Seele kochte,
Mich selbst verwünschend, grinsend mich belachte
Nichts besser ward, wie ich auch zaudern mochte:
Da lag sie schlafend, schöner als sie wachte;
Die Lichter dämmerten mit langem Dochte.
Der Tages-Arbeit, jugendlicher Mühe
Gesellt sich gern der Schlaf und nie zu frühe.

XIV

So lag sie himmlisch an bequemer Stelle,
Als wenn das Lager ihr allein gehörte,
Und an die Wand gedrückt, gequetscht zur Hölle
Ohnmächtig Jener, dem sie nichts verwehrte.
Vom Schlangenbisse fällt zunächst der Quelle
Ein Wanderer so, den schon der Durst verzehrte.
Sie atmet lieblich holdem Traum entgegen;
Er hält den Atem, sie nicht aufzuregen.

XV

Gefaßt bei dem was ihm noch nie begegnet,
Spricht er zu sich: so mußt du doch erfahren
Warum der Bräutigam sich kreuzt und segnet, 115
Vor Nestelknüpfen scheu sich zu bewahren.
Weit lieber da wo's Hellebarden regnet
Als hier im Schimpf! So war es nicht vor Jahren,
Als Deine Herrin Dir zum ersten Male
Vor's Auge trat im Prachterhellten Saale. 120

XVI

Da quoll dein Herz, da quollen deine Sinnen
So daß der ganze Mensch entzückt sich regte.
Zum raschen Tanze trugst du sie von hinnen,
Die kaum der Arm und schon der Busen hegte.
Als wolltest Du Dir selbst sie abgewinnen, 125
Vervielfacht war was sich für sie bewegte:
Verstand und Witz und alle Lebensgeister
Und rascher als die andern jener Meister.

XVII

So immerfort wuchs Neigung und Begierde
Brautleute wurden wir im frühen Jahre 130
Sie selbst des Maien schönste Blum' und Zierde
Wie wuchs die Kraft zur Lust im jungen Paare!
Und als ich endlich sie zur Kirche führte:
Gesteh' ich's nur, vor Priester und Altare,
Vor deinem Jammerkreuz blutrünstger Christe, 135
Verzeih mir's Gott! es regte sich der Iste.

XVIII

Und ihr, der Brautnacht reiche Bettgehänge,
Ihr Pfühle, die ihr euch so breit erstrecktet,
Ihr Teppiche, die Lieb- und Lustgedränge
Mit euren seidnen Fittigen bedecktet 140
Ihr Käfigvögel, deren Zwitzer Sänge
Zu neuer Lust und nie zu früh uns wecktet

Ihr kanntet uns von euerem Schutz umfriedet
Teilnehmend sie, mich immer unermüdet.

XIX

Und wie wir oft sodann im Raub genossen
Nach Buhlenart des Ehstands heilige Rechte
Von reifer Saat umwogt, vom Rohr umschlossen
An manchem Unort wo ich's mich erfrechte
Wir waren augenblicklich, unverdrossen
Und wiederholt bedient vom braven Knechte!
Verfluchter Knecht, wie unerwecklich liegst Du!
Und deinen Herrn um's schönste Glück betriegst du.

XX

Doch Meister Iste hat nun seine Grillen
Und läßt sich nicht befehlen noch verachten.
Auf einmal ist er da und ganz im Stillen
Erhebt er sich zu allen seinen Prachten.
So steht es nun dem Wandrer ganz zu Willen,
Nicht lechzend mehr am Quell zu übernachten.
Er neigt sich hin, er will die Schläferin küssen,
Allein er stockt, er fühlt sich weggerissen.

XXI

Wer hat zur Kraft ihn wieder aufgestählet?
Als jenes Bild, das ihm auf ewig teuer,
Mit dem er sich in Jugendlust vermählet
Dort leuchtet her ein frisch erquicklich Feuer
Und wie er erst in Ohnmacht sich gequälet;
So wird nun hier dem Starken nicht geheuer,
Er schaudert weg, vorsichtig, leise, leise
Entzieht er sich dem holden Zauberkreise,

XXII

Sitzt, schreibt: Ich nahte mich der heimischen Pforte
Entfernen wollten mich die letzten Stunden,
Da hab' ich nun am sonderbarsten Orte

Mein treues Herz aufs neue dir verbunden.
Zum Schlusse findest du geheime Worte:
Die Krankheit erst bewähret den Gesunden.
Dies Büchlein soll dir manches Gute zeigen, 175
Das Beste nur, muß ich zuletzt verschweigen.

XXIII
Da kräht der Hahn. Das Mädchen schnell entwindet
Der Decke sich und wirft sich rasch ins Mieder.
Und da sie sich so seltsam wiederfindet,
So stutzt sie, blickt und schlägt die Augen nieder, 180
Und da sie ihm zum letzten Mal verschwindet
Im Auge bleiben ihm die schönen Glieder;
Das Posthorn tönt, er wirft sich in den Wagen
Und läßt getrost sich zu der Liebsten tragen.

XXIV
Und weil zuletzt bei jeder Dichtungsweise 185
Moralien uns ernstlich fördern sollen;
So will auch ich in so beliebtem Gleise
Euch gern bekennen was die Verse wollen:
Wir stolpern wohl auf unsrer Lebensreise,
Und doch vermögen in der Welt, der tollen, 190
Zwei Hebel viel auf's irdische Getriebe:
Sehr viel die Pflicht, unendlich mehr die Liebe.

O, wie lallt das Kind so faul!
Hat den Brei noch nicht verschluckt
Den ihm die Mutter strich ins Maul.

Seid mir willkommen süße Buhlerinnen,
Denn ihr allein verschönt uns doch die Welt;
Ihr lasset uns im Augenblick gewinnen

Was Prüderie uns Jahre lang verhält.
Was sie nicht fühlt, sie weiß es zu ersinnen
Wie selbstgefällig froh sie sich verstellt;
Von Eva her geschaffen zum Betrügen
Sie kleidet nichts so gut als wenn sie lügen.

———

Was gibst du dir mit Lieb und Ehre
Und andern Dingen so viele Pein!
Wenn ein tüchtiger S . . nur wäre
Die Weiber würden sämtlich zufrieden sein.

———

Und was bleibt denn an dem Leben,
Wenn es alles ging zu Funken,
Wenn die Ehre mit dem Streben
Alles ist im Quark versunken.

Und doch kann dich nichts vernichten,
Wenn Vergänglichem zum Trotze
Willst dein Sehnen ewig richten
Erst zur Flasche dann zur . . .

———

Es hat ein hübsches Maidel
Nur allzuviel zu tun,
Der Bursche trinkt manch Seidel
Und kann hernach nicht ruhn.
Und wenn sie dann sich trafen,
Wer kann dann was dafür?
Er hat den Rausch verschlafen,
Der Rausch er schläft mit ihr.

———

In Jena weiß man viele Sachen,
Nur nicht aus Essig Wein zu machen.

———

Laßt geschaffne Ritter kämpfen,
Reiche retten, Feinde dämpfen,
Wie so manche Lanze brach.
Tilget, edle Legionen,
Tief bedrängter Nationen
Lang ertragne dumpfe Schmach!

List'ges Weichen, falsche Flucht,
Waffen gegen Eifersucht,
Mächtiger als Lanz' und Stahl.
Mußt dich ja des Trugs nicht schämen.
Leise Treten, klug Benehmen,
Sie betören den Rival.

———

Folge nicht Lügnern und Heuchlern
Damit du ihnen schmeicheln mögest
Werden sie an dir zu Schmeichlern.

⟨Rätsel⟩

Da sind sie wieder
Die losen Dinger!
An hübschen Händchen
Gar sechs der Finger!

Es rühmt das Volk sich
Als Zeitgefährte
Und ziert gar lieblich
Geschorne Bärte.

 Kein Schneider kleidet
 So viele Nackte,
 Wenn er auch Höllen
 Aus Höllen packte.

 Sie wären H,
 Wenn man sie würbe;
 Doch ist ihr Leibchen
 Nur gar zu mürbe.

 Man ignorieret,
 Woher sie kamen;
 Ich nannte zweimal
 Schon ihren Namen.

⟨Fortsetzung eines Gedichts von Bürger⟩

Was sagt hierauf das liebenswürdge Mädchen?
 Was sagt sie? Was sagt sie?

 So singst du übertrieben,
 Wie mancher übertrieb;
 Doch nimmt das wahre Lieben
 Mit wenigem vorlieb.
 Wer will sich denn verbinden
 Wer nicht dem Glück vertraut
 Das andre wird sich finden.
 Gesetzt! ich wär die Braut.

 Von allen jenen Gütern
 Ist freilich gar nichts dein;
 Drum singe den Gemütern
 Nicht eingebildte Pein.
 Daß ich mich gar nicht scheue
 Dies schwör ich Angesichts.

Nur immer Lieb und Treue
Und weiter braucht es nichts.

———

Ein Liebchen ist der Zeitvertreib, auf den ich jetzt mich
 spitze,
Sie hat einen gar so schlanken Leib und trägt eine
 Stachelmütze.

———

Warmes Lüftchen weh' heran,
Wehe uns entgegen,
Denn du hast uns wohlgetan
Auf den Jugendwegen.

———

Eva, verziehen sei dir, es haben ja Söhne der Weisheit
 Rein geplündert den Baum, welchen der Vater gepflanzt.

———

Willst du dein Wyb soll schwanger syn,
Schick sie in's Bad und geh nit hin.

LOGOGRYPH

Das erste gibt mir Lust genug,
Das zweite aber das macht mich klug.

ALTER FEUERSEGEN

Es ging ein Knäblein wohl über das Land,
Ein gülden Buch trug es in seiner Hand.
Es konnte lesen, es konnte schreiben,
Alle schwere Gewitter konnt' es vertreiben.
Es sahe wohl einen Haushalt abbrinnen!
Ach, wie viel arme Leute wohnen drinnen! –
Ach ich bitte dich, du allerhöchste Feuersglut,
Daß du nicht weitern Schaden tust,
Daß du stille stehest
Und auch nicht weiter gehest. –
Er ging wohl um das Haus –
Das Feuer war aus.

Hans Liederlich
Ein Glas zu dem Schmatz,
Nun, das schlürft sich so süß!
Versauf' ich die Schuh',
So behalt' ich die Füß'.
A Maid und a Wein,
Musik und Gesang
I wollt' i, so hätt' i's
Das Leben entlang.

Wenn ich scheid' aus diesem Elend
Und lass' hinter mir ein Testament,
So wird daraus nur ein Zank
Und weiß mir's niemand keinen Dank.
Alles verzehrt vor seinem End,
Das macht ein richtig Testament.

Der Camerade
 Ein Glas zu dem Schmatz, 15
 Nun, das schlürft sich so süß!
 Behaltst du die Schuh',
 Nun so schonst du die Füß'.
 A Maid und a Wein,
 Musik und Gesang, 20
 Bezahl' sie, so hast sie
 Das Leben entlang!

———

Denkt nicht, ich geh' euch dummem Volk zu Leibe,
Ich weiß recht gut für wen ich schreibe.

———

 Vater Vater wo ist Mutter
 Meiner Seelen erste Liebe?
 Raben dort willkommnes Futter
 Von gerechtem Schwertes Hiebe. –
 Mutter ist die mich geboren 5

 Und der Sohn ist auch verloren

 Und sie fechten um das Eisen
 Das gefährlichste Gefechte
 Doch des Vaters starke Rechte
 Kann es wohl dem Sohn entreis⟨sen⟩ 10

———

An Venus Medicis ruht es in Frieden,
Und am Apoll von Belveder desgleichen;
Doch beide sind entschieden so geschieden,
Daß sie sich möchten gar zu gern erreichen.
So wird für Gott und Göttin, Mann und Weib 5

Die allerhöchste Pflicht ein Zeitvertreib.
Doch wo das Gleiche mit dem Gleichen wechselt,
An Einem Körper wunderlich zu schauen,
Eins in das andre so hineingedrechselt,
Da überfällt mich Angst und quälend Grauen.

—

Und also, ein für allemal,
Der Lingam ist mir ganz fatal!

Nicht am Morgen allein, noch am Mittag einzig beglückt
 sie,
Untergehend sogar ist's immer dieselbige Sonne.

⟨Aus Entwürfen einer Kantate zum Reformationsjubiläum⟩

⟨*Sulamith*⟩

Wenn mich auch die Wächter schlügen
Da dem Liebsten forsche nach
Einzig ist mir das Vergnügen
Seiner Liebe Nacht und Tag

—

⟨*Elias*⟩

Was soll all der Prunk bedeuten?
Regt er nicht der Seele Spott
Wenn wir in das Freie schreiten
Auf den Höhen da ist der Gott
 Auf den Höhen rein umsäuselt
Wie es auch sich fügen mag
Wenn das Locken Haar sich kräuselt
Knaben Mädchen hier ist Tag!

—

Baal der im Grimme
Euch zu vernichten
Weiß der Geschichten
Ende zu deuten.

EIN ABER DABEI

Es wäre schön was Guts zu kauen,
Müßte man es nur nicht auch verdauen;
Es wäre herrlich genug zu trinken,
Tät' einem nur nicht Kopf und Kniee sinken;
Hinüber zu schießen das wären Possen,
Würde nur nicht wieder herübergeschossen;
Und jedes Mädchen wär' gern bequem,
Wenn nur eine andre in's Kindbett käm'.

Hab' ich tausendmal geschworen
Dieser Flasche nicht zu trauen,
Bin ich doch wie neugeboren
Läßt mein Schenke fern sie schauen.
Alles ist an ihr zu loben,
Glaskrystall und Purpurwein.
Wird der Pfropf herausgehoben,
Sie ist leer und ich nicht mein.

Hab' ich tausendmal geschworen
Dieser Falschen nicht zu trauen,
Und doch bin ich neugeboren
Läßt sie sich ins Auge schauen.
Mag sie doch mit mir verfahren,
Wie's dem stärksten Mann geschah.
Deine Scher' in meinen Haaren,
Allerliebste Dalila!

Presse du bist wieder frei

Jeder wünscht die Freiheit sich
Andre brav zu pressen

BERUF DES STORCHES

Der Storch, der sich von Frosch und Wurm
An unserm Teiche nähret,
Was nistet er auf dem Kirchenturm
Wo er nicht hingehöret?

Dort klappt und klappert er genung,
Verdrießlich anzuhören;
Doch wagt es weder Alt noch Jung
Ihm in das Nest zu stören.

Wodurch – gesagt mit Reverenz –
Kann er sein Recht beweisen,
Als durch die löbliche Tendenz
Auf's Kirchendach zu

⟨Kestners Agape, 1819⟩

Von deinem Liebesmahl
Will man nichts wissen;
Für einen Christen ist's
Ein böser Bissen.

Denn kaum verläßt der Herr
Die Grabes-Tücher,
Gleich schreibt ein Schelmenvolk
Absurde Bücher.

Gewinnen gegen dich
Die Philologen;
Das hilft uns alles nichts,
Wir sind betrogen.

Ein abgestumpft Gesicht
Zeig doch den Blosen.
Wer ohne Nase spricht
Hat die Franzosen.

EINS WIE'S ANDRE

Die Welt ist ein Sardellen-Salat;
Er schmeckt uns früh, er schmeckt uns spat:
Zitronen-Scheibchen rings umher,
Dann Fischlein, Würstlein, und was noch mehr
In Essig und Öl zusammenrinnt, 5
Kapern, so künftige Blumen sind –
Man schluckt sie zusammen wie Ein Gesind.

Von wem auf Lebens- und Wissens-Bahnen
Wardst du genährt und befestet?
Zu fragen sind wir beauftragt.

»Ich habe niemals danach gefragt:
Von welchen Schnepfen und Fasanen, 5
Kapaunen und Welschenhahnen
Ich mein Bäuchelchen gemästet.

So bei Pythagoras, bei den Besten,
Saß ich unter zufriednen Gästen;
Ihr Frohmahl hab' ich unverdrossen 10
Niemals bestohlen, immer genossen.«

Gleichnisse dürft ihr mir nicht verwehren,
Ich wüßte mich sonst nicht zu erklären.

Wie magst du ruhig fort erfahren
Daß sie dich schelten.
Ich rede zu! In funfzig Jahren
Wird es schon gelten.

———

Senior. Solo
Hört mir zu mit gutem Willen,
Auch auf Tadel seid gefaßt,
Euer Schreien, euer Brüllen
Ist mir lange schon verhaßt.
Sitz' ich immer, euer Alter,
Bei dem widerlichen Klang,
Stimmet doch einmal den Psalter
Zu harmonischem Gesang.

Chor. Unisono
Wir probieren's, guter Alter,
Mäßigen der Stimme Klang,
Schlage du nur selbst den Psalter
Zu harmonischem Gesang.

⟨Zu einem Ölgemälde?⟩

An den Wurzeln heiliger Eiche
Schwillt ein Lebensquell hervor,
Und so, ohne Nachbar-Gleiche,
Wuchs die Edle still empor.
Äste streckt sie, Blätterbüsche
Sonnig, über glatte Flut,
Und in ewig grüner Frische
Spiegelt sich des Dankes Glut.

———

So wie ich weiß
Hieß es Granit-Gneis,
Jetzt heißt⟨s⟩ Gneis-Granit;
Das ist ein wichtiger Schritt!
Als wenn ich sagte: Seel und Leib,
Mann und Weib,
Weib und Mann, Leib und Seele.
Gott gebe daß es am Besten nicht fehle.

———

Mein Kind, sie wissen's nicht zu machen;
Doch Artischocken sind von allen Sachen
Die schlimmsten nicht, die unter zarten Fingern
Ihr widerspenstig Naturell verringern. –
Nimm nur den Stachel mit geschickter Kraft,
Das ist der Sinn von aller Wissenschaft.

⟨Zu einer Handschrift Friedrichs des Großen⟩

Das Blatt, wo Seine Hand geruht,
Die einst der Welt geboten,
Ist herzustellen fromm und gut.
Preis Ihm, dem großen Toten!

SCHUL-PFORTA

Ehre, Deutscher, treu und innig
Des Erinnerns werten Schatz,
Denn der Knabe spielte sinnig,
Klopstock, einst auf diesem Platz.

An dem stillbegrenzten Orte
Bilde dich, so wie's gebührt,
Jüngling! öffne dir die Pforte,
Die in's weite Leben führt.

⟨Gartenhaus am untern Park⟩

Übermütig sieht's nicht aus,
Hohes Dach und niedres Haus;
Allen die daselbst verkehrt
Ward ein guter Mut beschert.
Schlanker Bäume grüner Flor,
Selbstgepflanzter, wuchs empor.
Geistig ging zugleich alldort
Schaffen, Hegen, Wachsen fort.

———

Dieser alte Weidenbaum
Steht und wächs't als wie im Traum,
Sah des Fürstendaches Gluten,
Sieht der Ilme leises Fluten.

EIN GLEICHNIS

Jüngst pflückt' ich einen Wiesenstrauß,
Trug ihn gedankenvoll nach Haus,
Da hatten von der warmen Hand
Die Kronen sich alle zur Erde gewandt.
Ich setzte sie in frisches Glas
Und welch ein Wunder war mir das!
Die Köpfchen hoben sich empor,
Die Blätterstengel im grünen Flor,
Und allzusammen so gesund
Als stünden sie noch auf Muttergrund.

So war mir's als ich wundersam
Mein Lied in fremder Sprache vernahm.

———

O! Bleibe ruhigen Bezirken
Treu, deiner Lampe Nacht Revier,
Auf Menschen ist nicht leicht zu wirken,
Doch auf das willige Papier.

———

Catalani tat was auch andre taten;
Große Talente sind schlecht beraten.

———

Daß die Bibel Gesellschaft
Das wunderliche Buch in die Welt schafft
Das kann ich gar nicht überwinden,
Wenn es auch vielen Leuten gefällt;
Nur die Krämer in aller Welt 5
Werden sich freuen Christen zu finden,
Denen sie denn einen Rosenkranz
Verkaufen mögen oder andern Tanz.
Wenn du nicht hättest gut reimen wollen,
Andern Tand hättest du sagen sollen. 10

———

Dreieinigkeit hab ich auch gesehn
Lebendig durch einander wehn!
Der heilige Geist fuhr hin und her
Als wenn er flatternde Taube wär'.
Gott der Sohn gab sein Wort dazu, 5
Der Vater blieb in ewiger Ruh,
Denn er wußte schon ungefähr
Was an der ganzen Sache wär'.

———

Christus ein Gott vom Himmel kam,
Ein Mensch auf Erden wundersam;
Als Gott und Mensch, als Mensch und Gott,
Anbetung ward ihm, Schand und Spott;
Zuletzt zu unserer Seligkeit
Ging er durch's Grab zur Herrlichkeit.

Glücklich wenn nach außen ich die Augen wende,
Nur die Krätzigen besehen ihre eignen Hände.

⟨Goethes Wohnhaus in Weimar⟩

Warum stehen sie davor?
Ist nicht Türe da und Tor?
Kämen sie getrost herein,
Würden wohl empfangen sein.

Denn mit dem himmlischen Küchenzettel
Ist's immer wieder der alte Bettel.

PARABEL

Ich trat in meine Gartentür,
Drei Freunde kamen, auch wohl vier,
Ich bat sie höflich zu mir ein
Und sagte: sie sollten willkommen sein;
Da in der Mitte, im heitern Saal,
Stünd' grade ein hübsches Frühstücksmahl.
Wollt' jedem der Garten wohl gefallen,
Darin nach seiner Art zu wallen.

Der eine schlich in dichte Lauben,
Der andre kletterte nach Trauben,
Sein Bruder nach hohen Äpfeln schielt',
Die er für ganz vortrefflich hielt.
Ich sagte: die stünden alle frisch
Zusammen drinn' auf rundem Tisch,
Und wären ihnen gar schön empfohlen.
Sie aber wollten sie selber holen;
Auch war der letzte, wie eine Maus,
Fort! wohl zur Hintertür hinaus.
Ich aber ging zum Saal hinein,
Verzehrte mein Frühstück ganz allein.

⟨Verstreute Sprüche und Fragmente⟩

 Und wer mit Katzen ackern will
 Der spanne die Mäus' voraus,
 Da geht es alles wie der Wind,
 Die Katze will die Maus
 ⟨Alternativ-Varianten:⟩
 Die Katze fängt die Maus.
 Die Katze folgt der Maus.
 Es greift die Katz' zur Maus.
 Da hascht die Katz' die Maus.
 Da folgt die Katz' der Maus.

—

Der du so nach Erfindung bangst,
Du solltest dich so sehr nicht plagen;
Wenn du eine weise Antwort verlangst,
Mußt du vernünftig fragen.

—

 Bist zu schwach geschäftet
 Kannst dich selbst nicht tragen
 Erst ans Kreuz geheftet
 Dann aufs Rad geschlagen

—

> Bedenkt, man will euch hören;
> So seid nicht redefaul;
> Und wollt ihr euch erklären,
> So nehmt nicht Brei ins Maul.

—

War die Henne zuerst? oder war das Ei vor der Henne?
Wer dies Rätsel erlöst schlichtet den Streit um den Gott.

—

> Wer Bedingung früh erfährt
> Gelangt bequem zur Freiheit
> Wem Bedingung sich spät aufdringt
> Gewinnt nur bittre Freiheit.

—

Was einer denn wüßte? was wissen man kann?
Darob verwirrt sich, überwirft sich der Mann.
»Was Einer wissen konnte, und was er nun weiß
Er selber wiß es! Nichts macht ihm dann heiß.

—

> Befiehl und diene
> Dien' und befehle
> Gegen jeden Tag
> Muß man sich brüsten.

—

Und so im Wandlen eigentlichst belehrt
Unschätzbar ist was niemals wiederkehrt.

—

Und hätt er's auch gesehn der höchste Blick
Kehrt nur ins Herz zur Herrlichkeit zurück.

—

Und wie der Mensch dem Menschen Weg' bereitet
Dem Menschen ists der Mensch der sie bestreitet.

—

Es ist nicht hübsch wenn man den Hof sosehr zum besten
 hat.
Behüte Gott den Hof! Es gibt auch Land und Stadt.

—

Willst du wirksam sein
Bediene dich deiner Kraft
Jung in Gesellschaft
Alt allein.

—

Kirschkerne wird niemand kauen
Man kann sie verschlucken doch nicht verdauen.

—

Wir sollen auf unsern Lorbeern ruhn,
Nichts weiter denken als was wir tun.

—

Wenn euch vor unsrem Namen graut
Gleichgültig ists wie er heißt
Wir haben die Natur mit einem Blick beschaut
Der Lust und Lieb Sophias beweist.

—

Zu wünschen hab ich nichts mich fördert alles
Doch denk ich jetzt des ganz besondern Falles.

—

Doch kann sich einer pfiffiger erweisen
Mein guter Freund so will auch das nichts heißen.

—

Du hast so vielen schon den Hals gebrochen
Und keiner hat soviel für dich getan

—

So willst du Teufel doch einmal uneigen –
Uneigennützig dich, der Teufel! zeigen.

—

Ich wünschte wohl dich anders zu staffieren
Doch weil du's bist, so laß ich dich passieren

—

Mit Schnäbeln Hörnern Klauen
Sich ausgemalt gar gräßlich anzuschauen.

—

Man weiß nicht wie, man tue nur das Rechte
Am Ende fällt, am Ende dient der Schlechte.

—

Sag nur was hast du in deinem Sinn
Ich betrübe mich daß ich zu alt bin
Um mich des großen Vergangnen zu freuen

—

Das Haus ist wohl gegründet
In dem sich ein Knab oder Mägdlein findet
Das weiß mit redlichem Bemühn
Der Eltern Feh⟨ler⟩ zurecht zu ziehn

—

Wärst du 20 Jahre jünger
Würden wir dich lieber sehen
Doch wir sehen durch die Finger
Und es soll dir trefflich gehen
In dem Garten in dem Saal
Auf dem Berg und in dem Tal
Bist ⟨Hast?⟩ du mir zum 2ten mal
Endlich ⟨?Ländlich?⟩ wie ⟨?⟩ das erste mal

—

Haben wir es doch besprochen
Haben wir es doch gedacht
Daß dich diese kurzen Wochen
Wirklich wieder hergebracht
 Und die Schwestern alle v . . . ⟨vorn? allen voran?⟩
Zogen auch an ihrem Teil

—

Aus nächtger Finsternis, am Hügel wo
Gesellig still der Ahnen würdige Reihe
Sich ernst und prunklos in der Gruft gelagert
Ruft sanft ein Requiem den Trauernden
Ein starres Bild vertritt an diesem Ort
D

—

Die Toten feier zu begehen
Dem teuren Freund, ging ich hinunter
Da folgte mir das Volk so munter
Als hätt es nie ein Grab gesehen
Ich stand am Sarg gar ehrerbietig

⟨Raum für zwei Verse⟩
Mit ihren Stengeln ihren Hüten
Sah es beinah als wenn sie blühten

—

A
Und willst du dich an Hof gewöhnen
Mußt du sein von Edelmanns Söhnen
Die Ohren hinterm Stuhle spitzen
Die wissen nun was es heißt draus sitzen
B
Wer irgend weich sitzt weiß es wohl
Wär er aus Schwaben und Tyrol
Er wählet sich mit vielem Dank
Ein weiches Polster für 'ne Bank

—

Ich auch einmal recht glücklich was,
Das war als ich den Rotz mit dem Brei fraß.

—

Was sie einander sagen zu zwein
Meinens sie wären ganz allein.

—

Ich wär auch gern e'mal dumm gewesen
Hätten nur die Dummen nit so viel gelesen.

—

Was alles sein soll das ist dir zu weit
Du dienest ehrsam dienest du der Zeit.

—

 Nur im Widerschein das Schöne
 Sehen lieben und begehren
 Ist denn das so große Schuld?

—

 Sind denn alle reinen Triebe
 ⟨Raum für einen Vers⟩
 Nur die Demut schafft die Liebe
 Nur die Liebe schafft den Gott

In dem Herzen wohnt Vertrauen
Und das schließt sich feste⟨r⟩ an
Seit auf uns . .

—

Die Sonne leuchtet über Länder, Meere
Wie starr sie grünen oder schwankend mild
⟨Raum für einen Vers⟩
Und Blumen mögen sie des Lebens lesen
Als wär es Friede immerfort gewesen

—

Wie meinst dus denn, wie mein ichs denn?
Und wissen wir was wir wollen?

—

Baco
Denn wer nur mathematische Regeln kennt
Wird Schlüsse finden welche Wunder wirken.
Die der gemeine Sinn nicht fassen kann.

—

Ich bin gefangen! Wie! In tiefer Gruft,
So wär ich alsobald in freier Luft.

—

Und wie euch erst Homer gesungen
Erfreut ihr euch der Nibelungen.

—

Des Alten Schatten war noch was,
Des Sohnes Körper was ist das?

—

Ein dürres Blatt im Wind getrieben,
Sieht öfters einem Vogel gleich.

—

Das All es wird so hingenötigt,
Der Mensch allein er hat die Wahl.

—

Und wenn die Flut dich noch so vorwärts führt
Die Ebbe gleich wird dich zurücke reißen.

—

Ich liebe manches aber lobe nichts

—

Wo kämen denn die Perlen her
Wenn der Himmel nicht weinte?

—

Zu seinem Besten will er nicht genötigt,
Zu seinem Schaden wohl gezwungen sein.

—

Wüßtest du dich drin zu finden
Müßtest glauben wie verblinden.

—

Die besten die ich kenne
Sind alle geklemmt.

—

Die Dämonen spotten meiner
Das weiß ich recht gut

—

Du nimmst mirs vorm Munde weg
Es ist als hätt ichs selbst gesagt

—

Der beste Diener ist der größte Schelm

—

Wenn sie nicht gewesen wären
Müßtet ihr doch wacker sein

—

Schon lange fühlt ich schon
So was an mir von einem Königssohn.

—

Ihr seid zu weit von mir entfernt
Ich verwehr euch nicht aufzutauchen

—

Ganz ausgebildet aufwärts quellen
Und stolz sich hoch als Gipfel stellen

—

Chaos heißt das artge Blatt
Chaos kanns nicht sein
Denn was es im Busen hat
Trifft doch überein
Aber Chos kann es wohl

Eine Weile scheinen
vereinen

—

Groß ist Europens Staatskalender
Jedoch der Gönner Zahl ist klein.

—

Wer Perlen will
Der muß ins Meer sich stürzen.

—

Leben liebt
Lieben belebt
Glück auf!
Müssen und Wollen
Denken und Tun
Streben und Warten
Coeur content
Grand talent.

—

Mein Blick war auf den Himmel hingerichtet
Der aus den Augen quoll den schwarzen Guten
Da klangs
⟨Einzeilige Lücke⟩
Nicht hab ich sie sie haben mich gedichtet
Sie mögen sich entschulden oder leiden.

KOMMENTAR

GOETHES LYRIK 1800-1832
Grundlagen und Grundsätze der Ausgabe

Für den vorliegenden zweiten Band der Ausgabe von Goethes Lyrik gelten die bereits in Bd. I dieser Ausgabe, S. 729-746, dargelegten Grundsätze. Ihre Anwendung auf Goethes Schaffen von 1800 bis 1832 führt zu einem etwas anderen Erscheinungsbild. Hauptstück des vorliegenden Bandes ist, in näher zu erörternder Weise, Goethes Gedicht-Ausgabe letzter Hand (S. 9-686); etwa ein Drittel ihres Textbestandes entstammt der Zeit vor 1800 und wird deshalb, meist in unterschiedlicher Fassung oder unterschiedlichem Kontext, sowohl in Bd. I als auch in Bd. II dieser Ausgabe wiedergegeben. Ferner enthält der vorliegende Band jene lyrischen Texte des Zeitraums 1800-1832, die Goethe selbst nicht in die Ausgabe letzter Hand aufgenommen hat (S. 687-872).

NOCH EINMAL: ›GELEGENHEIT‹ UND ›ENSEMBLE‹

Der gelegenheits-chronologische Gesichtspunkt war schon in den späteren Partien des ersten Bandes zurückgetreten. Im vorliegenden zweiten Band wird er nun fast bedeutungslos. Dominierend wird der sammlungs-chronologische Gesichtspunkt. Das entspricht dem Wandel in der Schaffensweise des ›reifen‹ Goethe. Schon äußerlich läßt sich dieser Wandel an der immer stärker differenzierenden Gliederung der Gesamtausgaben erkennen. Der Lyrik-Band der *Schriften* (Ausgabe S, 1789) hatte sich noch mit einer Gliederung in zwei »Sammlungen« begnügt. Die Fortsetzung in den *Neuen Schriften* (Ausgabe N, 1800) war bereits feiner gegliedert und brachte sieben gattungsorientierte Rubriken. Die erste Aus-

gabe der bei Cotta erschienenen *Werke* (Ausgabe A, 1806) faßte diese beiden Ausgaben zusammen. In der zweiten Ausgabe der *Werke* (Ausgabe B, 1815) bildete Goethe 20 Rubriken, und in der dritten Ausgabe (Ausgabe C, 1827) umfaßte die Lyrik schließlich 33 Rubriken, zum Teil noch durch Zwischenüberschriften unterteilt. Gewiß wäre es reizvoll, auch im zweiten Band den Gesichtspunkt der ›Gelegenheit‹ stärker zum Tragen zu bringen, z. B. die für das ›Mittwochkränzchen‹ 1801/02 geschaffenen ›geselligen‹ Gedichte noch näher zusammenzurücken oder die Gedichte um Ulrike von Levetzow zueinander zu versammeln. Aber man wird nicht ernstlich – oder allenfalls in einer Spezialausgabe – die *Trilogie der Leidenschaft* auflösen wollen, um die Marienbader *Elegie* mit jenen, gewiß anmutigen, Gedichtchen zusammenbringen zu können, mit denen Goethe seine Schokoladenpräsente an Ulrike begleitet hat.

Die lyrisch ertragreichste ›Gelegenheit‹ ist ohnedies geschlossen in Bd. III dieser Ausgabe durch den *West-östlichen Divan* repräsentiert. Aber die Eigenart dieser ›Gelegenheit‹ ist auch charakteristisch für den gesamten Zeitraum dieses zweiten Bandes: Goethe verknüpft die erotische Affektion durch Marianne von Willemer (vgl. S. 1163) mit der literarischen Rezeption der östlichen Welt (oder umgekehrt), jene findet in dieser den Spiel-Raum, diese in jener die sinnlich-konkrete ›Gegenständlichkeit‹. Vorgebildet war das Verfahren schon in den neunziger Jahren, besonders in den »Römischen Elegien« (»Elegien« I), und in ähnlicher Weise erscheint es im vorliegenden Band in den »Sonetten«. In solchen Fällen gruppieren sich die Gedichte von selbst zu gelegenheits-orientierten Ensembles. Auch innerhalb der Rubriken, die Goethe bildet, schließen sich Gedichte immer wieder zu Untergruppen, etwa Trilogien, zusammen. In anderen Fällen, etwa bei den ›Personen‹-Gedichten oder den Spruchdichtungen, erhalten momentane, ›gelegenheits‹-gebundene Poeme unterschiedlichen Anspruchs erst durch die Komposition oder die Einbindung in ihre Nachbarschaft und das Spiel der Responsionen den Rang publikationswür-

diger Texte. Viele werden überhaupt erst in den Gesamtausgaben publiziert oder erscheinen, wie etwa die »Zahmen Xenien« I-III oder die Gedichte zu den Handzeichnungen, schon bei der Erstpublikation an anderem Ort in Gruppen geordnet, viele sind bei der Erstpublikation an nichtlyrische Kontexte angebunden, wie etwa manche Motto- oder Zwischenverse aus Goethes Zeitschriften, die dann in den Lyrikausgaben gleichfalls in entsprechende Nachbarschaften rücken. Es ist fast so etwas wie eine Scheu Goethes zu beobachten, kontext-absolute Gedichte an die Öffentlichkeit gelangen zu lassen. Einer der wenigen Fälle, *Der Bräutigam*, wirkt im Zusammenhang der Dilettanten-Zeitschrift ›Chaos‹ geradezu exotisch.

Die neuen ›Gelegenheiten‹ sind, von wenigen Ausnahmen abgesehen, nicht so sehr seelische Erschütterungen, die sich mit dem emphatischen Begriff des ›Erlebnisses‹ verknüpfen ließen, sondern Anregungen aus Natur, Gesellschaft und Literatur. Es dominiert der Kunstverstand, der auch dem kleinen Ereignis die Dimension des Allgemeinen abzugewinnen weiß. Bezeichnend ist, daß für mehr als die Hälfte der 42 neu hinzugekommenen »Lieder«, »Geselligen Lieder« und »Balladen« Anregungen aus Literatur und Sage nachgewiesen werden konnten, daß viele Gedichte als Parodien, Kontrafakturen und ›Palinodien‹ entstanden. Poesie bekommt eine professionelle Note: Der Dichter bewährt sich als Meister seines Metiers, indem er die Poesie als spezifisches Medium der Auseinandersetzung mit seiner Lebenswelt verwendet, diese Lebenswelt auch häufig auf ihren möglichen poetischen Ertrag hin gestaltet und wahrnimmt. Die ›Gelegenheit‹ ist weniger Motor des Schaffens als Garant der Realitätsbindung.

Dieses Prinzip der Realitätsbindung mag vielleicht deutlich werden an einigen Sprüchen im vorliegenden Band, in denen Goethe sich mit der Maxime ›Erkenne dich selbst‹ (vgl. etwa S. 404,556 und Anm.) und mit dem Begriff der ›Originalität‹ (vgl. etwa S. 419) auseinandersetzt. Er sieht in der Introspektion, der ›Heautognosie‹ (Selbsterforschung),

die Gefahr, daß das Subjekt in einen infiniten oder widersprüchlichen Regreß der Selbstreflexion gerät, letztlich in Hypochondrie verfällt. Und ähnlich sieht er in der umstandslosen Forderung nach ›Originalität‹ entweder simple Selbsttäuschung oder einen Irrweg in die Bodenlosigkeit der Subjektivität. Es war dies seine Hauptsorge gegenüber der romantischen Generation. – Dem setzt er entgegen, daß das Ich sich nur in der Auseinandersetzung mit der gegenständlichen Welt erfahren, nur im Rahmen gesellschaftlicher Existenz verwirklichen kann. Goethes Ausnahmestellung im Reigen der Dichter des neuen Jahrhunderts hat ihm solche Realitätsbindung gewiß erleichtert: Er war nicht nur Dichter; er war auch Naturforscher, und wenngleich solche Forschung in vielen Zügen mit heutiger Naturwissenschaft kaum vergleichbar ist, so war sie doch immer mit Beobachtung und Experiment verknüpft; und er war bis ans Lebensende mit Verwaltungsaufgaben betraut, die sehr konkrete Realitätseinschätzungen von ihm forderten.

Die Goethe-Kritik seit Menzel, Börne und Heine (die Zusammenstellung sei in dieser einen Hinsicht erlaubt) hat immer wieder den jungen Goethe gegen den alten ausgespielt und dem alten vorgeworfen, daß mit ihm kein ›Staat‹, jedenfalls keine Republik, zu machen sei; es fällt nicht schwer, diese Einschätzung mit mancher skeptischen Äußerung etwa zur Pressefreiheit oder zur Verfassungsbewegung im vorliegenden Band zu belegen.

Der »schöne Begriff von Macht und Schranken, von Willkür | Und Gesetz, von Freiheit und Maß, von beweglicher Ordnung« (*Metamorphose der Tiere*, S. 500, 50 f.), den Goethe in der Natur bestätigt sah, war ihm im menschlichen Bereich weniger ein ›Begriff‹ des *Staates* als einer der *Gesellschaft*. Mit dieser Unterscheidung war Goethe altmodisch und modern zugleich, Kind jenes ›aufgeklärten Absolutismus‹, der Staatsverwaltung und Privatglückseligkeit schied, und, freilich mit dieser Erbschaft belastet, moderner Liberaler, ohne jedes Verständnis für Tendenzen totaler oder totalitärer Staatsauffassungen. Das pathetische Wesen und Unwesen der

Revolutionäre von 1789 wie der ›Patrioten‹ seit 1813, der ideologische Streit um Landesgrenzen und Regierungen, um ›deutsches Wesen‹ und Reinheit der deutschen Sprache, waren ihm kaum begreiflich. Der Staat war für ihn eine höchst notwendige, doch in ihrer Gestaltung kontingente technische Organisation, die Straßen baut, Verbrechen verhindert, ›Ruh und Sicherheit‹ garantiert; der Zusammenbruch von 1806, die Wende von 1813/14, das Trauerspiel des Wiener Kongresses (vgl. hierzu die Sprüche S. 736-747), Großherzog Carl Augusts scheiterndes Experiment eines liberalen Regiments konnten ihn hierin nur bestärken. Daß man solch kontingente Gebilde lieben könne, daß man ihnen die Vermittlung von Perspektiven, von individueller Identität oder gar von Lebenssinn zutrauen könnte, wäre ihm nicht in den Sinn gekommen.

Zugleich aber hat Goethe sich in eminentem Maße als Dichter *in* einer Gesellschaft verstanden, als Dichter freilich in »einer Gesellschaft von Freunden«. (An Knebel, 12. 1. 1798.) Wenige Hinweise mögen an dieser Stelle genügen (zum näheren Detail vgl. den Einzelkommentar bzw. die Kapiteleinleitungen): Augenfällig ist die Unzahl von Gedichten für Personen; selbst wo sie ›hohen‹ Personen gelten, sind sie meist um eine gesellig-private, individualisierende Dimension bemüht. Die »Geselligen Lieder« wie auch die »Lieder« finden erst im gemeinsamen Gesang ihre eigentliche Realisierung; Goethe hat sie, aber auch manchen für unser Empfinden eher unsangbaren Text, meist gleich nach der Entstehung an den Freund Zelter gesandt, damit dieser sie in seiner ›Liedertafel‹ exerziere und er selbst sie in seinen Hauskonzerten singen und singen lassen könne. Rätselgedichte und eine Vielzahl humoristischer und ironischer Züge setzen einen gesellig-kultivierten Rezipientenkreis voraus. »In Scherz und Ernst«, so lautet die von Goethe immer wieder gebrauchte Formel zur Charakterisierung seiner eigenen Äußerungen (in diesem Band z. B. S. 384,1-4; vgl. besonders Ehrhard Bahr, *Die Ironie im Spätwerk Goethes*). Nach diesem Prinzip aber kann man nicht monologisch

sprechen, sondern nur im Hinblick auf ein Publikum, dem man Verständnis für solche stilistischen Doppellagen zutraut und dem man zurufen kann: »Freuet euch des wahren Scheins, | Euch des ernsten Spieles«. (*Epirrhema*, S. 498,6 f.) Parodien, Kontrafakturen und ›Palinodien‹ nehmen Bezug auf die Mitstrebenden und rechnen damit, daß die ›intertextuellen‹ Effekte zumindest vom engeren Kreis der Eingeweihten wahrgenommen werden. Aber auch gewichtige Weltanschauungsgedichte aus der Rubrik »Gott und Welt« haben eine unverkennbar ›gesellige‹ Note; *Weltseele* und *Dauer im Wechsel* stehen auch unter den »Geselligen Liedern«, *Die Metamorphose der Pflanzen* ist an die Geliebte gesprochen, *Entoptische Farben* an »Julien«, und den Abschluß der Rubrik bildet der parodistische Kehraus *Die Weisen und die Leute*. Schließlich die vielen Spruchdichtungen: Spruchdichtung ist, als Pointenkunst, schon formal immer Gesellschaftskunst, und in der Auseinandersetzung mit religiösen, politischen, wissenschaftlichen, künstlerischen und moralischen Fragen greift sie auch inhaltlich ins Zeitgespräch ein. Goethe tut noch ein übriges und gibt den Sprüchen selbst häufig dialogischen Charakter oder läßt in Spruch und Widerspruch mehrere Positionen zu Wort kommen. – ›Gelegenheit‹ ist beim reifen Goethe fast identisch mit Umwelt, mit den »drei großen Weltgegenden«: Kunst, Natur und Gesellschaft. (*Metamorphose der Pflanzen*, »Schicksal der Handschrift«.)

Gerade eine Gesamtausgabe der Lyrik ab 1800 kann das verdeutlichen – und bedarf zugleich dieses Aspekts zu ihrer Rechtfertigung. Denn sie schleppt mancherlei mit sich, was als einzelne, absolute Verlautbarung über bald zwei Jahrhunderte hin kaum der Bewahrung wert wäre; das gilt nicht nur für Nachlaß-Texte, sondern auch für viele von Goethe selbst veröffentlichte Gedichte. Wer einzelne ›Botschaften‹ sucht, wird sie in einer Auswahlausgabe leichter finden. Aber nur eine Gesamtausgabe kann dem Eindruck steuern, daß es sich hier um gesellschafts-absolute Dichtung handelt, kann zeigen, wie, in vielfacher Stufung, selbst Letztgültiges durch den Kontext eingebettet ist in ein Gesprächs-Spiel ›geselli-

ger‹ Art. Dies wären adäquate Arten der Wahrnehmung einer solchen Gesamtausgabe: Man benutze sie wie ein ›Stechbüchlein‹ oder setze getrost bei den bekannten Favoriten an, vertraue sich dann aber im Hin-und Widerlesen dem vom Autor angezettelten Gespräch und lasse sich überraschen.

ZU ANORDNUNG UND FASSUNGSWAHL

Schon mancher Leser sah sich bei der ersten Annäherung an Goethes Lyrik-Ausgabe letzter Hand in ein Labyrinth verschlagen, nicht nur wegen der Textfülle, der thematischen Parzellierung, der lakonischen Überschriften, sondern auch wegen des zweimaligen Auftauchens der Rubriken »Kunst«, »Parabolisch« und »Epigrammatisch«, des nicht minder verwirrenden kleinen Unterschieds von »Gott, Gemüt und Welt« und »Gott und Welt«, des Erscheinens von Personengedichten an zwei verschiedenen Stellen, wegen der, innerhalb einer Lyrik-Ausgabe, seltsamen Rubrik »Lyrisches« (die dann gleich mit zwei Balladen beginnt, obwohl es auch eine Rubrik »Balladen« gibt), wegen des Mehrfach-Abdrucks einiger Gedichte und ähnlicher Inkonsequenzen, die sich scheinbar leicht beseitigen lassen. Schon die ›Quartausgabe‹ (Q) von Eckermann und Riemer (1836/37) hat in Goethes Anordnung eingegriffen, hat umgeordnet, die zweimal vertretenen Rubriken zusammengefaßt, Nachlaßtexte in Goethes Rubriken integriert. Seit 1840 erschien dann in mehreren Auflagen bei Cotta eine von Eckermann besorgte »Vollständige neugeordnete Ausgabe«, die in ähnlicher Weise in die Anordnung eingriff. Ebenso verfuhren nach dem Freiwerden der Verlagsrechte die ›Hempelsche‹ Ausgabe und Düntzer und selbst noch die ›Jubiläumsausgabe‹ (z. B. durch Integration der doppelt auftauchenden Rubriken).

Aber Veränderungen, die nicht durch den belegbaren Autorwillen gerechtfertigt sind, müssen Stückwerk bleiben. Sie können Goethes Anordnung nicht in relevanter Weise ›bes-

ser« machen, doch manche Bezüge zerstören, die dem Herausgeber nur nicht als bewahrenswert aufgefallen waren. Noch die Weimarer Ausgabe (und damit auch die Ausgaben, die ihr folgen) fügt die Gedichte »*Im ernsten Beinhaus war's*« (S. 684) und *Vermächtnis* (S. 685), die erst 1829 in Bd. 23 bzw. 22 erschienen waren, an ihr passend erscheinender Stelle in das Ensemble »Gott und Welt« ein. Anderseits hat sie versäumt, die versehentliche Vertauschung von *Entoptische Farben* und *Wohl zu merken* zu korrigieren (vgl. S. 1100 f.). Erst in der vorliegenden Ausgabe wird sichtbar, wie wohlkomponiert diese Rubrik ist, und damit wird sie vielleicht auch etwas zugänglicher.

Gleichwohl kann auch das Ganze weit übersichtlicher gemacht werden – durch eine sehr einfache Maßnahme, die sich sowohl aus dem philologischen Tatbestand wie aus der Logik des sammlungs-chronologischen Prinzips ergibt. Denn die verwirrenden Systemwidrigkeiten der Gedicht-Ausgabe letzter Hand rühren vor allem daher, daß diese Ausgabe sich als *ein* System präsentiert, obwohl sie in Wirklichkeit aus *zwei* Systemen besteht, aus zwei ›Ausgaben letzter Hand‹, die zwei verschiedenen Zeitstellen zugehören: aus einer Sammlung von 1815 und einer Sammlung von 1827.

1815-1819 erschienen *Goethe's Werke* in 20 Bänden (Ausgabe B); die Lyrik steht in Bd. 1 und 2. Schon diese Ausgabe des immer wieder von Krankheiten heimgesuchten Sechsundsechzigjährigen hatte den Charakter einer letztwilligen Sammlung. 1827-1830 erschienen dann *Goethe's Werke. Vollständige Ausgabe letzter Hand* in 40 Bänden (Ausgabe C; zu den verschiedenen Drucken vgl. S. 911). Die beiden Lyrik-Bände der Sammlung von 1815 gingen mit unveränderter Anordnung und fast unverändertem Textbestand als Bd. 1 und 2 auch in die Sammlung von 1827 ein; nur zwei Sonette kamen hinzu (S. 259 f.). Die Bände 3 und 4 der Sammlung von 1827 hingegen bringen fast ausschließlich neu entstandene Texte. Intimen Goethe-Kennern war dieser Sachverhalt natürlich schon immer geläufig, und sie kamen deshalb auch mit der scheinbar ›synchronen‹ Darbietung leidlich

zurecht. Aber das sammlungs-chronologische Prinzip der vorliegenden Ausgabe führt nun dazu, daß die beiden Bestandteile der Ausgabe letzter Hand auch ausdrücklich als zwei verschiedene Sammlungen ausgewiesen werden, so daß auch der weniger Versierte leichteren Zugang finden kann: Die »Sammlung von 1815« (S. 9-443) bietet den Text der Ausgabe B von 1815; die »Sammlung von 1827« (S. 445-686) bietet die neu hinzugekommenen Texte von Bd. 3 und 4 der Ausgabe C von 1827. – Auf diese Weise kann z. B. sichtbar werden, daß die gleich oder ähnlich benannten Abteilungen zwei verschiedenen Sammlungen angehören (und teilweise ganz unterschiedlichen Charakters sind), daß die Doppelabdrucke von *Die glücklichen Gatten* (*Für's Leben*), *Weltseele* und *Dauer im Wechsel* aus der Zugehörigkeit zu zwei verschiedenen Sammlungen rühren, in deren jeder sie ihren präzis zugewiesenen Platz haben, daß die Abteilung »Lyrisches« als eine Art Sammelrubrik am Anfang der »Sammlung von 1827« steht und dort die alten Rubriken »Lieder«, »Balladen« und »Vermischte Gedichte« vertritt, und die Ausgabe kann insgesamt die Schaffensperioden vor und nach 1815 in ihrer Eigenart deutlicher hervortreten lassen. Zugleich aber wird auch hier – in Textbestand und Anordnung, nicht freilich in jedem Komma – die ›kanonisch‹ gewordene Ausgabe letzter Hand geboten.

Nur an zwei Stellen wird Goethes Anordnung verändert: Die »Aufklärenden Bemerkungen ⟨. . .⟩« zu den »Inschriften ⟨. . .⟩« werden nicht als geschlossene Gruppe angehängt, sondern an den Fuß der »Inschriften« gesetzt, über die sie ›aufklären‹ sollen. Merkwürdigerweise hat das bisher noch keine Ausgabe getan, obwohl gerade hier das Lesen deutlich erleichtert wird, die »Inschriften ⟨. . .⟩« auch etwas mehr Leben gewinnen, ohne daß irgendetwas verlorengeht. Ferner werden die »Zahmen Xenien« I-III und IV-VI, die am Ende von Bd. 3 bzw. Bd. 4 stehen, der Ausgabentradition entsprechend zusammengefaßt, jedoch nicht, wie üblich, vor den »Inschriften ⟨. . .⟩« plaziert, sondern, wegen der zweimaligen Endstellung, am Ende der Sammlung von 1827.

Auch für jene Gedichte, die erst nach der Sammlung von 1827 entstanden sind, wird möglichst der sammlungs-chronologische Gesichtspunkt beibehalten: Die »Gedichte zu symbolischen Bildern«, die *Chinesisch-Deutschen Jahres- und Tageszeiten*, die »Dornburger Gedichte« (dies noch einmal eine kleine ›Gelegenheits‹-Rubrik) und Goethes Beiträge zur Zeitschrift ›Chaos‹ werden nicht auf Nachlaß-Rubriken verteilt, sondern als »Letzte Gedichtgruppen« geboten (S. 687-712).

Dies führt zusammen mit der Entlastung durch den ersten Band dazu, daß der Nachlese-Teil, verglichen mit anderen Ausgaben, erträglich schmal ausfällt und durch vier Rubriken hinreichend erfaßt werden kann.

Aufgenommen wurden in diesen Band nur Gedichte Goethes, die er selbst in seine Lyrik-Sammlungen aufgenommen oder einzeln publiziert hat, sowie solche, die nur im Nachlaß überliefert sind, nicht aber Gedichte, die Goethe nur in dramatischen oder essayistischen Zusammenhängen mitgeteilt hat. Gedichte aus epischen Zusammenhängen werden in einem Anhang mitgeteilt (S. 1348). Lyrik-Übersetzungen, die Goethe nicht in die Sammlungen aufgenommen hat, stehen in Bd. XII dieser Ausgabe.

Der *West-östliche Divan* und die *Noten und Abhandlungen zum besseren Verständnis des West-östlichen Divans* bilden den dritten Band der Ausgabe.

BILDTEIL

Sämtliche Bildnachweise auf S. 1380 f.

Abb. 1: Goethe 1806. Ölgemälde von Ferdinand Jagemann.

Abb. 2: Eigenhändige Handschrift von »Wär' nicht das Auge sonnenhaft«. Vgl. S. 645 und S. 1182.

Abb. 3: Letztes Bild des *Reise-Zerstreuungs- und Trostbüchleins* für Prinzessin Caroline ‹von› Sachsen-Weimar. Vgl. die Zueignung, S. 774, und S. 1277.

Abb. 4: Kaiserin Maria Ludovica von Österreich um 1812. Von Jean-Baptiste Isaby. Vgl. »Im Namen der Bürgerschaft von Carlsbad«, S. 429, und S. 1029.

Abb. 5: Blick von der Gerbermühle auf Frankfurt. Von oder nach Rosine Städel. Vgl. »Rhein und Main«, S. 616, und S. 1164, zu Nr. 84.

Abb. 6: Entoptische Farben. Von Th. J. Seebeck. Vgl. *Entoptische Farben*, S. 505, und S. 1101.

Abb. 7: Eigenhändige Handschrift von *Entoptische Farben*.
Vgl. S. 505, und S. 1101

25. Um Mitternacht
1818

Abb. 8 und 9: Carl Friedrich Zelters Komposition von *Um Mitternacht*. Vgl. S. 474 und S. 1062.

Abb. 10-15: »GOETHES HANDZEICHNUNGEN«.

Abb. 10: *I. Einsamste Wildnis.* Vgl. S. 523 und S. 1115.

Abb. 11: *II. Hausgarten*. Vgl. S. 524 und S. 1116.

Abb. 12: *III. Freie Welt*. Vgl. S. 524 und S. 1116.

Abb. 13: *IV. Geheimster Wohnsitz.* Vgl. S. 524 und S. 1116.

Abb. 14: *V. Bequemes Wandern*. Vgl. S. 525 und S. 1116.

Abb. 15: *VI. Gehinderter Verkehr.* Vgl. S. 525 und S. 1116.

Abb. 16: Johann Wilhelm Heinrich Tischbein, Baumgruppe im Aldobrandinischen Garten. Vgl. S. 518, Nr. 3, und S. 1110.

Abb. 17: Johann Wilhelm Heinrich Tischbein, Eiche im Waldsee.
Vgl. S. 518, Nr. 4, und S. 860, *»An den Wurzeln heiliger Eiche«*,
sowie S. 1111 und 1336.

Abb. 18: Marienbader *Elegie*, Anfang der ›Urschrift‹. Vgl. S. 457 und S. 1052 f.

> Was soll ich nun vom Wiedersehen hoffen,
> Von diesem Tages noch geschlossner Blüte?
> Das Paradies, die Hölle steht dir offen;
> Wie wankelsinnig regt sich's im Gemüthe! –
> Kein Zweifeln mehr! Sie tritt ans Himmels Thor,
> Zu ihren Armen hebt Sie dich empor.

Abb. 19: Marienbader *Elegie*, Anfang der Reinschrift. Vgl. S. 457 und S. 1053.

Abb. 20: Tafel mit Wolkenformen aus den Heften *Zur Naturwissenschaft überhaupt* I 2. *Vgl. Howards Ehrengedächtnis*, S. 503, und S. 1098.

Abb. 21: Lithographie der *Charon*-Darstellung von Jacob Theodor Leybold. Vgl. S. 568, und S. 1141.

Abb. 22 und 23 : Symbolische Bilder, die Goethe als ›Sendeblätter‹ benutzte. Vgl. S. 689, und S. 1207.

Abb. 24: Goethe 1826. Kreidezeichnung von Ludwig Sebbers.
Vgl. *»Sibyllinisch mit meinem Gesicht«*, S. 660, und S. 1187.

ZU TEXTGESTALT
UND KOMMENTARANLAGE

ZU DEN DRUCKVORLAGEN

Goethes Ausgabe letzter Hand ist die Grundlage der großen historisch-kritischen Weimarer Ausgabe. Diese wiederum ist die Grundlage aller späteren Ausgaben, die die Lyrik nach dem Prinzip der ›letzten Hand‹ bringen. – Für die vorliegende Ausgabe wurde der Text neu erarbeitet. Denn weder Goethes eigene Ausgaben noch die Weimarer Ausgabe können heutigen philologischen Maßstäben und Erkenntnissen genügen.

Goethe konnte seine Gesamtausgaben nicht bis in jedes Detail überwachen. Er hat ihnen zwar große Aufmerksamkeit gewidmet, aber nur im Rahmen des Sinnvollen und Möglichen. Die 13 Bände der Ausgabe A von 1806-1810, die 20 Bände der Ausgabe B von 1815-1819, gar die 40 Bände der Ausgabe C von 1827-1830 stellten ein Arbeitsvolumen dar, das heute selbst ein Philologen-Team nur mit Mühe in der entsprechenden Zeit zu beherrschen vermöchte – geschweige denn ein noch immer produktiver Dichter und Naturwissenschaftler (und weit in den hier relevanten Zeitraum hinein noch Theaterleiter, Kulturpolitiker . . .). So hat er große Teile der Redaktion delegiert, erst an Friedrich Wilhelm Riemer, für die Ausgabe C an den Jenaer Altphilologen Carl Wilhelm Göttling. Die handschriftlichen Druckvorlagen hat er nicht selbst hergestellt, sondern von Schreibern anfertigen lassen und, mit unterschiedlicher Intensität, korrigiert; und Satzkorrekturen wurden damals ohnedies nur im Verlag, nicht aber vom Autor gelesen. Die Folge: Von autorisierten Texten kann man nur in einem formalen Sinne und hinsichtlich der großen Linien, etwa der

Komposition der einzelnen Rubriken, sprechen. Detailfehler jedoch, wenn sie sich einmal eingeschlichen hatten, blieben häufig unentdeckt und pflanzten sich in die nächste Ausgabe fort. Ein besonders markantes Beispiel: In der Ausgabe B wurde in *Ganymed* aus »Daß ich dich fassen möcht'« (S. 300,9) unter dem Einfluß der Folgezeile »In diesen Arm«: »Daß ich diesen fassen möcht'«. Weder Goethe noch Riemer noch Göttling haben den Fehler bemerkt, so daß er auch in die ›Taschenausgabe‹ von C geraten ist. Und auch bei deren Revision hat niemand etwas bemerkt, so daß er auch noch in der ›Oktavausgabe‹ steht. Allerdings sind Fehler dieser Art vergleichsweise harmlos, denn sie sind leicht als solche zu identifizieren. Viel tückischer sind Fehler, die selbst wieder einen leidlichen Sinn ergeben, deshalb schon Goethe und seinen Helfern nicht mehr auffielen und auch heute noch die Frage aufwerfen, ob es sich nicht vielleicht doch um eine beabsichtigte Veränderung handelt. Wenn z. B. in *Deutscher Parnaß* (S. 263,82) bis zur Ausgabe A ein Mädchen aus dem »Myrtenhaine« kommt, was den Verlust der Jungfernschaft signalisiert, seit B aber aus dem »Morgenhaine«, dann wäre das immerhin als Konzession Goethes an den veränderten, etwas prüder gewordenen Zeitgeschmack zu deuten – wenn es nicht philologische Verfahren gäbe, hier Klarheit zu schaffen.

Eine wichtige Hilfe für die Unterscheidung beabsichtigter und unbeabsichtigter Veränderungen ist die Kenntnis der Druckgeschichte und der in ihr aufgetretenen Fehlerquellen. (Zur Druckgeschichte vgl. die Arbeiten von Kurrelmeyer, Grumach und Hagen; Bibliographie bei Hagen, *Drucke*.) Es ist zwar anerkennenswert, mit wieviel Kenntnis und Gespür Gustav von Loeper, der Bearbeiter der Bände 1-4 der WA, und sein Kontrahent Heinrich Düntzer (Ausgabe in ›Kürschners National-Litteratur‹ und Rezension der WA in: ZfdPh 23 [1891], S. 294-349, und 24 [1892], S. 513-524) dem Problem der Abschreib- und Druckfehler auf dem Wege der Konjektural-Kritik (also der Vermutung) begegneten. Aber sie wußten noch nichts Präzises über die Doppeldrucke der

Ausgabe A (1806), wußten vor allem nicht, daß ausgerechnet der schlechteste dieser Doppeldrucke, A$^\gamma$ (1813), für die älteren Texte als Vorlage der Ausgabe B von 1815 diente und daß viele Fehler dieses Doppeldrucks – etwa der eben genannte ›Morgenhain‹ – bis in die Ausgabe C von 1827 mitgeschleppt wurden. Sie hatten auch nur unzureichende Kenntnis vom Doppeldruck der Ausgabe B (B^2). Einige Stellen im Lesarten-Apparat von Loepers erlauben sogar den Schluß, daß er für die Verzeichnung der Lesarten solche Doppeldrucke verwendet hat. Ebensowenig war ihnen die textkritische Bedeutung des Wiener Nachdrucks von B bei Kaulfuß und Armbruster (Ba) bekannt, der tatsächlich kein *Nach*druck war, sondern auf denselben Druckvorlagen wie B basierte (da heißt es z. B. noch »dich fassen«). Und schließlich hatte von Loeper, wie die gesamte WA, ein zu unkritisches Verhältnis zur ›Oktavausgabe‹ der Ausgabe C (C^3), wußte er noch nicht, daß mit dem Doppeldruck C$^{2\alpha}$ der ›Taschenausgabe‹ ein wichtiges Korrektiv zur Verfügung steht. – Auch die Textverbesserungen des Nachtragsbandes WA 53 (1914) basieren noch weitgehend auf diesem Kenntnisstand, sind zudem nicht das Ergebnis erneuter systematischer Durchforstung, sondern bringen nur, »was gelegentlich an den Tag gekommen ist« (S. 453).

Nur zwei weitere Gesamtausgaben haben in nennenswertem Umfang eigene Textkritik betrieben. Eduard von der Hellen, der Herausgeber der Lyrik-Bände der Cottaschen ›Jubiläumsausgabe‹ (JA, 1902-1907), hatte schon Kenntnis von der Bedeutung der Ausgabe Ba und hat sie zum Teil berücksichtigt. Das gilt auch für Max Hecker, der die Lyrik (bis »Aus Wilhelm Meister«) in der Mainzer Ausgabe (›Welt-Goethe-Ausgabe‹) mit kritischem Apparat herausgegeben hat (1940); Hecker hat jedoch Kurrelmeyers Befunde von 1911 zu den Doppeldrucken von A ignoriert.

Es war deshalb notwendig, den Text der beiden Sammlungen von 1815 und 1827 für die vorliegende Ausgabe neu zu erarbeiten. Damit der Einzelkommentar nicht durch allzu viele philologische Specialissima belastet wird, werden die

einzelnen Entscheidungen des Herausgebers und die Grundsätze, nach denen sie getroffen wurden, in separaten Emendationsverzeichnissen mitgeteilt (S. 894-920).

ZUR MODERNISIERUNG DER TEXTE

Die Texte wurden nach den Richtlinien der Bibliothek deutscher Klassiker modernisiert. Rein orthographische Konventionen wurden dem heutigen Gebrauch angeglichen (»Thal«, »bey«). Beibehalten wird jedoch vom heutigen Brauch abweichende Schreibung, wenn die Möglichkeit besteht, daß sie für Reim (»beweißt«/»scheißt«) oder Rhythmus (»Kniee«) relevant ist oder, etwa wegen einer mitschwingenden Etymologie, irgendeinen semantischen oder stilistischen Wert ausdrückt (»seelig« mit Anklang an ›Seele‹, »Zierrat« analog zu »Vorrat«, sehr oft »Erwiederung«, »wieder« usw., wo wir heute ›wider‹ schreiben würden, für Goethe jedoch ein ›abermals‹ mitklingen könnte). Wo der Lautstand berührt sein könnte, wird gleichfalls die originale Schreibung beibehalten (»eräugnen«), selbst dann, wenn sicherlich nicht Goethes eigene Aussprache festgehalten ist, sondern eine von ihm oder dem Setzer für hochsprachlich gehaltene (»würklich«). Beibehalten wird ferner die Schreibung von Orts- und Personennamen (»Nepomuck«), die von Fremdwörtern, wenn sie in der Zeit noch als solche empfunden wurden oder andere Bedeutungsnuancen besitzen als heute (»Complex« als ein zusammengesetztes Ganzes), sowie in jedem Fall die Groß- und Klein-, Zusammen- und Getrenntschreibung und die Interpunktion der Druckvorlagen. Nur der damals obligatorische Punkt nach jedem Titel entfällt. Die Strophenabteilung wird generell durch Leerzeile, am Seitenbeginn und in den »Zahmen Xenien« durch Einzug markiert.

Die Beibehaltung der Interpunktion macht jedoch den Hinweis nötig, daß zu Goethes Zeit hier teilweise andere, zudem nicht allzu streng festgelegte Regeln gelten. So kann

das Semikolon an der Stelle eines heutigen Doppelpunktes stehen. Der Doppelpunkt wiederum kann eine direkte Rede einleiten, ohne daß diese durch Anführungszeichen gekennzeichnet ist. Sprecherwechsel kann auch durch Gedankenstrich bezeichnet sein. Der Nebensatz, besonders der Relativsatz, wird nicht immer durch Komma abgetrennt. Vom Apostroph wird zwar reichlich Gebrauch gemacht, aber er ist nicht überall konsequent eingesetzt, so daß zuweilen Zweifel entstehen können, ob ein Verbum im Präsens, im Präteritum oder gar im Konjunktiv steht (»er lebt« oder »er lebt'«).

›Modernisiert‹ werden mußte auch die Seitenaufteilung. Für Goethe war es selbstverständlich, daß mit jedem Gedicht eine neue Seite beginnt. Nur bei kleineren, aufeinander bezogenen, machte er Ausnahmen. Gerade dadurch aber erhalten solche Zusammenstellungen auch semantischen Wert. Moderne Klassikerausgaben drucken die Gedichte einfach hintereinander weg. Damit die Differenzierungen wenigstens rekonstruierbar sind, wird im Kommentar jeweils angegeben, wenn mehrere Gedichte auf einer Seite zusammenstehen. Diese Angaben stehen für größere Gedichte im jeweiligen Einzelkommentar, für Spruchsammlungen in der Rubrik-Einführung.

ZUM KOMMENTAR

Gedichte, die bereits in Bd. I dieser Ausgabe stehen, werden nicht erneut kommentiert, doch wird auf die entsprechende Seitenzahl von Bd. I verwiesen.

Die Kommentierungsweise unterscheidet sich etwas von der des ersten Bandes. Dort war in stärkerem Maße das entwicklungsgeschichtliche Moment zu berücksichtigen, etwa in den zahlreicheren Einleitungen zu den einzelnen Etappen oder in der ausführlicheren Mitteilung von Lesarten, die den Wandel verdeutlichen. Auch der ›reife‹ Goethe spricht zwar immer wieder einmal von seinen fortgesetzten

›Häutungen‹. Aber diese Veränderungen sind nun kleinräumiger, weniger spektakulär, Wandlungen einzelner Steinchen oder Steingruppen innerhalb eines Mosaiks, dessen Grundstruktur sich gefestigt hat. Die Konzentration der Ausgabe auf die beiden großen Sammlungen, die selbst als zwei große Mosaike aufgefaßt werden können, führt dazu, daß auch der Kommentar in stärkerem Maße darauf vertrauen muß, daß der Leser selbst sich mit seiner Hilfe das Bild oder einzelne Bildausschnitte zusammensetzt.

Im Hintergrund des Kommentars steht nun in stärkerem Maße die Tradition der Gesamtkommentare. Hier ›original‹ sein zu wollen hieße »ein Narr auf eigne Hand« zu sein (S. 419), zumal die ›Forschung‹ sich immer wieder auf einige wenige Gedichte konzentrierte, die Behandlung der überwiegenden Mehrzahl aber den Kommentatoren überließ. Doch erwies es sich zur Beurteilung vieler von Hand zu Hand gereichter Angaben als nötig, diese Tradition und ihre Einzugsbereiche selbst genauer zu sichten. Sie beginnt mit Heinrich Viehoffs dreibändigem Kommentar von 1846-1853. (Siehe hierzu und zum folgenden das Literaturverzeichnis.) Marksteine setzten sodann der mehrfach (zuletzt 1896-1898) aufgelegte, selbständig erschienene Kommentar Heinrich Düntzers, dessen wichtigste Erträge auch in den Kommentar seiner Werkausgabe eingingen (1882), und die kommentierte Ausgabe Gustav von Loepers (1882-1884; Kommentare Loepers teilweise schon in der ›Hempelschen‹ Ausgabe von 1868-1870). Aufbauend auf diesen Kommentaren und auf den neuen Erträgen der WA, konnte Eduard von der Hellen dann in der ›Jubiläumsausgabe‹ (1902-1907) den Kommentar bieten, der fortan Grundlage aller weiteren Bemühungen blieb; er ist der Schlußstein in der um Faktenklärung so verdienten positivistischen Forschungsära. Aktualisiert wurde dieser Stand durch die ›Festausgabe‹ (Ewald Bouke, 1926). Emil Staiger hat in der Ausgabe des Manesse-Verlags (1949) einige eher interpretatorische Partien beigesteuert. Die Berliner Ausgabe (Bd. 1 und 2, 1965 und 1966) hat von der Hellens Querverweise

durch Zitierung der entsprechenden Stellen realisiert und einige Ergänzungen und Berichtigungen hinzugebracht, die vor allem der neupositivistischen Nachlese in der DDR zu verdanken sind. Am ausführlichsten, auch im Zitieren von deutender Sekundärliteratur, ist der Kommentar der Hamburger Ausgabe, die jedoch nur etwa ein Drittel des Textbestandes bietet; übertroffen wird er nur noch von einigen, von Dorothea Hölscher-Lohmeyer verfaßten, Partien in Bd. 9 der MA. Die anderen kommentierten Ausgaben sind weitgehend unselbständige Seitentriebe dieser Linie. Aus eigener Forschung erwachsene Kommentare zu kleineren Gedichtkomplexen bieten Max Heckers Ausgabe von Goethes *Sprüchen in Reimen* und der Gedicht-Anhang von Albrecht Schöne, *Goethes Farbentheologie*.

Die erneute Überprüfung von Text und Forschung hat zu einigen Gewichtsverlagerungen geführt, an manchen Stellen zu Verknappungen, an anderen Stellen, vor allem in bisher vernachlässigten Rubriken, zu Erweiterungen, auch zu manchen Berichtigungen. Korrekturen der bisherigen Kommentartradition werden nur dann als solche gekennzeichnet, wenn der vergleichende Leser sie für neue Fehler halten könnte. Wenngleich der vorliegende Kommentar sich des ›Interpretierens‹ in einem extensiven Sinne enthält, so waren doch gelegentlich Winke, Hinweise auf Deutungsmöglichkeiten zu geben, weil ohne sie auch das einfache, ›literale‹ (buchstäbliche) Verständnis mancher Texte schwer oder gar unmöglich wäre. Dabei schien es geraten, einen etwas veränderten Blickwinkel unserer Wahrnehmung des ›reifen‹ und des ›alten‹ Goethe zur Geltung zu bringen. Dessen Lyrik ist, von wenigen Favoriten der Interpreten abgesehen, noch immer eher Gegenstand einer kleinen Gemeinde von Eingeweihten als eines größeren Publikums. Nach einer ersten, langen, bis zum ›Jungen Deutschland‹ zurückreichenden Phase der Distanz, der Ablehnung seiner ›Kälte‹, kam eine zweite, die besonders den Weisen, den Denker und Lebenshelfer suchte – und oft mittels geheimnisumwitterter Anspielungen und Leerformeln erneut entrückte, so daß die

Distanz kaum geringer wurde. Vielleicht kann heute gerade ein etwas nüchternerer Blick größere Nähe vermitteln. Man mag es als Programm verstehen, daß die Bildbeigaben, Abb. 24, nicht Stielers monumentalen, sondern Sebbers' realistischen Greis bieten. Verzichtet wurde auf ausführlichere Parallelstellenzitate, wenn sie nicht zusätzliche Erhellung, sondern nur die Prosaparaphrase des ohnehin im Text Stehenden gebracht hätten. – Der äußerlich sichtbarste Unterschied zu manchem früheren Kommentar dürfte darin bestehen, daß man häufiger ein Fragezeichen oder die Wörter ›wahrscheinlich‹, ›vermutlich‹ oder gar ›vielleicht‹ findet. Dem ratsuchenden Leser und dem forschenden Kollegen soll nicht verborgen bleiben, wo unser Wissen nur wenig gesichert ist.

Erstdruckangaben und Handschriftenhinweise folgen den Angaben der WA, soweit nicht publizierte Berichtigungen oder Ergänzungen vorliegen (besonders bei Hagen, *Drucke*). Wenn eine Erstdruckangabe fehlt, bedeutet dies, daß das betreffende Gedicht erstmals in der abgedruckten Sammlung erscheint. Häufiger als in manchen bisherigen Kommentaren werden kurze Fundstellen-Hinweise gegeben, bei wörtlichen Zitaten und in Fällen, in denen ein Interesse des Lesers an eigener Nachprüfung oder weitergehender Information vermutet werden konnte, eine bestimmte Forscherleistung aus der kollektiven Forschungsbewegung herausragt, kontroverse Meinungen bestehen oder eine fremde Angabe nicht mit hinreichender Sicherheit verifiziert werden konnte.

Goethe-Zitate im Kommentar werden so nachgewiesen, daß sie auch in jeder anderen Ausgabe wiedergefunden werden können. Sie sind nach den Grundsätzen der Ausgabe modernisiert. Soweit möglich, sind sie den bereits erschienenen Bänden dieser Ausgabe entnommen. Die anderen entstammen der HA (Werke und Briefe von und an Goethe, soweit dort enthalten), der ›Akademie-Ausgabe‹ (Schriften zur Literatur), der BA (Schriften zur Kunst), der LA (naturwissenschaftliche Schriften), der MA (Eckermann-Gespräche) sowie der WA und der Sammlung von

Gräf, Briefe an und von Zelter der Ausgabe von Hecker. (Vgl. Abkürzungs- und Literaturverzeichnis, S. 1356-1376.) Texte, die in diesen Ausgaben nicht enthalten sind oder in ihnen an versteckter Stelle stehen, werden mit genauer Angabe nachgewiesen.

Dank für bereitwillige Hilfe schulde ich dem Goethe- und Schiller-Archiv der Nationalen Forschungs- und Gedenkstätten in Weimar und dem Freien Deutschen Hochstift/Frankfurter Goethe-Museum, Frankfurt, ferner Wilhelm Große, der auch den Kommentar dieses zweiten Bandes gelesen hat. Dem Kommentar sehr förderlich war die Freistellung von Lehraufgaben im Sommersemester 1987.

EMENDATIONEN

›Emendation‹ nennt man die Korrektur von Textfehlern, die während der Überlieferung eines Textes entstanden sind. Die folgenden beiden Verzeichnisse geben Auskunft darüber, wo und aus welchen Gründen die hier gebotenen Texte von den angegebenen Druckvorlagen abweichen. Unberücksichtigt bleiben die zahlreichen rein orthographischen Varianten (»Schoß«/»Schooß«, »Schmeichelei«/»Schmeicheley« usw.), da sie generell modernisiert wurden. Offenkundige Druckfehler wurden stillschweigend korrigiert, doch wurde der Maßstab solcher Offenkundigkeit sehr eng ausgelegt. Als offenkundig gilt »einer Serblichen« statt »einer Sterblichen«, »verworruen« statt »verworrnen«, nicht jedoch »Mädchen« statt »Märchen« und dergleichen, selbst wenn die Notwendigkeit einer Korrektur sich aus dem Kontext und der Überlieferung eindeutig ergibt. Auf Fehler in Text oder Lesarten der WA wird nur dann eigens hingewiesen, wenn sie Verwirrung stiften könnten. – Zu den Texten der »Nachlese« vgl. die Hinweise im dortigen Kommentar, S. 1228.

EMENDATION DER SAMMLUNG VON 1815
UND DIFFERENZEN ZUR SAMMLUNG VON 1827

Druckvorlage des Abdrucks der Sammlung von 1815 sind die Bände 1 und 2 der Ausgabe *Goethe's Werke*, Stuttgart und Tübingen 1815 (B). Diese Sammlung ging dann 1827 als Bd. 1 und 2 in die Ausgabe letzter Hand (C) ein. Für die Wahl der Fassung von 1815 sprach neben dem systematischen Gesichtspunkt (siehe S. 882) die Tatsache, daß hier wenigstens nicht auch noch die Fehlerschichten der Ausgabe C abgetragen werden müssen; die Ausgabe ist zwar selbst recht

fehlerhaft, doch läßt sich das mittels der im folgenden dargelegten Grundsätze gut beherrschen.

a) Textgrundlage der Ausgabe B für ältere Texte war die Ausgabe A$^\gamma$, ein fehlerhafter Doppeldruck der Ausgabe A; wo B mit A$^\gamma$ übereinstimmt, jedoch von A abweicht, liegt also ein verschleppter Druckfehler vor, der nach A zu korrigieren ist. (Hagen, *Drucke*, S. 28 f., bringt nur eine Auswahl der Abweichungen.)
b) Die (verlorene) Druckvorlage für B war auch Druckvorlage des (von Cotta veranlaßten) Wiener ›Nach‹druckes *Goethe's Werke* (Bd. 1 und 2, 1916) von Kaulfuß und Armbruster (Ba); Ba ist also hinsichtlich des äußeren Autorisiertheitsgrades mit B grundsätzlich gleichwertig. Jedenfalls ist immer dann, wenn B von der früheren Überlieferung (A, A$^\gamma$ sowie Handschriften und Drucke der in B neu aufgenommenen Texte) abweicht, Ba hingegen mit ihr übereinstimmt, ein Druckfehler in B zu vermuten und Ba der Vorzug zu geben. In sechs Fällen wird Ba auch allein oder mit C herangezogen.
c) Goethe hat zweimal selbst Korrekturen in B vorgenommen: gleich nach der Auslieferung am 30. 5. 1816 (G^1), und dann 1824/25 bei der Vorbereitung der Ausgabe C (G^2); vgl. QuZ II, S. 125 und 134 (die Angaben bei Ruppert und in QuZ I sind unvollständig). Die erste Korrektur liegt zeitlich so nahe an der Ausgabe B, daß sie als deren Bestandteil anzusehen und einzuarbeiten ist. Die zweite Korrektur jedoch gehört zur Ausgabe C und wird nur im Emendationsverzeichnis mitgeteilt.
d) Riemer hat ein Druckfehler-Verzeichnis angefertigt, das sich z. T. mit Goethes Korrekturen deckt. Da Riemer maßgeblich an der Vorbereitung der Ausgabe B beteiligt war, ist auch dieses Verzeichnis als Korrektiv heranzuziehen (R), wenn weitere Indizien für dessen Lesart sprechen; vgl. QuZ II, S. 124 f.
e) Eine gewisse Hilfe bei der Identifizierung von älteren Druckfehlern, die schon in der Ausgabe N (1800) entstan-

den sind, gibt die Handschrift H⁵ von der Hand des Sekretärs Geist. Laut WA 1, S. 367, ist H⁵ »das für die Ausgabe von 1806 Bd. 1 bestimmte Gedichtmanuskript«. (Ähnlich die Mainzer Ausgabe, S. 338; auch in Bd. I der vorliegenden Ausgabe wurde diese falsche Angabe verwendet.) Das Goethe- und Schiller-Archiv, Weimar, hat jedoch auf Anfrage die Vermutung bestätigt, daß zumindest Teile dieser mehrere Rubriken umfassenden Handschrift bereits 1800 als Vorlage für N dienten. Sie wurde dann noch einmal als Arbeitsmanuskript für die Vorbereitung von A (1806) verwendet.

Entgegen der Ankündigung in Bd. I dieser Ausgabe, S. 744, werden auch die in den dortigen Anmerkungen bereits erwähnten Textfehler von B zur besseren Übersicht noch einmal mitverzeichnet. Neben den Korrekturen führt das folgende Verzeichnis auch Änderungen des Wortlauts (nicht der Interpunktion) in der Sammlung von 1827 (C) auf, um den Vergleich mit solchen Ausgaben zu ermöglichen, die C bzw. WA folgen; nicht angegeben werden vom Redakteur Göttling stammende Korrekturen der Flexionsendung des Adjektivs, gegen die Goethe im Brief vom 28. 5. 1825 Einspruch erhoben hat, deren jedoch trotzdem einige stehengeblieben sind (z. B. S. 291,18 »ewigen Lebens« zu »ewiges Lebens«, S. 298,34 »guten Mutes« zu »gutes Mutes«). Zu den internen Problemen von C, insbesondere zur Differenzierung von C¹, C²ᵅ und C³, vgl. S. 911. Wo diese drei Drucke sich nicht unterscheiden, steht einfach C.

Zu den hier nicht erklärten Siglen vgl. S. 1356. E bedeutet Erstdruck. B impliziert Bᵃ, wenn Bᵃ nicht eigens als abweichend genannt wird.

Der neue Amadis:

12,5 *im Mutterleib]* (Mit Handschrift für S, S A); in Mutterleib (ältere Handschrift, Aᵞ B C). Goethe hat also die in seinen frühen Jahren geläufige Form für die Sammlung S zu »im« modernisiert, der Setzer von Aᵞ hat dann wieder die alte Form eingeführt.

12,12 *zerstört]* (Mit Ba und der früheren Überlieferung); verstört (B C).
Heidenröslein:
14,18 *half ihr]* half ihm (C). Setzereingriff, vgl. Bd. I, Anm. 125,17.
Christel:
16,17 *dann]* (Mit Ba und der früheren Überlieferung); denn (B C).
Wechsellied zum Tanze:
22,21 *nahe, der höret]* nahe, er höret (Handschrift für S, S); nahe, der höret (A B C). WA 1 vermutet Druckfehler, doch dürfte hier die Vermeidung des Hiatus maßgeblich gewesen sein.
Selbstbetrug:
22,8 *legt]* (Konjektur mit Düntzer nach Viehoff); regt (alle Drucke). Siehe »Einzelkommentar«.
Lebendiges Andenken:
32,17 *zu tändeln]* (Mit Ba und der sonstigen Überlieferung); zu tadeln (B).
Die Freuden:
41, vor 1 *Die Freuden]* (Mit A und der früheren Überlieferung); Die Freude (A$^\gamma$ B C).
Willkommen und Abschied:
45,1 *Herz;]* Herz, (S A); Herz; (E B C). WA 1 vermutet Druckfehler, doch ist zu bedenken, daß das Semikolon in dieser Zeit noch vielfach die Funktion des heutigen Doppelpunktes besitzt.
An Belinden:
47,11 *dein liebes Bild]* (Mit A und der früheren Überlieferung); das liebe Bild (A$^\gamma$ Ba); das liebe Kind (B C). In Q, möglicherweise noch auf Goethe zurückgehend, die Formulierung: »Hatte ganz dein liebes Bild«.
An Lottchen:
51,30 *oft so]* (Mit WA 1 nach der Überlieferung bis A sowie dem zweiten, hier nicht wiederholten Abdruck unter den »Vermischten Gedichten« von B); so oft (B C).

Auf dem See:
: 51,14 *Sterne,*] (Mit B^a und der früheren Überlieferung); Sterne; (B C).

Im Sommer (S. 52):
: Von J. G. Jacobi; schon von der ›Himburgschen Sammlung‹ versehentlich Goethe zugewiesen; bleibt aus kompositorischen Gründen stehen. Vgl. »Einzelkommentar«.

Frühzeitiger Frühling:
: 54,3 *Sonne,*] (Mit A B C); Sonne (E; »Sonne« also Subjekt). In WA 1 irrtümlich auch B ohne Komma angegeben; Düntzer plädiert für Tilgung des Kommas.

Herbstgefühl:
: 55,1 *Laub*] (Mit E, Handschrift für S, B^a); Laub' (S A B C; also ›Laube‹). Es ist unklar, wie B^a zur plausibleren Lesart kommt.

Sehnsucht:
: 59,4 *Aus*] An's (C). Druckfehler.
: 60,33 *erschein'*] (Mit E R C); erschien' (B).

An den Mond:
: 66,1 *Füllest*] (Mit B^a und der sonstigen Überlieferung); Fällest (B).
: 66,12 *Fluß,*] (Mit S A); Fluß! (A^γ B C).

Zum neuen Jahr:
: 70,22 *Windung*] (Mit E C); Wendung (B). Reim!

Frühlingsorakel:
: 73,14 *Sage*] (Mit E A); Sag (A^γ B C). Siehe »Einzelkommentar«.

Die glücklichen Gatten:
: 75,52 *muß:*] (Mit C); muß. (E A B). C in den Text eingesetzt, weil nur dies einen plausiblen Anschluß ergibt.
: 76,71 *Er gleichet*] (Mit E A); Es gleichet (A^γ B C).

Tischlied:
: 80,15 *Sonder*] (Mit G^1); Und ohn' (B C). Siehe »Einzelkommentar«.

Vanitas! vanitatum vanitas!:
: 86, vor 1 *vanitatum vanitas!*] (Mit B^a A C^{2α} C^3); vanitatum! vanitas (B C^1).

Offne Tafel:
91,41 *winkt'*] (Mit der Grundschicht einer Handschrift, »in der es Goethe, in gewiß nur übereilter Korrektur, durch ›lud‹ = v. 33 ersetzte« [JA]); lud (B C). Faksimile der Handschrift mit Datum 12. 10. 1813 in *Goethes Leben in Bilddokumenten*, S. 158.
91,43 *lieber fremdes*] lieber ein fremdes (B C). In derselben Handschrift »ein« gestrichen, Metrum!
91,50 *rennen*] (Mit derselben Handschrift, $C^{2\alpha}$ C^3); kommen (B C^1). Reim! Auch im Doppeldruck B^2 »rennen«.
91,53 *fürcht' ich, nur*] (Mit derselben Handschrift sowie einem Diktat von Caroline Ulrichs Hand); fürcht ich nun, (B C). ›nun‹/›nur‹ häufiger Abschreib- bzw. Setzfehler.

Rechenschaft:
94,73 *Keiner soll*] (Mit JA nach den vorangegangenen Drucken und einer Handschrift); Sollst uns nicht (B C). Vgl. »Einzelkommentar«.

Ergo bibamus:
95,11 *traulich*] (Mit WA 53 nach zwei Handschriften und E); freundlich (B C; Abirren des Schreibers nach v. 9). Die von der JA nach einer Handschrift vorgenommenen weiteren Änderungen im Gedicht erscheinen nicht gerechtfertigt, da das Faksimile einer Handschrift in JbFDH 1902, neben S. 352, hier mit B übereinstimmt.

Epiphanias:
98, vor 1 *Epiphanias*] Epiphaniasfest ($C^{2\alpha}$ C^3; auf Göttlings Vorschlag).

Schweizerlied:
101,29-31 *machen ⟨...⟩ lachen ⟨...⟩ machen's*] mache ⟨...⟩ lache ⟨...⟩ mache's (C; auf Veranlassung des alemannischen Herstellungsleiters Reichel).

Mignon:
103,18 *laß*] (Mit *Wilhelm Meisters Lehrjahre* und $C^{2\alpha}$ C); laßt (B C^1). Wechsel vom »du« zum »ihr« an dieser Stelle nicht motiviert.

Der Sänger:
104,6 *Page*] Knabe (G^2 C).

104,19 *es wohl*] das Lied (G² C).
104,21 *holen*] reichen (G² C).

Das Veilchen:

105,18 *sang*] (Mit allen Gedichtausgaben Goethes); sank (Singspiel *Erwin und Elmire*). Von WA 1 usw. wird »sank« eingesetzt. Vgl. Bd. I dieser Ausgabe, Anm. 661,18.

Der untreue Knabe:

106,3 *Maidel*] (Mit H⁵ und E [in *Claudine*]); Mädel (N bis C). Die neue Einschätzung von H⁵ macht auch Korrektur von »Mädel« in Bd. I, S. 661,3, erforderlich.

Erlkönig (S. 107):

In der zweiten Strophe fehlt der Gedankenstrich nach v. 7, der das Ende der direkten Rede des Kindes anzeigt. – Vers 30 »in den Armen« statt »in Armen«, erst seit Q in den Gedichtausgaben, ist versehentlich in den zweiten Abdruck (N) in Bd. I dieser Ausgabe, S. 663, hineingeraten.

Der Fischer:

109,25 *rauscht'*] (Mit Bᵃ und der früheren Überlieferung); rauscht (B C).

Das Blümlein Wunderschön:

110,10 *vom hohen*] (Mit Bᵃ und der früheren Überlieferung); von hohem (B C).

112,46 *Sorge*] (Mit Bᵃ E N); Sorgen (B C).

113,81 *geblieben*] Nur in H⁵ Versuch der metrischen Glättung »blieben«. Hier nicht eingesetzt, weil kein weiteres Indiz dafür spricht; die Strophe enthält mehrere doppelte Senkungen, also wohl Absicht, Volkslied-Ton.

Hochzeitlied:

115,40 *Possierlicher*] (Mit A und der sonstigen Überlieferung); Possierlich (Aᵞ B C¹).

116,42 *als*] (Mit Bᵃ E); und (B C).

116,48 *lustigen*] lustigem (C³).

Der Edelknabe und die Müllerin:

121,12 *Birn*] Birnen (C). So von Riemer schon in das Manuskript H⁵ korrigiert und wieder getilgt.

Der Junggesell und der Mühlbach:

123,39 *im Scherz*] (Mit G¹ und der sonstigen Überliefe-

rung); im Schmerz (B). »im« stammt zwar aus A$^\gamma$ für früheres »in«, blieb aber stehen und kann wegen der Nähe zur anderen Korrektur als passiv autorisiert gelten.

Der Müllerin Verrat:

124,18 *jenem frischen]* (Mit G^1); einem frischen (ältere Überlieferung bis B); einem solchen (G^2 C). G^1 und G^2 sind also zwei unterschiedliche Versuche, die Demonstrativ-Beziehung zu verstärken.

124,21 *erneuen]* (Mit Ba und der sonstigen Überlieferung); erneuern (B). Reim!

126,62 *Es]* (Mit Korrektur Goethes in einer Abschrift); Da (gesamte Druck-Überlieferung). Korrektur mit WA 1 übernommen.

Der Müllerin Reue:

127,7 *Märchen]* (Mit Ba, G^1 und der sonstigen Überlieferung); Mädchen (B).

Wandrer und Pächterin:

130,15 *Ja, die Blonde gleichet]* (Mit C); Ja, die Blonde, gleichet (B); Ja die Blonde gleichet (E A). Fassung C wohl schon für B beabsichtigt.

130,19 *vieler]* (Mit Ba und der früheren Überlieferung); aller (B C).

Die wandlende Glocke:

134,15 *Schrecken! Hinterher]* Schrecken hinterher! (B C). Mit der Mainzer Ausgabe und HA korrigiert nach zwei Handschriften.

134,27 *Glockenschlag,]* (Mit Ba C); Glockenschlag (B).

Der getreue Eckart:

135,34 *kostet:]* (Mit Ba C); kostet; (B).

Der Totentanz:

136,9 *Kranze]* (Mit R G^2 C); Tanze (B). Reim!

137,44 *wieder, den]* (Mit Ba); wieder den (B C).

Die erste Walpurgisnacht:

137,6 *Lustgesänge]* (Mit H^5 C); Luftgesänge (N A B). Wegen der Ähnlichkeit von s und f in der deutschen und Frakturschrift ist offenbar schon in N ein Fehler unterlaufen.

139,38 *schlichtet]* (Mit N A); schichtet (A^γ B C).

139,43 *eurer]* (Mit B^a und der sonstigen Überlieferung); euer (B).

139, vor 46 *Ein Druide]* Chor der Wächter (gesamte Überlieferung). Zur Begründung der Konjektur siehe Bd. I, Anm. 681,46.

Der Zauberlehrling:

141,16 *Nimm]* (Mit B^a E N); Nimmt (B).

143,72 *nur]* nun (C). Druckfehler.

Die Braut von Corinth:

145,48 f. *laß, | Laß]* (Mit B^a und der früheren Überlieferung); laß | Laß (B C).

»Elegien I« ⟨»Römische Elegien«⟩:

I, 154,11 f. *Tempel, | Amors]* (Mit B^a und der früheren Überlieferung); Tempel | Amors (B C).

V, 158,17 *den]* (Mit B^a und der früheren Überlieferung); dem (B C).

VI, 159,32 *gählings]* jählings (C).

VII, 159,3 *meinen]* (Mit H^5 und der früheren Überlieferung); meine (N bis C, die vermutlich erst vom Setzer hergestellte, damals ebenfalls mögliche feminine Form).

160,11 *mir Sterblichen]* mir Sterblichem (C).

IX, 161,6 *erwärmte]* erwärmete (C).

XI, 162,10 *Blicke süßer]* Blicke der süßen (C^2α C^3).

XII, 163,25 *sie dem Jasion einst]* (Mit B^a N A C^1 C^2α); sie dem Jason ⟨!⟩ einst (B); sie Jasion einst (C^3).

XIII, 163,11 *verehrest]* verehrtest (H^5 N A B C). Mit WA 1 korrigiert nach der früheren Überlieferung.

XV, 167,28 *Horaz]* Properz (C^2α C^3). Vorschlag Göttlings, später wieder verworfen; vgl. Eckermann, 17. 3. 1830.

Alexis und Dora:

174,19 *Nun]* Nur (gesamte Druck-Überlieferung). Als Druckfehler unter Einfluß der beiden in E auch an den Zeilenanfängen 15 und 17 stehenden »Nur« einzuschätzen; vgl. Bd. I, S. 617,19 und Anm.

Der neue Pausias:

185,82 *geschwungnen*] (Mit E C²ᵃ C³); geschlungnen (N A B C¹).

Euphrosyne:

189,30 *Euphrosyne, sie*] (Mit Bᵃ und der sonstigen Überlieferung); Euphrosyne: sie (B C¹ C²ᵃ).

190,58 *O! so zeige*] (Mit Bᵃ und der sonstigen Überlieferung); O! zeige (B).

191,78 *den*] dem (C).

Die Metamorphose der Pflanzen:

196,2 *den*] (Mit Bᵃ H⁵ N A); dem (E ⟨!⟩ B C).

196,8 *Wort!*] Wort! – (C²ᵃ C³; nicht »Gott und Welt«).

196,10 *bilde*] (Mit A und der früheren Überlieferung); bildet (Aʸ B C; auch »Gott und Welt«).

196,12 *befruchtender*] Siehe »Einzelkommentar«, Anm. 496,12.

197,46 *gereiht*] (Mit N A G² C); gereizt (Aʸ B). Vielleicht schon E »gereiht« statt »gerecht«; vgl. Bd. I, Anm. 640,46.

197,47 *erstaunst*] staunst (G² C; auch »Gott und Welt«).

198,73 *aus unserm*] (Mit Bᵃ E N A); in unserm (Aʸ B C; auch »Gott und Welt«). Also der schwer erklärbare Fall, daß Bᵃ zu A zurückkehrt, die Hauptüberlieferung aber den Fehler von Aʸ weiterträgt.

Herrmann und Dorothea (S. 198):

Hier mag der Hinweis angebracht sein, daß Goethe in allen Lyrik-Ausgaben »Herrmann« schreibt, während für das Epos seit 1818 »Hermann« kanonisch geworden ist. Ferner:

198,2 *Martial sich zu mir*] (Mit A und der sonstigen Überlieferung); Martial zu mir (Aʸ B).

199,33 *Deutschen*] (Mit A und der früheren Überlieferung); Deutsche (Aʸ B C).

Erste Epistel:

202,20 *Heitern*] (Mit Bᵃ und der sonstigen Überlieferung); Hirten (B).

204,79 *muß*] (Mit H⁵ E); müss' (A B C). Die Gruppe ist in N nicht enthalten, H⁵ in diesem Teil also Arbeitsexemplar für A.

»*Epigramme. Venedig 1790*« ⟨»Venetianische Epigramme«⟩ (S. 208-229):

4,5 *mißtraut*] mißtrauet (C).

8,1 *vergleich'*] (Mit Ba und der sonstigen Überlieferung); verglich (B C^1).

23,3 *durchwäss're*] (Mit E N A C); durchwässr' (B); durchwässer' (Ba).

34a,1 *erklärtet*] (Mit Ba und der früheren Überlieferung); erklärt (B C).

37,1 *künstlichsten*] künstlichen (N C).

47,1 *dich Müßigen*] (Mit C$^{2\alpha}$ C^3); dich im Müßiggang (Handschriften und E); die Müßigen (N A B C^1). Also erst in C ist die bereits für N beabsichtigte Änderung geglückt.

61,1 *Ein Epigramm* ⟨...⟩] Der Vers ist mit vertretbaren textkritischen Mitteln nicht zu heilen (Versuch bei Düntzer), wenn das überhaupt notwendig ist: Goethe hat hier vermutlich ›griechisch‹ betont (ἐπίγραμμα).

100,6 *verkehrt!*] (Mit Ba N A); verkehrt? (B); verkehrt (E C).

»*Weissagungen des Bakis*« (S. 230-236):

4,4 *dem Schwimmenden*] dem schwimmenden (C). In B also der »Gast«, in C der »Schleier«; N wie B, A wie C.

16,4 *als ein Vollendetes*] (Mit N A); an ein Vollendetes (A$^\gamma$ B C).

23 Alle Drucke setzen das Abführungszeichen hinter v. 2 (Gedankenstrich hinter v. 3). Hier wird es mit Düntzer nach H^5 und einer weiteren Handschrift hinter v. 3 gesetzt.

32,3 *empfindet die Vielen*] (Konjektur mit JA); empfindet die Viele (gesamte Überlieferung).

»*Vier Jahrszeiten*«:

Die Form »Jahrszeiten« mit Ba und der früheren Überlieferung (vgl. auch S. 456,8). Die falsche Zählung der 100 wurde nicht korrigiert; B überspringt die 49, C die 52.

Sommer, 240,60 *versengt*] (Ba und der sonstigen Überlieferung); versenkt (B C^1 C$^{2\alpha}$).

Herbst, 244,109 *vernünft'gen*] (Mit Ba und der früheren Überlieferung); vernünft'ge (B C).

244,113 *Strebenden*] Strebendem (C).

⟨*Sonett*⟩ *I*:
 250,6 *folgen]* (Mit B^a und zwei Handschriften); folgten (B C).
⟨*Sonett*⟩ *VII*:
 253,3 *tiefempfundnem]* tiefempfunden (C).
⟨*Sonett*⟩ *XIV* (S. 258):
 Abführungszeichen am Ende von v. 11 getilgt, da ihm kein Anführungszeichen entspricht.
⟨*Sonette*⟩ *XIV* und *XV* (S. 258):
 In der Typographie von C³ ist die Sprecherangabe »Die Zweifelnden« bzw. »Das Mädchen« irrtümlich wie ein Titel behandelt.
⟨*Sonette*⟩ *XVI* und *XVII* (S. 259 f.):
 Die beiden Sonette wurden in B noch nicht aufgenommen; vgl. »Einzelkommentar«.
Deutscher Parnaß:
 263,82 *Myrtenhaine]* (Mit E A); Morgenhaine (A^γ B C).
 265,141 *Lustgefilden]* (Mit E); Luftgefilden (A B C).
 266,174 *rohen]* (Mit E A R C); roten (A^γ B).
Idylle:
 270,67 *verschweiget! –]* verschweiget! (C).
Johanna Sebus:
 271,7 *davon! –«]* B schließt die direkte Rede nur mit Gedankenstrich. B^a und C¹ setzen das Abführungszeichen nach v. 8. Hier mit C^{2α} und C³ gesetzt.
Rinaldo:
 277, vor 129 *Zu Zweien]* (Mit B^a C); Zweien (B).
Harzreise im Winter:
 288,22 *Reichen]* (Mit der sonstigen Überlieferung, bekräftigt durch Goethes Aufsatz *Über Goethes Harzreise im Winter*, Bd. XX dieser Ausgabe); Reiher (A^γ B).
 289,35 *Ach]* (Mit A und der früheren Überlieferung); Aber (A^γ B C).
 289,57 *Unbills]* (Mit der Handschrift für S); Unbilds (alle Drucke). »Unbills« gilt als die ›bessere‹ Variante, siehe Bd. I, Anm. 323,57. Ich folge hier dieser editorischen Tradition, da ich schon in Bd. I Gelegenheit hatte, die m. E. richtige Variante »Unbilds« wiederzugeben.

290,82 *stehst]* (Mit Ba und der früheren Überlieferung); siehst (B C).

Wanderers Sturmlied:

294, nach 70*]* WA 2 setzt hier mit den beiden frühen Handschriften (Bd. I, S. 144 und 197) einen Querstrich. Laut Lesartenangaben der WA fehlt der Strich nur in B und C^1. Er fehlt aber auch in C^5 (sowie in Ba und C$^{2\alpha}$) und wird deshalb hier gleichfalls weggelassen.

294,79 *Müßigen]* musigen (B); Müßigen (C). Laut Mainzer Ausgabe, Bd. 1, S. 353 und 439, stammt die Veränderung von »musigen« zu »Müßigen« in der Druckvorlage zu C von Goethes Hand, so daß hier für die Druckvorlage von B eine Schreib-Unklarheit analog zu der in Bd. I, Anm. 144,80, konstatierten anzunehmen ist.

295,105 *Jünglinge]* (Mit Ba und der sonstigen Überlieferung); Jünglings (B).

Adler und Taube:

297,5 *herab]* (Mit A und der früheren Überlieferung); hinab (A$^\gamma$ B C).

298,26 *Sand am Bach]* (Mit Ba und der früheren Überlieferung); Sand und Bach (B C).

Ganymed:

300,9 *dich fassen]* (Mit Ba und der früheren Überlieferung); diesen fassen (B C).

Grenzen der Menschheit:

302,40 *sie]* sich (sämtliche Drucke); sie (Handschrift und Abschrift Herders). Die Lesart »sie« wird meist vorgezogen, vgl. jedoch Bd. I, S. 333,40 und Anm. sowie oben meine Bemerkung zu *Harzreise im Winter*, S. 289,57.

Das Göttliche:

303,10 *Ihnen gleiche der Mensch;]* Fehlt in allen Drucken Goethes und der Handschrift, ist aber enthalten in frühen Abschriften. Diese Lesart wird meist vorgezogen; vgl. aber Bd. I, Anm. 333, nach 9, sowie oben meine Bemerkung zu *Harzreise im Winter*, S. 289,57.

Königlich Gebet:

305,1 *bin Herr]* (Mit Ba und der frühen Handschrift); bin der Herr (B C). Vgl. Bd. I, S. 206 und Anm.

305,6 *Lieb'*] (Mit der frühen Handschrift); Liebe (B auch Ba C). Metrum!

Lilis Park:
306,32 *den Adler*] (Mit Ba und der sonstigen Überlieferung); der Adler (B).
306,37 *Denn*] (Mit Ba und der sonstigen Überlieferung); Den (B).
308,100 *Sinnen*] (Mit Ba und der früheren Überlieferung); Sinne (B C).
308,104 *schmiege*] (Mit der Handschrift für S); schwinge (alle Drucke). Vgl. Bd. I, S. 296,103 und Anm.

Die Musageten:
311,1 *Winternächten*] (Mit Ba und der früheren Überlieferung); Mitternächten (B C).

Morgenklagen:
313,21 *sich*] (Mit Ba und der sonstigen Überlieferung); sie (B C). Die Erwägung in Bd. I, Anm. 308,21, wird damit hinfällig.

Der Besuch:
315,22 *vom süßen*] (Mit Ba A C); von süßen (B); von süßem (E).
315,32 *süßen Lippen*] (Mit Ba und der früheren Überlieferung); süße Lippen (B C).
316,48 *schleich*] (Mit G^1 E); schlich (A B C).

Magisches Netz:
316,6 *zu*] zum (C).

Ferne (S. 319):
Pentameter erst in C eingezogen.

Dieselbe (Mignon):
322,9 *himmlische*] himmlischen (C).

Philine:
324,13 *nächt'ger*] (Mit Ba und der sonstigen Überlieferung); mächt'ger (B).

Einsamkeit:
328,6 *tröstlich und hülfreich*] tröstlich und hülflich (A B C); hülfreich und tröstlich (Handschrift, E S). Offenbar ist beim Umstellen für A ein Fehler unterlaufen, deshalb Korrektur mit WA 53.

Ländliches Glück:
 329,5 *wohne*] (Mit B^a und der sonstigen Überlieferung); wohnte (B C).

Der Park:
 330,6 *Fehlt hier ein Glücklicher*] Fehlet ein Glücklicher hier (C).

Phöbos und Hermes:
 332,1 *Majas*] (Mit G² und der sonstigen Überlieferung); Maja's (A^γ B C).
 332,6 *Schlägt er das*] (Mit G¹); Schlägt das (sonstige Überlieferung, auch C).

Die Kränze:
 333,2 *Eichel*] Eiche (C^{2α} C³).

Ilmenau:
 337,119 *unschuldig und beglückt*] und schuldig und beglückt (frühe Handschrift, siehe Bd. I, S. 266,121); unschuldig und beglückt (B C). Die Korrektur der WA 2 nach der frühen Handschrift ist nicht zwingend.
 338,132 *am Boden*] im Boden (frühe Handschrift, siehe Bd. I, S. 267,134); am Boden (B C). Die Korrektur der WA 53 nach der frühen Handschrift ist nicht zwingend; ›an‹ und ›am‹ wird zu Goethes Zeit mit weiterem Bedeutungsspektrum verwendet als heute, vgl. Beutin, S. 137.
 339,175 *Glück.*] (Mit B^a C); Glück (B).

Angebinde zur Rückkehr:
 348,7 *kissenweichen*] (Mit WA 53 nach Handschrift und Q); kissenreichen (B C).

Der Wandrer:
 350,8 *Gewerbe*] (Mit A und der früheren Überlieferung); Gewerb (A^γ B C).

Amor ein Landschaftsmaler (S. 359):
 Im Inhaltsverzeichnis von C noch so, im Text »als« statt »ein«.

Künstlers Abendlied:
 361,12 *Nun*] Nur (C).
 362,19 *hier*] (Mit der ältesten Überlieferung); mir (gesamte Überlieferung seit der Handschrift für S). Siehe Bd. I, S. 189,31 und Anm. Reim!

Sendschreiben:
　365,15 *belohnet*] (Mit der Handschrift und E); belohnt (B C). Metrum!

Katzenpastete:
　371,24 *Macht nie*] (Mit G¹ R und der sonstigen Überlieferung); Macht mir (B).

Parabel:
　377,7 *lebten*] (Mit G¹ R C); lobten (B).

Sprichwörtlich:
　384,2 *darum*] (Mit G¹); drum (B).
　384,16 *mit*] in (C). Druckfehler.
　389,132 *ein*] eine (C).
　389,149 *deinem*] (Mit G¹ C²ᵃ C³); deinen (B C¹).
　490,158 *Dem werden*] Werden (C).
　495,307 *Insel*] (Mit JA nach Bᵃ); Inseln (B C).
　497,372 *stillem*] (Mit Bᵃ C); stillen (B).
　401,483 *Gesind'*] Gesinde (B C). Mit WA 2 wegen des Reimes korrigiert.
　403,538 *danken*] denken (B C). Mit WA 2 wegen des folgenden korrigiert.
　404,570 *dem ⟨...⟩ dem*] (Mit Bᵃ C²ᵃ C³); den ⟨...⟩ den (B C¹).
　405,590 *an*] von (C).
　406,607 *erwurgen*] (Mit G¹); erwürgen (B C). Vgl. »Einzelkommentar«.

Jahrmarkt zu Hünfeld:
　415,17 *Erwartend*] (Mit G¹); Erwarten (B C).

Keins von allen:
　421,5 *endlich*] (Mit R C); redlich (B). WA 2 vermerkt für eine Handschrift in Privatbesitz keine Abweichung von C.

Selbstgefühl:
　B und Bᵃ haben hinter 423,2 Semikolon (Doppelpunktfunktion?), hinter 423,8 Fragezeichen. Hier sind die Zeichen nach C gesetzt.

Kommt Zeit, kommt Rat:
　426,4 *Sind's Rosen, nun*] (Mit Bᵃ Q); Sind Rosen, und (B); Sind's Rosen, und (G¹ G² C). Goethe hat hier anscheinend

vergeblich versucht, die in B verderbte Stelle zu heilen, ohne sich der ursprünglichen, durch B^a repräsentierten Fassung zu erinnern; denn seine Formulierung ist nicht schlüssig: entweder reihend mit B ›⟨Es⟩ sind Rosen und ...‹ oder konditional mit B^a ›Wenn es Rosen sind, dann ...‹. So schon Düntzer, der von der Bestätigung durch B^a noch nichts wußte.

Ihro der Kaiserin von Österreich Majestät:

413,57 *Geläute]* Geleite (B). Von Riemer als Druckfehler identifiziert, vgl. WA 16, S. 492.

Ihro des Kaisers von Österreich Majestät:

416,64 *lebevoll]* lebensvoll (C).

417,65 *Grunde]* Schlunde (B C). Mit WA 16 nach der sonstigen Überlieferung korrigiert.

Ihro der Kaiserin von Frankreich Majestät:

419,32 *Land]* Band (B C). Mit WA 16 nach der sonstigen Überlieferung korrigiert.

Zwei Gedichte sind in B (nicht in B^a und C) offenbar aus Versehen sowohl unter den »Liedern« als auch unter den »Vermischten Gedichten« (dort vor und nach *Lili's Park*) abgedruckt: *Die Freuden* und *An Lottchen*; sie werden hier nur an der ersten Stelle gedruckt. Der Zweizeiler *»Sind Könige* ⟨...⟩*«* (S. 381,71 f.), der in B und C nicht enthalten ist, wurde aus B^a übernommen; denn ein versehentliches Weglassen in B ist denkbar, ein versehentliches Hinzufügen in B^a hingegen kaum (vgl. »Einzelkommentar«). In B wie in C steht am Anfang die *Zueignung*. Da es sich um die »Zueignung« der gesamten Werkausgabe, nicht nur der Gedichtbände handelt, steht das Gedicht in der vorliegenden Ausgabe nur am Beginn von Bd. I (siehe dort S. 9 und Anm.). Varianten: 9,1: *es]* da (G¹). 9,8: *war]* ward (B C; Druckfehler); war (S A B^a).

EMENDATION DER SAMMLUNG VON 1827

Druckvorlage des vorliegenden Abdrucks der Sammlung von 1827 sind die Bände 3 und 4 von *Goethe's Werke. Vollständige Ausgabe letzter Hand*, Stuttgart und Tübingen 1827 und 1828 (C). Mit verschleppten Druckfehlern aus den früheren Gesamtausgaben muß man in diesem Teil von C nicht rechnen, da alle Gedichte hier erstmals gesammelt sind und nicht durch die Nadelöhre A^γ und B zu gehen brauchten. Die Probleme sind anderer Art: Die Gedichtbände der Ausgabe C existieren in vier verschiedenen Drucken (Siglierung nach Hagen, *Drucke*) mit einer größeren Zahl unterschiedlicher Lesarten. C^1 ist die als erste erschienene ›Taschenausgabe‹ (Kleinoktav oder ›Sedez‹); $C^{2\alpha}$ ist ein Doppeldruck (Neusatz) dieser Ausgabe, der wegen der starken Nachfrage notwendig wurde; $C^{2\beta}$ ist ein weiterer Doppeldruck; C^3 ist die ›Oktavausgabe‹. Die WA basierte gemäß ihrem Letztfassungsprinzip auf C^3 (dort einfach C genannt). Die heftige Kritik, die schon Düntzer und verschärft dann Grumach gegen diese Entscheidung vorgebracht haben, hat offenbar zu dem – zumindest für die Lyrik – verfehlten Umkehrschluß geführt, daß man nun C^1 kanonisieren könne (z. B. MA, Bd. 6/I). Die Textsituation muß jedoch differenzierter beurteilt werden. Die editorische Crux besteht gerade darin, daß keiner der Textzeugen kanonisiert werden kann, sondern daß es sich bis zum Schluß um eine Art Baustelle handelte, auf der außer Goethe (mit Riemer und Eckermann) noch der Redakteur Göttling und Cottas durchaus mitdenkender Herstellungsleiter Reichel arbeiteten.

Die Druckvorlagen für C^1 sind zwar erhalten; aber auch sie können nicht kanonisiert werden. Für die hier relevanten Bände 3 und 4 handelt es sich um paginierte lose Blätter, fast ausschließlich von Eckermanns und Johns Hand (von Goethe selbst nur *Symbolum*, S. 482, und ῎Αλλως, S. 550, die endgültige Paginierung und zahlreiche Überschriften), mit Korrekturen Goethes, Riemers und Göttlings. (Für die

Bände 1 und 2 sind es revidierte Bände der Ausgabe B.) Die Gesamtrevision wurde offenbar etwas nachlässig durchgeführt. Das »wirklich sehr vitiöse Mspt. ⟨fehlerhafte Manuskript⟩ des III. u. IV. Bandes« (Reichel an Cotta, nach QuZ II, S. 454) diente nur als Vorlage für C^1 und wurde noch vor dem Satz der nächsten Drucke nach Weimar zurückgeschickt; Goethe und Reichel einigten sich darauf, im weiteren C^1 zur Druckvorlage zu erheben (QuZ II, S. 450 und 454). Nach Auslieferung von C^1 ging Göttling die Bände jeweils auf Fehler durch, meldete sie Goethe, und dieser teilte die Fehler dem Verlag mit, damit sie in der ›Oktavausgabe‹ (C^3) verbessert würden. Diese Korrekturen wurden aber bereits in $C^{2\alpha}$, dem Doppeldruck der ›Taschenausgabe‹, berücksichtigt. ($C^{2\beta}$ ist textkritisch irrelevant, da ihm $C^{2\alpha}$ als Druckvorlage diente, also keine Verbesserungen hinzukamen.) Jeder der neuen Drucke brachte jedoch auch neue Fehler und Eigenmächtigkeiten, so daß auch ein umstandsloser Abdruck von $C^{2\alpha}$ oder C^3 nicht sinnvoll wäre.

Goethes Fehlermeldungen und Änderungswünsche an den Verlag, die eine Ermittlung der autorisierten Veränderungen ermöglichen würden, sind nicht erhalten. WA 13/II (S. 126 f.) und Grumach (S. 68) sind offenbar der Auffassung, es habe sich um bloß geringfügig veränderte Abschriften der von Göttling zusammengestellten Listen gehandelt, die noch erhalten sind (dokumentiert in QuZ II). Doch sind die Verhältnisse, zumindest für die Lyrik, komplizierter. Denn Goethe hat für den Band 1 nachweisbar, für die Bände 2 bis 4 mit an Sicherheit grenzender Wahrscheinlichkeit neben solchen Listen auch durchkorrigierte Exemplare von C^1 an Reichel gesandt (vgl. QuZ II, S. 466, 471, 476, 482). Für Bd. 3 ist sogar nach der ersten Revisionssendung vom 13. 6. 1827 noch eine zweite mit »Desiderata zu dem dritten Bande« vom 26. 10. belegt (QuZ II, S. 482 und 512); über ihren Inhalt wissen wir nichts. Auch der Lesarten-Befund weist darauf hin, daß Goethe (in Zusammenarbeit mit Riemer?) Änderungen veranlaßt hat, die über Göttlings Hinweise hinausgehen. Das auffälligste Beispiel:

Die zum Titel der *Trauerloge* erst später hinzugefügte Widmung (siehe S. 484) ist gewiß kein Setzer-Einfall, obwohl die entsprechende Anweisung Goethes in den erhaltenen Zeugnissen nirgends greifbar wird. Neben den Korrekturlisten Göttlings müssen also weitere durch Goethe veranlaßte Veränderungen unbekannten Umfangs angenommen werden. – Wie kann man diese Veränderungen von Eigenmächtigkeiten des Setzers unterscheiden?

Es wurde das folgende Verfahren angewandt: Übereinstimmung von $C^{2\alpha}$ mit C^3 (gegen C^1) legt den Schluß nahe, daß es sich um eine von Goethe veranlaßte Korrektur handelt; Übereinstimmung von $C^{2\alpha}$ mit C^1 (gegen C^3) hingegen legt den Schluß nahe, daß die Variante von C^3 eine Eigenmächtigkeit des neuen Druckes ist. Entsprechend bietet die Ausgabe also den Text in der Form, in der entweder alle drei oder zwei der drei Drucke übereinstimmen – nicht etwa im Sinne einer Mehrheitsentscheidung, sondern, da $C^{2\alpha}$ und C^3 voneinander unabhängig auf derselben Druckvorlage basieren, im Sinne einer ›Kontrollpeilung‹. Das ist jedoch nur die Grundregel, von der mehrmals abgewichen wird; denn bei einer rein mechanischen Anwendung des Prinzips müßten auch die nachweisbaren Fehler übernommen werden, bei denen solche Übereinstimmung besteht. (Zum Verfahren vgl. Hagen, *Doppeldrucke*, S. 47.)

Für die folgende Liste wurde C^3 zum Bezugstext gewählt: Es wird nur erwähnt, in welchen Fällen der in der vorliegenden Ausgabe gebotene Text gemäß dem genannten Prinzip oder aus anderen Gründen von C^3 abweicht bzw. wo und weshalb dieses Prinzip nicht angewendet wurde. Nicht eigens angegeben wird, wenn C^3 nur mit C^1 oder nur mit $C^{2\alpha}$ übereinstimmt.

Ballade:
449,68 *zerreißet:*] (Mit C^3); zerreißet. (C^1 $C^{2\alpha}$). Hier Abweichung vom Prinzip wegen der folgenden direkten Rede.
449,82 *verstößt;*] (Mit C^1 $C^{2\alpha}$); verstößt, (C^3).

An Werther:
 457,29 *Wie]* Die (C¹ C²ᵅ C³); Wie (mit WA 3 nach zwei Handschriften und Erstdruck).
 457,30 *schwebt]* schweift (C¹ C²ᵅ C³); schwebt (wie das Vorige).

Elegie:
 458, nach 6] Der Strich fehlt in den Drucken, wird hier mit der Druckvorlage und einer eigenhändigen Reinschrift eingesetzt; vgl. »Einzelkommentar«.
 459,47 *Vielen]* (Mit C¹ C²ᵅ); vielen (C³).
 461,100 *Im Handeln sei's, zur Freude]* (Mit C¹ C²ᵅ); Im Handeln sei's zur Freude (C³).
 461,109 *Der]* (Mit C¹ C²ᵅ); der (C³).
 461,123 *weggerissen,]* (Mit C¹ C²ᵅ); weggerissen; (C³).

Aussöhnung (S. 462):
 Abweichungen gegenüber dem Abdruck auf S. 594 nicht vereinheitlicht.

Lust und Qual:
 464,4 *umher.]* (Mit C¹ C²ᵅ); umher, (C³).
 464,10 *Ins]* (Mit C¹ C²ᵅ); In's (C³).

März:
 466,6 *betrüget]* (Mit C¹ C²ᵅ); betrieget (C³).

April:
 466,10 *blinden,]* (Mit C¹ C²ᵅ); blinden (C³).

Juni:
 468,12 *Rändern]* Siehe »Einzelkommentar«.
 469,35 *Schönres]* (Mit C¹ C²ᵅ); Schön'res (C³).
 nach 469,45] Neue Strophe mit WA 3 nach Handschrift und Erstdruck. In C¹ und C²ᵅ neue Seite, in C³ deshalb irrtümlich ohne Absatz angeschlossen.

Frühling über's Jahr:
 469,6 *Gewalt'ge]* Gewaltge (C¹); Gewalt'ge (C²ᵅ); Gewaltige (C³).
 470,15 *Genug der]* (Mit C¹ C²ᵅ); Genug, der (C³).

Für's Leben:
 472,52 *muß:]* muß, (C³); muß. (E A, »Gesellige Lieder« unter dem Titel *Die glücklichen Gatten* B, »Lyrisches«

C^1 C$^{2\alpha}$); muß: (»Gesellige Lieder« C^1 C$^{2\alpha}$ C^3). Hier gewählt, weil nur dies einen plausiblen Übergang ergibt.

472,71 *Er gleichet]* (Mit E A); Es gleichet (A$^\gamma$ B C^1 C$^{2\alpha}$ C^3, auch »Gesellige Lieder«).

Zwischen beiden Welten:

473,3 *Sinn!]* (Mit C^1 C$^{2\alpha}$); Sinn; (C^3).

474,6 *bin.]* (Mit C^1 C$^{2\alpha}$); bin! (C^3).

Aus einem Stammbuch von 1604:

474,3 *wie sie sich]* (Mit C^1 C$^{2\alpha}$); wie sich (C^3).

Um Mitternacht:

475,9 *Seligkeiten sog;]* (Mit C^1 C$^{2\alpha}$, analog zu v. 4 und 14); Seligkeiten sog: (C^3).

Der neue Copernicus:

479,18 *vorüber]* (Mit C^1 C$^{2\alpha}$); vorüber, (C^3).

479,19 *krumm]* (Mit C^1 C$^{2\alpha}$); krumm, (C^3).

Symbolum:

482,7 *Glücke,]* (Mit dem Erstdruck); Glücke. (C^1 C$^{2\alpha}$ C^3). Syntax!

482,11 *ferne]* schwerer (C^1 C$^{2\alpha}$ C^3); ferne (mit WA 53 nach dem Erstdruck). Reim!

Trauerloge (S. 484):

Widmung »Der Unvergeßlichen ⟨...⟩« nur in C^3. In C$^{2\alpha}$ wohl nur deshalb noch nicht berücksichtigt, weil sich sonst gegenüber C^1 der gesamte folgende Seitenumbruch verschoben hätte.

Zur Logenfeier des 3 Septembers 1825:

486,7 *begrenzend]* Siehe »Einzelkommentar«.

487,46 *Schatten]* (Mit C^1 C$^{2\alpha}$); Schatten, (C^3).

Wiederfinden:

490,9 *Grunde]* (Mit C^1 C$^{2\alpha}$); Grunde, (C^3).

Weltseele:

492,14 *jung]* (Mit C^1 C$^{2\alpha}$); jung, (C^3).

492,21 *Alles]* (Mit C^1 C$^{2\alpha}$); alles (C^3).

Dauer im Wechsel:

493,13 *Regengusse,]* (Mit C^1 C$^{2\alpha}$); Regengusse (C^3).

494,29 *sich, an jener Stelle,]* (Mit C^1 C$^{2\alpha}$ und Erstdruck); sich an jener Stelle (C^3).

494,37 *Denke]* Denke (C¹ C²ᵅ C³). WA 3 korrigiert nach »Gesellige Lieder« und der dortigen Überlieferung, S. 79,37, zu »Danke«, doch besteht dazu kein zwingender Anlaß.

Parabase:

495,9 *haltend.]* (Mit C¹ C²ᵅ); haltend; (C³).

Die Metamorphose der Pflanzen:

495,2 *den]* dem (B C); den (Bᵃ mit H⁵ N A). Im Erstdruck »dem« (Bd. I, S. 639,2).

495,10 *bilde]* bildet (Aᵞ B C); bilde (A mit der früheren Überlieferung).

496,12 *Stille befruchtender Schoß]* Siehe »Einzelkommentar«.

497,56 *Alles]* (Mit C¹ C²ᵅ); alles (C³).

497,73 *aus unserm]* in unserm (Aᵞ B C); aus unserm (A mit der früheren Überlieferung).

Metamorphose der Tiere:

498,3 *ins]* (Mit C¹ C²ᵅ); in's (C³).

500,57 *Freue dich, höchstes Geschöpf, der Natur]* So in allen drei Drucken von C. WA 3 korrigiert nach der (Schreiber-)Handschrift »Freue dich, höchstes Geschöpf der Natur«. Vgl. »Einzelkommentar«.

Urworte. Orphisch:

502,25 *wollten:]* (Mit C¹ C²ᵅ); wollten; (C³).

Wohl zu merken:

Zur Stellung vgl. »Einzelkommentar«.

505,1 *haben]* (Mit C¹ C²ᵅ); haben, (C³).

Was es gilt:

506,12 *bringen;]* (Mit C¹ C²ᵅ); bringen (C³).

Künstler-Lied:

513,18 *offenbart,]* (Mit C¹ C²ᵅ); offenbart; (C³).

Wilhelm Tischbeins Idyllen:

520,103 *Kühle,]* (Mit C¹ C²ᵅ); Kühle (C³).

522,143 *trauren]* (Mit C¹ C²ᵅ); trauern (C³).

Zu meinen Handzeichnungen:

525,47 *im]* (Mit C¹ C²ᵅ); ein (C³).

Das Parterre spricht:
 529,9 *Gebärden]* (Mit C¹ C²ᵅ); Geberden (C³).
Kunst und Altertum:
 536,1 *Altertum]* (Mit C¹ C²ᵅ); Altertum? (C³).
Parabolisch 8:
 545,25 *verlieren;]* (Mit C¹ C²ᵅ; Doppelpunkt-Funktion des Semikolons); verlieren, (C³).
Parabolisch 11:
 546,8 *Mir]* (Mit WA 53 nach einer Handschrift); Mich (C¹ C²ᵅ C³).
Valet:
 552,31 *Denn wenn sie vor die Türe scheißen]* Siehe »Einzelkommentar«.
Aus Byrons Manfred. Bannfluch:
 556,33 *Geist der Luft]* Geist der Lust (C¹ C²ᵅ C³). Mit WA 3 korrigiert, im Original »spirit of the air«.
 557,62 *widmet,]* (Mit C¹ C²ᵅ); widmet; (C³).
Der fünfte Mai:
 558,19 *Schmeichelei]* (Mit C¹ C²ᵅ); Schmeichelei, (C³).
Zum 2. Februar 1824 (S. 574):
 Üblicherweise wird zu »20.« verbessert (Vorschlag WA 5/II), da an diesem Tag die Nachfeier des Geburtstages der Erbgroßherzogin (16.) stattfand und eine Handschrift dieses Datum trägt. In der Druckvorlage wurde »20.« von Eckermanns Hand zu »2.« (Geburtstag des Erbgroßherzogs) korrigiert. Eine solche absichtliche Änderung macht ein Versehen unwahrscheinlich, wenngleich der Grund uns nicht mehr zugänglich ist.
Eleonore (S. 579):
 »11« über dem Titel fehlt C³.
An Gräfin Jaraczewska:
 587, A 24, Zeile 1 *aufs]* (Mit C¹ C²ᵅ); auf's (C³).
An Fräulein Kasimira Wolowska:
 591,vor 1 *Wolowska]* Wotowska (C¹ C²ᵅ C³; Goethe hat das polnische ł mit einem t verwechselt.)
An Madame Marie Szymanowska:
 595,10 *ewger]* (Mit C¹ C²ᵅ); ew'ger (C³).

Am 25. Februar 1824:
> 596,18 *Kraft,*] Kraft (C¹ C²ᵅ); Kraft, (C³). Hier also Abweichung vom Prinzip.

An Julien. Zur Dresdner Reise:
> 599,9 *Ort*] (Mit C¹ C²ᵅ); Ort, (C³).

An Julien:
> 599,3 *breitere*] (Mit C¹ C²ᵅ); breit're (C³).

Die Feier des achtundzwanzigsten ⟨...⟩ (S. 602):
> Absatz nach v. 18 ist aus den C-Drucken nicht ersichtlich, da die Seite wechselt, ergibt sich aber aus einer Handschrift Eckermanns und zwei Einzeldrucken.

»Wenn ein guter Geist ⟨...⟩«:
> 607,3 *sei*] (Mit C¹ C²ᵅ); ist (C³).

In ein Stammbuch. Zur Ruine ⟨...⟩:
> 609,4 *nur davon erbaut*] (Mit WA 5/II, Textverbesserungen, nach der Druckvorlage) nur erbaut (C¹ C²ᵅ C³).

Bilder-Szenen. Zur Feier ⟨...⟩:
> 613,1 *aufs*] (Mit C¹ C²ᵅ); auf's (C³).

»Erst Empfindung ⟨...⟩«:
> 616,3 *mild*] (Mit C¹ C²ᵅ); mild, (C³).

»Wasserfülle ⟨...⟩«:
> 619,2 *Bahn!*] (Mit C¹ C²ᵅ); Bahn (C³).

»Fluß und Ufer ⟨...⟩«:
> 619,3 *Kommen,*] (Mit C¹ C²ᵅ); Kommen (C³).
> 619,4 *Zeugen*] (Mit WA 5/II nach einer Handschrift); Zeichen (C¹ C²ᵅ C³).

»Zahme Xenien«:
> 625,121 *gehn?«*] (Mit C¹ C²ᵅ); gehn? (C³).
> 626,137 *betrügerischer*] (Mit C¹ C²ᵅ); betriegerischer (C³).
> 627,167 *betrügen*] (Mit WA 5/II nach dem Erstdruck); belügen (C¹ C²ᵅ C³).
> 630,257 *Hier ein Dort*] (Mit C¹ C²ᵅ mit Erstdruck); Hier und Dort (C³).
> 632,333 *gegeben.*] (Mit C¹ C²ᵅ); gegeben, (C³).
> 635,411 *Bauerei.*] (Mit C¹ C²ᵅ); Bauerei, (C³).
> 637,468 *Hälst*] (Mit C¹ C³) Hältst (C²ᵅ). Von der WA stillschweigend korrigiert, doch ist »hälst« eine in der Zeit mögliche Form.

638,500 *mehr recht*] (Mit WA 3 nach dem Erstdruck analog zu S. 638,498); mehr *recht* (C¹ C²ᵃ C³) .
639,527 *diesen jenen*] (Mit C¹ C²ᵃ); diesen, jenen (C³).
639,529 *Zeitung, –*] (Mit C¹ C²ᵃ); Zeitung, (C³).
639,545 *unzutun*] WA 3 setzt mit dem Erstdruck »umzutun«, als Wiederaufnahme von 544. Da jedoch sowohl dort »Um« wie auch hier »un« in der Druckvorlage auf Rasur stehen, erscheint ein Versehen unwahrscheinlich.
641,581 *sichs*] (Mit C¹ C²ᵃ); sich's (C³).
642,622 *In*] (Mit C¹ C²ᵃ); Im (C³).
643,649 *gedacht?«*] (Mit C¹ C²ᵃ); gedacht? (C³).
645,700 *Jahren*] (Mit C¹ C²ᵃ); Jahren, (C³).
650,857 *Für*] (Mit C¹ C²ᵃ); für (C³).
650,871 *Alten*] (Mit WA 3 nach dem Erstdruck); Altern (C¹ C²ᵃ C³).
654,992 *man*] (Mit WA 3 nach der Druckvorlage und einer Abschrift Eckermanns); nun (C¹ C²ᵃ C³).
655,1009 *recht*] (Mit C¹ C²ᵃ); Recht (C³).
655,1015 *sollen?«*] (Mit C¹ C²ᵃ); sollen? (C³).
660,1158 *trügst*] (Mit C¹ C²ᵃ); triegst (C³).
660,1160 *hass' sie*] hass' sie (C¹ C²ᵃ C³). WA 3 korrigiert zu »hass' ich sie«, wozu aber kein triftiger Grund besteht.
663,1231 *wir denn da*] (Mit C¹ C²ᵃ); wir da (C³).
663,1240 *Kirchturm*] (Mit C¹ C²ᵃ); Kirchenturm (C³).
667,1366 *sehn!*] (Mit C¹ C²ᵃ); sehn (C³).
667,1368 *schnell!*] (Mit C¹ C²ᵃ); schnell (C³).
675,1597 f. *Niemand will ⟨. . .⟩*] WA 3 druckt, dem Letztfassungs-Prinzip folgend, den Text einer späteren Handschrift, die hier nichts zu suchen hat; vgl. »Einzelkommentar«.
676,1612 *Sprechen,*] (Mit C¹ C²ᵃ); Sprechen (C³).
678,1669 *Bilden*] Bildern (Korrektur der WA 3 nach dem Erstdruck, doch ist hier von Ge-Bilden die Rede; vgl. »Einzelkommentar«); Bilden (C¹ C²ᵃ C³).
679,1707 *Reich,*] (Mit C¹ C²ᵃ); Reich; (C³).

Die »Zahmen Xenien« I-III stehen am Ende des 3. Bandes von C, hinter der Rubrik »Parabolisch«, die »Zahmen Xenien« IV-VI stehen am Ende des 4. Bandes. Sie werden hier zusammengefaßt. Der Band 4 enthält außer den hier gedruckten Gedichten einleitend das »Festgedicht zum 18. Decbr. 1818« (so das Inhaltsverzeichnis) *Bei allerhöchster Anwesenheit Ihro Majestät der Kaiserin Mutter Maria Feodorowna in Weimar. Maskenzug* sowie nach den »Aufklärenden Bemerkungen« und vor den »Zahmen Xenien« IV-VI eine Rubrik »Dramatisches« mit folgenden Texten: *Prolog zu Eröffnung des Berliner Theaters im Mai 1821, Finale zu Johann von Paris, Neuer Schluß von Paläophron und Neoterpe, Zu Wallensteins Lager, Zu Faust, Nausikaa, Trauerspiel. Fragment, Helena.*

EINZELKOMMENTAR

Die Sammlung von 1815

der Schaffenszeitraum 1800-1815

Die erste im vorliegenden Band repräsentierte Lebensphase Goethes, von 1800 bis 1805/06, ist geprägt durch vielfältiges Wirken nach außen, unter günstigen politischen Voraussetzungen. Preußens Neutralitätspolitik garantiert dem Norden Deutschlands und damit auch dem Herzogtum Weimar noch einige Jahre der Ruhe. Untergründig jedoch sind auch hier die Grundlagen der alten Ordnungen bereits in Frage gestellt. Diese Konstellation: ein erhöhter Reflexionsbedarf bei gleichzeitig noch gesichertem institutionellem Rahmen, ist die Voraussetzung jener intellektuellen Aktivitäten der Jahrhundertwende, die wir ›Frühromantik‹ nennen und die nicht zufällig gerade an die Orte Jena und Berlin gebunden sind: an die gärungsfreudige Universität unter Goethes Ägide und an die vergleichsweise weltläufige Metropole, die beide noch außerhalb der weltgeschichtlichen Turbulenzen liegen. Goethe genießt die Verehrung der Romantiker und läßt sich durch sie und die idealistischen Philosophen, besonders Schelling, anregen, protegiert sie auch. Er wendet den drohenden Niedergang der Jenaer Universität ab durch eine geschickte Berufungspolitik (u. a. Hegel) und durch die Gründung der ›Jenaischen Allgemeinen Literatur-Zeitung‹ (statt der ›Allgemeinen Literatur-Zeitung‹, die 1804 von ihrem Herausgeber Chr. G. Schütz mit nach Halle genommen worden war). Er widmet sich intensiv dem Weimarer Theater. Er versucht, inspirierend auf das Weimarer gesellige Leben einzuwirken (vgl. S. 939 f.). Er treibt, unterstützt von Heinrich Meyer, mit seiner Zeitschrift ›Propyläen‹ und

den Preisaufgaben der ›W.K.F.‹, der ›Weimarer Kunstfreunde‹, gezielte Kunstpolitik im Sinne einer klassisch-antiken Orientierung. – Zwar erfährt er auch erste, mahnende gesundheitliche Erschütterungen. Aber sowohl die Rahmenbedingungen als auch die eigene tatkräftige Einstellung dieser Jahre geben ihm die Möglichkeit, in vielfältigen Bereichen ein Programm der Erneuerung der Gesellschaft aus dem Bereich der Kultur heraus, einer ›ästhetischen Erziehung‹, zu verfolgen.

Mit Schillers Tod 1805 jedoch beginnen Jahre der Krise, die ins Alter hinüberleiten. Der Verlust des kongenialen Partners fällt in zeitliche Nähe zur Schlacht von Jena und Auerstedt 1806, der Flucht des Herzogs, der Plünderung Weimars – mit dem offenkundigen Zusammenbruch der ganzen alten Welt. Goethe heiratet die langjährige Gefährtin Christiane Vulpius. Man hat diesen Entschluß, der Deutung Riemers folgend, immer wieder auf Goethes ›Dankbarkeit‹ für Christianes tapferes Verhalten bei der Besetzung Weimars zurückgeführt. Aber vermutlich hatte diese gesetzliche Sanktionierung auch eine symbolische Tiefendimension. Goethe knüpft ausgerechnet in dem Augenblick ein »gesetzliches Band«, in dem die ihn umgebenden objektiven Ordnungen zusammenbrechen; denn, so schreibt er weiter an seinen Herzog: »Wenn alle Bande sich auflösen wird man zu den häuslichen zurückgewiesen«. (25. 12. 1806.) Johanna Schopenhauer berichtet von Goethes Äußerung: »⟨...⟩ in Friedenszeiten könne man die Gesetze wohl vorbeigehen, in Zeiten wie den unseren müsse man sie ehren.« (Bode, Bd. 2, S. 334.) Und Caroline Schelling schreibt: »Öffentliche Blätter sagen, daß er sich am Tag der Schlacht mit der Vulpius trauen ließ – als wenn er Bande noch hätte knüpfen und fester anziehen wollen in einem Augenblick, wo alle Bande gelöst scheinen!« (Bode, Bd. 2, S. 341.) Es wird hier mottohaft eine Grundspannung deutlich, die für die nächsten Jahre als dominierendes Problem Goethe näher an die Erfahrung des ›Tragischen‹, den Bereich unauflösbarer Widersprüche heranführt als in jeder anderen Phase seines Lebens: die Span-

nung von notwendigem Gesetz und Wissen um die Möglichkeit des Chaos, von unentbehrlicher Ordnung und ordnungsbedrohendem Begehren der Subjektivität. Die *Wahlverwandtschaften* sind das beredteste Zeugnis, und so hat Hans M. Wolff auch die Formel von der ›Periode der Wahlverwandtschaften‹ geprägt. Doch die erotischen Verstörungen (vgl. auch S. 975 f.) besitzen auch eine Art bildhafter Stellvertreterfunktion für Verstörungen in allen Bereichen des menschlichen Lebens und Zusammenlebens. Die französische Besetzung wird fortan immer wieder ins Natur-Bild der ›Überschwemmung‹ oder ins moralische Bild der ›Sündflut‹ gefaßt, die Zeit vor der Besetzung gilt als die für immer verlorene ›antediluvianische‹ Zeit. In Napoleon inkarniert sich für Goethe das ›Dämonische‹ im Politischen. Der kometenhafte Aufstieg, die Bändigung der Revolution durch ihr eigenes Produkt, dann die Umgestaltung der 150 Jahre alten europäischen Ordnung innerhalb weniger Jahre durch das Wirken eines einzelnen, schließlich der jähe Fall: Das waren Ereignisse, die das riskante Aufruhen der moralischen Welt auf einem Bereich dokumentierten, der vor allen moralischen Kategorien liegt.

Die intellektuellen Fronten verschieben sich. Nicht mehr die Spätaufklärung ist der Hauptgegner; vielmehr gerät Goethe nun selbst in die Rolle des Rationalisten gegenüber neuen Irrationalismen und Subjektivismen, die er gerade aus dem Wissen um deren Verlockend-Bedrohendes bekämpft. Die klassizistische Orientierung an der heidnischen Antike, und das heißt auch: das von der Aufklärung entworfene Programm der Autonomie und Mündigkeit, wird von neu erwachenden religiösen Kräften in Frage gestellt. Im Juli 1805 polemisiert Goethe erstmals in scharfer Form gegen diese neue Version der romantischen Kunstauffassung. Die Brüder Riepenhausen hatten in einem Rekonstruktionsversuch der Gemälde Polygnots die Antike abgewertet und behauptet, die wahre Höhe der Kunst sei erst »späteren Zeiten vorbehalten« gewesen, »in welchen eine andere, göttlichere, geheimnisvollere Religion eine andere, durch sie

wiedergeborene Welt mit neuer Vortrefflichkeit überströmen sollte.« Goethe wendet sich in der ›Jenaischen Allgemeinen Literatur-Zeitung‹ heftig gegen diese »neukatholische Sentimentalität«, das »klosterbruderisierende, sternbaldisierende Unwesen« der romantischen Kunstauffassung (in einem Einschub zu Heinrich Meyers Aufsatz *Über Polygnots Gemälde*). Es wird ihm auch weiterhin ein stetes Ärgernis sein. Auch der ehemalige Goethe-Verehrer und Griechen-Schwärmer Friedrich Schlegel propagiert seit 1803 in seiner Zeitschrift ›Europa‹ diese Tendenzen, wird 1808 zum Katholizismus konvertieren. Romantische Malerei greift im Kreise der ›Nazarener‹ auf den frühen Raffael und dessen Vorgänger zurück, und der Klatsch trägt Goethe zudem manches Bizarre, Bigotte und Anmaßende aus diesem Kreise zu. Fast noch schlimmer: Die Romantiker werden indische und ägyptische Mythologie und Kunst entdecken, die Welt hundsköpfiger Götter und abstruser Leibesverschlingungen (vgl. z. B. S. 632-635 und Anm.). Wenn von Goethes Aversion gegen die Romantik die Rede ist, sollte man immer bedenken, daß sie vor allem solchen im Umkreis der bildenden Kunst zu suchenden Erscheinungen galt, weniger der romantischen Dichtung. Doch wurde seine Toleranz auch hier auf manche harte Probe gestellt, wenn die ›neukatholischen‹ Tendenzen allzu stark hervortraten:

> Ich will diese ganze Rücktendenz nach dem Mittelalter und überhaupt nach dem Veralteten recht gerne gelten lassen, weil wir sie vor 30 bis 40 Jahren ja auch gehabt haben, und weil ich überzeugt bin, daß etwas Gutes daraus entstehen wird; aber man muß mir nur nicht glorios damit zu Leibe rücken. ⟨...⟩ manchmal machen sie mir's doch zu toll. So muß ich mich z. B. zurückhalten, gegen Achim von Arnim, der mir seine ›Gräfin Dolores‹ zuschickte und den ich recht lieb habe, nicht grob zu werden. Wenn ich einen verlorenen Sohn hätte, so wollte ich lieber, er hätte sich von den Bordellen bis zum Schweinekoben verirrt, als daß er in den Narrenwust dieser letzten Tage sich verfinge, denn ich fürchte sehr, aus dieser Hölle ist keine Erlösung.

Übrigens gebe ich mir alle Mühe, auch diese Epoche historisch, als schon vorübergegangen zu betrachten.
(An Reinhard, 7. 10. 1810.)
Ein zweiter Spannungsbereich waren die Naturwissenschaften. Seit 1805/06 intensiviert Goethe seine Naturstudien. 1805 wurde mit dem Druck von Goethes *Farbenlehre* begonnen – und 1810 erschien sie schließlich. Goethe schätzte sie zeitweilig höher ein als seine poetischen Werke. Die Fachwelt jedoch lehnte sie zum größten Teil ab; nur Philosophen wie Schelling, Hegel oder Schopenhauer glaubten zumindest zeitweise, hier Wahrheit schöpfen zu können. Goethes naturwissenschaftliches Denken war ganz von drei großen Intuitionen geprägt: dem Gedanken der Metamorphose, in der ein Gleiches sich zugleich durchhält und verwandelt, dem Gedanken der Polarität, in der gleichfalls Eines, ein Ganzes, sich als spannungsvolles Auseinander- und Zueinanderstreben entfaltet und Leben wird; eng damit verbunden ist das dritte Motiv, daß wir des Ganzen nur im Einzelnen ansichtig werden können, daß aber jedes Einzelne, richtig angeschaut, das Ganze zu offenbaren vermag. Das ist keine Naturwissenschaft im heutigen Sinn, war schon damals keine Naturwissenschaft mehr im Sinne der englischen Tradition des Empirismus, der die neuen großen Erfolge der Naturwissenschaften zu verdanken waren. Es war ein bestimmter Stil der Weltwahrnehmung, dem ›Natur‹ immer ›Gott-Natur‹ bedeutete und der gerade in der Periode nach 1806 auch aus einem existentiellen Orientierungsbedarf gespeist wurde: Je kontingenter, zerbrechlicher, zeitlicher sich die Ordnungen der menschlichen Welt zeigten, desto größer war das Bedürfnis nach einer notwendigen und gesetzlich geordneten Welt jenseits solcher vergänglicher Strukturen. Auch in die Lyrik gehen die naturwissenschaftlichen Lehren ein, in der Sammlung von 1815 noch zurückhaltend (besonders greifbar in »Gott, Gemüt und Welt«), ausführlicher dann in der Sammlung von 1827.

Dem Wandel der Problemsituation von 1800 bis 1815 entspricht eine Verlagerung der Akzente bei den bevorzug-

ten lyrischen Formen. Zunächst kann Goethe noch anknüpfen an den Stil der neunziger Jahre; sogar ausgesprochen liedhafte Gedichte wie etwa *Schäfers Klagelied* gelingen ihm noch immer. Er verdankt sie freilich nicht mehr so sehr dem innig ergriffenen Augenblick, sondern in gleichem Maße literarischer Anregung, sowohl konkret anzugebenden Texten als auch der eher atmosphärischen Anregung durch die Romantik. Auch die spielerisch-artistischen Stücke stehen in der Kontinuität des vorangegangenen Jahrzehnts. Seit etwa 1806 tritt die Spruchdichtung hinzu. Will man jedoch eine Dominante des lyrischen Sprechens für den gesamten Zeitraum ermitteln, dann stößt man auf die Kategorie des ›Geselligen‹, in der Dichtung sich als Beitrag zur Bewahrung zumindest privater Intersubjektivität in einer Zeit der gesellschaftlichen Krise versteht. Nicht nur die »Geselligen Lieder« dienen diesem Ziel. Spielfreude und ›gesellige‹ Laune artikulieren sich auch in den neuen Stücken der Abteilung »Balladen«. Zu einem Höhepunkt geführt wird die gesellig-artifizielle Linie 1807/08 in den »Sonetten«, in denen das Thema der Liebe durch bewußt zelebrierte Formstrenge intersubjektiv gemacht und in den Kontext geselliger Kultur eingebracht wird. Zunehmend aber zeigt sich die Neigung zur Spruchdichtung, zur ›sprichwörtlich‹, ›epigrammatisch‹ oder ›parabolisch‹ pointierten Kurzform, zu gedanklich-weltanschaulichen Gehalten. Indem Goethe auch sie der ›gebundenen‹ Vers-Rede überantwortet, sie gleichsam ›verschnürt‹, stellt er den Zeitgenossen einen Thesaurus, ein ›Schatzkästlein‹ zur Verfügung, aus dem diese sich zum Zwecke der Verständigung bedienen mögen.

ZUR ENTSTEHUNG DER SAMMLUNG

Im Jahre 1800 war im Verlag Unger der siebente und letzte Band von Goethes *Neuen Schriften* (N) erschienen, der die Lyrik enthielt: »Lieder«, »Balladen und Romanzen«, »Episteln«, »Elegien I«, »Elegien II«, »Epigramme. Venedig

1790«, »Weissagungen des Bakis« und »Vier Jahreszeiten«. Die *Neuen Schriften* waren eine Fortsetzung der *Schriften* (S), die 1787-1790 bei Göschen erschienen waren und 1789 in Bd. 8 die Lyrik unter dem Titel »Vermischte Gedichte« gebracht hatten, aufgeteilt in eine »Erste Sammlung« und eine »Zweite Sammlung« (siehe Bd. I dieser Ausgabe, S. 277-368). Wegen des Fortsetzungscharakters der Ausgabe N kann man die beiden Ausgaben zusammen als Goethes erste Gesamtausgabe betrachten. – Schon seit 1795 bahnte sich, von Schiller gefördert, eine Zusammenarbeit mit dem jungen, ebenso geschäftstüchtigen wie kultivierten Verleger Johann Friedrich Cotta an. 1803 erschien bei Cotta das *Taschenbuch auf das Jahr 1804* von Wieland und Goethe. Es enthielt neben zwei Erzählungen Wielands auch eine Reihe von Gedichten Goethes unter dem Titel »Der Geselligkeit gewidmete Lieder«.

Diese Sammlung ist abermals als eine Art Fortsetzung der Gesamtausgabe anzusehen. Um die Rekonstruktion dieser später aufgelösten Gedichtgruppe möglich zu machen, seien hier die Titel genannt (in Klammern die Seitenzahl im vorliegenden Band): *Stiftungslied* (S. 71), *Zum neuen Jahr 1802* (S. 70), *Maskentanz. Zum 30. Januar 1802* (siehe Bd. VI dieser Ausgabe), *Tischlied* (S. 79), *Generalbeichte* (S. 83), *Weltschöpfung* (*Weltseele*, S. 84), *Frühzeitiger Frühling* (S. 54), *Dauer im Wechsel* (S. 78), *Schäfers Klagelied* (S. 56), *Trost in Tränen* (S. 57), *Sehnsucht* (S. 59), *Nachtgesang* (S. 58), *Bergschloß* (S. 61), *Die glücklichen Gatten* (S. 74), *Wandrer und Pächterin* (S. 129), *Ritter Curts Brautfahrt* (S. 113), *Hochzeitlied* (S. 114), *Magisches Netz. Zum 1. Mai 1803* (S. 316), *Kriegserklärung* (S. 22), *Selbstbetrug* (S. 22), *Der Rattenfänger* (S. 118), *Frühlingsorakel* (S. 73). – In einer ersten Sequenz stehen ›gesellige Lieder‹ im engeren Sinn, von *Stiftungslied* bis zu *Dauer im Wechsel*, darin als Binnensequenz drei nach dem Prinzip der Steigerung angeordnete Tafelrunden-Lieder. Es folgen fünf volksliedhafte Gedichte, die explizit dadurch zusammengeschlossen werden, daß das erste, *Schäfers Klagelied*, und das letzte, *Bergschloß*, mit derselben Zeile beginnen. Eine

dritte, wieder dem ›Geselligen‹ sich zuneigende Sequenz, von *Die glücklichen Gatten* bis zum Schluß, bringt zunächst vier Gedichte um die Thematik der Hochzeit und mündet schließlich in den Rundgesang des *Frühlingsorakels* (Reitmeyer).

Im Frühsommer 1805 entsteht der Plan einer neuen, zwölfbändigen Gesamtausgabe (Ausgabe A). Nun soll der erste Band die Gedichte enthalten. Das Manuskript dieses Bandes geht am 24. 2. 1806 an Cotta. Er erscheint 1807 (mit Jahreszahl 1806). Grundsätzlich hält sich der Band an das Anordnungsschema von 1800. Die Rubriken »Lieder« und »Balladen und Romanzen« wurden jedoch beträchtlich vermehrt (in der ursprünglichen Fassung Bd. I dieser Ausgabe, S. 643-696), denn sie hatten nun einen Großteil der Gedichte der »Ersten Sammlung« der »Vermischten Gedichte« von 1789 (S) und die Gedichte des *Taschenbuchs* aufzunehmen; zwischen die beiden Rubriken wurden die übrigen »Vermischten Gedichte« von 1789 unter dieser alten Überschrift eingeschoben; zwischen die »Elegien II« und die »Epigramme« kamen noch die »Episteln«.

Goethe hatte für diese Ausgabe mit Cotta ein Nutzungsrecht auf acht Jahre vereinbart. Seit Anfang 1813, verstärkt seit Anfang 1814, belegt das Tagebuch wieder Arbeit an der Redaktion der Gedichte für eine neue Ausgabe: die Ausgabe B, die hier als ›Sammlung von 1815‹ abgedruckt wird. Goethe sammelt nun mit Hilfe Riemers alles an lyrischen Texten, was er nur finden kann, auch aus frühester Zeit, wie einige Gedichte aus den *Neuen Liedern mit Melodien* von 1769, die in die »Lieder« eingerückt werden. Andere Gedichte werden aus dieser Rubrik herausgenommen und bilden den Grundstock der neuen Rubrik »Gesellige Lieder«. Neu sind alle Rubriken-Namen ab »Sonette«, mit Ausnahme der »Vermischten Gedichte«; »Antiker Form sich nähernd« wird aus den »Vermischten Gedichten« von 1806 herausgelöst und zur selbständigen Rubrik gemacht, ebenso »Kunst«, jeweils durch vorher nicht Aufgenommenes vermehrt. Bis dahin unveröffentlicht ist der gesamte Textbestand der »Sonette«,

der Spruchsammlungen »Gott, Gemüt und Welt« und »Sprichwörtlich«, das meiste aus »Epigrammatisch« und der überwiegende Teil von »An Personen« und »Parabolisch«. Am 27. 3. 1815 sendet Goethe das Paket mit dem Manuskript der beiden Gedichtbände an den Verlag. Erst im Mai 1816 liefert Cotta die ersten Bände aus; denn er wollte erst den Kriegslärm verhallen lassen, um dem Erscheinen der Bände die nötige Wirkung zu sichern.

LIEDER

Eine relativ schmale Rubrik »Lieder« hat Goethe erstmals in der Ausgabe N (1800) gebildet. (Siehe Bd. I, S. 643-657 und Anm.) In der Ausgabe A (1806) griff er sie wieder auf und fügte ihr dann auch die meisten Gedichte aus der »Ersten Sammlung« der *Vermischten Gedichte* der Ausgabe S ein (1789; siehe Bd. I, S. 277-312 und Anm.), ferner Gedichte aus dem *Taschenbuch auf das Jahr 1804.* (Siehe S. 927 f.) 1815 kamen noch acht neu entstandene und mehrere Jugendgedichte aus den *Neuen Liedern mit Melodien* (siehe Bd. I, S. 81-96 und Anm.) hinzu. – Einige aus dem Bestand von A wanderten in die für B neu gebildete Gruppe »Gesellige Lieder« ab. Zum Lied-Begriff vgl. Bd. I, S. 792 f. und 1209 f.

Nur sechzehn Gedichte dieser Abteilung sind nach 1800 entstanden. Ihre Entstehungszusammenhänge belegen fast alle den Wandel in der Schaffensweise Goethes, der sich schon in den neunziger Jahren angebahnt hatte: Die ›Gelegenheiten‹, die ihn zur Lied-Dichtung ›aufregen‹, sind vor allem gedankliche und literarische Anstöße, die er aufnimmt und sich anverwandelt.

Der Vorspruch (1814) bezieht sich darauf, daß Goethe nun auch frühestes Gut in die Sammlung aufnahm.

Vorklage (S. 11)
Erst für die Ausgabe B entstanden und vor das alte Widmungsgedicht der *Neuen Schriften* (N) gesetzt.

11,4 *Die losen Blätter alle sammeln*] Durchaus konkret zu verstehen: Die verstreuten Gedichte, soweit sie hier erstmals gesammelt erschienen, vor allem die auf Zetteln notierten Sprüche.

An die Günstigen (S. 11) siehe I, S. 643 und Anm.; *Der neue Amadis* (S. 12) siehe I, S. 220 und Anm.; *Stirbt der Fuchs, so gilt der Balg* (S. 13) siehe I, S. 279 und Anm.; *Heidenröslein* (S. 14) siehe I, S. 124 und Anm.; *Blinde Kuh* (S. 15) siehe I, S. 279 und Anm.; *Christel* (S. 15) siehe I, S. 221 und Anm.; *Die Spröde* (S. 17) siehe I, S. 643 und Anm.; *Die Bekehrte* (S. 17) siehe I, S. 644 und Anm.; *Rettung* (S. 18) siehe I, S. 177 und Anm.; *Der Musensohn* (S. 19) siehe I, S. 644 und Anm.

Gefunden (S. 20)

Von einer Reise nach Hause gesandt. Auf der Handschrift die Adresse »Frau von Goethe« und das Datum »26 August 1813« – also ursprünglich zur informellen ›Silberhochzeit‹ geschaffen, denn im Sommer 1788 hatte Goethe Christiane Vulpius ›gefunden‹. Vgl. auch *Im Vorübergehn*, S. 475.

Gleich und gleich (S. 20)

Am 22. 4. 1814 an Zelter gesandt und vermutlich kurz vorher entstanden.

Wechsellied zum Tanze (S. 21) siehe I, S. 280 und Anm.

Selbstbetrug (S. 22)

Erstdruck im *Taschenbuch auf das Jahr 1804* von Goethe und Wieland in der Sammlung »Der Geselligkeit gewidmete Lieder« (siehe S. 927 f.). Seit A (1806) an dieser Stelle.

22,8 *legt*] Von Düntzer nach Viehoff aus dem überall überlieferten »regt« korrigiert. JA vertritt hingegen die Auffassung, daß nur »regt« den Titel »Selbstbetrug« (und nicht etwa ›Irrtum‹) sinnvoll mache: Der Eifersüchtige will seinen »Groll« »auf immer« festhalten, späht aber schon wieder

hoffnungsvoll nach dem ›schönen Kind‹. Heftige Polemik gegen Düntzers Konjektur schon bei Gustav von Loeper, *Zu Goethes Gedichten. Mit Rücksicht auf die »historisch-kritische Ausgabe«, welche als Theil der Stuttgarter »Deutschen National-Litteratur« erschienen ist*, Berlin 1886, S. 44. – Die Konjektur wird gleichwohl übernommen: 1. ›Sich regen‹ (›rege werden‹) ist hier im Zusammenhang nicht plausibel; der »eifersücht'ge Groll« war schon am Tag »gehegt« worden. 2. Ein ›Sichregen‹ »auf immer« ist zumindest sonderbar. 3. Das Wort ›Selbstbetrug‹ für einen ›Irrtum‹, der dem eigenen Wunschdenken entspringt, entspricht durchaus dem Sprachgebrauch.

Kriegserklärung (S. 22)

Erstdruck wie das Vorige. Seit A (1806) an dieser Stelle, jedoch folgt dort *Antworten bei einem gesellschaftlichen Fragespiel*. – Die erste Strophe stammt aus einem Volkslied, das fortfährt:

> Wenn ich doch so hold wär'
> Wie das Veilchen im Gras!
> Es träget blau Käpplein,
> Und 's Aug' ist ihm naß.

(Nach JA 1, S. 309.)

23,13 *Taill'*] Damals noch wörtlich (franz. tailler) der ›Schnitt‹ des Kleides.

Liebhaber in allen Gestalten (S. 23) siehe I, S. 386 und Anm., erst in B aufgenommen.

Der Goldschmiedsgesell (S. 25)

Entstanden auf der Rückreise von Böhmen am 12. 9. 1808. Riemers Tagebuch: »Machte Goethe Abends ein Lied aus Anlaß des englischen, das mir die Frau v. Fließ gegeben« – nämlich der Ballade *Sally in Our Alley* von Henry Carey (1715). Möglicherweise Zusammenhang mit dem Plan eines lyrischen Volksbuchs, zu dem Goethe durch den Pädagogen Niethammer angeregt wurde. Vgl. *Lyrisches Volksbuch*, Bd. XIX dieser Ausgabe.

25,9 *Schaltern]* Tür- oder Fensterläden.
26,20 *hofft]* Auf die Hochzeit. Sie spinnt, wenn keine Kunden im Laden sind, die Aussteuer.

Antworten bei einem gesellschaftlichen Fragespiel (S. 26) siehe I, S. 651 und Anm.; *Verschiedene Empfindungen an einem Platze* (S. 28) siehe I, S. 653 und Anm.; *Wer kauft Liebesgötter?* (S. 29) siehe I, S. 654 und Anm.; *Der Abschied* (S. 30) siehe I, S. 281 und Anm.; *Die schöne Nacht* (S. 31) siehe I, S. 84 (*Die Nacht*) und Anm.; *Glück und Traum* (S. 31) siehe I, S. 86 (*Das Glück*) und Anm.; *Lebendiges Andenken* (S. 32) siehe I, S. 92 (*Die Reliquie*) und Anm.; *Glück der Entfernung* (S. 33) siehe I, S. 93 (*Das Glück der Liebe*) und Anm.; *An Luna* (S. 34) siehe I, S. 94 (*An den Mond*) und Anm.; *Brautnacht* (S. 34) siehe I, S. 87 (*Hochzeitlied*) und Anm.; *Schadenfreude* (S. 35) siehe I, S. 85 (*Der Schmetterling*) und Anm.; *Unschuld* (S. 36) siehe I, S. 91 (*An die Unschuld*) und Anm.; *Scheintod* (S. 37) siehe I, S. 90 (*Amors Grab*) und Anm.; *Novemberlied* (S. 37) siehe I, S. 269 (*Zur Feier des ⟨...⟩ Novembers*) und Anm.; *An die Erwählte* (S. 37) siehe I, S. 646 und Anm.; *Erster Verlust* (S. 38) siehe I, S. 282 und Anm.; *Nachgefühl* (S. 39) siehe I, S. 648 und Anm.; *Nähe des Geliebten* (S. 39) siehe I, S. 647 und Anm.

Gegenwart (S. 40)

Entstanden im Dezember 1812, wahrscheinlich am 8. (Tagebuch). Caroline Riemer-Ulrich, zur Entstehungszeit Gesellschafterin von Goethes Frau, notierte auf der Rückseite einer Handschrift: »Bei Gelegenheit einer bei Goethe stattfindenden Familientafel wurde von Mamsell Engels Guitarre gespielt, wobei zwar die Melodie ⟨von Ludwig Berger⟩, nicht aber der Text Goethes Beifall fand, infolgedessen Goethe von einem auf dem Tisch befindlichen an ihn gerichteten Brief eine Hälfte abriß und zum Aufschreiben des umstehenden Gedichtes sofort verwandte.« Es ist eine Umdichtung des Gedichtes *Ihr* von Hermann Ueltzen (1750-1808; Goethe schrieb es Matthisson zu, vgl. v. Müller,

6. 6. 1824), das Goethe »mit seinen ewigen Negationen und Verheimlichungen verhaßt und zu unlyrisch ist.« (Kanzler von Müller, 16. 12. 1812, Herwig, Bd. 2, S. 755.) Ueltzens Gedicht lautet:

> Namen nennen dich nicht. Dich bilden
> Griffel und Pinsel
> Sterblicher Künstler nicht nach.
>
> Lieder singen dich nicht. Sie alle
> Reden wie Nachhall
> Fernster Zeiten, von dir.
>
> Wie du lebest und bist, so trag' ich
> Einzig im Herzen,
> Teuerstes Mädchen, dein Bild.
>
> Wäre Herzens-Empfindung hörbar;
> Jeder Gedanke
> Würde dann Hymnus von dir.
>
> Lieben kann ich dich nur. Die Lieder
> Wie ich dich liebe,
> Spar ich der Ewigkeit auf.

(Nach ⟨Kürschners⟩ Deutsche National-Litteratur, Bd. 135/1, S. 213.)

In einer an Marianne von Willemer (vgl. S. 1163) geschickten Fassung (13. 3. 1816) lautet Goethes dritte Strophe:

> Singst du dem herrlichen Dom,
> Erklingen sogleich die Gestirne,
> Mit dir und um dich umher!
> (Weitz/Willemer, S. 37.)

An die Entfernte (S. 40) siehe I, S. 284 und Anm.; *Am Flusse* (S. 41) siehe I, S. 99 (*An meine Lieder*) und Anm.; *Die Freuden*

(S. 41) siehe I, S. 89 und Anm.; *Abschied* (S. 42) siehe I, S. 649 und Anm.; *Wechsel* (S. 42) siehe I, S. 90 und Anm.; *Beherzigung* (S. 43) siehe I, S. 285 und Anm.; *Meeres Stille* (S. 43) siehe I, S. 650 und Anm.; *Glückliche Fahrt* (S. 44) siehe I, S. 650 und Anm.; *Mut* (S. 44, in B mit dem nächsten Gedicht auf einer Seite) siehe I, S. 206 (*Eislebens Lied*) und Anm.; *Erinnerung* (S. 44) siehe I, S. 286 und Anm.; *Willkommen und Abschied* (S. 45) siehe I, S. 128 und Anm.; *Neue Liebe neues Leben* (S. 46) siehe I, S. 167 und Anm.; *An Belinden* (S. 46) siehe I, S. 166 und Anm.; *Mailied* (S. 47) siehe I, S. 129 (*Maifest*) und Anm.; *Mit einem gemalten Band* (S. 48) siehe I, S. 127 (*Kleine Blumen, Kleine Blätter*) und Anm.; *Mit einem goldnen Halskettchen* (S. 49) siehe I, S. 167 und Anm.; *An Lottchen* (S. 50) siehe I, S. 180 (*Brief an Lottchen*) und Anm.; *Auf dem See* (S. 51) siehe I, S. 169 und Anm.; *Vom Berge* (S. 52) siehe I, S. 169 (*Vom Berge in die See*) und Anm.

Blumengruß (S. 52)

Mit dem vorigen Gedicht auf einer Seite. Im August 1810 in Teplitz an Zelter zur Vertonung übergeben, der einen vierstimmigen Kanon schuf. Vielleicht älter.

Im Sommer (S. 52)

Dieses Gedicht ist nicht von Goethe, sondern von Johann Georg Jacobi. Es war 1776 im ersten Stück des siebenten Bandes der ›Iris‹ erschienen, die im Jahr davor mehrere Gedichte Goethes gebracht hatte, und 1779 von Himburg in seine unberechtigte Sammlung Goethescher Gedichte aufgenommen worden; von da geriet es in die Ausgabe B. Auf Jacobis Verfasserschaft hatte erstmals Alfred Nicolovius 1826 in einer Publikation aufmerksam gemacht, und er hat Goethe auch persönlich darauf hingewiesen, worauf dieser das Gedicht »mit einem beinahe feierlichen ›Suum cuique‹ ⟨Jedem das Seine⟩« ausstrich. (WA 1, S. 388 f.; eine ähnliche Mitteilung auch an Düntzer.) Über den Zeitpunkt des Gesprächs herrscht Unklarheit; vgl. Gräf, 3. Teil, Bd. 2/I, S. 606 f. Jedenfalls steht das Gedicht auch in der Ausgabe C,

in allen Drucken, und es bleibt auch hier wegen der Sammlungs- und Ensemble-Orientierung der vorliegenden Ausgabe stehen; denn unabhängig von der Frage der Verfasserschaft hat Goethe es zu einem Teil seiner Komposition gemacht.

Mailied (S. 53)
Über die Entstehung ist nichts Näheres bekannt.

Frühzeitiger Frühling (S. 54)
Erstdruck im *Taschenbuch auf das Jahr 1804* von Goethe und Wieland in der Sammlung »Der Geselligkeit gewidmete Lieder« (siehe S. 927 f.). Im Frühjahr 1802 von Zelter komponiert. Seit A (1806) an dieser Stelle, jedoch unmittelbar nach *Vom Berge* (S. 52).

Herbstgefühl (S. 55) siehe I, S. 174 (*Im Herbst 1775*) und Anm.; *Rastlose Liebe* (S. 55) siehe I, S. 298 und Anm.

Schäfers Klagelied (S. 56)
Erstdruck im *Taschenbuch auf das Jahr 1804* von Goethe und Wieland in der Sammlung »Der Geselligkeit gewidmete Lieder« (siehe S. 927 f.). Seit A (1806) an dieser Stelle. Angeregt durch ein Volkslied. Hierzu und zur Datierung 17. 2. 1802 vgl. die ausführliche Darlegung von Gräf, 3. Teil, Bd. 1, S. 369 f. – Biedermann (*Goethe-Forschungen*, NF, Leipzig 1886, S. 340) weist auf diese Volksliedverse hin:
> Da droben auf dem Berge
> Da steht ein goldnes Haus
> Da schauen alle Frühmorgen
> Drei schöne Mädcher heraus.

Das Volkslied steht unter dem Titel *Müllers Abschied* auch in *Des Knaben Wunderhorn* (1806), ist eines der beliebtesten der Romantik. So schrieb Achim von Arnim gleichfalls schon 1802 das Gedicht *Vier Waldstätter See auf dem Schiffe*, das beginnt:

> Da droben in den Bergen,
> Da gräbt der Wind sein Haus,
> Er muß sich heute bergen,
> Kein Wölklein bläst ihn aus.

Vgl. auch die Anfangszeile von *Bergschloß*, S. 61.

Trost in Tränen (S. 57)

Erstdruck wie das Vorige. Seit A (1806) an dieser Stelle. – Anregung durch ein Volkslied, gleichfalls einen Dialog, in Nicolais spöttischem *Feynem kleynem Almanach* (1778), dann (1806) in etwas anderer Fassung auch im *Wunderhorn*. Die ersten beiden Strophen:

> A.
> Wie kommt's, daß Du so traurig bist
> Und ja nicht einmal lachst?
> Ich seh' Dir's an den Augen an,
> Daß du geweinet hast.
> B.
> Und wenn ich auch geweinet hab',
> Was geht es Dich denn an?
> Ich wein', daß Du es weißt, um Freud',
> Die mir nicht werden kann.

(Biedermann, *Goethe-Forschungen*, NF, Leipzig 1886, S. 343.)

58,25 f. *Die Sterne, die begehrt man nicht, | Man freut sich ihrer Pracht]* Nachklang des Kantischen Gedankens vom ›interesselosen Wohlgefallen‹ am Schönen (vgl. auch »schön«, v. 23), doch in der erwidernden letzten Strophe eingeschränkt.

Nachtgesang (S. 58)

Erstdruck wie das Vorige. Seit A (1806) an dieser Stelle. – Nach dem Vorbild des italienischen Volksliedes *»Tu sei quel dolce fuoco«* mit dem Refrain: »Dormi, che vuoi di più«; Übersetzung der ersten beiden Strophen (August Kopisch):

> Du bist das sanfte Feuer,
> Bist meine Seele, du!
> Zu allen meinen Gefühlen...
> Schlaf süß, was willst du hinzu?...
>
> Zu allen meinen Gefühlen
> Hast alle Schlüssel du!
> Und hier von diesem Herzen...
> Schlaf süß, was willst du hinzu?...

Während also in der Vorlage der Refrain jeweils den begonnenen Satz pointierend weiterführt, ist er bei Goethe stärker verselbständigt, die Distanz auch inhaltlich vergrößert. Goethes Gedicht wurde oft nachgeahmt und parodiert, z. B von Eichendorff, *Ahnung und Gegenwart* I 5, oder Heine (»*Du hast Diamanten und Perlen*«), auch mit satirischem Bezug auf die deutschen Verhältnisse, z. B. von Georg Herwegh mit seinem *Wiegenlied*:

> Deutschland – auf weichem Pfühle
> Mach' dir den Kopf nicht schwer!
> Im irdischen Gewühle
> Schlafe, was willst du mehr?
> ⟨...⟩
> Und ob man dir alles verböte,
> Doch gräme dich nicht zu sehr,
> Du hast ja Schiller und Goethe:
> Schlafe, was willst du mehr?

Sehnsucht (S. 59)

Erstdruck wie das Vorige. Seit A (1806) an dieser Stelle. – Im August 1802 von Zelter komponiert.

An Mignon (S. 60) siehe I, S. 647 und Anm.

Bergschloß (S. 61)

Erstdruck im *Taschenbuch auf das Jahr 1804* von Goethe und Wieland in der Sammlung »Der Geselligkeit gewidmete

Lieder« (siehe S. 927 f.). Seit A (1806) an dieser Stelle. – Vgl. die Anfangszeile von *Schäfers Klagelied*, S. 56. – Vorbild ist die Burgruine Lobeda bei Jena. Im benachbarten Gut Drakendorf war Goethe häufig bei der Familie von Ziegesar zu Besuch; besonders die Tochter Silvie (siehe S. 975 f.) wirkte als Magnet. Auf sie werden gelegentlich auch *Schäfers Klagelied*, *Sehnsucht* und *Trost in Tränen* bezogen.

61,12 *Kellnerin]* Im Erstdruck hier wie auch v. 49 »Kellerin«, die für den Weinkeller zuständige Magd.

63,44 *Der Echo]* Vorstellung von der Quellnymphe Echo; hier als Trauzeugin.

Geistes-Gruß (S. 63) siehe I, S. 161 und Anm.; *An ein goldnes Herz* ⟨...⟩ (S. 63) siehe I, S. 299 und Anm.; *Wonne der Wehmut* (S. 64) siehe I, S. 175 und Anm.; *Wandrers Nachtlied* (S. 64, in B mit dem nächsten Gedicht auf einer Seite) siehe I, S. 229 und Anm.; *Ein gleiches* (S. 65) siehe I, S. 388 und Anm.; *Jägers Abendlied* (S. 65) siehe I, S. 225 (*Jägers Nachtlied*) und Anm.; *An den Mond* (S. 66) siehe I, S. 234 und Anm.; *Einschränkung* (S. 67, in B mit dem nächsten Gedicht auf einer Seite) siehe I, S. 249 und Anm.; *Hoffnung* (S. 67) siehe I, S. 305 und Anm.; *Sorge* (S. 68) siehe I, S. 305 und Anm.

Eigentum (S. 68)

Mit dem vorigen Gedicht auf einer Seite. Datierung von Q 1814, doch schon am 28. 12. 1813 in das Stammbuch von Henriette Löhr eingetragen. Vermutet wird Anregung durch J. G. Jacobis 1774 in Wielands ›Teutschem Merkur‹ erschienene Übersetzung aus den *Mémoires* von Beaumarchais. In Jacobis Übersetzung heißt es: »Weiß ich nicht, daß nichts mir wirklich auf dieser Welt gehört als der Gedanke, den meine Seele hervorbringt, und der Augenblick, dessen ich genieße?« Die wörtliche Übersetzung hätte gelautet: »⟨...⟩ der Gedanke, den ich hervorbringe, und der Augenblick, in dem ich ihn ⟨den Gedanken⟩ genieße?« Also eine charakteristische Abweichung, die zum Goetheschen Gedanken stimmt. Anlaß für eine entsprechend frühe Datierung

(Düntzer)? Oder hat Goethe den ›Merkur‹ anläßlich der Arbeit an der *Clavigo*-Passage von *Dichtung und Wahrheit* wieder vorgenommen (Loeper)? Am 27. 2. 1825 hat Goethe das Gedicht einem Brief an den Grafen Reinhard beigelegt, in dem er um Unterstützung seines Antrages an den Deutschen Bund bat, die Ausgabe letzter Hand durch ein Privilegium vor dem Nachdruck zu schützen.

An Lina (S. 68) siehe I, S. 645 und Anm.

GESELLIGE LIEDER

Die Rubrik erscheint erstmals in der hier gedruckten Sammlung von 1815, der Ausgabe B.

›Geselligkeit‹ hat in dieser Zeit über das Beisammensein in freundschaftlicher Runde hinaus auch die beschwertere Bedeutung der Eigenschaft des Menschen als eines sozialen Wesens überhaupt. Konkrete ›Geselligkeit‹ im heutigen Sinn ist deren Ausdruck. Entsprechend finden sich neben leichterer Kost hier auch die Gedichte *Dauer im Wechsel* und *Weltseele*, die auf größere Zusammenhänge des ›geselligen‹ Daseins verweisen und 1827 auch in die weit anspruchsvollere Rubrik »Gott und Welt« aufgenommen wurden. Keimbestand sind Gedichte aus der Sammlung »Der Geselligkeit gewidmete Lieder« aus dem von Goethe und Wieland herausgegebenen *Taschenbuch auf das Jahr 1804* (1803, am 15. 6. 1803 an Schiller zur Durchsicht gesandt, vgl. S. 927 f., die in der Ausgabe A (1806) noch unter den »Liedern« gestanden hatten. Aus dieser Rubrik der Ausgabe A wurden außerdem noch einige ältere Gedichte herübergenommen. Neun Gedichte erscheinen hier erstmals in einer Sammlung. Vgl. die Einzelkommentare.

Im Oktober 1801 hatte Goethe das ›Mittwochskränzchen‹ gebildet, bestehend aus je sieben Damen und Herren, die sich alle 14 Tage oder jede Woche nach dem Theater zum Abendessen trafen. Jedes Mitglied durfte einen Gast mitbringen.

Vgl. die *Tag- und Jahreshefte* sowie die Erinnerungen der Henriette von Beaulieu-Marconnay (damals noch Gräfin Egloffstein, vgl. S. 1154). Zu den Prinzipien gehörte, daß »kein Gegenstand zur Sprache kommen« durfte, »der sich auf politische oder andere Streitfragen beziehen könnte, damit die Harmonie des Vereins keine Störung erleide«. (Herwig, Bd. 1, S. 813-817.) Vgl. schon die *Unterhaltungen deutscher Ausgewanderten*, Bd. IX dieser Ausgabe. Es war ein zwar ephemerer, doch offenbar mit großem Ernst unternommener Versuch, der ›Geselligkeits‹-Krise der Zeit, dem Zerfall der alten Welt durch bewußt kultivierte private Geselligkeit entgegenzuwirken. Im Frühjahr 1802, mit dem Ende der ›Saison‹, löste sich das Kränzchen wieder auf, nicht zuletzt deshalb, weil August von Kotzebue mit einem Konkurrenzunternehmen, dem ›Donnerstagskränzchen‹, auftrat. (Vgl. *Der neue Alcinous*, S. 748 und Anm.) Doch auch später fanden im Hause Goethes immer wieder regelmäßige ›Geselligkeiten‹ statt, bei denen man sich dem gemeinsamen Gesang widmete, ›Donnerstags-Morgenstunden‹, ›Mittwoch-Gesellschaften‹, das ›Freitagskonzert‹ oder die ›Singschule‹. Der Produktion für das ›Mittwochskränzchen‹ sind einige Gedichte dieser Rubrik (und der voranstehenden) zu verdanken.

Die meisten der »Geselligen Lieder« wurden an Zelter (vgl. S. 1035 f.) geschickt, von diesem vertont und in seiner ›Liedertafel‹, einer Schmaus- und Gesangsgemeinschaft, gesungen. Sie können als eine Art Ausweitung des ›Kränzchen‹-Gedankens auf das ganze Publikum aufgefaßt werden. Die Aufnahme der letzten vier Gedichte wäre dann als Hinweis auf eine dieses (deutsche) Publikum noch übersteigende Grund-Gemeinsamkeit zu deuten. Vgl. hierzu die Einleitung zur Gruppe »Aus fremden Sprachen«, S. 1133. – ›Gesellige Lieder‹, obgleich nur hier so genannt, stehen auch an vielen anderen Stellen dieses Bandes. Vgl. etwa die Rubrik »Loge«, S. 482-488, oder das *Künstler-Lied*, S. 513.

Der Vorspruch (1814) betont mit der Hervorhebung des ›Herzens‹ eine vor-verbale Kommunikationsbasis in der Geselligkeitskrise der Zeit.

Zum neuen Jahr (S. 70)

Erstdruck unter dem Titel *Zum neuen Jahr 1802* im *Taschenbuch auf das Jahr 1804* von Goethe und Wieland in der Sammlung »Der Gesellgkeit gewidmete Lieder« (siehe S. 927 f.). In A (1806) unter den »Liedern«, zwischen *Stiftungslied* und *Wechsellied zum Tanze*. – Entstanden für die Silvesterfeier 1801 des ›Mittwochskränzchens‹.

70,10-12 *Leider, sie scheiden* | *Treue von* ⟨Erstdruck: vom⟩ *Leiden* | *Liebe von Lust*] Die Kränzchen-Zusammenkünfte waren durch eine Grippewelle gestört worden, welche die ansteckungsgefährdeten gesunden ›Treuen‹ vom Leiden, die erkrankten ›Lieben‹ von der Lust fernhielt.

Stiftungslied (S. 71)

Erstdruck wie das vorige Gedicht. In A (1806) unter den »Liedern«, zwischen *Der Musensohn* (S. 19) und *Zum neuen Jahr*. – Am 6. 11. 1801 an das ›Kränzchen‹-Mitglied Henriette von Egloffstein gesandt mit den Worten: »Nehmen Sie beiliegenden Versuch günstig auf, in welchem ich das ›Kühle Grab‹ mit einer Lebensposse auszustechen suche und zugleich meine Wünsche für unsre Gesellschaft sinnbildlich ausdrücke.« Es handelt sich um eine Kontrafaktur von Friedrich Höltys noch heute bekanntem Lied »*Üb immer Treu und Redlichkeit*«, das man, zum Ärger Wielands, bei der Eröffnung der ersten Zusammenkunft gesungen hatte (mit der Melodie von Mozarts Papageno-Lied »*Ein Mädchen oder Weibchen*«). Die Szenerie ist die eines Picknicks der sieben Paare des ›Kränzchens‹.

71,5 *Kellnerin*] Im Erstdruck die ältere Form »Kellerin«, die für den Weinkeller zuständige Magd. Vgl. auch Anm. 61,12.

Frühlingsorakel (S. 73)

Erstdruck wie das vorige Gedicht. In A (1806) unter den »Liedern« zwischen *Der Rattenfänger* (S. 118) und *An Lina* (S. 68). – Die Vermutung, es handle sich um jenes Lied vom Kuckuck, von dem schon in *Wilhelm Meisters Lehrjahren* II 4

die Rede ist (z. B. Gräf, Datierung also 1794), erscheint kühn. Der Refrain »Coucou« läßt an die Möglichkeit eines französischen Vorbilds denken, zumal Goethe in dieser Zeit sich auch sonst gern von anderen Dichtungen anregen ließ. Die Vorstellung vom Kuckuck als Frühlingskünder und Orakelvogel, der auf Fragen durch die Anzahl seiner Rufe antwortet, war weit verbreitet. Im *Handwörterbuch des deutschen Aberglaubens* (Bd. 5, Sp. 710-718) werden u. a. die hier ebenfalls erwähnten Auskünfte über die Zahl der Jahre bis zur Eheschließung, die Zahl der Kinder, die Zahl der Lebensjahre angeführt. Die abschließende Pointe besteht in der ›infiniten‹ Zahl von Jahren der Liebe.

73,13 f. *Ist die Stunde denn noch nicht voll?* | *Sage, wie lange es warten soll?*] Düntzer fordert aus metrischen Gründen Korrektur: Das »denn« sei zu tilgen, »lange« zu »lang« zu verkürzen. Tatsächlich heißt es in einer Abschrift von Zelters Frau »lang«, in B² und der Abschrift fehlt das »denn«. Aber in der sonstigen Überlieferung, auch in Bᵃ, steht der Text von v. 13 wie hier; außerdem ist »Sage« in v. 14 erst im Doppeldruck Aᵞ (siehe S. 895) zu »Sag« verkürzt und in dieser Form bis nach C verschleppt worden. Wahrscheinlich sind die überzähligen Silben bewußt eingesetzt, um die Ungeduld des ›verliebten Paars‹ auszudrücken. Eine vergleichbare Technik in *Die Bekehrte*, S. 17.

73,20 *Pa, pa, papas*] Anspielung auf die *Zauberflöte*, wo Papageno und Papagena in ähnlicher Weise von ihren künftigen ›Kinderlein‹ singen.

Die glücklichen Gatten (S. 74)

Erstdruck wie das vorige Gedicht. In A (1806) unter den »Liedern«, zwischen *Dauer im Wechsel* (S. 78) und *Auf dem See* (S. 51). – Kann als Weiterführung des voranstehenden *Frühlingsorakels* verstanden werden. Goethe hat das Gedicht 1827 unter dem Titel *Für's Leben* auch in die Rubrik »Lyrisches« aufgenommen, vgl. S. 470 und Anm. Zu Eckermann am 16. 12. 1828: »Ich habe das Gedicht immer lieb gehabt, und es freut mich, daß Sie ihm ein besonderes Interesse schenken.

Und daß der Spaß zuletzt noch auf eine Doppel-Kindtaufe hinausgeht, dächte ich, wäre doch artig genug.«

75,25-32 *Und hunderttausend Siegel* ⟨...⟩ *am See]* Der S. 848,145-150 ausgedrückte ›rüstige‹ Gedanke in etwas dezenterer Form.

Bundeslied (S. 77) siehe I, S. 173 und Anm.

Dauer im Wechsel (S. 78)
Erstdruck wie das vorige Gedicht. In A (1806) unter den »Liedern«, zwischen *Weltseele* und *Die glücklichen Gatten*. 1827 auch in der Rubrik »Gott und Welt« abgedruckt; siehe dort S. 493 und Anm.

Tischlied (S. 79)
Erstdruck wie das vorige Gedicht. In A (1806) unter den »Liedern«, zwischen *Bundeslied* und *Generalbeichte*. – Für das ›Mittwochskränzchen‹ vom 22. 2. 1802 anläßlich der Abreise des Erbprinzen Carl Friedrich nach Paris am 24. 2. Der Herzog selbst war anwesend. In einer Komposition von Wilhelm Ehlers, wohl auf früherer handschriftlicher Überlieferung basierend (1817), noch stärker auf den Anlaß bezogen: in v. 27 »Herrscher«, v. 29 »Gegen jeden Lebensfeind«, v. 30 »Setz'«, und v. 31 »denk'«. Metrisches und zum Teil thematisches Vorbild ist das alte Vagantenlied *Estuans interius* (mit der bekannten Zeile: »Meum est propositum in taberna mori«, »Mein Vorsatz ist, in der Kneipe zu sterben« – Melodie von Walter Mapes) des Archipoeta aus den *Carmina Burana*, von dem man insbesondere in den ersten acht Versen Spuren finden kann:

Poculis accenditur animi lucerna,
Cor imbutum nectare volat ad superna.
Mihi sapit dulcius vinum de taberna,
Quam quod aqua miscitur presulis pincerna.

In deutscher Nachdichtung (nach Laistner):

Nur beim vollen Becher flammt
Auf des Geistes Leuchte,

> Zu den Sternen hebt das Herz
> Sich, das nektarfeuchte;
> Doch beim Wirt ein frischer Trunk
> Stets mir besser deuchte
> Als im Kloster, wo den Geist
> Wasser ihm verscheuchte.

79,2 *Behagen*] Bei Goethe noch ohne stärkeren Anklang an ›Gemütlichkeit‹: Wohlbefinden, Selbstsicherheit.

80,14 *Sonder alle Fährde*] So eine Korrektur Goethes in B, sonst: »Und ohn' alle Fährde«. »Sonder« ist anscheinend eine altertümelnde Anpassung an die alte Rechtssprache, der auch das Wort »Fährde« (Arglist) zugehört.

80,31 *zwar*] Bei Goethe häufig noch im älteren Sinn ›wahrlich‹.

80,32 *mehre*] Entsprechend dem Herrschertitel ›Mehrer des Reiches‹ (Augustus).

81,51 *Leben*] Sollen hochleben.

Gewohnt, getan (S. 81)

Am 18. 4. 1813 besuchte Goethe auf der Durchreise nach Teplitz in Leipzig eine Deklamation von Christian Gottfried Solbrig, der ein Lied mit folgender Anfangsstrophe vortrug:

> Ich habe gelacht, nun lach ich nicht mehr!
> Was ist's auch mit all unsern Freuden?
> Ein Augenblick ändert den Sinn,
> Dann ist die Berauschung dahin,
> Des größten Glückes ist würdig nur der,
> Der dem Unglücke trotzt. –
> Ich habe gelacht, nun lach' ich nicht mehr!

Es folgt eine Strophe: »Ich habe geweint ⟨. . .⟩«, dann:

> Ich habe geliebt, nun lieb' ich nicht mehr!
> Vertrauend auf Worte und Schwüre
> Und schuldlos ehrliche Augen,
> Betrog mich bald Mädchen, bald Freund.
> Du bauest auf Sand, wenn auf Liebe
> Und Freundschaft dein Glücke du bauest. –
> Ich habe geliebt, nun lieb' ich nicht mehr!

Nach »Ich habe geschwärmt ⟨...⟩« und »Ich habe gehaßt ⟨...⟩« folgt schließlich:

> Ich habe gehofft, nun hoff' ich nicht mehr!
> Bald schlürf' ich die Neige des Lebens,
> Wie bitter sie schmeckt, hinunter
> Und grabe mir ruhig ein Grab.
> Hienieden wird's ewig nicht anders,
> Wie's Jenseits ist, werde ich sehen. –
> Ich habe gehofft, nun hoff' ich nicht mehr!

(Vollständiger Text: W. v. Biedermann, *Goethe und Leipzig*, Bd. 2, Leipzig 1865, S. 84 f.)

Goethe schuf am folgenden Tag die vorliegende Kontrafaktur auf das »elendeste aller jammervollen deutschen Lieder«. (An seine Frau, 21. 4. 1813.) Am 3. 5. schickte er diesen – wegen des Krieges – »außerzeitige⟨n⟩ Scherz« an Zelter.

Generalbeichte (S. 83)

Erstdruck im *Taschenbuch auf das Jahr 1804* von Goethe und Wieland in der Sammlung »Der Geselligkeit gewidmete Lieder« (siehe S. 927 f.). In A (1806) unter den »Liedern«, zwischen *Tischlied* und *Weltseele*. – Überschrift vielleicht von Schiller, vgl. Goethes Brief vom 15. 6. 1803. Zur gleichen Melodie wie das *Tischlied*, ebenfalls für das ›Mittwochskränzchen‹.

84,37 *schnippen*] Ein Schnippchen schlagen.

Weltseele (S. 84)

Erstdruck wie das vorige Gedicht, unter dem Titel *Weltschöpfung*. In A (1806) als *Weltseele* unter den »Liedern«, zwischen *Generalbeichte* und *Dauer im Wechsel*. 1827 auch in der Rubrik »Gott und Welt« abgedruckt, siehe dort S. 491 und Anm.

Kophtisches Lied (S. 85) und *Ein Andres* (S. 86) siehe I, S. 650 f. und Anm.

Vanitas! vanitatum vanitas! (S. 86)

Erstdruck 1806 in der Ausgabe A unter den »Liedern«, zwischen *Vorschlag zur Güte* (siehe S. 409 und Anm.) und *Kophtisches Lied*. Entstanden Anfang 1806 auf Veranlassung des Rittmeisters v. Flotow (Düntzer; nicht prüfbar). – Kontrafaktur zu dem Kirchenlied *»Ich hab mein Sach Gott heimgestellt«* von Johannes Pappus (1549-1610). Der Ausgangsgedanke entstammt einem Spruch aus Michael Neanders Sammlung (Düntzer): »Wer seine Sach' auf nichts stellet, dem kann es nicht fehlen.« Titel nach dem Prediger Salomo 1,2 und 12,8: »vanitas vanitatum et omnia vanitas« (Luther: »Es ist alles ganz eitel«). Johannes Falk berichtet: »Einige Zeit vor dem unglücklichen 14. Oktober ⟨1806, Schlacht bei Jena und Auerstedt, Besetzung Weimars⟩, als alle andern begeistert waren und an nichts als an Kriegslieder dachten, sagte Wieland eines Abends bei der Herzogin Amalie: ›Warum schweigt nur unser Freund Goethe so still?‹ – da sagte Goethe: ›Ich habe auch ein Kriegslied gemacht!‹ – Man bat ihn schön, es zu lesen. Da hub er an und las sein Lied: ›Ich hab mein Sach' auf nichts gestellt!‹ – Was ihm Wieland noch zwei Jahre nachher übel nahm.« (Herwig, Bd. 2, S. 136.)

Kriegsglück (S. 88)

Entstanden 12. und 14. 2. 1814 (Tagebuch). Eine eigenhändige Handschrift ist auf den 14. 2. 1814 datiert. – Ein Versuch, den schlimmen Weimarer Kriegserfahrungen von 1806 und 1813 auch eine heitere Seite abzugewinnen. Eine derartige Konstellation soll sich u. a. im Hause des Weimarer Hofmarschalls von Spiegel ergeben haben. Goethe über die zurückhaltende Aufnahme des Gedichts, aus der Rückschau, noch einmal die Distanz zum Patriotenwesen betonend: »Der patriotische Schleier diente, vieles zuzudecken, man schlich darunter hin nach herkömmlicher Art und Liebesintriguen-Weise.« (An Zelter, 9. 9. 1826.) Vgl. auch Eckermann, 4. 12. 1823.

88,9 *Cantonieren]* Einquartierung.

88,16 *Profoßen-Brot]* Der Profoß ist das Haupt der Feldpolizei: Wer sich selbst ›versorgt‹, wird eingesperrt.

89,23 *Man retiriert, man avanciert]* Man zieht sich zurück, rückt vor, wie v. 22.

89,24 *ohne Kreuz]* Das Eiserne Kreuz als preußischer Kriegsorden wurde 1813 gestiftet, doch ist die Kreuzform auch bei anderen Orden üblich.

89,37 *Flügelbube]* Der Liebesgott Amor.

89,40 *Charpie]* Zu Verbandsmull zerzupfte Leinwand.

89,53 *Martismann]* ›Martis‹: Genitiv von Mars.

Offne Tafel (S. 90)

Entstanden am 12. 10. 1813 (Tagebuch). – Angeregt durch *Les Raretés* von de la Motte-Houdart, dort nur die Einladungen an die ›Raritäten‹ formuliert (auch ein wohltätiger Abbé, ein gerechter Richter . . .). Die Einladung der ›neuen Gäste‹ in der letzten Strophe folgt im Motiv Matth. 22 bzw. Luk. 14. Bezeichnend für Goethes lyrische Arbeitsweise in dieser Zeit: Er hat das französische Liedchen wahrscheinlich am gleichen Tag kennengelernt, als er mit dem französischen Gesandten St. Aignan bei Hofe speiste (Tagebuch). Den Refrain »Va-t'en voir s'ils viennent, Jean« kannte er schon als Zitat aus Diderots *Rameaus Neffe* (1805 von ihm übersetzt).

Rechenschaft (S. 92)

Erste Drucke: *Rechenschaft*, Lied mit Chor, von Göthe, durchkomponirt von Zelter, Berlin 1810; Taschenbuch für Damen auf das Jahr 1814, Tübingen. – Im Februar 1810 an Zelter gesandt. Dieser hatte für seine Liedertafel zur Feier des Geburtstages der Königin Luise (10. 3.) um ein fröhliches Lied gebeten und sich beschwert, daß die Poeten sich »gar zu ernsthaft ausgeben«, da man sich doch derzeit »des Wimmerns und Ächzens ⟨vgl. den Refrain des Chores, besonders die Variation beim letzten Mal⟩ im gemeinen Leben voll ersättigen« könne. (30. 12. 1809.) Die Überschrift stammt von Zelter, während Goethe am 6. 3. »Pflicht und Frohsinn« vorschlug; es blieb dann beim Zelter-Titel. Nach Goethes Vorstellung sollte bei Aufführungen immer wieder einmal »eine neue Strophe eingeschaltet oder statt einer anderen gesungen« werden.

92, vor 1 *Der Meister]* Der Dirigent, der Vorsitzende der Tafelrunde, im konkreten Falle aber auch der Maurermeister Zelter.

93,29 *Kegel]* Ursprünglich: uneheliches Kind (›Kind und Kegel‹), hier wohl ein Schwächling.

93,33 *Mannsen]* Analog zu ›Weibsen‹, so auch *Faust II* 7710, ebenfalls im Reim zu »Hansen«.

94,53 *Einer wollte mich erneuen]* Die Strophe gilt als Goethes eigene Stellungnahme zum Patriotismus der Zeit.

94,73 *Keiner soll]* Siehe Emendationen, S. 899. JA: »⟨...⟩ erst gestattet der Chor den einzelnen, die den Nachweis ihrer Pflichterfüllung erbracht haben, den Mitgenuß, den der Meister (v. 4) an diese Bedingung geknüpft hatte; jetzt, nach der allgemeinen Anerkennung durch den Meister (v. 65-72), bekräftigt der Chor die Trink-Erlaubnis für alle.« Deshalb hier die Variante der beiden genannten früheren Drucke und der Handschrift für Zelter.

Ergo bibamus (S. 95)
Erstdruck: *Gesänge der Liedertafel*, hg. v. Carl Friedrich Zelter, Bd. 1, Berlin 1811. – Im »Polemischen Teil« der *Farbenlehre* (§ 391) spricht Goethe von Newtons mit ›ergo‹ eingeleiteten Schlußfolgerungen und erzählt bei dieser Gelegenheit eine Anekdote von der Rheinreise 1774: Der Reisegefährte Basedow pflegte zu behaupten, »die Konklusion ›ergo bibamus‹ passe zu allen Prämissen. Es ist schön Wetter: ›ergo bibamus!‹ Es ist häßliches Wetter: ›ergo bibamus!‹« Riemer, dem Goethe dies diktierte, meinte, das sei der natürlichste Kehrreim für ein Trinklied, und verfaßte selbst eines:

Hört Freunde, ich sag' Euch, ein treffliches Wort
 Heißt »Ergo bibamus«;
Es hilft Euch so keines an jeglichem Ort,
 Wie »Ergo bibamus«:
Denn was Euch behaget und was Euch auch plagt,
Bedenket das Wort nur und thut, was es sagt,
 Das »Ergo bibamus«.

> Hat einer zum Beispiel noch Silber und Gold,
> Dann »Ergo bibamus«
> Und ist es ihm wieder von dannen gerollt,
> Drum »Ergo bibamus«
> Denn ⟨usw.⟩
>
> Ist einem sein Liebchen, sein Weibchen so hold,
> Dann »Ergo bibamus«;
> Doch wenn sie auch schmälet und wenn sie auch schmollt,
> Nur: »Ergo bibamus«.
> ⟨... usw.⟩
> (JbFDH 1902, S. 352 f.)

Davon wiederum fühlte Goethe sich zu vorliegendem Gedicht angeregt. Er sandte es Ende März 1810 an Zelter, als »Spätling zum 10. März«, also als (nach *Rechenschaft*) zweites heiteres Gedicht zur Feier des Geburtstags der Königin (letzte Strophe!). Wegen begegnender Mißverständnisse sei darauf hingewiesen, daß dieses wie auch das vorige Lied natürlich nicht in Anwesenheit der Königin gesungen werden sollte, sondern daß die Liedertafel deren Geburtstag nur zu besonders fröhlichem Feiern im eigenen Kreise benutzte. – Zur Veranschaulichung der ›geselligen‹ Aufnahme solcher Dichtungen sei Zelters Bericht vom 4. 4. 1810 zitiert:

> Ich ließ mir die Feder bringen, um sogleich das Gedicht in Musik zu setzen und den ersten Eindruck nicht verrinnen zu lassen. Als ich auf die Uhr sahe, war es Zeit, in die Singakademie zu gehn, nach deren Endigung die Liedertafel heute beisammen war. Es waren 40 Männer an Tafel. Ich las das Gedicht vor. Am Ende jeder Strophe riefen alle unisono, gleichsam im Doppelchore, von selber: »Bibamus«! Sie syllabierten den langen Vokal so fürchterlich, daß die Dielen erklangen und die Decke des langen Saales sich zu heben schien. Da war die Melodie wieder da, und Sie erhalten es hier, wie es sich von selbst komponiert hat.

95,21 *schmorgt*] spart.

Musen und Grazien in der Mark (S. 96) siehe I, S. 655 und Anm.; *Epiphanias* (S. 98) siehe I, S. 388 und Anm.

Die Lustigen von Weimar (S. 99)

Im Tagebuch, 15. 1. 1813, als »Wochenlust« bezeichnet: »Nach Tische Dem. Engels ⟨vgl. S. 835⟩, die dasselbe sang.« Bezieht sich auf das Wochenprogramm der lebenslustigen Christiane von Goethe und ihrer Freundinnen. Montags (v. 9) und mittwochs wurde Theater gespielt, am Mittwoch ein ernstes, ›rührendes‹ Stück (v. 13). Am Samstag gab es zwar auch Theater, aber da reizte wohl mehr der regelmäßige Ball in der ›Rose‹ in Jena (v. 5).

99,12 *Rapuschchen]* Rabouche oder Grabouge war ein Kartenspiel, eine Whist-Variante.

Sicilianisches Lied (S. 100)

Am 28. 2. 1811 an Zelter gesandt, doch vermutlich weit älter: Es ist die Übertragung des Liedes *L'occhi*, das 1787, als Goethe in Sizilien war, in den *Poesie siciliane* des Abbate Giovanni Meli aus Palermo erschienen war. – ›Leimen‹ ist Lehm.

Schweizerlied (S. 100)

Wie das vorige Gedicht an Zelter gesandt, Anregung auf einer Schweizer Reise (1775, 1779, 1797)? Oder durch *Des Knaben Wunderhorn*, wo ein schwäbisches Volkslied mitgeteilt wurde: »Auf'm Bergle bin ich gsesse, | Hab dem Vögele zugeschaut ⟨. . .⟩«? Düntzer hat in der Schweiz Recherchen anstellen lassen, die ergaben, daß ein ähnliches Lied u. a. bei Werdenberg gesungen wurde.

100,11 *Imbli]* Bienchen.
101,19 f. *Summer-|vögle]* Schmetterlinge.

Finnisches Lied (S. 101)

Wie das vorige Gedicht an Zelter gesandt. Eine Handschrift datiert 25. 11. 1810. Übertragung der französischen Prosa-übersetzung in *Voyage pittoresque au Cap Nord* (1801) von

F. A. Skjölkbrand, vielleicht auch unter Berücksichtigung der englischen Übertragung in *Travels through Sweden, Finland and Lapland to the Nord Cap* (Beschreibung derselben Reise) von G. Acerbi (1802).

Zigeunerlied (S. 102)
Erstdruck in: Friedrich Hildebrand von Einsiedel, *Neueste vermischte Schriften*, Dessau und Leipzig 1784, im Schauspiel *Adolar und Hilaria.* – Ursprünglich am Anfang des V. Aufzugs von *Geschichte Gottfriedens von Berlichingen mit der eisernen Hand, dramatisiert* (1771).

BALLADEN

Die Rubrik erscheint erstmals in der Ausgabe N (1800) (siehe I, S. 659-695 und Anm., dort und in A noch »Balladen und Romanzen«) und wurde sowohl für A wie für B erweitert.

Goethes Begriff der ›Ballade‹ ist weiter als der unsere: Er umfaßt auch, wie schon Bd. I, S. 1218, ausgeführt, scherzhafte ›Romanzen‹ und geht sogar über das reine Erzählgedicht hinaus. Im Abschnitt »Naturformen der Dichtung« in den *Noten und Abhandlungen* zum *Divan*, die in zeitlicher Nachbarschaft zur Zusammenstellung der »Balladen« für B entstanden, definierte Goethe ›Ballade‹ als die Vereinigung der ›Naturformen‹ der Poesie, von Epos, Lyrik und Drama. Entsprechend verdanken wohl auch monologische Rollengedichte wie *Mignon* oder *Vor Gericht* ihre Aufnahme in diese Rubrik ihrer Situierung im lyrisch-dramatischen Grenzbereich; und die Hereinnahme von Mignons Sehnsuchtslied an der hervorgehobenen Stelle des Eingangs, zusammen mit dem Vorspruch (1814), deutet wohl an, daß das Wunderbar-Märchenhafte ebenfalls zu diesem Balladenbegriff gehört. Vgl. auch die *Ballade* S. 447 und Anm.

Mignon (S. 103)
Ursprünglich am Anfang des 4. Buches von *Wilhelm Meisters theatralische Sendung* (1783), also vor Goethes Italienreise, dann des 3. Buches von *Wilhelm Meisters Lehrjahre* (1795 der Erstdruck); vgl. den Kontext in Bd. IX dieser Ausgabe. Unter den Gedichten erstmals in B. Die JA versetzt das Gedicht zu den Gedichten »Aus Wilhelm Meister«, da es keine ›Ballade‹ sei. – Auch für das einfache Vorgangsverständnis relevant ist folgende Deutungskontroverse: Seidlin verweist auf die isolierte Stellung im Roman, nimmt die Einordnung als ›Ballade‹ zum Anlaß, eine ›epische‹ Progression zu konstatieren, die nicht auf die Italien-Szenerie, sondern auf die »Un-Welt« der dritten Strophe hinführe. Gegenposition (Meyer, *Mignons Italienlied*): Die Integration im Roman sei nicht geringer als bei manchen anderen Einlagen, die epische Progression sei nicht notwendiger Bestandteil von Goethes Balladen-Begriff; erst wird das Ziel genannt, dann der »Weg« (v. 21). – In der *Theatralischen Sendung* lautete die Anrede in v. 7, 13 und 19 jeweils »Gebieter«; durch die Variation der Anrede entsteht ein mehrdimensionales Verhältnis, ein Ganzes der Liebesbeziehung. Die dritte Strophe ähnelt Formulierungen aus dem Tagebuch der ersten Schweizer Reise 1775 (vgl. Bd. I der zweiten Abteilung dieser Ausgabe). Die Mühsal und Gefahr des Alpenübergangs vor dem Eintritt ins ›gelobte Land‹ machte Italien gerade aus deutscher Perspektive besonders symbolträchtig.

103,1 f. *Citronen blühn* ⟨...⟩ *Gold-Orangen glühn*] Gleichzeitige Blüte und Frucht von Zitrusbäumen im Frühjahr.

103,4 *Myrte* ⟨...⟩ *Lorbeer*] Der Strauch Aphrodites und der Baum Apolls: untergründig vielleicht die Thematik von Liebe und Dichtung bedeutend, jedenfalls aber, als immergrüne Gewächse, Symbole von Zeitaufhebung wie die gleichzeitige Frucht und Blüte v. 1 f.

103,7 *Kennst du das Haus*] Eine idealisierte Palladio-Villa (Meyer, *Kennst du das Haus*)?

103,16 *Es stürzt der Fels*] ›Fällt herab‹ (Seidlin) oder eher ›fällt steil ab‹ (Meyer), zumal es sich um einen Wasserfall handeln dürfte: »und über ihn die Flut«.

Der Sänger (S. 104) siehe I, S. 658 und Anm.; *Das Veilchen* (S. 105) siehe I, S. 660 und Anm.; *Der untreue Knabe* (S. 106) siehe I, S. 66 und Anm.; *Erlkönig* (S. 107) siehe I, S. 303 und Anm.; *Der Fischer* (S. 108) siehe I, S. 302 und Anm.; *Der König in Thule* (S. 109) siehe I, S. 664 und Anm.; *Das Blümlein Wunderschön* (S. 110) siehe I, S. 665 und Anm.

Ritter Curts Brautfahrt (S. 113)

Erstdruck im *Taschenbuch auf das Jahr 1804* von Goethe und Wieland in der Sammlung »Der Geselligkeit gewidmete Lieder« (siehe S. 927 f.). Seit A (1806) an dieser Stelle. – Der Stoff stammt aus den *Mémoires* des Marschalls von Bassompierre (1666), aus denen Goethe schon in den *Unterhaltungen deutscher Ausgewanderten* (1795) zwei Geschichten erzählt hatte. Am 23. 5. 1814 schreibt er an Knebel: »Ich habe beinahe so viel Händel auf dem Halse, von guter und schlechter Sorte, als der Marschall von Bassompierre, welcher einer Tochter aus großem Hause ein Kind gemacht hatte, eine sehr gefährliche Ehrensache ausbaden sollte und zugleich im Fall war, von seinen Kreditoren in den Schuldturm geführt zu werden. Dieses alles hat er, wie er schreibt, durch die Gnade Gottes ⟨eine Erbschaft⟩, vergnüglich überstanden, und so, hoff ich soll es mir auch ergehen.«

113,1 *Behagen]* Etwa: Stolze Selbstsicherheit.

114,23 *Amme]* Hier die stillende Mutter.

Hochzeitlied (S. 114)

Erstdruck wie das Vorige. Am 6. 12. 1802 an Zelter gesandt. Seit A (1806) an dieser Stelle. – Der Stoff gehörte zu jenen, die Goethe über Jahrzehnte beschäftigten, ehe sie ihre Form fanden; vgl. *Bedeutende Fördernis durch ein einziges geistreiches Wort*, Bd. XVII dieser Ausgabe (dort wird das Gedicht »Der Graf und die Zwerge« genannt). Wann und in welcher Form Goethe den Stoff kennenlernte, ist nicht bekannt, doch dürfte er aus der mündlichen Überlieferung an ihn gekommen sein. Die Geschichte wird auch in den *Deutschen Sagen* der Brüder Grimm (1816) erzählt, allerdings in teilweise abweichender Version:

Das kleine Volk auf der Eilenburg in Sachsen wollte einmal Hochzeit halten und zog daher in der Nacht durch das Schlüsselloch und die Fenster-Ritzen in den Saal und sie sprangen hinab auf den glatten Fußboden, wie Erbsen auf die Tenne geschüttet werden. Davon erwachte der alte Graf, der im hohen Himmel-Bette in dem Saal schlief, und verwunderte sich über die vielen kleinen Gesellen. Da trat einer von ihnen, geschmückt wie ein Herold, zu ihm heran und lud ihn in geziemenden Worten gar höflich ein, an ihrem Fest Theil zu nehmen. »Doch um eins bitten wir, setzte er hinzu, ihr allein sollt zugegen seyn, keins von eurem Hof-Gesinde darf sich unterstehen, das Fest mit anzuschauen, auch nicht mit einem einzigen Blick.« Der alte Graf antwortete freundlich: »Weil ihr mich im Schlaf gestört, so will ich auch mit euch seyn.« Nun ward ihm ein kleines Weiblein zugeführt, kleine Lampenträger stellten sich auf und eine Heimchen-Musik hob an. Der Graf hatte Mühe, das Weiblein beim Tanz nicht zu verlieren, das ihm so leicht daher sprang und endlich so im Wirbel umdrehte, daß er kaum zu Athem kommen konnte. Mitten in dem lustigen Tanz aber stand auf einmal alles still, die Musik hörte auf und der ganze Haufe eilte nach den Türspalten, Mause-Löchern und wo sonst ein Schlupf-Winkel war. Das Brautpaar aber, die Herolde und Tänzer schauten aufwärts nach einer Öffnung, die sich oben in der Decke des Saals befand, und entdeckten dort das Gesicht der alten Gräfin, welche vorwitzig nach der lustigen Wirthschaft herabschaute. Darauf neigten sie sich vor dem Grafen und derselbe, der ihn eingeladen, trat wieder hervor und dankte ihm für die erzeigte Gastfreundschaft. »Weil aber, sagte er dann, unsere Freude und unsere Hochzeit also ist gestört worden, daß noch ein anderes menschliches Auge darauf geblickt, so soll fortan euer Geschlecht nie mehr als sieben Eulenburgs zählen.« Darauf drängten sie nach einander schnell hinaus, bald war es still und der Graf wieder allein im finstern Saal. Die Verwünschung ist bis auf gegenwärtige Zeit eingetroffen und immer einer von

den sechs lebenden Rittern von Eilenburg gestorben, ehe der siebente geboren war.
(Leitzmann, S. 41 f.)

114,1 *Wir singen und sagen* ⟨...⟩] Es ist also ein Lied, das anläßlich einer Hochzeit gesungen wird und von den Schicksalen des Ahnherrn handelt.

Der Schatzgräber (S. 117) siehe I, S. 668 und Anm.

Der Rattenfänger (S. 118)

Erstdruck im *Taschenbuch auf das Jahr 1804* von Goethe und Wieland in der Sammlung »Der Geselligkeit gewidmete Lieder« (siehe S. 927 f.). In A (1806) unter den »Liedern«, zwischen *Musen und Grazien in der Mark* und *Frühlingsorakel*. – Riemer, der erst 1803 nach Weimar kam, schreibt, das Gedicht sei nach Goethes Mitteilung aus einem »Programm« zu einem Kinderballett »aus der früheren Theaterzeit von Bellomo und Morelli«. (*Mitteilungen*, S. 219.) Bellomo war 1784-1791 am Weimarer Theater, Morelli 1801-1803; gleichwohl ist ein Anlaß dieser Art zu vermuten.

118,21 *blöde*] Unerfahren.

Die Spinnerin (S. 119) siehe I, S. 670 und Anm.; *Vor Gericht* (S. 120) siehe I, S. 219 und Anm.; *Der Edelknabe und die Müllerin* (S. 120) siehe I, S. 671 und Anm.; *Der Junggesell und der Mühlbach* (S. 122) siehe I, S. 672 und Anm.; *Der Müllerin Verrat* (S. 124) siehe I, S. 674 und Anm.; *Der Müllerin Reue* (S. 126) siehe I, S. 677 und Anm.

Wandrer und Pächterin (S. 129)

Erstdruck im *Taschenbuch auf das Jahr 1804* von Goethe und Wieland in der Sammlung »Der Geselligkeit gewidmete Lieder« (siehe S. 927 f.). Seit A (1806) an dieser Stelle, jedoch folgt dort *Die erste Walpurgisnacht*. Zur Entstehung ist nichts bekannt, doch ist die Vermutung der JA nicht von der Hand zu weisen, daß der Stoff in den Umkreis der *Unterhaltungen deutscher Ausgewanderten* oder einer Überlegung zu

deren Fortsetzung 1798 gehört (an Schiller, 3. 2. 1798). Die gelegentlich angeführte Parallele zur *Natürlichen Tochter* (1803) geht wohl über das äußerliche Motiv nicht hinaus. – Schon Friedrich Schlegel war in seiner Rezension von 1808 etwas ratlos und meinte, daß die »Beziehung ganz individuell seyn mag«. (Nach Fambach, S. 116.) Vgl. Anm. 131,38.

130,18 *Bildung]* Gestalt.

130,27 f. *Juwelen* ⟨...⟩ *Perlen, die ihr Blick vernichtet]* Ihr Blick ist strahlender als ...

131,38 *Tochter des verdrängten Blutes]* Man muß wohl einen Zeitbezug zur Französischen Revolution hinzudenken: eine Emigranten-, zumindest aber Aristokratentochter, nun Pächterin auf dem Gut eines Bürgers (von ihm erworbenes Nationalgut?), von dem sie früher durch die Standesschranken getrennt war? Dann wäre in v. 54 »diesen« besonders zu betonen: die Revolution als Ursache privaten Glücks, ein Gegenstück zu *Hermann und Dorothea*.

Wirkung in die Ferne (S. 132)

Riemers Tagebuch nennt das Gedicht am 6. 1. 1808. In Goethes Tagebuch steht unter dem 3. 8. 1808: »Späße mit den Visitenkarten. Actio in distans. Sonette. Später Gespräch über Magnetismus und über die Ableitung des Wunderbarsten aus bekannten und verkannten, halb gekannten Erscheinungen.« ›Actio in distans‹ war ein naturwissenschaftlich-naturmystisch viel bedachter und diskutierter Begriff für Phänomene der ›Fernwirkung‹ wie Magnetismus, Gravitation, Elektrizität, auch Gedankenlesen. Hier spöttisch zurückgewiesen, und auch die »Späße« deuten auf Distanz. Vgl. Anm. 633,338-343.

132,23 *mit Brust sich zu Brüsten]* Ein Blick auf die Goethe-Rezeption des 19. Jahrhunderts: Viehoff (1853) findet das Gedicht insgesamt nicht recht gelungen, weist hinsichtlich der Behandlung von Reim und Metrum auf die »tadelnswerthen Freiheiten« hin (Bd. 3, S. 18) und meint insbesondere, daß der Plural dieser Stelle »nicht ganz zu billigen«

sein möchte. Für Düntzer ist die Stelle »sonderbar«, und er führt den Plural auf den Reimzwang zurück.

Die wandlende Glocke (S. 133)
Am 22. 5. 1813 in Teplitz entstanden (Tagebuch: »Abends die Wackelnde Glocke«, auch später mehrmals so genannt, vgl. v. 16). Riemer (*Mitteilungen*) führt den Stoff auf einen Streich zurück, den er zusammen mit Goethes Sohn einem Knaben aus der Nachbarschaft gespielt hatte.

Der getreue Eckart (S. 134)
Entstanden am 17. 4. 1813 auf der Reise nach Teplitz (Tagebuch) in Eckartsberga nach einer weitverbreiteten Sage, die der Sekretär John auf der Reise erzählte. (Brief an Christiane vom selben Tag.) Zusammen mit dem folgenden Gedicht am 15. 3. 1814 an Zelter geschickt, als »das Beste, was mir voriges Jahr von guten Geistern gegönnt worden«. – Die Geschichte wird ähnlich auch in des Johannes Praetorius *Saturnalia, das ist Eine compagnie weihnachtsfratzen oder centnerlügen und possierliche positiones* ⟨...⟩, Leipzig 1663, erzählt, unter dem Titel *Der Treue Eckart machet auff Weyhnachten semper*⟨immer⟩*-volle Kannen*:

Weiter soll es zu Schwartze (welches ein Dorf ist in Thüringen) geschehen seyn / auff Weyhnachten: daß auch die Frau Holla fürüber gezogen / das der Treue Eckart vorne an im Troppe gewesen / und die begegneten Leute gewarnet hat / damit sie möchten aus dem Wege treten / daß ihnen kein Leid wiederfahre. Bey solchem Zuge aber sollen ein paar Knaben desselbigen Dorffs zugesehen haben / welche aus der Schencke Bier geholet / und solches nach Hause tragen wollen. Weil aber die Gespenster im vollen Marg gewesen; so wahren sie ein wenig abseits gewichen mit ihren Kannen / an einer Ecke. Da sollen unterschiedliche Weiber derselben Rotte solche ihre Kannen genommen und draus gleichsam getruncken haben. Dazu noch die Knaben aus Forcht stille geschwiegen; wiewohl sie nicht gewust / wie sie ihnen gethun solten /

wenn sie nach Hause mit leeren Gefässen kommen würden. Endlich soll der Treue Eckart drauff zu sie gesprochen haben: Das heisset euch Gott sprechen / daß ihr nicht geredet habt; sonsten solten eure Hälse ümmegedreht worden seyn; und nun gehet drauff flugs nach Hause / und saget von dieser Geschichte keinem Menschen etwas / so werden eure Kannen immer voll seyn / und wird ihnen niemahl an Bier gebrechen oder fehlen. Solches hatten die Knaben bey 3 Tage in acht genommen: da es ihnen ergangen / wie jener Witwen / in der Bibel / mit ihrem Oelkruge. Aber endlich hatten sie es doch aus Vorwitz nicht länger verbergen können; sondern die Sache ihren Eltern erzehlet. Da war es mit dem Cornu copiae ⟨Füllhorn⟩ ausgewesen / und hatte der Brunnquell versiegen. Andere sagen / es sey dieses nicht eben in Weihnachten geschehen / sondern auff eine andere Zeit.
(Leitzmann, S. 44 f.)

134,10 *Hulden]* Germanische Luftgeister, Teil des ›Wilden Heers‹ (›Frau Holle‹).

135,44 *Alderman]* Ursprünglich aus England in den Hansestädten übernommenes, durch Klopstocks *Gelehrtenrepublik* auch sonst geläufig gewordenes Wort für Respektspersonen.

Der Totentanz (S. 136)

Ebenfalls auf der Reise nach Teplitz entstanden, nach einer Erzählung des Kutschers (Goethe an seine Frau, 21. 4. 1813). Zur Verbreitung der Sage vom geraubten Totenhemd und der Verfolgung des Räubers vgl. *Handwörterbuch des deutschen Aberglaubens*, Bd. 8, Sp. 1066.

136,2 *in Lage]* Vermutlich in-Reih und- Glied, nicht, wie Düntzer lebhaft verfocht, im Ort dieses Namens.

136,16 *vertrackte]* Verzerrte.

136,18 *Hölzlein]* Entsprechender Musikinstrumente, etwa des Hackbretts.

137,34 *geziert und gesegnet]* Mit Zeichen versehen, welche die Geister abwehren, den »Kreuzen« v. 35.

137,45 *da häkelt]* Der Türmer will dem Gespenst das Hemd zuwerfen, aber es bleibt hängen.

Die erste Walpurgisnacht (S. 137) siehe I, S. 680 und Anm.; *Der Zauberlehrling* (S. 141) siehe I, S. 683 und Anm.; *Die Braut von Corinth* (S. 144) siehe I, S. 686 und Anm.; *Der Gott und die Bajadere* (S. 150) siehe I, S. 692 und Anm.

ELEGIEN I

Die Anordnung entspricht der Erstveröffentlichung in den ›Horen‹ 1795 und in N und A. Siehe Bd. I, S. 392-439, und den dortigen Kommentar, S. 1085-1129. Im einzelnen: *I* (S. 154): S. 392/393; *II* (S. 154): S. 397; *III* (S. 155): S. 398/399; *IV* (S. 156): S. 204/205; *V* (S. 157): S. 404/405; *VI* (S. 158): S. 406/407; *VII* (S. 159): S. 408/409; *VIII* (S. 160): S. 410/411; *IX* (S. 161): S. 412/413; *X* (S. 161): S. 412/413; *XI* (S. 161): S. 412/413; *XII* (S. 162): S. 414/415; *XIII* (S. 163): S. 416/417; *XIV* (S. 165): S. 420/421; *XV* (S. 166): S. 424/425; *XVI* (S. 167): S. 426/427; *XVII* (S. 168): S. 428/429; *XVIII* (S. 168): S. 428/429; *XIX* (S. 169): S. 430/431; *XX* (S. 172): S. 436/437.

Der Vorspruch (1814) weist darauf hin, daß diesen Gedichten nun auch ›elegischer‹ Charakter im Sinne der Zeitspannung des herkömmlichen Elegienbegriffs zugewachsen ist: Die ›Goldene Zeit‹ ist nicht mehr nur die der ›Alten‹, sondern auch eine zurückliegende eigene Lebensphase. Vgl. die Ausführungen in Bd. I, S. 1096 f.

ELEGIEN II

Die Anordnung entspricht der in den *Neuen Schriften* von 1800. In Bd. I der vorliegenden Ausgabe sind die Texte (sie stammen alle aus den neunziger Jahren) entstehungschronologisch angeordnet. Siehe dort S. 615-642 (»Idyllen und

Elegien«) und den Kommentar S. 1191-1211. Im einzelnen: *Alexis und Dora* (S. 174): S. 616; *Der neue Pausias* (S. 180): S. 623; *Euphrosyne* (S. 188): S. 633; *Das Wiedersehn* (S. 195): S. 615; *Amyntas* (S. 194): S. 632; *Die Metamorphose der Pflanzen* (S. 169, ferner S. 495 des vorliegenden Bandes, wozu der Kommentar gegeben wird): S. 639; *Herrmann und Dorothea* (S. 198): S. 622.

Der Vorspruch (1814) hebt als Charakteristisches der Gruppe die Thematik des ›Augenblicks‹ und seiner Überführung ins dauernde Gebilde hervor. Vgl. die Ausführungen in Bd. I, S. 1191.

EPISTELN

Siehe I, S. 479-491 und Anm. Goethe hatte die erstmals 1795 in den ›Horen‹ gedruckten »Episteln« nicht in die Ausgabe N (1800) aufgenommen: »Die Episteln, dächt ich, ließe man liegen, bis sich etwa die Lust findet etwas neues in dieser Art zu machen.« (An A. W. Schlegel, 2. 4. 1800.) Sie wurden erstmals in A (1806) aufgenommen, ohne daß »etwas neues« hinzukam. Hierauf bezieht sich der Vorspruch (1814).

EPIGRAMME. VENEDIG 1790

Die Anordnung entspricht der Erstveröffentlichung in Schillers ›Musen-Almanach für das Jahr 1796‹; das Epigramm 34b (in Bd. I Nr. ⟨67⟩) wurde erst in die Ausgabe N (1800) eingefügt. Siehe I, S. 443-479 (»Venezianische Epigramme«), und den dortigen Kommentar, S. 1132-1155.

Der Vorspruch (1814) bezieht sich auf die in Venedig verbrachte Zeit beim Warten auf die Herzogin. Vgl. die Ausführungen in Bd. I, S. 1130.

WEISSAGUNGEN DES BAKIS

Erstdruck: *Neue Schriften* (1800). Die Sprüche erscheinen erst in diesem Band, obwohl die meisten schon vor der Jahrhundertwende entstanden sein dürften. Doch Goethe hat erst 1800 letzte Hand angelegt (vgl. Bd. I, S. 739), und wenn Morris' Vermutung zutrifft, daß der Spruch Nr. 6 durch Kotzebues *Gustav Wasa* (Aufführung 4. und 6. 1. 1800) und der Spruch Nr. 8 durch eine von Böttiger (vgl. S. 1251) zu Neujahr 1800 versandte Abhandlung angeregt sind, dann ist ein Teil überhaupt erst 1800 entstanden. – Eine Sammlung von Orakelsprüchen, wie es sie schon in der Antike gab. Goethe legt sie dem Seher Bakis in den Mund, auf den ihn Wielands Übersetzung der *Ritter* des Aristophanes hingewiesen hatte (Tagebuch, 11. 1. 1798). Dort kämpfen der Paphlagonier und der Wurstverkäufer um die Gunst des Herrn ›Volk‹, indem sie (3. Akt) im Vortragen von Orakelsprüchen und deren Auslegung wetteifern, der erste mit denen des Bakis (eine ganze Kiste voll hat er!), der andere gar mit denen von Bakis' älterem Bruder. Ein Beispiel:

Lebt ein Weib, das wird in Athen, in dem heiligen, einen
Löwen gebären; mit Schwärmen von Mücken besteht für
 das Volk er
Kampf, als ob er umkreiste die eigene Welfe; bewach' ihn
Du, aufbauend von Holz Wallmauern und eiserne Türme.
(Übers. Wessely.)

Vgl. auch Herodot VIII 20 und VIII 77, dort ›echte‹ Bakis-Sprüche. Ferner die Sprüche im *Triumph der Empfindsamkeit*.
 An Schiller am 27. 1. 1798: »Für den Almanach habe ich einen Einfall der noch toller ist als die Xenien, was sagen Sie zu dieser anmaßlich scheinenden Versicherung?« Laut Riemers Bericht hatte Goethe »die Absicht, auf jeden Tag im Jahre ein solches Distichon zu machen, damit es eine Art von Stechbüchlein, in der Weise der ehemaligen Spruchkästlein,

würde, wie man sonst sich der Bibel, des Gesangbuches usw. bediente, aus einem zufällig aufgeschlagenen Vers ein gutes oder schlimmes Omen, Bestätigung oder Abmahnung und dergleichen herzunehmen; oder wie die Alten ihren Homer und Virgil brauchten und daraus ihre sortes ⟨Lose⟩ Homericas und Virgilianas zu ziehen pflegten«. (*Mitteilungen*, S. 218.) An A. W. Schlegel, der die »Weissagungen« für die Publikation metrisch polieren sollte, schrieb Goethe am 20. 3. 1800: »Die Weissagungen des Bakis sollten eigentlich zahlreicher sein damit selbst die Masse verwirrt machte. Aber der gute Humor, der zu solchen Torheiten gehört, ist leider nicht immer bei der Hand.« Am 4. 12. 1827 schließlich schreibt er (wohl mit Bezug auf einen in Distichen verfaßten und am 19. 10. 1827 übersandten Auflösungsversuch von Karl Nehrlich, abgedruckt in: Jb. der Goethe-Ges. 21 [1935], S. 161-170) an Zelter: »Ebenso quälen sie ⟨die Deutschen⟩ sich und mich mit den ›Weissagungen des Bakis‹, früher mit dem Hexeneinmaleins und so manchem andern Unsinn, den man dem schlichten Menschenverstande anzueignen gedenkt. Suchten sie doch die psychisch-sittlich-ästhetischen Rätsel, die in meinen Werken mit freigebigen Händen ausgestreut sind, sich anzueignen und sich ihre Lebensrätsel dadurch aufzuklären!«

Es sind grundsätzlich zwei Extreme des Deutungsansatzes denkbar. Die erste, von den zitierten Äußerungen nahegelegte, Möglichkeit setzt voraus, daß Sehertum und Orakelkult auch für Goethe dubiose Erscheinungen sind (*Groß-Cophta*, Verhältnis zu Lavater usw.), und läßt die »Weissagungen« als eine spielerisch-ironische Erneuerung der alten Gattung, wenn nicht gar als eine Art von Unsinnspoesie erscheinen: geräumige Formulierungsgehäuse ohne näher fixierbaren Sinn, bei denen sich möglichst viel und möglichst Verschiedenes denken läßt, gelegentlich mit lösbaren Rätselaufgaben oder allgemein-allzuallgemeinen Weisheiten durchsetzt. Dieser Tendenz sind die Erklärungsversuche von Max Morris (*Goethe-Studien*) verpflichtet, der nicht deutet, sondern die Sprüche auf Lektüre- und Alltagserfahrungen

Goethes zur Zeit der Abfassung, also letztlich auf Zufälle zurückführt. – Die zweite Möglichkeit: Man nimmt den Seher-Gestus ernst, vermutet, wenn nicht Prophetien, so doch tiefe Weisheit in den Sprüchen. Hermann Baumgart z. B. hat fünf Gruppen unterschieden (4:10:4:10:4): Vier einleitende Sprüche weisen der Poesie die Funktion wahren Prophetentums zu; zehn Sprüche behandeln die Französische Revolution; vier weitere Sprüche weisen darauf hin, daß im Verständnis der Tagesereignisse auch die Lösung für das Rätsel der Geschichte liegt; eine zweite Zehner-Gruppe spricht die Stellung des Dichters zu den Ereignissen der Zeit aus; die letzte Vierer-Gruppe schließlich behandelt Grundlagen der Kunst, die Einheit der Idee in der Mannigfaltigkeit der Erscheinungen. Der letzte ambitionierte Deutungsversuch stammt von Dorothea Hölscher-Lohmeyer. Sie konstatiert ein Kompositionsprinzip der Windrose (begründet in Spruch 31), nach dem sich die 32 Sprüche wie folgt gliedern lassen:

In der ersten Hälfte herrscht der Aspekt der Geschichte vor, die Sprüche 1-16 handeln von dem Seher (W.⟨eissagung⟩ 1-4 und 15-16) und seinen Gesichten (W. 5: »Zweie seh' ich« – W. 11: »Einen seh' ich« – W. 13: »Mauern seh' ich« – W. 14: »Sehen soll ich«) angesichts eines revolutionären Geschehens und den dazugehörigen Momenten wie: politische Machtkämpfe (W. 5); Wiederkehr von Legitimität und Herrschaft (W. 6); wahre und falsche Prophetie (W. 7); trügerische und wahre Zeitenwende (W. 8 und 9); Verborgenheit des Ideellen in der revolutionären Zeit (W. 10); revolutionäre Elementarzerstörung und Gesang (W. 11); bändigende Gewalt und Gerechtigkeit (W. 12); Gefangenschaft und Freiheit (W. 13).

In der zweiten Hälfte fällt der Blick auf Natur (W. 17: »Tun die Himmel sich auf«; W. 19: »Hast du die Welle gesehen«; W. 22: »Zweimal färbt sich das Haar«; W. 25: »Sprich, wie werd' ich die Sperlinge los«). In den Sprüchen 17-28 erfaßt er sie in ihren den Menschen beirrenden Erscheinungen: in der Flüchtigkeit des Lebendigen

(W. 17), in der Unübersehbarkeit des Erscheinenden (W. 18), in der nie aufhörenden Bewegtheit (W. 19), in der Unbeständigkeit als zum Reiz gehörend (W. 20), in dem Mangel (W. 21), in der Vergänglichkeit (W. 22), in der Täuschung (W. 23), und erkennt in ihnen Maximen für ein naturgemäßes Verhalten der Menschen dazu (W. 24-28): Maximen über das Verhältnis von Erwartung und Erfüllung (W. 25), über das Widrige und die Selbsthilfe der Natur (W. 26), über die Verachtung der Lebenslust aus Lebensmangel (W. 27), über die Einheit von Kern und Schale (W. 28). – In den letzten vier Sprüchen (W. 29-32) wird die Schlußformel über das Weltganze vorbereitet: den Sehersprüchen am Anfang (W. 1-4) entsprechen Aspekte der Welt am Ende (W. 29-32), die in der Widersprüchlichkeit der Antinomie das Wesen der Welt verkünden.

Der folgende Einzelkommentar erhebt nicht den Anspruch, die Sprüche zu deuten, sondern stellt etwas Spielmaterial als Anregung für eigene Bemühungen zur Verfügung.

Im Vorspruch (1814) eine Überbietung des Rätselhaften der Sprüche durch die Wirklichkeit.

230, Nr. 1 *Wahnsinn* ⟨. . .⟩ *wer hörts?*] Kalchas weissagte den Griechen, daß sie Troja (Ilion) erst im zehnten Jahr erobern würden; die gefangene trojanische Seherin Kassandra weissagte dem Agamemnon auf dem Heimweg den Untergang in seinem Haus. Die Wendung im zweiten Teil bezieht sich wohl auf die triviale, doch als bedeutungsvoll zu empfindende Tatsache, daß das gesprochene Wort sogleich verklingt. Vgl. auch Spruch Nr. 16.

230, Nr. 2 *Lang und schmal* ⟨. . .⟩ *Ganzen dahin.*] Auf jede Art von (Arbeits-, vielleicht auch Lebens-)›Weg‹ beziehbar, der in ein gemeinnütziges Ergebnis mündet.

230, Nr. 3 *Nicht Zukünftiges* ⟨. . .⟩ *magische Reis.*] Nicht das Instrument selbst, sondern die rechte Art der Handhabung führt zu den ›Schätzen‹. Auf die Farbenlehre und gegen Newtons Art des Experimentierens beziehbar (vgl. S. 1249 f.).

230, Nr. 4 *Wenn sich der Hals* ⟨. . .⟩ *Ströme sich nach.*] Die

klassische Wenn-dann-Struktur des Orakelspruches. Entstehung von Poesie? Mit der Verkürzung des Schwanenhalses ist wohl der sinnliche Eindruck des Niederbeugens zum Wasserspiegel gemeint, mit dem Menschengesicht der ›Sachteil‹ des Bildes: Das zum Wasserspiegel geneigte Haupt des Schwanes kann zum Sinnbild des reflektierenden Menschen werden. – In einer Abschrift (Geist) von Goethe als Alternative zu »Menschengesicht« eingetragen: »menschlichem Antlitz«.

231, Nr. 5 *Zweie seh' ich* ⟨...⟩ *Parze nur aus.*] Frankreich und England, Kampf der beiden Nationen als Kampf von Naturgewalten? – Morris bezieht den Spruch auf die Tragödie *Numancia* von Cervantes, wo der heldenhafte Untergang der Numantier gegen die Römer dargestellt ist (Lektüre 30. 11. 1798).

231, Nr. 6 *Kommt ein wandernder Fürst* ⟨...⟩ *des neuen Geschicks.*] Wiederherstellung legitimer Herrschaft? Ceres, die Göttin des Ackerbaus, symbolisiert dann die Wiederherstellung von Kultur, die Hunde verstummen angesichts des legitimen Hausherrn, der Geier fungiert als Augural-Vogel (Hölscher-Lohmeyer). Angeregt durch Kotzebues Drama *Gustav Wasa* (Morris)?

231, Nr. 7 *Sieben gehn* ⟨...⟩ *den Schalk.*] Sieben Nächte und Tage der Woche, die Tage »gleichsam mit Licht maskiert« (Loeper, ähnlich Baumgart)? Berater des Fürsten, Siebenzahl bedeutungslos (Düntzer)? Sieben Planeten und sieben Grundfarben (Buch)? Wahre und falsche Propheten, die Offengesichtigen als revolutionäre Tagesparolen, die Sieben bedeutungsvoll als Primzahl, unteilbare Einheit, was freilich schon auf die Drei und die Fünf zuträfe (Hölscher-Lohmeyer)? Jedenfalls ist es die siebente Weissagung.

231, Nr. 8 *Gestern war es noch nicht* ⟨...⟩ *und der Mund.*] Der Friede, das Goldene Zeitalter (Baumgart: 8 Freiheit, 9 Gleichheit, 10 Brüderlichkeit), geknüpft an die Jahrhundertwende. – Angeregt durch eine Abhandlung Böttigers über eine antike Lampe (Morris)?

231, Nr. 9 *Mäuse laufen* ⟨...⟩ *dir hold.*] Das erste Disti-

chon formuliert zumindest grammatikalisch keine Bedingung, sondern eine Feststellung. Erst das zweite nennt eine Bedingung. Tola ist der Name eines alttestamentarischen Richters (Buch der Richter 10,1 f.). Ein Friedenspatriarch (Hölscher-Lohmeyer)? – Der Wandrer auf dem vierfachen hölzernen Fuß von Hölscher-Lohmeyer als ›Kenning‹ analog zu den hölzernen Mauern (Schiffen) bei Herodot gedeutet: Er kommt auf einem Wagen.

232, Nr. 10 *Einsam schmückt* ⟨. . .⟩ *das vollendete Bild.*] Seelenschönheit? Natur? Entscheidend ist jedenfalls, daß die ›Jungfrau‹ sich nicht vor dem Spiegel schmückt, sondern in einer Art vorbewußtem Zustand, aus sich heraus ›fühlend‹, ihr Erscheinungsbild gestaltet, etwa im Sinne der Schillerschen Konzeption der ›Anmut‹; erst im Auge des ›Einen‹, der sie ›kennt‹, nimmt sie sich selbst wahr.

232, Nr. 11 *Ja, vom Jupiter* ⟨. . .⟩ *Lieder hinweg.*] Das Bild der Überschwemmung für die Revolution, später für die französische Invasion bei Goethe häufiger. Zur Poesie in kriegerischer Zeit vgl. auch das etwa gleichzeitig entstandene Gedicht *Phöbos und Hermes*, S. 332 bzw. Bd. I, S. 723 und Anm.

232, Nr. 12 *Mächtig bist du!* ⟨. . .⟩ *Tugenden Zug?*] Vorstellung eines Zuges allegorischer Gestalten im Gefolge eines Mächtigen. Vielleicht auf die französischen Eroberungen (Schweiz, Italien) bezogen. Angeregt durch eine Aufführung von Mozarts *Clemenza di Tito* (Morris)?

232, Nr. 13 *Mauern seh' ich gestürzt* ⟨. . .⟩ *Kränzen erkiest.*] Der Sturm auf die Bastille war eines der großen ›Kollektivsymbole‹ (Link) der Zeit. Hier Fortführung: im Namen der Freiheit neue Kerker.

232, Nr. 14 *Laß mich ruhen* ⟨. . .⟩ *Augen gesehn?*] Äußere und innere Schätze, äußere und innere Wahrnehmung.

232, Nr. 15 *Schlüssel liegen im Buche* ⟨. . .⟩ *Lösung zugleich.*] Der ›Verständige‹ in einem betonten Sinn ist der ›Adept‹, der Eingeweihte. Der mystischen Gemeinschaft von Prophet und Adept stehen die ›Klügsten‹ gegenüber, die nicht im Buch, sondern im Tagesgeschäft Rätsel und Lösungen fin-

den. – ›Klug‹ im Wortgebrauch der Zeit meist mit dem Beisinn von ›berechnend‹, ›geschickt‹ (›weltklug‹), im Gegensatz zu ›weise‹.

233, Nr. 16 *Auch Vergangenes* ⟨...⟩ *als ein Vollendetes, an.*] Voraussetzung für qualifizierte Prophezeiungen wäre eine Gesamtkenntnis der Geschichte.

233, Nr. 17 *Tun die Himmel sich auf* ⟨...⟩ *der Göttlichen fest.*] Unterschiedliche Empfänglichkeit für die Gaben der ›Himmel‹.

232, Nr. 18 *Sag', was zählst du* ⟨...⟩ *Tausende dein.*] Die Mathematik beruht nicht auf Empirie, sondern auf Setzung.

233, Nr. 19 *Hast du die Welle gesehen* ⟨...⟩ *zu Füßen dir legt.*] Die ständige Wiederkehr der Welle als Bild der Bewegung in der Natur. Das Bild ist ein Melancholie-Topos, vgl. *Faust II* 10216 f.

233, Nr. 20 *Einem möcht' ich gefallen* ⟨...⟩ *das Lieblichste bleibt!*] Anknüpfend an das Vorige nun die ›Bewegung‹ im menschlichen Bereich.

234, Nr. 21 *Blaß erscheinest* ⟨...⟩ *hinweg.«*] Auf ein Kunstwerk, etwa eine Skulptur, bezogen? Dann wäre gerade das unvollendete Kunstwerk (*Wilhelm Meister*?) geeignet, über das selbstgenügsame Genießen hinauszuführen. Oder noch grundsätzlicher: Die Marmorskulptur als Paradigma von Kunst ist im Gegensatz zum lebendigen Körper ›blasser‹ und ›toter‹ Stein, der gerade durch diesen Mangel die ›innere Kraft‹ des Beschauers fordert. Da ›genießen‹ in dieser Zeit oft noch den Sinn ›von einer Sache Gebrauch machen‹ hat, wäre an Kants Ästhetik zu denken (Pygmalion-Motiv). – Oder Gespräch mit einer, die entsagt hat und sich religiöser Beschaulichkeit hingibt (Düntzer)? Oder Zwiegespräch zwischen Liebenden (Hölscher-Lohmeyer)?

234, Nr. 22 *Zweimal färbt sich das Haar* ⟨...⟩ *erste bezwingst.*] In der Jugend entscheidet sich auch das Alter, mit Bezug auf Hufelands Makrobiotik (Loeper). Wer das Alter meistert, bezwingt die Jugend (Buch). Die Veränderungen eines Organismus beruhen alle auf demselben Grunde; wer eine Veränderung erkannt hat, hat alle erkannt (Düntzer,

ähnlich Hölscher-Lohmeyer). Vielleicht ist das »Rätsel« überhaupt nicht lösbar, denn im zweiten Distichon wird gesagt: Wenn du die erste Hälfte errätst, hilft dir die zweite, die erste zu lösen – also eine logische Antinomie, die überhaupt keinen ›Eingang‹ zuläßt. Denkbar wäre jedoch, daß diese Antinomie nur durch die bewußte Vermischung verschiedener Ebenen entsteht (Hälften des Gedichts, des Rätsels, des Lebens usw.).

234, Nr. 23 *Was erschrickst du?* ⟨...⟩ *betrognes Gespenst.*] Auf Goethes wissenschaftliche Beschäftigung mit dem Pflanzenreich und die Reaktion der Freunde und Freundinnen beziehbar. Vgl. *Die Metamorphose der Pflanzen*, »Schicksal der Druckschrift«: »Freundinnen, welche mich schon früher den einsamen Gebirgen, der Betrachtung starrer Felsen gern entzogen hätten, waren auch mit meiner abstrakten Gärtnerei keineswegs zufrieden. Pflanzen und Blumen sollten sich durch Gestalt, Farbe, Geruch auszeichnen, nun verschwanden sie aber zu einem gespensterhaften Schemen.«

234, Nr. 24 *Einer rollet daher* ⟨...⟩ *Kugel zu sein.*] Kaum: Goethes Weg von den neun Musen zu den vier Elementen, also zur Naturwissenschaft (Buch). Auf die europäische Staatenwelt zu beziehen? Die Neun und die Vier (die erste ungerade und die erste gerade Zahl mit sich selbst multipliziert) haben zugleich vielfältigen Symbolsinn. In der zweiten Hälfte des Spruches jedenfalls die Begründung dafür, weshalb die Kraft eines Gottes nicht zerstörerisch ist: Er ist im Unterschied zum ›Helden‹ ein Ganzes.

234, Nr. 25 *Wie viel Äpfel* ⟨...⟩ *behältst.*] Allgemeine Maxime: Die Fülle des Möglichen, des Frühlings, wird, wenn die Früchte des Wirklichen reifen, zugleich immer mehr eingeschränkt. Vgl. auch »Vier Jahreszeiten«, S. 245, Nr. 48.

235, Nr. 26 *Sprich, wie werd' ich die Sperlinge los* ⟨...⟩ *Anderen auf.«*] Auch dies ohne nähere Beziehung verständlich. – Goethes und Schillers Rückzug aus dem *Xenien*-Streit? Loeper verweist auf eine Anekdote, nach der Friedrich II.

von Preußen einen Preis auf Sperlingsköpfe ausgesetzt habe; im Jahr darauf seien seine Gärten von Raupen verwüstet worden.

235, Nr. 27 *Klingeln hör' ich* ⟨...⟩ *Ohren bewegt.*«] Irgendwelche Suche nach verborgenen Beziehungen ist wohl überflüssig.

235, Nr. 28 *Seht den Vogel* ⟨...⟩ *Tiefen erpickt.*] Wohl weniger das Kern-Schale-Thema, sondern betrachtendes und begehrendes Verhalten gegenüber der Natur. Vgl. den Aufsatz *Der Versuch als Vermittler von Objekt und Subjekt* (1792). Ferner, auf Ästhetisches bezogen, *Über Wahrheit und Wahrscheinlichkeit der Kunstwerke* (1798): Daß die Sperlinge nach den Kirschen des legendären Malers Zeuxis flogen, beweist nicht, daß diese Kirschen gut gemalt, sondern nur, daß die Vögel echte Sperlinge waren.

235, Nr. 29 *Eines kenn' ich* ⟨...⟩ *Abscheu der Welt.*] Zahlreiche unzureichende Vorschläge. Man hat dem Dichter der »Römischen Elegien« sogar zugetraut, daß er hier von Kuß und Geschlechtsliebe spricht (Morris für das zweite Distichon). Hölscher-Lohmeyer (ähnlich Düntzer, Morris für das erste Distichon): Ambivalenz der Werte in der politischen Welt, Revolution. Auf irgendeiner Ebene ist derlei immer richtig. – Der Gegenstand, den die Lippe ›bedruckt‹, ist wahrscheinlich ein Kelch (übliche Deutung: Kuß); der Kelch hat, insbesondere aus dem religiösen Bereich, ein großes Spektrum von Konnotationen, die aber alle letztlich auf dem Gegensatz von Kelch des Heils (Abendmahl) oder der Lust und ›bitterem‹ Kelch (Kelch des Leidens) beruhen. – Femininer Gebrauch von ›Scheitel‹ in älterer Zeit durchaus üblich, also ohne besondere Bedeutung.

235, Nr. 30 *Dieses ist es* ⟨...⟩ *zu Grund.*] ›Dieses‹ vermutlich auf den zweiten Teil des voranstehenden Distichons bezogen. ›Neige‹ ist hier der oft trübe oder bittere Bodensatz eines Getränks.

236, Nr. 31 *Ein beweglicher Körper* ⟨...⟩ *Bücklingen auf.*] Magnetnadel und Wetterfahne, ethisch bezogen.

236, Nr. 32 *Ewig wird er* ⟨...⟩ *Ende der Kunst.*] F. A.

Wolfs Deutung der Homerischen Dichtungen als das Werk mehrerer ›Homeriden‹? – Die gleiche Gedankenfigur wie später »*Teilen kann ich nicht das Leben*«, S. 682, hier vielleicht auf das Ἓν καὶ πᾶν, die ›Gott-Natur‹, zu beziehen. Im zweiten Teil dann (›Kunst‹ vermutlich im allgemeinsten Sinne, auch Naturwissenschaft einschließend) der Gedanke eines Tiefen-›Consensus‹ des vielstimmigen Chores der Naturerscheinungen, der großen Denker. (Vgl. Bd. I, S. 815 f.)

VIER JAHRSZEITEN

Schillers ›Musen-Almanach für 1797‹ hatte die satirisch-polemischen *Xenien* gebracht und dazu eine Reihe weiterer, ›wohlmeinender‹, Distichen. Vgl. hierzu I, S. 491-614, und den Kommentar, S. 1157-1191. Eine knappe Auswahl nahm Goethe in die Ausgabe N als »Vier Jahrszeiten« auf. Am 22. 3. 1800 sendet Goethe die Abteilung zur Durchsicht an Schiller. A. W. Schlegel hat sie, wie auch die anderen Hexameter- und Distichon-Gedichte, zur metrischen Prüfung erhalten und schickt sie am 1. 4. zurück. – Der Zählfehler (in B fehlt 49, in C 52) ist im vorliegenden Abdruck nicht berichtigt, da Goethe offenbar Wert auf das volle Hundert legte (in den Inhaltsverzeichnissen ausdrücklich erwähnt).

Der Vorspruch (1814) bezieht sich vor allem auf die ›neckischen‹ Distichen des *Frühlings*.

Frühling (S. 237)
Die Gruppe *Vielen* aus dem ›Musen-Almanach‹. Dort unterzeichnet »G. und S.«. Handschrift-Fassungen siehe Bd. I, S. 574-576. Ursprünglich waren die meisten Gedichte mit Blumenbezeichnungen oder Namenskürzeln überschrieben (z. B. A. L., aber auch W. R. L. K. W. J.). Die Namenskürzel waren jedoch, wenn überhaupt, nur von Kennern der Weimarer und Jenaer Damenwelt zu dechiffrieren; auf ihre Mitteilung im Kommentar wird deshalb verzichtet. Die Blumenbezeichnungen werden genannt, wenn sie sich nicht aus dem Text selbst ergeben.

237, Nr. 2 *Reich ist an Blumen* ⟨...⟩] Im ›Almanach‹ überschrieben: *An die Mannigfaltigkeit.*

238, Nr. 13 *Prangt mit den* ⟨...⟩] Im ›Almanach‹ überschrieben: *Geranium.*

239, Nr. 16 *Zierde wärst du* ⟨...⟩] Im ›Almanach‹ überschrieben: *Kornblume.*

239, Nr. 18 *Eleonore*] Da die ›Almanach‹-Überschrift *L. W.* lautete, kann man an die Herzogin *L*uise von *W*eimar denken, die hier mit ihrem *Tasso*-Namen angeredet wäre.

Sommer (S. 239)

Die Gruppe *Einer* aus dem ›Musen-Almanach‹. Dort unterzeichnet »G. und S.«. Handschrift-Fassungen siehe Bd. I, S. 563 f., ›Almanach‹- Fassungen S. 611-613. Man kann bei dieser Gruppe gelegentlich an Christiane Vulpius denken.

240, Nr. 23 *Raum und Zeit*] Anspielung auf Kants Lehre von den ›Anschauungsformen‹.

241, Nr. 34 *Rhadamant*] Der Totenrichter Rhadamanthys.

Herbst (S. 242)

Diese Gruppe wurde neu zusammengestellt aus verstreuten Distichen des ›Almanachs‹. Dort teils unterschrieben »Göthe«, teils »G. und S.« Die Nummern 38, 48, 65 und 84 kamen neu hinzu. Die Nummern 45, 54, 55 und 61 sind auch von Schiller in seine Gedichte aufgenommen worden. Die Überschriften aus dem ›Musen-Almanach‹ werden im folgenden nur angegeben, wenn sie zusätzliche Informationen enthalten.

242, Nr. 39 und 40 *Richtet den herrschenden Stab* ⟨...⟩ und *Lehret! Es ziemet euch* ⟨...⟩] Beide im ›Almanach‹ überschrieben: *An die Moralisten.*

242, Nr. 42 *Alle Schöpfung ist Werk* ⟨...⟩] Im ›Almanach‹ überschrieben: *Genialische Kraft.*

242, Nr. 44 *Kinder werfen den Ball* ⟨...⟩] Im ›Almanach‹ überschrieben: *Wechselwirkung.*

243, Nr. 46 *Wär't ihr, Schwärmer* ⟨...⟩] Im ›Almanach‹ überschrieben: *Natur und Vernunft.*

243, Nr. 50 und 51 *Schädliche Wahrheit* ⟨...⟩ und *Schadet ein Irrtum wohl* ⟨...⟩] Im ›Almanach‹ überschrieben: *Was nutzt* bzw. *Was schadet.*

243, Nr. 52 *Fremde Kinder* ⟨...⟩] Im ›Almanach‹ überschrieben: *Das Schoßkind.*

243, Nr. 53 *Irrtum verläßt uns nie* ⟨...⟩] Im ›Almanach‹ überschrieben: *Trost.*

244, Nr. 56 *Fortzupflanzen die Welt* ⟨...⟩] Im ›Almanach‹ überschrieben: *Vergebliches Geschwätz.*

244, Nr. 59 *Wie beklag' ich es tief* ⟨...⟩] Im ›Almanach‹ überschrieben: *Das blinde Werkzeug.*

244, Nr. 60 *Preise dem Kinde* ⟨...⟩] Im ›Almanach‹ überschrieben: *Moderezension.*

244, Nr. 62 *Auf das empfindsame Volk* ⟨...⟩] Im ›Almanach‹ überschrieben: *H. S.*, d. h. Heinrich (Jung-)Stilling.

244, Nr. 63 *Franztum drängt* ⟨...⟩] Im ›Almanach‹ überschrieben: *Revolutionen.*

245, Nr. 66 *Willst du, mein Sohn* ⟨...⟩] Im ›Almanach‹ überschrieben: *Väterlichster Rat.*

245, Nr. 67 *Wer ist der edlere Mann* ⟨...⟩] Im ›Almanach‹ überschrieben: *Der Biedermann.*

245, Nr. 69 und 70 *Was ist heilig?* ⟨...⟩ und *Was ist das Heiligste* ⟨...⟩] Im ›Musen-Almanach‹ *ein* Gedicht unter der Überschrift *Das Heilige und das Heiligste.*

245, Nr. 73 *Fehlet die Einsicht oben* ⟨...⟩] Im ›Almanach‹ überschrieben: *Ultima ratio.* »Ultima ratio regis« (Das letzte Mittel des Königs) lautete seit Friedrich II. eine Inschrift auf preußischen Kanonen.

246, Nr. 74 *Republiken hab' ich gesehen* ⟨...⟩] Im ›Almanach‹ überschrieben: *Wer will die Stelle?.*

246, Nr. 75 und 76 *Bald, es kenne nur Jeder* ⟨...⟩ und *Keiner bescheidet sich gern* ⟨...⟩] Im ›Almanach‹ überschrieben: *Zum ewigen Frieden* bzw. *Zum ewigen Krieg.* Kants Schrift *Zum ewigen Frieden* sollte ursprünglich in Schillers ›Horen‹ erscheinen.

246, Nr. 79 *Du bist König und Ritter* ⟨...⟩] Im ›Almanach‹ überschrieben: *An die Selbstherrscher.*

246, Nr. 82 *Ob du der Klügste seist* ⟨...⟩] Im ›Almanach‹

überschrieben: *Der Ratsherr.* – ›Klugheit‹ hier im Sinne der Zeit als Geschicklichkeit, ›Weltklugheit‹ zu verstehen.

247, Nr. 83 *Ob du wachst* ⟨...⟩] Im ›Almanach‹ überschrieben: *Der Nachtwächter.*

Winter (S. 247)
Die Gruppe *Eisbahn* aus dem ›Musen-Almanach‹. Dort unterschrieben »Göthe«. Handschrift-Fassungen siehe Bd.I, S. 509-511.

248, Nr. 92 *Präconen*] Lobredner.

SONETTE

Diese Rubrik eröffnet den zweiten Band der Ausgabe von 1815.

Der größte Teil der Sonette entstand im Dezember 1807 in Jena. Es ist nicht sicher zu entscheiden, wie lange sich die weitere Sonetten-Produktion hinzog. Am 22. 6. 1808 sendet Goethe aus Karlsbad nur sechs an Zelter, und zwar mit folgenden Überschriften und in folgender Anordnung: 1. *Mächtiges Überraschen* (I); 2. *Freundliches Begegnen* (II); 3. *Wachsende Neigung* (V); 4. *Gewöhnung* (III); 5. *Entsagen* (VI); 6. *Jähe Trennung* (VII). Daraus läßt sich jedoch nicht schließen, daß bis dahin nur diese Sonette entstanden waren; die sehr strenge episierende Abfolge läßt eher vermuten, daß Goethe hier eine Auswahl zum Zwecke der Komposition getroffen hat. Schon am 16. 12. 1807 hatte Goethe »ein Dutzend« angekündigt. Da die Tagebücher und sonstigen Zeugnisse 1808 nur noch das Vorlesen, nicht aber das Dichten von Sonetten vermerken, ist anzunehmen, daß die Produktion um die Jahreswende schon weitgehend abgeschlossen war.

Das Sonett ist eine aus Italien stammende Gedichtform. Vor allem der *Canzoniere* Francesco Petrarcas (1304-1374) wurde zum europäischen Vorbild. Das Sonett besteht in der Grundform aus zwei vierzeiligen ›Quartetten‹ und zwei dreizeiligen ›Terzetten‹. Der Vers ist elfsilbig, im Deutschen ein

jambischer Fünfheber mit ›weiblichem‹ Reim. Die Reimstellung ist streng geregelt, wird jedoch in mehreren unterschiedlichen Typen realisiert. In den hier versammelten Sonetten folgt sie durchgehend dem Schema abba abba cde cde. In Deutschland wurde das Sonett (›Klinggedicht‹) vor allem in der Barockdichtung des 17. Jahrhunderts gepflegt. Doch schon Gottsched sah nicht recht ein, »warum ein Poet sich quälen soll, einem solchen Zwange sein Genügen zu thun, da man viel leichtere Versarten hat, die ebenso angenehm sind«. (*Versuch einer Critischen Dichtkunst* ⟨...⟩, 1730, hier nach der 5. Aufl. 1751, S. 700.) Im 18. Jahrhundert gab es nur vereinzelte Versuche einer Wiederbelebung der Form, etwa von Gottfried August Bürger. Erst den Romantikern, namentlich A. W. Schlegel mit seinen *Gedichten* von 1800 und dem ›Musen-Almanach auf das Jahr 1802‹, gelang es, sie wieder für die deutsche Dichtung zurückzugewinnen. Goethe, der um die Jahrhundertwende alle Aktivitäten der Romantiker besonders aufmerksam und wohlwollend beobachtete, reagierte zunächst abwehrend – nicht etwa: ablehnend – mit dem eigenen *Sonett* (»Sich in erneutem Kunstgebrauch zu üben«), S. 408 und Anm., dann zustimmend mit dem Sonett *»Natur und Kunst, sie scheinen sich zu fliehen«* von 1802, vgl. S. 838 und Anm. Für seinen eigenen Gebrauch bediente er sich der Form jedoch zunächst nur, szenisch motiviert, im 2. Aufzug des Dramas *Die Natürliche Tochter* (hier abgedruckt im Kommentar, S. 1321), ferner in den beiden satirischen Sonetten *B. und K.* und *Triumvirat*, S. 752 f. und Anm., und zwar gleich in der raffinierteren Form des ›Sonetto codato‹. Erst im Winter 1807/08 entsteht eine ganze Reihe von Sonetten. (Der Vollständigkeit halber sei auch noch auf die Sonette für die Kaiserin Maria Ludovica, S. 431, den Abbate Bondi, S. 579, und für die Erbgroßherzogin Maria Pawlowna, S. 574, verwiesen.)

Sucht man nach dem Lebensstoff, aus dem diese Sonette erwuchsen, dann kommen nicht weniger als drei Kandidatinnen einer Neigung Goethes in Frage:

Bettine von Arnim (1785-1859), damals noch Brentano,

hat eine Reihe von Sonetten auf sich bezogen (*Goethes Briefwechsel mit einem Kinde*, 1835). Bettines Anteil ist noch am faßbarsten, weil er literarischer Art ist. Im April 1807 war sie nach Weimar gekommen, dann noch einmal in der ersten Novemberhälfte. Briefe gehen hin und her, und sie haben gewiß inspirierend auf Goethe gewirkt. Am 9. 1. 1808 schreibt er: »Adieu mein artig Kind! Schreiben Sie bald daß ich wieder was zu übersetzen habe.« In der Tat hat er Formulierungen aus Bettines Briefen ins Poetische ›übersetzt‹. – Der Anteil, dessen Bettine sich rühmte, wurde früher (z. B. von Riemer, Fischer, Düntzer) heftig zurückgewiesen, weil er Goethes Größe Eintrag zu tun schien: Er habe es nicht nötig gehabt, von ihr Motive, noch dazu so einfache, zu übernehmen. Das ist natürlich richtig. Aber er ließ sich auch sonst gern von andern anregen, und speziell bei den Partien der »Sonette«, die aus der Perspektive des Mädchens gesprochen sind, mag solche Anregung ihm besonders lieb gewesen sein, weil seine ›gegenständliche‹ Phantasie sich so besser auch in die Mädchen-Rolle hineinspielen konnte. In den Einzelkommentaren werden die entsprechenden Briefstellen mitgeteilt, weil derartige Anknüpfungen charakteristisch sind für die Arbeitsweise des reifen Goethe. (Text nach: *Bettines Leben und Briefwechsel mit Goethe*. Auf Grund des von Reinhold Steig bearbeiteten handschriftlichen Nachlasses hg. v. Fritz Bergemann, Leipzig 1927.)

Silvie von Ziegesar (1785-1855), die Tochter des Gothaischen Wirklichen Geheimen Rats August Friedrich Carl von Ziegesar (Betonung auf der zweiten Silbe, siehe S. 603,8), ist erst durch Hans M. Wolff in den Vordergrund gerückt worden. Sie stand Goethe zweimal besonders nahe. Im Jahre 1802 ist Goethe häufig in Jena und auf dem Ziegesarschen Gut Drakendorf. Gedichte wie *Schäfers Klagelied* (S. 56), *Sehnsucht* (S. 59) und *Bergschloß* (S. 61) werden auf die dortige Atmosphäre zurückgeführt. Erst im Mai 1807 kommt es zur Wiederbegegnung in Jena, und zu einem Höhepunkt gelangt die Beziehung im Sommer 1808 in Karlsbad und Franzensbad. (Vgl. *»Nicht am Susquehanna«*, S. 776.) Es bleibe hier

unerörtert, wieweit in Silvie das Vorbild für die Ottilie der *Wahlverwandtschaften* zu sehen sei; den Zeugnissen zufolge scheint Goethe und Silvie zeitweise eine recht tiefe beiderseitige Neigung verbunden zu haben. Eine dominierende Bedeutung für die Sonette jedoch läßt sich nur mittels einiger gewagter Hypothesen herstellen. Etwa: Gerade weil die Beziehung so intensiv war, mußte sie verschleiert werden, gerade daß Goethe die anwesende Minna angedichtet hat, zeigt, daß er an die abwesende Silvie dachte – wodurch jedes Faktum contra zu einem Faktum pro gemacht werden kann.

Bis zum Aufkommen der Silvie-These galt Wilhelmine (Minna) Herzlieb (1789-1865), Pflegetochter im Hause Frommann in Jena, als die Muse der »Sonette« (z. B. Hankamer), was zumindest durch Nr. XVII handgreiflich gestützt wird. Zweimal hat Goethe gestanden, daß er Minna »mehr als ⟨bzw. »wie«⟩ billig« geliebt habe (an seine Frau, 6. 11. 1812, und an Zelter, 15. 1. 1813). Eher jedoch hat es den Anschein, daß die liebenswürdige Minna zum Katalysator einer Art von Minnesänger-Wettstreit wurde. Minna Herzlieb selbst war es jedenfalls, die, als alte Dame von Heinrich Düntzer befragt, das letztlich Entscheidende sagte: »Sie müssen immer denken, Goethe war ein Dichter« – – (Herwig, Bd. 2, S. 278.)

Es ist gar nicht zu bezweifeln, daß Goethe in diesen Jahren krisenhafte erotische Verstörungen erfuhr, wie immer diese sich manifestiert haben mögen; es ist auch die Zeit der *Wahlverwandtschaften* und ihres humoristisch-ironischen Gegenstücks, des *Tagebuchs* (S. 843). Aber es hat wenig Sinn, diese Erschütterungen an einen einzigen Namen zu knüpfen. Sie sind wohl weit mehr Erfahrungen der Möglichkeiten des eigenen Inneren als Leidenschaften, die sich auf eine bestimmte Person beziehen. Die dichterische Phantasie konnte jene drei Neigungen zu einer verschmelzen, konnte umgekehrt den gedanklichen und dichterischen Problemstoff durchaus an drei verschiedene Personen heften, deren jede eine Facette dieses Problemstoffs sinnlich verkörpern mochte – an drei oder mehr: Am 18. 12. 1807, auf dem

Rückweg von Jena, erzählt Goethe Riemer drei Stunden lang von seinem Verhältnis zu Lili Schönemann (Herwig, Bd. 2, S. 280). Am 14. 12. hatte er ihr, nach einer Begegnung mit ihrem Sohn, geschrieben, »daß es mir unendliche Freude machte, nach so langer Zeit, einige Zeilen wieder von Ihrer lieben Hand zu sehen, die ich tausendmal küsse in Erinnerung jener Tage, die ich unter die glücklichsten meines Lebens zähle«. Und da war, zum Beispiel, auch noch Prinzessin Caroline, vgl. Anm. 253,12.

Sogleich nach Bettines Abreise, am 11. 11. 1807, fuhr Goethe nach Jena, blieb dort bis zum 18. 12., und für diese Zeit meldet das Tagebuch immer wieder: »Abends bei Frommanns.« In den *Tag- und Jahresheften* (Paralipomena) berichtet Goethe:

Anfang Dezembers kam ⟨Zacharias⟩ Werner nach Jena, und man kann nicht leugnen, daß er Epoche in unserm Kreise gemacht ⟨...⟩ Mit großer Wahrheit und Kraft las er vor, wodurch denn seine trefflichen Sonette noch höhern Wert erhielten und besonders die rein menschlichen leidenschaftlichen großen Beifall gewannen. Es war das erstemal seit Schillers Tode, daß ich ruhig gesellige Freuden in Jena genoß; die Freundlichkeit des Gegenwärtigen erregte die Sehnsucht nach dem Abgeschiedenen, und der aufs neue empfundene Verlust forderte Ersatz. Gewohnheit, Neigung, Freundschaft steigerten sich zu Liebe und Leidenschaft, die wie alles Absolute, was in die bedingte Welt tritt, vielen verderblich zu werden drohte. In solchen Epochen jedoch erscheint die Dichtkunst erhöhend und mildernd, die Forderung des Herzens erhöhend, gewaltsame Befriedigung mildernd. Und so war diesmal die von Schlegel früher meisterhaft geübte, von Werner ins Tragische gesteigerte Sonettenform höchst willkommen. Besonders auch sagte sie Riemers geistreich poetischem Talente zu, und ich ließ mich gleichfalls hinreißen, welches auch jetzt noch nicht reuen darf; denn die kleine Sammlung Sonette, deren Gefühl ich immer gern wieder bei mir erneuere und an denen auch andere gern teilgenommen, schreibt sich aus jener Zeit her.

In der Goethe-Rezeption sind die »Sonette« lange Zeit etwas stiefmütterlich behandelt worden. Die Vorstellung, ›echte‹ Lyrik müsse immer ›unmittelbarer‹ Erlebnisausdruck sein, hat hier als Hemmnis gewirkt und zur Einschätzung geführt, daß es sich hier letztlich um bloße Kunststückchen, Produkte zweiten Ranges handle – wenn man ihnen nicht doch, etwa durch die oben angeführten biographischen Reduktionen, einen hinreichenden ›Erlebnis‹-Gehalt abzugewinnen versuchte. Nur wenn man sich von der Vorstellung löst, daß hier überall Leidenschaft schwelen oder gar lodern müsse, wird die Eigenart der Formverwendung deutlich: Goethe demonstriert ›Meisterschaft‹, er benutzt nicht nur die Form, er *zitiert* sie, thematisiert sie, spielt mit ihr. Der gesellige Zusammenhang der Entstehung tritt deutlich zutage in den ironischen, ja zuweilen humoristischen Zügen der Gedichte. Es sind Vortragsstücke, deren kunstreiche und überraschende Wendungen mit dem Kunstverstand eines kultivierten Kreises rechnen. Die ernsthafte Grundierung braucht darum nicht bestritten zu werden. Aber die Räson der Gedichte besteht gerade darin, daß, was als bloße Leidenschaft individuell und unartikuliert bliebe, durch die ›erhöhende‹ und ›mildernde‹ Kraft der Form in den Kontext geselliger Kultur hinübergetragen und damit intersubjektiv gemacht wird. Damit sind diese Gedichte aber keineswegs eine Ausnahmeerscheinung im Schaffen Goethes, sondern Weiterführung einer Tendenz, die bereits bei den »Liedern« oder den »Balladen« der neunziger Jahre deutlich zu greifen war. – Als Ensemble, das eine Form zitiert, bilden die »Sonette« eine Brücke von den »Römischen Elegien« zum *Divan.*

Vorschläge zur Gliederung des Zyklus: Reitmeyer: symmetrisch-spiegelbildlicher Aufbau um die Mitte der Briefsonette. – Lee, weniger streng: I-VI eine Art epischer Eingang, die sechs an Zelter gesandten, ergänzt um IV; VIII-X Brief-Sonette, der Abschied des Zelter-Zyklus also nun nicht definitive Trennung, sondern Anlaß zum Briefeschreiben; XI-XIII ohne stärkeren inneren Zusammenhalt; XIV Dialoggedichte zum Thema Sonett und Liebe; XVI-XVII

Huldigung an die Geliebte, Erinnerung an den Tag des Liebesbeginns. – Kaiser: Dreiergruppen: II-IV Dialektik von Nähe und Ferne wird in Gang gesetzt; V-VII der Dichter setzt sich in die Ferne ab; VIII-X das Mädchen will Nähe herstellen; XI-XIII der Dichter vereinigt Poesie der Liebe und Liebe der Poesie; XIV-XVI das Mädchen trennt Poesie und Liebe, der Dichter vollendet Liebe in Poesie; die Dreiergruppen umrahmt von Prolog und Epilog. – Die Diskussion zur Frage der Zyklus-Gliederung kann noch nicht als abgeschlossen gelten. Bedenkenswert erscheint noch immer Boukes Vorschlag (FA, Bd. 1, S. 161): Man solle »sich die Gedichte in diesem, wie in allen derartigen Zyklen Goethes, etwa kreisförmig in bunter Reihe angeordnet denken, wobei hinüber und herüber Beziehungen walten, ohne daß an einen zeitlichen Ablauf gedacht ist«. Eine epische Abfolge ist jedenfalls nur im plausiblen Nacheinander von Begegnung und Trennung greifbar. Die Beziehung zwischen den einzelnen Gedichten selbst jedoch ist eher die einer Vielfachnuancierung ähnlicher Grundsituationen der Liebe unter verschiedenen Voraussetzungen und Aspekten – am augenfälligsten bei den zwei Begegnungsgedichten, den Entsagungsgedichten V und VI, deren zweites zugleich mit VII zwei Varianten der Abschiedserfahrung formuliert, und bei der Sequenz XI-XV, die auf einer zweiten Ebene nun Dichtung selbst thematisiert.

Der Vorspruch (1814) bezieht sich auf den ›Sonettenstreit‹ (vgl. S. 1019): Es gibt keine dichterischen Formen, die als solche gut oder schlecht wären.

I. Mächtiges Überraschen (S. 250)
Im Brief von Ende November oder Anfang Dezember nennt Bettine sich die, »die Dir von Gott gegeben ist, als ein Damm, über welchen Dein Herz nicht mit dem Strohm der Zeit schwimmen soll, sondern ewig jung in Dir bleibt und ewig geübt in der Liebe – «.

250,1 *Ein Strom]* Man mag, wie gelegentlich geschehen, das Strom-Bild von *Mahomets Gesang* (Bd. I, S. 193) assoziie-

ren. Stärker als dort aber ist hier das ›unaufhaltsame‹ (v. 4) Zutal-Rauschen mit dem Tod konnotiert.

250,7 *Oreas*] Eine Bergnymphe (vgl. auch *Faust II* 7811 ff.), die hier also den seinem Ziel entgegenrauschenden Lebensstrom zum See aufstaut, die Zeit anhält. Das Bild der ›Oreas‹ vereinigt glücklich die sonst nur schwer verträglichen Vorstellungen des Weiblichen und des ›Mächtig‹-Erhabenen (Titel) eines Felssturzes.

250,7 *Behagen*] Selbstsicheres Insichruhen.

250,13 *Gestirne, spiegelnd sich*] Ein Korrespondenzgedanke ähnlich dem im *Gesang der Geister über den Wassern*, Bd. I, S. 319,25-27.

II. Freundliches Begegnen (S. 250)

Anklang an Petrarcas Sonett I 28 in der ersten Strophe:
Einsam, gedankenvoll, die öd'sten Lande
Geh' ich durchmessend, langsam und verdrossen,
Und wend' umher den Blick, zur Flucht entschlossen,
Wo Menschenspur sich eingedrückt im Sande.
(Übers. Gries.)

Zusammen mit der Erwähnung der »lieben Frauen | Der Dichterwelt« (v. 7 f.) eine Art Traditions-Zitat. – Das Gedicht wiederholt das Ereignis des vorangegangenen, doch nun nicht in ›mächtiger‹, sondern in ›freundlicher‹ (Titel) Variante: das rokokohafte Motiv des bekehrten Menschenfeindes.

251,12 *stand*] Blieb stehen.

III. Kurz und gut (S. 251)

Eine dritte Variante, doch nun schon zeitlich später im Vorgang, mit humoristischer, gleichfalls rokokohafter Pointe: Noch sucht der Dichter sich zu bewahren, aber seine Neigung spielt ihm einen Streich.

251,10 *durchgespielte Leier*] Der Ton eines Instruments gewinnt angeblich an Schönheit, je mehr darauf gespielt wird.

IV. Das Mädchen spricht (S. 252)
Eigenhändige Handschrift datiert 6. 12. 1807. Angeregt
durch Bettines Brief von Ende November oder Anfang
Dezember: »⟨...⟩ und wenn Dein Sinn wäre von Stein wie
Dein Bildniß, so müßte ich doch rufen: umarme mich, weißer
Carrarischer Stein.« Dies wiederum Anspielung auf eine
Szene in der Weimarer Bibliothek: Bettine hatte eine Büste
geküßt, die Goethe im Alter von 40 Jahren zeigte. »Eifersüchtig riß er sie von der Büste weg, drückte warme Küsse
auf ihre Lippen und hob sie hoch empor mit dem Ausruf:
›Götterkind! Sternenkind!‹« (Herwig, Bd. 2, S. 265, ein Bericht aus drittem Munde.) Bettine selbst Anfang Januar:
»⟨...⟩ auf der Bibliothek da konnte ich nicht umhin, mich zu
Deiner jungen Büste auf zuschwingen und meinen Schnabel
gleichsam wie eine junge Nachtigall daran zu wetzen«.

252,4 *milde*] Noch mit dem alten Beisinn ›freigebig‹.

V. Wachstum (S. 252)
Eigenhändige Handschrift datiert 13. 12. 1807.

252,1 *artges Kind*] Nicht im heutigen verblaßten Sinne
von ›brav‹, sondern ›wohlgeartet‹.

253,12 *als Fürstin*] Diese Bezeichnung ist sowohl für die
Silvie- wie für die Minna-These ein Hemmnis; man kann es
dadurch beseitigen, daß man die Stelle als poetische Überhöhung deutet. Es erscheint jedoch nicht abwegig, mit
Frommann (bei Fischer, S. 32) an Prinzessin Caroline zu
denken, zu der Goethe 1806/07 in einem besonders herzlichen Verhältnis stand, und damit den Kreis der in der Einleitung Genannten anmutig zu erweitern. (Zur Prinzessin
siehe S. 774 und Anm.)

VI. Reisezehrung (S. 253)
Wiederaufnahme des Entsagungs-Themas aus dem vorigen
Gedicht – mit der Pointe, daß der Sprecher wohl aller profaner Nahrung und Gesellschaft entsagt (ein Motiv der wenig später entstehenden *Wahlverwandtschaften*), nicht aber der
Liebe. Diese freilich bringt er selbst (v. 14), sie ist also eine

Disposition der eigenen Seele. Es ist nicht eindeutig, ob die Trennung definitiv ist oder, anläßlich der ›Reise‹, nur vorübergehend. Im ersten Falle wäre die Liebe ein transzendentales Vermögen, das von der konkreten Partnerin abgelöst werden könnte, im zweiten wäre sie liebendes Gedenken im eher landläufigen Sinn.

VII. Abschied (S. 253)

Aus der Perspektive des Dichters oder, komplementär zum vorigen Gedicht, aus der Perspektive des Mädchens? Jedenfalls wird auch hier die Liebe als ein Schatz im eigenen Innern entdeckt. Bettine im Brief von Ende November oder Anfang Dezember: »So wie der Freund Anker löst nach langer Zögerung und endlich scheiden muß; ihm wird die lezte Umarmung was ihm hundtert Küße und Worte waren, ja mehr noch, ihm werden die Ufer, die er in der Entfernung ansieht, was ihm der lezte Anblick war, Und wenn nun endlich auch das blaue Gebirg verschwindet, so wird ihm seine Einsamkeit, seine Erinnerung alles: so ist das treue Gemüth beschaffen, das Dich lieb hat, das bin ich!«

254,8 *An fernentwichnen, lichten Finsternissen*] Kein petrarkistisches Oxymoron (Kaiser), sondern vor dem Hintergrund der Goetheschen Farbentheorie zu sehen: Blau (v. 7) entsteht, wenn die Finsternis durch ein aufgehelltes Medium gesehen wird. In der *Farbenlehre* wird das Blau der Berge ausdrücklich darauf zurückgeführt: »Ebenso erscheinen uns auch die Berge blau; denn indem wir sie in einer solchen Ferne erblicken, daß wir die Lokalfarben nicht mehr sehen und kein Licht von ihrer Oberfläche mehr auf unser Auge wirkt, so gelten sie als ein reiner finsterer Gegenstand, der nun durch die dazwischentretenden trüben Dünste blau erscheint.« (»Didaktischer Teil«, § 156.)

254,11 *verdrossen*] Nicht mit dem heutigen Beisinn von Lustlosigkeit, sondern ›ärgerlich‹, bis hin zum Lebensekel.

VIII. Die Liebende schreibt (S. 254)

254,1 *Ein Blick von deinen Augen in die meinen]* Bettine im Juni 1807: »Ich wollt, ich könnte meinen Brief mit einem Blick in Ihre Augen schließen«.

254,7 f. *auf jene Stunde | Die einzige]* Im selben Brief: »⟨...⟩ wie ich immer muß hinverlangen wo mir's zum *erstenmal* wohl war«.

254,11 *in die Ferne reichen]* Riemers Tagebuch erwähnt am 6. 1. 1808 das Gedicht *Wirkung in die Ferne*, vgl. S. 132 und Anm., das freilich den Gedanken einer allzu handgreiflichen Fernwirkung verspottet.

254,13 *Mein einzig Glück auf Erden ist dein Wille]* In den Tagebüchern Goethes wie Riemers ist für den 15. 5. 1808 ein Gespräch »de discrimine masculi et feminei amoris« (über den Unterschied der männlichen und der weiblichen Liebe) belegt: Des Mannes ›amor‹ sei enthusiastisch, der des Weibes hingegen häufig »officiosus« (etwa: dienstfertig); dann: »Meine Sonette rezitiert und ihre Intention angegeben«. Allerdings sollte man das im Zusammenhang mit dieser Stelle nicht zu grob verstehen; denn es ist, wie die Folgezeile sagt, der Wille ›zu mir‹.

IX. Die Liebende abermals (S. 255)

Bettines Brief von Ende November oder Anfang Dezember 1807 beginnt: »Warum muß ich denn wieder schreiben? ⟨...⟩ zu sagen habe ich nichts, damals hatte ich auch nichts zu sagen, aber ich hatte dich anzusehen und innig froh zu seyn, und war Bewegung in meiner ganzen Seele.«

255,9 *mag]* Wohl in dem von Goethe häufig gemeinten älteren Sinne: ›kann‹.

X. Sie kann nicht enden (S. 255)

255,5 *den blauen Umschlag]* In einem blauen Umschlag hatte Goethe an Bettine zwei Sonette geschickt. (I und VII [dort III beziffert], vielleicht auch VI und IX, doch in Bettines Nachlaß sind nur die ersten beiden erhalten.) Bettine im Januar 1808: »⟨...⟩ da brachte man mir das blaue Couvert,

und ich brach auf und fand mich darinn in Göttlichem Glanz
wiedergebohren«. (Vgl. v. 14.)

256,9 *Lieb Kind! Mein artig Herz! Mein einzig Wesen]* Bettine im Juni 1807: »〈...〉 die Antwort aber, die ich mir in
Ihrem Nahmen gebe, spreche ich mit Bedacht aus: mein
Kind! mein artig gut Mädgen! liebes Herz! sag ich zu mir.«
Ähnlich am 6. 10. 1807: »Euer Kind, Dein Herz, und gut
Mädgen«. – Aber auch der Name ›Herzlieb‹ ist hier schon
enthalten! Vgl. das letzte Sonett. – Zu ›artig‹ vgl. Anm.
252,1.

XI. Nemesis (S. 256)

Humoristisches Reuegedicht: Nemesis, die Göttin der rächenden Gerechtigkeit, bestraft den Dichter für das *Sonett*
(»Sich in erneutem Kunstgebrauch zu üben«), S. 408, und für
seine diätetische Einstellung gegenüber Amor.

256,5 *begütet]* Bei Grimm, *Deutsches Wörterbuch* (Bd. 1,
Sp. 1315), ›besänftigen‹ oder ›mit einem Gut versehen‹, der
Goethe-Beleg dort der ersten Bedeutung zugewiesen, was zu
bezweifeln ist. Eher: Amor hat mir manches ›Gut‹ zugeführt,
aber ich habe schließlich doch nicht zugegriffen.

256,7 *Lacrimassen]* Anspielung auf das Drama *Lacrimas*
von Wilhelm von Schütz (1803), in dem zahlreiche romanische Strophenformen durchexerziert werden. Hier genutzt
zu einer Kontamination von ›lacrimae‹ (Tränen) und ›Grimassen‹.

256,8 *vier- und dreifach reimend]* In der Reimordnung des
Sonetts.

256,12 *der Genien Gelächter]* Komisch-pathetischer Bezug
zu den »Erynnen« (v. 10): Die Rachegöttinnen hatten den
Muttermörder Orest verfolgt; so verfolgen nun die Geister
der Dichtkunst den einstigen Sonett-Verächter Goethe.

XII. Christgeschenk (S. 256)

Denkbar ist, daß das Gedicht eine Sendung an Minna Herzlieb begleitete. – Ironischer Selbstwiderspruch: Der Dichter
will auf die Übersendung von ›poetischem Zuckerbrot‹ ver-

zichten, spricht dies aber in einem Sonett aus. Verbunden mit dem Thema der überflüssigen Rede im Folgenden.

257,11 *Das kann nur bis zu dir]* Bei Goethe häufig freie Stellung des »nur«; könnte auch als ›Nur das kann bis zu dir‹ gelesen werden.

XIII. Warnung (S. 257)

Anspielungshorizont des ganzen Gedichts ist Matth. 12,36: »Ich sage euch aber, daß die Menschen müssen Rechenschaft geben am jüngsten Gericht von einem jeglichen unnützen Wort, das sie geredet haben.« Hier scherzhaft eingesetzt zu einer kleinen Erpressung: Die spröde Geliebte ist schuld, wenn der Dichter für sein vergebliches Liebeswerben am Jüngsten Tag zur Rechenschaft gezogen und der Tag zum vollen Jahr wird.

XIV. (S. 258) und XV. (S. 258)

In B die beiden Schlußgedichte, die rückblickend noch einmal die Form des Sonetts selbst thematisieren. Weder die ›Zweifelnden‹ noch das ›Mädchen‹ fordern eine ›gefühlsunmittelbare‹ Liebespoesie. Die ›Zweifelnden‹ wissen, daß sich das Gefühl ›kaum noch ganz ungebunden‹ ausspricht, und das Mädchen weiß sogar, daß der Dichter sein ›Innerstes‹ aufwühlt, um nicht zu langweilen, vertritt also die Position der Gesellschaftspoesie. Die Schlußwendungen beider Gedichte sind deshalb wohl weniger als Durchbruch einer Geständnis-Ebene denn als spielerische Überbietungspointen zu deuten. *XIV*: Die ›Liebenden‹ betonen die Produktivität der Liebe gerade für die Sonett-Dichtung. *XV*: Der Dichter zieht in einer letzten Steigerung das Beispiel des Feuerwerkers heran, der, wie der Gesellschaftspoet, das Element meisterlich beherrscht und dann doch beim ›Spiel mit dem Feuer‹ zerschmettert wird.

258,10 *den läst'gen Stein zu wälzen]* Sonettendichtung als Sisyphus-Arbeit.

XVI. Epoche (S. 259)

Dieses und das folgende Gedicht hat Goethe erst 1827 in der Ausgabe C veröffentlicht. Sie blieben 1815 noch ungedruckt, »weil sie die nächsten Zustände nur allzu deutlich bezeichneten«. (*Tag- und Jahreshefte*, Paralipomena.) – ›Epoche‹ hat bei Goethe meist die Bedeutung von ›Einschnitt‹, ›Wende‹.

259,3 *Karfreitag*] Petrarcas Sonette waren 1806 von Karl Ludwig Fernow in Frommanns Verlag neu herausgegeben worden. Im Sonett I 3 spricht Petrarca davon, daß er die angebetete Laura zum ersten Male am Karfreitag des Jahres 1327 gesehen habe.

259,4 *Advent*] Gemeint ist wohl nicht der 1. Advent, zu dem das Tagebuch nichts Entsprechendes vermerkt, sondern die gesamte Spanne des Jena-Aufenthalts.

259,5 *Ich fing nicht an, ich fuhr nur fort zu lieben*] Ein »genialer Kalauer, der auf die Poesieförderlichkeit der Reise verweist« (Kaiser)?

259,13 f. *unter Palmenjubel ⟨. . .⟩ Der Herrin Ankunft*] Kontrafaktur zu des ›Herren‹ Einzug in Jerusalem am Palmsonntag, der zugleich als ›Advent‹, d. h. Ankunft zu verstehen ist. Vielleicht eine Parodie auf Zacharias Werners Neigung zu religiöser Metaphorik.

259,14 *ew'ger Maitag*] Der ›Maitag‹ ist im Brauchtum der erste Mai. Unter anderem findet an ihm eine Versteigerung oder Verlosung der Mädchen, das ›Mailehen‹, statt.

XVII. Charade (S. 260)

Ein Rätselgedicht mit der Auflösung ›Herzlieb‹, vorgetragen am 17. 12. 1807. Am Tag davor hatte Werner seine vergleichsweise überdeutliche *Charade* vorgetragen (mit Anspielungen auf Goethes *Veilchen*, S. 105,3, und *Heidenröslein*, S. 14):

> Herz ist was Liebes, was so lieb wir haben,
> Wenn wir auch recht nicht wissen es zu hegen;
> Bald tanzt es gern, bald will's der Ruhe pflegen,
> Bald schmollt's, bald thut es uns mit Lächeln laben!

Lieb' ist ein herzig's Veilchen, das begraben
Im Wiesengrün, als könnt es sich nicht regen;
Doch duftet Euch sein Blüthenkelch entgegen,
So geht's – wie mit dem Röslein und dem Knaben!

Herzlieb ist mir's, wenn Schöne schön mich preisen;
Wenn Helios mir strahlt nach Finsternissen;
Und etwas Anders, das ich nicht darf nennen!

Die erste Silbe ist wie Wachs und Eisen;
Die zweite: Gluth, die wird das Wachs verbrennen;
Das Ganze – ach! wir mögten's alle küssen!
(Nach Schlütter, S. 94 f.)

KANTATEN

Im Unterschied zu ›Liedern‹ sind Kantaten größere Gesangsstücke, die oft mit Instrumentalbegleitung gesungen wurden. Für das erste Gedicht, eine Parodie auf die ältere Poesie, insbesondere auf Gleim, ist die Einreihung jedoch eher eine Verlegenheitslösung.

Im Vorspruch (1814) Hinweis auf die Benutzergruppe, die Komponisten und Sänger.

Deutscher Parnaß (S. 261) siehe I, S. 712 (*Sängerwürde*) und Anm.

Idylle (S. 268)
Erstdruck: *Idyllische Kantate zum 30. Januar 1813*, Weimar. Entstanden 18./19. 1. 1813 (Tagebuch). – Die Kantate wurde, vertont von August Eberhard Müller, am 31. 1. anläßlich des Geburtstags der Herzogin Luise (30. 1.) aufgeführt. Damon und Menalkas sind traditionelle Namen der Idyllendichtung. Zu deren Topik zählt auch das Hereinholen des Einsamen in die Gesellschaft.

269,24 *Würde der Frauen*] Zwar auch Titel eines Gedichts

von Schiller; aber ›Frauen‹ ist hier alter Genitiv Singular: Würde der Herrin, der Herzogin.

269,27 *Echo]* Hier Name einer Nymphe.

Johanna Sebus (S. 271)

Erstdruck: Einzeldruck 1809. Entstanden 11./12. 5. 1809 (Tagebuch). – Der Unterpräfekt des Departements Cleve, Baron Keverberg, veranstaltete eine Sammlung, um Johanna Sebus ein Denkmal zu errichten. Goethe wurde gebeten, eine poetische Gabe beizusteuern. Er folgt bei der Darstellung dem Bericht des Unterpräfekten (abgedruckt bei Leitzmann). Nur den Namen hat er geändert, »weil ihm Hannchen nicht gefallen, und Johanna wegen der von Orleans zu pathetisch gewesen wäre«. (Louise Seidler an Pauline Gotter, 4. 6. 1809, nach Herwig, Bd. 2, S. 450.) Das Gedicht wurde sogleich in Abschriften, dann in einem Einzeldruck verbreitet, zum ersten Jahrestag des Ereignisses rezitiert. An Charlotte von Stein schreibt Goethe von der »naivgroße⟨n⟩ Handlung eines Bauernmädchens« (30. 5. 1809), an Reinhard von der »Naivität dieser unschuldigen guten Handlung« (9. 6. 1809); gegenüber Keverberg nennt er das Gedicht selbst eine »naive Produktion« (28. 2. 1810). Louise Seidlers Bericht, daß Goethe die Geschichte durch sein Gedicht »als Volkssage zu verewigen wünscht« (a.a.O.), wird durch solche Äußerungen hinreichend unterstützt. Tatsächlich ist das Gedicht sehr populär geworden.

271,vor 1 *Schönen Guten]* Von der griechischen ›Kalokagathie‹, dem Ideal des ›Schöngutseins‹. Die ›Schönegute‹ heißt später Nachodine in den *Wanderjahren.*

271,9 *Bühle]* Hügel.

272,27 f. *erbraust's* ⟨...⟩ *saust's]* Etwas mühsam erstellte Imperfekt-Formen?

Rinaldo (S. 272)

Entstanden 22.–24. 3. 1811 (Tagebuch). – Goethe hat diese Kantate für den Prinzen Friedrich von Gotha geschaffen, der hier seine schöne Tenorstimme glänzen lassen konnte (an

Zelter, 17. 4. 1812). Der Kreuzfahrer Rinaldo in Tassos *Gerusalemme Liberata* ist von der Zauberin Armida in ihren Garten gebannt. Im Spiegel eines diamantenen Schildes wird ihm seine Schmach vorgehalten, und er enteilt zum Kampfe. Armida aber zerstört verzweifelnd ihre Paläste und Gärten. (Rinaldo wird sie später bekehren und heiraten.) In der Kantate ist der Vorgang etwas anders aufgebaut: »Armida hat vor Verdruß über den Abtrünnigen schon Palast und Garten zerstört, ist auf und davon gegangen und hat den Reuigen zwischen Felsen und Meer zurückgelassen. So wüste nun auch die Gegend ist, so hält sie ihn doch noch fest, und er hat Zeit sein vergangnes Glück zu rekapitulieren, indessen ihn seine Gefährten, deren ich ihm einige mehr zuteile, um ein gutes Chor zu erhalten, zur schnellen Abreise vergebens anmahnen.« (An den Prinzen Friedrich von Gotha, Konzept 6. 3. 1811.) – Nach dem Strich Szenerie auf See.

273,10 *umgeboren*] Etwa: In anderer Gestalt wiedergeboren (Grimm, *Deutsches Wörterbuch*, Bd. 23, Sp. 900).

274,44 *gemeinet*] Mit dem alten Nebensinn ›geliebt‹.

275,67 *zum zweiten Mal*] Nachdem er sie sich in seinen Phantasien noch einmal vergegenwärtigt hat.

278,146 *Godofred und Solyma*] Gottfried von Bouillon, der Kreuzfahrerführer, und Hierosolyma (Jerusalem).

VERMISCHTE GEDICHTE

In der ersten Gesamtausgabe von 1789 (S) hatte Goethe den gesamten Lyrikteil als »Vermischte Gedichte« bezeichnet und in zwei »Sammlungen« eingeteilt (siehe Bd. I, S. 277-368). 1806 (A) wurden aus der »Ersten Sammlung« vor allem die »Lieder« herausgelöst und der Gruppe »Lieder« von 1800 (N) zugeschlagen. Nun, 1815, werden ihr auch noch die neugebildeten Rubriken »Antiker Form sich nähernd« und »Kunst« entnommen. Neu in die Gruppe aufgenommen wurden für A *Die Musageten* und *Der Besuch*, beide schon in den neunziger Jahren gedruckt. In B kamen neu

hinzu *Königlich Gebet*, *Menschengefühl*, beide noch ungedruckt, aber 40 Jahre früher entstanden, ferner *Magisches Netz* aus dem *Taschenbuch auf das Jahr 1804* von Goethe und Wieland (siehe S. 927 f.).

Der Vorspruch (1814) entschuldigt die Verlegenheitsrubrik. »Kram« ist das Warenlager, nach der »Musterkarte« wählt der Kunde aus.

Klaggesang (S. 279) siehe I, S. 313 und Anm.; *Mahomets Gesang* (S. 282) siehe I, S. 193 und Anm.; *Gesang der Geister über den Wassern* (S. 284) siehe I, S. 318 und Anm.; *Meine Göttin* (S. 285) siehe I, S. 319; *Harzreise im Winter* (S. 288) siehe I, S. 322; *An Schwager Kronos* (S. 290) siehe I, S. 201 und Anm.; *Wanderers Sturmlied* (S. 292) siehe I, S. 142 und Anm.; *Seefahrt* (S. 295) siehe I, S. 206 und Anm.; *Adler und Taube* (S. 297) siehe I, S. 146 und Anm.; *Prometheus* (S. 298) siehe I, S. 203 und Anm.; *Ganymed* (S. 300) siehe I, S. 205 und Anm.; *Grenzen der Menschheit* (S. 301) siehe I, S. 332 und Anm.; *Das Göttliche* (S. 303) siehe I, S. 333 und Anm.; *Königlich Gebet* (S. 305; in B mit dem folgenden Gedicht auf einer Seite) siehe I, S. 206 und Anm.; *Menschengefühl* (S. 305) siehe I, S. 206 und Anm.; *Lili's Park* (S. 305) siehe I, S. 293 und Anm.; *Liebebedürfnis* (S. 309; in B mit dem folgenden Gedicht auf einer Seite) siehe I, S. 233 und Anm.; *Süße Sorgen* (S. 310) siehe I, S. 312 und Anm.; *Anliegen* (S. 310; in B mit dem folgenden Gedicht auf einer Seite) siehe I, S. 307 und Anm.; *An seine Spröde* (S. 310) siehe I, S. 309 und Anm.; *Die Musageten* (S. 311) siehe I, S. 719 und Anm.; *Morgenklagen* (S. 312) siehe I, S. 307 und Anm.; *Der Besuch* (S. 314) siehe I, S. 697 und Anm.

Magisches Netz (S. 316)

Erstdruck im *Taschenbuch auf das Jahr 1804* von Goethe und Wieland in der Sammlung »Der Geselligkeit gewidmete Lieder« (siehe S. 927 f.). In A an gleicher Stelle. – Nach einer Mitteilung Varnhagens an Düntzer zur Hochzeit von Henriette v. Wolfskeel und Karl Wilhelm von Fritsch. Goethe

habe gesehen, wie Fräulein von Wolfskeel an einer Weste arbeitete, und gemeint, sie sei ihm zugedacht; dann habe er sie an Fritsch wahrgenommen. Düntzer dagegen: zwei verschiedene Westen. Eher: zunächst die Herstellung der Handarbeit, die der Dichter empfängt; doch derweil haben die Finger, die ›Losen‹ (v. 34), auch ein anderes, metaphorisches, ›magisches‹ Netz aus ›Dämmrungsfäden‹ usw. um den Bräutigam geflochten.

316,3 *Fünf der allerliebsten Knaben]* Im folgenden die Handarbeit als ›Kampf‹ der Finger dargestellt.

317,22 *Musterhafte Schleifen]* Schleifenmuster.

317,25-27 *Allerwünschtes* ⟨...⟩ *Diener]* Im *Taschenbuch*:
 Allerwünschtestes? Begünstigt
 Von der vielgeliebten Herrin,
 Als ein anerkannter Diener?

Der Becher (S. 317) siehe I, S. 309 und Anm.; *Nachtgedanken* (S. 318; in B mit dem folgenden Gedicht auf einer Seite) siehe I, S. 240 und Anm.; *Ferne* (S. 319) siehe I, S. 240 und Anm.; *An Lida* (S. 319; in B mit dem folgenden Gedicht auf einer Seite) siehe I, S. 240 und Anm.; *Nähe* (S. 319) siehe I, S. 311 und Anm.; *An die Zikade* (S. 320) siehe I, S. 340 und Anm.

AUS WILHELM MEISTER

Eine für die Ausgabe B gebildete Rubrik. Sie nahm Gedichte aus dem Roman *Wilhelm Meisters Lehrjahre* (1795/96) auf, die sich im Laufe der Rezeption, vor allem als Liedkompositionen, verselbständigt hatten. Im Romankontext sind die Gedichte in Bd. IX dieser Ausgabe zu finden. Weitere Gedichte aus *Wilhelm Meister*: *Mignon*, S. 103, *Der Sänger*, S. 104, sowie im Anhang, S. 1349-1354.

Der Vorspruch (1814) weist darauf hin, daß die hier zu Worte kommenden ›Genien‹ eigentlich den weiten Raum des Romans benötigen.

Mignon (S. 321)
»Heiß mich nicht reden«

Abschluß von Buch V. Schon in der *Theatralischen Sendung* III 12, und zwar als Text aus Wilhelms Stück *Die königliche Einsiedlerin* – das wiederum als Frühwerk Goethes gilt. Allerdings steht das Gedicht getrennt von den anderen Fragmenten, ist wohl nicht in diesem Sinne einzuschätzen. – Das Buch III war 1782 entstanden.

Dieselbe (S. 321)
»Nur, wer die Sehnsucht kennt«

Abschluß von Kapitel IV 11. Schon in der *Theatralischen Sendung* VI 7. In den *Lehrjahren* von Mignon und dem Harfner als Duett gesungen, in der *Sendung* von Mignon allein. Am 20. 6. 1785 an Charlotte von Stein gesandt.

322,10 *Eingeweide*] In dieser Zeit neben dem körperlichen auch das seelische Innere, das ›Gemüt‹.

Dieselbe (S. 322)
»So laßt mich scheinen«

In VIII 2, gegen Ende. Nicht in der *Theatralischen Sendung*. Eng an den Kontext gebunden: Wunsch Mignons, ein Engel zu sein.

Harfenspieler (S. 322)
»Wer sich der Einsamkeit ergibt«

In II 13. Schon in der *Theatralischen Sendung* IV 13, 1783.

Derselbe (S. 323)
»An die Türen will ich schleichen«

In V 15. Nicht in der *Theatralischen Sendung*.

Derselbe (S. 323)
»Wer nie sein Brod mit Tränen aß«

In II 13. Schon in der *Theatralischen Sendung* IV 13, 1783.

Philine (S. 324)
In V 10. Nicht in der *Theatralischen Sendung*. – Ein Lieblingsgedanke Goethes, etwa *Hermann und Dorothea* IV 199: »Daß dir werde die Nacht zur schönen Hälfte des Lebens«. Präludium zu Philines nächtlichem Besuch bei Wilhelm in V 12.

324,8 *zwar]* Bei Goethe häufiger im alten Sinne von ›wahrlich‹ (mhd. ›zewâre‹).

ANTIKER FORM SICH NÄHERND

Die hier versammelten Gedichte entstammen zumeist der »Zweiten Sammlung« der »Vermischten Gedichte« von 1789; siehe Bd. I dieser Ausgabe, S. 335-340 und Anm. Unter den »Vermischten Gedichten« befanden sie sich auch in der Ausgabe A (1806), in gleicher Anordnung, doch vermehrt um einige Gedichte aus den neunziger Jahren: *Der Chinese in Rom* (S. 331), siehe I, S. 706 und Anm.; *Spiegel der Muse* (S. 331), siehe I, S. 724 und Anm.; *Phöbos und Hermes* (S. 332), siehe I, S. 723 und Anm.; *Der neue Amor* (S. 332), siehe I, S. 704 und Anm. Erst in die hier abgedruckte Ausgabe B wurden aufgenommen: *Die Kränze* (S. 333), siehe I, S. 724 und Anm., und *Schweizeralpe* (S. 333), siehe I, S. 711 (*Am 1. Oktober 1797*) und Anm.

Eine selbständige Rubrik »Antiker Form sich nähernd« bildet Goethe erst jetzt für die Ausgabe B. Der Titel historisiert die Gedichte, weist ihnen eine präzise entwicklungsgeschichtliche Stelle zu: Die voritalienische Zeit wird als Zeit der ›Näherung‹ aufgefaßt, ehe in den neunziger Jahren mit den »Römischen Elegien«, den »Venezianischen Epigrammen«, den »Idyllen und Elegien« bzw. »Elegien II«, *Hermann und Dorothea*, dem *Achilleis*-Fragment die eigentliche ›antike‹ Form gewonnen ist.

Bis *Entschuldigung* stehen die Gedichte immer zu zweien auf einer Seite (beginnend mit einer rechten), *Der Chinese in Rom* steht allein, die nächsten beiden wieder zu zweien, die letzten drei allein.

Der Vorspruch (1814) drückt die Distanz aus, in die Goethe inzwischen zu den ›antiken‹ Metren gerückt ist. Für Kurzgedichte verwendet er fast nur noch den ›deutschen‹ Reimvers.

AN PERSONEN

Der Vorspruch (1814) weist auf zweierlei hin: Nur ein Bruchteil dessen, was der Dichter in den vorangegangenen 45 Jahren mit freigebiger Hand verstreut hatte, war ihm selbst noch zugänglich. Und er präsentiert erstmals überhaupt diese Seite seines Schaffens, des Schaffens für die ›Lieben‹, der Öffentlichkeit. Vgl. auch die Rubrik »Inschriften 〈. . .〉« der Sammlung von 1827, S. 573-620, und die Kommentarbemerkungen S. 1142 f.

Ilmenau (S. 334) siehe I, S. 263 und Anm.; *Gellerts Monument von Oeser* (S. 340) siehe I, S. 249 und Anm.; *An Zachariae* (S. 340) siehe I, S. 65 und Anm.

An Silvien und *Derselben* (S. 341 und 342)
Zusammen auf einer Seite. Das erste Gedicht schon in Ausgabe A (1806) unter den »Vermischten Gedichten«, zwischen *Nachtgedanken* (S. 318) und *Ferne* (S. 319); das zweite erstmals in B gedruckt. Zur Adressatin Silvie von Ziegesar vgl. S. 975 f.

Einer hohen Reisenden (S. 342)
Erstdruck: Jenaische Allgemeine Literatur-Zeitung 1815, Intelligenzblatt Nr. 3. Entstanden am 26. und 27. 7. 1808 (Tagebuch) in Karlsbad für die Erbprinzessin Friederike Christiane Auguste von Hessen-Kassel auf Bitte des Malers Bury, der zu ihrem Gefolge gehörte und für einige Tage von Dresden nach Karlsbad herübergekommen war. Die Prinzessin besichtigte die Dresdner Kunstschätze (Strophe 2, Raffaels Madonna) und wollte nach Italien (Strophe 3). Das

Gedicht wurde auf einem Blatt überreicht, dessen Rahmen die Gegenden der Reise und Gegenstände der besonderen Aufmerksamkeit der Prinzessin darstellte (*Tag- und Jahreshefte*).

342,5 *Der Ungeheuer Schwarm im Hintergrunde]* Nicht geklärt. Ein Bild? Der Reiseweg?

Jubiläum am zweiten Januar 1815 (S. 343)

Erstdruck: Jenaische Allgemeine Literatur-Zeitung 1815, Intelligenzblatt Nr. 3. Entstanden am 1. 1. (Datum einer Handschrift) für das fünfzigjährige Dienstjubiläum des gothaischen Ministers Sylvius Friedrich Ludwig von Frankenberg.

343,8 f. *Vaterland* ⟨...⟩ *Allgewalten]* Anspielung auf den Wiener Kongreß, der seit dem 20. 9. 1814 tagte.

343,17 *das Erz erweicht sich]* Vermutlich eine für das Jubiläum geprägte Medaille.

343,19 *aus der Ferne]* Goethe war bei dem Fest nicht anwesend.

344,22 *gebidmet]* Von Goethe veranlaßte Anmerkung der ›Literatur-Zeitung‹: »Oberdeutsch für ›beben‹. Daher ›Erdbidmen‹.«

Rätsel (S. 344)

Entstehungszeit ungewiß, Lösung ungewiß. Vorgeschlagen wurden: ein Arzt (Hufeland, Gall oder Reil), ein Apotheker (Buchholz), ein Haarkünstler, ein Luftschiffer (Montgolfier selbst oder ebenfalls Buchholz), ein Scharlatan (Karl von Eckartshausen), Christus ...; zuletzt Mommsen: Goethe selbst als preisender Dichter.

Den Drillingsfreunden von Cölln
mit einem Bildnisse (S. 344)

Am 2. 1. 1815 mit einem von Karl Joseph Raabe verfertigten Goethe-Bildnis an die Brüder Boisserée (siehe S. 1034 f.) und deren Freund Bertram gesandt, unterzeichnet von Goethe und Raabe, »Weimar am Christfeste 1814«. Die erste Strophe bezieht sich auf Goethes damalige Beschäftigung mit der

östlichen Welt im Zusammenhang mit dem *Divan*, die zweite auf Raabes Verwundung und Auszeichnung im Befreiungskrieg, die dritte auf die ›Drillingsfreunde‹ und deren Bemühungen um altdeutsche Kunst. Dem zeitgenössischen Publikum mußte auch dieses Gedicht als ›Rätsel‹ erscheinen.

345,13 *Hämmling*] So oder ›Hemling‹, ›Hemelink‹ wurde, nach einer mißverstandenen Inschrift, der flämische Maler Hans Memmling genannt. Er soll in der Schlacht bei Nancy 1477 verwundet worden sein.

345,16 *Orden*] Das Eiserne Kreuz.

An Uranius (S. 345)

An den ›Himmlischen‹, d. h. den Komponisten Friedrich Heinrich Himmel (1765-1814), der am 2. 8. 1807 in Karlsbad seine Vertonung aus Christoph August Tiedges Lehrgedicht *Urania* vortrug.

An Tischbein (S. 346)

Dieses und die folgenden drei Gedichte entstanden am 18. 4. 1806 zum Dank für ein übersandtes »heiteres Buch« (an Tischbein, 24. 2. 1806) mit Zeichnungen. Sie wurden in das Buch eingetragen: das erste mit Unterschrift Luise von Göchhausens, das zweite mit Goethes eigener, das dritte mit der der Herzogin Anna Amalia, das vierte mit der Heinrich Meyers. Das zweite Gedicht wurde schon 1811 im ›Journal für Kunst und Kunstsachen‹, 3. Bd., 3. Stück, veröffentlicht mit der Unterschrift »Seinem alten Freunde Tischbein, Weimar den 1. Mai 1806. Goethe«. Zu Tischbein vgl. S. 1109.

346,4 *Aner*] Dogmatischer Anhänger einer Philosophie, z. B. ›Kantianer‹. Vgl. auch S. 661,1190.

An Denselben ⟨II⟩ (S. 347)

347,3 *Camöne*] Quellnymphe, auch Muse.

An Denselben ⟨III⟩ (S. 347)

347,9 *Büffon*] George Louis Leclerc Buffons monumentale *Histoire Naturelle Géneral et Particulière* (Allgemeine

und besondere Naturgeschichte, 1749-1783) hatte auch die ›Sitten‹ der Tiere beschrieben. Tischbeins Stärke waren grotesk anthropomorphisierende Tierszenen.

Stammbuchs-Weihe (S. 347)

Am 14. 3. 1813 in das Stammbuch von Caroline Ulrich (siehe S. 1283) eingetragen.

Der Liebenden Vergeßlichen, zum Geburtstage (S. 348)

In B mit dem folgenden Gedicht auf einer Seite. Am 7. 8. 1812 in Teplitz an die Gräfin Josephine O'Donell (siehe S. 1029).

Mit Wahrheit und Dichtung (S. 348)

Widmung des dritten Teils von *Dichtung und Wahrheit* an die Gräfin O'Donell am 10. 5. 1814.

Angebinde zur Rückkehr (S. 348)

Am 30. 11. 1813 mit einem Geburtstagsgeschenk an die Hofdame Constanze von Fritsch (1786-1858).

KUNST

»Kunst« als eigene Rubrik erscheint erstmals hier in der Sammlung von 1815 (B). Sie besteht aus einer Kunst-Sequenz vom Ende der »Vermischten Gedichte« der Ausgabe A (1806), die ihrerseits übernommen wurde aus der »Zweiten Sammlung« der »Vermischten Gedichte« von 1789 (Ausgabe S). Diese bestand größtenteils aus älterem, vorweimarischem Gut; nur *Die Nektartropfen* stammen aus dem ersten Weimarer Jahrzehnt, *Amor ein* ⟨C: als⟩ *Landschaftsmaler* aus Italien. – Für die Ausgabe B kam lediglich *Groß ist die Diana der Epheser* hinzu. 1827 bildete Goethe für die Ausgabe C eine zweite Rubrik »Kunst« (siehe S. 513-527), die das seit 1815 neu Entstandene aufnahm.

Der Vorspruch (1814) setzt voraus, daß diese Gedichte zumeist aus der Rolle des bildenden Künstlers gesprochen sind. Vielleicht ein leiser, bedauernder Ausdruck der eigenen Grenzen: Goethe hat immer etwas darunter gelitten, daß er als bildender Künstler nur Dilettant blieb, und entsprechend sind nicht alle diese Gedichte nur ein ›Hauch‹.

Die Nektartropfen (S. 349) siehe I, S. 341 und Anm.; *Der Wandrer* (S. 350) siehe I, S. 208 und Anm.; *Künstlers Morgenlied* (S. 356) siehe I, S. 199 und Anm.; *Amor ein Landschaftsmaler* (S. 359) siehe I, S. 351 und Anm.; *Künstlers Abendlied* (S. 361) siehe I, S. 188 und Anm.; *Kenner und Künstler* (S. 362) siehe I, S. 217 und Anm.; *Kenner und Enthusiast* (S. 363) siehe I, S. 212 und Anm.; *Monolog des Liebhabers* (S. 364; in B mit dem folgenden Gedicht auf einer Seite) siehe I, S. 219 und Anm.; *Guter Rat* (S. 364) siehe I, S. 190 und Anm.; *Sendschreiben* (S. 365) siehe I, S. 187 und Anm.; *Künstlers Fug und Recht* (S. 366) siehe I, S. 702 und Anm.

Groß ist die Diana der Epheser (S. 368)

Tagebuch, 23. 8. 1812: »Apostelgeschichte. Groß ist die Diana der Epheser.« Es ist nicht ganz sicher, ob damit die Entstehung des Gedichts gemeint ist, da der ephesische Goldschmied schon im unten zitierten Brief erscheint. – Goethes Verhältnis zu dem Jugendfreund Friedrich Heinrich Jacobi (1743-1819) war von einem ständigen Pulsieren der Anziehung und Abstoßung gekennzeichnet. Persönlich trafen sie sich zum letzten Mal 1805 in Weimar. 1811 erschien Jacobis Schrift *Von den göttlichen Dingen und ihrer Offenbarung*. Jacobi greift, ohne den Namen zu nennen, Schelling an, bezichtigt ihn des Pantheismus, damit aber auch des Atheismus; denn Gott müsse entweder persönlich aufgefaßt werden oder er existiere nicht. Nicht durch den Verstand, nur durch das Gemüt hätten wir Zugang zu Gott. Schelling erwiderte 1812 äußerst heftig mit dem *Denkmal der Schrift Jacobis von den göttlichen Dingen* ⟨. . .⟩. Da das Gedicht eine Art Schlußpunkt in den vielfach erschütterten und wiederer-

weckten Beziehungen mit dem Jugendfreund markiert, seien hier die Zeugnisse im Umfeld ausführlicher zitiert. Goethe an Knebel am 8. 4. 1812:

> Daß es mit Jacobi so enden werde und müsse, habe ich lange vorausgesehen, und habe unter seinem borniertem und doch immerfort regen Wesen selbst genugsam gelitten. Wem es nicht zu Kopfe will, daß Geist und Materie, Seele und Körper, Gedanke und Ausdehnung, oder (wie ein neuerer Franzos ⟨Abraham Louis Bréguet, *Essai sur la force animal*, 1811⟩ sich genialisch ausdrückt) Wille und Bewegung die notwendigen Doppelingredienzien des Universums waren, sind und sein werden, die beide gleiche Rechte für sich fordern und deswegen beide zusammen wohl als Stellvertreter Gottes angesehen werden können – wer zu dieser Vorstellung sich nicht erheben kann, der hätte das Denken längst aufgeben, und auf gemeinen Weltklatsch seine Tage verwenden sollen.

Im Dankesbrief an Jacobi vom 10. 5. 1812:

> Ich würde ⟨...⟩ die alte Reinheit und Aufrichtigkeit verletzen, wenn ich Dir verschwiege, daß mich das Büchlein ziemlich indisponiert hat. Ich bin nun einmal einer der ephesischen Goldschmiede, der sein ganzes Leben im Anschauen und Anstaunen und Verehrung des wunderwürdigen Tempels der Göttin und in Nachbildung ihrer geheimnisvollen Gestalten zugebracht hat, und dem es unmöglich eine angenehme Empfindung erregen kann, wenn irgendein Apostel seinen Mitbürgern einen anderen und noch dazu formlosen Gott aufdringen will. Hätte ich daher irgendeine ähnliche Schrift zum Preis der großen Artemis herausgegeben, (welches jedoch meine Sache nicht ist, weil ich zu denen gehöre, die selbst gern ruhig sein mögen und auch das Volk nicht aufregen wollen,) so hätte auf der Rückseite des Titelblatts stehen müssen: »Man lernt nichts kennen, als was man liebt, und je tiefer und vollständiger die Kenntnis werden soll, desto stärker, kräftiger und lebendiger muß Liebe, ja Leidenschaft sein.«

Dann am 6. 1. 1813 eine Äußerung, die Jacobi (wie ein

Briefkonzept vom November 1815 zeigt) später als vorweggenommene Rechtfertigung des Gedichts auffaßte:

> Ich für mich kann, bei den mannigfaltigen Richtungen meines Wesens, nicht an einer Denkweise genug haben; als Dichter und Künstler bin ich Polytheist, Pantheist hingegen als Naturforscher, und eins so entschieden als das andre. Bedarf ich eines Gottes für meine Persönlichkeit, als sittlicher Mensch, so ist dafür auch schon gesorgt ⟨durch die Vorstellung eines persönlichen Gottes⟩. Die himmlischen und irdischen Dinge sind ein so weites Reich, daß die Organe aller Wesen zusammen es nur erfassen mögen.
>
> Siehst du so steht es mit mir, und so wirke ich nach Innen und Außen immer im stillen fort, mag auch gern, daß ein jeder das gleiche tue. Nur wenn dasjenige, was mir zu meinem Dasein und Wirken unentbehrlich ist, von andern als untergeordnet, unnütz oder schädlich behandelt wird, dann erlaube ich mir, einige Augenblicke verdrießlich zu sein und auch dies vor meinen Freunden und Nächsten nicht zu verbergen.

Im 19. Kapitel der Apostelgeschichte wird berichtet, daß der Goldschmied Demetrius seine Zunftgenossen gegen Paulus und seine Anhänger aufgewiegelt habe, weil dieser die Majestät Dianas (der römischen Artemis) und ihres Tempels – eines der Sieben Weltwunder – untergehen lassen wolle. Es gab einen großen Tumult, in dem die Anhänger des Demetrius zwei Stunden lang schrien: »Groß ist die Diana der Epheser.« Ein Verwaltungsbeamter (›Kanzler‹) konnte schließlich die Menge beruhigen mit dem Vorschlag, die Sache in einer »ordentlichen Gemeine« (Volksversammlung) zu verhandeln (19,39). Goethe macht also aus dem Aufwiegler der Apostelgeschichte einen still in der Werkstatt schaffenden Künstler, der, wie er selbst, »das Volk nicht aufregen« will.

PARABOLISCH

Als ›Parabeln‹ im engeren Sinn gelten heute Erzählungen einmaliger Vorgänge (Bildteil), die einen allgemeineren Sachverhalt bezeichnen (Sachteil) – im Unterschied zum ›Gleichnis‹, das dies mittels eines wiederkehrenden Vorgangs oder Sachverhalts tut (Parabel vom verlorenen Sohn, Gleichnis vom Sämann). Bei den Gedichten dieser Rubrik verfließen jedoch die Grenzen; ohnedies ist durch die Adjektivbildung ›Parabolisch‹ der Rahmen für das Aufzunehmende erweitert. Nur das Grundverhältnis, daß ein Bildteil einen Sachteil, ein besonderer Fall einen allgemeinen Sachverhalt bezeichnet, ist konstitutiv. – Eine zweite Rubrik »Parabolisch« bildet Goethe in der Sammlung von 1827, siehe S. 543-552.

Der Vorspruch (1814) schließt an die Dichtungsauffassung der Aufklärungszeit an.

Erklärung einer antiken Gemme (S. 370)

Zur Entstehung ist nichts bekannt. – Zu den zahlreichen Sammlungen Goethes gehörten auch solche antiker geschnittener Edel- und Halbedelsteine, für die er sich schon in Italien interessierte (*Italienische Reise*, 22. 9. 1787). Ob hier eine tatsächliche oder eine fiktive Gemme beschrieben wird, ist ungeklärt.

370,4 *seiner warten*] Ihn behüten.

370,5 *Quiriten*] Anrede an die Bewohner Roms, hier offenbar übertragen auf (Latein-)Schüler (v. 17).

Katzenpastete (S. 371)

Tagebuch, 18. 4. 1810: »Kleines Gedicht: *Jäger und Koch*.« Eine eigenhändige Handschrift von v. 9-24 ist überschrieben: »Newton als Physiker«, darüber »Mathematiker und Physiker«, also offenbar alternative Titelversuche, die dann dem zweistrophigen deutenden Vorspruch wichen. – Goethe hat das Bild schon früher auf Newton angewendet. Aus dem

März 1806 notiert Riemer die »Anekdote von der Katzenpastete, die man für eine Hasenpastete gefressen, auf die Newtonsche Farbenlehre bezogen«. (*Notizblätter Riemer's aus den Jahren 1803-1806 über Goethe und über Aussprüche Goethe's*, in: Goethe 23 [1970], S. 268-291, hier: S. 270.) – Zur Sache der ›zwei Gewerbe‹ vgl. den Abschnitt »Verhältnis zur Mathematik« der *Farbenlehre*, die damals gerade abgeschlossen war (Bd. XXIII dieser Ausgabe). Am 20. 4. 1810 sendet Goethe das Gedicht an Sartorius und kündigt das Erscheinen der *Farbenlehre* an: Er werde »mit Vergnügen in Betracht ziehen, wie sich die Newtonianer gebärden, nachdem ich ihnen die Knöchelchen dieser alten Katzenpastete wohl gebleicht und mit pragmatischen Messingdrähten zum Skelett zusammengeworfelt vorgestellt. Der Streit wird hierdurch, wie Sie sehen, in die komparierte Anatomie gespielt, und ich meine, die Herren werden nach ihrer hundertjährigen Manier versichern: das sei eben der rechte Hase, der sechs scharfe Schneidezähne und ein paar tüchtige Eckzähne von der Natur erhalten habe. Worauf ich dann freilich nichts zu antworten weiß.« (*Goethes Briefwechsel mit Georg und Caroline Sartorius*, hg. v. Else von Monroy, S. 107.)

371,10 *Appretieren*] Allgemein ›zubereiten‹, wie heute noch bei Kleidungsstücken.

Séance (S. 372) siehe I, S. 710 und Anm.; *Legende* (S. 372) siehe I, S. 215 und Anm.; *Autoren* (S. 373) siehe I, S. 218 und Anm.; *Rezensent* (S. 373) siehe I, S. 184 und Anm.; *Dilettant und Kritiker* (S. 374) siehe I, S. 214 und Anm.

Neologen (S. 374)

Zur Entstehung ist nichts bekannt. ›Neologen‹ im engeren Sinne sind Neuerer in der Theologie bzw. in der Sprache. Hier auf die Originalitätssucht allgemein bezogen.

Krittler (S. 375)

Bezug zu Friedrich Schlegels Rezension der *Werke* 1808 (Loeper)? Vgl. Goethes Äußerung über diese Rezension im

Brief an Reinhard (22. 6. 1808), die manchmal (z. B. bei Fambach) verkürzt zitiert wird, so daß Goethes Reserve nicht zur Geltung kommt. (Zitat aus diesem Brief unten zur *Parabel*, S. 377.)

375,3 und 12 *künstlich*] Kunstvoll.
375,16 *angelaufen*] Oxydiert.
375,20 *Quidam*] Ein ›Irgendwer‹.

Kläffer (S. 376)

376,4 *billt*] ›Starke‹ Flexion von ›bellen‹. Anm. 642,616-625: »Der Jagdhund boll!«

376,5 *Spitz aus unserm Stall*] Nach einer Aufzeichnung Riemers auf Garlieb Merkel (siehe S. 1250) bezogen, der zeitweise in Weimar gelebt hatte. Auch Reichardt, der »Spitz aus Giebichenstein« (an Schiller, 19. 10. 1796), käme in Frage, ebenso Friedrich Schlegel wie beim Vorigen – wenn man nicht ganz auf individuellen Bezug verzichtet.

Celebrität (S. 376)

Die Heranziehung des hl. Nepomuk, des Schutzpatrons Böhmens (vgl. S. 475), deutet auf Entstehung bei einer der Badereisen. Gräf, 3. Teil, Bd. 1, S. 421 f., ermittelt auf Grund sehr schwacher Indizien Juli/August 1806. Welche der zahlreichen *Werther*-Illustrationen Goethe hier (v. 21) speziell vorschwebte, ist nicht geklärt. Eine entsprechende Abbildung, allerdings kein Holzschnitt, in *Goethe. Sein Leben* ⟨. . .⟩, S. 94.

Parabel (S. 377)

Tagebuch, 23. 2. 1813: »Parabel vom Pfaffenspiel«. Auch im Inhaltsverzeichnis von B (nicht von C) mit dem Titel *Pfaffenspiel* aufgeführt. Nach Riemer, *Mitteilungen*, S. 189, beruht das Gedicht auf einer Erzählung aus dessen Kindheit in Glatz. – Gegen die katholisierenden Tendenzen vieler Romantiker. Äußerlich greifbar an den Konversionen: 1805 die Brüder Riepenhausen, 1808 Friedrich und Dorothea Schlegel, 1810 Dorotheas Söhne und Zacharias Werner, 1813 die

Maler Overbeck und Schadow ... Goethe vermutete hier teils Opportunismus, teils einen ästhetisierenden Mißbrauch. Am 22. 6. 1808 an Reinhard: »Und so gibt es denn, wie bei großen Festen, ein Gedräng an der Kirchtüre, wo die einen hinein und die andern hinaus wollen.« Und kühn des Erzfeindes Newton (vgl. S. 1249 f.) Experimente mit dem Prisma auf Friedrich Schlegels Konversion anwendend meint er, »daß im höchsten Lichte der Vernunft, des Verstandes, der Weltübersicht ein vorzügliches und höchstausgebildetes Talent verleitet wird sich zu verhüllen, den Popanz zu spielen, oder wenn Sie ein ander Gleichnis wollen, so viel wie möglich durch Läden und Vorhänge das Licht aus dem Gemeindehause auszuschließen, einen recht dunklen Raum hervorzubringen, um nachher durch das foramen minimum (kleinste Öffnung) so viel Licht, als zum hocus pocus nötig ist, hereinzulassen.«

378,26 *Funktionen]* Amtsverrichtungen.

GOTT, GEMÜT UND WELT

›Gemüt‹ kann in der Zeit Goethes noch die Gesamtheit unseres Inneren umfassen, also auch den Intellekt, und in diesem Sinne steht es wohl in der Überschrift der Rubrik. (Zum Bedeutungswandel und Goethes Konsequenz vgl. S. 1072.) Statt ›Welt‹ stand in einem Entwurf auch ›Natur‹. Man könnte also paraphrasieren: ›Gott, das Ich und die gegenständliche Welt‹. Und da ›Gott‹ nach der in diesen Sprüchen formulierten Auffassung nicht eine selbständige, separate Größe ist, sondern sowohl dem ›Gemüt‹ als auch der ›Welt‹ innewohnt, bezeichnet die Wortgruppe den gesamten Verflechtungs- und Entfaltungszusammenhang des Weltganzen.

Die Sprüche dieser – ohnedies sehr knappen – Sammlung weisen eine weit größere Kohärenz auf als die an späterer Stelle stehenden. Denn hier wird offenbar das im Titel genannte Programm konsequent, wenn auch fragmentarisch,

durchgeführt: zuerst das Thema ›Gott‹; dieser dann in der Natur (v. 11-20), im Innern des Menschen und im Kleinsten der gegenständlichen Welt (v. 21-36), die Elemente (v. 37-58), das ›Urphänomen‹ des Magnetismus in seinen Variationen (v. 59-78), schließlich Licht, Finsternis und Farben (ab v. 79).

Man darf annehmen, daß es sich hier um das Kondensat eines Planes handelt, der ursprünglich weit größere Dimensionen hatte, des Planes eines Naturgedichts in der Nachfolge von Lukrez' *De rerum natura*. Anläßlich der *Metamorphose der Pflanzen* schreibt Goethe an seinen Freund, den Lukrez-Übersetzer Knebel: »Ich denke vielleicht ehestens ein Gedicht über die magnetischen Kräfte, auf eben die Weise, aufzustellen. Man muß einzeln versuchen was im Ganzen unmöglich werden möchte.« (16. 7. 1798.) Am 18. 1. 1799 vermerkt das Tagebuch: »Abends mit Schiller. Ideen zu einem Natur-Gedichte.« Am 22. 1. 1799 an Knebel: »⟨...⟩ seit dem vorigen Sommer habe ich oft über die Möglichkeit eines Naturgedichtes in unsern Tagen gedacht, und seit der kleinen Probe über die Metamorphose der Pflanzen bin ich verschiedentlich aufgemuntert worden.« Abermals an Knebel, 22. 3. 1799: Die freundliche Aufnahme der *Metamorphose der Pflanzen* ermuntere ihn, an »das größere Werk zu denken. Freilich ist es im Ganzen ein fürchterlicher ⟨furchterregender⟩ Anblick, doch muß man denken daß man nach und nach durch anhaltenden Fleiß vieles zu Stande bringt.« Tagebuch am 8. 5. 1799: Mit Schiller »die Idee von dem Naturgedichte durchgesprochen«.

Inspirierend haben offenbar vor allem Gespräche mit Schelling gewirkt. Aber Goethe hat dann resigniert. Im Jahre 1800 schreibt Caroline Schlegel an Schelling: »Goethe tritt dir nun auch das Gedicht ab, er überliefert dir seine Natur. Da er Dich nicht zum Erben einsetzen kann, macht er Dir eine Schenkung unter Lebenden.« (Nach Gräf, 3. Teil, Bd. 1, S. 331.) Gleichwohl hat ihn der Gedanke auch später immer wieder beschäftigt. Die vorliegende Rubrik »Gott, Gemüt und Welt« mit ihrem allumfassenden Titel und ihrem

knappen Inhalt mutet fast wie ein Merkposten an, wie eines jener Fragmente, die Goethe auch sonst (am deutlichsten greifbar beim *Faust* und den *Wanderjahren*) vorläufig anstelle eines Ganzen vorlegte.

In der Sammlung von 1827 wird Goethe den Gedanken wieder aufnehmen, unter dem verwandten Titel »Gott und Welt«. (Siehe S. 489-512 und Anm.) Die Rubrik »Gott, Gemüt und Welt« der Sammlung von 1815 aber wird man als die Brücke zwischen dem Plan des ›Naturgedichts‹ vom Jahrhundertende und dem späteren Ensemble ansehen dürfen.

Der Vorspruch (1814) faßt die Sprüche als Sterne auf, die am heiteren Nachthimmel zu sehen sind. ›Tausend‹ vielleicht als Versprechen für die Zukunft (»Wird 〈...〉 heiter« auf die eben zurückliegende Kriegszeit bezogen?), vielleicht nur volkstümlich für ›viele‹.

379,1 f. *In wenig Stunden* 〈...〉*]* In *Dichtung und Wahrheit* 16 zitiert Goethe das »gutmütige altfranzösische Reimwort«: »En peu d'heure|Dieu labeure.« (Bei Gruter, siehe S. 1009.) – An den Anfang stellt Goethe, nach dem Vorbild älterer Spruchsammlungen, einige ›fromme‹ Eingangsverse.

379,3 f. *Wer Gott vertraut* 〈...〉*]* Z. B. bei Agricola (siehe S. 1009).

379,5 *Wen Gott betrügt* 〈...〉*]* Bei Gruter (siehe S. 1009). Vgl. Psalm 139,12.

379,7-9 *Unser Vater* 〈...〉 *Vater Unser]* Eine Differenz zwischen Reformierten und Lutheranern.

379,11-14 *»Ich wandle* 〈...〉 *ist Gnade.«]* Das Komma nach v. 11, das in der gesamten Überlieferung steht, müßte nach heutigem Brauch entfallen. – Bildhafte Funktionszuweisungen von ›Ursprünglichkeit‹ und ›Überlieferung‹.

379,15-26 *Was wär ein Gott* 〈...〉 *womöglich liebt.]* Seit 1827 auch in »Gott und Welt«, in *Prooemion*, vgl. S. 489 und Anm. (Dort auch Hinweise zur Datierung, zur Quelle und zum konkreten Bezug.)

380,28 *Weil* 〈...〉 *nicht Warum?]* Im heutigen Sinn genauer als »Warum« wäre ›Wozu‹: Gegen eine teleologische

Auffassung der Welt, vgl. z. B. auch »*Da wächst der Wein wo's Faß ist*«, S. 757 und Anm. In *Dichtung und Wahrheit* 11: »Das Was liegt in uns, das Wie hängt selten von uns ab, nach dem Warum dürfen wir nicht fragen und deshalb verweist man uns mit Recht aufs Quia ⟨Weil⟩.« – Dieser und die beiden folgenden Sprüche geben eine Art von methodologischem Motto.

380,29 f. *Willst du in's Unendliche schreiten* ⟨...⟩] Goethe bringt den Spruch auch in *Zur Morphologie* I 2 (1820), wo er fortfährt:

> Natura infinita est,
> sed qui symbola animadverterit
> omnia intellegit
> licet non omnino

(Campanella, *De sensu rerum et magia*, IV 20: »Die Natur ist unendlich, aber wer die Zeichen vernimmt, wird alles verstehen, wenn auch nicht gänzlich.«)

380,31 *Willst du dich am Ganzen erquicken* ⟨...⟩] Spinozas *Ethik*, V 24: »Quo magis res singulares intellegimus, eo magis Deum intellegimus.«

380,37 *wo das Wasser sich entzweit*] Das Wasser als Ursprung des Lebendigen. ›Entzweiung‹ als ›Entstehung‹ aus dem Ureinen in die lebendige Polarität zu verstehen, vgl. *Wiederfinden*, S. 490. – Anknüpfung bei 1. Mose 1,7.

380,41 *sie trocknen zum Flor*] Auf die Wasser-Tiere folgt die Erd-Flora.

380,44 *Stahl und Stein*] Werden sie aufeinandergeschlagen, so entstehen Funken: Blitze.

380,46 *Metall und Steine regnen*] Anknüpfend der Meteoritenfall. Er soll nach einer der zeitgenössischen Auffassungen aus Gewitterdünsten zu erklären sein, vgl. die folgenden beiden Gedichte. Näheres bei Günther Schmid, *Irrlicht und Sternschnuppe*, in: Goethe 13 (1951), S. 268-289; dort auch das Zitat aus Leonhards von Goethe gelesenem ›Taschenbuch für die gesamte Mineralogie‹, Jahrgang 1815: »Es ist nicht unwahrscheinlich, daß es tief unter der Oberfläche der Erde Zusammenfügungen gibt, und daß hier Gasarten ⟨...⟩ ent-

stehen, ⟨...⟩ welche dann durch unzählige Wege Gelegenheit finden, sich in die Atmosphäre zu erheben ⟨...⟩ bis sie an die Stellen gelangen, wo sie ⟨...⟩ sich zu größeren Massen aggregieren, die dann aus der Atmosphäre niederfallen.«

381,53 *gezüchtigt*] Erzogen, geartet.

381,59 *Was will die Nadel* ⟨...⟩] Eine Sequenz zum Phänomen des Magnetismus. »Maximen und Reflexionen« (Hecker) Nr. 434: »Der Magnet ist ein Urphänomen, das man nur aussprechen darf, um es erklärt zu haben; dadurch wird es denn auch ein Symbol für alles übrige, wofür wir keine Worte noch Namen zu suchen brauchen.« – Hier: Die Magnetnadel muß den ihr fremden Pol suchen.

381,63 *Drum danket Gott* ⟨...⟩] Die ›Entzweiung‹ ist also nicht etwa bedauerlich, sondern sie ist Voraussetzung des Lebens, vgl. auch v. 38, besonders aber das Gedicht *Wiederfinden*, S. 490, sowie das Gegenteil in »*An Venus Medicis ruht es in Frieden*«, S. 855.

381,71 f. *Sind Könige* ⟨...⟩] Eine aktuelle Spitze gegen den Wiener Kongreß. – Nur in der Wiener Ausgabe B^a. Es ist kaum denkbar, daß der Wiener Setzer diesen Spruch eigenmächtig eingefügt hat; wohl aber kann der Stuttgarter Setzer ihn versehentlich ausgelassen haben. Da die gemeinsame Druckvorlage der beiden Drucke nicht erhalten ist, ist nicht zu ermitteln, ob diese Verse vielleicht eingeklammert oder sonstwie abgesetzt waren. – Das »Dagegen« in v. 73 scheint direkt an v. 70 anzuschließen. Anderseits ist auch eine Variation des Gegen-Gedankens denkbar: Wenn die Könige als ›Gleiche‹ zusammenkommen ... wenn Bauern als ›Gleiche‹ zusammenkommen ... Das »Dagegen« wäre dann auf den Standesunterschied und das doppelsinnige »gleich« v. 74 zu beziehen: Wenn Könige zusammenkommen, dann haben die Untertanen Krieg zu befürchten; wenn ›dagegen‹ Bauern zusammenkommen, prügeln sie sich ›sogleich‹ selbst.

382,79 f. *Verdoppelte sich der Sterne Schein* ⟨...⟩] Im folgenden nun Gedanken zur Farbenlehre, hier zunächst die Opposition von Licht und Finsternis. Dazwischen das sichtbare Reich der Körper, des ›Trüben‹, der Farben.

382,92-100 *Purpur-Wonne* ⟨...⟩ *Blau*] Die Farbe Rot entsteht nach Goethe, wenn das Licht durch ein besonders ›trübes‹ Medium (das »Trübste«, v. 91), d. h. hier die Luft am Morgen oder am Abend, ans Auge gelangt. Bei einem minderen Grad des Trüben entsteht Gelb (v. 96). Blau (v. 100) entsteht, wenn wir die Finsternis durch ein trübes, vom Licht erhelltes Medium sehen (z. B. die Finsternis des Alls, v. 80, durch die vom Licht erhellte Atmosphäre).

SPRICHWÖRTLICH

Die Sprüche dürften überwiegend 1812-1815 entstanden sein. Die Zusammenstellung erfolgte laut Tagebuch vor allem im Januar 1814 und im Januar 1815.

»Ich sah mich um, an vielen Orten | Nach lustigen, gescheiten Worten«, und: »Diese Worte sind nicht alle in Sachsen | Noch auf meinem eignen Mist gewachsen« – so heißt es im dritten bzw. im vorletzten Spruch. – In *Dichtung und Wahrheit* 6 berichtet Goethe, er habe schon in früher Jugend eine Vorliebe für Sprichwörter gehabt, »die doch, statt vieles Hin- und Herfackelns, den Nagel gleich auf den Kopf treffen«. In seiner eigenen Bibliothek befanden sich die *Adagia* ⟨Sinnsprüche⟩ des Erasmus von Rotterdam, Basel 1520. Aus der Weimarer Bibliothek entliehen hat er: Johannes Agricola, *Siebenhundertfunfzig teutscher Sprichwörter*, Hagenau 1537; Janus Gruter, *Florilegium ethico-politicum* ⟨Moralisch-öffentliche Blütenlese⟩, 3 Bde., Frankfurt/Main 1610-1612; Julius Wilhelm Zinkgref, *Der Teutschen scharfsinnige Apophthegmata* ⟨Aussprüche⟩, Straßburg 1628-1631; Johannes Lassenius, *Sinnlicher Zeitvertreiber*, Jena 1650; Andreas Schellhorn, *Teutsche Sprüchwörter*, Nürnberg 1797. Dies sind nur die prominentesten Quellen, aus denen Goethe sich anregen ließ. Um Nachweise im einzelnen hat sich vor allem Gustav von Loeper verdient gemacht. So wichtig diese Nachweise für die Spezialforschung sind, so sind sie doch für das Verständnis der einzelnen Sprüche nur selten von Bedeutung

und werden deshalb im Kommentar nur gelegentlich angeführt.

Goethes Sprichwörtersammlung entspringt wohl nicht nur einer besonderen persönlichen Vorliebe. Sprichwörter, Redensarten, ›klassische‹ Zitate, sei's aus der Bibel, sei's aus den Werken profaner Klassiker, haben für eine Gesellschaft auch die Funktion von Topiken der Verständigung. Daß Goethe gerade seit 1806, wie die Ausleihnotizen und Tagebücher zeigen, solchen Sprichwörtern besonderes Interesse entgegenbrachte, hier, 1815, über zweihundert in seine Werke aufnahm und auch in späteren Sprüchen immer wieder deren Ton aufnahm, hat wohl auch eine ›politische‹ Dimension: Sie sollen in einer Zeit der Krise, des Zerfalls alter Strukturen, einen Schatz an Formeln des intersubjektiv Verbürgten bieten, der in Spruch und Widerspruch zugleich einen Spielraum der Verständigung bereitstellt. – Neben Sprichwörtern im engeren Sinne findet sich bereits jener Typus des satirischen Vierzeilers, der später für die »Zahmen Xenien« (S. 622-683) konstitutiv wird.

Der Vorspruch (1814) bezieht sich auf die Derbheit einiger Sprüche, die sich später mit den »Zahmen Xenien« auch ohne den ausdrücklichen Vorwand des ›Sprichwörtlichen‹ fortsetzen wird.

384,1 *Scherz will ernsthaft*] ›In Scherz und Ernst‹ ist fast eine stehende Formel Goethes. Am prominentesten die Bezeichnung des *Faust* als »diese sehr ernsten Scherze«. (An W. v. Humboldt, 17. 3. 1832.) An dieser Stelle ein Motto, das auf die ›scherz-ernsthafte‹ Doppellage der folgenden Sprüche aufmerksam macht.

384,11-14 *Im neuen Jahre* ⟨...⟩ *anderthalbe.*] In einer eigenhändigen Handschrift auf 22. 1. 1814 datiert.

384,14 *Auf einen Schelmen, anderthalbe*] Loeper weist französische und italienische Parallelen nach: »à corsaire corsaire et demi« bzw. »a furbo furbo e mezzo«.

385,41 *besorgen*] Hier: Aufgabe verrichten.

385,42 *munter*] Hier: wach.

385,43 *Dinte*] Laut Adelung oberdeutsche Schreibung, hier vielleicht zur Konnotation von ›Sprichwort‹-Kolorit.

385,50 *opfre du dem Glück]* Stelle dich gut mit der Glücksgöttin.

386,57 f. *Glaube nur ⟨...⟩]* Auf einer eigenhändigen Handschrift mit Datum 22. 6. 1814 überschrieben: »L'aptitude à la patience« (Die Fähigkeit zur Geduld).

386,59 *nicht nach der Decke streckt]* So der ursprüngliche Sinn der Redensart: Sich ›nach Maßgabe‹ der Bettdecke strecken.

386,61 *froh ⟨...⟩ gemütet]* Frohgemut.

387,79 f. *Neu Mond ⟨...⟩]* Italienisch: »Bocca bacciata non perde ventura, anzi rinnuova come fa la luna« (Loeper).

387,87 *endlich]* Im wörtlichen Sinn, am Ende einer Unternehmung; also gegen Rechthaberei nach dem Scheitern.

387,89 f. *Zücht'ge den Hund ⟨...⟩]* Italienisch: »Castiga il cane, castiga il lupo, non castigare l'uomo canuto.«

387,91 f. *häkeln ⟨...⟩ mäkeln]* ›Häkeln‹ bei Goethe häufiger im Sinn von ›tadeln‹. JA: Angeschwemmtes Holz mit Hakenstangen herausziehen.

387,95-98 *Was wärst du auch ⟨...⟩ böse Zungen.]* Auf einer eigenhändigen Handschrift datiert: »Töplitz d. 20 Juli 1812«.

387,100 *ohne Putzen]* Entweder Plural von ›Lichtputze‹ bzw. ›-butze‹, verkohlter Docht, oder: ohne daß sie mit der Schere ›geputzt‹, d. h. zurückgeschnitten werden müssen.

388,104 *Schuhu]* Uhu, diete als Lockvogel; oder übertragen: ›Vogel‹ im Kopf.

388,127 *Wer Ohren hat ⟨..⟩]* Matth. 11,15.

389,131-134 *Kleid' eine Säule ⟨...⟩ weiß nicht wem.]* Italienisch: »Vesti una colonna, vi paro una donna« bzw. »S'io dormo, dormo a mi; s'io lavoro, non so a chi.« (Loeper.)

389,132 *Fräule]* Adeliges Fräulein.

389,133 *bequem]* In der Zeit allgemeiner: angenehm. In der zweiten Zeile zu ergänzen: ›wem bequem‹.

389,152 *Monumente]* Vgl. »Zahme Xenien« aus dem Nachlaß, S. 724,273-288 und Anm.

389,153 f. *Willst du dich deines Wertes freuen ⟨...⟩]* Am 8. 5. 1814 in das Stammbuch Arthur Schopenhauers eingetragen. (Lesart »Lebens« statt »Wertes« in WA ist falsch; vgl.

Faksimile in: Schopenhauer-Jb. 1 [1912].) – Eben das im Spruch Geforderte tat die ›pessimistische‹ Philosophie Schopenhauers nicht, sondern sie wertete die ›Welt‹ zur Stätte des Leidens ab (*Die Welt als Wille und Vorstellung*, 1. Aufl. 1819); der Eintrag ist also keine bloße Freundlichkeit, sondern eine gezielte Ermahnung.

390,155 *in die Wüste*] Von Düntzer als Druckfehler für ›in der Wüste‹ eingeschätzt. Doch besteht kein zwingender Anlaß zu solcher Glättung.

390,163 *Das Interim*] Das ›Augsburger Interim‹ von 1548 sollte den religiösen Frieden wiederherstellen – einstweilen (›interim‹), bis zur endgültigen Klärung der strittigen Fragen. Die ersten beiden Verse sind Zitat eines Spruches, der damals entstand.

390,174 *Ein Lazarett von Medizinern*] Schon aus Italien schreibt Goethe anläßlich der in Herders *Ideen* entwickelten Humanitäts-Konzeption: »⟨. . .⟩ nur fürcht' ich, daß zu gleicher Zeit die Welt ein großes Hospital und einer des andern humaner Krankenwärter werden wird.« (27. 5. 1787.) Hier kaum, wie gelegentlich zu lesen, gegen die Romantiker, sondern allgemeiner: Zu viele Köche, zu viele Diener als sprichwörtliche Übel, denen nun noch die diversen Weltproblemlöser zugesellt werden.

390,175 f. *Ihr meint, ich hätt' mich ⟨. . .⟩*] An die Gegner der Goetheschen Farbenlehre gerichtet.

390,179 *Ein jeder Mann hat seinen Wurm*] Jakob Balde, *Poema de vanitate mundi* (1638):

> Copernici deliria
> Sunt involucra gypsi.
> Quid hoc? jacet Copernicus,
> Tellus stat, astra currunt.

Deutsche Version:

> Die Erden steht und nicht umbgeht,
> Wie recht die Glehrten mainen.
> Ein jeder ist seins Wurms vergwißt,
> Copernicus des seinen.
> (Nach Loeper.)

Goethe auf der Rückseite einer eigenhändigen Handschrift seines Gedichts: »Galilei kann die Fugam vacui nicht los werden, Kepler bleibt stehn Tycho verharrt bei einem absurden Mittelsystem | Ein jeder Mensch«. Die Verse 177 f. dort: »So kann sich Wahn in einer Furm | Mit Wahrheit leicht vereinen«.

390,182 *Noten]* Anmerkungen. An Schiller, mit Bezug auf die »Römischen Elegien«: Man brauche »ja auch Noten zu einem alten nicht allein, sondern auch zu einem benachbarten Schriftsteller.« (17. 5. 1795.) Doch hier wegen des ›denn‹-Anschlusses vermutlich auf Naturwissenschaft bezogen, vielleicht auf den »Historischen Teil« der *Farbenlehre.* (Loeper: Der Anschluß überspringe den voranstehenden Spruch, ziele auf v. 176; aber diese Annahme ist nicht nötig.) – Etwa: Die Wissenschaftler sind nicht zu vereinen (v. 178), weil jeder, selbst Kopernikus, einen individuellen Sparren hat, seine eigene Sprache spricht (v. 177); wenn man sie aber historisch erläutert und übersetzt, kann man den ›Consensus‹ der Wahrheit herausfiltern. Ähnlicher Anstrengung bedarf es auch bei der Verständigung zwischen gegenwärtig Lebenden.

391,189 *Brevier]* Buch mit Gebetsformeln.

391,196 *Lerche]* Bei Loeper mehrere sprichwörtliche oder redensartliche Belege, daß beim Einsturz des Himmels alle Lerchen erschlagen oder gefangen werden. Dagegen Goethes Spruch.

391,199-202 *Du treibst mir's ⟨...⟩ die Zeche.]* Eigenhändige Handschrift datiert 10. 1. 1814.

392,222 *Eingebinde]* Taufgeschenk.

392,229 *eine Bresche]* Bild von der Erstürmung einer befestigten Stadt oder Burg, die jeden Tag neu vollbracht werden muß.

392,237 f. *Der Mensch erfährt ⟨...⟩]* Aus dem Epilog zum *Essex* von John A. Banks, den Goethe dem Drama hinzugefügt hat, Oktober 1813, geschrieben »gerade an dem Tag der Schlacht von Leipzig«. (*Tag- und Jahreshefte.*) Eine Umschreibung der Solonischen Weisheit, daß niemand vor seinem Ende glücklich zu preisen sei.

393,239-242 *Das Glück deiner Tage* ⟨...⟩*bequemen.*] Vgl. *Italienische Reise*, Neapel, 17. 3. 1787.

393,242 *dich bequemen*] Dich einrichten.

393,253-256 *Laßt mir die jungen Leute* ⟨...⟩ *Einfall haben.*] Eigenhändige Handschrift datiert 20. 6. 1823.

394,267-270 *Wollen die Menschen Bestien sein* ⟨...⟩ *Kindern.*«] Vgl. Eckermann, 9. 7. 1827.

394,269 *Das Widerwärtige*] Das Widersprüchliche.

394,271 f. *Mit Narren* ⟨...⟩] Vgl. »Zahme Xenien«, S. 627,176-179.

394,276 *vexieren*] Quälen, irreführen.

394,278 *cujoniert*] Schindet.

394,279 *mit dem Tode zufrieden sein*] In ein friedliches Verhältnis zum Tod kommen, damit der Gedanke an ihn nicht das Leben verdüstert.

395,305-308 *Du kommst nicht in's Ideen Land* ⟨...⟩ *wohl erlaubt.*] Goethes eklektischer Umgang mit der idealistischen Philosophie der Zeit.

395,320 *Mich zu mißbrauchen*] Nachahmungen des *Götz* und des *Werther*, Nachdrucke.

396,339 f. *Christkindlein* ⟨...⟩ *Sankt Christoph*] Bezug auf ein Gemälde von Hans Memling (1440-1494) in der Sammlung der Brüder Boisserée (vgl. S. 1034 f.) in Heidelberg. Boisserée am 23. 10. 1814 an Amalie von Helvig, nachdem Goethe 14 Tage lang die altdeutschen Meister bewundert hatte: »Seitdem nun selbst der alte Heidenkönig dem deutschen Christkind hat huldigen müssen, sind wir gar voll des süßen Übermuts«. (Herwig, Bd. 1, S. 957.)

396,341 *uns angetan*] Uns verzaubert, so daß wir wieder zu Kindern werden (v. 342)?

396,347-352 *Zierlich denken* ⟨...⟩ *Sinn und Brust.*] Auch als Inschriften auf einem kleinen Goethe-Denkmal im Garten der Prinzessinnen Marie und Auguste in Jena (1821). ›Zierlichkeit‹, damals noch mehr im Sinne des Geschmückt-, Verziertseins, gehört dem Ideal der Grazie und Anmut zu. Der Kanzler von Müller hat die schon damals etwas befremdende Formulierung ›zierlich denken‹ auf Befragen ei-

ner Hoheit poetisch erläutert und dabei ausgeführt: »Und *zierlich* heißt: geschmückt mit Anmut sein.« So solle auch im Reich der Gedanken Anmut die Ideen umweben: »Dann wird der Geist mit Recht geschmückt genannt|Und auch im Denken *Zierliches* erkannt.« (Bernhard Suphan, *Allerlei Zierliches von der alten Exzellenz*, Berlin 1800, S. 8.)

397,361 f. *Glückselig ist* ⟨...⟩] Schlußverse der von Goethe und Riemer erstellten Theaterbearbeitung von *Romeo und Julia* aus dem Dezember 1811, Ende von Lorenzos Epilog (vgl. Bd. XI dieser Ausgabe).

397,368 *Bleibet Saldo dir gewogen*] Kommt bei der Rechnung ein Überschuß heraus.

397,371 *Wenige getrost erwarten*] Wenige können zuversichtlich abwarten.

397,373-375 *Doppelt gibt* ⟨...⟩ *wünscht und liebt.*] Das lateinische Sprichwort: »Bis dat, qui cito dat«, mit der schon bei Erasmus zu findenden Erweiterung: »Centies qui optata dat.«

398,380 *vigilieren*] Beobachten.

398,381 *vexieren*] Quälen.

398,390 *Der Stein im Sumpf*] Vgl. »Zahme Xenien«, S. 644,678-685.

398,402 *oft Belohnung*] Oft zur Belohnung.

399,424 *in der Welt*] In der guten Gesellschaft.

400,443 *der sich resigniert*] Der auf eigene Produktion verzichtet hat.

400,445 *mag*] Kann.

400,452 *Hier*] Im Bereich der Kunst und der Dichtung, in dem die Abstammung keine Rolle spielt.

400,457 *Frösche*] Auch hier wohl auf Dichtung bzw. Kritiker und Dilettanten zu beziehen.

401,463 *das Präveniere spielen*] Ihr zuvorkommen.

401,481 *Eingeschobne*] Untergeschobene Kinder, Bastarde, Günstlinge.

401,486 f. *Eigenheiten* ⟨...⟩ *Eigenschaften*] Eigenheiten sind Bestandteile der Person, ihre Grundausstattung, auch Fehler; Eigenschaften eher Fertigkeiten.

402,504-511 *Man hat ein Schimpflied* ⟨...⟩ *wohl wahr!*] Grundlage der vier Sprüche ist eine Anekdote (u. a. von Zinkgref überliefert): Ein Schreiber, auf den Schmähverse verfaßt worden waren, habe Kaiser Maximilian gebeten, sie zu verbieten. Der Kaiser habe geantwortet: »Dergleichen Lieder, wie sie geschwind aufkommen, also vergehen sie auch geschwind wieder; sie währen nicht so lange als das Lied ›Christ ist erstanden‹, das nun 1500 Jahre gewährt hat.« Vgl. *Faust* 737.

402,512 *der souveraine Mann*] Der ›Souverain‹ ist der unabhängige Herrscher; dem Neuabsolutismus der Restaurationszeit stellte die liberale Bewegung den Gedanken der ›Volkssouveränität‹ gegenüber. Schon im Notizbuch der Schlesischen Reise 1790: »M.⟨ajestät⟩ ist das Vermögen, ohne Rücksicht auf Belohnung oder Bestrafung recht oder unrecht zu handeln.«

402,516 *Entzwei und gebiete*] Der römische Wahlspruch »Divide et impera!«

403,530 *süß Gesicht*] Liebchen (Loeper). – Das Anführungszeichen gehört vielleicht hinter v. 529.

403,535 *was Anonymes*] Hier etwas ›Namenloses‹ im Sinne des nicht in Worte zu Fassenden, sich aller Etikettierung Verweigernden. Schon am 20. 9. 1780 an Lavater: »Hab ich dir das Wort ›Individuum est ineffabile‹, woraus ich eine Welt ableite, schon geschrieben?«

403,540-543 *Nein* ⟨...⟩ *bleibe liegen.*] Bezug auf den (damaligen) Nachlaß?

404,553 *auf Fingerchen gegangen*] JA: Auf den Zehen. Auf allen vieren erschlichen? Loeper verweist auf franz. ›aller sur les doigts‹.

404,556 *Erkenne dich!*] Vgl. auch »Zahme Xenien« aus dem Nachlaß, S. 715,19-24. Goethe wendet sich häufiger gegen das Wort: ›Erkenne dich selbst‹, das dem delphischen Apoll zugeschrieben wurde. Z. B. *Bedeutende Fördernis durch ein einziges geistreiches Wort* (Bd. XVII dieser Ausgabe): »Hiebei bekenn' ich, daß mir von jeher die große und bedeutend klingende Aufgabe: Erkenne dich selbst!, immer verdächtig

vorkam, als eine List geheim verbündeter Priester, die den Menschen durch unerreichbare Forderungen verwirren und von der Tätigkeit gegen die Außenwelt zu einer innern falschen Beschaulichkeit verleiten wollten. Der Mensch kennt nur sich selbst, insofern er die Welt kennt, die er nur in sich und sich nur in ihr gewahr wird. Jeder neue Gegenstand, wohl beschaut, schließt ein neues Organ in uns auf.« Ähnlich gegenüber Kanzler von Müller, 8. 3. 1824. Schon im *Tasso* 1242 f.: »Der Mensch erkennt sich nur im Menschen, nur | Das Leben lehret jeden, was er sei« (Antonio). Goethes Motive für die wachsende Aversion werden vielleicht deutlicher im Brief an Varnhagen von Ense, 8. 11. 1827: »Wenn z. E. Purkinje ganz unbewunden und zuversichtlich ausspricht: daß man die wahre, dem Menschen so nötige *Heautognosie* bei den Hypochondristen, Humoristen, Heautontimorumenen ⟨Selbsthassern⟩ lernen solle, so ist dieses eine so gefahrvolle Äußerung als nur irgendeine; denn nichts ist bedenklicher als die Schwäche zur Maxime zu erheben.« Aus gleichem Anlaß an Hegel, 17. 8. 1827: »Diese gerühmte Heautognosie sehen wir schon seit geraumer Zeit nur auf Selbstqual und Selbstvernichtung hinauslaufen, ohne daß auch nur der mindeste praktische Lebensvorteil daraus hervorgegangen wäre.« Jan Purkyně forderte die ›Heautognosie‹ als Propädeutik eines jeden Forschers. Goethes Ablehnung wiegt um so schwerer, als Purkyně ein Anhänger der Goetheschen Farbenlehre war.

405,582 *Gemüt muß verschleifen*] ›Schleifen‹ als Nebenform von ›schliefen‹, ›schlüpfen‹, also: Das Gemüt muß sich in einem Schlupfwinkel verstecken (Hecker).

405,599 *Stöffel*] Laut Kommentartradition Personenname (von Christoph). Eher Becher oder becherförmiger Berg (Grimm, *Deutsches Wörterbuch*, Bd. 17, Sp. 1169-1173, und Bd. 19, Sp. 164, Diminutiv von ›Stauf‹). Hier also einer, der das Glück auffängt, aber nicht genießen kann. Schellhorn: »Wenn's Hirsebrei regnet, hab' ich keinen Löffel.«

406,603 *an eignen Pfoten zehren*] Emblem-Motiv, z. B. das Signet des Verlages Breitkopf, mit der Inschrift »Ipse alimenta sibi«.

406,607 *erwurgen]* Diese von Goethe in der Korrektur geforderte unumgelautete Form beruht auf einer älteren Unterscheidung: (jemanden) ›erwürgen‹ transitiv, (selbst) ›erwurgen‹ (oder ›erworgen‹) intransitiv. (Grimm, *Deutsches Wörterbuch*, Bd. 3, Sp. 1072 f.)

406,612 *Sechs und zwanzig Groschen]* Der Taler galt 24 Groschen, oft noch weniger.

406,616 *Niederträchtigers]* Mit etwas anderer Bedeutungsnuance als heute: in ›niederer Tracht‹, also hier banal.

406,620 *Jahrgedichte]* Grimm, *Deutsches Wörterbuch* (nur dieser Beleg): Gedichte zu Jubiläen (wie Loeper); sie bringen das Altern zu Bewußtsein (JA). Sollten nicht (Liebes-)Gedichte in Almanachen gemeint, der Sinn ein ganz anderer, verfänglicher, sein?

406,623 *Pharaonem]* Lateinischer Akkusativ. – Eine der ägyptischen Plagen, 2. Mose 8.

406,627 *Schellen]* Narrenschellen.

407,634 f. *Globe de Compression* ⟨...⟩ *Flatterminen.]* Schwere und leichte Minen.

EPIGRAMMATISCH

Goethes Begriff des ›Epigrammatischen‹, wie er sich in dieser Gruppe manifestiert, umfaßt jede Art des witzig-pointierten Kurzgedichts.

Der Vorspruch (1814) faßt den Gedichtband oder nur die Rubrik als eine Art Botschaft auf.

Das Sonett (S. 408)

Erstdruck in A (1806) unter den »Liedern«, zwischen *Rätsel* (S. 423) und *Perfektibilität* (S. 410). – Im Cottaschen ›Morgenblatt‹ vom 5. 1. 1807 wurde das Gedicht vom Redakteur Haug im Zusammenhang einer Polemik gegen die von den Romantikern, besonders A. W. Schlegel, wiederbelebte Form des Sonetts abgedruckt. Wahrscheinlich ist es mehrere Jahre früher entstanden, denn das Sonett »*Natur und Kunst*

⟨...⟩«, S. 838, von 1802 ist bereits ein Widerruf der hier formulierten Position (vgl. dort die Wiederaufnahme des Zentralwortes »Beschränkung«). Vermutlich angeregt durch die *Gedichte* Schlegels, die ihm dieser am 23. 3. 1800 zugesandt hatte: Die beiden Quartette formulieren die Aufforderung, die damit an den Dichter ergeht, die Terzette seine Antwort. – Im ›Sonettenkrieg‹ zwischen dem ›Morgenblatt‹ und den Heidelberger Romantikern Arnim, Brentano und Görres von 1807/08 wurde Goethe mit diesem Gedicht als Eideshelfer dafür herangezogen, daß man in dieser Form nicht schaffen könne, ohne zu ›leimen‹ (v. 14) – ausgerechnet zu der Zeit, da in Jena und Weimar die ›Sonettenwut‹ ausgebrochen war. Vgl. die Rubrik »Sonette«, S. 250-260 und Anm. Goethe an Zelter: »Wie lächerlich ist's, mein Sonett, in dem ich einigermaßen zu Ungunsten der Sonette gesprochen, immer wieder⟨zu⟩käuen, aus einer ästhetischen Sache eine Parteisache zu machen und mich auch als Parteigesellen heranzuziehen, ohne zu bedenken, daß man recht gut über eine Sache spaßen und spotten kann, ohne sie deswegen zu verachten und zu verwerfen.« (22. 6. 1808.)

408,6 *Wenn sich die Geister gar gewaltig regen]* Ironisch bezogen auf die Prätentionen der Frühromantiker.

Sprache (S. 408) siehe I, S. 178 und Anm.

Vorschlag zur Güte (S. 409)

Erstdruck in A (1806) unter den »Liedern«, zwischen *Perfektibilität* (S. 410) und *Vanitas! Vanitatum vanitas!* (S. 86). – ›Vorschlag zur Güte‹ ist ein rechtssprachlicher Terminus für einen Vergleichs-Vorschlag. Sophie Mereau ließ sich scheiden und heiratete Brentano, Friedrich Schlegel heiratete die geschiedene Dorothea Veit, A. W. Schlegel und Caroline Schlegel ließen sich – mit juristischem Beistand Goethes – scheiden, desgleichen die Gräfin Henriette von Egloffstein usw.

Vertrauen (S. 409)
Zur Entstehung ist nichts bekannt.

Stoßseufzer (S. 410)
Erstdruck in A (1806) unter den »Liedern« zwischen *Sorge* (S. 68) und *Rätsel* (S. 423). Die gelegentlich vorgenommene frühe Datierung (Düntzer, Gräf) stützt sich auf eine Tagebucheintragung vom 1. 4. 1780: »Seit drei Tagen keinen Wein. Sich nun vorm englischen Bier in acht zu nehmen. Wenn ich den Wein abschaffen könnte wär ich sehr glücklich.« Dieses Problem dürfte Goethe aber auch noch später beschäftigt haben, das andere ebenfalls.

Perfektibilität (S. 410)
Erstdruck in A (1806) unter den »Liedern«, zwischen *Sonett* (S. 408) und *Vorschlag zur Güte* (S. 409). – ›Perfektibilität‹ ist eigentlich die Fähigkeit, vervollkommnet zu werden.

410,8 *so wandre*] Der Überlegene wird in die Verbannung getrieben. Cicero, *Tuscul.* V 36: Die Epheser hätten gesagt, keiner unter ihnen dürfe hervorragen, und wer es tun wolle, der solle es an anderem Ort und unter anderen Menschen tun.

Schneider-Courage (S. 411) siehe I, S. 385 und Anm.; *Catechisation* (S. 411) siehe I, S. 216 und Anm.

Totalität (S. 412)
Zur Entstehung ist nichts bekannt. – Der Titel bezieht sich auf die im Gedicht thematisierte ›Totalität‹ der Körperteile.

Physiognomische Reisen (S. 412) siehe I, S. 256 und Anm.; *Das garstige Gesicht* (S. 413) siehe I, S. 156 und Anm.; *Diné zu Koblenz* (S. 413) siehe I, S. 163 und Anm.

Jahrmarkt zu Hünfeld (S. 414)
Entstanden unterwegs zur Rheinreise 1814. Hün(e)feld liegt bei Fulda.

414,5 *Lavater]* Über ihn vgl. Bd. I, speziell S. 878 f. und 984. Hier ironischer Bezug zu Lavaters ›Physiognomik‹, zur Lehre der Menschenkenntnis aus den Zügen des Gesichts.

414,7 f. *Soldaten ⟨...⟩ wär's eben zum Besten geraten]* Im siegreichen Befreiungskrieg. ›Wär's‹ nicht Konjunktiv, sondern altertümelnder Indikativ.

414,11 *Der Rock]* Der Soldatenrock.

415,12 *in die Hände schlug]* Handschlag zur Bekräftigung des Verlöbnisses.

415,14 *Die guten Knaben]* Nach Grimm, *Deutsches Wörterbuch*, Bd. 11, Sp. 1315, redensartlich für Landstreicher. Die auf Jahrmärkten sonst, wenn keine Soldatenkonkurrenz auftritt, dominierenden Burschen?

415,15 *war gefegt, | Und hatten keine Ehre eingelegt]* Bürger und Bauern haben auch für den Krieg geopfert, aber sie gelten nicht als Helden.

Versus memoriales (S. 415) siehe I, S. 389 und Anm.; *Neue Heilige* (S. 415; in B mit dem folgenden Gedicht auf einer Seite) siehe I, S. 390 und Anm.; *Warnung* (S. 416) siehe I, S. 235 und Anm.

Frech und froh (S. 416)

In B mit dem folgenden Gedicht auf einer Seite. Die gelegentlich vorgenommene Datierung auf 1788 kann sich nur auf Atmosphärisches stützen (Rückkehr aus Italien, Christiane versus Charlotte).

Soldatentrost (S. 416)

Die gelegentlich vorgenommene Datierung auf 1792 stützt sich auf eine Stelle in der *Campagne in Frankreich*, wo vom weißen Brot der französischen Soldaten und vom schwarzen der deutschen die Rede ist. Goethe hatte jedoch 1806 bis 1813 weitere Gelegenheiten, derlei wahrzunehmen.

Problem (S. 417)
In B mit dem folgenden Gedicht auf einer Seite. Erstdruck: *Gesänge der Liedertafel*, Erstes Bändchen, Berlin 1811. Vermutlich am 18. 11. 1810 an Zelter gesandt.

Genialisch Treiben (S. 417) siehe I, S. 386 und Anm.; *Hypochonder* (S. 417) siehe I, S. 221 und Anm.

Gesellschaft (S. 418)
In B mit dem vorigen Gedicht auf einer Seite. Zur Entstehung ist nichts bekannt.

Probatum est (S. 418)
Zur Entstehung ist nichts bekannt. »Probatum est«: »Es hat sich bewährt.«
 418,4 *dazu getan*] Etwas dagegen unternommen.

Ursprüngliches (S. 418)
Zur Entstehung ist nichts bekannt.
 418,2 *Quall*] In älterer Sprache geläufige Wortbildung von ›quellen‹ wie ›Schwall‹ von ›schwellen‹.

Den Originalen (S. 419)
In B mit dem folgenden Gedicht auf einer Seite. Erhalten ist eine eigenhändige Handschrift mit Datum 4. 11. 1812. Das Thema erscheint immer wieder, vgl. etwa S. 682,1824-1835.
 419,1 *Ein Quidam*] Lat.: »Ein Irgendwer«.

Den Zudringlichen (S. 419)
Laut Q entstanden 5. 8. 1812. Ursprünglich auf Bettine und Achim von Arnim bezogen, die kurz vorher in Teplitz eingetroffen waren?

Den Guten
Den Besten (S. 419)
In B zusammen auf einer Seite. Zur Entstehung ist nichts bekannt.

Lähmung (S. 420)

Die Verse 1-4 in einer eigenhändigen Handschrift, ohne Überschrift, datiert 14. 1. 1814. – Vielleicht spezieller Bezug zu Arthur Schopenhauer (intensiver Verkehr seit November 1813), der Goethes *Farbenlehre* (1810) mit Zustimmung und großem Interesse studierte, jedoch auf eigene Art weiterdachte; sichtbarer Konflikt aber erst 1815/16.

420,8 *Was immer ungern ich getan*] Polemisieren (gegen Newton)?

Spruch, Widerspruch
Demut (S. 420)

In B zusammen auf einer Seite. Zur Entstehung ist nichts bekannt.

Keins von allen
Lebensart (S. 420 und 421)

In B zusammen auf einer Seite. Zur Entstehung ist nichts bekannt.

Vergebliche Müh (S. 421)

In B mit dem folgenden Gedicht auf einer Seite. Eigenhändige Handschrift datiert »Berka, den 21. Juni 1814«.

421,1 *der getreue Eckart*] Vgl. S. 134.

Das Beste
Meine Wahl (S. 421 und 422)

In B zusammen auf einer Seite.

Memento (S. 422)

In B mit dem folgenden Gedicht auf einer Seite. – Am 1. 7. 1813 von einer Reise nach Dresden und Teplitz im Brief an Reinhard mitgeteilt und erläutert: »Nach vorstehendem ewigem Spruche bin ich den Unruhen ausgewichen, welche unser Thüringen aufregten und noch mehr bedrohten; ich kann mich aber nicht rühmen, daß meine eigene Klugheit mir diesmal zustatten gekommen sei« – da er die Reise auf Drängen seiner Angehörigen unternommen hatte.

422,vor 1 *Memento*] Lat.: »Bedenke«.

Breit wie lang (S. 422)
In B mit dem folgenden Gedicht auf einer Seite. – Die von Goethe offenbar häufiger verwendete Redensart »Breit wie lang« hat Marianne von Willemer (vgl. S. 1163) zum Refrain eines Gedichtes an Goethe gemacht (12. 10. 1814):

>Zu den Kleinen zähl ich mich,
>Liebe Kleine nennst Du mich.
>Willst Du immer so mich heißen,
>Werd ich stets mich glücklich preisen,
>Bleibe gern mein Leben lang
>*Lang wie breit und breit wie lang.*
>
>Als den Größten kennt man Dich,
>Als den Besten ehrt man Dich,
>Sieht man Dich, muß man Dich lieben,
>Wärst Du nur bei uns geblieben,
>Ohne Dich scheint uns die Zeit
>*Breit wie lang und lang wie breit.*
>
>Ins Gedächtnis präg ich Dich,
>In dem Herzen trag ich Dich,
>Nun möcht ich der Gnade Gaben
>Auch noch gern im Stammbuch haben,
>Wärs auch nur den alten Sang:
>*Lang wie breit und breit wie lang.*
>
>Doch in Demut schweige ich,
>Des Gedichts erbarme Dich,
>Geh o Herr nicht ins Gerichte
>Mit dem ungereimten Wichte,
>Find es aus Barmherzigkeit
>*Breit wie lang und lang wie breit.*
>(Weitz/Willemer, S. 11 f.)

Lebensregel (S. 422)

In einer von Goethe korrigierten Schreiberhandschrift erhalten, datiert »zum 25. Oktober 1828«, eine erweiterte Fassung, vgl. S. 707.

Frisches Ei, gutes Ei (S. 423)

Konkreter Bezug auf die Verzögerung der Aufführung von *Des Epimenides Erwachen*, doch durchaus des Allgemeinen fähig: Die siegreichen Fürsten waren von ihren begeisterten Völkern im Juni zurückerwartet worden, feierten aber erst einmal bei ihrem Vetter in England. Das zeigte deutlich genug, daß der ›Enthusiasmus‹, die Verbrüderung von Volk und Herrscher in den Befreiungskriegen, eine Illusion war. Vgl. *»Was haben wir nicht für Kränze gewunden«*, S. 743 und Anm.

Rätsel (S. 423)

In Gozzis *Turandot* stellt die Prinzessin den Freiern drei Rätsel. In Schillers Bearbeitung, die 1802 in Weimar gegeben wurde, sollten in jeder Vorstellung neue Rätsel gestellt werden. Das vorliegende steuerte Goethe für die zweite Aufführung am 3. 2. 1802 bei. Schiller formulierte die Lösung so:

> Der Sohn, der seinen vielen Brüdern
> In allen Stücken völlig gleicht,
> Und dennoch nur in ihren Gliedern
> Wie eingeschoben mitunter schleicht –
> Was gleicht sich wie ein Tag dem Tage?
> Es ist der *Schalttag*, den du meinst.

(Fricke/Göpfert, Bd. 3, S. 997.)

Die Jahre
Das Alter (S. 424)

In B zusammen auf einer Seite. Am 23. 2. 1814 an Zelter geschickt: »Zu lustiger Raumfüllung mögen hier ein paar Reimsprüche aus der *Tasche* des Weltlaufes schließen.«

Grabschrift (S. 424)

Vgl. auch Bd. I, S. 905, zu einem anderen als »Grabschrift« bezeichneten Gedicht. Eine eigenhändige Handschrift mit Datum 9. 1. 1814 (mit Faksimile) druckt Wilhelm Hertz, *Goethes Epigramme ›Grabschrift‹ und ›Lähmung‹*, in: Jb. der Goethe-Ges. 8 (1921), S. 61-70.

Beispiel (S. 424)

In B mit dem folgenden Gedicht auf einer Seite.
425,4 *jährlich so wie jährlich*] Ein Jahr wie das andere.
425,6 *Frau Mama*] Der ›Mutter Erde‹.

Umgekehrt (S. 425)

425,5 *Jubilo*] Eigentlich ›ich juble‹, hier: Jubel.

Fürstenregel
Lug oder Trug? (S. 425)

In B zusammen auf einer Seite. – ›Betrug‹ als Übervorteilung, ›Lüge‹ als Mittel der Führung?

Egalité (S. 425)

In B mit dem folgenden Gedicht (*Wie du mir, so ich dir*) auf einer Seite. Am 22. 4. 1814 als »Reimspaß« an Zelter gesandt.
425,3 *Neidhart*] Eigenname und Typus: ›Der im Neid stark ist‹.

Zeichen der Zeit (S. 426)

In B mit dem vorigen Gedicht (*Zeit und Zeitung*) auf einer Seite.
426, vor 1 *Zeichen der Zeit*] Anspielung auf Matth. 16,3.
426,1 *harum horum*] Im Anschluß an einen von Zelter komponierten lateinischen Kanon: »Dieser« (fem.) »dieser« (neutr./mask.), also »irgendwelcher«.
426,2 *Ex tenui Spes Seculorum*] »Aus dem Armseligen kommt die Hoffnung der Jahrhunderte.« Anlehnung an Matth. 2,6 (Bethlehem), genaue Herkunft nicht nachgewiesen.

Kommt Zeit, kommt Rat (S. 426)
Zelter an Goethe, 23. 3. 1814: »Das Bierliedchen ⟨*Der getreue Eckart*⟩ scheint etwas schwieriger zu sein. Kommt Zeit, kommt Rat! es wird sich schon fügen«. Gräf, 3. Teil, Bd. 1, S. 616, erwägt Veranlassung des ersten Spruches durch diese Äußerung.

Supplement zur Sammlung von 1815

Die folgenden beiden Gedichtkomplexe der Ausgabe B wurden von Goethe nicht in die beiden Lyrik-Bände aufgenommen, sondern erst an späterer Stelle gedruckt. Eine Einordnung etwa unter die Rubriken »An Personen« bzw. »Parabolisch«, wie sie gelegentlich in Ausgaben vorgenommen wird, erschien nicht sinnvoll; sie würde die Authentizität der dortigen Ensembles zerstören, überdies die Ursachen verwischen, aus denen Goethe den anderen Platz für diese Gedichte gewählt hat.

Im Namen der Bürgerschaft von Carlsbad

Erstdrucke: Nach Einzeldrucken von *Der Kaiserin Ankunft* und *Der Kaiserin Platz* wurden die vier Gedichte von 1810 sogleich auch gesammelt gedruckt, in einem Oktav- und einem Quartdruck mit gleichem Titel: *Ihro Majestät der Allerdurchlauchtigsten Frau Frau Maria Ludovica Kaiserinn von Österreich – bey Ihrer höchst beglückenden Anwesenheit allerunterthänigst zugeeignete Gedichte*. – Die Gedichte von 1812 für den österreichischen Kaiser und die französische Kaiserin: *Blumen auf den Weg Ihro des Kaisers Majestät am Tage der höchst beglückenden Ankunft zu Karlsbad – allerunterthänigst gestreut von der Karlsbader Bürgerschaft, Juli 1812* und *Blumen auf den Weg Ihro Majestät der Kaiserinn von Frankreich am Tage der höchst beglückenden Ankunft zu Karlsbad – allerunterthänigst gestreut von der Karlsbader Bürgerschaft, Juli 1812*. Diese beiden Gedichte

erschienen dann auch im ›Morgenblatt‹, 25. 7. 1812 (*Stanzen von Goethe*), und wurden von anderen Blättern nachgedruckt. – Das fünfte Gedicht der vorliegenden Reihe, *Ihro der Kaiserin von Österreich Majestät*, wurde erst in B gedruckt.

Die Gedichte wurden erst in Bd. 8 der Ausgabe B (1816) aufgenommen. Ihnen gingen Maskenzüge voraus, es folgte *Des Epimenides Erwachen* (siehe Bd. VI dieser Ausgabe): insgesamt kein ›lyrischer‹, sondern ein festlicher Kontext. Die ersten fünf Gedichte gelten der Kaiserin von Österreich, Maria Ludovica, das sechste gilt ihrem Gatten, dem Kaiser Franz I., das siebente dann der französischen Kaiserin Marie Louise, mit einer Adresse an Napoleon verbunden.

Als man 1810 in Karlsbad an Goethe mit dem Ansinnen herantrat, die bevorstehende Ankunft der österreichischen Kaiserin (1787-1816) mit einem Huldigungsgedicht zu verschönern, stand dieser vor dem Problem, daß ihm die zu Besingende nicht persönlich bekannt und auch sonst von ihr nicht mehr zu vermelden war, als daß sie eben Kaiserin war. Entsprechend unpersönlich ist das Eingangsgedicht *Der Kaiserin Ankunft*. Das zweite Gedicht, *Der Kaiserin Becher*, obzwar nicht individualisierend, tritt der Gefeierten schon näher. Ähnlich greift das dritte Gedicht, *Der Kaiserin Platz*, ein durch die Beziehung zur Kaiserin geweihtes Requisit auf, um nun, in feierlichen Stanzen, auch »Anmut, Heiterkeit und Güte« zu feiern, dem Abschiedsschmerz Ausdruck zu geben. *Der Kaiserin Abschied* schließlich, von ihr selbst erbeten, greift wieder zum hochzeremoniösen Versmaß des Eingangsgedichtes. Daß die Kaiserin hier aber von Freunden sprechen kann, »die ganz eigens mir gehören« (v. 44), ist sicherlich ein Bekenntnis des Poeten, der hier seine persönliche Zuneigung mit anklingen läßt.

Dem Abschiedsgedicht folgt eines auf die angekündigte Wiederkunft, *Ihro der Kaiserin von Österreich Majestät*. Hier im Zyklus steht es ohne Datum, damit der Schein eines unmittelbaren Anschlusses erweckt wird; doch gehört es erst in den Sommer 1812 (7. 6.). Man erwartete in Karlsbad eine Art Familientreffen des österreichischen Kaiserpaares mit der

Tochter, der Kaiserin von Frankreich. Doch die österreichische Kaiserin wandte sich nach Teplitz, und Goethe sandte ihr das Gedicht dorthin. Er wurde von ihr eingeladen, traf sie fast täglich, las ihr vor, verfaßte mit ihr das Stück *Die Wette*, und es entwickelte sich eine Nähe und Vertrautheit zwischen der schönen, jungen, kranken Kaiserin und dem alten Dichter, die sich wohl dem geläufigen Vokabular versagt. »Der Begriff, den ich mir von dieser außerordentlichen Dame in dem Zeitraume von vier Wochen vollständig bilden konnte, ist ein reicher Gewinn fürs ganze Leben. Ich darf nicht anfangen von ihr zu reden, weil man sonst nicht aufhört 〈. . .〉 Eine solche Erscheinung gegen das Ende seiner Tage zu erleben, gibt die angenehme Empfindung, als wenn man bei Sonnenaufgang stürbe und sich noch recht mit inneren und äußeren Sinnen überzeugte, daß die Natur ewig produktiv, bis ins innerste göttlich, lebendig, ihren Typen getreu und keinem Alter unterworfen ist.« (An Reinhard, 13. 8. 1812.) Maria Ludovica hat ihm das Versprechen abgenommen, sie nie in seinen Dichtungen erscheinen zu lassen. Nur im *Divan*-Gedicht *Geheimstes* (siehe Bd. III dieser Ausgabe) hat er dieses Versprechen beinahe gebrochen. Vgl. Abb. 4. – An dieser Stelle sei auch Gräfin Josephine O'Donell von Tyrconnel (1779-1833) erwähnt, eine Hofdame der Kaiserin, die Vertraute dieser Beziehung war und sich dadurch verdiente, Adressatin mehrerer Gedichte Goethes zu werden (*Der Liebenden Vergeßlichen* und *Mit Wahrheit und Dichtung*, S. 348, ferner S. 580 und 781).

Nur der österreichische Kaiser und die französische Kaiserin trafen in Karlsbad ein. Die Gedichte *Ihro des Kaisers von Österreich Majestät* und *Ihro der Kaiserin von Frankreich Majestät* entstanden am 5.–9. 6. 1812. Das erste ist wieder sehr allgemein, bezieht sich u. a. auf den Gründer der Stadt, Kaiser Karl IV., und auf die Explosion des Sprudels im Jahre 1809; in der Thematik von Explosion und segensreicher Bändigung verbirgt sich auch eine politische Thematik.

Diese Thematik wird direkt ausgesprochen im Gedicht für die französische Kaiserin. Vor allem auf dieses Gedicht be-

zieht sich wohl Goethes briefliche Äußerung an Charlotte von Schiller: »⟨...⟩ die Aufgabe, der ich auf keine Weise ausweichen konnte, war bedenklich und schwer ⟨...⟩ Der Fall ist wunderlich genug, daß man bei einer Produktion, welche die größte Freiheit verlangt, diplomatische Rücksichten nehmen soll.« (14. 8. 1812.) Die Ehe Napoleons mit der Tochter des österreichischen Kaisers (1810) und die Geburt des Sohnes (1811), dem Napoleon den Titel eines Königs von Rom verliehen hatte (v. 42), erscheinen als Besiegelung der von Napoleon wiedererrichteten Ordnung. Napoleon wird die Rolle des Friedensfürsten zugewiesen, mit Bildern, welche die Situation mit höchsten historisch-mythologischen Exempeln verknüpfen: Die Schließung des Janustempels (v. 48) macht Napoleon zu einem zweiten Augustus, der diesen Brauch zum Zeichen des Friedens eingeführt oder wiedererweckt hatte, und Marie Louise gerät als »Vermittlerin nach Götterart« mit dem Knaben auf dem Arm gar zur Marien-Kontrafaktur.

Das Gedicht hat viel dazu beigetragen, Goethe bei den ›Patrioten‹ in Mißkredit zu bringen. »Ich habe dies Gedicht oft genug schelten hören, ohne es zu kennen, und freue mich eben, daß ich's zum ersten Male finde«, schreibt Zelter anläßlich der Aufnahme in die Ausgabe B. (10. 11. 1816.) Doch es ist, wenn man den Entstehungszeitpunkt berücksichtigt, keineswegs eine unkritische Huldigung. Goethe schrieb es angesichts unmittelbarer Kriegsgefahr. Die Lage zwischen Frankreich und Rußland hatte sich immer mehr zugespitzt. Im Mai hatte Napoleon in Dresden die verbündeten Fürsten versammelt, war dann zur Großen Armee geeilt. Bedenkt man dies, dann erscheint Goethes Gedicht weniger als Huldigung denn als beschwörender Appell, der seinen Adressaten freilich nicht erreicht hat. Am 24. 6. überschritt Napoleon die russische Grenze. 1814, nach dem Sieg über Napoleon, schuf Goethe das Festspiel *Des Epimenides Erwachen*, in dem er seine eigene Napoleon-Illusion widerrief. In der Ausgabe B steht dann als Vorspruch zum Festspiel eine Art Überleitung, anknüpfend an den Schlußvers des Gedichts:

> Den Frieden kann das Wollen nicht bereiten:
> Wer alles will will sich vor allen mächtig.
> Indem er siegt, lehrt er die andern streiten;
> Bedenkend macht er seinen Feind bedächtig
> So wachsen Kraft und List nach allen Seiten,
> Der Weltkreis ruht von Ungeheuern trächtig,
> Und der Geburten zahlenlose Plage
> Droht jeden Tag als mit dem jüngsten Tage.

Die gnomische Aussag in v. 1 bezieht sich vielleicht nicht nur auf den Willensmenschen Napoleon, sondern auch auf das eigene Wunschdenken.

PARABELN

Erstdruck in A, Bd. 8 (1808), hinter dem *Fastnachtsspiel* ⟨...⟩ *vom Pater Brey* (Bd. IV dieser Ausgabe) und dem *Prolog zu den neuesten Offenbarungen Gottes* (ebd.), vor der *Legende* »Als noch verkannt ⟨...⟩« (Bd. I dieser Ausgabe, S. 708) und *Hans Sachsens poetische Sendung* (Bd. I dieser Ausgabe, S. 357) – also im burlesken oder ›Hans-Sachsischen‹ Kontext. So auch in Bd. 9 der Ausgabe B (1817) und in Bd. 13 der Ausgabe C (1828).

Genaueres zur Entstehung ist nicht bekannt. Goethe hat die Parabeln um den ›Charakter‹ eines Dorfschulmeisters nicht weitergeführt.

Die Sammlung von 1827

der schaffenszeitraum 1815-1827

Die Sammlung von 1827 bringt fast ausschließlich neue, nach der Sammlung von 1815 entstandene Texte.

Das Jahr 1815 markiert nicht nur eine publikationsgeschichtliche Zäsur: Die alten Mächte haben Europa aus Napoleons Händen neu geordnet zurückerhalten. Die ›Heilige

Allianz‹ knüpft an bei der Idee des Gottesgnadentums, und dies in einer Zeit, in der, forciert durch die militärische und emotionale Mobilmachung der Befreiungskriege, immer stärker liberale und nationale Tendenzen sich zu Wort melden. Der Großherzog von Weimar gehört zu den wenigen liberalen Fürsten, gibt seinem Land als erster bereits 1816 die versprochene Verfassung, hebt die Zensur auf. Goethe hat wenig Verständnis dafür; seine Skepsis wird zumindest insofern bestätigt, als die Ereignisse bis 1820 zeigen, daß ein Kleinstaat sich solche Liberalität nicht leisten kann und schnell unter den Druck der Großmächte gerät (vgl. z. B. in diesem Band S. 1266 f.). Schon deren brutales Auftreten auf dem Wiener Kongreß, die zynische Bemäntelung von Machtpolitik durch Berufung auf höchste Werte, hatte er mit Abscheu gesehen (vgl. z. B. S. 743, *Epimenides Erwachen, letzte Strophe* und Anm.). Zugleich aber erlebt er noch einmal eine neue Generation, die nun durch das Erlebnis der Befreiungskriege 1813/14, durch das Wartburgfest 1817 geprägt ist und deren christlich-sittlich-deutscher Gesinnung der ›Weltbewohner und Weimaraner‹ (S. 661,1191 f.) als kosmopolitischer Fürstenknecht erscheint.

Goethe flüchtet in den ›Osten‹, dem er freilich im Westen lebendige Gestalt verleiht. Die Begegnung mit persischer Dichtung und die Begegnungen mit Marianne von Willemer in Frankfurt in den Jahren 1814 und 1815 (vgl. »Rhein und Main«, S. 616 und Anm.) führen zu einem seelischen und poetischen Verjüngungsschub. Dessen lyrischer Haupterag, der *West-östliche Divan* (erstmals veröffentlicht 1819), steht in Bd. III dieser Ausgabe. Doch auch die zahlreichen nach Frankfurt gesandten Gelegenheitsgedichte, die der vorliegende Band bieten kann, deuten die Tiefe der bis zum Lebensende dauernden Beziehung an. Aber die ›Verjüngung‹ ist zugleich ›Epoche‹, im Goetheschen Sinn des Wortes, nämlich Einschnitt, Zäsur, Eintritt in einen neuen Lebensabschnitt des Alters. Äußere Daten sind der Tod seiner Frau 1816, im gleichen Jahr die Havarie des Wagens auf dem Weg zu einer dritten Rheinreise, die deshalb abgebrochen

wird; ungeachtet aller Bitten der Frankfurter Freunde wird Goethe sich nie mehr nach Westen begeben; 1817 tritt er, nur halb freiwillig, von der Leitung des Theaters zurück.

Insgesamt ist es eine Zeit immer stärkerer Konzentration. Nur noch Nächstes und Weitestes sind von Interesse, der Kreis persönlicher Aktivitäten und das Reich der ›Weltliteratur‹, kaum mehr der Mittelbereich, die Welt der Tageszeitungen. Die Hauptarbeit dient dem Einbringen der Lebensernte. Bis 1819 erscheinen die Bände der Ausgabe B. Die ersten beiden Teile der *Italienischen Reise* werden 1816 und 1817 herausgebracht, die *Campagne in Frankreich* 1822, es entstehen die *Tag- und Jahreshefte* »als Ergänzung meiner sonstigen Bekenntnisse«. 1821 erscheint die erste Fassung von *Wilhelm Meisters Wanderjahren*. Die Erfahrungen der Reisen 1814 und 1815 werden 1816 in einer Schrift *Über Kunst und Alterthum in den Rhein und Mayn Gegenden* mitgeteilt, aus deren Fortsetzung sich dann die unregelmäßig erscheinende Zeitschrift *Über Kunst und Alterthum* herausschält (bis 1832). In ihr publiziert Goethe nun seine Einsichten zu Kunst und Literatur und immer wieder auch Gedichte. Verstärkt melden sich wieder die naturwissenschaftlichen Interessen. Sie finden ihren Niederschlag in zwei parallelen Schriftenreihen, *Zur Naturwissenschaft überhaupt* und *Zur Morphologie* (1817-1824), in denen Goethe über seine naturwissenschaftlichen Studien berichtet.

Es beginnt der Goethe-Kult, und gegenläufig dazu eine Goethe-Gegnerschaft, die gleichermaßen am Bild des ›Olympiers‹ orientiert ist. Der Goethe-Kult entspringt einem Verehrungsbedürfnis, das insbesondere seit der politischen Stabilisierung um 1820 in der bürgerlichen Biedermeierkultur herrscht: dem Bedürfnis nach dem ›großen‹, aber ungefährlichen Mann, nach dem ›Geistes-Heros‹. Wer immer zum Zwecke der Bildung durch deutsche Lande reist und durch Thüringen kommt, spricht in Weimar vor und sucht ein bedeutendes Wort zu erhaschen, um es den Daheimgebliebenen mitzubringen. Die in Fülle überlieferten Besucher-Berichte sind meist wenig ergiebig. Denn Goethe

hat offenbar für solche Zwecke der Dichter-Hofhaltung spezielle Strategien entwickelt. Er spricht wenig, läßt sich von den Besuchern aus deren Metier berichten, so daß er selbst noch einigen Gewinn aus solchen Gesprächen ziehen kann, und im übrigen kann er sich darauf verlassen, daß sie wenigstens von seinem ›Feuerblick‹ berichten werden. Gelegentlich freilich bittet er sie zu erneutem Besuch, und dann werden sie ein Stück näher gelassen. – Der innere Kreis besteht aus den alten Mitarbeitern Riemer und Heinrich Meyer; zu ihnen stößt 1823 Eckermann. Seit August von Goethes Verheiratung mit Ottilie von Pogwisch im Jahre 1817, der Geburt der Enkel Walther (1818), Wolfgang (1820) und Alma (1827) genießt Goethe den häuslichen Schwieger- und Großvaterstand. Regelmäßige Besucher sind der Kanzler von Müller, seit 1822 auch der Prinzenerzieher Soret. – Erholung von der Haus- und Hofhaltung und ihren Pflichten bringen wie schon in früherer Zeit gelegentliche Aufenthalte in Jena. Den Blick in die ›große Welt‹, von ihrer angenehmsten Seite, und immer neue Bekanntschaften bieten die alljährlichen Reisen in die böhmischen Bäder – bis 1823, dem Jahr der letzten Badereise, dem letzten Sommer mit Ulrike von Levetzow, der letzten großen erotischen Erschütterung (vgl. S. 457 und Anm.). Von da an sind es nur noch die vielen Besucher und die umfangreiche Korrespondenz, die Goethe mit der Welt jenseits von Weimar und Jena verbinden.

Zwei Korrespondenten sind besonders hervorzuheben, weil sie auch im Kommentar immer wieder zu nennen sind:

Sulpiz Boisserée (1783-1853) war Schüler Friedrich Schlegels, liberaler Katholik, Freund und Sammler älterer deutscher Kunst, maßgeblich an der Kölner Dombau-Bewegung beteiligt. Er wurde Goethe durch den Grafen Reinhard empfohlen, doch Goethe wehrte zunächst ab. Bei einem Besuch in Weimar 1811 gelang es Boisserée jedoch, Goethes Zuneigung zu gewinnen. Auf den Reisen 1814 und 1815 trafen sie wieder zusammen, und der ›alte Heide‹, wie er in Boisserées Tagebüchern heißt, faßte tiefes Vertrauen zu dem

jungen Katholiken. Das Studium von Boisserées Sammlung älterer deutscher und niederländischer Malerei in Heidelberg 1814 wurde für Goethe eine regelrechte Offenbarung. Am 25. 9. 1814 notiert er in einem Tagebuch-Brief für seine Frau: »Begann die Betrachtung der alten Meisterwerke des Niederlandes und da muß man bekennen, daß sie wohl eine Wallfahrt wert sind. Ich wünschte, daß alle Freunde sie sähen; besonders habe ich mir Freund Meyer ⟨Goethes Fachmann in Kunstfragen⟩, zu meinem eigenen und der Sache Besten, an die Seite gewünscht. Ich darf nicht anfangen davon zu reden; so viel sage ich nur daß die beiden Boisserées, mit ihrem Freund Bertram, das große Verdienst des Sammelns und Erhaltens dieser Kostbarkeiten durch genießbare Aufstellung und einsichtige Unterhaltung erhöhen. Sage Hofr. Meyer gewisse Phrasen bespotte man in diesem Zirkel wie bei uns.« Boisserée wurde auch Zeuge der Entstehung des *Divan*. Der lautere Charakter Boisserées und seine Tüchtigkeit, die sich auch in einer kritischen Phase der Verhandlungen mit Cotta bewährten, waren eine lebendige Widerlegung vieler Vorbehalte Goethes gegen die romantische Generation und verhinderten, daß diese sich allzusehr verhärteten. – Zu Boisserées Anteilnahme an der Rubrik »Gott und Welt« vgl. die dortige Einführung, ferner zu *Wiederfinden,* S. 490, *Urworte. Orphisch,* S. 501, *Modernes,* S. 516, »Zahme Xenien«, S. 635,406-423, *»Hast den Anker fest im Rheine liegen«,* S. 792, *»Granit, gebildet anerkannt«,* S. 739.

Ein Ostinato der Altersjahre wurde die Freundschaft mit Carl Friedrich Zelter (1758-1832). Zelter war ursprünglich Maurermeister. 1800 wurde er Leiter der Berliner Singakademie, 1809 Professor für Musik an der Akademie der Künste. Goethe stand seit 1799 mit ihm in Verbindung; 1812, anläßlich der Freitodes von Zelters Stiefsohn, wechselt die Briefanrede zum ›Du‹, und dies mag als äußeres Zeichen der nun immer enger werdenden Verbindung gelten. Zelter war Goethes Leibkomponist, als Musiker nicht originell, Verehrer Bachs, Liebhaber Mozarts, selbst Beethoven gegenüber

in Maßen aufgeschlossen und gerade in dieser Kombination geeignet, Goethe das etwas unheimliche Element der Musik als Medium der Distanzierung und Objektivierung nahezubringen. So bittet Goethe den Musiker um Komposition einer Zusatzstrophe des Gedichts *Äolsharfen*; sie sei ihm besonders »ans Herz gewachsen«, und Zelter solle sie durch seine Musik »wieder ablösen«. (Vgl. S. 1058.) Im Marienbader Sommer 1823, als Musik eine besonders schmelzende Einwirkung auf Goethe hatte, wünschte er sich Zelter herbei, damit dieser ihn »von seiner krankhaften Reizbarkeit heilen« möge. (Vgl. S. 1057.) Und beim Besuch im November des gleichen Jahres, in einer tiefen Lebenskrise, muß Zelter ihm immer wieder die Marienbader *Elegie* vorlesen: Selbst Zelters Stimme, deren Vortrag sicherlich seinem musikalischen Stil entsprach, konnte also solche ›ablösende‹, objektivierende Wirkung tun. – Zelters Berichte über Theater und Musik in Berlin erweitern den vergleichsweise provinziellen Horizont Weimars. Vor allem aber war sein gerader, zuweilen derber Charakter geeignet, den von allzu vielen in Ehrfurcht erstarrenden Verehrern umgebenen Dichterfürsten mit einem Element unmittelbarer Vertrautheit und Herzlichkeit zu bereichern.

Mehrmals hat man versucht, die späte Lyrik Goethes mit der Kategorie des ›Altersstils‹ zu erfassen (zur Problematik vgl. bes. Müller-Seidel, *Goethe und das Problem seiner Alterslyrik*). Diese Etikettierung greift jedenfalls dann fehl, wenn sie eine Einengung der lyrischen Register bedeuten soll. Im Gegenteil: Verglichen mit den zwischen 1806 und 1815 entstandenen Gedichten kann man eher von einer Erweiterung der Möglichkeiten sprechen. Noch immer gelingen Gebilde, die dem Prädikat des ›Lyrischen‹ in einem engeren Sinne entsprechen: Ausgerechnet ein Gedicht des späten Goethe, *St. Nepomucks Vorabend*, wird immer wieder als Musterbeispiel für den letztlich unerklärlichen Zauber des lyrischen Gedichts angeführt (u. a. von Robert Musil, *Literat und Literatur*). Und um gleich auch das andere Extrem zu nennen: Gerade die gedanklich anspruchsvollste Rubrik, »Gott und

Welt«, ist, selbst wenn man von den älteren dort aufgenommenen Texten absieht, in ihrem Register-Reichtum auch ein Sprachkunstwerk von höchstem Rang. Man wird hierzu in der Sammlung von 1815 nichts Vergleichbares finden, ebensowenig zum ›damaskierten Stahl‹ der *Paria*-Dichtung oder zum gewaltigen Reflexionsbogen der Marienbader *Elegie*.

Gleichwohl kann man zwei Tendenzen namhaft machen, die charakteristisch für diese letzte Sammlung sind und vielleicht auf das Konto des ›Alters‹ gehen:

Die erste Tendenz ist die zur Verknappung und zu gelegentlich eigenwilliger Blickführung, die dem Leser kein einfaches Genießen mehr erlauben. Manchmal gilt das sogar für Texte, die dem Bereich des ›Lyrischen‹ in einem engeren Sinne zugehören (z. B. *Juni*, S. 468, dahinter freilich gleich ein Gebilde von geradezu raffinierter Schlichtheit). Der Leser wird gefordert, zumal in den genannten großen Ensembles, der *Paria*-Trilogie, der *Trilogie der Leidenschaft*, der Rubrik »Gott und Welt«, aber auch in vielen kleinen gnomischen Gedichten. Manches wird nur verständlich, wenn man, wie Goethe das nennt, in der rechten Weise ›suppliert‹, d. h. ergänzt. Den Handlungsvorgang der *Ballade* hat wohl noch nie jemand beim ersten Lesen verstanden, obwohl er sich, wenn man erst einmal Bescheid weiß, als recht einfach erweist. Die ganze Rubrik »Aus fremden Sprachen« ist in ihrem Gewicht nur dann zu begreifen, wenn man auf Goethes Konzept eines ›Consensus‹ der ›Weltliteratur‹ eingeht.

Die zweite Tendenz ist die zur Auflockerung des klassischen Begriffs vom ›Kunstwerk‹, die man freilich im selben Maße wie dem ›Alter‹ auch der neuen Zeit, dem Biedermeier, zuschreiben kann. Noch immer zwar ist Goethe der Auffassung, daß »man von einem jeden Kunstgebilde 〈...〉 verlangen kann, daß es sich selbst ausspreche« (S. 1115), also in diesem Sinne ›autonom‹ sei. »Die Vollendung des Kunstwerks in sich selbst ist die ewige unerläßliche Forderung.« (An Zelter, 23.–29. 3. 1827.) Aber das hindert Goethe nun nicht mehr, dem Verständnis gelegentlich durch eigene Er-

läuterungen in seinen Zeitschriften zu Hilfe zu kommen, bei der *Ballade*, den *Urworten. Orphisch* oder *Howards Ehrengedächtnis*. (Ein Extrem, freilich durch das exotische Vorbild mitmotiviert, sind die *Noten und Abhandlungen zu besserem Verständnis des West-östlichen Divans*, Bd. III dieser Ausgabe.) Schon in der Sammlung von 1815 hatte Goethe einige Gedichte »An Personen« aufgenommen, noch geschützt durch seinen speziellen Begriff der (symbolischen) Gelegenheit. Nicht nur das Anschwellen dieser Rubrik in der Sammlung von 1827 ist bezeichnend. Goethe gibt den »Inschriften ⟨...⟩« nun ohne Scheu selbst »Aufklärende Bemerkungen« bei, durch welche die Gedichte aus den Situationen erklärt werden. Auch die Spruchreihen erscheinen nun nicht mehr unter dem objektivierenden, legitimierenden Titel »Sprichwörtlich«, formulieren auch nicht mehr so sehr (Volks-)Weisheit, in die gelegentlich auch ein persönlich zu verstehendes Wort des Unmuts eingemischt wird; die Wiederaufnahme des ›verrufenen Wortes‹ »Xenien« gibt vielmehr ihren subjektiven, vielfach ganz zeit- und situationsgebundenen Charakter offen zu erkennen, und auch inhaltlich haben sich die Anteile des Allgemein-Gnomischen und der persönlichen Stellungnahme des ›Alten‹ eher umgekehrt. In der Rubrik »Kunst« sind nun zahlreiche Gedichte zu einzelnen Bildern enthalten, und zwar mit dem ausdrücklichen Bemerken Goethes, er möchte der Wahrnehmung dieser Bilder wegen ihrer Unvollkommenheit »eine schickliche Nachhülfe gönnen«. (S. 1115.) Mehr noch: Er fühlt sich gar noch »vom Geiste getrieben, meine Reime mit Prosa zu kommentieren, wie ich vorher Ihre Zeichnungen mit Versen begleitete«. (An Tischbein, 20. 12. 1821.) – Doch stärker noch als der Vergleich mit der Sammlung von 1815, wo sich diese Tendenz schon angekündigt hatte, macht der Vergleich mit den Sammlungen von 1789 bis 1806 das Charakteristische der Sammlung von 1827 deutlich: Damals dienten die Ausgaben tatsächlich der Mitteilung von, auf unterschiedliche Art, ›vollendeten‹, autonomen Kunstwerken, die nur durch leise mitwirkende Querbezüge, gleichsam unterirdisch, miteinan-

der verknüpft waren; die Sammlung von 1827, wohlkomponiert zwar, in einigen Partien auch durchaus ›vollendet‹, ist zugleich auch ein persönliches Gespräch mit dem Leser, ist, wie es im Brief an Schultz vom 28. 11. 1821 anläßlich der Übersendung der ›Handzeichnungen‹ (vgl. S. 1115) heißt, »Teil meiner Konfessionen«.

ZUR ENTSTEHUNG DER SAMMLUNG

Cottas Verlagsrecht an *Goethe's Werken* (Ausgabe B) war bis Ostern 1823 vereinbart. Seit 1822 sind vorbereitende Arbeiten für eine neue Ausgabe sichtbar. Im Mai 1822 entsteht ein Schema, das an Lyrik vermerkt: »Hohen Personen und den Ihrigen«, »Freunden und Liebchen«, »Loge«, »Politika«, »Gott und Welt«, »Zahme Xenien«, »Erotika«, »Juvenilia«, »Moralia«, »Allgemeines«, »Invectiven«. Zunächst ist nur eine Fortsetzung der alten Ausgabe geplant, die im 21. Band »Kleine Gedichte« bringen sollte. Doch dann entwickelt sich der Plan einer neuen, vollständigen Ausgabe, der »Ausgabe letzter Hand« in 40 Bänden. Als Helfer wird zunächst Johann Peter Eckermann herangezogen (an Schultz, 8. 3. 1824: »Eckermann schleppt, wie eine Ameise, meine einzelnen Gedichte zusammen; ohne ihn wäre ich nie dazu gekommen«), dann der Jenaer Altphilologe Carl Wilhelm Göttling, der den philologischen Standard gewährleisten soll. Nach zähen Verhandlungen gelingt es Cotta, sich auch für diese Ausgabe (C) das Verlagsrecht zu sichern.

Die ersten beiden Bände werden aus der Ausgabe B von 1815 übernommen, revidiert und um zwei Sonette vermehrt (S. 259 f.). Die neu hinzukommenden Rubriken des dritten und des vierten Bandes, also die hier abgedruckte ›Sammlung von 1827‹, wiederholen zum Teil Überschriften der Sammlung von 1815: »Kunst«, »Epigrammatisch«, »Parabolisch«. Die Rubrik »Gott und Welt« nimmt, in teilweise ganz anderen Tönen, weltanschaulich-naturphilosophische Gedichte auf wie damals »Gott, Gemüt und Welt«; die »In-

schriften ⟨...⟩« sind eine Fortsetzung der alten Rubrik »An Personen«, nun allerdings weit umfangreicher. Und auch die neuen Rubriken-Namen lassen sich auf das alte Gliederungsschema zurückführen: »Lyrisches« steht für die alten Bezeichnungen »Lieder« und »Balladen«, »Loge« ist eine spezielle »Personen«-Gruppe, und die »Zahmen Xenien« knüpfen zumindest bei »Sprichwörtlich« an.

Am 19. 4. 1826 gehen die Druckvorlagen der ersten fünf Bände der Ausgabe an Cotta ab; die »Zahmen Xenien« IV-VI werden erst am 16. 2. 1827 nachgesandt. Die Bände erscheinen zur Ostermesse 1827 (zu den einzelnen Drucken vgl. S. 911).

LYRISCHES

Diese Rubrik erscheint erst in der Sammlung von 1827. In den postumen Ausgaben des 19. Jahrhunderts wurde sie entweder aufgelöst (schon Q) oder trotz Beibehaltung des Namens als Restrubrik für ganz andere Gedichte verwendet (›Hempelsche‹ Ausgabe). In der WA erscheint sie wieder vollständig. Es ist in der Tat eine sehr gemischte Gesellschaft von Gedichten, denen eigentlich nur gemeinsam ist, daß sie in keine der anderen Gruppen von 1827 passen. Gleichwohl sind einige Binnensequenzen auszumachen, die innerhalb der Rubrik selbst deutlich Zonen verdichteter Kohärenz bilden. Mit der *Ballade* und dem *Paria* stehen am Anfang zwei balladesk-erzählende Gedichte. Der trilogische Charakter des *Paria* bildet das Gemeinsame mit der folgenden *Trilogie der Leidenschaft*, deren ›Marienbader‹ Konnotationen zugleich den Anschluß von *Äolsharfen* ermöglichten. Auf drei überleitende Gedichte folgt sodann eine Gruppe, die wegen ihres liedhaften Charakters am ehesten geläufigen Vorstellungen des ›Lyrischen‹ entspricht, *März* bis *Frühling über's Jahr*, zum »kleinen bürgerlichen Roman« abgerundet durch *Für's Leben.* (Siehe dortige Anm.) Als Einheit wären sodann *Für ewig* bis *Um Mitternacht* anzusehen, weil in ihnen

auf verschiedene Weise die eigene Biographie und die sie gestaltenden Bildungsmächte thematisiert werden. Dem Rest freilich wird man den Namen ›vermischter Gedichte‹ geben müssen.

Ballade (S. 447)
Erstdruck: *Über Kunst und Alterthum* II 3 (1820). Die ersten neun Strophen entstanden schon im Oktober und November 1813 (Tagebuch). Erst am 1. 1. 1817 schreibt Goethe an Zelter, daß auch »die beiden letzten Strophen jener widerspenstigen Ballade ›Die Kinder, sie hören es gerne‹ ⟨so auch der Titel im Tagebuch⟩ glücklich angelangt« seien. Goethe plante auch einen Operntext zum selben Stoff (*Der Löwenstuhl*). – Im Aufsatz *Bedeutende Fördernis durch ein einziges geistreiches Wort* (Bd. XVII dieser Ausgabe) zählt er das Gedicht zu jenen, die ihn über Jahrzehnte beschäftigt haben. Vgl. hierzu auch Eckermann zum 16. 12. 1828. Die wichtigste Anregung ist die englische Ballade *The Beggar's Daughter of Bednall Green*, die Goethe in den *Reliques of Ancient English Poetry* des Bischofs Thomas Percy (1765) fand, einem der wichtigsten Anstöße der balladesken Lyrik des Sturm und Drang. Gewisse Ähnlichkeiten auch in der 8. Geschichte des zweiten Tages in Boccaccios *Decameron*. Zur (Volks-)Balladentradition, der sich das Gedicht anschließt, gehörten die ›Würfe und Sprünge‹ (Herder), die dem Leser oder Hörer mancherlei zu ergänzen aufgaben; und zumal der späte Goethe hatte zusätzlich noch die wachsende Tendenz, den Lesern Lücken zum ›Supplieren‹ zu lassen. In diesem Gedicht ging er dabei sehr weit, so daß man nicht sogleich weiß, wer jeweils handelt bzw. spricht. Jedenfalls sah er sich genötigt, das Gedicht in *Kunst und Alterthum* III 1 (1821) selbst zu erläutern. Vgl. den Aufsatz *Ballade, Betrachtung und Auslegung* in Bd. XX dieser Ausgabe. Im folgenden wird nur das zum unmittelbaren Verständnis Förderliche, nicht Goethes poetologische Reflexion, mitgeteilt. Goethe konnte
 beim Vortrag öfters bemerken, daß selbst geistreichgewandte Personen nicht gleich zum erstenmal ganz zur

Anschauung der dargestellten Handlung gelangten. Da ich nun aber nichts daran ändern kann, um ihr mehr Klarheit zu geben, so gedenk' ich ihr durch prosaische Darstellung zu Hülfe zu kommen.

V. 1. ⟨Vers 1 – bei Goethe häufig ›Vers‹ für ›Strophe‹⟩ Zwei Knaben in einem alten waldumwobenen Ritterschloß ergreifen die Gelegenheit, da der Vater auf der Wolfsjagd, die Mutter im Gebet begriffen ist, einen Sänger in die einsame Halle hereinzulassen.

V. 2. Der alte Barde beginnt unmittelbar seinen geschichtlichen Gesang. Ein Graf, im Augenblick, da Feinde sein Schloß einnehmen, entflieht, nachdem er seine Schätze vergraben, ein Töchterchen in den Mantel gewickelt mit forttragend.

V. 3. Er geht in die Welt, unter der Form eines hilfsbedürftigen Sängers. Das Kind, eine schätzbare Bürde, wächst heran.

V. 4. Das Hinschwinden der Jahre wird durch Entfärben und Zerstieben des Mantels angedeutet; auch ist die Tochter schön und groß geworden, eines solchen Schirmes bedürfte sie nicht mehr.

V. 5. Ein fürstlicher Ritter kommt vorbei, anstatt der edelschönen Hand ein Almosen zu reichen, ergreift er sie werbend, der Vater gesteht die Tochter zu.

V. 6. Getraut, scheidet sie ungern vom Vater; er zieht einsam umher. Nun aber fällt der Sänger aus seiner Rolle, er ist es ⟨der Vater⟩ selbst; er spricht in der ersten Person, wie er in Gedanken Tochter und Enkel segne.

V. 7. Er segnet die Kinder und wir argwöhnen er sei nicht allein der Graf dessen der Gesang erwähnte, sondern dies seien seine Enkel, die Fürstin seine Tochter, der fürstliche Jäger sein Schwiegersohn. Wir hoffen das Beste; aber bald werden wir in Schrecken gesetzt. Der stolze, hochfahrende, heftige Vater kommt zurück; entrüstet, daß ein Bettler sich ins Haus geschlichen gebietet er denselben ins Verlies zu werfen. Die Kinder sind verschüchtert, die herbeieilende Mutter legt ein freundliches Vorwort ein.

V. 8. Die Knechte getrauen sich nicht den würdigen Greis anzurühren; Mutter und Kinder bitten, der Fürst verbeißt nur augenblicklich seinen Zorn. (Dies würde auf dem Theater ein glückliches Bild machen.) Aber ein längst verhaltener Grimm bricht los; im Gefühl seiner alten, ritterlichen Herkunft hat es den Stolzen heimlich gereut die Tochter eines Bettlers geehelicht zu haben.

V. 9. Schmählich verachtende Vorwürfe gegen Frau und Kinder brechen los.

V. 10. Der Greis, der in seiner Würde unangetastet stehen geblieben, eröffnet den Mund und erklärt sich als Vater und Großvater, auch als ehemaliger Herr der Burg, das Geschlecht des gegenwärtigen Besitzers hat ihn vertrieben.

V. 11. Die nähern Umstände klären sich auf; eine gewaltsame Regierungsveränderung hatte den rechtmäßigen König, dem der Graf anhing, vertrieben und so auch seine Getreuen, die nun bei wiederhergestellter Dynastie, zurückkehrten. Der Alte legitimiert sich dadurch als Hausbesitzer daß er die Stelle der vergrabenen Schätze anzudeuten weiß, verkündigt übrigens eine allgemeine Amnestie, sowohl im Reiche als im Hause und alles nimmt ein erfreuliches Ende.

448,22 *heischt*] Terminus für die Bittgebärde des fahrenden Sängers.

Paria

Erstdruck ohne den Gesamttitel: *Über Kunst und Alterthum* IV 3 (1824). Im Tagebuch wird der Paria-Stoff erstmals am 26. 5. 1807 erwähnt, ohne daß dies schon auf eine bestimmte Gestaltungsabsicht zu beziehen wäre (siehe Anm. 452,32). Am 17. 10. 1813 notiert Riemer in seinem Tagebuch: »Sein Gedicht als Fortsetzung des Mahadöh«, was vielleicht das Paria-Projekt betrifft. Ende September 1816 war Zelter für vier Tage in Weimar; offenbar war Goethe zu dieser Zeit um

eine Gestaltung des Stoffes bemüht, denn am 1. 1. 1817 schreibt er, nachdem er den Abschluß der *Ballade* berichtet hat: »Das Gebet des Paria dagegen hat noch nicht parieren wollen«. Dann Tagebuch-Erwähnungen vom Dezember 1821 bis zum März 1823. Diese Erwähnungen sind aber nicht recht zu durchschauen. Schon am 7. 12. 1821 heißt es: »Meyersche Rezension der Ehebrecherin mundiert ⟨ins reine geschrieben⟩, ingleichen des Paria Gebet«. Am 15. und 17. 12. ist dann von der ›indischen Legende‹ die Rede, am 18. heißt es: »Sonnerat«. Am 3. 4. 1822: »Einzelne Stellen des Paria rekapituliert.« Eine Notiz vom 22. 6. deutet eher auf eine Vorlesung. Am 3. 10. 1822 aber heißt es dann: »Des Paria Gebet wieder vorgenommen«, am nächsten Tag: »Des Paria Gebet fortgesetzt«, am übernächsten: »Des Paria Gebet«. Am 22. 12. 1822: »Des Paria Gebet durchdacht.« Am 8. 3. 1823 kommt es mit Meyer und Riemer nochmals zu »Verhandlungen wegen des Paria«, am 28. 3. mit der Schwiegertochter Ottilie. Wahrscheinlich ist »Des Paria Gebet« zeitweilig der Gesamttitel der Trilogie. – Ein Paralipomenon S. 855 (*»Vater Vater wo ist Mutter«*). Vgl. ferner *Lied und Gebilde*, Bd. III dieser Ausgabe.

Die Thematik der Paria, der niedrigsten Kaste im indischen Gesellschaftssystem, war um diese Zeit zweimal erfolgreich theatralisch behandelt worden. Casimir Delavigne hatte 1821 ein Drama *Le Paria* in Paris auf die Bühne gebracht, welches bildhaft das Schicksal der Napoleonischen Soldaten und Parteigänger im Frankreich der Restauration behandelte, und Michael Beers *Der Paria*, mit großem Erfolg 1823 in Berlin uraufgeführt, thematisierte unter der Verkleidung der Paria das Schicksal der deutschen Juden, die nach der Verbesserung ihrer Rechtsstellung unter Napoleon nun erneut unterdrückt wurden. In *Kunst und Altertum* V 1 erschien dann von Eckermann und Goethe der Aufsatz *Die drei Paria*, in dem die beiden Dramen und Goethes eigene Trilogie besprochen wurden:

Nach dieser doppelten ins Tragische gesteigerten Ansicht des traurigsten Zustands wird man zur Erhellung und

Erhebung gern das Gedicht betrachten, welches, nach
einer indischen Legende gebildet, zu Anfang des vorigen
Heftes abgedruckt ist. Hier finden wir einen *Paria* der
seine Lage nicht für rettungslos hält, er wendet sich zum
Gott der Götter und verlangt eine Vermittelung, die denn
freilich auf eine seltsame Weise herbei geführt wird.

Nun aber besitzt die, bisher von allem Heiligen, von
jedem Tempelbezirk abgeschlossene Kaste eine selbst-
eigene Gottheit, in welcher das Höchste dem Niedrigsten
eingeimpft ein furchtbares Drittes darstellt, das jedoch zu
Vermittelung und Ausgleichung beseligend einwirkt.

Goethe kannte den Stoff der ›indischen Legende‹ schon aus
Olfert Dapperts Reisebeschreibung *Asia* ⟨...⟩ von 1681,
die er in den frühen siebziger Jahren gelesen hatte. Verar-
beitet hat er aber die Version aus Pierre Sonnerats *Reise nach
Ostindien* ⟨...⟩, deutsch Zürich 1783, aus der er schon den
Gott und die Bajadere (S. 150 sowie Bd. I dieser Ausgabe,
S. 692) geschöpft hatte. Im Zusammenhang mit jenem Ge-
dicht und mit der hier voranstehenden *Ballade* heißt es im
Aufsatz *Bedeutende Fördernis durch ein einziges geistreiches Wort*:
»Mir drückten sich gewisse große Motive, Legenden, uralt-
geschichtlich Überliefertes so tief in den Sinn, daß ich sie
vierzig bis fünfzig Jahre lebendig erhielt«. – Sonnerats Er-
zählung lautet (Anmerkungen eingefügt):

Mariatale war die Frau des Büßer Schamadagini, und die
Mutter des Parassurama ⟨Wishnu in der achten Verwand-
lung⟩. Die Göttin beherrschte die Elemente; aber sie
konnte diese Herrschaft nur so lange behalten als ihr Herz
rein bleiben würde. Einst da sie aus einem Teiche Wasser
schöpfte, und ihrer Gewohnheit nach eine Kugel daraus
gestaltete um es nach Hause zu tragen, sah sie auf der
Oberfläche des Wassers die Gestalten einiger Grandeurs
⟨Eine Gattung von Sylphen, die man geflügelt und au-
ßerordentlich schön abbildet⟩, die über ihrem Haupte in
der Luft umher flogen. Mariatale ward durch die Reitze
derselben bezaubert, und die Lustbegierde schlich sich in
ihr Herz: das schon zusammengerollte Wasser löste sich

plötzlich wieder auf, und vermengte sich mit dem übrigen im Teiche. Von dieser Zeit an konnte sie niemal mehr ohne Geschirr Wasser nach Haus bringen. Dieser Umstand entdeckte dem Schamadagini daß sein Weib nicht mehr reinen Herzens sey; und im ersten Ausbruch seiner Wut, befahl er seinem Sohn, sie an die Todesstätte zu schleppen, und ihr den Kopf vom Rumpf zu hauen. Der Sohn verrichtete den Befehl; aber Parassurama ward über den Tod seiner Mutter so betrübt, daß ihm Schamadagini befahl, ihren Körper zu sich zu nehmen, den abgehauenen Kopf wieder darauf zu setzen, und ihr ein Gebet in's Ohr zu sagen das er ihn lehrte, nach welchem sie sogleich wieder zum Leben kommen würde. Der Sohn lief eilends dahin; aber durch ein unglückliches Versehen setzte er den Kopf seiner Mutter auf den Rumpf einer Parischi, die so eben wegen ihrer Schandthaten war hingerichtet worden. Diese abentheuerliche Vermischung machte, daß das neu auflebende Weib die Tugenden einer Göttin und zugleich die Laster einer Übelthäterin besaß. Die Göttin, welche dadurch unrein geworden, ward nun aus dem Hause verjagt, und begieng alle Arten von Grausamkeiten: aber die Dewerkels, wie sie den Greuel der durch sie angerichteten Verwüstung sahen, stillten ihren Zorn wieder, indem sie ihr die Macht ertheilten, die Kinderpocken zu heilen, und ihr versprachen, man würde sie in dieser Krankheit um ihren Schutz anrufen. Mariatale ist die große Göttin der Parias, welche sie sogar über Gott selbst erheben; und die meisten aus diesem verachteten Stamme wiedmen sich zum Dienst derselben.

(Leitzmann, S. 47.)

Es ist deutlich, wo Goethe von der Stoffvorgabe abweicht: Der Vater selbst tötet die Frau, das fließende Blut gibt eine Art von objektivem Zeichen für die Unschuld der scheinbar Schuldigen, von der Schlußwendung bleibt nur die Quintessenz, vor allem aber: Die Einbettung durch die beiden Gebete bringt eine Art Zeigehandlung in die Trilogie, schafft Distanz, läßt die *Legende* zum Teil einer Liturgie werden.

Goethe schied strikt zwischen indischer Mythologie und Plastik einerseits, indischer Dichtung anderseits. Die ersten empfand er als fratzenhaft, die zweite hingegen als wichtigen und signifikanten Beitrag zur ›Weltliteratur‹, weil sich in sie »die reine Menschlichkeit, edle Sitte, Heiterkeit und Liebe flüchten, um uns über Kastenstreit, phantastische Religionsungeheuer und abstrusen Mystizismus zu trösten und zu überzeugen, daß doch zuletzt in ihr das Heil der Menschheit aufbewahrt bleibe«. (*Noten und Abhandlungen* zum *Divan*, vgl. Bd. III dieser Ausgabe.) Vgl. auch die Äußerungen S. 632 f. (und Anm.) und 634 f. des vorliegenden Bandes. Das eher ›fratzenhafte‹ Thema des Muttermordes auf Geheiß des Vaters (bei Sonnerat), der Wiederbelebung und der vertauschten Köpfe hat Goethe offenbar über Jahrzehnte hin fasziniert, bis er dann die Lösung fand, deren Durchführung freilich immer noch mühsam genug errungen werden mußte: Indem er die Geschichte in eine Trilogie einbettete, konnte er sie durch die beiden Rahmengedichte relativieren und in actu vorführen, wie die ›Abstrusität‹ durch Poesie aufgehoben und in das Medium ›reiner Menschlichkeit‹ hinübergeführt werden kann. – Die Vieldimensionalität der Dichtung wird deutlich, wenn man ihren Bezug zu anderen Rubriken erwägt. Als Ballade wurde sie seit Q von den Cotta-Ausgaben des 19. Jahrhunderts der Gruppe »Balladen« zugeordnet, wegen des Gegenstands hinter *Der Gott und die Bajadere* (vgl. auch das *Gebet*, v. 21-24). Es ist aber kein bloß äußerliches Faktum, daß die Fertigstellung des *Paria* in eine Zeit fällt, in der Goethe die Rubrik »Gott und Welt« zusammenstellt und in besonderem Maße auf fremdsprachige Dichtung und das in ihr enthaltene ›allgemein Menschliche‹ aufmerksam macht. Dies auch dem indischen Stoff abzuringen, dessen ›abstruse‹ Kontingenz zu wahren und gleichwohl im Allgemeinen aufzuheben, mußte ihm im Rahmen eines Programms der ›Weltliteratur‹ als ein Höchstes erscheinen. Insofern ließe sich die Trilogie als eine mögliche Formulierung der Vermittlung von Göttlichem und Geringstem auch als Teil der Rubrik »Gott und Welt«, zugleich aber auch als

Gipfelpunkt der Rubrik »Aus fremden Sprachen« denken.
Vgl. die Ausführungen S. 1133 f.

Des Paria Gebet (S. 450)

Das *Gebet* wie auch nachher der *Dank* sticht stilistisch stark von der *Legende* ab. Sie sind in vergleichsweise schlichter Sprache gehalten, regelmäßig strophisch und gereimt, während die *Legende* ungereimte Verse in unterschiedlich langen Strophen bietet und eine Reihe äußerster sprachlicher Verknappungen enthält.

450,4 f. *Bramen* ⟨...⟩ *Rajas* ⟨...⟩ *Reichen]* Die drei ›reinen‹ Kasten: Priester, Ritter und Kaufleute.

450,11 *was andre tödlich kennen]* Nach den strengen Reinheitsgeboten der oberen Kasten.

451,21 *den Bajaderen]* Ein Wink Goethes zu seiner eigenen Ballade *Der Gott und die Bajadere* (S. 150 sowie Bd. I, S. 692), die auf diese Weise als Parallelformulierung thematisiert wird.

Legende (S. 451)

Auf die *Legende* in erster Linie bezieht sich wohl die von Eckermann berichtete Äußerung (10. 11. 1823): »Freilich ⟨...⟩ die Behandlung ist sehr knapp, und man muß gut eindringen, wenn man es recht besitzen will. Es kommt mir selber vor wie eine aus Stahldrähten geschmiedete Damaszenerklinge. Ich habe aber auch den Gegenstand *vierzig* Jahre mit mir herumgetragen, so daß er denn freilich Zeit hatte, sich von allem Ungehörigen zu läutern.« – ›Damaszener‹ oder ›damaskierter‹ Stahl entsteht, wenn man Eisen- und Stahldrähte oder -stäbchen miteinander verschweißt, zu einem Werkstück verarbeitet und anschließend mit Säure behandelt; solche Gegenstände sind besonders elastisch und schimmern wegen der unterschiedlichen Reaktion der Materialien auf die Säure in unterschiedlichen Farben.

451,4 *ernstester Gerechtigkeit]* Der adverbiale oder absolute Genitiv auffallend häufig in diesem Gedicht als Mittel der komprimierten Aussage.

452,22 f. *den des Gottes | Uranfänglich schönes Denken]* Die Jünglingsgestalt also unmittelbar gottgeschaffen, ideell. Die Unsicherheit, in welche die Frau gerät, ist fundamentaler Art: Sie begegnet einer göttlichen Erscheinung, die ihr eigentlich nicht gefährlich werden könnte – wenn sie selbst absolut reiner Geist wäre. Eine unmittelbare Gottbegegnung ist aber – so ein Axiom Goethes – nicht möglich. Wir schauen das Göttliche nur im Einzelnen, im Abglanz (hier: im Wasserspiegel, im Element), damit aber auch als Sinnenwesen. Der faktische Fortgang des Gedichts ist eigentlich nur die bildhafte Auseinanderfaltung dessen, was an dieser Stelle geschieht: Gerade in der Begegnung mit dem Gottgeschaffnen verliert die Frau ihre ›Unschuld‹, d. h., sie erfährt sich als ganzen Menschen, der »Mit dem Haupt im Himmel weilend« zugleich »dieser Erde | Niederziehende Gewalt« empfindet.

452,32 *Aber ach! sie schöpft nicht mehr]* Im Tagebuch am 27. 5. 1807, als Zitat gekennzeichnet (eigenes oder fremdes?): »Der Hauptfehler in dem Motiv der Jungfrau von Orleans, wo sie von Lionel ihr Herz getroffen fühlt, ist, daß sie sich dessen bewußt ist, und ihr Vergehen ihr nicht aus einem Mißlingen oder sonst entgegen kommt. (Wie z. E. dem Weibe in dem indianischen Märchen, in deren Hand sich das Wasser nicht mehr ballt.)«

453,57 *Fließt wie aus der Wunde frisch]* Das Blutwunder (Zutat Goethes zum Stoff) bezeugt die Unschuld der Getöteten, wie vorher das Ausbleiben des Wasserwunders ihre Schuld. Damit werden die Zeichen selbst widersprüchlich, entsprechend der Doppeldeutigkeit der Menschennatur.

454,96 *eingeimpft]* ›Impfen‹ in dieser Zeit ›Pfropfen‹ von Pflanzen.

455,144 f. *Was ich denke, was ich fühle – | Ein Geheimnis bleibe das.]* Gelegentlich umrätselt. Exoterische und esoterische Seite der Mythenstiftung: Der Sohn soll nur die Vermittlungsleistung verkünden (v. 123 f.), nicht aber die tiefe Zerrissenheit der Mutter, der sie zu verdanken ist.

456,9 *Frauen]* Alter Dativ Singular.

Trilogie der Leidenschaft

Im Gegensatz zur *Paria*-Dichtung handelt es sich hier um drei ursprünglich selbständige Gedichte, die erst für die Sammlung von 1827 zu einer Trilogie zusammengestellt wurden.

An Werther (S. 456)

Erstdruck ohne Überschrift in der *Neuen Ausgabe der Leiden des jungen Werther, von dem Dichter selbst eingeleitet*, Leipzig 1825. – Der Verleger Weygand in Leipzig, der 1774 Goethes *Werther* herausgebracht hatte, plante eine Jubiläumsausgabe des Werkes. Durch Vermittlung von Rochlitz einigten sich Verleger und Autor darauf, daß dieser für fünfzig Dukaten ein Einleitungsgedicht von fünfzig Versen beisteuern werde. Das Gedicht war am 25. 3. 1824 vollendet, wurde dann am 1. 5. nach Leipzig gesandt. Goethe nahm die Gelegenheit zum Anlaß, im Nachklang der Marienbader Erschütterungen des Vorjahres nun den frühverschiedenen Werther anzusprechen, als sei er eine reale Person gewesen (Düntzer meint gar, es sei eine Rede an das Werther-Modell Jerusalem), und, fragmentarisch, ihm Grundsituationen menschlichen Lebens anzuvertrauen.

456,1 *Schatten]* In der ›Nekyia‹ der *Odyssee* (11. Gesang) veranlaßt Odysseus die abgestorbenen Seelen durch ein Opfer, aus dem Hades heraufzusteigen.

Elegie (S. 457)

Erstdruck von v. 79-83: *Über Kunst und Alterthum* V 2 (1825). Die Überlieferung ist nun ausführlich und mit Ablichtung aller erhaltenen Handschriften dokumentiert in: Johann Wolfgang Goethe, *Elegie von Marienbad. Faksimile einer Urschrift*, hg. v. Christoph Michel und Jürgen Behrens in Verbindung mit Wolf von Engelhardt u. a., Frankfurt 1983. – An Biographischem genüge das für das Verständnis Unerläßliche: Seit 1820 pflegte Goethe im Sommer das neu ge-

gründete Marienbad aufzusuchen. Dort hielt sich 1821, 1822 und 1823 auch Amalie von Levetzow auf, die er schon länger kannte, ferner ihre drei Töchter. Deren älteste, die 1804 geborene Ulrike, war zunächst wohl eines der vielen ›Töchterchen‹, durch deren Umgang er sich das Badeleben zu würzen pflegte. Schon 1822 jedoch fällt Goethe der Abschied ungewöhnlich schwer (vgl. *Äolsharfen*, S. 463 und Anm.), und 1823 hält Goethe schließlich förmlich um Ulrikes Hand an. Er erhält keine klare Antwort, Frau von Levetzow zieht es vor, zunächst mit den Ihren nach Karlsbad überzusiedeln (17. 8. 1823). Goethe geht nach Eger. Dann erscheint auch er in Karlsbad (25. 8.). Noch einmal ein paar Tage der Nähe, dann, am 5. 9., meldet das Tagebuch: »allgemeiner, etwas tumultuarischer Aufbruch ⟨...⟩ abgefahren nach 9 Uhr«. Zunächst fährt er noch einmal nach Eger, sucht beim Rat Grüner Ablenkung in der Mineralogie (vgl. v. 131 f.). Am 17. 9. kommt er in Weimar an. Unterwegs entsteht die Marienbader (etwas genauer: Karlsbader) *Elegie*.

Die ›Urschrift‹ ist in ein Exemplar des ›Großherz. Weimarischen Schreib-Calenders für das Jahr 1822‹ eingeschrieben. Die ersten vier Zeilen, in reinlicher deutscher Schrift, sind vermutlich schon vor dem Wiedersehn in Karlsbad am 25. 8. geschrieben (Michel, S. 133 f.). Den krakeligen Schriftzügen der übrigen Verse (in lateinischer Schrift) sieht man an, daß sie weitgehend während der Fahrt (zwischen Karlsbad und Eger, 5.–7. 9, zumeist wohl schon am 5. 9.) entstanden sind. Siehe Abb. 18. Die dort enthaltenen lateinisch geschriebenen Verse, die nicht in das Gedicht übernommen wurden, aber für den Schrifttyp der übrigen Verse charakteristisch sind, lauten: »Und hör ein Wort das schönste dich zu fassen | Du wirst mich finden wie du mich verlassen«, wahrscheinlich als zusichernde Rede der Geliebten gedacht, gleichfalls schon vor dem Wiedersehen in Karlsbad geschrieben, nach dem Abschied verworfen. – Die erste Niederschrift lautet:

Was soll ich nun vom Wiedersehen hoffen
Das Paradies, die Hölle steht dir offen.
Kein Zweifeln hier! Sie tritt ans Himmels Tor
Und hebt zu ihren Armen dich empor.

Ist denn die Welt nicht übrig? Felsen Wände
Sind sie nicht mehr gekrönt von heilgen Schatten
Die Ernte reift sie nicht ein grün Gelände
Zieht sichs nicht hin am Fluß durch Busch und Matten
Und wölbt sich nicht das unermeßlich grose
Gestaltet jetzt und bald gestaltenlose.

Wie schlank und zierlich, fein und zart gewoben
Schwebt Seraph gleich aus ernster Wolken Chor,
Als glich es Ihr am blauen Äther droben
Ein zart Gebild aus weißem Duft empor.
So sahst du sie im frohen Tanze walten
Die lieblichste der lieblichsten Gestalten

Doch nur Momente kannst unterwinden
Ein Luftgebild statt ihrer fest zu halten
In s herz zurück. Dort wirst du s besser finden
Dort regt sie sich in wechselnden gestalten
Da bildet ein's in's andre sich hinüber
So tausendfach und immer immer lieber.

Wie zum Empfang Sie an den Pforten weilte
Und mich von da so stufenweis beglückte
Mich nach dem letzten Kuß mich noch ereilte
Den letztesten mir auf die Lippen drückte
So fest beweglich bleibt das Bild der Lieben
Nicht Starr in s Erz in s weiche Herz geschrieben

In s Herz das fest wie zinnenhohe Mauer
Sich ihr bewahrt und Sie in Sich bewahret
In Ihr sich freut an seiner eignen Dauer
Nur weiß von Sich wenn sie Sich offenbaret

Die Fähigkeit zu lieben, das Bedürfen
 Von Gegenliebe waren fast verschwunden
 Die Hoffnungs Lust zu freudigen Entwürfen
 Entschlüssen, rascher Tat ist neu gefunden,
 Und wie sie je den liebenden begeistet
 Hat liebe an mir geleistet

 Wo Tod und Leben grausam sich bekämpfen
 Wohl gäbs ein Kraut des Körpers Qual zu stillen
 Allein dem fehlt ⟨es⟩ am entschloßnen Willen

 Fehlt s am Begriff wie er sie soll vermissen
 Und wiederholt ihr Bild zutausend malen
 Doch zauderts bald ⟨bald⟩ wird es weggerissen
 Undeutlich bald und bald im reinsten Strahlen
 Wie möchten sie zum Troste frommen
 Die Ebb und Flut ihr gehen und das Kommen

Eine erste, überarbeitete Reinschrift bringt Goethe schon nach Weimar mit. Am 17. 9.: »Die Abschrift des Gedichtes angefangen.« Am 18.: »Die Abschrift des Gedichtes fortgesetzt.« Am 19.: »Die Abschrift des Gedichts vollendet.« Diese endgültige Reinschrift, auf erlesenem Papier, wird mit einer seidenen Schnur in rotes Maroquin-Leder gebunden (Eckermann zum 27. 10. 1823) und in eine eigens gefertigte, mit blauem Papier überzogene Mappe eingelegt, auf deren Deckel mit goldenen Lettern steht: »Elegie. September 1823«. Vgl. Abb. 19. – Goethe stürzt sich in neue Arbeit. Im November kommt es dann zum gesundheitlichen Zusammenbruch. Zelter eilt zu ihm. Immer wieder muß er dem Kranken die *Elegie* vorlesen. Zelter schildert in einem Tagebuch-Brief (letztes Datum 18. 1. 1824) selbst die Therapie, mit der er den Freund wieder unter die Lebenden brachte:

> Was finde ich? Einen, der aussieht, als hätte er Liebe, die ganze Liebe mit aller Qual der Jugend im Leibe. Nun, wenn es die ist: er soll davonkommen! Nein! Er soll sie behalten, er soll glühen wie Austernkalk; aber Schmer-

zen soll er haben wie mein Herkules auf dem Öta! Kein Mittel soll helfen; die Pein allein soll Stärkung und Mittel sein. Und so geschah's, es war geschehn! Von einem Götterkinde, frisch und schön, war das liebende Herz entbunden. Es war schwer hergegangen, doch die göttliche Frucht ⟨die *Elegie*⟩ war da und lebt und wird leben und ihres Geistes Namen über Zonen und Äonen hinaustragen, und wird genennet werden Liebe, ewige allmächtige Liebe!

Vgl. auch Goethe an Zelter, 9. 1. 1824.

Der Vorgang des Gedichts ist nicht leicht zu durchschauen. Deshalb einige Hinweise: Die erste Strophe und die letzten beiden Strophen sind vom übrigen Text abgesetzt (vgl. Anm. 458, nach 6) und können als Rahmen aufgefaßt werden. Die Strophen 2-5 (v. 7-30), eine Art Exposition, beschreiben das vergangene Glück im ›Paradies‹, die Trennung, die gegenwärtige »Sorgenschwere«. Durch die Paradieses-Metaphorik wird dem folgenden eine ganz bestimmte Problemstellung aufgegeben: Wie kann, wie soll das Ich die Erinnerung an das verlorene Paradies als Botschaft verarbeiten? Das ist zugleich in einem präzisen Sinne die Grundspannung der modernen ›Elegie‹. (Vgl. Bd. I, S. 1096 f.) Der Blick auf die äußere Welt (Strophe 6-8, v. 31-48) läßt die Geliebte zunächst als »Luftgebild« erscheinen; aber der wahre Ort der Bewahrung des ›paradiesischen‹ Bildes ist das eigene Herz, und dies Wirken im Herzen wird nun in weitem Bogen dargestellt (Strophe 9-17, v. 49-102), gipfelnd in einer fingierten direkten Rede der Geliebten. Doch dann fühlt sich das Ich wieder schroff in die Gegenwart zurückgestoßen, das Gedicht endet in Ratlosigkeit (Strophe 18-21, v. 103-126). – Die Eingangsfrage des Gedichts (»Paradies« oder »Hölle«), in der ersten Strophe noch durch ein vorwegnehmendes Hoffnungsbild beantwortet, bleibt schließlich quälend offen, und der Epilog mündet gar in All- und Selbstverlust. Nirgends sonst hat Goethe eine Dichtung in solche Rat- und Trostlosigkeit ausklingen lassen, und diese wirkt um so furchtbarer, weil sie als ein Scheitern der mit größter An-

KOMMENTAR ZU S. 457-458

strengung betriebenen Deutungsbemühungen des Mittelteils dargestellt ist. Dem Verlauf nach ist die *Elegie* eine Art innerseelischer Tragödie, vergleichbar nur dem *Tasso*, zu dem ja auch das Motto hinüberdeutet. – Goethe wäre freilich nicht Goethe, wenn im nächsten Gedicht nicht doch noch die *Aussöhnung* folgte.

Nicht unerheblich für ein genaueres Verständnis der Marienbader Situation und der Marienbader Gedichte ist vielleicht auch die Tatsache, daß Goethe schon im Februar 1823 schwer erkrankt war; man diagnostiziert heute eine Herzbeutelentzündung oder einen Herzinfarkt, und für den November einen Rückfall. Wenn hier so oft vom ›Herzen‹ die Rede ist, von ›innrem Bangen‹, ›beklommner Herzensleere‹, oder wenn es heißt: »Schon rast's und reißt in meiner Brust gewaltsam«, dann sind das wohl nicht bloße Metaphern.

Weitere Gedichte um Ulrike von Levetzow siehe S. 591-594, Nr. 31-37, ferner vielleicht S. 731,460-463, 736,599-602 sowie 803 und 805.

Das Motto entstammt dem *Tasso*, v. 3432 f., dort jedoch »wie« statt »was«. Anschluß an das Ende des voranstehenden Gedichts.

457,1 *Wiedersehen]* Um die ganze Dimension der Wiedersehens-Thematik zu fassen, sollte man *Wiederfinden*, S. 490, vergleichen.

458,5 f. *Himmelstor ⟨...⟩ empor]* Die einzigen ›männlichen‹ Reime des ganzen Gedichts. Dies und der Gedankenstrich nach v. 4 geben den beiden Versen eine Sonderstellung: kein einfacher Indikativ, sondern ein Hoffnungsbild (wie es auch der entstehungsgeschichtlichen Stelle entspricht, siehe oben).

458, nach 6*]* In Goethes Reinschrift beginnt das Gedicht auf einer linken Seite; dort steht nur die erste Strophe (vgl. Abb. 19), während im weiteren dann immer drei Strophen auf einer Seite stehen. Erst die letzten beiden Seiten tragen dann wieder je zwei Strophen. Goethe hat also die erste Strophe und die letzten beiden jeweils durch einen Seitenwechsel vom Dazwischenstehenden abgetrennt. Außerdem

hat er unter die erste Strophe ebenso wie unter die drittletzte einen Zierschnörkel gesetzt, wie er das sonst am Ende eines Gedichts zu machen pflegt. Auch die von Johns Hand stammende Druckvorlage zeigt die beiden Schnörkel und den zweimaligen neuen Seitenbeginn. In den Drucken aber ist die erste Markierung offenbar versehentlich entfallen (vgl. Michel/Behrens, S. 119 f.). Sie wird hier wieder eingesetzt. – Der Sachverhalt, der bisher in den Ausgaben nicht berücksichtigt wurde, hat erhebliche Auswirkungen für die Interpretation, weil er die erste Strophe als prologhafte Eröffnung eines Rahmens ausweist.

458,7 *So warst du denn*] Nicht ›So wurdest du‹, wie es metrisch möglich wäre, sondern betont Plusquamperfekt, ›Vorvergangenheit‹; dazwischen liegt der Abschied. – Das ›So‹ vergleichend: So, wie du dir das Wiedersehen in deiner Hoffnung vorgestellt hattest, warst du wirklich empfangen worden.

458,22 *Cherub*] Die Paradieses-Thematik der vorangehenden Strophen nun zur Vertreibung geführt. 1. Mose 3,24: Der Cherub versperrt den Rückweg ins Paradies, insbesondere aber zum Baum des Lebens.

459,44 *Ein Luftgebild*] Die Helena-Thematik des *Faust II*, Anfang IV. Vgl. auch *Howards Ehrengedächtnis*, S. 503.

459,54 *Mit Flammenschrift*] Vgl. »Sonette« Nr. XIX, S. 259,1. Zu den »Sonetten« führt auch der Gedanke, daß das eigene Herz der eigentliche Träger der Liebe sei.

460,74 *wir lesen's*] Paulus an die Philipper 4,7.

460,82 *Enträtselnd sich den ewig Ungenannten*] Es gibt einen Dissens (Trunz/HA, Staiger/Manesse), ob »sich« hier Dativ oder Akkusativ sei. Aus dem Horizont von Goethes Denken scheint mir nur Dativ (Trunz) möglich.

460,84 *teilhaft*] Goethes Begriff des Symbols.

461,101 *immer kindlich*] Das Kind als Inbegriff des Menschen, der den erfüllten Augenblick zu ergreifen vermag. Vermutlich auch recht konkret zu fassen als Auseinandersetzung Goethes mit seinem Heiratswunsch; denn dieser war ein Versuch, das Glück des Augenblicks in die Form des

Dauer-Glücks zu überführen, und mußte schon deshalb scheitern.

462,135 *Pandoren*] Pandora wurde von Zeus zur Strafe für den Feuerdiebstahl des Prometheus geschaffen und zu den Menschen geschickt; aus ihrem Füllhorn entstammen alle Übel, nur die Hoffnung bleibt darin. Vgl. auch Goethes *Pandora*, Bd. VI dieser Ausgabe.

Aussöhnung (S. 462)

Ein zweites Mal vertreten in den »Inschriften ⟨...⟩« unter dem Titel *An Madame Marie Szymanowska* (S. 594). Eine Abschrift August von Goethes trägt die Datierung »Marienbad am 19. August 1823«. Entstanden 16.–18. 8. 1823, also vor den beiden voranstehenden Gedichten. Die Pianistin weilte jedoch vom 30. 10. bis 5. 11. 1823 auch in Weimar, ergriff und beruhigte Goethe mit ihrem Spiel, so daß das Gedicht auch in einem biographischen Sinn diesen Ort als Abschluß der Trilogie beanspruchen kann. – Goethes seelische Ungeschütztheit im Marienbader Sommer 1823 zeigt sich auch in einer ungewöhnlich gesteigerten Empfänglichkeit für Musik. An Zelter am 24. 8. 1823:

> Nun aber doch das eigentlich Wunderbarste! Die ungeheure Gewalt der Musik auf mich in diesen Tagen! Die Stimme der Milder ⟨vgl. S. 812⟩, das Klangreiche der Szymanowska, ja sogar die öffentlichen Exhibitionen des hiesigen Jägerkorps falten mich auseinander, wie man eine geballte Faust freundlich flach läßt. ⟨...⟩ Ich bin völlig überzeugt, daß ich im ersten Takte Deiner Singakademie den Saal verlassen müßte. ⟨...⟩ Wie schön, wie notwendig wär' es nun, daß ich an Deiner Seite zu verweilen Gelegenheit fänd'! Du würdest mich durch allmähliche Leitung und Prüfung von einer krankhaften Reizbarkeit heilen, die denn doch eigentlich als die Ursache jenes Phänomens anzusehen ist, und mich nach und nach fähig machen, die ganze Fülle der schönsten Offenbarung Gottes in mich aufzunehmen.

Der Szymanowska wurde das Gedicht in einer französischen Version überreicht, siehe S. 1153.

Äolsharfen (S. 463)
Am 14. 12. 1822 an Zelter gesandt. Entstanden vielleicht 24./25. 7. 1822 (Abreise von Marienbad nach Eger) oder etwas später. Das Tagebuch ist nicht ganz eindeutig; um diese Zeit ist mehrmals von ›kleinen Gedichten‹ die Rede, die anscheinend dann zu einem Zwiegesang zusammengesetzt wurden. Die Verse 1-14 sind auch separat überliefert, u. a. als Stammbucheintragung für den Komponisten Tomaschek, datiert »Eger den 6. August 1822« und überschrieben: »Liebschmerzlicher Zwiegesang unmittelbar nach dem Scheiden«, dem Scheiden von Ulrike von Levetzow im Jahr vor dem Sommer der Marienbader *Elegie*. – In der Sendung an Zelter waren (abgesetzt durch einen Strich, im Sinne einer gnomischen Verallgemeinerung) noch vier Zeilen angeschlossen, ebenso im Druckmanuskript von C, wo sie gestrichen wurden: »*Die Gegenwart weiß nichts von sich* ⟨. . .⟩ «, siehe S. 803. Diese Verse sandte Goethe noch einmal am 9. 1. 1824 an Zelter mit den Worten: »Kennst Du nachstehende Reimzeilen? Sie sind mir ans Herz gewachsen, Du solltest sie wohl durch einschmeichelnde Töne wieder ablösen.«

463, vor 1 *Äolsharfen*] Harfen des (Windgottes) Äolus, die im Park vom Wind zum Klingen gebracht werden. Hier zwei aufeinander abgestimmte Instrumente, das Bild zweier räumlich getrennter, gleich empfindender und tönender Seelen.

463,20 *wenn Nächte sich befeuern*] Tagebuch, 26. 7. 1822, die ›Gelegenheit‹: »Nachts starkes vorübergehendes Gewitter, mit Blitz, Donner und Regen.«

463,26 *meine*] In der alten Bedeutung ›liebend gedenke‹.

464,28 und 31 *Iris*] Der Regenbogen, Goethe doppelt bedeutsam als altes, biblisches Zeichen der Versöhnung und als Farbphänomen.

Ungeduld (S. 464)
Zur Entstehung ist nichts bekannt.

Lust und Qual (S. 464)

Erstdruck: *Über Kunst und Alterthum* II 3 (1820). Laut Q entstanden 24. 12. 1815, doch ist für diesen Tag im Tagebuch nur die Redaktion älterer Gedichte vermerkt.

464,4-6 *Sang ich ⟨...⟩ Schelmenlieder]* Anscheinend wie hier im Lemma angegeben zu konstruieren, das Dazwischenstehende als Einschub.

Immer und Überall (S. 465)

Erstdruck v. 1-4 ohne Überschrift: *Über Kunst und Alterthum* II 3 (1820), den folgenden Gedichten vorangestellt. In *Kunst und Alterthum* folgen jedoch zunächst drei andere (die Motto-Verse dieser Rubrik, die *Ballade* und *Lust und Qual*). Erst mit Hinzufügung von v. 5-8 nun expliziter Bezug auf die Monate bzw. Jahreszeiten.

März (S. 465)

Erstdruck: *Über Kunst und Alterthum* II 3 (1820). Die folgenden Gedichte bis *Aus einem Stammbuch von 1604* (S. 474) stehen auch dort hintereinander. Eigenhändiger Entwurf datiert 5. 3. 1817, am 9. 3. an Zelter gesandt.

April (S. 466)

Erstdruck wie das vorige Gedicht. Der *Divan*-Ton läßt an Entstehung etwa 1815/16 denken.

Mai (S. 467)

Erstdruck wie die vorigen Gedichte. Entstanden 2. 2. 1816 (Q, sonst kein Hinweis).

467,4 *Düfte]* Bei Goethe häufig für ›Dünste‹.

467,15 *der Bübchen Flatterschar]* Rokoko-Nachklang: Amoretten.

467,19 *das Dach zu flechten]* Ein Strohdach; die Geschäftigkeit in der vorigen Strophe diente also schon dem Bau der Hütte.

467,21 *die gerechten]* Ihres Handwerks Kundigen, zunftgerecht Wirkenden.

467,25 *aber hundert]* Noch einmal hundert ›Bübchen‹.

Juni (S. 468)

Erstdruck wie die vorigen Gedichte. Laut Q entstanden am 24. 12. 1815, doch ist für diesen Tag im Tagebuch nur die Redaktion älterer Gedichte vermerkt. Düntzer fordert mehrere Konjekturen, die aber alle überflüssig sind.

468,12 *Rändern]* Ufern oder Tal-Rändern (Düntzer: Rädern).

468,14 *unbeklommen]* Nicht durch Berge eingeengt (›Klamm‹).

468,16 *bis mir]* Bis zu mir (Düntzer: Bis wir ⟨sind⟩).

468,23 *Zopf]* Düntzer: Kopf

468,28 *mit]* Düntzer: von

Frühling übers Jahr (S. 469)

Erstdruck wie die vorigen Gedichte. Eigenhändige Handschrift datiert 15. 3. 1816. ›Übers Jahr‹ laut Kommentar-Tradition (Loeper, JA, BA; HA mit Berufung auf Fischers *Goethe-Wortschatz*, wo aber nur dieser, wohl durch JA angeregte Beleg steht, also zirkulär): Das ganze Jahr hindurch. Dem Inhalt und der Stellung nach plausibler (Düntzer): Im folgenden Jahr.

469,5 *Safran]* Crocus sativus, aus dem Safran gewonnen wird.

Für's Leben (S. 470)

Ebenfalls in *Über Kunst und Alterthum* II 3 (1820). Schon unter den »Geselligen Liedern« in der Sammlung von 1815, dort *Die glücklichen Gatten* (S. 74). Der Neuabdruck ist kein Versehen, es sei denn, man unterstellt Goethe ein überdurchschnittlich schlechtes Gedächtnis. Denn schon in *Kunst und Alterthum*, wo das Gedicht an gleicher Stelle steht, wird der abermalige Abdruck nachträglich begründet (III 1): »Daß wir das Gedicht Seite 24 des vorigen Heftes, welches schon anderwärts mit abgedruckt ist, hier abermals eingerückt haben, wird uns wohl verziehen werden, indem es in den Kreis des vorgelegten kleinen bürgerlichen Romans notwendig gehört«. Auch der Herstellungsleiter Reichel hat ihn bei der

Herstellung von C noch einmal darauf aufmerksam gemacht (QuZ III, S. 428), vgl. auch S. 594, A 38 und Anm.

Für ewig (S. 473)

Erstdruck wie die vorigen Gedichte. Entstanden schon 1784, im Zusammenhang des Epen-Fragments *Die Geheimnisse*. Vgl. Bd. I dieser Ausgabe, S. 244 und Anm. Der Titel kontrastiert zu dem des vorigen Gedichts, leitet zugleich eine neue Reihe ein, in der persönliche Bildungsmächte Goethes behandelt werden.

Zwischen beiden Welten (S. 473)

Erstdruck wie die vorigen Gedichte. ›Lida‹ ist der poetische Name Charlotte von Steins, ›William‹ ist Shakespeare. Vielleicht ist das Gedicht schon im ersten Weimarer Jahrzehnt entstanden und später um die letzten drei Verse erweitert worden.

Aus einem Stammbuch von 1604 (S. 474)

Erstdruck wie die vorigen Gedichte, mit der Unterschrift »Shakespeare«. Übersetzung einer englischen Stammbucheintragung, die Shakespeare zugeschrieben wurde. Goethe lernte sie 1818 kennen. An seinen Sohn, 18. 3. 1818: »Der lieben Mitteilerin des Shakespearschen Gedichts sage den schönsten Dank, es ist gewiß von ihm und also ganz herrlich. Ich quäle mich mit einer Übersetzung damit es euch einigermaßen nahe kommt.« Der englische Text steht in der Zeitschrift ›Wünschelruthe‹ I 34 vom 27. 4. 1818 (wiederabgedruckt WA) mit der Unterschrift »W. S.« und ist Goethe wohl daraus in einer Abschrift mitgeteilt worden.

474,2 *Cynthien*] Artemis als Mondgöttin Cynthia.
474,6 *Treue*] Im Original »true«, also Glaube.

Um Mitternacht (S. 474)

Erstdruck ohne Überschrift: *Über Kunst und Alterthum* III 3 (1821). Entstanden am 13. 2. 1818 (Tagebuch). – Goethe maß diesem Gedicht besondere Bedeutung zu. In den *Tag-*

und Jahresheften zu 1818: »Ein wundersamer Zustand bei hehrem Mondenschein brachte mir das Lied ›Um Mitternacht‹, welches mir desto lieber und werter ist, da ich nicht sagen könnte, woher es kam und wohin es wollte«. Goethe setzte das Gedicht ans Ende des Aufsatzes *Geneigte Teilnahme an den Wanderjahren* (*Kunst und Alterthum* III 3, Bd. XX dieser Ausgabe) und leitete über: »Hier nun fühl' ich unwiderstehlichen Trieb ein Lebenslied einzuschalten das mir seit seiner mitternächtigen, unvorhergesehenen Entstehung, immer wert gewesen, komponiert aber von meinem treuen Wirkens- und Strebensgefährten *Zelter* zu einer meiner liebsten Produktionen geworden.« Vgl. Abb. 8/9. In der anschließenden Anzeige *Neue Liedersammlung von Carl Friedrich Zelter* heißt es: »In derselben ist auch vorstehendes Lied enthalten; ich lade meine in Deutschland ausgesäeten Freunde und Freundinnen hiedurch schönstens ein, sich es recht innigst anzueignen und zu meinem Andenken von Zeit zu Zeit, bei nächtlicher Weile, liebevoll zu wiederholen. Man lasse mich bekennen, daß ich mit dem Schlag Mitternacht im hellsten Vollmond aus guter, mäßig aufgeregter, geistreich-anmutiger Gesellschaft zurückkehrend das Gedicht aus dem Stegreife niederschrieb, ohne auch nur früher eine Ahnung gehabt zu haben«. Vgl. auch Eckermann zum 12. 1. 1827. – Am 16. 2. 1818 sandte Goethe das Gedicht an Zelter. Er legte dem Brief auch seinen Brief an Charlotte von Stein vom 18. 4. 1787 aus Palermo bei, der von den Redaktionsarbeiten für die *Italienische Reise* übriggeblieben war, »ein uralt Blättchen, das ich nicht verbrennen konnte, als ich alle Papiere, auf Neapel und Sizilien bezüglich, dem Feuer widmete: Es ist ein so hübsches Wort auf dem Wendepunkt des ganzen Abenteuers und gibt einen Dämmerschein rückwärts und vorwärts. Ich gönne es Dir! Bewahre es fromm.« Goethe empfand offenbar einen Zusammenhang zwischen dem Gedicht und dem Brief, der an einer Lebenswende geschrieben war. Er sei deshalb hier mitgeteilt:

Meine Liebe noch ein Wort des Abschieds aus Palermo.
Ich kann dir nur wiederholen daß ich wohl und vergnügt

bin und daß nun meine Reise eine Gestalt nimmt. In
Neapel hätte sie zu stumpf aufgehört. Aus meinen Blättern
siehst du nur einiges im Detail, vom Ganzen, von meinem
Innersten und den glücklichen Folgen die ich fühle kann
und mag ich nichts sagen. Dies ist ein unsäglich schönes
Land, ob ich gleich nur ein Stückchen Küste davon kenne.
Wie viel Freude macht mir mit jedem Tage mein bißchen
Wissen der natürlichen Dinge und wie viel mehr müßte ich
wissen wenn meine Freude vollkommen sein sollte. Was
ich Euch bereite gerät mir glücklich, ich habe schon Freu-
dentränen vergossen daß ich Euch Freude machen werde.
Leb wohl Geliebteste mein Herz ist bei dir und jetzt da die
weite Ferne, die Abwesenheit alles gleichsam weggeläu-
tert hat was die letzte Zeit über zwischen uns stockte so
brennt und leuchtet die schöne Flamme der Liebe der
Treue, des Andenkens fröhlich in meinem Herzen. Grüße
Herders und alle, und gedenke mein.

Ferner fügte er eine Adaption des Gedichtes *»Worte sind der
Seele Bild«* (S. 620) bei, die gleichfalls auf das ›Lebenslied‹
bezogen sein dürfte:

> Sänge sind des Lebens Bild!
> Bilder nicht! sie sind nur Schatten!
> Tönen herbe, deuten mild,
> Was wir haben, was wir hatten.
> Was wir hatten, wo ist's hin?
> Und was ist denn, was wir haben?
> Tönt, Gesänge! Rasch im Fliehn
> Haschen wir des Lebens Gaben.

475,8 *Gestirn und Nordschein über mir im Streite]* ›Gestirn‹
Kollektivbegriff für ›Sterne‹. – ›Gestirn‹ als das Feste, das
Nordlicht als das Bewegliche; vgl. S. 319,10 f.: »Wie durch
des Nordlichts bewegliche Strahlen | Ewige Sterne schim-
mern.«

St. Nepomucks Vorabend (S. 475)

Tagebuch, 19. 5. 1820 (Karlsbad): »Schwimmende Licht-
chen zu Ehren des hl. Nepomuks, der Heilige illuminiert.

Gesang auf der Brücke.« Am 24. 5. 1820 an Zelter gesandt. – Der heilige Johannes von Nepomuk wurde in der Moldau ertränkt. Sein Leichnam trieb den Fluß hinunter und war mit Lichtern oder Sternen umgeben, zum Zeichen, daß er in den Himmel gekommen sei; deshalb die jährliche Lichterprozession, bei der schwimmende Kerzen auf das Wasser gelassen wurden.

475,7 *nicht verkünden*|*Durft' er anvertraute Fehle*] Nepomuk wurde zum Märtyrer, weil er das Beichtgeheimnis wahrte.

Im Vorübergehn (S. 475)
Zur Entstehung ist nichts bekannt. Vgl. *Gefunden*, S. 20.

476,12 *heimlich*] Vermutlich im älteren Sinne: an den Ort, das ›Heim‹ gebunden.

Pfingsten (S. 476)
Eigenhändige Handschrift datiert: »Berka d. 24. Juni 1814«. Pfingsten fiel in diesem Jahr auf den 29. Mai. – Ursprünglich wohl Bezug auf Caroline Ulrich, Christianes Gesellschafterin, und Riemer, der in Berka eifrig um sie warb (vgl. zu *Liebe* und *»Wäre der Rubin mir eigen«*, S. 782 f.). Riemer war vermutlich unter einem Maifest-Schmuck eingeschlafen. Mit Bezug zum Voranstehenden: Gegensatz von entwurzelter und gepflegter, verwurzelter Pflanze.

476,1 *Maien*] »gewöhnlich im plur. maien, auch nur von kleinen Stämmen, ästen oder grünen zweigen, die um das pfingstfest aus den wäldern geholt und ⟨. . .⟩ zum schmuck der häuser und kirchen verwendet werden.« (Grimm, *Deutsches Wörterbuch*, Bd. 12, Sp. 1474.)

476,7 *Herr Dreyßig*] Handelsgärtner in Tonndorf bei Berka.

Aug' um Ohr (S. 477)
Eigenhändige Handschrift datiert 17. 5. 1817. Goethe verschenkte den Spruch häufiger an junge Damen.

Blick um Blick (S. 477)
Zur Entstehung ist nichts bekannt. Im Inhaltsverzeichnis von C lautet der Titel nicht unzutreffend: »Kuß auf Blick«.

Hauspark (S. 477)
Vgl. Bd. I, S. 707, *Die empfindsame Gärtnerin*.

Der neue Copernicus (S. 478)
Eine eigenhändige Handschrift (zusammen mit *Zwiespalt*, siehe Bd. III dieser Ausgabe, »Buch des Sängers«) trägt das Datum »d. 26 Jul 1814« (Reise nach Wiesbaden, an diesem Tag von Eisenach nach Fulda). Ein Verzeichnis von 1814 ordnet das Gedicht noch unter dem Titel *Vision* unter die *Divan*-Gedichte. Ein Rätselgedicht: Der Sprecher befindet sich im Reisewagen (auch ›Fahrhäuschen‹ genannt, vgl. v. 1).

478,5 f. *Schalterlein, | Federchen und Lädchen*] Türchen, Fensterlädchen; ›Federchen‹ sind die Beschläge zum Verschließen.

Gegenseitig (S. 479)
Erstdruck in Zelters *Neuer Liedersammlung* von 1821, unter dem Titel »Im Fernen«, schon im Dezember 1816 vertont.

Freibeuter (S. 480)
Zur Entstehung ist nichts bekannt. Angeregt vermutlich durch ein Volkslied aus *Des Knaben Wunderhorn*: »Aus ist es mit mir | Mein Haus hat kein Tür«.

Wanderlied (S. 480)
Erstdruck: *Wilhelm Meisters Wanderjahre*, erste Fassung (1821); Strophen auf mehrere Stellen verteilt. Überliefert auch in einem Abdruck *Zu Goethes Geburtstage, Weimar, den 28. August 1826* und in einer Abschrift Zelters, datiert 25. 8. 1826 (mit Komposition, Faksimile im Zelter-Briefwechsel, Bd. 2, S. 487). In dieser Geburtstagsversion jedoch fehlt die zweite Strophe, und es ist eine weitere Strophe

angefügt (auch in einer Handschrift Goethes enthalten, vgl. Anm. 715,1-4):

> Doch was heißt in solchen Stunden,
> Sich im Freien umzuschaun?
> Wer ein heimisch Glück gefunden,
> Warum sucht er dort im Blau'n?
> Glücklich wer bei uns geblieben,
> In der Treue sich gefällt!
> Wo wir trinken, wo wir lieben,
> Da ist reiche freie Welt.

Goethe hat das Gedicht also konsequent zum ›Geselligen Lied‹ umgeformt.

LOGE

›Geheime‹ Gesellschaften, deren Mitglieder nach einem festen Zeremoniell die Geselligkeit, die Wahrheit und die Tugend pflegten, gab es im 18. Jahrhundert in unterschiedlicher Form. Schon der vierzehnjährige Goethe bewarb sich um Aufnahme in den Jugend- und Tugendbund »Arkadische Gesellschaft zu Phylandria«, wurde jedoch nur hinhaltend beschieden. In Wetzlar geriet Goethe in eine ›Rittertafel‹, welche die *Vier Haimonskinder* als zeremonielles Grundbuch pflegte (*Dichtung und Wahrheit* 12). Es gehörte beinahe zum guten Ton, einer derartigen Gesellschaft anzugehören. Herausragende Bedeutung hatten die Freimaurerlogen. In Weimar wurde eine solche Loge im Jahre 1764 gegründet, zum Geburtstag der Herzogin Anna Amalia und nach ihr benannt. Am 13. 2. 1780 bat Goethe beim Meister vom Stuhl v. Fritsch um Aufnahme in die Loge, »um mit Personen, die ich schätzen lernte, in nähere Verbindung zu treten – und dieses gesellige Gefühl ist es allein, was mich um die Aufnahme nachsuchen läßt«. Eine sehr nüchterne Begründung also, die absieht von den ›Geheimnissen‹, zu deren Kenntnis man angeblich als Freimaurer kommen konnte. Goethe wurde am 23. 7. 1781 in den Gesellengrad, am 2. 3. 1782 in

den des Meisters eingeführt. Am 11. 2. 1783 bewarb er sich sogar um die Mitgliedschaft im Illuminatenorden, einer nach jesuitischem Vorbild organisierten radikalen, politische Veränderungen anstrebenden Variante. Doch das blieb Episode. Die Illuminaten wurden in Bayern verfolgt, Herzog Ernst von Gotha, der sie protegiert hatte, rückte von ihnen ab, und die Freimaurerei selbst verstrickte sich in Streitigkeiten über Ursprung und Zweck der Vereinigung, so daß die Logenarbeit in Weimar bald ein Ende fand.

Goethes Begegnung mit dem Maurertum hat in seinem Werk mehrfach Spuren hinterlassen, am deutlichsten im Epenfragment *Die Geheimnisse* und in der Turmgesellschaft des *Wilhelm Meister*. Die Kehrseite des humanistischen Engagements, die Geheimnistuerei der Orden, war jedoch auch ein Nährboden für Irrationalismus und Scharlatanerie, wie sie der *Groß-Cophta* aufs Korn nimmt.

1808 nahm die Loge Amalia ihre Arbeit wieder auf. Diese Erneuerung war ein politischer Schachzug Goethes. In Jena war, ohne des Herzogs Erlaubnis, eine Loge gegründet worden, die nachträglich um Zulassung ersuchte. Da die Universitätsstadt mit ihren vielen Korporationen ohnedies ein Hort der Unruhe war, erschien es unklug, eine weitere Vereinigung »in dieses anarchische Wesen hineinzukonstituieren«. (Goethes Gutachten vom 31. 12. 1807.) Die Erlaubnis wurde nicht gewährt. Um aber dem nun einmal vorhandenen Bedürfnis abzuhelfen, wurde, gleichfalls auf Goethes Vorschlag, die Loge »Amalia« in Weimar wiederbelebt, von deren Zusammenkünften unter Serenissimi Augen keine Überraschungen zu erwarten waren. Goethe selbst ließ sich 1812 von der regelmäßigen Teilnahme an den Sitzungen dispensieren. Seit der Aufnahme seines Sohnes August im Jahre 1815 ließ »Br. Goethe I« sich von »Br. Goethe II« vertreten.

Weitere Logengedichte S. 814, 831.

Symbolum (S. 482)

Erstdruck: *Gesänge für Freimaurer zum Gebrauche aller Deutschen Logen*, Weimar 1813 (in einem 1816 angebundenen Teil). Dort v. 1 »Handeln«, v. 4 »Wandeln«. Entstanden anläßlich der Aufnahme August von Goethes am 5. 12. 1815 (Gräf)? Oder anläßlich einer Meisterloge am 15. 11. 1814, an der Goethe nach langer Abwesenheit erstmals wieder teilnahm (Wernekke)? – Der Titel ist wohl bewußt doppeldeutig: Einmal ›Symbol‹ im landläufigen Sinn, also Freimaurersystem als Symbol menschlichen Lebens überhaupt; außerdem aber heißt ›Symbolum‹ auch ›Glaubenbekenntnis‹ (symbolum fidei).

482,2 *dem Leben*] ... der Menschen (v. 5).

482,7 *Glücke*] Plural?

482,8 *Schrittweis'*] Nach Maßgabe des jeweils erreichten Grades.

482,19 *Im Busen der Helden*] Sogar im Busen der Helden.

482,23 *Stimmen der Meister:*] Der ›Meister vom Stuhle‹. Der Doppelpunkt kennzeichnet das folgende als deren direkte Rede.

Verschwiegenheit (S. 483)

Auf einer eigenhändigen Handschrift datiert 20. 1. 1816. Vermutlich das »Bundes- oder Logenlied für den Kammerrat«, von dem Zelter am 10. 11. 1816 schreibt, es sei »schon längst« fertig, müsse aber noch »in der Gare« bleiben. Am 28. 12. 1816 wurde August von Goethe in den Gesellenstand erhoben. – Das freimaurerische Thema der Verschwiegenheit ans Allgemeine angeschlossen. Vgl. auch Weitz/Willemer, S. 359 f.: War die erste Strophe ursprünglich selbständig? Das Versmaß entspricht dem der dialogischen Gedichte im »Buch Suleika« im *Divan*, dort in v. 4 von Marianne von Willemers (vgl. S. 1163) Gedicht *»Hochbeglückt in deiner Liebe«*: »Wie mich solch ein Raub erfreut.« Hier in v. 4: »Wie ein solches Glück erfreut.«

483,13 *Siegsverheerung*] Sonst nicht belegtes Wort. Öffentlich sichtbare Seite des siegreichen Krieges, im Gegensatz zur

›verheimlichten Verehrung‹ (v. 15) für unsichtbare Wohltaten im freimaurerischen Sinn.

483,19 *sogar bekannte Lieder]* Die Maurer pflegten auch gesellige Lieder anderer Provenienz auf maurerische Gehalte hin auszudeuten (z. B. Goethes *Bundeslied*, S. 77).

Gegentoast der Schwestern (S. 484)

Entstanden 28. 9. 1820 (Tagebuch). Auf einer eigenhändigen Handschrift das Datum 24. 10. 1820. – Frauen waren nur bei besonderen Gelegenheiten zu Logensitzungen zugelassen (v. 9). Die Verstimmung, die daraus zuweilen entstand, klingt auch im Gedicht an. Das Gedicht wurde von August von Goethe im Namen der ›Schwestern‹ vorgetragen.

Trauerloge (S. 484)

Die Nachricht vom Tod der Prinzessin erreichte Goethe am 17. 1. 1816 (Tagebuch). Von einer eigenen Trauerloge für die Prinzessin ist nichts überliefert, doch wurde ihrer am 26. 1. 1816 im Rahmen der ritualmäßigen Trauerloge zum Andenken verstorbener Brüder gedacht. Am 2. 3. 1816 schreibt Goethe an J. G. Lenz: »Die Elegie auf den Tod der Prinzeß bliebe ungedruckt«, was man auf das Gedicht beziehen kann. Ein Dank des Herzogs im Brief vom 12. 11. 1816 läßt vermuten, daß später noch eine besondere Feier stattfand. Zu Goethes Verhältnis zur Prinzessin vgl. S. 774 und Anm.

484,3 *träuft]* Grimm, *Deutsches Wörterbuch*, Bd. 21, Sp. 1416: »flüssigkeit in tropfen fallen machen«.

484,5 *verloschnen Siegeln]* Hier wohl die bildliche Vorstellung ausgewaschener Inschriften auf Grabsteinen.

485,7 *neuen frischen Hügeln]* In diesem Jahr auch der Tod von Goethes Frau und der von ihm verehrten jungen Kaiserin Maria Ludovica von Österreich (vgl. S. 1028 f.).

Dank des Sängers (S. 485)

Entstanden 29. 12. 1815 (Angabe Q). – Dankgedicht für die Aufnahme August von Goethes in die Loge, von diesem am

16. 1. 1816 dort vorgetragen. – Metrische und motivische Anknüpfung an die Ballade *Der Sänger*, S. 104. Bemerkenswert ist Düntzers Vermutung, wegen des durchgängigen Gestus des fahrenden Sängers (z. B. v. 8) habe Goethe das Gedicht ursprünglich in der Maske eines solchen vortragen lassen wollen.

Zur Logenfeier des dritten Septembers 1825 (S. 486)

Erstdruck: *Zur Logenfeier des dritten Septembers 1825*; dann in den ›Freymaurer-Analecten‹ III, Weimar 1825, im Rahmen des Festberichts der Loge: »Die Feyer des dritten Septembers 1825 in der Loge Amalia zu Weimar«. Am 25. 7. 1825 vom Kanzler von Müller erbeten (Tagebuch), am 30. 7. 1825 an den Kapellmeister Hummel zur Vertonung gesandt. *Zwischengesang* und *Schlußgesang* beginnen jeweils auf einer neuen Seite. – Die Logenfeier fand erst am 13. 9. statt. Anlaß war das fünfzigjährige Regierungsjubiläum des Großherzogs. Die »Einleitung« wurde zu Beginn der Feier gesungen, der »Zwischengesang« zwischen Reden von Fritschs und von Müllers. (Der »Zwischengesang« wurde auch bei der Trauerloge zum Andenken Goethes am 9. 11. 1832 vorgetragen.) Der »Schlußgesang« bringt dann die Wendung aus dem esoterischen Logenkreis ›nach außen‹, zur allgemeinen Feier. Goethe selbst gibt in einem Beitrag zum Festbericht (S. 55, die bisher nicht erkannte Druckfassung der handschriftlich erhaltenen *Note zu dem Schlußge*⟨*sang*‹, wie es wohl heißen muß⟩, WA 53, S. 355) eine Erläuterung zum »Schlußgesang«:

> An so beruhigende und erhebende Betrachtungen reihte sich nun auf's erwünschteste *Goethe's* heitrer Schlußgesang, zu dessen allgemeinerem Verständnis wir bemerken, daß vorausgesetzt sei, die zur hohen Feierlichkeit im Stillen verbündeten Brüder werden auch Teil nehmen an dem, was im Offenbaren geschieht und geschah.

Nur erst vor wenig Jahren erbaute Straßen sind nun mit Kränzen in langen architektonischen Reihen geziert, die zum Jubelfeste eingeweihte Bürgerschule steht als eine der ersten Zierden dieser feierlichen Epoche. Der Dichter führt sodann die Teilnehmenden zu den baumreichen, zugänglichen Kunst- und Naturumgebungen der Stadt, erinnert an tägliche Freuden, welche Alt und Jung, Greis und Kind daselbst genießen und endet in der Hauptanerkennung der so weit ausgreifenden als gründlichen Wirkung des gefeierten Fürsten.

Die in WA und BA angestellte Vermutung, daß Goethe auch zu den anderen beiden Gedichten Erläuterungen verfaßt hat, ist unbegründet, da jene Gedichte keiner derartigen Sachaufklärung bedurften.

486,7 *gesellig nun begrenzend]* JA und HA korrigieren wie schon die 40bändigen Cotta-Ausgaben seit 1840 nach einem Entwurf zu »bekränzend«. (Original: »begränzend«, die damals übliche Schreibung ›Gränze‹ für ›Grenze‹, z. B. »Gränzen der Menschheit«.) Dazu besteht kein Anlaß. Denn die Straßen waren zwar bekränzt; aber hier geht es um die Begrenzung der Feier im ›geselligen‹ Kreis der ›Vertrautesten‹ (v. 10), der Loge, im Gegensatz zum Volksfest draußen. Mit dieser Begründung hat schon Loeper in den »Ergänzungen der Textrevision« der (1.) ›Hempelschen‹ Ausgabe (Bd. 4, S. 335) die Konjektur zurückgenommen.

486,8 *Segensvoll zum Berge neigt]* Die Sonne (der ›Tag‹, v. 4) neigt sich am Abend zum Berg.

486,9 *öffnet eure Pforten]* Zur Feier waren auch Nichtmitglieder, insbesondere die ›Schwestern‹, zugelassen.

487,21 f. *jene große Frage | Nach unserm zweiten Vaterland]* Die Frage nach der Unsterblichkeit.

487,41 f. *scheuen | Nicht]* Brauchen nicht (mehr) zu scheuen.

487,42 *Zwang]* Räumliche Enge.

488,51 *aufgeregt]* Angeregt.

GOTT UND WELT

Wiederaufnahme eines Rubrik-Namens von 1815, »Gott, Gemüt und Welt« (S. 379-383), doch ohne »Gemüt«. Dieses Wort war zu einem romantisch-biedermeierlichen Zentralwort geworden und dabei einem so starken Bedeutungswandel unterlegen, daß es für Goethe unbrauchbar wurde: »Die Deutschen sollten in einem Zeitraume von dreißig Jahren das Wort Gemüt nicht aussprechen, dann würde man nach und nach Gemüt sich wiedererzeugen; jetzt heißt es nur Nachsicht mit Schwächen, eigenen und fremden.« (»Maximen und Reflexionen«, Hecker Nr. 340.)

Sulpiz Boisserée (vgl. S. 1034 f.) berichtet unter dem 3. 10. 1815: »Dies ⟨das Gedicht *Wiederfinden*⟩ gibt mir denn Anlaß von seiner Natur-Ansicht zu reden und seinem Vorhaben, ein Natur-Gedicht zu schreiben. Er verwirft es jetzt. Man ist zu sehr gebunden. Besser einzelne abgerissene Gedanken ⟨...⟩ die man nachher in ein Ganzes ordnet. Er geht darauf ein und sagt: ›ja, einen Anlaß muß man doch zu allem haben‹«. Der alte Plan aus den neunziger Jahren des vorangegangenen Jahrhunderts, ein ›großes Naturgedicht‹ zu schreiben, war nie völlig aufgegeben worden. In der Sammlung von 1815 war er repräsentiert durch die Rubrik »Gott, Gemüt und Welt«. Die erneute Beschäftigung mit ihm ist nicht zuletzt ein Verdienst Riemers. Am 29. 10. 1821 macht er Goethe darauf aufmerksam, »daß bereits Gedichte wie *Die Metamorphose der Pflanzen, Howards Ehrengedächtnis, Weltseele* und *Orphische Worte* u.s.w. existieren ⟨...⟩ Ich nehme mir dabei die Freiheit, höherem Ermessen anheimzustellen, ob es nicht gut wäre: sämmtliche auf Natur und Weltansicht, physisch wie sittlich, bezügliche Gedichte vorerst zu eigenem Behuf in Abschrift zusammenzustellen, und dieses ἐνχειρίδιον ⟨Handbuch, Arbeitsexemplar⟩ als ein tägliches Brevier zu durchlaufen, um daraus Anlaß wie Stoff zu entnehmen für das, was man noch zu behandeln wünschte«. (WA, Briefabteilung, Bd. 35, S. 354.) Goethe am 1. 11. 1821:

»Ihr guter Gedanke ⟨...⟩ hat wie billig eine gute Wirkung getan; schon sind ältere und neuere Gedichte, wie sie sich auf natura naturans beziehen, abgeschrieben und zusammengesteckt.« Offenbar hat der Gedanke bei Goethe regelrecht ›gezündet‹. Mehrmals erwähnt das Tagebuch nun Abschriften der Naturgedichte. Auch Boisserée (vgl. S. 1034 f.) wird einbezogen: »Freund Riemer, auf einem hohen Grade von Ausbildung noch immer wie sonst zärtlich und treulich gesinnt, macht mir zur Pflicht, alles, was ich seit mehreren Jahren zu Ehren der hohen natura naturans gedichtet, auf Blättern zusammenschreiben zu lassen, damit man sehe was gewonnen worden, und was noch zu tun sei; da macht sich denn wirklich eine ganz eigene Sammlung zusammen, wie ich mir sie nicht hätte denken können.« (18. 11. 1821.) An Schultz am 28. 11. 1821 mit *Howards Ehrengedächtnis*: »Gedichte dieser Art, die wohl zu den didaktischen gerechnet werden können, habe mehr geschrieben als ich selbst wußte; ein Freund veranlaßt mich alles zu sammeln, was sich gleicherweise auf Naturwissenschaft bezieht, und es findet sich schon manches was einander freundlich antwortet.« Boisserée in seiner Antwort am 1. 1. 1822: »Daß Sie sich mit der schon vor sechs Jahren besprochenen Sammlung Ihrer Gedichte auf die Natur beschäftigen, ist mir ein wahres Fest; Riemer soll hoch dafür gelobt sein, daß er Sie zu diesem Entschluß bewogen«. (Gräf, 3. Teil, Bd. 2/I, S. 419.) – Am 2. 5. 1822 erscheint dann erstmals in einer Aufstellung noch ungedruckter Werke auch eine Rubrik »Gott und Welt« (WA 41/II, S. 401), und am 1. 6. 1822 kann Goethe an Boisserée melden: »Die Gedichte über die Natur sind ziemlich beisammen, das meiste kennen Sie. Leider zerstreut man sich zu sehr, und solche sibyllinische Blätter entspringen nur aus der innigsten Sammlung.«

Mehr noch als andere Rubriken in Goethes Sammlungen ist »Gott und Welt« also ein wohlkomponiertes Ensemble von ›einander freundlich antwortenden‹ Gedichten mit einer einheitlichen Grundintention, mit klar gegliederten Binnengruppen, dabei bemüht um Variabilität und ›didaktische‹

Zugänglichkeit. Am Anfang steht, schon formal die Geschlossenheit der Rubrik betonend und ihre einheitliche Weltsicht formulierend, das *Prooemion*. Eine erste Gruppe bilden die vier kosmologischen Gedichte von *Wiederfinden* bis *Eins und Alles* – ›kosmologisch‹ freilich in dem Sinne, daß die Gesetze des Makrokosmos immer aus ihrem Walten im erfahrbaren Mikrokosmos bedacht werden. (Die alte Paginierung der Druckvorlage zeigt, daß das zweite *Epirrhema*-Gedicht, S. 489, ursprünglich hinter *Dauer im Wechsel* gestanden, also eine kosmologische Trilogie abgetrennt hatte.) Die trilogische zweite Gruppe umfaßt die beiden *Metamorphose*-Gedichte und die *Urworte* mit einem Vorspruch und zwei Zwischensprüchen; sie erhebt die Gesetzlichkeit der gegenständlichen Welt der Pflanzen und der Tiere zum Thema und führt mit den *Urworten* zu den Grundmächten des menschlichen Lebens. Die ›*Howard*-Trilogie‹ handelt von den Erscheinungen der Atmosphäre, doch auch vom wissenschaftstheoretischen Problem des rechten Verhältnisses von Analyse und Synthese. In der vorletzten Dreier-Gruppe erscheint schließlich das unvermeidliche Thema der Farbenlehre. Den Abschluß bilden drei aggressiv-satirische Gedichte; die ersten beiden nehmen das ›Innen-außen‹-Thema des *Prooemions* wieder auf, das letzte, *Die Weisen und die Leute*, zählt alle weiteren denkbaren metaphysischen Fragen auf – und schneidet sie rigoros ab. Daß die hier skizzierte, in den Grundzügen eigentlich offenkundige Komposition bisher in Deutungen kaum berücksichtigt wurde, liegt u. a. daran, daß sie in den Ausgaben überhaupt nicht sichtbar war; von den Untaten der vorkritischen Ausgaben des 19. Jahrhunderts zu schweigen: Schon in die Druckvorlage von C war *Entoptische Farben* falsch eingestellt worden, und die WA hat dann die Gedichte »*Im ernsten Beinhaus*« und *Vermächtnis*, die erst 1829 erschienen, an ihr gut dünkender Stelle eingeschoben. Vgl. S. 684 bzw. 685 und Anm.

»Weite Welt und breites Leben« (S. 489)

Erstdruck: *Zur Naturwissenschaft überhaupt* I 1 (1817), als Motto auf der Rückseite des Titels. Eine eigenhändige Handschrift trägt die Datierung: »Pfingsten. Jena. Mai 1817«. Im Erstdruck war »Ältestes« und »Neue« auf frühere und spätere naturwissenschaftliche Arbeiten bezogen, hier nun sind alte und neue lyrische Texte gemeint.

Prooemion (S. 489)

Erstdruck von v. 1-14: *Zur Naturwissenschaft überhaupt* I 1 (1817), auch dort als ›Prooemion‹, d. h. Vorspruch, doch ohne Überschrift auf der Rückseite des Titelblattes. Entstanden März 1816 (Q, dies auch das Datum einer eigenhändigen Handschrift von v. 1-14, Faksimile ›Chronik des Wiener Goethe-Vereins‹ 16 [1902], S. 25). Vers 15-26 bereits 1815 in »Gott, Gemüt und Welt«, S. 379,15-26.

489,1 *Im Namen dessen]* Eine Art Eingangssegen nach dem Muster »Im Namen des Vaters« usw., verbunden mit einem allerdings unkonventionellen Glaubensbekenntnis zur ›Gott-Natur‹.

489,10 *Hat schon am Gleichnis, hat am Bild genug]* Einer der Kerngedanken Goethes, der in immer neuer Variation erscheint: Die unmittelbare Schau des ›Göttlichen‹ ist uns verwehrt, wäre vielleicht unerträglich (Sonnenaufgang am Beginn des *Faust II*), doch im Bild, d. h. im symbolisch aufgefaßten Einzelnen, ist es uns zugänglich. Die gleiche Gedankenfigur in der *Farbenlehre*: Unsere Welt ist die der Farben im ›Trüben‹ zwischen dem Licht und der Finsternis. Vgl. auch den Beginn des *Versuchs einer Witterungslehre*: »Das Wahre, mit dem Göttlichen identisch, läßt sich niemals von uns direkt erkennen, wir schauen es nur im Abglanz, im Beispiel, Symbol, in einzelnen und verwandten Erscheinungen«. Hierin liegt auch der besondere Wahrheitsanspruch der ›uneigentlichen‹ poetischen Rede begründet.

489,15-20 *Was wär' ein Gott ⟨...⟩ nie Seinen Geist vermißt.]* Ernst Beutler hat im ›Goethe-Kalender‹ 28 (1935), S. 214-219, eine Goethe-Handschrift mit der Bezugsstelle bei

Giordano Bruno (Prosakommentar zum Gedicht *De Immenso et Innumerabilibus*) mitgeteilt (dort auch Faksimile): »Non est Deus vel intelligentia exterior, circumrotans et circumducens; dignius enim illi debet esse internum principium motus, quod est natura propria, anima propria, quam habeant tot in illius gremio et corpore vivunt. Jord. Brunus. de Immen. et. Innum. C. XII. Ad not. C.⟨arls⟩ B.⟨ad⟩ 12. Aug. 1812.« Übers. Beutler: »Gott ist keine Intelligenz außerhalb (der Welt), die (diese) im Kreise dreht und leitet. Würdiger muß es für ihn sein, das innere Prinzip der Bewegung zu bilden, eine Natur aus sich, von eigener Art, eine Seele für sich, an der alles teil hat, soviel in seinem Schoß und Leibe lebt.« Die Herausforderung durch Jacobis *Von den göttlichen Dingen* hat Goethe vielleicht besonders auf diese Proklamation aufmerksam gemacht. Vgl. *Groß ist die Diana der Epheser*, S. 368 und Anm.

490,21 *Im Innern ist ein Universum auch*] Die Fähigkeit des Menschen, in Korrespondenz zum Makrokosmos das Ganze zu ›ahnden‹.

490,22 *Daher der Völker löblicher Gebrauch*] Im folgenden leicht ironische (v. 26) Konzession an die ›positiven‹ Religionen, die als kontingenter, bildhafter Ausdruck der davor formulierten universellen Religion akzeptiert werden.

Wiederfinden (S. 490)

Erstdruck im *West-östlichen Divan* (1819), »Buch Suleika«. Eine Handschrift datiert 24. 9. 1815 (Faksimile: *Goethes eigenhändige Handschrift des west-östlichen Divan*, hg. v. Konrad Burdach, Weimar 1911). – Boisserée (vgl. S. 1034 f.) unter dem 3. 10. 1815, vom gemeinsamen Weg nach Karlsruhe:

> Vor 40 Jahren reiste er auch nach Carlsruhe – wir werden da Jung Stilling wiedersehen, dem er seitdem nicht begegnet. Die Schönemann müßte auch da sein! – Lebensbeschreibung ⟨*Dichtung und Wahrheit*⟩ Composition. – Ich erinnere an sein Gedicht von der Schöpfung das er dieser Tage gemacht und wo nur ein Gedanke verkehrt war und die ganze Composition gestört und verdorben hat ⟨Anm.

490,21-24?). Er fands nachher und warf ihn hinaus. Er hatte mir versprochen dies als ein merkwürdig Beispiel ausführlich vorzulegen – wie es bei der Composition oft ⟨auf⟩ ein einzeln Wort ankomme. Doch nun wollte er den falschen Vers nicht sagen sondern hielt sich im allgemeinen. Das Gedicht sehr dunkel und metaphysisch. Nach der Handlung, welche nur ein Augenblick der Schöpfung – fühlt sich Gott zum erstenmal einsam! –
(Weitz/Boisserée, Bd. 1, S. 277.)

Strukturell wird hier – wie auch in *Weltseele* – das Anm. 489,10 erläuterte Programm auf besonders greifbare Weise realisiert: Das Wiedersehen zweier Menschen repräsentiert eine ganze Kosmogonie, ist jedoch zugleich deren Fortführung. Die Entstehung der Welt ist ein Zerbrechen des anfänglich Einen in auseinanderstrebende Elemente. Dieses Auseinanderstreben wird jedoch durch die Liebe zur zeugenden, lebenschaffenden Polarität. Das Gedicht kann als deutende und weiterführende Paraphrase des Schöpfungsmythos in 1. Mose 1 aufgefaßt werden, von der ›wüsten und leeren‹ Schöpfung am Anfang über die Scheidung von Licht und Finsternis bis zur Erschaffung des Menschen »als ein Männlein und Fräulein« und der Aufforderung: »Seid fruchtbar und mehret euch, und füllet die Erde«. Marg hat ferner als Parallele und denkbare Anregung Ovids *Ars amatoria*, ab 467, und die *Metamorphosen* namhaft gemacht. Goethe hat das Gedicht wohl deshalb nicht nur in den *Divan*, sondern auch hierher gesetzt, weil er es zur Ergänzung des nächsten brauchte: hier das Bild des liebenden Paares, dort das des geselligen Kreises, beide als Varianten des ›Urphänomens‹ der pulsierenden Polarität. Das Gedicht ist in der gedanklichen Bewegung dem *Maifest*, Bd. I dieser Ausgabe, S. 129 und Anm. (im vorliegend Band als *Mailied*, S. 47), benachbart: Schon damals war die Liebe als individuell erfahrbare Konkretion eines kosmischen Geschehens gedeutet worden. Vgl. auch das Ende der *Metamorphose der Pflanzen*, S. 497 f.

490,8 *Schaudr' ich vor der Gegenwart*] ›Schaudern‹ noch

nicht mit ›Entsetzen‹ oder ›Furcht‹ verbunden, sondern auch ›Wonneschau(d)er‹, ›Ehrfurchtsschau(d)er‹.

490,10 *Lag an Gottes ew'ger Brust]* Im Stadium der Idee.

490,14 *ein schmerzlich Ach!]* Anthropomorphisierend der Geburtsschmerz, zugleich das elegische ›Ach‹ als Klage um den Verlust ursprünglicher Einheit.

490,21-24 *Rasch in wilden ⟨...⟩ ohne Klang]* Ursprüngliche, gestrichene und ersetzte Fassung:

> Da erscholl in Jammerklagen
> Was die Ewigkeit verband
> Und in schmerzlich strengen Tagen,
> Einsam sich, allein empfand.

Danach folgte eine weitere, ersatzlos gestrichene, Strophe:

> Denn das Oben und das Unten
> Ward zum ersten Mal geschaut
> Unter freiem Himmelrunde
> Tief der Erde Schoß erbaut.
> Ach da trennte sich für immer,
> War doch der Befehl geschehn!
> Feuerwasser in den Himmel
> Wellenwasser in die Seen.

(Faksimile in *Goethes eigenhändige Reinschrift des west-östlichen Divan*, hg. v. Konrad Burdach, Weimar 1911.)

491,24 *Ohne Sehnsucht, ohne Klang]* Noch ohne Bindung (›Anziehung‹, Liebe) der Elemente aneinander und damit auch ohne die Ordnung der Sphärenharmonie im pythagoreischen Sinn.

491,27 *Da erschuf er Morgenröte]* Laut Goethes *Farbenlehre* ist Rot eine ganz besondere Farbe, weil »diese Farbe teils actu, teils potentia ⟨teils tatsächlich, teils der Möglichkeit nach⟩ alle andern Farben enthält«. (§ 793.) Die Morgenröte ist als das Rot des Anfangs noch einmal besonders ausgezeichnet.

491,29 f. *Trüben ⟨...⟩ Farbenspiel]* Grundgedanke der Goetheschen Farbenlehre: Im ›Trüben‹, wo ›Licht‹ und ›Finsternis‹ (v. 17 f.) sich ›gatten‹ (z. B. S. 758,5-7), entsteht die Welt der Farben. Im Vorgang des Gedichts hier die Er-

schaffung des Lebendigen, in dem die auseinandergestobenen Elemente nun wieder zueinanderstreben, vgl. die folgenden Verse.

491,41 *So]* Ebenso. Rückkehr zur Rahmensituation der ersten Strophe.

491,41 *mit morgenroten Flügeln]* Psalm 139,9: »Flügel der Morgenröte«.

491,43 *Nacht mit tausend Siegeln]* Vgl. die ›hunderttausend Siegel‹ im Gedicht *Die glücklichen Gatten,* S. 75,25 und Anm. In diesem Sinne wohl auch hier zu verstehen.

491,46 *Musterhaft]* Als Muster tauglich, als Symbole ein Allgemeines repräsentierend.

491,47 f. *Und ein zweites Wort: Es werde! | Trennt uns nicht zum zweitenmal]* Das ›Erschaffen‹ der Welt durch die liebenden Menschen (v. 40) hier konkret auf den Zeugungsvorgang bezogen.

Weltseele (S. 491)

Schon in der Sammlung von 1815 (B) unter den »Geselligen Liedern«, siehe S. 84 und Anm. – Nach der *Metamorphose der Pflanzen* und der *Metamorphose der Tiere* das älteste der Gedichte in der Rubrik »Gott und Welt«, in der Entstehung vermutlich unmittelbar mit dem Plan des ›großen Naturgedichts‹ (vgl. S. 1005 f. und 1071) verbunden. Goethe studierte Schellings *Ideen zur Philosophie der Natur* (1797) und *Von der Weltseele* (1798), pflegte auch den persönlichen Umgang mit dem jungen Philosophen, den er nach Jena berufen hatte. Dem Freund Zelter gegenüber äußert er am 20. 5. 1826, das ›enthusiastische‹ Lied sei »gut dreißig Jahr alt und schreibt sich aus der Zeit her, wo ein reicher jugendlicher Mut sich noch mit dem Universum identifizierte, es auszufüllen, ja es in seinen Teilen wieder hervorzubringen glaubte«. Das würde Datierung auf das Ende der neunziger Jahre nahelegen. Meist wird jedoch etwas spätere Entstehung vermutet, da Goethe in den neunziger Jahren entstandene Gedichte sogleich in Schillers ›Musen-Almanach‹ veröffentlichte; vielleicht bezieht sich die Tagebuch-Eintragung »Palingenesie« vom 20. 3. 1802 auf das Gedicht. –

Auch für die Allernächsten war das Gedicht ein Rätsel, durchaus zur Lust Goethes. Friedrich Förster berichtet (vermutlich 1826), nach der Mahlzeit habe man verschiedene Vorschläge zu Spaziergängen gemacht:
> Den nach so verschiedenen Himmelsgegenden hinstrebenden Geistern rief Goethe mit erhobener Stimme in gebieterischer Haltung zu:
>> »Verteilet euch nach allen Regionen
>> Von diesem heil'gen Schmaus!«
>
> und meinte, solches Gebot könne hier wohl Anwendung und Beachtung finden. ⟨Goethes Schwiegertochter⟩ Ottilie erklärte sich damit einverstanden und fügte hinzu: es sei ihr sehr lieb, doch endlich einmal über jenes geheimnisvolle Gedicht, über welches sie sich vergeblich den Kopf zerbrochen, von dem Dichter Aufschluß erhalten zu haben. »Also Du selbst, lieber Vater, bist der Allgebietende, welcher an die ihm dienenden Geister diesen Zuruf ergehen läßt, und so werden wir denn heute auch erfahren, weshalb jenes Gedicht die Überschrift ›Weltseele‹ führt.« – »Das nehm' ich an«, erwiderte Goethe, »daß *ich* den Aufruf ergehen lasse, und somit seid *Ihr* es, an die ich mich wende, und mögt Ihr Euch nun als Cherubim, Äone oder dergleichen weltschöpfende Urgeister bezeugen und nach vollbrachtem Werke, worauf wir doch wohl mehr als sechs Tage zubringen dürften, vom All ins All zurückkehren: dann werdet Ihr wohl inne geworden sein, was unter der Weltseele gemeint ist.« – Uns allen eine gesegnete Mahlzeit wünschend, zog sich Goethe mit einer verbindlichen Handbewegung und dem entschuldigenden Worte: »am siebenten Tage ruhte er«, in sein Zimmer zum Mittagsschläfchen zurück. – »Da sind wir nun«, bemerkte Frau von Goethe, nachdem sich der Papa entfernt hatte, »so klug wie vorher ⟨...⟩«

(Herwig, Bd. V, S. 115 f.)

Goethes Äußerungen sind, wie so oft, in ›Scherz und Ernst‹ zu verstehen. Strukturell liegt dem Gedicht eine Analogie von Makro- und Mikrokosmos zum Grunde, wie sie auch in

Wiederfinden oder in *Entoptische Farben* zu finden ist. Ähnlich wie in *Wiederfinden*, doch noch enger verwoben, ist das Thema der Kosmogonie mit dem der menschlichen Bindung und Trennung verbunden – hier mit dem einer ›geselligen‹ Mahl-Gemeinschaft. Deshalb konnte das Gedicht auch 1827 unter den »Geselligen Liedern« verbleiben; vielleicht bildet es sogar eine heimliche Brücke zwischen den beiden oberflächlich so verschiedenen Gedichtgruppen. – Der Titel »Weltseele« bezeichnet vielleicht den Sprecher des Gedichts (Müller, Hölscher-Lohmeyer), vielleicht das im Gedicht dargestellte Prinzip. Das Gedicht formuliert die beiden großen pulsierenden Kräfte der Expansion und der Konzentration (vgl. *Dichtung und Wahrheit*, Ende des 8. Buches): das Ausschwärmen ins All, Entstehung der geordneten Fixstern- und Planetensysteme (Strophe 2), die von Kometenbahnen ›durchschnitten‹ werden (Strophe 3), die Entstehung neuer Weltkörper (Strophe 4), der Erdgestalt (Atmosphäre und Gestein, Strophe 5) und des Lebens (Strophe 6), der farbigen, sichtbaren Welt aus dem ›Streit‹ von Licht und Finsternis (Strophe 7), der »Schar« der sehenden, dem Sichtbaren korrespondierenden Lebewesen und des Menschenpaares (Strophe 8), das nun das All in mikrokosmischer Konzentration wahrnimmt. – Vgl. hierzu auch das Zitat aus *Winckelmann und sein Jahrhundert*, Anm. 500,57.

Dauer im Wechsel (S. 493)

Schon in der Sammlung von 1815 (B) unter den »Geselligen Liedern« abgedruckt, siehe S. 78 und Anm. – Am 15. 8. 1803 bedankt sich Goethe bei dem Medizinprofessor Johann Christian Reil in Halle für die Übersendung von dessen *Rhapsodien über die Anwendung der psychischen Kurmethode auf Geisteszerrüttungen* (1803): »Erlauben Sie mir, daß ich einen Versuch beilege, wie ich das, was Sie p. 58 ff. so schön vortragen, poetisch auszusprechen gewagt habe.« Die JA bezog diese Briefstelle noch auf die *Metamorphose der Pflanzen*. Der Bezug zu *Dauer im Wechsel* ist schon von Gräf, 3. Teil, Bd. 1, S. 394, vermerkt, von Grünthal (und Staiger, Manesse) dann

erneut entdeckt worden. Der entsprechende Absatz bei Reil lautet:

5) Wir haben endlich ein *Bewußtseyn der Vergangenheit* und knüpfen alles, was von der Welt zu unserer Erkenntniß gelangt ist, alle Catastrophen ⟨neutral: Wendungen⟩ unseres körperlichen und Seelenzustandes, die unser Gedächtniß und die Phantasie reproduciren, an das nemliche und beharrliche Ich, an welches wir unsern gegenwärtigen Zustand knüpfen. Wir schaun als die nemliche Person von dem gegenwärtigen Moment, bis zum ersten dunklen Punkt unserer Existenz rückwärts und immer ferner zurück, je länger wir gewesen ⟨S. 59⟩ sind. Die Kreise von Begebenheiten, die uns umlagern, mehren und erweitern sich mit der Fortdauer unseres Lebens, wie die Kreise auf einer See, die von einem Stein erschüttert ist. Und diesen individuellen Abschnitt, dessen wir uns, als mit uns verknüpft, bewußt sind, scheiden wir von der unendlichen Totalfolge der Dinge, *als uns zugehörig*, ab. Ohne dies Bewußtseyn des Zusammenhangs unserer Existenz würden wir unbedeutende Ephemeren ⟨Eintagsfliegen⟩ des gegenwärtigen Augenblicks und gleichsam in so viele Personen zersplittert seyn, als wir Grade an dem großen Rade der Zeit durchlaufen sind. Dennoch ist dies Ich, das in unserem Bewußtseyn mit so vieler Beharrlichkeit fortdauert, in der Wirklichkeit ein höchst veränderliches Ding. Der Greis glaubt, er sey es noch, der ⟨er⟩ vor achtzig Jahren auch war. Doch ist er nicht mehr derselbe. Kein Atom ist von dem allem mehr da, was vor achtzig Jahren war. Die Zeit hat, mit jedem Schritte vorwärts, an seiner Seele und an seinem Körper genagt, ihn mehr als einmal ganz umgeschaffen, moralische und physische Vollkommenheiten in ihm entwickelt und sie wieder zerstört. Er sieht auf die durchlaufene Bahn wie auf eine zusammenhängende Linie zurück, obgleich der Schlaf und längere Epochen von kranker Bewußtlosigkeit überall große Lücken in seinen Lebensfaden eingeschnitten haben. In der That eine seltsame Erscheinung, dieser feste Glaube,

daß wir ⟨S. 60⟩ immer dieselbe Person bleiben, da uns doch von der Erfahrung die handgreiflichsten Beweise des Gegentheils aufgedrungen werden. In dem Räumlichen der Organisation ist die nemliche Aufgabe gegeben. Wir glauben von unserer Geburt an bis zu unserem natürlichen Lebensziel immer in dem nemlichen Körper zu bleiben. So wie unsere Person uns selbst nicht unbekannt wird, so wird auch unser Körper keinem in der Familie unbekannt. Und doch hat das Kind in den Windeln mit dem Jüngling, und dieser mit dem Greise keine Aehnlichkeit mehr. Der Anflug geschah aber immer an dem nemlichen Stock und die Vegetation schritt in so unmerklichen Graden zur Entwicklung und Zerstörung fort, daß wir den ganzen Prozeß nicht gewahr geworden sind. Wahrscheinlich würde daher auch das Bewußtseyn der Succession unserer Existenz einen Stoß erleiden, wenn die Catastrophen stark seyn, Knaben mit einem Schritt ins Greisenalter hinüberhüpfen könnten. Der Organismus wechselt den Stoff, *transitorisch* und *fortschreitend*, er zerstört ununterbrochen und schafft wieder, was er zerstört hat. Er nähert seine neuen Schöpfungen dem ursprünglichen Typus soweit wieder an, daß das Individuum fortdauert und immerhin zu den nemlichen Veränderungen fähig bleibt. Allein er *nähert* sie nur dem an, was er zerstört hat; *erreicht dasselbe aber nicht vollkommen wieder*. Daher der ⟨S. 61⟩ transitorische Wechsel und in demselben der Grund unserer fortschreitenden Metamorphosen. So wälzt sich die Erde um ihre eigene Axe und giebt uns Morgen und Abend verjüngt zurück, die sie uns raubte, schreitet aber bei diesen periodischen Umwälzungen immer vorwärts auf ihrer Reise um die Sonne. So auch ihre Söhne; nur mit dem Unterschied, daß sie ihre Reise nie wiederholen, wenn sie einmal am Ziele sind.

Doch nur der ›psychologische‹ Anteil des Gedichts ist auf Reil beziehbar. Hinzu treten die Naturbilder der ersten beiden Strophen (vgl. die *Metamorphose*-Gedichte), das ›gegliederte Gebilde‹ (v. 27), die Zeitaufhebung (v. 33-36) und der

Hinweis auf die Unvergänglichkeit von ›Gehalt‹ und ›Form‹, also die Betonung der *Dauer* des Gesetzes im Wechsel. – Reil wird gewürdigt im Vorspiel *Was wir bringen. Fortsetzung* (1814), siehe Bd. VI dieser Ausgabe.

493,15 f. *Ach, und in demselben Flusse | Schwimmst du nicht zum zweitenmal]* Topisch, aus den Fragmenten des Vorsokratikers Heraklit. Dadurch einerseits gnomische Verallgemeinerung der voranstehenden pointillistischen Reihung, durch das »Ach« zugleich Individualisierung, die zum folgenden führt: »Du nun selbst!«

Eins und Alles (S. 494)

Erstdruck: *Zur Naturwissenschaft überhaupt* II 1, als Abschluß des Heftes (1823; Vorabdruck im ›Morgenblatt‹, 24. 9. 1823). Eigenhändige Handschrift mit Datum: »Jena Octbr. 6. 1821«. – Die Formel »Eins und Alles« ist im 18. Jahrhundert die Parole des ›spinozistischen‹ Pantheismus (vgl. Bd. I, S. 922), war aber inzwischen durch die idealistische Philosophie weiter ausgedeutet worden. Ansätze zu Formulierungen des Gedichts im Heft *Zur Morphologie* I 4 (Bd. XXIV dieser Ausgabe, S. 533 f.):

> So wie es keine Glaubengenossen geben kann ohne Entsagung der beschränkten Eigenheit, ob gleich jeder seine Individualität beibehält, eben so wenig kann in der höheren Wissenschaft lebendig zusammengewirkt und die eigentliche Verfassung der Natur-Stadt Gottes erkannt und, in soferne wir darin eingreifen, geregelt werden, wenn wir nicht als Bürger unsern Eigenheiten patriotisch entsagen und uns ins Ganze dergestalt versenken, daß unser tätigster, einzelner Anteil innerhalb dem Wohl des Ganzen völlig verschwinde, und nur künftig wie verklärt in Gesellschaft mit tausend andern der Nachwelt vorschwebe.

Es liegt also ein mehrstufiger Bildkomplex zugrunde: Anknüpfend an der unmittelbaren Erfahrung des Verhältnisses des Einzelnen zum umgreifenden Ganzen in einer Religionsgemeinschaft oder im Staat (der Polis, ›Stadt‹) wird das

Zusammenwirken der Einzelnen im Bereich der Wissenschaft begriffen. Im Gedicht wird dieser Gedanke dann ausgeweitet auf das Verhältnis der Individualität zum Kosmos und ergänzt um den der Dialektik von Sein und Werden. – Am 28. 10. 1821 schrieb Goethe an Riemer (Riemer selbst [*Briefe von und an Goethe*, Leipzig 1846, S. 212] bezieht die Äußerungen auf die schon 1817 entstandenen, 1820 erschienenen *Urworte*, aber das ist angesichts der Datenkonstellation sehr unwahrscheinlich):

> Daß Ihre Teilnahme an meinen Naturgedichten mir höchst erfreulich sein müsse, sehen Sie aus beikommendem Blatt; diese Strophen enthalten und manifestieren vielleicht das Abstruseste der modernen Philosophie.
> Ich werde selbst fast des Glaubens, daß es der Dichtkunst vielleicht allein gelingen könne, solche Geheimnisse gewissermaßen auszudrücken, die in Prosa gewöhnlich absurd erscheinen, weil sie sich nur in Widersprüchen ausdrücken lassen, welche dem Menschenverstand nicht einwollen.
> Leider ist bei solchen Dingen das Wollen dem Vollbringen nicht sehr förderlich, es sind Gaben und Gunsten des Augenblicks, die zuletzt, nach langer Vorbereitung, zufällig, ungefordert erscheinen.

Die Briefstelle deutet auf eine Bereichszuweisung: Die nachkantische idealistische Philosophie wollte das ›Ganze‹ denken und mußte dafür die Idee der logischen Widerspruchsfreiheit aufgeben oder ›dialektisch‹ überwinden; Goethe weist diese Aufgabe der Dichtung zu. Sie spricht ›gewissermaßen‹, d. h. bildhaft, in der Terminologie der Rhetorik: ›uneigentlich‹.

494,1 *Im Grenzenlosen sich zu finden*] In der ersten Zeile von besonderem Gewicht: Es geht nicht um Selbstauflösung im Grenzenlosen, wie etwa im *Ganymed* (S. 300), sondern um ein ›Sich-Finden‹ im Grenzenlosen. Vgl. auch *Atmosphäre*, S. 502,5.

494,7 f. *Weltseele komm uns zu durchdringen!* | *Dann mit dem Weltgeist selbst zu ringen*] Im ersten Teil der Formulierung

Anklang an den Pfingsthymnus »Veni Creator Spiritus«, den Goethe 1820 übersetzt hat (vgl. Bd. XII dieser Ausgabe). Im Brief an Zelter vom 18. 2. 1821 wird dieser Hymnus als »Appell an das allgemeine Weltgenie« bezeichnet. – Deutungsvorschlag der merkwürdigen Konfiguration Weltseele/Weltgeist bei Hölscher-Lohmeyer, *Naturdenken* (S. 28 f.): »Der ›Weltgeist‹, im Unterschied zur ›Weltseele‹, ist das kosmische Ganze nicht als Kraft, sondern als Gesetzlichkeit kosmischen Lebens gedacht. ›Mit dem Weltgeist ringen‹ heißt: erkennend sich ihm gewachsen erweisen, eingeweiht werden in die ihrem Wesen nach verborgene Gesetzlichkeit des Alls.« – Erwägenswert erscheint jedoch, ob ›mit‹ hier nicht als ›zusammen mit‹ zu deuten sei: Durchdrungen von der ›Weltseele‹ können wir uns am Schöpfungsprozeß des ›Weltgeistes‹ beteiligen; vgl. *Wiederfinden* und *Weltseele* mit ähnlichen Gedanken. In der Grundschicht der genannten Handschrift heißt es: »Mit Welten-Seele sich durchdringen | Ja, mit dem Weltgeist ⟨. . .⟩«, also noch deutlicher eine Steigerung.

495,22-24 *Das Ewige regt sich fort in allen: | Denn alles muß in Nichts zerfallen | Wenn es im Sein beharren will]* Vgl. *Vermächtnis* (»Kein Wesen kann zu nichts zerfallen«), S. 685. Kein Widerspruch: Nur das Wandlungsbereite hat am ›Ewigen‹ teil, das ›Beharrende‹ zerfällt. »Wenn«: hier etwa ›solange‹, ›indem‹ (Grimm, *Deutsches Wörterbuch*, Bd. 29, Sp. 65 und 68). – Übergang zu den *Metamorphose*-Gedichten.

Parabase (S. 495)
Erstdruck ohne Überschrift: *Zur Morphologie* I 3 (1820), auf der Rückseite des Titels. – ›Parabase‹ ist in der attischen Komödie eine Ansprache an das Publikum, die den Handlungsverlauf in kommentierender Absicht unterbricht. Ähnlich hier: Der Dichter führt nun zu den zwei *Metamorphose*-Gedichten, die »vor vielen Jahren« (v. 1) entstanden waren.

495,12 *Zum Erstaunen bin ich da]* Wendung zum Ich und seiner Stellung in der Welt: Das Erstaunen (θαυμάζειν) ist nach alter Lehre der Anfang der Philosophie.

Die Metamorphose der Pflanzen (S. 495)

Siehe Bd. I, S. 639 und Anm. Die Veränderungen gegenüber dem dort gebotenen Erstdruck finden sich schon in der Ausgabe von 1800 (N). – Dieses Gedicht hatte Goethe dazu gebracht, an ein ›großes Naturgedicht‹ zu denken (vgl. S. 1005 f.). Es behielt auch in der Sammlung von 1827 seinen seit 1800 (Ausgabe N) angestammten Platz unter den »Elegien II« (S. 196), wurde an dieser Stelle ein zweites Mal gedruckt. Der Idee der Pflanzen-Metamorphose und der ›Urpflanze‹ war Goethe schon am Ende des ersten Weimarer Jahrzehnts auf der Spur. Aus Italien meldete er seine ›Entdeckung‹ gleichermaßen triumphierend und geheimnisvoll an die Freunde. Unter dem 17. 5. 1787 (*Italienische Reise*, »Bericht« vom Juli) erläutert er:

> So viel aber sei hier, ferneres Verständnis vorzubereiten, kürzlich ausgesprochen: Es war mir nämlich aufgegangen, daß in demjenigen Organ der Pflanze, welches wir als Blatt gewöhnlich anzusprechen pflegen, der wahre Proteus verborgen liege, der sich in allen Gestaltungen verstecken und offenbaren könne. Vorwärts und rückwärts ist die Pflanze immer nur Blatt, mit dem künftigen Keime so unzertrennlich vereint, daß man eins ohne das andere nicht denken darf. Einen solchen Begriff zu fassen, zu ertragen, ihn in der Natur aufzufinden, ist eine Aufgabe, die uns in einen peinlich ⟨schmerzlich⟩ süßen Zustand versetzt.

1790 erschien der *Versuch die Metamorphose der Pflanzen zu erklären*. Hier stellte Goethe einen »vegetabilischen Typus« auf, eine Folge von Sproßabschnitten vom Keim bis zur Blüte, der bei aller unterschiedlich gestalteten Ausbildung doch sich selbst gleichbleibt. – Als Goethe 1817 in den Heften *Zur Morphologie* (I 1, vgl. Bd. XXIV dieser Ausgabe) das »Schicksal der Druckschrift« beschrieb, fügte er auch das Gedicht ein, da es »im Zusammenhang wissenschaftlicher Darstellung, verständlicher werden dürfte, als eingeschaltet in eine Folge zärtlicher und leidenschaftlicher Poesien«. Er fährt dann fort: »Höchst willkommen war dieses Gedicht der

eigentlich Geliebten ⟨Christiane Vulpius⟩, welche das Recht hatte, die lieblichen Bilder auf sich zu beziehen; und auch ich fühlte mich sehr glücklich, als das lebendige Gleichnis unsere schöne vollkommene Neigung steigerte und vollendete«. Das Gedicht folgt in der Gedankenführung recht genau der Abhandlung, so daß man beide Texte parallel lesen könnte. (Vgl. Bd. XXIV dieser Ausgabe, S. 1061.) Gleichwohl wird man aus dem Gedicht nicht die Details von Goethes morphologischer Argumentation erfahren, sondern nur das Prinzip. Es ist, mit didaktischer Intention an die verwirrte Geliebte gesprochen, zugleich ein Kondensat. Im Ensemble von »Gott und Welt« weist es besonders hinüber zu *Dauer im Wechsel,* indem es dessen Thema an einem Phänomen der gegenständlichen Welt durchführt.

495,9 *Werdend betrachte sie nun]* Nachdem das Problem, das »Rätsel« (v. 7), gestellt und es in der Hindeutung auf ein »geheimes Gesetz« (v. 6) als lösbar bezeichnet ist, wird hier die Methode der Lösung genannt: Gerade die genetische Betrachtungsweise ermöglicht es, das Dauernde zu erfassen.

496,12 *Stille befruchtender Schoß]* Im Erstdruck (Bd. I dieser Ausgabe, S. 639,12) »befeuchtender«. Ist »befruchtender« ein (seit N) verschleppter Druckfehler?

496,15 *Vorbild]* Die Vorstellung der ›Entelechie‹.

496,19 *milder Feuchte]* Nicht nur Beschreibung des botanischen Sachverhalts. Die Bedeutung des Wassers für das Leben z. B. *Weltseele,* S. 492,23, oder »Gott, Gemüt und Welt«, S. 380,39 f.

496,22 *das Kind]* Der Anthropomorphismus bereitet die spätere Ausweitung ins Allgemeine vor.

497,55 *Hymen]* Der Hochzeitsgott.

497,55 f. *Düfte* ⟨...⟩ *Geruch]* Kein Pleonasmus, da ›Duft‹ bei Goethe ›Dunst‹ bedeutet.

497,61 *Kette]* Das Bild der Kette als Bild für die Transzendenz der Einzelwesen z. B. auch in *Grenzen der Menschheit,* Bd. I, S. 302,42.

497,65 *Jede Pflanze verkündet dir nun die ew'gen Gesetze]* Goethes Grundgedanke, daß das Einzelne das Allgemeine

symbolisiert, wenn es in der rechten Weise angeschaut wird. Vgl. z. B. S. 498,10 und Anm. oder »Gott, Gemüt und Welt«, S. 380,31 f.

497,69 f. *Raupe* ⟨...⟩ *Mensch]* Nun in schnellem Übergang die Ausweitung auf das Tierreich, auf den Menschen und damit in den ethischen Bereich, dem die Schlußsequenz des Gedichtes mit dem Hinweis auf die Prinzipien von Polarität und Steigerung gilt. – Das ›Paar‹ als Gipfel auch in *Wiederfinden* und *Weltseele*, andeutungsweise auch in *Entoptische Farben*.

Epirrhema (S. 498)

Erstdruck ohne Überschrift: *Zur Morphologie* I 2 (1820), als Motti. – ›Epirrhema‹ ist im griechischen Drama Teil der ›Parabase‹ (siehe *Parabase*, S. 495 und Anm.), von einer Einzelperson oder den Chorführern gesprochen. Hier eine Zwischenrede zwischen den beiden *Metamorphose*-Gedichten.

498,6 *Heilig öffentlich Geheimnis]* ›Öffentliches‹ oder ›offenbares Geheimnis‹ ist seit der *Harzreise im Winter* (S. 290,83) eine Grundformel des Goetheschen Denkens, in der mehrere verwandte Motive zusammenfließen wie etwa Erkenntnis des Ganzen im Einzelnen, Innen/außen-Thematik, das Symbol als Augenblicks-Offenbarung des Unerforschlichen.

Metamorphose der Tiere (S. 498)

Erstdruck unter dem Titel ΑΘΡΟΙΣΜΟΣ: *Zur Morphologie* I 2 (1820). Der Sinn des ursprünglichen Titels ist noch nicht hinreichend aufgehellt. Das Wort bedeutet etwa Sammlung, Versammlung, auch Anhäufung, Aggregat. Ist er auf die Form des Gedichtes zu beziehen (fragmentarische Gedanken-Anhäufung? Quintessenz?) oder auf den Gegenstand (das Tier als Aggregat)? – Schon am 10. 11. 1806 im Tagebuch: »Hexameter zur Morphologie«. Ein Entwurf stammt nach Schrift- und Papierbefund der WA 53, S. 551, möglicherweise schon aus den neunziger Jahren. Ursprünglich

als Teil des damals geplanten ›Naturgedichts‹ (siehe S. 1005 f.) konzipiert? Auch der Anklang an Vorstellungen Kants und Schillers (besonders ab v. 50) deutet in diese Zeit, ebenso die Wahl des Hexameters, den Goethe nach 1800 nicht mehr für größere Gedichte verwendet. Insofern wäre das Gedicht eher als Fragment aufzufassen, vgl. den Anfang: Er setzt anderen Text voraus, was hier nur deshalb nicht weiter auffällt, weil man ihn auf die voranstehenden Gedichte, besonders die Pflanzen-*Metamorphose* beziehen kann. Zum ›haushälterischen‹ Vorgehen der Natur und zum Tier als ›Zweck seiner selbst‹ vgl. auch die morphologischen Schriften der neunziger Jahre, besonders den *Ersten Entwurf einer allgemeinen Einleitung in die vergleichende Anatomie* von 1795, besonders Abschnitt IV (Bd. XXIV dieser Ausgabe, S. 233, erstmals veröffentlicht ebenfalls in *Zur Morphologie* I 2).

499,12 *Zweck sein selbst ist jegliches Tier*] Gegen teleologische Naturdeutung, die die Naturphänomene auf Endzwecke bezog. Die Betonung der Differenz war nötig, weil die Betonung von Gesetzlichkeit und Ordnung im folgenden zu einem Mißverständnis dieser Art hätte führen können. In diesem Sinne an Schiller, 6. 1. 1798: »Sie wissen, wie sehr ich am Begriff der Zweckmäßigkeit der organischen Naturen nach innen hänge, und doch läßt sich ja eine Bestimmung von außen und ein Verhältnis nach außen nicht leugnen, wodurch man mehr oder weniger sich jener Vorstellungsart wieder nähert, so wie man sie im Vortrag als Redensart nicht entbehren kann.«

500,50 *Dieser schöne Begriff* ⟨...⟩] Im folgenden Übergang zur Menschenwelt.

500,57 *Freue dich, höchstes Geschöpf, der Natur*] In der handschriftlichen Druckvorlage (John) ohne Komma: »Geschöpf der Natur«, so auch die Emendation von Düntzer, WA, JA und BA. Der Erstdruck hat auch das erste Komma nicht, kann demnach nicht zur Entscheidung herangezogen werden. Der vorliegende Druck folgt (wie HA) den Drucken von C. Die Fassung von C ist inhaltlich reicher, zumal der

ganze Abschnitt vom richtigen Verhältnis des Menschen zur Natur handelt; die einfache Apostrophierung des Menschen als »höchstes Geschöpf der Natur« hingegen entspricht eher wilhelminischem Festredenstil. – Vgl. *Winckelmann und sein Jahrhundert*, »Antikes«:

> Wenn die gesunde Natur des Menschen als ein Ganzes wirkt, wenn er sich in der Welt als einem großen, schönen, würdigen und werten Ganzen fühlt, wenn das harmonische Behagen ihm ein reines, freies Entzücken gewährt, dann würde das Weltall, wenn es sich selbst empfinden könnte, als an sein Ziel gelangt, aufjauchzen und den Gipfel des eigenen Werdens und Wesens bewundern. Denn wozu dient alle der Aufwand von Sonnen und Planeten und Monden, von Sternen und Milchstraßen, von Kometen und Nebelflecken, von gewordenen und werdenden Welten, wenn sich nicht zuletzt ein glücklicher Mensch unbewußt seines Daseins erfreut?

Antepirrhema (S. 500)

Erstdruck ohne Überschrift: *Zur Morphologie* I 2 (1820), am Ende des Aufsatzes *Bedenken und Ergebung*. ›Antepirrhema‹ ist wie das ›Epirrhema‹ eine Wendung des Chorführers an das Publikum. – Im Kontext des Erstdruckes Überlegungen zu dem Gedanken, »wonach Gott in der Natur, die Natur in Gott, von Ewigkeit zu Ewigkeit, schaffen und wirken möge«. Sodann Reflexionen über den Widerstreit von Erfahrung und Idee und als Überleitung zum Gedicht: »Deshalb wir uns denn billig zu einiger Befriedigung in die Sphäre der Dichtkunst flüchten und ein altes Liedchen ⟨vgl. *Faust I* 1922-1927, dort Rede des Mephistopheles zum Schüler⟩ mit einiger Abwechslung erneuern:« – Bei Goethe immer wieder das Bild von ›Zettel‹ und ›Einschlag‹, Kette und Schuß aus der Weberei, für untrennbar miteinander Verwobenes, doch getrennt Gedachtes. So werden auch hier zwei Instanzen unterschieden (dauerndes Gesetz, Geschehen in der Zeit), die aber ineins wirken: Zusammenwirken der »ewigen Meisterin« (v. 2, natura sive deus) mit dem »ewigen Meistermann« (v. 9, deus sive natura).

Urworte. Orphisch (S. 501)
Erstdruck: *Zur Morphologie* I 2 (1820). Entstanden 7./8. 10. 1817 (Tagebuch). – Die hier behandelten Grundmächte des Lebens sind in der antiken Religion vielfach bedacht worden, gleichsam als Kräfte-Komplement zur Personen-Welt des Polytheismus. Δαίμων etwa steht im Zusammenhang mit der Vorstellung der Μοῖρα, der dominierenden Schicksalsmacht (vgl. Homers *Odyssee* XVI 64, IXX 512), ebenso Τύχη. Schon 1789 hat Knebel ein Gedicht *Aus dem Griechischen* verfaßt (Vorlage nicht ermittelt; veröffentlicht 1815 in der anonym erschienenen *Sammlung kleiner Gedichte*, Leipzig [Göschen]), das eine Art Kräftesystem entwirft. Der Aufbau ist den Goetheschen *Urworten* so ähnlich, daß es hier mitgeteilt sei:

> Den Menschen treiben vier besondre Mächte
> Durchs Leben, sagt ein alter Spruch der Weisen.
>
> Zuerst der *Dämon*: das ist jedes Menschen
> Ihm angeborenes Geschick, sein Geist,
> Sein Selbst; die jedem eigne Art und Weise,
> Wie er in diese Welt gerüstet kömmt.
> Von ihr hängt alles, was er seyn kann, ab.
>
> Die zweite ist das *Glück*. Das nimmt ihn auf,
> Und stellt ihm die Gelegenheit der Dinge
> Und Lag' und Hülf' zurecht, dass er gedeihe.
> Doch zeigt es auch ihm manches Gaukelwerk,
> Wonach er strebt, und das ihn manchmal täuschet.
>
> Nun kommt die *Liebe*, als die dritte Macht.
> Sie ist der Geist des Lebens; ihre Fackel
> Treibt flammend ihn durch mancherlei Geschick.
> Sie führt den Menschen auf den höchsten Gipfel
> Des Daseyns, zeigt von da ihm der erschaffnen
> Und unerschaffnen Dinge volles Glück,

Und stürzt hinab ihn zu dem Pfuhl des Elends:
Er seufzet sein Gebrechen Jahre durch.

Und endlich kommt die vierte Macht, die *Noth*;
Die strenge bittre Lehrerin des Lebens.
Ihr folget alles; denn wer willig ihr
Die Hand nicht reicht, den zieht sie mit Gewalt.
Sie ist des Schicksals große Helferin,
Und alles kommt durch sie zum festen Schluss.
Sie zieht mit Einer Hand herauf das Leben,
Und drücket mit der andern es hinab.

Goethes Gedichte wurden angeregt durch einen Gelehrtenstreit zwischen dem Leipziger Altphilologen Gottfried Hermann und dem Heidelberger Georg Friedrich Creuzer, dem Autor der *Symbolik und Mythologie der alten Völker* (4 Bde., 1810-1812, 2. Aufl. 1820-1825; vgl. *Der Kampf um Creuzers Symbolik*, hg. v. Ernst Howald, Tübingen 1926). Creuzer vertrat im Geiste romantischer Früh- und Vorzeit-Vorstellungen (bes. Görres) die Auffassung, alle Mythologien seien Ausfluß einer ursprünglichen monotheistischen Urreligion, zu der sie sich verhielten wie »die gebrochenen und verblaßten Lichtstrahlen zu dem vollen Lichtquell der Sonne«. So wurden ihm die Mythologien zu durchweg symbolischen und allegorischen Zeugnissen jenes Urglaubens, die auf komparatistischem Wege auf ihr Gemeinsames hin zu untersuchen waren. Vor allem die Mythen Asiens und Ägyptens erschienen ihm als besonders ursprungsnah, während die griechische Mythologie als eine schon spätere, weniger ursprüngliche Stufe galt, die nur als Zeugnis ihrer Vorfahren gedeutet werden sollte. Creuzers Ansatz wurde später von Bachofens mutterrechtlichen Spekulationen und dann, in den zwanziger Jahren unseres Jahrhunderts, z. B. von Klages und Schuler weiterverfolgt. Ein heftiger Gegner Creuzers war der alte Johann Heinrich Voß, der hier reaktionäre Machenschaften und papistische Umtriebe der »Römlinge« witterte (*Antisymbolik*, 2 Bde., 1824 und 1826). Aus den

Reihen der zünftigen Altertumswissenschaft trat Gottfried Hermann, einer der bedeutendsten Philologen des 19. Jahrhunderts, den Auffassungen Creuzers entgegen. Am 27. 9. 1817 verzeichnet Goethes Tagebuch: »Hermanns und Creuzers Differenzen«, nämlich Hermanns und Creuzers *Briefe über Homer und Hesiodus, vorzüglich über die Theogonie*, Heidelberg 1818 (erschienen 1817). 1815 war Goethe Creuzer in Heidelberg begegnet und hatte mit ihm anregende Gespräche über diese Materie geführt (vgl. Herwig, Bd. 2, S. 1097 f., allerdings keine sehr zuverlässige Überlieferung). Er rückte jedoch immer mehr von Creuzers Vorstellungen ab, vgl. hierzu auch Anm. 677,1648-1651. Am 1. 10. 1817 bedankt sich Goethe bei Creuzer für die *Briefe* und markiert den Unterschied der Denkart:

> Sie haben mich genötigt in eine Region hineinzuschauen, vor der ich mich sonst ängstlich zu hüten pflege. Wir andern Nachpoeten müssen unserer Altvordern, Homers, Hesiods u. a. m., Verlassenschaft als urkanonische Bücher verehren ⟨. . .⟩. Einen alten Volksglauben setzen wir gern voraus, doch ist uns die reine charakteristische Personifikation ohne Hinterhalt und Allegorie alles wert; was nachher die Priester aus dem Dunkeln, die Philosophen ins Helle getan, dürfen wir nicht beachten. So lautet unser Glaubensbekenntnis.
>
> Gehts nun aber gar noch weiter, und deutet man uns aus dem hellenischen Gott-Menschenkreise nach allen Regionen der Erde, um das Ähnliche dort aufzuweisen, in Worten und Bildern, hier die Frost-Riesen, dort die Feuer-Bramen; so wird es uns gar zu weh, und wir flüchten wieder nach Ionien, wo dämonische liebende Quellgötter sich begatten und den Homer erzeugen.

Dies war immer wieder von esoterischen Geheimlehren verkündet worden, und Goethe sah offenbar bei Creuzer Verwandtes am Werk: Daß es in Ägypten einen geheimnisvollen Schatz der eigentlichen Wahrheit gebe (vgl. den *Groß-Cophta*), verwahrt in den Händen oder Schriften des Hermes Trismegistos, festgehalten in den (damals noch nicht ent-

schlüsselten) Hieroglyphen; oder etwas näher: daß Orpheus heilige Offenbarungsschriften (ἱεϱοὶ λόγοι, ›heilige Worte‹: ›Urworte‹) hinterlassen habe, von denen Fragmente durch die Neuplatoniker überliefert waren. Nun trat auch noch die indische Welt hinzu, und dies alles relativierte die antike Vorstellungswelt, raubte ihr das Maß-Gebende und verwies auf unanschauliche Urgeheimnisse.

Ins Produktive wurde Goethes Unbehagen offenbar durch *Georg Zoëgas Abhandlungen*, herausgegeben ⟨...⟩ von Fr. G. Welcker, Göttingen 1817, gelenkt. Im Aufsatz *Tyche und Nemesis* (S. 32-55) zitiert Zoëga die *Saturnalia* I 19 des spätantiken Autors Macrobius:»Nach den Ägyptern sind die Götter die der Geburt des Menschen beistehen, vier: Δαίμων ⟨Dämon⟩, Τύχη ⟨Tyche, das Zufällige⟩, Ἔρως ⟨Eros⟩ und Ἀνάγκη ⟨Ananke, Nötigung⟩.« Ἐλπίσ (Elpis, Hoffnung) ist in der Quelle gleichfalls, wenn auch nicht in dieser Reihe, genannt. Die Lektüre ist durch das Tagebuch für den 6. und 7. 10. 1817 belegt.

Anderntags schuf Goethe seine Gedichte. Sie knüpfen zwar bei den Bestrebungen der ›Mythologen‹ an, sind aber zugleich eine Gegenreaktion, fast ein kleines aufklärerisches Konkurrenzunternehmen, das an die Stelle einer ›Urmythologie‹ die begrifflich-spruchhafte Klärung, »ohne Hinterhalt und Allegorie«, setzt. Nicht etwa die Gedichte sind orphische ›Urworte‹, sondern nur die vorangesetzten griechischen Wörter, die dann im jeweiligen auslegenden Text zur Klarheit geführt werden sollen: »Eine Reihe orphischer Urworte, die du nächstens in Stanzen aufgeklärt erhalten wirst«. (An den Sohn, 31. 3. 1818.) An Boisserée im Brief vom 16. 7. 1818: »Daß meine Orphika bei Ihnen gut aufgehoben seien wußte ich voraus. Wenn man das diffuse Altertum wieder quintessenziiert ⟨aus der verdünnten Lösung einen Extrakt gewinnt⟩, so gibt es alsobald einen herzerquickenden Becher, und wenn man die abgestorbenen Redensarten aus eigener Erfahrungs-Lebendigkeit wieder anfrischt, so geht es wie mit jenem getrockneten Fisch, den die jungen Leute in den Quell der Verjüngung tauchten und

als er aufquoll, zappelte und davonschwamm, sich höchlich erfreuten das wahre Wasser gefunden zu haben.« – Goethe sah sich gleichwohl genötigt, seine *Urworte* in *Kunst und Alterthum* II 3 (1820) selbst zu erläutern. Die Nüchternheit dieser Erläuterungen sollte nicht bedauert oder gar durch erneute Verdunkelungen bereichert, sondern als programmatisch verstanden werden. Einige Zitate aus dem Aufsatz werden im Kommentar gegeben, zum Ganzen wird auf Bd. XX dieser Ausgabe verwiesen.

ΔΑΙΜΩΝ, Dämon (S. 501)
In dieser Strophe hat Goethe schon für den erneuten Abdruck im Zusammenhang seines Kommentars einige Änderungen gegenüber dem Erstdruck vorgenommen (den die WA sonderbarerweise überhaupt nicht kennt). In v. 6 hieß es im Erstdruck »Das ändern nicht« statt »Das sagten schon«, »nicht« statt »so«, in v. 7 »Kraft« statt »Macht«. – Aus Goethes Erläuterung:

Der Dämon bedeutet hier die notwendige, bei der Geburt unmittelbar ausgesprochene, begrenzte Individualität der Person, das Charakteristische wodurch sich der Einzelne von jedem andern, bei noch so großer Ähnlichkeit unterscheidet ⟨...⟩ Das noch so entschieden Einzelne kann, als ein Endliches, gar wohl zerstört, aber, solange sein Kern zusammenhält, nicht zersplittert, noch zerstückelt werden, sogar durch Generationen hindurch. ⟨Überleitend zum nächsten:⟩ Dieses feste, zähe, dieses nur aus sich selbst zu entwickelnde Wesen kommt freilich in mancherlei Beziehungen, wodurch sein erster und ursprünglicher Charakter in seiner Wirkung gehemmt, in seinen Neigungen behindert wird.

501,6 *Sibyllen]* Die weissagenden Frauen der Antike, deren Sprüche auch als Voraussagungen des Christentums gedeutet wurden und die insofern die Brücke zwischen der ›Urweisheit‹ und der Moderne bilden.

ΤΥΧΗ, Das Zufällige (S. 501)

Aus Goethes Erläuterung:

> Zufällig ist es jedoch nicht daß einer aus dieser oder jener Nation, Stamm oder Familie sein Herkommen ableite: denn die auf der Erde verbreiteten Nationen sind, so wie ihre mannigfaltigen Verzweigungen, als Individuen anzusehen und die Tyche kann nur bei Vermischung und Durchkreuzung eingreifen ⟨...⟩ Bei der Erziehung, wenn sie nicht öffentlich und nationell ist, behauptet Tyche ihre wandelbaren Rechte. Säugamme und Wärterin, Vater oder Vormund ⟨...⟩, alles bedingt die Eigentümlichkeit ⟨...⟩ der Dämon freilich hält sich durch alles durch.

ΕΡΩΣ, Liebe (S. 501)

Aus Goethes Erläuterung:

> ⟨...⟩ hier verbinden sich der individuelle Dämon und die verführende Tyche miteinander; der Mensch scheint nur sich zu gehorchen, sein eigenes Wollen walten zu lassen, seinem Triebe zu frönen, und doch sind es Zufälligkeiten die sich unterschieben, Fremdartiges, was ihn von seinem Wege ablenkt ⟨...⟩ Nun kommen wir in Gefahr uns in der Betrachtung zu verlieren, daß das was auf das Besonderste angelegt schien ins Allgemeine verschwebt und zerfließt. Daher will das rasche Eintreten der zwei letzten Zeilen uns einen entschiedenen Wink geben, wie man allein diesem Irrsal entkommen und davor lebenslängliche Sicherheit gewinnen möge.

Es folgen weitere, beherzigenswerte Ausführungen über die segensreiche Einrichtung der Ehe, die jedoch nichts mehr zur Erhellung des Gedichts beitragen.

501,17 *Die*] Wohl nicht auf die Übersetzung »Liebe« im Titel zu beziehen (ἔρως wäre maskulin), sondern auf die ›zündende Flamme‹, v. 16.

501,18 *aus alter Öde*] Aus dem Chaos, dem Eros nach Hesiod entstammt.

ΑΝΑΓΚΗ, Nötigung (S. 502)
Aus Goethes Erläuterung: »⟨...⟩ niemand ist dem nicht Erfahrung genugsame Noten zu einem solchen Text darreichte ⟨...⟩. Wie froh eilen wir daher zu den letzten Zeilen, zu denen jedes feine Gemüt sich gern den Kommentar sittlich und religios zu bilden übernehmen wird.«

ΕΛΠΙΣ, Hoffnung (S. 502)
Von Goethe weiter nicht erläutert.
502,34 *widerwärt'ge]* Widerstand bietend.

Atmosphäre (S. 502)
Erstdruck ohne Überschrift, als Vorspruch zum folgenden *Howards Ehrengedächtnis*: *Zur Naturwissenschaft überhaupt* I 4 (1822).

Howards Ehrengedächtnis (S. 503)
Erstdruck v. 23-52, bereits mit dem Titel »Howards Ehrengedächtnis«: *Zur Naturwissenschaft überhaupt* I 3 (1820), davor der Aufsatz *Wolkengestalt nach Howard*; das Ganze: I 4 (mit englischer Übertragung) (1822). Mehrfache Erwähnung im Tagebuch 13. 12. 1817 bis 24. 10. 1821. Am 13. 12. 1817: »Die Howardsche Lehre wieder durchdiktiert. Doktor Roux ⟨...⟩ die Skizzen zu Howard mitgegeben. An Howard fortgefahren.« 25. 3. 1821: »Howards Ehrengedächtnis. Einleitung dazu geschrieben.« 31. 3.: »Camarupa war abgeschrieben und die dazu gehörigen Noten ⟨Anmerkungen⟩ konzipiert worden.« 3. 4.: »Sendung nach London wegen Howards Ehrengedächtnis abgeschlossen.« 4. 4.: »Später der Wolkenbote«. 19. 9.: »Howards Ehrengedächtnis. Original und Übersetzung gegeneinandergestellt.« 24. 10. 1821: »Howards Ehrengedächtnis abgeklatscht ⟨Korrekturfahnen hergestellt⟩.« – Zu Goethes Zeit war man dem Wetter viel unmittelbarer ausgesetzt als in unserer klimatisierten Welt; zugleich aber war das Wissen um den Zusammenhang der atmosphärischen Erscheinungen sehr gering. Das Wetter war etwas Schicksalhaft-Undurchschaubares, mit dessen

Launen man sich abfinden mußte, ohne zureichende Gründe zu kennen. Für die wissenschaftlich Ambitionierten war die ständig sich wandelnde Gestalt der Wolken eine besondere Herausforderung; denn als Inbegriff des Regellosen spottete sie jeden Versuchs einer rationalen Erklärung, ja schon jeden Versuchs einer Klassifizierung. In Luke Howards (1772-1864) *Essay on the Modification of Clouds*, London 1803, der Goethe 1816 bekannt wurde, fand er nun eine Klassifikation, die wie eine kleine Offenbarung wirkte und ihm erlaubte, in diesem Chaos Strukturen zu erkennen. Insofern handelt es sich durchaus um ein Parallelphänomen zu den morphologischen Entdeckungen, die das ›Gewirr‹ der botanischen und zoologischen Erscheinungen klären sollten, allerdings mit dem Unterschied, daß Howards Begriffe der Unterscheidung, nicht der synthetischen Schau dienten. (Deshalb bedurfte es der relativierenden Rahmung durch die Gedichte *Atmosphäre* und *Wohl zu merken*.) An die Veröffentlichung des ganzen Gedichts schloß Goethe einige erklärende Worte an und deutete den Inhalt der drei Einleitungsstrophen auf drei Stufen der Erkenntnis (er fingiert eine Redakteurs-Bemerkung):

Die ersten drei Strophen waren bisher nicht gedruckt und sind nur durch ein günstiges Ereignis in unsere Hände gekommen. – Goethe hatte bemerkt, daß wirklich etwas an seinem Gedicht zu Ehren Howards mangle, und schrieb, um solches aufzuklären und zu vollenden, drei Strophen als Einleitung.

In der ersten Strophe wird die indische Gottheit camarupa (wearer of shapes at will ⟨aus Kalidasas *Megha Dhuta*, s. u.⟩) als das geistige Wesen dargestellt, welches nach eigener Lust, die Gestalten beliebig zu verwandeln, auch hier sich wirksam erweist, die Wolken bildet und umbildet.

In der zweiten Strophe wird sodann die Funktion der menschlichen Einbildungskraft vorgetragen, welche nach eingebornem Trieb allem ungebildeten Zufälligen jederzeit irgendeine notwendige Bildung zu geben trachtet,

welches wir denn auch daran erkennen, daß sie sich die Wolken gern als Tiere, streitende Heere, Festungen und dergleichen denkt, wie solches Shakespeare einigemal glücklich benutzt hat. ⟨...⟩ Zugleich wird auf ›Megha-Dhuta‹ ⟨Epos des indischen Dichters Kalidasa⟩, den Wolkenboten, angespielt, indem dieses herrliche Gedicht in allen seinen Teilen hierher gehört.

Und so wird denn in der dritten Strophe, damit nichts vermißt werde, Howards Name ausgesprochen, und sein Verdienst anerkannt, daß er eine Terminologie festgestellt, an die wir uns beim Einteilen und Beschreiben atmosphärischer Phänomene durchaus halten können. Diese Benennungsweise nun ist angekündigt und ausgesprochen in der vorletzten Zeile, wie folgt: Wie Streife steigt (Stratus ⟨Schichtwolke⟩) Sich ballt (Cumulus ⟨Haufenwolke⟩) Zerflattert (Cirrus ⟨Streifen- oder Schäfchenwolke⟩) Fällt (Nimbus ⟨Regenwolke⟩). ⟨Vgl. Abb. 20.⟩

Untergründig ist das Gedicht mit *Entoptische Farben* verbunden, da die Abfolge der Wolkengebilde nach dem Prinzip der Steigerung begriffen wird. Zu Goethes eigenen meteorologischen Bemühungen vgl. Bd. XXV dieser Ausgabe.

Wohl zu merken (S. 505)

Erstdruck ohne Überschrift, als Nachspruch hinter den zum Vorigen zitierten Erläuterungen Goethes: *Zur Naturwissenschaft überhaupt* I 4 (1822). Entstanden 24. 10. 1821 (Tagebuch: »Gedicht zur letzten Seite« des Bandes). – Dieses Gedicht steht in allen Drucken von C und auch schon in der Druckvorlage *hinter* dem hier folgenden *Entoptische Farben*. Schon die ›Hempelsche‹ Ausgabe und Düntzer haben die alte Abfolge aus *Zur Naturwissenschaft überhaupt* wiederhergestellt, ebenso JA und GA. Sie vermuten ein Versehen beim Einschieben der bis dahin unveröffentlichten *Entoptischen Farben*. (WA folgt C, ebenso BA, die sich jedoch im Kommentar, S. 940, ebenfalls zur Anordnung im Erstdruck bekennt; die HA ist, als Auswahlausgabe, frei in ihrer Druck-

vorlagenwahl und bringt unter dem Titel »Trilogie zu Howards Wolkenlehre« gleichfalls die Anordnung des Erstdrucks.) Auch die vorliegende Ausgabe folgt der Anordnung des Erstdrucks, da dadurch der klare trilogische Aufbau der drei Gedichte und auch die Integrität der folgenden, ebenfalls aus drei Gedichten bestehenden, ›Farben‹-Sequenz bewahrt bleibt.

505,4 *Folge-Lebens*] Im Gegensatz zur ›Absonderung‹ in der Moment-Aufnahme nun wieder das Eingliedern in die lebendige Abfolge der Verwandlungen.

Entoptische Farben. An Julien (S. 505)

Auf einer eigenhändigen Handschrift datiert 17. 5. 1817 (Abb. 7). Auf einer mit gleichem Datum versehenen Abschrift zwischen Ober- und Untertitel: »Offenbares Geheimnis«. Im Tagebuch zum Datum: »Mit dem frühsten die Stammbuchblätter.« Am 19. 5.: »Entoptische Farben, Gedicht«. Am 20. 5.: »Entoptische Farben, Rätsel an Julien«.

Die entoptischen Farbfiguren ⟨vgl. Abb. 6⟩ entstehen, wenn man einen rasch gekühlten Glaswürfel zwischen zwei Spiegel bringt. Je nach Stellung der Spiegel sieht man entweder ein helles Kreuz mit gelbem Rand auf dunklem Grund oder ein dunkles Kreuz mit blauem Rand auf hellem Grund ⟨und in den Ecken ›Pfauenaugen‹⟩. Goethe besaß eine große Zahl raschgekühlter Glasproben, Kalkspatkristalle u. a., sowie einen Polarisationsapparat mit vier Spiegeln. Er experimentierte im Freien und konnte eine bestimmte Gesetzmäßigkeit der Farbenerscheinungen feststellen, je nach welcher Himmelsrichtung er die Spiegel richtete. Daher nahm er an, daß die entoptischen Farben atmosphärischen Ursprungs seien.

(Rike Wankmüller in HA, Bd. 13, S. 610.)

Diese Polarisationsphänomene waren erst nach dem Erscheinen von Goethes *Farbenlehre* u. a. von dem Physiker Seebeck entdeckt und Goethe bekanntgemacht worden. Goethe gelang es, sie als Bestätigung seiner *Farbenlehre* zu deuten. (Vgl. Bd. XXIII dieser Ausgabe, besonders den

Aufsatz *Entoptische Farben.*) Die Figur der ›wiederholten Spiegelungen‹ gewann für Goethe auch metaphorisch-deutende Kraft für Steigerungs-Phänomene in anderen Bereichen, vgl. besonders die so überschriebene autobiographische Studie in Bd. XVII dieser Ausgabe, doch auch das Prinzip der »gleichsam ineinander abspiegelnde⟨n⟩ Gebilde« (an Iken, 27. 9. 1827) als Kompositionsprinzip der Dichtungen. – Im vorliegenden Gedicht ist die Ausdeutung ins Ethisch-Menschliche durch den Wechsel-›Blick‹ »Aug in Auge« (v. 19) realisiert, der »dergleichen«, d. h. analoge, ›wundersame Spiegelungen‹ in der dazwischenliegenden Welt hervorzubringen vermag. Hierin liegt der Grund für die Adressierung an eine Person (Julie von Egloffstein, vgl. S. 1154) – natürlich weiblichen Geschlechts.

505,9 *blicken]* Blick bei Goethe häufig ›Strahl‹, ›Glanz‹, in diesem Sinne wohl Brücke zu den Blicken v. 19.

506,17 *Und der Name wird ein Zeichen]* Entoptische Farben, Abschnitt »Woher benannt?«: Sie »wurden *entoptische* genannt, weil sie innerhalb gewisser Körper zu schauen sind, und damit sie, wie ihrer Natur also auch dem Namensklange nach, sich an die vorhergehenden (dioptrischen, katoptrischen usw.) anschlössen.« Vielleicht auch die ›Pfauenaugen‹ als ›Zeichen‹, die dann zu den Augen der Partnerin hinführen?

506,21-23 *Macrocosmus ⟨...⟩ lieben kleinen Welten]* Entsprechung des Weltganzen und dessen wahrnehmbarer Offenbarung, des menschlich zugänglichen Mikrokosmos. Appell an die unmittelbare eigene Erfahrung, wie schon im *Maifest*, Bd. I, S. 129, oder in der *Metamorphose der Pflanzen*, eine ›didaktische‹ Grundfigur Goethes. – Vgl. auch *Blick um Blick*, S. 477.

Was es gilt. Dem Chromatiker (S. 506)
Erstdruck ohne Überschrift, zwei Gedichte: *Zur Naturwissenschaft überhaupt* I 1 (1817), als Motti des Abschnitts »Zur Farbenlehre«, der Beiträge zu den ›entoptischen‹ Farben bringt. In der Druckhandschrift von Goethes Hand auch der Titel »Zur Farbenlehre« (gestrichen).

506,5 *das Licht zerstückeln]* Gegen Newtons Lehre, daß das Licht nicht einfach und unteilbar, sondern aus den Farben zusammengesetzt sei.

506,8 *Kügelchen polarisieren]* Gegen die Deutung der ›entoptischen‹ Farben als Polarisations-Phänomene, wie sie auf der Basis der Newtonschen Lehre gegeben wurde. Newton faßte die Lichtstrahlen korpuskular, als Abfolge von ›Kügelchen‹ auf. Vgl. hierzu auch die Stellungnahme in den *Tag- und Jahresheften* zu 1817.

Herkömmlich (S. 507)

Erstdruck ohne Überschrift: *Zur Naturwissenschaft überhaupt* I 4 (1822), als Motto auf dem Titelblatt »Chromatik«, danach »*Die echte Konversation*«, S. 641,604. Eigenhändiger Entwurf auf einer Druckschrift vom Juli 1817. – Im Kontext des Erstdrucks selbstironische Entschuldigung, daß es schon wieder um die Farbenlehre geht.

507,12 *Mit der läßlichsten der Sünden]* Vgl. das Sonett *Warnung*, S. 257 und Anm.

Allerdings. Dem Physiker (S. 507)

Erstdruck ohne Überschrift: *Zur Morphologie* I 3 (1820). Die falsche Datierung der WA (24. 10. 1821! Von FA und BA übernommen, berichtigt schon von Düntzer, erneut von Gräf) beruht darauf, daß die zum Gedicht *Wohl zu merken* gehörende Tagebuchnotiz, welche die ›letzte Seite‹ des *Bandes* meint, auf die letzte Seite des *Heftes* (I 3) bezogen wurde. Hier einschlägig ist, im Zusammenhang mit den Zeugnissen zur Herstellung der Hefte, vielmehr die Tagebuch-Notiz vom 1. 10. 1820: »⟨...⟩ durchgedacht ⟨...⟩ den Abschluß des morphologischen Heftes«. – In der im Erstdruck voranstehenden Bemerkung *Freundlicher Zuruf* wird die Maxime befürwortet, »man solle ein Unerforschliches voraussetzen und zugeben, alsdann aber dem Forscher selbst keine Grenzlinie ziehen.« Überleitung zum Gedicht: »Möge nachstehendes heitere Reimstück in diesem Sinne aufgenommen und gedeutet werden.« Im Inhaltsverzeichnis heißt das ›heitere

Reimstück« »Unwilliger Ausruf«. – Das Zitat entstammt Albrecht von Hallers Lehrgedicht *Die Falschheit menschlicher Tugenden* (1730), wurde im 18. Jahrhundert häufiger herangezogen, so daß die »sechzig Jahre« (v. 11) durchaus zutreffen könnten. Vielleicht näherer Bezug zu Nicolais Vortrag in der Berliner Akademie der Wissenschaften von 1799 über den Spuk in Humboldts Schloß in Tegel, den Goethe im *Faust I* 4161 f. verspottet und in dem Nicolai auch dieses Zitat verwendet. (Miszelle von Boxberger in: Archiv für Litteraturgeschichte 9 [1880], S. 264 f.)

Ultimatum (S. 508)

Erstdruck ohne Überschrift: *Über Kunst und Alterthum* III 2 (1822), in den »Zahmen Xenien« II, zwischen v. 293 und 294. Dort v. 1 »zehnten« statt »letzten« und als v. 2 »Alles gibt sie reichlich und gern«, wie v. 14 des vorigen Gedichts.

Die Weisen und die Leute (S. 508)

Erstdruck: *Über Kunst und Alterthum* III 1 (1821), dann: Morgenblatt für gebildete Stände 1821, Nr. 151. Am 7. 6. 1814 in Berka Caroline Ulrich diktiert (Tagebuch). – Nur der Name des Epimenides ist von Goethe (um diese Zeit beschäftigt er sich mit *Des Epimenides Erwachen*), die anderen sind von Riemer eingetragen (deshalb hier nicht erläutert). Auch als »Gastmahl der Weisen« bezeichnet (z. B. an Zelter, 31. 10. 1814). – In den *Tag- und Jahresheften* zu 1814: »›Das Gastmahl der Weisen‹, ein dramatisch-lyrischer Scherz, worin die verschiedenen Philosophen jene zudringlichen metaphysischen Fragen, womit das Volk sie oft belästigt, auf heitere Weise beantworten oder vielmehr ablehnen, war wohl nicht fürs Theater, doch für gesellschaftliche Musik bestimmt, mußte aber wegen Anzüglichkeit unter die Paralipomena gelegt werden.« Aufklärung über die »Anzüglichkeit« brachte erst Weitz, *Goethes Gedicht ›Die Weisen und die Leute‹*: Das Gedicht ist eine ›Palinodie‹ auf ein Gedicht von Friedrich Haug, dem Redakteur von Cottas ›Morgenblatt für gebildete Stände‹. (Weitere Haug-Palinodien siehe »Drei Pa-

linodien«, S. 549 und Anm.) Goethe hielt das Gedicht zunächst zurück, weil er zu dieser Zeit im Zusammenhang mit der Vorbereitung der Ausgabe B keine unnötigen Konflikte mit Cotta und Haug riskieren wollte. Haugs Gedicht im ›Morgenblatt‹ Nr. 104 von 1814 (*Der Idiot und der Weise*, hier nach Weitz):

<div style="text-align:center;">

Idiot
Sag, ist die Welt von Ewigkeit?
Weiser
Das ist für mich ein Rätsel.
I.
Doch ob der Untergang ihr dräut?
W.
Das ist ein zweites Rätsel.
I.
Allein was ist Unendlichkeit?
W.
Mein Freund, das ist ein Rätsel.
I.
Wo denken, und *wie* denken wir?
W.
Je nun! das – ist ein Rätsel.
⟨usw.⟩
I.
Ist Bessrungstrieb uns zugesellt?
W.
Nach Taten scheints ein Rätsel.
I.
Doch herrschen Eigennutz und Geld?
W.
Ja wohl! Das ist kein Rätsel.
I.
Mein weiser Rätselmann, so sprich:
Beschämst du *hier* an Wissen mich?

</div>

W.
Nichts, leider! *wissen du* und *ich*:
Denn Keiner löst die Rätsel.

510,32 *Das artige Wesen]* Der wohlgeartete Charakter.
510,36-39 *Kann sich* ⟨. . .⟩ *ruhen.]* In einem Privatdruck hat Anton Kippenberg 1921 die Variante einer Niederschrift Riemers mitgeteilt (Weitz, S. 14):
 Zwei Fälle mußt du trennen:
 Zwar *liegt* man wohl auf seinem Weib,
 Doch *ruht* ihr vielgeliebter Leib
 Gewöhnlich an der Seite. ⟨Hervorhebung Hg.⟩
510,38 *leiblich]* In einer von Weitz entdeckten Handschrift »leidlich«.
511,52 *weifen]* »haspeln des gespulten fadens um ein im kreis geschwungenes geräth, das danach ›weife‹ heißt.« (Grimm, *Deutsches Wörterbuch*, Bd. 28, Sp. 632.)
512,80 *Rechenpfennige]* Wertlose Münzen zum Rechnen. Die Herrschaft des Geldes gilt also als Herrschaft bloßen Scheins.

KUNST

Wiederaufnahme der Rubrik aus der Sammlung von 1815 (B), S. 349-369. Doch hier nicht nur Reflexion über Kunst und Künstler, sondern auch Gedichte zu einzelnen Kunstwerken. Dies widerspricht eigentlich Goethes Maxime: »Die Vollendung des Kunstwerks in sich selbst ist die ewig unerläßliche Forderung.« (An Zelter, 13.-29. 3. 1827.) Doch gilt diese Forderung nur Werken höchsten Ranges, nicht etwa Tischbeins Idyllen-Skizzen oder den eigenen ›Handzeichnungen‹, »welche etwas zu denken und zu wünschen übrig lassen« (vgl. S. 1115) und deshalb einige »Nachhülfe« vertragen. Vgl. auch S. 1038.

Künstler-Lied (S. 513)

Erstdruck: Der Gesellschafter, hg. v. F. W. Gubitz, 11. 1. 1817, überschrieben: »Dem edlen Künstler-Verein zu Berlin, 1. Epiphanias«; dann *Wilhelm Meisters Wanderjahre* (1821). Entstanden 27./28. 12. 1816 (Tagebuch). – J. G. Schadow hatte für den Berliner Künstlerverein zum Stiftungsfest am Dreikönigstag ein Gedicht erbeten. An Zelter, 1. 1. 1817: »Herrn Direktor Schadow ⟨...⟩ hab' ich ein Lied zum Künstlerfeste geschickt; möge es dazu beitragen, den düstern Geist, der durch unsere Kunsthallen schleicht, endlich verbannen zu helfen. Er überbietet freilich schon sich selbst, und allernächst werden die Bekenner und Beförderer mit Schrecken spüren, daß sie sich auch merkantilisch verrechnet haben.«

Antike (S. 514)

Erstdruck: *Über Kunst und Alterthum* III 1 (1821), ohne Überschrift. – Thomas Bruce, Earl of Elgin, englischer Gesandter in Konstantinopel, hatte 1803-1813 Skulpturen der Akropolis nach London bringen lassen (die ›Elginischen Marmore‹, ›Elgin Marbles‹, vgl. Bd. XX dieser Ausgabe). Damit wurden erstmals Originalwerke des berühmten griechischen Bildhauers Phidias in Europa zugänglich – wenn sie denn wirklich von Phidias sind.

Begeisterung (S. 514)

Mit dem folgenden Gedicht auf einer Seite. Zur Entstehung ist nichts bekannt.

Studien (S. 515)

Zur Entstehung ist nichts bekannt. – ›Nachahmung der Natur‹ war ein Postulat der Kunsttheorie des 18. Jahrhunderts; der »schönen« (Batteux) deshalb, weil einfache Nachahmung auch das Häßliche eingeschlossen hätte. Dieses Postulat wird hier (historisch nicht ganz zutreffend) in Spannung zu dem einer ›Nachahmung‹ der Alten gesetzt.

515,6 *vergnügen*] Hier vermutlich im älteren Sinn: begnügen.

Typus (S. 515)

Zur Entstehung ist nichts bekannt. – ›Typus‹ noch in einem älteren, essentialistischen Sinne zu verstehen als Prägeform, inneres Gesetz. Vgl. S. 501,7 f.

515,7 *Glätte* ⟨...⟩ *Farben]* Plastik oder Malerei als bloß äußere Erscheinungsformen. Eine Versöhnungsgeste, denn Plastik stand für antike Kunst, Malerei hingegen wurde von den Romantikern bevorzugt.

Ideale (S. 515)

Mit dem folgenden Gedicht auf einer Seite. Auch an Marianne von Willemer (vgl. S. 1163 f.) mit Datum »Dez. 1819« und Überschrift: *Hudhud* ⟨der Wiedehopf als Liebesbote⟩ *erklärt eine rätselhafte Stelle.* Bezug innerhalb des Willemer-Briefwechsels nicht ganz geklärt. – Hier: Der Liebende weiß sich das unvollkommene Bild zu ergänzen.

515,5 *frommen]* Helfen, fördern, nützen.

Abwege (S. 516)

Auf einem eigenhändigen Entwurf überschrieben: »Übergänge«. Die beiden ›Abwege‹ könnten auf die Abschnitte »Nachahmer« und »Undulisten« von Goethes Schrift *Der Sammler und die Seinigen* bezogen werden (Bd. XVIII dieser Ausgabe).

Modernes (S. 516)

Mit dem folgenden Gedicht auf einer Seite. – Die Brüder Boisserée (vgl. S. 1034 f.) hatten Goethe 1814 in Heidelberg mit der älteren deutschen und niederländischen Malerei vertraut gemacht, der er unter dem Einfluß seines Kunstsachverständigen Heinrich Meyer vorher distanziert gegenübergestanden hatte. – Vielleicht eine scherzhafte Selbstanrede des Bekehrten.

Museen (S. 516)

Entstanden April 1816 (Q). – Konkret zu beziehen auf die Verschleppung von Kunstwerken nach Paris und deren Rückerstattung nach dem Wiener Kongreß.

Wilhelm Tischbeins Idyllen

Erstdruck: *Über Kunst und Alterthum* III 3 (1822). Die Gedichte sind auch in der Druckvorlage fortlaufend gedruckt.

Johann Heinrich Wilhelm Tischbein (1751-1829), Sohn eines Tischlers, war früh zur Malerei bestimmt. Nach unterschiedlichen Anstellungen und Studienreisen (1779-81 Rom, 1781/82 zu Lavater) erhielt er 1782 durch Goethes Vermittlung vom Herzog von Gotha ein Rom-Stipendium. Als Goethe 1786 nach Rom kam, bezog er bei ihm Quartier. Tischbein begleitete Goethe bis Neapel. 1789 wurde er dort Direktor der Kunstakademie. 1799, nach der Eroberung Neapels durch die Franzosen, kehrte er nach Deutschland zurück und wurde schließlich 1808 in Eutin Hofmaler des Herzogs von Oldenburg.

Schon im November 1786 erwogen Goethe und Tischbein den Plan eines gemeinsamen Idyllen-Buches, zu dem Tischbein die Bilder, Goethe die Verse beisteuern sollte (*Italienische Reise*, 20. 11. 1786). Die vorliegenden, 35 Jahre später entstandenen Gedichte sind jedoch sicherlich nicht als Realisierung, allenfalls als Nachklang des alten Idyllenplans aufzufassen. Im Winter 1819/20 fertigte Tischbein, teilweise nach alten Entwürfen, einen aus 44 Ölgemälden bestehenden Idyllenzyklus für das Oldenburger Schloß an. Am 1. 3. 1821 schrieb er darüber an Goethe, und dieser fragte am 21. 4. 1821 an, ob die Bilder etwa transportabel seien und zur Ansicht nach Weimar gesandt werden könnten. (Eine ähnliche Sendung schon 1806, vgl. die Gedichte *An Tischbein*, S. 346 und Anm.) Das war zwar nicht möglich, aber Tischbein sandte eine grün eingebundene Klebemappe, das ›Grüne Buch‹, mit 17 aquarellierten Zeichnungen. Vom 16. bis zum 22. 7. 1821 fertigt Goethe Verse zu den Bildern, und am 25. 7. sendet er das ›Grüne Buch‹ mit seinen Versen an Tischbein zurück (Tagebuch). Danach verfaßte er einen Aufsatz über die Idyllen, der 1822 in *Kunst und Alterthum* erschien. Tischbein sandte noch weitere Bilder, erbat sich wei-

tere Gedichte; die Sammlung von 1827 enthält noch sechs zusätzliche (zu Bild 15 hat Goethe kein Gedicht gemacht, es nur im Aufsatz besprochen, das Titelbild blieb ungezählt), aber man spürt ihnen (Nr. 16-21) doch an, daß Goethe keine rechte Lust mehr hatte. – Das ›Grüne Buch‹ ist seit 1944 verschollen. Erich Trunz hat seinem Idyllen-Aufsatz Reproduktionen der Oldenburger Gemälde oder motivgleicher Bilder Tischbeins beigegeben; auch Keiser bringt solche Reproduktionen, ebenso der ›Insel Almanach‹ 1982. Das ist zwar nur ein Notbehelf, und Detail-Interpretationen kann man darauf nicht gründen, aber es vermittelt einen hilfreichen sinnlichen Eindruck. Zwei Abbildungen aus Goethes Besitz bringt der Abbildungsteil dieses Bandes, Abb. 16 und 17. Im folgenden werden Stellen aus Goethes Aufsatz zitiert, um die Motive wenigstens anzudeuten; doch für gründlichere Beschäftigung ist es notwendig, neben den Bildbeschreibungen auch die dortigen Reflexionen Goethes zu berücksichtigen (siehe Bd. XX dieser Ausgabe). – Die Gedichte entstanden in engem Zusammenhang mit der folgenden Gruppe »Zu meinen Handzeichnungen«.

1. »Würdige Prachtgebäude stürzen« (S. 517)
Goethe: »Substruktionen ⟨Unterbauten⟩ zerstörter Lust- und Prachtgebäude, deren Ruinen durch Vegetation wieder belebt worden.« Goethe verweist im Aufsatz auf sein frühes Dialoggedicht *Der Wandrer*, S. 354, v. 127-140.

2. »Schön und menschlich ist der Geist« (S. 517)
Goethe: »Im Meer die Sonne untergehend, zwei Jünglingsfreunde, aneinander traulich gelehnt, auf einer Höhe stehend, von den letzten Strahlen beleuchtet, überschauen die reiche Gegend und erquicken sich mit- und aneinander.«

3. »Wenn, in Wäldern, Baum an Bäumen« (S. 518)
Goethe: »Wie man sonst angehenden Kunstjüngern eine reiche vollbeerige Traube vorlegte, um ihnen daran die Geheimnisse der Komposition, Gruppierung, Licht, Schatten

und Haltung zu versinnlichen, so standen zu Frascati, in dem Aldobrandinischen Garten, zu einer Einheit versammelt, die verschiedenartigsten Bäume, ein Wanderziel allen Künstlern und Kunstfreunden.« Vgl. Abb. 16.

4. *»Mitten in dem Wasserspiegel«* (S. 518)
Goethe: »Inmitten eines von düsteren Bäumen umschatteten Wasserspiegels zeigt sich auf geringer Erderhöhung eine alte Eiche, im Voll-Lichte, ihre zackigen Äste umher verbreitend und niedersenkend, so daß die letzten Blätterbüschel beinahe das Wasser erreichen und sich darin gar freundlich bespiegelnd wiederholen. Ebenso ist der wenige abgesteilte Erdgrund, worauf der Baum steht, auch Stamm und Äste, insofern es der Raum zuließ, im Abglanz wiederholt.« Goethe nennt sein Gedicht »anthropomorphisch«. Vgl. auch *»An den Wurzeln heiliger Eiche«*, S. 860, ferner die Abb. 17.

5. *»Harren seht ihr sie, die Schönen«* (S. 518)
Goethe: »In belebte und angenehme Gesellschaft versetzt uns aus jener Einsamkeit geschwinde dieses Blatt. Auf Rasen gelagert sehen wir anmutige Jungfrauen, deren schöne Körper, der Sitte früherer Zeitalter gemäß, nur teilweise verhüllt sind; der Anblick von derben, gefälligen Gliedern ist uns gegönnt. ⟨...⟩ näher besehen, schauen wir hüben und drüben zwei männliche Figuren. Links ⟨...⟩ einen lieblichen Jüngling, die Flöte in der Hand ⟨...⟩ Aber an der andern Seite hat sich ein Faun unter die Nymphen gemischt«.

6. *»Heute noch im Paradiese«* (S. 518)
Goethe: »Eine junge, im blauen Gewand kniende Frau schaut, eine Ziege melkend, aus dem Bilde heraus ⟨...⟩ ihr Geschäft verrichtend, horcht sie ⟨...⟩ auf die Bitte des Kindes, das, an ihrem Rücken, nach der eben quillenden unschuldigen Nahrung verlangt. Vorwärts liegen und sitzen drei Knaben um eine Schale, eben gemolkene Milch schlürfend ⟨...⟩ Hinterwärts am Baume sitzt ein Faun«.

7. »Was die Alten pfeifen« (S. 519)
Goethe: »Auf einer hohen, freien Hügelgruppe haben sich drei Figuren zusammengekauert. Faun, der Vater, seinem ziegenfüßigen, von einer halbbekleideten, sittigen Mutter auf dem Schoß gehaltenen Knaben die Rohrpfeife vordudelnd; begierig greift der Knabe darnach, ein Gleiches zu versuchen.«

8. »Edel-ernst, ein Halbtier liegend« (S. 519)
Goethe: »So wird uns ⟨der Zentaur⟩ Chiron geschildert, den man hier ausgestreckt ruhend, also den tierischen Leib an der Erde findet. Der obere, menschliche Teil deutet aber auf höheres, mehr als Menschliches. Denn das Haupt wird durch den Arm unterstützt, Angesicht und Augen sind aufwärts gerichtet«. Dahinter »ein Weibchen im Tigerfell« mit einem Knaben. »Sollte das nicht Achill sein? einem Chiron als dem tüchtigen Pädagogen übergeben, welcher jedoch einen solchen Auftrag wohl bedenklich finden darf.«

9. »Was wir froh und dankbar fühlen« (S. 519)
Hirt und Hirtin, die voneinander scheiden müssen, also in einer »tragischen Situation«. Denn das »Grundmotiv ⟨...⟩ aller tragischen Situationen ist das Abscheiden, und da braucht's weder Gift noch Dolch, weder Spieß noch Schwert.« Das Gedicht resümiert das Vorangegangene im ganzen und weist aufs Folgende; es steht »an der Schwelle ⟨des⟩ Überganges« von der »Idyllenregion« zu »etwas Höherem, Übermenschlichem«: von der Welt der Faune und Hirten zu der Welt der Naturgeister.

520,91 *Himmels-Duft*] ›Duft‹ bei Goethe oft ›Dunst‹.

10. »Jetzo wallen sie zusammen« (S. 520)
Goethe: »In dem ernstlieblichen Fels- und Waldgebüsch liegt, den Rücken gegen uns gekehrt, ausgestreckt auf Moos und Kräutern, über die Urne gelehnt, die schlankste Gestalt, nackende Reize dem Auge darbietend«, im Hintergrund »eine ältere, obgleich nicht weniger anmutige Gespielin«,

gleichfalls mit einer Urne, und das Wasser beider Urnen fließt in denselben Bach.

11. »Was sich nach der Erde senkte« (S. 520)
Eine Weidennymphe, sitzend auf freischwebenden Weidenranken.

12. »Wenn um das Götterkind Auroren« (S. 520)
Goethe: »Durch diesen Übergang jedoch werden wir in die Lufthöhe geführt und in ätherischer Weite uns zu bewegen eingeladen. Hoch im finstern Luftraume schwebt im weiten Mantel ⟨...⟩ eine schlanke Gestalt; im Fortschweben sieht sie sich um nach dem sanften Lichte, das von unten zu ihr hinaufblickt, ihr holdes Angesicht sowie die nackten Sohlen erleuchtend. – Nicht lange bleiben wir über die Bedeutung der Schwebenden unaufgeklärt; um ihr Haupt winden sich Rosen an Rosen in unbegrenzten Zirkeln; Auroren erkennen wir da.«

13. »Ohne menschliche Gebrechen« (S. 521)
Goethe: »Eine noch lieblichere Gestalt schwebt näher an uns heran, obgleich verschleiert, doch so gut wie nackt«: eine Nebelnymphe am Morgen.

14. »Wirket Stunden leichten Webens« (S. 521)
Goethe: »Zwei leicht bekleidete Feenmädchen scheinen sich im Fluge zu begegnen«, Sylphiden, Luftgeister. – Das nächste Bild, drei Nebelnymphen oder Sylphiden, hat Goethe nur im Aufsatz erläutert; er verknüpft sie mit Wolkenformen und meint, ein eigenes Gedicht käme einer Wiederholung von *Howards Ehrengedächtnis* (S. 503) gleich.
521,127 *Zettel, Einschlag]* Lieblingsbild Goethes: Kette und Schuß in der Weberei.

15. »Ruhig Wasser, grause Höhlen« (S. 521)
Goethe: »Natur, wie sie gebirgisch auf sich selbst ruht, ohne der Pflanzenwelt irgendeinen Anteil einzuräumen«, von Goethe als Gegenstück zum Eingangsbild aufgefaßt.

521,132 *Schauderhafte]* Schauer erregende.

16 bis *21* (S. 521 f.)
Laut Friedrich v. Alten, *Aus Tischbeins Leben und Briefwechsel*, Leipzig 1872, beziehen sich *16* und *17* auf je sieben weibliche Köpfe, *18* abermals auf das Bild zu *9, 19* auf drei schwebende Grazien, *20* auf ein Skizzenblatt mit verschiedenen Motiven, *21* auf eine Landschaft.

Zu Gemälden einer Kapelle (S. 522)
Zu Entstehung und Anlaß ist nichts Näheres bekannt. – Entwurf in einem Heft, das auch v. 17-32 von *Frühling übers Jahr* (S. 469) und Bemerkungen zum *Epimenides* enthält, also 1814/15/16?

522,8 *erledigt]* Ledig macht, befreit.

Kore. Nicht gedeutet! (S. 523)
Genaue Datierung nicht möglich. – ›Kore‹ war ein Name der Göttin der Unterwelt, Persephone (Proserpina, vgl. das gleichnamige Monodrama Bd. VI dieser Ausgabe), Tochter der Demeter; sie war von Hades (Pluto) geraubt und in Sizilien in die Unterwelt entführt worden. Sie lebte jeweils ein halbes Jahr in der oberen, ein halbes in der Unterwelt (Jahreszeiten). Das Gedicht bezieht sich offenbar auf eine sizilianische Münze. Schon auf der Italienreise hatte Goethe solche Münzen kennengelernt (12. 4. 1787). Am 24. 9. 1821 an Schultz: »Von Kunst habe eine Form ⟨Abguß⟩ einer wohlerhaltenen Sizilianischen Goldmünze, 30 Dukaten, mitgebracht ⟨aus Marienbad⟩, das Bild der Kore mit drei Delphinen auf einer, einem Viergespann auf der andern Seite.« – Friedrich Gottlieb Welcker hatte 1818 in seiner ›Zeitschrift für Geschichte und Auslegung der alten Kunst‹ eine an Creuzer (vgl. S. 1093 f.) orientierte Deutung einer Persephone-Darstellung gebracht (in Goethes Bibliothek befindlich). Darauf bezieht sich anscheinend der Untertitel.

Zu meinen Handzeichnungen

Erstdrucke: *Radirte Blätter, nach Handzeichnungen von Goethe, herausgegeben von Schwerdgeburth*, Weimar 1821; vgl. Abb. 10-15. Dann: *Über Kunst und Alterthum* III 3 (1822), mit einer erläuternden Einführung. Die Gedichte sind fortlaufend gedruckt. Entstanden 23.-25. 9. 1821 (Tagebuch). Die Stiche stammen von Carl Wilhelm Lieber und Carl Wilhelm Holdermann, als Herausgeber zeichnete Carl August Schwerdgeburth. In seiner Erläuterung schreibt Goethe zur Funktion der Gedichte:

> Im Gefühl übrigens, daß diese Skizzen, selbst wie sie gegenwärtig vorgelegt werden, ihre Unzulänglichkeit nicht ganz überwinden können, habe ich ihnen kleine Gedichte hinzugefügt, damit der innere Sinn erregt und der Beschauer löblich getäuscht werde, als wenn er das mit Augen sähe, was er fühlt und denkt, eine Annäherung nämlich an den Zustand, in welchem der Zeichner sich befand, als er die wenigen Striche dem Papier anvertraute. Ein gleiches haben wir schon oben bei flüchtigen Zeichnungen eines Freundes getan ⟨Tischbeins Idyllen⟩; denn wenn man von einem jeden Kunstgebilde zwar verlangen kann, daß es sich selbst ausspreche, so gilt dies doch eigentlich nur von gewählten, der größten Ausführung sich eignenden Werken. Andern hingegen, welche etwas zu denken und zu wünschen übrig lassen, mag man wohl mit guten Worten eine schickliche Nachhülfe gönnen. (Vgl. Bd. XX dieser Ausgabe.)

Die Handzeichnungen Goethes, die als Vorlage der Stiche gedient hatten, sind nicht erhalten oder nur unsicher nachweisbar. Die Stiche selbst werden im Abbildungsteil reproduziert. Vgl. Abb. 10-15.

I. Einsamste Wildnis (S. 523)

Eröffnungsgedicht, das des Dilettanten Bemühungen begründet und entschuldigt. In der zweiten Strophe Anrede an die Mitarbeiter bei der Veröffentlichung.

II. Hausgarten (S. 524)
Das Gedicht steht auch am Ende der *Campagne in Frankreich* (ebenfalls 1821 entstanden), leitet dort über zum erneuten Aufbruch in das »Kriegstheater«, zur *Belagerung von Mainz*, und soll das Gefühl ausdrücken, mit dem Goethe sich abermals aus Weimar wegbegab.

III. Freie Welt (S. 524)
Der »Enge« des Vorigen gegenübergestellt. Das Bild könnte in einem Zusammenhang zu Luxemburger Landschaftszeichnungen stehen, wäre also der gleichen Zeit wie das Vorige zuzuordnen. (Femmel, Bd. IVa, Nr. 264 und 265.)

IV. Geheimster Wohnsitz (S. 524)
Das vermutliche Vorbild bei Femmel, Bd. IVa, Nr. 47.

V. Bequemes Wandern (S. 525)
Vorbild bei Femmel, Bd. IVb, Nr. 125. Nur geringfügig anders 1811 der Gräfin Christine O'Donell geschenkt.

VI. Gehinderter Verkehr (S. 525)
Das vermutliche Vorbild bei Femmel, Bd. IVa, Nr. 46.
525,66 *überlästigt]* Überfrachtet.

Ländlich (S. 526)
Vers 1-4 auch unter »Aus fremden Sprachen«, S. 571. Vers 5-8 auch in erweiterter Fassung, S. 862. Vers 9-12 auch an Marianne von Willemer (vgl. S. 1163 f.), 31. 10. 1821, als Begleitverse zu den *Radirten Blättern* (siehe die vorigen Gedichte).

Landschaft (S. 526)
Nach einer handschriftlichen Notiz Riemers (Düntzer) auf die Aquarellkopie eines nicht näher bestimmten Gemäldes der Dresdner Galerie, dem ein freundlich blickendes Mädchen besonderen Reiz verlieh.
527,16 *überrein]* In einigen Cotta-Ausgaben des 19. Jahr-

hunderts »überein«, wofür auch Düntzer plädiert (Gegensatz zum folgenden ›garstigen Ungefähr‹). Das ist zwar plausibel, kann aber nicht durch Überlieferung gestützt werden. ›Überrein‹ wäre als Steigerung von »wohl gewaschen«, v. 2, aufzufassen.

EPIGRAMMATISCH

Wiederaufnahme der Rubrik aus der Sammlung von 1815 (B), S. 408-426.

National-Versammlung (S. 528)
Erstdruck: *Über Kunst und Alterthum* II 3 (1820). – Bezug auf den zweiten Weimarer Landtag, der 1820 zusammentrat?
528,2 *Auf dem Berg]* In der Nationalversammlung der Französischen Revolution saßen auf den hinteren Rängen des amphitheatralisch gebauten Sitzungssaales die Jakobiner, daher ›Bergpartei‹.

Dem 31. Oktober 1817 (S. 528)
Erstdruck: *Über Kunst und Alterthum* I 3 (1817). – Datum der Dreihundertjahrsfeier von Luthers Thesenanschlag in Wittenberg.
528,7 *Erbfeind]* Noch nicht die Franzosen, sondern die Türken.

Nativität (S. 529)
Eigenhändige Handschrift datiert 11. 4. 1818. Dem korrespondiert die Tagebuch-Notiz: »Carové von Koblenz, berühmter Wartburger sein Büchlein ⟨Stammbuch⟩ zu bringen.« Friedrich Wilhelm Carové vertrat eine eher liberale, nicht aufs ›Teutsche‹ fixierte Position unter den Burschenschaftlern, kommt also durchaus für eine solche Eintragung in Frage. – ›Nativität‹ ist etwa ›Horoskop‹. Der Anfang ist Variation eines im 18. Jahrhundert häufiger zitierten Verses von Canitz über die ›Schwulst‹-Dichter: »Ein Teutscher ist

gelehrt, wenn er solch ⟨!⟩ Teutsch versteht.« (Nach Bernays, S. 219.)

Das Parterre spricht (S. 529)
Q datiert auf 1. 12. 1814.
529,12 *ennuyieren*] Langweilen, ekeln.

Auf den Kauf (S. 529)
Q datiert auf 21. 11. 1814. – ›Auf den Kauf‹ heißt: ›Zum Verkauf‹. Gegen die ›katholisierende‹ Romantik.

In's Einzelne (S. 530)
Erstdruck (ohne Überschrift): *Über Kunst und Alterthum* III 1 (1821).

In's Weite (S. 531)
Zur Entstehung ist nichts bekannt.

Kronos als Kunstrichter (S. 531)
Erstdruck (ohne Überschrift): *Über Kunst und Alterthum* II 3 (1820). – Kronos/Saturn, der antike Göttervater, fraß seine eigenen Kinder, da ihm geweissagt worden war, sie würden ihn absetzen. Der vermutete Bezug auf Friedrich Schlegel, der in seinen späteren Werken dieselben Autoren kritisierte, die er früher gepriesen hatte, paßt nicht zum Generationen-Bild. Voß? (Vgl. »Zahme Xenien«, Anm. 664,1258, Voß als Zyklop, so auch bei den Romantikern, ferner *»Voß contra Stolberg«*, S. 767 und Anm.)

531,7 *Polyphem*] Der einäugige Zyklop aus der *Odyssee* fraß sechs Gefährten des Odysseus und wollte sich diesen bis zuletzt aufheben.

Grundbedingung (S. 531)
Erstdruck (ohne Überschrift): *Über Kunst und Alterthum* II 3 (1820), als Motto der Abteilung »Bildende Kunst«.

531,4 *Gunst*] Der günstige Augenblick.

Jahr aus Jahr ein (S. 532)
Zur Entstehung ist nichts bekannt.

532,1 *Schrittschuh]* Damals geläufige Alternative zu ›Schlittschuh‹, vgl. *Dichtung und Wahrheit* 15.

Nett und niedlich (S. 532)
Die ersten beiden Strophen auch auf einer Separat-Handschrift; im Druckmanuskript ist die dritte Strophe auf einem besonderen Blatt aufgeklebt. – ›Nett‹ damals noch als Fremdwort empfunden, stärker im Sinne von ›schön‹, ›reinlich‹. ›Niedlich‹: ›Lecker‹ von Speisen. Also etwa: zum Anbeißen.

533,12 *zierlich]* Verziert, geschmückt, vgl. Anm. 396,347.

Für Sie (S. 533)
Zur Entstehung ist nichts bekannt.

Genug (S. 533)
Auf einer Handschrift (ohne Überschrift) unterzeichnet »Mannheim den« und »Renovatum Jena d. 17 Mai 1817«. Tagebuch, 17. 5. 1817: »Mit dem frühsten die Stammbuchblätter«. In Mannheim war Goethe am 30. 9./1. 10. 1815; dort hatte er offenbar ein Stammbuchblatt versprochen (für die Schwester der Frau von Heygendorf?), das er 1817 zusammen mit anderen (siehe zu *Entoptische Farben*, S. 505 und Anm.) ausfertigte.

Dem Absolutisten (S. 533)
Zur Entstehung ist nichts bekannt. Das ›Absolute‹ ist das durch nichts Bedingte, daher das Spiel v. 5 f.

Rätsel (S. 534)
Unter der Überschrift *Hudhud* ⟨der Wiedehopf als Liebesbote⟩ *erbittet ein Neujahrsgeschenk, rätselweise* an Marianne von Willemer (vgl. S. 1163 f.), unterschrieben »Dez. 1819«. Dort die letzte Zeile: »Erhielt das Werkzeug erst gerechte Weihe.« Vgl. auch Anm. zu *Ideale*, S. 515. – Ein Kamm, der durch den Gebrauch der Geliebten eingeweiht worden ist. Goethe be-

dankte sich in einem weiteren Gedicht für die Übersendung, bat aber, da der Kamm keine Gebrauchsspuren aufwies, um eine zusätzliche Gabe, eine Locke der Geliebten:

> Schön und köstlich ist die Gabe
> Wohlenträtselt das Verlangen;
> Daß die Weihe sie empfangen
> Bleibet aber ungewiß.
>
> Wäre das nicht nachzubringen?
> Was er sittsam nicht entraubte
> Wenn Sie Sich's nun selbst erlaubte!
> Hudhud, geh und melde dies.

(Nach dem Faksimile bei Mick; vgl. auch Bd. III dieser Ausgabe.)

Desgleichen (S. 534)

Zur Entstehung ist nichts bekannt. – Die Zähne. Vgl. auch »Zahme Xenien« IV, S. 651, 879-882.

Feindseliger Blick (S. 534)

Zur Entstehung ist nichts bekannt. – Goethes etwas kurios anmutende Abneigung gegen Brillen hat durchaus auch nachvollziehbare Gründe. Die Weimarer Sehenswürdigkeit wurde von vielen Durchreisenden besucht, und das Aufsetzen der Brille zum Zwecke genauerer Besichtigung degradierte ihn doch allzusehr zum Objekt. Vgl. Eckermann (Soret), 5. 4. 1830: »Es kommt mir immer vor, als sollte ich den Fremden zum Gegenstand genauer Untersuchung dienen und als wollten sie durch ihre gewaffneten Blicke in mein geheimstes Innere dringen und jedes Fältchen meines alten Gesichtes erspähen.« Ähnlich Riemer, *Mitteilungen*, S. 106 f.

Vielrat (S. 535)

Zur Entstehung ist nichts bekannt. Eine eigenhändige Handschrift auf der Rückseite zu *»Daß die Bibelgesellschaft«*,

S. 863. Ohne Überschrift auch unter den »Zahmen Xenien«
IV, S. 660,1147-1154, abgedruckt.

Kein Vergleich (S. 535)
Auf einer eigenhändigen Handschrift datiert 18. 10. 1818. –
In Cottas ›Morgenblatt‹ hatte Jean Paul vom 11. bis
14. 9. 1818 *Briefe über die deutschen Doppelwörter* erscheinen
lassen und in der Nachfolge des ›Buchstabensparers‹ Johann
Heinrich Wolke (siehe *»So soll die orthographische Nacht«*,
S. 759) gefordert, die -s- und -ung von Komposita wegzu-
lassen: ›Regierrat‹ statt ›Regierungsrat‹ usw. Goethes Ge-
genbeispiel ist heute nicht mehr so deutlich wie damals:
›Vergleich‹ ist Ausgleich, ›Vergleichung‹ ist kritische Ge-
genüberstellung. – Ironische Anknüpfung bei der patrioti-
schen Kritik an den Ergebnissen des Wiener Kongresses.

Kunst und Altertum (S. 536)
Erstdruck: *Über Kunst und Alterthum* IV 2 (1823), als Motto. –
Mit dem folgenden Gedicht auf einer Seite.

Panacee (S. 536)
Erstdruck: *Über Kunst und Alterthum* IV 2 (1823). – ›Panazee‹
ist ein Allheilmittel.

Homer wieder Homer (S. 536)
F. A. Wolf hatte in seinen *Prolegomena ad Homerum* (1795) die
These vertreten, die Epen Homers stammten nicht von
einem einzelnen Dichter, sondern von mehreren, den ›Ho-
meriden‹. Goethe hat diese Auffassung zunächst begrüßt.
(Vgl. die Idylle *Herrmann und Dorothea*, Bd. I, S. 623,30 und
Anm.) Einwände speziell hinsichtlich der *Ilias* hat er schon
im Brief an Schiller vom 16. 5. 1798 formuliert. In den zwan-
ziger Jahren erschienen dann mehrere Arbeiten, die den
›Einheits‹-Standpunkt vertreten. Carl Ernst Schubarths *Ideen
über Homer und sein Zeitalter*, Breslau 1821, gaben Goethe
Anlaß zu allgemeineren Reflexionen: »Aus dem Zerstörten
und Zerstückelten wünschte die Mehrheit der klassisch Ge-

bildeten sich wieder herzustellen, aus dem Unglauben zum Glauben, aus dem Sondern zum Vereinen, aus der Kritik zum Genuß wieder zu gelangen. Eine frische Jugend war herangewachsen, unterrichtet wie lebenslustig; sie unternahm mit Mut und Freiheit, den Vorteil zu gewinnen, dessen wir in unserer Jugend auch genossen hatten, ohne die schärfste Untersuchung selbst den Schein eines wirksamen Ganzen als ein Ganzes gelten zu lassen«. Goethe war nun die ›Einheits‹-These sympathischer (vgl. Brief an Zelter, 19. 10. 1821, an Riemer, 28. 10. 1821), ohne daß er die Auffassung des alten Gefährten Wolf etwa für philologisch widerlegt gehalten hätte; er neigte zu dem vermittelnden Standpunkt, »daß, wie es ja bis auf den heutigen Tag mit solchen Werken geschieht, der letzte Redakteur und sinnige Abschreiber getrachtet habe, ein Ganzes nach seiner Fähigkeit und Überzeugung herzustellen und zu überliefern«. (*Tag- und Jahreshefte* für 1821; ähnlich an Knebel, 17. 12. 1820.) Auch v. 5 legt eine Datierung auf die frühen zwanziger Jahre, vor Wolfs Tod im Jahre 1824, nahe. Friedrich Thomae, *Zu Goethes ›Homer wider* ⟨!⟩ *Homer‹*, in: Goethe-Jahrbuch 8 (1887), S. 229-231, vermutet jedoch Anregung durch Georg Friedrich Lange, *Versuch, die poetische Einheit der Iliade zu bestimmen. Ein Sendschreiben an Goethe*, Darmstadt 1826; vgl. auch den kurzen Aufsatz *Homer noch einmal*, in: *Über Kunst und Alterthum* VI 1 (1827). – Da »wieder« im Titel häufiger als »wider« zitiert wird, sei angemerkt: Diese orthographische ›Normalisierung‹ ist sinnwidrig; es geht darum, daß der in ›Homeriden‹ aufgelöste Homer nun »wieder« Homer ist.

Wandersegen (S. 537)
Erstdruck: *Wilhelm Meisters Wanderjahre* (Erstfassung) (1821), dem Werk auf dem zweiten Titelblatt ohne Überschrift vorangestellt, in die zweite Fassung nicht übernommen. Vgl. auch zum übernächsten Gedicht. Ferner waren vorangestellt *»Und so heb' ich alte Schätze«* und *»Wüßte kaum genau zu sagen«*, die von Goethe nirgends in die Gedicht-

sammlungen aufgenommen wurden; vgl. den Anhang, S. 1351.

Gleichgewinn (S. 537)
Erstdruck (ohne Überschrift): *Über Kunst und Alterthum* III 2 (1821). Eine eigenhändige Eintragung in das Stammbuch Fritz Schlossers (ohne Überschrift) trägt das Datum 18. 3. 1821. Die ersten 4 Verse auch Anfang des *Divan*-Gedichtes »*Es geht eins nach dem andern hin*« (Bd. III dieser Ausgabe, »Buch der Betrachtungen«).

Lebensgenuß (S. 537)
Erstdruck: *Wilhelm Meisters Wanderjahre* (Erstfassung) (1821), ohne Überschrift auf dem zweiten unpaginierten Blatt dem Werk vorangestellt, nicht in die zweite Fassung übernommen.

Heut und Ewig (S. 538)
Erstdruck (ohne Überschrift): *Über Kunst und Alterthum* II 2 (1820), als Motto des Abschnitts »Literarische, Poetische Mitteilungen«.

Schlußpoetik (S. 538)
Zur Entstehung ist nichts Näheres bekannt. Entwurf schon auf einem Blatt mit Aufzeichnungen zur geplanten zweiten Reise nach Italien 1797. – In einer Liste von Titelvorschlägen Riemers (WA 3, S. 411 f.) steht das Gedicht an vorletzter Stelle, vor *Der Narr epilogiert*, sollte also tatsächlich eine ›Schlußpoetik‹ bieten, ehe dann das *Mummenschanz*-Gedicht eingeschoben wurde.

539,24 *dem Geschlecht*] Dem eigenen, dem Narrengeschlecht.

Der Cölner Mummenschanz (S. 539)
Erstdruck: Extrablatt der ›Kölnischen Zeitung‹, 9. 2. 1825, Datum »Weimar d. 3. Februar 1825«. Goethe sandte das Gedicht am 2. 2. 1825 ab; am 4. 2. 1825 folgte eine verbes-

serte Fassung. Beide abgedruckt bei Michael Müller, *»Der Kölner Mummenschanz«. Anmerkungen zu einer bisher unbekannten Goethe-Handschrift*, in: Goethe Jahrbuch 101 (1983), S. 226-229. Auch die beiden Handschriften enthalten nicht die Verse 13-16; ihr Fehlen im Erstdruck ist also nicht, wie WA und folgende Ausgaben annahmen, eine Zensurlücke, sondern die Verse wurden erst später eingesetzt. Erster vollständiger Druck: Journal für Literatur, Kunst, Luxus und Mode, 17. 2. 1825. – In *Faust II* I zeitüblich »die« Mummenschanz, »Der Cölner« hier demnach Genitiv Plural. Die Kölner Karnevals-Gesellschaft hatte Goethe mit einem Sonett eingeladen:

> Es nahn des heitern Faschings bunte Tage,
> Woran, der Väter schönem Brauch getreu,
> So gern der Kölner, sonder Arg und Scheu,
> Vergißt des Alltagslebens Sorg und Klage.
>
> Was auch der kalte Finsterling drob sage,
> Ist dennoch sein Gerede uns nur Spreu,
> Seitdem Dein Genius, stets hell und neu,
> Der Welt verkündet, dass es bey uns tage.
>
> Und daß die Freud' uns immer mehr entzücke,
> Erklären wir des Griesgrams schnöder Tücke
> Auf ew'ge Zeiten heuer Hass und Krieg.
>
> An Dich nur wenden dringend wir die Bitte,
> Zieh ein bey uns, zu schauen unsre Sitte –
> Dann feyern doppelt wir den schönen Sieg.
> (WA 3, S. 418 f.)

539,2 *für]* Vor.
539,8 *Feind]* Der im Einladungssonett genannte ›Griesgram‹? Müller mit Bezug auf den »angekommnen« (v. 7) Feind und das »alte Recht« (v. 8), das gegen ihn zu sichern sei: Preußen, das seit zehn Jahren im Besitz der Rheinlande war.

540,13 *Selbst Erasmus* ⟨...⟩ *Moria]* Erasmus von Rotterdam hat ein *Encomion morias*, ein Loblied auf die Torheit, verfaßt.

540,15 *Obscuren]* Vgl. hierzu Anm. 672,1486-1500.

Der Narr epilogiert (S. 540)

Ursprünglich für eine Bühnenbearbeitung des *Götz von Berlichingen* geschaffen, 1804 oder 1809.

540,14 *in dulci Jubilo]* In süßem Jubel, Beginn eines alten Weihnachtsliedes.

540,15 *das Rad]* Das Rad der Glücksgöttin Fortuna, altes Emblembild.

PARABOLISCH

Wiederaufnahme der Rubrik aus der Sammlung von 1815 (S. 370-378). Hauptbestand ist eine Sequenz aus *Kunst und Alterthum* III 1, dort »Parabeln« genannt.

1. »Gedichte sind gemalte Fensterscheiben« (S. 542)

Zur Entstehung ist nichts bekannt.

542,11 *Bedeutend]* Bei Goethe immer auch im älteren, wörtlichen Sinn zu verstehen.

542,12 *Kindern Gottes]* Off. Joh. 3,1: »Sehet, welch eine Liebe hat uns der Vater erzeiget, daß wir Gottes Kinder sollen heißen.«

2. »Gott sandte seinen rohen Kindern« (S. 542)

Erstdruck: *Über Kunst und Alterthum* III 1 (1821). Auf einer eigenhändigen Handschrift datiert 30. 6. 1818; Tagebuch an diesem Tag: »Kleine Gedichte«.

3. »Wenn ich auf dem Markte geh'« (S. 542)

Erstdruck: *Über Kunst und Alterthum* III 1 (1821).

543,12 *Kätchen]* Käthchen Schönkopf, den Lesern aus *Dichtung und Wahrheit* bekannt.

4. »In Regenschauer und Hagelschlag« (S. 543)
Zur Entstehung ist nichts bekannt.

5. »Den Musen-Schwestern fiel es ein« (S. 543)
Zur Entstehung ist nichts bekannt. – Lockere Anknüpfung an das Märchen von Amor und Psyche in den *Metamorphoses* des Apuleius.
543,3 *Methodice]* Methodisch.

6. »Sie saugt mit Gier verrätrisches Getränke« (S. 544)
In einem 1805 angelegten Notizbuch Goethes, ohne Überschrift, von Riemers (v. 7 von Goethes) Hand, datiert Teplitz 4. 9. 1810. – Das verbreitete Motiv des Fliegen-, Mücken-, Motten-, Schmetterlingstodes am prominentesten in *Selige Sehnsucht*, Bd. III dieser Ausgabe. Motiv- und formgeschichtliche Materialien im Zusammenhang des Tier->Epicediums‹ (-Grabschrift) bei Heckscher. Dort auch der Hinweis auf ein zeitnahes Beispiel, Gleims *Die Fliege*:
>Seht, Freunde, seht die arme Fliege hier,
>Beklagt, bejammert sie mit mir!
>Sie sah den Wein in meinem Glase blinken,
>Er lockte sie, zu ihm herabzusinken,
>Um auch, wie wir, Ambrosia zu trinken.
>>Sie sank herab
>>Und fand ihr Grab,
>Und fand den Tod, wo wir das Leben trinken.

7. »Wenn du am breiten Flusse wohnst« (S. 544)
Erstdruck: *Über Kunst und Alterthum* III 1 (1821).
544,3 *schonst]* Pfleglich behandelst.

8. »Zwei Personen ganz verschieden« (S. 544)
Erstdruck: *Über Kunst und Alterthum* III 1 (1821). Entstanden 16. 10. 1819 (Tagebuch: »Fuchs und Kranich«). Abschrift an Tischbein 3. 6. 1821. – Vgl. schon *»O Kinder, still!«*, Bd. I, S. 260, ferner dort die »Xenien«, S. 527.
545,24 *Katzentischchen]* Den Katzen fallen die Reste zu; unartige Kinder sitzen am Katzentischchen.

545,26 *Urgeschichten]* Die Geschichte wird schon von Äsop erzählt.

9. »Schwer, in Waldes Busch und Wuchse« (S. 545)
Erstdruck: *Über Kunst und Alterthum* III 1 (1821). – Der »Fuchs« Newton (vgl. S. 1249 f.) und seine Anhänger, die, statt zu prüfen (zu ›jagen‹), mit ihm gemeinsame Sache machen.

546,5 f. *manches Wunder | Wie A, B, Ab auszusprechen]* Im Brief vom 3. 5. 1816 an Zelter nennt Goethe seine *Regeln für Schauspieler* einen »Katechismus oder a b ab; vornehmer könnte man es auch Euklidische Elemente nennen.« Also etwa: Man kann es sich an den Fingern herzählen, wie manche ›Wunder‹ zustande kommen.

10. »Ein großer Teich war zugefroren« (S. 546)
Erstdruck: *Über Kunst und Alterthum* III 1 (1821).

11. »Im Dorfe war ein groß Gelag« (S. 546)
Erstdruck: *Über Kunst und Alterthum* III 1 (1821). Entwurf in einem Schreibkalender für 1819.

12. »Ein Mägdlein trug man zur Tür hinaus« (S. 547)
Zur Entstehung ist nichts bekannt.

13. »Tritt in recht vollem klaren Schein« (S. 547)
Erstdruck: *Über Kunst und Alterthum* III 1 (1821).

14. »Zu der Apfel-Verkäuferin« (S. 548)
Erstdruck: *Über Kunst und Alterthum* III 1 (1821). An Zelter gesandt mit Datum »Karlsbad d. 2. Mai 1820« als »Profit vom gestrigen Jahrmarkt. Parabel«.

15. »Jetzt war das Bergdorf abgebrannt« (S. 548)
Erstdruck: *Über Kunst und Alterthum* III 1 (1821).

16. »Im Vatikan bedient man sich« (S. 548)
Die Deutung ist umstritten. Loeper in seiner Hempel-Ausgabe: Zeichen und Sache entfernen sich immer mehr voneinander; entscheidend ist jedoch die Wahrheit, die sich gleichbleibt. Düntzer (ähnlich JA): Spott über die vatikanische Kirche, die es ihren Leuten bequem macht; Hauptsache, sie glauben die ›Mythologeme‹. – In der WA Hinweis (von Düntzer als »grober Unfug« bezeichnet, von FA und BA übernommen) auf Tagebuch, 28. 10. 1821: »Creuzers Symbolik fortgesetzt. Abends kleine darauf bezügliche Gedichte.« (Vgl. S. 1093.) Vielleicht gehört dies Gedicht dazu: die Creuzerschen ›Ursymbole‹ in ihren historisch-kontingenten Applikationen. Vgl. auch *Kore. Nicht gedeutet!*, ferner »Zahme Xenien«, S. 677, 1648-1651 und Anm., und *»Müde bin ich des Widersprechens«*, S. 766. – Im Druckmanuskript hieß es ursprünglich in v. 14 »Wird euch gewiß verziehen« und in v.16 »Mythologien«. Beide Veränderungen von Riemers Hand, doch sicher mit Billigung Goethes. ›Mythologem‹ ist damals als Fremdwort ungebräuchlich. μυθολόγημα ist ›erfundene Geschichte‹ (z. B. Platon, *Phaidros* 229C).

Drei Palinodien

›Gegengesänge‹ oder ›Widerrufe‹ zu Gedichten, die der Redakteur von Cottas ›Morgenblatt für gebildete Stände‹, Friedrich Haug, veröffentlicht hatte. Goethe hatte immer wieder einmal Anlaß, über das ›Morgenblatt‹ verärgert zu sein, noch ehe dessen ›Literaturblatt‹ dann mit Müllner und vor allem Menzel auf expliziten Anti-Goethe-Kurs ging. Das ›Morgenblatt‹ war 1807, nach der Niederlage von Jena und Auerstedt, als bewußt unpolitische Tageszeitung gegründet worden, ersetzte politisches Räsonnement durch Klatsch und Kultur – Kultur nach dem von Cotta verschriebenen Erfolgs-Motto »Allen etwas«. Zu diesem »etwas« gehörten auch Beiträge und Vorabdrucke des berühmtesten Autors des Hauses, der sich auf diese Weise immer wieder in sonder-

barer Gesellschaft fand (vgl. zum *Sonett*, S. 408). Am 7. 2. 1814 schreibt Goethe an Cotta (Konzept; im Brief selbst hat er, wie öfters, gemildert):
> Für die fortgesetzte Sendung der Allgemeinen Zeitung und des Morgenblattes bin ich verbunden. Beide sind belehrend und unterhaltend; doch macht mir letzteres manchmal einen trüben Augenblick. Grüßen Sie unseren verdienten Herrn Haug und sagen ihm, daß ich leider nicht an seiner Seite fechten kann, wenn er der Schönheit und dem Regenbogen den Krieg macht; jenes allgemeine und dieses besondere Phänomen verbindet ganz eigentlich im sittlich- und sinnlichen Sinne den Himmel mit der Erde; und wer möchte leben, ohne sich an einer so herrlichen Vermittlung zu erfreuen?

Haug war in seinen ästhetischen Auffassungen den Kleinmeistern des 18. Jahrhunderts verpflichtet, den Uz, Hagedorn, Gleim, Ramler usw. (Vgl. unten die unsägliche Zeile 8 von *Geist und Schönheit*.) Er ist ein Exponent jenes Stroms, der sich von der ›platten‹ Sorte der Aufklärung ins aufkommende bürgerlichen Biedermeier hinüberwälzt und viel breiter ist, als unser von den ambitionierten Bemühungen der ›Klassiker‹ und der ›Romantiker‹ verwöhnter Blick wahrzunehmen pflegt. Deshalb werden die Haugschen Gedichte im folgenden trotz ihrer Belanglosigkeit ganz zitiert, denn sie können illustrieren, was Goethe bei vielen Unmutsäußerungen, etwa in den »Zahmen Xenien«, tatsächlich vor Augen hatte. Vgl. auch *Die Weisen und die Leute*, S. 508 und Anm.

1. »Soll denn dein Opferhauch« (S. 549)

Haugs Gedicht vom 15. 3. 1814, *Das Opfer*:
> Ein Weiser aus dem Griechenstamme
> Warf in Apollos Heiligtum,
> Anbetend, seinem Gott zu Dank und Ruhm,
> Viel Weihrauch mit der Rechten in die Flamme
> Und hielt die Nase mit der Linken zu.
> Ein Augur fragte: »Fürchtest du

Des Rauchgefäßes Würzgerüche?«
Ja, sprach der Herold weiser Sprüche;
Empor zu Phöbus steige Wohlgedüft!
Ihm dank ich hellern Geist und Lorbeerblätter;
Doch *Weihrauch* ist nur ein Tribut für Götter
Und für die Sterblichen ein Gift.
(Nach BA, Bd. 1, S. 953.)

549,3 *Du hältst die Nase zu –*] Der Reim fordert statt dessen »Du hältst die Nase, Haug« (oder »Hauch«, vgl. S. 550,6).

549,11 f. *Und riecht der Priester nicht, | So hat Gott den Schnuppen*] Vermutlich richtet sich das Gedicht gegen die Trennung von göttlicher und menschlicher Sphäre (im Sinne von Goethes ›Arianismus‹); ein Priester, der selbst keinen ›Weihrauch‹ verträgt, kann nicht zwischen den Sphären vermitteln.

2. *Geist und Schönheit im Streit* (S. 550)

Riemers Tagebuch, 6. 2. 1814: »Las Goethe mir seine neuesten Gedichte auf die Zeitläufte vor. Gegen Haug ⟨Fehllesung ›Hauy‹⟩, eines für Napoleon gegen Werner ⟨S. 720,163–170?⟩«. Haugs Gedicht vom 20. 1. 1814, *Der Geist und die Schönheit. Keine Fabel*:

Da *Geist* und *Schönheit* in Streit gerathen,
Sprach diese: »Mein Glanz verdunkelt Dich;
Der Charitinnen Mutter bin ich;
Das Lachen, die Scherze begleiten mich,
Und Liebe kann ich umher gebieten.«
Der Geist der, ein Sieger in jedem Kreis,
Kupidos Pfeile zu schärfen weiss,
Ovide, Properz' und Thümmel begeistert
Und spielend der Herzen sich bemeistert,
Der Geist, kein Plaudrer, lächelte nur,
Und rief, als er von der Stolzen erfuhr,
Dass Sterbliche göttlich sie verehren:
»Ich hoffe, die Zeit soll dich bekehren.«
Er trug ihr Hohngelächter. Die Zeit

> Ward seine Rächerin. Bald erblichen
> Die Purpurwangen; die Reize wichen,
> Und mit den Reizen Verehrung und Neid.
> Nun schwieg's von Grazien, Amoretten,
> Von Nebenbuhlern und Rosenketten.
> Die weiland Schönheit, sie ward verlacht,
> Und fühlte des Geistes Übermacht,
> Der, ohne zu prunken, wuchs mit den Jahren,
> Und noch bezaubert in Silberhaaren.
> (Nach WA 3, S. 424 f.)

550,6 *Herr Hauch*] Haug frankfurterisch ausgesprochen, zugleich ›Geist‹ nach griechischem Vorbild (πνεῦμα).

Ἄλλως (S. 550)

Da Goethe das Gedicht eigenhändig in die sonst von Schreiberhand stammende Druckvorlage eingetragen hat, kann man vermuten, daß es erst bei der Endredaktion entstand. – Ἄλλως heißt ›auf andere Weise‹, Entsprechung zum sonst üblichen ›Ein Gleiches‹ oder ›Ein Anderes‹, hier nach dem Vorbild der *Anthologia graeca*.

550,22 *Autochthone*] Der Erde entstammender Ureinwohner, der also von selbst neu entstehen kann, auch wenn seine Söhne nichts taugen. Sonst bei Goethe eher abwertend für ›Originale‹, z. B. »Zahme Xenien«, S. 682,1820.

3. *Regen und Regenbogen* (S. 550)

Auch in einer eigenhändigen Handschrift erhalten, überschrieben »Gegenfabel«, datiert 13. 11. 1813. – Der Regenbogen war Goethe als Symbol besonders wertvoll; in diesem Band z. B. *Äolsharfen*, S. 463. Haugs Gedicht vom 11. 11. 1813, *Fabel*:

> Der Iris Bogen rief verwegen:
> »Was frommen Donner, Blitz und Regen?
> Ha, Zeus! und immer wird nach diesen
> Der Rang mir schmählig angewiesen,
> Mir, der die Sonne wiederstrahlt
> Und Farben in Gewölke mahlt!«

Langmüthig sprach der Gott der Götter:
»Luftreinigend sind Donnerwetter.
Der Regen floss nicht Deinetwegen,
Und ist der Erde neuer Segen.
Du bist nur *Schein*, nur *Augentrug*!
Drum prahle nicht, und schweige klug!«
(Nach WA 3, S. 425.)

Valet (S. 551)

Zur Entstehung ist nichts Näheres bekannt. Vers 25 f. in einem Schreibkalender für 1821.

551,3 *Sparren*] Dachsparren und Sparren im Kopf, die Doppelbedeutung dann ausgespielt.

552,22 *flämisch*] Zornig. Auch Grimm, *Deutsches Wörterbuch*, Bd. 3, Sp. 1711, weiß nur zu fragen: »warum wol dies wort, das ehmals vielmehr zart und fein ausdrückte, später den sinn von torvus, iracundus überkam?«

552,25 *faseln*] Irre handeln oder reden.

552,31 *Denn wenn sie vor die Türe scheißen,*] Mit dem Einsetzen dieser Lesart versuchen wir einen gordischen Knoten zu zerhauen. C und WA (sowie JA, CA, BA) haben schlicht: »Denn gehn sie vor die Türe,«. In Loepers Lesarten in der WA steht dazu: »31 erst ›Wenn sie vor die Thüre ─‹, mit dem Reimwort auf 29 ⟨also ›scheißen‹ auf ›heißen‹⟩; hieraus g ⟨Goethes Hand⟩ ›Denn wenn sie vor die Türe ─‹ ⟨unsere Lesartenwahl⟩, dann das Reimwort radirend und ›gehn‹ aus ›wenn‹ bildend, die jetzige Fassung, welche reimgerecht zu denken ist als: ›Denn gehn sie vor die Türe ─‹.« Loepers dezente Umschreibung des Sachverhalts führte dazu, daß er (außer von GA, die einen Strich setzt) überhaupt nicht wahrgenommen wurde: Goethe hat die Stelle für den Druck entfäkalisiert, und da die Zeile ohnehin eine (ursprünglich wohl der Pointierung dienende) überzählige Hebung enthielt, hat er das ›Reimwort‹ ganz entfallen lassen. – Es wurde die ganze mittlere Version eingesetzt, da sie genauer dem Vorgang des Gedichts entspricht.

AUS FREMDEN SPRACHEN

»⟨...⟩ nicht als Muster, sondern zur Anregung« ließ Goethe seine Übersetzung des Anfangs von Byrons *Don Juan* erscheinen. Aber das gilt wohl für die ganze Rubrik. Der Gedanke eines ›Consensus‹ der großen Geister und der Nationen beschäftigte Goethe von Jugend an (vgl. Bd. I, S. 815 f. und 1238 f.): Der Gedanke, daß hinter allem Historischen und Kontingenten ein gemeinsames Allgemeines, Menschliches liege, das in den Werken der Dichtung auf unterschiedlichste Weise in die partikulare Erscheinung tritt. Das war der Grund, weshalb er immer wieder andere Völker und Zeiten aufsuchte, zunächst natürlich die Antike, dann den Osten, Persien, Indien (die Literatur, nicht die bildende Kunst), China und ebenso das, was ihm als Volksdichtung anderer Völker zugänglich wurde – und es war der Grund, weshalb ihm der übersteigerte Patriotismus vieler Zeitgenossen völlig fremd blieb. Er war überzeugt, »daß es eine allgemeine Weltpoesie gebe und sich je nach Umständen hervortue«. (*Serbische Gedichte*, siehe Bd. XXI dieser Ausgabe.) Im Alter prägte er für diesen Gedanken den Begriff der ›Weltliteratur‹, nicht im Sinne des heute realisierten Weltmarktes für Bestseller, sondern im Sinne allumfassender Menschlichkeit, die gerade im Fremden, andersgearteten »Umständen« Verpflichteten, immer wieder die Grundsubstanz eines ›Consensus‹ aufspürt. Der Freund Zelter hat das auf seine Art ausgedrückt, als er den *Klaggesang* komponierte: »Meine Empfindung bei der Arbeit war geteilt zwischen Irisch und Irokesisch, was mir gleichviel ist, da ich beides nicht kenne; es werden denn doch Menschen sein.« (15. 1. 1819.) – An Carlyle schreibt Goethe am 20. 7. 1827:

Offenbar ist das Bestreben der besten Dichter und ästhetischen Schriftsteller aller Nationen schon seit geraumer Zeit auf das allgemein Menschliche gerichtet. In jedem Besondern, es sei nun historisch, mythologisch, fabelhaft, mehr oder weniger willkürlich ersonnen, wird man durch

Nationalität und Persönlichkeit hindurch jenes Allgemeine immer mehr durchleuchten und durchschimmern sehn. ⟨...⟩ Was nun in den Dichtungen aller Nationen hierauf hindeutet und hinwirkt, dies ist es was die übrigen sich anzueignen haben. Die Besonderheiten einer jeden muß man kennen lernen, um sie ihr zu lassen, um gerade dadurch mit ihr zu verkehren; denn die Eigenheiten einer Nation sind wie ihre Sprache und ihre Münzsorten, sie erleichtern den Verkehr, ja sie machen ihn erst vollkommen möglich.

Unter diesem Aspekt erscheint die vorliegende Rubrik als ein wohlkomponiertes Motto für künftige Generationen, denn sie ist, trotz ihres fragmentarischen Charakters, doch umfassend und programmatisch: Zunächst erscheinen die der ›hohen‹ Literatur zugehörigen Zeitgenossen, dann Volkspoesie aus Osten und Westen. Als eine Art Gipfel und Synthese schließlich ›neugriechische‹ Volkspoesie, die von der ›philhellenischen‹ Bewegung der Zeit ohnedies unter antikisierender Perspektive gesehen wurde: Die balladesken ›Heldenlieder‹ der griechischen ›Naturdichter‹ bezeugen eine volkstümliche ›Urform‹ der Poesie, in der Episches, Lyrisches und Dramatisches noch ineins wirken (vgl. S. 951), das *Charon/Charos*-Gedicht bildet die Brücke zur Antike, die *Liebe-Skolien* schließlich verweisen auf Geselligkeit und Liebe als Grundmomente menschlichen Lebens.

Aus den lyrischen Äußerungen zum Thema ›Weltliteratur‹ ist besonders *»Wie David königlich zur Harfe sang«*, S. 698,9-16, hervorzuheben.

Byrons Don Juan (S. 553)

Erstdruck: *Über Kunst und Alterthum* III 1 (1821). – Byrons Epos erschien 1819-1824; Goethe hat die Anfangsstanzen übersetzt, in denen die Stoffwahl begründet wird. – Goethe war von Byron fasziniert, doch auch immer wieder beunruhigt. Das schlägt sich auch in den Erläuterungen nieder, die er der Übersetzung in *Kunst und Alterthum* beigab. »Don Juan ist ein grenzenlos-geniales Werk, menschenfeindlich bis

zur herbsten Grausamkeit, menschenfreundlich, in die Tiefen süßester Neigung sich versenkend; und, da wir den Verfasser nun einmal kennen und schätzen, ihn auch nicht anders wollen als er ist, so genießen wir dankbar was er uns mit übermäßiger Freiheit, ja mit Frechheit vorzuführen wagt. Dem wunderlichen, wilden, schonungslosen Inhalt ist auch die technische Behandlung der Verse ganz gemäß, der Dichter schont die Sprache so wenig als die Menschen«. (Siehe Bd. XX dieser Ausgabe.)

553,9-15 *Vernon* ⟨...⟩ *Dumourier]* Die Namenreihe nennt Admiräle und Feldherrn, Amplifikation eines Heldentypus. – Auch Byron schrieb ›Dumourier‹ (im Reim auf ›Courier‹) statt Dumouriez.

553,17-22 *Barnave* ⟨...⟩ *Moreau]* Namenreihe von – meist guillotinierten – Helden der Französischen Revolution.

553,25 *Nelson]* Admiral Lord Nelson, der Sieger von Trafalgar (v. 27), wo die französische Flotte 1805 vernichtend geschlagen wurde.

554,31 *Der Prinz ist für den Landdienst]* Prinzregent Georg, 1820 König Georg IV.

Monolog aus Byrons Manfred (S. 554)
Erstdruck: *Über Kunst und Alterthum* II 2 (1820), am Schluß einer Besprechung des Dramas. Schluß der Szene II 2 des 1817 erschienenen ›dramatischen Gedichts‹. *Manfred* wird 11.-16. 10. 1817 im Tagebuch erwähnt, dann 26. 11. 1819: »Manfred mundiert ⟨ins Reine geschrieben⟩«. – Auch hier Hochachtung und Vorbehalt: »Dieser seltsame, geistreiche Dichter hat meinen Faust in sich aufgenommen, und, hypochondrisch, die seltsamste Nahrung daraus gezogen. Er hat die seinen Zwecken zusagenden Motive auf eigne Weise benutzt, so daß keins mehr dasselbige ist, und gerade deshalb kann ich seinen Geist nicht genugsam bewundern ⟨...⟩ wobei ich freilich nicht leugne, daß uns die düstere Glut einer grenzenlosen, reichen Verzweiflung am Ende lästig wird. Doch ist der Verdruß den man empfindet immer mit Be-

wunderung und Hochachtung verknüpft.« Zum Monolog: »Hamlets Monolog erscheint hier gesteigert.« Zur Übersetzung: »Übrigens wird man leicht gewahr werden, daß ein gewisser heftiger, ja exzentrischer Ausdruck nötig ist, um die Intention des Dichters darzustellen.« Hierzu gehört wohl auch, daß der Blankvers nicht ganz ›korrekt‹ ist (v. 5, 22, 30).

555,19 *Weib zu Endor]* 1. Samuel 28: Saul, dem Gottes Stimme verstummt ist, läßt zu Endor durch eine Hexe Samuel wiedererstehen; dieser weissagt ihm den Untergang.

555,19-28 *Sparta's König 〈...〉 erfüllt ward's.]* Der Feldherr Pausanias hat seine Geliebte Kleonike versehentlich getötet. Sie erscheint ihm als Gespenst. Er läßt sie von einem aus Philageia in Arkadien stammenden Totenbeschwörer heraufholen. Sie prophezeit ihm, daß er von den Erscheinungen erlöst werde. So geschah es auch: Pausanias wurde wegen Hochverrats getötet. (Nach dem ›Perihegeten‹ Pausanias, Περιήγεσις τῆς Ἑλλάδος III.)

Aus Byrons Manfred. Bannfluch (S. 555)
Erstdruck: *Über Kunst und Alterthum* IV 2 (1823), im Aufsatz *Justus Möser*, anläßlich einer Behandlung des Aberglaubens: »Dem Poeten schadet der Aberglaube nicht, weil er seinen Halbwahn, dem er eine nur mentale Gültigkeit verleiht, mehrseitig zugute machen kann. – Und so stehe denn hier ein Gedicht als wahres Muster, wo die tiefsten Gefühle unter psychischer Form sich in Aberglauben verwandeln, durch dessen Darstellung der Dichter sich selbst so vorsätzlich als ungläubig Schauder zu erregen trachtet.« Tagebuch, 17. 11. 1822: »Byrons Bannfluch.« – Ende Szene I 1, über den bewußtlos hingesunkenen Manfred gesprochen, nach Erscheinung der sieben Geister, deren letzter die Gestalt der von ihm gemordeten Geliebten angenommen hat. Nicht nur hat Goethes *Faust* Byrons *Manfred* angeregt, sondern auch umgekehrt: vgl. Fausts Heilschlaf am Beginn von *Faust II* (entstanden 1827), eine Kontrafaktur zu Byrons Text.

Der fünfte Mai. Ode von Alexander Manzoni (S. 558)
Erstdruck: *Über Kunst und Alterthum* IV 1 (1823). Entstanden
14. 1.–19. 2. 1822 (Tagebuch). – Alessandro Manzoni
(1785-1873), dessen Werke Goethe schätzte und in *Kunst und
Alterthum* besprach (vgl. Bd. XX, XXI und, für weitere
Übersetzungen, Bd. XII dieser Ausgabe), schuf seine Ode *Il
cinque Maggio* auf Napoleon, der am 5. 5. 1821 gestorben war.
Die Ode wurde erst 1823 veröffentlicht; Goethe hatte sie
schon am 12. 1. 1822 von Herzog Carl August bekommen
(Tagebuch). Die ob der Folgen ihrer ›Befreiung‹ enttäuschten Völker Europas sahen Napoleon schon wenige Jahre
nach seiner Niederlage als großen tragischen Helden der
Gegenwart, auch als eine verpaßte Chance des Geschichtsverlaufs (vor allem dann nach der Veröffentlichung seiner
Mémoires 1823, in denen er sich als Verkörperung der wahren
Ideen von 1789 darstellte). – Freimütig gesteht Zelter am
22. 4. 1823: »Vor der Hand bin ich noch geschwollen von der
Manzoni'schen Ode, die ich wohl 20 mal gelesen, um sie zu
verstehn. Seebeck sagte mir, daß es ihm nicht besser ergangen sei.«

559,40 *Dienend]* Im Original »ferve«, glühend, von Goethe mit »serve« verwechselt.

560,80 *durchwimmelte Täler]* Im Original ›valli percossi‹
(zerstörte Mauern), von Goethe mit ›valle percorsi‹ verwechselt.

Das Sträußchen. Alt Böhmisch (S. 561)
Erstdruck: *Über Kunst und Alterthum* IV 1 (1823). Entstanden
Marienbad, 28. 7. 1822: »Böhmische Gedichte. Das Sträußchen durch Umsetzung hergestellt.« – 1817 hatte Václav
Hanka angeblich eine ›Königinhofer Handschrift‹ mit alttschechischen Gedichten entdeckt; es handelte sich um eine
Fälschung, ähnlich dem ›Ossian‹. 1819 war eine deutsche
Übersetzung von Wenzel Swoboda erschienen, die Goethe in
Marienbad durch den Grafen Sternberg erhielt. Goethes
Vorlage hatte ab v. 7 (bis dahin identisch) zuerst den Sturz
ins Wasser (bei Goethe v. 31-36), dann die Rede des Mäd-

chens. Die Verse 7 f. fügte Goethe hinzu, ferner stammt von ihm der strophische Aufbau, der jedoch durch die Wiederholungen der Vorlage schon nahegelegt war. (Text bei Urzidil, S. 321 f.) Ein weiterer Übersetzungsversuch aus der ›Königinhofer Handschrift‹ ist »*Gätet Mädchen Hanf*« in Bd. XII dieser Ausgabe.

Klaggesang. Irisch (S. 562)
Erstdruck: *Über Kunst und Alterthum* IV 1 (1823). Entstanden 22. 10. 1817 (Tagebuch). – Aus dem Roman *Glenarvon* von Caroline Lamb, ein Totengesang (›keening‹) irischer Landleute für das Kind des Gutsherrn. Zitiert sei die erste Strophe, um den Charakter zu illustrieren, und die sechste, weil Goethes Umgang mit den Ortsnamen zeigt, wie er das Gedicht ins Allgemeine wendet:

 Oh loudly sing the Pillalu
 And Many a tear of sorrow shed;
 Och orro, orro, olalu
 Mourn, for the master's child is dead.
 ⟨. . .⟩
 But see along the mountain side,
 And by the pleasant banks of Larnea,
 Straight o'er the Plains and Woodlands wide
 By Castle Brae, and Lok Macharney:
 Och orro, orro, olalu.
(Nach Hennig, S. 76.)

Neugriechisch-epirotische Heldenlieder

Erstdruck von I-VI: *Über Kunst und Alterthum* IV 1 (1823); von VII: *Über Kunst und Alterthum* IV 2 (1823). Vom 1. 4. bis 13. 10. 1822 ist in den Tagebüchern mehrmals von den ›neugriechischen Gedichten‹, ›Heldenliedern‹ oder ›Balladen‹ die Rede. – Sulpiz Boisserée notiert schon zum 21. 9. 1815:

Mittags Creuzer und Daub.
G. erzählt von den neugriechischen Dichtungen v. etwa 50 Jahren her. Die Helden meist unabhängig – Familien – auf kleinen Inseln Seeräuber und in den Gebirgen Landräuber. – Dramatische Romanzen. Alle Elemente lyrisch dramatisch und episch in einer Form. – der Geist derselben d. nordisch-schottische mit dem südlichen und alt mythologischen verbunden. | Gespräch eines Adlers mit dem abgeschlagenen Haupt eines Räuber-Anführers, welches er auf die Felsen-Höhe getragen. – Charon ein Reuter – welcher die Seelen hinten an den Schweif des Rosses bindet, die der Kinder an den Sattel hängt. – | Ein Pferd welches seinen erschlagenen Herrn beklagt und mit dem Hufe scharret. | Bräutigam bleibt auf der Überfahrt zur Braut in einem siegreichen Gefecht mit den Türken – er wünscht sie sollen es der Braut verschweigen etc.
(Weitz/Boisserée, Bd. 1, S. 274.)

Kennengelernt hatte Goethe solche Gedichte im selben Jahr in Wiesbaden, wo Werner von Haxthausen ihm eine Sammlung des Kustos der Kaiserlichen Bibliothek Jernej Kopitar vorlegte. Der Plan einer Ausgabe, zu der Goethe das Vorwort schreiben sollte, wurde nicht realisiert. Erneut angeregt wurde Goethe im Februar 1822, als Jean-Alexandre Buchon ihm einen Aufsatz über neugriechische Dichtung mit sechs französischen Übersetzungen solcher Gedichte zusandte und um eine Übertragung ins Deutsche bat. – Die Vorlagen der ersten sechs Gedichte sind die Buchonschen Texte (griechisch und französisch abgedruckt bei Soyter), die Vorlage des siebenten Gedichts stammt aus der Haxthausenschen Sammlung (griechisch ebenfalls bei Soyter).

I. »Sind Gefilde türkisch worden« (S. 564)
Handschrift Johns datiert 7. 9. 1822. – Ali Pascha wurde 1788 vom Sultan als Wächter der Gebirgspässe eingesetzt und ersetzte die griechischen Armatolen (Polizei) durch Albanesen. Die ersten beiden Verse Goethes beruhen also auf einem Mißverständnis.

II. »Schwarzes Fahrzeug teilt die Welle« (S. 564)
Handschrift Johns datiert 7. 9. 1822. – Nach dem Waffenstillstand von 1807 zwischen Rußland und der Türkei zog Rußland seine Flotte zurück und überließ die griechischen Freiheitskämpfer ihrem Schicksal. Jannis Stathas, der in der russischen Flotte gedient hatte, sammelte eine Flotte von 70 Schiffen und setzte den Seekrieg gegen die Türken fort.

III. »Beuge, Liakos, dem Pascha« (S. 565)
Ali Pascha hat den albanisch sprechenden Freiheitskämpfer Liakos aufgefordert, sich zu unterwerfen und das Amt des Aufsehers über die Pässe zu übernehmen. Als Liakos sich weigert, wird der Albanese Veli Gega gegen ihn geschickt.

IV. »Welch Getöse? wo entsteht es?« (S. 566)
Handschrift Johns datiert 2. 4. 1822. – Jannis Bukowallas besiegte (um 1750?) die Türken bei Keressowo und Megali Chori (von Goethe als ›großer Stadtbezirk‹ mißverstanden, v. 8).

V. »Ausgeherrschet hat die Sonne« (S. 567)
Dimos (von Goethe mißverstanden als δῆμος, ›Menge‹, v. 2; richtig: ›Und Dimos befiehlt‹), ebenfalls aus dem Geschlecht der Bukowalla, fühlt sein Ende nahen. Um 1800?

VI. »Der Olympos, der Kissavos« (S. 567)
Vers 1-12 in eigenhändiger Handschrift datiert 23. 7. oder 23. 6. 1822.

VII. »Charon« (S. 568)
Entstanden erst 2. 12. 1822, auch in der Erstpublikation von den anderen getrennt. Der zweite Abdruck in *Kunst und Alterthum* V 3 (1826) ist »Charos« überschrieben. – Charon, der antike Fährmann, der die Toten über den Acheron setzt, wurde im neugriechischen Volksglauben zu Charos, einem Todesdämon, der die Toten als fliegender Reiter auf einem Rappen durch die Lüfte führt (vgl. WA 41/II, S. 167, ferner

das Boisserée-Zitat in der Einleitung zu diesem Abschnitt). Im Begleittext in *Kunst und Alterthum* IV 2 hebt Goethe hervor: »Sooft ich dies Gedicht vorlas, ereignete sich, was vorauszusehen war: es tat eine außerordentliche Wirkung; alle Seelen-, Geist- und Gemütskräfte waren aufgeregt, besonders aber die Einbildungskraft; denn niemand war, der es nicht gemalt zu sehen verlangt hätte, und ich ertappte mich selbst über diesem Wunsche.« (Siehe Bd. XX dieser Ausgabe.) Cotta veranstaltete im ›Kunstblatt‹ zum ›Morgenblatt‹ ein entsprechendes Preisausschreiben. Den Preis errang Jacob Theodor Leybold, vgl. Abb. 21. Zur Beurteilung der eingereichten Arbeiten durch Heinrich Meyer und Goethe im ›Kunstblatt‹ vom 6. 2. 1826 vgl. Bd. XXI dieser Ausgabe.

Neugriechische Liebe-Skolien

Im Tagebuch erwähnt 3. und 4. 6. 1825. – Die Vorlagen dieser Übertragungen fand Goethe in Bd. 2 der Sammlung von Claude-Charles Fauriel, *Chants populaires de la Grèce Moderne*, 2 Bde., Paris 1824/25 (Original, französische Übersetzung und Kommentar); in Bd. 1 auch die im vorigen Abschnitt stehenden Gedichte. Skolien sind altgriechische improvisierte Tisch- oder Rundgesänge. – Hier also folgen zum Ausgleich den martialischen ›Heldenliedern‹ gesellige und intime Liebesverse.

1. »Diese Richtung ist gewiß« (S. 569)
Vers 5-8 eigenhändig in ein Stammbuch, unterzeichnet »Juni 1825. Neugriechisch«. Das Ganze mit dem folgenden Gedicht am 16. 6. 1825 an Zelter als »naturdichterische Blätter«.

2. »Immerhin und immerfort« (S. 570)
Vers 1-4 eigenhändig in ein Stammbuch, unterzeichnet »Weimar Juni 1825 N.⟨eu⟩ G.⟨riechisch⟩«.

Einzelne (S. 571)
1825-1830 verschiedene eigenhändige Stammbucheintragungen, vgl. WA 3, S. 430. Vers 9-12 auch unter *Ländlich* in der Rubrik »Kunst«, S. 526.
572,29 *Kyanenkranze*] Kyanen sind Kornblumen.

INSCHRIFTEN, DENK- UND SENDEBLÄTTER

AUFKLÄRENDE BEMERKUNGEN
FESTLICHE LEBENS-EPOCHEN UND LICHTBLICKE
TRAULICHER VERHÄLTNISSE
VOM DICHTER GEFEIERT

In der Sammlung von 1827 standen Goethes Anmerkungen (»Aufklärende Bemerkungen ⟨...⟩«) geschlossen hinter der Rubrik »Inschriften ⟨...⟩«. Andere Ausgaben wie JA und FA integrieren die Anmerkungen in Goethes den Zusammenhang des Kommentars, um dem Leser das Nachschlagen an zwei verschiedenen Stellen, in Goethes eigenem Kommentar und dem des Herausgebers, zu ersparen. Die vorliegende Ausgabe sucht denselben Zweck dadurch zu erreichen, daß sie Goethes Anmerkungen an den Fuß der Seite stellt. Auf diese Weise bleiben sie dem Textteil erhalten, und überdies schließt sich manches ganz ohne Blättern auf.

In der Anzeige der Ausgabe letzter Hand im ›Morgenblatt für gebildete Stände‹ gibt Goethe eine besondere Erläuterung dieser Rubrik:

Die Denkblätter sind aus unzähligen ausgesondert, an einzelne Personen gerichtet, charakteristisch ⟨auf die Eigentümlichkeit bezogen⟩ und mannigfaltig. Da man den hohen Wert der Gelegenheitsgedichte nach und nach einsehen lernt, und jeder Talentreiche sich's zur Freude macht, geliebten und geehrten Personen zur festlichen Stunde irgendetwas Freundlichpoetisches zu erweisen; so kann es diesen kleinen Einzelheiten auch nicht an Interesse fehlen. Damit jedoch das Einzelne, bedeutend Be-

zeichnende durchaus verstanden werde, so hat man Bemerkungen und Aufklärungen hinzugefügt.
(Siehe Bd. XXI dieser Ausgabe.)
Das Gelegenheitsgedicht älteren Typs, das ›Casualcarmen‹, war im Laufe des 18. Jahrhunderts in Mißkredit geraten. Der inflationäre Gebrauch auch im bürgerlichen Lebenszyklus, der der alten Repräsentations-Funktion des Casualcarmens entgegenstand, die automatisierte Herstellung durch bezahlte Verseschmiede einerseits, die neue Auffassung von der Würde ›autonomer‹ Dichtung anderseits hatten es zu einer verächtlichen Gattung gemacht. Dem setzt Goethe entgegen: »Die Welt ist so groß und reich und das Leben so mannigfaltig, daß es an Anlässen zu Gedichten nie fehlen wird. Aber es müssen alles Gelegenheitsgedichte sein, das heißt, die Wirklichkeit muß die Veranlassung und den Stoff dazu hergeben. Allgemein und poetisch wird ein spezieller Fall eben dadurch, daß ihn der *Dichter* behandelt. Alle meine Gedichte sind Gelegenheitsgedichte, sie sind durch die Wirklichkeit angeregt und haben darin Grund und Boden.« (Eckermann, 18. 9. 1823.) Goethes Begriff der ›Gelegenheit‹ meint das »bedeutend Bezeichnende«, und das unterscheidet ihn vom alten der Casualpoesie (vgl. Bd. I dieser Ausgabe, S. 730 f.), aber er kann sich mit diesem äußerlich berühren, wenn es um die ›Feier‹ von ›festlichen Lebens-Epochen‹ geht. (›Epoche‹ bei Goethe meist im Sinne von ›Einschnitt‹, also hier Jubiläen, Geburtstage.) Hinzu treten aber auch die ›traulichen Verhältnisse‹ des privaten Lebenskreises. Mehr noch: Zwar erscheinen am Anfang der Rubrik noch ein paar ›Hoheiten‹, aber selbst hier steht der persönliche Anlaß im Vordergrund, und die weiteren Gedichte neigen sich ohnedies mehr zum Privaten als zum Öffentlich-Repräsentativen. In der zitierte Ankündigung im ›Morgenblatt‹ wird zugleich die Zeitatmosphäre deutlich, der Goethe hier huldigt: Es ist die biedermeierliche Dilettantenkultur, der er seine Gedichte als Vorbild beisteuert.

Der etwas umständlich anmutende Titel von 1827 bezeichnet recht genau die Textsorte, die Goethe nun immer be-

wußter pflegt: die ›Inschrift‹ in Alben oder Bücher, die ›Denk- und Sendeblätter‹, die er bei verschiedenen Gelegenheiten den Freunden zuschickt, um ihnen eine Freude zu bereiten und sich in Erinnerung zu bringen. Dichtung ist hier Medium privater Kommunikation, kultivierten Aneinanderdenkens, an dem der Dichter sein Publikum teilhaben läßt. Er verspricht sich des Lesers ›Interesse‹, weil solche Dichtung nun auch von der neuen bürgerlichen Biedermeier-Kultur besonders gepflegt wird.

Ein leider nicht zu umgehender Hinweis: Hans Tümmlers im Literaturverzeichnis genanntes Buch kann nur nach erneuter Prüfung der dort mitgeteilten Texte und Fakten verwendet werden.

1. Ihro Kaiserlichen Hoheit der Frau Erbgroßherzogin von Sachsen-Weimar und Eisenach (S. 574)

Entstanden 13.–15. 3. 1813. Der Erbprinzessin Maria Pawlowna war nachträglich zum Geburtstag (16. 2.) ein Büchlein mit Glückwünschen überreicht worden, dem Goethe dieses Sonett beifügte. – Der Titel »Erbgroßherzogin« (statt »Erbprinzessin«) entspricht dem Stand nach dem Wiener Kongreß, zum Zeitpunkt der Publikation.

574,5 *Rand des Achilleischen Schildes]* Topisch (vgl. S. 579,7) das Muster einer kostbaren, reich verzierten Schmiedearbeit (*Ilias* XVIII 478-608).

574,10 *Ein treuer Diener]* Das Büchlein war von Heinrich Meyer gestaltet worden.

2. Zum 2ten Februar 1824 (S. 574)

Entstanden 18.–20. 2. 1824. Ebenfalls nachträglich zu einem Geburtstag der Erbgroßherzogin; Datum ursprünglich »20.«, von Eckermann aus unbekanntem Grund im Druckmanuskript zum Geburtstag des Erbgroßherzogs korrigiert. Wahrscheinlich von Goethes Enkel Walther Wolfgang überbracht.

574, A 2 *Anachoret]* Einsiedler.

575,7 *Korsar]* Byrons episches Gedicht *The Corsair* von 1814.

3. *Ihro Kaiserl. Hoheit Großfürstin Alexandra*
(S. 575)

Die ›beiden Paare‹ der Anmerkung waren das Erbgroßherzogs-Paar und Großfürst Nikolaus, der spätere Zar Nikolaus II., mit seiner Gattin Alexandra, die Goethe gemeinsam mit dem Herzog am 3. 6. 1821 besuchten (Tagebuch). Goethe hat das Gedicht am 8. ins Stammbuch der Großfürstin eingetragen.

4. *Weihnachten* (S. 575)

Weihnachten 1822. Goethes Gedicht leitete die Sammlung ein.

5. *Ihro Hoheit der Prinzessin Maria von Sachsen-Weimar-Eisenach mit Raphaels Gärtnerin*
(S. 576)

Bei Überreichung der Reproduktion eines Madonnenbildes, das unter dem genannten Titel bekannt ist, an die zwölfjährige Prinzessin.

5a. *Ihro Hoheit der Prinzessin Auguste von Sachsen-Weimar und -Eisenach. Mit Elsheimers Morgen*
(S. 577)

Pendant zum vorherigen Geschenk und Gedicht, für die neunjährige Schwester (später preußische Königin und erste Deutsche Kaiserin).

577, A 5a *Garten der Prinzessinnen]* Der Jenaer Botanische Garten, den beiden Prinzessinnen zugeeignet.

6. 7. 8. *Dem 30 Januar 18⟨14⟩* (S. 578)

Alle drei Gedichte auf derselben Seite. – Die Zarin Elisabetha Alexejewna war vom 28. bis zum 31. 1. 1814 in Weimar. An sie gerichtet ist Nr. 6, während Nr. 7, gedruckt auf rosa Atlas, an die Weimarer Erbprinzessin zum Geburtstag gerichtet ist, Nr. 8 ebenfalls an diese.

9. *Zum 15. Februar 1812* und *10.* (S. 578 und 579)

Beide Gedichte auf einer Seite. Der Geburtstag war am 16., nicht am 15. Irrtum oder zur Vorabend-Feier überreicht? Erstdruck des zweiten, ein Streifen mit gemalter Umrahmung, mit dem Datum 16. 2. 1812.

578, A 9 und 10 *Tafelaufsätze]* Zum Schmuck der Festtafel errichtete Arrangements.

11. *Eleonore* (S. 579)

Auf derselben Seite wie das Vorige. – In Teplitz hatte Goethe 1812 zusammen mit der Kaiserin Maria Ludovica (siehe S. 1028 f.) einen Einakter *Die Wette* verfaßt, der jedoch nicht zur Aufführung kam; die weibliche Hauptfigur heißt Leonore. Düntzer, Urzidil: zu einer Liebhaberaufführung des *Tasso*. Stanzen vermutlich zur Begrüßung der Kaiserin bei der Aufführung gedacht.

12. *An Herrn Abbate Bondi* (S. 579)

Entstanden 5. 8. 1812 (Tagebuch). – Der Jesuit Clemente Bondi (1742-1822) war Lehrer der Kaiserin Maria Ludovica gewesen. Seine *Poesie* war 1808 in Wien erschienen. Zu Goethes Sonetten vgl. S. 973.

579,3 *Agrumen]* Zitrusfrüchte.

579,7 *Achilleus lebensreichem Schilde]* Topisch, vgl. Anm. 574,5.

580,14 *Louisen]* Französisch vermittelte Eindeutschung von ›Ludovica‹.

13. *An Gräfin Odonell. Carlsbad d. 8. Aug. 1818* (S. 580)

Abgesandt am 9. 8. 1818 (Tagebuch). – Zur Gräfin vgl. S. 1029.

580, A 13 *heiter]* Durchsichtig.

14. *An Gräfin Odonell. Carlsbad d. 1. Mai 1820* (S. 580)

Entstanden 7. 4. 1820, abgesandt 4. 5. (Tagebuch). – Die Kaiserin war am 7. 4. 1816 gestorben. Das in der Anmerkung genannte Zusammentreffen in Franzensbrunnen war

schon am 25. 7. 1818, das Gedicht jedoch entstand erst am
7. 4. 1820. Die in der Anmerkung genannten »Carlsbader
Gedichte«, auf die im Gedicht angespielt wird: *Der Kaiserin
Platz* (S. 431) und *Der Kaiserin Becher* (S. 431).

15. Herrn Staats-Minister v. Voigt zur Feier des sieben und zwanzigsten Septembers 1816 (S. 581)

Erstdruck: Jenaische allgemeine Literatur-Zeitung, November 1816, Intelligenzblatt Nr. 75. Entstanden am 25. 9. 1816 (Tagebuch) zu Voigts fünfzigjährigem Dienstjubiläum. – Ohne Voigt kein Goethe, jedenfalls kein ›amtlicher‹. Schon seit Mitte der achtziger Jahre entwickelte sich der damalige Regierungsrat Christian Gottlob Voigt (1743-1819), ein gebildeter und zutiefst loyaler Mann, zu Goethes engstem Mitarbeiter in Amtsgeschäften. Von der Weite und Intensität der Beziehung zeugen Gedicht und Anmerkung selbst. Vgl. auch *Goethes Briefwechsel mit Christian Gottlob Voigt*, hg. v. Hans Tümmler, 4 Bde., Weimar 1949-1962, den umfangreichsten Briefwechsel Goethes überhaupt.

16. Dem Fürsten Hardenberg. Zum 70sten Geburtstag (S. 582)

Erstdruck auf einem Großfolioblatt mit dem Portrait des preußischen Staatskanzlers Fürst Carl August von Hardenberg (1750-1822) zum Geburtstag am 31. 5. 1820. Entstanden 26. 3. 1820 (Tagebuch). – Goethe kannte Hardenberg aus Leipziger Studien- und Wetzlarer Praktikantenzeiten.

17. An Lord Byron (S. 583)

Erstdruck: *Über Kunst und Alterthum* V 1 (1824). Entstanden 23. 6. 1823 (Tagebuch). – Byron war wohl der von Goethe am meisten geschätzte Dichter der jüngeren Generation. Vgl. neben dem anderen Byron-Gedicht »*Stark von Faust*« (S. 703), den Byron-Übersetzungen (S. 553-557) und der Euphorion-Figur in *Faust II* auch den in Goethes Anmerkung erwähnten Aufsatz *Goethes Beitrag zum Andenken Lord Byrons* für Thomas Medwins *Journal of the Conversations of Lord Byron* (1824) in Bd. XXI dieser Ausgabe sowie die Gespräche mit

Eckermann. Das Gedicht erreichte Byron auf dem Weg nach Griechenland, bei einem Aufenthalt in Livorno. In Byrons Dankesbrief vom 22. 7. 1823 wird Goethe als »the undisputed Sovereign of European litterature« bezeichnet. – Goethes nicht unkritisches Gedicht kann auch als Mahnung an andere ›zerrissene‹ junge Talente der Zeit aufgefaßt werden.

18. Ottilien von Goethe (S. 584)

Erstdruck als Widmung 1821 mit anderen Gedichten hinter dem Titelblatt von *Wilhelm Meisters Wanderjahre*. Vgl. den Anhang S. 1351.

19. An Geheimerat von Willemer (S. 584)

Im Tagebuch erwähnt am 12. und 24. 4. 1815, jedoch möglicherweise nur die ›Verzierungen‹ durch den Maler Lieber bzw. die Reinschrift betreffend; denn der Begleitbrief (26. 4.) an Willemer spricht von ›Verspätung‹, die beigelegte Handschrift ist unterschrieben: »Weimar März 1815 Goethe«. – Marianne von Willemers (vgl. S. 1163) Antwortgedicht:

> Goldnes Netz was Dich umwunden,
> Kann es Deinen Wert erkunden?
> Heil! Ihm dessen goldne Worte
> Uns beglückt am Schattenorte.
> (Weitz/Willemer, S. 24.)

584, A 19 *im Orient hauste]* In der *Divan*-Zeit.

20. und 21. An Grafen Paar (S. 585 und 586)

Wie sehr Goethe den Grafen Johann Baptist Paar (1780-1839) schätzte, geht nicht nur daraus hervor, daß er ihn als einen der ganz wenigen Freunde des Alters der Duzfreundschaft würdigte; er ertrug sogar, daß der Graf rauchte, und schenkte ihm eine Pfeife (Brief an Paar, 13. 10. 1818). – Das in der Anmerkung genannte »Heft« ist Goethes Schrift *Zur Kenntnis der böhmischen Gebirge*. Die Bronzestatue stellte ein Vestalin dar.

22. *Der Gräfin Titinne Odonell* ⟨...⟩ (S. 586)

Entstanden 9. 10. 1816 (Tagebuch und Datierung der Handschrift). – Die Adressatin (Christine) war die Schwiegertochter der Gräfin Josephine O'Donell, eine Enkelin (oder ›natürliche Tochter‹?) des Fürsten von Ligne, vgl. S. 780, Nr. 16 und Anm.

586,2 *Pennal*] Von lat. »penna«, »Feder«: Federbüchse.

23. (S. 587)

Handschriftlich überliefert bei einer Abschrift des Maskenzuges vom 18. 12. 1818 unter Egloffsteinschen Familienpapieren, also möglicherweise nicht an die Gräfin O'Donell, sondern an Caroline (oder Julie?) von Egloffstein (vgl. S. 1154) gerichtet. Da das Verschenken der verbrauchten Dichter-Feder jedoch häufiger geübt wurde (vgl. S. 823), kann das Gedicht auch mehrfach verwendet worden sein.

24. *An Gräfin Jaraczewska* (S. 587)

587,4-8 *Das Röckchen halb* ⟨...⟩ *zu kleiden.*] In einer Handschrift (WA 5/II, S. 15, Überlieferungsweg unklar):

Das Röckchen ganz vom Leib gerissen.
Daraus erwuchs der Vorteil mir
(Um den mich manche wohl beneiden)
Das arme nackte Mädchen hier
Von Kopf zu Füßen neu zu kleiden.

27. *Der vollkommenen Stickerin*
Marienbad am 28 August 1821 (S. 589)

Marianne von Willemer (siehe S. 1163) hatte an Goethe ein Paar bestickter Hosenträger zum Geburtstag nach Marienbad gesandt. Er war schon abgereist, so daß ihn die Sendung erst am 17. 9. in Jena erreichte, doch hat er Marianne zuliebe den pünktlichen Erhalt (auch am Ende der übersandten Abschrift Johns, gedruckt bei Weitz) fingiert. Das Gedicht ging erst am 5. 10. an Marianne ab (Tagebuch).

589,1 *kam von einem Prälaten*] Goethe hatte am 21. 8. den Abt des Prämonstratenser-Stiftes Tepl, Caspar Carl Reitten-

berger, besucht. Marienbad war Eigentum des Stifts, verdankte seinen Aufschwung der Tüchtigkeit des Abtes.

28. »*Eine Schachtel Mirabellen*« (S. 590)

Ebenfalls an Marianne von Willemer. Titel im Inhaltsverzeichnis: »Portraitkapsel«. Tagebuch, 20. 11. 1819: »Schachtel mit dem Wachsbild an Geheimrat v. Willemer«. Das Bild war ein Wachsmedaillon, gefertigt von Gottfried Schadow.

590,2 *Süden* ⟨...⟩ *Norden]* Goethe empfand Frankfurt, verglichen mit Weimar, als ›südlich‹. Neben Früchten erhielt er von dort auch immer wieder ›südliche‹ Wein- und Artischockensendungen.

29. *An Freund Mellisch* (S. 590)

Entwurf auf einem Weimarer Theaterzettel vom 12. 12. 1821. – Der Engländer Joseph Charles Mellish (1769-1823) hatte seit 1797 in Thüringen, u. a. in Dornburg, gelebt (1798 weimarischer Kammerherr), war seit 1802 englischer Konsul in Hamburg; er hatte Werke Schillers und Goethes ins Englische übersetzt.

30. *An Fräulein Casimira Wolowska* (S. 591)

Das ›Testament‹ – von Graf Fedor Rostopschin – im ›Archiv für Litteraturgeschichte‹ 15 (1887), S. 294. Dort auch eine französische Fassung des Gedichts, die gleichfalls ins Stammbuch geschrieben wurde.

⟨31.–38. Marienbad 1823⟩

32-37 sind im Inhaltsverzeichnis unter dem Titel »Liebschaft« zusammengefaßt: Umrahmt von den beiden Stanzengedichten an den Weimarer Kreis (31) und an die Szymanowska (38) sechs kleine Gedichte für Ulrike von Levetzow aus dem letzten Marienbader Sommer (siehe S. 457 und Anm.). Nr. 32 wurde auch an Lily Parthey geschickt (23. 7. 1823, im ersten Vers »gleich« statt »längst«; Lily hatte

von Zelter »Gruß und Reim ⟨Kuß⟩« überbracht, vgl. Brief an Zelter vom 24. 7. 1823); Nr. 32, 34 und 35 an die Schwiegertochter Ottilie gesandt (14. 8., »einige Fallsterne ⟨Sternschnuppen⟩, wie sie in schöner Nacht vorüberstreifen«), Nr. 35 an den Staatsrat Schultz. Nr. 37 aus Eger (10. 9.). Die Nummern 32 und 33 sowie 36 und 37 stehen jeweils zusammen auf einer Seite. – Die Gedichte bieten die heitere, gesellschafts-zugewandte Seite der *Trilogie der Leidenschaft* (S. 456).

31. Gesendet von Marienbad ⟨...⟩ zum 28. August 1823 (S. 591)
Erstdruck: Journal für Literatur, Kunst, Luxus und Mode, September 1823, Nr. 82, sowie: Flora, 21. 9. 1823. Entstanden 13. 8. 1823 (Tagebuch).
591,1 *Hygie⟨i⟩as]* Der Göttin der Gesundheit.
591,1 *Armiden]* Armida, aus Tassos *Befreitem Jerusalem*, hielt den träumenden Rinaldo in ihrem Zaubergarten gefangen. Vgl. die Kantate *Rinaldo*, S. 272.

32. »Du hattest längst mir's angetan« (S. 592)
33. »Tadelt man daß wir uns lieben«
Beide Gedichte auf derselben Seite.

34. »Du Schüler Howards« (S. 592)
Zu Howard vgl. *Howards Ehrengedächtnis*, S. 503 und Anm.

35. »Wenn sich lebendig Silber« (S. 593)
Der Luftdruck wird u. a. mit einer Quecksilber-Säule gemessen (›lebendiges Silber‹).

36. »Du gingst vorüber?« (S. 593)
37. »Am heißen Quell« (S. 594)
Beide Gedichte auf derselben Seite.

38. An Madame Marie Szymanowska (S. 594)
Siehe *Aussöhnung*, S. 462 und Anm. – Der Szymanowska wurde das Gedicht in einer französischen Version überreicht,

die zwar nicht von Goethe stammen dürfte, aber von ihm durchgesehen wurde:

> La passion amene les souffrances! – Qui soulageroit
> Un coeur oppressé eprouvant une trop grande perte?
> Les plus beaux jours evapores trop vite!
> Envain tant de bonheur t'etoit approprié.
> L'esprit est offusqué, les intentions confuses
> Et les Sens n'apper coivent plus qu'un monde effacé.
>
> La Musique d'abord aux ailes angeliques,
> Entrelaçant ses dons de mille a mille
> Penetre l'homme entier le restaurant,
> Le surchargeant de perfections nouvelles.
> Son oeil se mouille, il sent au meme moment
> Le prix divin des sons comme des larmes.
>
> Ainsi le coeur tout soulagé s'apperçoit bien vite
> Qu'il vit encore, qu'il bat qu'il voudroit battre,
> Qu'il voudroit, reconnoissant pour tant de biens,
> S'offrir soimeme en tribut volontaire.
> Il sentiroit allors – ah! fut ce pour toujours! –
> Le bonheur double des sons et de l'amour.
> (WA 53, S. 558.)

594, A 38 *gemütlichen Platze*] Platz, der durch das ›Gemüt‹ zugewiesen wird. – Der Zusatz steht in C zwar am Ende des Inhaltsverzeichnisses, sollte aber an diese Stelle kommen. Goethe hatte ihn am 12. 2. 1827 als Zusatz zur »Aufklärenden Bemerkung« Nr. 38 angekündigt, nachdem Reichel ihn auf die Doppelabdrucke von *Wiederfinden, Weltseele, Dauer im Wechsel, Metamorphose der Pflanzen, Die glücklichen Gatten* aufmerksam gemacht hatte. Da er den Zusatz erst am 18. 3. übersandte, war nur noch eine Plazierung im Inhaltsverzeichnis möglich. Aus dem Briefwechsel (QuZ II, S. 427-429 und 441) ergibt sich eindeutig, daß die Doppelabdrucke kein Versehen sind.

KOMMENTAR ZU S. 594-598 1153

*39. In das Stammbuch
der Frau Hofmarschall v. Spiegel* (S. 595)
595, A 36 *Maskenzug »die romantische Poesie«]* Am
30. 1. 1810. Vgl. Bd. VI dieser Ausgabe.

40. Der zierlichsten Undine (S. 597)
Entstanden 19. 2. 1822 (Tagebuch; Q fälschlich 1817). Für
Wilhelmine von Münchhausen, eine Freundin Ottilies, in
deren Nachlaß sich das Gedicht fand. Vgl. Hans Schauer, *Die
zierlichste Undine,* in: Goethe 5 (1940), S. 297-314. Vgl. auch
Goethe an seine Schwiegertochter, 24. 6. 1828. – Im Anschluß an Friedrich de la Motte Fouqués Märchen *Undine*
(1811); der Wassergeist Kühleborn ist Undines Oheim.

41. Reichtum und Blüte (S. 597)
Mit dem vorigen Gedicht auf einer Seite.

42. »Myrt' und Lorbeer« (S. 597)
Mit dem folgenden Gedicht auf einer Seite. Titel im Inhaltsverzeichnis: »Myrte und Lorbeer«, Liebe und Dichtung.
Goethes Handschrift mit Datum »18. Octbr. 1823« im Nachlaß Marianne von Willemers, mit Goethes Notiz: »zu Seite
276«, dazu von der Hand Mariannes: »Eckermann«. Eckermann hatte *Beyträge zur Poesie mit besonderer Hinweisung auf
Goethe* veröffentlicht (1823) und darin u. a. als besonders
charakteristisch das *Divan*-Gedicht *»Ach! um deine feuchten
Schwingen«* behandelt. Dieses Gedicht aber gehört zu denen,
die Marianne zum *Divan* beigesteuert hatte. Vgl. auch Goethes Brief vom 9. 5. 1824. Der 18. Oktober war den beiden
heilig, seit sie 1814 gemeinsam die Freudenfeuer zum Jahrestag der Leipziger Schlacht von Willemers Weinberg aus
gesehen hatten.

43. »Das holde Tal« (S. 598)
Erstdruck: *Über Kunst und Alterthum* V 1 (1824). Im Inhaltsverzeichnis von C mit dem Titel: »Tal und Sonne«. Am
2. 6. 1824 als Einladung an F. H. Jacobis Tochter Auguste,

ferner an die Schauspielerin Marie Schmidt, die seit
30. 8. 1823 in Weimar wirkte.

⟨44-48 An Julie Gräfin Egloffstein⟩

Die Egloffsteins, die selbst bei Goetheforschern immer wieder für Verwirrung sorgen: Geschwister waren (1) Wolfgang Gottlob Christoph Freiherr von Egloffstein (1766-1815), verheiratet mit Caroline Freifrau von Egloffstein (gest. 1828), Hofmarschall und Oberkammerherr in Weimar, (2) Friedrich Gottfried Ernst Freiherr von Egloffstein (1769-1848), Weimarer Kammerherr, dann Landrat in Eisenach, (3) August Friedrich Carl Freiherr von Egloffstein (1771-1834), zuletzt Wirklicher Geheimer Rat in Weimar, (4) Henriette von Beaulieu-Marconnay (1773-1864), geborene Egloffstein, geschiedene *Gräfin* Egloffstein (Mitglied des ›Mittwochkränzchens‹, S. 939 f.).

Aus Henriettes erster Ehe mit einem gräflichen Vetter stammen Carl Graf von Egloffstein, Gräfin Caroline von Egloffstein (Hofdame Maria Pawlownas) und die hier angedichtete Gräfin Julie von Egloffstein (1792-1869). – Julie lebte seit 1816 in Weimar bei ihrer Tante, der Freifrau Caroline (›Oberkammerherrin‹), und wurde dann Hofdame der Großherzogin Luise. Goethe schätzte ihr Zeichentalent und ihre Schönheit. Ausführlich *Alt-Weimars Abend.* – Gedichte an Mitglieder der Familie: S. 505, 589, 599, 607, 799, 801, 811, 822 und 829.

44. Julien Gräfin Egloffstein (S. 598)
Mit dem folgenden Gedicht auf einer Seite. Entstanden 16. 3. 1817 (Tagebuch: »Zeichnung der Gräfin Egloffstein«)? Max Hecker, *Um einen Goethischen Vierzeiler,* in: Goethe 8 (1943), S. 306-314, vermutet einen Irrtum Goethes: nicht für Julie von Egloffstein, sondern für Julie von Bechtolsheim. – Immortellen sind ›unsterbliche‹ getrocknete Blumen.

45. Derselben. Reise-Segen (S. 598)
Eine Handschrift datiert 4. 6. 1819.

46. An Julien. Zur Dresdner Reise (S. 599)
Entstanden 21. 4. 1820 (Tagebuch). Eine Handschrift datiert 22. 4. 1820. – Das Gedicht bezieht sich auf die Dresdener Galerie, zu deren ›Meistern‹ die junge ›Gesellin‹ auf Wanderschaft geht.

47. An Julien (S. 599)
Vielleicht das im Tagebuch am 28. 12. 1822 erwähnte Gedicht. Im Inhaltsverzeichnis mit dem Titel »Gewechseltes Format«.

48. Julien (S. 600)
Titel im Inhaltsverzeichnis: »Abgeschlossenes Buch«. Vielleicht das im Tagebuch am 10. 2. 1823 erwähnte »Abschiedsgedicht«. Julie ging in diesem Jahr nach Hildesheim zu ihrer Mutter (Dokument WA 5/II, S. 25).

49. Herrn Kanzler v. Müller. W. d. 13. April 1822 (S. 600)
Entstanden am 12. 4. 1822 zu Müllers 43. Geburtstag. – Friedrich von Müller (1779-1849) war seit 1815 Kanzler, d. h. oberster Justizbeamter, des Großherzogtums Weimar. Er stand Goethe auch persönlich nahe, wurde sein Testamentsvollstrecker. Seine *Unterhaltungen mit Goethe* (1870, kritische Ausgabe v. Ernst Grumach, Weimar 1956) gehören neben den Aufzeichnungen Eckermanns und Sorets zu den wichtigsten Quellenwerken für den späten Goethe.

50. Zu Thaers Jubelfest, dem vierzehnten Mai 1824 (S. 601)
Erstdruck: *Festgaben, dem Königl. Preuss. Geh. Ober-Regierungs-Rathe Herrn Albert Thaer zur Feier seines fünfzigjährigen Wirkens* ‹...›, Freienwalde, den 16. Mai 1824. Entstanden 7. 3. 1824. (Tagebuch: »Abends die Kinder spielend, indessen ich das Gedicht zu Thaers Fest schrieb.«) – Goethe erläutert das Gedicht an den Landwirtschaftsreformer in

einem Brief an Zelter (11. 3. 1824): Thaers Freunde hätten sich nach Weimar, »als dem eigentlichen Stapelort deutscher Dichtkunst«, wegen eines Tischliedes zu Ehren des Gefeierten gewandt:

Strophe 1. Thaer, ein im Praktischen wie im Theoretischen geschätzter Arzt, sieht sich nach einer froheren Unterhaltung in der Natur um, gewinnt die Gärtnerei lieb. – Strophe 2. Allein er sieht sich hier bald beengt und sehnt sich nach einem weiteren Wirkungskreis; wendet seine Aufmerksamkeit dem Feldbau zu. – Strophe 3. Er nimmt die englische Landwirtschaft wahr und die ganz einfache Maxime: daß bei größerer Tätigkeit und verstandesgemäßer Umwendung des Bodens weit höherer Vorteil als bei dem bisherigen Schlendrian zu gewinnen sei. – Strophe 4. Und so weiß er denn die Landwirte zur Wechselwirtschaft aufzuregen, erwirbt sich Schüler und Nachfolger, die seine Lehre und Anleitung probat finden und ihm in hohem Alter einen öffentlichen und lauten Dank vorbereiten. – Möge Dich dieses Lied, von einer großen Zahl Landwirte bei Tafel zu singen, zu einer heitern Komposition aufregen; es ist ein Fest, das nicht wiederkommt, und ich wünschte, daß unsere beiden Namen hier zu gleicher Zeit ausgesprochen würden. Der Mann gehört zuerst Preußen, sodann aber auch der Welt an, sein Ruf und Ruhm sind gründlich, und so darf man wohl etwas unternehmen, um sich mit ihm und den Seinen zu erfreuen.

601, A 50 *Zelter]* Zu ihm vgl. S. 1035 f. – Auch im vorliegenden Kommentar ist Zelter gleichsam allgegenwärtig. Ausdrücklich an ihn gerichtete Gedichte kann immerhin der Nachlaß-Teil bringen: *Zelters siebzigster Geburtstag*, S. 824, S. 828, und *»Ein Füllhorn mit Blüten«*, S. 836.

602,28 *fruchtet bar]* Bringt in der Frucht baren Gewinn, vgl. *Faust II* 9327.

*51. Die Feier des achtundzwanzigsten Augusts
dankbar zu erwiedern* (S. 602)

Erstdruck: Mainzer Zeitung, 21. 10. 1819 (Abdruck des Dankesexemplars für die Mainzer Lesegesellschaft vom 10. 10. 1819); ein Exemplar für Knebel mit handschriftlicher Datierung »Carlsbad d. 15. Sept 1819«. Von Goethe auch als gedruckter Dank für Glückwünsche zum 7. 9. 1825 (fünfzigjähriges Jubiläum der Ankunft in Weimar) verwendet. – Die Empfänger waren etwas ratlos; denn die erste Strophe bezieht sich auf ein nicht jedem bekanntes Gemälde, das Goethe auf Schloß Dux gesehen hatte: Der böhmische Ritter Waldstein reitet mit seinen 24 Söhnen zu Kaiser Karl IV. – Vgl. die Anmerkung Goethes zum nächsten Gedicht.

*52. Der Frau von Ziegesar geb. v. Stein zum
Geburtstage* (S. 603)

Entstanden 5. 9. 1820. (Tagebuch: »Nachts Geburtstags Artigkeit an Frau von Ziegesar vorbereitet.«) – Am 11., dem Geburtstag der Freifrau, an Sulpiz Boisserée (vgl. S. 1034 f.) mit dem Gedicht: »Leben schafft Leben. Ihre freundliche Sendung vom 28. August regte mich an, zu einem heute eintretenden Geburtsfest einer gar hübschen Frau, jene Darstellung fortzusetzen; ich ließ nämlich Ihre Münzabbildung gar säuberlich verziert auftragen und schrieb folgende Reime darunter ⟨...⟩ Bei meiner Lust zu Gelegenheitsgedichten macht es mir immer Vergnügen, wenn ein Bild sich aus dem andern, Scherz aus dem Ernste und Ernst aus dem Scherze sich entwickelt. Und hier tritt gerade der Fall ein, daß beide genannte Familien auch zahlreiche Nachkommenschaft haben, alle rüstig, wohlgebildet und an Hofe präsentabel.«

603,1 *vierundzwanzig Ritter*] Siehe zum vorigen Gedicht.

53. Meinem Freunde v. Knebel zum 30. November 1817
(S. 604)

Erstdruck: *Die Liedertafel*, hg. v. C. F. Zelter, Berlin 1818. Entstanden 30. 9. 1817 (Tagebuch). – Karl Ludwig von Knebel (1744-1834) war 1774 als Erzieher des Prinzen Con-

stantin nach Weimar gekommen, hatte die Bekanntschaft zwischen Goethe und Carl August vermittelt, blieb, über gelegentliche Trübungen hinweg, Goethes vertrautester Freund im Herzogtum. Zelters Komposition des Geburtstagsliedes traf erst am 14. 1. 1818 ein.

604,1 *Lustrum]* Zeitraum von fünf Jahren; als ›fremdes Wort‹ eigens bezeichnet, da die Sprachreinigungs-Bestrebungen der Zeit derlei verpönten.

54. An Bernhard v. Knebel. Weimar
d. 30. Novbr. 1820 (S. 604)

Entstanden 28. 11. 1820 (Tagebuch) als Stammbuchblatt.

56. Wiegenlied dem jungen Mineralogen
Wolfgang v. Goethe. Den 21 April 1816 (S. 605)

Erstdruck: *Den frischen Ankömmling Wolfgang von Goethe begrüßt, belehrt und verbündet eine Gesellschaft Mineralogen den 21. April 1818.* Entstanden 16.–18. 4. 1818 (Tagebuch). Zur Taufe des am 9. 4. geborenen ersten Enkels Walther Wolfgang.

605,1 *Singen sie Blumen]* ›Man‹ singt, um das Kind einzuschläfern. Düntzer schlägt Konjektur »die« vor, doch ist »Blumen« wohl als etwas ungewöhnlicher Akkusativ anzusehen (JA).

606,7 *entschnickt sich]* Wird herausgeschnellt.

606,13 *Schussern]* Murmeln.

57. Zum Geburtstag mit meinen kleinen Gedichten (S. 607)

Mit dem folgenden Gedicht auf einer Seite. Von Goethe in die Separatausgabe der Gedichte von B (1817) eingetragen mit Datum und Widmung: »Jena am 22. Mai 1817. An Fräulein Wilhelmine Herzlieb«. – Wilhelmine Herzlieb (siehe S. 976) war am 22. 5. 1789 geboren.

58. »Wen ein guter Geist« (S. 607)

Auch in zwei Stammbüchern überliefert, einmal mit Datum 9. 7. 1819 (Clementine von Milkau-Mandelsloh?), einmal

mit Datum Mai 1829. Titel im Inhaltsverzeichnis: »Fröhliches Gedächtnis«.

59. ⟨a⟩ *»Zur Erinnerung«* (S. 607)
Unter zwei Zeichnungen für den Schauspieler Anton Genast bei dessen Abgang 1816. Titel im Inhaltsverzeichnis: »Doppelte Erinnerung«.

59. ⟨b⟩ *»Viel geduldetes, genoss'nes«* (S. 607)
Überliefert mit der Überschrift »Frau Oberkammerherrin Caroline von Egloffstein« und Datum 25. 12. 1818. Titel im Inhaltsverzeichnis: »Frau von Egloffstein«. (Siehe S. 1154.)

60. »Lieblich ist's« (S. 608)
Überliefert als Eröffnungsgedicht eines Stammbuchs von Antonie Brentano, datiert »Weimar am Neujahrstage 1815«. Titel im Inhaltsverzeichnis: »Frühlingsgarten«.

61. »Hörst du reine Lieder singen« (S. 608)
Mit dem folgenden Gedicht auf einer Seite. Titel im Inhaltsverzeichnis: »Liedeswirkung«.

62. »Zuerst im stillsten Raum entsprungen« (S. 608)
Titel im Inhaltsverzeichnis: »Liedesausbreitung«.

*63. In ein Stammbuch
Zum Bildchen Ruine Pleß bei Göttingen* (S. 608)
Am 17. 5. 1815 in ein Stammbuch unter ein Bild der Ruine Hanstein gesetzt, daher von Loeper in der WA 3 korrigiert. Doch Goethe mochte Gründe gehabt haben, die andere Ruine zu wählen. Er hatte sie 1801 besucht.

*64. In ein Stammbuch
Zum Bildchen von Ulrichs Garten* (S. 609)
Tagebuch, 7. 6. 1801: »In Ulrichs Garten Bürgers Monument«, demnach ein Garten, später Stadtpark, in Göttingen (WA); vielleicht auch der Garten des Jenaer Professors Johann August Heinrich Ulrich (JA).

*65. In eine Sammlung
künstlich ausgeschnittener Landschaften* (S. 609)
Eine Handschrift mit Datum 21. 4. 1818. – Vielleicht an
Adele Schopenhauer, die besonderes Geschick im Ausschneiden von Landschaften aus schwarzem Papier besaß.

66. »Flora, welche Jena's Gauen« (S. 610)
Neue Gewächshäuser im Jenaer Botanischen Garten?

67. »Wer hat's gewollt?« (S. 610)
Mit dem folgenden Gedicht auf einer Seite. Titel im Inhaltsverzeichnis: »Irrtum«. Mit den *Wanderjahren* am 12. 7. 1821
an Marianne von Willemer. Vgl. zum Folgenden.

68. »Verirrtes Büchlein!« (S. 610)
Titel im Inhaltsverzeichnis: »Wiederherstellung«. – Bei der
Versendung der *Wanderjahre* waren die Exemplare für Marianne von Willemer und Adele Schopenhauer verwechselt
worden. Das für Adele Schopenhauer vorgesehene Exemplar hatte anscheinend keine Widmung enthalten. Goethe
sandte das vorstehende Gedicht an Marianne von Willemer
zum Einkleben in ihr Exemplar. Adele Schopenhauer bekam
am 28. 11. 1821 ein Exemplar mit den Versen »Verirrtes
Büchlein! ⟨. . .⟩«

*69. An zwei Gebrüder, eifrige junge Naturfreunde
Marienbad 182⟨2⟩* (S. 611)
Entstanden 11. 7. 1822 für die Söhne eines Herrn von Firk
(Tagebuch).

*70. Toast zum akademischen Mittagsmahl
am 22. April 1820* (S. 611)
Entstanden 21. 4. 1820 (Tagebuch).

*71. Toast zum 28. August 1820
beim akademischen Gastmahl auf der Rose* (S. 612)
Goethe feierte, von Karlsbad gekommen, in Jena seinen

Geburtstag im Gasthaus »Zur Rose«. Man muß die Wünsche wohl vor dem Hintergrund der Ermordung Kotzebues im März 1819 (einige Spuren wiesen nach Jena, vgl. S. 1266) und der Karlsbader Beschlüsse sehen.

72. *Toast zum Landtage* (S. 612)

Großherzog Carl August hatte, als erster deutscher Fürst, seinem Land am 6. 5. 1816 eine Verfassung gegeben. Die 31 Mitglieder des Landtages traten am 2. 2. 1817 in Dornburg zusammen. Goethes Distanz zu den Neuerungen zeigt sich an der Bezeichnung »Berater« für ein Verfassungsorgan, das durchaus gewichtige Rechte bei der Steuerbewilligung und Gesetzgebung hatte. Auch die Analogie ›Hausvater‹/›Landesvater‹ entspricht eher konservativen Tendenzen der Restaurationszeit.

73. *Maskenzüge* (S. 612)

Überliefert in einer Handschrift mit Datierung: »Weimar am 18. December 1818. Erneuert am 23 May 1821«, für Henriette von Fritsch, die am 18. 12. 1818 den »Tag« dargestellt hatte. Vgl. auch Bd. VI dieser Ausgabe.

74. *Der Abwesende dem Maskenfest zum 16. Februar 1818* (S. 613)

Entstanden 16. 2. 1818 in Jena. – Zum Geburtstag der Erbgroßherzogin sollte eine Reihe Goethescher Figuren auftreten, und Goethe schrieb zum Arrangement des Kanzlers von Müller dieses Motto.

75. *Bilder-Szenen Zur Feier des zweiten Februar 1817* (S. 613)

Erstdruck: *Bilder-Szenen. Aufgeführt zur Feyer des 2ten Februars 1817*. Entstanden 1. 2. 1817 (Tagebuch). – Zum Geburtstag des Erbgroßherzogs. Die damals beliebten ›lebenden Bilder‹; laut Beschreibung im Erstdruck, einer Art Programmheft, »Die Tugenden« nach Raffael, »Ahasverus und Esther« nach Poussin und »Heilige Familie« nach Raffael

als Hauptbilder, die durch Nebenbilder jeweils zu Triptychen vervollständigt wurden (WA 5/II, S. 37).

76. Bilder-Szenen. Den 15. März 1816
bei Freiherrn von Helldorf (S. 614)
Erstdruck: *Bilderszenen. Mit musikalischen Zwischenspielen. Den 15. März 1816.* Entstanden 13. 3. 1816. – Helldorf, Kammerherr in Weimar, war ein Freund von Goethes Sohn. Nach Poussin wurden dargestellt »Coriolan«, »Scipio«, »Cecilie«, »Achill«, nach Raffael »Sibyllen«.

77. »Wohin er auch die Blicke kehrt« (S. 614)
Titel im Inhaltsverzeichnis: »Anzuwenden«. Aus dem Zusammenhang des Epen-Fragments *Die Geheimnisse*, vgl. I, S. 244 und Anm. Hier wohl eingesetzt wegen der Kunst-Thematik.

78. Den 6. Juni 1816 (S. 614)
An diesem Tag starb Goethes Frau. Mit dem folgenden Gedicht auf einer Seite. Titel im Inhaltsverzeichnis: »Gatte der Gattin«.

79. »Lebe wohl auf Wiedersehn« (S. 615)
Titel im Inhaltsverzeichnis: »Vater dem Kinde«.

80. »Laßt nach vielgeprüftem Leben« (S. 615)
Mit dem folgenden Gedicht auf einer Seite. Titel im Inhaltsverzeichnis: »Kind dem Vater«. Der Dichter Gotthard Ludwig Kosegarten war am 26. 10. 1818 gestorben; die Inschrift hatte sich sein Sohn, Orientalist in Jena, erbeten.

81. »Reichen Beifall hattest du erworben« (S. 615)
Titel im Inhaltsverzeichnis: »Publikum dem Schauspieler«. Entstanden 16. 10. 1819 (Tagebuch) für den Schauspieler Karl Friedrich Malcolmi, der am 15. 10. 1819 gestorben war.

Rhein und Main

Die folgenden Gedichte sind durch ein eigenes Vorsatzblatt von den voranstehenden abgesetzt, jedoch ist die Zählung weitergeführt. – In den Sommern 1814 und 1815 nahm Goethe seinen obligatorischen Badeaufenthalt in Wiesbaden. Dies wurde jedoch auch zum Anlaß vielfältiger Exkursionen an Main, Rhein und Neckar. Ein wichtiger Stützpunkt war die Gerbermühle bei Frankfurt, der Sitz des Frankfurter Geschäftsmannes, Politikers und Theaterfreundes Johann Jakob Willemer (1760-1838). Im September 1814 heiratete Willemer Marianne Jung, ein vielleicht 1784 geborenes Schauspielerkind, das er 1800 als Pflegetochter in sein Haus genommen hatte. Marianne wurde die ›Suleika‹ des *West-östlichen Divans* (vgl. Bd. III dieser Ausgabe). Im vorliegenden Band vgl. *Breit wie lang*, S. 422, *Ideale*, S. 515, *Ländlich*, S. 526, *Rätsel*, S. 534, *An Geheimerat von Willemer*, S. 584, *Der vollkommenen Stickerin*, S. 589, *»Eine Schachtel Mirabellen«*, S. 590, *»Myrt' und Lorbeer«*, S. 597, *»Wer hat's gewollt«*, S. 610, *Dem aufgehenden Vollmonde*, S. 700, *Mit einem buntgestickten Kissen*, S. 703, *Mit einem Blatt Bryophyllum calycinum*, S. 709, *»Du! schweige künftig nicht so lange«*, S. 800, *»Da das Ferne sicher ist«*, S. 804, *»Zarter Blumen leicht Gewinde«*, S. 808, *»Was erst still gekeimt in Sachsen«*, S. 816, *»Vor die Augen meiner Lieben«*, S. 833, ferner *»Ich besänft'ge mein Herz«* und *»Als die Tage noch wuchsen«*, S. 1344. Gedichte Mariannes S. 808, 1024, 1298, 1301, 1306 f., 1345.

Jeweils auf einer Seite beisammen stehen *82/83, 84–86, 87–90, 92/93, 94/95*.

82. *»Zu des Rheins gestreckten Hügeln«* (S. 616)
Erstdruck: *Über Kunst und Alterthum* I 2 (1817); als Vorspruch zu *St. Rochusfest zu Bingen*.

83. »Was ich dort gelebt, genossen« (S. 616)
Erstdruck: *Zur Naturwissenschaft überhaupt* I 1 (1817), dort jedoch als Motto des Abschnitts »Zur Kenntnis der böhmischen Gebirge«.

84. »Erst Empfindung, dann Gedanken« (S. 616)
Rosine (Goethe nannte sie ›Rosette‹) Städel, eine Tochter Jakob Willemers, hatte für Goethe zum Geburtstag 1815 ein Blatt »Aussicht aus seinem Fenster auf der Gerbermühle ⟨dem Wohnsitz der Willemers⟩ auf die Stadt Frankfurt« (Tagebuch 28. 8. 1815) angefertigt, einen kolorierten Stich (vermutlich nach einem Vorbild von Anton Radl, ihrem Lehrer). Goethe ließ Abzüge davon anfertigen, ließ sie kolorieren, versah sie mit Versen und versandte sie an mehrere Adressaten. Siehe Abb. 5. Je ein Exemplar mit den vorliegenden Versen erhielten Rosine Städel selbst und Sulpiz Boisserée. Der letzte Vers dort: »Zeige sich das wahre Bild.«

86. »Hier sah ich hin, hier sah ich zu« (S. 617)
Mit Rosine Städels Frankfurt-Bild (siehe zu *84*) an den Grafen Reinhard.

87. Aussicht (S. 617)
An Rosine Städel, gleichfalls mit ihrem Bild (siehe zu *84*). Auch Marianne Willemer erhielt die Verse, mit einem anderen Bild und in der Fassung:
> Siehst du das wie ich es sah
> Du magst bleiben oder gehn
> Lieb und Freundschaft sind dir nah
> Und ein freudig Wiedersehn.

88. »Blumenkelche, Blumenglocken« (S. 617)
Laut Q an Constanze von Fritsch, bei ihrer Reise nach Petersburg, 12. 11. 1815.

90. »An die Stelle des Genusses« (S. 618)
An Rosine Städel, gleichfalls unter ihr Frankfurt-Bild (siehe zu *84*), datiert 28. 8. 1815.

91. Den 15. August 1815
Den 16. August (S. 618)
Goethe sandte die Verse am 11. 6. 1826 mit zwei Bildern (Frankfurt von der Gerbermühle aus, die Gerbermühle von Frankfurt aus gesehen) an die Herzogin (spätere Königin von Hannover).

92. »Du bist auch am Rhein gewesen« (S. 618)
Unter ein Exemplar von Rosine Städels Frankfurt-Bild (siehe zu *84*), gewidmet an Mathilde von Lynker, datiert 20. 6. 1815. Mit der Familie von Lynker war Goethe zu Gast bei Herzog Friedrich August in (Wiesbaden-)Biebrich.

93. »Also lustig sah es aus« (S. 618)
Mit einem Bild der Gerbermühle 1816 an Jakob von Willemer. Auch mit Rosine Städels Frankfurt-Bild (siehe zu *84*) überliefert, Datum 28. 8. 1816. Der »Eilfer« ist der legendäre, vielbedichtete Wein-Jahrgang 1811.

94. »Wasserfülle, Landesgröße« (S. 619)
Für Antonie Brentano, Gattin von Franz Brentano, einem Halbbruder von Clemens und Bettine, auf deren Landgut Winkel am Rhein Goethe 1814 eingekehrt war, unter Rosine Städels Frankfurt-Bild (siehe zu *84*), datiert 5. 5. 1816.

95. »Fluß und Ufer, Land und Höhen« (S. 619)
Für Johann Isaac Freiherrn von Gerning unter Rosine Städels Frankfurt-Bild (siehe zu *84*), datiert 5. 5. 1816. Gerning hatte ein Lehrgedicht über *Die Heilquellen am Taunus* (1813) verfaßt.

96. »Pfeifen hör ich fern im Busche« (S. 619)
Der Frankfurter Sanitätsrat Johann Christian Ehrmann, verdienstvoller Gründer eines Ordens der verrückten Hofräte, in den auch Goethe aufgenommen wurde, pflegte seine Ankunft auf der Gerbermühle mit einem Pfeifchen anzukündigen und nicht eher einzutreten, bis Willemer in gleicher

Weise geantwortet hatte. – Cartouche war ein damals vielgenannter Pariser Diebeshauptmann (1821 gerädert).

97. »Wenn was irgend ist geschehen« (S. 619)
Titel im Inhaltsverzeichnis: »Pilgernde Könige«. Erstdruck als Vorspruch zu Gustav Schwabs Publikation *Die Legende von den Heiligen drei Königen* ⟨...⟩. *Aus einer von Goethe mitgeteilten lateinischen Handschrift* ⟨...⟩ (1821) mit der Unterschrift »Weimar d. 1. Juni 1821. Goethe«. Vgl. die entsprechenden Aufsätze *Über Kunst und Alterthum* II 2, III 1 und III 3 (Bd. XX dieser Ausgabe).

98. »Worte sind der Seele Bild« (S. 620)
Titel im Inhaltsverzeichnis: »Wert des Wortes«. Erstdruck: *Über Kunst und Alterthum* I 3 (1817, erschienen Anfang 1818) im Aufsatz *Urteilsworte französischer Kritiker*, dort also sehr konkret bezogen. – Am 10. 1. 1818 an Boisserée mit der Bemerkung: »Das Neueste vom Jahr!« In einem Entwurf zu den »Aufklärenden Bemerkungen«: »Als Apologie: Wert und Wirkung der Worte so flüchtig als bleibend.« (WA 5/II, S. 66.) – Eine veränderte Fassung mit einem Brief an Zelter vom 16. 1. 1818 und im Zusammenhang des Gedichtes *Um Mitternacht* siehe S. 1063.

ZAHME XENIEN I-VI

Erstdruck von I-III: *Über Kunst und Alterthum* II 3 (1820), III 2 (1821), IV 3 (1824). Entfallen sind zwei Sprüche: *Ultimatum*, S. 408, und *»Von deinem Liebesmahl«*, S. 858, ferner zwei spanische Sprüche am Ende von III; hinzugekommen sind v. 380-391 und 406-423. IV-VI erschienen erstmals in der hier wiedergegebenen Sammlung von 1827 (C). In die Art der Redaktion gibt eine Bemerkung des Kanzlers von Müller Einblick: »Nachmittags bei Goethe, der eine Menge kleiner, beschriebener Zettel mit Denksprüchen vor sich hatte.« (7. 2. 1825, Herwig, Bd. 3/I, S. 750.) Aus solchen

Zetteln, die sich im Laufe der Jahre angesammelt hatten, »aus den konfusesten Konvoluten« (Eckermann, 6. 5. 1824), wurden die Sammlungen komponiert. Die Vermutung liegt nahe, daß die Gruppen I-III vorwiegend nach der Gruppe »Sprichwörtlich« von B (1815), die Gruppen IV-VI vorwiegend nach der Erstpublikation von III, also 1824-1827, entstanden sind. Dies ist jedoch nur eine grobe Regel. Entstehungsdaten sind nur in Einzelfällen überliefert; die entsprechenden Hinweise werden im Einzelkommentar gegeben.

In der Sammlung von 1827 standen die Gruppen I-III am Ende des dritten, die Gruppen IV-VI am Ende des vierten Bandes. Eine getreue Nachbildung des Nacheinander müßte also die »Inschriften 〈...〉« dazwischenschieben, dann freilich auch die im vierten Band zwischen den »Inschriften 〈...〉« und den »Zahmen Xenien« stehenden kleinen dramatischen Arbeiten mitübernehmen (siehe S. 920). Die vorliegende Ausgabe sieht ein solches Überschreiten der Gattungsgrenzen nicht vor, so daß es sinnvoll erschien, die »Zahmen Xenien«, wie in der Ausgabentradition üblich, an einem Ort zusammenzufassen. Die zweimalige Endstellung der »Zahmen Xenien« ließ es jedoch geraten erscheinen, sie nicht, wie in der WA, vor, sondern nach den »Inschriften 〈...〉« zu bringen, als gnomisch-satirischen Abgesang der Lyrik.

»Xenien« (Gastgeschenke) hießen jene satirischen Distichen, die Schiller und Goethe im Jahr 1796 gemeinsam verfaßten und im ›Musen-Almanach‹ für 1797 veröffentlichten. (Vgl. Bd. I dieser Ausgabe, S. 491-614, sowie die dortigen Anmerkungen, besonders S. 1157-1165.) Aktuelle Stellungnahme in solch pointierter, polemischer, ja aggressiver Form, dazu in einem schon durch die Masse beeindruckenden Rundumschlag, war neu und skandalös, galt vielen Zeitgenossen als Übergreifen eines barbarischen Sansculottismus ins wohlgeordnete deutsche Reich der Musen und Grazien. ›Xenien‹ war in der Tat ein »verrufnes Wort« (v. 1).

Goethe entschärfte es, indem er die Gedichte dieser Rubrik »Zahme Xenien« nannte. Aber gegenüber Carl Friedrich von Conta äußerte er anläßlich der Publikation der ersten Gruppe: »Bedenkt man, daß die Überschrift ›Zahme Xenien‹ eine contradictio in adjecto im eigentlichen Sinne enthält; so läßt es sich vermuten, daß hie und da etwas von der alten wilden Natur hervorblicken werde; es ist bekannt, daß man die angebornen Eigenheiten nicht leicht durch Kunst und Erziehung austreiben könne.« (11. 9. 1820.) Formal unterscheiden sich die »Zahmen Xenien«, wie auf Anblick erkennbar, dadurch, daß sie nicht in antikisierenden Distichen, sondern in gereimten, meist drei- oder vierhebigen Versen mit ›freier‹ Senkung abgefaßt sind, oft im Widerspiel von Frage und Antwort. Thematisch besteht der Unterschied darin, daß die aufs Korn genommenen Gegenstände nicht mehr einzelne Personen, Zeitschriften usw. sind, sondern in der Regel kollektive Strömungen, Moden, Eigenheiten. Sie werden bewußt und deutlich immer mit der Subjektivität des Sprechenden, des alternden Dichters, verknüpft und aus dessen Perspektive wahrgenommen. Das Betonen der subjektiven Perspektive und das Zulassen von Widersprüchen markiert, daß hier, mit einer Formel Goethes gesagt, ›in Scherz und Ernst‹ gesprochen wird. Hinzu treten ganz unpolemische Sprüche, Reflexionen, Weisheitslehren, wie sie schon in den »ernsthaften und wohlmeinenden« (an Schiller, 9. 7. 1796) Distichen des ›Musen-Almanachs‹ vorgeprägt, dort aber gesondert von den eigentlichen »Xenien« abgedruckt worden waren.

Gerade die eingestreuten Formulierungen der Altersweisheit freilich führten dazu, daß in der Rezeption, in Deutungen und Auswahlausgaben, immer wieder einzelne, aus irgendeinem Grunde als besonders wertvoll oder signifikant erscheinende Sprüche herausgenommen und so behandelt wurden, als seien sie Einzelgedichte. Gewiß hat das seine Berechtigung; denn solche Sammlungen wollen im eigentlichen Sinne *benutzt* werden, durchaus vergleichbar den ›Stechbüchlein‹, auf die Goethe schon im Zusammenhang

mit den »Weissagungen des Bakis« hingewiesen hatte (siehe S. 962). Eine zweite Dimension hingegen kommt erst in einer Gesamtausgabe zur Geltung: Kein einzelner dieser Sprüche ist eine letztgültige Verlautbarung, jeder bedarf der Ergänzung und Relativierug durch sein Umfeld. Bisher wurde nur ein einziger umfassender Deutungsversuch unternommen, der den wechselseitigen Beziehungen nachgeht (Smital, in einer ungedruckten Dissertation, auf ›tiefenpsychologischer‹ Grundlage). Goethe hat große Sorgfalt auf die Komposition der Sprüche verwendet, und diese betraf nicht nur die Reihenfolge, sondern auch die Seitenverteilung. An Frommann, bei dem *Über Kunst und Alterthum* gedruckt wurde, am 8. 7. 1821: »Ferner sende zu den fehlenden 24 Columnen eben so viel geschriebene Seiten, wobei ich wünsche, daß sie Seite für Seite abgedruckt werden. Die Verse sind so gezählt und eingerichtet, daß auf keiner Seite zu viel steht«. Und bei Übersendung der »Zahmen Xenien« IV-IX an Cotta am 16. 2. 1827: »Bei gegenwärtiger Sendung ist eigentlich nichts zu bemerken; die Xenien werden Seite für Seite gedruckt und darf von keinem Blatt auf das andere etwas übernommen werden.«

Moderne Ausgaben mit ihrem rationellen Seitenspiegel können derlei nicht mehr nachbilden. Um wenigstens eine Rekonstruktion zu ermöglichen, geben wir hier eine Gesamtübersicht (l bedeutet linke Seite, r rechte; die WA folgt zwar der Seitenaufteilung von C, schließt aber die »Zahmen Xenien« IV-VI auf unmittelbar folgender linker Seite an, so daß dort von v. 810 an linke und rechte Seite umgekehrt liegen).

I.: 1 bis 12 r; 13 bis 28 l; 29 bis 45 r; 46 bis 63 l; 64 bis 82 r; 83 bis 100 l; 101 bis 116 r; 117 bis 128 l; 129 bis 144 r; 145 bis 160 l; 161 bis 175 r; 176 bis 181 l; 182 bis 205 r; 206 bis 221 l; 222 bis 237 r; 238 bis 243 l.

II.: 244 bis 251 r; 252 bis 267 l; 268 bis 284 r; 285 bis 293 l; 294 bis 307 r; 308 bis 319 l; 320 bis 337 r; 338 bis 349 l; 350 bis 363 r; 364 bis 379 l; 380 bis 381 l; 382 bis 405 l; 406 bis 423 r; 424 bis 437 l; 438 bis 451 r; 452 bis 465 l; 466 bis 481 r; 482 bis

493 l; 494 bis 508 r; 509 bis 524 l; 525 bis 536 r; 537 bis 552 l; 553 bis 566 r.

III.: 567 bis 574 l; 575 bis 587 r; 588 bis 599 l; 600 bis 615 r; 616 bis 631 l; 632 bis 643 r; 644 bis 659 l; 660 bis 671 r; 672 bis 685 l; 686 bis 701 r; 702 bis 715 l; 716 bis 731 r; 732 bis 747 l; 748 bis 759 r; 760 bis 771 l; 772 bis 785 r; 786 bis 797 l; 798 bis 809 l; die letzten beiden Sequenzen wurden vom Drucker auf eine Seite gebracht und nur durch einen Balken getrennt, weil andernfalls ein neuer Bogen hätte begonnen werden müssen (vgl. QuZ II, S. 438).

IV.: 810 bis 818 r; 819 bis 832 l; 833 bis 842 r; 843 bis 858 l; 859 bis 870 r; 871 bis 886 l; 887 bis 902 r; 903 bis 918 l; 919 bis 929 r; 930 bis 945 l; 946 bis 963 r; 964 bis 979 l; 980 bis 991 r; 992 bis 1003 l; 1004 bis 1013 r; 1014 bis 1025 l; 1026 bis 1039 r; 1040 bis 1054 l; 1055 bis 1066 r; 1067 bis 1082 l; 1083 bis 1096 r; 1097 bis 1112 l; 1113 bis 1122 r; 1123 bis 1133 l; 1134 bis 1154 r; 1155 bis 1168 l; 1169 bis 1182 r.

V.: 1183 bis 1188 l; 1189 bis 1200 r; 1201 bis 1208 l; 1209 bis 1216 r; 1217 bis 1228 l; 1229 bis 1238 r; 1239 bis 1251 l; 1252 bis 1264 r; 1265 bis 1278 l; 1279 bis 1288 r; 1289 bis 1300 l; 1301 bis 1314 r; 1315 bis 1330 l; 1331 bis 1343 r; 1344 bis 1355 l; 1356 bis 1364 r; 1365 bis 1374 l; 1375 bis 1385 r; 1386 bis 1393 l; 1394 bis 1403 r; 1404 bis 1411 l; 1412 bis 1423 r; 1424 bis 1431 l; 1432 bis 1441 r; 1442 bis 1452 l; 1453 bis 1465 r; 1466 bis 1477 l; 1478 bis 1485 r; 1486 bis 1500 l; 1501 bis 1512 r; 1513 bis 1524 l; 1525 bis 1532 r; 1533 bis 1542 l; 1543 bis 1552 r; 1553 bis 1566 l; 1567 bis 1571 r; 1572 bis 1592 l.

VI.: 1593 bis 1600 r; 1601 bis 1614 l; 1615 bis 1626 r; 1627 bis 1638 l; 1639 bis 1651 r; 1652 bis 1665 l; 1666 bis 1681 r; 1682 bis 1690 l; 1691 bis 1705 r; 1706 bis 1721 l; 1722 bis 1735 r; 1736 bis 1747 l; 1748 bis 1759 r; 1760 bis 1773 l; 1774 bis 1785 r; 1786 bis 1799 l; 1800 bis 1815 r; 1816 bis 1823 l; 1824 bis 1835 r; 1836 bis 1843 l.

Die Tendenz zum Lakonischen, die Goethes Altersstil prägt, die Tendenz auch, es den Aktivitäten des Lesers zu überlas-

sen, Vieldeutiges ins Eindeutige zu bringen, führt gerade bei den »Zahmen Xenien« immer wieder zu Verständnisproblemen. Schon die Nächststehenden klagten: »Wenn man nur auch seine Xenien alle verstände! Des Rätselhaften ist doch oft allzuviel.« (Kanzler von Müller an Knebel, 24. 2. 1824, Herwig, Bd. 3/I, S. 659.) Die Forschung hat daran nicht viel geändert; nur die Kommentatoren hatten sich auch mit jenen auseinanderzusetzen, die nicht zu den wenigen Favoriten gehören. Die breiten Paraphrasen bei Düntzer, von Loeper und teilweise auch in der JA waren aber zugleich geeignet, abzuschrecken. Denn was im knappen, mehrdeutigen, gereimten Gebilde seinen eigenen Reiz hat, wird in der vereindeutigenden Prosa-Paraphrase allzuoft lahm und platt. Deshalb greift der Kommentar nur in Ausnahmefällen zu diesem Mittel. Bei einigen Sprüchen wird man sich wohl mit v. 1067-1070 trösten müssen. – Zu Beginn der einzelnen Xenien-Reihen werden im Kommentar jeweils Themen*schwerpunkte* genannt; es sei ausdrücklich betont, daß diese Nennungen keineswegs erschöpfend sind, sondern nur durch eine erste Orientierung den Zugang etwas erleichtern sollen.

Das Motto, Horaz, *Satiren* II 1, 30-34 (Übers. Helm):

Er vertraute ja einst wie treuen Gefährten der Dichtung
Seine geheimen Gedanken, und ob es ihm irgendwie
 schlecht ging
Oder auch gut, er floh nur zu ihr. So kommt's, daß
 geschildert
Wie auf geweihtem Gemälde, das Leben des Alten nun offen
Vor uns liegt.

Bei Horaz bezieht sich die Stelle auf Gaius Lucilius (168-103?), den Begründer der römischen Satire. Mit dem Motto beruft sich Goethe also auf Lucilius und Horaz als Begründer der Gattung, derer er sich nun gleichfalls, als Greis, bedient. Das Motto trat erst 1827 vor die »Zahmen Xenien«.

Zahme Xenien I (S. 621-629)
Themenschwerpunkte: der alternde Dichter, Irrtum und Wahrheit.

621,1 f. *Ich rufe* ⟨...⟩ *Zur Ordnung auf des Tags]* Doppelsinnig: einerseits Aufruf des nächsten ›Tagesordnungs‹-Punktes in der Abfolge des Gedichtbandes, andererseits Hinweis auf die nun folgende Befassung mit aktuellen Themen.

621,12 *an die Enkel denken]* Goethe als Anwalt der noch Unmündigen – auch seiner eigenen Enkel.

622,32 *Die mich nicht mehr hören können]* Die Nachwelt.

622,33-36 *Einen langen Tag* ⟨...⟩ *zu neuem Tag erwacht.]* Gleichzeitig das Ende der napoleonischen ›Nacht‹ und die eigene Verjüngung in der *Divan*-Zeit 1814? *Des Epimenides Erwachen* 1814.

622,42 f. *Nachdem* ⟨...⟩ *Also]* ›In der Art wie ... so‹.

623,50 *Die Axt erklingt* ⟨...⟩*]* Ein Wort Menanders, mehrfach in sprichwörtlicher Form (z. B. *Adagia* des Erasmus, siehe S. 1009) überliefert: Δρυὸς πεσούσης πῶ ἀνήρ ξυλεύεται. (»Wenn die Eiche gefallen ist, schlägt jedermann sich Holz herunter.«)

623,62 f. *Meine Freunde | Sind aus einer Mittelzeit]* Die Jugendfreunde waren teils gestorben, teils entfremdet. Neue Freunde hatte Goethe vor allem auf Reisen gewonnen, etwa Heinrich Meyer in Italien, später Sulpiz Boisserée, viele dauerhafte Bekanntschaften hatte er bei Badeaufenthalten geknüpft. Mit ihnen hatte er kein altes ›Konto‹ (v. 72) abzuhandeln wie etwa mit dem Jugendfreund F. H. Jacobi.

624,80 *anstehn]* Hier: Gefallen.

624,82 *Die Welt zu kennen und sie nicht verachten]* Kontrafaktur zu dem Wahlspruch des ›humoristischen Heiligen‹ Philipp Neri, den Goethe in der *Italienischen Reise* mitteilt (Neapel, 26. 5. 1787): »Spernere mundum, spernere te ipsum, spernere te sperni«. (Die Welt verachten, dich selbst verachten, verachten, daß man dich verachtet.)

624,103 f. *Denn bist du* ⟨...⟩ *von dir zu sagen]* Der Ruhm macht sich schließlich selbständig, löst sich von Inhalten.

625,109-112 *Nichts vom Vergänglichen]* Vgl. *Maximen und*

Reflexionen (Hecker) Nr. 155: »Ich bedauere die Menschen, welche von der Vergänglichkeit der Dinge viel Wesens machen und sich in Betrachtung der irdischen Nichtigkeit verlieren. Sind wir ja eben deshalb da, um das Vergängliche unvergänglich zu machen; das kann ja nur dadurch geschehen, wenn man beides zu schätzen weiß.«

625,113-116 *Hab ich gerechter Weise* ⟨...⟩ *an den Enkeln ertragen.*] Ernst Graf, Miszelle in: GRM 16 (1928), S. 479 f., schlägt vor, »verschuldet« und »erduldet« auszutauschen. Dadurch wird der Spruch glatter lesbar, doch gibt die Überlieferung keine entsprechende Handhabe. – In einer Handschrift, in der das Umfeld auf 1816 deutet:

> Womit o Brama! Hab ich verschuldet
> Die Leiden von erneuten Wehetagen?
> Ich habe soviel an den Vätern erduldet
> Das soll ich auch nun an den Söhnen ertragen!

625,123 *behäglich*] Hier etwa: unerschüttert.

626,146 *überspinnen*] Mit den ›Netzen‹ einer toten Theorie.

627,162 *allzumal*] In jedem Falle.

627,167-170 *Gibt's ein Gespräch* ⟨...⟩ *am besten schmeckt.*] Auch *Faust*-Paralipomenon.

627,171-175 *Kennst du das Spiel* ⟨...⟩ *an seinen Steiß?*] Eigenhändig mit *Faust*-Paralipomena überliefert.

627,176-179 *Mit Narren leben* ⟨...⟩ *Narren sind.*] Erweiterung von »Sprichwörtlich«, S. 394,271 f.

627,184-187 *Stämme wollen gegen Stämme* ⟨...⟩ *steckt ein Mann.*] Im Zusammenhang mit der Deutsch- und Stammestümelei nach den Befreiungskriegen.

627,184 *pochen*] Auf ihr Verdienst.

627,188 *Welscher-Hahn*] Truthahn.

628,194 *hübschen Leute*] ›Hübsch‹ in dieser Zeit noch mit Anklang an die alte Bedeutung ›höfisch‹, also ›fein‹, ›honett‹.

628,209 *Ihr wollet meiner spotten*] Anknüpfung an das lange Gespräch Hiobs mit seinen Freunden in der ersten Hälfte des Buches Hiob.

628,216 *Bist in's Freie du gerettet*] Bild vom brennenden

Haus. Die im alten Irrtum Lebenden werden dort belassen; belehrt werden nur die vorurteilslos ›im Freien‹ Lebenden.

629,243 *vergnügt*] Im älteren Sinn: zufrieden (›genügend‹ ausgestattet).

Zahme Xenien II (S. 630-640)

Themenschwerpunkte: Reflexion und Tat, Mystizismus, indische Kunst und Mythologie, Pressefreiheit, Pedanterie, Neuerung und Umgestaltung.

630, vor 244 *Bakis Weissagen*] Vgl. S. 230-236 und Anm. Die altertümelnde Kurzform »Weissagen« statt »Weissagungen« ist vermutlich auf die Lektüre alter Sprichwörter-Sammlungen zurückzuführen (vgl. S. 1009). In v. 567-570 wird der Untertitel mottohaft auch für die dritte Sammlung aufgenommen.

630,244 *zu antik*] Unmittelbar bezogen auf die Distichen-Form der »Weissagungen des Bakis« und der alten »Xenien«, allgemeiner auf die Dichtungen in ›antiken‹ Metren vor allem in den neunziger Jahren.

630,247 *grausam*] Grauen erregend, nicht auf »gelernt«, sondern auf »Prahlen« zu beziehen.

630,248 *Im Orient*] Anläßlich der Studien zum *Divan*.

630,252 *meinen*] In dieser Zeit noch mit dem Beisinn ›lieben‹, ›bevorzugen‹ (vgl. ›Minne‹) gebräuchlich.

630,262 *fröhlichem Erkenntnis*] ›Erkenntnis‹ früher auch als Neutrum gebräuchlich.

630,263 *Erfolge rasche Tat*] Da nur die Tat das Zweifeln beenden und in Erfolg und Mißerfolg die Richtigkeit der Überlegung anzeigen kann.

631,278 *sollt' es heißen*] Korrektur einer aus Reimzwang falschen Formulierung, typisch für die oft lässige Art der Sprüche. Vgl. auch S. 863,9 f.

631,286 *heiter*] Nicht im Sinne heutiger ›Heiterkeit‹, sondern ›klar‹.

631,298 *Alles ist Pfründe*] Eigentlich der Lebensunterhalt, sodann die Stelle (Amt, Lehen), die einem den Lebensunterhalt gewährleistet. Sinn: Wenn (»Wie«, v. 297,

konditional oder temporal) das Tüchtige sich aus der Welt zurückzieht, ist die Welt in starre Bezirke aufgeteilt, ohne Bewegung.

632,304 *Bakis ist wieder auferstanden]* Zu Bakis vgl. S. 961. In der Restaurationszeit kam es auch zu einer Restauration mystischen Gedankengutes, etwa im Neupietismus und im wiedererstarkten Katholizismus. Im vorliegenden Kontext auf die im folgenden thematisierte Rezeption indischer Mythologie bezogen.

632,314 *sahen]* Sahen aus.

632,321 *Keine Bestien in dem Götter-Saal]* Der Götter-Saal ist das ›Pantheon‹, der Tempel aller Götter, der für Goethe besondere Bedeutung hatte, weil in ihm alle kontingenten Erscheinungsformen des Göttlichen in einem ›Consensus‹ zusammentraten. Indische Mythologie und sakrale Kunst, wie sie durch die Romantiker (z. B. die Schlegels, Creuzer) propagiert wurden, sollten ausgeschlossen werden. Vgl. auch »*An Venus Medicis ruht es in Frieden*«, S. 855.

632,327 *reiner Ost]* Der Ostwind, speziell für ›Klarheit‹ zuständig.

632,329 *Kalidas]* Kalidasa war der Verfasser des ›Dramas‹ *Sakuntala* (v. 335, vgl. auch I, S. 702) und des ›Epos‹ *Mega-Duhta* (v. 336, vgl. auch S. 503,1). Während Goethe indische Mythologie und ›Steinhauerei‹ (v. 333) verabscheute, schätzte er indische Dichtung sehr hoch. In den *Noten und Abhandlungen* zum *Divan* spricht er von den »Herrlichkeiten« der indischen Poesie, »in die sich die reine Menschlichkeit, edle Sitte, Heiterkeit und Liebe flüchtet, um uns über Kastenstreit, phantastische Religionsungeheuer und abstrusen Mystizismus zu trösten und zu überzeugen, daß doch zuletzt in ihr das Heil der Menschheit aufbewahrt bleibe.« Am 15. 12. 1824 an A. W. Schlegel: »Kann ich zwar der indischen Kunst, insofern sie plastisch ist, nicht günstig sein, da sie die Einbildungskraft, anstatt sie zu sammeln und zu regeln, zerstreut und verwirrt, so gehör ich doch gewiß zu den redlichsten und beständigsten Verehrern jener Dichtkunst, die aus den abstrusesten Regionen des Geistes durch alle

Stufen des innern und äußern Sinnes uns auf die bewundernswürdigste Weise hindurchführt.«

633,335 *Nala]* Liebesgeschichte aus dem ›Epos‹ *Mahabharata*, 1820 von dem Jenaer Orientalisten Kosegarten übersetzt.

633,338-343 *Willst du ⟨...⟩ wirken lassen.]* Um 1772 hatte Franz Mesmer den Einfluß von Magneten auf den Körper studiert und dabei entdeckt, daß sich der Magnetismus durch Streichen mit der Hand (daher die ›handhabenden Weisen‹ v. 339) angeblich auch von einem Menschen auf den anderen übertragen läßt. Daraus entwickelte man die Lehre vom ›animalischen Magnetismus‹ als Heilverfahren, das sich einige Zeit großen Zuspruchs erfreute. An Nees von Esenbeck, der ihm seine *Entwicklungsgeschichte des magnetischen Schlafs und Traums* (1820) geschickt hatte, schreibt Goethe: »Wenn ich bedenke, daß, in meinen lebhaftesten Jahren, Gaßner und Mesmer großes Aufsehen machten und lebhafte Wirkung verbreiteten; daß ich Freund von Lavatern war, der auf dieses Naturwunder religiosen Wert legte; so kommt es mir manchmal gar seltsam vor, daß ich nicht angezogen ward, sondern mich gerade verhielt wie einer, der neben einem Flusse hergeht, ohne daß ihn die Lust zu baden ankäme.« (23. 7. 1820.) Zu Kanzler v. Müller, 10. 2. 1830: »Zwar zweifle ich nicht, daß diese wundersamen Kräfte ⟨Somnambulismus und Magnetismus⟩ in der Natur des Menschen liegen, ja, sie müssen darin liegen; aber man ruft sie auf falsche, oft frevelhafte Weise hervor.« (Herwig, Bd. 3/II, S. 562.) Im vorliegenden Spruch – im folgenden noch erläutert – der Einwand, daß die Heilmethode auf allzu ›elementaren‹ bzw. ›tierischen‹ Vorgängen beruhe. Die unmittelbare Nachbarschaft zum indischen ›Fratzenwesen‹ gibt der Äußerung größere Entschiedenheit als die zitierten Prosa-Stellungnahmen.

633,356-359 *Ich habe gar nichts ⟨...⟩ Tyrannen.]* Ließe sich auf die Beendigung der Französischen Revolution durch Napoleon beziehen, zu dieser Zeit aber wohl eher auf den ›Teufel‹ Napoleon und die siegreichen Alliierten. Vgl. mehrmals die Konstellation in den »Zahmen Xenien« IX.

633,362 *Labyrinthe]* Bloße Steigerung allgemeiner Art? Ich vermute eher ein wissenschaftliches Theorem der Zeit, in dem Labyrinthe eine besondere Rolle spielen.

633,363 *Ariadne]* Sie gab Theseus das Garnknäuel, mit dessen Hilfe er den Weg aus dem Labyrinth des Minotaurus zurückfand.

634,365 *ins Abstruse]* ›Abstrus‹ (auch ›absurd‹) ist eine Lieblingsvokabel des alten Goethe, nicht immer, wie in »*Herr Werner ein abstruser Dichter*«, S. 760, abwertend, sondern oft auch, wie hier, zur Kennzeichnung eigener Gedanken und Formulierungen, die sich in den Bereich eines eigentlich Unaussprechlichen vorwagen.

634,372 f. *Was ich sagen wollt'* | *Verbietet mir keine Zensur!]* Beginn der Xenien über die Pressefreiheit. Sie war mit der Verfassung am 5. 5. 1816 im Großherzogtum eingeführt worden und hatte zur Folge, daß hier nun Dinge gedruckt wurden, die anderswo keine Aussicht hatten, die Zensur zu passieren; Weimar kam in den Ruf, ein Hort des Jakobinismus zu sein. Vgl. auch *Isis*, S. 762 und Anm.

634,383 *In dulci jubilo]* Anfang eines deutsch-lateinischen Weihnachtsliedes aus dem 14. Jh.: »In süßem Jubel«.

634,388-391 *Was euch* ⟨...⟩ *öffentlicher Meinung.]* Eine Handschrift trägt das Datum des 6. 9. 1818. Zu den Vorgängen dieser Zeit vgl. S. 1266 f.

634,395 *Indischen Götzen]* Wiederaufnahme der Thematik von S. 632. Durch die Umklammerung wird auch die Pressefreiheit mit der Konnotation des ›Götzenhaften‹ versehen.

635,398 *Dummes Zeug kann man viel reden]* Noch einmal Rückverweis auf das Thema der Pressefreiheit.

635,404 *Weil es die Sinne gefesselt hält]* Vgl. die Äußerung gegenüber Boisserée vom 19. 9. 1815: »Unendlicher Geist und Weisheit in den indischen Sagen, und er verehre sie sehr hoch, aber nur müsse er ihre Bilder nicht dabei sehen, die verdürben gleich die Phantasie bis zum Verfluchen!« (Weitz/Boisserée, Bd. 1, S. 273; davor die S. 1332 zitierte Äußerung.)

635,407 *Excavationen]* Aushöhlungen. Mit Bezug auf Felsentempel.

635,408 *Troglodyten]* Höhlenbewohner.

635,416-423 *Auf ewig hab ich sie ⟨...⟩ Osiris los.]* Noch nicht in *Kunst und Alterthum* enthalten. Boisserée (vgl. S. 1034 f.) schreibt am 5. 1. 1822 an Goethe: »Von der andern Seite hat es uns sehr ergötzt, wie der Dichter seinen Unmuth über die Verehrung der indischen Ungeheuer, das alberne Treiben mit dem Magnetismus und andere Torheiten, in den Xenien Luft macht. Und ich hätte gern gesehen, daß sie auch die ägyptischen Fratzen, die man nicht minder ungebührlich erhebt, mit in ihren Bannfluch aufgenommen hätten«. (Gräf, 3. Teil, Bd. 2/I, S. 419.) Das vorliegende »Zahme Xenion« legte Goethe seinem Antwortbrief an Boisserée vom 15. 1. 1822 bei. Wahrscheinlich ist auch das voranstehende, gleichfalls nicht in *Kunst und Alterthum* enthaltene, aus diesem Anlaß entstanden.

635,419 *Sogar den Affen Hannemann]* Aus dem Epos *Ramayana*, das der junge Goethe besonders geschätzt hatte. Vgl. *Dichtung und Wahrheit* 12 (Bd. XIV dieser Ausgabe) sowie I, S. 187,52 und Anm.

635,422 f. *aus meinen Hallen | Auch Isis und Osiris]* Eine Kumulation von Anspielungen: »In diesen heilgen Hallen« und »O Isis und Osiris« in Schickaneder-Mozarts *Zauberflöte*, zu der Goethe selbst in den neunziger Jahren einen zweiten Teil zu schaffen versucht hatte. Nun kommt die damals freimaurerisch geprägte ägyptische Welt in neuer Gestalt auf ihn zu. ›Isis‹ hieß aber auch eine Zeitschrift, die den Behörden Ärger bereitete (vgl. *Isis*, S. 762 und Anm.), so daß auch hier das Thema der Pressefreiheit impliziert ist. Zeitweise erschien die ›Isis‹ auch unter dem Namen ›Osiris‹, beide Gottheiten zusammen mit Anubis (hundsköpfig, vgl. v. 22!) schmückten den Titel.

636,429 *Legt ihr's nicht aus, so legt was unter]* Diese häufig isoliert zitierten Worte können im Kontext wegen der Nähe zum indisch-ägyptischen ›Fratzenwesen‹ als satirische Aufforderung an Mythenforscher in der Art Creuzers (vgl. S. 1093 f.) aufgefaßt werden.

637,460 *Titius, Cajus]* Namen in Beispielfällen (Kasuistik) juristischer und logischer Lehrbücher.

637,467 *Orden]* Hier Stand, Beruf.

637,485 *Weil]* Bei Goethe häufiger in der Bedeutung ›während‹, ›obgleich‹, also nicht kausal, sondern adversativ.

639,525-536 *Immer muß man ⟨...⟩ Geist der Zeiten.]* Eine Stellungnahme zum Parlamentarismus.

639,530 *Unverletzten würd'gen Ortes]* Im (englischen?) Parlament.

639,545 *unzutun]* Wortspiel mit »Umzutun« v. 545: umwälzen bzw. beseitigen.

Zahme Xenien III (S. 640-648)

Themenschwerpunkte: Persönlichkeit, Unsterblichkeit, Alter, Wahrheit, Kunst.

640,568 *Bakis]* Vgl. den Untertitel der »Zahmen Xenien« II, S. 630 und Anm.

640,570 *Charade]* Scharade, Silbenrätsel.

640,571-574 *Willst du dich als Dichter beweisen ⟨...⟩ ein Gedicht!]* Am 14. 10. 1821 an Zelter gesandt mit den Worten: »Ich hoffe, man wird nach und nach das Gelegenheitsgedicht ehren lernen, an dem die Unwissenden, die sich einbilden, es gäbe ein unabhängiges Gedicht, noch immer nirgeln und nisseln.« Vgl. auch Bd. I, S. 729 f.

641,573 *Hier ist Rhodus! Tanze ⟨...⟩]* Sprichwörtlich geworden aus einer Fabel Äsops (203): Ein Prahler rühmte sich, einst auf Rhodos einen gewaltigen Sprung getan zu haben; darauf antwortete einer der Umstehenden: »Hic Rhodus, hic salta!« (»Hier ist Rhodus, hier springe!«) Lat. saltare heißt auch »tanzen«.

641,575 *Persönlichkeit]* Das heute in seiner Bedeutung verblaßte Wort wurde noch stärker gemäß seiner Wortbildung als Adjektivabstraktum empfunden: Die besondere Eigenschaft des Personseins, die Individualität. Erhellend für die durchaus wertneutrale Verwendung des Begriffs bei Goethe ist eine Partie aus der *Farbenlehre*, Abschnitt »Newtons Persönlichkeit«: »Jedes Wesen das sich als eine Einheit fühlt, will sich in seinem eigenen Zustand ungetrennt und unverrückt erhalten. Dies ist eine ewige notwendige Gabe

der Natur, und so kann man sagen, jedes Einzelne habe Charakter bis zum Wurm hinunter, der sich krümmt wenn er getreten wird. In diesem Sinne dürfen wir dem Schwachen, ja dem Feigen selbst Charakter zuschreiben: denn er gibt auf, was andere Menschen über alles schätzen, was aber nicht zu seiner Natur gehört: die Ehre, den Ruhm, nur damit er seine Persönlichkeit erhalte.« Vgl. das *Divan*-Gedicht »*Volk und Knecht und Überwinder*«, Bd. III dieser Ausgabe.

641,590 *Talent*] Hier in der alten Bedeutung einer römischen Münzeinheit, das ›Pfund‹, mit dem man ›wuchern‹ soll (Luk. 19, 12-23).

641,594 *frommt*] Nützt, hilft.

641,599 *Jacet ecce Tibullus*] »Sieh, hier liegt Tibull.« Die Grabschrift, die Tibull sich selbst bestimmt hat, in der Formulierung Ovids, *Amores* III 9,39.

641,603 *alleiner*] Nur des Reimes wegen? Komparativ? ›Allein-Herr‹ oder gar ›pantheistisch‹ ›All-Einer‹ (Bakis-Scharade, vgl. v. 568)? ›Hier‹ die Dichtung, ›draußen‹ die Wissenschaft? Oder auf das folgende ›Konversations‹-Thema bezogen?

641,604-606 *Die echte Konversation ⟨...⟩ wiederholt man sich.*] Erstdruck zusammen mit *Herkömmlich* (S. 507) als Motto von *Zur Naturwissenschaft überhaupt* I 4 auf dem Titelblatt »Chromatik«.

642,608-611 *Alter Mond ⟨...⟩ Phrasen.*] Anführung schon hinter v. 609 zu schließen, wie in BA? – Vielleicht so zu verstehen: Der alte Herr erscheint immer seltener in Gesellschaft, weil diese doch nur Phrasen für ihn hat.

642,614 *XXII*] Goethe datiert den *Werther* also auf die Wetzlarer Erlebnisse; geschrieben hat er ihn fast zwei Jahre später.

642,616-625 *Erst singen wir ⟨...⟩ Tagen!!!*] In *Dichtung und Wahrheit* 11 zitiert Goethe Lenz' Übersetzung der ›Grabschrift‹ aus Shakespeares *Love's Labour's Lost* IV 2. Die Prinzessin hat einen Hirsch geschossen:

> Der Jagdhund boll! – Ein L zu Hirsch,
> So wird es denn ein Hirschel;

> Doch setzt ein römisch L zu Hirsch,
> So macht es funfzig Hirschel.
> Ich mache hundert Hirsche draus,
> Schreib Hirschell mit zwei LLen.

Dies nun spielerisch umgedeutet auf das eigene Alter; vgl. das Hinzufügen des L im voranstehenden Gedicht.

642,632-635 *Fehlst du* ⟨...⟩ *verzeihn.*] Eigenhändiger Entwurf auf der Rückseite eines Konzepts für einen Brief vom 9. 4. 1819.

642,632 *Fehlst du*] Spiel mit dem Doppelsinn ›bist du nicht da‹ und ›machst du einen Fehler‹.

643,644-646 *Alt-Tümer*] Archaisierende Bildung, wie sie z. B. Friedrich Ludwig Jahn liebte (Loeper).

643,652 *Auf Pergament Lieb' und Haß* ⟨...⟩ *wär!*] Etwas hilfreich zum Verständnis dieses sehr lakonischen Spruches ist vielleicht »Gott, Gemüt und Welt«, S. 381,65 f.

643,659 *spricht sich*] Läßt sich aussprechen.

643,660-665 *Entferne dich* ⟨...⟩ *Füße gestellt.*] Das Abführungszeichen wird von den postumen Cotta-Ausgaben und der BA nach v. 661, von JA nach v. 662 gesetzt.

643,661 *in unserm Orden*] Hier: In unserer Gesellschaft.

644,678-685 *Zum starren Brei* ⟨...⟩ *Spur.*] Weder die träge noch die aufgeregte Menge ist zu beeinflussen. Vgl. S. 398,388

644,683 *Gischend*] ›Gischen‹ kann sowohl ›schnappen‹ als auch ›schäumen‹ bedeuten, hier könnten beide Bedeutungen eingesetzt werden.

644,686 *Drei hundert Jahre*] Seit der Reformation.

645,701 *in dreißig*] Seit der Französischen Revolution.

645,715 *Daß wir sie nicht entbehren können*] Kanzler v. Müller, 19. 10. 1823: »Reinhards Geschenk des Tibull leitete auf ein sehr ernsthaftes Gespräch über das ›Ecce jacet Tibullus‹ ⟨siehe Anm. 641,599⟩ und über den Glauben an persönliche Fortdauer. Es sei einem denkenden Wesen durchaus unmöglich, sich ein Nichtsein, ein Aufhören des Denkens und Lebens zu denken; insofern trage jeder den Beweis der Unsterblichkeit in sich selbst und ganz unwillkürlich. Aber

sobald man objektiv aus sich heraustreten wolle, sobald man dogmatisch eine persönliche Fortdauer nachweisen, begreifen wolle, jene innere Wahrnehmung philisterhaft ausstaffiere, so verliere man sich in Widersprüche.« (Herwig, Bd. 3/I, S. 603 f.) Vgl. ferner die Gespräche mit Eckermann 25. 2. 1824, 4. 2. 1829 und 1. 9. 1829, das letzte allerdings mit Umkehrung des Gedankens: »Ich zweifle nicht an unserer Fortdauer, denn die Natur ⟨!⟩ kann die Entelechie nicht entbehren.«

645,724-727 *Wär' nicht das Auge sonnenhaft ⟨...⟩ entzücken?]* Erstdruck (etwas andere Fassung) in der Einleitung zum »Didaktischen Teil« der *Farbenlehre* (1810, vgl. Bd. XXIII dieser Ausgabe) als »Worte eines alten Mystikers«, Übertragung aus Plotins *Enneaden* I,6,9: »Denn nie hätte das Auge jemals die Sonne gesehen, wenn es nicht sonnenähnlich geschaffen wäre; und auch das Schöne kann die Seele nicht sehen, wenn sie nicht schön ist.« (Weniger.) Eine Handschrift des Gedichts in einem Notizbuch von 1805. Ferner eine Stammbucheintragung, datiert: »Lauchstedt d. 1 Sept 1805« (siehe Abb. 2; von WA noch nicht vermerkt). Goethe hat damals *Enneaden* V,8,1 übersetzt (an Zelter, 1. 9. 1805). Schon am 4. 9. 1784 trug Goethe in ein Gästebuch auf dem Brocken die vergleichbaren Verse des Manilius (*Astronomica* II 115 f.) ein: »Quis coelum posset nisi coeli munere nosse | Et reperire Deum nisi qui pars ipse Deorum est.« (»Wer könnte den Himmel ohne die Hilfe des Himmels erkennen, und wer könnte einen Gott finden, wenn er nicht ein Teil des Göttlichen wäre.« Faksimile in *Goethe und seine Welt*, S. 95, und in *Goethes Leben* ⟨...⟩, S. 186.)

646,728-731 *Was auch als Wahrheit ⟨...⟩ nicht vereint.]* Schon 1805 in das Stammbuch einer Tochter des Altphilologen F. A. Wolf eingetragen, in der persönlicheren Fassung:

> Der Griechen Mythentum und Fabel
> Und was dich sonst dein Vater lehrt,
> Das bleibt für dich der Turm zu Babel,
> Bis es die Liebe dir erklärt.

646,740 *Du irrest Salomo!*] Prediger Salomo 1,2: »Es ist alles ganz eitel.«

646,747 *künstlichen griechischen Becher*] Überleitung zur folgenden Sequenz für klassische, gegen romantisch-›nazarenische‹ Kunst.

646,756 *Modergrün aus Dantes Hölle*] Im Erstdruck weist eine Anmerkung auf eine satirische Stelle in einem früheren Heft von *Kunst und Alterthum* (I 2, 1817) hin, in der »ein zur Berliner Ausstellung eingesendetes, aber nicht aufgestelltes Gemälde nach Dante« beschrieben wird: »Lebensgroße Figur mit grüner Haut. Aus dem enthaupteten Halse sprützt ein Blutquell, die Hand des rechten, ausgestreckten Armes hält den Kopf bei den Haaren, dieser, von innen glühend, dient als Laterne, wovon das Licht über die Figur ausgeht.«

647,764 *Testament*] Gedacht ist hier nicht an eine Verfügung über die persönliche Habe, sondern an eine geistige Botschaft.

647,772-781 *Sie schelten einander Egoisten* ⟨...⟩ *um etwas zu sein.*] Eine Kurzfassung der Lehren von Adam Smith (1723-1790), mit denen Goethe wahrscheinlich schon früh durch seinen späteren Schwager Schlosser bekannt geworden ist.

647,786 *sechs und siebzig Jahre*] Ein Zeichen, wie sehr Goethe das ›Ich‹ der »Zahmen Xenien« als biographisches, nicht etwa als ›lyrisches‹ aufgefaßt wissen wollte: In der Handschrift stand ursprünglich 73, im Erstdruck 74 Jahre.

648,789 *Amor jubiliert und Mars den Krieger*] Düntzer fordert mit den postumen Ausgaben »der« statt »den«, doch besteht dazu kein Anlaß. Jubilieren hier im Sinne von ›quiescieren‹, ›pensionieren‹ (WA mit Parallelbeleg in Brief Nr. 2009); ›Amor‹ und ›Mars‹ also Akkusativ, ›jubiliert‹ Imperativ. Vielleicht auch Anklang an das jüdische Jubeljahr, das Jahr der Versöhnung und des Schuldenerlasses.

648,796 *Bewegung leugnen*] Diogenes aus Sinope soll, als Zenon aus Elea die Bewegung leugnete, einfach vor ihm hin und her gegangen sein.

648,806 *magnetischen Schlaf*] Hypnoseschlaf, der auf ›animalischen‹ Magnetismus zurückgeführt wurde.

Zahme Xenien IV (S. 648-661)
Themenschwerpunkte: die Jungen, insbesondere die Literaten, Christiane (?), Brauchbarkeit für andere, Politik (Majorität), Wahrhaftigkeit.

649,815 *Wie die Gemeinde prüft und probt]* Die bekanntere Stelle 1. Thess. 5,21: »›Prüfet aber alles und das Gute behaltet.‹« Wahrscheinlicher jedoch der Bezug auf Römer 2,18, dort im Kontext Tadel an den rechtgläubigen Juden, die das Gesetz zu haben meinen, aber nicht danach handeln.

649,819-822 *Es schnurrt mein Tagebuch ⟨...⟩ Kalender.]* Zwar benutzte Goethe nur bis 1817 vorgedruckte Schreibkalender für die Tagebuchführung. Aber ein Indiz zur Datierung ist das nicht, denn hier ist wohl eher metaphorisch von der ›täglichen‹ Xenien-Produktion die Rede, nicht vom eigentlichen Tagebuch.

649,827 *der Herr]* Der Fürst.

649,839 f. *Wie einer ist ⟨...⟩]* Eigenhändig auf einem Albumblatt, datiert »Berka d. 21 Juni 1814«.

650,847 *gibt sich bloß]* Stellt sich entblößt dar.

650,858 *Darf man]* Hier wohl im älteren Sinne: ›Braucht man‹.

650,867 *Gebärden]* Gebaren, Benehmen.

651,876 *herzlichen]* Mittelhochdeutsche Adverb-Bildung.

651,877 *als Junge gesetzt]* Im Kontrast zu ›herzlichen‹ neuerer Philosophen-Jargon (JA)? Eher wie ›Karpfen setzen‹ oder in der Weidmannssprache ›gebären‹ von Rehen, Hasen usw.

651,891 *Die klugen Leute]* ›Klug‹ mit dem Beisinn ›berechnend‹, weltklug. Übereilte politische Präventiv-Maßnahmen?

651,895-898 *Anders lesen Knaben den Terenz ⟨...⟩ lassen muß.]* Mit einem Brief an Zelter, 8. 8. 1822: »Lese ich heute den Homer, so sieht er anders aus als vor zehen Jahren; würde man dreihundert Jahre alt, so würde er immer anders aussehen.« – Man warf Hugo Grotius vor, daß er immer noch Terenz lese, der als Schullektüre galt. Grotius antwortete: »Alia legimus in his pueri, alia viri.« (»Anderes lesen

wir in diesen Werken als Knaben, anderes als Männer.«) Von dem Ärger, den Goethe als Knabe gegenüber dieser Sentenz empfand, berichtet *Dichtung und Wahrheit* 6.

651,900 *Feierstunde]* Feierabend.

652,904 *Gesicht]* Hier: Anblick.

652,914 *Wollen wir's verbrennen]* Goethe hat im Gegenteil auch seine Fragmente aufbewahrt. Denkbar wäre, daß im zweiten Teil nicht der Dichter, sondern ein anderer Teil des Publikums spricht.

652,930 *Sie möchten gerne frei sein]* Wieder Anfang einer Reihe politischer Sprüche.

653,960 *Herrn Bredows]* Gottfried Gabriel Bredow, *Chronik des 19. Jahrhunderts* (1804 f.) und *Weltgeschichte in Tabellen* (1801 ff.).

654,972 *Trauten]* Grimm, *Deutsches Wörterbuch*, Bd. 21, Sp. 1553 führt die Stelle unter den Belegen für die Bedeutung ›Diener‹ an. Dann wäre für ›erbauten‹ (v. 973) weniger an die Gemütsbewegung als an ›sich aufbauen‹ zu denken.

654,985 *Und in die Nase]* Die »Zahmen Xenien« als Schnupftabak oder Nieswurz, Mittel gegen Dummheit und Wahnsinn.

655,992 *Soll man euch]* JA hält Textverderbnis für »Sieht man euch« oder »Hört man euch« für möglich. Hecker schlägt als Deutung vor: Zuruf an Produzierende, die rezensiert werden wollen; solche Rezensionen seien aber, verglichen mit persönlicher Anteilnahme, nur frostiges Zähneklappern.

655,1018 *beteuern]* Hier: bestätigen, bekräftigen. – Am ehesten scheint mir der Spruch auf die unbefriedigende Rezeption der Farbenlehre beziehbar zu sein.

656,1026-1033 *Der Teufel!* ⟨. . .⟩ *für alles.]* Eine persönliche Beziehung ist zu vermuten, doch nicht ermittelt. Loeper denkt an Juliane von Krüdener (siehe S. 763 und Anm.)

656,1035 *östliche Welt]* Die Welt des *Divan*, also von einem andern gesprochen.

656,1036-1039 *Ich wünsche mir eine hübsche Frau* ⟨. . .⟩ *befände.]* Von diesem und den drei folgenden Sprüchen wird

angenommen, daß sie dem Andenken Christianes gewidmet sind. Man sollte dann aber auch noch v. 1046-1054 hinzunehmen. Nur ein sehr vordergründiges Verständnis der Rede vom ›Betrug‹ oder aber eine Unterschätzung der Bedeutung Christianes konnte hier eine Barriere aufrichten: Diese Verse ragen in die Problematik von Helenas Idolhaftigkeit und Entschwinden in *Faust II* hinein.

656,1051 *Nun läßt sie dich allein]* Goethes Frau war am 6. 6. 1816 gestorben.

657,1058 *Ein gewarnter Mann* ⟨. . .⟩*]* Im Italienischen und Französischen sprichwörtlich (Loeper).

657,1064 *erkünstelten Talente]* In einem Nachlaß-Fragment und gegenüber Eckermann, 25. 10. 1823, spricht Goethe von den neueren Dichtern als ›forcierten Talenten‹. Doch die Tendenz dieses Spruches schon an Zelter, 30. 10. 1808: »Deswegen bringen mich auch ein halb Dutzend jüngere poetische Talente zur Verzweiflung, die bei außerordentlichen Naturanlagen schwerlich viel machen werden, was mich erfreuen kann. Werner, Oehlenschläger, Arnim, Brentano und andere arbeiten und treiben's immer fort; aber alles geht durchaus ins Form- und Charakterlose.«

657,1075 f. *Einem unverständigen Wort\Habt ihr Sinn geliehen]* Hecker bezieht auf die Ausleger der »Weissagungen des Bakis«.

658,1087 *Intressen]* Zinsen einer Schuld.

658,1098 *Plutarch]* Plutarchs Biographien, Parallelbeschreibungen immer je eines griechischen und eines römischen großen Mannes, hat Goethe im Alter wiederholt gelesen.

658,1101 *Cato]* Cato der Ältere (234-149) vertrat vor allem als Zensor die Position altrömischer Sittenstrenge; in seinen späteren Jahren gönnte jedoch auch er sich einigen Luxus.

658,1102 *Selbander]* Zu zweit, ›selbst der andere, der zweite‹.

658,1107 *Kaiser Friedrich der letzte]* In Zinkgrefs *Apophthegmata* (siehe S. 1009) wird eine Äußerung Kaiser

Friedrichs III. (1452-1493) berichtet: Einem Alten eine junge Frau zu geben sei ein sicheres Mittel, ihn ›höflich‹ ums Leben zu bringen.

659,1120 *Der Tag immer belügt den Tag]* Kontrafaktur des lateinischen Sprichworts: »Dies diem docet.« (»Ein Tag belehrt den anderen.«)

659,1122 *Wenn der Tag den Tag zerstört]* Wie beim Vorigen Spiel mit eigentlicher und übertragener Bedeutung: Wenn einem die Tagesereignisse die Zeit stehlen.

659,1133 *kontrolliere]* Noch mit Anklang an den ursprünglichen Sinn: Die Gegenrechnung durchführen; also etwa im Sinne der ersten Zeile des Spruches.

659,1135-1138 *Die Xenien ⟨...⟩ erwachen.]* Zusammen mit v. 1183-1188 in einem Schreibkalender für 1821 überliefert.

660,1139 *Sibyllinisch]* In einem Brief an Zelter vom 12. 8. 1826; Goethe hatte dem durchreisenden Porzellanmaler Ludwig Sebbers (vgl. Abb. 24) einige Stunden zu einem Portrait gesessen und mit diesem Gedicht »billigermaßen über diese Bemühungen gescherzt«. Schon am 24. 1. 1824 an Ottilie von Goethe: Er sei »fest entschlossen, keinem Künstler, er heiße wie er wolle, mehr zu sitzen noch zu stehen« – was sich jedoch nicht durchhalten ließ. Die ›sibyllinischen‹ Weissagungsbücher wurden um so teurer, je weniger von ihnen übrigblieb. (Schon an Klinger, 8. 12. 1811: »Das Leben ist den sibyllinischen Büchern gleich; je knapper, desto teurer.«)

660,1147-1154 *Spricht man mit jedermann ⟨...⟩ nicht gehen.]* Andere Fassung des Gedichts *Vielrat*, »Epigrammatisch«, S. 535.

660,1165-1168 *Halte dich ⟨...⟩ den Göttern.]* Eigenhändiger Entwurf zusammen mit »*Was gibst du dir mit Lieb und Ehre*«, S. 850.

661,1169-1172 *Was hätte man ⟨...⟩ behaglich wäre!]* In einem Entwurf davor die Verse:

> Was muß man doch im Alter nicht
> An gutem Ruf verlieren

Herr Spicker spickt gar mein ⟨?⟩ Gesicht
Am Festtag mit Geschwüren.

Bezug dieser Verse ungeklärt. Samuel Heinrich Spiker, Bibliotheksfachmann in Berlin, Übersetzer englischer Literatur, seit 1827 Herausgeber der alten ›Haude- und Spenerschen‹ Zeitung?

661,1170 *Ephemere]* Eintagsfliege.

661,1178 *Der wird sich rühren, wird nicht sorgen]* ›Sorge‹ bei Goethe fast terminologisch das lähmende gedankliche Vorwegnehmen künftigen Unheils.

661,1179-1182 *Liegt dir Gestern klar und offen ⟨...⟩ glücklich sei.]* Von Goethe mehrfach separat gedruckt, faksimiliert und in Stammbücher eingetragen. Zum fünfzigjährigen Jubiläum der Ankunft in Weimar 7. 11. 1825 unter ein Portrait. Auf einem Faksimile von 1830 v. 1180 »treu« statt »frei«. Auch in einer englischen und einer französischen Fassung verschenkt (Helmut Sembdner, *»Ich habe sie ⟨die Faksimiles⟩ geschrieben und nicht geschrieben.« Goethes magische Blättchen,* in: Jb. der dt. Schillerges. 30 [1986], S. 1-21; die Übersetzungen sind von Carlyle bzw. François Maucroix):

Know'st thou *Yesterday,* its aim and reason,
Work'st thou well *To day* for worthy things,
Then calmly wait the *Morrows* hidden season,
An fear not thou what hap soe'er it brings.
bzw.
Chaque jour est un bien que du ciel je reçoi,
Profitons aujourdhui de celui qu'il nous donne;
Il n'appartient pas plus aux jeunes gens qu'a moi,
Et celui de demain n'appartient a personne.

Zahme Xenien V (S. 661-675)

Themenschwerpunkte: das Gute und das Schlechte, Newton (vgl. S. 1249 f.), Pustkuchen (vgl. S. 1251 f.).

661,1183-1188 *Kein Stündchen ⟨...⟩ sondern weiß.]* Erhalten in einem Schreibkalender für 1821, wie v. 1135-1138.

661,1190 *Oner und Aner]* Dogmatische Anhänger einer bestimmten Philosophie, etwa ›Kantianer‹, ›Hegelianer‹

usw. ›Oner‹ wohl nur wegen des Binnenreims auf »Weltbewohner«.

662,1214 *Sie ist nur]* Goethe neigt öfter dazu, das »nur« an ungewöhnlicher Stelle zu bringen; deshalb schlägt JA vor, ›Sie nur ist‹ zu verstehen. Aber auch diese Lösung vermag den Spruch nicht ganz aufzuklären, es sei denn, man baut noch eingreifender um: ›Nur des Lebens Kraft kann man als wahre Wissenschaft ansehen‹ – im Gegensatz zur Stubengelehrsamkeit der in v. 1215 angesprochenen Wissenschaftler. Vgl. schon das Xenion »*Fortzupflanzen die Welt* ⟨...⟩«, S. 244, und Bd. I, S. 610.

662,1220 *in Flammen]* Das Weimarer Theater war in der Nacht zum 22. 3. 1825 abgebrannt. Goethe über den Wiederaufbau zu Eckermann: »Ein neues Theater ist am Ende doch immer nur ein neuer Scheiterhaufen, den irgend ein Ungefähr über kurz oder lang wieder in Brand steckt.« (1. 5. 1825.) Gleichwohl engagierte er sich in der Frage des Neubaus, vgl. an Zelter, 11. 4. 1825, und das zitierte Eckermann-Gespräch.

663,1225 *Konversations-Lexikon]* Konversationslexika, am bekanntesten der ›Brockhaus‹ (seit 1796, vom Verlag Brockhaus 1808 erworben), hatten als ›Verkehrswörterbücher‹ tatsächlich die Aufgabe, Wissen für die Konversation bereitzustellen. Goethe meint hier wohl, man sei gelegentlich besser beraten, solche Lexika zu lesen statt sich an der Konversation zu beteiligen.

663,1233 *Versatilen]* Den Geschmeidigen, Wankelmütigen.

663,1240 *Knopf]* Knauf.

663,1242 *zunächst]* Demnächst.

663,1244 *ruiniert]* Noch nicht im heutigen allgemeineren Sinne, sondern wörtlich: ›zur Ruine gemacht‹.

663,1245 *verfaulen]* In Goethes Übersetzung von *Rameaus Neffe*: »Unter dem Marmor faulen oder unter der Erde ist immer faulen.« (Vgl. Bd. XII dieser Ausgabe.)

664,1255 *Ich hätt' es gern euch recht gemacht]* Im Kontext des folgenden Spruches bezogen auf Vorschriften zur Metrik, insbesondere ›antiker‹ Versmaße. Vgl. Bd. I, S. 1081 f.

664,1258 *Cyklopen]* Einäugige Riesen der *Odyssee* (Polyphem), bei Hesiod Schmiede. Im Brief an Humboldt vom 8. 2. 1813 nennt Goethe Johann Heinrich Voß, der sich besonders intensiv mit der Nachbildung antiker Metren im Deutschen befaßt hatte, den »Heidelberger Zyklopen«. Auch im Kreis der Romantiker war die Bezeichnung für Voß geläufig.

664,1261 und 1263 *vergessen]* Vergeßlich.

664,1269 f. *verziehen* ⟨...⟩ *vergeben]* Der heute verblaßte Unterschied: ›Verzeihung‹ ist ›Verzicht‹ auf Wiederherstellung oder Schadensersatz, ›Vergebung‹ ist Sündenerlaß.

665,1278 *begreifen]* Umfassen.

665,1280 *mit Laternen]* Diogenes aus Sinope lief am hellen Tag mit einer Laterne durch die Straßen. Befragt, was das bedeute, antwortete er: »Ich suche Menschen.« – Hier Selbstermahnung, daß der Anspruch allzu hoch gesteckt sei.

665,1284 *Sie werden zur Seite der Guten gelten]* Sie werden letztlich die Waagschale der Guten beschweren.

665,1291 *†††]* Im Manuskript auf Rasur. Voß? Oder F. A. Wolf (vgl. an Zelter, 19. 3. 1818, zu Wolfs ›Hundert Hexametern‹)?

665,1293 *Zeitungs-Geschwister]* Nicht bestimmte Zeitungen, sondern die ganze Sippschaft.

666,1311-1314 *Johannis-Feuer sei unverwehrt* ⟨...⟩ *immer geboren.]* Für das Johannisfeuer wurden schon lange vorher verbrauchte Reisig-Besen gesammelt. In den *Tag- und Jahresheften* zu 1804 berichtet Goethe, er habe den Spruch als Toast ausgebracht, als das Johannisfeuer in Jena verboten werden sollte.

666,1329 f. *Die Welt geht auseinander* ⟨...⟩ *balsamieren.]* Auch *Faust*-Paralipomenon.

666,1333 *Achseltragen]* Wer auf beiden Achseln trägt, ist ein Heuchler.

666,1341 *Die W. K. Fs]* »W. K. F.« waren die Verlautbarungen der ›Weimarer Kunst-Freunde‹ unterzeichnet, die im wesentlichen aus Goethe und Heinrich Meyer bestanden. Vermutlich gegen das romantische Münchner ›Kunstblatt‹ gerichtet.

667,1344 *Der trockne Versemann]* Konkret wäre an Johann Heinrich Voß zu denken.

667,1353 *aufzuräumen]* Froh zu machen, zu erheitern (heute nur noch als Partizip: ein Mensch in ›aufgeräumter Stimmung‹).

667,1356 *sich gewöhnen]* Breiteres Bedeutungsspektrum als heute: lernen, erziehen, mit dem Beisinn ›Wohnung nehmen‹.

667,1360 *darf sich]* Braucht sich.

667,1363 f. *Anbete du ⟨...⟩]* Nach einem persischen Spruch, den sich Goethe am 12. 12. 1814 im Tagebuch notierte: »Hundert Jahre bete das Feuer an, falle einen Augenblick hinein und du verbrennst.«

667,1367 *Polizei]* Allgemein: für Ordnung zuständige Obrigkeit.

668,1371 *Splitterrichter]* Anknüpfung bei Matth. 7,3, die nur den Splitter im Auge des andern sehen.

668,1390-1393 *Mit diesen Menschen ⟨...⟩ besten hast.]* *Faust*-Paralipomenon zum »Prolog im Himmel«.

668,1398-1401 *Mit Liebe nicht ⟨...⟩ scheinen!]* Die ersten beiden Verse sollten vielleicht in Anführungszeichen gesetzt werden. In einer Abschrift für Zelter (23. 11. 1831) in v. 1399 »Können« statt »Werden«. Dort als »altes Verslein« eingeführt, »welches, übersetzt, ohngefähr also lauten würde«.

669,1412 *Wie mancher auf der Geige fiedelt]* Beginn einer Sequenz über Naturwissenschaft. »Wie« bei Goethe häufiger temporal oder konzessiv, ›während‹, ›obgleich‹.

669,1413 *angesiedelt;]* Das Semikolon (so in allen Drucken und der Druckvorlage) gehört vielleicht hinter den nächsten Vers (Schöne).

669,1417 *ein anderer, ein dritter]* Ein zweiter und dritter.

670,1429 *begabt]* Ausgestattet, versehen.

670,1431 *vertrackt]* Verworren, verzerrt.

670,1449-1452 *Mag's die Welt ⟨...⟩ verkannt.]* Schon in *Zur Morphologie* I 2 (1820) gedruckt; im Anschluß an Ausführungen über Caspar Friedrich Wolf, den Goethe als sei-

nen Vorgänger hinsichtlich der Metamorphosen-Lehre ansah.

671,1457-1465 *Allerlieblichste Trochäen* ⟨...⟩ *mich verstebt!*] Die orthodoxen Metriker verboten in den ›antiken‹ Metren einen Ersatz von Spondeen (»lang«-»lang«) durch Trochäen (»lang«-»kurz«); aber im Deutschen sind zweihebige Wörter selten, müssen mit Gewalt hergestellt werden wie hier in v. 1460. Vgl. auch Bd. I, S. 1081 f.

671,1466 *Ein Schnippchen schlägst du doch im Sack*] Siehe S. 1248.

671,1482-1485 *Alles auch Meinende* ⟨...⟩ *erscheint.*] Vorschlag: Diejenigen, die ›auch‹ meinen, d. h. sich einer bestehenden Meinung anschließen, können sich trotzdem nicht vereinen, weil sie nicht der ursprünglichen Erfahrung folgen. – JA etwas anders: Man kann diejenigen, die . . ., nicht ›*sich* vereinen‹, also von seiner abweichenden Meinung überzeugen.

672,1486-1500 *Reuchlin* ⟨...⟩ *nicht fehlen.*] Der humanistische Gelehrte (vgl. v. 1490) Johannes Reuchlin hatte sich 1410 gegen die Anordnung gewandt, alle hebräischen Bücher, ausgenommen die Bibel, zu vernichten, und wurde deshalb von den Kölner Dominikanern der Ketzerei bezichtigt. Er veröffentlichte daraufhin *Epistolae virorum clarorum* (1514), Briefe berühmter Männer, die ihm beipflichteten. Crotus Rubaenus und Ulrich von Hutten (v. 1499) unterstützten ihn mit den *Epistolae virorum obscurorum* (›Dunkelmännerbriefen‹, Briefen unbekannter Männer, vgl. v. 1497), in denen sie die Reuchlin-Gegner verspotteten; auch Franz von Sickingen gehörte zu den Verteidigern Reuchlins. Als ›Obskuranten‹, die das Licht verdunkeln wollen, erscheinen Goethe vor allem die Anhänger Newtons. Vgl. S. 717,55. Siehe auch v. 1543-1552.

672,1501 f. *Lehrling* ⟨...⟩ *Wandrer*] *Wilhelm Meisters Lehrjahre* und *Wilhelm Meisters Wanderjahre.*

673,1529 *Der Pseudo-Wandrer*] Zu Pustkuchens ›Pseudo-Wanderjahren‹ vgl. S. 1251.

673,1530 *sein Geschwister*] Neutrales Kollektivabstraktum wie ›Gebirge‹ oder ›Gerede‹.

673,1538 *ein Falsum]* Pustkuchens ›Pseudo-Wanderjahre‹ werden hier und an anderen Stellen von Goethe als Fälschung angesehen. Daß diese Polemik nicht von Goethe selbst stammen konnte, war zwar schnell zu erkennen, aber erst, nachdem man das Buch angeschafft hatte.

673,1541 *Verdammen wir die Jesuiten]* Ihnen wird die voranstehende Maxime zugeschrieben. Gegenüber dem evangelischen Pastor Pustkuchen wiegt der Vorwurf der ›Jesuiten-Moral‹ besonders schwer.

673,1543-1552 *Ist dem Gezücht Verdienst ein Titel 〈...〉 nicht fehlen.]* Hier nun mit den Materialien von v. 1486-1500 gegen Pustkuchen und dessen Anhänger. ›Titel‹ hier soviel wie ›Rechtsanspruch‹.

674,1555 f. *die Vernichtung | Verneinend]* Wir würden nach »Vernichtung« ein Komma setzen. – ›Vernichtung‹ noch stärker im wörtlichen Sinn ›zu nichts machen‹, so daß auch die Pointe v. 1559 f. stärker empfunden werden konnte.

674,1565 *auf der niedern Stufe]* Vgl. im nächsten Gedicht das Bild von der »Schlangenhaut« (v. 1571, bei Goethe häufiger), ferner Eckermann, 14. 4. 1824: »Da es mir aber mit meiner Bildung Ernst war und ich an meiner Veredelung unablässig arbeitete, so war ich im beständigen Fortstreben begriffen, und es ereignete sich oft, daß sie mich wegen eines Fehlers tadelten, den ich längst abgelegt hatte.«

674,1579 *am Mantel]* Titel in einer Handschrift *Dem neuen Elisa.* 2. Könige 2,13-15: Elisa hebt den Mantel des Elias auf, und der Geist des Verstorbenen geht auf ihn über.

675,1585 *Moses Leichnam]* Im apokryphen Judas-Brief 9.

675,1589 *stets bewußte Meister]* Wilhelm Meister mit dem Wanderstab, zugleich der Stab des Moses (v. 1590).

675,1591 *Pustrichs-Geister]* Spiel mit dem Namen Pustkuchen. Pustrich ist ein alter feuerspeiender Heidengott, vgl. Anm. 769,5.

Zahme Xenien VI (S. 675-683)
Themenschwerpunkte: Naturwissenschaft, speziell Farbenlehre, dann Geologie, dann Meteorologie, schließlich Bekenntnis.

675,1597-1600 *Niemand will* ⟨. . .⟩ *breit genug.]* WA druckt gemäß ihrem Letztfassungs-Prinzip eine handschriftlich überlieferte andere, durch eigenhändige Korrektur hergestellte Fassung: »Nichts wird rechts und links mich kränken | Folg' ich kühn dem raschen Flug«. Ich vermute aber, daß das keine Korrektur im »Xenien«-Zusammenhang sein sollte, sondern Entwurf z. B. für ein Stammbuch oder eine Briefbeilage.

675,1601 *Schwärmt ihr doch]* Anrede an die »Zahmen Xenien«.

676,1611 *Sollte heißen: gern diktiere]* Nicht ganz wörtlich zu nehmen. Es ist bekannt, daß Goethe seit den neunziger Jahren immer mehr dazu überging, Briefe, Tagebucheintragungen und auch größere poetische Texte zu diktieren. Aber Lyrik und die Einfälle für die kurzen Xenien hat er oft selbst notiert. Vgl. auch Boisserées Bericht vom 8. 8. 1815: »Confession daß ihm die Gedichte auf einmal und ganz in den Sinn kämen, wenn sie recht wären; dann müßte er sie aber gleich aufschreiben, sonst finde er sie nie wieder; darum hüte er sich auf dem Spaziergang etwas auszudenken –, es sei ein Unglück, wenn er es nicht ganz im Gedächtnis behalte, sobald er sich besinnen müsse, würde es nicht wieder gut.« (Weitz/Boisserée, Bd. 2, S. 241.) – Hat Goethes Hinweis in diesem Gedicht den Zweck, seine vielen Briefpartner, die lieber Autographen erhalten hätten, mit der Berufung auf eine Gewohnheit zu begütigen?

676,1615 *im Auge mit fliegenden Mücken]* »Mückensehen der Augen« (Düntzer), im »Didaktischen Teil« der *Farbenlehre* § 119.

676,1628 *schultern]* Sich Schulter an Schulter, in Reih und Glied stellen.

676,1634 *retardieren]* Verlangsamen.

676,1639 *verschmähten Freier]* Goethes Mitbewerber um Erkenntnis der Natur.

676,1640 *die schlechtgestimmte Leier]* Kaum Goethes eigene naturwissenschaftliche Bemühungen (Schöne), sondern die ›alte Leier‹ der Newtonianer. Satzstruktur: ›Wenn ihr nicht . . ., dann . . .‹

677,1642 *Isis zeigt sich ohne Schleier]* Möglicherweise Anspielung auf eine Zeichnung Thorvaldsens, ›Der Genius der Poesie entschleiert das Bild der Natur‹ (mit Bezug auf die *Metamorphose der Pflanzen*), als Widmung für Goethe vor A. v. Humboldts *Ideen zu einer Geographie der Pflanzen* (1807). – Die Sage vom verschleierten Bild der Isis zu Sais (vgl. Schillers Gedicht) geht auf Plutarch, *Über Isis und Osiris*, zurück.

677,1644 *Die geschichtlichen Symbole]* Vgl. die nächste Anm. Wichtiger als die ›geschichtlichen‹ Symbole waren für Goethe die je gegenwärtigen Erfahrungen des ›Symbols‹ als »lebendig-augenblickliche Offenbarung des Unerforschlichen«. (*Maximen und Reflexionen*, Hecker Nr. 314.)

677,1648-1651 *Suche nicht ⟨...⟩ in's Freie.]* Auch eigenhändig mit dem Titel *Dem Symboliker* und Datum 2. 3. 1826 überliefert. Vermutlich Bezug auf Georg Friedrich Creuzer (1771-1858). Dieser hatte in seiner *Symbolik und Mythologie der alten Völker* (4 Bde., 1810-12, 2. Aufl. 1820-25) die Auffassung vertreten, alle Symbole und Mythen gingen auf eine monotheistische Urreligion zurück, und er hatte damit sich und den Zeitgenossen einen weiten Raum der Spekulation und Deutung eröffnet. Goethe verfolgte Creuzers Bestrebungen zeitweise mit Interesse (siehe *Urworte. Orphisch*, S. 501 und Anm.), nahm aber immer mehr Distanz. Tagebuch, 28. 10. 1821: »Creuzers Symbolik fortgesetzt. Abends kleine darauf bezügliche Gedichte.« Vgl. auch das vorstehende Gedicht sowie *Kore. Nicht gedeutet!*, S. 522, »*Im Vatikan bedient man sich*«, S. 548, »*Müde bin ich des Widersprechens*«, S. 766.

677,1652 *Einheit ewigen Lichts zu spalten]* Gegen Newton und seine Anhänger, die das Licht als etwas Zusammengesetztes auffaßten.

677,1654 *Wenn]* Wenngleich.

677,1658-1665 *Die beiden ⟨...⟩ galt.]* Anschluß an v. 1655, Licht und Finsternis, dazwischen die Welt der Farben. – Zu Plato vgl. die »Geschichte der Farbenlehre«, die Abteilung »Griechen«, bzw. Platos *Timaios* 67 c. In einer

Niederschrift Eckermanns (von Goethe gestrichen) lautet die zweite Hälfte des Spruches:
> Betrachte das nur recht mit Lust,
> Was Plato von Hell und Dunkel gewußt,
> Der, wie uns gegenwärtig klar,
> Unter Philosophen keine Katze war.

Keine Katze: keine verächtliche Person (Grimm, *Deutsches Wörterbuch*, Bd. 11, Sp. 284 f.).

677,1666 *Freunde flieht die dunkle Kammer*] Des optischen Experimentators, der das Licht durch ein Löchlein in einen dunklen Raum und durch ein Prisma zwingt, vgl. *»Ist erst eine dunkle Kammer gemacht«*, S. 756 und Anm. – Auch eigenhändig mit dem Titel *Warnung eigentlich u. symbolisch zu nehmen* (Datum Februar 1827) überliefert. So auch selbständig in *Kunst und Alterthum* VI 1 (1827) gedruckt.

677,1669 *Bilden*] Gebilden. Im Erstdruck: »Bildern«; das geläufigere Wort paßt aber nicht in den Zusammenhang. Man ›bückt‹ sich vor den ›verschrobenen‹ Versuchsanordnungen, statt die Phänomene unmittelbar wahrzunehmen, wie es die zweite Strophe empfiehlt.

677,1673 *Gespenst*] Schöne hat darauf hingewiesen, daß das Wort ›Spektrum‹ in einer seiner Bedeutungen auch als ›Gespenst‹ übersetzt werden kann; daher vielleicht das häufige Auftauchen des Wortes gerade im Zusammenhang mit Newton.

678,1675 *Himmelsbläue*] Nach Goethes Farbentheorie entsteht sie, weil wir die Finsternis des Alls durch die aufgehellte, ›trübe‹ Atmosphäre wahrnehmen.

678,1676 *Siroc*] Scirocco, heißer Wind aus der Sahara, der oft Sand mit sich führt und deshalb eigentümliche Lichtbrechungen verursacht (v. 1677, von Goethe nicht als Brechung, sondern als ›Trübung‹ aufgefaßt, vgl. *Farbenlehre*, § 154).

678,1683 *Blöden*] ›Blöde‹ in dieser Zeit noch ›unerfahren‹, speziell auch ›kurzsichtig‹.

678,1685 *Die Finsternis im Lichte drinnen*] Da nach Newton das Licht sich aus den Farben zusammensetzt.

678,1696 *Gneis der Sohn ist nun Papa]* Speziell zu dieser Stelle siehe auch »*So viel ich weiß*«, S. 861. – Beginn der Geologie-Sequenz. Im Geologenstreit um die Ursachen der Erdgestalt (Neptunisten: Wasser; Plutonisten: vulkanische Bewegungen) neigte Goethe den Neptunisten zu, war aber nicht so dogmatisch festgelegt wie in Fragen der Optik und Farbenlehre. Entsprechend spielerisch kann er hier auch formulieren.

679,1706 *der edle Werner]* Der ›Neptunist‹ Abraham Gottlob Werner war 1817 gestorben.

679,1707 f. *Poseidaonische* ⟨...⟩ *Hephästos]* Der Meergott Poseidon (hier homerisierende Adjektiv-Bildung) und der im Vesuv hausende Schmiedegott.

679,1727 *Pyro-Hydrophylacium]* Athanasius Kircher, *Mundus subterraneus* (Die unterirdische Welt, 1678), erklärte die heißen und kalten Quellen aus einem Feuer- und einem Wasserbehälter im Erdinneren. Goethe las das Buch Januar/Februar 1825 (Tagebuch).

679,1738 *Schwere]* Schwerkraft. Goethe stellt sich die Schwerkraft als etwas in den Weltenkörpern Pulsierendes (siehe auch v. 1763) vor. In diesem und den nächsten beiden Gedichten wird ihr Wirken auf das Wetter behandelt, dann folgt die Ausweitung aufs Ganze und die eigene Stellung in ihm.

680,1745 *Mercur]* Das Quecksilber, mit dem der Luftdruck gemessen wurde.

680,1751 *Hermes]* Wie Mercur in der vorigen Anm.

680,1760-1765 *Das Leben* ⟨...⟩ *heran.]* Auch eigenhändig überliefert, nach dem Kontext wahrscheinlich Anfang 1827.

681,1800-1815 *Wenn Kindesblick* ⟨...⟩ *ein andrer war.]* Nach einer Ausweitung des Meteorologie-Themas zu dem der Lebensfahrt nun die Schlußsequenz zum Thema Originalität und Tradition. Ein besonders nachdrückliches Bekenntnis überliefert Soret (17. 2. 1832): »Was bin denn ich selbst? Was habe ich denn gemacht? Ich sammelte und benutzte alles was mir vor Augen, vor Ohren, vor die Sinne

kam. Zu meinen Werken haben Tausende von Einzelwesen das ihrige beigetragen ⟨...⟩ so erntete ich oft, was andere gesäet; mein Lebenswerk ist das eines Kollektivwesens, und dies Werk trägt den Namen Goethe.« (Soret, Houben, S. 630.) Eine Formulierung, die im Wortlaut an das Gedicht anklingt, in *Kunst und Alterthum in den Rhein und Mayn Gegenden* (1816):

> Der aus der Kindheit aufblickende Mensch findet die Natur nicht etwa rein und nackt um sich her: denn die göttliche Kraft seiner Vorfahren hat eine zweite Welt in die Welt erschaffen. Aufgenötigte Angewöhnungen, herkömmliche Gebräuche, beliebte Sitten, ehrwürdige Überlieferungen, schätzbare Denkmale, ersprießliche Gesetze und so mannigfache herrliche Kunsterzeugnisse umzingeln den Menschen dergestalt, daß er nie zu unterscheiden weiß, was ursprünglich und was abgeleitet ist. Er bedient sich der Welt, wie er sie findet, und hat dazu ein vollkommenes Recht.

681,1806 *Umsittigt]* Eine eigenhändige Handschrift liegt nicht vor, so daß nicht mit letzter Sicherheit zu sagen ist, ob es nicht »umfittigt« heißen sollte wie S. 59,14 (die immer wieder begegnende Verwechslung bei deutscher und Frakturschrift). ›Umsittigen‹ könnte doppelsinnig gemeint sein: mit ›Sitte‹ umgeben, aber auch mit vorgeprägten Wörtern beplappern (von ›Sittich‹, Papagei oder überhaupt sprechender Vogel).

682,1820 *Autochthone]* Eigentlich Eingeborener, hier der Wortbildung näher: das ›erdentsprossene‹ Original.

682,1824-1835 *Vom Vater hab' ich die Statur* ⟨...⟩ *zu nennen?]* Pniower: das Sittliche, das Poetische, das Erotische und das Künstlerische.

682,1828 *Urahnherr war der Schönsten hold]* Vielleicht Anspielung auf eine tatsächliche, genealogisch jedoch etwas näherliegende Begebenheit: Der Großvater Textor war als junger Jurist in Wetzlar wegen Ehebruchs vor Gericht gestellt worden, und der Ehemann hatte als Beweisstück die Perücke vorgelegt, die der ›Urahnherr‹ bei der Flucht zurückgelassen hatte.

682,1833 *Complex]* Nicht modernisiert, da in einem präzise terminologischen Sinne ein ›Zusammengesetztes‹ gemeint ist.

682,1836-1843 *Teilen kann ich nicht* ⟨...⟩ *der Eine.]* Thema ist die Individualität (›Persönlichkeit‹) im wörtlichen Sinne, als Unteilbares, das nicht zerfallen kann (vgl. *Vermächtnis*, S. 685 und Anm.).

683,1842 *Und so spalt' ich mich, ihr Lieben]* Konkret: in die verschiedenen Sprecherrollen der Dichtungen; die verschiedenen Lebensrollen.

Supplement zur Sammlung von 1827

Die beiden Gedichte dieses Supplements standen erstmals in der Ausgabe C in Bd. 23 bzw. 22 (1829), jeweils im Zusammenhang der *Wanderjahre*. Eckermann unter dem 15. 5. 1831:

⟨...⟩ da Goethe gerade zu dieser Zeit zwei bedeutende Gedichte vollendet hatte, eins ›auf Schillers Schädel‹, und ein anderes: ›Kein Wesen kann zu nichts zerfallen‹, so hatte er den Wunsch, auch diese Gedichte sogleich in die Welt zu bringen, und wir fügten sie also dem Schlusse der beiden Abteilungen ⟨der *Wanderjahre*⟩ an.

Als nun aber die ›Wanderjahre‹ erschienen, wußte niemand, wie ihm geschah. ⟨...⟩ Auch wurden die beiden Gedichte so wenig verstanden, als es geahnet werden konnte, wie sie nur möchten an solche Stellen gekommen sein. Goethe lachte dazu.»Es ist nun einmal geschehen«, sagte er heute ⟨Variante: heiter⟩, »und es bleibt jetzt weiter nichts, als daß Sie bei der Herausgabe meines Nachlasses diese einzelnen Sachen dahin stellen, wohin sie gehören; damit sie, bei einem abermaligen Abdruck meiner Werke, schon an ihrem Orte verteilt stehen ⟨...⟩«

Aber wohin ›gehören‹ die ›Sachen‹? Eckermann und Riemer haben in Q nur *Vermächtnis* unter die dortige (ohnehin zusammengewürfelte) Rubrik »Gott, Gemüt und Welt« hinter

Eins und Alles (siehe S. 494) gesetzt; »*Im ernsten Beinhaus*« hingegen steht in Q unter den »Vermischten Gedichten«, zwischen *Aus einem alten Stammbuch von 1604* (siehe S. 473) und *St. Nepomucks Vorabend* (siehe S. 474). In neueren Ausgaben werden beide Gedichte nach dem Vorbild der WA in die Gruppe »Gott und Welt« eingeschoben, *Vermächtnis* zwischen *Eins und Alles* und *Parabase*, »*Im ernsten Beinhaus*« zwischen *Antepirrhema* (siehe S. 500) und *Urworte. Orphisch.* Diese Entscheidungen sind durchaus plausibel, für *Vermächtnis* deshalb, weil das Gedicht an die letzten beiden Verse von *Eins und Alles* anschließt, und für »*Im ernsten Beinhaus*« deshalb, weil man es als eine Steigerung von der Pflanzen- über die Tier-*Metamorphose* zum Menschen hin auffassen kann. Gleichwohl verzichtet die vorliegende Ausgabe auf eine derartige Integration, weil dadurch zwar die beiden Gedichte befriedigend untergebracht werden können, dafür aber anderseits der Gesamtbau der Gruppe »Gott und Welt« gestört würde. (Siehe S. 1100 f.)

»*Im ernsten Beinhaus war's*« (S. 684)
Druckvorlage ist der Erstdruck in C^1 23 (1829, keine Differenz zu C^3). Dort ist die Terzinen-Gliederung jedoch typographisch nicht bezeichnet. Im vorliegenden Abdruck werden die Terzinen (Reimschema: aba bcb cdc usw.) zur besseren Übersicht nach dem Vorbild des dritten Abdrucks in C 47 durch Vorrückungen markiert. Entstanden 25./26. 9. 1826 (Tagebuch). In C 23 steht das Gedicht am Ende der *Wanderjahre*, hinter den Prosa-Sprüchen »Aus Makariens Archiv«, vom vorangegangenen in Fraktur gesetzten Text durch Antiqua-Druck, Seitenwechsel und einen Freiraum von etwa sieben Zeilen abgesetzt, darunter in Klammern: »Ist fortzusetzen.« Es ist umstritten, ob dieser Zusatz für die *Wanderjahre* gilt oder für das Gedicht. Die *Wanderjahre* sind an dieser Stelle zu Ende, und von einer Fortsetzungsabsicht ist sonst nichts bekannt. Auch das Druckbild spricht für die zweite Auffassung; denn der Zusatz ist, wie das Gedicht, in Antiqua gedruckt und schließt unmittelbar, ohne

Leerzeile, an das Gedicht an. Für diese zweite Möglichkeit plädieren u. a. Viëtor, Lederer und Hecker (s. u.). Hecker glaubt auch, in einem nachgelassenen Terzinen-Fragment den Ansatz einer Fortsetzung gefunden zu haben:

○ So nah der Freund von der und jener Seite
– Und immer ich gebunden an der Stelle
○ Von wo ich gern ⟨?⟩ ins Breite und ins ⟨?⟩ Weite
– Mich oft erkühnte wider Meereswelle
☽ Und wenn ich so zu manchen Buchten dringe
– Entgegnet mir doch selten frische Quelle
☽ Die von des Freundes innrem ⟨?⟩ reichlich springe.
☿ Die Strömung bricht an Felsen, schäumt an Riffen
☽ Und ... ein Schaum ⟨?⟩ um⟨?⟩wogen schnelle
☿ Der kluge Segler eilt vorbei zu schiffen

(WA 5/II, S. 408 f. Die vor den Zeilen stehenden Symbole beziehen sich nicht, wie BA in Analogie zum ersten Weimarer Tagebuch annimmt, auf Personen, sondern markieren das Reimschema.) Terzinen gebraucht Goethe sonst nur noch am Anfang von *Faust II*. Inhaltlich ist jedoch kaum eine Brücke zu finden. Ohnedies ist das ›Beinhaus‹-Gedicht so geschlossen gebaut, daß es kaum eine Fortsetzung vertrüge. Wenn man den ›Freund‹ des Fragments als Schiller identifiziert, könnte man an die Erweiterung zu einem Schiller-Zyklus denken.

In C 47 (Bd. 7 der Nachgelassenen Werke, 1833) wurde das Gedicht noch einmal gedruckt, unter dem Titel »Bei Betrachtung von Schillers Schädel«. Der Titel stammt wahrscheinlich von den Nachlaß-Herausgebern. Goethe selbst nennt das Gedicht im Brief an Zelter vom 24. 10. 1827 »Reliquien Schillers ⟨...⟩, ein Gedicht das ich auf ihr Wiederfinden al Calvario ⟨Anspielung auf die Auffindung des Kreuzes Christi durch Kaiserin Helena, vgl. Anm. 833,3⟩ gesprochen«, woraus die JA den Titel »Schillers Reliquien« gewann. Da im Gedicht jedoch nirgends ausdrücklich von Schiller die Rede ist, der Erstdruck keinen Titel hat und auch einer erhaltenen eigenhändigen Handschrift nur die Datumsangaben »Zum 17. Sept. 1826« (gestrichen) und »25 Sept. 26«

vorangesetzt sind, ist ein solcher expliziter Bezug auf die ›Gelegenheit‹ des Gedichts möglicherweise eher irreführend. – Die ›Gelegenheit‹ ist außerdem schon im Eingang durch ein fiktionales Element stark verändert. Schiller war 1805 in einem einfachen Tannensarg im ›Kassen-Gewölbe‹ des Jacobifriedhofs beigesetzt worden. 1826 mußte das Gewölbe geräumt werden, und man suchte aus dem mittlerweile durch das Verrotten der Särge entstandenen Durcheinander Schillers Gebeine heraus (oder das, was man für Schillers Gebeine hielt). Der Schädel wurde am 17. 9. 1826 in der Weimarer Bibliothek in Danneckers Schiller-Büste deponiert, ehe die Gebeine in der Fürstengruft bestattet wurden. Dazwischen, am 24. 9., ließ Goethe sich den Schädel für einige Zeit in sein Haus bringen. Eine Art offiziöser Darstellung der etwas dubiosen Vorgänge um Schillers Begräbnis und Umbettung gibt Max Hecker, *Schillers Tod und Bestattung, nach den Zeugnissen der Zeit im Auftrage der Goethe-Gesellschaft dargestellt*, Leipzig 1935. Jedenfalls war Goethe selbst nicht im ›Kassengewölbe‹, und dieses war auch kein »Beinhaus«, in dem, wie das Gedicht fingiert, die ausgegrabenen Knochen anatomisch sortiert aufbewahrt wurden. Man tut deshalb gut daran, die biographische ›Gelegenheit‹ nicht allzusehr in den Vordergrund zu rücken, sondern stärker aufs ›Allgemeine‹ zu achten.

Es mag auf den ersten Blick verwundern, daß Goethe, der doch ein ausgesprochen diätetisches und hygienisches Verhältnis zu Tod und Verwesung unterhielt, hier eine solch makaber erscheinende Szenerie mit Schädeln und ›entrenkten Schulterblättern‹ entwirft. Doch hatte Goethe sich schon 45 Jahre lang mit Osteologie beschäftigt, Studien des Knochenbaus waren auch ein wichtiges Fundament der Beschäftigung mit Plastik (vgl. in diesem Band das Gedicht *Typus*, S. 515). Der menschlichen Schädelbildung hatte er schon im Zusammenhang mit Lavaters Physiognomie-Projekt große Aufmerksamkeit gewidmet, und dann hatte er sich von dem ›Phrenologen‹ Franz Joseph Gall, den er seit 1805 kannte, in dessen Schädellehre einführen lassen. All dies

war geleitet vom Wunsch, die Gestalt als Offenbarung der »Gott-Natur« (v. 32) wahrzunehmen. Das Gedicht knüpft zwar an bei der grausigen Motivik der älteren ›Mementomori‹- und ›Vanitas‹-Dichtung, deutet sie aber um in die Erfahrung einer ›Offenbarung‹ (v. 16 und 32) der ›Gott-Natur‹ an den »Adepten« (v. 15), d. h. den Eingeweihten. (Hierzu besonders Viëtor und Martens.)

Dies prägt auch den Aufbau des Gedichts. Die letzten vier Verse nehmen eine Sonderstellung ein, metrisch deshalb, weil die Terzinen durch einen zusätzlichen Vers zum Vierzeiler abgerundet werden, inhaltlich, weil hier ein sentenzenhafter Abschluß im Allgemeinen formuliert wird. Die voranstehenden Verse 1-30 aber werden mit dem »Doch«-Einsatz in v. 15 in zwei Hälften gegliedert: zuerst eher triviale Beinhaus-Erfahrung im Sinne der Vergänglichkeits-Erfahrung, dann die Offenbarung an den Adepten.

Vermächtnis (S. 685)
Druckvorlage ist der Erstdruck in C¹ 22 (1829; in C⁵ Punkt am Ende des ersten Verses, Semikolon am Ende von v. 42); dort im Anschluß an die »Betrachtungen im Sinne der Wanderer« der *Wanderjahre* angeschlossen. Eckermann unter dem 12. 2. 1829: »Goethe liest mir das frisch entstandene, überaus herrliche Gedicht: ›Kein Wesen kann zu nichts zerfallen‹. ›Ich habe, sagte er, dieses Gedicht als Widerspruch der Verse: ›Denn alles muß zu nichts zerfallen, wenn es im Sein beharren will‹ etc. ⟨!⟩ ⟨S. 495,23 f.⟩ geschrieben, welche dumm sind, und welche meine Berliner Freunde, bei Gelegenheit der naturforschenden Versammlung, zu meinem Ärger in goldenen Buchstaben ausgestellt haben.«« (Es war die ganze letzte Strophe ›ausgestellt‹ worden, vgl. Dietze, S. 492). Die Texte widersprechen einander jedoch nicht: Zum ›Zerfallen‹ führt das Beharrenwollen in der jeweiligen Gestalt; das ›Wesen‹ hingegen hält sich durch alle Gestalten durch. – Das Gedicht ist in 2:3:2 Strophen gegliedert: Proklamation der von edlen Geistern gefundenen Gesetzlichkeit des Kosmos, Anwendung auf die Seelen- und Erkenntniskräfte, Konsequenzen für das Soziale.

685,9 *Das alte Wahre]* Goethes schon in der Jugendzeit gefaßter Gedanke, daß es einen ›Consensus‹ des Wahren gebe, in dem die großen Lehren der verbundenen ›edlen Geisterschaft‹ sich treffen. Vgl. Bd. I, S. 815 f.

685,10 *Verdank']* In dieser Zeit noch mit stärkerem Anklang an ›daran denken‹, also: ›Sei seiner eingedenk‹.

685,10 *dem Weisen]* In der Kommentartradition Kopernikus (»wies« als ›nachwies‹). Dagegen Boyle: Gott (›anwies‹). Vermutlich jedoch Kontrafaktur eines wichtigen ›Beleges‹ des ptolemäischen Systems: Josua (10,12 f.) wies die Sonne an, stillzustehen, also sei sie es, die sich normalerweise um die Erde bewegt!

685,11 *ihr]* Der Erde aus dem Kompositum ›Erdensohn‹ (v. 10).

685,12 *dem Geschwister]* ›Das‹ Geschwister Kollektivbegriff (wie ›das Gebirge‹): die Planeten.

685,13-30 *Sofort* ⟨. . .⟩ *Ewigkeit]* Zentralbegriffe der drei Mittelstrophen sind »Gewissen« (v. 17), »Verstand« (v. 21) und »Vernunft« (v. 26), zugleich Zentralbegriffe der Philosophie Kants, freilich in Goethescher Anverwandlung: Von der Gesetzlichkeit der Planetenbahnen (v. 12 f.) soll der Blick sich auf das moralische Gesetz in uns selbst wenden, dann auf die gesetzliche Korrespondenz von Sinneserfahrung und verarbeitendem Verstand und schließlich auf eine Lebenswahrnehmung, welche die Vergänglichkeit des Zeitlichen zu übersteigen vermag.

686,25 *Genieße mäßig Füll' und Segen | Vernunft sei überall zugegen | Wo Leben sich des Lebens freut]* Nicht etwa Kalenderspruch, der zu ›vernünftiger‹ Enthaltsamkeit aufruft. ›Mäßig‹ heißt noch ›angemessen‹, nämlich an die vorher dargestellte objektive Gesetzmäßigkeit. Auch ›genießen‹ hat damals noch eher neutrale Bedeutung, etwa ›von einer Sache Gebrauch machen‹. Und schließlich ist in »Vernunft« noch das ›Vernehmen‹ enthalten. Paraphrase demnach fast das Gegenteil des heutigen Verständnisses: Wo dir Fülle und Segen begegnen, mache von ihnen angemessenen Gebrauch, ›vernimm‹ die Lebensfreude!

686,31-42 *Und war es* ⟨...⟩ *wünschenswertester Beruf*] Die letzten beiden Strophen bringen die Wendung zum Sozialen, zugleich eine Wiederaufnahme des Gedankens v. 4-6: Der Philosoph und der Dichter (v. 39) werden ihre soziale Aufgabe gerade dann erfüllen, wenn sie sich nicht dem ›allgemeinen Walten‹ anschließen, sondern sich der ›edlen Geisterschar‹ eingliedern, um »edlen Seelen vorzufühlen«.

Letzte Gedichtgruppen

Goethes letzte Lebensjahre seit 1826/27 sind angefüllt mit einem erstaunlichen Arbeitspensum. Die Ausgabe letzter Hand wird zum Anlaß, Texte fertigzustellen oder zumindest abzurunden, die schon seit vielen Jahren der Weiterführung harrten: Es entsteht der »Zweite römische Aufenthalt« der *Italienischen Reise*, der *Faust II* wird abgeschlossen, ebenso die *Wanderjahre* und wenigstens in einer Rohfassung das letzte Buch von *Dichtung und Wahrheit*. *Über Kunst und Alterthum* wird weitergeführt. Der Briefwechsel mit Schiller wird bearbeitet und herausgegeben, Sorets Übersetzung der *Metamorphose der Pflanzen* will betreut werden. Die Konzeption der ›Weltliteratur‹ führt zu neuen Lektüre-Erfahrungen, nach Osten noch über Persien hinaus, zur chinesischen Dichtung. Dazu ergeben sich vielfältige Aufgaben aus der Verwaltung des eigenen Ruhmes wie der Empfang von Besuchern (herausragend der Besuch Ludwigs I. von Bayern zum Geburtstag 1827), die Pflege der Briefwechsel, die Sorge um den Nachlaß. Nach dem Tod des Sohnes im Oktober 1830 muß Goethe gar wieder die Verwaltung des eigenen Hausstandes in die Hand nehmen. Und auch in der Staatsverwaltung ist er noch immer tätig; noch am 14. 3. 1832, zwölf Tage vor seinem Tod, verzeichnet das Tagebuch: »Einiges Oberaufsichtliche« – Angelegenheiten im Zusammenhang mit der ›Oberaufsicht über die unmittelbaren Anstalten für Wissenschaft und Kunst in Weimar und Jena‹, die Goethe bis zum Lebensende innehatte.

Noch immer entstehen lyrische Gebilde, Gelegenheitsgedichte, Sprüche, und auch jene Gedichte, die als Höhepunkte der Alterslyrik gelten, die *Chinesisch-Deutschen Jahres- und Tageszeiten* und die »Dornburger Gedichte«.

GEDICHTE ZU SYMBOLISCHEN BILDERN

Für des Herzogs Carl August Rückkehr aus dem Feldzug am 1. 9. 1814 wurde die Weimarer Zeichenschule mit symbolischen Bildern geschmückt, die von dem Schüler Alfred Heideloff nach Goethes Angaben angefertigt waren. Goethe verwendete die Bilder dann als Schmuck für die Straßenseite seines Hauses anläßlich des Regierungsjubiläums des Herzogs am 3. 9. 1825. Seit Januar 1826 dienten ihm verkleinerte, kolorierte Kupfer-Nachbildungen von C. Ermer, die er mit Versen versah, als ›Denk- und Sendeblätter‹. Einige dieser Blätter sind in mehrfacher Ausfertigung für verschiedene Adressaten erhalten. Genannt werden im Kommentar nur die frühesten, entstehungsnahen Ausfertigungen, meist von 1826. Einige Gedichte wurden schon zu Goethes Lebzeiten gedruckt, die meisten dann in Bd. 47 der Ausgabe letzter Hand (Bd. 7 der Nachgelassenen Werke, 1833). Die folgende Anordnung folgt der WA, die der Rubrik auch einige Gedichte zuordnen konnte, die in C 47 noch nicht an dieser Stelle stehen.

Anläßlich des großherzoglichen Jubiläums war eine Festbeschreibung *Weimars Jubelfest am 3ten September 1825* erschienen. Dort waren die Bilder im Tafel-Anhang wiedergegeben, und Goethe hatte sie kommentiert (Abdruck WA 53; ferner in Bd. XXI dieser Ausgabe). Goethes Ausführungen schließen: »Sollten wir nun zuletzt, nach so viel Liebenswürdigem, auch noch tadeln und fordern, so wünschten wir, es wäre einem Altertumskenner beliebig gewesen, treffende Mottos unter jedes Bild zu finden, welche, mit oben ausgesprochenen Worten verbunden, der Auslegungslust zu Hülfe kommend, dem Anschauenden einen

noch reinern und einsichtigern Genuß würden verliehen haben.« Indem Goethe nun selbst mit Gedichten »der Auslegungslust zu Hülfe« kommt, greift er eine Tradition auf, die im 18. Jahrhundert versandet war, jedoch das 16. und 17. Jahrhundert geradezu beherrscht hatte: die Emblematik. Ein Emblem besteht aus einem allegorischen Bild (pictura), einem Motto (inscriptio) im Bild oder darüber und einer erläuternden Unterschrift (subscriptio), häufig in Form eines Epigramms. Goethe besaß u. a. ein Exemplar des *Emblematum liber*, der am weitesten verbreiteten Emblemsammlung des Andreas Alciatus (1531). Obwohl die Bilder augenfällig Motive der alten Emblemkunst enthalten, konnten jedoch keine Zitate bestimmter Embleme nachgewiesen werden. – Goethes Erläuterungen werden im folgenden jeweils an ihrer Stelle mitgeteilt. Die Abbildungen aus dem Tafel-Anhang von *Weimars Jubelfest* ⟨. . .⟩ (dort farbig) werden im Abbildungsteil, Nr. 22 und 23, wiedergegeben.

⟨*Adler, mit einer Leier nach oben strebend*⟩ (S. 689)
Goethes Erläuterung: »Der Adler, der mit einer Lyra sich aufwärts schwingt, wird wohl durchaus von der Poesie verstanden werden; doch mag man sich auch den Aufschwung, der in allen Künsten das Erste und Letzte ist, gern dabei vorstellen.«

689,1-4 *Sollen immer unsre Lieder* ⟨. . .⟩ *Liebchen singen.*] Erstdruck: Frankfurter Iris, 16. 1. 1829. Eine Handschrift datiert »März 1826«.

689,5-8 *Bei Tag der Wolken* ⟨. . .⟩ *Lieder singen!*] Erstdruck wie das Vorige. Eine Handschrift ist datiert »Novbr. 1826«.

689,9-16 *Wie David königlich* ⟨. . .⟩ *erfreun!*] Erstdruck: *Über Kunst und Alterthum* VI 1 (1827), hinter *Böhmische Poesie*, also auch in der Stellung auf das Thema ›Weltliteratur‹ (vgl. die Einleitung zu »Aus fremden Sprachen«, S. 1133 f.) bezogen. Ein Entwurf trägt auf der Rückseite einen Entwurf von »Zahme Xenien« VI, v. 1836-1843, »*Teilen kann ich nicht das Leben*«, eine Reinschrift das Datum 11. 4. 1827, eine Abschrift Johns, unter dem Adler-Bild, mit Goethes eigen-

händiger Unterschrift, das Datum 21. 4. 1827. Inhaltlicher Bezug zum Bild unklar, evtl. nur allgemein Leier/Poesie als Brücke zum Begriff der ›Weltliteratur‹.

689,10 *Der Winzerin Lied am Throne*] Das Hohelied Salomonis. Die ›Winzerin‹ ist die Weinbergsarbeiterin. (In einem Entwurf: »Das Lied der Winzerin zum Sohne ⟨Davids, also Salomo⟩ drang.«)

689,11 *Bulbul*] In der persischen Dichtung die Nachtigall.

689,12 *Schlangenhaut als Wildengürtel*] Vgl. Goethes Übersetzung *Liebeslied eines amerikanischen Wilden* (Bd. XII dieser Ausgabe): Der ›Wilde‹ kündigt der Schlange an, daß ihre kunstvollen Farben erst am Gürtel seiner Liebsten zu ihrer wahren Schönheit gelangen werden. – Mit den vier Nennungen also der ganze Kreis der ›Weltliteratur‹.

689,17-21 *Guter Adler! nicht so munter* ⟨...⟩ *zu loben.*] Erstdruck: C 47. Eine Handschrift datiert 3. 9. 1826.

689,22-25 *Guter Adler, nicht in's Weite* ⟨...⟩ *zusammen loben.*] Erstdruck: Abend-Zeitung, 23. 7. 1830. In C 47 noch nicht hier eingeordnet. Variante des Vorigen für die Sängerin Wilhelmine Schröder-Devrient mit Datum 24. 4. 1830, die an diesem Tag bei Goethe gesungen hatte.

⟨*Schwebender Genius über der Erdkugel, mit der einen Hand nach unten, mit der andern nach oben deutend*⟩ (S. 690)
Goethes Erläuterung: »Ein Genius, zwischen Himmel und Erde fliegend, auf- und abwärts deutend, weckt die Betrachtung und Beherzigung des Oben und Unten.«

690,1-12 *Zwischen oben* ⟨...⟩ *schön und groß.*] 1-4 sind mehrfach ausgefertigt (frühestes Datum 30. 3. 1826), erstmals gedruckt C 47. 5-12 im ›Chaos‹, 1. Jahrgang, Nr. 52. 1-12 zusammenhängend mit Datum 23. 11. 1826 an Moritz Graf Brühl, danach Erstdruck des Ganzen: Deutscher Musenalmanach für das Jahr 1852, hg. v. O. F. Gruppe. – Zur Frage der Selbständigkeit von v. 5-12 vgl. S. 1346-1348

690,13-20 *Memento mori!* ⟨...⟩ *memento!*] Erstdruck: C 47. In der WA ist keine Handschrift nachgewiesen, nach Loeper (Hempel) datiert »März 1826«.

KOMMENTAR ZU S. 689-691 1209

690,17 *Knasterbart]* Jugendsprachlich (Studenten) eigentlich griesgrämiger Alter, Philister.

690,18 *docendo]* Durch Belehrung.

690,20 *vivere memento]* Gedenke zu leben, als Gegensatz zum ›Memento mori‹ v. 13.

690,21-28 *Wenn am Tag Zenit und Ferne* ⟨...⟩ *Gewinn.]* Erstdruck: Bremisches Unterhaltungsblatt für Leser aus allen Ständen, 5. 10. 1827, nach einem Exemplar des Bremer Hofrats Dr. Schütte vom 28. 8. 1827. Schon am 1. 5. 1827 in das Stammbuch Heinrich Küstners. Variation von v. 1-12.

⟨*Beschildeter Arm, gegen ein vorüberziehendes Wetter Bücher beschützend*⟩ (S. 691)

Goethes Erläuterung: »In dem schildführenden geharnischten Arm, gegen Ungewitter ein aufgeschlagenes Buch und beigefügte Kunstwerkzeuge beschützend, erkennt man jene Kraft und Beständigkeit, welche schriftliche Überlieferungen sowohl als die lebendigen Kunsttätigkeiten, selbst in den gefährlichsten Augenblicken, zu retten und zu bewahren wußte.«

691,1-4 *Manches Herrliche der Welt* ⟨...⟩ *gewonnen.]* Erstdruck: C 47. Handschriftlich überliefert zusammen mit »Schwebender Genius ⟨...⟩«, v. 1-4.

691,5-8 *Soll dich das Alter* ⟨...⟩ *beschützen.]* Erstdruck: C 47. Handschriftlich mit dem Vorigen überliefert.

691,9-12 *Alter Held* ⟨...⟩ *lieber.]* Erstdruck: C 47, unter den »Zuschriften und Erinnerungs-Blättern«, für Ulrike von Pogwisch.

⟨*Regenbogen über den Hügeln einer anmutigen Landschaft*⟩ (S. 691)

Goethes Erläuterung: »Der Regenbogen über grünendem Gebirg, in grauen Wolken, erinnert uns an jenen ersten Aufblick einer bessern Zeit, wo wir noch mit halbbeengter Brust auszusprechen anfingen: Mitescunt aspera secla. ⟨Die rauhen Zeiten werden linder – bezogen auf das Ende der Napoleonischen Zeit.⟩«

691,1-4 *Grau und trüb* ⟨...⟩ *Regenbogen.*] Erstdruck: C 47.
691,5-8 *Frohe Zeichen* ⟨...⟩ *Friede.*] Erstdruck: C 47.
692,9-12 *Aus des Regens* ⟨...⟩ *Treue.*] Erstdruck: C 47.
691,13-16 *Wilde Stürme* ⟨...⟩ *Bogen.*] Erstdruck: C 47, jedoch nach v. 4 eingeschoben. WA stellt um, weil v. 13-16 auf einer Abschrift Johns vor v. 17-20 steht. Handschriftlicher Entwurf zusammen mit »*Augenblicklich aufzuwarten*«, S. 818.
692,17-20 *Über Wiese, Hain und Dach* ⟨...⟩ *lächelt.*] Erstdruck: WA, nach der einzigen überlieferten eigenhändigen Handschrift für Moritz Graf Brühl, datiert »März 1826«.

⟨*Genius, die Büste der Natur enthüllend*⟩ (S. 692)
Goethes Erläuterung: »Ein anderer ⟨Genius⟩, bescheiden knieender Knabe enthüllt das Brustbild der symbolisch vorgestellten Natur, das, als aus weißem Marmor gedacht, zugleich auf Plastik hindeuten mag, als der vollkommensten Darstellung des vollkommensten Erzeugnisses aller Schöpfung.«
692,1-12 *Bleibe das Geheimnis* ⟨...⟩ *herrlichsten belehrt.*] Erstdruck: C 47. Doch stehen v. 5-8 schon unter den »Zahmen Xenien« VI, S. 677,1648-1651 (vgl. auch die dortige Anm.). Vers 1-4 handschriftlich überliefert mit »*Leuchtender Stern*«, v. 1-4, und »*Pinsel und Feder*«, v. 15-18, auf der Rückseite der ›Note‹ zum *Schlußgesang*, vgl. S. 1070 f. Eine Handschrift-Fassung dieser Verse trägt den Titel *Dem Symboliker*, datiert 2. 3. 1826.

⟨*Urne auf einem bunten Teppich*⟩ (S. 692)
Goethes Erläuterung: »Die Urne, nach altgriechischem Sinne, auf einem buntgestreiften Teppich, scheint die vielfachste Bedeutung anzunehmen; doch glauben wir nicht zu irren, wenn wir sie an die vierte Nummer ⟨*Leuchtender Stern* [...]⟩ anschließen und vermuten, sie wolle sagen: daß auch das Leblose durch echten Kunstsinn zu so hoher Schönheit könne ausgebildet werden, um in Absicht auf gehörige gefällige Form mit dem vollkommensten Organismus zu wetteifern.«

692,1-8 *Kannst du die Bedeutung* ⟨...⟩ *wird es haben.*] Erstdruck: C 47. Vers 1-4 handschriftlich für Nicolaus Meyer, datiert »März 1826«.

⟨*Leuchtender Stern über Winkelwaage,
Blei und Zirkel*⟩ (S. 693)

Goethes Erläuterung: »Zirkel und Wasserwaage sagen an, daß die Kunst in allem, was meßbar ist, scharf geregelt sein müsse; besonders erblickt hier die Baukunst ihren Leitstern. Ihr ist aufgegeben, alles Willkürliche, Schiefe, Schwankende, Falsche und Formlose zu verbannen.« Die Requisiten sind Symbole der Freimaurer. Eine Ausfertigung ist datiert »März 1826«.

693,1-9 *Zum Beginnen* ⟨...⟩ *schönste Gunst.*] Erstdruck: C 47.

⟨*Pinsel und Feder vom Lorbeer umwunden und von einem
Sonnenblick beleuchtet*⟩ (S. 693)

Goethes Erläuterung: »Pinsel und Griffel im Lorbeerkranze zielen auf das Verdienst jener Künste, welche kühn genug sind, das körperliche bewegte Leben auf flacher Tafel nachzubilden.« Malerei also als etwas mindere Art der Bildenden Kunst, in Kontrast zur Plastik, für die der »Genius, die Büste der Natur enthüllend« stand (in den Erläuterungen unmittelbar daran anschließend). – Auf ein solches Blatt ist auch »*Rösels Pinsel, Rösels Kiel*« geschrieben, das hier wegen des Bezugs auf eine bestimmte Person unter den Gedichten »An Personen« steht (S. 819).

693,1-18 *Auf den Pinsel* ⟨...⟩ *Lorbeer nehmen.*] Erstdruck: C 47. Vers 1-6 datiert 30. 3. 1826, v. 15-18 3. 9. 1826.

CHINESISCH-DEUTSCHE JAHRES- UND TAGESZEITEN

Erstdruck: Berliner Musenalmanach für das Jahr 1830 (erschienen 1829). Dies auch die Druckvorlage, da auch der Abdruck in C 47 (und danach, zusätzlich ›normalisiert‹, in

WA) vermutlich auf diesen Erstdruck, nicht auf eine handschriftliche Vorlage zurückgeht.

Bei Goethes erster Begegnung mit China hatte der europäische China-Kult seinen Höhepunkt schon überschritten. Seit gegen Ende des 17. Jahrhunderts jesuitische Missionare breitere Kenntnisse vermittelt hatten, wurde ›China‹ zu einem Utopie-Topos der Aufklärung als Musterbeispiel einer hochstehenden nichteuropäischen, nichtchristlichen Kultur. In der zweiten Jahrhunderthälfte wurde dieses Bild allmählich trivialisiert, verkam zur Mode der ›Chinoiserien‹. (Vgl. etwa die Dekoration im zweiten Akt des *Triumph der Empfindsamkeit*, Bd. V dieser Ausgabe, ferner das Gedicht *Der Chinese in Rom*, S. 331 und Bd. I, S. 706.) Für Goethes Begegnung mit chinesischer Literatur werden in späteren Jahren mehrere umfangreichere Übersetzungen aus dem Chinesischen ins Französische oder Englische namhaft gemacht; für die vorliegenden Texte besonders wichtig: *Chinese Courtship*. In verse ⟨...⟩ translated by Peter Perring Thoms, London 1824. 1827 ist Goethes ›chinesisches‹ Jahr. In *Kunst und Alterthum* VI 1 erscheint Goethes Aufsatz *Chinesisches* (Bd. XXI dieser Ausgabe), in dem er Übersetzungsproben aus den »Hundert Gedichten chinesischer Frauen« (eigentlich: »Gedichte über die Bilder von hundert schönen Frauen«) aus dem Anhang von *Chinese Courtship* vorstellt. Vom 12. 5. bis zum 8. 6. 1827 lebt Goethe in seinem Gartenhaus, und auch in den folgenden Wochen fährt er immer wieder hinunter. Hier entstehen nun zum größten Teil die *Chinesisch-Deutschen Jahres- und Tageszeiten*. Dann am 1. 8.: »Chinesische Jahreszeiten suppliert ⟨ergänzt⟩. Anderes aus dem Bleistift mit Tinte fixiert.« (Tagebuch.) Am 24. 10. 1827 erwähnt er die Gedichte im Brief an Zelter (es ist aber unwahrscheinlich, daß er sie, wie z. B. BA annimmt, diesem Brief beigelegt hat, vgl. Zelters Antwort vom 28. 10.). Sie bleiben dann längere Zeit liegen. – Erst als Zelter sich für die jungen Herausgeber des ›Berliner Musenalmanachs‹ (Heinrich Stieglitz, Moritz Veit und Karl Werder) verwendet, die Goethes Prominenz für ihr Unternehmen nutzen wollen,

tritt er dem Gedanken einer Veröffentlichung näher. Zögernd: »Ich habe es dem alten Gleim von Grund aus verdacht, daß er seinen Namen unter den geringfügigsten Dingen bis ins hohe Alter in den Taschenbüchern fortwalten ließ und auf diese Weise von sich selbst ein absterbendes Echo werden mußte. Diese widerwärtige Erinnerung macht es mir unmöglich, auf gleiche Weise zu verfahren.« (An Zelter, 19. 7. 1829; zu Gleim vgl. *»In's Teufels Namen«*, S. 748.) Am 13. 8. 1829 vermerkt das Tagebuch die Schlußredaktion für den ›Musenalmanach‹, am 15. 8. geht das Manuskript an Zelter ab: »Möge Dir auch in diesen Blättern Scherz und Ernst einige Freude machen, den jungen Leuten und ihren Lottchens Glück bringen!« Schon am 8. 9. 1829 kann Zelter melden: »Der neue Almanach spaziert mit beherzten Schritten durch die Stadt. Die Buchbinder können nicht schaffen, was verlangt wird. Die ›Chinesischen Jahreszeiten‹ ziehn wie ein neuer Komet ⟨sie standen am Anfang, der Rest also als Schweif⟩ und werden auch so gedeutet.«

Zum Titel: Die ›Tageszeiten‹ sind eindeutig bezeichnet. An ›Jahreszeiten‹ erscheinen nur Frühling und Sommer, andeutungsweise auch der Herbst. Die Bezeichnung als ›Chinesisch-Deutsch‹ und das Wissen um Goethes Beschäftigung mit chinesischer Literatur um diese Zeit haben dazu geführt, daß man immer wieder Motive aus der chinesischen Literatur aufzuspüren versuchte. Vielleicht ist diese Suche verfehlt, weil ›Chinesisch-Deutsch‹ auf etwas ganz anderes deuten soll: Dichtung soll gemäß dem Goetheschen Konzept der ›Weltliteratur‹ das »allgemein Menschliche« in die Erscheinung bringen (vgl. die Einleitung zu »Aus fremden Sprachen«, S. 1133 f.). ›Chinesisch-Deutsch‹ bezeichnet dann zwei extrem weit voneinander entfernte kontingente Kultursphären, deren Gemeinsames sichtbar werden soll. ›Chinesisch-Deutsch‹ wären diese Gedichte mithin gerade dadurch, daß sie, abgesehen von der kleinen, mottohaften Andeutung im Eingangsgedicht, das spezifisch Chinesische und das spezifisch Deutsche so weit wie möglich abstreifen und, in der symbolischen Erfahrung der naturhaften Entfal-

tung von Jahres- und Tageszeiten, ein Gemeinsames zu treffen suchen.

I. »Sag was könnt' uns Mandarinen« (S. 695)
695,1 *Mandarinen]* Chinesische Verwaltungsbeamte, deren Qualifikation wesentlich durch die Kenntnis der chinesischen Schriftzeichen bestimmt war. Von hier aus die Brücke zum Schreiben »Zug in Zügen«, mit dem Pinsel (v. 8).

695,5 *Nordens]* ›Peking‹ heißt ›Nördliche Hauptstadt‹, doch ist hier auch Goethes sonstige Nord-Süd-Motivik mitzudenken.

II. »Weiß wie Lilien, reine Kerzen« (S. 695)
Anthropomorphisierung der Blumen, die als erwartendes Mädchenspalier gedeutet werden. Der auf den ersten Blick etwas merkwürdige Vergleich von Blumen mit Blumen (Narzissen wie Lilien) ist wohl, wie die Bilder des folgenden Gedichts, als Verweis des Früheren aufs Spätere zu deuten. Damit wird auch das »erwarten« v. 16 doppeldeutig: sowohl den Besucher als auch die Wärme.

695,9 f. *Kerzen, | Sternen]* Erst geschlossene, dann geöffnete Blüte.

695,10 *bescheidner Beugung]* Absoluter Genitiv (wie ›reinen Herzens‹).

695,13 *Narzissen]* Im Erstdruck »Narzyssen«, hier korrigiert, da das Wort auch im Griechischen mit i geschrieben wird.

III. »Ziehn die Schafe von der Wiese« (S. 695)
Jahres- und Tageszeiten verschränkt: Die Schafe werden am Abend in den Pferch zurückgeholt, also ein Abendgedicht im Frühling, in dem die Hoffnung auf Blüten und Sonne ausgesprochen wird.

695,21 *lichte]* So in einer von Goethe durchgesehenen Handschrift Johns und im Erstdruck. Demnach ist »leichte« in C 47 (und WA, Textteil, in den Lesarten korrigiert) als Fehler einzuschätzen.

696,24 *Wolkenteilend*] So in der eben genannten Handschrift Johns. In den Drucken: »Wolkenteilung«. Hier ist die handschriftliche Lesart eingesetzt, weil der Erstdruck hinter v. 23 kein Komma hat, wie es bei einer Aufzählung nötig wäre. Ich vermute, daß »Wolkenteilung« ein Druckfehler des Erstdrucks oder ein Abschreibfehler der Druckvorlage ist (Einfluß von »Wunscherfül*lung*« in der darüberstehenden Zeile, häufigere Fehlerquelle); er ist dann von C 47 übernommen und durch Zusetzen des Kommas in der Vorzeile ›geheilt‹ worden.

IV. »Der Pfau schreit häßlich« (S. 696)

Der Pfau war schon dem Altertum bekannt, wurde aber im 18. Jahrhundert zu einem Modevogel der europäischen Gärten; auch im Weimarer Park gab es Pfauen. Die ›Indischen Gänse‹ sind umrätselt worden, da Parallelen in chinesischer oder indischer Literatur nur gewaltsam zu finden sind. Debon resignierend, doch wohl auf der richtigen Fährte: »Welche Tiere sich hinter den indischen Gänsen auch verbergen mögen, es könnte sich um solche handeln, die der Dichter täglich sah und hört wie die Pfauen.« Ich vermute, daß Goethe hier ohne literarischen Umweg an ›Indische Hähne‹, also Truthähne, denkt, wie sie damals auf den Hühnerhöfen gehalten wurden. Vgl. die Gegenüberstellung des häßlichen, kropfigen Truthahns (»welscher Hahn«) und des Pfauenrads in den »Zahmen Xenien«, S. 627,188 und 628,193. Seit der WA (noch nicht in C 47) wird ›indischen‹ klein geschrieben, so daß auch der orthographische Hinweis auf die Verwendung als Gattungsname nicht mehr erkennbar war. – Hier steht wohl wieder Goethes alte Abneigung gegen indische bildende Kunst im Hintergrund, mag der groteske ›Indische Hahn‹ auch westindischer Provenienz sein.

V. »Entwickle deiner Lüste Glanz« (S. 696)

Angesprochen ist der Pfau. Das »Sie« in v. 5, die Mitte markierend, ist wohl mit Nachdruck als ›Sie aber‹ zu lesen. Mag der prächtige Pfau auch der Sonne entgegenprahlen: Sie

sucht nach Blüten und, als dem menschlichen Pendant des Blütenzustandes, nach einem Liebespaar.

696,37 f. *Ein Liebespaar wo sie's ersieht, | Glaubt sie das Herrlichste zu schauen]* In einem Entwurf: »Und da sie uns Verliebte sieht | Glaubt sie was ähnliches zu schauen«.

VI. »Der Guckuck wie die Nachtigall« (S. 696)
Nach den Frühlingsgedichten nun Herandrängen des Sommers. Auf die Zeit der Hoffnung folgt die des Reifens, die auch »Disteln« und »Nesseln« bringt (v. 4) und die schöne Nachbarin dem Blick verbirgt. Der »Osten« (v. 50) ist für Goethe die Himmelsrichtung der Hoffnung: Diese bleibt also auch erhalten, wenn das Ziel verhüllt ist.

VII. »War schöner als der schönste Tag« (S. 697)
Ulrike von Levetzow (Preisendanz), Prinzessin Marie (Düntzer) oder jene Frau, mit der Goethe 28 Jahre zusammengelebt hat, deren Domäne der Garten war und die Goethe im Garten an der Ilm erstmals entgegengetreten war – wenn man denn an eine bestimmte Frau denken will.

VIII. »Dämmrung senkte sich von oben« (S. 697)
Das Gedicht gilt als einer der Höhepunkte von Goethes Alterslyrik. Innerhalb des Zyklus die Mitte, Wendung von der unmittelbaren Naturschau zu einem stärker reflektorischen Moment. – Am Abend vielleicht zugleich Übergang zum Frühherbst.

697,61 f. *Doch zuerst emporgehoben | Holden Lichts der Abendstern!]* Ein Imperativ, quasi aus der Perspektive des Schöpfers gesprochen. Zumindest das Licht des Abendsterns muß bleiben, denn wenn Licht und Finsternis (wieder) völlig auseinanderträten, wäre das nach den Implikationen der Farbenlehre der Tod.

697,68 *Ahnd' ich Mondenglanz und Glut]* Schon in C 47 ›Normalisierung‹ zu »Ahn'«, in WA dann weiter zu »Mondenglanz und -Glut«. ›Ahnden‹ ist eine von Goethe bevorzugte Form für ›ahnen‹. Die zweite ›Normalisierung‹

greift in den Sinn ein: Es ist denkbar, daß das Ich zusätzlich zum »Mondenglanz« eine von diesem unabhängige »Glut« ›ahndet‹.

697,70 *nächsten*] Die von Sachse vorgeschlagene Konjektur »nächt'gen« erscheint nicht zwingend; vgl. Franz.

IX. *»Nun weiß man erst was Rosenknospe sei«* (S. 698)
Nun eine Gruppe von drei Rosengedichten. – In einer anderen, handschriftlichen, mit »Juli 1830« datierten Fassung:
> Nun sieht man erst was Rose sei,
> Jetzt da die Rosenzeit vorbei.
> Ein Spätling noch am Stocke glänzt
> Und ganz allein die Frühlingszeit ergänzt.

Es gilt als ausgemacht, daß in diesem Gedicht vom Herbst die Rede sei. ›Rosenzeit‹ im engeren Sinne ist aber der Juni, wenngleich es auch damals schon remontierende Rosen gab.

698,78 *ergänzt*] Die Blumenwelt ›ganz‹ macht (HA)? Die letzte Liebe, die erst die vorangegangenen ›ganz‹ macht (Preisendanz)? Die Blumenwelt ›ersetzt‹ (BA)?

X. *»Als Allerschönste bist du anerkannt«* (S. 698)
Die unbestrittene Geltung der Rose im Reich der Schönheit. Als Hintergrund kann man sich Kants Definition des Geschmacksurteils als subjektiv, doch allgemeingültig denken. Die letzten beiden Zeilen setzen dem eine andere Art des Urteils entgegen, das wissenschaftliche, das, obgleich mit Anspruch auf Objektivität verbunden, kontrovers ist.

XI. *»Mich ängstigt das Verfängliche«* (S. 698)
Anknüpfend an die Schlußwendung des Vorigen: Im Streit der Meinungen bleibt scheinbar nichts Allgemeingültiges, auf das man vertrauen kann. Der erwidernde Gesprächspartner verweist dagegen auf das Gesetz, nach dem Rose und Lilie blühn, ähnlich der Belehrung der verwirrten Geliebten in der *Metamorphose der Pflanzen* (S. 495).

698,92 *Das graugestrickte Netz*] Das Netz der Theorie.

XII. XIII. XIV. (S. 699)
Die Freunde des ›Mandarins‹ besuchen ihn in seiner Einsamkeit und werden mit einer Spruchweisheit wieder entlassen.

699,97 *Rosen]* In der zu v. 24 genannten Handschrift: »Blumen«, was mir passender erscheint. Da aber kein zusätzliches Indiz für die Annahme eines Druckfehlers spricht, bleibt hier die Version der Drucke stehen.

DORNBURGER GEDICHTE

Nach dem Tod des Großherzogs Carl August (14. 6. 1828) bricht Goethe am 7. 7. 1828 nach Dornburg auf, »um sich den täglichen betrübenden Eindrücken zu entziehen und sich in einer neuen Umgebung durch eine frische Tätigkeit wieder herzustellen.« (Eckermann, 15. 6. 1828.) Er bleibt dort bis zum 11. 9. 1828. Dort lebt er zurückgezogen im anfangs kaum versorgten Schloß (für Wein und Zervelatwurst sorgt zunächst der ehemalige Diener Götze in Jena, aber dann gibt es sogar die geliebten Artischocken), treibt meteorologische, botanische und geologische Studien, genießt die Aussicht aufs Saaletal. – Vor Blumenthals Datierungsversuch galt auch das Gedicht *Der Bräutigam* (S. 702 und Anm.) als Frucht des Dornburger Aufenthalts; die JA sprach sogar von einer ›Dornburger Trilogie‹. Düntzer setzt auch die zweite und dritte Strophe von »*Zwischen oben zwischen unten*« (S. 690) hierher, die separat im ›Chaos‹ erschienen waren (»*Und wenn mich am Tag die Ferne*«). Der Grund für die Zuordnung ist wohl der gewesen, daß dem Erstdruck des Gedichts *Dornburg. September 1828* im ›Deutschen Musenalmanach‹ auf derselben Seite und nur durch einen Strich getrennt diese beiden Strophen gefolgt waren, so daß man darin, schon wegen des »Und«-Anfangs, eine Fortsetzung sehen konnte. Vgl. hierzu S. 1346 f. In einigen Ausgaben wird auch »*Es spricht sich aus der stumme Schmerz*« (S. 736) hierher gesetzt, wofür es aber keinen Anhaltspunkt gibt. Und schließlich wurde auch »*Nicht mehr auf Seidenblatt*« auf Dornburg datiert (Gräf,

3. Teil, Bd. 3/II, S. 749; vgl. Bd. III dieser Ausgabe), gleichfalls ohne hinreichende Handhabe. Doch auch die verbliebenen beiden Gedichte rechtfertigen eine eigene, letzte, ›gelegenheits‹-orientierte Rubrik, sind, im Thema von Mondaufgang und Sonnenumlauf, ein kleiner Zyklus.

Dem aufgehenden Vollmonde (S. 700)
Erstdruck: C 47. Am 26. 8. 1828 an Zelter gesandt; am 23. 10. an Marianne von Willemer (vgl. S. 1163) mit dem Hinweis auf den gemeinsamen Vollmond-Kult: »Mit dem freundlichsten Willkomm die heitere Anfrage: wo die lieben Reisenden am 25. August sich befunden? und ob *sie* vielleicht, den klaren Vollmond beachtend, des Entfernten gedacht haben? – Beikommendes gibt, von seiner Seite, das unwidersprechlichste Zeugnis.« Dort in der vorletzten Zeile: »Schlägt mein Herz auch schneller, schneller«. Am 25. 8. im Tagebuch: »Schöner Aufgang und Fortschritt des Vollmondes.« Vgl. das *Divan*-Gedicht *Vollmondnacht*, Bd. III dieser Ausgabe.

Dornburg. September 1828 (S. 700)
Erstdruck: Deutscher Musenalmanach für das Jahr 1833, hg. v. Chamisso und Schwab, dies die Druckvorlage; dann C 47. Eigentlich nur ein langer, das Geschehen eines ganzen Tages umfassender Konditionalsatz, der die Bedingungen aufzählt, unter denen ein schöner Sonnenuntergang zu erwarten ist. Die zentrale Bedingung, eine letzte Steigerung, steht allerdings erst in v. 9 f.: die ›dankende‹ Zuwendung des Ich. – Vgl. den Publikationskontext, S. 1348.

AUS DER ZEITSCHRIFT ›CHAOS‹

An Goethes Geburtstag 1829 faßte man im Kreis um Ottilie von Goethe den Plan, das Gespenst der Langeweile durch Gründung eines ›Musenvereins‹ zu bannen. Am 13. 9. 1829 erschien die erste Nummer der Zeitschrift ›Chaos‹, die die-

sem Vorhaben entsprang. Fortan erschien sie jeden Sonntag, bis Anfang 1832, mit einer Unterbrechung von Oktober 1830 bis August 1831. Zunächst nur für einen kleinen Kreis gedacht, erfreute sie sich bald regen Zuspruchs, blieb aber weiterhin eine Privatzeitschrift. Sie wurde, mit Unterstützung Parrys, Sorets und Eckermanns, von Ottilie redigiert und brachte neben Beiträgen aus dem Weimar-Jenaer Gesellschaftskreis auch solche von Boisserée, Zelter, Carlyle, Friedrich Förster und Felix Mendelssohn-Bartholdy. Goethe unterstützte das Unternehmen wohlwollend, wohl nicht nur, um Ottilies unruhiges Naturell an eine Aufgabe zu binden, sondern auch deshalb, weil er schon immer viel Sinn für derartige gesellige Unternehmungen hatte. Das ›Chaos‹ mochte ihm als eine Weiterführung seiner eigenen ›Freitags-‹, ›Mittwochs-‹ und sonstigen Gesellschaften, Singekränzchen usw. erscheinen. Die Rubrik dokumentiert Goethes Teilnahme am Kommunikationskreis der Jüngeren: »Es ist die wunderlichste und unschuldigste Art, jetzt etwas unter die Leute zu bringen.« (An Zelter, 31. 10. 1831.)

Nicht aufgenommen wurde an dieser Stelle *» Und wenn mich am Tag die Ferne«* (I 21), ein Abdruck der zweiten und dritten Strophe von *»Zwischen oben, zwischen unten«*, S. 690. Hierzu ausführlicher S. 1346-1348.

»Wenn Phöbus Rosse sich zu schnell« (S. 702)

In I 1. – Früheste Überlieferung in einem Stammbuch Clementine von Mandelslohs, darunter »Weimar, am kürzesten Tage 1827«, schon davor, 13. 12. 1827, eine kürzere Fassung an Hedwig von Martius.

702,1 *Phöbus Rosse]* Die Vorstellung vom Sonnenwagen.

702,6 *Horen]* Göttinnen der Zeit, besonders der Jahreszeiten.

Der Bräutigam (S. 702)

In I 3. Handschriftlich auf der anderen (Rück- oder Vorder-?) Seite einer Handschrift die Lynkeus-Verse *Faust II* 9289-9304. Früher wurde das Gedicht in der Regel dem Jahr

1828 zugewiesen, von der JA mit den beiden »Dornburger Gedichten« (S. 700) sogar zur Trilogie erklärt. Blumenthal hat auf Grund des Handschrift-Befundes Entstehung vor 1825 wahrscheinlich gemacht (Gegenargumente bei Hof, S. 389). – Ein vielumrätseltes Gedicht. Biographische Rückführungen auf einzelne Damen (vorgeschlagene Kandidatinnen: Lili Schönemann, Charlotte von Stein, Goethes Frau Christiane, Ulrike von Levetzow) erscheinen jedenfalls dann verfehlt, wenn sie mit Ausschließlichkeitsansprüchen auftreten.

Für das einfache Vorgangsverständnis sind drei Sachverhalte zu beachten, die auch von Interpreten nicht immer hinreichend berücksichtigt werden: Erstens: Die ersten drei Strophen sind im Präteritum geschrieben (v. 4 ist direkte Rede), die letzte im Präsens. Die ersten drei Strophen sind demnach Erinnerung an einen vergangenen Bräutigams-Stand, die letzte führt in die Gegenwart. Dies Verhältnis wird unterstrichen durch die zweimalige Zeitangabe »Um Mitternacht«, v. 1 und v. 10: Mitternacht damals, Mitternacht heute. Zweitens: »Im holden Traum zur Schwelle, wo sie ruht« (v. 14) ist nicht ganz eindeutig. Ausgeschlossen kann wohl werden, daß die Braut ›auf‹ der Schwelle ruht; es ist zu ergänzen ›zur Schwelle des Raumes, wo sie ruht‹. Aber welcher Raum ist das? Das Brautgemach, das Grab? Vermutlich beides: An die Stelle der Erinnerung tritt nun der gegenwärtige ›holde Traum‹ und schlägt eine Brücke vom Erinnerten ins Gegenwärtige, unter dessen Bedingungen jedoch das ›Ausruhn‹ ein letztes Ausruhn ist. Drittens: Die zweite und die vierte Strophe enden jeweils mit dem Wort »gut«, das eine Mal als Prädikat eines Tageslaufs, das andere Mal als Prädikat eines Lebenslaufs. – Der Schlußsatz des Gedichts formuliert den Glauben an eine gesetzliche Ordnung des Weltganzen, etwa im Sinne einer weit irdischeren Formulierung im Brief an Brühl vom 23. 10. 1828: »Wenn die Älteren abberufen werden, so mag es gelten, denn es ist im Flusse der Jahre doch immer das regelmäßige Hingehn; deswegen wir auch die Geschichte der alten Patriarchen

immer mit Vergnügen wieder lesen, weil derjenige, der in hohen Jahren zu seinen Vätern versammelt wird, ebensogut seinen Platz einnimmt als der Bräutigam neben der Braut am Hochzeitstage.« Goethes zwar immer wieder angefochtener, aber nie gebrochener Glaube an einen sinnvollen Zusammenhang allen Geschehens (»Leben« impliziert hier auch den individuellen Tod) ist in der Rezeptionsgeschichte immer wieder zur Herausforderung geworden; hier wird ein historischer Graben wirksam, der uns zuweilen von ihm trennt und der in Kurzform mit den Namen Schopenhauer, Darwin und Nietzsche bezeichnet werden könnte.

702,1 f. *Um Mitternacht, ich schlief, im Busen wachte | Das liebevolle Herz]* Im Hohenlied Salomonis (Goethes Übersetzung, vgl. Bd. XII dieser Ausgabe): »Ich schlafe, aber mein Herz wacht.« In der Lili-Erzählung von *Dichtung und Wahrheit*, die 1825 zumindest in den Grundzügen entworfen war, heißt es zum »Bräutigams Stand«: »Es war ein Zustand, von welchem geschrieben steht: ›ich schlafe, aber mein Herz wacht‹.« Weitere Hohelied-Anklänge (in Herders Übertragung) sind bei Müller-Seidel nachgewiesen.

702,4 *Was ist es mir, soviel er]* In der Handschrift: »Nun fehlt sie mir, was er auch«. Blumenthal hat eine handschriftliche Notiz ausfindig gemacht, welche die neue, dann ins ›Chaos‹ eingegangene Formulierung enthält.

702,5 *ja]* Handschrift: »mir«.

702,13 *Um Mitternacht]* WA setzt dahinter ein Komma, anscheinend analog zu v. 1; auch mit Gedankenstrichen wird in den Ausgaben experimentiert. Das ist aber unnötig und trägt nur zur Verdunkelung bei, weil es einen Anakoluth suggeriert: In v. 1 trennt das Komma eine Parenthese (»ich schlief«) ab, ansonsten handelt es sich um ganz normale Sätze (mit lyrischer Inversion). – Zu erwägen wäre allenfalls ein Ausrufungszeichen (mit Handschrift und C 47, HA), das hier aber auch keine syntaktische Funktion hätte, sondern nur die einer Hervorhebung.

⟨*An Marianne von Willemer, 24. 10. 1826*⟩ (S. 703)
 Mit einem buntgestickten Kissen
In I 4. Zur Adressatin vgl. S. 1163.

»Angedenken an das Gute« (S. 703)
In I 6. – Goethe hat einzelne dieser Reime für Widmungen benutzt. Von C 47 unter die »Vermischten Gedichte«, von WA unter die »Zahmen Xenien« VIII gesetzt.

⟨*Auf Lord Byron*⟩ (S. 703)
 »Stark von Faust, gewandt im Rat«
In I 8. – Datierung auf Juni 1825 ergibt sich daraus, daß ein Entwurf zur ersten Strophe zwischen Entwürfen zu den *Neugriechischen Liebe-Skolien* (S. 569-572) steht. Byron war am 19. 4. 1824 gestorben. Vgl. auch *An Lord Byron*, S. 583 und Anm.

703,4 *Füllt'*] Da es sich um einen Nachruf handelt, sollte es wohl auch »Liebt'« (v. 2, 5) und »Freut'« (v. 6) heißen. Im Entwurf ist allerdings angesetzt: »Füllet«.

703,7 *Säh' er, wie sein Herz begehrt,|sich*] ›Sähe er sich doch, wie sein Herz begehrt hat, ...‹ Byron war auf dem Weg zu den griechischen Freiheitskämpfen am Fieber gestorben.

»Wasserstrahlen reichsten Schwalles« (S. 704)
In I 9. – Eine Reinschrift von Johns Hand trägt das (später gestrichene) Datum 27. 12. 1827. Das Tagebuch vermerkt für diesen Tag »Kleine Gedichte«. – Das Bild des Sprudels ins Allgemeine erhoben. Nähere Beziehung ist zu vermuten, doch nicht ermittelt.

Die neue Sirene (S. 704)
In I 11, davor griechische Übersetzung von Göttling (Abdruck WA 5/II, S. 88). Pentameter nicht eingerückt. – Auf die Helena-Figur des *Faust II* bezogen: Die Ausgabe letzter Hand wurde von Carl Wilhelm Göttling redigiert. Als Göttling den 4. Band, welcher das »Helena«-Fragment zum *Faust II* enthielt, zurücksandte, schrieb er: »Ich kann nicht sagen,

wie immer neu mir das Vergnügen ist, welches mir bei wiederholter Lesung Helena gemacht hat. Wenn die Sirenen, nach der alten Mythe, der Melpomene ⟨Muse der Tragödie⟩ Töchter sind, so wird mir erklärlich, wie die Muse auch die Sirene Helena hervorbringen konnte, die in ihrer Doppelgestalt, oben antik und unten modern, eine in der Literatur höchst eigentümliche Erscheinung ist, aber eine so anziehende Kraft ausübt, wie nur irgendeine homerische Sirene.« (28. 7. 1827, nach QuZ II, S. 494.) Die Sirenen der *Odyssee* XII hausen auf einer Insel und betören die vorüberfahrenden Seeleute mit ihrem Gesang, um sie zu verderben; sie wurden u. a. als Vögel mit menschlich-weiblichem Oberkörper dargestellt. Schon am 29. 7. 1827 heißt es in Goethes Tagebuch: »Helena als Sirene. Epigramm«. Die Leser des ›Chaos‹ (und noch Staiger, Manesse, doch schon klargestellt WA 5/II) meinten, das Epigramm gelte der Sängerin Henriette Sontag.

An Sie (S. 704 und 705)
In I 11 und 16. Die Interpunktion ist im ›Chaos‹ so inkonsequent, daß hier die der WA gewählt wurde. – Die Beiträge im ›Chaos‹ erschienen anonym oder pseudonym. Es gehörte zum geselligen Spiel, daß man nach den Verfassern und eventuellen Adressaten riet. Das erste Gedicht war »6.7.8.« unterzeichnet. Es ist an Ottilie gerichtet, die – als Redakteurin – »allein« den Verfasser »entdecken« konnte. Nr. 13 brachte eine Antwort, gleichfalls »6.7.8.« gezeichnet und die gleichen Reime in umgekehrter Folge benutzend (von Auguste Jacobi), *An Ihn*:

> Kann ich trösten? – darf ich necken? –
> Gut, so will ich dich verstehen! –
> Ohne mich dir zu entdecken,
> Auf der dunkeln Straße gehen.
>
> Ob Dir's dann nach *mir* zu fragen
> Nur im mindesten behagte,

> Magst du mir in Reimen sagen; –
> Wie ich's oft in Prosa fragte.
>
> Wie die andern Maskenbälle
> Will ich diesen rasch benutzen,
> Unbekannt auf alle Fälle,
> Dir Dich selber aufzustutzen.
>
> Und im buntesten Getümmel,
> Wo so manche schmachtend trachten,
> Will ich stets auf dich, bei'm Himmel!
> Als auf mein Geheimnis achten.

Hierauf antwortete Goethe mit dem zweiten Gedicht. Die Damen fanden Gefallen an diesem Spiel. Es folgten in späteren Nummern (18, 23 und 25) noch vier weitere Gedichte an »Ihn« (nach Eintragungen in einem Exemplar in Weimar Caroline von Egloffstein, Ottilie von Goethe und Auguste Jacobi), aber Goethe hat sich nicht mehr daran beteiligt.

»Selbst erfinden ist schön ⟨...⟩*«* (S. 706)
In I 27. – Diese sechs Distichen sind in einem 1805 angelegten Notizheft Goethes enthalten und gehören vermutlich alle dieser Zeit an. Mit Datum überliefert sind *»Halte das Bild«* in einem Stammbuch August von Goethes, 12. 7. 1805, sowie *»Wer ist der glücklichste Mensch«* und *»Vieles gibt uns die Zeit«* auf einem Blatt F. A. Wolfs von seiner Reise mit Goethe 14.–25. 8. 1805 mit den Vermerken »G. in Stammbücher« bzw. »G. für August«. Im ›Chaos‹ vermutlich zum gefälligen Gebrauch in Stammbüchern mitgeteilt.

»Jeder geht zum Theater heraus« (S. 707)
In I 28. – Von der WA mit einigen Abweichungen nach einer Handschrift unter den »Zahmen Xenien« VII gedruckt.

»Willst Du Dir ein gut Leben zimmern« (S. 707)
In I 36. – Erweiterung des Gedichts *Lebensregel* (S. 422). Von

der WA nach einer Handschrift unter den »Zahmen Xenien«
VIII gedruckt. Gräf (3. Teil, Bd. 2/II, S. 760) erschließt aus
der Überlieferung, daß das Gedicht an dem angegebenen
Datum für den Weimarer Landesdirektionsrat M. C. V.
Töpfer entstand, der Goethe eine Stellungnahme zur Aus-
legung der *Weissagungen des Bakis* von Wittich (Karl Nehrlich,
vgl. S. 962) gesandt hatte.

Erinnerung (S. 708)
In I 37.

An Fräulein von Schiller (S. 708)
In I 38. – An Schillers jüngste Tochter Emilie, nachmalige
Freifrau von Gleichen-Rußwurm.

⟨*An Marianne von Willemer, 14. 4. 1830*⟩ (S. 709)
Mit einem Blatt Bryophyllum calycinum
In I 38, neben dem Vorigen. – Ein früheres Bryophyllum-
Gedicht für Marianne S. 816. (Siehe auch die dortige Anm.)
Goethe trieb regelrecht Propaganda für die merkwürdige
Pflanze. Vgl. Günter Steiger, »*Diesem Geschöpfe leidenschaft-
lich zugetan*«. *Bryophyllum calycinum, Goethes »pantheistische
Pflanze«*, Jena 1979. Die Publikation sollte wahrscheinlich
anregen, gleichfalls solche Blätter zu verschenken, ge-
gebenenfalls mit Goethes Reimen.

An die neunzehn Freunde in England (S. 709)
In II 6. – Als Dank für ein goldenes, emailliertes Petschaft
mit einer Schlange, deren Kopf den Schwanz berührt, und
der Inschrift »Ohne Hast | Aber ohne Rast« (vgl.
S. 631,281 f.), das fünfzehn ⟨!⟩ englische Freunde zum 82.
Geburtstag geschickt hatten. Es war schon am 18. 8.1831
angekommen, und Goethe hat bereits am 19. 8. erwidert.

In ein Album (S. 709)
In II 7. – In das Stammbuch von Melanie von Spiegel.

Geognostischer Dank (S. 710)
In II 12. – In einer Handschrift datiert »Aug 1831«. Nach einer Vermutung von Morris (WA 53, S. 560) an Nathalie von Kielmannsegge in Wien, die Goethe aus Franzensbrunnen am 30. 7. 1831 einen Aplomgranaten (eine Mineralienart) von seltener Vollkommenheit gesandt habe. Ihr Brief vom 6. 12. 1831 schließt mit v. 11 f. des Gedichts. – ›Geognosie‹ in einem engeren Sinn ist die Lehre von den (gegenwärtigen) Gesteinslagen; zusammen mit der ›Geogonie‹, der Lehre von ihrer Entstehung, bildet sie die Geologie. Goethe wußte die böhmischen Badegesellschaften immer wieder zu eifrigen geognostischen Jagden anzuregen. Sie waren der gesellig-integrative Teil der Geologie, während die Fragen der Geogonie immer wieder in kontroverse Bereiche führten. – Haslau liegt bei Franzensbad. Egeran ist ein Gestein, das seinen Namen nach der Stadt Eger erhalten hat.

Dankbare Erwiederung (S. 710)
In II 14. – Für Jenny von Pappenheim (1811-1890), die Tochter Jerome Bonapartes und Dianas von Pappenheim, Mitglied des Kreises um Ottilie. Sie hatte Goethe zum Geburtstag 1831 ein Paar bestickter Pantoffeln geschenkt; die folgenden Verse (aus der Pantoffel-Perspektive) hatten es begleitet:
> Nur ganz bescheiden nah' ich heute mich
> Wo so viel schön're Gaben Dich umringen
> Doch, Herr, Bedeutung hab' auch ich
> Denn Liebe und Verehrung soll ich bringen,
> Drum wenn auch Höh're, Meister, Dich begrüssen,
> Mir gönne nur den Platz zu Deinen Füssen.

»Zwar Engeln kann ich nicht Befehle geben,
Dass Seine Schritte sie mit Liebe führen;
Doch will ich weich mit Seide dich durchweben,
Dass Ihn kein Steinchen möge hart berühren.«

So sprach die Herrin, und so lass mich schliessen
Und gönn' auch ihr den Platz zu Deinen Füssen.
(WA 5/II, S. 194 f.)

»Liegt dir Gestern klar und offen« (S. 711)
In II 15. – Schon als Abschluß der »Zahmen Xenien« IV gedruckt, von Goethe häufiger als Widmungsgedicht verwendet.

Den verehrten achtzehn Frankfurter Festfreunden (S. 711)
In II 18. – Danksagung für Geburtstagsgaben, 48 Flaschen Wein verschiedener Jahrgänge; erst am 29. 9. 1831 entstanden.

NACHLESE 1800-1832

Zur Anordnung:
 Schon 1822 entwarf Goethe einen *Vorschlag zu einer vollständigen Ausgabe von Goethes Nachlaß* (WA 41/II). Einige der dort genannten Rubriken wurden bereits in der Sammlung von 1827 (C) realisiert: »Hohen Personen« und »Freunden und Liebchen« in Gestalt der »Inschriften ⟨...⟩«, ferner »Loge«, »Gott und Welt«, »Zahme Xenien«. Nach Abschluß der Ausgabe letzter Hand traf er abermals Vorsorge, was mit den noch nicht berücksichtigten oder neu hinzugekommenen Dichtungen geschehen sollte, zu denen immerhin *Faust II* gehörte. Auch die Nachlaß-Edition der Lyrik bedachte er. So meldet das Tagebuch am 11. 12. 1830: »Dr. Eckermann hatte die neueren und ältern noch nicht gedruckten Gedichte geordnet wieder gebracht.« In einem Nachtrag zum Testament, am 22. 1. 1831, rechnet Goethe mit zehn bis zwölf Nachlaßbänden und erwähnt in diesem Zusammenhang auch »Neueste kleine Gedichte«, und im Nachtrag vom 15. 5. 1831 ist abermals von ›Neueren Gedichten‹ die Rede. Es läßt sich jedoch kaum abschätzen, wie intensiv Goethe mit Eckermann die Nachlaß-Edition der Gedichte durchge-

sprochen hat. Am ehesten wird noch die Grobgliederung des Bandes 47 (Bd. 7 der Nachgelassenen Werke) auf solche mit Goethe zusammen getroffene Dispositionen zurückzuführen sein, denn er erschien bereits 1833. Er enthält »Jugendgedichte« (nur sechs Texte), »Lieder für Liebende« (siehe Bd. I dieser Ausgabe, S. 369-384), »Chinesisch-Deutsche Jahres- und Tageszeiten« (im vorliegenden Band S. 695-699), »Vermischte Gedichte«, hier eindeutig eine Residualrubrik, »Fest-Gedichte«, »Gedichte zu Bildern« (die im vorliegenden Band als »Gedichte zu symbolischen Bildern« abgedruckten und eine Reihe an Personen gerichteter Gedichte), »Zuschriften und Erinnerungsblätter«, »Politica« (die Rubrik schon 1822 vorgesehen; von der WA großenteils in die »Zahmen Xenien« aus dem Nachlaß eingerückt) und »Zahme Xenien«. – Eine Reihe von Erstdrucken der Lyrik brachte dann auch Bd. I 1 der ›Quartausgabe‹ von 1836. Doch begann hier schon der bis zur ›Manesse-Ausgabe‹ reichende Brauch, Nachlaß-Texte einfach in schon vorhandene Rubriken einzuschieben. Der zweite Lyrik-Band der Nachgelassenen Werke (Bd. 16, Bd. 56 der Ausgabe letzter Hand) erschien erst 1842 und brachte »Vermischte Gedichte«, »An Personen«, »Invektiven« (auch dies eine 1822 vorgesehene Rubrik) und abermals »Zahme Xenien«.

Die Weimarer Ausgabe folgte dem so gefundenen Grundschema, fügte jedoch weitere Kategorien ein, die sich an den von Goethe selbst veranstalteten Sammlungen orientierten. Spätere Ausgaben, die auf der WA basieren, haben in der Regel mit weiteren Rubriken experimentiert.

Der im vorliegenden Band unternommene Anordnungsversuch kommt mit vier Rubriken aus, weil die Aufteilung auf zwei Bände und die Aussonderung der »Letzten Gruppen« (S. 687-712), die als von Goethe autorisiert angesehen werden können, den Nachlese-Teil deutlich entlasten. Es handelt sich, von ganz wenigen Ausnahmen abgesehen, um einen wirklichen *Nachlaß*-Teil, weil fast alle diese Gedichte von Goethe nicht publiziert wurden.

Zu den Texten:

Die ersten Herausgeber von Goethes Nachlaß, Eckermann, Riemer und, als Testamentsvollstrecker, der Kanzler von Müller, haben, gemessen am Zeitüblichen und am Zweck ihrer Ausgabe, recht sorgfältig gearbeitet. Höheren philologischen Ansprüchen können ihre Editionen jedoch nicht mehr genügen. Eckermann und Riemer haben manchen Gedichten eigenmächtig (z. T. irreführende) Titel verliehen, sie haben Texte gelegentlich leicht bearbeitet, es sind ihnen Lesefehler unterlaufen. Die Datierungen im Inhaltsverzeichnis von Q sind zwar wertvoll, weil sie zum Teil auf Informationen beruhen, die uns nicht mehr zugänglich sind; zum Teil aber sind sie nachweislich falsch, so daß auch die nicht mehr prüfbaren nur mit Vorbehalt übernommen werden können.

Die beiden Bände der WA, welche die Nachlaß-Texte brachten, Bd. 4 (Gustav von Loeper, 1891) und Bd. 5/I (Carl Redlich, 1893), enthalten ungewöhnlich viele Fehler. Erst 1910 erschien der entsprechende ›Lesarten‹-Band 5/II von Julius Wahle, der zahlreiche Berichtigungen brachte, und diese wurden noch einmal ergänzt in Bd. 53 (1914, ebenfalls von Julius Wahle). Unglücklicherweise enthalten auch die beiden am häufigsten zitierten späteren Gesamtausgaben die unberichtigten Texte und Datierungen, was in der Sekundärliteratur gelegentlich zu Merkwürdigkeiten führt: Bei Erstellung der JA lagen erst die Textbände der WA vor, und die GA hat offenbar einfach vergessen, die Berichtigungen einzuarbeiten. – Der *berichtigte* Text der WA hingegen ist in der Regel hinreichend zuverlässig; Abweichungen von der Überlieferung betreffen zumeist nur Orthographie und Interpunktion, die in der WA generell vereinheitlicht sind. Wo in Einzelfällen andere Druckvorlagen verwendet wurden oder von der WA abgewichen werden mußte, ist dies in den Anmerkungen nachgewiesen.

ZAHME XENIEN AUS DEM NACHLASS

Erstdrucke zu Goethes Lebzeiten: *Über Kunst und Alterthum* VI 1 (1827): v. 191-194, 195-198; Franz Horn, *Die Poesie und Beredsamkeit der Deutschen* ⟨...⟩, Berlin 1829: v. 253-256, 260; Musenalmanach für das Jahr 1831, hg. v. A. Wendt: v. 41-48, 131-136, 319-322, 381-388, 691-702; *Über Kunst und Alterthum* II 2 (1820): v. 315-318; VI 3 (1832): v. 401-404. Alle anderen postum, einige verstreut, die meisten in C 47, Q I 1, C 56 und WA 5/I. – Druckvorlage ist WA; deren Berichtigungen in Bd. 5/II und 53 wurden stillschweigend eingearbeitet. Die meisten dieser Gedichte sind auf Blättern, Blättchen, Papierstreifen oder in Notizbüchern, oft eigenhändig, erhalten; in den Anmerkungen wird die Überlieferung nur dann erwähnt, wenn sich aus ihr Anhaltspunkte zur Datierung oder zur Bedeutung der Gedichte ergeben.

Die Ausgabe letzter Hand brachte in Bd. 47 (Bd. 7 der Nachgelassenen Werke, 1833) und in Bd. 56 (Bd. 16 der Nachgelassenen Werke, 1842) jeweils eine Gruppe »Zahme Xenien« aus dem Nachlaß. Ferner enthielt Bd. 56 eine Gruppe »Politica«. In Q I 1 (1836) waren entsprechende Gedichte auf die Rubriken »Zahme Xenien« VI, »Invektiven«, »Epigrammatisch«, »Vermischte Gedichte«, »An Personen«, »Politica«, »Religion und Kirche« verteilt. Die WA machte aus den drei Gruppen von C 47 und C 56 die »Zahmen Xenien« VII-IX, nahm dabei aber zahlreiche Umstellungen und Ergänzungen vor. Die Anordnung der WA ist hier beibehalten. Denn eine plausiblere Anordnung erscheint kaum möglich; so müßte z. B. der Versuch einer chronologischen Anordnung schon daran scheitern, daß viel zu wenig Daten bekannt sind. (Was an Anhaltspunkten bekannt ist, wird in den Anmerkungen mitgeteilt). Und die Anordnung der WA hat wenigstens dies für sich, daß sie sich eingebürgert hat. Es waren jedoch einige Eingriffe nötig. Vor 1800 entstandene Sprüche, die schon in Bd. I dieser Ausgabe gedruckt sind, wurden herausgenommen, ebenso

solche, die schon an anderer Stelle von Goethe publiziert worden und nur durch ein Versehen der Herausgeber auch noch in den Nachlaß-Teil geraten waren. Ferner mußten die Berichtigungen der WA selbst berücksichtigt werden. Daraus resultieren einige Verschiebungen der Verszählung.

Die Eigenart der so entstandenen ›Ensembles‹ macht zwei Warnungen nötig. Erstens: Manches ist hier nur roh formuliert, manches nur als flüchtiger Augenblicks-Einfall notiert, manches aus einer Rolle gesprochen, die nicht eigens durch Anführungszeichen markiert ist und die wir nicht mehr rekonstruieren können. Zweitens: Die ›Ensembles‹ können keinerlei Anspruch auf Authentizität erheben, so daß auch der Kontext nur in Ausnahmefällen eine verläßliche Hilfe geben, gelegentlich vielleicht sogar in die Irre leiten kann.

⟨*Zahme Xenien VII*⟩ (S. 715-725)

715,1-4 *»Deine Werke* ⟨...⟩ *Absurdes gebracht.«*] Eigenhändig mit einer Zusatzstrophe zum *Wanderlied* (S. 1066, Juli 1826) und *Maximen und Reflexionen* (Hecker) Nr. 354. – Beziehung ungeklärt, Titel vielleicht von den Nachlaß-Herausgebern. Wahrscheinlich einem Verehrer als Rollengedicht in den Mund gelegt, z. B. Carl Schöne, siehe S. 769.

715,5-10 *So wie der Papst* ⟨...⟩ *zu tun.*] Im Konzept des Briefes an Schultz vom 27. 8. 1820, mit Bezug auf die Behandlung der *Farbenlehre* durch E. G. Fischer, *Lehrbuch der mechanischen Naturlehre*, Berlin ²1820. Düntzer und Schöne deuten v. 8-11 als Rede des Akademikers an die Außenstehenden. Denkbar wäre jedoch auch, daß es sich um eine Anrede des Dichters und Naturforschers an die »Tag für Tag« ihre Lehre abspulenden Hochschullehrer handelt; »behäglich« (v. 9) heißt zu Goethes Zeit durchaus positiv etwa ›selbstbewußt‹, ›in Kenntnis des eigenen Wertes‹, muß also nicht dem Gegner in den Mund gelegt werden.

715,11-14 *Autochthonisch* ⟨...⟩ *überall fehle.*] Wie auch das Nächste gegen die Originalitätssucht, häufigeres Thema in Goethes Spruchdichtung, am bekanntesten »*Vom Vater hab*

ich die Statur«, S. 682. – ›Autochthonen‹ sind eigentlich Eingeborene, hier dem ursprünglichen Wortsinne näher ›erdentsprossen‹, ohne fremde Hilfe.

715,19-24 *Niemand wird sich* ⟨...⟩ *er mag.*] Goethe wendet sich häufiger gegen das Wort: ›Erkenne dich selbst‹. Vgl. »Sprichwörtlich«, S. 404,556 und Anm.

715,20 *Sich von seinem Selbst-Ich trennen*] Da Selbsterkenntnis eine Aufspaltung der Person in Subjekt und Objekt voraussetzt.

715,22 *endlich*] Hier: überschaubar, begrenzt, im Gegensatz zum ›unendlichen‹ Selbstreflexions-Regreß.

716,33-36 *Der Würdige* ⟨...⟩ *er finden.*] Vermutlich ironisch: Alle Erweiterung des Gesichtskreises führt bei diesem ›Würdigen‹ nur zur Bestätigung seiner Meinung.

716,37-40 »*Ein neu Projekt* ⟨...⟩ *überlassen.*] Eigenhändig mit »*Von wem auf Lebens- und Wissensbahnen*«, S. 859. – Die ›Projektemacherei‹ war eine der Begleiterscheinungen der frühen Industrialisierung.

716,45 *Gehabe du dich*] Verhalte dich.

716,49-52 *Was soll mir* ⟨...⟩ *Gott ist keine.*] Nachlaß-Überschrift: »Der Pantheist«. Eigenhändig mit *Maximen und Reflexionen* (Hecker) Nr. 1234, auf einer Akte vom 6. 1. 1829.

716,50 *das All und Eine*] Die Formel des Pantheismus, vgl. Bd. I, S. 923.

717,53 *ein großer Physicus*] Newton, siehe S. 1249.

717,55 *Nil luce obscurius*] Nichts ist finsterer als das Licht – da nach Newtons Lehre sich das Licht aus den Farben zusammensetzt.

717,64 *Caffarelli*] Im Palazzo Caffarelli in Rom fand 1819 eine Ausstellung der ›Nazarener‹ statt, jener katholisch inspirierten romantischen Künstlerschule, die Goethe ein stetes Ärgernis war. Die Nazarener setzten große Hoffnungen auf Anerkennung von ›außen‹, nämlich durch den in Wien weilenden österreichischen Hof. Die Ausstellung war jedoch ein Mißerfolg. Dies wurde publik durch einen Bericht der ›Allgemeinen Zeitung‹ vom 23. 7. 1819. Näheres im Vorwort zu F. Schlegel, *Ansichten und Ideen von der christlichen Kunst*, hg. v. Hans Eichner, München 1959.

718,85-92 *Der Dichter freut sich* ⟨...⟩ *versteuern!*] Eigenhändig mit »Zahme Xenien« v. 919-922, 1748-1753, 1816-1823, (das Vorliegende) 1690-1693, 1639-1647, 1652-1657, 1561-1566, 1593-1596.

718,89 *der reale Witz*] Der irdische Profit. – Goethes bemerkenswerte Geschäftstüchtigkeit bei den Verhandlungen um die Ausgabe letzter Hand war vor allem durch die Sorge um seine Enkel motiviert.

718,99 f. *»Wohl kamst du durch* ⟨...⟩] Eigenhändig mit Konzept der Briefe an Reichel vom 28. und 31. 3. 1828.

718,101-106 *Was viele singen und sagen* ⟨...⟩ *sagen hat.*] Eigenhändig mit »Regenbogen ⟨...⟩«, S. 692,13-16.

718,111-114 *Was wir Dichter* ⟨...⟩ *dran glaubt.*] Eigenhändig mit *»Ihrer sechzig hat die Stunde«* (S. 807) und v. 191-194.

718,112 *von ihnen in's Weite geklaubt*] Von den Philosophen.

719,126 *In Usum Delphini mit Lücken*] Für den Gebrauch des Dauphin, des Thronfolgers: So bezeichnete man das Verfahren, klassische Schriften zu ›reinigen‹, nach dem Verfahren Ludwigs XIV., der für seinen Sohn eine solche Ausgabe herstellen ließ (öffentlich erschienen in 64 Bänden 1674–1730). Auf Goethes eigene Nachlaß-Texte bezogen (Loeper, Düntzer usw.)? Eher ironisch aus der Perspektive eines anderen gesprochen, denn sonst ergäbe die Pointe keinen rechten Sinn: Der Sprecher droht mit Enthüllungen, die er dann doch nur ›kastriert‹ bieten wird.

719,130 *Heautontimorumenie*] Griech. Selbsthaß, nach dem *Heautontimorumenos* des Menander. Gegen die romantische ›Lazarettpoesie‹.

719,131 *Morgens, Mittag, Abend und Mitternacht*] ›Morgenblatt‹ usw. Ein ›Mitternachtsblatt für gebildete Stände‹ wurde seit 1826 von Adolf Müllner redigiert.

719,137-140 *Was reimt der Junge* ⟨...⟩ *zu bekehren.*] Im Brief an Ottilie, 11. 7. 1824, vorher: »Sie wollten mir auch einen Poeten de la Vigne aufdringen und dessen Gedicht ⟨Komödie⟩ *L'école des vieillards* ⟨Die Schule der Greise⟩; ich

improvisierte dagegen Folgendes: ⟨...⟩ und so hoffe ich denn auch jenes Gedicht los zu sein, da ich die Materie besser zu verstehen glaube als jener Gelbschnabel von Verfasser.«

720,144 *Widerwärt'ges]* Widersprüchliches. Goethe hat zu Lebzeiten nur Bruchstücke zum *Faust II* mitgeteilt (1827 und 1828 in Bd. 4 und 12 der Ausgabe C).

720,149-152 *Nein! für den Poeten* ⟨...⟩ *Tante nicht.]* Eigenhändig auf der Rückseite eines Theaterzettels vom 20. 11. 1824, mit *Maximen und Reflexionen* (Hecker) Nr. 326. Lord Byron hatte (1821) gleichzeitig zwei Nachrichten erhalten: daß sein *Marino Falieri* durchgefallen war und daß eine Dame, die er beerben wollte, hundert Jahre alt zu werden gedenke. Er schrieb das Epigramm: »Behold the blessings of a happy lot | My play is damn'd and Lady ... not.« (Veröffentlicht 1824 in den *Conversations of Lord Byron* von Thomas Medwin, in denen auch Goethe mit einem Beitrag vertreten war.) Überschrift vielleicht von den Nachlaßherausgebern.

720,153-158 *»Mephisto scheint ganz nah* ⟨...⟩ *Teufel wär'.]* Vgl. die Aufzeichnungen von Sulpiz Boisserée vom 20. 5. 1826: »11 Uhr bei Goethe. Das Lästern geht wieder an – Paris – das deutsche und französische Partei-Wesen Fürsten-Launen Geschmacks-Verderbnis ⟨...⟩ – Mit allen diesen moquanten Reden komme ich mir zuletzt wie auf dem Blocksberg vor! Ich sage es dem Alten. – Ei nun, wir kommen noch nicht herunter – solange wir die Welt noch nicht ganz durchgesprochen haben müssen wir auf dieser saubern Gesellschaft verweilen.« (Weitz/Boisserée, Bd. 2, S. 62.)

720,159-162 *Ist der Vater* ⟨...⟩ *werden's fressen.]* Nachlaß-Überschrift: »Geiz«.

720,160 *Lampenschnuppen]* Die mit der Lichtputzschere abgeschnittenen (›geschnupften‹) überlangen Teile des Dochtes.

720,161 *Kluppen]* Klauen. Stählerne Zwingen, die an Stelle von Stecknadeln dienten.

720,163-170 *Schilt nicht den Schelmen* ⟨...⟩ *müssen.]* Eigenhändig, datiert Januar 1816. Vielleicht Bezug auf Zacharias

Werner, vgl. *»Herr Werner, ein abstruser Dichter«*, S. 760 und Anm. Das Teufelsbündner-Motiv zeitlich am nächsten in E. T. A. Hoffmanns *Die Elixiere des Teufels* 1815/16.

721,195-198 *Sage mir, mit wem* ⟨. . .⟩ *du bist.*] Eigenhändig auf einem Korrekturbogen von *Kunst und Alterthum* VI 1, dieser mit Datum 29. 3. 1827.

721,196 *gemütlich*] Was dem ›Gemüt‹, dem Inneren, zusagt.

722,206 *In Ecclesia mulier taceat!*] Das Weib schweige in der Gemeinde. (1. Kor. 14,34, dort Plural.)

722,213-216 *Und sie* ⟨. . .⟩ *ein Mensch zu sein.*] Es kann bezweifelt werden, ob der Spruch in die ›Frauen‹-Reihe gehört. Eher wäre an eine Katze zu denken. *Faust*-Paralipomenon?

722,218 *an keiner Leiche versehn!*] Wenn die Schwangere sich ›versieht‹ (an einer Maus, einer unehelichen Schwangeren, einer Leiche usw.), trägt das Kind einen Schaden davon.

722,219 f. *Was helfen den Jungfern*] Von August von Goethes Hand überliefert, datiert 25. 8. 1811, mit *»Es hat ein hübsches Maidel«* (S. 850).

722,221 *Heloise*] Zweideutig: Heloïse war die Geliebte des Philosophen Petrus Abaelard (1079-1142). Dieser wurde von ihren Verwandten entmannt. Berühmt wurde der Briefwechsel beider, den Abaelard erfunden hat.

722,226 *Schluckern*] Ursprünglich noch im Wortsinne ein guter Trinker; zu Goethes Zeit schon meist ›armseliger Mensch‹.

722,227 *Würde der Frauen*] Zur Formel geworden durch Schillers gleichnamiges Gedicht.

723,231-244 *Wir haben dir Klatsch* ⟨. . .⟩ *Ade.*] Brief an Zelter, 14. 4. 1816, »zu beliebigem Gebrauch«. Vielleicht bezogen auf Berliner Klatsch über Goethes Ehe.

723,247 *Britten*] Bezug auf eine Rezension von *Dichtung und Wahrheit* in der ›Edinbourgh Review‹, Juli 1816 (Düntzer)?

723,249-252 *Der Gottes-Erde* ⟨. . .⟩ *selber sind.*] Eigenhändig mit Aufzeichnungen aus dem Mai 1828.

723,253-260 *Da loben sie den Faust* ⟨...⟩ *mehr!*] Auch überliefert von F. A. Staegemann (Brief an Varnhagen, 17. 3. 1816, dort als »schon vor einiger Zeit gemacht« bezeichnet), nach dessen Zeugnis eine Reaktion auf Äußerungen »der Herren Schlegel und Konsorten«. (Goethe-Jahrbuch 27 [1906], S. 265 f.)

724,273-280 *Welch ein wunderlich Exempel* ⟨...⟩ *wohl verdiene.*] Zu Goethes 70. Geburtstag entstand in Goethes Vaterstadt Frankfurt der Plan, ihm ein Denkmal zu setzen.

724,276 *Vestas Tempel*] Man plante die Nachbildung eines römischen Tempels der Vesta, der Göttin des Herdfeuers und der Keuschheit – von Goethe hier ironisch als nur allzu passend empfunden. Eine Stellungnahme *Betrachtungen über ein dem Dichter Goethe in seiner Vaterstadt zu errichtendes Denkmal* sandte er am 24. 5. 1821 an Boisserée. Vgl. Bd. XX dieser Ausgabe.

724,285-288 *Ihr könnt mir immer ungescheut* ⟨...⟩ *Philister-Netzen.*] Vielleicht angeregt durch ein Epigramm aus der *Anthologia graeca* VII 72 (Übers. Herder): »Heil euch, Neokliden, ihr Tapfern beide. Von Knechtschaft | Hat der Eine sein Land, Einer von Torheit befreit.« Neokliden (Söhne des Neokles) waren Themistokles und Epikur. Zum Goethe-Denkmal vgl. die voranstehenden Verse, zum Blücher-Denkmal die Inschrift S. 795.

724,287 *Franzen*] Franzosen. Vielleicht verstecktes Wortspiel ›Netzen‹/›Fransen‹, da Goethe ›Fransen‹ ebenfalls mit z zu schreiben pflegte (JA).

724,289-292 *Was ist ein Philister* ⟨...⟩ *erbarm!*] An Zelter, 4. 9. 1831. Anläßlich der Cholera-Epidemie, die zu dieser Zeit Berlin erreichte, als ein »altes kanonisch-klassisches Wort«. Anschließend: »Und hiermit sei diese widerliche Frage vorerst abgetan.«

⟨*Zahme Xenien VIII*⟩ (S. 725-736)

725,309 f. *»So sei doch höflich* ⟨...⟩⟩*]* Datiert 12. 1. 1816.

725,313 *Lessing das Ende verbittert*] Das ›schnuffeln‹ und ›wittern‹ vielleicht sehr konkret zu beziehen: Im Gefolge des

›Fragmentisten-Streits‹ wurde auch Lessings Verhältnis zu seiner Stieftochter (Vorbild der Recha im *Nathan*) verdächtigt.

726,317 f. *Jeder Weg zum rechten Zwecke* ⟨...⟩] Am 1. 10. 1828 an einen Besucher gegeben.

726,331-334 *Bekenntnis heißt* ⟨...⟩ *vereint.*] Eigenhändig mit Datum Jena, 15. 7. 1817, also aus dem Jahr des Reformationsjubiläums.

726,334 *Zwei und Drei vereint*] Zwei oder drei ...

726,335-338 *Das Opfer, das die Liebe* ⟨...⟩ *gefallen.*] Von Riemers Hand mit Datum Berka, 8. 7. 1814. Vgl. *Liebe*, S. 782 und Anm.

726,339-342 *Nur wenn das Herz* ⟨...⟩ *zu sehn.*] Eigenhändig mit Datum 3. 8., Jahr abgeschnitten.

726,343-346 *Der Zaubrer fordert* ⟨...⟩ *gefunden.*] Eigenhändig datiert 18. 1. 1832 (dies nur als Faksimile erhalten). Goethe hatte zu dieser Zeit das schon versiegelte *Faust II*-Manuskript noch einmal hervorgenommen, auf dessen ersten Akt sich die Verse wohl beziehen. Blumenthal deutet sie aufgrund einer anderen Handschrift als verselbständigtes *Faust*-Paralipomenon, das einer früheren Konzeption des Dramas zugehört. Zur Bedeutung des Morgens für Goethe vgl. z. B. die »Zahmen Xenien« v. 1780-1785 (S. 681).

727,347-350 *Zu verschweigen* ⟨...⟩ *nicht leiden.*] Im Brief an Zelter, 22. 4. 1814.

727,351-354 *Der Philosoph* ⟨...⟩ *in's Blaue.*] Eigenhändig, mit »*Mein Blick war auf den Himmel hingerichtet*«, S. 872.

727,351 *Der Philosoph, dem ich so gern vertraue*] Spinoza.

727,366-371 *In die Welt hinaus!* ⟨...⟩ *er leben!*] Davor (Riemer): »d. 22. August 1822. Eigentlich muß man reisen um sein Erworbenes anzubringen und neu zu erwerben.«

727,372-376 *Seh ich zum Wagen heraus* ⟨...⟩ *hat Recht.*] Eigenhändig mit Paralipomena zum *Divan*, vermutlich ein Reisegedicht von 1814, vgl. *Der neue Copernicus*, S. 478 und Anm.

728,377-380 *»Ein Hündchen* ⟨...⟩ *Diamanten.......«*] Überschrift vielleicht von den Nachlaßherausgebern.

728,381-388 *Wie mir dein Buch gefällt?* ⟨...⟩ *so denken.*] Von Johns Hand mit Titel, unterschrieben »G.«. Auch im Erstdruck nur diese Verse, v. 389-392 also vermutlich erst von den Nachlaß-Herausgebern dem Titel zugeordnet.

728,393-396 *Welch hoher Dank* ⟨...⟩ *Ende macht.*] Eigenhändig mit Datum Weimar, 23. 7. 1824. Bezug auf die Dante-Übersetzung von Streckfuß (»Inferno«), die Goethe im Juli 1824 erhalten hatte? Vgl. *»Von Gott dem Vater«*, S. 813.

728,398 *fürchterlich*] Schwächer als heute: zu fürchten.

729,401-404 *Jüngling, merke dir* ⟨...⟩ *nicht versteht.*] Am Schluß des Aufsatzes *Wohlgemeinte Erwiderung* (Bd. XXI dieser Ausgabe), in *Kunst und Alterthum* VI 3 (1832). Nicht selbständig überliefert, hier nur wegen der Übernahme der Gruppe aus WA abgedruckt.

729,405-412 *Daß ich bezahle* ⟨...⟩ *falsche Kosten.*] Beide auf einer Abschrift datiert Berka, 21. 6. 1814.

729,417-424 *Das soll nun auch* ⟨...⟩ *wie Puder.*] Marie Antoinette in der ›Halsbandaffäre‹ 1785 (JA, BA)? Oder Königin Caroline von England, vgl. *»Reingewaschen in Lammesblut«*, S. 767 und Anm.

730,432-435 *Dir alter Jason* ⟨...⟩ *immer auf.*] Goethe hatte von Nicolaus Meyer zum 28. 8. 1827 einen Ring mit einem Onyx erhalten, auf dem Jason und die einen Zaubertrank bringende Medea dargestellt waren.

730,434 *K – s Zähne*] Kadmos säte die Zähne eines Drachen aus, und es entstanden aus ihnen Krieger. Goethe meint hier wohl Kotzebue bzw. seine Nachfolger (metrisch ›Kotzbus‹ wie S. 755,12).

730,442-445 *Das mußt du als ein Knabe* ⟨...⟩ *steckt.*] Eigenhändig (444 f. Caroline Ulrich) zusammen auf einem Blatt, mit der gestrichenen Überschrift »Luther«.

730,444 *Die alten Sprachen sind die Scheiden*] Luther, *An die Ratsherren aller Städte deutschen Landes* ⟨...⟩ (1528) über das Evangelium: »Die Sprachen sind die Scheiden, darin dies Messer des Geistes stickt.«

730,454 *ein artig Kind*] Vermutlich eine Xenie, Reflexion bei deren Auswahl.

730,456-463 *Könnt ich vor mir selber* ⟨...⟩ *eignen Herzen.*] Beide Gedichte eigenhändig auf einem Bogen mit *Gätet Mädchen Hanf* (Bd. XII dieser Ausgabe). Dies (vgl. S. 1138) und einige Notizen deuten auf Sommer 1822. Vielleicht haben beide Gedichte Bezug zu Ulrike von Levetzow.

731,464-469 *Zur Strafe* ⟨...⟩ *Wankelmut.*] Abschrift der 1807 verstorbenen Luise von Göchhausen, entsprechend früh, vielleicht schon ins erste Weimarer Jahrzehnt, zu datieren.

731,464 *dafür*] Davor.

731,484-491 *Der einmal ein Zaubrer hieß* ⟨...⟩ *fühlend sang.*] Datiert 1. 3. 1818. Goethe hatte ein Gedicht von Julie von Bechtolsheim mit Korrekturen versehen (Goethe-Jahrbuch 15 [1894], S. 248 f.).

732,492-495 *Was soll der Stolz* ⟨...⟩ *einen Gott.*] Datiert (August von Goethe) 25. 8. 1814.

732,499 *Was ihr jetzt seid und ich jetzt bin*] Die Konstellation Alt/Jung als ›klassisch‹, überzeitlich.

732,500-503 *Den Dichter könnt ihr* ⟨...⟩ *Steiß.*] Reaktion auf Angriffe im Stile Pustkuchens oder Menzels, die immer wieder Goethes ›Virtuosentum‹ gegen seinen ›schlechten‹ Charakter ausspielten. ›Darf sich ...‹ (v. 502) hier in älterer Bedeutung: ›Braucht sich nicht zu schämen‹.

732,504-507 *Sie werden so lange votieren* ⟨...⟩ *von der Freiheit.*] Befürchtungen im Zusammenhang mit dem Wiener Kongreß, daß der zaristische Einfluß zu groß werden könnte. Goethe selbst hat 1813 in Weimar die ›Befreiung‹ durch die Kosaken miterlebt (vgl. »*Von allen Dingen die geschehn*«, S. 781 und Anm.).

733,520 f. *Der Zeitungsleser* ⟨...⟩] In einer Handschrift zu den *Tag- und Jahresheften* zu 1808. Ausgesprochen in Hinblick auf die Ereignisse von 1806 (Jena und Auerstedt und die Plünderung Weimars): »Was von den Zeitungen seit dem 14. Oktober 1806 zu halten sei, war offenbar, ich las keine mehr.«

733,530 f. *Der hat's den Engeln* ⟨...⟩] Eigenhändig, Überschrift von Riemers Hand. Notiz Riemers darunter:

»Marie, Roman. Amsterdam 1812 von Louis Bonaparte ⟨ehemals König von Holland⟩. Marie oder die unglücklichen Folgen des ersten Fehltritts ⟨anonym⟩. Dresden 1812.« Lektüre des ersten Romans Ende August 1813 (Tagebuch), lobende Erwähnung an Knebel, 30. 9. 1813.

733, vor 532 *Quodlibet]* Quod libet, »was gefällt«; Durcheinander, z. B. als Musikstück oder Gemälde.

733,541 *den vier Winden noch Tritte geben]* Am Galgen baumeln.

733,542-545 *Dieses Heft Persönlichkeiten ⟨...⟩ Lieben.]* Eigenhändig auf der Rückseite des ›Trauerreglements‹ anläßlich des Todes von Herzogin Augusta von Braunschweig, datiert 10. 4. 1813. ›Persönlichkeiten‹ nannte man in der Zeit auch die persönlichen Anspielungen in literarischen Werken. Eine fiktive Aufschrift auf die ›Invektiven‹?

734,546 f. *Er ist noch weit ⟨...⟩]* Riemers Hand, datiert 7. 1. 1814.

734,551 *Giften]* Gaben.

734,552-557 *Herr Bruder ⟨...⟩ steh uns bei!]* Eigenhändig, doch nicht datiert. Der hl. Antonius war in seiner Einsiedelei manchen Versuchungen des Teufels ausgesetzt. Morris, Bd. 2, S. 290, vermutet Beziehung zu des über fünfzigjährigen Knebel Heirat mit der Sängerin Luise Rudorff, die zuvor die Geliebte des Herzogs war (9. 2. 1798). Die Ehe verlief in den ersten Jahren recht konfliktreich.

734,558-569 *In Asien habe ich ⟨...⟩ die Franzosen.]* Eigenhändig, zunächst v. 560-569, darunter mit Überschrift »Die Pest an Herrn Posselt« die Verse 558 f., die anscheinend als Anfang gedacht waren. – Karl Ludwig Posselt (1763-1804), Gymnasialprofessor, dann Verwaltungsbeamter, Historiker und Journalist, war Redakteur von Cottas ›Europäischen Annalen‹ (seit 1795), dann auch der ›Neuesten Weltkunde‹ (1798), aus der die nachmals berühmte ›Allgemeine Zeitung‹ hervorging. Goethe an Schiller über den Revolutionsfreund, anläßlich der französischen Kunstraub-Politik: »Wie finde ich Herrn Posselt glücklich, daß er sich über den Sukzeß dieses übermächtigen und übermütigen Volkes bis tief in die

Eingeweide freuen kann.« (17. 1. 1798.) Letztes Auftreten der Pest in Osteuropa 1797. Das Gedicht wäre also besser in Bd. I dieser Ausgabe gedruckt worden.

734,570-573 *Willst du noch ⟨...⟩ verscherzen.*] Die Verteufelung Napoleons und der Franzosen und die Folgen der Befreiung.

735,578-580 *Dem Hülfsbedürftgen ⟨...⟩ Menschlichkeit.*] Zwiegespräch zwischen Rom und Jesus (Hecker)?

735,583-594 *Gott, heißt es ⟨...⟩ Tag.*] Gegen Newton bzw. dessen Anhänger. Wortspiel (Farben-)Brechung und Erbrechen.

735,595-598 *Bei Saadi gedenk' ⟨...⟩ seinem Orden.*] Eigenhändig, auf der Rückseite »Zahme Xenien« S. 655, 1004-1007.

735,595 *Saadi*] Persischer Dichter, nach den *Noten und Abhandlungen* zum *Divan* 1291 nach einem erfahrungsreichen Leben mit 102 Jahren gestorben.

736,599-602 *Es spricht sich aus der stumme Schmerz ⟨...⟩ ans Herz.*] Marienbad 1823 (Motto der Marienbader *Elegie*)? Vgl. S. 457. Dornburg 1828 (Hans Tümmler, *Versuch der Datierung und Einordnung eines Goethesche Vierzeilers*, in: Goethe Jahrbuch 1983, S. 247 f.)? Vgl. S. 1218.

⟨*Zahme Xenien IX*⟩ (S. 736-747)

736,603-626 *Sag', was enthält ⟨...⟩ Dreifaltigkeit.*] Die verbesserte Fassung von WA 5/II, S. 271, weicht von der in WA 5/I gebotenen stark ab. – Kanzler von Müller, 19. 10. 1823: »Geniale Charakteristik der Kirchengeschichte als Produkt des Irrtums und der Gewalt. Die Lehre von der Gottheit Christi, dekretiert zuerst durch das Nicaeische Concilium ⟨Verurteilung der Lehren des Arius⟩, sei dem Despotismus sehr förderlich gewesen«. (Herwig, Bd. 3/I, S. 603.)

736,608 *Arianer und Orthodoxen*] Die Anhänger des Bischofs Arius (260-336) verneinten die Wesensgleichheit von Gott-Vater und Gott-Sohn und betonten die Menschennatur Jesu; seit dem 17. Jahrhundert wird ›Arianismus‹ auch zum

Namen für Auffassungen der historisch-kritischen Bibelbetrachtung und der ›natürlichen‹ Religion. Eine Notiz Goethes: »Arianer, die der menschlichen Natur zutrauen göttlich sein zu können. Kirchliche (Orthodoxe) die ein für allemal einen Gott-Menschen, einen Mensch-Gott verlangten um zu imponieren.« (WA 5/II, S. 344.) – Vgl. auch »*Dreieinigkeit hab ich auch gesehn*«, S. 863 und Anm.

737,629 *die Gemeinen*] ›Gemeine‹ und ›Gemeinde‹ (v. 631) bedeuten in der Zeit weitgehend dasselbe; hier aber auch als Adjektiv zu lesen, im Sinne von ›einfach‹ (›der gemeine Mann‹ im Gegensatz zum Adeligen).

737,641 *Sadduzäer*] Konservative jüdische Religionspartei, die insbesondere den Gedanken der leiblichen Auferstehung ablehnte. Vgl. Matth. 23,22 und Apostelgeschichte 23,8.

737,657-660 *Wer Wissenschaft und Kunst ⟨...⟩ Religion.*] Eigenhändig auf einem Blatt mit »Zahme Xenien« S. 655,996-999.

738,687 *Konkordat und Kirchenplan*] Verträge der Römischen Kirche mit weltlichen Staaten (mit katholischen Konkordate, mit nichtkatholischen ›Circumskriptionsbullen‹), 1817 mit Bayern, 1821 mit Preußen. Insbesondere das bayrische Konkordat war Quelle ständiger Reibereien zwischen Staat und Kirche. Seitens der Kurie gab es eine Rechtsauffassung, die besagte, hier handle es sich nicht um wirkliche Verträge, sondern um Privilegien, die von der Kirche verliehen werden und auch einseitig zurückgezogen werden können.

739,691-702 *Amerika, du hast es ⟨...⟩ Gespenstergeschichten.*] Eigenhändig in einem Briefkonzept an Zelter, 21. 6. 1827, als »vor einigen Tagen entstanden« bezeichnet. Schon in geologischen Aufzeichnungen vom September 1819: »Nord Amerikaner glücklich keine Basalte zu haben | Keine Ahnen und keinen klassischen Boden.« (WA, 2. Abt., Bd. 13, S. 314, unter Notizen »Eines verjährten Neptunisten Schlußbekenntnis«, September 1819.)

739,694 *Basalte*] Der Basalt war ein ständiges Ärgernis im

Streit um die Ursachen der Erdgestalt (›Neptunisten‹ und ›Plutonisten‹). War er vulkanischen Ursprungs oder das Ergebnis von unterirdischen Kohlebränden oder eine Ausscheidung aus dem Meer . . . ?

739,703-718 *Bei einer großen* ⟨. . .⟩ *vom Maule.*] Eine Parabel zur Neuordnung Europas nach dem Sieg über Napoleon. Der klassische Ort, auf den Goethe im ersten Gedicht anspielt, ist Homers *Ilias* XXI 308-380.

739,719-734 *Die Engel stritten* ⟨. . .⟩ *Teufel zu sein.*] Eigenhändig, datiert 2. 3. 1815. Gleichfalls auf den Wiener Kongreß, insbesondere auf die ›Engel‹ der ›Heiligen Allianz‹, zu beziehen.

740,730 *Tedeum*] »Te deum laudamus«: »Dich, Gott, loben wir«. Traditioneller Hymnus bei Siegesfeiern.

740,735 f. *Held* ⟨. . .⟩ *Verbunden*] Blücher und Wellington.

740,737 f. *Überwundne* ⟨. . .⟩ *Überwinder*] Das Legitimitäts-Prinzip des Wiener Kongresses schuf für Frankreich und seine ehemaligen Verbündeten eine Situation, in der sie trotz der Niederlage recht erfolgreich agieren konnten.

740,739-742 *Die reitenden Helden* ⟨. . .⟩ *reiten.*] Der Erfolg Englands, das sein überseeisches Imperium verstärken konnte? Hecker: Der Dichter Arion ritt auf einem Delphin; Geltungsverlust der Poesie in den Befreiungskriegen.

740,754 *wie die deutschen Professoren*] Wie z. B. der Historiker Heinrich Luden, der in Weimar 1814-1818 sein antinapoleonisches Blatt ›Nemesis‹ herausgab.

741,759-762 *Ich kann mich nicht betören* ⟨. . .⟩ *was sein!*] Druckvorlage der Erstdruck nach der Handschrift: Goethe 25 (1963). Eigenhändig auf der Rückseite eines Briefes von Knebel vom 12. 3. 1814. Eine von Riemer überlieferte Fassung druckt WA:

> Ich kann mich nicht bereden lassen,
> Macht mir den Teufel nur nicht klein:
> Ein Kerl, den alle Menschen hassen,
> Der muß was sein!

741,763-774 *Wolltet ihr in Leipzigs* ⟨. . .⟩ *Pyramiden.*] Be-

ziehung zu Vorschlägen zu einem Denkmal für die Schlacht bei Leipzig. Im ›Rheinischen Merkur‹ (23. 10. 1814) und im ›Morgenblatt‹ (8. 11. 1814) wurde der – von Kotzebue favorisierte – Gedanke verbreitet, »die Riesensäule von den Höhen des Odenwaldes auf die Felder von Leipzig zu bringen« (JA). Das ›Felsenmeer‹ bei Reichenbach im Odenwald ist ein alter römischer Steinbruch mit Resten gewaltiger Säulen. Goethes Gegenvorschlag: dazu noch Pyramiden der Narrheit.

741,775-784 *Gott Dank!* ⟨...⟩ *fremdem Wort.*] Nachlaß-Überschrift: »Die Sprachreiniger«. Tagebuch, 21. 5. 1816: »Gedicht Purismus«. Am 27.: »Forderung der ⟨Jenaer⟩ Studenten vom Professor, daß er die wissenschaftliche Terminologie deutsch geben soll. Seltsamer Einfluß dieser Grille auf Wissenschaft und Praxis.« Vgl. v. 785-788 und *»Die deutsche Sprache wird nun rein«*, S. 782.

741,784 *Kopf, Körper und Schwanz*] Eindeutschung von Präfix, Thema und Suffix.

741,785-788 *Verfluchtes Volk!* ⟨...⟩ *nicht klug.*] Von August von Goethes Hand mit (gestrichenem) Datum 3. 2. 1814. Streit mit ideologischen Implikationen: Schreibt man »Deutsch« oder »Teutsch«?

742,798 ****schranzen*] Vermutlich ›Volksschranzen‹.

742,799-806 *Hatte sonst einer ein Unglück* ⟨...⟩ *erzählen?*] Von August von Goethes Hand mit Datum 2. 1. 1814. Preußen hatte 1812/13 ein Volksheer auf der Basis allgemeiner Wehrpflicht aufgestellt, in den anderen deutschen Staaten gab es zumindest eine breite Freiwilligen-Bewegung. Auszug der Freiwilligen von Weimar am 11. 1. und 28. 1. 1814.

742,813-816 *Die Franzosen verstehn* ⟨...⟩ *gelesen.*] In Paris waren 1815 gedruckt worden: *Lyrische Gedichte. Abgedruckt für Freunde* von Johann Ferdinand Koreff. Knebel an Goethe, 8. 1. 1816: »Viele freuen sich hierüber, daß man doch selbst in *Paris* die *teutschen* Verse habe drucken müssen, worin die Schandsäule ⟨die Austerlitz-Säule auf der Place Vendôme⟩, ziemlich wunderlich, um ihre eigene Vernichtung bittet.«

743,817-823 *Verflucht sei wer nach falschem* ⟨...⟩ *schlecht!*]
Eine Fortsetzungs- oder Zusatzstrophe zu Goethes Festspiel (siehe Bd. VI dieser Ausgabe). Adressaten sind die landgierigen Großmächte auf dem Wiener Kongreß, namentlich Preußen, das Ansprüche auf Sachsen erhob. Das ›Deutsche Komitee‹, dem nur Österreich, Preußen, Bayern, Hannover und Württemberg angehörten, beriet eine neue Verfassung, welche die Souveränität der von den Verhandlungen ausgeschlossenen 29 Kleinstaaten bedrohte.

743,825-836 *Was haben wir nicht für Kränze* ⟨...⟩ *Oktober.*]
›Kränze‹ hat Goethe seinem eigenen Fürsten (siehe *Willkommen*, S. 783, die »lyrischen Siebensachen« v. 830) für die Rückkehr nach Weimar und Friedrich Wilhelm III. und dem Zaren (*Des Epimenides Erwachen* v. 831) für die Ankunft in Berlin gewunden; Carl August kam später als erwartet, der Zar überhaupt nicht, die Aufführung des *Epimenides* verzögerte sich bis zum 30. 3. 1815, dem Jahrestag der Einnahme von Paris – als Napoleon aus Elba entwichen war und der Krieg von neuem begann. Siehe auch *Frisches Ei, gutes Ei*, S. 423. Möglicherweise ging die Verzögerung auf Friedrich Wilhelm III. selbst zurück, der ein besonderes Auge auf das Theater hatte und Goethe nicht leiden konnte (vgl. H. H. Houben, *Der polizeiwidrige Goethe*, Berlin 1930, Kap. 12).

743,835 *Juni*] Für den Juni 1814 waren die Fürsten erwartet worden, aber sie feierten ihren Sieg erst einmal unter sich in London, ehe sie zu ihren Völkern kamen.

744,850 *Calan*] Indischer Weiser, der Alexander begleitete und sich verbrannte, um nicht dem Verfall des Alters anheimzufallen. Von Goethe hier umgedeutet. Vgl. Bd. I, S. 339.

744,851 *Rogus*] Scheiterhaufen.

744,858 *Sitzen*] Sitzungen.

744,861 *bin ich immer gewärtig*] Im Sinne von ›aufmerksam‹ und im Sinne von ›gegenwärtig‹ möglich.

744,864-869 *Konstitutionell sind wir alle* ⟨...⟩ *Diener?*] Wir alle tragen zur Konstitution des Ganzen bei. Das Zensus-System machte die Repräsentation in den landständischen

Versammlungen von der Steuerkraft abhängig: Nur wer Steuern zahlt, soll auch über deren Verwendung mitbestimmen.

745,880 *Wellington und Aristides]* Aristides, attischer Staatsmann, Heerführer bei Marathon, Muster der Redlichkeit, wurde vom Volk durch ein Scherbengericht aus Athen verbannt (später zurückgerufen). So also würde es auch dem Sieger von Vittoria und Waterloo ergehen, der bald wegen seiner konservativen Politik angefeindet wurde.

745,898-901 *Sage mir was das für Pracht ⟨...⟩ zu sein.]* Eigenhändig, datiert 7. 4. 1816, am Tag einer großen Huldigung vor dem Großherzog.

745,902-905 *Ein jeder kehre ⟨...⟩ stohn.]* Eigenhändig, datiert Weimar 6. 3. 1832. Goethes Sekretär Schuchardt berichtet: »Dieses Blättchen hat Goethe an demselben Morgen geschrieben, an welchem er sich krank zu Bett legen mußte, um nie wieder aufzustehen. ⟨Das wäre jedoch der 16. 3.⟩ Gleich nach seinem Verscheiden strömte eine Menge der sogenannten Freunde Goethes ins Zimmer, um wie es schien nur ein Andenken mitzunehmen. Als ich eintrat war alles für diesen Zweck beschäftigt, dem ich jedoch sogleich durch Wegräumen und Aufmerken ein Ziel ⟨Ende⟩ setzte. Das fragliche Blättchen war den Blicken entgangen und ich nahm es an mich, um es später der Familie zuzustellen, wobei es mir aber überlassen wurde.« (WA 5/II, S. 274.)

746,914-919 *Der alte reiche Fürst ⟨...⟩ Zeit!]* Kurfürst Wilhelm I. von Hessen-Kassel (1743-1821) kehrte im November 1813 nach siebenjährigem Exil auf seinen Thron zurück. Man nannte ihn den ›Siebenschläfer‹, weil er alle Veränderungen, die während seiner Abwesenheit vorgefallen waren, konsequent ignorierte. Er verstand es jedoch, zu unerhörtem Reichtum zu kommen.

746,924-931 *Die gute Sache ⟨...⟩ unterscheiden.]* Beide Gedichte von August von Goethes Hand, das zweite datiert 1. 1. 1814.

746,925 *Saturn]* Der Göttervater (griech. Kronos) verschlang seine Kinder gleich nach der Geburt, da ihm geweissagt worden war, sie würden ihn absetzen.

747,932-935 *Verstanden hat er vieles ⟨...⟩ sein sollen.*] Namen-Abkürzung in einer Handschrift Eckermanns und Q: »A. v. J.«. Hier korrigiert nach Loepers Überlegung in der ersten ›Hempelschen‹ Ausgabe, Bd. 3, S. 288, der Fehllesung »v.« für »u.« erwägt und plausibel auf Ernst Moritz Arndt und Friedrich Ludwig Jahn, die beiden bedeutendsten Vertreter des ›Teutschtums‹, schließt.

INVEKTIVEN

Druckvorlage ist, soweit nicht anders angegeben, WA; deren Berichtigungen in Bd. 5/II und 53 wurden stillschweigend eingearbeitet. Erstdruckhinweise bei den einzelnen Gedichten. C 47 ist Bd. 7 der Nachgelassenen Werke (1833), Q ist Bd. I 1 der ›Quartausgabe‹ (1836). Im Kommentar werden in der Regel nur eigenhändige Handschriften Goethes erwähnt, nicht die der Schreiber oder der Nachlaßherausgeber Riemer und Eckermann. Herausgeber-Titel in Spitzklammer werden dort hinzugefügt, wo der Name des Betroffenen nicht aus dem Gedicht selbst zu ersehen ist. In die Rubrik wurden nur Invektiven im engeren Sinn aufgenommen, also Gedichte, die sich gegen bestimmte Personen richten oder auf bestimmte Einzelereignisse beziehen. Eine Gruppe »Invektiven« wurde erstmals in Q (1836) und in Bd. 56 der Ausgabe letzter Hand (Bd. 16 der Nachgelassenen Werke, 1842) gebildet.

In einem Text Goethes aus dem Mai 1822 (Titel der WA 42/II: »Über die Incommunicabilien unter den Paralipomenen«; ›Akademie-Ausgabe‹: »Zurückgehaltene Gedichte«) heißt es: »Ich habe ⟨...⟩ bis auf den heutigen Tag bei allen Versuchen meine Wirkung zu stören, zu schmälern, zu vernichten, die sich von Zeit zu Zeit bei der großen Masse mißwollender Menschen wiederholen mußten, mit dem besten Humor ein Schnippchen in der Tasche geschlagen und ganz im Stillen meinen Gegnern etwas angehängt ⟨im Sinne von »Zahme Xenien« I, S. 627,171-175⟩, und damit geist-

reiche wohlwollende Freunde oft unterhalten, ohne dadurch dem öffentlichen beschwerlich zu sein, oder zu irgend einer Erschütterung Anlaß zu geben ⟨...⟩ Mögen meine Freunde künftighin darüber entscheiden«. Im Gespräch mit Boisserée vom 8. 8. 1815 nannte er diese Texte auch »sedes poeticae«: poetischen Stuhlgang. Solche »sedes« oder »Schnippchen« sind also hier versammelt, soweit sie nicht doch, ihres allgemeineren Inhalts wegen, in die Sammlung von 1827 kamen, wie manche »Zahmen Xenien« oder *Die Weisen und die Leute*. (S. 508 und Anm.)

Zur Entlastung des Einzelkommentars seien im folgenden einige Namen erläutert:

Isaak *Newton* (1643-1727) wurde seit den neunziger Jahren zum steten Ärgernis des Physikers Goethe. Newton fand, daß das weiße Licht nicht einfach, sondern aus den Farben zusammengesetzt sei; sinnfälligster Beleg war die Zerlegung des Lichtes in Farben beim Durchgang durch ein Prisma. Goethe hingegen war der – mit manchen naturphilosophischen Implikationen verknüpften – Auffassung, daß die Farben durch eine Trübung des weißen Lichtes beim Durchgang durch Medien, z. B. die Luft, entstehen. Besonders polemisierte er gegen Newtons mathematische Beweisführung und seine Art des Experimentierens. In der Anzeige der *Farbenlehre* 1810 formulierte er bündig:

Newton behauptet, in dem weißen farblosen Lichte überall, besonders aber in dem Sonnenlicht, seien mehrere verschiedene Lichter wirklich enthalten, deren Zusammensetzung das weiße Licht hervorbringe. Damit nun diese bunten Lichter zum Vorschein kommen sollen, setzt er dem weißen Licht gar mancherlei Bedingungen entgegen: vorzüglich brechende Mittel, welche das Licht von seiner Bahn ablenken; aber diese nicht in einfacher Vorrichtung. Er gibt den brechenden Mitteln allerlei Formen, den Raum in dem er operiert, richtet er auf mannigfaltige Weise ein; er beschränkt das Licht durch kleine Öffnungen, durch winzige Spalten, und nachdem er es auf hunderterlei Art in die Enge gebracht, behauptet er, alle

diese Bedingungen hätten keinen andern Einfluß, als die Eigenschaften, die Fertigkeiten des Lichts rege zu machen, so daß sein Inneres aufgeschlossen und sein Inhalt offenbart werde.

Im übrigen ist hier auf Bd. XXIII dieser Ausgabe zu verweisen. Weitere Äußerungen zu Newton und seinen Nachfolgern besonders »Weissagungen des Bakis« Nr. 3, S. 230, *Katzenpastete*, S. 371, Anm. 377 (zu *Parabel*), *Was es gilt*, S. 506, *»Schwer, in Waldes Busch und Wuchse«*, S. 545, sowie in den »Zahmen Xenien« V und VI und in den nachgelassenen »Zahmen Xenien«, z. B. S. 735,583-594.

August von *Kotzebue* (1761-1819), aus Weimar stammend, wurde russischer Beamter, kehrte mehrmals für einige Zeit nach Weimar zurück. Die Jenaer Romantiker hatten ihn 1798 im ›Athenäum‹ angegriffen, er schlug zurück und wurde vor allem 1801/1802 zum Zentrum der Weimarer Opposition gegen Goethe, der die Romantiker protegierte. Der Konflikt kam offen zum Ausbruch, als Goethe 1802 für die Aufführung von Kotzebues *Die deutschen Kleinstädter* Anspielungen auf die Schlegels beseitigte und Kotzebue sein Stück schließlich mit großem öffentlichem Getöse zurückzog. (Vgl. auch die *Tag- und Jahreshefte* zu 1802.) In Berlin gründete er zusammen mit Garlieb *Merkel* 1803 die Zeitschrift ›Der Freimüthige‹, welche hämische Berichte über Goethe, das Weimarer Theater und die Jenaer Universität brachte. Später zog er sich als Gegner Napoleons nach Rußland zurück, wurde 1813 russischer Staatsrat. Seit 1817 gab er in Weimar, dann in Mannheim das anti-liberale und anti-burschenschaftliche ›Litterarische Wochenblatt‹ heraus. Er berichtete regelmäßig an seinen Dienstherren, den Zaren, galt deshalb als ›Spion‹. 1819 wurde er von dem Burschenschaftler Sand ermordet. Kotzebue war ein sehr fruchtbarer und sehr geschickter Theaterautor, fertigte etwa 230 Stücke, dazu Romane, Erzählungen usw., teils rührselig, teils voll Angriffslust und Satire. Goethe schätzte ihn als Theatermann, führte seine Stücke häufig auf dem Weimarer Theater auf, denn sie waren Kassenmagneten.

Carl August *Böttiger* (1760-1834) wurde 1791 Direktor des Weimarer Gymnasiums. Er gehörte zunächst zum engeren Kreis um Goethe, der sich gern der Kenntnisse des Altertumswissenschaftlers bediente. Auch Wieland stand er nahe, dessen ›Merkur‹ er redigierte. Bald jedoch trübte sich das Verhältnis zu Goethe (vgl. schon das »Xenion« Nr. 335, Bd. I dieser Ausgabe, S. 534). Böttiger war eigentlich kein Goethe-Gegner, sondern eine Art Klatschkolumnist, welcher der gesamten literarischen Welt mündlich, brieflich und in Korrespondentenberichten die Weimarer Neuigkeiten zutrug. Goethe empfand das zunächst nur als lästig. 1798 nahm Böttiger heimlich eine Abschrift von *Wallensteins Lager* und sandte sie nach Kopenhagen in den Kreis der Gräfin Schimmelmann, was in Weimar zu hochnotpeinlichen Untersuchungen führte. Zum endgültigen Bruch kam es 1802/03. Goethe hatte A. W. Schlegels *Ion* in Weimar aufgeführt, und Böttiger hatte eine Kritik für das Weimarer ›Journal des Luxus und der Moden‹ verfaßt. Goethe empfand sie als »äußerst beleidigend« (an Wieland, 13. 1. 1802) und setzte den Verleger Bertuch unter Druck, so daß die Kritik nicht erscheinen konnte. Dafür aber berichtete der ›Freimüthige‹ am 4. 1. 1803 ausführlich über die Affäre. 1804 erhielt Böttiger zu seinem Glück eine leitende Stellung bei den Dresdner Altertumsmuseen. Eine Klatsch-Fundgrube sind die von seinem Sohn herausgegebenen Aufzeichnungen *Literarische Zustände und Zeitgenossen* (1838).

1821 erschien die erste Fassung von *Wilhelm Meisters Wanderjahre*. Im gleichen Jahr brachte der Lemgoer Pastor Johann Friedrich Wilhelm *Pustkuchen* unter dem selben Titel in Quedlinburg die ›falschen Wanderjahre‹ heraus, in denen Goethe, aus dem Munde Goethescher Helden, der Charakter- und Sittenlosigkeit, des reinen Virtuosentums bezichtigt wird. Das Werk wurde fortgesetzt und brachte es bis 1828 auf fünf Bände. Pustkuchens Kritik ist eine Art Kanon der Goethe-Gegnerschaft auch der Folgezeit, brauchte nur noch, aus verschiedenen Richtungen, durch Menzel und Börne um den Vorwurf des politischen Indifferentismus bereichert zu

werden. – Zu Pustkuchen auch eine Spruch-Reihe in den »Zahmen Xenien« V.

Wolfgang *Menzel* (1798-1873), der nur einmal in den »Invektiven« vertreten ist (»*Verwandte sind sie von Natur*«, S. 770 und Anm.), wirkte 1825-1848 als Redakteur des ›Literaturblattes‹ zu Cottas ›Morgenblatt‹ (das nicht einmal Goethes Tod zu melden für nötig befand). 1828 erschien seine *Geschichte der deutschen Literatur* mit weitläufiger Goethe-Polemik. Menzel wurde zum radikalsten und wirksamsten Goethe-Feind aus der Burschenschafts-Perspektive: Goethe ist ein Höfling, ein Lüstling, Diener des Zeitgeschmacks, undeutsch, ›Talent, doch kein Charakter‹, wie fortan die zeittypische Gegenüberstellung (vgl. Börne gegen Heine) lauten wird.

⟨*Auf das Septemberheft des ›Neuen teutschen Merkur‹*
von 1802 geschrieben⟩ (S. 748)

Erstdruck: Q. – Der ›Teutsche Merkur‹ war 1773 von Christoph Martin Wieland gegründet worden und gehörte zu den wichtigsten Zeitschriften der Zeit. Seit 1790 hieß er ›Neuer teutscher Merkur‹ und trug Wielands Namen auch auf dem Titel. Wieland zog sich jedoch immer mehr zurück, die Redaktion übernahm Carl August Böttiger (siehe die Einleitung dieses Abschnitts). 1802 stammte nur noch ein Beitrag von Wieland; das Septemberheft des Jahrgangs enthielt drei Gedichte von Johann Wilhelm Ludwig Gleim (1719-1803), einem Mitbegründer der ›Anakreontik‹, der seine Blütezeit längst hinter sich hatte.

Des neuen Alcinous erster Teil (S. 748)

Erstdruck: C 47. – Alkinoos ist in Homers *Odyssee* der König der Phäaken, eines besonders genußfrohen, doch trägen Volkes. Zu Kotzebue siehe die Einleitung dieses Abschnitts. Dieses und das folgende Gedicht sind gewiß Beispiele für den ›guten Humor‹, mit dem Goethe den Aktivitäten Kotzebues zu begegnen suchte, im Ton vergleichbar den *Musen und Grazien in der Mark*, S. 96.

KOMMENTAR ZU S. 748–750 1253

748,6 *allerschönster Richtung*] Der Garten lag an der Straße nach Weimar.

748,11 *ganz gewisser Rührung*] Kotzebue war ein Meister des Rührstücks.

749,14 *ranzet*] Von ›ranzig‹, Verbum vermutlich Neubildung Goethes.

749,15 *Loder*] Der Anatomieprofessor, seit 1803 in Halle, war der Vorbesitzer von Kotzebues Garten.

749,18 *Graf von Soden*] Julius Graf Soden, Theaterdirektor in Würzburg, später in Bamberg, als knauserig bekannt.

749,22 *Sickler*] Johann Volkmar Sickler, Herausgeber des ›Teutschen Obstgärtners‹.

749,22 *bekleiben*] Haften bleiben, hier: anwachsen.

749,27 *Kummer*] Kotzebues Leipziger Verleger.

749,28 *Sander*] Kotzebues Berliner Verleger.

749,34 *Merkel*] Siehe die Einleitung dieses Abschnitts.

749,37 *Hahnebutten*] Nebenform von ›Hagebutte‹, Heckenrose. Laut Grimm, *Deutsches Wörterbuch*, in mitteldeutschen Dialekten ›Kitzelarsch‹ (v. 40).

749,37 *Böttiger*] Siehe die Einleitung dieses Abschnitts.

749,38 *Pomonens*] Der Gartengöttin.

749,39 *durchfrostet*] Hagebutten sollen erst nach den ersten Nachtfrösten geerntet werden.

750,45 *Gräfin*] Henriette von Egloffstein (vgl. S. 1154), die aus Goethes ›Mittwochkränzchen‹ in Kotzebues Gesellschaft wechselte (vgl. S. 940).

750,49 *Tiefurts Zauberhainen*] Im Schloß Tiefurt residierte die Herzogin Anna Amalia mit ihren Damen.

750,51 *Lilienstengel*] Herzogin Luise? Vgl. Bd. I, S. 576, Nr. 662 und Anm.

750,55 *Naumburg*] 1803 Kotzebues Schauspiel *Die Hussiten vor Naumburg*; alljährlich im Juli wurde in Naumburg das Hussiten- oder Kirschfest gefeiert.

Des neuen Alcinous zweiter Teil (S. 750)

750,4 *Kegel*] Schiller an Goethe, 15. 7. 1799: »Mit den Philosophen, wie Sie wissen, kann man jetzt nur in der Karte

spielen, und mit den Poeten, wie ich höre, nur kegeln. Denn man sagt, daß Kotzebue, der aber jetzt abwesend ist, dieses einzige gesellschaftliche Vergnügen hier genossen hat.« ›Kegel‹ auch: Bankert. Riemer, *Mitteilungen*, S. 120: »eine allegorische Parodie auf Kotzebue und sein Kegeln in seinem Garten in Jena.«

750,9 *Procerem]* ›Procer‹, der Vornehmste, der ›König‹; nun weitergesponnen das Bild von der Kegelaufstellung.

750,10 f. *Kanten* ⟨...⟩ *Fichte* ⟨...⟩ *Schelling]* Gegen sie das Lustspiel *Der Besuch oder die Sucht zu glänzen* (1801). Siehe v. 33.

751,13 f. *Brown* ⟨...⟩ *Röschlaub]* Der schottische Arzt John Brown (1735-1788) hatte gelehrt, alle Krankheit beruhe auf Übermaß oder Mangel an Reizen. Andreas Röschlaub in Jena entwickelte diese These, in Verbindung mit der Philosophie Schellings, zur ›Erregungslehre‹. Kotzebue hatte sich über diese Lehre in seinem Einakter *Das neue Jahrhundert* (1801) lustig gemacht. Siehe v. 35.

751,17 *Schlegels* ⟨...⟩ *Tiecke]* Kotzebue hatte die Romantiker u. a. in *Der hyperboreische Esel* (1799) verspottet. Siehe v. 36.

751,39 *Weimar'sche Theater]* Goethe hatte 1802 für die Aufführung der *Deutschen Kleinstädter* Angriffe Kotzebues auf die Romantiker beseitigt; nach heftigen Kontroversen zog Kotzebue sein Stück zurück.

752,43 *Maske]* Seit 1800 (Gotter, *Die stolze Vasthi*) wurden in Weimar häufiger Masken-Stücke aufgeführt.

752,45 *Merkel]* Siehe die Einleitung dieses Abschnitts.

752,49 f. *jener röm'sche König* ⟨...⟩ *höchsten Mohne]* Dem Sohn des Königs Tarquinius Superbus war es gelungen, das Vertrauen der feindlichen Gabiner zu erschleichen. Durch einen Boten ließ er bei seinem Vater anfragen, wie er weiter verfahren solle. Dieser schlug, im Garten lustwandelnd, mit einem Stecken die Mohnköpfe ab, und der Sohn verfuhr darauf ebenso mit den Vornehmen der Gabiner. Die ganze Partie v. 45-60 ist eine Parodie dieses Verfahrens.

B. und K. (S. 752)

Erstdruck: Q. Datierung unsicher. BA: 1802/03; Schlütter: Ende 1799. – Ein ›geschweiftes‹ oder ›geschwänztes‹ Sonett, d. h. ein Sonett mit zusätzlichem Terzett.

753,8 *Flegel* ⟨...⟩ *Flegeln]* Spiel mit dem Doppelsinn: Ungehobelter Mensch und Dreschflegel.

753,9 *Dramatisch tanzt ein Esel]* Anspielung auf Kotzebues *Der hyperboreische Esel*, vgl. Anm. 751,17.

753,10 *Pratschen]* Pratzen.

753,12 *Hexen* ⟨...⟩ *Huren]* Böttiger hatte in seinem Aufsatz *Ilythia oder die Hexe* (1799) Diana und die Parzen, die Schicksalsgöttinnen, auf antiken Werken als Hexen nachzuweisen versucht; ›Huren‹ für Frauenfiguren aus Kotzebues Dramen, z. B. aus dem ersten großen Erfolg, dem Ehebruchsdrama *Menschenhaß und Reue* (1789), oder die verfänglich naive Gurli im Lustspiel *Die Indianer in England* (1790).

753,15 *Schämt euch, ihr Bessern]* Herder, Wieland, Knebel, die mit Böttiger sympathisierten; zum gesellschaftlichen Erfolg Kotzebues vgl. *Des neuen Alcinuos erster Teil*.

Triumvirat (S. 753)

Erstdruck: Q. Datierung wie das Vorige. – Dieselbe Form wie das Vorige. Die ›Dreimännerherrschaft‹: Zum »Gott der Pfuschereien« Kotzebue und dem »Leichtfuß« Merkel stößt zur Vollendung Böttiger (siehe die Einleitung dieses Abschnitts).

753,2 *Genius der Zeit]* Auch Name einer Zeitschrift, mit der Schiller und Goethe sich schon in den »Xenien« befaßt hatten.

754,15 *Herr Überall]* In Weimar wurde Böttiger der Herr Magister Ubique genannt.

754,15 *Tag- und Monatstempeln]* Tageszeitungen und Monatsschriften.

754,17 *B†r]* Die Chiffre, unter der Böttiger publizierte.

K... und B... (S. 754)

Erstdruck: Q. Eigenhändig überliefert. – Eine Notiz Goethes: »K. und B. hatten den großen Beifall weil jeder Lumpenhund wünschte ein solches Talent zu haben um ungestraft ja mit Beyfall Canaille ⟨Pöbel, wörtl. ›Hundepack‹⟩ seyn zu dürfen wie sie.«

»Gottheiten zwei ⟨...⟩*«* (S. 754)

Erstdruck: Q. Eigenhändig überliefert. – Die Erschaffung von Böttiger und Kotzebue.

754,10 *schlecht, schlechten Teig*] Parodie der Erschaffung der Menschen durch Prometheus oder durch Gott, 1. Mose 2,7.

»Welch ein verehrendes Gedränge« (S. 755)

Erstdruck: Q. Eigenhändig überliefert.

⟨*Gegen Kotzebue*⟩ (S. 755)
»Ach könnt ich doch«

Erstdruck: Karl August Böttiger, *Literarische Zustände und Zeitgenossen*, Leipzig 1838, dies die Druckvorlage. – Böttiger berichtet nach einer Erzählung Falks: »Goethe sah nie ein Blatt des ›Freimüthigen‹ ⟨vgl. die Einleitung des Abschnitts⟩. Man drang es ihm auf. Er gab es ungelesen zurück; hat aber keineswegs es verschworen, einmal Rache an jenem Gesindel zu nehmen. Er gab einmal eine Caricatur an: Goethe mit einigen anderen Kunstfreunden wandelt in den Propyläen ⟨Vorhalle des Tempels, auch Titel einer Zeitschrift Goethes⟩ unter den Säulengängen vornehm gutmüthig herum. Unten hat Kotzebue die Hosen abgezogen und setzt einen Sir Reverence, indem er sehnsuchtsvoll hinanblickend spricht: ⟨...⟩«.

»Bist du Gemündisches Silber« (S. 755)

Erstdruck: Q. Eigenhändig überliefert. – Gemündische Edelmetall-Waren waren bekannt für geringen Feingehalt. Mit einem Probierstein (z. B. Basalt) streicht man über den Gegenstand, um am Abrieb den Feingehalt zu prüfen. Kotzebue reiste 1804 nach Rom.

Ultimatum (S. 755)

Erstdruck: Q.

755,3 *Merkel, Spazier und Kotzebue*] Zu Merkel und Kotzebue siehe die Einleitung dieses Abschnitts; Johann Gottlieb Karl Spazier redigierte 1801-1805 die ›Zeitung für die elegante Welt‹, an der auch Böttiger und Kotzebue mitarbeiteten und die im Oktober 1803 Goethes kunsterzieherische Bemühungen verspottet hatte.

»Sieh! das gebändigte Volk« (S. 756)

Erstdruck: Jenaische Allgemeine Literatur-Zeitung 1804, Intelligenzblatt Nr. 93; dies auch die Druckvorlage. – Vor dem Distichon stand die Anzeige einer Berliner Gedenkmünze für Kant mit dem Bild des Genius der obsiegenden Philosophie auf zwei von Eulen, den Vögeln der Weisheitsgöttin Athene, gezogenen Wagen. Die Umschrift lautete: »Lucifugas domuit volucres, et lumina sparsit.« Die beigegebene Übersetzung: »Lichtscheu Geflügel bezwang er und streuete strahlendes Licht aus.« Idee und Übersetzung stammten von Böttiger; das Gedicht ist also eine Parodie, ausnahmsweise einmal eine öffentlich gewordene, doch als solche kaum zu erkennende Invektive.

Campe's Laokoon (S. 756)

Erstdruck: Jenaische Allgemeine Literatur-Zeitung 1804, Intelligenzblatt Nr. 87; dies auch die Druckvorlage. – Gegen Joachim Heinrich Campes Laokoon-Deutung in der *Reise durch England und Frankreich* ⟨...⟩, 2 Bde., Braunschweig 1803. Dem Redakteur Eichstädt mit dem Bemerken übersandt: »Es schadet nicht, wenn wir wieder einmal Händel anfangen.« Also ein kleiner Nachklang der »Xenien«. Die Laokoon-Gruppe stand damals im Louvre. Campe hatte (Bd. 2, S. 321-353) einige, wie er meinte, »kecke« Worte sowohl gegen Lessings wie gegen Goethes Laokoon-Deutung gewagt. Hier seien verschiedene Stufen des Leidens dargestellt: Laokoon selbst sei unmittelbar nach dem Biß der Schlange dargestellt, die gleichwohl zu beißen fortfahre; der

Knabe zur Rechten Laokoons sei schon länger gebissen und »auf dem Punkte, dem Tod in die Arme zu sinken«, der zur Linken harre noch des Bisses.

⟨*Gegen Newton*⟩ (S. 756)
»*Ist erst eine dunkle Kammer gemacht*«

Erstdruck: Q. Eigenhändig überliefert. Spätestens 1806 (in der Handschrift nachfolgend Notiz aus einer Zeitschrift dieses Jahres). – Zu Newton siehe die Einleitung dieses Abschnitts sowie zu diesem Gedicht besonders S. 677, 1666-1681. Auch Goethe experimentierte, meinte aber, die Newtonsche Art des Experimentierens tue den Phänomenen Gewalt an: Newton zwängte das Licht erst durch ein Loch in eine Dunkelkammer und dann durch ein Prisma. – In anderer eigenhändiger Fassung:

> Erst durch das kleinste Löchlein zwinge
> Den feinsten Sonnenstrahl herein
> Daß er dann durch das Prisma dringe.
> Alsbald wird er gespalten sein
> Siebenfarbig statt weiß
> länglich statt rund
> Glaube du das des Lehrers Mund.
> (LA I 3, S. 218.)

756,2 *ägyptische Nacht*] 2. Mose 10,21-23, eine der ›ägyptischen Plagen‹.

⟨*Gegen die Teleologen*⟩ (S. 757)
»*Da wächst der Wein*«

Erstdruck: C 47. Entstehungszeit unbekannt. – ›Teleologie‹ ist die Lehre, daß alles in der Welt (von Gott) zweckmäßig eingerichtet sei. Gegen die Vorstellungen von den ›Endursachen‹ wandte sich Goethe schon seit den neunziger Jahren, bekräftigt durch Kants *Kritik der Urteilskraft* (1790). Vgl. auch das »Xenion« Nr. ⟨286⟩ in Bd. I, S. 527, gegen F. L. Stolberg.

Wallstein. Tragédie en cinq Actes (S. 757)
Erstdruck: W. v. Biedermann, *Goethe-Forschungen*, Frankfurt 1879. Am 22. 2. 1809 an Charlotte von Schiller gesandt. – 1809 war von Benjamin Constant erschienen: *Wallstein, tragédie en cinq actes et en vers, précedée de quelques réflexions* ⟨...⟩. Constant hatte aus Schillers Trilogie eine fünfaktige Alexandriner-Tragödie im klassizistischen Stil gemacht.

Versus memoriales ⟨...⟩ (S. 758)
Erstdruck: Hempel, Bd. 3, aus Knebels Nachlaß. Der erste Teil auch in Goethes Exemplar von Okens Schrift (s. u.) eingeklebt. Vermutlich um den 5. 6. 1809 entstanden (Tagebuch). – Lorenz Oken (1779-1851) hatte in seiner Jenaer Antrittsvorlesung 1807 die Ansicht vertreten, daß auch der Mensch einen Zwischenkieferknochen habe – ohne Goethes ungedruckte, doch in der Fachwelt bekannte Abhandlung von 1785 zu erwähnen. Ferner vertrat er die Wirbeltheorie des Schädels, die Goethe 1790 in Venedig entdeckt hatte und gerade um 1806/07 häufiger im privaten Kreis vortrug. Oken geriet damit schon bei seinem ersten Auftreten in Jena ins Zwielicht. Weitere Probleme ergaben sich aus Okens politisch-publizistischen Aktivitäten, siehe unten die Sequenz zu den Jahren 1817-1819, S. 762-765 und die entsprechenden Anmerkungen. Goethe schätzte Oken als einen hochtalentierten Mann, dessen Radikalität und Egozentrik jedoch immer neuen Anlaß zum Ärger gab. Das vorliegende Gedicht bezieht sich auf Okens *Grundzeichnung des natürlichen Systems der Erze* (1809), die eine neue mineralogische Terminologie verkündete. Der zweite Teil bezieht sich auf die häufige Bewirtung durch Knebel und dessen Frau in Jena. Eine abgewogene Darstellung des Verhältnisses Goethes zu Oken gibt Hermann Bräuning-Oktavio.

Antikritik (S. 758)
Erstdruck: Q. Datierung fraglich (1810?). Eigenhändig überliefert. – Auf den Dänen Ludolph Hermann Tobiesen, einen Anhänger Newtons (siehe die Einleitung dieses Ab-

schnitts), der 1795 Adam Wilhelm von Hauchs *Anfangsgründe der Experimentalphysik* ins Deutsche übersetzt hatte. (*Geschichte der Farbenlehre*, Sechste Abteilung, »Deutsche gelehrte Welt«: »Das hergebrachte Lied wird abgeorgelt.«) Tobiesen wird mit dem biblischen Tobit oder Tobis, dem Vater des Tobias, verknüpft, der durch Schwalbenkot erblindete (apokryphes Buch Tobias 2,11) und durch eine Salbe (v. 9) aus Fischgalle wieder genas.

758,2 *Trödeleien]* Von fremder Hand zu »Dröseleien« korrigiert, vermutlich in Analogie zu S. 756,7. Gemeint ist veraltetes Zeug, das ›hergebrachte Lied‹.

»*Newtonisch Weiß* ⟨...⟩« (S. 759)

Erstdruck: Q. Eigenhändig überliefert. Entstanden 1802? 1810 (»einst«, v. 3)? Nachlaß-Überschrift: »Dem Weißmacher«. – Goethe über den Newtonianer Carl Brandan Mollweide an Reinhard, 7. 10. 1810: »Vor mehreren Jahren ⟨1802⟩ schon schalt er, auf dem Pädagogium zu Halle, ein verständiges Kind in meiner Gegenwart recht tüchtig aus, das auf der Scheibe des Schwungrades ⟨Farbenkreisel⟩ Grau sah, wo er wollte Weiß gesehen haben. Er ist recht dazu gemacht den Newtonischen Unsinn aber- und abermals zu wiederholen.« In Goethes Bibliothek befand sich Mollweides *Demonstratio propositionis quae theoria colorum Newtoni fundamenti loco est* (1811).

»*So soll die orthographische Nacht*« (S. 759)

Erstdruck: Q, dort datiert 1812. Eigenhändig überliefert. Nachlaß-Überschrift: »Dem Buchstabensparer«. – Auf Christian Hinrich Wolke, *Anleitung zur deutschen Gesammtsprache oder zur Erkennung und Berichtigung einiger, wenigstens 20 tausend Sprachfehler in der hochdeutschen Mundart*, Leipzig 1812. Wolke hatte bei seinen Reformvorschlägen auch die Einsparung von Tinte zum Kriterium gemacht.

»Die Wolle, sie ist gut und fein« (S. 759)
Erstdruck: WA 5/I. – Böttiger (siehe die Einleitung dieses Abschnitts) hatte 1813 *Dr. Franz Volkmar Reinhard als Oberhofprediger in Dresden* zu dessen Andenken veröffentlicht; dort mehrmals das Bild von der Wolle und dem Weben. Goethe schätzte Reinhard (1753-1812) vor allem als Popularisator Kants. Am 3. 1. 1817 sandte er dessen *Kurze Vorstellung der Kantischen Philosophie* mit einer ausführlichen Stellungnahme an die Erbgroßherzogin Maria Pawlowna.

759,3 *gekrempelt]* Vor dem Spinnen wird die Wolle mit der ›Krämpel‹ gekämmt.

759,7 *gevierter Mann]* Etwa ›standfest‹.

759,8 *Drehdorl]* Kreisel.

759,12 *Demonax]* Der – nur aus Lukian bekannte – Philosoph dieses Namens erwiderte einem geschraubt alt-attisch sprechenden Gesprächspartner: »Ich frage dich heute, und du antwortest mir, als lebten wir unter König Agamemnon.«

»Herr Werner, ein abstruser Dichter« (S. 760)
Erstdruck: WA 5/I. Handschrift Riemers datiert 6. 2. 1814. Riemers Tagebuch zu diesem Tag: »War der Assessor ⟨August von Goethe⟩ gekommen, der von Frankfurt erzählte, auch von Werner und dessen scheinheiliger Unverschämtheit.« Nachlaß-Überschrift: »Den 6. Februar 1814«. – Der Dichter Zacharias Werner (1768-1823) lebte 1807/08 und 1808/09 einige Zeit in Jena und Weimar und stand dabei in engem Verkehr mit Goethe. Goethe fand Gefallen an dieser bizarren Persönlichkeit, wenngleich ihm die mystischen Ambitionen zuweilen auf die Nerven gingen und es beim zweiten Aufenthalt zu einer Krise der Beziehungen kam. Ausführlich über Werner im Brief an Jacobi, 7. 3. 1808. Vgl. auch die Einleitung zum Kommentar der »Sonette«, S. 977. 1810 wurde Werner in Rom katholisch, 1814 ließ er sich zum Priester weihen. Er unterließ es nicht, den zutiefst verehrten Weimarer ›Helios‹ über diese Schritte zu unterrichten, führte gar seine Konversion auf die Wirkung der *Wahlverwandtschaften* zurück.

760,2 *sinnlichsten Gelichter]* Zu Werners Eigenschaften zählte, Berichten und Daten zufolge, eine unermüdliche erotische Aktivität. Schon am 25. 1. 1808, zur Zeit der gemeinsamen ›Sonettenwut‹, notiert Goethe im Tagebuch: »W.⟨erner⟩ Cophtacismus, heimliche Lüsternheit der Herren.« ›Cophtacismus‹ von ›Groß-Cophta‹, vgl. Bd. VI dieser Ausgabe.

760,7 *zur babylon'schen Hur]* Offenb. Joh. 14,8 und 17,5, danach ›Sündenbabel‹ usw.

760,11 *branliert]* Schändet, masturbiert.

Journal der Moden (S. 760)

Erstdruck: Q; die dortige Datierung auf 1802 ist unwahrscheinlich. Die Weimarer Zeitschrift ›Journal des Luxus und der Moden‹ von Friedrich Bertuch und Georg Melchior Kraus wurde 1814 in ›Journal für Literatur, Kunst, Luxus und Mode‹ umbenannt. Ein Mitarbeiter war Böttiger. Der Schlußsatz bedeutet vielleicht: ›Erklärt es nur zur Mode, dann finden sich die Anhänger von selbst.‹ Man sagte ›etwas Mode machen‹ für ›etwas zur Mode machen‹ wie ›Mode werden‹ für ›zur Mode werden‹ (Loeper).

Kotzebue (S. 761)

Erstdruck: Q. Eine Handschrift von Goethe »Febr. 1816« datiert.

761,5 f. *Könntest* ⟨...⟩ *Reihen]* In einer Handschrift: »Deswegen hast du nichts gelernt | Bei allem Glück vom Glück dich entfernt.«

761,6 *den Reihen]* Den Reigen.

761,9 *ein Meiner]* Kaum ›einer der Meinigen‹ (Loeper), sondern ein Beurteiler.

⟨*Gegen Christian Heinrich Pfaff*⟩ (S. 761)
»*Absurder Pfaffe*«

Erstdruck: WA 5/II. Eigenhändig überliefert. – Pfaff hatte sich in mehreren Schriften gegen Goethes Farbenlehre gewandt, u. a. *Über Newtons Farbentheorie, Herrn von Goethes*

Farbenlehre und den chemischen Gegensatz der Farben, Leipzig 1813 (erschienen 1812, Goethe übersandt am 13. 12. 1812); Lektüre in diesem Werk belegt das Tagebuch erst am 28. 4. 1816. Zu Pfaff vgl. Hans-Rudolf Wiedemann, *Der »Kieler Pfaff«, die Farbenlehre und Goethe*, in: Euphorion 80 (1986), S. 439-447.

»Hätte Oken gewußt« (S. 762)

Erstdruck: WA 5/I. Eigenhändig überliefert. – Lorenz Oken (siehe *Versus memoriales*, S. 758 und Anm.) gab seit 1817 die ›enzyklopädische‹ Zeitschrift ›Isis‹ heraus, die »alle vier Reiche der Natur 〈...〉 sowie das Reich oder die Reiche des Geistes« (außer Theologie und Jurisprudenz) umfassen sollte (programmatisches Vorwort) – mit der ausgesprochenen Absicht, zu prüfen, wie weit die neue Pressefreiheit wirklich gehe. Zu Okens Programm schreibt der Gesinnungsgenosse Bertuch an Froriep: »Die Ankündigung seiner Isis qualifiziert ihn völlig zum Irrenhaus«. (Nach: Hans Ehrentreich, *Die freie Presse in Sachsen-Weimar von den Freiheitskriegen bis zu den Karlsbader Beschlüssen*, Halle 1907, S. 21.) In den ersten drei Stücken befaßte sich Oken vornehmlich mit sich selbst und dem Unrecht, das ihm auswärts anläßlich einer Berufungsangelegenheit widerfahren war, dann kritisierte er heftig die neue Weimarer Verfassung, dann brachte er über mehrere Stücke hin die Übersetzung der kritischen Auseinandersetzung der ›Edinbourgh Review‹ mit *Dichtung und Wahrheit* in deutscher Übersetzung (S. 331-377). – Die ›Invektive‹ zeugt durchaus von Goethes grundsätzlicher Wertschätzung für Oken. Siehe zum Folgenden.

Isis (S. 762)

Erstdruck: WA 5/I. Eigenhändig überliefert. – 1816 wurde im Großherzogtum Weimar die Pressefreiheit gesetzlich garantiert, mit der Folge, daß auch politisch brisante Artikel, die sonst nirgends erscheinen konnten, in der ›Isis‹ und anderen Zeitschriften gedruckt wurden. Goethe sprach sich schon am 5. 10. 1817 in einem Gutachten für ein Verbot der

Zeitschrift aus, doch der Großherzog ließ Oken gewähren. Erst 1819 mußte er die Zeitschrift auf Druck der Großmächte verbieten; sie erschien dann in Leipzig. Später ging Oken nach München, dann nach Zürich. Vgl. auch S. 635,422 f. und Anm., zum Vorigen und zu »*Jenas Philister und Professoren*«, S. 765.

⟨*Gegen Kotzebue*
Wartburgfest, Eisenach, 18. 10. 1817⟩ (S. 762)
»*Du hast es lange genug getrieben*«

Erstdruck: Q. Die Handschrift mit eigenhändigem Vermerk »Eisenach, 18. Octbr. 1817«. Dies bezeichnet aber nicht den Entstehungsort; Tagebuch am 19. 10. 1817: »Relation ⟨Bericht⟩ von dem eisenachischen Feste.« – Zu Kotzebue siehe die Einleitung dieses Abschnitts.

762,8 *St. Peter hat es dir aber gedacht*] Anspielung auf Kotzebues *Erinnerungen von einer Reise aus Livland nach Rom und Neapel* (1805) mit Angriffen auf den Katholizismus.

762,12 *Daß du dein eignes Volk gescholten*] In der *Geschichte des deutschen Reiches* (1814/15), die beim Wartburgfest verbrannt wurde.

»*Warum bekämpfst du nicht den Kotzebue*« (S. 763)
Erstdruck: Q.

Von . . . tu ich euch offen und kund (S. 763)
Erstdruck: WA 53. Eigenhändig überliefert. – Kotzebue?

⟨*Gegen Juliane von Krüdener*⟩ (S. 763)
»*Junge Huren, alte Nonnen*«

Erstdruck: Q, mit der Überschrift »v.r«. Handschrift von Goethe datiert 4. 4. 1818. – Juliane von Krüdener (1764-1824) hatte zunächst ein ausschweifendes Leben geführt, schrieb davon inspiriert den autobiographischen Roman *Valérie* (1803), der jedoch schon, im Sinne der Konfessionsliteratur, die Wende zum Pietismus signalisierte. Sie gab sich als Prophetin und Geisterbeschwörerin, gewann zeit-

weise Einfluß auf Zar Alexander I., war beteiligt an der Idee der ›Heiligen Allianz‹, wurde aber seit 1818 aus mehreren Staaten von der Polizei ausgewiesen. Goethes Gedicht gilt nicht nur dieser Person, sondern den mystizistisch-neupietistischen Tendenzen der Zeit, die solch eine Karriere überhaupt erst ermöglichten.

763,1 *Junge Huren, alte Nonnen]* Sprichwörtlich, Nachweise bei Grimm, *Deutsches Wörterbuch*, Bd. 10, Sp. 1959.

763,9 *Neue leid'ge Zauberflöten]* Anspielung auf die Königin der Nacht, die dem Tamino (Alexander I.) das Instrument gab?

Chronica (S. 763)

Erstdruck: WA 4. Eigenhändig überliefert. – Am 16. 4. 1818 sah Goethe, aus Jena zurückgekehrt, erstmals seinen ältesten Enkel Walther Wolfgang.

764, nach 6 *Eodem]* Lat.: »Am selben Tag«.

764,11 *Potz Leipzig! und Potz Waterloo]* Die beiden wichtigsten Siege über Napoleon, Parolen der national gesonnenen Studenten.

Frühling 1818 (S. 764)

Erstdruck: C 47. Titel vielleicht von den Nachlaß-Herausgebern.

»Ein strenger Mann« (S. 764)

Erstdruck: *Briefwechsel zwischen Goethe und Zelter*, Bd. 2, 1833. Auf einer Handschrift und der Abschrift für Zelter überschrieben: »Morgenblat. 240. 1818.« Am 28. 6. 1818 an Zelter gesandt. Nachlaß-Überschrift: »Auf Müllner«. – Der Dramatiker Adolf Müllner (1774-1829) hatte am 7. 10. 1818 im ›Morgenblatt für gebildete Stände‹ eine Leipziger *Hamlet*-Aufführung besprochen und bekannt, er sei bereit, dafür alles zum Fenster hinauszuwerfen, sogar den *Wilhelm Meister*. Auch sonst Kritik, besonders Polemik gegen den Kult der ›Goethokoraxe‹. Müllner glänzte vor allem durch seine ›Schicksalstragödien‹; in seinem *König Yngurd* (1818) ergibt

sich der Held dem Teufel. – Am 6. 4. 1818 in einem Briefkonzept an Müllner, zum Dank für die Übersendung des *König Yngurd*: »Ew. Wohlgeboren würde schon längst für die freundliche Sendung erwidert haben, wenn Sie solche nicht durch eine geringe Zugabe sehr unfreundlich gemacht hätten.«

»Wir litten schon durch Kotzebue« (S. 764)

Erstdruck: Q. Übliche Datierung seit Hempel 1818. – Siehe zum Vorigen. 1820 übernahm Müllner die Redaktion des ›Literaturblatts‹ des ›Morgenblatts‹. Das »Ober-Wort« (v. 4) legt nahe, hiernach auf 1820 zu datieren.

»Jenas Philister und Professoren ⟨. . .⟩« (S. 765)

Erstdruck: WA 5/I. Eigenhändig überliefert. – Kotzebue lebte seit Sommer 1817 wieder in Weimar und gab seit November sein ›Literarisches Wochenblatt‹ heraus. Heinrich Luden hatte in seiner Zeitschrift ›Nemesis‹ Anfang 1818 einen Geheimbericht Kotzebues an den Zaren gedruckt, der ihm durch eine Indiskretion des Schreibers in die Hände geraten war. Die Auslieferung wurde zwar auf Intervention Kotzebues unterbunden, aber die Aushängebögen gingen von Hand zu Hand. Lorenz Oken brachte Ludens Marginalien in seiner ›Isis‹, und Ludwig Wieland den Text in seinem ›Volksfreund‹. Goethe, gewiß kein Freund Kotzebues, sah mit Sorge, daß »ein grenzenloser Haß gegen Kotzebue sich hervortut, der denn seinen Feinden gut Spiel macht ⟨. . .⟩ Es entstehen gewiß noch die unangenehmsten Folgen aus diesem seinem Aufenthalt in W. *Daß* es schlecht ablaufen würde konnte jeder voraussagen, Wie? ist leider schon offenbar.« (An Voigt, 27. 1. 1818; vgl. auch Goethes Tagebuch, 15.–17. 1. 1818.) Kotzebue retirierte dann nach Mannheim, wo er 1819 von dem Jenaer Burschenschaftler Sand ermordet wurde. Sand trug einen Zettel bei sich, auf dem stand, die »Universität Jena« habe Kotzebue zum Tode verurteilt. Das war natürlich Unsinn, aber jedenfalls hatten die Publikationen Jenaer Professoren zur Stimmung beige-

tragen, die zu seiner Ermordung führte. Vgl. auch »*Es hange eben nicht zusammen*«, S. 765.

765,7 *Sodoms-Apfelbrei*] Apfelähnliche Früchte (Poma Sodomitica), deren Inneres abscheulicher Staub ist. Sinn also: Die Professoren verzehren weiter ihre Pfründen und lassen die von ihnen verführte Jugend ins Verderben laufen.

765,10 *Stourdza*] Der russische Staatsrat Alexander Stourdza hatte 1818 für den Zaren eine Denkschrift über die Lage in Deutschland verfaßt, in der die deutschen Universitäten als Pflanzstätten der Revolution erschienen. Die Schrift wurde auf dem Aachener Kongreß der Heiligen Allianz verbreitet.

765,10 *bedroht mit*] In der handschriftlichen Überlieferung »bedrohten«.

765,11 f. *Er steht!* ⟨...⟩ *die Braut*] Als Stourdzas Verfasserschaft bekannt wurde, zog sich der frisch Verheiratete, der in Dresden lebte, auf seine Güter in der Ukraine zurück, um nicht das Schicksal Kotzebues zu erleiden. Im übrigen unklar; das Gedicht ist nach Einschätzung der WA 5/II ein unvollendeter Entwurf.

»*Frauen ... und Professoren*« (S. 765)
Erstdruck: WA 53. Eigenhändig überliefert. – Siehe zum Vorigen und zum Nächsten. Beziehung im übrigen nicht geklärt.

»*Es hange eben nicht zusammen*« (S. 765)
Erstdruck: WA 5/II. Eigenhändig überliefert. – Ermordung Kotzebues? Karlsbader Beschlüsse? Jedenfalls scheint das Gedichtfragment Argumente solcher Liberaler wiederzugeben, welche für die Folgen der Burschenschafts-Aktivitäten nicht mitverantwortlich sein wollten. (Luden? Oken?)

765,3 *Verruf*] Burschenschaftliches Wort für ›Acht‹, ›Bann‹ (ähnlich ›Verschiß‹); Ehrlos-Erklärung Kotzebues, die dazu führte, ihn für vogelfrei zu halten?

765,3 *Geor⟨gia⟩*] Ergänzung der WA. ›Georgia Augusta‹ heißt die Göttinger Universität.

»Nenne niemand! nur verschone« (S. 766)
Erstdruck: WA 5/I. Eigenhändig überliefert. – Der Angesprochene ist nicht bekannt. Carl Ernst Schubarth? Franz Joseph Mone hatte 1818 eine *Einleitung in das Nibelungenlied* veröffentlicht. Wilhelm Grimm hatte Mones an Creuzers Mythenkonzeption orientierte Methode (z. B. Siegfried als Sonnengott) in einer Rezension abgelehnt. Vgl. Grimm, *Kleine Schriften*, Bd. 2, Berlin 1882, S. 210-220 (Hinweis Uwe Meves).

»Es ist ein schlechter Zeitvertreib« (S. 766)
Erstdruck: WA 5/I. WA vermutet aufgrund der Handschrift (nach v. 6 Trennungsstrich), daß v. 7 f. und 9 f. Anfang und Ende eines an 1-6 anschließenden neuen Gedichts sind; dazwischen freier Raum zum Auffüllen. Entstehungszeit ungewiß. BA: zwischen 1810 und 1813, vermutlich in Anknüpfung an JA, die die Nennung Atterboms auf dessen 1810-13 erschienene Zeitschrift ›Phosphorus‹ bezieht; dann aber ist jedenfalls der in beiden Fällen (und in WA) anzutreffende Hinweis auf Speths Mitarbeit im ›Kunstblatt‹ verfehlt, denn dieses erschien erst ab 1820. Ich vermute spätere Entstehung; denn die »Gesellschaft für Geist und Herz« (v. 10) dürfte eine Anspielung auf die von F. W. Gubitz herausgegebene Zeitschrift ›Der Gesellschafter oder Blätter für Geist und Herz‹ sein, die erst seit 1817 erschien. Das Hinzukommen Atterboms (v. 6) bezieht sich dann auf dessen Deutschland- und Italienreise 1817-19.

766,3 *Ramdohr- und Spät- und Schreibergeschreib*] Friedrich Wilhelm Basilius von Ramdohr (1757-1822) war schon in den »Xenien« Gegenstand des Unmuts. Vgl. Bd. I, S. 543, Nr. ⟨406⟩. Gegen ihn und sein Werk *Über Malerei und Bildhauerarbeit in Rom*, 3 Bde., Leipzig 1787, äußert sich Goethe auch in der *Italienischen Reise*, 27. 10. 1787. Balthasar Speth (1774-1846) war katholischer Priester und Kunstschriftsteller in München. Ertrag einer Italienreise war das dreibändige Werk *Die Kunst in Italien*, München 1819-1823. Zwei konträre Arten ›falscher‹ Italienerfahrung, aufgeklärt-edelmän-

nisch und romantisch-katholisch? Vgl. auch die nächste Anmerkung. – ›Schreiber‹ ist vielleicht allgemein, vielleicht der Freiburger Historiker Johann Heinrich Schreiber.

766,6 *Kommt nun noch Atterbom dazu*] Peter Daniel Amadeus Atterbom (1790-1855), das Haupt der schwedischen (romantischen) ›Phosphoristen‹. Entweder auf dessen persönliche Anwesenheit in Deutschland (s. o.) gemünzt oder darauf, daß nun auch von ihm Äußerungen über italienische Kunst zu erwarten sind.

»Müde bin ich des Widersprechens« (S. 766)
Erstdruck: Hempel, Bd. 3. Eigenhändig überliefert. Datierung BA: »Aus der zweiten Hälfte der zwanziger Jahre«; weil Goethe Schorn 1826 persönlich kennengelernt hat? Gemeinsame Nennung Creuzer/Schorn z. B. im Gespräch mit Boisserée, 19. 5. 1826: »Lebhaftes Gespräch über die Symboliker ⟨Creuzer⟩. Zorn gegen Schorn.« (Boisserée/Weitz, Bd. 2, S. 61.) – Zu Creuzer vgl. Anm. zu *Urworte. Orphisch*, S. 501, »Zahme Xenien« VI, S. 677,1648-1651 und Anm. Johann Carl Ludwig Schorn (1739-1842) war seit 1820 Redakteur des romantisch inspirierten ›Kunstblattes‹ zu Cottas ›Morgenblatt für gebildete Stände‹, das gelegentlich in Konflikt mit Heinrich Meyers Kunstauffassung geriet, seit 1832 Direktor der Weimarer Kunstanstalten. Vielleicht jedoch schon auf Schorns Schrift *Über die Studien der griechischen Künstler*, Heidelberg 1818, bezogen, für die Goethe sich am 31. 10. 1818 bei Boisserée bedankt. Am 7. 8. 1819 teilt er Boisserée mit, daß man auf die Veröffentlichung einer schon fertiggestellten Rezension verzichtet habe. Diese unmittelbare Nähe zur intensiveren Beschäftigung mit Creuzer legt es nahe, das Gedicht auf etwa 1819-21 zu datieren.

⟨*Auf den Journalisten Pfeilschifter*⟩ (S. 766)
»Es hatte ein junger Mann«
Erstdruck: WA 5/I. Von Goethes Hand korrigiert. – Johann Baptist Pfeilschifter war zunächst (1817) Redakteur bei Bertuchs ›Oppositionsblatt‹, gründete dann (ebenfalls 1817) die

›Zeitschwingen‹ (v. 4 f.) – beides liberale Blätter. 1820-1822 war er Auslandskorrespondent von Cottas ›Allgemeiner Zeitung‹ und vertrat eine konservative Position (Loeper/WA).

766,2 *geschiftet*] Nebenform zu ›schäften‹.

766,5 *dädalischen*] Daidalos hatte sich und seinem Sohn aus Federn und Wachs Flügel hergestellt.

767,11 *dem lieben Papa*] Cotta.

»Und warum geht es nicht« (S. 767)

Erstdruck: WA 5/I. Im Anschluß an das Vorige überliefert, Beziehung nicht geklärt.

»Reingewaschen in Lammesblut« (S. 767)

Erstdruck: WA 5/I. Eigenhändig überliefert. – Teils Invektive gegen Zacharias Werner, teils allgemein zum Problem der öffentlichen Meinung. Zu Werner vgl. *»Herr Werner, ein abstruser Dichter«*, S. 760 und Anm. In Werners Sonett *Der Witwer in der Brüdergemeinde* sagt die Gemeinde: »Gewaschen bin ich weiß im Blut des Schönen«. In einem Brief an Zelter vom 8. 8. 1822 schreibt Goethe von »Werners unschätzbarem Narren-Sonett in Christi Blut reingewaschen«. Gerade die pietistisch-herrnhutische Blut-Mystik war ihm verhaßt. Hier wird das Motiv verknüpft mit dem skandalösen Ehebruchsprozeß gegen die Königin Caroline von England (1768-1821), August bis November 1820. Die öffentliche Meinung votierte so stark für die Königin, daß die Anklage schließlich niedergeschlagen wurde.

767,3 *Tropus*] Redewendung. Der Reim zu ›Opus‹ (v. 6) signalisiert die Steigerung von der Rede zur Tat.

»Voß contra Stolberg« (S. 767)

Erstdruck: Q. Nachlaß-Überschrift: »Voß contra Stolberg«. – Johann Heinrich Voß (1751-1826) und Friedrich Leopold Graf zu Stolberg (1750-1819) waren in ihrer Jugend, in den Zeiten des ›Göttinger Hains‹, eng befreundet. Stolberg wandte sich jedoch bald von seinen ›antityrannischen‹ Ju-

gendvorstellungen ab, konvertierte schließlich 1800 zum Katholizismus. Der streitbare Aufklärer Voß veröffentlichte 1819 eine Polemik: *Wie ward Fritz Stolberg ein Unfreier?*, in der er die altständisch-restaurative Kontinuität in der Entwicklung des Grafen schonungslos weit ins Private hinein verfolgte. Der Streit setzte sich auch nach Stolbergs Tod fort. Die Bösewichter in Dantes »Hölle« müssen zur Strafe ihre diesseitigen Untaten weiterzelebrieren: So erscheint Goethe die Kontroverse der alten Männer um längst Vergangenes. Ausführliche Stellungnahme Goethes in den *Tag- und Jahresheften* für 1820.

⟨*Gegen Pustkuchen*⟩ (S. 768)
»*Was will von Quedlinburg heraus*«
Erstdruck: Zeitung für die elegante Welt, 5. 2. 1828, mit der Einleitung: »Über das Erscheinen der bekannten Pseudo-Wanderjahre soll, wie man erzählt, dem echten Wilhelm Meister im vertraulichen Gespräch folgende gemüthliche ⟨aus dem ›Gemüt‹ kommende⟩ Sentenz entschlüpft sein«. 1821 erschien die erste Fassung von *Wilhelm Meisters Wanderjahre*, vgl. die Einleitung zu diesem Abschnitt.

»*Der freudige Werther, Stella dann*« (S. 768)
Erstdruck: Q. Zunächst eine Übersicht bekannter Parodien: *Freuden des jungen Werthers* von Nicolai (1775; siehe auch Bd. I, S. 158 f. und Anm.), *Stella, sechster Akt* von Johann Georg Pfranger (1776; Fernando wird wegen Bigamie zu lebenslanger Festungshaft verurteilt) und vom selben Verfasser die *Nathan*-Fortsetzung *Der Mönch von Libanon* (1782).
768,5 *Quedlinburg*] Siehe zum vorigen Gedicht.
768,7 *Gemünder Silber*] Siehe zu »*Bist du Gemündisch Silber*«, S. 755.

»*Der Weihrauch, der euch Göttern glüht*« (S. 768)
Erstdruck: Q, mit dem Vorigen als ein Gedicht, so auch in Abschriften Johns und Riemers überliefert. Von WA 5/II wird die Zusammengehörigkeit, wohl mit Recht, bezweifelt.

»Etwas ist er, muß auch was scheinen« (S. 768)
Erstdruck: WA 5/I. Eigenhändig überliefert. Nachlaß-Überschrift: »M. . ..r«. – Die Adressierung an Müllner (siehe *»Ein strenger Mann«*, S. 764 und Anm.) ist nicht sicher, da Müllner Mitarbeiter von Cottas ›Morgenblatt‹, nicht aber von dessen ›Allgemeiner Zeitung‹ (v. 3) war.

»Goethe und Pustkuchen« (S. 769)
Erstdruck: Q. Von Goethes Hand korrigiert. – In den ›Berliner Nachrichten‹ war eine anonyme Rezension eines Buches von Friedrich Karl Julius Schütz: *Goethe und Pustkuchen oder Über die beiden Wanderjahre Wilhelm Meisters und ihre Verfasser*, Halle 1823, erschienen. (Auszüge daraus bei Holzmann.) Schütz und der Rezensent gaben Pustkuchen (siehe die Einleitung dieses Abschnitts) den Vorzug.

769,5 *Pusterich, ein Götzenbild]* Grimm, *Deutsches Wörterbuch*, Bd. 13, Sp. 2279: »ein alter abgott der Deutschen in Niedersachsen, scheinet verehret und also genennet worden zu sein, weil er dicke backen gehabt und feuer ausgeblasen«.

»Dem Dummen wird die Ilias zur Fibel« (S. 769)
Erstdruck: Q. Eigenhändig überliefert mit *»Lord Byron ohne Scham und Scheu«* (S. 770). Nachlaß-Überschrift: »Herr Schöne«. – Der Stralsunder Arzt Karl Christian Ludwig Schöne hatte sich schon 1809 an einem *Faust* versucht und sandte Goethe am 22. 7. 1821 das Manuskript einer Fortsetzung des Goetheschen Werkes (veröffentlicht unter dem Titel *Fortsetzung des Faust von Goethe. Der Tragödie zweiter Teil*, Berlin 1823, ausgegeben schon 1822). Am 3. 12. 1821 sendet Goethe das Manuskript zurück, drückt sich aber um ein Urteil mit dem Hinweis, er müsse sonst seine eigenen geheimgehaltenen Intentionen preisgeben. Am 14. 12. 1822 an Zelter: »Herr Schöne hatte mir sein Manuskript geschickt, ich sah nur hie und da hinein; es ist wunderlich, daß ein sinniger Mensch das für Fortsetzung halten kann, was nur Wiederholung ist, das Hauptunglück aber bleibt, daß sie haben in Prosa und Versen schreiben lernen, und damit, meinen sie, wäre es getan.«

769,1 *Fibel]* Elementarbuch, ABC-Buch.

»So ist denn Tieck aus unsrer Mitten« (S. 769)
Erstdruck: Q. Vers 5-7 eigenhändig überliefert. – Tieck hatte sich in seiner Novelle *Die Verlobung* (1823) gegen Pustkuchens *Wanderjahre* (siehe die Einleitung dieses Abschnitts) gewandt. Goethe dankte ihm am 2. 1. 1824, aber er scheint doch nicht ganz zufrieden gewesen zu sein. Vgl. auch die Anzeige der Novelle in *Über Kunst und Alterthum* IV 3 (Bd. XXI dieser Ausgabe).

Fauntleroy und Consorten (S. 770)
Erstdruck: Q. Eigenhändig überliefert. Datiert: »Dec. 1824«. – Der Bankier Henry Fauntleroy wurde 1824 wegen Wechselfälschung gehängt. Es waren zahlreiche Bittschriften zu seinen Gunsten eingereicht worden.

770,11 *Falsar]* Fälscher.

770,12 *in Quedlinburg]* Pustkuchen, siehe die Einleitung dieses Abschnitts.

»Lord Byron ohne Scham und Scheu« (S. 770)
Erstdruck: WA 5/I. Entstanden 2. 3. 1825 (Tagebuch). Eigenhändig überliefert. – Am 1. 3. 1825 notiert Goethe: »Von Hammers Invective gegen Lord Byron«. Eine entsprechende Äußerung Joseph von Hammer-Purgstalls (dessen Übersetzungen die wichtigste literarische *Divan*-Anregung waren) ist nicht ermittelt. Riemer hat die folgende Äußerung Goethes überliefert: »Wenn ein Kritikaster eure Schriften mit Unrecht tadelt, so lacht; aber ist ein wahrer Aristarch ⟨vorbildlicher Kunstrichter⟩ zu streng, so sprecht mit Voltaire ⟨Übers. Riemer⟩:

 Ich weiß es ist ganz außer Zweifel
 Man bringt kein Meisterstück zur Bahn,
 Man übergebe denn sich rein dem Teufel,
 Und dieses hab' ich nicht gethan!«
 (WA 5/II, S. 293.)

»Verwandte sind sie von Natur« (S. 770)
Erstdruck: WA 5/I. Eigenhändig überliefert. – Zu Menzel und Merkel siehe die Einleitung dieses Abschnitts. 1828 erschien Menzels *Geschichte der deutschen Literatur*. Goethe an Zelter, 31. 12. 1829:

> Du meldetest einmal ⟨am 17. 6. 1828: »ein echter Lumpenkönig«⟩ von einem Menzel, der nicht auf das freundlichste meiner in seinen Schriften gedacht haben solle; ich wußte bisher weiter nichts von ihm, denn ich hätte viel zu tun, wenn ich mich darum bekümmern sollte, wie die Leute mich und meine Arbeiten betrachten. Nun aber werde ich von außen her belehrt, wie es eigentlich mit diesem Kritikus sich verhält: ›Le Globe‹ vom 7. November macht mich hierüber deutlich, und es ist anmutig zu sehen wie sich nach und nach das Reich der Literatur erweitert hat. Wegen eines unsrer eignen Landsleute und Anfechter braucht man sich nicht mehr zu rühren, die Nachbarn nehmen uns in Schutz. ⟨Konzept, nicht bei Hecker:⟩ Aus gedachtem Blatte sehe ich nun, daß Herr Menzel gleichzeitig mit Herrn Merkel, und im Bündnis mit demselben hätte auftreten sollen.

770,2 *Frischling* ⟨...⟩ *Ferkel]* Junges Wildschwein, junges Hausschwein.

⟨*An Luise Krafft in Köln*⟩ (S. 771)
»Wenn schönes Mädchen sorgen will«
Erstdruck: Q. Eigenhändig überliefert. – Die Pfarrerswitwe hatte Goethe die 1830 erschienene Sammlung von Predigten ihres Gatten gesandt, um ihn zu bekehren.

Über ... Junius an die Nachkommen (S. 771)
Erstdruck: WA 53. Eigenhändig überliefert. – Entstehungszeit und Beziehung nicht ermittelt. Vielleicht hier fehl am Platze: Es könnte sich (v. 16) um die Einleitung eines komischen Knittelvers-Epos handeln, und die Pünktchen im Titel würden dann nur besagen, daß Goethe sich noch nicht für den Namen des Helden entschieden hatte.

771,5 *branliert]* Siehe Anm. 760,11.

771,12 *Das heilige Holz aus fremdem Land]* Als ›lignum sanctum‹ wurde das Guajak-Holz bezeichnet, das im 16. und 17. Jahrhundert als vorzügliches Mittel gegen die Syphilis galt (daher auch ›Franzosenholz‹). Ist ›bekannt machen‹ in v. 11 ein Euphemismus für ›anstecken‹?

AN PERSONEN

Druckvorlage ist, soweit nicht anders angegeben, WA; deren Berichtigungen in Bd. 5/II und 53 wurden stillschweigend eingearbeitet. Erstdruckhinweise bei den einzelnen Gedichten. C 47 ist Bd. 47 der Ausgabe letzter Hand (Bd. 7 der Nachgelassenen Werke, 1833); Q ist die Quartausgabe (Bd. I 1, 1836). Keine Erstdruckangabe steht, wenn das Gedicht erstmals in der WA gedruckt wurde.

Die Nachlaß-Herausgeber haben, dem Brauch der Zeit entsprechend, auch solche Gedichte mit Überschrift versehen, die Goethe selbst nicht überschrieben hatte. Der Textteil der WA hat diese Überschriften zumeist übernommen, und so sind sie dann auch in die Ausgaben eingegangen, die der WA folgen. Erst im Lesarten-Teil der WA wurden authentische und nachträgliche Überschriften unterschieden. In der vorliegenden Ausgabe werden Überschriften, die nicht von Goethe stammen, in Spitzklammern eingesetzt. Sie orientieren sich zwar an den traditionellen Herausgeber-Überschriften, folgen ihnen aber nicht sklavisch, da es nicht darauf ankam, diesen alten Stand zu konservieren, sondern darauf, eine erste schnelle Orientierung zu geben. Die angegebenen Daten ergeben sich zumeist aus Goethes Unterschrift unter die betreffende Widmung etc. Nur wo dieses Datum nachweisbar und relevant vom tatsächlichen Entstehungsdatum abweicht oder dessen Angabe auf unsicheren Kriterien beruht, geht der Kommentar eigens darauf ein. Herausgeber-Überschriften erscheinen im Kommentar nur in Kurzform.

Die Ursachen, aus denen Goethe die hier gedruckten Gedichte nicht selbst veröffentlicht hat, sind unterschiedlicher Art. Manche Gedichte sind gewiß nur Produkte des Augenblicks, die er selbst bei der Zusammenstellung der Sammlungen nicht mehr zur Hand hatte, manche sind auch zu belanglos, manche zu persönlich. Vor allem bei manchen späten, nach der Zusammenstellung der »Inschriften ⟨...⟩« 1827 (seit 1822 in mehreren Anläufen) entstandenen, darf man jedoch vermuten, daß Goethe sie selbst noch für die Nachlaß-Publikation vorgesehen hatte.

⟨*1. Stammbuchblatt, 15. 7. 1801*⟩ (S. 772)
»*Weise die Rose nicht ab*«
Erstdruck: *Neuestes Verzeichnis einer Goethe-Bibliothek*, Leipzig 1874 (Hirzel).

⟨*2. In das Stammbuch A. v. Goethes, 22. 11. 1801*⟩ (S. 772)
»*Gönnern reiche das Buch*«
Erstdruck: *Diary, Reminiscences and Correspondences of H. C. Robinson*, Bd. 1, 1869.

⟨*3. An den Fürsten C. v. Ligne, Mitte Januar 1804*⟩ (S. 772)
»*In früher Zeit, noch froh und frei*«
Erstdruck: C 47. Zeitweilig für die »Inschriften ⟨...⟩« vorgesehen. – Antwort auf ein französisches Huldigungsgedicht des Fürsten (1735-1814); dieses gedruckt in: *Goethe und Österreich*, hg. v. A. Sauer, Weimar 1902, S. 115 f. Vgl. auch Nr. 29, S. 785, und Anm.

⟨*4. An..., 1804*⟩ (S. 773)
»*Wie du Vertrauen erweckst*«
Erstdruck: Jenaische Allgemeine Literatur-Zeitung 1804, Intelligenzblatt Nr. 14. – Öffentliche Antwort auf Gedichte, die eine Verehrerin Goethe zugesandt hatte, eines mit dem Titel: *Goethen dem Dichter von dem Genius anderer Welten*; Goethe folgte mit seinem Gedicht der Aufforderung, welche die Anonyma in einem anderen Gedicht formuliert hatte: »Wenn

Dir wurde ein Lied, betitelt: ›an Goethe den Dichter‹ | Gieb Du mir Kunde davon, die es der Feder vertraut, | Wie und wo Dir beliebt.« Materialien bei Morris, Bd. 2, S. 248-252.

⟨*5. An die Herzogin Anna Amalia, 27. 4. 1805*⟩ (S. 773)
»*Freundlich empfange das Wort*«

Erstdruck: Monthly Repository 1833 (H. C. Robinson). – Als Beilage zu *Winckelmann und sein Jahrhundert*, nach schwerer Krankheit.

773,2 *Parze*] Die Parzen spinnen den Lebensfaden.

⟨*6. An Esther Stock, 1. 1. 1806*⟩ (S. 773)
»*Was uns Günstiges in fernen Landen*«

Erstdruck: *Briefwechsel zwischen Goethe und Marianne von Willemer*, hg. v. Th. Creizenach, Stuttgart 1877. – Esther Stock, geb. Moritz, war eine Frankfurter Jugendfreundin.

⟨*7. In ein Stammbuch, 5. 10. 1806*⟩ (S. 773)
»*Zu unsres Lebens oft getrübten Tagen*«

Erstdruck: Einzeldruck Gustav von Loepers 1858, dann ›Archiv‹ 26 (1859). – Zeichnung unbekannt.

⟨*8. Zueignung an Prinzessin Caroline von Weimar, Januar 1807*⟩ (S. 774)
»*Dieses Stammbuch, wie man's auch nimmt*«

Erstdruck: C 47. Dort mit dem Titel *Zueignung an Pr. C. v. S. W.*; dies die Druckvorlage. – Goethe hatte in Jena ein Stammbuch gekauft, wie Studenten es für die Eintragungen von Kommilitonen anlegten, es mit 88 Zeichnungen versehen und als *Reise-Zerstreuungs- und Trost-Büchlein vom September 1806 bis dahin 1807, Ihro der Prinzeß Caroline von Weimar Durchl. unterthänigst gewidmet von Goethe* der 21jährigen Prinzessin geschenkt (Faksimile hg. v. Christoph Michel, Frankfurt 1978). Die letzte Zeichnung, eine Art Pendant zum Widmungsgedicht, Abb. 3, mit den Initialen »P⟨rinzessin⟩ C⟨aroline⟩ ⟨von⟩ S⟨achsen-Weimar⟩«. Die Verse (nicht im ›Büchlein‹ enthalten) entstanden vermutlich am 17. 1. 1807:

»Dedication des Stammbuchs in Knittelversen.« (Tagebuch.) Überreicht wurde das Stammbuch erst später (C datiert »Oktober«). Der unhöfische Knittelvers-Ton erklärt sich daraus, daß die Prinzessin dem »Meister«, wie sie ihn später in ihren Briefen nannte, besonders herzlich verbunden war. Sie war, mit ihrer Erzieherin Henriette von Knebel, Teilnehmerin der ›Donnerstags-Morgenstunden‹ und später der ›Mittwochs-Gesellschaften‹. Das Gedicht bezieht sich u. a. auf die Zeitereignisse um die Schlacht von Jena und Auerstedt am 14. 10. 1806, in deren Folge Weimar beschossen und geplündert wurde. Vgl. auch das Gedicht *Trauerloge*, S. 484, ferner Anm. 253,12.

774,4 *Hertels Laden]* In Jena, am 3. 10. 1806.

774,13 *letzte]* WA und eine Abschrift: setzte

774,17 *Saale* ⟨...⟩ *Töpel]* In Jena wie davor in Karlsbad, das an der Tepl liegt.

774,21 *Sündflut]* In Goethes Kreis die Eroberung durch die Napoleonischen Truppen.

774,29 *Marterinstrument]* Goethe litt immer etwas darunter, daß er in der Bildenden Kunst nur Dilettant blieb.

⟨*9. In das Stammbuch von Caroline Berdua,*
12. 5. 1807⟩ (S. 775)
»*Wie wir dich in unsrer Mitte*«

Erstdruck: Morgenblatt für gebildete Leser, Nr. 28, 1862. – Für die Schülerin Heinrich Meyers anläßlich ihrer Übersiedlung nach Dresden.

⟨*10. An Amalie von Stein, ca. 1807/09*⟩ (S. 775)
»*Der dieses Bild*«

Nach der Stelle, die Loeper dem Gedicht in der WA zugewiesen hat, wird es in den Ausgaben auf 1781 datiert; aber da war der Gatte, Carl von Stein, erst 16 Jahre alt. Plausibler ist der Ansatz von Femmel, Bd. IVa, Nr. 72: 1807/09 (Hinweis Hartmut Reinhardt). – Mit einer sizilianischen Landschaft.

⟨*11. An Pauline Gotter, vermutlich 1808*⟩ (S. 776)
»*Traum! ein schönes Geheimnis*«
Erstdruck: Eberhard Waitz, *Goethe und Pauline Gotter*, Hannover 1919; dies die Druckvorlage. – Die Tochter des ehemaligen Wetzlarer Kollegen, nachmalige Gattin Schellings, gehörte zum Karlsbader Bekanntenkreis 1808.

⟨*12.*⟩ *Zum ein und zwanzigsten Juni* (S. 776)
Erstdruck: C 47. Entstanden 18.–20. 6. 1808 (Tagebuch). – Die Karlsbader Gesellschaft ergötzte sich 1808 an einer Versepistel, die der Herrnhuter-Bischof Christian Gregor aus Bethlehem in Nordamerika im Jahre 1771 an seine Tochter geschrieben hatte. Sie beginnt:

> Meine liebe Christel, heuer kriegst du zwar
> Keine Festepistel, wie die letzte war,
> Die ich dir vorm Jahre aus der See gesandt,
> Denn dermalen fahre ich auf trocknem Land;

bringt sodann eine breite erbauliche Schilderung der ›Neuen Welt‹ und seiner Aktivitäten und schließt:

> Und nun will zum Schlusse Jesu Wundenhöhl'n
> Mit dem zartsten Kusse ich dir anempfehl'n.

(Vollständiger Abdruck C 47 und WA 5/II, S. 140-144.)
An dieses Gedicht knüpft das vorliegende Geburtstagsgedicht für Silvie von Ziegesar (zu ihr siehe S. 975 f.) an.

776,1 *Susquehanna* ⟨...⟩ *Manna*] In Gregors Gedicht: »An der Susquehanna, einem großen Fluß, | Wo man indisch Manna stampft und essen muß«.

776,6 f. *Mohrenbande* ⟨...⟩ *weißen Hirschen*] Goethe wohnte im Haus zu den »Drei Mohren«, die Familie Ziegesar im »Weißen Hirsch«.

776,17 *Corpus Domini*] Lat.: »Leib des Herrn«, Fronleichnam.

776,19 *Keiner* ⟨...⟩ *der sich rücken läßt*] Kein beweglicher Feiertag wie die vorgenannten.

777,28 *Läßt er seines Gleichen uns das längste Kind*] Silvie war besonders hochgewachsen (vgl. auch v. 47), glich darin dem ›längsten Tag‹.

777,38 *Kreuzes Panner]* Das Kreuz auf dem ›Hirschensprung‹ über der Tepl. ›Panner‹ ist Banner (›Panier‹).

777,42 *Graf Bolze, Herr vom goldnen Schild]* Graf Bolza ⟨!⟩ war der Eigentümer des Hauses zum »Goldenen Schild«.

777,46 *Dianthen]* Nelken.

777,47 *Ornithogalen]* Vogelmilch, Sternblume.

777,52 *Lande Gosen]* Biblische Landschaft in Unterägypten, Wohnsitz der Israeliten vor dem Auszug nach Kanaan.

777,54 *Bringst du die Exzellenzen]* Das Versmaß fordert umgangssprachliche Aussprache: ›Bríngst du díe Exzlénzen‹. – Die Exzellenzen von Ziegesar und von Goethe. Den geselligen Umgang mögen Begleitverse zu einer Geburtstagstorte für den Freiherrn (1746-1813, bis 1808 Gothaischer Minister) am 5. 4. 1810 illustrieren:

> Frisch hinaus, wo große Köste
> Heut an seinem Wiegenfeste
> Unser *Herr*, der Ehrenveste,
> *Von Ziegesar* hält!
>
> ⟨Überlieferungslücke, mindestens
> Strophe mit Reim auf »hält«.⟩
>
> Aufgeheitert die Gesichter!
> Wie das flackernde Gelichter,
> Das, als seines Ruhms Berichter,
> Dieser Kuchen trägt.
>
> Jedes deutet auf ein Lüster ⟨Lustrum⟩,
> Das als Rat und als Minister,
> Doch bei weitem mehr illüster
> Er zurückgelegt.

Das Gedicht stammt nicht, wie in einigen Ausgaben angegeben, von Goethe, sondern von Riemer, der es 1826 in seine ›Gedichte‹ aufnahm (Hinweis F. Küster.).

778,57 *Wetterbübchen]* Vom Luftdruck gesteuertes Männlein, das das Wetter anzeigt.

⟨*13. In das Stammbuch von Bertha v. Loder,
13. 5. 1809*⟩ (S. 778)
»*Wie die Blüten heute dringen*«
Erstdruck: Chronik des Wiener Goethe-Vereins 1 (1886). –
Die zehnjährige Bertha war die Tochter des Anatomieprofessors Justus Christian von Loder (bis 1803 in Jena), bei dem auch Goethe anatomische Studien getrieben hatte. Eintragung anläßlich eines Besuchs der Familie in Jena.

⟨*14. An Hedwig von Berg, 20. 7. 1809*⟩ (S. 778)
»*Wie es dampft und braus't*«
Erstdruck: Das Inland, Nr. 15, Dorpat 1846. – Die Adressatin gehörte zum Karlsbader Bekanntenkreis von 1808, daher die Sprudel-Thematik; das Gedicht entstand erst bei einem Besuch in Weimar.

⟨*15.*⟩ *Supplement zu Schillers Glocke* (S. 779)
Kein genauer Anhalt für die Datierung. Die WA hat das Gedicht einer Aufführung am 9. 5. 1810 (Gedächtnisfeier für Schiller) zugeordnet. Gräf, 4. Teil, Bd. 1, S. 489, plädiert für 1815: 1810 habe Goethe sich in der fraglichen Zeit in Jena aufgehalten, 1815 hingegen habe er die Proben persönlich geleitet. Die ersten szenischen Aufführungen der *Glocke* zum Gedächtnis Schillers fanden am 10. 8. 1805 in Lauchstädt und am 10. 5. 1806 in Weimar statt. – Die hervorgehobenen Motto-Zeilen stammen aus Schillers *Glocke*. – »Austeilung«: Rollenverteilung.

⟨*16. An Christine von Ligne, 2. 9. 1810*⟩ (S. 780)
»*Ein klein Papier hast du mir abgewonnen*«
Erstdruck: Privatdruck Woldemar von Biedermanns 1860, dann in dessen *Goethe-Forschungen*, 1879. – Die Adressatin, eine Enkelin (oder ›natürliche Tochter‹?) des Fürsten von Ligne (siehe Nr. 3 und Nr. 29), dann Schwiegertochter der

Gräfin Josephine O'Donell, hatte gegen Goethe eine Pferde-Wette gewonnen, und Goethe schrieb ihr die Verse auf die Rückseite einer Zwei-Gulden-Banknote.

⟨*17.*⟩ *Das Blumenchor* (S. 780)
Erstdruck: Hempel, Bd. 5. – Der Hofmarschall Friedrich Albrecht Gotthelf von Ende wollte im Auftrag der Erbgroßherzogin zum Geburtstag der Herzogin Luise mit einem ›Blumenchor‹ aufwarten, brachte das beizufügende Gedicht aber nicht zustande; so fertigte es ihm Goethe an.

⟨*18. An Amalie Wolff, 10. 12. 1812*⟩ (S. 780)
»*Erlaubt sei dir*«
Erstdruck: C 47. Zeitweilig für die »Inschriften ⟨...⟩« vorgesehen. Im Namen von Caroline Ulrich und August von Goethe zum Geburtstag der Schauspielerin gedichtet. – Genannt werden Rollen aus Racines *Phädra* (von Schiller bearbeitet), Schillers *Maria Stuart*, *Braut von Messina* und *Jungfrau von Orleans* sowie aus Goethes *Egmont*.

⟨*19. An v. Bock, 22. 10. 1813*⟩ (S. 781)
»*Von allen Dingen die geschehn*«
Erstdruck: C 47. – Als nach der Schlacht bei Leipzig Kosaken Weimar besetzten, stellte der Oberstleutnant Goethe am 22. 10. 1813 eine Leibwache.

⟨*20. An Josephine O'Donell, 3. 2. 1814*⟩ (S. 781)
»*Die kleinen Büchlein kommen froh*«
Erstdruck: *Goethe und Gräfin O'Donell*, hg. v. R. M. Werner, Berlin 1884. – Zur Gräfin vgl. S. 1029. Das Gedicht bezieht sich auf die beiden Bücher, die es begleitete: ›Taschenbuch für Damen auf das Jahr 1814‹ und ›Taschenbuch auf das Jahr 1802, der Liebe und Freundschaft gewidmet‹.

⟨*21. An Friedrich Peucer*⟩ (S. 781)
»Nein! frechere Wette«, 15. 8. 1813
»Jetzt, da man über'm Rheine ficht«, 16. 2. 1814

Erstdruck: C 47. – Mit dem Regierungsrat Peucer hatte Goethe in Dresden während des Waffenstillstands einen rheinischen Dukaten darum gewettet, ob es Krieg oder Frieden geben würde. Die Gedichte begleiteten auf einem reichverzierten Blatt die Übersendung der Münze. Sie trägt die Inschrift: »Sic fulgent littora Rheni« (»So leuchten die Ufer des Rheines«). Die preußische Armee hatte Anfang Januar 1814 den Rhein überschritten.

⟨*22. An Constanze von Fritsch, 27. 2. 1814*⟩ (S. 782)
»Die deutsche Sprache wird nun rein«

Erstdruck: C 47. – Zu einem mit Stiefmütterchen (›pensées‹) bestickten Beutel. Bezug zu Sprachreinigungs-Bestrebungen im Zusammenhang mit den Befreiungskriegen, vgl. auch S. 741,775-788.

⟨*23. An P. A. Wolff, 3. 5. 1814*⟩ (S. 782)
»Blätter nach Natur gestammelt«

Erstdruck: C 47. – Zum Geburtstag des Schauspielers Pius Alexander Wolff, mit eigenhändigen Zeichnungen.

⟨*24. An Caroline Ulrich, 8. 6. 1814*⟩ (S. 782)
Liebe

Erstdruck: Hempel, Bd. 5. Titel in einer eigenhändigen Niederschrift. – Vgl. auch S. 726,353-356. Vielleicht im Namen Riemers, der damals um Caroline Ulrich, die Gesellschafterin Christiane von Goethes, warb, hierin mit Dietrich Kieser rivalisierte und schließlich obsiegte. Doch tändelte auch Goethe selbst gerne mit ihr (das *Divan*-Gedicht *Versunken* soll z. B. ursprünglich ihr gegolten haben); für ihn verschoben sich die hier vielleicht anklingenden Probleme durch die Rheinreise, die er Ende Juli antrat (siehe S. 1032).

⟨*25. An Caroline Ulrich, 24. 6. 1814*⟩ (S. 783)
»*Wäre der Rubin mir eigen*«

Erstdruck: *Briefe von und an Goethe*, hg. v. F. W. Riemer, Leipzig 1846. – Zu einem Ring, dessen Reif aus zwei Schlangen besteht, die im Maul einen mit Perlen umgebenen Rubin halten. Auch Riemer hatte ein Gedicht auf Carolines Ring gemacht (beim Erstdruck, S. 207 f., *Der Ring*):

Die zarten Perlen um den glühenden Rubin,
 Die Schlangenzähne, die sie beide halten
 Und sich zum Ring der Ewigkeit gestalten . . .
Was sie bedeuten? – dürfen Wort und Lettern
 Solch zart Geheimnis laut zu Tage ziehn?
 Die keusche Rose freventlich entblättern? –
»Der Rose Mund, die Perlentau umflossen,
 Wahrt – eine Zung' im klaren Perlgehänge –
 Geheimnis, so im Herzen brennend rege,
 Von Schlangen klug in ew'gem Ring verschlossen;
Ein glühend Herz, das Musenkost genossen,
 Weiht jungfräulicher Rose zartre Schläge,
 Und schlingt geheim, in ewigem Gepräge,
 Sich um den Liebling, dem er sich erschlossen.«

Vgl. auch das voranstehende *Liebe*.

⟨*26. Aus »Willkommen«*⟩ (S. 783)

Erstdruck: *Willkommen!*, Weimar 1814. – Die von Goethe und Riemer im Juni und Juli 1814 redigierte Gedichtsammlung sollte den Herzog bei der nah erwarteten Rückkehr aus dem siegreichen Feldzug begrüßen. (Er kam dann erst am 1. 9., vgl. »*Was haben wir nicht für Kränze gewunden*«, S. 743 und Anm.) Die Sammlung enthält u. a. Gedichte von Riemer, Peucer, Voigt, Müller, Knebel, ferner zum Abschluß kurze Erläuterungen Goethes (WA 42/2, S. 71-74). Das erste Gedicht ist zusammen mit Riemer verfaßt.

784,19-25 »*Der du frühe* ⟨. . .⟩ *zu ergehn.*«] Goethe hat diese Strophe (und die erste Zeile: »Würdig deiner ⟨. . .⟩«) zu einem Gedicht von Peucer beigesteuert; vgl. WA 5/II, S. 149. Die drei voranstehenden Strophen lauten:

Würdig deiner, nicht vorbei zu eilen
An dem kleinen stillen Heiligtum:
Denn indem wir sinnend hier verweilen,
Rufen Stimmen aus Elysium,
 Rufen hehr und mild,
 Und ein würdig Bild
Zeigt sich der Erinn'rung um und um.

Hier entbot die griechische Camoene
Gern die Hand dem heitren Trubadur;
Hier vermählen der Empfindung Töne
Sich dem Hauch romantischer Natur;
 Hier bewies Magie
 Süßer Harmonie
Selbst am Lebenslosen ihre Spur.

Diese Zauber, wären sie verschwunden?
Diese Töne, wären sie verhallt? –
Nein, – der Dichterweihe heil'ge Stunden
Regen sich mit ew'ger Geistgewalt,
 Und aus Blumenflor
 Dringt ein Dank hervor,
Und ein liebegrüßend Wort erschallt.

Die nun folgenden Worte also, die Worte des im Vorjahr verstorbenen Wieland an seinen ehemaligen Zögling Carl August, hat Goethe sich selbst vorbehalten. In den Erläuterungen schreibt Goethe: »Sollte *Wielands Pforte* überschrieben sein, weil von da her diese Töne sich vernehmen lassen.«

⟨*27. Wiesbaden, 1. 9. 1814*⟩ (S. 785)
»Was der August nicht tut«
Erstdruck: Archiv für Litteraturgeschichte 3 (1874).

⟨*28. An Charlotte von Stein, 26. 12. 1814*⟩ (S. 785)
»*Gegen soviel schöne Dinge*«
Als Dank für Weihnachtsgeschenke: Kienholz zum Feuermachen und Leuchten (Streichhölzer wurden erst zwei Jahre später erfunden), ein Wachsstock, wie Charlotte von Stein ihn Goethe regelmäßig zu Weihnachten schenkte, vielleicht eine besondere Art von Gläsern und die ebenfalls zum Ritual gehörende Kochberger Torte.

⟨*29.*⟩ *Requiem dem frohsten Manne des Jahrhunderts* (S. 785)
Erstdruck: Q. – Der österreichische Feldmarschall Carl Joseph Fürst von Ligne (1735-1814), der seinen Ruhm noch im Siebenjährigen Krieg erworben hatte, war ein Verehrer Goethes. Siehe Nr. 3, S. 772. 1807 lernten sie einander in Karlsbad persönlich kennen, und 1811 besuchte der Fürst Goethe in Weimar. Er war bekannt für seinen Witz und seine weltmännische Überlegenheit. Er erlebte noch die ersten Wochen des Wiener Kongresses und prägte das berühmte Wort: »Der Kongreß tanzt, aber er bewegt sich nicht.« Goethe wollte ihm zu Ehren ein Requiem verfassen (an den Herzog Carl August, 29. 1. 1815), von dem aber nur das vorliegende Fragment erhalten ist.

786, vor 33 *Sylphe*] Eigentlich Elementargeist der Luft, hier wohl weibliches Pendant zum ›Genius‹.

788,54 *tot der Sohn*] 1792 gefallen.

789, nach 72 *fremde Länder*] Der Fürst stammte aus Belgien, war in Italien, in der Schweiz, Rußland, Polen und der Türkei gewesen. Wahrscheinlich sollten nicht nur ›Italien‹, sondern auch die einzelnen anderen Länder auftreten.

⟨*30. An . . ., April 1815*⟩ (S. 790)
»*Wäre doch das Blättchen größer*«
Nichts Näheres bekannt.

⟨*31. An C. Kirms und E. C. v. Schardt, 30. 5. 1815*⟩ (S. 790)
» *Frage nicht durch welche Pforte* «
Erstdruck: National-Zeitung, 26. 3. 1858. – Die beiden Adressaten feierten am 30. 5. 1815 ihr fünfzigjähriges Dienstjubiläum. Entstanden nachträglich, am 10. Juni in Wiesbaden (Tagebuch). Carl Kirms war der ältere Bruder von Franz Kirms, Goethes Mitarbeiter bei der Theaterleitung. Die ersten vier Strophen nahm Goethe in den *Divan* auf (siehe Bd. III dieser Ausgabe, »Buch der Betrachtungen«).

⟨*32. Für J. l'Aspee im Namen der Schülerinnen, 23. 6. 1815*⟩ (S. 791)
» *Gütiger Lehrer, Deine Kinder bringen* «
Erstdruck: Herbert Müller-Werth, *Ein unbekanntes Goethe-Gedicht*, in: Nassauische Annalen 68 (1957), S. 295-297. – Bisher nicht in Ausgaben. Nicht von Goethes Hand erhalten, sondern in einer Abschrift. Müller-Werths Zuschreibungsgründe erscheinen jedoch plausibel und sind mit den entsprechenden Zeugnissen (Herwig, Bd. 2, S. 1016 f., Tagebuch, 23. 6. 1815) verträglich. Goethe hat demnach während des Kuraufenthalts in Wiesbaden den Töchtern des Oberbergrats Cramer diese Zeilen für den Namenstag ihres Lehrers aufgesetzt.

⟨*33. An Oberst v. Geismar, 21. 10. 1815*⟩ (S. 791)
» *Dem wir unsre Rettung danken* «
Erstdruck: C 47. – Der Oberst war Führer der Kosaken, die am 21. 10. 1813 Weimar eingenommen hatten. Vgl. auch S. 781, Nr. 19 und Anm.

⟨*34. An Fanny Caspers, 21. 11. 1815*⟩ (S. 791)
» *In einer Stadt einmal* «
Erstdruck: Hempel, Bd. 3. – Fanny Caspers, 1800-1802 Schauspielerin in Weimar, hatte Goethe ein Autogramm des Fürsten Kaunitz übermittelt und sich einige Zeilen für ihre eigene Handschriftensammlung erbeten. Der Weimarer

Stadthaussaal war am 5. 3. 1802 eingeweiht worden. Fanny Caspers hatte in Weimar in Bretzners Lustspiel *Das Räuschchen* debütiert.

⟨*35. An Charlotte von Stein, 25. 12. 1815*⟩ (S. 792)
»*Daß du zugleich mit dem heilgen Christ*«
Erstdruck: C 47. Zeitweilig für die »Inschriften ⟨...⟩« vorgesehen. Nachlaßtitel: »An ein Weihnachtskind«. – Abdruck hier nach Jonas Fränkel (Hg.), *Goethes Briefe an Charlotte von Stein*, Bd. 2, Berlin 1960, S. 468, übereinstimmend mit Faksimile (Mick). Charlotte von Stein und August von Goethe waren am 25. Dezember geboren.

⟨*36. An S. Boisserée, Epiphanias 1816*⟩ (S. 792)
»*Hast den Anker fest im Rheine liegend*«
Erstdruck: C 47. – Goethe äußert mit diesem Gedicht Bedenken gegen den Plan der Brüder Boisserée (vgl. S. 1034 f.), mit ihrer Kunstsammlung von Heidelberg nach Berlin überzusiedeln. Die Sammlung wurde später Grundstock der Alten Pinakothek in München.

⟨*37. An S. Boisserée, März 1816*⟩ (S. 793)
»*Granit, gebildet anerkannt*«
Erstdruck: Katalog der Berliner Goethe-Ausstellung 1861. Druckvorlage: Insel Almanach 1982. – Nachdem Goethe im Dezember 1815 an Boisserée ein Stück ›wirklichen‹ (v. 1) Granits geschickt hatte, setzte er nun das Gedicht unter zwei kristallographische Zeichnungen des Granits. Der Granit galt Goethe im Wortsinne als ›Urgestein‹; daher »Gottes Frühe« (v. 5), die erste Zeit der Schöpfung. Im Begleitbrief bezeichnet Goethe das Gedicht als »Abraxas«, als zauberkräftiges Zeichen- oder Wortgebilde.

793,1 *gebildet anerkannt*] WA ›normalisiert‹ zu »gebildet, anerkannt«. Das Komma greift in den Sinn ein; »⟨als⟩ gebildet anerkannt« bedeutet, daß der Granit ›anerkanntermaßen‹ schon in seinem Ursprung kristallisiert, d. h. gestaltet (›gebildet‹) war (Michel in: Insel Almanach 1982).

⟨*38. An Rosine Städel, 5. 5. 1816*⟩ (S. 793)
»*Was, mit mir, die Freunde wollen*«

Erstdruck: Schorers Familienblatt 1890, Nr. 25. Druckvorlage Faksimile (Mick). WA schließt »mit mir« nicht in Kommas ein, wodurch der Sinn anders gedeutet werden kann (›mit mir zusammen wünschen‹ oder ›mit mir anstellen wollen‹). – Der Tochter Jakob von Willemers übersandt mit einem Ring mit 7 kleinen Steinen, deren Anfangsbuchstaben (Rubin, Opal usw.) den Namen ›Rosette‹ (so nannte Goethe sie) bilden. Zugleich Entschuldigung für die in diesem Jahr verschobene (dann ganz unterbliebene) Reise nach Wiesbaden.

⟨*39. An A. v. Humboldt, 12. 6. 1816*⟩ (S. 793)
»*An Trauertagen*«

Erstdruck: C 47. – Wenige Tage nach dem Tod seiner Frau (6. 6. 1816) erhielt Goethe Alexander von Humboldts Schrift *Sur les lois que l'on observe dans la distribution des formes végétales* (Über die Gesetze, die man hinsichtlich der Verteilung der Pflanzenformen beobachtet).

⟨*40. An Constanze v. Fritsch, 6. 12. 1816*⟩ (S. 794)
»*Dein Ostgeschenk weiß ich zu schätzen*«

Erstdruck: C 47. – Auf das Deckblatt des ›Almanac des Dames‹ 1817, zum Dank für ein aus Rußland mitgebrachtes Geschenk.

⟨*41. An Ludwig Fischer, 29. 3. 1817*⟩ (S. 794)
»*Als kleinen Knaben hab' ich dich gesehn*«

Erstdruck: Q. – Der Adressat war ein ›natürlicher Sohn‹ Hegels.

⟨*42. In das Stammbuch von E. L. Loebenstein-Loebel,
17. 5. 1817*⟩ (S. 794)
»*Herr Löbel ist ein Medicus*«

Erstdruck und Druckvorlage: Jb. der Goethe-Ges. 10 (1924). – Der Arzt hatte 1816 eine Schrift über die medizi-

nische Anwendung des Weines veröffentlicht. Goethe lernte ihn 1817 kennen. Er schrieb die Verse auf eine Karte mit einer lithographierten Ansicht des Schlosses Habsburg, links daneben aus einem Kommerslied:

> St. Paulus war ein Medicus
> Er schrieb an den Thimoteus
> Trink du ein wenig Wein
> Um deines Magens Willen.

794,4 *Caius und Sempronius*] Caius Sempronius Gracchus (153-121 v. Chr.), berühmter römischer Volkstribun; hier wohl nur beliebige Namen, in der Art der Beispielnamen aus der juristischen Kasuistik.

794,8 *Strohwein administrieren*] ›Strohwein‹ wird aus Trauben gewonnen, die auf Stroh in der Sonne ausgetrocknet sind, hat also besonders hohen Zucker- und Alkoholgehalt; ›Administration‹ ist auch die Ausspendung der kirchlichen Gnadenmittel.

⟨*43.*⟩ *Dem Fürsten Blücher von Wahlstadt die Seinen* (S. 795)
Erstdruck: *Über Kunst und Alterthum* II 1 (1818); im Aufsatz *Fürst Blüchers Denkbild*. – Als Inschrift für das Blücherdenkmal in Rostock am 1. 8. 1817 an den Bildhauer Schadow gesandt. Auf der einen Seite des Sockels wurde die Überschrift, auf der anderen der Text mit dem Datum des 18. 6. 1815 (Waterloo) angebracht. Zu den kritischen Stimmen, die Goethe (vor allem wegen seines Gedichts an die Französische Kaiserin, vgl. S. 439 und Anm.) als Verfasser der Denkmals-Inschrift für ungeeignet hielten, und zu den zahlreichen Alternativ-Vorschlägen vgl. Heinrich Roloff, *Goethe und die Mecklenburger. Goethes Verse auf dem Rostocker Blücherdenkmal in der Sicht seiner Zeitgenossen in Mecklenburg*, in: Goethe 24 (1962), S. 180-201.

⟨*44. An J. W. Döbereiner, 15. 12. 1817*⟩ (S. 795)
»*Wenn wir dich, o Vater, sehen*«
Erstdruck: Extrablatt zu den Privilegierten Jenaischen Wochenblättern, 1. 9. 1849. – Döbereiner war Professor der

Chemie in Jena, ein aus einfachsten Verhältnissen stammender, überaus tüchtiger Mann, den Goethe sehr schätzte.

⟨*45.*⟩ *An den verehrlichen Frauen-Verein* (S. 796)
Erstdruck: Hempel, Bd. 3. – Von Loeper ohne ersichtlichen Grund auf 1818 datiert. Der »Frauenverein« war von der Erbgroßherzogin Maria (›Marie‹, v. 1) Pawlowna gegründet worden – eine der später zahlreicheren caritativen Vereinigungen vornehmer Damen zur Linderung des ›Pauperismus‹, des Massen-Elends in der ersten Hälfte des 19. Jahrhunderts. Vgl. auch Nr. 86, S. 810.

⟨*46.*⟩ *Austausch* (S. 796)
Erstdruck: C 47. – Aus dem März 1818, anläßlich wechselseitiger Bildergeschenke.

⟨*47. An die Familie A. v. Goethes, 21. 7. 1818*⟩ (S. 796)
»*Und so Ade*«
Erstdruck: Briefabteilung der WA, Bd. 29. – Im Brief an Ottilie von Goethe vom 21. 6. 1818. ›Miselé‹ (der kleine Monsieur) ist der am 9. 4. geborene Enkel Walther Wolfgang.

⟨*48. Auf Angelica Catalani, 14. 8. 1818*⟩ (S. 797)
»*Im Zimmer wie im hohen Saal*«
Erstdruck: C 47. – Goethes Begeisterung für die Kunst der Sängerin in Briefen an den Herzog (15. 8. 1818) und Knebel (4. 9. 1818). Vgl. auch S. 863.

⟨*49. und 50. An O. v. Loeben*⟩ (S. 797)
»*Da du gewiß, wie du mir zugesagt*«, *18. 8. 1818*
»*Nun ist's geschehn!*«, *3. 4. 1825*
Erstdruck: C 47. Datierung des ersten Gedichts nach dem Tagebuch-Eintrag: »Gräfinn Loeben. Gedicht.« Es war zeitweilig für die »Inschriften ⟨...⟩« vorgesehen. – Die entsprechende »Aufklärende Bemerkung«: »Herr Graf Loewen ⟨!⟩ drückte seine Absicht mir etwas Schmeichelhaftes

zu sagen in einem wohlgelungenen Gedichte ⟨...⟩ dadurch aus daß er auf mein Hinscheiden das Weitere verschob; ich erwiederte zu seinem Festtage ⟨Geburtstag⟩ die gegenwärtige Nummer.« (WA 5/II, S. 65.) Der Graf dichtete unter dem Namen ›Isidorus Orientalis‹. Sein ›wohlgelungenes Gedicht‹ vom 1. 8. 1815, ein bombastisches Gebilde aus acht Stanzen, in: Goethe-Jahrbuch 15 (1929), S. 71-73. Die späte Erwiderung ist u. a. darauf zurückzuführen, daß Goethe im Sommer 1815 am Rhein war.

⟨*51. An die Frankfurter Freunde*⟩ (S. 797)
»*Verliehet ihr den goldnen Kranz*«
180 Frankfurter Verehrer hatten Goethes Geburtstag gefeiert – in Anwesenheit einer Goethebüste, die mit einem goldenen, mit Smaragden besetzten Lorbeerkranz geschmückt war. Diesen Kranz schickten sie ihm. Der Kranz hatte 15 000 Gulden gekostet.

⟨*52. Weimar, 3. 2. 1820*⟩
Ihro Hoheit der Prinzessin Marie ⟨...⟩ (S. 798)
Zur Adressatin siehe »Inschriften ⟨...⟩«, Nr. 5 (S. 576), zum selben Datum, und Anm. – WA 5/II, S. 232, äußert wegen der Datumsgleichheit Zweifel an Goethes Autorschaft (Riemer?). Zu einer Lithographie.

⟨*53., Ende Mai 1820*⟩
Herrn Cuno's Buchhandlung ⟨...⟩ (S. 798)
Erstdruck: Abend-Zeitung, 10. 7. 1820. Zeitweilig für die Aufnahme in die »Inschriften ⟨...⟩« vorgesehen. Die entsprechende »Aufklärende Bemerkung«: »Der Eigentümer der Buchhandlung zum eisernen Kreuz in Karlsbad, der mir bei meinem Aufenthalte in Karlsbad stets Freundlichkeit erwiesen, verlangte ein Wort ins Stammbuch, welches ich denn auch wie vorsteht einschrieb.« (WA 5/II, S. 61.)

⟨*54. An Ottilie v. Goethe, 20. 6. 1820*⟩ (S. 798)
»*Wo ich wohne*«
An die Schwiegertochter, »mit einer Terrine«. Das ›Paradies‹ ist ein Jenaer Park, die ›hübschen Kinder‹ sind die Prinzessinnen Marie und Auguste (vgl. Nr. 52 sowie »Inschriften ⟨...⟩«, S. 576 f.).

⟨*55. An Gräfin C. v. Egloffstein, 10. 7. 1820*⟩ (S. 799)
»*Der Heiden-Kaiser Valerian*«
Erstdruck: Q. Zeitweilig für die »Inschriften ⟨...⟩« vorgesehen. – Als Dank für eine schlecht geprägte Silbermünze Valerians (253-260, Veranlasser einer Christenverfolgung) mit dem Abbild einer unbekleideten männlichen Figur und der Umschrift »Apollini conservatori« (»dem Erhalter Apoll«). Zu »Mutter und Tochter« vgl. S. 1154. Die ›Einsiedelei‹ ist das Gartenhaus im Jenaer Botanischen Garten.

⟨*56.*⟩ *Mystische Erwiederung* (S. 799)
Erstdruck: C 47. – Bericht Ferdinand Hillers:
Als jener Herzog ⟨August von Gotha, von dem auch sonst Wunderliches berichtet wird⟩ einen Sommer in einem Orte unweit Jena wie gewöhnlich im Bette zubrachte, beurlaubte sich der Präsident v. Ziegesar ⟨Bruder Silvies⟩, um Goethen zum Geburtstag zu gratulieren. Der Herzog ⟨...⟩ übergab ⟨...⟩ dem Herrn v. Ziegesar ein höchst sonderbares Gedicht, begleitet von zwei Düten Drajet ⟨Dragée, überzuckerte Gewürzkörner⟩ und einer Flasche eines sehr seltenen Weins. Im Gedicht waren diese Geschenke auf eine höchst mystische Art angedeutet. Ziegesar bat Goethen nach Überreichung dieser Dinge um ein Gegengedicht für den Herzog ⟨...⟩ sonst traute der Herzog nicht. Goethe verfertigte ein ebenso sonderbares Gedicht, worin er auf eine noch mystischere Art das Erhalten jener Geschenke und seinen Dank dafür zu verstehen gab.
(Miszelle von Renate Fischer-Lamberg, in: Goethe 26 [1964], S. 319.)

⟨57. *An Knebel*⟩ (S. 800)
»*Völligen Unsinn siegelt' ich hier*«
Erstdruck: Hempel, Bd. 5. – Von Goethes Hand auf einem von anderer Hand an Knebel adressierten Briefumschlag. Bezug nicht ermittelt.

⟨58. *An F. Förster, 27. 9. 1820*⟩ (S. 800)
»*Als an der Elb' ich die Waffen ihm segnete*«
Erstdruck: Q. Zeitweilig für die »Inschriften ⟨. . .⟩« vorgesehen. – Der Schriftsteller (1791-1868), ein Freund von Goethes Sohn, war, als er im April 1813 als freiwilliger Lützowscher ›Schwarzer Jäger‹ nach Leipzig marschierte, in Meißen Goethe begegnet. Die ganze Kompanie habe Goethe gefeiert, und Goethe habe seine Hand auf Försters Gewehr gelegt und gesagt: »Wenn Ihr jungen Vaterlandsbefreier meint, daß mein Segen für Eure Waffen von Erfolg sein könne, so sei er Euch hiermit von ganzem Herzen erteilt.« (Herwig, Bd. 2, S. 794.) 1815 trafen sie sich in Heidelberg wieder, nachdem Förster das Eiserne Kreuz verliehen worden war. Das »Dritte« (v. 3) bezieht sich auf Försters Verheiratung 1818. Das Gedicht entstand anläßlich eines Besuchs des Ehepaares in Weimar.

⟨59. *An Marianne v. Willemer, 22. 12. 1820*⟩ (S. 800)
»*Du! schweige künftig nicht so lange*«
Erstdruck: Q. – Zur Adressatin vgl. S. 1163. Mit einem bunten Glasperlenbeutel (Weitz/Willemer, S. 399), den sie bei den Proben des Gesangvereins tragen sollte.

⟨60. *An Gräfin Caroline v. Egloffstein, 1821*⟩ (S. 801)
»*Ein Zauber wohl ziehet nach Norden*«
Erstdruck: Katalog der Berliner Goethe-Ausstellung 1861. – Zur Gräfin siehe S. 1154.

⟨61.⟩ *Familien-Gruß* (S. 801)
Ein Gruß an die Weimarer Familie: ›Urmama‹ ist die Oberhofmeisterin Ottilie Gräfin Henckel von Donnersmarck,

›A-mama‹ deren Tochter Henriette von Pogwisch, die Mutter Ottilie von Goethes, der Schwiegertochter Goethes. Ulrike ist Ottilies Schwester.

⟨*62. An F. Mendelssohn-Bartholdy, 20. 1. 1822*⟩ (S. 802)
»*Wenn über die ernste Partitur*«

Erstdruck: C 47. Zeitweilig für die Aufnahme in die »Inschriften ⟨...⟩« vorgesehen. Die entsprechende »Aufklärende Bemerkung«: »Felix Mendelsohn ⟨!⟩ in seinem ⟨Lücke⟩ Jahre ein wundervolles Talent, ergötzte mich mehrere Tage eingeführt von Zeltern. Ihm sendete eine des Ausschneidens höchst fertige Freundin ein geniales Steckenpferdchen, worauf ihr eigenes Talent sich ergötzte; ich schrieb Obenstehendes.« – Mendelssohn war ein besonderer Liebling Goethes. Am 2. 11. 1821 war der Zwölfjährige mit seinem Lehrer Zelter nach Weimar gekommen, und Goethe ließ sich immer wieder von dem liebenswürdigen Wunderkind vorspielen. Auf dem rosafarbenen Widmungsblatt befinden sich zwei Schattenrisse von Adele Schopenhauers Hand: ein geflügeltes Steckenpferd, auf dem zwei Genien reiten, und eine sich verbeugende männliche Gestalt mit dem Hut in der Hand, in deren Nacken ein geflügelter kleiner Genius sitzt.

⟨*63. An..., vielleicht 1822*⟩ (S. 802)
»*Steine sind zwar kalt und schwer*«

Erstdruck: C 47. – Dank für eine Stein-Sendung, Näheres nicht bekannt. Caspar von Sternberg? Rat Grüner?

⟨*64. An Christine Genast, 31. 1. 1822*⟩ (S. 802)
»*Treu wünsch' ich dir zu deinem Fest*«

Erstdruck: C 47. Zeitweilig für die »Inschriften ⟨...⟩« vorgesehen. – Tag und Monat nach dem Geburtstag der Schauspielerin, Jahr unsicher.

⟨*65. An Doris Böhler, 15. 2. 1822*⟩ (S. 803)
»*Soll sich das Leben wohl gestalten*«

Erstdruck: Goethe-Jahrbuch 28 (1907). – An eine Schwester von Christine Genast (Nr. 64) in Leipzig.

⟨66. An Ulrike von Levetzow, Juli 1822?⟩ (S. 803)
 »Die Gegenwart weiß nichts von sich«
Erstdruck: C 47. – Zweimal angeschlossen an das Gedicht *Äolsharfen* (siehe S. 463 und Anm.) überliefert, also vermutlich im Zusammenhang mit Ulrike von Levetzow (siehe S. 457 und Anm.) zu sehen.

⟨67. An Ulrike v. Levetzow, 24. 7. 1822⟩ (S. 803)
 »Wie schlimm es einem Freund ergangen«
Auf das erste Blatt von *Campagne in Frankreich* und *Belagerung von Mainz*. Zur Adressatin vgl. S. 457 und Anm.

⟨68. An J. G. Lenz, 25. 11. 1822⟩ (S. 803)
 »Erlauchter Gegner aller Vulkanität«
Erstdruck: Einzeldruck 1822 *Wunsch, für Herrn Director Lenz, zu Seinem 50. Jubiläum den 25ten October 1822*; dann C 47. – Entstanden schon 18./19. 6. in Eger (Tagebuch). Zu einem »Tafelaufsatz in Form einer Basaltinsel mit einem Vulkan, dessen Krater mit hundert Ducaten in Gold und der goldenen Verdienstmedaille gefüllt war.« (C 47.) Nähere Beschreibung des offenbar gewaltig dimensionierten ›Kunstwerks‹ der »Pappe-Künstler« und der »Hofkonditorey« WA 5/II, S. 158 f. – Johann Georg Lenz, Professor der Mineralogie in Jena, war ein ›Neptunist‹, d. h., er war überzeugt, daß die Erdgestalt auf das Wirken des Wassers, nicht auf Vulkanität zurückzuführen sei; dieser Auffassung neigte auch Goethe zu, wenngleich er hier, anders als bei seinen Auffassungen zur Farbenlehre, nicht dogmatisch entschieden war.

803,2 *Solennität*] Festlichkeit.

804,7 *Bestellt*] So in C 47. WA ›normalisiert‹ zu »Bestellt'«, was aber einen anderen Sinn ergibt: ›In Auftrag gegeben haben‹ statt ›das Fest ausrichten‹.

804,14 *Plutus und Pluto*] Der Reichtum (das Gold) und der Gott der Unterwelt (Vulkanismus).

⟨69. *An Marianne v. Willemer, 18. 11. 1822*⟩ (S. 804)
»*Da das Ferne sicher ist*«

Erstdruck: *Briefwechsel zwischen Goethe und Marianne von Willemer*, hg. v. Th. Creizenach, Stuttgart 1877. Druckvorlage Faksimile (Willemer-Katalog und Mick). – Marianne (vgl. S. 1163) hatte am 20. 10. geschrieben:

> Wie glücklich ist Fräulein Adele ⟨Schopenhauer aus Weimar, die eine Rheinreise unternahm und bei Willemers vorbeigekommen war⟩; ich kann Ihnen nicht beschreiben, welche eigne Empfindung mich in der Anwesenheit dieses achtungswerten Mädchens erfüllt: ein Gemisch von Demut, Verlegenheit, und fast möchte ich sagen von Schelmerei und Übermut machte die wunderbarste Person aus mir, und ich kann und muß es gestehen: die beide Male, als ich sie sah, habe ich mich selbst nicht erkannt. Sie werden dies wohl begreifen, wenn es schon mir nicht ganz klar ist; die Demut weiß ich mir zu erklären, aber den Übermut, der sich zu gleicher Zeit meiner bemeisterte, an dem sind Sie wohl schuld, an der Demut gewiß.
>
> Wenn Sie meine Briefe eigentlich beantworteten, was man so heißt ⟨nicht poetisch-bildhaft⟩, so würde ich freundlich bitten, mir diese Zweifel zu lösen. Dazu kommt noch, daß es mir nie wohl zu Mute ist, wenn ich an Adele denke; das wird davon kommen, daß ich mich so gebunden fühlte in ihrer Nähe, und nun durch ihre Entfernung das Gefühl der Verpflichtung für ihre Gefälligkeit in mir wächst, welches ich bei der nächsten Gelegenheit zu beschwichtigen hoffe.

(Weitz/Willemer, S. 128.)

Hierauf antwortete Goethe also dem ›kleinen Blücher‹, wie Marianne wegen ihrer Entschiedenheit beim Anweisen der Tischplätze und Spazierwege genannt wurde. Zum Gedicht schrieb er: »Das rätselhafte Gefühl, dessen Auslegung Sie von mir verlangen, habe dem erhabenen Bakis vorgelegt, welcher mir darauf eine gleich rätselhafte Antwort erteilte«. Zu »Bakis« vgl. S. 961. Marianne hat erwidert:

> Bakis' rätselhafte Enträtslung eines Zwiespalts im Herzen

der Müllerin ⟨Bewohnerin der Gerbermühle⟩ läßt sie siegreich aus dem Kampfe mit Verlegen- und Verwegenheit hervorgehen, aber obschon diese Begünstigung ihr große Freude macht, muß sie doch gestehen, daß sie eigentlich geschlagen wurde, und nur insofern ein kleiner Blücher ist, als sie selbst im Rückzug nicht ganz den Mut verliert und sich auf ihr Incognito ⟨ihre Bedeutung für den *Divan*⟩ etwas zu Gut tut; dabei muß sie aber freilich gewiß sein, ob sie nicht durchschaut wird, und das ists eben, und überdies versteht sich von selbst

> Was uns die Erfahrung lernt:
> *Fernes* muß dem *Nahen* weichen,
> Da das *Ferne* weit entfernt,
> Sich mit *Nahem* zu vergleichen;
> Diese Überlegenheit
> Setzt uns in Verlegenheit;
> *Wenn* wir schon dem *Nahen* weichen,
> Möchten wirs doch gern erreichen;
> Nur indem wir uns bewußt,
> Daß man auch dem Fernen gut,
> Regt sich in beklommner Brust
> Unterdrückter Übermut.
> (Weitz/Willemer, S. 132 f.)

804,2 *Nahes*] Wäre metrisch korrekt ›Nah's‹ zu schreiben.

⟨*70. An Kasimira Wolowska, 1823*⟩ (S. 804)
»*Daß man in Güter dieser Erde*«

Erstdruck: C 47. – Vgl. »Inschriften ⟨. . .⟩«, Nr. 30, S. 591.

⟨*71. An Ulrike v. Levetzow, 1823*⟩ (S. 805)
»*Genieße dies nach deiner eignen Weise*«

Erstdruck des ersten: ›Goethe-Jahrbuch‹ 8 (1887), der anderen: WA. – Zur Adressatin vgl. S. 457 und Anm.

805,2 *sub utraque*] Im böhmischen Karlsbad Anspielung auf die Forderung von Jan Hus, das Abendmahl in beiderlei Gestalt, als Brot und Wein, zu spenden; hier feste und flüssige Schokolade.

⟨*72. An Ottilies Großmutter*⟩ (S. 805)
»*Große Leidenschaft waltet allda!*«

Undatiert, Einreihung an dieser Stelle wegen »Wolf« v. 17: Walther Wolfgang wurde 1818, Maximilian Wolfgang, der mit seinem zweiten Namen gerufen wurde, 1820 geboren. Vgl. auch Nr. 61, S. 801. Der ›A-papa‹, v. 2, ist hier Goethe selbst, die ›Töchter‹, v. 3, sind Ottilie und Ulrike, ›Aieule‹, v. 14, ist Ottilie Gräfin Henckel von Donnersmarck, die Urgroßmutter.

⟨*73. An Graf C. Sternberg, 11. 6. 1824*⟩ (S. 806)
»*Frühlingsblüten sind vergangen*«

Erstdruck: Q. – Seit 1820 Briefwechsel, seit 1822 persönliche Bekanntschaft, durch gemeinsame geologische, botanische und kulturelle Interessen vermittelt. Mit der Strophe lud Goethe den Grafen zu einem Besuch in Weimar ein. Siehe auch Nr. 104 und 105, S. 818.

⟨*74. An Maria Pawlowna, 21. 8. 1824*⟩ (S. 806)
»*Erleuchtet außen hehr vom Sonnengold*«

Erstdruck: C 47. – Mit dem Bild nach einem Besuch der Erbgroßherzogin und des Erbgroßherzogs übersandt.

⟨*75. An Ottilie v. Goethe, 27. 10. 1824*⟩ (S. 806)
»*Dicke Bücher vieles Wissen*«

Erstdruck: *Goethes Unterhaltungen mit dem Kanzler von Müller*, hg. v. Burckhardt, Stuttgart 1870.

⟨*76. An Ottilie v. Goethe, 31. 10. 1824*⟩ (S. 806)
»*Liebe Mutter, es wird zu arg*«

Als Geburtstagsgedicht der Enkel an die Mutter. Auf einer eigenhändigen Handschrift aus Ottilie von Goethes Nachlaß: »Walter und Wolf empfehlen sich durch englisch-unsterbliche Bleyfeder«, einen Bleistift aus massivem Graphit, während die ›sterblichen‹ deutschen aus Graphitstaub mit einem Bindemittel bestanden.

⟨77. *An F. W. Schellhorn, 3. 12. 1824*⟩ (S. 807)
»*Daß im großen Jubeljahre*«
Erstdruck: C 47. – Der Rat und Kammersekretär Franz Wilhelm Schellhorn war seit dem 3. 12. 1774 herzoglicher Beamter. Das ›Jubeljahr‹ war so ›groß‹, weil man auch das fünfzigjährige Jubiläum der Regierung Carl Augusts feierte. (Regierungsantritt 4. 9. 1775, aber das ganze Jahr davor war schon ›Jubeljahr‹.)

⟨78. *In das Stammbuch Walthers v. Goethe, April 1825*⟩ (S. 807)
»*Ihrer sechzig hat die Stunde*«
Erstdruck: Q. – Emilie von Spiegel hatte davor eine Sentenz Jean Pauls (*Hesperus*, 4. Hundsposttag) eingetragen: »Der Mensch hat hier dritthalb Minuten: eine zu lächeln, eine zu seufzen und eine halbe zu lieben; denn mitten in dieser Minute stirbt er.« Goethes Spruch ist eine Entgegnung auf diese Worte.

⟨79. *In das Stammbuch A. v. Goethes*⟩ (S. 807)
»*Dies Album lag so manches Jahr in Banden*«
Erstdruck des ersten Gedichts: C 47; des zweiten: Archiv für Litteraturgeschichte 2 (1873). Davor eine Eintragung von »Halte das Bild ⟨...⟩« (siehe S. 707 und Anm.) aus dem Jahre 1805.

⟨80. *An Gräfin Rapp, 7. 7. 1825*⟩ (S. 808)
»*Zu dem Guten, zu dem Schönen*«
Erstdruck: C 47, überschrieben »Der Gräfin Julie von Egloffstein«. Die richtige Adressierung und das Datum in Q. – Für die Witwe eines französischen Generals und Adjutanten Napoleons, der 1809 als Lebensretter Napoleons zum Grafen erhoben wurde. Gräfin Rapp, Schwester der Frau von Spiegel, war zu Besuch in Weimar und lebte auch später einige Zeit dort. Vgl. auch Nr. 117, S. 823.

⟨*81. Von und an Marianne v. Willemer, 1825*⟩ (S. 808)
　　»*Zarter Blumen leicht Gewinde*«

Erstdruck: C 47. – Marianne von Willemer (vgl. S. 1163) hatte ihr Gedicht in einen Kranz von auf Papier geklebten getrockneten Blumenblättern geschrieben. Es war eigentlich für Goethes Geburtstag gedacht, wurde aber, der sicheren Beförderung wegen, erst im Oktober durch Willemers Schwiegersohn überbracht. Goethes Dankgedicht, abgesandt am 14. 11., auf einem gefalteten Folioblatt: links Mariannes (v. 1 »leicht« statt »reich«, v. 2 »Flecht« statt »Flocht«), rechts Goethes Gedicht. Es fehlt die dritte Strophe von Mariannes Gedicht:

　　Worte aus des Herzens Fülle
　　Sind wie Duft aus Blumenhülle
　　Blumen müssen oft bezeigen
　　Was die Lippen gern verschweigen
　　(Weitz/Willemer, S. 170.)

⟨*82.*⟩ *Am siebenten November* (S. 809)

Erstdruck: Faksimile unter einem Portrait, das zum fünfzigsten Jahrestag von Goethes Ankunft in Weimar an die Gratulanten verteilt wurde. – Anläßlich des Geburtstages im folgenden Jahr veranstaltete die Berliner Literarische Mittwochgesellschaft ein Festmahl zu Ehren Goethes. Ein unbekannter Kauz lancierte darauf im Gothaer ›Allgemeinen Anzeiger der Deutschen‹ vom 17. 9. 1826 ein Gedicht, das Goethe angeblich zum Dank an die Berliner geschickt hatte, eine Parodie des vorliegenden. In Weimar erhob sich ein *Sturm im Wasserglase* (so der treffende Titel von Max Heckers Darstellung der Affäre in: Jb. der Sammlung Kippenberg 1 [1921], S. 268-312); Goethe gegenüber hielt man den Affront geheim, aber der umtriebige Kanzler von Müller suchte, erfolglos, den Übeltäter zu ermitteln. Die Parodie sei hier zitiert, weil manche Leser den untergeschobenen Text für echt hielten und sie in der Tat den Altersstil recht gekonnt aufs Korn nimmt. »Mache« in v. 2 von Goethes Gedicht ist allerdings nicht, wie der Parodist anzunehmen scheint, die in

Goethes Briefen häufige kanzleimäßige Verkürzung von
›mache ich‹, sondern Imperativ an das Bild.

> Meinen vielfach hochbedingten,
> Tiefbegabten, langbedachten,
> Hebe vor und Liebe nach,
> Daß das Mahl, das sie vollbrachten
> Mit den Bechern ausgelagten,
> Stets und ewig habe Dank.
>
> Gebe vielfach steter Wechsel
> Große Lust, sanft süßes Leiden,
> Teure Freunde! Geistgenossen!
> Schroffen Züglern unverdrossen,
> Selbst sich und dem Schein der Zeit,
> Größern Dank zur Ewigkeit.
>
> Dieß der vielfach breitgeführten,
> Thränerweichten Dankeskräftung.
> Ich! dem vieloft mehrsam Bilder
> Heißer Zukunft zu erscheinen
> Süßer Lust dabey zu weinen,
> Meinen Dank Euch, ewig Euch!
> (Nach Hecker, S. 278 f.)

⟨*83. An Portales, 6. 11. 1825?*⟩ (S. 809)
 »*Ist uns Jugendmut entrissen*«

Erstdruck: Friedrich Wilhelm Gubitz, *Berühmte Schriftsteller der Deutschen*, Bd. 1, Berlin 1854, S. 60. – Dort wird erzählt, ein Frankfurter Jugendfreund habe am Tag vor dem Jubiläum (siehe zum Vorigen) Goethe besucht und diese Zeilen zum Andenken an das Wiedersehen erhalten. Herwig (Bd. 3/I, S. 848) setzt ohne weitere Erläuterung »Riese« (vgl. Bd. I dieser Ausgabe, S. 761 f.) ein. Gegen diese Vermutung hat sich schon Gräf, Teil 3, Bd. 2/I, S. 611, gewandt. Im Tagebuch erst am 10. 11.: »Unvermutete Begegnung mit Portales, einem alten Universitätsfreunde.«

⟨*84.*⟩ *Dem teuren Lebensgenossen von Knebel* (S. 810)
Erstdruck: *Jahresblüthen von und für Knebel* ⟨...⟩ *am dreißigsten November 1825*, Weimar. – Zum 81. Geburtstag, mit Goethes Portrait. Besonderer Bezug zum Jubiläum (vgl. zu den voranstehenden beiden Gedichten), da Goethe durch die Vermittlung des ›Urfreundes‹ den Herzog Carl August kennengelernt hatte. Vgl. auch »Inschriften ⟨...⟩«, Nr. 53, S. 604. Knebel war im ›Zeichen‹ (v. 2) des Schützen, im November, geboren, Goethe war im November nach Weimar gekommen.

⟨*85. Mit der Medaille zum 7. 11. 1825*⟩ (S. 810)
»*Ehre, die uns hoch erhebt*«
Erstdruck: C 47. – Der Herzog hatte zum Jubiläum (daher die Einordnung an dieser Stelle, siehe die vorherigen Gedichte) eine Medaille prägen lassen, die aber erst ein Jahr später überreicht wurde. Adressat des Gedichts unbekannt.

⟨*86.*⟩ *Dem Frauenverein. Weihnachten 1825* (S. 810)
Erstdruck: Archiv für Litteraturgeschichte 2 (1872). – Zum Frauenverein siehe Nr. 45 (S. 796) und Anm. Entstanden am 12. 12. 1825 (Tagebuch). Mit Sträußen künstlicher Blumen und einigen handschriftlichen Versen aus dem *Faust II* für den Basar gestiftet. Der Rittersporn wurde auch Lerchenklaue genannt.

⟨*87. An F. M. Klinger, 30. 1. 1826*⟩ (S. 810)
»*An diesem Brunnen hast auch du gespielt*«
Erstdruck: C 47. – Zur Reproduktion eines Bildes von Hof und Brunnen des Frankfurter Geburtshauses, das Goethe von Samuel Rösel zum Geburtstag 1825 erhalten hatte (siehe Nr. 107, S. 819, und Anm.). Der Dichter Friedrich Maximilian Klinger (1752-1831), aus einfachsten Verhältnissen kommend, war ein Genosse aus Frankfurter Sturm-und-Drang-Tagen, später geadelter Offizier und Beamter in russischen Diensten.

⟨88. Den 28. 3. 1826⟩
Stammbuchs-Weihe. Meinem lieben Wölfchen (S. 811)
Erstdruck: C 47. – Auch in andere Stammbücher eingetragen, hier für den Enkel Maximilian Wolfgang.

⟨89. Weimar, 10. 5. 1826⟩
An Frau Oberkammerherrin ⟨Caroline⟩ *von Egloffstein*
(S. 811)
Erstdruck: C 47. WA lag die Handschrift nicht vor. Text hier verbessert nach Faksimile (Mick). – Zur Adressatin (der Freifrau!) siehe S. 1154. Zum Dank für die Überlassung eines Krankenstuhles an Ottilie von Goethe.

⟨90. *An Anna Milder, 12. 6. 1826*⟩ (S. 812)
»*Dies unschuldvolle fromme Spiel*«
Erstdruck: C 47. – In ein Exemplar der Jubiläumsausgabe der *Iphigenie* zum 7. 11. 1825, am 18. 7. ausgefertigt (Tagebuch). Goethes Drama (Prosafassung) entstand etwa gleichzeitig mit Glucks Oper (deren Uraufführung 18. 5. 1779).

⟨91. *An Friedrich Kräuter, 15. 6. 1826*⟩ (S. 812)
»*Großen Fluß hab ich verlassen*«
Erstdruck: C 47. Text verbessert nach Jb. der Goethe-Ges. 6 (1919), S. 247, doch besitzt das Freie Deutsche Hochstift, Frankfurt, ein Exemplar mit dem Text der WA, Faksimile Willemer-Katalog, Nr. 45. – Zu Rosine Städels (oder Radls) Frankfurt-Bild, vgl. »Inschriften ⟨. . .⟩«, Nr. 84 (S. 616) und Anm.

⟨92. *An Henriette Sontag, Juli 1826*⟩ (S. 812)
»*Ging zum Pindus, dich zu schildern*«
Erstdruck: C 47. – Vermutlich aus der Zeit, da die berühmte Sängerin in Weimar erwartet wurde. Sie sang dann am 4. September. »Pindus« ist der Sitz der neun Musen, »Phöbus« Apollo deren Führer.

⟨*93. An Puschkin, Juli 1826?*⟩ (S. 812)
»*Was ich mich auch sonst erkühnt*«
Erstdruck: C 47. – Datierung Q, ebenso unsicher wie der Adressat.

⟨*94. An C. Streckfuß, 11. 8. 1826*⟩ (S. 813)
»*Von Gott dem Vater stammt Natur*«
Erstdruck: *Über Kunst und Alterthum* VI 1 (1827). – An den Dante-Übersetzer als Widmung eines Exemplars von Manzonis Tragödie *Adelchi.* Streckfuß hat sie 1827 übersetzt und die Übersetzung Goethe gewidmet. Vgl. Dantes »Inferno« XI 97-105:

> Weltweisheit, sprach er, lehrt in mehrern Sätzen,
> Daß nur aus Gottes Geist und Kunst und Kraft
> Natur entstand mit allen ihren Schätzen;
> Und überdenkst Du Deine Wissenschaft
> Von der Natur, so wirst Du bald erkennen
> Daß *eure* Kunst, mit allem, was sie schafft,
> Nur der Natur folgt, wie nach bestem Können
> Der Schüler geht auf seines Meisters Spur;
> Drum ist sie Gottes Enkelin zu nennen.
> (Übers. Streckfuß.)

⟨*95.*⟩ *Am acht und zwanzigsten August 1826* (S. 813)
Erstdruck: Einzeldruck, der zum Anlaß des Geburtstags verteilt wurde, Neudruck 1827; dann C 47. Entstanden 16. 8. 1826 (Tagebuch). – Vgl. auch die zum gleichen Anlaß erschienene Parodie in der Anmerkung zu Nr. 82, S. 809.

⟨*96. An F. Wagener, August 1826*⟩ (S. 814)
»*Die Freunde haben's wohlgemacht*«
Erstdruck: Originalien aus dem Gebiete der Wahrheit, Kunst, Laune und Phantasie, 1832, Nr. 84, in einem Aufsatz des Adressaten. – Eintragung in ein Exemplar der Jubiläumsausgabe zum 7. November 1825 als Dank für ein kleines Festspiel Wageners zu Goethes Geburtstag.

⟨*97., 15. 9. 1826*⟩
Dem aus America glücklich-bereicherten
Wiederkehrenden ⟨. . .⟩ (S. 814)

Erstdruck nach einem Einzeldruck: Morgenblatt für gebildete Stände 1826, Nr. 255; dann C 47. – Der tatkräftige zweite Sohn Carl Augusts (der Großherzog hatte es verstanden, ihm den Herzogs-Titel zu verschaffen) hatte 1825/26 eine Studienreise in die Vereinigten Staaten unternommen und seine Beobachtungen (in einer Redaktion Ludens) 1828 auch veröffentlicht. Auf Goethe übte die traditionslose und damit ›freie‹, dem Tüchtigen offene ›Neue Welt‹ große Faszination aus, während er die Traditionen der ›Alten‹ Welt, zuweilen seufzend, möglichst erhalten wissen wollte. Vgl. auch »*Amerika, du hast es besser*«, S. 739 und Anm.

⟨*98. An Marianne v. Willemer, 12. 12. 1826*⟩ (S. 816)
»*Was erst still gekeimt in Sachsen*«

Erstdruck: Q. – Zur Adressatin vgl. S. 1163. Eine Pflegeanweisung für die beigefügte Pflanze. Goethe maß dem Bryophyllum calycinum besondere Bedeutung zu, weil aus dessen Blättern zahlreiche neue Pflanzen entstehen – ein deutlicher Beleg für seine ›Metamorphose‹-Vorstellung. Vgl. auch das Gedicht *Mit einem Blatt Bryophyllum calycinum*, S. 709 und Anm. Marianne von Willemer dankt am 26. 11. 1826 (der ›Freund aus Schwaben‹ ist Sulpiz Boisserée, der von Goethe Blätter bei einem Weimar-Besuch erhalten hatte):

> Jene Blätter, die in Sachsen
> Still gekeimt durch Deine Hand,
> Auf der Mühle hoch gewachsen
> Drängen sich um Luft und Sand.
>
> Jener liebe Freund aus Schwaben,
> Der Dich zu besuchen kam,
> Rühmte sich von Dir zu haben
> Was er mit ins Wiesbad nahm.

In den nassauischen Staaten
Pflanzt' er sie am schönen Rhein
Und wie herrlich sie geraten
Bracht er sie mir an den Main.

Aber die Du selbst gesendet,
Leg ich selbst auf guten Grund;
An der Blüte, die sich spendet,
Werde treue Pflege kund.
(Weitz/Willemer, S. 178.)

⟨*99. An F. Hiller, 10. 2. 1827*⟩ (S. 816)
»*Ein Talent das jedem frommt*«
Erstdruck: K. W. Müller, *Goethes letzte literarische Thätigkeit*, Jena 1832; C 47. – Der Musiker reiste mit seinem Lehrer, dem Weimarer Kapellmeister Johann Nepomuk Hummel, zu einem Piano-Gastspiel nach Wien.

⟨*100. An Caroline Riemer, 20. 3. 1827*⟩ (S. 816)
»*Wenn sie gleich dein Fest versäumt*«
Erstdruck: C 47.

⟨*101. An G. W. Krüger, 31. 3. 1827*⟩ (S. 817)
»*Was der Dichter diesem Bande*«
Erstdruck: M. G. Saphirs Berliner Kourier 1827, Nr. 69. – In ein Exemplar der Jubiläumsausgabe der *Iphigenie* von 1825. Georg Wilhelm Krüger hatte 1827 in Weimar den Orest gespielt. Die immer wieder im Zusammenhang mit *Iphigenie* zitierten Schlußzeilen sollten in diesem Kontext gesehen werden: eine späte Gelegenheitsäußerung, mit dem Drama zwar verknüpft, doch keineswegs dessen Quintessenz.

⟨*102. An Henriette von Pogwisch, 16. 5. 1827*⟩ (S. 817)
»*Schroffe Felsen, weite Meere*«
Erstdruck: C 47. – Auf der Vorlage zum Druckmanuskript der Vermerk: »Zu einem Bilde von Odessa für Frau von

Pogwisch in Bezug auf Grafen Edling«. Ottilie von Goethes Mutter war mit dem ehemals in Weimarischen Diensten stehenden Grafen eng befreundet. Bild und Gedicht sollen sich auf einen längeren Auslandsaufenthalt des Grafen beziehen.

⟨*103. Zum Bildnis der Prinzessin Marie, Juni 1827*⟩ (S. 817)
»*Lieblich und zierlich*«
Erstdruck: C 47.

⟨*104. An Graf C. Sternberg, 12. 6. 1827*⟩ (S. 818)
»*Wenn mit jugendlichen Scharen*«
Erstdruck: Q. – In ein Exemplar von *Über Kunst und Alterthum* VI 1, bei des Grafen zweitem Besuch in Weimar (siehe auch Nr. 73, S. 806, und Anm.).

⟨*105. An Graf C. Sternberg, Juni 1827*⟩ (S. 818)
»*Ödem Wege, langen Stunden*«
Erstdruck: C 47. – Mit den ersten fünf Bänden der ›Taschenausgabe‹ von 1827.

⟨*106. An Th. und Jane Carlyle, 20. 7. 1827*⟩ (S. 818)
»*Augenblicklich aufzuwarten*«
»*Wirst du in den Spiegel blicken*«
Erstdruck: C 47. – Das erste Gedicht auf einer Visitenkarte, das zweite zu einem Halsband aus feinem Schmiedeeisen, wie es deutsche Damen zu tragen pflegten, die ihren Schmuck in den Befreiungskriegen weggegeben hatten; daran ein Gehänge mit dem Kopf Goethes. Thomas Carlyle (1795-1881) war der zu Goethes Lebzeiten wirksamste Goethe-Interpret in England. 1824 sandte er Goethe seine Übersetzung der *Lehrjahre*. Seither standen sie miteinander in Briefwechsel; zu einer persönlichen Begegnung kam es nicht.

⟨*107. An S. Rösel, 1. 9. 1827*⟩ (S. 819)
»*Rösels Pinsel, Rösels Kiel*«

Erstdruck: C 47. – Der Landschaftsmaler Rösel (1768-1843), ein Freund Zelters, hatte zu Goethes Geburtstag 1825 eine Zeichnung des Höfchens von Goethes Geburtshaus gesandt, 1826 dann Zeichnungen von Tassos Geburtshaus in Sorrent und der Götzburg von Jaxthausen. Als zum Geburtstag 1827 eine Harzlandschaft kam, sandte ihm Goethe dieses Gedicht. Vgl. auch Nr. 119 und 124.

⟨*108. An J. D. Wagener, 7. 9. 1827*⟩ (S. 819)
»*Span'sches hast du mir gesandt*«

Erstdruck: Originalien aus dem Gebiete der Wahrheit, Kunst, Laune und Phantasie, 1832, Nr. 84, in einem Aufsatz des Sohnes des Adressaten. – Wagener, der Vater des zu Nr. 96, S. 814, Genannten, ein Leipziger Studiengenosse Goethes, hatte Goethe ein Exemplar der von ihm verfaßten spanischen Grammatik geschenkt. Goethe bedankte sich mit einem Exemplar der Jubiläumsausgabe der *Iphigenie* und diesen Widmungsversen. »Gleise« (v. 10) bei Goethe häufiger feminin.

⟨*109. In das Stammbuch Carls von Martius, 1827*⟩ (S. 820)
»*Was hieße wohl die Natur ergründen*«

Erstdruck: Goethe-Jahrbuch 28 (1907). – Martius war Botaniker.

⟨*110. An Fanny Mendelssohn, 13. 10. 1827*⟩ (S. 820)
»*Wenn ich mir in stiller Seele*«

Erstdruck: Q. – Die Schwester Felix Mendelssohn-Bartholdys hat mehrere Gedichte Goethes vertont, auch dieses.

⟨*111. An Carl August und Caroline v. Heygendorf,
6. 12. 1827*⟩ (S. 820)
»*Das Kleinod, das Vergißmeinnicht*«

Erstdruck: Q. – Der Herzog hatte Goethe am 22. 11. 1827 die beiden Taschenbücher ›The Bijou or Annual of Literature

and the Arts‹ und ›Forget me not‹ gesandt und gebeten, sie ihm über Frau von Heygendorf – seine Mätresse – zurückzugeben. Am 6. 12. 1827 gab Goethe die Taschenbücher zurück (Tagebuch).

⟨*112.*⟩ *Rosenknospen* (S. 820)
Faksimile der eigenhändigen Handschrift mit Unterschrift »Weihnachten 1827. Goethe«, in: Chronik des Wiener Goethe-Vereins 21 (1908), S. 37 (Leo Grünstein). Dies die Druckvorlage. – Aus dem Nachlaß einer Kammerfrau der Herzogin Luise, Caroline Weyland. Tagebuch zum 24. 12. 1827: »Kleine Gedichte für Freundinnen«, am 27. noch einmal: »Kleine Gedichte«. Identisch mit *Faust II*, v. 5152-57 (Hinweis A. Schöne).

⟨*113. An Jane Carlye, 27. 12. 1827*⟩ (S. 821)
»*Wenn der Freund auf lichtem Grunde*«
»*Dies feßle deine rechte Hand*«
»*Edle deutsche Häuslichkeit*«
Erstdruck: C 47. – Drei Karten mit Neujahrsgeschenken (Tagebuch, 28. 12. 1827); auf die erste war eine Nadel mit einem schwarzen Goethe-Medaillon aufgesteckt.

⟨*114. Dem Großherzog Carl August zu Neujahr 1828*⟩ (S. 821)
»*Fehlt der Gabe gleich das Neue*«
Erstdruck: Q. – Mit den Bänden 6-10 der Ausgabe letzter Hand.

⟨*115. In das Album der Gräfin
Caroline von Egloffstein, 18. 1. 1828*⟩ (S. 822)
Erstdruck: v. 7-20 in der ›Frankfurter Iris‹, 1829, Nr. 7; in Form dreier Einzelgedichte: C 47. – Das Album trug die Widmung »Der geprüften Freundin Caroline Gräfin Egloffstein am 1. Jan. 1828«; erst am 18. 1. 1828 ausgefertigt (Tagebuch). Das zweite und das dritte Gedicht beziehen sich (v. 3) auf den Einband: vorne das ›Römische Haus‹, das der Herzog in den neunziger Jahren als Som-

mersitz hatte errichten lassen, hinten eine um 1780 gebaute ›Einsiedelei‹. Das Album enthält noch weitere Gedichte Goethes: *Aug' um Ohr* (S. 477, ohne Überschrift), *»Keinen Blumenflor beneid' ich«* (Bd. III dieser Ausgabe) sowie aus dieser Rubrik S. 801, Nr. 60. Zur Adressatin vgl. S. 1154.

⟨*116. An..., 17. 5. 1828*⟩ (S. 822)
»Blumen sah ich, Edelsteine«
Erstdruck: Q. – Bezug nicht geklärt.

⟨*117. An Gräfin Rapp, Mai 1828*⟩ (S. 823)
»Weimar, das von vielen Freuden«
Erstdruck: Q. – Siehe Nr. 80 (S. 808) und Anm. Zuordnung und Datierung entstammen Q, gründen anscheinend auf der Tagebuchnotiz vom 17. 5. 1828: »Man verzweifelt an dem Aufkommen des gräflichen Rappischen Kindes.« In Goethes ›Agenda‹ steht für Juli 1828: »Monument, Generalin Rapp«. Die Verse sind auch auf der Rückseite eines Theaterzettels vom 8. 11. 1828 überliefert, und zwar in einer Mittelachsen-Anordnung, die auf ein solches Denkmal-Vorhaben schließen läßt: »Weimar | Das von vielen Freuden | wie ein | Frühlingsbäumchen ⟨!⟩ | ⟨usw.⟩«.

⟨*118. An A. Mickiewitz, 1828*⟩ (S. 823)
»Dem Dichter widm' ich mich, der sich erprobt«
Erstdruck: C 47. – Entstanden Herbst 1828 (WA 5/II, S. 184 f.) Die Bitte des polnischen Dichters um eine Schreibfeder hatte die Pianistin Marie Szymanowska (siehe S. 462 und Anm.) übermittelt.

⟨*119. An S. Rösel, 4. 11. 1828*⟩ (S. 823)
»Wage der gewandte Stehler«
Erstdruck: *Zwei Goethe-Reliquien* ⟨...⟩ von Gotthilf Weisstein, Marburg 1876. – Zu Rösel vgl. Nr. 107 (S. 819) und Anm. Vermutlich als Dank für die Übersendung eines kleinen italienischen Kunstraubs; derlei sah man damals als

Kavaliersdelikt, wenn nicht als ›Rettung‹ an. – »Vetter« (v. 5 und Unterschrift) wohl wegen der Vetternschaft von Stehler und Hehler.

⟨*120. An D. Predari, 1. 12. 1828*⟩ (S. 824)
»*Find in dieser Büchlein Reihe*«
Erstdruck: C 47.

⟨*121. An Marie Duval, 3. 12. 1828*⟩ (S. 824)
»*Glücklich Land, allwo Cedraten*«
Erstdruck: C 47. – Eine Tante des Weimarer Prinzenerziehers Frédéric-Jean Soret hatte Goethe Konfitüren überreichen lassen, und ihre ältere Tochter hatte um Beschaffung eines Autographs des Meisters gebeten. Soret veranstaltete mit Goethe einen Handel ›Konfitüre gegen Autograph‹. Goethe ging darauf ein. »⟨. . .⟩ in seiner Jugend habe er nicht einmal einen Verleger gefunden, der sich dazu hergegeben, seinen ›Götz‹ zu drucken. ›Ich bin mit dem Handelvertrag einverstanden‹, erklärte er; ›sobald meine Zedraten ⟨Zitronat⟩ verschmaust sind, vergessen Sie nicht, andere zu bestellen; ich werde pünktlich mit solchen Wechseln zahlen.‹« (Soret, Houben, S. 283.)

⟨*122.*⟩ *Zelters siebzigster Geburtstag* (S. 824)
Erstdruck: C 47. Tagebuch-Erwähnungen 19. und 20. 10. 1828. – Zu Zelter vgl. S. 1035 f. Zur Begründung, weshalb er nur an dieser einen Stelle (und Nr. 141) mit ›Personen‹-Gedichten vertreten ist, vgl. die »Aufklärende Bemerkung« zu »Inschriften ⟨. . .⟩« Nr. 50, S. 601. – Überliefert ist eine Erläuterung Goethes zu dieser Kantate, wohl für Rungenhagen, den zweiten Dirigenten der Singakademie, der die Kantate komponierte (Brief an ihn in der Angelegenheit am 21. 10 und 18. 11. 1828), in der es u. a. heißt:
Ich habe die auftretenden Personen in drei Chöre geteilt: *Bauende, Singende, Dichtende,* um dem Übelstand auszuhelfen, daß die personifizierten Künste durchaus weiblich sind. Hier ist nun dem Musiker überlassen, wie er die

anführende Person jedes Chors bestimmen will; nur bemerke ich, daß ich die Solo's der Bauenden dem *Baß*, der Singenden dem *Tenor*, der Dichtenden dem *Diskant* zugedacht habe, wie aus den Strophen selbst hervorgeht. Wie denn auch Rezitativ und Arien für den *Diskant* beabsichtigt sind, Letztere jedoch von zwei verschiedenen Sängerinnen vorgetragen werden können.
⟨...⟩ ich habe mir das Fest dramatisch, ja theatralisch gedacht. Die *Bauenden* treten zuerst von der linken Seite herein und stellen sich rechts auf, und so tragen sie Chor und Solo vor. Die *Singenden* sodann kommen von der Rechten, stellen sich links und vollenden das Vorgeschriebene. In die Mitte tritt sodann die Chorführerin der *Dichtenden* rezitierend ein und trägt ihre Arie vor. Das Andere folgt wie vorgeschrieben.
Bei den Worten »*Blitz und Schlag*« würde sich das Theater verdunkeln; und einen solchen düstern Sinn würde der Komponist der Musik zu geben wissen, welche diesmal dem Ohr das Gefühl von Finsternis einzuprägen hat. Nach den Worten: »*Ist unser Mann*« wird das Theater auf einmal wieder helle, welches Gefühl der Komponist der Kantate gleichfalls wird einzuflößen wissen, indem er von da bis ans Ende Klarheit und Energie zu steigern versteht. Bei dieser Absicht, daß die Kantate im dramatischen, d. h. immerfortschreitenden Sinne behandelt würde, wäre zu wünschen, daß die Musik sich nirgends zu lange aufhalte, die Motive nicht zu weitläufig ausführe und im Bedeutenden immer vorschreite, so daß die Exhibition vorüberrauschend zu Ende wäre, ehe sich jemand besinnen könnte; und so würde, ohngeachtet großer Mannigfaltigkeit nicht mehr Zeit als billig erfordert werden.
(WA 5/II.)

824,1 *Hallen*] Das 1825 neu bezogene Gebäude der Singakademie.

826,41-43 *Blitz und Schlag* ⟨...⟩ *Unterbricht*] Die Schicksalsschläge, die den Gefeierten getroffen hatten: 1806 der Tod der zweiten Frau, 1812 der Selbstmord des Stiefsohnes, 1816 der Tod des jüngsten Sohnes.

⟨*123.*⟩ *Zelters siebzigster Geburtstag* (S. 828)
Erstdruck: *Gesänge am 11. December 1828, Nr. II: Zelters siebzigster Geburtstag, von Goethe und Felix Mendelssohn-Bartholdy.*
Entstanden 6. 12. 1828. – Das vorliegende Gedicht ist ein ›Tischlied‹, das von Zelters Schüler Felix Mendelssohn-Bartholdy komponiert wurde: ein später Nachklang der »Geselligen Lieder« (S. 70-102).

828,15 *Lethe's*] Fluß des Vergessens, übertragen auch für andere Flüssigkeiten mit ähnlichem Effekt.

⟨*124. An S. Rösel, 25. 1. 1819*⟩ (S. 829)
»*Schwarz und ohne Licht und Schatten*«
Erstdruck: C 47. – Mit einer Scherenschnitt-Arbeit von Adele Schopenhauer. (Vgl. auch »Inschriften ⟨. . .⟩« Nr. 65, S. 609 und Anm.) Zu Rösel vgl. Nr. 107 (S. 819) und Anm.

⟨*125. An Julie v. Egloffstein, 25. 5. 1829*⟩ (S. 829)
»*Eiligst segnend treuer Weise*«
Anläßlich einer Reise in die Schweiz. Zur Adressatin vgl. S. 1154.

⟨*126. An . . .*⟩ (S. 829)
»*Eile zu Ihr*«
Erstdruck: Q. – Beziehung nicht ermittelt. Auf einer Handschrift Kräuters eine Notiz Riemers: »Fräulein ⟨Wilhelmine⟩ v. Münchhausen?« Vgl. *Der zierlichsten Undine*, S. 597. Oder für Auguste Jacobi (siehe Nr. 128 und Anm.) mit ihres Großvaters *Auserlesenem Briefwechsel*, der 1825-27 erschienen war und Goethe an die Jugendjahre erinnerte (JA)?

⟨*127. An . . .*⟩ (S. 829)
»*Ein rascher Sinn, der keinen Zweifel hegt*«
Erstdruck: Q. – Beziehung nicht ermittelt. Da die Verse 5 f. in einem Entwurf lauten: »Nichts hab ich ihr und sie mir nichts versagt | Dem werter warst der dich allein gekannt«, kann man die erste Strophe aus der Rolle eines Mannes, die zweite aus der Rolle einer Frau gesprochen denken.

⟨*128. In das Stammbuch
von Auguste Jacobi, 26. 3. 1830*⟩ (S. 830)
»*Viel gute Lehren stehn in diesem Buche*«

Erstdruck: C 47. – Abschiedsgedicht für die Enkelin Friedrich Heinrich Jacobis, die im Winter 1829/30 in Weimar beim Kanzler von Müller zu Gast war.

⟨*129. An...*⟩ (S. 830)
»*Das Gute zu bewirken ungeduldig*«

Beziehung nicht ermittelt. Einordnung nach der Loepers in der WA. Der Stil scheint mir auf einen Übersetzungsversuch hinzudeuten.

⟨*130.*⟩ *Dem würdigen Bruderfeste* (S. 831)

Erstdruck: Von der Freimaurer-Loge Amalia (siehe S. 1066 ff.) an alle korrespondierenden Logen im lithographierten Faksimile verschickt (Wernekke, S. 162), ferner: Berliner Musen-Almanach für 1831, hg. v. M. Veit. – Als Dank für die von der Loge anläßlich der fünfzigsten Wiederkehr seines Eintritts (23. 6. 1780) verliehene Ehrenmitgliedschaft.

⟨*131.*⟩ *Erwiederung der von Frankfurt* ⟨*...*⟩
angelangten festlichen Gaben (S. 831)

Erstdruck: Flora, 13. 9. 1830 (im Artikel »Goethes Geburtstag«). Entstanden 1. 9. 1830 (Tagebuch). – Mehrere Frankfurter Bürger hatten Goethe zum Geburtstag einen Silberpokal und 24 Flaschen besten Frankenweines geschenkt. Im Begleitbrief der Frankfurter waren die Verse 29-35 des ›Geselligen Liedes‹ *Generalbeichte* (S. 83) zitiert worden, und an dieses Lied schließt Goethes Melodie-Angabe an. Der Pokal wurde beim Festmahl im Weimarer Stadthaus (in Goethes Abwesenheit) zur selben Stunde eingeweiht, zu der die Frankfurter Goethe feierten.

⟨*132. An Jane Carlyle, 1831*⟩ (S. 832)
»*Im Zeichen hier vermag ich nicht*«
Carlyle (siehe Nr. 106 und Anm.) hatte sich von einem Wandermaler zeichnen lassen, seine Frau hatte versucht, das Portrait zu verbessern.

⟨*133.*⟩ *Der Demoiselle Schmehling* ⟨. . .⟩ *1771*
An Madame Mara ⟨. . .⟩ *1831* (S. 833)
Erstdruck: Einzeldruck, Reval, anläßlich der Feier; C 47. Entstanden 17./18. 1. 1831 (Tagebuch). – Der Weimarer Kapellmeister Johann Nepomuk Hummel war zu einer Komposition für die Feier zum 82. Geburtstag der Madame Mara, geb. Schmehling, aufgefordert worden und hatte sich über den Kanzler von Müller ein Gedicht von Goethe erbeten, um es zu vertonen. Goethe hatte die Sängerin 1767 (nicht, wie irrtümlich im ersten Gedichttitel steht, 1771) in Leipzig gehört und »als ein erregbares Studentchen, der Mademoiselle Schmehling wütend applaudiert; das gab denn einen artigen parallelen Gegensatz, und so waren ein paar Strophen leicht entworfen.« (An Zelter, 3. 2. 1831.)

833,3 *Kaiserin]* Die Kaiserin Helena, Mutter des Kaisers Konstantin, hat nach der Legende in Jerusalem auf dem Kalvarienberg das Kreuz Christi aufgefunden.

⟨*134. An Marianne v. Willemer, 3. 3. 1831*⟩ (S. 833)
»*Vor die Augen meiner Lieben*«
Erstdruck: C 47. Druckvorlage Faksimile (Willemer-Katalog und Mick). – Das Gedicht wurde erst am 29. 2. 1832 abgesandt; vier Wochen später ist Goethe gestorben. Die Verse begleiteten ein Paket, in dem Goethe Marianne von Willemers (vgl. S. 1163) Briefe ihr zurücksandte. Am 10. 2. 1832 hatte Goethe an sie geschrieben:

Indem ich die mir gegönnte Zeit ernstlich anwende, die grenzenlosen Papiere, die sich um mich versammelt haben, zu sichten und darüber zu bestimmen: so leuchten mir besonders gewisse Blätter entgegen, die auf die schönsten Tage meines Lebens hindeuten; dergleichen sind manche

von jeher abgesondert, nunmehr aber eingepackt und versiegelt.

Ein solches Paket liegt nun mit Ihrer Adresse vor mir, und ich möcht es Ihnen gleich jetzt, allen Zufälligkeiten vorzubeugen, zusenden; nur würde mir das einzige Versprechen ausbitten, daß Sie es uneröffnet bei sich, bis zu unbestimmter Stunde ⟨›hora incerta‹, Todesstunde⟩ liegen lassen.

⟨*135.*⟩ *Inschrift* (S. 834)

Erstdruck: C 47. – Den Titel »Auf eine ⟨. . .⟩« hat Goethe einer Abschrift Johns hinzugefügt (»Inschrift« darüber von Eckermann). – Gerhardt von Reutern hatte in der Schlacht bei Leipzig den rechten Arm verloren, die Militärlaufbahn aufgegeben und sein Zeichentalent ausgebildet. Goethe kannte ihn seit einem Weimar-Besuch 1814 und erhielt häufiger Bilder von ihm. Am 24. 2. 1831 schickte Reutern Goethe eine Mappe mit Bildern, darunter auch eines, das als Titelblatt für eine Sammlung von Bildern aus dem hessischen Volksleben gedacht war. Die Randverzierungen zeigten solche Szenen, doch auch Szenen aus des Malers eigenem Leben, u. a. die Verwundung (v. 6). In der Mitte war Raum für ein Gedicht Goethes, das dieser nach einigem Zögern (er fürchtete das Blatt zu verderben) eigenhändig eintrug. Näheres bei Dieter Vogel, *Die Arabeske des Herrn von Reutern*, in: JbFDH 1980, S. 135-168, dort auch eine Reproduktion des Blattes.

⟨*136. In das Stammbuch von Ernestine Durand-Engels, Juni 1831*⟩ (S. 835)
»*Donnerstag nach Belvedere*«

Erstdruck: Archiv für Litteraturgeschichte 2 (1872). – Anknüpfung an das Gedicht *Die Lustigen von Weimar* (1813, siehe S. 99 und Anm.); die Adressatin gehörte zu den Freundinnen Christiane von Goethes und hatte das ›Gesellige Lied‹ als erste gesungen.

⟨*137. In das Stammbuch Ludwig Döblers, Juli 1831*⟩ (S. 835)
»*Bedarf's noch ein Diplom besiegelt?*«
Erstdruck: Hempel, Bd. 3; lithographiertes Faksimile schon 1831. – Döbler war ›Prestidigitateur‹, d. h. Zauberkünstler, brachte bei einem Weimar-Besuch auch dem Enkel Walther einige Kunststückchen bei (Tagebuch, 23. 6. 1831).

⟨*138. An Frau v. Martius, 11. 8. 1831*⟩ (S. 835)
»*Gegen Früchte aller Arten*«
Erstdruck: Weimarisches Jahrbuch für deutsche Sprache, Litteratur und Kunst 5 (1856), hg. v. Hoffmann von Fallersleben und O. Schade. – Die Adressatin hatte offenbar inzwischen Geschmack an dem Gemüse gefunden, vgl. die Improvisation »*Mein Kind, sie wissens nicht zu machen*« (S. 861 und Anm.)

⟨*139. An Frau Rätin Wangemann, 4. 11. 1831*⟩ (S. 836)
»*Von der Blüte zu den Früchten*«
Erstdruck: Wie das Vorige. – Mit einer Medaille, die Goethes Portrait, einen Januskopf sowie zwei Füllhörner mit Blüten und Früchten zeigt. Der Gatte der Adressatin war Besitzer einer Baumschule.

⟨*140. An K. F. Zelter, 11. 12. 1831*⟩ (S. 836)
»*Ein Füllhorn von Blüten*«
Erstdruck: Katalog der Berliner Goethe-Ausstellung 1861. – Zu Zelter vgl. S. 1035 f. Mit derselben Medaille wie das Vorige.

⟨*141. An Jenny v. Pappenheim, 16. 1. 1832*⟩ (S. 837)
»*Dich säh' ich lieber selbst*«
Erstdruck: Goethe-Jahrbuch 12 (1891). – Produkt eines Mißverständnisses: Erwiderung auf ein Portrait Jenny v. Pappenheims, das ihm jedoch nicht von der Abgebildeten, sondern von der Gräfin Vaudreuil, der Gattin des französischen Gesandten in Weimar, zugesandt worden war. Zur Adressatin vgl. *Dankbare Erwiederung*, S. 710 und Anm.

⟨*142. In ein Stammbuch, 7. 3. 1832*⟩ (S. 837)
»*Fromme Wünsche, Freundes Wort*«
Erstdruck: Katalog der Berliner Goethe-Ausstellung, Berlin 1861. – Adressat nicht ermittelt.

ÜBERGANGENES, UNTERDRÜCKTES, FRAGMENTE

Druckvorlagen, soweit nicht anders angegeben: WA; Berichtigungen in Bd. 5/II und 53 der WA wurden stillschweigend eingearbeitet. Erstdruckhinweise bei den einzelnen Gedichten. Wo nichts zur Überlieferung vermerkt ist, ist der Erstdruck der älteste Zeuge.
 Die Gruppe ist chronologisch geordnet, soweit das möglich ist. Viele Texte sind jedoch nicht auf Grund sicherer Kriterien zuzuordnen; sie werden dann nach thematischen Gesichtspunkten eingeschoben.

»*Wenn sich's in meinem Busen regt*« (S. 838)
Erstdruck: WA 14. Überliefert auf einem Blatt mit Versen zum »Vorspiel auf dem Theater« zum *Faust* (1798), vielleicht in dessen Zusammenhang gehörig. – In die Leerzeile ein Reim auf »tun« zu denken, hinter »rauben« ein Punkt.

Die Burg von Otranto (S. 838)
Erstdruck: Q. Eigenhändig überliefert. – Gespräche mit Schiller über Horace Walpoles Schauerroman *Die Burg von Otranto* sind im Tagebuch unter dem 19. 11., 21. 11. und 23. 11. 1798 vermerkt; in diesem Roman wird ein Usurpator schließlich vom legitimen Besitzer mit Hilfe des geisternden Ahnherrn aus dem Schloß vertrieben, dessen Schwert und Rüstung »stückweis« (v. 3) zurückkehren und sich beleben. Der Untertitel deutet auf die um diese Zeit entstandenen »Weissagungen des Bakis«; doch ist diese »Weissagung« in einfachen Hexametern, nicht in Distichen geschrieben, so daß Entstehung in einem anderen Zusammenhang zu vermuten ist. In einem späten Notizbuch mit Aufzeichnungen

für die *Wanderjahre* die Bemerkung: »Märchen. Variante der Burg von Otranto.« (WA 53, S. 440.)

»Ich wüßte nicht, daß ich ein Grauen spürte« (S. 838)
Erstdruck: Frankfurter Iris, 16. 1. 1829. – Franz Kirms, Goethes Mitarbeiter bei der Theaterdirektion, erließ am 24. 12. 1801 ein Rundschreiben an alle Weimarer Junggesellen: Wer sich nicht loskaufe, werde, wie auf einem beigegebenen Bild zu sehen, im Hades als Mietgaul von bösen Jungfern geritten und malträtiert. Goethe antwortete mit diesen, auf dem Bogen eingetragenen Versen.

»Natur und Kunst, sie scheinen sich zu fliehen« (S. 838)
Erstdruck: *Was wir bringen*, Tübingen 1802 (siehe Bd. VI dieser Ausgabe); selbständig erstmals in *Zelters Liedertafel*, Berlin 1818, dann in Q. – In *Was wir bringen*, dem Vorspiel zur Eröffnung des Lauchstädter Theaters, wird das Sonett von Nymphe gesprochen. Nymphe bedeutet, nach Aussage des kommentierenden Merkur, »Das Liebliche, Natürliche ⟨...⟩, das sich so redlich ausspricht, wie es ist«. Ihr stellt ein Knabe nach, der die Schauspielkunst bedeutet; sie flieht ihn, doch beide werden von Merkur vereint:
 Nun werdet ihr
 Natürliches und Künstliches, nicht mehr
 Einander widerstreben, sondern stets vereint
 Der Bühne Freuden mannigfaltig steigern.
Hierauf spricht Nymphe das Sonett als »eines Dichters alten Spruch«, den sie nun erst versteht. (Vgl. Bd. VI dieser Ausgabe.) Vgl. das *Sonett*, S. 408 und Anm. Dort hatte Goethe die Form noch distanziert beurteilt, weil sie wegen ihrer Strenge dazu zwingt, manchmal auch zu ›leimen‹. Hier nun wird die ›Beschränkung‹ durch die Form als Chance für Meisterschaft gesehen. Den nächsten Schritt bezeichnen dann die »Sonette«, S. 250-260, siehe die Anm. – Ebenfalls 1802 hat Goethe Eugenie, der *Natürlichen Tochter*, ein Sonett in den Mund gelegt (v. 947-960):

Welch Wonneleben wird hier ausgespendet!
Willst du, o Herr der obern Regionen,
Des Neulings Unvermögen nicht verschonen?
Ich sinke hin, von Majestät geblendet.

Doch bald, getrost, zu dir hinaufgewendet,
Erfreut's mich, an dem Fuß der festen Thronen,
Ein Sprößling deines Stamms, beglückt zu wohnen,
Und all mein frühes Hoffen ist vollendet.

So fließe denn der holde Born der Gnaden!
Hier will die treue Brust so gern verweilen
Und an der Liebe Majestät sich fassen.

Mein Ganzes hängt an einem zarten Faden,
Mir ist, als müßt' ich unaufhaltsam eilen,
Das Leben, das du gabst, für dich zu lassen.

⟨*Aus dem naturhistorischen Bilder- und Lesebuch von Jakob Glatz, 1803*⟩ (S. 839)

Von der WA 4 noch unter die ›zweifelhaften‹ Gedichte eingereiht. 14 Tafeln des Werkes waren mit Erklärungen versehen. Glatz schreibt im Vorwort zur zweiten Auflage des Werkes, die Erklärung zur 14. Tafel habe einen anderen Autor als die übrigen. Goethe schickte im April 1803 Aushängebogen des in Jena gedruckten Werkes nach Bremen an Nicolaus Meyer, den Verfasser der übrigen Erklärungen (WA 5/II); überdies hat Meyer selbst berichtet, daß Goethe diese Erklärung verfaßt habe (Gräf, 3. Teil, Bd. 1, S. 383). Goethes Verfasserschaft kann damit als hinreichend gesichert angesehen werden. Vgl. auch Jb. der Sammlung Kippenberg 1 (1921), S. 178-180.

840,23 *Kunst, Gewalt und Trug]* Erzgießer und Maler, Krieger, Münzfälscher.

840,43 *Wo unverhüllt sich uns Natur verhehlt]* Eine Variante der Goetheschen Formel vom ›offenbaren Geheimnis‹.

»*Offen zeigt sich die Pforte*« (S. 840)

Erstdruck: Jenaische Allgemeine Literatur-Zeitung 1804, Intelligenzblatt Nr. 91. Abgesandt am 29. 7. 1804. Vgl. auch *Gesang der Geister über den Wassern*, Bd. I, S. 318. – Im ersten Distichon der alte Topos, daß das Wasser nicht bergauf fließt, im zweiten die ›Entdeckung‹ eines anderen Weges der Rückkehr.

⟨*Mephistopheles spricht:*⟩
»*So war es schon in meinen Tagen*« (S. 841)
»*Was Völker sterbend hinterlassen*« (S. 841)

Erstdruck: *Rückblicke in mein Leben. Aus dem Nachlasse Heinrich Ludens*, Jena 1847. – Der Historiker Luden berichtet von einem Gespräch mit Goethe am 19. 8. 1806. Goethe hatte auf Ludens Äußerung, er wolle sich den ›hohen Namen‹ eines Historikers erst noch verdienen, nicht eben schmeichelhaft für die Zunft geantwortet: »Warum sollte das Lehren der Geschichte Ihnen nicht gelingen? Sie haben eine reine, wohlklingende Stimme und gute Manieren; Sie werden gut erzählen, und das Erzählen ist leicht. Und wer hört nicht gern guten Erzählungen zu?« Luden belehrte Goethe, wie ungemein schwer es sei, »Sinn« und »Bedeutung der Begebenheiten« erkennbar zu machen; das Studium der Geschichte sei »gewiß das schwierigste von allen Studien«. Goethe erwiderte: »Zu dieser Meinung sind Sie wohl zunächst gekommen, weil Sie sich am meisten mit der Geschichte beschäftigt haben. Wäre Mephistopheles gegenwärtig, so würde er etwa folgenden Knittelreim pathetisch herdeklamieren: ⟨folgt das erste Gedicht⟩.« Im weiteren Verlauf kommt Luden auf die »Menschheit« zu sprechen (Goethe: »Die Menschheit? Das ist ein Abstraktum. Es hat von jeher nur Menschen gegeben und wird nur Menschen geben«), die sich aus dem »Gesamtgeist aller Völker« bilde: aus dem, was die Völker späteren Völkern zurücklassen. Goethe: »Sie lassen etwas zurück? Freilich. Mephistopheles würde vielleicht in seiner Weise sagen: ⟨erste Strophe des zweiten Gedichts⟩ Und vielleicht setzte er gutmütig warnend hinzu, der Schalk: ⟨zweite Stro-

phe des zweiten Gedichts⟩.« Luden vermerkte zum ersten Gedicht: »Diese Verse sind wohl nicht ganz richtig, obgleich ich sie oft ins Gedächtnis zurück gerufen habe. Nur den Reim glaube ich als echt bezeichnen zu können, und den Sinn gewiß.« (Herwig, Bd. 2, S. 113-115.)

Etymologie (S. 841)
Erstdruck: Q. Entstehungszeit nicht bekannt, hier wegen des Untertitels eingeordnet; doch die ganze Überschrift stammt vielleicht von den Nachlaß-Herausgebern, mit Bezug auf *Faust II* 7092 (nur eine Handschrift Johns für Q erhalten). – Mir scheint, daß es sich hier weniger um eine Verspottung der Etymologie handelt als um eine, gewiß ›in Scherz und Ernst‹ formulierte, Überlegung zur Unentbehrlichkeit des objektiven Sprachmaterials bei der Mitteilung des Subjektiven.

842,11 *die Schönheit kommt vom Schein]* Diese Etymologie auch in *Der Sammler und die Seinigen*, 5. Brief: »Schönheit kommt von Schein, sie ist ein Schein und kann als das höchste Ziel der Kunst nicht gelten«.

»Was der Mensch als Gott verehrt« (S. 842)
Erstdruck: Deutsche Revue, Mai 1886. In Riemers Tagebuch, zwischen 1806 und 1812. – Goethe fährt, laut Riemer, mit Bezug auf die klassische Antike fort: »Erkennt er Würde, sucht er Würde, so verehrt er sie auch außer sich. Zur Zeit, als es noch Könige gab, gab es auch noch Götter. Als Volksregiment schaltete, gab es keine *persönliche* Würde, nur Würde der Stelle. Und so kamen auch die Götter in Dekadenz. Sie mußten sich gefallen lassen, daß man mit ihnen umsprang wie mit den Menschen. Es war die Egalisierung bis in den Himmel gedrungen.« Vgl. auch »Zahme Xenien«, S. 649, 839 f.

»Für den Kammerdiener« (S. 842)
Erstdruck: WA 53. Eigenhändig überliefert. Vgl. »Ottilies Tagebuch« in den *Wahlverwandtschaften*: »Es gibt, sagt man,

für den Kammerdiener keinen Helden. Das kommt aber bloß daher, weil der Held nur vom Helden anerkannt werden kann. Der Kammerdiener wird aber wahrscheinlich seinesgleichen zu schätzen wissen.«

842,5 *beweißt]* Schreibung wegen des Reims beibehalten, obwohl vermutlich nicht lautstand-bezeichnend.

Das Tagebuch (S. 843)

Erstdruck: Privatdruck in 24 Exemplaren von Salomon Hirzel 1861, der – angeblich von Goethes Originalmanuskript – eine Abschrift genommen hatte. Das Gedicht ist erhalten in einer Abschrift Riemers (H¹), mit eigenhändigen Korrekturen Goethes, die von Goethe noch einmal auf einem eigenen Blatt zusammengestellt wurden (H³). Wahrscheinlich haben auch Hirzel diese beiden Handschriften vorgelegen; denn seine Abweichungen sind anscheinend ausschließlich durch Dezenz-Gründe motiviert. Ferner gibt es eine Handschrift von unbekannter Hand, die der unkorrigierten Fassung von Riemers Niederschrift entspricht. In WA 5/II (1910) wurde der Text noch immer nach dem Druck Hirzels geboten, da die Handschriften wie die einiger ›obszöner‹ »Römischer Elegien« und »Venezianischen Epigramme« ›sekretiert‹ waren. Erst WA 53 (1914, S. 561 f.) konnte Lesarten und Textverbesserungen mitteilen. Der vorliegende Druck folgt H¹/H³. (Abweichend Vaget, der die Interpunktion mit der WA normalisiert, Sachses Empfehlung folgt, metrisch überzähliges e und i zu elidieren, und Strophe XVIII in dessen Umdichtung bringt.)

Zur Entstehung: Am 30. 10. 1808 sprach Goethe mit Riemer über »eine Geschichte im Castischen Stil und Sinne« (Tagebuch) – im Stil des Abbate Giambattista Casti (*Novelle galanti in Ottave rime*, Galante Erzählungen in Stanzen, Paris 1793), den Goethe in Rom kennengelernt hatte (*Italienische Reise*, »Störende Naturbetrachtungen«). Am 22. 4. 1810 heißt es im Tagebuch: »An den Stanzen«. Am nächsten Tag: »Früh an den Stanzen«. 27. 4. 1810: »⟨Mit Riemer⟩ Über moralische Erzählungen in Stanzen, Inhalt, Form, Reime«.

Am 30. 4.: »Die Stanzen ›Das Tagebuch‹ abgeschrieben«, von Riemer, wie dessen Tagebuch bezeugt: »Schrieb ich die Stanzen in Castis Manier, ›Das Tagebuch‹ betitelt.« Am 6. 5. 1810 las Goethe das Gedicht bei Knebel vor (Tagebücher Goethes und Riemers); zu diesem Tag auch notiert: »Coreff«, dessen Tibull-Übersetzung Goethe erhielt, vgl. das Motto. Auch später wurde das Gedicht immer wieder einmal im engsten Kreise vorgelesen. Vgl. auch Eckermann, 25. 2. 1824. – Als ›Quelle‹ wurde vor allem Ovid, *Amores* III 7, namhaft gemacht, doch ist nur das zentrale Motiv des Fiaskos gemeinsam, für das Goethe wohl keine literarische Quelle brauchte. Ebenso ist es müßig, ein bestimmtes ›Erlebnis‹ ausfindig machen zu wollen.

Es ist der Rezeption des Gedichts nicht gut bekommen, daß es von einigen ›offiziellen‹ Goethe-Ausgaben verschwiegen wurde; es ist weder in der ›Hempelschen‹ Ausgabe noch in Erich Schmidts ›Volksgoethe‹, in der JA oder in der HA enthalten. Dafür gab es zahlreiche ›Liebhaber‹-Separatausgaben, die es immer wieder in den Ruch des Obszönen brachten und deren Leser dann wohl etwas enttäuscht waren. (Die erste englische Versübersetzung haben wir dem ›Playboy‹, Dezember 1968, zu verdanken. Ausführlich zur Ausgabengeschichte Unseld und später Vaget.) Noch Unselds Zusammenstellung mit Rilkes ganz anders gearteten *Sieben Gedichten* erscheint nicht ganz glücklich, hat dem Gedicht jedoch erstmals breite Beachtung verschafft. Rühmend sei hier einmal Düntzers gedacht, der das Gedicht in seiner Ausgabe brachte und bemerkte: »Das Gedicht ist ein Meisterstück anschaulicher Schilderung sinnlich verfänglicher Zustände; aus dem, man möchte sagen, sinnlich-sittlichem Humor leuchtet uns ein rein menschlicher Sinn entgegen.« Bedenkenswert sind vor allem Vagets Hinweise auf die *Wahlverwandtschaften*, zu denen das Gedicht in einem kontrafaktischen Verhältnis stehe. So scherzhaft-ironisch sich das Gedicht auch gibt: Es wird hier das Generalthema der ›Periode der Wahlverwandtschaften‹ abgehandelt, die fundamentale Krisen-Erfahrung dieses Zeitraums (vgl. S. 922 f.), und

zwar nicht nur, wie der einseitig gelenkte Blick es erscheinen lassen könnte, in der Thematik des Versagens, sondern auch, bildhaft konzentriert in den Motiven des Wagenbruchs und der außerhalb der Ordnung liegenden überzähligen Nacht, in der umgreifenden Thematik der gefährdeten Ordnung.

Das Motto: Tibull I 5,39 f. »Eine andere habe ich umfangen, aber kaum nahte ich den Freuden, da mahnte Venus mich an die Herrin und ließ mich im Stich.« Bei Tibull davor »Saepe« (»häufig«).

843,10 *nach irdischem Gewinne]* Die Geschichte handelt also von einem Kaufmann.

843,12 *nur immer Sie im Sinne]* Betonung der innigen Beziehung zur daheimgebliebenen ›Herrin‹ als Folie für das Außergewöhnliche des Vorgangs.

843,19 *zu Hause]* Nach Hause.

844,25 *Der Stern des nächsten Schildes]* Der Stern als Zeichen des Gasthauses.

844,31 *Den sündgen Menschen, der im Freien schwebet]* Vermutlich auf die auch seelische Ausnahmesituation zu beziehen, in die der Reisende durch die Havarie am letzten Reisetag geraten ist und die überhaupt erst zu den folgenden Anfechtungen führt: Er ist an diesem ungeplanten, überzähligen Aufenthalt aus dem ›Gehäuse‹ seiner moralischen Routinen ins ›Freie‹ entlassen.

844,49 *Muhme]* Im engeren Sinn Tante, im weiteren weibliche Verwandte überhaupt.

845,72 *Sie legt sich bei]* In H¹ aus »Sie senkt sich her« korrigiert, in H³ gestrichen. Die Streichung ist nicht zu beachten, da sie von unbekannter Hand, vielleicht von Hirzel stammt, der die alte Formulierung hat. ›Sich beilegen‹: sich zum ›Beilager‹ anschicken.

845,73 *Vergönne daß ich rede]* Des Mädchens Eröffnung, daß sie Jungfrau sei, errichtet die psychische Barriere. Vgl. ihre Aufforderung: »laß dich's nicht verdrießen« (v. 79). Der Reisende war aus den Routinen der ›Pflicht‹ (v. 192) in die eines flüchtigen Abenteuers übergewechselt und erfährt nun, daß die Situation für die Partnerin ganz anderes Gewicht hat.

845,75 *blöde*] Im alten Sinn: Unerfahren, schüchtern.

845,81 f. *Du hast mich rein, und wenn ich's besser wüßte | So gäb' ich's dir; ich tue was ich sage.*] Noch nicht befriedigend geklärt. »So gäb ich's dir«: So würde ich es zugeben (Vaget)? Unselds (S. 37) Deutung der Worte »und wenn ich's besser wüßte«: Das Mädchen habe »keine Vorstellung, jedenfalls keine Erfahrung in körperlicher Liebe« – also im Kontext: Es entschuldigt sich für mangelnde sexuelle Versiertheit? – Statt »Du hast mich rein« stand ursprünglich »Nun hast du mich«.

847,116 *Nestelknüpfen*] Ein Analogiezauber (Knüpfen eines Knotens, auch Schließen eines Schlosses), der dem Bräutigam den Vollzug der Ehe unmöglich macht.

847,118 *Schimpf*] Ursprünglich ›Scherz‹, ›Spiel‹, hier: Spott.

847,130 *im frühen Jahre*] Im Frühling.

847,135 *Jammerkreuz blutrünstger Christe*] Ursprünglich »blutströmiger«, dann »blutstriemiger«. Bedeutung: mit rinnendem Blut bedeckt. – »Christe« in H¹ von unbekannter Hand (Hirzel?) gestrichen. Bei Hirzel Lücke.

847,136 *Iste*] Lat. Demonstrativpronomen, das besonders das Gegenüberstehen, die Unabhängigkeit des Bezeichneten betont, nicht einfach ›dieser‹, sondern ›dieser andere da‹. Vgl. auch v. 153.

847,141 *Zwitzer Sänge*] ›Zwitzern‹ ist eine in der Zeit noch geläufige Nebenform von ›zwitschern‹.

847,142 *uns wecktet*] In H¹ aus »erwecktet« korrigiert, Korrektur (versehentlich?) nicht nach H³ übernommen. – In beiden Fällen grammatikalisch nicht korrekte Konstruktion: »Ihr ⟨...⟩, deren ⟨...⟩ wecktet«. Die Eingriffe, die Sachse für eine Bereinigung vorschlägt, sind zu tiefgreifend, als daß sie hier eingesetzt werden könnten.

848,148 *erfrechte*] In H¹ ursprünglich: »Im Winkelchen und wo ich's mich erfreute«, dann zu »erfrechte« korrigiert. Bleistift-Korrektur nach H³ übernommen als: »An manchem Unort wo es mich erfreute«, daraus von fremder Hand »ich's mich erfrechte«. Diese Lesung dürfte die korrekte sein (Reim).

848,157 *Steht es dem Wandrer ganz zu Willen]* Zweideutig.

849,176 *Das Beste, nur muß ich zuletzt verschweigen]* Da offenbar nicht ohne weiteres verständlich (vgl. Unseld, S. 52): In das Reisetagebuch, das ja für die Gattin geführt wird, wird das Erlebnis selbst nicht eingetragen, sondern nur die daraus bezogene Moral.

849,192 *Sehr viel die Pflicht, unendlich mehr die Liebe]* Vaget verweist auf die ältere Bedeutung von ›Pflicht‹ im Sinne des Treuegelöbnisses. Unseld scheint ›Pflicht‹ auf das hemmende Gefühl einer Vollzugs-Verpflichtung gegenüber dem Mädchen zu beziehen. Eher dies: Der Reisende braucht nach erfolgter ›Aufstählung‹ »Nicht lechzend mehr am Quell zu übernachten« (v. 158, Wiederaufnahme von v. 110), er »neigt sich hin«, um die Schöne zu rüstigem Tun zu wecken (v. 159). Da kommt ihm die Besinnung, daß er solche Bereitschaft nur dem Gedanken an die Abwesende verdankt, und er zieht sich zurück: Die Pflicht hat ihn bis zu diesem letzten, außerhalb der Ordnung liegenden Tag der Reise von Leichtfertigem abgehalten; die Liebe ist es, die ihn nun treu sein läßt, obwohl alles zum Schönsten bereitet ist. – Die Schlußstrophe ist insgesamt ein ironisches Formzitat der galanten ›moralischen‹ Erzählung.

»O, wie lallt das Kind so faul« (S. 849)
Erstdruck: WA 5/I. Eigenhändig datiert unter Zelters Komposition als Kanon: »CB ⟨Carls Bad⟩ 21. Juli 1810«. Nachlaß-Überschrift: »Singschule«. – Ein Gemeinschafts-›Werk‹ während Zelters Karlsbad-Aufenthalt.

»Seid mir willkommen süße Buhlerinnen« (S. 849)
Erstdruck: WA 53. Eigenhändig überliefert. Kein Anhaltspunkt für Datierung. ›Buhlerin‹ ist die Dirne, im Gegensatz zur ›Buhle‹ (vgl. S. 109,3) oder ›Buhlin‹, die auch eine ehrbare Geliebte sein kann.

»Was gibst du dir mit Lieb und Ehre« (S. 850)
Erstdruck: WA 53. Eigenhändig erhalten auf einem Blatt mit
»Zahme Xenien« v. 1165-1168 (S. 660) sowie »Zahme Xenien« aus dem Nachlaß S. 724,265-268, S. 730,452-455 und
einer von anderer Hand geschriebenen Erläuterung zu
Tischbeins Idyllen.

»Und was bleibt denn an dem Leben« (S. 850)
Erstdruck: Privatdruck von Anton Kippenberg 1905, dann
WA 53. Eigenhändig überliefert. – Der ›Und‹-Anfang läßt
einen größeren Zusammenhang vermuten. Vielleicht eine
›Invektive‹.

»Es hat ein hübsches Maidel« (S. 850)
Erstdruck: WA 53. Überliefert von August von Goethes
Hand mit S. 722,219 f. (datiert 25. 8. 1811).

»In Jena weiß man viele Sachen« (S. 851)
Erstdruck: WA 53. Überliefert von August von Goethes
Hand, datiert »d. 26 Aug 1811«. – Vielleicht Bezug zu dem im
Vorjahr berufenen Chemie-Professor Döbereiner, der sein
Wissen mit großem Geschick auf Probleme der Praxis anwandte.

»Laßt geschaffne Ritter kämpfen« (S. 851)
Erstdruck: Hempel, Bd. 3. Eigenhändig überliefert. – Bezug
auf die Befreiungskriege? Maskenzug-Paralipomenon?

»Folge nicht Lügnern und Heuchlern« (S. 851)
Erstdruck: WA 53. Eigenhändig auf einem Repertoire-Entwurf für das Theater vom 28. 2. 1813; dort ferner Verse zum
Divan und S. 872,179-182.

⟨*Rätsel*⟩ (S. 851) *»Da sind sie wieder«*
Erstdruck: *Briefe von und an Goethe,* hg. v. F. W. Riemer,
Leipzig 1846. Von Goethe datiert »Stadt Ilm 26 Aug 1813«,
bei Riemer fälschlich 20. 5. 1813. – Auflösung durch Riemer
im gleichen Versmaß: Herbstzeitlosen.

851,4 *sechs der Finger]* Die sechs Blütenblätter.
851,8 *geschorne Bärte]* Gemähte Wiesen.
852,10 *Nackte]* Die Herbstzeitlose entwickelt im Herbst nur die Blüte, erst im darauffolgenden Frühjahr das Kraut.
852,11 *Höllen]* So wurde der Platz für die Stoffabfälle des Schneiders genannt.
852,13 *H...]* Die Herbstzeitlosen wurden mundartlich ›nackte Huren‹ genannt (Grimm, *Deutsches Wörterbuch*, Bd. 10, Sp. 1960).

»*Was sagt hierauf das liebenswürdge Mädchen?*« (S. 852)
Erstdruck: *Acht Lieder mit Begleitung des Pianoforte* ⟨...⟩ *von C. Moltke*, 1. Heft, Leipzig 1814, mit dem Titel »Mollys Antwort«. Es schließt unmittelbar an *Mollys Wert* von Gottfried August Bürger an. Tagebuch, 18. 2. 1814: »Moltke. Lieder vervollständigt«. Auf diesen Tag ist auch eine Handschrift datiert. Riemers Tagebuch zum gleichen Tag: »Goethes Zusatz zu Bürgers Molly. Rezitativischer Zwischensatz ⟨also die hier über dem Text stehende Zwischenrede⟩ von mir noch angegeben.« – Offenbar dem Sänger und Komponisten Carl Melchior Jacob Moltke als Fortsetzung des Bürgerschen Gedichts gegeben. Bürgers dreistrophiges Gedicht (»Ach, könnt ich Molly kaufen« oder »Ach, könnt ich Liebchen kaufen« mit allerlei Wert-Vergleichen) endet:

> Mein liebes Leben enden
> Darf nur der Herr der Welt.
> Doch dürft' ich es verspenden,
> So wie mein Gut und Geld:
> Dann gäb' ich gern, ich schwöre!
> Für jeden Tag ein Jahr,
> So sie mein eigen wäre,
> Mein eigen ganz und gar!

»*Ein Liebchen ist der Zeitvertreib*« (S. 853)
Erstdruck: Bernhard Suphan, *Allerlei Zierliches von der alten Exzellenz*, Weimar 1900. – In einem Brief vom 28. 7. 1814 an Christiane von Goethe. Gemeint sind Artischocken, Goethes Lieblingsgemüse.

»Warmes Lüftchen weh' heran« (S. 853)

Erstdruck: Q unter *Faust*-Paralipomena, doch dort nicht erhalten; also vielleicht selbständiges Gedicht (WA 5/II, S. 357).

»Eva, verziehen sei dir« (S. 853)

Erstdruck: *Goethes Gespräche*, hg. v. Woldemar von Biedermann, Bd. 8, 1890. (Herwig, Bd. 2, S. 990 f.) – Bei einer Weihnachtsfeier im Hause des Jenaer Professors Lorsbach, der auch Goethe beiwohnte, sollen, während sich die Gesellschaft nebenan aufhielt, zwei Spaßvögel die Äpfel und Nüsse vom Weihnachtsbaum geraubt haben. Bei der Bescherung habe Goethe diese Verse improvisiert. In der Zeit, als Lorsbach in Jena war, verbrachte Goethe allerdings keinen Weihnachtsabend dort. Denkbar wäre eine Vorfeier anläßlich eines Besuchs am 20. 12. 1814. (Tagebuch: »Lorsbach Geschenk«.)

»Willst du dein Wyb soll schwanger syn« (S. 853)

Erstdruck: WA 53. Eine Abschrift Riemers: »wahrsch. 1814«. Von Goethe oder aus einer Spruchsammlung?

Logogryph (S. 853)

Erstdruck: Archiv für Litteraturgeschichte 7 (1878). Abschrift datiert »Berka 21. Juni 1814« (Faksimile bei Matthaei). Schon am 14. 2. 1814 an Zelter gesandt, wie aus dessen Antwort vom 23. 2. 1814 hervorgeht: »Den Logogryphen hätte ich ohne ihn ⟨Johann Gottfried Langermann⟩ nicht herausbekommen.« – Leider teilt Zelter seine Lösung nicht mit. Vorgeschlagen wurden ›Leib-Schaden‹, ›Welt-Alter‹; aber Logogriphen (so die ›korrekte‹ Schreibung: ›Wortnetze‹) sind Worträtsel, bei denen der Sinn durch Herausnahme oder Hinzufügung von Buchstaben verändert wird (leben/lieben). Entsprechende Vorschläge: Schauen/Schaden, Locke/Glocke, vulva/uva. Besonders raffiniert Sachse: Iste/Me*ist*er (siehe S. 848,133); der ›Iste‹ bringt Lust, aber wenn er sich zum ›Meister‹ aufschwingt, macht er auch klug. (Was man so generell wohl auch bezweifeln möchte.)

Alter Feuersegen (S. 854)

Erstdruck: WA 5/II. Von Caroline Ulrich nach Diktat niedergeschrieben, also vor 1815. Nähere Entstehungszeit und eventuelle Quelle nicht ermittelt.

Ein Glas zu dem Schmatz (S. 854)

Erstdruck: Q. Eigenhändig überliefert. Näheres nicht bekannt. Nachlaß-Überschrift: »Hans Liederlich und der Camerade«.

»Denkt nicht, ich geh' euch dummem Volk« (S. 855)

Erstdruck: WA 5/I. Dort fälschlich an »Hätte Oken gewußt« angeschlossen, WA 5/II berichtigt. Doch wohl aus derselben Zeit, 1816 oder 1817.

»Vater Vater wo ist Mutter« (S. 855)

Erstdruck: WA 5/II. Vermutlich Paralipomenon zur *Paria*-Legende, S. 451. Blumenthal, *Paria*, vermutet Zugehörigkeit zu einem Konzeptions-Stadium, in dem Goethe den Stoff in der Art des Hildebrand-Liedes (Vater-Sohn-Kampf) behandeln wollte (1816, angeregt durch Wilhelm Grimm). Text nach Blumenthal.

»An Venus Medicis ruht es in Frieden« (S. 855)

Erstdruck: WA 53. Von Schreiberhand, mit Korrekturen Goethes. – Sulpiz Boisserée berichtet unter dem 20. 9. 1815: »Entstehung des Lingham – erzählte er ⟨Goethe⟩ mir. Der Gott Schiwa in seiner Wut habe alles zu verbrennen und zu verheeren gedroht, da seien die Götter bei Brahma zu Rat gegangen und Wishnu hab sich in eine weibliche S.⟨cham⟩ verwandelt welche überall herumgeschwebt; wie nun der Schiwa in seiner Wut und Grimm überall hin- und hergefahren im Universo, sei er immer in die F.⟨otze⟩ geraten und so gebändigt worden.« (Weitz/Boisserée, Bd. 1, S. 272; im Textteil von Herwig ist die Stelle nur durch »usw.« vertreten.) Der (das) ›Lingam‹ ist eine gläserne oder steinerne Darstellung der vereinigten Geschlechtsteile, Symbol des

Gottes Shiwa. Die ›Fatalität‹ liegt wohl nicht nur in der Drastik der Geschichte begründet, sondern auch darin, daß diese Vorstellung an Grundvorstellungen Goethes rührt: Die Konstitution des Lebendigen durch Polarität (vgl. v. 3-6), während die Aufhebung von Polarität Tod bedeutet. Goethe schätzte indische Dichtung; indische Religion und Plastik jedoch bereiteten ihm Unbehagen, erschienen ihm ›fratzenhaft‹, und ebenso die entsprechende Bildsymbolik. Vgl. die »Zahmen Xenien«, eine Partie ab S. 632,304, und eine zweite ab S. 634,392, ferner die dortigen Anmerkungen.

»*Nicht am Morgen allein*« (S. 856)
Erstdruck: Q. – Anfang 1817 erhielt Goethe von Sergei Graf Uwarow dessen Buch *Nonnos von Panopolis, der Dichter*, Petersburg 1817, an dessen Ende dieser Pentameter steht: δυόμενος περ ὁμῶς ἥλιός ἐστιν ἔτι. (»Auch untergegangen bleibt die Sonne noch dieselbe.« *Anthologia graeca* XII 178, Straton, dort bezogen auf einen älter werdenden Knaben!) Vgl. auch Eckermann, 2. 5. 1824.

⟨*Aus Entwürfen einer Kantate
zum Reformationsjubiläum*⟩ (S. 856)
»*Wenn mich auch die Wächter schlügen*«
»*Was soll all der Prunk bedeuten*«
»*Baal der im Grimme*«

Erstdruck: WA 16. – Zelter hatte Goethe (2.–4. 11. 1816) angeregt, zum Reformationsjubiläum 1817 ein Oratorium zu verfassen. Am 14. 11. sandte ihm Goethe ein erstes Schema. Am 6. 12. folgte ein zweites, doch wurde das Projekt dann nicht durchgeführt. Hier die wenigen ausgeführten lyrischen Partien.

856, vor 1 *Sulamith]* Vgl. Goethes Hohelied-Übersetzung: »Ich öffnete meinem Freund, aber er war weggeschlichen, hingegangen. Auf seine Stimme kam ich hervor, ich suchte ihn und fand ihn nicht, rief ihm, er antwortet' nicht. Mich trafen die umgehenden Wächter der Stadt. Schlugen mich, verwundeten mich, nahmen mir den Schleier, die Wächter der Mauern.« (Siehe Bd. XI dieser Ausgabe.)

856, vor 1 *Elias]* Im zweiten Schema: »Sprecher (Elias). – Die Abweichung gegen Baal vorbereitend. – Dienst auf Höhen und im Freien.«

Ein Aber dabei (S. 857)

Erstdruck: WA 4. Von Schreiberhand überliefert. Keine Anhaltspunkte für Datierung.

857,8 *bequem]* Hier: willig.

»Hab' ich tausendmal geschworen« (S. 857)

Erstdruck: C 47. Eigenhändig überliefert. Kein Anhaltspunkt für genaue Datierung; stilistisch der *Divan*-Zeit zuzuordnen (1814-1820).

»Presse du bist wieder frei« (S. 857)

Erstdruck: WA 5/II. Eigenhändig überliefert. Zwischen v. 1 und 2 größerer Abstand; offenbar nur die Pointe notiert und Zwischenraum für weitere Ausführung gelassen. – Entweder 1816, als im Großherzogtum Weimar die Zensur aufgehoben wurde, oder 1818, als die neue Freiheit zu schärferen Konflikten führte. Vgl. auch S. 1263-1267.

Beruf des Storches (S. 858)

Erstdruck: Q. Kein Anhaltspunkt für Datierung.

⟨*Kestners Agape*⟩ (S. 858)
»Von deinem Liebesmahl«

Erstdruck: *Über Kunst und Alterthum* III 2 (1821), in den »Zahmen Xenien« II; dann jedoch nicht nach C übernommen, erst wieder in Q. – Ende Juli 1819 hat Goethe Christian August Kestners *Die Agape oder Der geheime Weltbund der Christen, von Clemens in Rom unter Domitians Regierung gestiftet*, Jena 1819, gelesen (Tagebuch). (Das mir vorliegende Exemplar trägt den Titel *Versuch einer Schilderung der Agape in ihrem ersten Jahrhunderte*.) Zu diesem Buch auch Äußerungen an Eichstädt (30. 11. 1819) und an den Grafen Reinhard (24. 12. 1819). Kestner, Theologe in Jena, verfocht die The-

se, das Christentum sei von einer ›Agape‹-(Liebesmahl-)
Gemeinschaft planmäßig verbreitet worden, um eine »Weltrevolution«, den »Umsturz der alten politisch-religiösen
Verfassung des Weltstaates« zu bewerkstelligen. Mehrere
Bücher des Neuen Testaments seien Propaganda-Fälschungen dieser Gemeinschaft. Insoweit gehört das Buch – und
Goethes Gedicht – in die offenbarungskritische Tradition der
Aufklärung. In Goethes Brief an Reinhard jedoch auch Applikation aufs Gegenwärtige: »Wie wunderlich ist die Ähnlichkeit mit unserer neuen allgemeinen Verschwörung ⟨der
›Demagogen‹⟩, wo noch immer nicht für jedermann entschieden ist, ob sie von der Peripherie zu einem Mittelpunkt
oder von diesem zur Peripherie strebe. Vielleicht irrt man
nicht, wenn man beides zugibt und ein pulsierendes Wechselverhältnis zwischen Disposition und Determination annimmt.«

»Ein abgestumpft Gesicht« (S. 859)
Erstdruck: WA 5/II. Überliefert im Zusammenhang mit
Karlsbader Materialien 1819. Beziehung nicht geklärt.

Eins wie's andre (S. 859)
Erstdruck: C 47. Kein Anhaltspunkt zur Datierung.

»Von wem auf Lebens- und Wissens-Bahnen« (S. 859)
Erstdruck: Deutscher Musenalmanach für das Jahr 1833, hg.
v. Chamisso und Schwab. Kein Anhaltspunkt zur Datierung. Die Frage- und Antwort-Form häufig in den »Zahmen
Xenien«. Eigenhändig überliefert. – Goethe hat sich häufiger gegen Versuche gewandt, durch den Hinweis auf Quellen
und Traditionen die ›Originalität‹ von Gedanken oder Werken anzuzweifeln. Wie im Gedicht mit kulinarischer Metaphorik zu Eckermann (16. 12. 1828): »Das ist lächerlich; man
könnte ebensogut einen wohlgenährten Mann nach den
Ochsen, Schafen und Schweinen fragen, die er gegessen und
die ihm Kräfte gegeben. Wir bringen wohl Fähigkeiten mit,
aber unsere Entwickelung verdanken wir tausend Einwir-

kungen einer großen Welt, aus der wir uns aneignen, was wir können und was uns gemäß ist.« Am bekanntesten: »*Vom Vater hab ich die Statur* ⟨. . .⟩« (S. 682).

859,6 *Welschenhahnen]* Truthähnen.

859,8 *So bei Pythagoras, bei den Besten]* ›So‹ ist ›ebenso‹, das Leibliche also Gleichnis des Geistigen. Pythagoras wurden asketische Diätvorschriften zugeschrieben; der Name steht also für geistige Kost. Seine Schüler verstanden sich als einen Bund der ›Besten‹.

»*Gleichnisse dürft ihr mir nicht verwehren*«
(S. 859)

Erstdruck: Q. Angeschlossen an »*Voß contra Stolberg*« (S. 767), doch selbständiges Gedicht.

»*Wie magst du ruhig fort erfahren*« (S. 860)

Erstdruck: WA 5/II. Eigenhändig in einem Schreibkalender von 1821. Im Stil der »Zahmen Xenien«; die ersten beiden Zeilen sind in Anführungszeichen zu denken.

»*Hört mir zu mit gutem Willen*« (S. 860)

Erstdruck: WA 4. Kein Anhaltspunkt zur Datierung. Eigenhändig überliefert. – Die eher versöhnliche Variante eines Generalthemas der »Zahmen Xenien«.

⟨*Zu einem Ölgemälde*⟩ (S. 860)
»*An den Wurzeln heiliger Eiche*«

Erstdruck: C 47, mit dem angeführten, doch vermutlich von den Herausgebern stammenden, vielleicht irreführenden Titel. Kein Anhaltspunkt zur Datierung. – Vielleicht Zusammenhang mit *Wilhelm Tischbeins Idyllen*, S. 517-522, bes. Nr. 4. – Komma hinter »Sonnig« nach C 47.

»*So wie ich weiß*« (S. 861)

Erstdruck: Goethe 1 (1936). Eigenhändig überliefert. – Äußerungen zur Nomenklatur ›Granit-Gneis‹ oder ›Gneis-Granit‹ auch in *Zur Naturwissenschaft überhaupt* IV (1822);

siehe Bd. XXV dieser Ausgabe, *Warte-Steine*. Im vorliegenden Band vgl. S. 678, 1694 und Anm.

»Mein Kind, sie wissen's nicht zu machen« (S. 861)
Erstdruck: Goethe-Jahrbuch 28 (1907). – Der Botaniker Carl Philipp von Martius berichtet: »Als ich mit meiner Frau und Tante Amalie im September 1824 ⟨Goethes Tagebuch: 13.⟩ bei Goethe zu Tische saß und jene mit den Artischocken nicht fertig wurde, improvisierte Goethe: ⟨Gedicht⟩.«

⟨*Zu einer Handschrift Friedrichs des Großen*⟩ (S. 861)
»Das Blatt, wo Seine Hand geruht«
Erstdruck: C 47. Von Goethe datierte Handschrift: »Eger d. 28 August 1822«. Zeitweise für die Aufnahme in die »Inschriften ⟨...⟩« vorgesehen. – Der Großvater Ulrike von Levetzows, Friedrich Leberecht von Brösigke, hatte Goethe in Marienbad das Handschreiben vom 18. 4. 1765 gezeigt, durch das der König ihn als Patenkind angenommen hatte. Goethe nahm das Blatt zur Restauration mit und schickte es von Eger wieder an den Eigentümer.

Schul-Pforta (S. 861)
Erstdruck: C 47. – Am 25. 4. 1825 sandte C. J. Oldendorp, Zeichenlehrer in Schulpforta, eine lithographierte Ansicht der Schule an Goethe. Möglicherweise wurde Goethe dadurch zu dem Gedicht angeregt. Der Stil läßt an die Intention einer Bildunterschrift zu größerer Verbreitung denken. Die ehemalige sächsische Fürstenschule Schulpforta war eine Eliteschule des 18. Jahrhunderts, aus der außer Klopstock z. B. auch J. E. Schlegel und J. A. Schlegel hervorgegangen waren.

⟨*Gartenhaus am untern Park*⟩ (S. 862)
»Übermütig sieht's nicht aus«
Erstdruck: C 47. Eine Handschrift zu einer kolorierten Ansicht des Gartenhauses (nicht der in der Anm. zu *»Warum stehen sie davor«*, S. 864, erwähnte Stich) im Stammbuch von

Ulrike von Pogwisch, mit Datum »am 1. May 1827«. Vers 1-4 auch in der Abteilung »Kunst«, S. 526,5-8. Vers 7 f. sind auch mit dem Wortlaut überliefert: »Aber glaubt! uns war alldort | Solcher Bückling nicht am Ort« – bezogen auf das Bild, auf dem ein Spaziergänger eine Dame grüßt. – Das Gartenhaus gehörte Goethe seit 1776, war damals seine erste Bleibe und auch später immer wieder ein Ort des Rückzugs ins Private. Von Baumpflanzungen (v. 6) berichtet das Tagebuch schon im Frühjahr und Herbst 1776. Vgl. auch Bd. I, S. 239 und 350.

»Dieser alte Weidenbaum« (S. 862)
Erstdruck: C 47. Handschriftliche Überlieferung im Zusammenhang mit der des Vorigen, daher ähnlich zu datieren. Vermutlich ebenfalls zu einem Bild. In einem Entwurf fortgesetzt: »Sieht aus grausem Schutt hervor | Neuen Bau und Wünsche Flor«.

862,3 *Fürstendaches Gluten]* Das Schloß war schon 1774 abgebrannt, 1789-1803 neu erbaut worden.

Ein Gleichnis (S. 862)
Erstdruck: *Über Kunst und Alterthum* VI 2 (1828) (Vorabdruck im ›Morgenblatt für gebildete Stände‹ Nr. 69). An Zelter, 21. 5. 1828: »Anmutige Übersetzung meiner kleinen Gedichte gab zu nachstehendem Gleichnis Anlaß«. – Vielleicht die *Poésies de Goethe Auteur de Werther* ⟨. . .⟩, Prosaübersetzungen von Ernestine Panckoucke (1825).

»O! Bleibe ruhigen Bezirken« (S. 863)
Erstdruck: WA 5/II. Auf einem zu *Faust II*, 1. Akt, gehörenden Blatt. – Vielleicht eine Selbstermahnung.

»Catalani tat was auch andre taten« (S. 863)
Erstdruck: WA 53. Überliefert auf einem herausgeschnittenen Blatt des Druckmanuskripts für die Ausgabe C von Eckermanns Hand, vermutlich für den Nachlaßband 47. – Zelter hatte am 15. 4. 1827 die Geschäftstüchtigkeit der berühmten Sängerin beklagt; vielleicht dies der Anlaß.

»Daß die Bibel Gesellschaft« (S. 863)
Erstdruck: WA 53. Eigenhändig überliefert. – Bibelgesellschaften als Teil der protestantischen Mission strebten danach, die Bibel auch weniger Bemittelten und fremden Völkern zugänglich zu machen. Aus der Berliner Bibelgesellschaft ging 1814 die Preußische Hauptbibelgesellschaft hervor, eine sächsische wurde 1813, eine bayrische 1823 gegründet. Ein Anhaltspunkt für die Entstehungszeit ist durch solche Daten jedoch nicht zu gewinnen, da es auch viele Zweigvereine gab. Tagebuch, 28. 12. 1816: »Über die Thüringische Bibelgesellschaft zu Erfurt, durch Veranlassung der englischen.« Die in Goethes Gedicht erhobenen Einwände brachte man vor allem gegen englische Bibelgesellschaften vor. Vgl. zum Thema auch den Brief an Langermann, 16. 10. 1824.

»Dreieinigkeit hab ich auch gesehn« (S. 863)
Erstdruck: WA 53. Überliefert auf einem herausgeschnittenen Blatt des Druckmanuskripts für die Ausgabe C von Eckermanns Hand, vermutlich für den Nachlaßband 47. – Vgl. nachgelassene »Zahme Xenien« S. 736,603-626, besonders hier v. 6 und dort v. 611.

»Christus ein Gott vom Himmel kam« (S. 864)
Erstdruck: WA 53. Überliefert wie das vorige Gedicht.

»Glücklich wenn nach außen ich die Augen wende« (S. 864)
Erstdruck: WA 53. Überliefert von August von Goethes Hand, davor die »Zahme Xenie« S. 662,1205-1208.

⟨*Goethes Wohnhaus in Weimar*⟩ (S. 864)
»Warum stehen sie davor?«
Erstdruck: Q. Unter einem Stich des Hauses am Frauenplan, mit Datum »Jan. 1828«. Dieser Stich war, ebenso wie einer vom Gartenhaus, im Sommer 1827 hergestellt worden. Den Verlag hatte der Dresdner Kunsthändler Skerl übernommen. Goethe sandte ihm die Stiche am 1. 1. 1828 mit diesen bzw. den Versen S. 526,5-8 zur Herstellung von Faksimiles.

»Denn mit dem himmlischen Küchenzettel« (S. 864)
Erstdruck: *Briefwechsel zwischen Goethe und Zelter*, hg. v. Riemer, Leipzig 1846. – Unmutiger Abschluß ausführlichster Dornburger Wetterbeobachtungen im Brief vom 7. 9.–5. 10. 1828; dann WA 5/II. Der Wachtmeister in *Wallensteins Lager* 771-773:

> Da schreiben sie uns in der Wiener Kanzlei
> Den Quartier- und den Küchenzettel,
> Und es ist wieder der alte Bettel.

Parabel (S. 864)
Erstdruck: Musenalmanach für das Jahr 1831, hg. v. A. Wendt. Auf einer eigenhändigen Handschrift datiert »W. d. 3. März 1830«. Goethe ließ sich durch Vermittlung Boisserées von Eugen Neureuther eine Zeichnung dazu machen (Tagebuch, 21. 4. 1831). – Auf ›Original‹-Dichter, die sich gleichwohl in seinem ›Garten‹ bedienen.

⟨*Verstreute Sprüche und Fragmente*⟩ (S. 865-872)

Die folgenden Verse entstammen zumeist den ›Paralipomena‹ der Weimarer Ausgabe, Bd. 5/II und 53. Sie sind nicht sicher zu datieren, häufig auf einzelnen Blättern überliefert und/oder so fragmentarisch, daß ein Sinn oft nur erahnt werden kann. Auf Fragmente, die selbst das nicht zulassen, wurde hier verzichtet.

865,1-9 *Und wer mit Katzen* ⟨...⟩ *der Maus.*] Dritte Strophe eines volkstümlichen Gesprächsliedes zwischen Unkraut und Gärtner. Die vierte Zeile lautet da: »So fängt die Katz die Maus«. (*Des Knaben Wunderhorn*, Bd. 1, 1806, S. 211.) Für sie sucht Goethe offenbar eine andere Formulierung.
865,10-13 *Der du so nach Empfindung* ⟨...⟩ *fragen.*] Überliefert im Anschluß an *»Dem Dummen wird die Ilias zur Fibel«*, S. 865.
865,14-17 *Bist zu schwach* ⟨...⟩ *geschlagen.*] Auf der Rück-

seite einer Handschrift von »*Ein Mägdlein trug man zur Tür hinaus*«, S. 547.

866,18-21 *Bedenkt, man will* ⟨...⟩ *ins Maul.*] Von Riemers Hand nach »Zahme Xenien« S. 646,731-734.

866,22 f. *War die Henne zuerst* ⟨...⟩] Auf einem kleinen Blatt, in einer »Probleme« betitelten Sammlung.

866,24-27 *Wer Bedingung* ⟨...⟩ *Freiheit.*] Erstdruck: Q.

866,36-41 *Und so im Wandeln* ⟨...⟩ *bestreitet.*] Zusammen auf einem Blatt.

867,50 f. *Wir sollen* ⟨...⟩] Auf einem Streifen mit der »Zahmen Xenie« aus dem Nachlaß S. 741,775-784 überliefert.

867,52-55 *Wenn euch* ⟨...⟩ *beweist.*] Auf der Rückseite eines Fragments von »*Hätte Oken gewußt*«, S. 762. – »Lieb Sophias« ›Philo-sophie‹?

867,56-69 *Zu wünschen* ⟨...⟩ *der Schlechte.*] Zusammen auf einem Blatt überliefert, mit einigen weiteren fragmentarischen Notizen. 68 f. auf der Rückseite.

868,77-90 *Wärst du* ⟨...⟩ *ihrem Teil.*] Zusammen auf einem Blatt. Neben dem ersten: »Gurlitt Hercules« (Johannes Gottfried Gurlitt, *Fragment einer archäologischen Abhandlung über Hercules*, 1801, erneut in: *Gurlitts archäologische Schriften*, Altona 1831. Näherer Bezug nicht ermittelt.)

869,104-119 *Und willst du dich* ⟨...⟩ *der Zeit.*] Gemeinsam überliefert mit Hof-Versen für *Dichtung und Wahrheit* 15 (entstanden 1813).

870,133 f. *Wie meinst dus denn* ⟨...⟩] Auf der Rückseite einer Quittung vom 3. 11. 1820.

870,135-137 *Denn wer nur* ⟨...⟩ *fassen kann.*] Auf der Rückseite eines Dokuments vom 24. 7. 1824; der ›Empiriker‹ Bacon gegen den Mathematiker Newton ausgespielt.

870,138 f. *Ich bin gefangen!* ⟨...⟩] In einem Schreibkalender von 1828.

870,140 f. *Und wie euch erst* ⟨...⟩] Vermutlich Oktober 1821 (WA 42/II, S. 346).

870,142 f. *Des Alten Schatten* ⟨...⟩] Mit Notizen Juni/Juli 1822.

870,144 f. *Ein dürres Blatt* ⟨...⟩*]* Blatt »Agenda den 24. Dec. 1828«.

871,172-178 *Chaos heißt* ⟨...⟩ *vereinen]* Zum ›Chaos‹ siehe S. 702-712 und Anm.

872,179-182 *Groß ist* ⟨...⟩ *sich stürzen]* Zusammen mit »*Folge nicht Lügnern und Heuchlern*«, S. 851, auf einem Blatt mit Repertoire-Entwurf für das Theater vom 23. 1. 1813.

872,183-190 *Leben liebt* ⟨...⟩ *talent.]* Aus einem 1830-1832 benutzten Notizbuch (WA 53, S. 447, nicht unter den Gedichten). Ferner eigenhändig auf einem Couvert und auf einem geränderten Blättchen (datiert 28. 8. 1828).

872,191-195 *Mein Blick* ⟨...⟩ *oder leiden.]* Erstdruck: Augsburger Allgemeine Zeitung, 13. 12. 1867. Auf dem gleichen Blatt überliefert wie »*Der Philosoph, dem ich so gern vertraue*«, S. 727,351. Hier gedruckt nach Erich Trunz, *Weimarer Goethe-Studien*, Weimar 1980, S. 60. Das ›Gedicht‹ ist nicht, wie bisher gedruckt, ein Vierzeiler, sondern besteht aus zwei Fragmenten mit einer Lücke dazwischen. Man könnte sich denken, daß in die Lücke die Aussage einer Frau gehört, auf die der Dichter dann antwortet. Der in den Kommentaren üblich gewordene Hinweis auf die *Campagne in Frankreich* (30. 8.) sei auch hier gegeben: »Es ging mir mit diesen Entwickelungen natürlicher Phänomene wie mit Gedichten, ich machte sie nicht, sondern sie machten mich.« Doch sind die rätselhaften Verse damit kaum erklärt.

872,195 *sich]* Trunz liest »mich«. Eine der Handschrift beiliegende Abschrift Eckermanns liest »sich«. Nach Auskunft von Jürgen Behrens, Freies Deutsches Hochstift, ist die Handschrift so verblaßt, daß eine Entscheidung nicht mehr möglich ist. Hier ist Eckermanns Lesung eingesetzt, weil sie auf dem früheren, vielleicht besseren Zustand der Handschrift beruht.

Gedichte zweifelhaften Ursprungs

Im Zuge des Klassiker-Kultes des 19. Jahrhunderts sind immer wieder ›Entdeckungen‹ Goethescher Gedichte gemacht worden, die sich im nachhinein als falsch oder dubios erwiesen. So ist z. B. in den vierziger Jahren im Zusammenhang mit der ›Hutfrage‹ ein (an Schillers *Würde der Frauen* anknüpfendes) Gedicht in mehreren Zeitschriften erschienen und Goethe zugeschrieben worden, das hier wiedergegeben sei, weil es auf etwas kuriose Weise den Einsatz von Klassikern für Tages-Diskussionen illustrieren kann:

Ehret die Frauen, begrüßt sie mit Neigen,
Begrüßt sie mit freundlichem, sittlichem Beugen
Des bedeckten männlichen Haupts!
Glaubt's dem Erfahrenen: Jede erlaubt's.
Wollt Jhr trotz hippokratischem Schelten
Denn mit Gewalt das Genie Euch erkälten?
Lasset die Hüte, die stattlichen Mützen
Fest auf den Locken, auf Glatzen festsitzen.
Grüßet mit Worten, grüßt mit der Hand,
Ehret die Sitte, schont den Verstand.
(Hempel, Bd. 3, S. 396.)

Eine kritische Sichtung der Zuschreibungen jener Zeit geben Friedrich Strehlke und Gustav von Loeper im dritten (S. 393-400), Loeper dann noch einmal ergänzend im vierten Band der ›Hempelschen‹ Ausgabe (S. 227-238). Der Abschnitt »Gedichte zweifelhaften Ursprungs« in dem von Loeper herausgegebenen Bd. 4 der WA beruht weitgehend auf diesem Stand und wurde in Nachträgen der WA und in anderen Forschungsbeiträgen weiter berichtigt. Für den Zeitraum des vorliegenden Bandes erwiesen sich als fremdes Gut: *»Die Blumen, die dies reiche Füllhorn beut«* (Riemer), *Der neugeborene Eros* (Nicolaus Meyer), *»Laß regnen wenn es regnen will«* (Volkslied), *»Man ist mit Recht bescheiden«* (unbekannter Verfasser), *»Wer das seltne Glück erfahren«* (Kanzler von Müller). Zu *Im Sommer* vgl. S. 934 f.

Die folgenden beiden Gedichte sind von Hans-J. Weitz (*Goethe-Studien. 3. Irrige Zuschreibungen*, in: ZfdPh 71 [1951]) als Übersetzungen Knebels aus einer Elegie des persischen Dichters Abu Ismail Tograi nachgewiesen worden. (Erstdruck: *Goethes Philosophie*, hg. v. F. K. J. Schütz, Bd. 2, Hamburg 1825.) Das erste ist nach der Überlieferung am 18. 10. 1814 an einen Fensterpfosten (Wand? Fensterwand?) des Weinberghäuschens von Jakob und Marianne Willemer (vgl. S. 1163) geschrieben, zwei Tage vor Goethes Abreise nach Weimar. Das zweite wurde »Zum Andenken des 28. August 1815« von Goethes Hand unter ein Bild von Rosine Städel gesetzt (siehe S. 1164). Da auf die beiden Gedichte im Briefwechsel mit Marianne von Willemer mehrmals angespielt wird, Goethe sie sich quasi angeeignet hat, seien sie hier wiedergegeben:

Ich besänft'ge mein Herz, mit süßer Hoffnung ihm
 schmeichelnd.
 Eng ist das Leben fürwahr, aber die Hoffnung ist weit.

Als die Tage noch wuchsen, gefiel das Leben mir wenig;
 Nun, abnehmend mit Eil, könnten gefallen sie mir.

Karl Theodor Gaedertz, *Bei Goethe zu Gast*, Leipzig 1900, S. 353, hat ein Gedicht veröffentlicht, das Goethe 1808 an Bettine Brentano gesandt haben soll, um sie wegen eines längeren Schweigens zu begütigen. In Ton und Inhalt könnte es durchaus in diese Zeit passen, als er sich durch Bettines Briefe zu Formulierungen in den Sonetten anregen ließ (vgl. S. 975). Mir macht es jedoch eher den Eindruck einer Nachahmung.

 Da ich dir alle Wünsche muß gewähren
 Und nichts in mir dir darf verborgen bleiben,
 So muß ich dir, was du beklagst, erklären,
 Warum ich nicht, wie sonst, dir mehr kann schreiben.

Es sind mir die Gedanken all entflogen,
Die sonst der Seele treue Diener waren
Sind alle deinen Spuren nachgezogen
Und schweben um dich wohl in ganzen Scharen.

O laß sie selber dir von mir erzählen,
Laß sie dich mahnen meiner zu gedenken,
Laß mit den deinen sie sich dort vermählen
Und dann zurück zu mir die Schwingen lenken.

Das folgende Gedicht steht unter einer Abbildung der Gerbermühle (verschollen) für Boisserée (1825). Von Herman Grimm wurde es in der ›Deutschen Literaturzeitung‹ Nr. 52 (28. 12. 1895) Goethe zugeschrieben. Der Schluß ist eine Anspielung auf das *Tischlied*. Weitz macht jedoch wahrscheinlich, daß das Gedicht von Marianne von Willemer stammt (Weitz/Willemer, S. 672).

> Von der Isar bis zum Rhein
> Mahlen manche Mühlen,
> Doch die Gerbermühl am Main
> Ists wohin wir zielen.

Die nächsten Verse hat Amalie von Helvig am 10. 7. 1810 an ihren Gatten gesandt: Sie seien, anläßlich der Vermählung der Prinzessin Caroline (siehe S. 1277), in einer Weimarischen Zeitung gestanden. Die Vermählung fand am 1. 7. 1810 statt; Goethe war zu dieser Zeit in Karlsbad. Im ›Weimarischen Wochenblatt‹, der einzigen damals in Weimar erschienenen Zeitung, ist das Gedicht nicht zu finden (WA).

> Sieh, wir segnen dich, wir bringen
> Dir ein bleibendes Geschick
> Und auf himmlisch reinen Schwingen
> Ruhet über dir das Glück.

In Heinrich Ludens *Geschichte der Teutschen*, Jena 1842, stehen die folgenden Verse als Motto. Dahlmann schreibt am 21. 2. 1842 an Jacob Grimm, nach einer Mitteilung Göttlings seien sie von Goethe (WA).

Höchstes hast Du vollbracht, mein Volk, Schmachvolles
 erduldet:
Stets dir selber nur gleich hast du das Schönste bewahrt.
Wirst du dereinst dich deiner bewußt:

Das folgende Gedicht wird von F. W. Gubitz in der ›Königlichen privilegierten Berlinischen Zeitung‹, Nr. 147 vom 27. 6. 1861, als Grabschrift Goethes für den Schauspieler Pius Alexander Wolff mitgeteilt, den Goethe sehr schätzte. Es müßte dann 1828 entstanden sein:

 Mögt zur Gruft ihn senken –
 Doch nicht starb,
 Wer solch Angedenken
 Sich erwarb.

Im Liederbuch der Loge Amalia wird Goethe zugeschrieben:

 Wo Lieb' und Güte wohnt, ist gut weilen.
 O Glück, wo Leid wie Lust die Edlen teilen!
 Der Kindheit Paradies erwacht aufs neue,
 Blüht schöner noch, wo Huld sich regt und Treue.
 (Warnekke, S. 152.)

Zuletzt ein besonderer Fall:

In der Zeitschrift ›Chaos‹ (siehe S. 1220) steht ein zweistrophiges Gedicht Goethes mit der Anfangszeile *»Und wenn mich am Tag die Ferne«*. Die WA verzeichnet eine, allerdings verschollene, eigenhändige Handschrift des Gedichts mit dem Zusatz »Erneuert« und dem Datum 14. 8. 1830 (Faksimile im *Katalog der Berliner Goethe-Ausstellung 1861*). Die Verse sind jedoch auch, mit Datum 23. 11. 1826, überliefert als zweite und dritte Strophe eines anderen Gedichtes, das beginnt: *»Zwischen oben, zwischen unten«* (hier abgedruckt S. 690). Die WA und die Ausgaben, die ihr folgen, bringen das Gedicht in dieser dreistrophigen Form, in der es erstmals sichtbar wird. Die Ausgabe letzter Hand, Bd. 47 (Bd. 7 der Nachgelassenen Werke) und die ›Großherzog-Wilhelm-

Ernst-Ausgabe‹ bringen es zweistrophig. Für die zweistrophige Lösung plädiert auch Karl Viëtor; sie sei, wie das Datum erweist, »Goethes letzte Willenserklärung«. Rein formal gesehen stehen sich hier also Erstfassungs- und Letztfassungsprinzip gegenüber.

Unstreitig ist die zweistrophige Fassung ›schöner‹. Aber der »Und«-Anfang läßt fragen, ob diese Fassung, als isolierter Text, nicht ein Fragment ist. Zwar hält sich seit Johann August Lehmann, *Goethes Sprache und ihr Geist*, Berlin 1852, hartnäckig das Gerücht, daß Goethe eine Vorliebe für Gedichtanfänge mit »Und« habe; auch Viëtor spricht davon, und ein kurzer Blick in den Index einer beliebigen Gedichtausgabe scheint diese Auffassung zu bestätigen. Eine nähere Prüfung zeigt jedoch, daß es sich dabei fast immer um den Anfang eines Spruches handelt, der durch das »Und« an den vorherigen angeschlossen wird und dessen Thematik weiterführt. Man kann sagen: *Goethe beginnt Gedichte nur dann mit* »*Und«, wenn sie tatsächlich an das Voranstehende anschließen.* (Zu den beiden scheinbaren Ausnahmen, »Und in Papillons Gestalt« und »Und frische Nahrung, neues Blut« vgl. Bd. I, S. 803 und 1006.) Im ›Chaos‹-Druck der zweistrophigen Fassung gibt es keinen erkennbaren Zusammenhang mit dem voranstehenden Text; zur verschollenen Handschrift ist ein solcher Zusammenhang nicht überliefert, der vielleicht auch das »Erneuert« (verwendet bei Widmungen, die das Andenken ›erneuern‹) erklären könnte.

Gleichwohl gibt es eine Möglichkeit, die zweistrophige Fassung zu retten. Sie steht auch im ›Deutschen Musenalmanach für das Jahr 1833‹, hg. v. A. v. Chamisso und G. Schwab (erschienen 1832), und zwar, durch einen Strich abgeteilt, unter dem Erstdruck des Gedichts *Dornburg. September 1828*. (Ebenso, doch auf neuer Seite, in C 47.) Diese Lösung wirkt auf mich sehr überzeugend. Da sie aber nicht lückenlos auf Goethe selbst zurückgeführt werden kann, stehe sie hier unter dem ›Zweifelhaften‹. (Die auch von Viëtor übernommene Angabe der WA, daß im ›Chaos‹ und im ›Musenalmanach‹ »Bunter Berge« statt »Blauer Berge« steht, ist falsch.)

Dornburg
September 1828

Früh wenn Tal, Gebirg und Garten
Nebelschleiern sich enthüllen,
Und dem sehnlichsten Erwarten
Blumenkelche bunt sich füllen;

Wenn der Äther, Wolken tragend,
Mit dem klaren Tage streitet,
Und ein Ostwind, sie verjagend,
Blaue Sonnenbahn bereitet;

Dankst du dann, am Blick dich weidend,
Reiner Brust der Großen, Holden,
Wird die Sonne, rötlich scheidend,
Rings den Horizont vergolden.

———

Und wenn mich am Tag die Ferne
Blauer Berge sehnlich zieht,
Nachts das Übermaß der Sterne
Prächtig mir zu Häupten glüht:

Alle Tag' und alle Nächte
Rühm' ich so des Menschen Los;
Denkt er ewig sich in's Rechte,
Ist er ewig schön und groß.

Anhang: Aus epischen Zusammenhängen

Goethe hat nur einen Teil der Gedichte, die er in epische Zusammenhänge – besonders den *Wilhelm Meister* – eingegliedert hatte, auch in die Gedichtausgaben übernommen. Gerade bei den nicht übernommenen Gedichten besteht

Grund zu der Annahme, daß sie nur in ihrem Kontext adäquat wahrgenommen werden können. Deshalb wurden sie nicht in den Textteil dieser Ausgabe aufgenommen. Damit sie gleichwohl zur schnellen Information zur Verfügung stehen, werden sie anhangweise mitgeteilt. Dabei wurde Vollständigkeit nicht angestrebt; so fehlen z. B. das Gedicht *»Ein Ritter wohnt in diesem Haus«* aus Buch III 11 und die Hofverse aus Buch III 15 von *Dichtung und Wahrheit*, weil hier eigenes und fremdes Gut kaum zu scheiden sind.

Für die dramatischen Texte war ein solches Verfahren nicht möglich, da hier kaum eine plausible Grenze zu ziehen ist. Die wichtigsten Gedichte aus den Singspielen stehen in Bd. I dieser Ausgabe in einer von Goethe autorisierten Sammlung (»Lieder für Liebende«, S. 369-384). Die zahlreichen für szenischen Vortrag angefertigten Prologe, Epiloge, Maskenzüge, Festspiele, die zum Teil auch als ›Gedichte‹ gelesen werden könnten, befinden sich in Bd. IV-VI dieser Ausgabe. Nur das Sonett aus der *Natürlichen Tochter* fand S. 1321 einen schicklichen Platz.

Ein nicht aufgenommenes Epigramm aus einem essayistischen Kontext, dem Aufsatz *Myrons Kuh* (*Über Kunst und Alterthum* II 1, 1818; die anderen Epigramme in diesem Aufsatz sind Übersetzungen), sei hier vorweg mitgeteilt. Goethe führt die in der Antike vielfach gerühmte ›Natürlichkeit‹ dieses verlorenen Erzbildnisses darauf zurück, daß die Kuh säugend dargestellt wurde:

Daß du die Herrlichste bist, Admetos Herden ein Schmuck wärst,
 Selber des Sonnengotts Rindern Entsprungene scheinst,
Alles reißet zum Staunen mich hin, zum Preise des Künstlers,
 Doch daß du mütterlich auch fühlest, es ziehet mich an.

AUS: »WILHELM MEISTERS LEHRJAHRE«

Aus Gedichten der *Lehrjahre* hat Goethe eine ganze Rubrik »Aus Wilhelm Meister« gebildet (S. 321). An den Anfang der »Balladen« hat er die Gedichte *Mignon* (S. 103) und *Der Sänger* (S. 104) gestellt.

In Kapitel III 9 (*Sendung* V 8) macht ein satirisches Gedicht auf den Baron »im Schlosse viel Bewegung«. Möglicherweise sind diese Verse unabhängig vom Roman entstanden. Jedenfalls existiert das Gedicht selbständig in frühen Abschriften Herders und Luise von Göchhausens aus den achtziger Jahren. Deren Varianten werden hier eingesetzt:

> Ich armer Teufel, Herr Baron,
> Beneide Sie um Ihren Stand,
> Um Ihren Platz so hoch am Thron,
> Und um manch schön Stück Ackerland,
> Um Ihres Vaters braves Schloß,
> Um seine Wildbahn und Geschoß.
>
> Mich armen Teufel, Herr Baron,
> Beneiden Sie, so wie es scheint,
> Weil die Natur vom Knaben schon
> Mit mir es mütterlich gemeint.
> Ich ward mit leichter Müh und Kopf,
> Zwar arm, doch nicht ein armer Tropf.
>
> Nun dächt' ich, lieber Herr Baron,
> Wir ließen's beide wie wir sind:
> Sie blieben des Herrn Vaters Sohn,
> Ich bliebe meiner Mutter Kind.
> Wir leben ohne Neid und Haß,
> Begehren nicht des andern Titel,
> Sie keinen Platz auf dem Parnaß,
> Und keinen ich auf dem Capitel.

Nicht in die Gedichtsammlung übernommen wurde die dritte Strophe des Harfner-Liedes *»Wer nie sein Brod mit Tränen aß«* (S. 323), die allerdings in den *Lehrjahren* an einer anderen Stelle steht (IV 1), so daß man bezweifeln kann, ob sie überhaupt zu dem Gedicht gehört:

> Ihm färbt der Morgensonne Licht
> Den reinen Horizont mit Flammen,
> Und über seinem schuld'gem Haupte bricht
> Das schöne Bild der Welt zusammen.

Als Lied Friedrichs in Kapitel VIII 10:
> O, ihr werdet Wunder sehen!
> Was geschehn ist, ist geschehen,
> Was gesagt ist, ist gesagt.
> Eh' es tagt,
> Sollt ihr Wunder sehn.

AUS: »WILHELM MEISTERS WANDERJAHRE«

Aus den *Wanderjahren* hat Goethe zwei umfangreichere Gedichte in die Gedichtsammlung übernommen: Das *Wanderlied* (S. 480) und das *Künstler-Lied* (S. 513). Vor der ersten Ausgabe (1821) stehen außerdem mehrere Widmungs- oder Motto-Sprüche. Davon hat er in die Sammlung von 1827 übernommen (und mit Überschriften versehen): *Wandersegen* (S. 537), *Gleichgewinn* (ebd.) und *Ottilien von Goethe* (S. 584). Sechs weitere Sprüche kamen 1827 in den *Divan* (»Buch der Sprüche«).

Auf der zweiten Seite des Blattes vor dem Titel der Ausgabe von 1821 steht ferner:
> Und so heb' ich alte Schätze
> Wunderlichst in diesem Falle;
> Wenn sie nicht zum Golde setze,
> Sind's doch immerfort Metalle.

> Man kann schmelzen, man kann scheiden,
> Wird gediegen, läßt sich wägen,
> Möge mancher Freund mit Freuden
> Sich's nach seinem Bilde prägen!

Auf der Rückseite des Titelblattes derselben Ausgabe:

> Wüßte kaum genau zu sagen,
> Ob ich es noch selber bin,
> Will man mich im Ganzen fragen
> Sag' ich: ja so ist mein Sinn;
> Ist ein Sinn, der uns zuweilen
> Bald beängstet, bald ergötzt,
> Und in so viel tausend Zeilen
> Wieder sich in's Gleiche setzt.

Im »Mann von funfzig Jahren« nach einem Horaz-Zitat, Carm. IV 10,6-8 (Übers. Kytzler: »Weh! ⟨Auslassung bei Goethe⟩ | das Gefühl von heute, warum besaß ich es nicht als Knabe? | Oder warum kehren diesen Regungen nicht wieder die glatten Wangen?«) als Paraphrase:

> Wie ist heut mir doch zu Mute!
> So vergnüglich und so klar!
> Da bei frischem Knabenblute
> Mir so wild, so düster war.
> Doch wenn mich die Jahre zwacken,
> Wie auch wohlgemut ich sei,
> Denk' ich jene roten Backen,
> Und ich wünsche sie herbei.

In derselben Erzählung, nach einem Zitat aus Ovids *Metamorphosen* VI,17 f. (Übers. Breitenbach: »Und nicht allein die fertigen Werke besah man mit Freuden, | Sondern auch, wenn sie entstanden: so zierlich war sie, die Arbeit«), gleichfalls eine Paraphrase des Zitats:

> Ich sah's mit meisterlichen Händen,
> Wie denk' ich gern der schönen Zeit!
> Sich erst entwickeln, dann vollenden

> Zu nie gesehner Herrlichkeit.
> Zwar ich besitz' es gegenwärtig,
> Doch soll ich mir nur selbst gestehn:
> Ich wollt', es wäre noch nicht fertig,
> Das Machen war doch gar zu schön.

Ebenfalls in dieser Erzählung:
> Ein Wunder ist der arme Mensch geboren,
> In Wundern ist der irre Mensch verloren,
> Nach welcher dunklen, schwer entdeckten Schwelle
> Durchtappen pfadlos ungewisse Schritte?
> Denn in lebendigem Himmelsglanz und Mitte
> Gewahr', empfind' ich Nacht und Tod und Hölle.

Und als Entgegnung:
> Bist noch so tief in Schmerz und Qual verloren,
> So bleibst du doch zum Jugendglück geboren;
> Ermanne dich zu rasch gesundem Schritte,
> Komm in der Freundschaft Himmelsglanz und Helle,
> Empfinde dich in treuer Guten Mitte,
> Da sprieße dir des Lebens heitre Quelle.

Am Ende des Kapitels III 12 als »zutrauliches Lied« der Zuhörer nach einer Rede Odoards über Reformen auf europäischem Boden (als Alternative zum Amerika-Projekt):

> Bleiben, Gehen, Gehen, Bleiben,
> Sei fortan dem Tücht'gen gleich,
> Wo wir Nützliches betreiben
> Ist der wertheste Bereich.
> Dir zu folgen wird ein Leichtes,
> Wer gehorchet der erreicht es,
> Zeig' ein festes Vaterland.
> Heil dem Führer! Heil dem Band!
>
> Du verteilest Kraft und Bürde
> Und erwägst es ganz genau,

Gibst dem Alten Ruh und Würde,
Jünglingen Geschäft und Frau.
Wechselseitiges Vertrauen
Wird ein reinlich Häuschen bauen,
Schließen Hof und Gartenzaun,
Auch der Nachbarschaft vertraun.

Wo an wohlgebahnten Straßen
Man in neuer Schenke weilt,
Wo dem Fremdling reicher Maßen
Ackerfeld ist zugeteilt,
Siedeln wir uns an mit andern.
Eilet, eilet, einzuwandern
In das feste Vaterland.
Heil dir Führer! Heil dir Band!

AUS: »UNTERHALTUNGEN DEUTSCHER AUSGEWANDERTEN«

Im »Märchen« singt die Lilie:

Was helfen mir die vielen guten Zeichen?
Des Vogels Tod, der Freundin schwarze Hand?
Der Mops von Edelstein, hat er wohl seinesgleichen?
Und hat ihn nicht die Lampe mir gesandt?

Entfernt vom süßen menschlichen Genusse,
Bin ich doch mit dem Jammer nur vertraut.
Ach! warum steht der Tempel nicht am Flusse!
Ach! warum ist die Brücke nicht gebaut!

AUS: »NOVELLE«

Am Ende der *Novelle* werden von den Schaustellern bzw. vom Knaben die folgenden Strophen gesungen:

> Aus den Gruben, hier im Graben,
> Hör' ich des Propheten Sang;
> Engel schweben ihn zu laben,
> Wäre da dem Guten bang?
> Löw' und Löwin hin und wieder
> Schmiegen sich um ihn heran;
> Ja, die sanften frommen Lieder
> Haben's ihnen angetan.
>
> Engel schweben auf und nieder
> Uns in Tönen zu erlaben,
> Welch ein himmlischer Gesang!
> In den Gruben, in dem Graben
> Wäre da dem Kinde bang?
> Diese sanften frommen Lieder
> Lassen Unglück nicht heran:
> Engel schweben hin und wieder
> Und so ist es schon getan.
>
> Denn der Ew'ge herrscht auf Erden,
> Über Meere herrscht sein Blick,
> Löwen sollen Lämmer werden,
> Und die Welle schwenkt zurück.
> Blankes Schwert erstarrt im Hiebe;
> Glaub' und Hoffnung sind erfüllt;
> Wundertätig ist die Liebe,
> Die sich im Gebet enthüllt.
>
> Und so geht mit guten Kindern
> Sel'ger Engel gern zu Rat,
> Böses Wollen zu verhindern,

Zu befördern schöne Tat.
So beschwören fest zu bannen
Liebem Sohn an's zarte Knie
Ihn, des Waldes Hochtyrannen,
Frommer Sinn und Melodie.

SIGLEN UND ABKÜRZUNGEN

Neben den üblichen philologischen Siglen werden im folgenden die Abkürzungen solcher Herausgeber-Werke angeführt, auf die im Kommentar nicht mit dem Titel, sondern mit dem Herausgeber-Namen verwiesen wird.

Goethes Gesamtausgaben

S: Goethe's Schriften, 8 Bde., Leipzig (Göschen) 1787-1790. – Die erste von Goethe veranstaltete Gesamtausgabe. Gedichte in Bd. 8, 1789. Abgedruckt in Bd. I dieser Ausgabe, S. 277-368.

N: Goethe's neue Schriften, 7 Bde., Berlin (Unger) 1792-1800. – Fortsetzung der voranstehenden Ausgabe. Gedichte in Bd. 7, 1800; auch separat als: Göthe's ⟨!⟩ neueste Gedichte, Berlin (Unger) 1800. Die Rubriken »Lieder« und »Balladen und Romanzen« abgedruckt in Bd. I dieser Ausgabe, S. 643-695. Der Textbestand von »Elegien I« dort unter »Römische Elegien«, S. 392-439, von »Elegien II« unter »Idyllen und Elegien«, S. 615-641, von »Epigramme. Venedig 1790« unter »Venezianische Epigramme«, S. 443-478. Siehe Kommentar, S. 927.

A: Goethes Werke, 13 Bde., Stuttgart und Tübingen (Cotta) 1806-1810. – Gedichte in Bd. 1, 1806; auch separat als: Goethe's Gedichte, Tübingen (Cotta) 1812 (Satz von A^γ). Zur textkritischen Bedeutung der Doppeldrucke, insbesondere des Doppeldrucks A^γ, vgl. S. 895.

B: Goethe's Werke, 20 Bde., Stuttgart und Tübingen (Cotta) 1815-1819. – Gedichte in Bd. 1 und 2, 1815, auch separat als: Goethe's Gedichte, Erster/Zweyter Theil, Stuttgart und Tübingen 1815, Neue Auflage 1821. Zur textkriti-

schen Bedeutung des ›Nachdrucks‹ bei Kaulfuß und Armbruster (B^a) vgl. S. 895.

C: Goethe's Werke. Vollständige Ausgabe letzter Hand, 40 Bde., Stuttgart und Tübingen (Cotta) 1827-1830. Ergänzt durch: Goethe's Nachgelassene Werke, hg. von Johann Peter Eckermann und Friedrich Wilhelm Riemer, Bd. 1-20 ⟨Bd. 41-60 der Ausgabe letzter Hand⟩, 1832-1842. – Gedichte in Bd. 1-4, 1827 (auch separat als: Goethe's Gedichte, Erster/Zweyter Theil, Neue Auflage, Stuttgart und Tübingen 1829), bzw. 47 und 56, 1833 und 1842. Zur textkritischen Bedeutung der verschiedenen Drucke C^1, $C^{2\alpha}$ und C^3 vgl. S. 911.

Posthume Gesamtausgaben

Q: Goethes poetische und prosaische Werke in zwei Bänden (in 4 Teilen), hg. v. Johann Peter Eckermann und Friedrich Wilhelm Riemer, Stuttgart und Tübingen (Cotta) 1836/37. – Gedichte in Bd. 1, Teil 1. Sogenannte ›Quartausgabe‹. Im Inhaltsverzeichnis Datierungen, die teilweise auf uns nicht mehr zugänglichen Informationen beruhen; einige der überprüfbaren Datierungen sind jedoch falsch.

Hempel (oder ›Hempelsche‹ Ausgabe): Goethes Werke, 36 Bde., Berlin (Hempel) 1869-1878. – Gedichte in Bd. 1-3, Berichtigungen in Bd. 4. Hg. v. Friedrich Strehlke, Kommentar z. T. von Gustav von Loeper.

Düntzer, Ausgabe: Goethes Werke, 36 Bde., hg. v. Heinrich Düntzer, Berlin und Leipzig o. J. (1882 ff.) (Deutsche National-Litteratur, hg. v. J. Kürschner, Bd. 82-117). – Gedichte in Bd. 1-3 (in 4 Teilen). Mit Kommentar.

Loeper: Goethes Werke, Bd. 1-3, hg. v. Gustav von Loeper, Berlin (Hempel) ²1882-1884. – Zweite Auflage der ›Hempelschen‹ Ausgabe. Nur die Gedichte. Mit Kommentar.

WA oder Weimarer Ausgabe: Goethes Werke. Hg. im Auftrage der Großherzogin Sophie von Sachsen-Weimar. Er-

ste Abteilung. Werke. 55 Bde., Weimar 1887-1918. – Die Gedichte in Bd. 1 (1887), 2 (1888), 3 (1890), 4 (1891), 5/I (1893), 5/II (1910) sowie im Nachtrags-Band 53 (1914). Berichtigungen in Bd. 2, 5/II und 53. Gedicht-Register in Bd. 5/II und 53. Historisch-kritische Ausgabe, orientiert an der Ausgabe letzter Hand, mit allen damals bekannten Lesarten.

JA: Goethes sämtliche Werke. Jubiläumsausgabe ⟨100 Jahre nach der ersten Cottaschen Ausgabe⟩, hg. v. Eduard von der Hellen, 40 Bde., Stuttgart und Berlin 1902-1907. – Gedichte in Bd. 1-4, hg. v. Eduard von der Hellen. Mit Kommentar.

FA: Goethes Werke. Festausgabe, hg. v. Robert Petsch, 18 Bde., Leipzig 1926-27. – Gedichte in Bd. 1 und 2, hg. v. Ewald Bouke, Leipzig 1926. Mit Kommentar.

Mainzer Ausgabe: Goethes Werke. Welt-Goethe-Ausgabe. Im Auftrag des Goethe- und Schiller-Archivs hg. v. Anton Kippenberg, Julius Petersen und Hans Wahl, Mainzer Presse, Leipzig (Insel) 1932-1940. – Gedichte in Bd. 1 (bis »Aus Wilhelm Meister«), hg. v. Max Hecker. Mit Lesarten-Auswahl.

Staiger, Manesse: Goethes Gedichte, 3 Bde., hg. v. Emil Staiger, Zürich 1949. – Mit Kommentar.

GA: Johann Wolfgang von Goethe, Gedenkausgabe der Werke, Briefe und Gespräche. Hg. v. Ernst Beutler, 24 Bde. und 3 Ergänzungsbde., Zürich 1948-1971. – Gedichte in Bd. 1 und 2, hg. v. Emil Staiger.

CA: Goethe. Gesamtausgabe der Werke und Schriften, 22 Bde., Stuttgart (Cotta) o. J. – Gedichte in Bd. 1, hg. v. Lieselotte Lohrer. Ohne Kommentar.

BA oder Berliner Ausgabe: Goethe, Poetische Werke, 22 Bde., Berlin und Weimar 1960-1978. – Gedichte in Bd. 1 und 2, hg. v. Regine Otto, Berlin ³1976 und ³1980. Mit Kommentar.

MA: Johann Wolfgang Goethe, Sämtliche Werke nach Epochen seines Schaffens, hg. v. Karl Richter in Zusammenarbeit mit Herbert G. Göpfert, Norbert Miller und Gerhard Sauder, München 1985 ff. – Mit Kommentar.

Teilausgaben, Briefe, Gespräche

HA: Goethes Werke, Hamburger Ausgabe in 14 Bänden, hg.
 v. Erich Trunz, 1. Aufl. Hamburg 1948-1964. – Gedichte
 in Bd. 1, hg. v. Erich Trunz, München ¹³1982. Derzeit am
 weitesten verbreitete Auswahl (etwa ein Drittel des Text-
 bestandes) mit Kommentar.
HA, Briefe: Goethes Briefe. Hamburger Ausgabe in vier
 Bänden, hg. v. Karl Robert Mandelkow und Bodo Mo-
 rawe, 1. Aufl. Hamburg 1962-1967.
HA, Briefe an Goethe: Briefe an Goethe. Hamburger Aus-
 gabe in 2 Bänden, hg. v. Karl Robert Mandelkow, Ham-
 burg 1965-1969.
Hecker: Goethe, Sprüche in Reimen, hg. v. Max Hecker,
 Leipzig 1908.
LA: Goethe, Die Schriften zur Naturwissenschaft, hg. im
 Auftrag der Deutschen Akademie der Naturforscher
 (Leopoldina), begr. v. K. Lothar Wolf und Wilhelm Troll,
 hg. v. Dorothea Kuhn und Wolf von Engelhardt, 17 Text-
 und 11 Kommentarbde., Weimar 1947 ff.
Maximen und Reflexionen (Hecker): Goethe, Maximen und
 Reflexionen, hg. v. Max Hecker, Weimar 1907.
Mick: Goethes umränderte Blättchen, hg. v. Ernst Wolfgang
 Mick, Dortmund 1981.
Willemer-Katalog: Leben und Rollenspiel. Marianne von
 Willemer, geb. Jung, Ausstellungskatalog Freies Deut-
 sches Hochstift – Frankfurter Goethe-Museum 1984/85.
Zelter: Briefwechsel zwischen Goethe und Zelter, hg. v. Max
 Hecker, 3 Bde., Frankfurt 1987.

Eckermann: Johann Peter Eckermann, Gespräche mit Goe-
 the in den letzten Jahren seines Lebens, hg. v. Heinz
 Schlaffer, München 1986 (MA 19).
Femmel: Corpus der Goethezeichnungen, hg. v. Gerhard
 Femmel u. a., 7 Bde., Leipzig 1960-1973.
Herwig: Goethes Gespräche. Auf Grund der Ausgabe und

des Nachlasses von Flodoard Freiherrn von Biedermann hg. v. Wolfgang Herwig, 5 Bde., Zürich 1965-1987.

Riemer, Mitteilungen: Friedrich Wilhelm Riemer, Mitteilungen über Goethe, hg. v. Arthur Pollmer, Leipzig 1921.

Riemer, Tagebücher: Aus den Tagebüchern Riemers. Mitgeteilt v. Robert Keil, in: Deutsche Revue über das nationale Leben der Gegenwart 11 (Jan.-März 1886), S. 59-67 ⟨aus dem Jahr 1807⟩; in: Deutsche Revue 11 (Mai 1886), S. 162-172 ⟨aus der Zeit bis 1812⟩; in: Deutsche Revue 11 (Okt.-Dez. 1886), S. 20-38 ⟨aus dem Jahr 1808⟩. – Aus Friedrich Wilhelm Riemers Tagebüchern, hg. v. Arthur Pollmer, in: Jb Slg Kipp 1 (1921), S. 123-131 ⟨Einzelnes 1823-1832⟩; Friedrich Wilhelm Riemers Tagebücher 1811-1816, hg. v. A. Pollmer, Jb Slg Kipp 3 (1923), S. 24-79; Friedrich Wilhelm Riemers Tagebücher 1817-1832, hg. v. A. Pollmer, in: Jb Slg Kipp 4 (1924), S. 20-71.

Soret, Houben: Frédéric Soret, Zehn Jahre bei Goethe, hg. und übers. v. H. H. Houben, Leipzig 1929.

Weitz/Boisserée: Sulpiz Boisserée, Tagebücher, 4 Bde., hg. v. Hans-J. Weitz, Darmstadt 1978-1985.

Weitz/Willemer: Marianne und Johann Jakob Willemer, Briefwechsel mit Goethe, hg. v. Hans-J. Weitz, Frankfurt/Main 1965.

Dokumentationen, Materialien, Sammlungen

Bode: Goethe in vertraulichen Briefen seiner Zeitgenossen. Zusammengestellt v. Wilhelm Bode. 3 Bde., neu hg. v. Regine Otto und Paul-Gerhard Wenzlaff, München 1982 (Berlin und Weimar 1979).

Fambach: Goethe und seine Kritiker, hg. v. Oscar Fambach, Düsseldorf 1953.

Gräf: Hans Gerhard Gräf, Goethe über seine Dichtungen. Dritter Teil: Die lyrischen Dichtungen. 2 Bde. in 3, Frankfurt 1912-1914.

Hagen, Drucke: Die Drucke von Goethes Werken, bearb. v. Waltraud Hagen, Weinheim ²1983.
Leitzmann: Die Quellen von Schillers und Goethes Balladen, hg. v. Albert Leitzmann, Bonn 1911.
Steiger: Goethes Leben von Tag zu Tag. Eine dokumentarische Chronik, hg. v. Robert Steiger, Bd. 1 ff., Zürich 1982 ff.
QuZ I: Quellen und Zeugnisse zur Druckgeschichte von Goethes Werken, Teil 1: Gesamtausgaben bis 1822, bearb. v. Waltraud Hagen unter Mitarbeit von Edith Nadler, Berlin 1966.
QuZ II: Quellen und Zeugnisse zur Druckgeschichte von Goethes Werken, Teil 2: Die Ausgabe letzter Hand, bearb. v. Waltraud Hagen, Berlin 1982.
QuZ IV: Quellen und Zeugnisse zur Druckgeschichte von Goethes Werken, Teil 4: Die Einzeldrucke, bearb. v. Inge Jensen, Berlin 1984.

Periodika

Archiv: Archiv für das Studium der neueren Sprachen und Literaturen.
DVjs: Deutsche Vierteljahrsschrift für Literaturwissenschaft und Geistesgeschichte.
EG: Études Germaniques.
GLL: German Life and Letters.
GQ: German Quarterly.
GR: The Germanic Review.
GRM: Germanisch-romanische Monatsschrift.
JbFDH: Jahrbuch des Freien Deutschen Hochstifts.
Jb Slg Kipp: Jahrbuch der Sammlung Kippenberg.
MLN: Modern Language Notes.
MLR: Modern Language Review.
PEGS: Publications of the English Goethe Society.
ZfdPh: Zeitschrift für deutsche Philologie.

›Goethe-Jahrbuch‹ (ab 1880), ›Jahrbuch der Goethe-Gesellschaft‹ (ab 1914, neue Band-Zählung), ›Goethe‹ (ab 1936, neue Zählung) und ›Goethe Jahrbuch‹ (ab 1972, Zählung von Anfang an) sind verschiedene Titel desselben Organs.

LITERATURVERZEICHNIS

Hier genannte Schriften werden im Kommentar abgekürzt mit dem Autor-Namen oder, bei Herausgeber-Werken, mit dem Werk-Titel zitiert. Herausgeber-Werke, die mit dem Herausgeber-Namen zitiert werden, stehen im Abkürzungsverzeichnis. Hier und im Abkürzungsverzeichnis nicht genannte Literatur, die im Kommentar für Spezialfragen relevant ist, wird dort mit vollständigem Titel zitiert.

Das Verzeichnis ist eine Auswahl, die dem Suchenden eine erste Information gibt und vor allem auf grundlegende Literatur und Deutungsvorschläge hinweist. Das Schwergewicht liegt bei neuerer Literatur, u. a. weil man dort in der Regel auch Hinweise auf ältere Literatur findet. Ausdrücklich sei auf die unten genannten Goethe-Bibliographien hingewiesen.

Es wird auffallen, daß ein begrenzter Kreis von Gedichten recht stark vertreten ist, viele andere hingegen überhaupt nicht. Dies ist nicht etwa eine Profil-Überhöhung, die durch die Auswahl entstanden wäre: Das Literaturverzeichnis spiegelt hier vielmehr trotz eines gewissen Gegenlenkens die Vorlieben und Interessen der Forschung wider.

Bibliographien

Goethe-Bibliographie, begr. v. Hans Pyritz, fortgef. v. Heinz Nicolai und Gerhard Burkhardt, 2 Bde., Heidelberg 1965-1968.

Goethe-Bibliographie, v. Heinz Nicolai bzw. Hans Henning, in: Goethe. Jb. der Goethe-Ges. ⟨ab 1972: Goethe Jahrbuch⟩, seit 14/15 (1952/53).

Sprache und Realien

Johann Christoph Adelung, Versuch eines vollständigen grammatisch-kritischen Wörterbuchs der hochdeutschen Mundart, 5 Bde., Leipzig 1774-1786. Neudruck der zweiten Auflage (4 Bde., Leipzig 1793-1801) Hildesheim 1970.
Allgemeine Enzyklopädie der Wissenschaften und der Künste, hg. v. J. S. Ersch und J. G. Gruber, 167 Bde., Leipzig 1818-1889.
Wolfgang Beutin, Das Weiterleben alter Wortbedeutungen in der neueren deutschen Literatur bis gegen 1800, Hamburg 1972.
Joachim Heinrich Campe, Wörterbuch der deutschen Sprache, 6 Bde., Braunschweig 1807-1813, Neudruck Hildesheim 1969/70.
Deutsches Wörterbuch, hg. ⟨bzw. begründet⟩ v. Jacob und Wilhelm Grimm, 33 Bde., Leipzig 1854-1962.
Paul Fischer, Goethe-Wortschatz, Leipzig 1929.
Goethe-Handbuch, Bd. 1, hg. v. Alfred Zastrau, Stuttgart ²1961.
Goethe-Handbuch, 3 Bde., hg. v. Julius Zeitler, Stuttgart 1916-1918.
Goethe-Wörterbuch, hg. v. der Akademie der Wissenschaften der DDR ⟨...⟩, Bd. 1 ff., Stuttgart 1978 ff.
Handwörterbuch des deutschen Aberglaubens, hg. v. Hanns Bächtold-Stäubli, 10 Bde., Berlin 1927-1942, Neudruck Berlin 1987.
Christian August Heyse, Allgemeines Fremdwörterbuch, 2 Bde., Hannover [7]1835.
Elise von Keudell, Goethe als Benutzer der Weimarer Bibliothek, Weimar 1931.
Ökonomisch-technologische Enzyklopädie, 242 Bde., hg. v. Johann Georg Krünitz, Berlin 1773-1858.
Ulrich Pretzel, Wortbedeutungsprobleme in Goethes Sprache, in: U. Pretzel, Kleine Schriften, Berlin 1979, S. 264-278.

Hans Ruppert, Goethes Bibliothek, Weimar 1958.
Daniel Sanders, Wörterbuch der deutschen Sprache, 4 Bde., Leipzig 1876-1885, Neudruck Hildesheim 1969.

Goethe, später Goethe, Goethes Lyrik

Ehrhard Bahr, Die Ironie im Spätwerk Goethes, Berlin 1972.
Hermann Baumgart, Goethes lyrische Dichtung in ihrer Entwicklung und Bedeutung, 2 Bde., Heidelberg 1931-1939.
Ernst Beutler, Essays um Goethe, Bremen 1957 u. ö.
Paul Böckmann, Goethes naturwissenschaftliches Denken als Bedingung der Symbolik seiner Altersdichtung, in: Literature and Science, Oxford 1954, S. 228-236.
Eva Bosshardt, Goethes späte Landschaftslyrik, Zürich 1962.
James Boyd, Notes to Goethe's Poems, 2 Bde., Oxford 1948/49.
Walter H. Bruford, Kultur und Gesellschaft im klassischen Weimar, Göttingen 1966.
Karl Otto Conrady, Goethe. Leben und Werk, 2 Bde., Königstein 1982-1985.
Walter Dietze, Poesie der Humanität. Anspruch und Leistung im lyrischen Werk Johann Wolfgang Goethes, Berlin 1985.
Heinrich Düntzer, Goethe. Lyrische Gedichte, 13 Bde. in 10, Leipzig ³1896-1898. (Düntzer, Erläuterungen zu den deutschen Klassikern, 61-73.)
Barker Fairley, Goethe, München 1953.
Albert Fuchs, Goethes Spätzeit, in: Spätzeit und Spätzeitlichkeit, hg. v. Werner Kohlschmidt, Bern und München 1962, S. 118-132.
Goethe im Urteil seiner Kritiker, hg. v. Karl Robert Mandelkow, 4 Bde., München 1975-1984.
Goethe. Sein Leben in Bildern und Texten, hg. v. Christoph Michel, Frankfurt 1982.

Goethes Leben in Bilddokumenten, hg. v. Jörn Göres, München 1981.
Goethe und die Antike, hg. v. Ernst Grumach, 2 Bde., Berlin 1949.
Goethe und die Tradition, hg. v. Hans Reiss, Frankfurt 1972.
Goethe und seine Welt, hg. v. Hans Wahl und Anton Kippenberg, Leipzig 1932.
Ilse Graham, Goethe. Portrait of the Artist, Berlin 1977.
Ernst Grumach, Prolegomena zu einer Goethe-Ausgabe, in: Goethe 12 (1950), S. 60-88.
Waltraud Hagen, Zur Druckgeschichte von Goethes Werken. 1. Die Doppeldrucke der Taschenausgabe letzter Hand, in: Beiträge zur Goetheforschung, hg. v. Ernst Grumach, Berlin 1959, S. 35-51.
Hermann Hefele, Goethes Lyrik, in: H. Hefele, Geschichte und Gestalt, Leipzig 1940, S. 9-116.
Wolfgang Kayser, Goethes Dichtungen in Stanzen, in: W. Kayser, Kunst und Spiel, Göttingen 1961, S. 86-99.
Werner Keller, Goethes dichterische Bildlichkeit, München 1972.
Max Kommerell, Gedanken über Gedichte, Frankfurt 1956.
Hermann August Korff, Goethe im Bildwandel seiner Lyrik, Leipzig 1958.
Werner Kraft, Goethe. Wiederholte Spiegelungen aus fünf Jahrzehnten, München 1986.
Kurt Krolop, Späte Gedichte Goethes, in: Goethe Jahrbuch 97 (1980), S. 38-63 (Diskussion S. 265 f.).
Max Morris, Goethe-Studien, 2 Bde., Berlin ²1902.
Walter Müller-Seidel, Die Geschichtlichkeit der deutschen Klassik, Stuttgart 1983, darin besonders: »Goethe und das Problem seiner Alterslyrik«, S. 251-267, und »Goethes Gedicht *Der Bräutigam*«, S. 266-277.
Hermann Schmitz, Goethes Altersdenken in problemgeschichtlichem Zusammenhang, Bonn 1959.
Albrecht Schöne, Goethes Farbentheologie, München 1987.
Hans Joachim Schrimpf, Goethe: Spätzeit, Altersstil, Zeitkritik, Pfullingen 1966.

Emil Staiger, Goethe, 3 Bde., Zürich 1952-1959 u. ö.
Paul Stöcklein, Wege zum späten Goethe, Hamburg 1949.
Erich Trunz, Art. Altersstil, in: Goethe-Handbuch, Bd. 1, Stuttgart ²1961, Sp. 178-188.
Erich Trunz, Goethes lyrische Kurzgedichte 1771-1832, in: Goethe 26 (1964), S. 1-37.
Erich Trunz, Goethes späte Lyrik, in: DVjs 23 (1949), S. 409-432.
Johannes Urzidil, Goethe in Böhmen, Zürich und Stuttgart ²1956.
Heinrich Viehoff, Goethes Gedichte erläutert, 3 Bde., Düsseldorf und Utrecht 1846-1853 (2. Aufl. in 2 Bdn. Stuttgart 1869).
Karl Viëtor, Geist und Form, Bern 1952, darin besonders: »Goethes Altersgedichte«, S. 144-193, und »Goethes Gedicht auf Schillers Schädel«, S. 194-233.

Lieder, Gesellige Lieder, Balladen

Leif Ludwig Albertsen, Gesellige Lieder, gesellige Klassik, in: Goethe Jahrbuch 96 (1979), S. 159-176.
Ludwig Geiger, *Ich ging im Walde*, in: Archiv 135 (1916), S. 260-265.
Herman Meyer, Mignons Italienlied und das Wesen der Verseinlage im *Wilhelm Meister*, in: Euphorion 46 (1951), S. 149-169.
Herman Meyer, Kennst du das Haus? Zu Goethes Begegnung mit Palladio, in: H. Meyer, Zarte Empirie, Stuttgart 1963, S. 225-243.
Oskar Seidlin, Zur Mignon-Ballade, in: O. Seidlin, Von Goethe zu Thomas Mann, Göttingen 1963, S. 23-37 und 226-231.
Oskar Seidlin und Herman Meyer, Kennst du das Land? Replik von O. Seidlin und Duplik von H. Meyer, in: Euphorion 47 (1952), S. 462-477.
Gerhard Storz, Johann Wolfgang Goethe, *Nachtgesang*, in:

Die deutsche Lyrik, hg. v. Benno von Wiese, Bd. 2, Düsseldorf 1957 u. ö., S. 272-278.
Werner Vordtriede, »Vom weichen Pfühle«. Metamorphosen eines Gedichts, in: Monatshefte für deutschen Unterricht 47 (1955), S. 149-154.

Weissagungen des Bakis

Leif Ludwig Albertsen, Bakis oder die Verhinderung der Literaturwissenschaft, in: Archiv 134 (1982), S. 109-115.
Hermann Baumgart, Goethes *Weissagungen des Bakis* und die *Novelle*, Halle 1886.
Wilfried Buch, Goethes *Weissagungen des Bakis*, Diss. Berlin 1957. (Ferner: Art. Bakis in: Goethe-Handbuch, Bd. 1, Stuttgart ²1961, Sp. 578-594.)
Dorothea Hölscher-Lohmeyer, Die Einheit von Naturwissenschaft und poetischer Aussage bei Goethe. Anmerkungen zu seinem Gedichtzyklus *Die Weissagungen des Bakis*, in: Frühmittelalterliche Studien, hg. v. Karl Hauck, Berlin 1978, S. 356-389.
Georg Schaafs, Goethes *Schatzgräber* und die *Weissagungen des Bakis*, Leipzig 1912.

Sonette

Kuno Fischer, Goethes Sonettenkranz, Heidelberg 1895.
Paul Hankamer, Spiel der Mächte, Tübingen 1943 u. ö.
Gerhard Kaiser, Literatur und Leben. Goethes Sonettenzyklus von 1807/08, in: JbFDH 1982, S. 57-81.
Herbert Koch, Goethe und Silvia von Ziegesar, in: Goethe 16 (1954), S. 225-234.
Walter Mönch, Das Sonett, Heidelberg 1955.
Joachim Müller, Goethes Sonette. Lyrische Epoche und motivische Kontinuität, Berlin 1966.
Otto Pniower, Zu Goethes Sonetten, in: Euphorion 7 (1900), S. 54-61.

Hans-Jürgen Schlütter, Goethes Sonette. Anregung, Entstehung, Intention, Bad Homburg 1969.
Hans M. Wolff, Goethe in der Periode der Wahlverwandtschaften, München 1952.

Lyrisches

Lieselotte Blumenthal, Goethes *Paria*, in: Jb. des Wiener Goethe-Vereins 81/83 (1977-79), S. 185-200.
Walter Dietze, »Die Gegenwart hat wirklich etwas Absurdes«. Noch einmal über Goethes *Paria*-Trilogie, in: Impulse 8 (1985), S. 69-127.
Hugo Kuhn, Interpretationslehre ⟨zu *St. Nepomucks Vorabend*⟩, in: Unterscheidung und Bewahrung, hg. v. Klaus Lazarowicz und Wolfgang Kron, Berlin 1961, S. 196-217.
Victor Lange, »Wie Du bist, wie Du warst, und wie der Mensch sein soll«. Goethes *Um Mitternacht*, in: Herkommen und Erneuerung, hg. v. Gerald Gillespie und Edgar Lohner, Tübingen 1976, S. 127-142.
Hans Leisegang, Die Marienbader Elegie, in: Beiträge zur Einheit von Bildung und Sprache im geistigen Sein, hg. v. Gerhard Haselbach und Günter Hartmann, Berlin 1957, S. 385-404.
R. T. Llewellyn, *Trilogie der Leidenschaft*: The exemplary Goethe?, in: GLL 36 (1982/83), S. 99-115.
Mathias Mayer, Dichten zwischen Paradies und Hölle. Anmerkungen zur poetologischen Struktur von Goethes *Elegie* von Marienbad, in: ZfdPh 105 (1986), S. 234-256.
Joachim Müller, Goethes *Trilogie der Leidenschaft* – lyrische Tragödie und »aussöhnende Abrundung«, in: JbFDH 1978, S. 85-159.
Hans Joachim Schrimpf, Ein Lebenslied. Goethes Gedicht *Um Mitternacht*, in: Castrum Peregrini 31 (1982), H. 155, S. 52-55.
Elizabeth M. Wilkinson, Goethes Trilogie der Leidenschaft als Beitrag zur Frage der Katharsis, Frankfurt 1957.

Gott und Welt
(Mit »Loge«, *Vermächtnis* und *»Im ernsten Beinhaus«*)

Kurt Badt, Goethes Wolkengedichte im Zusammenhang mit den Wolkenstudien Constables und anderer zeitgenössischer Maler, in: PEGS, NS, 20 (1951), S. 21-52.

Wilhelm Raimund Beyer, Natur und Kunst. Goethes Interesse am Jenenser Schelling, in: Goethe Jahrbuch 92 (1975), S. 9-28.

Nicholas Boyle, Kantian and other elements in Goethe's *Vermächtnis*, in: MLR 73 (1978), S. 532-549.

Friedrich Cramer, »Denn nur also beschränkt war je das Vollkommene möglich«. Eine wissenschaftstheoretische Interpretation von Goethes Gedicht *Die Metamorphose der Tiere*, Berlin 1983.

Walter Dietze, Urworte, nicht sonderlich orphisch, in: Goethe Jahrbuch 94 (1977), S. 11-37.

Wilhelm Flitner, Elpis. Betrachtungen über Goethes *Urworte. Orphisch*, in: Goethe 4 (1939), S. 128-147.

Hermann Glockner, *Eins und alles*. Drei philosophische Gedichte Goethes, in: Sammlung 15 (1960), S. 647-652.

Carolyn Grote Snyder, Goethe's loom poem *Antepirrhema*, in: Goethezeit, hg. v. Gerhart Hoffmeister, Bern/München 1981, S. 193-202.

Ernst Grünthal, Über den Anlaß zur Entstehung von Goethes Gedicht *Dauer im Wechsel*, in: Ernst Grünthal und Fritz Strauß, Abhandlungen zu Goethes Naturwissenschaft, Bern 1949.

Horst Haller, Goethes Gedicht *Wiederfinden*, in: Pädagogische Rundschau 15 (1961), S. 101-104.

Clemens Heselhaus, Metamorphose-Dichtungen und Metamorphose-Anschauungen, in: Euphorion 47 (1953), S. 121-146.

Johannes Hoffmeister, *Urworte. Orphisch*, in: J. Hoffmeister, Die Heimkehr des Geistes, Hameln 1946, S. 162-210.

Dorothea Hölscher-Lohmeyer, *Entoptische Farben*. Gedicht

zwischen Biographie und Experiment, in: EG 38 (1983), S. 56-72.

Dorothea Hölscher-Lohmeyer, Zur Adressatin und zum Gedicht *Entoptische Farben*, in: Genio huius loci, hg. v. Dorothea Kuhn und Bernhard Zeller, Wien 1983, S. 235-258.

Dorothea Hölscher-Lohmeyer, Die Entwicklung des Goetheschen Naturdenkens im Spiegel seiner Lyrik – am Beispiel der Gedichte *Mailied, Selige Sehnsucht, Eins und Alles*, in: Goethe Jahrbuch 99 (1982), S. 11-31.

Dorothea Hölscher-Lohmeyer, »Verteilet euch nach allen Regionen«. Über Goethes *Weltseele*, in: Weimar am Pazifik, hg. v. Dieter Borchmeyer und Till Heimeran, Tübingen 1985, S. 1-13.

Arthur Hübscher, Das fünfte Urwort, in: Schopenhauer-Jb. 58 (1977), S. 95-101.

Esther Hudgins, Das Geheimnis der Lucinde-Struktur: Goethes *Metamorphose der Pflanzen*, in: GQ 49 (1976), S. 295-311.

Erwin Jäckle, Goethes Morphologie und Schellings Weltseele, in: DVjs 15 (1937), S. 295-330.

Werner Keller, »Die antwortenden Gegenbilder«. Eine Studie zu Goethes Wolkendichtungen, in: JbFDH 1972, S. 191-236.

Max Lederer, Noch einmal *Schillers Reliquien*, in: MLN 62 (1947), S. 7-12.

Walter Marg, Goethes *Wiederfinden*, in: Euphorion 46 (1952), S. 59-79.

Wolfgang Martens, Goethes Gedicht *Bei Betrachtung von Schillers Schädel*, Motivgeschichtlich gesehen, in: Jb. der dt. Schillerges. 12 (1968), S. 257-295.

M. R. Minden, *Urworte. Orphisch*, in: GLL 36 (1982/83), S. 77-86.

Wolfgang Mohr, Goethes Gedicht *Wiederfinden* und der Frühlingsreien Burkarts von Hohenvels, in: Festschrift für Friedrich Beißner, hg. v. Ulrich Gaier und Werner Volke, Bebenhausen 1974, S. 256-273.

Günther Müller, Johann Wolfgang von Goethe, *Schillers Reliquien*, in: Die deutsche Lyrik, hg. v. Benno von Wiese, Bd. 2, Düsseldorf 1957 u. ö., S. 279-289.

Joachim Müller, *Weltseele*. Eine lyrisch-philosophische Triade Goethes, Berlin 1984.

Gertrud Overbeck, Goethes Lehre von der Metamorphose der Pflanzen und ihre Widerspiegelung in der Dichtung, in: PEGS 31 (1961), S. 38-59.

Robert Petsch, *Urworte Orphisch*, in: GRM 21 (1933), S. 32-54.

Karl Richter, Morphologie und Stilwandel. Ein Beitrag zu Goethes Lyrik, in: Jb. der dt. Schillerges. 21 (1977), S. 192-215.

Karl Richter, Wissenschaft und Poesie »auf höherer Stelle« vereint. Goethes Elegie *Die Metamorphose der Pflanzen*, in: Gedichte und Interpretationen, Bd. 3, Klassik und Romantik, hg. v. Wulf Segebrecht, Stuttgart 1984, S. 153-168.

Gerhart Schmidt, Goethes *Urworte. Orphisch*, in: ZfdPh 11 (1957), S. 37-53.

Albrecht Schöne, Über Goethes Wolkenlehre, in: Der Berliner Germanistentag 1968, hg. v. Karl Heinz Borck und Rudolf Henss, Heidelberg 1970, S. 24-41.

Erich Trunz, Goethes Gedicht *Prooemion*, in: DVjs 21 (1943), S. 99-112.

Hans-Joachim Weitz, Goethes Gedicht *Die Weisen und die Leute*, Freiburg 1969.

Friedrich Wilhelm Wentzlaff-Eggebert, Zu Goethes Gedicht *Vermächtnis* (1829), in: Stoffe, Formen, Strukturen, hg. v. Albert Fuchs und Helmut Motekat, München 1962, S. 151-159.

Hugo Wernekke, Goethe und die königliche Kunst, Leipzig 1905.

Kunst

J. W. v. Goethe, *Tischbeins Idyllen*, hg. und erl. v. Herbert Wolfgang Keiser, München 1970.
Arthur von Gwinner, Goethes Gedicht *Kore*, in: Velhagen und Klasings Monatshefte 42, I (1927/28), S. 680-682.
Insel Almanach 1982. Johann Wolfgang Goethe zu Bildern, hg. v. Christoph Michel und Isabella Kuhn, Frankfurt 1982.
Erich Trunz, Über Goethes Verse und Prosa zu Tischbeins Idyllen, in: E. Trunz (Hg.), Studien zu Goethes Alterswerken, Frankfurt 1971, S. 35-74.

Aus fremden Sprachen

John Hennig, Goethe's *Klaggesang. Irisch*, in: Monatshefte für deutschen Unterricht 41 (1949), S. 71-76.
Erich Kunze, Goethes *Finnisches Lied*, in: Studia Fennica 6 (1952), S. 37-57.
Victor Lange, Nationalliteratur und Weltliteratur, in: Goethe Jahrbuch 33 (1971), S. 15-30.
Manfred Naumann, Zwischen Realität und Utopie. Goethes Konzept einer Weltliteratur, in: Poetica 17 (1985), S. 219-227.
J. G. Robertson, Goethe and Byron, in: PEGS, New Series 2 (1925), S. 1-132.
Hans Joachim Schrimpf, Goethes Begriff der Weltliteratur, Stuttgart 1968.
Gustav Soyter, Die Quellen zu Goethes Übertragungen aus dem Neugriechischen, in: Hellas-Jb. 1936, S. 67-73.
Fritz Strich, Goethe und die Weltliteratur, Bern ²1957.

An Personen
(»An Personen«, »Inschriften ⟨...⟩«, »Invektiven«)

Alt-Weimars Abend. Briefe und Aufzeichnungen aus dem Nachlasse der Gräfinnen Egloffstein, hg. v. Hermann Freiherrn von Egloffstein, München 1923.
Aus dem Lager der Goethe-Gegner, hg. v. M. Holzmann, Berlin 1904 (Deutsche Literaturdenkmale des 18. und 19. Jh., 129).
Hermann Bräuning-Oktavio, Oken und Goethe im Lichte neuer Quellen, Weimar 1959.
Goethe und die Romantik, hg. v. Carl Schüddekopf und Oskar Walzel, 2 Bde., Weimar 1898-1899.
Goethe und Österreich, hg. v. August Sauer, 2 Bde., Weimar 1902-1904.
Goethe und Sylvie ⟨von Ziegesar⟩, hg. v. Paul Raabe, Stuttgart 1961.
Herbert Koch, Prinzeß Karoline von Weimar, Goethe und Silvia von Ziegesar. Ein Bild ihrer Beziehungen aus Briefen jener Zeit, in: Goethe 30 (1968), S. 285-303.
Katharina Mommsen, Goethe und das Preisgedicht. Zum *Rätsel* in den Gedichten »An Personen«, in: Jb. der dt. Schillerges. 11 (1967), S. 320-357.
Hans Pyritz, Goethe und Marianne von Willemer, Stuttgart ³1949.
Hedda Sauer, Goethe und Ulrike, Reichenberg 1925.
Franz Schallehn, Ein bekanntes und ein unbekanntes Geburtstagsgedicht Goethes für Frau v. Stein ⟨zu: *»Gegen soviel schöne Dinge«*⟩, in: Jb. der Goethe-Ges. 10 (1924), S. 147-156.
Wulf Segebrecht, Das Gelegenheitsgedicht, Stuttgart 1977.
Hans Tümmler, »Und der Gelegenheit schaff' ein Gedicht«. Goethes Gedichte an und über Persönlichkeiten seiner Zeit und seines politischen Lebenskreises, Bad Neustadt a. d. Saale 1984.
Hans-Rudolf Wiedemann, Der ›Kieler Pfaff‹, die Farbenlehre

und Goethe ⟨zu: »*Absurder Pfaffe*«⟩, in: Euphorion 80 (1986), S. 439-447.

Spruchdichtung
(»Sprichwörtlich«, »Zahme Xenien« usw.)

Michael Bernays, Ein unpatriotischer Vers Goethes ⟨zu: *Nativität*⟩, in: M. Bernays, Zur neueren Litteraturgeschichte, Leipzig 1898, S. 215-222.

Flodoard von Biedermann, Goethe als Rätseldichter, Berlin 1924.

Lieselotte Blumenthal, Goethes letztes Gedicht? in: Goethe 16 (1954), S. 143-160.

Thomas Dietzel, Goethes »Zahme Xenien«. Eine contradictio in adjecto, in: Goethe – Vorträge aus Anlaß seines 150. Todestages, hg. v. Thomas Clasen und Erwin Leibfried, Frankfurt 1984, S. 143-173.

William S. Heckscher, Goethes »Inebriated Fly«, in: Tribute to Lotte Brand Philip. Art Historian and Detective, hg. v. William W. Clark u. a., New York (Abaris Books) 1985, S. 77-81.

Theodor Pelster, Zu Goethes Gedicht »*Worte sind der Seele Bild*«, in: Muttersprache 92 (1982), S. 65-75.

Otto Pniower, Vier Spruchgedichte Goethes, in: Deutsche Rundschau 178 (1919), S. 223-232.

Wolfgang Preisendanz, Die Spruchform in der Lyrik des alten Goethe, Heidelberg 1952.

Walther Rauschenberger, »*Willst du dich deines Werthes freuen...*«, in: Jb. der Schopenhauer-Ges. 28 (1941), S. 279-281.

Hans-Heinrich Reuter, Goethes »Zahme Xenien«, in: Goethe Jahrbuch 81 (1964), S. 92-135.

Otto H. Smital, Goethes »Zahme Xenien«, Diss. (Masch.) Wien 1951.

Walter Wadepuhl, »*Amerika, du hast es besser*«, in: GR 7 (1932), S. 186-191.

Ludwig Weniger, *»Wär' nicht das Auge sonnenhaft«*, in: Neue Jahrbücher für Klassisches Altertum, Geschichte und deutsche Literatur 39 (1917), S. 238-253.

Friedrich Zucker, Goethes Vierzeiler auf sein und Blüchers Denkmal, in: Jb. der Goethe-Ges. 12 (1926), S. 307-310.

Letzte Gedichtgruppen

Johannes Anderegg, Das Abgesonderte und das Übergängliche. Zu Goethes Konzeption von poetischer Sprache ⟨zu: *»Früh, wenn Tal«*⟩, in: DVjs 56 (1982), S. 101-122.

Woldemar von Biedermann, *Chinesisch-deutsche Jahres- und Tageszeiten*, in: W. v. Biedermann, Goetheforschungen N.F., Leipzig 1886, S. 426-446.

Lieselotte Blumenthal, Goethes Gedicht *Der Bräutigam*, in: Goethe 14/15 (1952/53), S. 108-153.

Walther Däbritz, Die Weimarer Zeitschrift ›Chaos‹ und Goethes Beitrag *An Sie*, in: Scripta manent 2 (1957), Nr. 3, S. 8-11.

Günther Debon, Goethes *Chinesisch-Deutsche Jahres- und Tageszeiten* in sinologischer Sicht, in: Euphorion 76 (1982), S. 27-57.

Wilfried Franz, Zur Problematik einer vorgeschlagenen Textkorrektur in Goethes Gedicht *»Dämmrung senkte sich von oben«* ⟨vgl. Sachse in diesem Abschnitt⟩, in: Goethe Jahrbuch 96 (1979), S. 280-290.

Walter Hof, Behutsamkeit und Wortlaut. Betrachtungen zum Verständnis des Gedichts *Der Bräutigam* von Goethe, in: GRM N. F. 29 (1979), S. 373-389.

Werner Keller, Goethes Gedicht *Der Bräutigam* und die Aldobrandinische Hochzeit, in: GRM N.F. 18 (1968), S. 152-171.

Meredith Lee, Goethes *Chinesisch-deutsche Jahres- und Tageszeiten*, in: Goethe und China – China und Goethe, hg. v. Günther Debon und Adrian Hsia, Bern 1985, S. 37-50.

Herbert Lehnert, Klang-Integration und semantische Bezie-

hung. Landschaft und lyrisches Ich: Goethe, »*Dämmrung senkte sich von oben*«, in: H. Lehnert, Struktur und Sprachmagie, Stuttgart 1966, S. 11-21.

Georg Meggle und Manfred Beetz, Interpretationstheorie und Interpretationspraxis, Kap. »Blockierte Diskussionen«, S. 119-158 ⟨zu: *Der Bräutigam*⟩, Kronberg 1976.

Walter Müller-Seidel, Goethes Gedicht *Der Bräutigam*, in: Goethe 20 (1958), S. 6-27 (und in: Die Geschichtlichkeit der deutschen Klassik, s. o.).

Wolfgang Preisendanz, Goethes *Chinesisch-deutsche Jahres- und Tageszeiten*, in: Jb. der dt. Schillerges. 8 (1964), S. 137-152.

Hans Sachse, Zu Goethes Gedicht »*Dämmrung senkte sich von oben*«. Eine Textkorrektur ⟨vgl. Franz in diesem Abschnitt⟩, in: Goethe Jahrbuch 92 (1975), S. 292 f.

Detlev W. Schumann, Bemerkungen zu zwei Goetheschen Gedichten ⟨zu: *Der Bräutigam*⟩, in: Goethe 25 (1963), S. 182-205.

Christine Wagner-Dittmar, Goethe und die chinesische Literatur, in: Studien zu Goethes Alterswerken, hg. v. Erich Trunz, Frankfurt 1971, S. 122-228.

Joachim Wohlleben, Über Goethes Gedichtzyklus *Chinesisch-Deutsche Jahres- und Tageszeiten*, in: Jb. der dt. Schillerges. 29 (1985), S. 266-300.

Yang En-lin, Goethes *Chinesisch-Deutsche Jahres- und Tageszeiten*, in: Goethe Jahrbuch 86 (1972), S. 154-188.

Zur *Nachlese*

Rupprecht Matthaei, Ein Logogriph als Glied der großen Konfession Goethes, in: Goethe 28 (1966), S. 50-66.

Hans Sachse, Goethes *Logogryph* und *Das Tagebuch*, in: Goethe Yearbook 2 (1984), S. 117-120.

Hans Sachse, Textkritisches zu den Drucken von Goethes Gedicht *Das Tagebuch*, in: Goethe Jahrbuch 96 (1979), S. 291-298.

Hans Sachse, Und abermals zu Goethes *Logogriph*, in: Goethe Jahrbuch 93 (1976), S. 199-205.

Das Tagebuch Goethes und Rilkes *Sieben Gedichte*, erläutert v. Siegfried Unseld, Frankfurt/Main 1978.

Hans Rudolf Vaget, Goethe – Der Mann von 60 Jahren, Königstein 1982 ⟨zu: *Das Tagebuch*⟩.

BILDNACHWEISE

Abb. 1: Original Nationale Forschungs- und Gedenkstätten, Weimar.

Abb. 2: Original Goethe-Museum, Düsseldorf.

Abb. 3: Bleistift (gelöscht), Tinte und Tusche, Aquarellfarben. – Original Nationale Forschungs- und Gedenkstätten, Weimar.

Abb. 4: Deckfarben auf Elfenbein. – Original Goethe-Museum, Düsseldorf.

Abb. 5: Kolorierter Stich von oder nach Rosine Städel nach einem Vorbild von Anton Radl. – Original Goethe-Museum, Düsseldorf.

Abb. 6: Thomas Johann Seebeck, Einige neue Versuche und Beobachtungen über Spiegelung und Brechung des Lichts, 1813, im Original farbig. – Original Nationale Forschungs- und Gedenkstätten, Weimar.

Abb. 7: Original Goethe-Museum, Düsseldorf, Leihgabe des Kestner-Museums, Hannover.

Abb. 8 und 9: Gedichte von Goethe in Kompositionen seiner Zeitgenossen, Bd. 2, hg. v. Max Friedländer, Weimar 1916. – Freies Deutsches Hochstift, Frankfurt/Main.

Abb. 10-15: Radirte Blätter nach Handzeichnungen von Goethe, Weimar 1821. – Goethe-Museum, Düsseldorf.

Abb. 16: Nationale Forschungs- und Gedenkstätten, Weimar.

Abb. 17: Original Nationale Forschungs- und Gedenkstätten, Weimar.

Abb. 18: Original Freies Deutsches Hochstift, Frankfurt/Main.

Abb. 19: Original Nationale Forschungs- und Gedenkstätten, Weimar.

Abb. 20: Original Nationale Forschungs- und Gedenkstätten, Weimar.

Abb. 21: Briefwechsel zwischen Goethe und Zelter, hg. v. Max Hecker, Bd. 2, Frankfurt/Main 1987.

Abb. 22 und 23: Weimars Jubelfest am 3ten September 1825, Tafel-Anhang, Weimar 1825.

Abb. 24: Archiv für Kunst und Geschichte, Berlin.

ALPHABETISCHES VERZEICHNIS
DER GEDICHTANFÄNGE UND
-ÜBERSCHRIFTEN

Aber wenn der Tag die Welt
 681
Abgeschlossen sei das Buch
 600
Abschied (Wie unersättlich)
 253
Abschied (Zu lieblich ist's, ein
 Wort zu brechen) 42
Absendung des Vorstehenden
 834
Absurder Pfaffe! 761
Abwege 516
Abwesend ist kein Freund 611
Ach! auf wiesenreichen Auen
 779
Ach, daß die innre Schöp-
 fungskraft 361
Ach, ihr Götter! 305
Ach könnt' ich doch nur dort
 hinein 755
Ach, man sparte viel! 410
Ach, mein Hals ist 228
Ach! mein Mädchen verreis't!
 228
Ach! mit diesen Seelen 218
Ach! unaufhaltsam strebet das
 Schiff 174
Ach, was soll der Mensch 43
Ach! wer bringt die schönen
 Tage 38
Ach! wer doch wieder 731
Ach Zypresse 571
Adler und Taube 297
Alexander und Cäsar und
 Heinrich 161
Alexis und Dora 174
All unser redlichstes 645
Alle Blüten müssen vergehn
 243

Alle Freiheits-Apostel 220
Alle Freude des Dichters 240
Alle Neun, sie winkten 214
Alle Pappeln hoch 577
Alle ruhen, die gelitten 785
Alle schöne Sünderinnen 415
Alle Schöpfung ist Werk 242
Alle streben und eilen 247
Allerdings 507
Allerlieblichste Trochäen 671
Alles auch Meinende 671
Alles erklärt sich wohl 224
Alles in der Welt 389
Alles kündet Dich an! 40
Alles seh' ich so gerne 218
Alles was Du denkst 346
Alles will reden 669
Alles wünscht' ich zu haben
 241
Als Allerschönste 698
Als an der Elb' ich 800
Als der Knabe nach der Schule
 586
Als die Tage noch wuchsen
 1345
Als Diogenes still 330
Als Gellert, der geliebte,
 schied 340
Als hätte, da wär' ich sehr 633
Als ich noch ein Knabe 12
Als ich still und ruhig 119
Als kleinen Knaben hab' ich
 794
Als kleines artges Kind 252
Als Knabe nahm ich mir's 651
Als Knabe verschlossen 424
Als Luthers Fest 588
Als Minerva jenen Liebling
 349

Als wenn ich auf den Maskenball 404
Also das wäre Verbrechen 198
Also lustig sah es aus 618
Alte, bärtige, sogar 796
Alter Feuersegen 854
Alter gesellet sich gern 707
Alter Held schützt 691
Alter Mond, in deinen Phasen 642
Alt-Tümer sind ein böses Ding 643
Am acht und zwanzigsten August 1826 813
Am feuchten Fels 611
Am Flusse 41
Am Flusse kannst du stemmen 387
Am heißen Quell 594
Am jüngsten Tag, vor Gottes Thron 740
Am jüngsten Tag, wenn die Posaunen 257
Am Lehrling mäkelten sie 672
Am siebenten November 1825 809
Amerika, du hast es besser 739
Amor, nicht das Kind 332
Amor bleibet ein Schalk 163
Amor ein Landschaftsmaler 359
Ämtchen bringen Käppchen 732
Amyntas 194
An Belinden 46
An Bernhard v. Knebel 604
An Bildern schleppt ihr 516
An dem öden Strand 484
An dem reinsten Frühlingsmorgen 17
An den Mond 66
An den neuen St. Antonius 734
An den verehrlichen Frauen-Verein 796
An den Wurzeln heiliger Eiche 860
An der Finsternis zusammengeschrunden 382
An die Entfernte 40
An die Erwählte 37
An die Günstigen 11
An die neunzehn Freunde in England 709
An die Stelle des Genusses 618
An die T.. und D.. 741
An die Türen 323
An die Zikade 320
An diesem Brunnen hast 810
An ein goldnes Herz, das er am Halse trug 63
An Frau Oberkammerherrin von Egloffstein 811
An Fräulein Casimira Wolowska 591
An Fräulein von Schiller 708
An Freund Meilisch 590
An Fürst Biron von Curland 588
An Geheimerat von Willemer 584
An Grafen Paar (Dem Scheidenden ist jede Gabe) 586
An Grafen Paar (Der Berge denke gern) 585
An Gräfin Jaraczewska 587
An Gräfin Marie von Einsiedel 605
An Gräfin Odonell 580
An Herrn Abbate Bondi 579
An Julien 599
An Lida 319
An Lina 68

An Lord Byron 583
An Lottchen 50
An Luna 34
An Madame Mara 833
An Madame Marie Szymanowska 594
An Mignon 60
An Personen 394
An Schwager Kronos 290
An seine Spröde 310
An sie 704, 705
An Silvien 341
An Tischbein 346
An Trauertagen 793
An unsers himmlischen 641
An Uranius 345
An Venus Medicis ruht es 855
An Werther 456
An Zachariae 340
An zwei Gebrüder 611
An *** 728
Anakreons Grab 326
Ἀνάγκη, Nötigung 502
Anbete du das Feuer 667
Anders lesen Knaben den Terenz 651
Andre zu kennen 404
Angebinde zur Rückkehr 348
Angedenken an das Gute 703
Angedenken du verklung'ner Freude 63
Anliegen 310
Anmutig Tal! 334
Annonce 728
Anschaun, wenn es dir gelingt 692
Anstatt daß ihr bedächtig 721
Antepirrhema 500
Antike 514
Antiker Form sich nähernd 326
Antikritik 758

Antworten 26
Äolsharfen 463
April 466
Arm am Beutel 117
Arm und kleiderlos war 228
Armer Tobis, tappst 758
Ars, Ares wird der Kriegesgott 841
Artges Häuschen hab ich klein 478
Atmosphäre 502
Auch diese will ich 635
Auch endlich ward ich 763
Auch ich verharre meiner Pflicht 731
Auch Vergangenes zeigt 233
Auch von des höchsten Gebirgs 188
Auf Bergen, in der reinsten Höhe 383
Auf das empfindsame Volk 244
Auf dem See 51
Auf den Kauf 529
Auf den Pinsel 693
Auf der recht- und linken Seite 528
Auf diesen Trümmern 608
Auf ewig hab' ich sie 635
Auf großen und auf kleinen Brucken 376
Auf, ihr Distichen, frisch! 237
Auf Kieseln im Bache 42
Auf Pergament Lieb' und Haß 643
Auf schweres Gewitter 550
Aufklärende Bemerkungen 573
Aug' um Ohr 477
Augen sagt mir, sagt 466
Augenblicklich aufzuwarten 818
Aus Byrons Manfred 555

Aus den Gruben 1355
Aus des Regens 691
Aus düstern Klosterhallen 799
Aus einem Stammbuch von
 1604 474
Aus einer großen Gesellschaft
 418
Aus fremden Sprachen 553
Aus jenen Ländern 579
Aus nächtger Finsternis 868
Aus tiefem Gemüt 380
Aus Wilhelm Meister 321
Ausgeherrschet hat die Sonne
 567
Aussöhnung 462
Austausch 796
Autochthonisch 715
Autoren 373

Baal der im Grimme 856
Bakis ist wieder 632
Bald, es kenne nur Jeder
 246
Ballade 447
Balladen 102
Bäume leuchtend 575
Bedarf's noch ein Diplom 835
Bedecke deinen Himmel, Zeus
 298
Bedenk', o Kind! 411
Bedenkt, man will euch hören
 866
Bedingung 421
Befiehl und diene 866
Befrei uns Gott 535
Begeisterung 514
Beherzigung 43
Bei dem Glanze der Abendröte
 17
Bei einer großen Wassersnot
 739
Bei mancherlei Geschäftigkeit
 652
Bei Saadi gedenk' ich 735
Bei so verworrnem Spiele 647
Bei Tag der Wolken 689
Beispiel 424
Bekenntnis heißt 726
Benutze redlich deine Zeit! 385
Bequemes Wandern 525
Bergschloß 61
Beruf des Storches 858
Besonders, wenn die Liberalen
 745
Besser betteln als borgen! 658
Betrogen bist du zum Erbar-
 men 656
Beuge, Liakos 565
Bewährt den Forscher der Na-
 tur 371
Bilder-Szenen 613, 614
Bin ich für 'ne Sache 725
Bist du denn nicht auch zu
 Grunde 400
Bist du Gemündisches Silber
 755
Bist du's nicht 705
Bist eingeladen! 729
Bist noch so tief 1353
Bist undankbar 725
Bist zu schwach geschäftet 865
Blaß erscheinest du mir 234
Blätter nach Natur 782
Bleibe das Geheimnis 692
Bleiben, Gehen, Gehen, Blei-
 ben 1353
Bleibt so etwas 638
Blick um Blick 477
Blinde Kuh 15
Blumen sah ich 822
Blumen und Gold zugleich 597
Blumengruß 52

Blumenkelche, Blumenglocken 617
Böcke, zur Linken mit euch! 219
Brautnacht 34
Breit wie lang 422
Brich doch mit diesem Lump 664
Bringst du die Natur heran 506
Bundeslied 77
B. und K. 752
Bunte Blumen in dem Garten 808
Bürgerpflicht 745
Byrons Don Juan 553

Calan empfahl sich Alexandern 744
Campes Laokoon 756
Cäsarn wär' ich wohl nie 166
Catalani tat 863
Catechisation 411
Cato wollte wohl andre strafen 658
Celebrität 376
Chaos heißt das artge Blatt 871
Charade 260
Charon 568
Chinesisch-Deutsche Jahres- und Tageszeiten 615
Chloe schwöret, sie liebt mich 222
Christel 15
Christgeschenk 256
Christkindlein trägt die Sünden 396
Christus ein Gott vom Himmel 864
Chronica 763

Da das Alter 539
Da das Ferne sicher ist 804
Da droben auf jenem Berge 56, 61
Da du gewiß, wie du mir 797
Da er nun seine Straße 443
Da hatt' ich einen Kerl zu Gast 373
Da ich dir alle Wünsche 1344
Da ich viel allein verbleibe 675
Da ist's denn wieder 502
Da kann man frank 653
Da kommen sie von verschiedenen 638
Da loben sie 723
Da reiten sie hin! 628
Da siehst du nun 394
Da sieht man wie die Menschen 587
Da sind sie wieder 851
Da steht man denn 640
Da wächs't der Wein 757
Da, wo das Wasser 380
Dagegen die Bauern 381
Dagegen man auch nicht gerne hört 659
Δαίμων, Dämon 501
Dämmrung senkte sich 697
Dank des Paria 455
Dank des Sängers 485
Dankbare Erwiderung 710
Dann ist einer durchaus verarmt 391
Darf man das Volk 425
Das All es wird 870
Das alles ist nicht mein 652
Das alles sieht so lustig aus 526
Das Alter 424
Das Alter ist ein höflich 424
Das Beet schon lockert 469
Das Beste 421
Das beste in der Welt 646

Das Beste möcht' ich 637
Das Blatt, wo Seine Hand 861
Das Blumenchor 780
Das Blümlein Wunderschön 110
Das dauert schon 1800 Jahr 402
Das erste gibt mir Lust 853
Das garstige Gesicht 413
Das geht so fröhlich 531
Das Glück deiner Tage 393
Das Göttliche 303
Das Größte will man 425
Das Gute zu bewirken 830
Das Haus ist wohl gegründet 868
Das holde Tal 598
Das Interim 390
Das ist dein eigenes Kind 215
Das ist die wahre Liebe 241
Das ist doch nur der alte Dreck 668
Das ist eine von den alten 670
Das ist eine von den großen 388
Das ist einmal ein Philister-Jahr! 764
Das ist Italien, das ich verließ 209
Das junge Volk 392
Das Kleinod 820
Das Leben wohnt in jedem Sterne 680
Das mach' ich mir denn 637
Das Mädchen spricht 252
Das mußt du als ein Knabe 730
Das Opfer, das die Liebe 726
Das Parterre spricht 529
Das Rechte 402
Das Schlechte kannst du 666
Das schlimmste, was uns widerfährt 661
Das Segel steigt! 814

Das sind mir allzuböse Bissen 388
Das soll nun auch 729
Das Sonett 408
Das Sträußchen 561
Das Tagebuch 843
Das Tüchtige, und wenn auch 640
Das Unser Vater 379
Das Unvernünftige zu verbreiten 673
Das Veilchen 105
Das wär dir ein schönes Gartengelände 388
Das Wasser rauscht' 108
Das Weltregiment 654
Das Wiedersehn 193
Das wirst du sie nicht überreden 678
Das Wohl des Einzelnen 612
Das Zeitungs-Geschwister 665
Daß an diesem wilden Sehnen 405
Daß die Bibel Gesellschaft 863
Daß du die gute Sache 746
Daß du die Herrlichste bist 1349
Daß du zugleich mit dem 792
Daß Glück ihm günstig 405
Daß ich bezahle 729
Daß ich schweige 226
Daß im großen Jubeljahre 807
Daß man in Güter 804
Daß sie die Kinder 392
Daß sie mit einander streiten können 383
Daß zu Ulrichs Gartenräumen 609
Dauer im Wechsel 78, 493
Dauert nicht so lang 402
Dein Ostgeschenk weiß ich 794

Dein Testament verteilt 591
Deine liebliche Kleinheit 239
Deine Werke 715
Deine Zöglinge möchten 622
Deinen Vorteil zwar 667
Deinen Wachstum 798
Delos ernster Beherrscher 332
Dem Absolutisten 533
Dem Ackermann 326
Dem Arzt verzeiht! 665
Dem aufgehenden Vollmonde 700
Dem aus America (...) 814
Dem Buchstabensparer 1260
Dem Dichter widm' ich mich 823
Dem Dummen wird 769
Dem festlichen Tage 268
Dem Frauenverein 810
Dem Fürsten Blücher von Wahlstadt 795
Dem Fürsten Hardenberg 582
Dem Geier gleich 288
Dem heiligen Vater 710
Dem Hülfsbedürftgen 735
Dem ist es schlecht in seiner Haut 655
Dem Scheidenden ist jede Gabe 586
Dem Schnee, dem Regen 55
Dem schönen Tag sei es geschrieben! 348
Dem Schützen 37
Dem teuren Lebensgenossen von Knebel 810
Dem Weißmacher 1260
Dem wir unsre Rettung 791
Dem würdigen Bruderfeste 831
Dem 30. Januar 18(14) 578
Dem 31. Oktober 1817 528
Demut 420

Den Besten 419
Den deutschen Mannen gereicht's 738
Den Dichter könnt ihr 732
Den Drillingsfreunden von Cölln 344
Den Einzigen, Lida 319
Den ersten April 532
Den Frieden kann das Wollen 1031
Den Gott der Pfuschereien 753
Den Guten 419
Den hochbestandnen Föhrenwald 623
Den Musen-Schwestern 543
Den November, den dreißigsten 604
Den Originalen 419
Den Reichtum muß der Neid 655
Den Reim-Kollegen 719
Den Verehrten achtzehn Frankfurter Festfreunden 711
Den Vorteil hat der Dichter 649
Den Zudringlichen 419
Den 6. Juni 1816 614
Denk' an die Menschen 721
Denkst du nicht auch 647
Denkt nicht, ich geh' 855
Denn bei den alten 390
Denn freilich sind's dergleichen 731
Denn mit dem himmlischen Küchenzettel 864
Denn steht das Trübste 382
Denn was das Feuer 380
Denn was der Mensch 473
Denn wer nur mathematische 870
Der Abgebildete 344
Der Abschied 30

Der Abwesende dem Maskenfest 613
Der Achse wird mancher Stoß 665
Der alte reiche Fürst 746
Der Amtmann schnell 381
Der Becher 317
Der Bekannten, Anerkannten 837
Der Berge denke gern 585
Der beste Diener 871
Der Besuch 314
Der Bräutigam 702
Der Chinese in Rom 331
Der Cölner Mummenschanz 539
Der Damm zerreißt 271
Der Demoiselle Schmehling 833
Der Deutsche ist gelehrt 529
Der Dichter freut sich 718
Der Dichter schaut 727
Der Dichtung Faden 595
Der dieses Bild der Einsamkeit 775
Der du des Lobs 757
Der du frühe schon das Große wolltest 784
Der du so nach Erfindung 865
Der du von dem Himmel bist 64
Der Edelknabe und die Müllerin 120
Der einmal ein Zaubrer 731
Der entschließt sich doch gleich 405
Der Fischer 108
Der Frau von Ziegesar geb. v. Stein 603
Der freudige Werther 768
Der Frühling grünte 575

Der fünfte Mai 558
Der getreue Eckart 134
Der Goldschmiedsgesell 25
Der Gott und die Bajadere 150
Der Gottes-Erde 723
Der Gräfin Titinne Odonell, 586
Der Guckuck wie die Nachtigall 696
Der hat's den Engeln 733
Der Heiden-Kaiser Valerian 799
Der Hypochonder ist bald kuriert 394
Der Junggesell und der Mühlbach 122
Der Kaiserin Abschied 432
Der Kaiserin Ankunft 429
Der Kaiserin Becher 431
Der Kaiserin Platz 431
Der König in Thule 109
Der Liebenden Vergeßlichen 348
Der Liebsten Band 32
Der Maler wagt's 515
Der Mensch erfährt 392
Der Mond soll im Kalender 667
Der Müllerin Reue 126
Der Müllerin Verrat 124
Der Musensohn 19
Der Mutter schenk' ich 389
Der Narr epilogiert 540
Der neue Amadis 12
Der neue Amor 332
Der neue Copernicus 478
Der neue Pausias und sein Blumenmädchen 180
Der Olympos, der Kissavos 567
Der Ost hat sie schon längst 632
Der Pantheist 1233

Der Park 330
Der Pfau schreit häßlich 696
Der Philosoph, dem ich so gern 727
Der Pseudo-Wandrer 673
Der Rattenfänger 118
Der Sänger 104
Der Schatzgräber 117
Der Sinn ergreift 645
Der Storch, der sich 858
Der Strauß, den ich gepflücket 52
Der Tempel ist euch aufgebaut 356
Der Teufel hol' das Menschengeschlecht! 417
Der Teufel! sie ist nicht gering 656
Der Totentanz 136
Der trockne Versemann 667
Der Türmer der schaut 136
Der untreue Knabe 106
Der Vogel ist froh 386
Der vollkommenen Stickerin 589
Der Vorhang schwebet 22
Der Wandrer 350
Der Weihrauch, der euch 768
Der Würdige, vom Rhein 716
Der Zauberlehrling 141
Der Zaubrer fordert 726
Der Zeit, des Schreckens Narren 554
Der Zeitungsleser sei gesegnet 733
Der zierlichsten Undine 597
Der's gebaut vor funfzig 822
Des Alten Schatten 870
Des Maurers Wandeln 482
Des Menschen Seele 284
Des Menschen Tage 813

Des neuen Alcinous erster Teil 748
Des neuen Alcinous zweiter Teil 750
Des Paria Gebet 450
Deshalb er sich zur Unzeit 658
Deutscher Parnaß 261
Dich ergriff mit Gewalt 326
Dich hat Amor gewiß 329
Dich, klein geblümt Gefäß! 431
Dich säh' ich lieber selbst 837
Dich verwirret, Geliebte 196, 495
Dichten ist ein lustig Metier 219
Dichter gleichen Bären 406
Dichter lieben nicht zu schweigen 11
Dicke Bücher! vieles Wissen! 806
Die Abgeschiednen betracht' 419
Die abgestutzten, angetauchten 587
Die Axt erklingt 623
Die beiden lieben sich gar fein 677
Die Bekehrte 17
Die Bergeshöhn warum 568
Die besten die ich kenne 871
Die besten Freunde 534
Die bleibt nicht aus! 501
Die Bösen soll man nimmer 665
Die Braut von Corinth 144
Die Burg von Otranto 838
Die Dämonen spotten meiner 871
Die deutsche Sprache 782
Die Deutschen sind 742
Die Deutschen sind ein gut 633
Die Dinte macht uns 385

Die echte Konversation 641
Die endliche Ruhe 381
Die Engel stritten für uns 739
Die erste Walpurgisnacht 137
Die Feier des achtundzwanzigsten Augusts 602
Die Feinde sie bedrohen dich 674
Die Franzosen verstehn 742
Die Freuden 41
Die Freunde haben's 814
Die Freundin war hinausgegangen 348
Die Gegenwart weiß nichts 803
Die geschichtlichen Symbole 677
Die Geschwister 327
Die Gestalten gehn vorüber 612
Die glücklichen Gatten 74
Die gründlichsten Schuften 754
Die gute Sache 746
Die heilgen drei König' 98
Die holden jungen Geister 650
Die ihr Felsen und Bäume bewohnt 328
Die Jahre 424
Die Jahre sind allerliebste 424
Die Jugend ist vergessen 664
Die Jugend verwundert 643
Die kleinen Büchlein 781
Die klugen Leute gefallen mir nicht 651
Die Königin steht 132
Die Kränze 333
Die Lehrer 330
Die Leidenschaft bringt Leiden! 462, 594
Die Liebende abermals 255
Die Liebende schreibt 254
Die Lieblichen sind hier 521

Die Lust zu reden 384
Die Lustigen von Weimar 99
Die Mächtigen wollte Gott 733
Die Metamorphose der Pflanzen 196, 495
Die Musageten 311
Die Nachtigall sie war 526, 571
Die Nebel zerreißen 44
Die Nektartropfen 349
Die neue Sirene 704
Die Pest an Herrn Posselt 734
Die Pflanzen sämtlich 783
Die reitenden Helden 740
Die schöne Nacht 31
Die schönen Frauen 722
Die sich herzlich oft begrüßten 588
Die Sonne leuchtet über Länder 870
Die Spinnerin 119
Die Sprachreiniger 1245
Die Spröde 17
Die stille Freude wollt ihr 699
Die strenge Grenze 501
Die Toten feier 868
Die Wanderjähre sind nun 537
Die wandlende Glocke 133
Die Weisen und die Leute 508
Die Welt ist ein Sardellen-Salat 859
Die Welt ist nicht aus Brei 406
Die Welt sie ist so groß 502
Die Wolle, sie ist gut 759
Die Xenien sie wandeln zahm 659
Die Zeit sie mäht so Rosen 397
Die zwei Marien 733
Dies Album lag so manches Jahr 807
Dies feßle deine 821

Dies unschuldvolle fromme Spiel 812
Diese Gondel vergleich' ich 210
Diese Richtung ist gewiß 569
Diese Stimmen sie erschallen 783
Diese Worte sind nicht alle 406
Diesem Amboß vergleich' ich 211
Dieser alte Weidenbaum 862
Dieser ist mir der Freund 244
Dieses Geschlecht ist hinweg 249
Dieses Heft Persönlichkeiten 733
Dieses ist es, das Höchste 235
Dieses Stammbuch 774
Diesmal streust du 247
Dilettant und Kritiker 374
Diné zu Coblenz 413
Dir alter Jason 730
Dir darf dies Blatt 49
Dir in's Leben, mir zum Ort 810
Dir warum doch verliert 629
Doch am Morgen 618
Doch das ist gar kein groß 397
Doch immer höher steigt 504
Doch kann sich einer pfiffiger 867
Doch solcher Grenze 502
Doch was heißt in solchen Stunden 1065
Doch würden sie, könnt' es 676
Donnerstag nach Belvedere 99
Donnerstag nach Belvedere! 835
Doppelt gibt 397
Dornburg 700
Drauf akademisch ward 764
Draußen zu wenig 399
Drei hundert Jahre sind vorbei 644
Drei Palinodien 549
Dreieinigkeit hab ich auch 863
Dreihundert Jahre hat 528
Dreihundert Jahre sind 645
Dringe tief zu Berges Grüften 465
Drum danket Gott 381
Du aber halte dich mit Liebe 382
Du bist auch am Rhein 618
Du bist ein wunderlicher Mann 652
Du bist König und Ritter 246
Du bist mein 532
Du bist sehr eilig 391
Du der Gefällige 728
Du erstaunest 227
Du gefällst mir so wohl 409
Du gehst so freien Angesichts 655
Du gingst vorüber? 593
Du hast an schönen Tagen 626
Du hast dich dem allerverdrießlichsten Trieb 642
Du hast es lange genug 762
Du hast nicht recht! 638
Du hast so vielen schon 867
Du hast uns oft 31
Du hast Unsterblichkeit 645
Du hattest längst 592
Du irrest Salomo! 646
Du kommst doch über so viele 534
Du kommst nicht in's Ideen Land! 395
Du Kräftiger sei 626
Du magst an dir das Falsche 396

Du mußt dich niemals 388
Du Narr! begünstige 722
Du nimmst mirs vorm Munde weg 871
Du nimmst zuletzt doch auch 734
Du prophet'scher Vogel du 73
Du sagst gar wunderliche Dinge! 655
Du Schüler Howards 592
Du! schweige künftig nicht 800
Du sehnst dich weit hinaus zu wandern 660
Du siehst so ernst, Geliebter! 252
Du sollst mit dem Tode 394
Du staunest über die Königspracht 383
Du toller Wicht 669
Du trägst sehr leicht 389
Du treibst mir's gar zu toll 391
Du verklagest das Weib 331
Du versuchst, o Sonne 614
Du wirkest nicht, alles bleibt so stumpf 398
Dummes Zeug 635
Durch einander gleiten sie her 247
Durch Feld und Wald zu schweifen 19
Durch Vermittlung einer Teuren 590
Durch Vernünfteln wird Poesie 400
Durchsichtig erscheint die Luft 380

Edel-ernst, ein Halbtier 519
Edel sei der Mensch 303
Edle deutsche Häuslichkeit 821
Efeu und ein zärtlich Gemüt 396
Egalité 425
Ehe wir nun weiter 584
Ehre, Deutscher, treu 861
Ehre, die uns hoch erhebt 810
Ehret die Frauen 1343
Ehret, wen ihr auch wollt! 154
Eigenheiten 401
Eigentum 68
Eignes Geschick geht mir nicht nah 731
Eile, Freunden dies zu reichen! 811
Eile zu Ihr 829
Eiligst segnend 829
Ein aber dabei 857
Ein abgestumpft Gesicht 859
Ein Adlersjüngling hob die Flügel 297
Ein alter Freund erscheint 348
Ein alter Mann 623
Ein Anders 422
Ein Andres 86
Ein beweglicher Körper 236
Ein bißchen Ruf 719
Ein Blick von deinen Augen 254
Ein Blumenglöckchen 20
Ein braver Mann! 386
Ein Bruder ist's 423
Ein dürres Blatt im Wind 870
Ein Epigramm, ob wohl es gut sei? 221
Ein Epigramm sei zu kurz 240
Ein ewiges Kochen 742
Ein freundlich Wort kommt 583
Ein frommer Maler 366
Ein Füllhorn von Blüten 836
Ein Glas zu dem Schmatz 854

GEDICHTANFÄNGE UND -ÜBERSCHRIFTEN 1397

Ein Gleiches 65
Ein Gleichnis 862
Ein großer Teich 546
Ein guter Geist 599
Ein Hündchen wird gesucht 728
Ein jeder denkt 720
Ein jeder kehre 745
Ein jeder lese 735
Ein Kavalier von Kopf 412
Ein klein Papier 780
Ein kluges Volk 406
Ein Kranz ist gar viel leichter binden 385
Ein Liebchen ist der Zeitvertreib 853
Ein Mägdlein trug man 547
Ein Mann der Tränen 645
Ein Meister einer ländlichen Schule 442
Ein neu Projekt 716
Ein Quidam sagt 419
Ein rascher Sinn 829
Ein reiner Reim wird wohl 670
Ein Sadduzäer will ich 737
Ein Schnippchen schlägst du doch 671
Ein schönes Ja 386
Ein strenger Mann 764
Ein Strom entrauscht 250
Ein Talent das jedem frommt 816
Ein unverschämter Naseweis 375
Ein Veilchen auf der Wiese stand 105
Ein Werkzeug ist es 534
Ein Wunder ist der arme Mensch 1353
Ein Zauber wohl ziehet 801

Eine Bresche ist jeder Tag 392
Eine einzige Nacht 226
Eine Frau macht oft 386
Eine kannt' ich 237
Eine Liebe hatt' ich 210
Eine Schachtel Mirabellen 590
Einem möcht' ich gefallen! 233
Einem unverständigen Wort 657
Einen Chinesen sah ich 331
Einen langen Tag 622
Einen wohlgeschnitzten vollen Becher 317
Einer Einzigen angehören 473
Einer hohen Reisenden 342
Einer machte das Hocus pocus 735
Einer rollet daher 234
Eines ist mir verdrießlich 168
Eines kenn' ich verehrt 235
Eines Menschen Leben 216
Eingefroren sahen 247
Einheit ewigen Lichts zu spalten 677
Einleitung 486
Einmal nur in unserm Leben 486
Eins und alles 494
Eins wie's andre 859
Einsam schmückt sich 232
Einsamkeit 328
Einsamste Wildnis 523
Einschränkung 67
Elegie 457
Elegien I 154
Elegien II 174
Eleonore 579
Ἐλπίς, Hoffnung 502
Emsig wallet der Pilger! 213
Entferne dich nicht ganz 643
Entfernst du dich 645

Enthusiasmus vergleich' ich
423
Entoptische Farben 505
Entschuldigung 331
Entweicht wo düstre Dummheit 646
Entwickle deiner Lüste 696
Entwöhnen sollt' ich mich 253
Entzwei und gebiete! 402
Epigrammatisch (I) 408
Epigrammatisch (II) 528
Epigramme. Venedig 208
Epimenides Erwachen, letzte Strophe 743
Epiphanias 98
Epirrhema 498
Episteln 201
Epoche 259
Er ist noch weit vom Schluß 734
Er kommt! Er naht! 436
Er war – und, wie, bewegungslos 558
Ergo bibamus! 95
Erinnerung (Gedenkst Du noch der Stunden?) 708
Erinnerung (Willst du immer weiter schweifen?) 44
Erinnr' ich mich doch spät 526
Erkanntes Glück 328
Erkenne dich! 404
Erklärung einer antiken Gemme 370
Erlaubt sei dir 780
Erlauchte Bettler hab' ich 658
Erlauchter Gegner aller Vulkanität! 803
Erleuchtet außen hehr 806
Erlkönig 107
Ἔρως, Liebe 501
Eros, wie seh' ich dich hier! 327

Erst durch das kleinste Löchlein 1258
Erst ein Deutscher 346
Erst Empfindung 616
Erst singen wir 642
Erste Epistel 201
Erster Verlust 38
Erwählter Fels 328
Erwiederung der von Frankfurt nach Weimar den 28. August 1830 angelangten festlichen Gaben 831
Es darf sich einer wenig bücken 667
Es flattert um die Quelle 41
Es ging ein Knäblein 854
Es hange eben nicht zusammen 765
Es hat ein hübsches Maidel 850
Es hatt' ein Knab' 374
Es hatte ein junger Mann 766
Es ist doch meine Nachbarin 25
Es ist ein schlechter Zeitvertreib 766
Es ist ein Schnee gefallen 465
Es ist ein Schuß gefallen! 411
Es ist nicht gut die Formen 805
Es ist nicht hübsch 866
Es ist nichts in der Haut 515
Es ist sehr schwer oft 398
Es lacht der Mai! 137
Es lehrt ein großer Physicus 717
Es ließe sich alles trefflich 387
Es mag sich feindliches 648
Es schlug mein Herz 45
Es schnurrt mein Tagebuch 649
Es spricht sich aus 736
Es steht ein junger Feigenstock 370
Es war ein Kind 133

Es war ein Knabe frech genung 106
Es war ein König in Thule 109
Es wäre schön was Guts 857
Etwas ist er 768
Etymologie 841
Euch bedaur' ich 318
Euch, o Grazien, legt 161
Euch, Präconen 248
Euer Geflüster und leises 733
Euphrosyne 188
Eure Gärtnerei zu lernen 571
Eva, verziehen sei dir 853
Ewig wird er euch sein 236

Fahrt nur fort 626
Fallen ist der Sterblichen 248
Familien-Gruß 801
Fassest du die Muse 514
Fauntleroy und Konsorten 770
Fehlet die Einsicht oben 245
Fehlst du; laß dich's 642
Fehlt der Gabe 821
Feierlich sehn wir 210
Feindseliger Blick 534
Fern erblick' ich den Mohn 238
Ferne 319
Fetter grüne, du Laub 55
Find' in dieser Büchlein 824
Finnisches Lied 101
Flach bedecket und leicht 326
Flinze, wenig Erz 758
Flora, welche Jena's Gauen 610
Fluß und Ufer 619
Folge nicht Lügnern 851
Fortzupflanzen die Welt 244
Frage nicht durch welche Pforte 790
Frankreichs traurig Geschick 220
Franztum drängt 244

Frauen ... und Professoren 765
Frech und froh 416
Frech wohl bin ich 224
Freibeuter 480
Freie Welt 524
Freigebig ist der 388
Fremde Kinder, wir lieben sie 243
Freudig war, vor vielen 495
Freunde flieht die dunkle 677
Freunde, treibet nur 242
Freundin, dir 822
Freundlich empfange das Wort 773
Freundlich werden neue Stunden 598
Freundliches Begegnen 250
Frisch! der Wein soll 92
Frisch hinaus, wo große Köste 1280
Frisches Ei, gutes Ei 423
Froh empfind' ich mich nun 157
Frohe Zeichen 691
Fromm sind wir Liebende 156
Fromme Wünsche 837
Frömmigkeit verbindet sehr 665
Früchte bringet das Leben 242
Früh wenn Tal 700
Frühling 237
Frühling über's Jahr 469
Frühling 1818 764
Frühlingsblüten sind 806
Frühlingsorakel 73
Frühzeitiger Frühling 54
Füllest wieder Busch und Tal 66
Funfzig Jahre 831
Für das Gute, für das Schöne 347

Für den Kammerdiener 842
Für ewig 473
Für mich hab' ich genug erworben 671
Für sie 533
Für und wider zu dieser Stunde 725
Für's Leben 470
Fürsten prägen so oft 221
Fürstenregel 425

Ganymed 300
Ganz ausgebildet 871
Ganz und gar 389
Gar mancher hat sich 727
Gar manches artig ist geschehn 526
Gar nichts neues sagt ihr mir! 662
Gebildetes fürwahr 834
Gebraten oder gesotten! 388
Gebt mir zu tun 402
Geburt und Tod 746
Gedenkst Du noch der Stunden 708
Gedichte sind gemalte 542
Gefunden 20
Gegen Früchte aller Arten 835
Gegen soviel schöne Dinge 785
Gegenseitig 479
Gegentoast der Schwestern 484
Gegenwart 40
Geh! gehorche meinen Winken 86
Geh' ich, so wird der Schade 649
Geheimster Wohnsitz 524
Gehinderter Verkehr 525
Geht dir denn das von Herzen 647
Geht einer mit dem andern 537

Gehts in der Welt dir endlich schlecht 387
Geist und Schönheit im Streit 550
Geistes-Gruß 63
Geiz 1235
Geld und Gewalt 746
Gellert's Monument 340
Gemüt muß verschleifen 405
Generalbeichte 83
Genialisch Treiben 417
Genieße dies nach deiner 805
Genieße, was der Schmerz 397
Genug 533
Geognostischer Dank 710
Gern hören wir allerlei gute Lehr 657
Gern überschreit' ich die Grenze 218
Gern wär' ich Überlieferung los 682
Gesang der Geister über den Wassern 284
Geschieht wohl, daß man einen Tag 364
Gesellige Lieder 70
Gesellschaft 418
Gesendet von Marienbad einer Gesellschaft versammelter Freunde 591
Gesotten oder gebraten! 388
Gestern war es noch nicht 231
Geweihter Platz 329
Gewogen schienst du mir 805
Gewohnt, getan 81
Gib acht! es wird 597
Gib eine Norm 636
Gibt's ein Gespräch 627
Gieße nur, tränke 213
Ging zum Pindus 812
Glänzen sah ich das Meer 227

Glaube dich nicht allzu gut gebettet 657
Glaube mir gar und ganz 401
Glaube nur, du hast viel getan 386
Glaubst dich zu kennen 400
Glaubt nicht, daß ich fasele 737
Gleich den Winken des Mädchens 225
Gleich ist alles versöhnt 398
Gleich sei Keiner dem Andern 243
Gleich und gleich 20
Gleich zu sein unter Gleichen 396
Gleichgewinn 537
Gleichnisse dürft ihr 859
Gleite fröhlich dahin 248
Glück der Entfernung 33
Glück und Traum 31
Glücklich Land, allwo 824
Glücklich wenn nach außen 864
Glückliche Fahrt 44
Glücklicher Künstler! 522
Glückselig ist, wer Liebe 397
Goethe und Pustkuchen 769
Gönnern reiche das Buch 772
Gönnet immer fort und fort 640
Gott Dank! daß uns so wohl 741
Gott, Gemüt und Welt 379
Gott grüß' euch, Brüder 661
Gott hab' ich und die Kleine 656
Gott hat den Menschen 632
Gott hat die Gradheit selbst 660
Gott, heißt es, schied 735
Gott sandte seinen rohen 542
Gott segne dich, junge Frau 350

Gott und Welt 489
Götter, wie soll ich 227
Gottheiten zwei 754
Göttlicher Morpheus 225
Grabschrift (Als Knabe verschlossen und trutzig) 424
Grabschrift (Verstanden hat er vieles recht) 747
Grafen Carl Harrach 588
Granit, gebildet anerkannt 793
Grau und trüb 691
Grausam erweiset sich Amor 239
Grenzen der Menschheit 301
Grenzlose Lebenspein 653
Groß ist die Diana der Epheser 368
Groß ist Europens 872
Große Leidenschaft 805
Großen Fluß hab ich verlassen 812
Großer Brama, Herr 450
Großer Brama! nun 455
Grundbedingung 531
Gut! Brav, mein Herr! Allein 362
Gut verloren 726
Guter Adler, nicht in's 689
Guter Adler! nicht so 689
Guter Rat 364
Gutes zu empfangen 623
Gütiger Lehrer, Deine Kinder 791

Ha, ich bin Herr der Welt! 305
Ha! ich kenne dich, Amor 226
Hab' ich gerechter Weise 625
Hab' ich tausendmal 857
Hab' oft einen dumpfen düstern Sinn 15
Habe nichts dagegen, daß ihm 668

Haben da und dort zu mäkeln
674
Haben wir es doch besprochen
868
Haben's gekauft 391
Habt ihr das alles 642
Habt ihr gelogen 638
Habt von Sirenen gehört? 704
Halte das Bild der Würdigen
707
Halte dich im Stillen rein 660
Hand in Hand! 37
Hans Liederlich und der Camerade 1332
Harfenspieler 322
Harre lieblich 572
Harren seht ihr sie 518
Harzreise im Winter 288
Haslau's Gründe 710
Hast deine Kastanien 388
Hast den Anker 792
Hast du Bajä gesehn 213
Hast du das alles nicht bedacht? 664
Hast du das Mädchen gesehn
532
Hast du die Welle gesehen 233
Hast du einmal das Rechte 393
Hast du es so lange 624
Hast du nicht gute Gesellschaft
224
Hat der alte Hexenmeister 141
Hat der Tag sich kaum erneuet
343
Hat man das Gute 403
Hat Welscher-Hahn 627
Hätt' ich gezaudert zu werden
670
Hätte Gott mich anders 641
Hätte Oken gewußt wer er sei
762

Hatte sonst einer ein Unglück
742
Hausgarten 124
Haus-Park 477
Hebe selbst die Hindernisse
571
Heidenröslein 14
Heilige Familie 331
Heilige Leute, sagt man 223
Heiß mich nicht reden 321
Heitern Weinbergs 711
Hemmet ihr verschmähten
Freier 676
Herbst 242
Herbstgefühl 55
Herbstlich leuchtet die Flamme
161
Herein, o du Guter! 447
Herkömmlich 507
Herr Bruder 734
Herr Geist, der allen Respekt
550
Herr Löbel ist 794
Herr Werner 760
Herrmann und Dorothea 198
Herrn Cuno's Buchhandlung
798
Herrn Kanzler v. Müller 600
Herrn Schöne 1272
Herrn Staats-Minister v. Voigt
581
Herz, mein Herz 46
Herzog Leopold von Braunschweig 326
Heuer, als der Mai 798
Heut und ewig 538
Heute geh' ich 403
Heute noch im Paradiese 518
Hielte diesen frühen Segen 78,
493
Hier aber folgt noch allzuvieles
730

Hier hat Tischbein 522
Hier hilft nun weiter 426
Hier im Stillen gedachte 328
Hier ist's, wo 372
Hier liegt ein überschlechter Poet! 670
Hier sah ich hin 617
Hier sind, so scheint es 525
Hier sind wir denn vorerst 524
Hier sind wir versammlet 95
Hier, wo noch Ihr Platz 580
Hiezu haben wir Recht und Titel 673
Himmel ach! so ruft man aus 345
Hingesunken alten Träumen 699
Hinter jenem Berge 468
Hoch auf dem alten Turme 63
Höchstes hast Du vollbracht 1346
Hochzeitlied 114
Hoffnung 67
Hoffnung beschwingt 474
Homer ist lange mit Ehren 514
Homer wieder Homer 536
Hör' auf die Worte harum horum 426
Hör' auf doch mit Weisheit 624
Hörest du, Liebchen 162
Hörst du reine Lieder 608
Hört mir zu mit gutem Willen 860
Howard's Ehrengedächtnis 503
Hypochonder 417

Ich armer Teufel 1350
Ich auch einmal recht glücklich was 869
Ich begegnet' einem jungen Mann 374
Ich besänft'ge mein Herz 1344
Ich bin der wohlbekannte Sänger 118
Ich bin ein armer Mann 658
Ich bin euch sämtlichen zur Last 659
Ich bin gefangen! 870
Ich bin so guter Dinge 631
Ich bin so sehr geplagt 745
Ich bliebe gern verschlossen 782
Ich dacht' ich habe 463
Ich dachte Dein 580
Ich denke dein 39
Ich, Egoist! 399
Ich ehre mir die Würde 722
Ich führt' einen Freund 363
Ich ging im Felde 475
Ich ging im Walde 20
Ich ging, mit stolzem Geists-Vertrauen 414
Ich gönnt' ihnen gerne 717
Ich hab' ihn gesehen! 28
Ich hab' mein Sach auf Nichts gestellt 86
Ich habe gar nichts gegen die 633
Ich habe geliebet 81
Ich habe nichts gegen 737
Ich habe nie mit euch gestritten 723
Ich hätt' auch können 737
Ich hielt mich stets 715
Ich hör' es gern 625
Ich kam von einem Prälaten 589
Ich kann mich nicht 741
Ich kenn' ein Blümlein Wunderschön 110
Ich liebe manches 870
Ich liebe mir den heitern 422
Ich neide nichts 651

Ich rufe dich 621
Ich sah die Welt 523
Ich sah mich um 384
Ich sah's mit meisterlichen Händen 1352
Ich soll nicht auf den Meister 395
Ich tadl' euch nicht 654
Ich trat in meine Gartentür 864
Ich träumt' und liebte 396
Ich wandle auf weiter bunter Flur 379
Ich wär auch gern e'mal 869
Ich weiß, daß mir nichts angehört 68
Ich weiß nicht, was mir hier gefällt 67
Ich wollt' euch große Namen 721
Ich wollt' ich wär' ein Fisch! 23
Ich wollte gern sie gelten lassen 717
Ich wünsche mir eine hübsche Frau 656
Ich wünschte wohl dich anders 867
Ich wüßte nicht 838
Ich zieh' ins Feld! 636
Ich zweifle doch am Ernst 258
Ideale 515
Idylle 268
Ihm färbt der Morgensonne 1351
Ihr Bestien, ihr wolltet 735
Ihr edlen Deutschen wißt 673
Ihr Gläubigen! rühmt nur 737
Ihr guten Dichter ihr 635
Ihr guten Kinder 674
Ihr kommt Gebildetes 614
Ihr könnt mir immer ungescheut 724
Ihr laßt nicht nach 421
Ihr liebt, und schreibt Sonette! 258
Ihr meint, ich hätt' mich 390
Ihr möchtet gern den brüderlichen 752
Ihr müßt mich nicht durch 420
Ihr schmähet meine Dichtung 674
Ihr schwarzen Äugelein! 100
Ihr seht uns an 666
Ihr seid zu weit von mir 871
Ihr sucht die Menschen 403
Ihr zählt mich immer unter die Frohen 393
Ihrer sechzig hat die Stunde 807
Ihrer viele wissen viel 402
Ihro der Kaiserin von Frankreich Majestät 439
Ihro der Kaiserin von Österreich Majestät 434
Ihro des Kaisers von Österreich Majestät 436
Ihro Hoheit der Prinzessin Auguste von Sachsen-Weimar und Eisenach 577
Ihro Hoheit der Prinzessin Maria von Sachsen-Weimar-Eisenach 576
Ihro Hoheit der Prinzessin Marie von Sachsen-Weimar und -Eisenach 798
Ihro Kaiserl. Hoheit Großfürstin Alexandra 575
Ihro Kaiserlichen Hoheit der Frau Erbgroßherzogin von Sachsen-Weimar und Eisenach 574
Ilmenau 334
Im Auslegen seid frisch 636

Im Dorfe war ein groß Gelag 546
Im ernsten Beinhaus war's 684
Im Felde schleich' ich 65
Im Grenzenlosen sich zu finden 494
Im Innern ist ein Universum 379
Im Namen der Bürgerschaft von Carlsbad 429
Im Namen dessen 489
Im Nebelgeriesel 102
Im neuen Jahre 384
Im Schlafgemach 34
Im Sommer 52
Im Vaterlande 399
Im Vatikan bedient man 548
Im Vorübergehn 475
Im weiten Mantel 250
Im Zeichen hier 832
Im Zimmer wie im hohen Saal 797
Immer denk ich: mein Wunsch 399
Immer halt' ich die Liebste 209
Immer muß man 639
Immer niedlich, immer heiter 533
Immer strebe zum Ganzen 242
Immer und überall 465
Immer war mir das Feld 240
Immer wieder in die Weite 464
Immerhin und immerfort 570
In allen guten Stunden 77
In Asien habe ich 734
In das Stammbuch der Frau Hofmarschall v. Spiegel 595
In deinem Liede walten 533
In dem Frühling gar zu süße 810
In dem lieblichsten Gewirre 521
In der Dämmrung 227
In der Gondel lag ich 210
In der Urzeit seien Menschen 665
In der Wüsten 372
In des Papillons Gestalt 35
In des Weinstocks 398
In die Welt hinaus! 727
In ein Album 709
In eine Sammlung künstlich ausgeschnittener Landschaften 609
In einer Stadt einmal 791
In einer Stadt, wo Parität 377
In früher Zeit 772
In Harren und Krieg 795
In Hygieas Form 591
In Jena weiß man 851
In keiner Gilde kann man sein 676
In meinem Revier 391
In wenig Stunden 379
In's einzelne 530
In's holde Leben 625
Ins Innre der Natur 507
In's Sichere willst du 629
In's Teufels Namen 748
In's weite 531
Inschrift 834
Inschriften, Denk- und Sendeblätter 573
Invocavit wir rufen 415
Irrtum verläßt uns nie 243
Irr-Tümer sollen uns plagen? 643
Isis 762
Ist das Chaos doch 704
Ist dein Geschenk 656
Ist dem Gezücht Verdienst 673
Ist denn das klug 621

1406 GEDICHTANFÄNGE UND -ÜBERSCHRIFTEN

Ist denn so groß das Geheimnis 222
Ist der Vater 720
Ist doch keine Menagerie 305
Ist endlich der Äther 382
Ist erst eine dunkle Kammer 756
Ist es dir Ernst 226
Ist es möglich 490
Ist Konkordat und Kirchenplan 738
Ist uns Jugendmut entrissen 809
Ist's in der Näh? 660

Ja das ist das rechte Gleis 631
Ja! ich rechne mir's 717
Ja, schelte nur 394
Ja, vom Jupiter rollt ihr 232
Ja! Wer eure Verehrung 389
Jägers Abendlied 65
Jahr aus Jahr ein 532
Jahrmarkt zu Hünfeld 414
Januar, Februar, März 386
Je mehr man kennt 679
Jedem redlichen Bemühn 725
Jeder Edle Venedigs 212
Jeder geht zum Theater 707
Jeder ist doch auch ein Mensch!! 423
Jeder solcher Lumpenhunde 666
Jeder Weg zum rechten Zwekke 726
Jeder zeigt hier 248
Jeglichen Schwärmer 220
Jena's Philister 765
Jene machen Partei 245
Jene Menschen sind toll 221
Jetzo wallen sie zusammen 520
Jetzt da Jeglicher lies't 201
Jetzt war das Bergdorf 548
Johanna Sebus 271
Johannes erst in der Wüste 522
Johannis-Feuer sei unverwehrt 666
Journal der Moden 760
Jubiläum 343
Julien 600
Julien Gräfin Egloffstein 598
Junge Huren 763
Jüngling, merke dir 729
Jüngst pflückt' ich einen 862
Juni 468
Jupiter Pluvius, heut 213

Käm' der liebe Wohlbekannte 101
Kann die Vorsicht größer 732
Kannst dem Schicksal 422
Kannst du die Bedeutung 692
Kannst du, o Grausamer! 158
Kannst du, schöne Pächtrin 129
Kantaten 261
Katzenpastete 371
Kaum an dem blaueren Himmel 208
Kaum hatt' ich mich in die Welt 395
Kaum wendet der edle Werner 679
Kehre nicht in diesem Kreise 68
Kehre nicht, liebliches Kind 217
Kein Stündchen schleiche dir 661
Kein tolleres Versehn 394
Kein Vergleich! 535
Kein Wesen kann zu nichts zerfallen 685
Keine Gluten, keine Meere 679

Keine lockt mich, Ranunkeln 239
Keiner bescheidet sich gern 246
Keins von allen 420
Kenner und Enthusiast 363
Kenner und Künstler 362
Kennst du das herrliche Gift 240
Kennst du das Land? 103
Kennst du das Spiel 627
Kennst du die herrliche Wirkung 241
Kinder werfen den Ball 242
Kirschkerne wird niemand kauen 867
Kläffer 376
Klaggesang. Irisch 562
Klaggesang von der edeln Frauen 279
Klarster Stimme 833
Kleid' eine Säule 389
Klein ist unter den Fürsten 216
Kleine Blumen, kleine Blätter 48
Klingeln hör' ich 235
Klopstock will uns 333
Klug und tätig und fest 246
Knabe saß ich 464
Komm her! wir setzen uns 666
Komm mit, o Schöne 21
Kommt Brüder! 508
Kommt ein wandernder Fürst 231
Kommt Zeit, kommt Rat 426
Könige wollen das Gute 220
Königen, sagt man 319
Königlich Gebet 305
Könnt' ich vor mir selber 730
Konstitutionell sind wir 744
Konversations-Lexikon heißt's 663
Kophtisches Lied 85
Kore 523
Kotzebue 761
Kränken ein liebendes Herz 241
Kriegserklärung 22
Kriegsglück 88
Krittler 375
Kronos als Kunstrichter 531
K ... und B ... 754
Kunst (I) 349
Kunst (II) 513
Kunst und Altertum 536
Künstler! dich selbst zu adeln 651
Künstler, wird's im Innern 516
Künstler! zeiget nur den Augen 646
Künstler-Lied 513
Künstlers Abendlied 361
Künstlers Fug und Recht 366
Künstlers Morgenlied 356
Kurz und gut 251

Lähmung 420
Ländlich 526
Ländliches Glück 329
Landschaft 526
Lang und schmal ist ein Weg 230
Lange haben die Großen 221
Lange Tag' und Nächte 295
Langes Reden will mir nicht anstehn 624
Langeweile ist ein böses Kraut 392
Längst schon hätt' ich euch gern 222
Laß dich, Geliebte, nicht reu'n 155

Laß dir von den Spiegeleien 505
Laß doch, was du halb 652
Laß im Irrtum 628
Laß mein Aug' 30
Laß mich ruhen, ich schlafe 232
Laß Neid und Mißgunst 390
Laß nur die Sorge sein 391
Laß sie's nur immer singen 402
Lasset Gelehrte sich zanken 85
Lasset heut am edlen Ort 828
Lasset heut, im edeln Kreis 83
Lasset uns die Nacht 432
Lasset walten, lasset gelten 675
Laßt euch einen Gott begeisten 419
Laßt euch mit dem Volk 745
Laßt euch nur von Pfaffen 738
Laßt fahren hin 486
Laßt geschaffne Ritter 851
Läßt mich das Alter im Stich? 639
Laßt mir den Phäaker 748
Laßt mir die jungen Leute 393
Laßt nach viel geprüftem 615
Läßt sich einer zur Tafel 732
Laßt zahme Xenien 648
Lebe wohl auf Wiedersehn! 615
Leben liebt 872
Leben muß man 241
Lebendiges Andenken 32
Lebensart 421
Lebensgenuß 537
Lebensregel 422
Legende (In der Wüsten) 372
Legende (Wasser holen) 451
Lehret! Es ziemet euch 242
Lehrling, du schwankest 248
Leichte Silberwolken 467
Lichtlein schwimmen 475
Lieb' und Leidenschaft 645

Liebchen, kommen diese Lieder 68
Liebe 782
Liebe flößest du ein 225
Liebe leidet nicht 624
Liebe Mutter, die Gespielen 477
Liebe Mutter, es wird zu arg 806
Liebebedürfnis 309
Liebesbücher und Jahrgedichte 406
Liebesqual verschmäht 416
Liebevoll und frank und frei 571
Liebhaber in allen Gestalten 23
Lieblich ist's im Frühlings-Garten 608
Lieblich und zierlich 817
Liebt' ich dich als Kleine 572
Lieder 11
Lief das Brot, wie die Hasen 387
Liegt dir Gestern 711
Liegt dir Gestern klar und offen 661
Lili's Park 305
Loge 482
Logogryph 853
Lord Byron ohne Scham 770
Lug oder Trug? 425
Luna, solcher hohen Stelle 571
Lust und Qual 464
Lustrum ist ein fremdes Wort! 604
Lyrisches 447

Mache der Schwärmer sich 211
Mache zum Herrscher 212
Mächtig bist du! gebildet 232
Mächtiges Überraschen 250

Machts einander 400
Magisches Netz 316
Magnetes Geheimnis 381
Mag's die Welt zur Seite weisen 670
Magst du einmal mich hintergehen 403
Magst du jemand Feste 729
Mahadöh, der Herr der Erde 150
Mahomets Gesang 282
Mai 467
Mailied (Wie herrlich) 47
Mailied (Zwischen Weizen und Korn) 53
Man hat ein Schimpf-Lied 402
Man ist gewohnt 574
Man kann nicht immer 396
Man könnt' erzogene Kinder 659
Man mäkelt an der 641
Man sagt: Sie sind ein Misanthrop! 418
Man soll nicht lachen! 670
Man soll sich nicht mit Spöttern 396
Man weiß nicht wie 867
Man zieht den Toten 663
Manch gutes Werk 540
Manche Töne sind mir Verdruß 168
Mancherlei hast du versäumet 403
Manches Herrliche der Welt 691
Manches können wir 631
Manches ward indes erfahren 807
Mann mit zugeknöpften 426
Manuskripte besitz' ich 239
Mariens Huld und Anmut 796

März 465
Maskenzüge 612
Mauern seh' ich gestürzt 232
Mäuse laufen zusammen 231
Meeres Stille 43
Mein altes Evangelium 365
Mein Blick war auf den Himmel 872
Mein Haus hat kein' Tür 480
Mein Kind, sie wissen's 861
Mein Mädchen ward mir ungetreu 18
Mein süßes Liebchen! 256
Meine Dichterglut 395
Meine Göttin 285
Meine Liebste wollt' ich heut beschleichen 314
Meine Wahl 422
Meinem Freunde v. Knebel 604
Meinen feierlich Bewegten 809
Meinst du denn alles 719
Meinst du es redlich 724
Memento 422
Memento mori! 690
Menschengefühl 305
Mephisto scheint 720
Metamorphose der Tiere 498
Mich ängstigt das Verfängliche 698
Mich ergreift, ich weiß nicht wie 79
Mich freuen die vielen Guten 395
Mignon (Heiß mich nicht reden) 321
Mignon (Kennst du das Land?) 103
Mir fehlt ein Held! 553
Mir gäb' es keine größre Pein 387
Mir genügt nicht eure Lehre: 680

Mir ist das Volk zur Last 745
Mir und dir ist niemand 730
Mir will das kranke Zeug 626
Mit Botanik gibst du 224
Mit der Welt muß niemand 652
Mit des Bräutigams 113
Mit diesem Versatilen 663
Mit diesen Menschen umzugehen 668
Mit dieser Welt 623
Mit einem Blatt Bryophyllum Calycinum 709
Mit einem Gemalten Band 48
Mit einem goldnen Halskettchen 49
Mit einem Herren steht es gut 386
Mit einer angeschriebnen Feder 823
Mit Flammenschrift 259
Mit Kirchengeschichte 736
Mit Liebe nicht, nur mit 668
Mit meinem Willen 389
Mit Narren leben 394, 627
Mit Säulen schmückt 613
Mit Schnäbeln Hörnern 867
Mit seltsamen Gebärden 650
Mit sich selbst zu Rate gehn 659
Mit unsern wenigen Gaben 665
Mit Wahrheit und Dichtung 348
Mit widerlegen, bedingen 678
Mitten im Getümmel 50
Mitten in dem Wasserspiegel 518
Möcht' ich doch wohl besser sein 410
Möchte gern lustig 719
Modergrün aus Dantes Hölle 646
Modernes 516

Mögt zur Gruft 1346
Mollys Antwort 1330
Monolog aus Byrons Manfred 554
Monolog des Liebhabers 364
Morgenklagen 312
Müde bin ich des Widersprechens 766
Müde war ich geworden 216
Muntre Gärten 347
Museen 516
Musen und Grazien in der Mark 96
Müsset im Naturbetrachten 498
Mußt nicht widerstehn 422
Musterstuhl zu Schmerz 811
Mut 44
Myrt' und Lorbeer 597
Mystische Erwiederung 799

Nach Corinthus von Athen gezogen 144
Nach diesem Frühlingsregen 74, 470
Nach Lord Byron 720
Nach Mittage saßen wir 13
Nachahmung der Natur 515
Nachdem einer ringt 622
Nachgefühl 39
Nachtgedanken 318
Nachtgesang 58
Nachts, wann gute Geister schweifen 681
Nachtviole, dich geht 238
Nähe 319
Nähe des Geliebten 39
National-Versammlung 528
Nativität 529
Natur gab dir so schöne 761
Natur und Kunst 838

Nehmt nur mein Leben hin 657
Neigung besiegen ist schwer 240
Nein, das wird mich nicht 672
Nein! frechere Wette 781
Nein! für den Poeten 720
Nein! heut' ist mir 392
Nein! hier hat es keine Not 416
Nein, ich habe nichts versäumet! 403
Nelken, wie find' ich 238
Nemesis 256
Nenne niemand! 766
Neologen 374
Nett und niedlich 532
Neu Mond und geküßter Mund 387
Neue Heilige 415
Neue Liebe neues Leben 46
Neugriechische Liebe-Skolien 569
Neugriechisch-Epirotische Heldenlieder 564
Newtonisch Weiß 759
Nicht alles ist an eins gebunden 400
Nicht am Morgen allein 856
Nicht am Susquehanna 776
Nicht auf der grünen Erde 839
Nicht Augenblicke steh' ich 717
Nicht größern Vorteil 403
Nicht ist alles Gold 617
Nicht jeder kann alles ertragen 634
Nicht Jeder wandelt 385
Nicht soll's von Ihrer Seite 703
Nicht über Zeit- noch Landgenossen 399
Nicht Zukünftiges nur 230
Nichts ist zarter 644
Nichts leichter als dem Dürftigen 404
Nichts taugt Ungeduld 405
Nichts vom Vergänglichen 625
Niederträchtigers wird nichts gereicht 406
Niemand liebst du 222
Niemand muß herein rennen 640
Niemand soll in's Kloster 738
Niemand will der Dichter kränken 675
Niemand wird sich selber 715
Nikias, trefflicher Mann 194
Nimm dem Prometheus 242
Noch bin ich gleich von euch entfernt 664
Noch einmal wagst du 456
Noch spukt der Babylon'sche 390
Not lehrt beten 212
Novemberlied 37
Nun auf und laßt verlauten 487
Nun denn! 699
Nun ist's geschehn! Dir hat 797
Nun laßt auch niederwärts 504
Nun verlass' ich diese Hütte 31
Nun weiß man erst 698
Nur die Fläche bestimmt 247
Nur fort, du braune Hexe 126
Nur heute, heute nur 387
Nur im Widerschein 869
Nur stille! nur bis morgen früh 671
Nur wenn das Herz 726
Nur, wer die Sehnsucht kennt 321

O! Bleibe ruhigen Bezirken 863
O des süßen Kindes 331

O du loses, leidigliebes Mädchen 312
O Freiheit süß der Presse! 634
O! gib, vom weichen Pfühle 58
O ihr Tags- und Splitterrichter 668
O, ihr werdet Wunder sehen! 1351
O! laß die Jammer-Klagen 628
O liebliche Therese! 15
O schönes Mädchen du 310
O wären wir weiter 134
O Welt, vor deinem häßlichen 668
O, wie achtet' ich 226
O, wie fühl' ich in Rom mich so froh! 159
O! wie ist die Stadt 96
O, wie lallt das Kind 849
Ob du der Klügste seist 246
Ob du wachst 247
Ob ich liebe 721
Ob Mutter? Tochter? 523
Ödem Wege, langen Stunden 818
Offen steht sie! 692
Offen zeigt sich die Pforte 840
Offne Tafel 90
Oft erklärtet ihr euch als Freunde 215
Oft in tiefen Winternächten 311
Oft, wenn dir jeder Trost 401
Oftmals hab' ich geirrt 228
Ohne Fastnachtstanz 532
Ohne menschliche Gebrechen 521
Ohne Schrittschuh 532
Ohne Umschweife 405
Ottilien von Goethe 584

Panacee 536
Parabase 495

Parabel 377, 864
Parabeln 442
Parabolisch (I) 370
Parabolisch (II) 542
Paria 450
Perfektibilität 410
Pfeifen hör ich 619
Pfingsten 476
Pflegten wir krystallen 831
Philine 324
Philomele 329
Phöbos und Hermes 332
Physiognomische Reisen 412
Prangt mit den Farben Aurorens 238
Preise dem Kinde die Puppen 244
Presse du bist wieder frei 857
Priester werden Messe singen 507
Proion 489
Probatum est 418
Problem 417
Prometheus 298
Pusten, grobes deutsches Wort! 769

Quodlibet 733

Rastlose Liebe 55
Rätsel (Ein Bruder ist's von vielen Brüdern) 423
Rätsel (Ein Werkzeug ist es, alle Tage nötig) 534
Rätsel (Viele Männer sind hoch zu verehren) 344
(Weitere Rätsel 230, 260, 478, 851, 853)
Raum und Zeit, ich empfind' es 240
Rechenschaft 92

Regen und Regenbogen 550
Reich ist an Blumen 237
Reichen Beifall 615
Reicher Blumen goldne 584
Reichte die schädliche Frucht 330
Reichtum und Blüte 597
Reingewaschen in Lammesblut 767
Reise-Segen 598
Reisezehrung 253
Republiken hab' ich gesehen 246
Requiem dem frohsten Manne des Jahrhunderts 785
Rettung 18
Reuchlin! wer will sich ihm 672
Rezensent 373
Rhein und Main 616
Richtet den herrschenden Stab 242
Rinaldo 272
Ringlein kauft! 571
Ritter Curts Brautfahrt 113
Römisch mag man's 822
Rösels Pinsel, Rösels Kiel 819
Rosenknospe, du bist 237
Rosenknospen 820
Ruf ich, da will mir keiner 649
Ruhig am Arsenal 212
Ruhig soll ich hier 624
Ruhig Wasser, grause Höhle 521

Sag' mir, warum dich keine Zeitung 426
Sag mir doch! von deinen 662
Sag mir, was ein Hypochondrist 394
Sag mir worauf 622
Sag nur warum du in manchem Falle 639
Sag nur was hast du 868
Sag nur wie trägst du 625
Sag uns doch 717
Sag uns Jungen doch 651
Sag', was enthält 736
Sag was könnt' uns Mandarinen 695
Sag', was zählst du? 233
Sage deutlicher, wie und wenn 657
Sage mir ein weiser Mann 666
Sage mir keiner 641
Sage mir, mit wem 721
Sage mir was das für Pracht ist? 745
Sage Muse, sag dem Dichter 538
Sage, tun wir nicht recht? 220
Sage, warum dich die Menschen 649
Sage wie es dir nur gefällt 650
Sage, wie lebst du? 227
Saget, Steine, mir an 154
Sagst du: Gott! 742
Sagt nur nichts halb 643
Sagt! was füllet das Zimmer 239
Sagt! wie könnten wir 639
Sah ein Knab' 14
Sah gemalt, in Gold 602
Sämtliche Künste lernt 215
Sanftes Bild 576
Sänge sind des Lebens Bild 1063
Sangreich war 833
Sankt Johannes im Kot 213
Sarkophagen und Urnen 208
Saß ich früh 359
Saturnus eigne Kinder 531
Schadenfreude 35

Schadet ein Irrtum wohl? 243
Schädliche Wahrheit 243
Schäfers Klagelied 56
Schaff, das Tagwerk 67
Scharfsinnig habt ihr 536
Scheintod 37
Schilt nicht den Schelmen 720
Schlaf ich, so schlaf ich 389
Schläfst du noch immer? 213
Schlummer und Schlaf 327
Schlüssel liegen im Buche 232
Schlußgesang 487
Schlußpoetik 538
Schmückt die priesterlichen 824
Schneide so kein Gesicht! 664
Schneider-Courage 411
Schon entrunzelt sich 219
Schön erhebt sich der Aglei 238
Schon lange fühlt ich schon 871
Schön und köstlich ist die Gabe 1120
Schön und menschlich 517
Schon vom Gifte durchwühlt 756
Schon wälzen schnelle Räder 340
Schöne Kinder tragt ihr 214
Schönste Tugend einer Seele 36
Schroffe Felsen 817
Schüler macht sich der Schwärmer 212
Schul-Pforta 861
Schütte die Blumen nur her 180
Schwänden dem inneren Auge 239
Schwärmt ihr doch 675
Schwarz und ohne Licht 829
Schwarz und Weiß 382
Schwarzes Fahrzeug 564
Schweizeralpe 333
Schweizerlied 100
Schwer erhalten wir uns 169
Schwer, in Waldes Busch 545
Schwester von dem ersten Licht 34
Schwimme, du mächtige Scholle 249
Séance 372
Sechs und zwanzig Groschen 406
Seefahrt 295
Seh ich an andern 398
Seh' ich den Pilgrim 210
Seh' ich die Werke der Meister 420
Seh' ich zum Wagen 727
Sehnsucht 59
Seht den Felsenquell 282
Seht den Vogel! 235
Sei deinen Worten 637
Sei die Zierde des Geschlechts! 598
Sei du im Leben wie im Wissen 681
Sei einmal ehrlich nur 650
Seid doch nicht so frech 221
Seid ihr verrückt? 720
Seid ihr, wie schön 638
Seid mir willkommen 849
Seid, o Geister des Hains 329
Seit einigen Tagen 729
Seit jenen Zeilen 595
Seit sechzig Jahren 633
Seit vielen Jahren hab ich 530
Seitwärts neigt sich 217
Selbst ein so himmlisches Paar 330
Selbst erfinden ist schön 706
Selbstbetrug 22
Selbstgefühl 423
Selig bist du 320

Sendschreiben 365
Sibyllinisch mit meinem Gesicht 660
Sich in erneutem Kunstgebrauch 408
Sich läßt die junge Frau 722
Sich zu schmücken begierig 332
Sicilianisches Lied 100
Sie betrog dich geraume Zeit 656
Sie entzückt mich 240
Sie fährt in alles rasch 762
Sie glauben mit einander zu streiten 391
Sie kann nicht enden 255
Sie kauen längst 669
Sie machen immerfort Chausseen 662
Sie maltraitieren dich spät 665
Sie möchten gerne frei sein 652
Sie sagen: das mutet 391
Sie saugt mit Gier 544
Sie schelten einander Egoisten 647
Sie streiten mit der Körperwelt 383
Sie täten gern große Männer 669
Sie werden so lange votieren 732
Sie wollten dir keinen Beifall 673
Sieben gehn verhüllt 231
Sieh! das gebändigte Volk 756
Sieh, wir segnen dich 1345
Siehe, schon nahet 248
Siehst du das wie ich es sah 617
Siehst du die Pomeranze? 310
Sieht man den schönsten Stern 439

Sind denn alle reinen Triebe 869
Sind die im Unglück 425
Sind die Zimmer sämtlich 838
Sind es Kämpfe 316
Sind Gefilde türkisch 564
Sind Könige je 381
Singen sie Blumen 605
Singet nicht in Trauertönen 324
Singschule 1328
So hab' ich wirklich 40
So hoch die Nase reicht 649
So ist denn Tieck 769
So kommt denn auch das Dichtergenie 399
So laß doch auch noch diese 667
So laßt mich scheinen 322
So laßt mir das Gedächtnis 656
So leitet zu des Schlosses Pforten 784
So nah der Freund 1201
So schauet mit bescheidnem 500
So schließen wir 406
So sei doch höflich! 725
So singet laut den Pillau 562
So singst du übertrieben 852
So soll die orthographische 759
So still und so sinnig! 629
So verwirret mit dumpf 218
So viel wir von ihm 771
So wälz' ich ohne Unterlaß 417
So wandelt hin 613
So war es schon 841
So widerstrebe! Das wird dich 651
So wie der Papst 715
So wie ich weiß 861
So wie Moses 522
So wie Titania 416
So willst du Teufel 867
Sogar dies Wort 379

Soldatentrost 416
Soll auch das Wort 578
Soll dein Kompaß 382
Soll denn dein Opferrauch 549
Soll der Neider zerplatzen 655
Soll dich das Alter 691
Soll es reichlich zu dir fließen 655
Soll man euch immer und immer 654
Soll sich das Leben wohl gestalten 803
Sollen dich die Dohlen nicht 663
Sollen die Menschen 425
Sollen immer unsre Lieder 689
Sollt' es wahr sein 412
Sollt' ich mich denn so ganz an Sie gewöhnen? 251
Sommer 239
Sonette 250
Sonst war ich Freund 551
Sonst warst du so weit 630
Sonst wie die Alten 743
Sorge 68
Sorge! sie steiget 240
Sorglos über die Fläche weg 44
Span'sches hast du mir 819
Spiegel der Muse 332
Sprache 408
Sprich! wie du dich immer 536
Sprich, wie werd' ich 235
Sprichst du von Natur 531
Spricht man mit jedermann 535, 660
Sprichwort bezeichnet Nationen 404
Sprichwörtlich 384
Spruch, Widerspruch 420
Spude dich, Kronos! 290
St. Nepomucks Vorabend 475

Stammbuchs-Weihe 347, 811
Stämme wollen 627
Stark von Faust 703
Statt den Menschen in den Tieren 347
Steht vor dem Finstern 382
Steine sind zwar kalt 802
Sterne werden immer 693
Stiftungslied 71
Stirbt der Fuchs, so gilt der Balg 13
Stosseufzer 410
Strenge Fräulein zu begrüßen 529
Studien 515
Stürzt der rüstigste Läufer 248
Suche nicht verborgne Weihe! 677, 692
Suche nicht vergebne Heilung! 394
Supplement zu Schillers Glocke 779
Süß den sprossenden Klee 211
Süße Freundin, noch Einen 193
Süsse Sorgen 310
Symbolum 482

Tadelt man daß wir uns lieben 592
Tadle nur nicht! 664
Tage der Wonne 54
Tausend Fliegen 387
Teilen kann ich nicht das Leben 682
Tiefe Stille herrscht im Wasser 43
Tischlied 79
Titius, Cajus 637
Toast 612
Toast zum akademischen Mittagsmahl 611

GEDICHTANFÄNGE UND -ÜBERSCHRIFTEN 1417

Toast zum 28. August 1820 612
Töchterchen! nach trüben
 Stunden 605
Tolle Zeiten hab' ich 220
Totalität 412
Totengräbers Tochter 722
Trage dein Übel, wie du magst
 676
Trauerloge 484
Trauerreglement 733
Traun! ein schönes Geheimnis
 776
Traurig, Midas 228
Treib' es mit ihm 733
Treu wünsch' ich dir 802
Triebst du doch bald 629
Trilogie der Leidenschaft 456
Trink', o Jüngling! 33
Tritt in recht vollem 547
Triumvirat 753
Trocknet nicht 64
Trost in Tränen 57
Tu' nur das Rechte 386
Tuberose 238
Tulpen, ihr werdet gescholten
 238
Tun die Himmel sich auf 233
Tust deine Sache 637
Tut dir jemand was zu lieb 397
Τύχη, Das Zufällige 501
Typus 515

Über allen Gipfeln 65
Über Berg und Tal 627
Über die Wiese 373
Über ein Ding 392
Über ... Junius an die Nach-
 kommen 771
Über Moses Leichnam stritten
 675
Über Tal und Fluß 60

Über Wetter- und Herren-
 Launen 421
Über Wiese, Hain und Dach
 692
Überall trinkt man guten Wein
 646
Übermütig sieht's nicht aus
 526, 862
Überzeugung soll mir niemand
 655
Uf'm Bergli 100
Ultimatum (Und so sag' ich) 508
Ultimatum (Wollt', ich lebte
 noch) 755
Umgekehrt 425
Um Mitternacht 474
Um Mitternacht ging ich 474
Um Mitternacht, ich schlief 702
Um niemand zu schelten 732
Um so gemeiner es ist 221
Umstülpen führt nicht ins
 Weite 640
Unbesonnenheit ziert 724
Und als die Fische gesotten 739
Und das beschäftigt 532
Und die Liebe, die Blumen 241
Und doch bleibt 638
Und ein Gewebe sollt' 731
Und frische Nahrung 51
Und hätt er's auch gesehn 866
Und selbst den Leuten 407
Und sie in ihrer warmen 722
Und so Ade 796
Und so bleibt auch 383
Und so fang' ich oben 801
Und so haltet, liebe Söhne 647
Und so heb' ich alte Schätze
 1351
Und so im Wandlen 866
Und so kommt wieder zur
 Erde 381

Und so sag' ich zum letzten Male 508
Und so tändelt' ich mir 229
Und so will ich 632
Und sollen das Falsche 640
Und sollst auch du 621
Und wärst du auch zum fernsten Ort 387
Und warum geht es nicht 767
Und was bleibt denn 850
Und was die Menschen 630
Und was sich zwischen beide stellt? 382
Und weil ihre Wissenschaft exakt 670
Und weil sie so viel Recht 670
Und weiterhin im Mai 532
Und wenn darauf zu höh'rer 504
Und wenn die Flut 870
Und wenn die Tat 630
Und wenn er ganz gewaltig 654
Und wenn man auch den Tyrannen 653
Und wenn mich am Tag 1348
Und wenn sie zuletzt erfrieren 342
Und wenn was unzutun wäre 639
Und wenn wir unterschieden 505
Und wer durch alle die Elemente 381
Und wer mit Katzen 865
Und wie das Trübe 382
Und wie der Mensch dem Menschen 866
Und wie euch erst Homer 870
Und will das Licht 382
Und willst du dich an Hof 869
Und wird das Wasser 380
Und wo die Freunde verfaulen 663
Ungebildet waren wir 393
Ungeduld 464
Ungleiche Heirat 330
Unmöglich ist's den Tag 538
Unschuld 36
Unser Dank, und wenn auch trutzig 484
Unter diesen Lorbeerbüschen 261
Unter halb verwelkten 476
Ursprünglich eignen Sinn 679
Ursprüngliches 418
Urworte. Orphisch 501

Valet 551
Vanitas! Vanitatum vanitas! 86
Vater Vater wo ist Mutter 855
Venedig 1790 208
Verdammen wir die Jesuiten 673
Verdoppelte sich der Sterne Schein 382
Verfahre ruhig, still 716
Verfließet, vielgeliebte Lieder 41
Verflucht sei wer nach falschem Rat 743
Verfluchtes Volk! 741
Vergebliche Müh 421
Verirrtes Büchlein! 610
Verliehet ihr den goldnen Kranz 797
Vermächtnis 685
Vermischte Gedichte 279
Verschiedene Empfindungen an einem Platze 28
Verschwiegenheit 483
Verstanden hat er vieles recht 747

Verständige Leute kannst du 665
Versuchung 330
Versus memoriales (Invocavit) 415
Versus memoriales zur Verbreitung (...) 758
Verteilet Euch, nach allen Regionen 84
Verteilet euch nach allen Regionen 491
Vertrauen 409
Verwandte sind sie 770
Verweile nicht 405
Verwünschter weiß ich nichts 88
Verzeihe mir, du gefällst 650
Verzeiht einmal dem raschen Wort 622
Viel geduldetes, genoss'nes 607
Viel Gewohnheiten 401
Viel gute Lehren 830
Viel Männer sind hoch zu verehren 344
Viel Rettungsmittel bietest du! 391
Viel Wunderkuren gibt's 668
Viele der Veilchen zusammen 237
Viele duftende Glocken 238
Viele Gäste wünsch' ich heut 90
Viele Kinder, und schöne 730
Viele Köche 390
Viele Lieb' hab' ich erlebet 397
Vieles gibt uns die Zeit 707
Vieles hab' ich versucht 214
Vieles kann ich ertragen 222
Vieljähriges dürft ich 648
Vielrat 535
Vier Jahreszeiten 237

Volle sechs und siebzig Jahre 647
Völligen Unsinn siegelt' ich hier 800
Vom Berge 52
Vom Vater hab' ich die Statur 682
Von ... tu ich euch 763
Von allen Dingen 781
Von allen schönen Waren 29
Von Berges Luft 581
Von deinem Liebesmahl 858
Von dem Berge zu den Hügeln 480
Von der Blüte 836
Von der Isar bis zum Rhein 1345
Von der Rose meines Herzens 572
Von Gott dem Vater 813
Von heiligen Männern 624
Von Jahren zu Jahren 637
Von Osten will das holde Licht 578
Von Sängern hat man viel 485
Von so zarten Miniaturen 599
Von wem auf Lebens- und Wissens-Bahnen 859
Von wem ich es habe 120
Vor die Augen 833
Vor Gericht 120
Vorklage 11
Vorschlag zur Güte 409
Vorüber führt ein herrliches Geschick 578
Voß contra Stolberg! 767

Wachstum 252
Wage der gewandte Stehler 823
Wagt ihr, also bereitet 498
Wahnsinn ruft man dem Kalchas 230

Wahrlich, es scheint nur ein Traum! 247
Wallstein 757
Wanderers Sturmlied 292
Wanderlied 480
Wandersegen 537
Wandrer und Pächterin 129
Wandrers Nachtlied 64
Wann magst du dich am liebsten 397
Wann wird der Herr 649
War die Henne zuerst? 866
War doch gestern dein Haupt 333
Wär' ich ein häusliches Weib 223
Wär' nicht das Auge 645
War schöner als 697
War unersättlich 253
Wäre der Rubin 783
Wäre doch das Blättchen 790
Wäre Gott und Eine 656
Warmes Lüftchen weh' heran 853
Warnung (Am jüngsten Tag) 257
Warnung (So wie Titania) 416
Warnung (Wecke den Amor nicht auf!) 327
Wärst du 20 Jahre jünger 868
Wär't ihr, Schwärmer 243
Wartet nur! 719
Warum bekämpfst du nicht 763
Warum bin ich vergänglich 241
Warum bist du, Geliebter 167
Warum bist du so hochmütig? 655
Warum denn aber bei unsern Sitzen 744
Warum denn wie mit einem Besen 746

Warum erklärst du's nicht 625
Warum hat dich das schöne Kind 401
Warum ich Royaliste bin 672
Warum ich wieder zum Papier mich wende? 255
Warum ist alles so rätselhaft? 417
Warum ist denn das Urteil 730
Warum leckst du dein Mäulchen 215
Warum magst du gewisse Schriften 404
Warum man so manches leidet 631
Warum mir aber in neuster Welt 653
Warum nur die hübschen Leute 628
Warum, o Steuermann 717
Warum stehen sie davor? 864
Warum tanzen Bübchen 381
Warum treibt sich das Volk 211
Warum uns Gott 400
Warum werden die Dichter 399
Warum will sich Geschmack 243
Warum willst du 621
Warum willst du das junge Blut 650
Warum willst du nicht 625
Warum zauderst du so 397
Warum ziehst du mich 46
Was alles sein soll 869
Was Alte lustig sungen 718
Was ärgerst du dich 401
Was auch als Wahrheit 646
Was bedächtlich Natur 328
Was dem Auge dar sich stellet 477
Was dem einen widerfährt 636

Was dem Enkel 404
Was den Jüngling ergreift 706
Was der August nicht tut 785
Was der Dichter 817
Was der Mensch als Gott verehrt 842
Was die Alten pfeifen 519
Was die Großen Gutes 743
Was die Weiber 722
Was doch die größte Gesellschaft 744
Was eben wahr ist 405
Was ein weiblich Herz erfreue 26
Was einer denn wüßte? 866
Was erschrickst du? 234
Was erst still gekeimt 816
Was es gilt 506
Was euch die heilige Preßfreiheit 634
Was fragst du viel 390
Was gehst du, schöne Nachbarin 71
Was gibst du dir 850
Was gibt uns wohl 393
Was Gutes zu denken 420
Was haben wir denn da gefunden? 663
Was haben wir nicht für Kränze 743
Was hast du denn? 648
Was hast du uns absurd 636
Was hat dich nur von uns 658
Was hat dir das arme Glas 406
Was hätte man vom Zeitungstraum 661
Was heißt du denn Sünde? 641
Was helfen den Jungfern 722
Was helfen mir 1354
Was hieße wohl die Natur 820

Was hör' ich draußen vor dem Tor 104
Was ich dort gelebt 616
Was ich in meinem Haus' ertrag' 659
Was ich mich auch sonst erkühnt 812
Was ich mir gefallen lasse? 398
Was ich nicht weiß 401
Was ich sagen wollt' 634
Was in der Zeiten Bildersaal 384
Was ist das Heiligste? 245
Was ist denn aber beim Gespräch 535
Was ist denn deine Absicht 622
Was ist denn die Wissenschaft? 662
Was ist denn Kunst 536
Was ist ein Philister? 724
Was ist heilig? Das ist's 245
Was ist Weißes dort 279
Was krähst du mir 409
Was lassen sie denn übrig zuletzt 648
Was lehr' ich dich 652
Was mich tröstet 644
Was mit mir das Schicksal 224
Was, mit mir, die Freunde 793
Was nicht zusammen geht 419
Was nutzt die glühende Natur 364
Was räucherst du 389
Was reich und arm! 408
Was reimt der Junge 719
Was sagt hierauf 852
Was schnitt dein Freund 403
Was sich nach der Erde 520
Was sie einander sagen 869
Was soll all der Prunk 856
Was soll der Stolz 732
Was soll ich nun 457

Was soll ich viel lieben 404
Was soll mir euer Hohn 716
Was Spelunke nun sei 223
Was trauren denn die guten 522
Was uns Günstiges 773
Was viele singen 718
Was Völker sterbend 841
Was wär ein Gott 379
Was waren das für schöne Zeiten! 722
Was widert dir der Trank so schal? 418
Was will die Nadel 381
Was will von Quedlinburg 768
Was willst du 629
Was willst du lange 398
Was willst du mit den alten 628
Was willst du, redend zur Menge 658
Was wir denn sollen 626
Was wir Dichter 718
Was wir froh 519
Was zieht mir das Herz so? 59
Wasser holen geht die reine 451
Wasser ist Körper 247
Wasserfülle, Landesgröße 619
Wasserstrahlen reichsten Schwalles 704
Wechsel 42
Wechsellied zum Tanze 21
Wecke den Amor nicht auf! 327
Wehet ein Lüftchen 561
Weichet, Sorgen, von mir! 310
Weihnachten 575
Weil so viel zu sagen war 708
Weimar, das von vielen 823
Wein macht munter 657
Weint, Mädchen! hier 37
Weiß hat Newton gemacht 224
Weiß ich doch zu welchem Glück 572
Weiß wie Lilien 695
Weise die Rose nicht ab 772
Weissagungen des Bakis 230
Weißt du worin der Spaß 629
Welch ein heftig Gedränge 212
Welch ein himmlischer Garten 330
Welch ein lustiges Spiel! 226
Welch ein Mädchen ich wünsche 214
Welch ein verehrendes Gedränge 755
Welch ein Wahnsinn 219
Welch ein wunderlich 724
Welch Getöse? 566
Welch hoher Dank 728
Welch Wonneleben wird hier ausgespendet 1320
Welche Frau hat 386
Welche Schrift ich zwei-, ja dreimal 240
Welchen Hofmann ich ehre? 246
Welchen Leser ich wünsche? 244
Welcher Unsterblichen 285
Weltseele 84, 491
Wem ich ein besser Schicksal 657
Wem wohl das Glück 398
Wem zu glauben ist 243
Wen die Dankbarkeit 725
Wen du nicht verlässest, Genius 292
Wen ein guter Geist 607
Wende die Füßchen 217
Wenn am Tag Zenit 690
Wenn auch der Held 740
Wenn auf beschwerlichen Reisen 225
Wenn der Freund 821

Wenn der Jüngling 636
Wenn der Mond ist 555
Wenn der Pinsel 693
Wenn der Sommer 820
Wenn der uralte 301
Wenn die Liebste 483
Wenn die Reben wieder blühen 39
Wenn die Zweige Wurzeln schlagen 341
Wenn dir's bei uns nun nicht gefällt 656
Wenn dir's in Kopf 421
Wenn du am breiten Flusse 544
Wenn du dich im Spiegel 477
Wenn du dich selber machst 420
Wenn du hast das ist wohl schön 670
Wenn du laut den Einzelnen schiltst 246
Wenn du mir sagst 160
Wenn durch das Volk 256
Wenn ein Edler 394
Wenn ein kluger Mann 386
Wenn einen würdigen Biedermann 413
Wenn einer auch sich überschätzt 626
Wenn einer schiffet 392
Wenn euch vor unsrem Namen 867
Wenn Gottheit Camarupa 503
Wenn ich auf dem Markte 542
Wenn ich den Scherz 384
Wenn ich doch so schön wär' 22
Wenn ich dumm bin 655
Wenn ich kennte den Weg 637
Wenn ich, liebe Lili 52
Wenn ich 'mal ungeduldig 424
Wenn ich mir in stiller Seele 820
Wenn ich nun gleich das weiße Blatt dir schickte 255
Wenn ich nun im holden Haine 750
Wenn ihr's habt 617
Wenn im Unendlichen dasselbe 680
Wenn in Wäldern 518
Wenn, in Wolken und Dünste 225
Wenn Jemand sich wohl 386
Wenn Kindesblick begierig schaut 681
Wenn Kranz auf Kranz 607
Wenn man für's Künftige 385
Wenn mich auch die Wächter 856
Wenn mit jugendlichen 818
Wenn Phöbus Rosse 702
Wenn schönes Mädchen 771
Wenn sich der Hals des Schwanes verkürzt 230
Wenn sich lebendig 593
Wenn sichs in meinem Busen 838
Wenn sie aus deinem Korbe 663
Wenn sie gleich dein Fest 816
Wenn sie nicht gewesen wären 871
Wenn über die ernste Partitur 802
Wenn um das Götterkind 520
Wenn von dem stillen 503
Wenn vor dem Glanz 431
Wenn was irgend 619
Wenn wir dich, o Vater 795
Wenn zu den Reihen der Nymphen 329
Wenn's jemand ziemt zu sprechen 579
Wer aber das Licht 735

Wer aber recht bequem ist 388
Wer Bedingung früh erfährt 866
Wer bescheiden ist 422
Wer dem Publikum dient 395
Wer die Körner 582
Wer Gott ahnet 400
Wer Gott vertraut 379
Wer hat's gewollt? 610
Wer hätte auf deutsche Blätter 719
Wer in der Weltgeschichte 622
Wer irgend weich sitzt 869
Wer ist das würdigste 245
Wer ist denn der souveraine 402
Wer ist denn wirklich ein Fürst? 245
Wer ist der edlere Mann 245
Wer ist der glücklichste Mensch? 707
Wer ist ein unbrauchbarer Mann? 649
Wer kauft Liebesgötter? 29
Wer Lacerten gesehn 222
Wer lebenslang dir wohl getan 731
Wer mag denn gleich Vortreffliches 730
Wer Marmor hier und Erz 578
Wer mit dem Leben spielt 726
Wer müht sich wohl 601
Wer nie sein Brod mit Tränen aß 323
Wer Ohren hat, soll hören 388
Wer Perlen will 872
Wer recht will tun 397
Wer reitet so spät 107
Wer sich der Einsamkeit ergibt 322
Wer sich nicht nach der Decke 386

Wer uns am strengsten kritisiert? 400
Wer vernimmt mich? 309
Wer will denn alles gleich 426
Wer will der Menge 625
Wer Wissenschaft 737
Westen mag die Luft regieren 680
Widmung 715
Wie aber kann sich Hans van Eyck 516
Wie alles war in der Welt 744
Wie an dem Tag 501
Wie auch die Welt sich stellen mag 659
Wie aus Einem Blatt 709
Wie beklag' ich es tief 244
Wie bist du so 724
Wie das erbaut war 524
Wie das Gestirn 631
Wie David königlich 689
Wie dem hohen Apostel 221
Wie die Blüten 778
Wie die Pflanzen zu wachsen 385
Wie doch, betrügerischer Wicht 626
Wie du mir, so ich dir 426
Wie du mir oft, geliebtes Kind 319
Wie du Vertrauen erweckst 773
Wie einer denkt 637
Wie einer ist, so ist sein Gott 649
Wie es dampft und braus't 778
Wie es dir nicht im Leben 624
Wie es in der Welt so geht 654
Wie Feld und Au 52
Wie fruchtbar ist der kleinste 681

Wie gerne säh' ich jeden stolzieren 628
Wie hast du an der Welt 644
Wie hast du's denn 718
Wie herrlich ist die Welt! 522
Wie herrlich leuchtet 47
Wie ihr denkt 630
Wie im Auge mit fliegenden 676
Wie im Morgenglanze 300
Wie im Winter 239
Wie ist denn wohl ein Theaterbau? 662
Wie ist dir's doch so balde 628
Wie ist heut mir doch zu Mute! 1352
Wie Kirschen und Beeren 400
Wie kommt's, daß du so traurig bist 57
Wie konnte der denn das erlangen? 404
Wie lange harren wir 434
Wie mag ich gern und lange 643
Wie magst du ruhig fort 860
Wie man die Könige verletzt 678
Wie man nur so leben 537
Wie mancher auf der Geige 669
Wie mancher Mißwillige 725
Wie meinst dus denn 870
Wie mir dein Buch gefällt? 728
Wie nimmt ein leidenschaftlich Stammeln 11
Wie reizt doch das die Leute 662
Wie schlimm es einem Freund 803
Wie seit seinen Jünglings-Jahren 517
Wie sich am Meere 525
Wie sie klingeln 211
Wie sind die Vielen 716
Wie sitzt mir das Liebchen? 479
Wie soll ich meine Kinder 664
Wie sollen wir denn da gesunden? 663
Wie verfährt die Natur 244
Wie viel Äpfel verlangst du 234
Wie, von der künstlichsten Hand 217
Wie? Wann? und Wo? 380
Wie weißt du dich 632
Wie weit soll das noch gehn! 634
Wie wir dich in unsrer Mitte 775
Wie wollten die Fischer 400
Wiederfinden 490
Wiegenlied dem jungen Mineralogen Wolfgang v. Goethe 605
Wie's aber in der Welt 716
Wilde Stürme 692
Wilhelm Tischbeins Idyllen 517
Will der Feder 694
Will Einer in die Wüste 390
Will einer sich gewöhnen 667
Will ich euch aber Pedanten 636
Will in Albions Bezirken 770
Will Licht einem Körper 382
Will sich's wohl ziemen 600
Will Vogelfang 388
Willkommen und Abschied 45
Willst dich nicht gern 650
Willst du das Gute 393
Willst du dein Wyb 853
Willst du den März 532
Willst du der getreue Eckart 421
Willst du dich als Dichter 640
Willst du dich am Ganzen 380
Willst du dich deines Wertes 389

Willst du dir aber das Beste tun 385
Willst Du Dir ein gut Leben 707
Willst du dir ein hübsch 422
Willst du Großes 693
Willst du immer weiter 44
Willst du in's Unendliche 380
Willst du, mein Sohn 245
Willst du mich 700
Willst du mit mir hausen 393
Willst du mit reinem Gefühl 225
Willst du nichts Unnützes 391
Willst du noch die Teufel 734
Willst du schon zierlich 248
Willst du uns denn nicht auch 652
Willst du, was doch Genesene 633
Willst du Weihrauchs 657
Willst du wirksam sein 867
Willst lustig leben 384
Winter 247
Wir begegnen dem Entzücken 780
Wir haben dir Klatsch 723
Wir hören's oft 843
Wir litten schon 764
Wir quälen uns immerfort 657
Wir reiten in die Kreuz' 376
Wir sind vielleicht zu antik gewesen, 630
Wir singen und sagen 114
Wir sollen auf unsern Lorbeern 867
Wir sollten denn doch auch einmal 760
Wir streben nach dem Absoluten 533
Wir wandern ferner 524

Wird uns eine rechte Qual 392
Wirket Stunden leichten Webens 521
Wirkung in die Ferne 132
Wirst du deines Gleichen 381
Wirst du die frommen Wahrheits-Wege gehen 660
Wirst du in den Spiegel 818
Wirst nicht bei jedem 717
Wißt ihr, wie auch der Kleine 245
Wißt ihr, wie ich gewiß 219
Wo Anmaßung mir wohlgefallt? 393
Wo die Rose hier blüht 326
Wo ich wohne 798
Wo ist der Lehrer 400
Wo ist einer der sich quälet 529
Wo Jahr um Jahr 612
Wo kämen denn die Perlen her 871
Wo Lieb' und Güte wohnet 1346
Wo Parteien entstehn 244
Wo recht viel Widersprüche 627
Wo willst du klares Bächlein hin 122
Woher der Freund so früh 124
Wohin Du trittst 342
Wohin er auch die Blicke 614
Wohin willst du dich wenden? 662
Wohin wir bei unsern Gebresten 655
Wohin? wohin? 120
Wohl kamst du durch 718
Wohl unglückselig 389
Wohl! wer auf rechter Spur 646
Wohl zu merken 505
Wohlerleuchtet, glühend-milde 618

Wollen die Menschen 394
Wollt', ich lebte noch 755
Wollte Gott die Menschen 733
Wolltet ihr in Leipzigs 741
Wonne der Wehmut 64
Wonniglich ist's 229
Worauf alles ankommt? 401
Wort und Bilder 834
Worte, die der Dichter spricht 709
Worte sind der Seele Bild 620
Wundern kann es mich nicht 223
Würd' ein künstlerisch Bemühen 709
Würdig deiner 1285
Würdige Prachtgebäude 517
Würdiger Freund 205
Wüßte kaum genau zu sagen 1352
Wüßte nicht, was sie Bessers 387
Wüßtest du dich drin zu finden 871

X hat sich nie 638

Zahme Xenien I 621
Zahme Xenien II 630
Zahme Xenien III 640
Zahme Xenien IV 648
Zahme Xenien V 661
Zahme Xenien VI 675
Zahme Xenien VII 715
Zahme Xenien VIII 725
Zahme Xenien IX 736
Zart Gedicht 395
Zarte, schattende Gebilde 609
Zarter Blumen leicht Gewinde 808
Zeichen der Zeit 426
Zeig' ich die Fehler 626
Zeit und Zeitung 426
Zeitmaß 327
Zelters siebzigster Geburtstag (Lasset heut am edlen Ort) 828
Zelters siebzigster Geburtstag (Schmückt die priesterlichen Hallen) 824
Ziehn die Schafe 695
Zierde wärst du der Gärten 239
Zieret Stärke den Mann 172
Zierlich Denken 396
Zigeunerlied 102
Zu dem Guten 808
Zu dem Strande! zu der Barke! 272
Zu der Apfel-Verkäuferin 548
Zu des einzigen Tages Feste 429
Zu des Rheins 616
Zu Ephesus ein Goldschmied saß 368
Zu erfinden, zu beschließen 513
Zu Gemälden einer Kapelle 522
Zu Goethe's Denkmal 724
Zu lieblich ist's, ein Wort zu brechen 42
Zu meinen Handzeichnungen 523
Zu Regenschauer und Hagelschlag 543
Zu seinem Besten 871
Zu Thaers Jubelfest 601
Zu unsres Lebens 773
Zu verschweigen meinen Gewinn 727
Zu wünschen hab ich nichts 867
Zu würdiger Umgebung 574
Zücht'ge den Hund 387
Zueignung an Pr. C. v. S. W. 1277

Zuerst im stillsten Raum 608
Zum Beginnen, zum Vollenden 693
Zum Bildchen Ruine Pleß 608
Zum Bildchen von Ulrichs Garten 609
Zum ein und zwanzigsten Juni 776
Zum Geburtstag 607
Zum neuen Jahr 70
Zum starren Brei erweitert 644
Zum 15. Februar 1812 578
Zum 2ten Februar 1824 574
Zünde mir Licht an 165
Zur Erinnerung trüber Tage 607
Zur Strafe dafür es jeden 731
Zwar die vierundzwanzig Ritter 603

Zwei der feinsten Lacerten 223
Zwei Personen ganz verschieden 544
Zwei Worte sind es 260
Zweie seh' ich! den Großen! 231
Zweierlei Arten gibt es 246
Zweimal färbt sich das Haar 234
Zweite Epistel 205
Zwischen beiden Welten 473
Zwischen dem Alten 70
Zwischen heut und morgen 385
Zwischen Lavater und Basedow 413
Zwischen oben, zwischen unten 690
Zwischen Weizen und Korn 53
Zwischengesang 486

INHALTSVERZEICHNIS

Die Sammlung von 1815	9
Lieder	11
Gesellige Lieder	70
Balladen	103
Elegien I (Römische)	154
Elegien II	174
Episteln	201
Epigramme. Venedig 1790	208
Weissagungen des Bakis	230
Vier Jahreszeiten	237
Sonette	250
Kantaten	261
Vermischte Gedichte	279
Aus Wilhelm Meister	321
Antiker Form sich nähernd	326
An Personen	334
Kunst	349
Parabolisch	370
Gott, Gemüt und Welt	379
Sprichwörtlich	384
Epigrammatisch	408
Supplement zur Sammlung von 1815	427
Im Namen der Bürgerschaft von Carlsbad	429
Parabeln	442
Die Sammlung von 1827	445
Lyrisches	447
Loge	482
Gott und Welt	489
Kunst	513
Epigrammatisch	528
Parabolisch	542

Aus fremden Sprachen	553
Inschriften, Denk- und Sendeblätter und Aufklärende Bemerkungen	573
Zahme Xenien I-VI	621
Supplement zur Sammlung von 1827	684
Letzte Gedichtgruppen	687
Gedichte zu symbolischen Bildern	689
Chinesisch-Deutsche Jahres- und Tageszeiten	695
Dornburger Gedichte	700
Aus der Zeitschrift ›Chaos‹	702
Nachlese 1800-1832	713
Zahme Xenien VII-IX	715
Invektiven	748
An Personen	772
Übergangenes, Unterdrücktes, Fragmente	838
Kommentar	873
Goethes Lyrik 1800-1832	875
Noch einmal: ›Gelegenheit‹ und ›Ensemble‹	875
Zu Anordnung und Fassungswahl	881
Zu Textgestalt und Kommentaranlage	885
Zu den Druckvorlagen	885
Zur Modernisierung der Texte	888
Zum Kommentar	889
Emendationen	894
Emendation der Sammlung von 1815	894
Abbildungen nach S.	884
Emendation der Sammlung von 1827	911
Einzelkommentar	921
Die Sammlung von 1815	921
Der Schaffenszeitraum 1800-1815	921
Zur Entstehung der Sammlung	926
Lieder	929
Gesellige Lieder	939
Balladen	951

INHALTSVERZEICHNIS

Elegien I (Römische) 959
Elegien II 959
Episteln 960
Epigramme. Venedig 1790 960
Weissagungen des Bakis 961
Vier Jahrszeiten 970
Sonette 973
Kantaten 987
Vermischte Gedichte 989
Aus Wilhelm Meister 991
Antiker Form sich nähernd 993
An Personen 994
Kunst 997
Parabolisch 1001
Gott, Gemüt und Welt 1004
Sprichwörtlich 1009
Epigrammatisch 1018
Supplement zur Sammlung von 1815 1027
 Im Namen der Bürgerschaft von Carlsbad .. 1027
 Parabeln 1031
Die Sammlung von 1827 1031
 Der Schaffenszeitraum 1815-1827 1031
 Zur Entstehung der Sammlung 1039
 Lyrisches 1040
 Loge 1066
 Gott und Welt 1072
 Kunst 1106
 Epigrammatisch 1117
 Parabolisch 1125
 Aus fremden Sprachen 1133
 Inschriften, Denk- und Sendeblätter und
 Aufklärende Bemerkungen 1142
 Zahme Xenien I-VI 1166
Supplement zur Sammlung von 1827 1199
Letzte Gedichtgruppen 1205
 Gedichte zu symbolischen Bildern 1206
 Chinesisch-Deutsche Jahres- und Tageszeiten 1212

Dornburger Gedichte 1218
Aus der Zeitschrift ›Chaos‹ 1219
Nachlese 1800-1832 1228
Zahme Xenien VII-IX 1231
Invektiven 1248
An Personen 1275
Übergangenes, Unterdrücktes, Fragmente 1319
Gedichte zweifelhaften Ursprungs 1343
Anhang: Aus epischen Zusammenhängen 1348
Aus: »Wilhelm Meisters Lehrjahre« 1350
Aus: »Wilhelm Meisters Wanderjahre 1351
Aus: »Unterhaltungen deutscher
 Ausgewanderten« 1354
Aus: »Novelle« 1355
Siglen und Abkürzungen 1357
Literaturverzeichnis 1364
Bildnachweise 1380
Alphabetisches Verzeichnis der Gedichtanfänge und
 -überschriften 1383

JOHANN WOLFGANG GOETHE
SÄMTLICHE WERKE.
BRIEFE, TAGEBÜCHER UND GESPRÄCHE

I. Abteilung: Sämtliche Werke

Band 1
Lyrik I: Gedichte 1756-1799

Band 2
Lyrik II: Gedichte 1800-1832

Band 3/1 und 2
Lyrik III: West-östlicher Divan

Band 4
Dramen I: Götz von Berlichingen
Clavigo/Stella/Dramen 1765-1775

Band 5
Dramen II: Iphigenie auf Tauris
Egmont/Torquato Tasso
Dramen 1776-1790

Band 6
Dramen III: Der Groß-Cophta
Die natürliche Tochter/Pandora
Dramen 1791-1832

Band 7/1 und 2
Dramen IV: Faust

Band 8
Romane I: Die Leiden des jungen Werthers
Die Wahlverwandtschaften
Epen/Novelle/Kleine Prosa

Band 9
Romane II:
Wilhelm Meisters theatralische Sendung
Wilhelm Meisters Lehrjahre
Unterhaltungen deutscher Ausgewanderten

Band 10
Romane III: Wilhelm Meisters Wanderjahre

Band 11
Übersetzungen I: Leben des Benvenuto Cellini

Band 12
Übersetzungen II: Zur Weltliteratur/Bearbeitungen

Band 13
Sprüche in Prosa:
Maximen und Reflexionen

Band 14
Autobiographische Schriften I:
Dichtung und Wahrheit

Band 15/1 und 2
Autobiographische Schriften II:
Italienische Reise

Band 16
Autobiographische Schriften III:
Campagne in Frankreich
Belagerung von Mainz/Reiseschriften

Band 17
Autobiographische Schriften IV:
Tag- und Jahreshefte

Band 18
Ästhetische Schriften I: 1771-1805

Band 19
Ästhetische Schriften II: 1805-1815

Band 20
Ästhetische Schriften III: 1816-1820
Über Kunst und Altertum I-II

Band 21
Ästhetische Schriften IV: 1821-1824
Über Kunst und Altertum III-IV

Band 22
Ästhetische Schriften V: 1824-1832
Über Kunst und Altertum V-VI

Band 23/1 und 2
Naturkundliche Schriften I:
Schriften zur Farbenlehre

Band 24
Naturkundliche Schriften II:
Schriften zur Morphologie

Band 25
Naturkundliche Schriften III:
Schriften zur allgemeinen Naturlehre,
Geologie und Mineralogie

Band 26
Amtliche und politische Schriften I

Band 27
Amtliche und politische Schriften II

II. Abteilung: Briefe, Tagebücher und Gespräche

Band 1 (28)
Von Frankfurt nach Weimar: Der junge Goethe
(1764-1775)

Band 2 (29)
Das erste Weimarer Jahrzehnt
(1775-1786)

Band 3 (30)
Italien – Im Schatten der Revolution
(1786-1794)

Band 4 (31)
Mit Schiller I
(1794-1799)

Band 5 (32)
Mit Schiller II
(1800-1805)

Band 6 (33)
Napoleonische Zeit I
(1805-1811)

Band 7 (34)
Napoleonische Zeit II
(1812-1816)

Band 8 (35)
Zwischen Weimar und Jena I
(1816-1819)

Band 9 (36)
Zwischen Weimar und Jena II
(1819-1822)

Band 10 (37)
Die letzten Jahre I
(1823-1828)

Band 11 (38)
Die letzten Jahre II
(1823-1832)

Band 12 (39)
J. P. Eckermann: Gespräche mit Goethe

Band 13 (40)/1 und 2
Register zur I. und II. Abteilung

*»Der Deutsche Klassiker Verlag:
ein gigantisches Vorhaben, ein Jahrhundertwerk«*
Marcel Reich-Ranicki

DEUTSCHER KLASSIKER VERLAG
IM TASCHENBUCH

In dieser Reihe erschienen:

TB 1
Johann Wolfgang Goethe, Faust. Zwei Teilbände
Herausgegeben von Albrecht Schöne · 2016 Seiten
Band 1: Texte · Band 2: Kommentare

TB 2
Hans Jacob Christoffel von Grimmelshausen
Simplicissimus Teutsch
Herausgegeben von Dieter Breuer · 1136 Seiten

TB 3
Friedrich Schiller
Wallenstein
Herausgegeben von Frithjof Stock · 1280 Seiten

TB 4
Friedrich Hölderlin
Sämtliche Gedichte
Herausgegeben von Jochen Schmidt · 1152 Seiten

TB 5
Heinrich von Kleist
Sämtliche Erzählungen, Anekdoten,
Gedichte und Schriften
Herausgegeben von Klaus Müller-Salget · 1328 Seiten

TB 6
Deutsche Lyrik des frühen und hohen Mittelalters
Edition und Kommentare von Ingrid Kasten
Übersetzung von Margherita Kuhn · 1136 Seiten

TB 7
Wolfram von Eschenbach
Parzival
Zwei Teilbände
Herausgegeben von Eberhard Nellmann
Übertragen von Dieter Kühn · 1838 Seiten

TB 8
Karl Philipp Moritz
Anton Reiser. Dichtungen und Schriften
zur Erfahrungsseelenkunde
Herausgegeben von Heide Hollmer
und Albert Meier · 1365 Seiten

TB 9
Bettine von Arnim
Clemens Brentano's Frühlingskranz/
Die Günderode
Herausgegeben von Walter Schmitz · 1201 Seiten

TB 10
Gottfried Keller
Die Leute von Seldwyla
Herausgegeben von Thomas Böning · 869 Seiten

TB 11
Johann Wolfgang Goethe
Die Leiden des jungen Werthers / Die Wahlverwandtschaften
Herausgegeben von Waltraud Wiethölter unter Mitarbeit von
Christoph Brecht · 1245 Seiten

TB 12
Joseph von Eichendorff
Sämtliche Gedichte
Herausgegeben von Hartwig Schultz · 1292 Seiten

TB 13
Georg Büchner
Dichtungen, Schriften, Briefe und Dokumente
Zwei Bände
Herausgegeben von Henri Poschmann unter Mitarbeit von
Rosemarie Poschmann · 2301 Seiten

TB 14
E. T. A. Hoffmann
Fantasiestücke in Callot's Manier
Herausgegeben von Hartmut Steinecke unter Mitarbeit
von Gerhard Allroggen und Wulf Segebrecht · 939 Seiten

TB 15
Johann Wolfgang Goethe
Dichtung und Wahrheit
Herausgegeben von Klaus-Detlef Müller · 1403 Seiten

TB 16
Grimms Märchen
Herausgegeben von Heinz Rölleke · 1302 Seiten

TB 17
E.T. A. Hoffmann
Die Elixiere des Teufels / Werke 1814-1816
Herausgegeben von Hartmut Steinecke und
Gerhard Allroggen · 761 Seiten

TB 18
Joseph von Eichendorff
Ahnung und Gegenwart
Sämtliche Erzählungen I
Herausgegeben von Wolfgang Frühwald und
Brigitte Schillbach · 840 Seiten

TB 19
Joseph von Eichendorff
Dichter und ihre Gesellen
Sämtliche Erzählungen II
Herausgegeben von Hartwig Schultz · 904 Seiten

TB 20
Hartmann von Aue
Erec
Herausgegeben von Manfred Günter Scholz
Übersetzt von Susanne Held · 1069 Seiten

TB 21
Hans Jacob Christoffel von Grimmelshausen
Courasche / Springinsfeld / Wunderbarliches Vogelnest I-II /
Rathstübel Plutonis
Herausgegeben von Dieter Breuer · 1094 Seiten

TB 22
Gotthold Ephraim Lessing
Laokoon / Briefe, antiquarischen Inhalts
Herausgegeben von Wilfried Barner · 1216 Seiten

TB 23
Gottfried Keller
Der grüne Heinrich. Erste Fassung
Herausgegeben von Thomas Böning und
Gerhard Kaiser · 1395 Seiten

TB 24
Meister Eckhart
Werke I: Predigten
Herausgegeben von Niklaus Largier · 1107 Seiten

TB 25
Meister Eckhart
Werke II: Traktate und lateinische Werke
Herausgegeben von Niklaus Largier · 1026 Seiten

TB 26
Friedrich Schiller
Klassische Dramen:
Maria Stuart / Die Jungfrau von Orleans /
Die Braut von Messina / Wilhelm Tell
Herausgegeben von Matthias Luserke-Jaqui · 888 Seiten

TB 27
Friedrich Hölderlin
Hyperion / Empedokles / Aufsätze / Übersetzungen
Herausgegeben von Jochen Schmidt · 1514 Seiten

TB 28
E.T.A. Hoffmann
Die Serapions-Brüder
Herausgegeben von Wulf Segebrecht unter Mitarbeit
von Ursula Segebrecht · 1687 Seiten

TB 29
Hartmann von Aue
Gregorius / Armer Heinrich / Iwein
Herausgegeben von Volker Mertens · 1110 Seiten

TB 30
Johann Wolfgang Goethe
Klassische Dramen:
Iphigenie auf Tauris / Egmont / Torquato Tasso
Herausgegeben von Dieter Borchmeyer
unter Mitwirkung von Peter Huber · 1500 Seiten

TB 31
Friedrich Schiller
Sämtliche Gedichte
Herausgegeben von Georg Kurscheidt · 1532 Seiten

TB 32
Friedrich Schiller
Theoretische Schriften
Herausgegeben von Rolf-Peter Janz · 1617 Seiten

TB 33
Jacob Böhme
Werke
Herausgegeben von Ferdinand van Ingen · 1165 Seiten

TB 34
Friedrich Schiller
Die Räuber / Fiesko / Kabale und Liebe
Herausgegeben von Gerhard Kluge · 1569 Seiten

TB 35
Friedrich Schiller
Don Karlos
Herausgegeben von Gerhard Kluge
1369 Seiten

TB 36
E. T. A. Hoffmann
Nachtstücke / Werke 1816-1820
Herausgegeben von Hartmut Steinecke
und Gerhard Allroggen · 1206 Seiten

TB 37
Immanuel Kant
Kritik der Urteilskraft
Schriften zur Ästhetik und Naturphilosophie
Herausgegeben von Manfred Frank und
Véronique Zanetti · 1387 Seiten

TB 38
Johann Wolfgang Goethe
West-östlicher Divan
Zwei Teilbände
Herausgegeben von Hendrik Birus · ca. 2080 Seiten

TB 39
Wolfram von Eschenbach
Willehalm
Herausgegeben von Joachim Heinzle · 1287 Seiten

TB 40
Gottfried Keller
Züricher Novellen
Herausgegeben von Thomas Böning · 760 Seiten

TB 41
Geschichte der Ökonomie
Herausgegeben von Johannes Burkhardt
und Birger P. Priddat · 975 Seiten

TB 42
Gotthold Ephraim Lessing
Minna von Barnhelm / Hamburgische Dramaturgie
Heraugegeben von Klaus Bohnen · 1142 Seiten

TB 43
Lyrik des späten Mittelalters
Herausgegeben von Burghart Wachinger · 1070 Seiten

TB 44
Johann Wolfgang Goethe
Gedichte 1756-1799
Herausgegeben von Karl Eibl · 1336 Seiten

TB 45
Johann Wolfgang Goethe
Gedichte 1800-1832
Herausgegeben von Karl Eibl · 1432 Seiten

TB 46
Christoph Martin Wieland
Geschichte des Agathon
Herausgegeben von Klaus Manger · 1156 Seiten

TB 47
Novellistik des Mittelalters
Märendichtung
Herausgegeben, übersetzt und kommentiert
von Klaus Grubmüller · 1384 Seiten

Die Reihe wird fortgesetzt.